国家社会科学基金特别委托项目"中国社会法系列研究"（18@ZH023）成果之四

中国社会法系列研究之四

郑功成　华颖　等 ◎ 著

医疗保障立法研究

【上卷】

人民出版社

前　言

　　本书是以中国社会保障学会会长郑功成教授为组长的"典型国家医疗保障立法经验研究"课题组成员集体完成的研究成果，由北京诺华制药有限公司提供研究资助。

　　在本书完稿后，由华颖整理出摘要稿"借鉴典型国家立法经验，加快我国医疗保障立法步伐"，刊发在中国社会保障学会《民生专报》2023 年第 1 期，获得全国人大常委会领导同志的重要批示。

　　本研究于 2021 年 7 月正式启动，2022 年 10 月完成预定研究任务，其间历经开题会、相关调研活动、中期会、推进会和结题会等。随后，根据图书出版要求做进一步修订，最终形成由中国医疗保障法制建设研究报告、典型国家医疗保障立法与实践总报告、典型国家医疗保障立法与实践国别报告，以及相关国家医疗保障法律条文译稿组成的系列成果，亦即本书。

　　需要说明的是，因典型国家的医疗保障及相关立法篇幅浩繁，不可能全部翻译并汇编出版，本书只对典型国家主要医疗保障法律采取摘要翻译做法。其中，德国、韩国、英国为规范其统一的医疗保险制度的法律文本摘译，即德国《法定医疗保险法》、韩国《国民健康保险法》、英国《国民健康服务法 2022》；日本为分别规范其最重要的两项医保制度的日本《健康保险法》和《国民健康保险法》摘译；美国因其医疗保障法制呈现分散性特征，只翻译了规范三项主要制度 [医疗保险（Medicare）、医疗救助（Medicaid）、儿童医疗保障（SCHIP/

1

CHIP）]的法律章节标题，以及《奥巴马医改法案（ACA）》各章节主要内容。这些摘译能够了解相关国家的立法概要。

本成果由郑功成主持完成，中国社会科学院华颖副研究员为总协调员。全书由郑功成、华颖统稿、定稿。

各研究报告的作者如下：

郑功成、华颖：中国医疗保障法制建设研究报告

华颖、郑功成：典型国家医疗保障立法与实践（总报告）

娄　宇：德国医疗保障法律制度研究报告

彭姝祎：法国医疗保障立法研究报告

韩君玲、李莲花：日本医疗保障立法研究报告

陈诚诚、金炳彻：韩国国民健康保险立法研究报告

王　雯、朱小玉：英国国民健康服务立法研究报告

胡文秀、苏泽瑞：美国医疗保障立法研究报告

各国法律摘要翻译稿的译者如下：

娄　宇：德国医疗保险法

韩君玲：日本健康保险法

韩君玲、刘点：日本国民健康保险法

陈诚诚、金炳彻：韩国国民健康保险法

王　雯：英国国民健康服务法

在本书付梓之际，衷心感谢课题组成员所付出的努力！衷心感谢北京诺华制药有限公司对此项公益研究课题的资助！

期待我国加快医疗保障法制建设步伐，在借鉴典型国家经验的基础上，早日形成完备的医疗保障法制体系。

2023 年 10 月

目 录

第一部分　中国医疗保障法制建设研究报告[①]

研究典型国家医疗保障立法与实践，旨在为中国医疗保障法制建设提供参考。因此，在推进典型医疗保障立法研究的同时，亦同步进行了中国医疗保障法制建设的研究，并形成了本报告。

一、引言

疾病是人生难以避免的风险，健康是人民最普遍的诉求，而医疗保障则是化解疾病风险、促进人民健康的基本制度保障。党的十八大以来，无论是脱贫攻坚还是抗击新冠疫情，无论是城乡居民疾病医疗负担持续大幅度减轻还是全面建成小康社会，医疗保障制度都发挥了不可替代的重要作用，充分证明了医疗保障作为我国民生保障制度体系的重要组成部分和社会保障制度体系的主要项目，不仅是解除全体人民疾病医疗后顾之忧和增进人民健康的最大民生工程，而且是建设健康中国、扎实推进共同富裕的重要制度保障。因此，有必要

[①]　执笔人：郑功成（中国人民大学教授，中国社会保障学会会长），华颖（中国社会科学院人口与劳动经济研究所副研究员，中国社会保障学会理事）。

进一步加强医疗保障制度建设，并将其提升到保障民生和有效支撑共同富裕的制度安排的战略视角来考量，借此更加全面地反映中国特色社会主义制度的强大生命力与巨大优势。

我国的医疗保障制度建设始于 20 世纪 50 年代新中国成立初期。新中国成立伊始，党和政府就高度重视医疗保障制度建设与医疗卫生事业的发展，在全国掀起大规模的爱国卫生运动和发展医疗卫生事业的同时，从 1951 年起在短短几年内就通过制定《中华人民共和国劳动保险条例》等法律法规和相应的政策体系，建立起了包括城镇劳保医疗、公费医疗制度和农村合作医疗在内的医疗保障制度体系，其中，劳保医疗制度面向城镇企业职工并惠及其家属，公费医疗制度面向机关事业单位工作人员并惠及其家属，农村合作医疗制度面向所有农业户籍居民，三大制度建立在社会主义公有制基础之上并纳入国家计划体制的人民福利，覆盖了全国 90% 以上的人口，并呈现出城乡分割、单位或集体封闭运行、免缴费型医疗保障等特色。这一制度不仅迅速为解除全体人民的疾病医疗后顾之忧提供了稳定的制度保障，而且使各类传染病、很多流行性疾病如天花、霍乱、性病等得到较彻底地消除，寄生虫病如血吸虫病和疟疾等的发病率得到了大幅度削减，人民健康水平快速提升，人均预期寿命持续延长。

改革开放后，为适应从计划经济到市场经济的转型和社会发展进步的要求，医保制度也进入了变革期。1994 年国务院确定在江苏省镇江市、江西省九江市开展职工医疗保险改革试点，揭开了从计划经济时期的传统医保制度向适应市场经济体制的社会医疗保险转型的序幕。1998 年 12 月，国务院发布《关于建立城镇职工基本医疗保险制度的决定》，确立了现行职工基本医疗保险制度的框架与实质内容；2003 年 1 月，国务院办公厅转发卫生部、财政部、农业部《关于建立新型农村合作医疗制度意见》的通知，标志着为农村居民建立的基本医疗保险制度正式启动，随后为城镇非就业居民建立基本医疗保险。2010 年 10 月，全国人大常委会制定了《中华人民共和国社会保险法》，设立专章规制医疗保险制度，为医疗保险改革与发展提供了初步的法律规制。2015 年，国务院决定全面实施城乡居民大病保险。2016 年 1 月，国务院发布《关于整合城乡居民基本医疗保险制度的意见》，要求将原来相互分割的城乡居民医疗保险制度进行整合，实现覆盖范围、筹资政策、保障待遇、医保目录、定点管理、基金管理的六个"统一"。2017 年 6 月，国务院办公厅出台《关于进一步深化基本医疗保险支付方式改革的指导意见》，为医保支付方式的改革提供了基本依据，但具体操作却仍允许地方选择。在坚持造福全体人民的目标取向下，经过 20 多年的艰辛探索，社会医疗保险从覆盖企业职工起步，经过将机关事业单位工作人员纳入覆盖范围，再向城乡居民全面扩展，迅速成为惠及全民的社会保障制度安排，传统的城乡分割、封闭运行、单一责任主体的免缴费型初级医保制度逐渐被新兴的覆盖全民、社会化、多方共担责任的缴费型医疗保险制度所取代。①

2018 年中央决定组建国家医疗保障局，一举扫除了长期制约医保改革的体制性障碍，实现了全国医保事业的集中统一管理，新的局面已经全面开启：城乡分割的居民基本医疗保险制度稳步整合，医保政策范围内的报销水平持续提升，人民疾病医疗后顾之忧持续减轻；通过快速推进医保信息标准化建设，为全国医保制度的有序运行夯实基础；通过掀起反医保欺诈的有力行动和制定专门行政法规，开始构筑维护医保基金安全的长效机制；通过药品带量采购等措施，有效遏制了药品价格虚高的态势；通过取消居民医保个人账户，发出了增强医保制度互助共济功能的明确信号；通过调整医保药品目录等措施，持续增强了医保制度的疾病医疗保障功能。目前，我国已经构建起了世界上最大的医疗保障体系，惠及了占全球人口约 18% 的 14 亿中国人民，也创造了人类发展史上的医保改革与发展奇迹。正是在医保制度日益健全的条件下，中国人民的医疗服务需求得到了大幅释放，人民群众疾病医疗的后顾之忧持续大幅度减轻，全民健康水平显著提升，人均预期寿命已达 78.2 岁，居民主要健康指标

---

① 郑功成等：《从饥寒交迫走向美好生活——中国民生 70 年（1949—2019）》，湖南教育出版社 2019 年版，第 335—338 页。

总体上优于中高收入国家的平均水平。可见，从传统医保制度向新型医保制度的全面转型，以及已经取得的惠及全民的巨大成效，表明我国医保改革与发展的全民目标与社会保险方向是正确的。

长达 20 多年的医保制度改革探索，必然是以不断打破原有法律法规规制为条件的，以政策性文件为依据是推进改革传统的医疗保障制度的必由之路。然而，实践证明，政策性文件的探索性、灵活性，以及基于行政部门政策选择的局限性，决定了其不可能最终确定确切的医保制度安排，从而也不可能为全体人民提供稳定的安全预期，因此，借鉴国际普遍经验，尽快通过相关立法促使医疗保障制度从长期试验性改革状态走向成熟、定型，事实上已经成为完善医疗保障制度并使其步入法治化、现代化轨道的紧迫任务。我国医疗保障制度建设的目标，应当是为全体人民提供清晰、理性、稳定的疾病医疗保障安全预期，同时确保这一制度运行有序、可持续发展，制度建设的关键即在于通过明确的法制规范赋权明责。只有法治化的医疗保障制度才是定型的现代化制度安排，才能真正全面实现建立这一制度的目标。[①]

本报告旨在在客观评估我国医疗保障法制化建设现状的基础上，通过借鉴典型国家的经验，提出我国医疗保障法制建设基本思路与初步构想，以为主管部门与国家立法机关提供有价值的参考。

二、中国医疗保障法制建设现状评估

开展医疗保障法制建设，必然要以现实为出发点，即现行制度的法律或政策依据是考察和评估中国医疗保障法制建设现状的直接依据，同时也是走向医疗保障法制化的基础。

[①] 华颖：《论加快我国医疗保障法制建设的必要性》，《中国医疗保险》2020 年第 10 期。

（一）评估指标设定：良法善治

法治是对现代国家治理与制度安排的基本要求，而法治的水准又取决于是否有法可依和能否保障法制的有效实施。医保制度是国家重要的民生保障制度安排，其关乎人民的基本权利，也是检验国家治理体系与治理能力的重要方面，这一制度特别需要通过立法明确赋权明责。评估医疗保障法制化建设水准最为理想的境界是良法善治：一方面，有健全、科学的法律规制，能够为医保制度运行提供清晰的依据，亦为人民群众提供稳定的医保预期；另一方面，有高效的执法与监督主体，能够确保医保制度规范有序运行并良性发展。基于国际经验和全面依法治国方略，评估中国医疗保障制度法制化水平不外乎法制体系完备程度——是否有法可依、法制实施程度——是否有法必依、法制实践效果——是否违法必究三类指标。

1.法制体系完备程度：有法可依

在现代国家，一种制度是否成熟、定型，通常以制定相应的法律为标志，而这种制度的法制化程度与法治化水平则取决于法律制度是否健全完备，即制度涉及主体的权责和制度的实际运行是否有明确和完备的法律规范。因此，有法可依是衡量医疗保障制度成熟与否和法治化水平的首要指标。

在发达国家和许多新兴工业化国家，基于立法、行政、司法三权分立的政治格局，任何制度都需要立法机关制定法律来明确规制，行政机关作为执行主体负责保障制度安排的落实，而司法机关则肩负着确保制度运行正常有序的底线，因此，这些国家的"有法可依"实质上是指制度的法律化程度，即以立法机关通过的法律为依据，奉行的是法有规定必实行、法无禁止即自由。

以对中国最有借鉴价值的德国、日本、韩国医疗保障立法与实践为例：（1）德国的医疗保险制度由其1883年制定并在近100多年间经历多次修订的《医疗保险法》规制，该法作为德国《社会法典》的重要构成部分（为第五分册），法律条款多达15章、423条，对医疗保险制度的各个方面都作出了详尽的规制；其医疗救助则被纳入《社会法典》的第十二册即《社会救助法》进行规制。(2) 日本基于历史路径依赖形成多种医保制度并行的格局，9 种公共医疗保险制度均有规范详细的法律为依据，其中在 1922 年制定并经过多次修订的《健康保险法》有 11 章（除附则外），1938 年制定并经过多次修订（其中 1958 年做过重大修订）的《国民健康保险法》有 12 章计 128 条（附则除外），2006 年制定的《高龄者医疗确保法》有 8 章计 171 条，详细规范了这些制度各个方面的具体内容。(3) 韩国在 1963 年制定《医疗保险法》、1997 年制定《国民医疗保险法》基础上，1999 年制定新的《国民健康保险法》并经过多次修订，有 9 章 119 条，中文版本达 4 万多字，详细规范了医疗保险的各个方面，同时还制定了专门的《医疗救助法》等。从这三个采取社会医疗保险制度的国家来看，其医疗保险制度的法制化建设实质上是完备的法律化建设，医疗保险法律对制度运行的各个方面均有详细的、可供操作的法律依据。

中国确立的不是类似西方国家三权分立的政治体制，而是中国共产党领导的中国特色社会主义制度。《中华人民共和国宪法》规定，中华人民共和国实行依法治国，建设社会主义法治国家。国家维护社会主义法制的统一和尊严。同时对社会保障制度建设作出了多条规定，如国家建立健全同经济发展水平相适应的社会保障制度，国家发展为公民享受这些权利所需要的社会保险、社会救济和医疗卫生事业等，从而为中国社会保障制度建设与发展提供了最高依据。在法制建设方面，《宪法》明确规定，全国人民代表大会及其常务委员会行使国家立法权；国务院根据宪法和法律，规定行政措施、制定行政法规、发布决定和命令；国务院各部、各委员会根据法律和国务院的行政法规、决定、命令，在本部门的权限内发布命令、指示和规章。同时还明确规定省级人大及其常委会在不同宪法、法律、行政法规相抵触的前提下可以制定地方性法规等。《宪法》的规制清晰地明确了中国的立法体系，明确了中国是法制统一的国家。

具体规制中国立法事务的法律是根据《宪法》于 2000 年 3 月由第九届全国人大第三次会议通过(2015 年 3 月第十二届全国人大第三次会议修正）的《立

法法》。该法第二条规定："法律、行政法规、地方性法规、自治条例和单行条例的制定、修改和废止，适用本法。国务院部门规章和地方政府规章的制定、修改和废止，依照本法的有关规定执行。"该法再次重申了法律的制定权在全国人大及其常委会。对行政法规等的制定作出了完整的规制。其第六十五条规定，国务院根据宪法和法律，制定行政法规。行政法规可以就下列事项作出规定：（一）为执行法律的规定需要制定行政法规的事项；（二）宪法第八十九条规定的国务院行政管理职权的事项。应当由全国人大及其常委会制定法律的事项，国务院根据全国人大及其常委会的授权决定先制定的行政法规，经过实践检验，制定法律的条件成熟时，国务院应当及时提请全国人大及其常委会制定法律。同时还对地方性法规的制定及其立法范围作出了明确规制，对国务院部门规章与地方政府规章的制定作出了明确规定。

综上可见，中国的法制建设事实上包括了法律（全国人大及其常委会制定）、法规（中央政府、省级人大及其常委会制定）、规章（国务院部门、省级人民政府）三个层级，法律具有最高效力，国务院制定的行政法规具有次高效力且不得与法律相抵触，而行政部门制定的规章则被视为对法律、法规的具体操作行为的细化。鉴于医疗保障制度属于国家法定制度安排，其法律依据应当来自国家层级的立法机关、中央政府机关与主管部门分别制定的法律、法规与规章，而不宜通过地方性法规或规章来规制。因此，评估中国医疗保障制度是否有法可依，根本在于相关法律的规制是否完备，同时考虑基于法律原则的行政法规与部门规章。在国家层级立法滞后或授权地方确定相关政策的情形下，地方通过相关立法或制定规章的行为来为医保制度的实践提供依据应当是可行的，但不得与国家相关法律、法规、规章及政策性文件相抵触。

当整个医疗保障制度上升到由法律规制时，无疑属于高层次的法律化的有法可依，所揭示的是医疗保障制度已经成熟、定型；当医疗保障制度由基本法律主导但同时由行政法规、部门规章进行细化规制时，可以视为多层次立法规制下的有法可依，所揭示的是医疗保障制度基本成熟、定型；当医疗保障制度缺乏法律、法规的有效规制，主要以政策性文件为依据时，则与制度的法制化相距甚远，揭示的是医疗保障制度还处于不成熟状态。

2. 法制实施程度：有法必依

法律的生命在于有效实施，否则便是一纸空文。而法律的有效实施，取决于执法状态。如果执法是严格的，法律便具有了严肃性、权威性，进而成为制度运行的真实依据；如果执法是不严格的，制度实践必然出现违法或扭曲法制本意的现象。让制度依法实施、依法运行，体现的是制度的稳定性而非灵活性，而稳定性是可靠性的来源，也是预期清晰并维持理性的保证。因此，严格执法构成了确保制度规范正常有序运行的基本保证，医疗保障制度也不会例外。

在发达国家，法律规制的权利与义务和实践中的现实权利与义务具有高度的一致性，这是法治国家、法治社会的基本特征，其关键在于严格执法。而严格执法需要有相应的行政管理系统、业务经办或实施系统、监督系统并具备依法履行各自职责的能力。同时，还有法治意识，包括依法参保、依法行政、依法经办、依法监督以及依法处理医保领域中的问题。

需要特别指出的是，强调严格执法还需要以有质量的法律法规为条件，如果法律法规的规制是不合理的，或者是滞后的，严格执法反而可能影响制度的健康发展，这一事实决定了立法是非常严肃且需要理性博弈的事情。当然，任何国家的任何法律在最初并非都是完美无缺的，都经历过从不完善到完善、不完备到完备的发展过程，因为法律制度只能是时代实践的反映，而时代是不断发展进步的，制度也需要与时俱进地作出调整，这就是发达国家与新兴工业化国家在建立本国医疗保障制度时的历史逻辑与事实逻辑。德国的医疗保险法自1883年制定后几乎年年有修订，日本、韩国的医疗保障领域立法也经历了多次修订，从而证明了法律的完善是一个历史性的进程，而这些国家的医疗保障立法之所以不断地被修订，是因为严格执法中遇到了前所未有的问题，即法制实践中暴露出来的问题或者面临的新挑战要求进一步完善法制规范，才能更好地满足社会发展需要并维系医疗保障制度的健康持续发展。

基于上述分析，评估中国医疗保障法制建设的现状亦需要考量这一制度发展的阶段性特征。在考察其保障性机制即执法主体（行政部门、经办系统与监督机制）的同时，还需要考察严格执法与有法可依之间的适应性。中国现行的医疗保障制度是在长达20多年的改革探索中逐渐建立起来的，因历史路径的局限性而存在着诸多制度性缺陷，从而需要通过全面深化改革才能促使这一制度体系走向成熟、定型。因此，执法过程中出现的问题，也需要理性研判。这种理性研判包括两个方面：一是现行法律法规或政策规制的符合医保制度客观规律和适合国情的正确内容是否得到了有效实施；二是现行法律法规或政策规制的不符合医保制度客观规律和不适合国情的不当内容是否得到了有效纠正，如果答案是肯定的，则是有利于法制完善和制度成熟的，反之，制度运行的结果可能与建制初衷相反，甚至留下后遗症，损害制度的长远发展。因此，现阶段对中国医疗保障制度法制实施程度的评估，还必须在遵循国际规则与制度客观规律的同时，考虑到这一制度的渐进性、阶段性特点。

3. 法制实践的效果程度：违法必究

在依法治国的背景下，医疗保障法制实践的效果无非是守法与违法两种情形，守法是指制度能够依法规范有序运行，违法是指制度在实践中出现违法或失范现象。从中外实践来看，任何国家的任何法律在实践中都可能出现违法现象，关键在于违法现象的社会影响程度以及国家对违法现象的治理有效与否。因此，衡量医疗保障制度法制化水平的指标包括现实中的违法现象及对违法现象的处理，违法必究应当成为重要的客观评价指标。换言之，在医疗保障制度实践中，对违反法制规范的现象必须纠正，并让违法者得到惩处和付出相应的代价，这是法制的应有之义，也是维护医保制度公正的内在要求。

如果在医疗保障领域存在违法现象（在中国因法制化程度低，还应当包括违反政策规定的现象）而得不到处理，产生的直接效应必然是有法不依甚至普遍性违法，结果必定是法治不张。在这种情形下，即使是优良的医疗保障制度也会在实践中被扭曲，其不良效应会不断蔓延，最终必定损害整个制度的健康持续发展。如果违法违规现象能够得到根治，就可以确保整个制度在法治轨道上正常有序地运行和发展。

在上述三大指标中，有法可依是基础，也是根本，严格执法是关键，而违法必究是底线。基于中国医疗保障改革与制度建设的渐进性，目前还不可能以成熟、定型的制度安排来要求其法制化程度，但也应当以成熟、定型的制度安排为目标进行考量，以此找出差距，寻求走向成熟、定型的合理的法制化路径。

（二）医疗保障法制现状：实践依据

中国要构建的是包括法定医疗保障与补充层次医疗保障在内的多层次制度体系。其中，法定医疗保障包括职工基本医疗保险、城乡居民基本医疗保险及从中分离出来的居民大病保险、医疗救助三类制度、四个项目，系由政府主导、依法强制实施的医疗保障制度；补充层次医疗保障包括补充医疗保险、商业健康保险、慈善医疗三类制度及若干项目，系由市场主体与社会力量主导、自愿实施的医疗保障制度。由于补充层次的医疗保障需要服从市场规则与社会慈善规则，通常由相应的商业保险法制与慈善法制规范，或者在一般意义的商业保险法律与慈善法律基础上适用于具体的政策性规范，因此，本节主要梳理法定医疗保障制度的实践依据。

根据医疗保障制度的实践，现行法律与政策依据可见附表1—1。

表1—1　现行医疗保障相关法律法规与政策性文件

时间	名称	适用	制定或发布机关
2010.10	社会保险法	含社会保险总体规制，医疗保险单列一章	全国人大常委会
2012.04	军人保险法	含军人医保	全国人大常委会
1999.01	社会保险费征缴暂行条例	含医疗保险费	国务院

续表

时间	名称	适用	制定或发布机关
2020.02	关于阶段性减征职工基本医疗保险费的指导意见	医疗保险费	国家医保局、财政部、税务总局
2014.02	社会救助暂行办法	含医疗救助	国务院制定
2021.02	医疗保障基金使用监督管理条例	基金监管	国务院制定
2020.02	关于深化医疗保障制度改革的意见	综合性、原则性意见	中共中央、国务院
2021.09	关于印发"十四五"全民医疗保障规划的通知	综合	国务院办公厅发布
1998.12	关于建立城镇职工基本医疗保险制度的决定	职工医保	国务院发布
2003.05	关于城镇灵活就业人员参加基本医疗保险的指导意见	职工医保	劳动保障部
2004.05	关于推进混合所有制企业和非公有制经济组织从业人员参加医疗保险的意见	职工医保	劳动保障部
2009.05	关于妥善解决关闭破产国有企业退休人员等医疗保障有关问题的通知	职工医保	人社部、财政部、国务院国资委、监察部
2003.01	关于建立新型农村合作医疗制度的意见	农村居民医保	国务院办公厅转发卫生部等3部门文件
2004.01	关于进一步做好新型农村合作医疗试点工作的指导意见	农村居民医保	国务院办公厅转发卫生部等11部门文件
2006.01	关于加快推进新型农村合作医疗试点工作的通知	农村居民医保	卫生部等7部门
2007.07	关于开展城镇居民基本医疗保险试点的指导意见	城镇居民医保	国务院发布
2003.11	关于实施农村医疗救助的意见	农村居民医疗救助	民政部、卫生部、财政部
2005.03	关于建立城市医疗救助试点工作的意见	城镇居民医疗救助	国务院办公厅转发民政部等4部门文件
2006.06	关于加强城市医疗救助基金管理的意见	城镇居民医疗救助	财政部

时间	名称	适用	制定或发布机关
2009.06	关于进一步完善城乡医疗救助制度的意见	居民医疗救助	民政部、财政部、卫生部、人社部
2012.07	关于开展特大疾病医疗救助试点工作的意见	居民医疗救助	民政部、财政部、人社部、卫生部
2015.04	关于进一步完善医疗救助制度全面开展重特大疾病医疗救助工作意见的通知	居民医疗救助	国务院办公厅转发民政部等文件
2016.01	关于整合城乡居民基本医疗保险制度的意见	居民医保	国务院
2012.08	关于开展城乡居民大病保险工作的指导意见	居民大病保险	国家发改委、卫生部、财政部、人社部、民政部、中国保监会
2015.07	关于全面实施城乡居民大病保险的意见	居民大病保险	国务院办公厅
2021.10	关于健全重特大疾病医疗保险和救助制度的意见	居民医保	国务院办公厅
2011.05	关于进一步推进医疗保险付费方式改革的意见	医保支付	人社部
2012.11	关于开展基本医疗保险付费总额控制的意见	医保支付	人社部、财政部、卫生部
2014.11	关于进一步做好基本医疗保险异地就医医疗费用结算工作的指导意见	医保支付	人社部、财政部、国家卫健委
2016.12	关于做好基本医疗保险跨省异地就医住院医疗费用直接结算工作的通知	医保支付	人社部、财政部
2017.06	关于进一步深化基本医疗保险支付方式改革的指导意见	医保支付	国务院办公厅
2020.01	关于做好新型冠状病毒感染的肺炎疫情医疗保障的通知	医保支付	国家医保局、财政部
2014.08	关于进一步加强基本医疗保险医疗服务监管的意见	医保监管	人社部

续表

时间	名称	适用	制定或发布机关
2019.02	关于做好 2019 年医疗保障基金监管工作的通知	医保监管	国家医保局
2020.06	关于推进医疗保障基金监管制度体系改革的指导意见	医保监管	国务院办公厅
2021.12	关于加强查处骗取医保基金案件行刑衔接工作的通知	医保监管	国家医保局 公安部
2022.01	医疗保障基金使用监督管理举报处理暂行办法	医保监管	国家医保局
2017.01	生育保险和职工基本医疗保险合并实施试点方案	生育保险与医疗保险合并	国务院办公厅
2019.03	关于全面推进生育保险和职工基本医疗保险合并实施的意见	生育保险与医疗保险合并	国务院办公厅
2016.06	关于开展长期护理保险制度试点的指导意见	护理保险	人社部
2019.08	国家基本医疗保险、工伤保险和生育保险药品目录（2019 年版）	业务经办	国家医保局、人社部
2019.11	关于做好当前药品价格管理工作的意见	业务经办	国家医保局
2020.01	关于做好 2019 年国家医保谈判药品落地工作的通知	业务经办	国家医保局、国家卫生健康委
2020.01	关于开展第二批国家组织药品集中采购和使用工作的通知	业务经办	国家医保局、国家卫生健康委、国家药监局、工业和信息化部、中央军委后勤保障部
2020.03	关于推进新冠肺炎疫情防控期间开展"互联网 +"医保服务的指导意见	业务经办	国家医保局、国家卫生健康委
2022.02	关于进一步深化推进医保信息化标准化工作的通知	业务经办	国家医保局

说明：（1）本表源自各相关部门官方网站文献整理。

（2）本表只收入重要的法律法规与政策性文件，但医疗保障制度实践中的具体政策依据还有一些。

（3）地方性医保法规、省级以下的地方性医保规章或政策性文件和地方各级医保主管部门发布的政策性文件均未统计在内。

表1—1勾勒出的是中国现行医疗保障制度实践的国家层级依据，包括国家立法机关制定的相关法律、国务院制定的相关行政法规与政策性文件、国家主管部门制定或联合制定的相关规章与政策性文件，它反映了这一制度安排即使在国家层面也具有复杂性。同时，在各地的医疗保障实践中，事实上还需要由各地制定出多种具体政策性文件作为依据。

（三）总体评估：基本特点与实践效应

从现行医疗保障制度实践依据出发，可以发现，中国的医疗保障法制建设呈现出中央层级与地方多个层级并行，主要依靠政策性文件（俗称"红头"文件）主导且仍然处于不断演变之中的显著特点。

1. 总体上由政策性文件主导医疗保障制度实践

从表1—1可见，现行医疗保障制度的实践依据包括法律、行政法规、部门规章和中央到地方各级政府发布的各种政策性文件，更多的是从中央到地方的各种政策性文件在主导。

在现行法律中，《社会保险法》是基本医疗保险制度的主要法律依据。一方面是综合性的法律规制适用于医疗保险。该法共12章计98条，其中第一章总则、第七章社会保险费征缴、第八章社会保险基金、第九章社会保险经办、第十章社会保险监督、第十一章法律责任、第十二章附则均适用于包括基本医疗保险在内的各项社会保险制度，但又与现行医疗保险制度及其实践存在差距。例如，总则中规定社会保险坚持广覆盖、保基本、多层次、可持续的方针，而基本医疗保险的目标是覆盖全民即全覆盖，保基本落实到居民基本医疗保险时又分离出了一个大病保险（且交商业保险公司经办），对低收入困难群体则实行代缴基本医疗保险费且报销率达90%以上；社会保险费征缴、社会保险基金收支与结余管理、社会保险经办、社会保险监督等基本上属于原则性规范而非制度实际运行的具体、直接的依据；法律责任中只对行政处罚做了有限规制，而附则中规定"进城务工的农村居民依照本法规定参加社会保险""征收农村集体所有的土地，应当足额安排被征地农民的社会保险费，按照国务院规定将被征地农民纳入相应的社会保险制度"和"外国人在中国境内就业的，参照本法规定参加社会保险"给这些群体打上了特殊的身份烙印，事实上并不利于社会保险制度的统一。另一方面是对基本医疗保险的专门规制。该法第三章共 10 条是专门规范基本医疗保险的，主要内容是职工基本医疗保险的参保、缴费、基金支付与业务经办等原则性规制，对城乡居民基本医疗保险是按照城乡分割设置且仅仅是宣示性的条文，从而亦非医疗保险制度在实践中的具体法律依据。法律条文中回避了对制度实践中已经固化的职工基本医疗保险个人账户的取舍，以及明确规定退休人员不缴费，均属重大的制度性缺陷，事实上构成了影响基本医疗保险制度健康持续发展的重大障碍。《军人保险法》第四章共 5 条，专门规制退役医疗保险，但仅适用于军人参保缴费和退役后的医保关系转移。由此可见，《社会保险法》只为职工基本医疗保险制度的实施提供了基本的原则性依据，对城乡居民医疗保险则缺乏必要的规制，从而并不能作为这一制度运行的直接法律依据。

在法规层次上，国务院制定的《社会保险费征缴暂行条例》将医疗保险费征缴纳入其中，可以与其他社会保险项目一并依规办理；另一法规《社会救助暂行办法》则将医疗救助纳入其中，但只有原则性规范，医疗救助的具体实践需要以政策性文件为依据。需要指出的是，上述两个行政法规都含有"暂行"字样，表明只是临时性的行政法规。2021 年国务院颁布的《医疗保障基金使用监督管理条例》是一部专门的医疗保障法规，这是我国医疗保障开始走向法治化的一个重要标志，但它也只规制了医保基金使用环节，从而是一部适用范围很窄的法规。

在政策性文件方面，特别发达。1998 年 12 月，国务院发布《关于建立城镇职工基本医疗保险制度的决定》，确立了现行职工基本医疗保险制度的基本架构；2016 年 1 月，国务院发布《关于整合城乡居民基本医疗保险制度的意见》，使城乡分割的居民医保制度走向统一；国务院、国务院办公厅及人社部、卫生健康委、国家医保局、财政部等主管部门先后发达过一系列的医保政策性文件；其中的部分内容被纳入 2010 年制定的《社会保险法》中，但绝大多数政策性文件的内容因实质上均处于试验性探索之中且《社会保险法》主要是框架性、原则性规制，并未能够上升到法律规制的层面。同时，由于国家层级的政策性文件也往往过于原则性，有时甚至直接授权地方制定具体政策，致使各地出台的医保政策性文件多到难以胜数，它们一方面弥补了国家层级法律法规政策规制的不足，维护了医保制度在全国范围内的有效实施；另一方面也往往具有一些地方特色，这是现行医疗保障制度统一性不足的重要原因。

在专题调研中发现，地方医疗保障行政部门、医保业务经办机构乃至医保研究者在介绍医保制度实践时，通常都是以相关政策性文件为依据，鲜有举出《社会保险法》为依据的例子。在人们的观念中，法律通常不被当作制度实践的依据，只有通过政策性文件才能真正落地，这当然与中国的相关法律可操作性弱有关，也与长期以来一直由行政主导民生保障制度安排的国家治理体系相关，还有中国特色医疗保障制度只能在不断改革探索中形成的影响。因此，中国医疗保障制度的现实是法律规制严重不足，整个制度的实践事实上由中央到地方的各种政策性文件主导，这表明了现行医疗保障制度的法制化程度严重偏低，进而表明这一制度仍然处于探索之中，尚未成为成熟的制度安排。

2. 各种医疗保障制度的建立均具有渐进性且仍处在改革进行中

自 20 世纪 90 年代正式起步的中国医疗保障制度改革，是从传统社会主义制度下由公有制与计划体制支撑的非缴费型单位（或集体）保障制走向利益主体多元化下能够与市场经济体制相适应的缴费型社会医疗保险制的过程。在 20 多年的探索中，既要放弃已经不合时宜的传统公费医疗、劳保医疗与农村合作医疗制度，又不能超越国情简单地照搬国外既有的医疗保障模式，而是需要探索出有中国特色的医疗保障制度，这使得新型医疗保障制度的确立不可能一蹴而就，其实践路径必然要服从并服务于整个改革事业的大局，从而具有渐进性。

一方面，中国的医疗保障制度改革采取的是局部试点先行、于后总结推广，单项改革先行、政策分割推进的渐进式改革与发展策略，整个医疗保障制度呈现的是渐进发展态势。例如，在职工基本医疗保险方面，1994 年 4 月，国家体改委、财政部、劳动部、卫生部联合发布《关于职工医疗制度改革的试点意见》，开启了企业职工劳保医疗走向社会医疗保险的序幕；同年 11 月国务院批复江苏省、江西省关于镇江市、九江市开展职工医疗制度改革实施方案（简称"两江"试点方案），使职工基本医疗保险制度正式进入地方试点阶段；1996 年 5 月，国务院办公厅转发国家体改委、财政部、劳动部、卫生部《关于职工医疗保障制度改革扩大试点的意见》，将"两江"改革推广到全国更大范围进行试验；1998 年 12 月，在总结"两江"与海南省、深圳市等省市医疗保险改革试点经验基础上，国务院发布《关于建立城镇职工基本医疗保险制度的决定》，正式确立了现行的职工基本医疗保险制度；这一过程前后经历了近 5 年，此后还对若干具体内容进行了完善。在居民医疗保险制度建设方面，也是如此。2003 年 1 月、2004 年 1 月，国务院办公厅先后转发卫生部等部门的《关于建立新型农村合作医疗制度的意见》《关于进一步做好新型农村合作试点工作的指导意见》，正式拉开了为农村居民建立基本医疗保险制度的序幕；2006 年 1 月，卫生部等发布《关于加快推进新型农村合作医疗试点工作的通知》，加快了农村居民基本医疗保险制度的试点步伐；2007 年 7 月，国务院发布《关于开展城镇居民基本医疗保险试点的指导意见》，开启了为城镇人口中未就业人口建立医疗保险制度的序幕；2012 年 8 月，国家发改委、卫生部、财政部、人社部、民政部、中国保监会联合发布《关于开展城乡居民大病保险工作的指导意见》，2015 年 7 月，国务院办公厅发布《关于全面实施城乡居民大病保险的意见》，这两件政策性文件在基本医疗保险的基础上为城乡居民建立大病医疗保险制度提供了依据，并明确由商业保险公司参与经办；2016 年 1 月，国务院发布《关于整合城乡居民基本医疗保险制度的意见》，将原来分割设立的城镇居民与农村居民的基本医疗保险制度整合成一个制度，城乡居民基本医疗保险制度自此走向一体化。上述事实表明，中国现行医疗保障制度的确立表现为渐进式，是在目标不太明朗、路径并不清晰的条件下通过"摸着石头过河"的方式逐渐明朗化的。

另一方面，中国医疗保障改革与制度建设仍在进行中，其在实践中的具体表现即是国家层级政策与地方政策共同构成了医疗保障制度的实践依据。由于国家层级对整个医疗保障制度的规制并不全面、具体，同时又在一定程度上赋予了省级以下一定的自主定制权，故与医疗保障相关的地方性法规、规章与政策性文件极多，几乎各省级政府及其主管部门均会制定若干政策性文件，甚至在县级统筹的情形下，县级政府及其主管部门也会出台相关的政策性文件。因此，要完全搞清楚中国现行医疗保障制度在各地的实践依据是一件极其艰难的事情。在调查中发现，即使是 2019 年国家医保局要求各地报送本地的医保待遇清单，一些省级医保部门因辖区内各市县自行出台相关的政策性文件存在做法差异而无法提供。这表明了现行医疗保障制度在全国范围内只具有制度架构、基本权责关系与主要内容的一致性，其具体实践并不具有统一性。

2020 年 2 月，中共中央、国务院发布《关于深化医疗保障制度改革的意见》，这是新时代中央层级对整个医疗保障制度进行顶层设计的纲领性文件，它将指导着中国特色医疗保障制度改革全面走向深化并朝着法制化方向稳步迈进，同时也表明医疗保障制度改革仍在进行中。

3. 执法主体基本明确，但违法违规现象并不罕见

法律制度的有效实施必须有相应的行政部门、经办部门和监督机构，以及主体各方的法治意识与守法行为。在这方面，已经取得了重要进展。

2018 年国务院机构改革后，国家医疗保障局成为全国医疗保障制度的主管部门，实现了对法定医疗保障制度实践的集中统一管理，从而已经明确医疗保障制度的管理体制；同时，与社会医疗保险制度同步建立的医保经办机制作为法定医保业务的实施主体亦具有明确的职责规定，并事实上履行着实施医保制度及与医疗服务机构、医药机构通过协议建立关系的职责。这种管理体制与实施机制基本保障了法定医疗保障制度在全国范围内的实施。

然而，现行法律对医疗保障行政部门、经办部门与监督机制的规制是不清晰的，缺乏专门的《医疗保险（障）法》规制及授权，加之许多医疗保障事务只能依据大量政策性文件甚至是部门通知或者地方相关机构的"红头"文件来实施，这使得医疗保障行政部门、经办机构的执法权威性受到直接影响，即政策性文件不可能成为司法机关裁决医疗保障领域违法现象的法律依据，部门规章或政策性文件不可能作为处理涉及部门之间或多部门交叉事务的依据，地方出台的政策性文件更不可能成为处理跨越地域范围的医疗保障事务的依据。同时，目前全国的基本医疗保险还处于地方分割统筹的局面，许多地方处在县级统筹的低层次上，不仅医保行政管理部门受制于地方，而且医疗保障业务经办机构亦受制于地方，进而还必须遵守五花八门的地方性政策并受当地党政及相关机构的影响。在这种情形下，医疗保障制度在实践中便很难严格执法（政策），制度的严肃性与公正性亦难以得到保证，致使各地违法违规现象高发频发。从调查了解的情况来看，职工基本医疗保险并未实现依法"应保尽保"的目标，部分用人单位的务工人员特别是农民工并未依法参保，医疗机构通过重复检验、开大处方或者与患者合谋骗取医疗保险基金的现象不罕见，这表明法律法规政策并未严格执行，反医保欺诈成为严峻且紧迫的任务。

2018 年 9 月起，国家医保局联合卫健委等 6 部门在全国范围内开展"打击欺诈骗保专项行动"，此后出台了多项政策性文件，目的即是治理医疗保障领域（主要是医疗保险）的违法违规现象。在专项治理的基础上，国务院于 2021 年 2 月颁布了《医疗保障基金使用监督管理条例》，这标志着医保基金监管正式步入了法制化轨道，这是我国医疗保障法制建设的一个重大进步，但还未真正形成长效的法制机制，违法违规现象仍然普遍、违法必究局面尚未形成，这是医疗保障领域执法不严的现实写照。

4.医疗保障制度已经惠及全民，但重大疾病后顾之忧依然存在

医疗保障制度实践的效果关键在于覆盖面的宽窄和对人民疾病医疗后顾之忧的解除程度。在法制不健全的条件下，依靠中国独特的政治体制和具有执行力的行政体制，医疗保障制度取得了举世瞩目的成就。

截至 2021 年底，全国基本医疗保险（以下简称"基本医保"）参保人数 136297 万人，参保率稳定在 95% 以上。全国基本医疗保险（含生育保险）基金总收入 28727.58 亿元，基金总支出 24043.10 亿元，基金当期结存 4684.48 亿元，累计结存 36156.30 亿元，其中，职工基本医疗保险(以下简称职工医保)个人账户累计结存 11753.98 亿元。① 这一组数据反映了医疗保障制度已经成为中国首个惠及全民的社会保障制度，在世界医疗保障制度发展史上应当具有重要地位。

不过，由于制度的法制化程度不高，各地出台的医保具体政策性文件五花八门，制度的统一性、稳定性不足而灵活性有余，从而无法给全体人民提供清晰、稳定的疾病医疗保障预期，重特大疾病可能导致的灾难性生活后果仍然是城乡居民无法解除的后顾之忧。目前，全国基本医疗保险的参保率稳定在 95% 以上。在保障水平上，职工基本医疗保险政策范围住院费用的报销率约为 85%，居民医疗保险在政策范围内住院费用报销率约为 70%，个人负担依然很重。特别是治疗重大疾病常需的进口药、靶向药等或诊疗项目通常不在报销目录内。因此，在现行医疗保障制度下，人民群众的疾病特别是重大疾病医疗后顾之忧并未从根本上得到解除，重大疾病不仅是低收入群体的重大风险，也构成了中等收入群体的重大风险。因此，现阶段还需要不断提升医疗保障的能力与水平，并需要通过健全的医疗保障法制为全体人民提供清晰、稳定、可靠的预期，这样才能让所有人明了自己的疾病风险大小并据此作出理性的生活安排。

---

① 2021 年全国医疗保障事业发展统计公报，国家医疗保障局网站，2022 年 6 月 8 日，http://www.nhsa.gov.cn/art/2022/6/8/art_7_8276.html。

（四）基本结论：离法制化目标相距尚远

基于前述分析，中国医疗保障制度框架日益清晰，但法制化程度很低，主要依靠中央与地方的政策性文件规制；在医疗保障制度实践中，虽然已经基本实现覆盖全民的目标，但法治意识不强、违法现象普遍；城乡居民的医疗保障待遇与权益在不断扩张，但个人责任意识不足、疾病后顾之忧犹存。因此，中国医疗保障制度总体上仍然处于改革试验期阶段，尚未真正进入法制化建设时期。

党的十九大全面开启加快国家现代化进程新征程，党的二十大明确全面建成社会主义现代化强国、扎实推进全体人民共同富裕为新的目标任务，在此背景下，整个社会保障体系都必须加快走向定型，医疗保障作为重要制度安排也必然需要加快步入法制化轨道。因此，统筹规划医疗保障领域的法制建设，加快这一领域的立法步伐，事实上已经成为一项必要且紧迫的任务。

三、中国医疗保障法制建设的总体思路

医疗保障是关乎最普遍的民生保障需求的制度安排，也是整个社会保障制度体系中关系最为复杂的制度安排。全世界第一部现代社会保障法律是 1883 年由德国制定的医疗保险法，日本的第一部社会保障法律也是健康保险法，这种现象并非偶然，而是证明了医保制度自诞生之日起就对法律的要求较高，这一传统各国传承至今的具体表现就是医疗保障制度在任何国家都是立法先行、以法定制、依法实施，即通过立法来确立制度，于后才是通过公共部门和专业机构将法律规制付诸具体行动，最终使国民的医疗保障权益得以实现。因此，我国必须改变目前医疗保障制度基本处于无法可依的状况，加快医疗保障体系的法制建设，尽快让整个医疗保障制度特别是法定医疗保障制度步入法治化轨道。

(一) 加快医疗保障法制建设的条件分析

前已述及，医疗保障制度是一项独立的社会制度安排，在建制目标、保障对象、实施过程、利益关系等方面与其他社会保障制度有着较大区别。其主体关系复杂，涉及政府、用人单位与参保者个人三方和医保、医疗、医药三大领域的互动，需要依法维护其稳定性和连续性。而现行医疗保障制度的缺陷已经形成了强劲的路径依赖，急切需要通过立法才能矫正。因此，在医疗保障制度亟待法制规范和全面推进依法治国的大背景下，中国不可能继续在过去长时间的探索期内依靠"红头文件"实施医保制度的这一做法，必须通过尽快全面推进医疗保障立法，以法律法规来规范、引领医疗保障制度健康持续发展，并为全民提供清晰、稳定、可靠的安全预期。

在强调加快医保立法的必要性与紧迫性的同时，还应当看到，立法条件已经基本具备：

1. 新时代提供了有利于医疗保障法制建设的大背景

一方面，新时代确立的奋斗目标是不断满足人民对美好生活的需要，而健全的医疗保障制度作为至关重要的民生保障制度，必定要成为这一奋斗目标的重要方面，这是新时代赋予的重要使命。党的十九届四中全会《决定》明确指出："中国特色社会主义制度是党和人民在长期实践探索中形成的科学制度体系，我国国家治理一切工作和活动都依照中国特色社会主义制度展开，我国国家治理体系和治理能力是中国特色社会主义制度及其执行能力的集中体现。"《决定》还明确提出要完善覆盖全民的社会保障体系，坚持应保尽保原则，健全统筹城乡、可持续的基本医疗保险制度，规范社保基金管理，发展商业保险；要求强化提高人民健康水平的制度保障，提高医疗保障水平，健全重特大疾病医疗保险和救助制度。这些要求决定了医疗保障制度作为国家治理体系与治理能力的有机组成部分，必然要遵循中国特色社会主义制度的原则规范与发展方略，尽快按照中国特色社会主义制度更加成熟、更加定型的要求走向成熟、定型。

另一方面，新时代确立了全面依法治国是治国安邦的基本方略。2014 年 10 月，党的十八届四中全会通过的《中共中央关于全面推进依法治国若干重大问题的决定》为全面依法治国作出了科学的顶层设计，党的十九大报告和十九届四中全会作出的决定又进一步为全面推进依法治国提供了依据与行动方案，所确立的目标即是建设中国特色社会主义法治体系、建设社会主义法治国家，坚持依法治国、依法执政、依法行政共同推进，坚持法治国家、法治政府、法治社会一体建设，所强调的是要发挥立法的引领和推动作用，积极推进严格执法与全民守法。在这样的大背景下，作为重要民生保障与社会保障制度的医疗保障制度，必然要加快步入法制化轨道，并全面走向依法治理新阶段。党的二十大报告继续重申全面依法治国的方略并作出了新的部署。

一个建立在法治基础之上的成熟、定型的中国特色医疗保障制度，必定使社会主义制度的优越性得到更加充分的发挥，也必定使中国特色社会主义制度更加成熟、更加定型。因此，新时代的定位事实上为全面深化医疗保障制度改革和全面加快推进医疗保障法制建设提供了基本遵循和有利的时代背景。

2. 党中央、国务院出台了全面深化医疗保障制度改革的顶层方案

2020 年 2 月，中共中央、国务院发布《关于深化医疗保障制度改革的意见》，为全面深化我国医疗保障制度改革作出了完整的部署，是新时代建设中国特色医疗保障制度的顶层设计，它事实上回答了我国应当建立什么样的医疗保障制度以及如何建成这一制度的重大问题，并对中国特色医疗保障制度的建设与发展作出了相当清晰的规划。因此，我国的医疗保障制度改革不再是"摸着石头过河"，而是有了明确的目标、清晰的路径，现行医疗保障制度需要深化改革的重点任务亦有了相应的部署，这无疑为新时代全面推进医疗保障制度改革走向深化并通过立法来最终确立中国特色医疗保障制度提供了科学的依据。

这份纲领性文件同时还表明我国全面深化医疗保障制度改革的共识已基本形成。在以往的改革中，对于医疗保障的制度选择、筹资责任分担、个人账户存废、管理体制优化、统筹层次高低、经办机制统一、保障待遇清单以及"三医"之间的联动等均是仁者见仁、智者见智，不同地区对深化改革的认识与努力也不同，这些分歧事实上直接影响着全局与大局。近年来，伴随国家层级对深化医疗保障制度改革的认识提升和理论学术界相关研究的日益深入，许多分歧正在转化为共识，中共中央、国务院发布的《关于深化医疗保障制度改革的意见》即是这种共识的具体体现。例如，在制度模式选择上，既不能延续现行的制度分割格局，也不能走全民免费医疗的道路，而是需要坚持走以权利义务相结合的医疗保险为主体的多层次医疗保障发展之路；在筹资责任分担上，责任分担日益失衡的格局引起了警惕，促进责任分担走向相对均衡成为共识；在医保个人账户改革方面，取消个人账户以强化医保制度的互助共济功能成为共识；在统筹层次方面，消除过低层次的统筹格局代之以省级统筹为目标正在成为共识；在经办方面，统一全国医保经办机制并借助社会力量成为共识；在保障待遇方面，摒弃各地五花八门、叠床架屋的现象代之以基本医疗保障待遇统一化并辅之以其他层次的医疗保障成为共识；在"三医"联动方面，强化医保、医疗、医药三大系统的自我完善并增强医疗保障制度的有效调控作用成为共识，等等。

由此可见，中央对全面深化医疗保障制度改革的意见及当前形成的社会共识，事实上为全面加快医疗保障制度的法制化建设提供了科学的依据。

3. 集中统一的管理体制能为加快医疗保障法制建设提供有力的组织保障

前已述及，2018 年国务院机构改革中成立国家医疗保障局，标志着我国已经形成了集中统一的医疗保障管理体制，这不仅破除了长期以来制约我国医疗保障制度改革的体制性障碍，而且能够保证政令统一、步调一致，进而实现统筹规划整个医疗保障体系建设，实现不同层次医疗保障制度安排的结构有序、功能互补，从而可以为全面深化医疗保障制度改革和全面推进医疗保障领域的法制建设提供有效的组织保障。

在管理体制统一前，由于医疗保障处于城乡分割状态，国家层级几乎无法推动专门的医疗保障立法工作。一些地方虽在医疗保障领域立法方面有所突破，但城乡分割的格局并未解除，甚至有个别省级立法机关受行政部门的影响而为农村新型合作医疗制定专门的地方性法规，其产生的效应不是促使城乡医疗保险制度从分割走向有效整合，而是通过不当立法来固化这种分割状态。很显然，管理体制分割对医疗保障法制建设是极为不利的。

近两年来的实践表明，在国家医疗保障局的集中统一管理下，我国医疗保障改革步伐在明显加快，已经出台的多项重大改革举措符合医疗保障制度发展的客观规律，政令统一、上下一体、运行日益规范的局面正在快速形成，这充分体现了医疗保障集中统一管理体制的不可替代的巨大优势，这种优势应当且可以转化为全面推进医疗保障领域法制建设的巨大优势。

4. 现行医疗保障法规政策及其实践为加快法制建设奠定了相应基础

我国的医疗保险改革已经历了 20 多年的改革探索，尽管迄今仍然处于政策性文件主导的时期，但这些政策性文件均凝聚着在经过改革试验中的失误与纠错后逐渐积累的经验，从而事实上是一个不断走向成熟的过程。例如，从 1994 年开始形成的对医保个人账户的追捧到 2019 年明确取消居民医保个人账户、2020 年推进职工医保个人账户改革，从城乡分割的医保制度格局走向城乡居民医保制度的全面整合，从医疗保险以县级统筹为主到全面强调做实市级统筹并走向省级统筹，从信息分割与孤岛效应走向全系统信息标准化与信息共享，从对普遍性的医保欺诈现象难以治理到通过全国性的反医保欺诈取得阶段性成效，从医保待遇地方自决权过大到尝试制定医保待遇清单，从药品招标采购无序走向规范有序，等等，这些政策以其良好的实践效果证明其是成熟的制度安排，完全可以上升到法制规范的层面。

特别是中共中央、国务院于 2020 年 2 月出台的《关于深化医疗保障制度改革的意见》和 2021 年 2 月国务院颁布《医疗保障基金使用监督管理条例》，为我国医疗保障制度走向成熟、定型提供了基本遵循。

所有这些，均表明全面加快我国医疗保障法制建设并非在白纸上写字，而是具备了政策日益成熟的基础，只要顺势而为、统筹规划、智慧推进，就必定能够全面促使医疗保障走向法制化。

5. 典型国家的医疗保障立法经验可以提供重要借鉴

鉴于医疗保险制度作为国家依法建立的分散国民的疾病医疗风险和解除人民疾病医疗后顾之忧的制度安排，必定要遵循这一制度的普适规律，典型国家的立法无疑具有十分重要的借鉴价值。

我们已经针对德国、法国、日本、韩国、英国、美国等典型国家的医保立法做了系统研究，特别是对采取医疗保险制度的国家的立法及其实践进行了归纳并提炼了这一制度的共性与个性，反映了典型国家医疗保险立法的普适规律。

我国医疗保障法制建设可以在结合我国国情和现行医疗保障政策实践的基础上，充分参照典型国家的立法，进而通过立法引领中国特色医疗保障制度走向成熟、定型。

6. 结语

从前述分析可见，我国不仅应当尽快制定以《医疗保障法》为核心的完整的医疗保障法律体系，而且立法条件已经基本具备，当前面临的紧迫任务就是全面加快医疗保障法制建设。

（二）指导思想与基本原则

中国特色医疗保障制度的建成标志是法治化，而健全的法律制度是走向法治化的必要条件，因此，良法善治是中国特色医疗保障制度的追求目标。为此，需要明确医疗保障法制建设的指导思想与基本原则。

1. 指导思想

我国的医疗保障法制建设，必须首先确立科学的指导思想。

一方面，应当坚持以习近平新时代中国特色社会主义思想为指导，遵循中国特色社会主义制度、中国特色民生保障制度与社会保障制度的内在要求，将以人民为中心、以健康为根本、不断增进民生福祉、依法更好地保障人民合法权益落实到医疗保障法制建设的全过程。在这方面，医疗保障立法应当符合社会主义法治国家、法治政府、法治社会建设和医疗保障制度法治化的要求，明确医疗保障制度切实解除人民疾病医疗特别是重大疾病医疗的后顾之忧的根本职责，为全民健康素质的普遍提升和走向共同富裕夯实化解疾病风险的制度基石。

另一方面，应当在坚持自主探索的同时广泛吸收典型国家的医疗保障立法经验。在以社会医疗保险为主体制度安排的情形下，将典型国家医疗保险制度的普适性规律和我国医疗保障制度的发展实践有机地结合起来，通过立法引领中国特色医疗保障制度早日走向成熟、定型，以为全体人民提供清晰、稳定、可靠的安全预期，并在普惠公平的条件下不断增进人民群众的医疗保障福祉。在这方面，医疗保障立法应当明确规制这一制度的宗旨与目标、结构与功能，清晰地赋予全体人民平等的法定医疗保障权益，同时发展其他层次的医疗保障，明确多方主体相对均衡地分担筹资责任的机制，在筹资公平、待遇公平的条件下确保全体人民医疗保障权益得到全面实现，确保整个医疗保障制度在法治化轨道上实现健康持续发展。

2. 应当遵循的基本原则

医疗保障法治化应当遵循的基本原则主要包括以下几点。

（1）以法定制、依法实施。典型国家的经验表明，以法定制、依法实施是医疗保障制度法治化的基本要求，全面依法治国在医疗保障领域的具体体现即是通过立法来规制与引领医疗保障制度的实践。因此，我国需要建立完备的医疗保障法制体系，同时强化法治意识、严格依法办事。一方面，医疗保障是国家赋予公民的基本社会权益，关乎全民的切身利益，这种权益与利益需要专门的法律规制才能变成真正可靠且清晰的现实权益与利益，而医疗保障直接牵涉的多方责任主体与医药供应、医疗服务的复杂关系亦须有专门的法律加以清晰规制才能由无序走向有序、从相互脱节甚至效果对冲走向有机联动、良性互动、共同发展。因此，有法可依并以法律确立制度、以法律保障人民的医疗保障权益是我国医疗保障法治化的基本前提，必须尽快改变主要依靠政策性文件来实施的局面，全面推进医疗保障领域法制建设。另一方面，医疗保障制度的法治化还需要以牢固树立法治意识和依法办事为条件，现实中表现出来的恰恰是这两者均显不足。以法治意识为例，在筹资方面，现行法律或政策规定必须参保的用人单位与参保人可能因多种原因不参保或者少参保（一个单位中让部分人参保），或者采取多种用工制来规避法律规定的法定参保义务，一些参保了的用人单位可能拖欠医疗保险费或者尽可能少缴费；在待遇给付方面，地方出台的政策措施五花八门，医药供应与医疗服务环节中骗取医保基金以及医患合谋骗取医保基金等现象并不罕见；这表明了医疗保障领域的法治意识极弱。在依法办事方面，一些地方社保部门将缴费基数变成了可以据需设定的"橡皮泥"，对于医疗保险领域的违法犯罪现象缺乏有力的司法制裁，致使这一领域违法者众而受到刑法制裁的案例却少，医疗保险制度的严肃性与法律刚性在实践中变成了弹性制。所有这些，均揭示了我国医疗保障领域还缺乏应有的法治意识，而要真正实现法治化，除了加快完善医疗保障法律法规体系，还必须将牢固树立法治意识和严格依法办事作为重要内容。在这方面，特别需要加快医疗保障领域的法律法规建设，同时普及医疗保障法律法规与重大政策，让用人单位和参保人明了自己的法定义务和法定权益，同时严格依法办事的程序，特别是医保行政部门的监管与司法机关依法裁判要到位。例如，我国《刑法》第二百六十六条对"诈骗罪"有明确规定，即"诈骗公私财物，数额较大的，处三年以下有期徒刑、拘役或者管制，并处或者单处罚金；数额巨大或者有其他严重情节的，处三年以上十年以下有期徒刑，并处罚金；数额特别巨大或者有其他特别严重情节的，处十年以上有期徒刑或者无期徒刑，并处罚金或者没收财产。"2014 年 4 月 24 日，第十二届全国人大常委会第八次会议通过的《关于〈中华人民共和国刑法〉第二百六十六条的解释》又进一步明确，"以欺诈、伪造证明材料或者其他手段骗取养老、医疗、工伤、失业、生育等社会保险金或者其他社会保障待遇的，属于刑法第二百六十六条规定的诈骗公私财物的行为。"刑法的上述规制，应当为打击医疗保障领域中的违法犯罪行为提供了明确的法律依据。只有依法惩治这一领域中的违法犯罪行为，才能守住这一制度正常运行的底线，进而使这一关乎国民基本人权和维系国家长治久安的重大制度安排实现健康持续发展。

（2）覆盖全民、保障公平。在各种社会保障制度中，医疗保障是唯一需要且应当覆盖全民的制度安排，因为疾病是任何人都难以避免的人生风险，疾病风险需要在尽可能大的范围内分散才能真正得以全面化解，而国家为全民提供医疗保障既是化解社会风险、增进民生福祉的必然取向，也是社会发展进步的必然要求。在发达国家，除美国外，无论是采取福利国家免费型的医疗保障还是选择权利义务相结合的社会保险模式，无一例外地均以全民医保为目标，一些发展中国家也将全民医保确定为自己的发展目标，并以事实证明了全民医保的合理性。对中国而言，计划经济时期虽限于国力而采取了城乡分割分治的政策，但面向城镇居民的劳保医疗、公费医疗和面向农村居民的合作医疗亦覆盖了全国 95% 左右的人口，从而实现过三大医保制度覆盖全民的初级目标，为我国人均预期寿命的持续延长和全民健康素质的稳步提升作出了不可磨灭的贡献。改革开放后，伴随 20 世纪 90 年代以来的医疗保险改革持续推进，基本医疗保险的参保率稳定在 95% 以上，基本实现了覆盖全民的目标，但离真正覆盖全民并切实解除全民疾病医疗的后顾之忧又还存在着距离。因此，我国的医疗保障立法须以覆盖全民为目标，并以应保尽保作为基本原则付诸实践。同时，在国家踏上全面建设现代化国家新征途并走向共同富裕的新时代，法定医疗保障还须坚持保障公平的原则，覆盖全民是保障公平的基础，而衡量公平保障的标志是对所有公民采取非歧视性、非差别性对待。

有鉴于此，医疗保障制度普惠公平的实现要求用一个统一的医疗保险制度来覆盖全民，制度统一是制度公平的前提条件，任何按照群体、区域分割的医疗保障制度安排均不可能实现真正意义的公平，因为不同的制度安排必然存在权利义务的不平等。因此，我国医疗保障制度体系中必须重点确立覆盖全民的基本医疗保险的统一，于后再辅之以其他层次的医疗保障制度以满足不同层次人群的多样性、个性化需求。

（3）共建共享、互助共济。疾病是人一生中难以避免的不确定性风险，需要确切的社会化保障机制才能有效地化解这种个体风险，而人人参与、人人尽责构成了人人共享的前提条件。因此，在医疗保障立法中，必须坚持共建共享、互助共济原则。

具体而言，就是在医疗保障立法中将共建共享原则落实到医疗保障责任合理分担上，并将互助共济原则体现在一种统一制度、一个共享基金惠及所有参保人员上。一方面，法律应当明确多方分担筹资责任的机制。其中，用人单位必须按照劳动合同法、社会保险法规制承担为在职职工参加基本医疗保险并为其缴纳医疗保险费的责任；个人必须承担自己的医疗保险费缴纳义务，政府亦需要为非在职人员承担相应的医疗保险财政补贴责任。当前需要调整用人单位、国家财政与参保者个人的医疗保险筹资责任分担比重，由筹资责任失衡向均衡承担筹资责任的方向稳步迈进。另一方面，疾病风险的不确定性和个人及家庭承受能力的有限性，决定了医疗保障制度必须遵循大数法则，以集体力量、稳定机制来化解个体风险。因此，互助共济是医疗保障制度必须遵循的基本规律，也是医疗保障制度本质的具体体现。为此，我国需要尽快改革职工医保个人账户，将私人掌控的基本医疗保险个人账户基金转化成为所有参保人共有的公共性质的医疗保险统筹基金，以此大幅度提升基本医疗保险制度的保障功能，为切实解除全体人民疾病医疗后顾之忧奠定更加雄厚的物质基础。

（4）多层次、可持续。一方面，社会群体是分层的，因个人禀赋与发展机会不同，人们的收入水平与财富积累也不同，对疾病医疗与健康保障的诉求也会不同，而法定的医疗保障应当以公平保障为目标，公平保障只能是水平适度的基本保障，否则无法持续。当然，保障基本必须解除人民群众的疾病医疗后顾之忧，不致因疾病导致贫困，不致因重特大疾病而陷入生存困境而无法自拔，但法定医疗保障不能满足超水平的保障需求，超水平的保障需求只能通过补充医疗保险与商业健康保险等制度来满足，这是多层次医疗保障体系建设的基本出发点。因此，我国医疗保障制度改革与发展的既定目标就是构建多层次的医疗保障制度体系，这一目标追求应当在医疗保障立法中得到具体体现，以为全体人民提供清晰、理性、稳定的疾病医疗保障预期。另一方面，强调构建多层次医疗保障制度体系不仅是满足不同层次人群医疗保障需求的必由之路，也是实现法定医疗保障特别是基本医疗保险制度可持续发展的重要条件。无论是基于理论逻辑还是制度逻辑，均只有可持续发展的医疗保障制度安排才是理性、公正、对子孙后代负责任的制度安排，不可持续的制度安排只能造福一代人或一部分人，而在中国特色社会主义制度下，共同富裕和每个人的自由而全面的发展是核心目标，我国需要的是一个能够永续发展并不断增进人民健康福祉的医疗保障制度体系，这为我国医疗保障制度的发展提供了基本遵循。在多层次医疗保障体系中，法定医疗保障制度因有补充医疗保障制度的配合，其责任便可以控制在可控范围之内，这正是其可持续发展的前提条件。

（三）体系框架与核心内容

中国特色医疗保障法制建设的基本思路，以建设完整的医疗保障法制体系（包括法律、法规）为目标，以解决核心问题并为制度运行提供尽可能完善的法制依据为重点，以建立健全高效的医疗保障管理、运行、监督体制机制为保障，最终实现良法善治。

1. 建设完整的医疗保障法制体系

医疗保障制度关系到公民的医疗保障权益实现和相关利益方的关系调整，必须有完整的医疗保障法制体系。它应当包括：

（1）综合性的医疗保障基本法。作为以解决全民疾病医疗问题并促进全民健康素质提升且由多项制度安排构成的重大民生保障制度，医疗保障领域应当有自己的基本法，以为整个医疗保障制度体系提供基本法律依据。因此，应当制定专门的《医疗保障法》，它应当是将宪法赋予公民的医疗保障权益具体化为法定权益的法律，同时涵盖多层次医疗保障体系，并为不同医疗保障制度安排的立法提供立法依据。

（2）专门的医疗保障立法。基于我国医疗保障制度体系的多层次化和各项具体制度安排的不同，有必要在医疗保障基本法之下制定若干专门的医疗保障法或行政法规。至少包括如下立法项目：1）基本医疗保险条例。为覆盖全民的基本医疗保险提供更加具体的实施依据。可以《医疗保障法》《社会保险法》为依据，专门规制基本医疗保险的对象、筹资、待遇、运行程序等。2）医疗救助条例。为医疗救助的实施提供更加具体的实施依据。可以《医疗保障法》《社会救助法》为依据，专门规制医疗救助的对象、程序与政府责任等。3）商业健康保险条例。可以《医疗保障法》《保险法》为依据，专门规制商业健康保险的合同签订、权利义务、健康保险产品开发、税收优惠等。4）慈善医疗条例。可以《医疗保障法》《慈善法》等为依据，专门规制慈善医疗募捐、非营利医疗机构举办及税收优惠等。5）医疗保障基金监督管理条例。可以《医疗保障法》为依据，在现行《医疗保障基金使用监督管理条例》的基础上进行扩展，使之能够涵盖医保基金从筹资到使用监管全过程，即完整地专门规制法定医疗保障基金的筹集、管理、用途及预算、监管及其手段等。6）医疗保障经办服务条例。可以《医疗保障法》为依据，专门规制法定医疗保障业务的经办机构建设与运行等。7）其他。如有关医疗保险信息化、标准化建设等亦应当尽可能上升到法规规范的层面。

（3）处理好医疗保障专门立法与相关立法的关系。医疗保障对象的广泛性和关系的复杂性，决定了医疗保障法制与其他相关法制具有紧密的内在联系，在制度实施中必然需要同时适用其他相关立法。在这方面，特别需要处理好与社会保险立法、社会救助立法、商业保险立法、慈善立法、药品管理立法、执业医师立法等多种立法的关系，明确法律适用的优先顺序，确保法律规制的一致性，杜绝法律之间的冲突。

2. 核心内容的初步构想

基于多层次医疗保障体系建设和公民医疗保障权益实现的需要，医疗保障立法要解决的核心问题至少包括：

（1）明确制度框架与不同层次制度安排的功能定位。我国的医疗保障体系是由法定医疗保障制度与补充医疗保障制度组成的多层次体系，立法中应当明确这一制度体系的框架，准确界定法定医疗保障制度、补充医疗保险、商业健康保险及慈善医疗的定位与功能。

（2）明确赋权明责。整个医疗保障体系都是为了解除全体人民的疾病医疗后顾之忧和促使全民健康素质不断提升，赋权明责是医疗保障立法中的核心内容，关键是要让参与主体明了自己的权利与义务，保障公民的医疗保障权益能够依法得到落实，并提供清晰、理性、稳定的预期。

（3）明确医保筹资。多方筹资是医疗保障制度的物质基础，但不同的医疗保障制度有着不同的筹资方式，这是医疗保障立法中应当明确的核心问题之一。如基本医疗保险需要由用人单位、个人、政府三方承担筹资责任，这种责任的分担适用何种原则与比例应当通过立法加以明确；医疗救助通常属于政府责任，但亦需要通过立法明确中央政府与地方政府的责任划分；补充医疗保险与公务员医疗补助作为职业福利，需要通过相关立法明确税收优惠的额度及运作方式；慈善医疗作为辅助性的社会互助事业，同样需要有具体的法制依据。

（4）明确医保待遇。法定医疗保障旨在解除全体人民疾病医疗的后顾之忧，不因疾病导致生活困难甚至陷入灾难性的生活困境，因此，应当建立国家层级的医疗保障待遇清单制度，确保基本医疗服务普遍、公平地惠及全体人民；同时发展补充医疗保险、商业健康保险、慈善医疗等，允许个人在法定医疗保障制度之外选择补充性的疾病保障机制。不同层次的医疗保障制度的待遇均有其特定的资格条件与给付标准，这些需要由法律法规明确规定。同时，由于医保待遇最终需要通过相应的诊疗行为并使用药品、医用耗材及其他治疗手段才能实现，立法还需要明确药品、医用耗材与医疗服务等目录。

（5）明确实施主体。医疗保障制度的实施需要通过立法明确其经办机制。法定医疗保障制度应当由依法设置的公营机构负责实施，作为职业福利的补充医疗保险可以由企事业单位自主组织实施，商业健康保险应当由商业保险公司实施，慈善医疗应当由慈善组织实施，这些均应当有明确的法律规制。特别是法定医疗保障作为整个医疗保障体系的主体，更应当为其经办机构的设置与运行提供统一的、具体的法律依据。

（6）明确监督管理体制。医疗保障法的执法主体是医疗保障行政部门，它的设置与职责及其监管行为均应当由立法明确规范。为确保医疗保障制度得到全面实施，国家应当建立集中统一的医疗保障行政管理体制，赋予其履行职责的足够权力，规范其监管方式与手段，这是确保医疗保障制度健康持续发展的保证。同时，还需要明确其他行政部门的职责及履行职责的方式，对补充医疗保障制度的监管应当遵循其制度属性分别由相关行政部门履行监管职责。司法机关则对医疗保障制度实施中的违法现象依法进行处置。

（7）明确法律责任。立法必须明确医疗保障制度参与主体各方违法违规所应承担的法律后果，哪些属于违法行为、应当如何处置，均应通过立法加以明确。基于刑事责任已经由刑法统一规制，医疗保障立法的重点应当是解决行政处罚等问题，但仍然应当对严重的欺诈犯罪行为进行相应的规制。法律责任的明确重在违法必究，确保制度运行规范有序的底线。

（四）适宜的医疗保障法制建设方略

医保制度成熟与否，法制化是通行的客观标志。伴随全面推进依法治国和建设法治国家、法治政府、法治社会的步伐不断加快，以及医疗保障作为最重要的民生保障制度安排必须通过立法来赋权明责，"十四五"期间应当将医疗保障法制建设作为重要的目标任务，"十五五"期间应当完成医疗保障法制建设任务，真正步入医疗保障法治化轨道。

基于前述分析,"十四五"期间,我国应当努力争取建立一法多条例的医疗保障法制体系框架,促使医疗保障制度开始步入法治化轨道。为此,需要积极推进医疗保障立法研究,并明确法制建设的时间表与路线图,真正做到有序推进。

在这一进程中,最重要的应当是积极推动《医疗保障法》进入全国人大常委会立法规划并争取早日制定综合性的《医疗保障法》,以为整个医疗保障制度的正常运行与健康发展提供法律依据。同时,通过推进《社会保险法》的尽快修订完善使有关基本医疗保险、生育保险、护理保险等制度安排具有相应的法律依据,特别是需要扫除现行立法中的障碍,如退休人员不再缴纳医疗保险费等规制。在积极推动国家立法机关采取立法行动时,还应当同步积极推动若干专门的医保行政法规的制定,这些行政法规的制定可以受综合性的医疗保障基本法立法时间表影响,以确保整个医疗保障制度在全国范围内逐渐有内容完整的可操作的法律法规规制依据,避免用"红头"文件作为依据的非法制化现象,这是我国医疗保障制度走向成熟、定型且规范有序的客观标志。

1. 抓紧制定医疗保障基本法

医疗保障是国家层级的统一制度安排,又是一个由多项法定医疗保障制度与多项补充医疗保障制度组成的完整的制度体系,迫切需要制定一部综合性的医疗保障法作为基本法。该法应当明确医疗保障制度的框架体系、政府责任、筹资机制与责任分担比例、管理体制以及经办机制、监督机制等;明确公民的医疗保障权,其覆盖范围应当为全民;明确多层次医疗保障体系建设框架及功能定位。其中,基本医疗保险应当采取强制方式参保,以确保全民参保并在共建共享中实现法定医疗保障权益;同时明确补充医疗保险、商业健康保险、慈善医疗的原则规范。

十三届全国人大常委会将《医疗保障法》列为备选项目,但因行政部门推进法律草案起草及相关程序未能完成,致使这一立法项目在第十三届全国人大常委会任期内没有进入审议程序。第十四届全国人大常委会又将医疗保障法列入 2023 年的备选项目，这表明国家立法机关在持续关注。目前需要国家医疗保障局、司法部加紧推进法律草案起草工作，力争早日进入全国人大常委会审议程序并制定该法，以为我国医疗保障制度的全面实施提供专门的法律依据。

2. 抓紧修订完善《社会保险法》

尽管我国的医疗保障是一个庞大的制度体系，但建立在劳动关系基础之上的职工基本医疗保险制度、生育保险制度、护理保险制度却是社会保险制度的有机构成部分，它应当服从于整个社会保险制度的法律规范。因此，抓紧修订《社会保险法》，以完善对面向在职职工的上述三大制度的法律规制，无疑是扫除目前有关法律障碍并增进上述制度法治化的重要条件。

同时，《社会保险法》又无法涵盖医疗保障制度，即使是基本医疗保险，非在职职工人员（目前称为城乡居民，但这一用语并不妥当，因为职工不能被排除在居民之外）也不宜由《社会保险法》规制；况且医疗保障制度应当涵盖的医疗手段与定点医药机构无法被《社会保险法》涵盖。因此，不能指望修订《社会保险法》能够解决我国医疗保障制度的法治化问题。

总之，加紧推进医疗保障基本法的制定和加紧修订完善现行的《社会保险法》应当是并行不悖的合理选择。

3. 抓紧制定医疗保障领域的行政法规

根据我国《立法法》和以往立法的经验，几乎任何制度都不可能从法律获得完备的实施依据，同时还需要相应的行政法规与之配合，医疗保障法制建设也不会例外。

有鉴于此，抓紧制定医疗保障及相关领域的行政法规同样具有必要性与紧迫性。在这方面，我国已经制定了一部行政法规《医疗保障基金使用监督管理条例》，还需要制定《基本医疗保险条例》《护理保险条例》《医疗救助条例》《商业健康保险条例》《慈善医疗条例》等制度性行政法规以及《医疗保障经办服务条例》《医疗保障信息化标准化建设条例》《药品、医用耗材招标采购条例》《定点医药机构管理条例》等制度运行行政法规。只有如此，才能为整个医疗保障制度体系的有序运行和健康持续发展提供完备的法律依据与法制保障。

4. 确立时间进度与阶段性目标任务

根据中共中央、国务院 2020 年发布的《关于深化医疗保障制度改革的意见》，2030 年应当全面建成中国特色的医疗保障制度，制度建成意味着立法任务完成，因为成熟、定型的医疗保障制度安排必定以法定制、依法实施，这是国际惯例，我国也不会例外。以此为依据，可以设定医疗保障法制建设的步骤：

第一步是在 2025 年前完成医疗保障领域的基本法即《医疗保障法》的立法任务，同时制定部分行政法规，以为多层次医疗保障体系提供基本法律依据。

第二步是在 2030 年完成所有医疗保障立法任务，形成一部基本法＋若干专门法规组成的完整的医疗保障法律制度体系，最终实现我国医疗保障制度运行在法治轨道上。

第二部分 典型国家医疗保障立法与实践（总报告）①

一、引言

在我国踏上全面建设社会主义现代化国家和走向共同富裕的历史进程中，加快建成中国特色的医疗保障制度已经具有紧迫性，而通过加强法制建设促使这一关乎全民切身利益的重要制度安排走向成熟定型并实现高质量可持续发展无疑是一条必由之路。

作为现代社会保障体系的主干项目，医疗保险制度起源于1883年的德国。当时德国制定的医疗保险法开创了全球社会法领域中的现代社会保障立法先河，由此确立的社会医疗保险制度成为解除社会成员疾病医疗后顾之忧和维护国民健康权益的根本性制度安排。100多年来，众多国家仿效德国建立了社会医疗保险制度。其他国家亦不同程度地发展着自己的医疗保障，例如，英国创立了国民健康服务（俗称免费医疗）制度并被北欧国家、加拿大等仿效。所有

---

① 执笔人：华颖（中国社会科学院人口与劳动经济研究所副研究员，中国社会保障学会理事），郑功成（中国人民大学教授，中国社会保障学会会长）。

国家均普遍奉行立法先行、以法定制、依法实施的规则，这揭示了成熟的医疗保险制度必定遵循在法治轨道上运行的普遍规律。这不仅源于医疗保险关乎所有社会成员的基本民生，而且因为这一制度的运行涉及众多主体和复杂环节，包括用人单位、参保人、医疗保险管理机构、医疗服务机构、医药机构、政府等方面的责、权、利，涉及资金筹集、基金运行、待遇支付、服务标准与监督等环节，没有健全完备的法律规范，很难妥善处理复杂的利益关系，也无法给予各方参与主体清晰、稳定的预期。因此，对典型国家而言，医保立法即医保制度，研究其医保制度及实践首先需要全面了解其立法。在中国进入全面建构中国特色医疗保障制度的关键时期，急切需要了解并理性地借鉴典型国家的医保立法经验。正因如此，本课题旨在从综合比较的视角来探讨典型国家的医疗保障制度，并为中国医疗保障立法提供全面有益的借鉴。

纵观世界，医疗保障制度有三种主要模式：（1）以德国为代表的社会医疗保险模式。它强调权利义务相结合，以劳资分责为主要特征，通过雇主与劳动者缴费建立医疗保险基金，惠及全体人民。这种模式为中国、日本、韩国、法国等西欧国家大多数国家采用。大多数中东欧转型国家和发展中国家同样采取了社会医疗保险作为国民医疗保障的主体制度安排。（2）以英国为代表的国民健康服务（俗称全民免费医疗服务）模式。它建立在纳税人共担责任的国家财政基础之上，为全体人民提供公平、普惠的免费医疗服务。这种模式为以北欧国家为代表的福利国家所普遍采用。（3）以美国为代表的多元并举型医疗保障模式。这种模式属于美国独有，迄今没有其他国家仿效。它实行政府为特定人群开办公共医疗保障项目、市场主导的与就业挂钩的私人医疗保险、非营利机构提供的医疗保障三足并立的混合型模式，在各行其道的条件下通过有效协同为全体人民提供着不同的医疗保障。美国也是世界上唯一一个私人医疗保险在基本医疗保障中发挥重要作用的国家。此外，还有苏联曾创建的建立在生产资料公有制基础之上并纳入国家计划体制的国家医保制度，新加坡建立的包括医疗保障在内的综合型社会保障制度——公积金制度。在上述医保制度中，德国于1883年通过立法率先创建的社会医疗保险制度最具示范效应，而德国医保制度在自建制以来的近 140 年中依然保持着可持续发展的旺盛生命力，特别值得重视。日本、韩国作为我国近邻，且同样采取社会医疗保险制度，其医保立法对中国的借鉴意义显然较为突出。

本报告的总体思路是在全面、系统地梳理典型国家医疗保障立法与研究文献的基础上，系统总结这些国家既有立法及其实践情况，概括医疗保障法制建设与法治化的一般规律与不同制度模式的差异性，进而为中国特色医疗保障法律体系的理论架构与立法实践提供参考。同时，本书第三部分即典型国家的国别报告分别展示该国医保立法与实践，是对本报告的进一步具体化。

本报告的主要目标有：一是澄清理论认识误区。基于国内对社会医疗保险、免费医疗与美国模式的认识分歧，通过本研究，以医疗保障立法为依据，对典型国家医疗保障制度模式及运行规律等进行归纳分析，澄清对不同医疗保障制度模式的认识误区。二是总结医疗保障制度发展的客观规律。凡典型国家医保立法中表现出来的共性应当是具有普适意义的医保立法客观规律。通过此项研究为中国医疗保障制度的建设与发展提供科学依据，包括以法定制、责任分担、互助共济、普惠公平以及与时俱进地实现可持续发展。三是发现典型国家之间医疗保障制度的差异性。通过此项研究为中国医疗保障制度建设与发展提供有价值的参照系，包括典型国家制度安排的不同特点，以及导致差异性的政治制度、社会结构与文化传统等国情因素等。四是为全面建成有中国特色的医疗保障法制体系提供全面、系统的国际经验，最大限度地避免探索实践中的弯路与失误。

二、宏观背景：全球社会健康保护的现状

医疗保障是各国必不可少的社会保障制度安排。在研究典型国家医保立法及制度实践时，有必要了解全球社会健康保护发展的总体情况，以为本课题研

究提供一个宏观背景。本部分根据作者翻译的国际劳工组织旗舰报告《世界社会保障报告（2020—2022)》整理。①

（一）社会健康保护人口覆盖面

根据《世界社会保障报告（2020—2022)》，许多不同收入水平的国家在扩大社会健康保护有效覆盖面方面取得了可喜的进展。全球有近2/3的人口受到

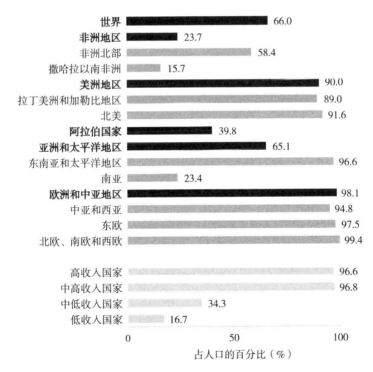

图2—1　健康保护的有效覆盖：受到社会健康制度覆盖的人口所占比例（百分比），按区域、次区域和收入水平分列，2020年或最近可用年份

注释：上图基于占世界89%的人口的117个国家和地区的数据，是对受健康保护基本制度覆盖(primary coverage)的人群的最佳估计。

---

① 资料来源：ILO, *World Social Protection Report 2020-22: Social protection at the crossroads – in pursuit of a better future*.

健康保护。① 其中，覆盖率较低的区域是非洲、阿拉伯国家、亚洲以及太平洋地区；覆盖率较高的区域是欧洲、中亚以及美洲地区。收入最低的 1/5 人口和农村地区人口在满足其健康需求方面仍然面临困难和挑战。图 2—1 反映了全球健康保护的有效覆盖情况。需要指出的是，虽然健康保护的全球覆盖面有所扩大，但对充足性的关注依然是不足的。

该报告指出，在全球健康保护推进中，处于不同发展水平的国家面临的共同挑战是保护依赖非正规经济的人口，包括非正规经济劳动者本人以及依靠其收入生存的家庭其他成员，因而需要确保他们了解自己的权利、信任并愿意将公共强制性制度作为整个家庭的主要保障。

该报告指出，在非缴费型和缴费型医保制度中，一个重大障碍是距离和复杂的经小管理程序（如与管理部门的地理和文化距离、身份证件文件．流程长度等相关问题）会增加人们登记参保的难度，这一点对那些依赖非正规经济的劳动者产生的不利影响更大。为了克服这些障碍，一些医疗保健制度创新了参保程序。而提高公众对权利和应享权益的认识并努力提高他们的健康素养，显然是赋权人们要求医疗卫生服务的重要因素。只有当人们了解他们的应享权益以及如何行使这些权利时，才能有助于提高制度的质量和问责性，并加强人们对制度的信任。

该报告认为，集体筹资、广泛的风险共担以及基于权利的应享权益是在应对危机的冲击时支持所有人有效获得医疗保健的关键条件。为了使个体在需要时能否无障碍且有效地获取医疗卫生服务，就必须将其视为一项权利，并通过立法予以确定。需要将收集更多更完善的法律覆盖面数据作为优先事项，以监测覆盖面和公平性方面的进展。

---

① 保护机制包括国民健康保险；国家法定的社会医疗保险（包括针对贫困人群参保提供补贴）；免费或较低共付额的国家医疗保健服务以及其他项目（如患者费用减免、代金券等）。总共确定并统计了 189 项作为基本覆盖的制度。为避免重复，只包括公共的或由政府授权、私人运营的基本项目，不包括补充和自愿性质的公共／私人项目，唯一例外的是美国（它是世界上唯一一个私人健康保险在基本医疗保障中发挥重要作用的国家）。全球和区域加总值按人口加权。

（二）医疗保健服务覆盖面

从全球范围来看，直至 2017 年，世界上仍有一半人口未获取他们所需的基本保健服务，且各国之间存在很大差异。全球大多数人口仍无法获得国际社会保障标准规定的一揽子基本保健服务。

值得肯定的是，过去 20 年间，在医疗保险服务覆盖方面取得了值得称许的进展，许多国家改善了传染病（特别是肺结核、艾滋病毒／艾滋病和疟疾）的治疗和预防。服务覆盖面的剩余缺口在地理位置、收入水平、人口群体和不同类型卫生干预类型方面分布不均。例如，在应对非传染性疾病的干预措施方面存在严重不足，这在全球疾病负担中越来越突出。同样，虽然服务可获得性有所提高，但中等收入国家仍难以满足其不断增长的老龄人口的需求。

各国和各区域之间以及农村和城市地区之间在基础设施和人力资源投入方面仍然存在严重的不平等（见图 2—2）。

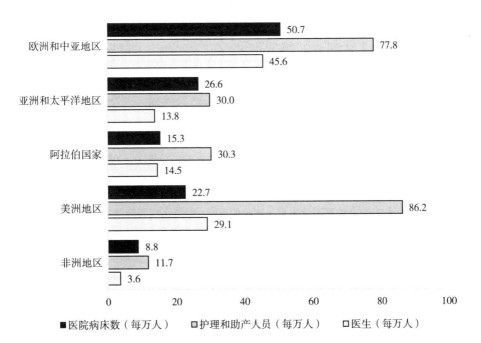

（a）医院床位数和部分熟练医疗卫生专业人员密度的区域估计值（最近可用年份）

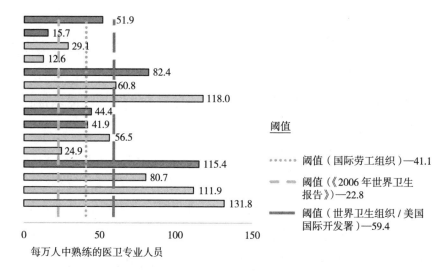

（b）各区域熟练医疗卫生人员密度与三个阈值的对照情况

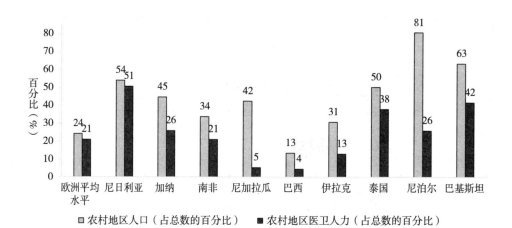

（c）部分国家农村地区卫生人力分布的不平等

图 2—2　人力资源和基础设施投入不足的现状：造成医疗保健服务获取方面不平等的核心因素

注释：图（b）中参考的详细信息，可见：https://www.who.int/workforcealliance/knowledge/resources/GHWA-a_universal_truth_report.pdf；图（c）中欧洲平均水平由 28 个可获得数据的国家数值计算得来（见附件二）。

来源：国际劳工组织（WHO）劳动力调查；国际劳工组织—经合组织—世卫组织（ILO–OECD–WHO）"通力合作，增进健康（Working for Health）"合作项目；世界卫生组织全球卫生观察站数据库。

链接：https://wspr.social-protection.org。

为了确保护理服务的可获得性和质量，卫生部门需要创造体面的就业，目前全球卫生部门存在 1800 万劳动力缺口，预计到 2030 年缺口将进一步增加。护理和助产行业需要大量劳动力，预计到 2030 年护士缺口将达到 570 万。新冠疫情凸显了这些一线护理人员的重要作用，以及确保他们获得体面工作条件，包括获取社会保护以及职业安全与健康保护的必要性。

（三）财务保护状况

2015 年，全世界有 9.3 亿人口遭受了灾难性卫生支出（即自费支付的医疗费用超过家庭年消费或收入总额的 10%），导致了重大贫困风险，并且各区域和不同收入水平国家组别之间存在巨大差异（见图 2—3）。需要注意的是，低灾难性卫生支出可能是出于服务覆盖不足而非财务保护得到改善，因此有必要对覆盖面各个维度进行综合分析。

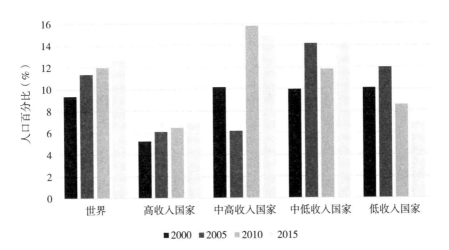

图 2—3　2000—2015 年灾难性卫生支出（占家庭年收入或消费 10% 以上）发生率（人口百分比），按国家收入水平分列

注释：国家分组是按照数据发布时的世界银行财政年度的国家分组。

来源：基于世界卫生组织和世界银行（2020）。

链接：https://wspr.social-protection.org。

　　家庭承担如此高比例的医疗卫生费用的原因可能包括在国家层面存在的以下因素：一是有限的一揽子待遇给付项目（涵盖少数服务）迫使个人为其所需的其他服务进行自费支付。这在新兴经济体中越来越普遍，因为其医疗卫生服务覆盖范围有所扩大，但社会健康保护制度在更新其待遇给付项目方面可能存在滞后。一揽子待遇给付必须同时适应人口需求和疾病负担的发展。此外，在一些国家，医疗保健的格局已经发生了变化，私营部门服务提供者比例越来越大，而社会保护框架可能仅限于公共部门的服务提供者，从而导致了有很大一部分医疗卫生费用未被涵盖。二是社会健康保护的执行不力和普遍权利的缺失将护理成本转移给了家庭，诱使人们延迟或放弃必要的护理服务，这直接影响健康结果。较低的医疗卫生公共支出通常与因自费导致的较高的贫困率相关（见图2—4）。

　　低水平的费用保障加上剩余部分的患者自费支付、共付额和／或大量的非正式支付表明患者承担着总费用中的很大比例。针对该现象，最近的研究表明，即使是非灾难性的卫生支出也具有显著的致贫效应，而且这种致贫效应在不同财富水平群体和城乡之间存在显著差异。[①] 这些不断变化的现实突出表明，迫切需要保障人人享有的社会健康保护的权利。

　　特别令人担忧的是，受灾难性自费医疗支付影响的全球人口比例在2000年至2015年间有所增加（见图2—3），目前全球人口的2.6%（约2亿人）因医疗自费支付而陷入贫困。待遇给付的充足性仍是社会健康保护体系面临的一个关键挑战。

　　尽管自费支付在卫生总费用（THE）中所占的比例在下降，但其货币绝对价值是在上升的，对贫困的影响也在增加。这些趋势与不断增加的医疗保健成本有关，这表明许多国家需要改善医疗保健服务的提供情况，还需要确保医疗待遇给付的充足性（费用覆盖部分，在某些情况下还包括一揽子待遇给付），

---

① Wagstaff, Adam, Gabriela Flores, Marc-François Smitz, Justine Hsu, Kateryna Chepynoga, and Patrick Eozenou.2018."Progress on Impoverishing Health Spending in 122 Countries: A Retrospective Observational Study". *The Lancet Global Health 6* (2): e180–192.

并调整社会健康保护制度的购买政策，在获得优质医疗保健公平性方面给予应该的考虑。

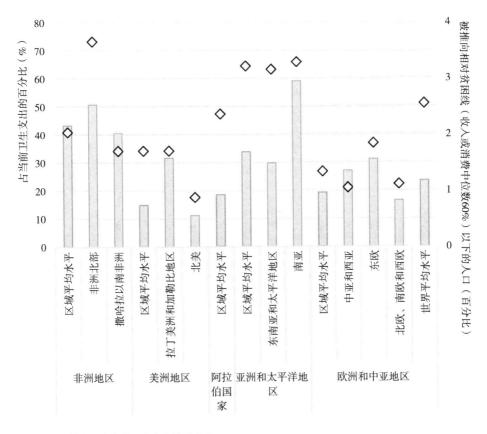

□ 自付费用占当前卫生支出的百分比

◇ 因医疗自费支出（OOP）造成的贫困–被推向相对贫困线（收入或消费中位数的60%）以下的人口（百分比）

图 2—4　2018 年因医疗自费支出导致的贫困：自费支付占卫生总费用的比例以及被推向相对贫困线（占收入或消费中位数 60%）以下的人口（百分比），按区域划分

注释：无法获取利比亚和也门 2018 年的数据，因此分别使用了这两个国家 2011 年和 2015 年的数据。

来源：数据摘自世界卫生组织全球卫生支出数据库和世界银行世界发展指标数据库。

链接：https://wspr.social-protection.org。

（四）老龄化社会中医疗卫生和长期护理服务

人口老龄化的加速要求加大力度促进健康和有尊严的老龄化。随着全球非传染性疾病负担的日益增加，确保健康老龄化需要采取一种生命周期方法，从早期开始优先考虑预防，并解决慢性和长期疾病的关键问题。医疗卫生系统的发展应更加重视预防和早期筛查服务，以及提供与社会护理服务相协调的、满足老年人需求的医疗保健服务。[①] 社会健康保护需要支持这种转变。

在老年时，人们往往会受到一生中所经历的医疗保健不足的复合影响，而这对女性的影响尤为严重。女性也比男性更有可能出现残障和自理困难，因为她们总体上寿命更长，而且在70—75岁之后残障率急剧上升。[②]

关于长期护理的法律和有效覆盖面的数据十分有限，现有证据凸显了该领域巨大的覆盖缺口，全球只有5.6%的人口生活在以国家立法为依据提供全民覆盖的国家。[③] 有限的可获取数据表明，尽管有些国家人口结构相似，但在长期护理基础设施和人力资源的投入上存在巨大差距（见图2—5）。缺乏长期护理的覆盖往往导致女性不得不照顾年长的家庭成员，加之相关支持和"喘息"服务有限，这可能对她们的身心健康、参与有偿工作以及工作生涯和晚年的收入保障都产生不利影响。[④]

---

① WHO (World Health Organization). 2015. *World Report on Ageing and Health*. https://apps.who.int/iris/handle/10665/186463.

② Vos, Theo, Stephen S.Lim, Cristiana Abbafati, Kaja M.Abbas, Mohammad Abbasi, Mitra Abbasifard, Mohsen Abbasi-Kangevari, Hedayat Abbastabar, Foad Abd-Allah, and Ahmed Abdelalim.2020."Global Burden of 369 Diseases and Injuries in 204 Countries and Territories, 1990–2019: A Systematic Analysis for the Global Burden of Disease Study 2019". *The Lancet 396* (10258): 1204–1222.

③ Scheil-Adlung, Xenia.2015."Long-Term Care Protection for Older Persons: A Review of Coverage Deficits in 46 Countries", *Extension of Social Security (ESS) Working Paper* No.50. ILO.http://www.ilo.org/wcmsp5/groups/public/---ed_protect/---soc_sec/documents/publication/wcms_407620.pdf.

④ ILO.2018a. "Care Work and Care Jobs for the Future of Decent Work." https://www.ilo.org/wcmsp5/groups/public/---dgreports/---dcomm/---publ/documents/publication/wcms_633135.pdf.

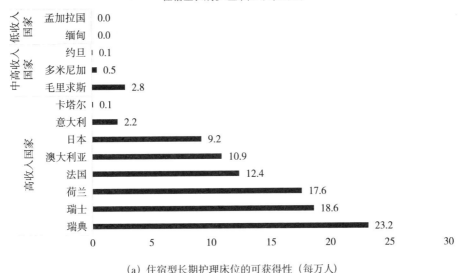

（a）住宿型长期护理床位的可获得性（每万人）

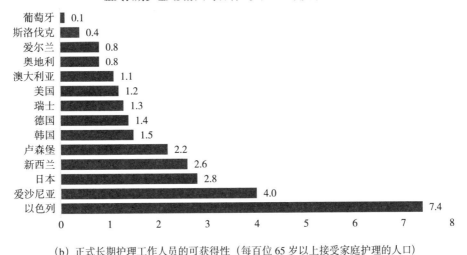

（b）正式长期护理工作人员的可获得性（每百位65岁以上接受家庭护理的人口）

图2—5　长期护理基础设施：可获取数据的国家之间的不平等投入，2016—2019年

注释："正式长期护理工作人员"包括在家中或在长期护理机构（医院除外）提供长期护理的护士和个人护理员；更多详情见全球卫生观察站数据库（WHO 2020c）。

来源：数据摘自世界卫生组织全球卫生观察站数据库。

链接：https://wspr.social-protection.org。

在部分国家收集的证据表明，卫生部门需要改善工作条件以吸引劳动力。目前个人护理人员 ① 以女性为主（在一些欧洲国家占比高达90%），与其他类别的卫生专业人员相比，性别薪酬差距较大，且收入水平相对较低（在欧洲，60%的个人护理人员收入处于两个收入最低的五分位组）。

许多国家已对长期护理制度进行投入，并作出了各种体制和筹资安排。包括建立专门的长期护理制度；引入"补充的"养老金福利和／或扩大残障福利范围；将长期护理纳入社会健康保护待遇给付中。

这些制度既包括有效地提供长期护理服务，也包括提供用于从长期护理服务提供者处购买服务的现金给付。在大多数情况下，要想有效无碍地提供高质量的长期护理服务，就需要医疗保健和收入支持制度之间的有力协调，并对医疗保健和社会护理进行高度整合。这两个领域的投入不足造成了长期护理服务在充足性方面的显著缺口，即使在长期护理本身被独立视为生命风险事件的国家也是如此。新冠疫情对老年人的影响进一步揭示了在医疗保健和社会护理之间加强协调的必要性。②

（五）公共资金的持续缺口

2018年一般政府卫生支出（GGHE）③ 占全球当期卫生支出（CHE）的59.5%，且各区域之间存在巨大差异（见图2—6）。尽管人们一致认为，应优先考虑资源的有效分配，并将其用于高质量的医疗保健，从而实现积极的健康结果，但各种报告表明，如果一般政府卫生支出（GGHE）低于国内生产总值（GDP）的5%，那么想要以适当的财务保护水平实现全民健康覆盖

---

① 包括以机构为基础的个人护理人员、以家庭为基础的个人护理人员、医疗保健助理和卫生领域内其他类别的护理人员。

② Gardner, William, David States, and Nicholas Bagley.2020."The Coronavirus and the Risks to the Elderly in Long-Term Care". *Journal of Aging & Social Policy* 32 (4–5): 310–315.https://www.tandfonline.com/doi/full/10.1080/08959420.2020.1750543.

③ 包括税收和社会保险缴费。

（UHC）是具有挑战性的。① 在数据可获取的国家中，有 2/3 的国家都低于 5% 这一目标。

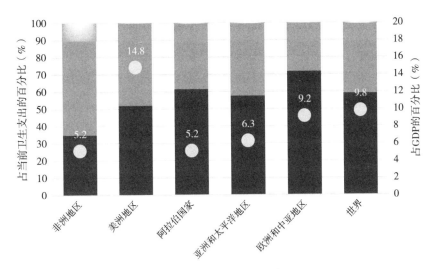

图 2—6 2018 年当前卫生支出（CHE）占 GDP 的百分比及其构成，按区域分列

注释：无法获取也门 2018 年的数据，因而使用了 2015 年的数据。全球和区域总量按 GDP 加权。

来源：基于 WHO（2020b）。

链接：https://wspr.social-protection.org。

国内公共资金是发展中国家卫生资金的最大来源。近年来，其份额占卫生总费用（THE）的比例有所增加。因此，自费支出所占份额在 2000 年至 2016 年间所有下降，其中东南亚下降幅度最大，其次是非洲。然而自费支出所占份额仍然相对较高（平均占全球 CHE 的 44%），且如上所述，自费支出的绝对数额及其对相对贫困的影响都有所增加，这表明需要增加卫生资金的国内公共

---

① Jowett, Matthew, Maria Petro Brunal, Gabriela Flores, and Jonathan Cylus. 2016. "Spending Targets for Health: No Magic Number." WHO.

投入。事实上，基于社会统筹（税收和社会缴费）的公共卫生支出的增加与自费支出的减少呈正相关，而通过私人健康保险渠道的筹资方式与自费支出的减少之间却没有这种相关性。[①] 这表明，制定符合国际社会保障标准的、公共强制性社会健康保护制度，是能够惠及最贫穷、最脆弱群体的最恰当财务保护方案。

（六）疾病津贴的提供状况

疾病津贴旨在保证在收入暂停的病假期间提供充足的收入。疾病津贴使得患病者可以留在家里直到完全康复，从而保护其自身的健康，并且在传染病的情况下保护他人的健康。疾病津贴有助于促进实现人的健康权和社会保障权。新冠疫情危机凸显了在生病期间收入保障的重要性。在没有疾病津贴的情况下，劳动者及其家人的健康和收入保障以及公共健康都处于危险之中。

根据国际劳工组织估计，全球62%的劳动力在法律上有权通过雇主责任的带薪病假、疾病津贴（由社会保险或社会救助提供）或者这两种机制的组合获得一些收入保障。这意味着近4/10的劳动者没有得到法律覆盖。区域之间存在很大差异（见图2—7）。在可获得关于提供疾病津贴的社会保险制度的信息的94个国家中，27个国家的收入替代率低于60%，另有6个国家发放定额津贴。33个国家提供最长不超过26周的津贴。国际劳工组织提出，在没有疾病津贴的情况下，劳动者及其家人的健康和收入保障以及公共健康都处于危险之中，因此应努力将生病时的收入安全保障扩大到所有人。

[①]　WHO and World Bank.2020. "Global Monitoring Report on Financial Protection in Health 2019." https://apps.who.int/iris/bitstream/handle/10665/331748/9789240003958-eng.pdf?ua=1.

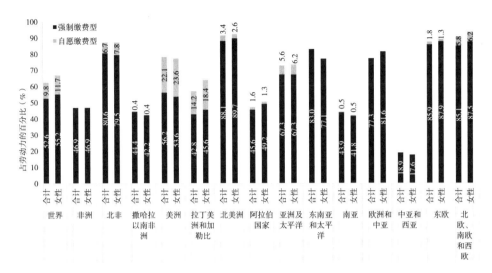

图 2—7 疾病保障的法律覆盖面：15 岁以上劳动力中被疾病福利津贴覆盖的百分比，按区域、次区域、性别和制度类型分列，2020 年或最近可用年份

注释：全球和区域加总值经 15 岁以上劳动力加权。

资料来源：国际劳工组织世界社会保护数据库（World Social Protection Database），基于社会保障调查（SSI）；国际社会保障协会（ISSA）/美国社会保障总署（SSA），世界各国的社会保障项目；国际劳工组织数据库（ILOSTAT）；各国来源。

链接：https://wspr.social-protection.org。

（七）简要评论

从全球社会健康保护的现状来看，总体上可以获得如下基本结论：

第一，全球社会健康保护的有效覆盖面在不断扩大。迄今已有近 2/3 的人口受到健康保护，这表明许多国家的政府提升了对人民健康保护的重视程度，并相应地加大了公共投入，预期这一趋势还将持续。

第二，社会健康保护的地区差异性大，与经济发展水平呈现正相关性。社会健康保护覆盖率高的地区是欧洲、中亚及美洲地区，而非洲以及其他洲的落后国家或地区的覆盖率明显偏低，背后的影响因素的是经济发展水平。在经济发达的条件下，不仅会产生出更高水准的健康保障需求，而且可以为社会健康保护制度及与之相应的医疗卫生服务体系建设提供足够的财政与融资支持；反之亦然。

第三，灾难性卫生支出与社会健康保护及个人自负医疗费用密切相关。越是医疗保障制度健全的国家或地区，患者个人自负医疗费用愈低，疾病医疗通常不会导致个人或家庭陷入生活困境；越是医疗保障制度不健全的国家，个人及家庭承担的疾病医疗风险越大，重大疾病导致灾难性卫生支出的现象就越是普遍。特别是在一些欠发达国家或地区，重大疾病和灾难性卫生支出往往是导致贫困的重大致因。因此，加强社会健康保护和医保制度建设，其实是切断贫病之间链条的必由之路。

第四，老龄化给社会健康保护和医保制度带来了重大挑战。按照联合国的传统标准，一个国家或地区 60 岁及以上人口占该国或地区人口总数的 10% 及以上，或 65 岁及以上人口占该国或地区人口总数的 7% 及以上，则该国家或地区就进入了老龄化社会；上述指标从 10% 提升到 20% 或 7% 提升到 14% 时，就进入了中度老龄化社会；占比再继续提高，便会不可逆转地走向深度老龄化。老龄化带来的一个直接后果就是疾病医疗和健康维护的成本会大幅度增长，从而需要更多投入并优化健康保护与医保制度的结构如增加护理保险等，才能实现有效的疾病医疗与健康保障。数据显示，1960 年，全世界 65 岁及以上人口占总人口比重为 4.97%，2000 年上升到 6.89%，40 年间仅增长 1.92%；到 2019 年时则达到了 9%，仅仅 19 年之间就升高了 2.11 个百分点，所揭示的是进入 21 世纪后全球"变老"的速度在明显加快。应对老龄化是全球健康保护与医保制度的共同挑战，也构成了医疗保障立法的重要背景。

第五，加快医保制度建设与发展步伐应当成为各国政府的共同使命。鉴于医保制度直接关系到国民的疾病风险分散、健康保护与生活质量，加强制度建设显然是促进国家发展和保障民生的应有之义，更是发展中国家反贫困的必要举措。在这方面，发达国家需要在不断完善自己的制度安排的同时为发展中国家提供更多可资借鉴的经验，而发展中国家也需要通过自己的探索找到适合的发展之路，无论如何，通过医保立法推进制度建设以使国民享有法定的医疗保障都是一条必由之路。

三、德国的医疗保险立法与实践

德国是社会医疗保险制度的开创者，其于 1883 年制定的医疗保险法是世界上第一部医疗保障法，也是世界上第一部社会保障法，由此确立的社会医疗保险制度成为许多国家仿效的榜样。近 140 年来，德国医疗保险制度经历两次世界大战、纳粹统治、政权更迭、民族分裂、大小经济危机而经久不衰，至今仍基本保留着其原始基本构架和原则，且惠及全民并发挥着有效的保障作用，这充分证明了其制度具有强大生命力与巨大优势，无愧为医疗保险制度稳定成熟和可持续的典范。① 因此，对中国而言，研究和借鉴国外医保立法首先需要考察德国的立法实践。有关德国医疗保险立法与实践更加详细的内容，可参见有关德国的专题报告及医保立法译文。

（一）德国的医疗保险立法进程

医疗保险是德国创建的世界上第一项社会保险制度，1883 年德国俾斯麦社会立法中颁布的第一部法律就是《工人医疗保险法》。这部法律将中世纪按行业类型化划分的医疗保险合作社确定为法定医疗保险的经办机构，将自治管理与参保人互助作为运行原则。之后，1911 年集医疗、工伤、老年和残障保险的《帝国保险法》将医保基金会确定为具有自治权利的公法法人；在 1988 年《健康改革法》颁布之前，这部法律一直作为德国法定医保制度的法律基础。②

在国家社会主义时期，德国的法定医疗保险制度被非缴费型的医疗福利制

---

① 华颖：《德国医疗保险自治管理模式研究》，《社会保障评论》2017 年第 1 期。

② Stolleis, *Geschichte des Sozialrecht in Deutschland*, Sttutgart, 2003, S.11ff.

度取代，社会化的经办服务也不复存在。第二次世界大战后，德国恢复了与社会市场经济相配套的社会医疗保险制度。1911 年《帝国保险法》出台后直至 20 世纪 70 年代，德国未再颁布关于社会保障的综合性法典。彼时，有关社会保障的现行、暂行规定浩繁、零乱而又散落在数百项法律法规中。各项规定叠床架屋难以概观。当政者希望统一立法并增加社会法领域的透明度。① 通过 20 世纪 50—60 年代的社会保障制度实践，从 20 世纪 70 年代德国开始逐步编纂社会法典，将各类社会保障单行法编纂成为一部社会保障领域的基本法，即《社会法典》，这部法典秉承着罗马法系国家潘德克顿传统的法律编纂理念，正如德国的社会保险制度一样，此法典模式亦为很多国家所仿效。1976 年颁布了《社会法典第四册——社会保险总则》，规定了社会保险法律制度的基本原则和基本概念。

1988 年 12 月德国颁布《健康改革法》，这部法律规定的制度构成了德国法定医疗保险法的基本框架，1988 年 12 月 20 日，《社会法典第五册——法定医疗保险》顺利颁布并于 1989 年 1 月 1 日起正式实施。法定医疗保险法的颁布标志着德国社会保障法律体系走向完善，因为自《社会法典》开始编纂之后，长期以来就只有《社会法典第一册——总则》《社会法典第四册——社会保险总则》《社会法典第十册——社会保障行政程序》三个分册，在社会保障具体制度方面一直没有突破。《社会法典第五册》的颁布标志着德国社会保障法律制度体系开始走向定型，在这一册颁布之后，《社会法典》其他分册陆续编纂。②

在法典确定的制度框架下，随后的医疗保险改革进展顺利。1992 年 12 月 21 日颁布了《健康结构法》，1997 年 6 月 23 日颁布了《关于法定医疗保险的自治和责任自负的两部法律》，这两部法律主要为保障法定医疗保险费用的筹

① 武尔芬:《联邦德国社会法概况》，见《中德劳动立法合作项目成果概览 (1993—1996)》，1997 年，第 267—275、269 页。

② 参见 Schulin, *Einführung in Sozialgesetzbuch mit Sozialgerichtsgesetz*, München: Beck-Texte im DTV, 2019, S.XXXIII.

集作出了贡献，在一定程度上扩大了经办机构自治的可能性。进入 21 世纪之后，法定医疗保险领域作出了一系列待遇支付的结构性修改，包括 2003 年 11 月 14 日颁布的《法定医疗保险现代化法》等。

近年来，《社会法典第五册》的修订主要围绕着提高经办效率以及建立与新型付费方式改革相匹配的机构和协议管理模式展开。2007 年颁布《加强法定医疗竞争法》，规定自 2009 年 1 月 1 日起，政府统一规定医保缴费率并建立全国性的健康基金，用以调整各医保机构由于参保人的年龄和性别原因造成的差异。[1] 在付费方式方面，自 2000 年，原来按项目、按人头等传统付费方式的德国法定医疗保险制度经历了重要的改革，开始试行按病组付费制度（DRGs）。自最初以澳大利亚的分组方案（ArDRG）为蓝本，至 2010 年全部医院运行 DRG，德国用了十年的时间逐步在全部医院和全部病组中实施了这一项付费制度。2014 年修订了《全住院和半住院医疗服务报酬法》，2017 年修订了《医院经济保障及医疗费用规制法》和《医院费用结算条例》，构建了 DRG 支付争议解决机制，通过将社会化和专业化的仲裁与社会法院审判相结合的方式为 DRG 的实施扫除了障碍。近期的立法包括着力加强门诊与住院治疗的协调连贯、加快推进医疗卫生服务数字化进程等改革举措。

（二）德国现行医疗保险法的基本框架 [2]

作为成文法系国家的代表，德国在社会医疗保险方面实现了法律制度的法典化，目前，法定医疗保险整体上被编入了该国的《社会法典第五册》。近几年来，为了适应法定医疗保险付费方式改革，又修订了《医院筹资法》《医院报酬法》等单行法律，这些共同构成了德国法定医疗保险法律制度体系。

社会医疗保险涉及的法律主体多元，再加之实物给付原则造成的待遇给付

---

[1]　Krauskopf-Baier, SGB V-Kommentar, §266,Rn.4.

[2]　节选自华颖：《德国医疗保险自治管理模式研究》，人民大学博士学位毕业论文，2014 年。

内容复杂，因此单行法盛行现象比较突出。从德国的情况来看，由于有了《社会法典第四册——社会保险总则》和《社会法典第五册——法定医疗保险》的统领，单行法数量庞杂带来的立法不统一现象得到了很好的遏制。首先，立法者在颁布新法律之前都要考虑体系上的自洽问题，从一开始就充分考虑了基本原则和基本制度对具体制度立法的指导作用；其次，司法机关解释和适用单行法时都会考虑到上位基本法的要求，有利于实现同案同判；最后，立法者定期将单行法编入《社会法典第五册——法定医疗保险》，最终形成一套井然有序的医疗保险法律体系。

当然，如果仅通过议会立法程序对医疗保险法律进行调整，难以保证迅速和完整的反馈。自上而下的决策方式对于不断流变的现实情况来说总是滞后和欠缺敏感性的，因此不能将医疗保险政策的调整任务全部留给议会立法者。尤其在现实情况千差万别，人们对于医疗项目的需求也不断变化。如果将保险给付项目、报酬支付等都交由立法者事无巨细地用法律加以规定或者由国家行政机关来决定，即使不考虑立法者或行政机关是否可以在充分了解实际情况的基础上作出决策，单从其调整保险给付项目所需的繁复程序来看，便无法及时反映参保者真实需求。另外，德国议会在立法的过程中往往刻意回避一些尖锐的矛盾和对立，留下了空白和自决空间，期望通过其他磋商程序和机制调和这些相左利益的冲突。在这种情况下，德国颇具特色的医疗保险自治管理在此便能发挥其灵活、弹性、贴近现实、利益协商和平衡的专长。

依据社会法典第五部成立的联邦共同委员会（Gemeinsamer Bundesausschuss G-BA），作为德国医疗保险自治管理系统中最重要的组织和最高决策机构，聚集了医保机构和医疗服务提供者的代表。该机构发布的指令具法律效力。联邦共同委员会被称作"小立法者"，具有较大的制定和执行法定医疗保险政策的权限。它可以颁布指令来规范细节、决定法定医疗保险的偿付标准和范围。同时，明确门诊和住院治疗的质量保障措施。

图2—8直观地展现了G-BA颁布的指令位属的法律层次。德国医疗卫生体系的大体法律框架通过联邦议会立法（Gesetz）程序设定，内容主要体现在

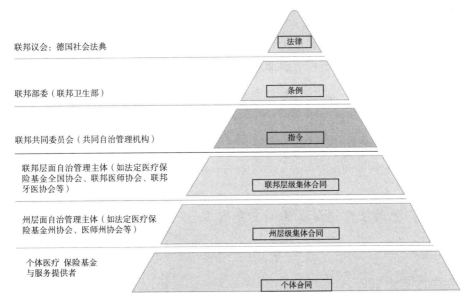

联邦议会：德国社会法典　　　　　　　　　　　　法律

联邦部委（联邦卫生部）　　　　　　　　　　　　条例

联邦共同委员会（共同自治管理机构）　　　　　　指令

联邦层面自治管理主体（如法定医疗保
险基金全国协会、联邦医师协会、联邦　　　　　　联邦层级集体合同
牙医协会等）

州层面自治管理主体（如法定医疗保
险基金州协会、医师州协会等）　　　　　　　　　州层级集体合同

个体医疗 保险基金
与服务提供者　　　　　　　　　　　　　　　　　个体合同

图 2—8　德国医疗保险法律、法规和政策层次

资料来源：法定医疗保险联邦共同委员会（G-BA）。

德国社会法典第五册中，对法定医疗保险的制度框架、组织架构、筹资机制、质量标准、保险待遇作出了原则性规定。相关政府部门，如卫生部颁布的条例法令也可以用于规范医疗保险。而 G-BA 的法定任务是颁布标准化的和具有普遍约束力的指令，以使法律框架规定具体化、具有现实可操作性。G-BA 颁布的指令对于所有的被保险人、医保机构和医疗服务提供者都具有法律强制约束力，对于门诊、牙科、医院和心理治疗都具有效力。另外，指令还界定了药物、诊断和治疗过程、医疗器材和非药品治疗的供应及报销。同时，在明确门诊和住院治疗质量的保障措施方面负有重要责任。更具体地说，如果指令是基于医疗科学标准（根据联邦费用标准）制定的，在作为第三方的情况下，药商必须减少市场利润；如果经评估证明一种药物或治疗方式没有必要，或者无效率，则可通过指令将其从医疗保险服务范围内剔除；指令可以就服务提供者的资质、服务供给的结构和质量作出要求；指令也界定疫苗接种、癌症的早期诊断和筛查、儿科疾病和体检等预防性项目；指令还包括向卫生部推荐对于慢性病的疾病管理项目。

在指令的下阶，医疗保险机构全国协会与医师、医院等服务提供方的全国协会签订联邦层次集体合同，对所有的医疗保险机构和其地方层面的协会都适用；在此框架合同下，还有州层次的集体合同和个体合同，主要着眼于地区差异、着眼特殊群体或特殊需求。这些法律、指令、合同是调节法定医疗保险各主体间关系、保障制度运行的有力工具。

（三）德国医疗保险立法的主要内容

根据《社会法典第五册——法定医疗保险法》和其他相关单行法，德国医疗保险法律制度的主要内容如下：

1. 保险人

医疗保险的承办者是医疗保险基金会，包括地方医疗保险机构（AOK）、企业医疗保险机构（BKK）、替代医疗保险机构、手工业者医疗保险机构（IKK）、矿工铁路及海员医疗保险机构（KBS）、农业（LKK）医疗保险机构。按照地理上的行政区域划分，在全德国境内建立了地方医疗保险基金会。行政区域以前一般划分为乡镇和市区，但是，后来随着行政区域整合出现了行政联合体，其基本覆盖了联邦每一个州，有的还通过国民协定延伸到了几个州的区域。

在一个或几个企业中常年有超过 1000 名雇员作为义务参保人，并且可以长时间地保障其给付能力，经由主管监督部门批准，可以建立企业医疗保险基金会。满足相应的条件，一个或几个手工业同业联合会可以为其手工业企业雇员建立手工业同业联合会医疗保险基金会。

法定医疗保险的承办者是具有资格能力的享有自治权的公法主体。自治权尤其表现在规章自治和资金筹集自治上，这使得医疗保险基金会在理论上可以依据资金需求情况自行确定缴费数额。由于目前法律提高了缴费数额的批准义务，医疗保险基金会在实践中享有的自由裁量权很小。自由裁量在自治权中存在于给付权的边缘领域，例如家庭疾病护理、家政服务和医疗金。医疗保险基金会处在国家的监管之下。自 2009 年 1 月 1 日起，由联邦政府统一确定全国范围内的缴费标准，这样，属于医疗保险基金会自己的自由裁量决定被进一步压缩。

医疗保险基金会在州范围内组建具有公法主体地位的州联合会，其任务主要是与医疗保险医师联合会签订共同协议。医疗保险基金会的最高联合会组织是联邦医疗保险基金会联合会、联邦矿业医疗保险基金会和医疗互助组织。它们主要承担法律协调和协作职能，例如，制定固定药费支付数额、与联邦医疗保险医师联合会共同制定统一的医疗给付评价标准。

自 1996 年 1 月 1 日起，强制参保人和自愿参保人都享有普遍的选择权：他们可以选择加入任何一家医疗保险基金会。法律不再指定参保人必须加入某家特定的保险机构。

2. 参保者

参加法定医疗保险的人群具有多样性。德国《社会法典第五册》一方面区分了保险义务与作为例外的保险自由；另一方面是保险的资格，即自愿保险。此外还有非法定参保者家庭成员（配偶及子女）的共同参保，即所谓家庭保险。与此相对的是法律没有规定的人群，例如企业主、自由职业者等，他们没有（法定）保险的义务和资格。

一是强制参保人，主要包括：①雇员。最大的强制参保群体是非自主性劳动关系中的雇员以及接受职业培训者。凡收入在一定限额以下的雇员强制参保，参保义务始于自劳动关系建立之日，终于劳动关系终结之日。②失业人员。领取失业救济金或者失业生活津贴者以及根据《社会法典第二册》领取失业救济金 II 者也是强制参保人。原则上，参保人在领取救济金期间都有参保义务，这并不取决于其是否提出了给付请求。③农民、艺术工作者和新闻工作者。④残疾人。在受社会承认的残疾人工厂就业的残疾人、在依公法设立的机构中就业的，同等条件下完成的工作量相当于正常工的五分之一的残疾人也是强制参保人。⑤接受高等教育者。⑥实习者。⑦退休人员。⑧接受社会救助者/领取失业救济金Ⅱ者。二是自愿参保人。收入高于限额的雇员、公务员和自雇者可自愿参保。三是家庭连带参保人。法定医疗保险以家庭为单位参保，即缴费参保者的无收入或低收入配偶和未成年子女可作为家属免费参保。

3. 待遇给付

德国的医保待遇给付公平而全面，所有参保者均依法公平地享有联邦层面上统一设定的医保权益。待遇给付包括全科和专科门诊、医院门急诊和住院治疗、处方药和辅具、康复医疗、姑息治疗等。此外，还提供预防免疫、慢性病筛查、癌症筛查等预防保健服务，以及疾病津贴和生育津贴。如果参保者因病无法工作，通常情况下雇主会支付6周病假工资，之后由医疗保险支付疾病津贴，数额为不超过缴费基数上限的毛工资的70%。生育津贴可在法定产假期间领取，数额取决于分娩前3个月的平均税后收入。①

法定医疗保险法的一项重要原则是实物和医务给付原则，或者更确切地说是获得实物和医务给付原则。在该原则下，参保人原则上不能在医疗保险基金会报销与恢复健康有关的医务和护理给付费用、药费以及治疗和救助费用，而是获得实物方面的支付。

实物和医务原则的意义在于使参保人无需支付治疗费用。除此之外，实物和医务原则还保障参保人可以享受足额并且可以支付得起的医疗待遇。当参保人生病就医，与给付提供人签订合同时可以不再为费用问题担忧。值得注意的是，参保人原则上不能提出某一项特定给付的请求。参保人只享有一个框架性权利，合同医师依据对其有约束力的法律条文将该权利具体化。在这个所谓的权利具体化方案的框架内，在医疗保险基金会的参与下，合同医师自行决定相

---

① "Federal Ministry of Labour and Social Affairs: Social Security at a Glance (2020)"，https://www.bmas.de/EN/Services/Publications/a998-social-security-at-a-glance.html.

关事项。实物给付原则也存在着缺点。在此原则的指导下，参保人无法获悉治疗手段和费用情况。通过合同医师联合会介绍的医师只与医疗保险基金会结算费用，参保人对治疗疾病产生的较为敏感的费用情况无法获知。为了克服这一缺陷，合同医师有义务在每个季度末以书面形式告知参保人其向医疗保险基金会递交的账目情况，账目内容必须以"可以理解的"方式告知参保人。

4. 医保筹资

法定医疗保险经费的筹集主要通过劳资双方的缴费。加入法定医疗保险的雇员一般按照工资的一定比例缴费（设有缴费上限），原则上该费用由雇主和雇员各负担一半。近年来，德国法定医疗保险的缴费率保持在税前工资的14%—15%，费率比较稳定。

退休人员的医疗保险费用由领取法定养老保险金的参保人以及养老保险基金会依照养老金的数额各负担一半。费用从养老保险金中支付，其余部分由保险基金会从照料金和工资以及其他具有缴费义务的收入中支付。

由于医保经办基金会在组织结构上的变动，强制参保与自由选择之间出现了矛盾。如果某家基金会由于服务好吸纳了过多的参保人，而这些参保人恰好又多是老弱病残者，医疗费用支出过高，那么这家基金会将无力维持而只能选择提高缴费率，这会造成已有的参保人转投他家，基金会可能因资金周转问题而濒临破产，最终损害参保人的社会权利。从 2009 年 1 月 1 日起，政府统一规定医保缴费率，建立一项将雇主、基金会和缴费人与税收相关联的健康基金。基金会从健康基金中获得基本的一揽子资金分配、补贴和贴现，用以调整由于参保人的年龄和性别原因造成的差异。此外，健康基金将参保人不同的疾病负担作为考量因素，对 50—80 种医药费用较高且严重危害健康的慢性病发放补贴，此类补贴对每个参保人的平均给付支出至少比法定医疗保险的支出高出 50%。[1]

---

[1] Krauskopf—Baier, SGB V-Kommentar, § 266, Rn.4.

各类医疗费用首先由医疗保险基金会支付，参保人也要以补充支付的方式自行负担一部分。《法定医疗保险现代化法》重新规定了补充支付和并提高了支付的数额。补充支付的数额原则上为支出价目的10%，至少5欧元，最多10欧元。住院治疗每天缴纳10欧元。药品和家庭医疗护理费用为10%，或每个处方10欧元。家庭医疗护理的参保人补充支付仅限前28天。此外，参保人需要每个自然季度向第一次提供门诊治疗、牙科治疗或者精神治疗，但是在此季度内未能最终给付的医疗服务者支付10欧元的补充费用。

为防止给参保人造成过重的负担，《社会法典第五册》规定了最高费用负担额。原则上，最高费用负担额为参保人用于生计的年毛收入的2%。因身患重病而引起慢性病，需要长期治疗的，最高费用负担额为1%。未提出法定预防治疗和早期诊断检查的参保人，负担额为生活费2%。因此，参保人应当增强健康意识，及早采取预防措施。年满18周岁的参保人，例如接受社会救助者，需按照法律规定的最高费用负担额缴纳补充费用。

5. 管理体制

在医疗保险管理方面，德国构建的是议会立法、行政监督、司法裁判、自治管理机构实施的有序局面，其中，独特的司法系统与自治管理机制构成了德国医疗保险管理体制的特色。

联邦议会作为最高立法机关，承担着制定医疗保险法律并赋权明责的职责，为医疗保险利益相关方进行公开透明博弈提供着平台。联邦议会制定的医疗保险法和修法内容均体现在德国社会法典第五部中，为德国医疗保险制度的实施提供着明确且具体的法律依据。

行政机关基于法定授权和规则，监督各项医疗保险活动严格依照有关法律进行。其中，联邦卫生部承担着推动立法、完善相关政策及监督制度运行的职责，是确保医疗保险法律得到贯彻落实的监督主体。各州的卫生部门负责医院规划、投资医院基建和设备、监督本州范围内的医保机构、医院和医生协会等组织。联邦社会保障局负责对业务范围覆盖三个以上州的保险机构进行法律监督，同时管理全国统筹的基金及风险结构平衡计划。

医保机构及其协会、医师医院协会等自治管理机构肩负着具体实施医保制度的责任，其直接面向公民，依法运行制度。医保机构协会与医师医院协会，基于国家认可并授予的代表性垄断权，围绕集体合同进行协商。谈判双方通过协商缔结合同，拟定医疗保险具体的实施细节，共同治理医疗保险系统，以保障被保险人获得适当医疗服务，同时也使医疗行为获得适当支付。国家的任务并非管制，而是为这些谈判提供制度框架、制定明确规则和进行法律监督。

在司法方面，德国设有专门的社会法院，医疗保险等社会保障方面的法律问题均交由从联邦到地方的社会法院裁决，一整套严密的司法系统和法定程序充分保障和监督着医疗保险系统的运作，为医疗保险制度的实施与可持续发展提供着专业有效的司法保障，守住制度实施的底线。

综上所述，德国医疗保险制度经历近 140 年还在持续发展并非偶然，而是充满着理性，它同时证明，包括医疗保险在内的社会保障制度是可以持续发展的，关键是建制之初奠定理性之基石，发展进程中与时俱进地合理调整。

四、法国的医疗保险立法与实践

法国也是有重要影响的欧洲大国，其有着覆盖全民的完备的医疗保障制度。该制度始建立于 20 世纪初，第二次世界大战后得到显著发展，最初采用了社会医疗保险模式，以就业为基础，只覆盖劳动人口及其家庭，资金来自雇主和雇员的共同缴费。之后不断立法拓展医疗保险的覆盖面，最终覆盖全民，形成了带有俾斯麦模式和贝弗里奇模式特点的混合体。本节对法国的医疗保险立法与实践做一简要概述，更加详细的内容可参见有关法国的专题报告。

（一）法国医疗保障制度的立法进程

1918 年，被德国占领的阿尔萨斯和洛林的回归使法国政府面临建立统一的社会保障制度的压力，[①]1919—1920 年的工人运动加剧了这一压力。在此背景下，法国经过长达 10 年的起草和准备，于 1928 年 4 月出台首部"社会保险法"，为工商业部门收入低于一定水平的雇员建立了涵盖疾病、生育、残疾、养老和死亡等风险的保险制度，资金由雇员和雇主分摊，这次立法具有普遍性和强制性，是法国在社会保障领域的一大进步。法国并未像其邻国德国和英国一样按风险类别确定险种，而是一项保险覆盖若干风险。[②]第二次世界大战后，法国医疗保障制度作为法国现代社会保障制度的一个重要分支，和其他三大分支，即养老保险、工伤与职业病、家庭津贴整体立法而建。1945 年 10 月 4 日，《关于社会保障组织的法案》出台，[③]1945 年 10 月 19 日第 45—2454 号法令确立了适用于非农业雇员的社会保险制度，[④] 该制度以职业为基础，只覆盖私有工商业部门雇员及其家庭，资金由雇主和雇员共同缴纳，不足部分由国家财政补充。之后，法国以为不同人群建立各自医疗保险制度的方式，不断拓展医疗保险的覆盖面。[⑤] 包括向职业军人、农业人口等特定职业人口拓展，也同时向学生、失业者等没有职业活动的人群拓展。此后，国家还立法拓展了医疗保险的"家庭"属性，受法定医疗保险参保者供养生活的配偶、子女等，只要

[①]　德国的社会保障制度发展较早，因此阿尔萨斯和洛林居民从 1911 年起便享有了社会保障，反观当时的法国尚没有统一的社保制度。两地的回归造成了法国各地在社保制度上的不均衡，这迫使法国向高标准看齐，即在全国普及社保制度。

[②]　弗朗西斯·凯斯勒（Francis Kessler）：《法国社会保障制度》，中国劳动社会保障出版社 2016 年版。

[③]　https://www.legifrance.gouv.fr/loda/id/JORFTEXT000000698857/.

[④]　Scheme description, "International Social Security Association (ISSA)", https://ww1.issa.int/node/195543?country=854.

[⑤]　Jean-François Chadelat, «La couverture maladie universelle», in Revue d'hisoire de la protection sociale, 2012/1, (N° .5), https://www.cairn.info/revue-d-histoire-de-la-protection-sociale-2012-1-page-101.htm.

支付一小笔保费，就可作为共享者被法定医疗保险所覆盖。领取最低收入者有权获得各地区提供的医疗援助，以此来支付医疗费用。

1999 年 7 月 27 日第 99—641 号关于医保全覆盖的法律生效，[①] 法国建立了基于居住地的"全民医疗保障制度"（La couverture maladie universelle, CMU），最终实现了医疗保障的全民覆盖，特别是为困难人口提供了保障。该制度分为三项，一是基本制度，覆盖全体在法国定期居住且居住满三个月以上、未被其他医疗保险所覆盖的人口；二是补充制度（CMU-C），覆盖没有能力购买补充医疗保险的低收入人口；三是国家医疗援助制度（aide médicale dite d'Etat），面向滞留在法国的无合法身份者。随着三项的建立，法国各地方性的医疗援助项目和自愿性的个人保险即宣告废除。2004 年立法创建补充保险援助制度（aide à la complémentaire santé，ACS），帮助收入略高于 CMU-C 准入门槛但又无法承担相应医保支出的低收入购买补充保险或报销一部分医疗费用。2016 年，在《社会保障资金法》（*La loi du financement de la sécurité sociale*）框架下，法国将"全民医疗保障制度"的基本制度升级为"全民医疗保护制度"（Protection Universelle Maladie，PUM）。改革旨在最大限度地简化相关手续，确保受保人权利的连续性。同样出于制度简化和方便民众的目的，从 2019 年 11 月起，全民医疗保障的补充制度（CMU-C）和"补充医疗保险援助"制度（ACS）被整合为一个制度——"补充医疗团结"制度（Complémentaire santé solidaire, CSS）。

综上所述，法国经过渐进立法最终实现了医疗保障制度的全覆盖，使得全体国民特别是低收入群体几乎没有就医负担。

（二）法国医疗保障制度框架

法国的医疗保障制度最初参考了德国的俾斯麦模式，该模式建立在就业基

---

① 弗朗西斯·凯斯勒（Francis Kessler）：《法国社会保障制度》，中国劳动社会保障出版社 2016 年版。

础上的社会保险模式，旨在为工薪劳动者及其家庭成员提供保障，强调职业团结。随后，法国政府在借鉴英国贝弗里奇式模式的基础上逐步扩大了保障范围，最终实施了全民医疗保障（CMU）制度，覆盖了法国所有居民。目前，法国已经建立了一个多层次保障、全方位覆盖的医疗保障体系，理论上没有任何人被漏掉，同时融合了德国（俾斯麦模式）和英国（贝弗里奇模式）两种医疗保障模式的特点。

1. 强制性基本医疗保险 (Assurance maladie obligatoire, AMO)

第一层是国家负责运营的强制性法定医疗保险，面向全体劳动人口，覆盖了法国总人口的88%。[1] 医疗保险资金最初来自雇主和雇员的共同缴费[2]，不足部分由国家财政负责补足。此后，随着医疗保险赤字的出现和扩大，又增加了以专项税为主的其他资金来源，主要包括以下几种：（1）以个人全体收入为税基的"普遍社会捐"（contribution sociale généralisée，CSG）。"普遍社会捐"创建于20世纪90年代，专门用于社保赤字清偿；（2）对有可能危害健康的潜在消费行为进行的课税，如烟草税和酒精税；（3）对制药公司的课税等。此后随着医疗保险制度的全覆盖，即从工薪劳动者拓展到全民，从2018年起国家取消了雇员的医保缴费。换言之，从2018年起法定医疗保险只有雇主缴费，雇员无须再缴费，由此损失的资金通过上调"普遍社会捐"来补足。从2022年4月1日起，法国医疗保险的缴费率为7.30%[3]，平均报销额度为78%。

2. 补充医疗保险

第二层是自愿性的补充医疗保险，其目的在于补充法定医疗保险的不足，

---

[1] Direction de la sécurité sociale, *Les chiffres clés de la Sécurité sociale 2019*, p.13.https://www.securite-sociale.fr/files/live/sites/SSFR/files/medias/DSS/2020/CHIFFRES%20CLES%202020%20ED2019.pdf.

[2] 此前雇主和雇员缴费长期停留在各8%的水平。

[3] https://www.urssaf.fr/portail/home/taux-et-baremes/taux-de-cotisations/les-employeurs/les-taux-de-cotisations-de-droit.html.

偿付法定医疗保险下的自费部分，目前覆盖96%的人口。补充医疗保险框架下的支出约占法国医疗总支出的14%。补充医疗保险或由个人购买，或由雇主提供。其中由雇主作为额外福利提供的占大多数。首先，补充医疗保险的主要承运机构是历史上遗留下来的互助会，它占据着补充医疗保险市场82%的份额；其次是保险公司，占据13%的份额。其中，互助会作为非营利性和行业性的保险机构，发挥着关键作用。补充医疗保险最初是自愿性的，从2016年起，工薪者的补充医疗保险变为强制性。

3. 全民医疗保护制度（PUM）

法国医疗保障制度的第三层是2016年由全民医疗保险制度的基本制度（CMU）升级而成的全民医疗保护制度，该制度是对前两项制度的补充，面向所有在法国稳定居住三个月以上且未加入任何基本医疗保险的人——即既没有法定医疗保险也没有补充医疗保险者，属于强制性制度。换言之，凡是符合上述两个条件者，均被全民医疗保护制度自动覆盖。因此在理论上，除失业、无业等无收入群体外，有收入而没有任何医疗保险的群体也是该制度的覆盖对象。只是收入超过一定门槛者需要支付一定的保费（费率通常为8%）。现实中，该制度下需要支付保费的收入"较高"群体人数很少，因此整体上它仍然以经济困难群体为主要覆盖对象。目前，全民医疗保护制度约覆盖总人口的7%，资金主要来自医保基金和国家财政。

4. 补充医疗团结制度（CSS）——CMU-C+ACS

法国医疗保障制度的第四层是补充医疗团结制度（Complémentaire santé solidaire, CSS）。该制度由全民医疗保障的补充制度（CMU-C）和"补充医疗保险援助"制度（ACS）简化、整合而成（2019年11月1日生效）。经过前期的报销（无论是基本医疗保险还是全民医疗保护制度），依然会有一定的自费部分，为此国家出台CMU-C，目的就在于为无力支付剩余自费部分的人免除这部分费用。按照相关规定，CMU-C首先免除了预付费，即无须预付款就可获得免费治疗；其次负担了其他不能报销的费用 ①。不过由于信息不充分、宣传不够等因素，目前还有相当一部分潜在人口、特别是偏远地区的居民因不知情而未加入 CMU-C 制度。CMU-C 制度有基于家计调查的准入门槛，收入低于一定水平者方被覆盖。收入略高于门槛者，可申请补充保险援助制度（ACS）。从 2019 年 11 月 1 日起，为简化制度结构，CMU-C 和 ACS 整合为 CSS。

5. 国家医疗援助

法国医疗保障的最后一层是国家医疗援助，面向因居住不满 3 个月而无法被上述几层保障所覆盖或没有合法居留身份的外国人。

（三）相关法案的立法过程

在法国，医疗保障领域的立法过程大致如下：

首先是立法建议阶段，在该阶段，医疗保障主管部门组成工作小组，在征求本部门、专家、工会和其他利益集团意见的基础上形成法律提案，并就此提案征求其他相关部门，特别是司法部和经财部的意见。之后提案送交由总统、总理和全体部长参加的部长会议讨论。讨论通过后，送交行政法院审核，审核通过后再次交由部长会议审议，最终形成正式法律草案。

其次是立法审议阶段，在该阶段法律草案要交由议会专门委员会审议：首先是交由议会两院（国民议会和参议院）中的一院的相关专门委员会（国民议会的社会事务委员会或参议院的社会事务委员会）审议并发表书面报告。其间将草案公开发表，征求意见。相关利益集团和公民若有意见，可将意见反馈给议员。若是社保财政草案，则直接交至国民议会审议，之后进入议会全体会议审议阶段，在该阶段进行一读讨论并表决投票，之后转入另一院进行一读，以

---

① https://www.cairn.info/revue-d-histoire-de-la-protection-sociale-2012-1-page-101.html.

同样方式讨论并发表书面报告。一读后，若两院意见一致，则两院在同一时间通过草案，之后提交给总统，总统签署总统令，并于 15 日内在《政府公报》上公布，使法律生效、执行。一读后，若两院无法达成一致，则进行二读。二读后，若两院达成一致，则两院在同一时间通过草案，之后提交给总统，总统签署总统令，并于 15 日内在《政府公报》上公布，使法律生效、执行；二读后若两院意见不一致，总理有权组织一个由两院组成的混合对等委员会对草案进行讨论，一般情况下，混委会一读即可达成一致，使草案通过。如果议会内多数代表表示反对，使法案被驳回，则政府可选择动用宪法第 43 条的特殊条款，绕开议会，使草案强行通过，不过此举存在政府遭弹劾的风险。

再次是合宪性检查：法律公布之前，总统、总理、国民议会议长、参议院议长、60 名国民议会议员或 60 名参议院议员可就该法律的合宪法性提交宪法委员会进行审查。

（四）管理体制

历史上，法国社会保障制度全权委托给社会伙伴即雇主代表和雇员代表管理，前者由主要工会如法国总工会负责，后者主要是雇主工会负责。国家只起监督作用。不过随着税收在社保资金中的占比不断增加，以及出于控制支出的需求，国家在包括医疗保险在内的整个社保管理中的监督、指导作用不断强化。

1. 行政主管部门

中央一级的主管部门是社会保障司和卫生部。医疗保险作为社会保障的一个分支，在中央一级由社会保障司负责管辖。社会保障司是经济和财政部、劳动和就业部、卫生部三部委联合管辖下主管社保事务的专门机构，主要负有如下使命：第一，设计并指导包括医疗保险在内的社会保障政策的实施；第二，监督社保收支情况；出台相关法规，确保社保资金充足；监督保费的征缴、监督社保账户，定期出版报告提出改进建议；第三，负责编撰一年一度的《社保资金法案》并确保实施；第四，监督各社会保障经办机构，包括医保经办机构和这些机构签署目标与管理协议。卫生部（健康部）在医疗事务中同样发挥着主导作用，拥有广泛权力，包括：负责监督、指导公共卫生政策的制定与实施，参与医疗供给的组织和融资，在不同部门之间、不同地区的医院之间分配预算；确定公立和私立医院的收费标准，批准医疗保险和自由开业医生工会签署的有关协议；根据独立的第三方机构——高级卫生管理局（haute autorité de santé，HAS）的建议制定药品和医疗设备价格；制定医院安全标准；确定国家卫生计划的优先领域等。在地方层面，大区卫生局（Les agences régionales de santé）配合卫生部，执行相关国家政策。

2. 经办和征缴机构

1967 年本着"风险分立"的原则，法国为三大险种（养老、疾病、家庭）分别设立了三所基金管理机构，即全国工薪劳动者养老保险基金会（CNAVTS）、全国工薪劳动者医疗保险基金会（CNAMTS）和全国家庭津贴基金会（CNAF），以此取代原先的全国社会保障机构。三所基金会在管理上相互分开，财政上自我平衡；各基金会依然沿用理事会的管理形式，但是本着对等原则，原先雇员代表占一多半的做法由雇主、雇员代表各占一半所取代。后经过改革，原先选举代表的方式改为指派，雇员和雇主代表分别由双方几大有代表性的工会指定。相关政府部门（负责社会保障事务的各部、财政部等）派代表参与，代表有建议权。

全国工薪劳动者医疗保险基金会地方设有分支机构：大区一级设有 16 所大区疾病保险基金会（CRAM），既负责地区一级的医疗保障事务、工伤和职业病保险的预防与保费制定工作，也代管地区一级的养老事务；基层则设有基层疾病保险基金会（CPAM），分别负责相关险种的保险注册和保费支付等事务。

三所国家一级的基金会是"具有行政性质的公立机构"，除此以外的其他基金会均是"担负公共服务使命的私法机构"。基金会受到国家相关部门从人员到财务的全方位监管：国家一级的监管机构为三部委联合管辖下的"社会保障司"。地方一级由地方政府机构监管。

此外还有两所重要的机构，一是社会保险机构中央管理局（ACOSS）：成立于1967年，主要任务是负责管理各项基金，营运三大全国性基金会的风险资金等；二是社会保障和家庭津贴保费征收联盟（URSSAF）：由遍布全国的百余所征收机构组成，作为专门的征缴机构，主要任务是征缴保费，征缴上来后，汇入ACOSS。ACOSS再分别将保费拨付至CNAVTS、CNAMTS和CNAF。

审计法院或社会事务总监察局等监管机构负责对《社会保障资金法》的执行情况进行核查。地方一级的社保事务则由社保组织监督局（la Mission nationale de contrôle des organismes de sécurité sociale，MNC）负责监督。

五、日本的医疗保险立法与实践

日本是我国近邻，也是亚洲最早进入发达国家行列的国家，其社会保障法制建设健全，在医疗保险方面也是如此，但因发展路径选择的原因，医保制度具有分散化的特征。本部分对日本的医疗保险立法情况进行了简要概述，有关日本医疗保险立法与实践更加详尽的内容，可参见有关日本的专题报告及医保立法译文。

（一）日本医疗保险立法进程

作为日本社会保障制度中历史最长的社会保险项目，医疗保险具有近100年的漫长历史。医疗保障相关法律中最主要的是1922年制定的《健康保险法》

和 1938 年制定的《国民健康保险法》，前者的对象是一定规模以上的企业职工及其抚养家属，后者的主要对象是城乡居民，包括农民、自营业者、非正式就业、退休职工等。20 世纪 50 年代，各级政府的公务员、私立学校教职工等特殊职业也纷纷组建了本行业的"共济组合"，其中也包括医疗保险。此外，2006 年制定了《高龄者医疗确保法》，在原有的医疗保险制度之外新设立了"后期高龄者医疗制度"。除了上述的医疗保险，生活保护制度（相当于中国的最低生活保障制度）的受助人员享有医疗救助，不缴纳保费，就医时也没有患者负担。

最早的医疗保障立法是 1922 年《健康保险法》①。最初，健康保险的参保人限于工厂与矿山的体力劳动者，并兼备工伤保险的功能。17 年后的 1939 年，《船员保险法》和以白领劳动者为对象的《职员健康保险法》实施，同时健康保险开始向参保人的抚养家属提供"家族给付"。1942 年，蓝领和白领的健康保险制度合并成为现在的健康保险制度。居民医疗保险的最早立法可以追溯到 1938 年的《国民健康保险法》，它是厚生省成立后制定的第一部法律，具有以下双重性质：一是在"全民皆兵"的战时体制下保障士兵的健康和战斗能力；二是缓解 20 世纪 30 年代日本农村的贫困问题。该法的对象是农民、自营业者等健康保险以外的人群。国民健康保险最初是任意加入的保险制度，1942 年改为强制设立、强制加入，但管理还是民间机构。

战前制定的《健康保险法》和《国民健康保险法》打造了日本医疗保险乃至整个社会保险制度的基石，即以劳动关系为基础的职工保险（健康保险）和以居住地为基础的居民保险（国民健康保险），对战后日本社会保障制度的发展产生了极其深远的影响。

1945 年战败后日本社会陷入极度的混乱与贫困，为了维持国民健康保险制度的运营，1948 年该制度变为由市町村（最基层的地方自治体）政府直接管理，并大幅强化了中央政府的财政支援。1958 年，为解决无保险人群的医

---

① 受 1923 年发生的关东大地震的影响，该制度的正式实施推迟到 1927 年。

疗保障问题，全面修订了原有的国民健康保险法，要求所有市町村必须实施国民健康保险，未加入其他医疗保险的国民均强制加入所在地的国民健康保险。经过三年左右的制度普及，到 1961 年日本正式进入"全民医保"时代。

20 世纪 60—70 年代日本经济经历了前所未有的快速经济增长，医疗保险的保障水平不断提高。20 世纪 80 年代至 21 世纪 00 年代中期是日本的人口老龄化开始加速的时期，老龄化比率由 1980 年的 9.1% 猛增到 2005 年的 20.2%。医疗改革的主旋律从提高保障水平转为控制医疗费和增加筹资。1982 年，为了减轻政府的财政负担日本制定了《老人保健法》，首次在医疗保险中引进了不同制度之间的财政调整机制①，老年人比率(这里指 70 岁以上）低于全国平均水平的保险者，按平均水平来分担相应比例的老年人医疗费（日语叫"据出金"）。为了筹集快速增加的医疗费的财源，这一时期医疗保险的缴费比率频频上调，同时健康保险职工本人的支付水平却被下调：1984 年由 100% 下调到90%，1997 年下调到 80%、2003 年再次下调到 70%。到 2002 年，老人保健制度的对象年龄由 70 岁提高到 75 岁。

2006 年，日本医疗保险制度经历了重大改革，主要内容是建立了新的老年人医疗制度。该制度把老年人分为"前期高龄者"（65—74 岁）和"后期高龄者"（75 岁以上以及 65 岁以上卧床老人)，并对后者新设了"后期高龄者医疗制度"。后期高龄者医疗制度的筹资方式参照了 2000 年开始施行的介护保险，患者负担 10%，保险支付中公费（中央政府和地方政府）占 50%，保费（老年人自身的保费和各健康保险的支援金）占 50%。另外，中小企业的健康保险由政府直接管理变为由准官方的"全国健康保险协会"管理。

20 世纪 90 年代以后，医疗服务提供体系的改革也日益深化。2006 年医疗保险大改革后日本的医改重点逐渐转移到供方，总的方向是从 20 世纪的"医院完结型"体系向 21 世纪的"社区完结型"体系转变。为此，就地区医疗构想、

---

① 《老人保健法》的另外一个主要内容是加强对慢性疾病的预防和保健，40 岁以上的部分体检项目和保健指导被纳入医疗保险制度的给付范围。

病床的功能区分、居家医疗、医疗法人等制度日本频频修订《医疗法》，试图通过各种政策杠杆促使民间医疗机构把更多的资源转向社区，加快医疗机构的资源重组。

在医疗保险领域，保险者的地理范围逐渐向都道府县（行政级别相当于我国的省）收敛。一是协会健康保险的保费由全国统一改为以都道府县为单位，二是 2015 年国民健康保险法再次修改，财政统筹范围从市町村扩大到都道府县（参保人管理和保费征收等具体业务继续由市町村承担）。随着统筹水平的提高和中央政府介入的强化，日本医疗保险原有的分散性和多样性特征在逐渐淡化。

（二）日本公共医疗保险体系及对应法律

日本的公共医疗保险具体包含以下 9 个制度：①组合掌管健康保险，②协会掌管健康保险，③国家公务员共济，④地方公务员等共济，⑤私立学校教职工共济，⑥船员保险，⑦国民健康保险组合，⑧国民健康保险，⑨后期老年人医疗制度。每种医疗保险的保险者（经办机构）与被保险者（参保人）分别如下：①的保险者为"健康保险组合"，被保险者主要为大企业职工及受其扶养的家庭成员；②的保险者为"全国健康保险协会"，被保险者主要为中小企业职工及受其扶养的家庭成员；③的保险者为"国家公务员共济组合"，被保险者为国家公务员及受其扶养的家庭成员；④的保险者为"地方公务员共济组合"，被保险者为地方公务员及受其扶养的家庭成员；⑤的保险者为"日本私立学校振兴共济事业团体"，被保险者为私立学校教职工及受其扶养的家庭成员；⑥的保险者为"全国健康保险协会"，被保险者为船员及受其扶养的家庭成员；⑦的保险者为"国民健康保险组合"，被保险者为国民健康保险组合的成员及其家庭成员；⑧的保险者为"都道府县和市町村"，被保险者为上述医疗保险以外的人员；⑨的保险者为"后期老年人医疗广域联合"，被保险者为75 岁以上（含 75 岁）的人员。

从社会保障法的视角来看，日本的公共医疗保险是按参保人类型细分的。

首先，根据参保人的年龄分为 0—74 岁人员的保险（①—⑧）和 75 岁以上（含 75 岁）人员的保险（⑨）。其次，根据参保人的就业形态分为职工保险（①—⑦）和除此以外的居民（地域）保险（⑧⑨）。在职工保险中，①—⑥的参保人是受雇于他人的劳动者，因而①—⑥又被称为"劳动者医疗保险"；⑦则是由从事相同工种但不受雇于他人（如律师、个人诊所的医生、美容师等）组成组合，成为保险者，组合成员成为被保险者。

与上述 9 种公共医疗保险对应的法律分别如下：①和②对应《健康保险法》（1922 年），③对应《国家公务员共济组合法》（1958 年），④对应《地方公务员等共济组合法》（1962 年），⑤对应《私立学校教职工共济法》（1953 年），⑥对应《船员保险法》（1939 年），⑦和⑧对应《国民健康保险法》（1938 年），⑨对应《高龄者医疗确保法》①（2006 年）。

（三）日本医疗保险主体制度的基本框架和主要内容

日本 9 个公共医疗保险制度中影响最大、利用最广的是《健康保险法》《国民健康保险法》和《高龄者医疗确保法》。这三部法律的基本框架十分类似，特别是对医疗保险制度本身的规定基本一致②。三部法律中与医疗保险的实际操作相关的共通规定为：首先，被保险者（参保人）向保险者（经办机构）纳保费，加入医疗保险。保险者委托受厚生劳动大臣指定的保险医疗机构向被保险者提供医疗服务。患者去保险医疗机构就医时，所发生的总医疗费用中规定由患者自付的部分由参保人当场负担，剩余部分由保险医疗机构向受保险者

---

① 《老年人医疗确保法》（全称为《关于确保老年人医疗的法律》）的前身是 1982 年制定的《老人保健法》，2006 年医疗改革时作出大幅修法并更名，2008 年开始实施。本节中对该法律以法律更名的时间进行标注，其他法律则按照法律的立法时间进行标注。

② 三部法律的立法目的、理念以及具体细部的比较也很重要。如《健康保险法》偏重与工伤无关的医疗需求，《国民健康保险法》和《高龄者医疗确保法》着重考虑低收入人群的费用减免，《高龄者医疗确保法》基于老年人医疗费用的特点强调财政调整机制。关于共通点，三部法律都很重视通过行政复议及行政诉讼方式的权利救济。限于篇幅这里不做详细展开。

委托 ① 的诊疗报酬审查支付机构申请支付。如果参保者负担超过了一定额度，则该超过部分作为高额医疗费由保险者支付给保险医疗机构。

基于上述基本流程，各主体之间的权利义务关系如下：

1. 保险者和被保险者之间的法律关系

保险者和被保险者之间的法律关系如下：被保险者通过支付保费，获得从保险者接受医疗给付的权利。由此产生保险者对被保险者提供抽象的现物（医疗服务）给付的义务。

2. 保险者和保险医疗机构之间的法律关系

保险者和保险医疗机构之间的法律关系如下：厚生劳动大臣通过指定保险医疗机构，替保险者与保险医疗机构签订契约，以满足被保险者的医疗需求。因此，保险医疗机构给患者（被保险者）提供的医疗给付的第一层含义是履行保险医疗机构与保险者之间签订的第三方支付契约中的医疗机构的责任。而保险者委托诊疗报酬审查支付机构对诊疗报酬的申请进行审查和支付，则是履行上述契约中的保险者的责任。同理，保险者给保险医疗机构支付的高额医疗费也是履行上述契约中的保险者的责任。

3. 被保险者和保险医疗机构之间的法律关系

被保险者和保险医疗机构之间的法律关系如下：被保险者就医时需要与保险医疗机构签订诊疗契约。依据此契约，被保险者给保险医疗机构支付患者（被保险者）自付费用。而与此对应，保险医疗机构给被保险者提供医疗给付。因此，保险医疗机构给患者（被保险者）提供的医疗给付的第二层含义是履行与被保险者之间的诊疗契约中的医疗机构的责任。

---

① 现行法律规定也可以不进行委托，直接由保险者审查支付医疗费用，但是实际操作中依然维持委托审查支付机构进行审查和支付。

六、韩国的医疗保险立法与实践

韩国与日本一样均与中华文化存在渊源关系，作为在 20 世纪 70—80 年代迅速工业化的新兴发达国家，亦于 20 世纪 90 年代末全面建设自己的福利国家，在医疗保险等各项社会保障制度建设方面均取得了不俗的成就，其医疗保险制度具有重要参考价值。有关韩国医疗保险立法与实践更加详细的内容，可参见有关韩国的专题报告及医保立法译文。

（一）韩国医疗保险立法进程

韩国的社会保障制度由社会保险、社会救济和社会福利组成。自 20 世纪 60 年代以来，韩国相继制定了一系列社会保障法规，至 20 世纪 90 年代已形成一套较完备的社会保障法规体系。各部分包含的各种制度大多于 20 世纪 60 年代初完成立法，其基本依据是 1963 年底制定并实施的《社会保障相关法律》，医疗保险法律体系和制度的建立始于同时期。韩国的社会保障法律体系由基本法和各子法组合而成，各子法由社会保险法、最低生活保障法、社会福祉法组成。其中社会保险法由医疗、养老、失业和工伤方面的法律构成。《社会保障基本法》于 1995 年底出台。这种先颁布子法后颁布基本法的做法在国际立法程序上比较罕见，《社会保障基本法》可以说是对 1963 年制订的有关社会保障法律的全面修订。①

1963 年，韩国《医疗保险法》颁布，以雇用 300 人以上的工作单位的劳动者和农渔民为对象，但因当时的政治、社会、经济环境，采取自由加入而非强制性加入的方式，这种法制化几乎成为一纸空谈。1977 年，500 人以上的规

---

① 金京玉、金玄武：《韩国社会保障制度的构筑》，《中国社会保障》2001 年第 9 期。

模用人单位的雇员被强制纳入医保范围，实质性的医疗保险制度正式引入，此时有 486 个医疗保险组合（保险人）。随着其后经济的发展，医疗保险不断地扩大适用范围，但还是将对象人口按职业和地区进行分开适用。1979 年，医疗保险覆盖面扩大到公务员和私立学校教师。1987 年修订的《医疗保险法》将农渔民、城市个体工商业者、小商业者纳入保障对象，1989 年实施城市地区医疗保险，奠定了全体国民医疗保险的制度基础。1997 年制定《国民医疗保险法》，1998 年统合地区医疗保险（227 个组合）与公务员教师医疗保险，并建立国民医疗保险管理公团。1999 年制定《国民健康保险法》，2000 年整合国民医疗保险管理公团与雇员医疗保险组合（139 个组合），建立了单一保险者——国民健康保险公团。

（二）韩国医疗保险法律基本框架

现行的国民健康保险制度以《国民健康保险法》为基础，其细节内容根据总统令（国民健康保险法实施令）、保健福利部令（国民健康保险法实施规则等）和行政规则（通知、指令等）实施。韩国宪法、《社会保障基本法》为《国民健康保险法》提供了立法依据（见图 2—9）。①

韩国现行（2022 年）《国民健康保险法》共有 8 个章节，主要内容如下：第一章总则（第 1 条至第 4 条）包括国民健康保险的目的、主要决策过程、法

---

① 韩国宪法第 19 条规定："老龄、疾病及其他没有劳动能力的人，依照法律规定受到国家保护。"韩国宪法在第 34 条第 1 项及第 2 项中规定了国民的基本生活权利和为实现这一目标国家增进社会福利的义务，这是社会保障制度的法律基础。《社会保障基本法》第 3 条规定："社会保障"是指消除或降低国民因生育、抚养、失业、老龄、残疾、疾病、贫困及死亡等社会风险，为国民提供必要的收入及服务，以保障国民生活质量的社会保险、社会救济、社会服务等。立足于自由主义，保障个人政治、经济、社会活动的自由，积极运作国家权力，消除自由经济引发的矛盾，从而实现"福利国家"。此外，《社会保障基本法》第 2 条规定了韩国社会保障制度的基本理念："为保障所有国民的基本生活水平而提供最低生活保障，为提高所有国民的生活水平，建立制度并创造条件，实施执行过程中兼顾公平和效率，最终实现社会福利"。

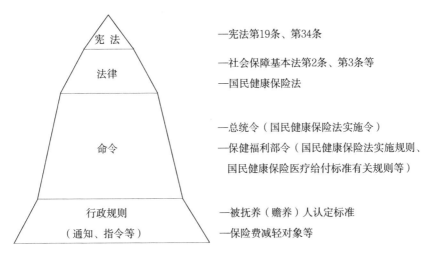

宪　法　　　　　　　—宪法第19条、第34条

法律　　　　　　　—社会保障基本法第2条、第3条等
　　　　　　　　　—国民健康保险法

命令　　　　　　　—总统令（国民健康保险法实施令）
　　　　　　　　　—保健福利部令（国民健康保险法实施规则、
　　　　　　　　　　国民健康保险医疗给付标准有关规则等）

行政规则　　　　　—被抚养（赡养）人认定标准
（通知、指令等）　—保险费减轻对象等

图 2—9　韩国健康保险法律法规体系

律概念及地位、制定健康保险综合计划等。第二章参保人(第 5 条至第 12 条)，包括国民健康保险的适用对象、参保人类型和参保资格的变化等。第三章国民健康保险公团(第 13 条至第 40 条)，包括国民健康保险公团作为保险人的作用、管理和运营事项等。第四章保险给付（第 41 条至第 61 条），包括国民健康保险支付的种类和范围、定点医疗机构的范围、支付方式、本人负担水平等。第五章健康保险审查评价院（第 62 条至第 68 条），包括审查评价院的作用、管理和运营事项等。第六章保险费（第 69 条至第 86 条），包括保险费计算标准、征缴方式等。第七章异议申请及审判请求等（第 87 条至第 90 条），包括异议申请及行政审判等。第八章补充规定（第 91 条至第 114 条）包括法律时效、保护劳动者权益、提供资料、保存文件、报告和检查、罚款等。第九章处罚规定（第 115 条至第 119 条），包括处罚规则及罚款等。

（三）韩国医疗保险法律的主要内容

1. 总则

《国民健康保险法》总则规定了政策的目的、主要决策过程、法律概念及地位、制定健康保险综合计划。关于健康保险政策目的：通过为国民提供保险给付来改善国民的健康和促进社会保障，保险给付用于疾病和伤害、分娩和死亡以及改善健康的预防、诊断、治疗和康复。健康保险综合计划应包括主要内容以及实施办法，总则也规定了健康保险政策审议委员会的长官、成员的组成以及委员会所应履行的事宜。

2. 管理体制与经办机构

健康保险法中的第一章总则、第三章国民健康保险公团、第五章健康保险审查评价院部分对健康保险的管理和经办主体进行了规定，主要包括了保健福利部、国民健康保险公团、健康保险审查评价院、健康保险政策审议委员会等。相关主体的关系见图2—10。

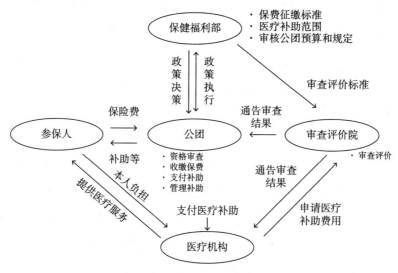

图 2—10 相关主体的关系图示 ①

保健福利部：保健福利部为健康保险事业的主管部门，保健福利部长官具有政策决策权（负责制订和实施健康保险长期发展方向、健康保险的主要政策

---

① 韩国健康保险公团官网：https://www.nhis.or.kr/。

推进方向、健康保险主要政策措施等）、审核权（监管公团和审查评价院的法律行为是否合法以及妥当）、相关机构成员的任免权。

国民健康保险公团：国民健康保险公团是健康保险的保险人，是管理与经办健康保险的主体。具体负责的事务包括：①管理参保人资格；②征收保险费；③依据和医药界代表人签订的价格合同对提供医疗服务的定点机构支付费用；④提供保险赔付。另外，公团还须履行降低健保基金风险、增强基金可持续性的作用，还须具有引导预防疾病及提高国民健康水平的功能。

健康保险政策审议委员会：健康保险政策决定过程中，须邀请中央行政机关、公团、审查评价院及健康保险相关专家参与，并同时邀请保健医疗需求者一方的劳动者和雇主团体、农渔业团体、医药界相关利益团体参与决策（第4条第4款），组成政策审议委员会，保证在决策过程中各利害关系人之间通过协商达成协议。

财政运营委员会：由参保人及公益代表组建的财政运营委员会，主要负责审议并表决保险费调整等保险财政相关主要事项，以提高公团在决定保险财政相关事项时的合理性和民主性。委员会代表参保人的意愿，对执行公团业务的理事长和理事会起到一定的制衡作用。

审查评价院：专业、客观和具有公正中立地位的第三方机构，履行医疗给付费用的审查的责任。审查评价院的主要功能包括：保证医疗费用给付的公平性，引导提供优质医疗服务，在经济、医疗行为方面对参保人予以充分保护。

3. 参保人群与待遇人群

韩国健康保险参保的适用对象为居住在韩国国内的所有国民，法律规定了参保人群的适用除外对象：第一类是依据"医疗救助法"领取医疗救助的人。第二类是根据独立有功者、国家有功者等礼遇的相关法律受到医疗保护的人。除此之外，符合法律相关规定的人群均"强制"参加健康保险。

待遇人群分为三类：第一类职工参保人，即所有企业单位的劳动者、雇主、公职人员及教师。第二类居民参保人，即并非职工参保人及其被抚养人的所有人，如农民、渔民、个体户等。第三类被抚养人，主要指生计依赖职工参保人的人，其收入及财产低于认证标准的人。

4. 筹资机制

健康保险基金分为三个部分组成：保费、财政补贴与其他。其中财政提供相当于保费收入 20% 的金额，包括了国库支援金(14%) 和健康增进基金(6%，主要为烟草税)。其他收入为滞纳金、不当所得和其他应收款等。

为实现投保人之间收入再分配，根据投保人的收入，采用定率制征收保险费。缴费分为两部分群体，即职工参保人和居民参保人。2022 年职工健康保险缴费率为工资的 6.99%，由雇员和雇主各承担 50%，从工资中直接扣除。居民参保人的月保险费计算公式则为：保险费分数 × 分数单价。保险费分数以地区参保人家庭的财产、收入等为参数计算得出，分数单价则全国统一。

在职工健康保险缴费中，除了规定按照工资缴费之外，还规定了按照收入缴费的方法。目前，为年收入超过 3400 万韩元的职工参保人缴费的计算公式为：月保险费 ={(收入外所得 −3400 万元) × 1/12} × 所得评价率 × 保险费率。其中所得评价率依照收入种类不同存在差异，例如利息、分红、企业盈利等为 100%，劳务、年金所得为 30%。并规定所得保险费的上限为 3,653,550 元韩币。

此外，依照健康保险法可对以下参保人的费用减免：对位于岛屿等偏僻地区工作的参保人、居住在韩国的国外劳动者依法减免 50% 保险费。65 岁以上的参保人、依照《残疾人福利法》认定为"残疾人"的参保人、最高可减免 30%。居住在农渔村地区的地区参保人可减免 22%。

5. 待遇给付

韩国健康保险的支付分为两个部分，即实物和现金。其中实物支付包括了医疗费用报销和健康体检。医疗费用报销指的是参保人遭遇疾病、负伤等情况时，支付在医疗机构诊疗的费用。健康体检包括了血检在内的 22 项体检以及癌症检查。其中癌症检查个人自付 10%，但大肠癌和宫颈癌的检查费用由保险公团全额负担。现金支付包括：①在参保人或被抚养人发生紧急或其他不得已的事由时，公团对在保健福利部令规定的定点机构因疾病、负伤、生育等原因接受治疗，或在并非定点机构的地方生育的情况，支付诊疗费。②报销超过本人负担上限的金额。以 120 天为标准，如患者的本人负担金额超过了 120 万韩元，则由公团对其超额部分进行补偿。③在各辅助器具支付金额范围内，由公团支付购买费用的 80% 等。④健康保险还为怀孕及分娩提供追加援助，支援金额为 60 万韩元。

依照健康保险法，个人需要负担一定比例的医疗费用。根据住院或者门诊，以及医疗机构的种类不同，个人负担存在差异。其主要目的是避免待遇群体在使用医疗服务时，集中到上级综合医院看病。因此采取分级诊疗的方式。按不同医疗机构的级别，门诊和药店个人需要负担医疗费用总额的 30%—60% 不等；住院个人一般负担 20%，癌症个人负担 5%，一些种类的癌症个人无须自付。

七、英国、美国的医保立法与实践

尽管中国并未选择英国的国民健康服务制度和美国多元并举的医疗保障体系，但这两个国家都是在世界上有重要影响的国家，其医保制度均有自己的显著特色，从而同样需要关注。本节简要介绍英国与美国的医保立法实践，并做基本评价。对于英国、美国医保立法的具体内容可参见其国别研究报告。

（一）英国的医保立法与实践

英国是福利国家的起源地，以税收筹资和财政支撑为物质基础，建立的是从摇篮到坟墓的社会保障体系，国民健康服务制度作为其中的重要内容，构成了英国福利制度的支柱型制度安排。以英国为代表的通过税收筹资的国民健康服务（NHS）的经验和教训同样可为中国提供有益的借鉴。

1. 厘清一个常见认识误区

在中国，对免费医疗的批评声音显然要大于赞同声音，这种现象的背后并非似美国那样有利益集团在影响，而是基于对免费医疗存在认识误区。

事实上，任何医疗服务都是需要付出成本的，免费医疗并非不要成本，只是这种成本是由政府财政直接承担了。而在社会医疗保险制度中，人们享受医疗服务的成本是由劳资双方通过缴费来承担的。因此，国民健康服务与社会医疗保险的差异性，关键不在于是否免费而在于采取何种筹资机制来解决医疗费用的负担问题。搞清楚这个问题的关键，就没有必要对社会医疗保险与国民健康服务简单地采取肯定或否定的判断，而是应当思考哪种模式适合本国国情及其所处的发展阶段。

我们认为，起源于德国的社会医疗保险和起源于英国的国民健康服务制度都是人类应对疾病风险的社会化制度安排，也是分别经德国、英国等多个国家实践证明能够很好地解决国民疾病后顾之忧的有效制度安排。中国既然已经选择了走社会医疗保险的发展之路，当然需要认真学习借鉴德国等采取社会医疗保险制度的典型国家的立法经验，但并不意味着未来完全不可能考虑国民健康服务制度，因此，研究中至少不应当排斥对英国国民健康服务制度的了解与借鉴。

2. 英国国民健康服务制度的立法进程

英国的国民健康服务制度（英文为 National Health Service，简称 NHS，俗称全民免费医疗），是面向全民的医疗保障制度主体。根据这种制度安排，英国的医疗服务提供、医疗费用筹资、卫生资源分配以及医疗服务质量监管都集中于 NHS，属于中央集权程度较高的制度模式。英国的免费医疗制度模式被多个福利国家采用，这表明其在国际比较视野下具有较强的典型性和示范性。

1942 年，著名的贝弗里奇报告明确提出建立国民健康服务作为福利政策的三大支柱之一，并强调由政府负责提供覆盖全民的医疗服务，这一建议被工党政府付诸行动。1946 年英国议会通过《国民健康服务法》，1948 年 7 月 5 日，《国民健康服务法》（又被译为《国民医疗保健法》）和《国民保险法》《国民救济法》同时生效，这一天英国政府正式宣布英国建成福利国家。自此开始，英国确立了国民健康服务的制度基本模式是全民免费医疗，它构成了支撑英国福利国家的重要制度支柱。其制度运行机制是政府主导资源分配，采用三级医疗服务体系的服务提供方式，由独立执业的全科医生主导医疗服务提供。经过 70 多年的不断改革与完善，逐渐发展为全世界最大的由政府筹资建立的国民健康服务体系，除对处方药、验光配镜和牙科服务等收取部分费用外，NHS 始终坚守着为民众提供基本免费医疗服务的承诺。英国的 NHS 体系是全世界最大的政府办医疗卫生服务体系，服务范围涵盖了从预防到康复等各类医疗服务。其设计和运行贯穿着三大核心原则：面向全民，免费提供，服务基于医疗需求而非支付能力。这使得英国的国民健康服务具有较强的公平性，实现了全民覆盖，不管病人收入状况如何，都可以获得连续的医疗服务。

在国民健康服务制度的发展进程中，英国经历了人口老龄化、"脱欧"、新冠疫情等多因素的严峻挑战，受到新自由主义、第三条道路等多种理论思潮的影响，其制度内涵、服务内容、运行管理方式等要素也发生了相应的变化，并在立法中得到了呈现。其主要的立法包括国民健康服务法（1977 年）、国民健康服务法（2006 年）、健康和社会服务法（2012 年）、健康和社会服务法（2022 年）等（见表 2—1）。

表 2—1　不同执政时期英国国民健康服务部分主要立法

时期	核心法案	其他重要立法
艾德礼政府	《国民健康服务法》(1946)	《国民健康白皮书》(1944)
卡拉汉政府	《国民健康服务法》(1977)	—
撒切尔政府	《国民健康服务法》(1980)	《患者第一白皮书》(1979)
梅杰政府	《国民健康服务制度与社区护理法》(1990)	《为患者工作白皮书》(1989) 《患者宪章》(1991)
布莱尔政府	《国民健康服务法》(2006)	—
布朗政府	《健康和社会服务法》(2008)	—
卡梅伦政府	《健康和社会服务法》(2012)	—
特蕾莎政府	—	国民健康服务长期规划 (2019)
约翰逊政府	《健康和社会服务法》(2022)	国民健康服务运作框架 (2022)

从法律名称上看，英国的国民健康服务制度经历了从健康服务向健康和社会服务的转变，体现健康服务与社会服务的融合趋势。在立法实践中，英国呈现出来的是立法理念兼收并蓄、立法流程经历"三读七步"长周期、立法内容全面细致、立法主体充分讨论等特征。总体而言，英国的免费医疗制度改革与相关立法有机配合，及时有效地回应制度内外的各种冲击，其虽然历经内部市场化、政府向地方和社会放权、医疗服务购买和提供机制的调整、公立医院自主性的增强和私人医院的参与等变革，但公平普惠的理念始终没有动摇，税收仍是首要筹资来源，完备的全科医疗服务及守门人制度仍是英国医疗保障制度之基石，从而展示出了较强的生命力和适应性。

3. 英国国民健康服务制度的基本内容

从英国国民健康卫生服务制度的框架来看，主要有如下内容：

（1）筹资。英国国家卫生服务经费是通过税费筹集的，包括普通税和国民保险费。其中，普通税的主要来源为收入所得税、增值税、公司所得税、消费税，占国家卫生服务资金来源的 80% 左右；国民保险费则是基于个人劳动收入，对雇主、雇员和自雇劳动者实施强制缴费。另外，患者在看病时并非全部免费，而是仍需自付小部分项目费用。

（2）国民卫生服务资金和医疗资源的分配。政府兼具服务提供者和购买者的身份，一方面直接举办医疗机构，将通过税收筹集的专项资金通过预算拨付给公立医疗机构，用于补偿相关医疗费用以及支持机构日常运转，向受雇于公立医疗机构的医生、护士等人员支付薪酬。国民健康服务运行初期，其费用全部由政府税收承担，包括医疗费用、药品费用、机构和人员经费等。从1952年开始，逐渐由患者承担一小部分的费用。但总体而言，国民健康服务的筹资主体仍然是政府。另一方面，政府购买全科医生提供的初级医疗服务，购买私人医疗机构提供的专科服务等。由于国民健康服务在英国医疗保障领域占据主体地位，政府具有较强的议价能力。National Health Service是卫生部直属的一个独立机构，负责资金的分配和卫生服务的组织，并通过协议对卫生健康服务进行管理，是典型的"一手托两家"，资金来源于中央税收支持。

（3）分级诊疗的医疗服务体系。NHS提供三级医疗服务体系，具有典型分级诊疗特征。以社区为基础的初级医疗保健服务（地段）是整个国家医疗服务体系的"守门人"，其上的二级（地区）和三级（中央）医疗服务以医院为基础提供专科服务。三级医疗服务各司其职，其中，初级医疗保健服务承担大部分常见病治疗和健康服务，二级医疗服务主要提供综合和专科医疗服务，三级医疗服务主要治疗疑难病患和危重病患。所有居民需要到住所附近的全科医生诊所注册，接受初级医疗保健服务的首诊，如果有重病则按照转诊流程到更高一级的医院接受治疗。需要指出的是，英国通过全科医生自由执业、优胜劣汰，实现了初级医疗卫生服务的市场化，这些全科医生除了为当地居民提供基础医疗服务、公共卫生服务（健康宣传、戒毒戒酒）外，还可以完成简单的日间手术，很好地发挥了疾病医疗"守门人"的作用，英国90%的居民在基层医疗服务体系接受诊断和治疗，不需转诊到二级机构。同时，药房和医院也是相互独立的，无论是基层诊所还是大型医院，医生在给患者诊断后只负责开具处方，患者持医生处方到药店买药，其中特殊困难群体可以享受购药的费用减免。

4. 对英国免费医疗服务制度的基本评价

如果全面客观地评价英国的国民健康服务制度，可以发现其具有如下显著优点：一是实现了医疗服务普惠公平的目标。英国通过立法赋予了国民免费享受医疗服务的权益，而政府必须承担起确保这种权益得到实现的责任与义务，这种关系显然超出了社会医疗保险中主要体现为建立在劳动关系或雇佣关系基础之上的劳资双方权利义务关系的范畴，更加显示出制度造福人民的普惠性与公平性，体现了国家与国民之间的权利义务关系。二是体现了有能力者多承担筹资义务的原则。因为英国的国民健康服务服务则政府财政支撑，而财政源于纳税人的税收，而税收的多寡又与个人的收入与消费水平直接相关，高收入或高消费者多缴税，低收入或低消费者少缴费或者不缴费，更加符合追求平等的福利国家对社会财富分配格局的调节。三是体现了政府责任，给人民以最大方便。因为国民健康服务面向全体人民，患者无须考虑缴费多寡、享受的医保待遇也高度一致，更无所谓医疗费用起付线、比例分担、封顶线等复杂规制以及具体药品、治疗方案等的差异性，且能够从根本上解除疾病医疗后顾之忧，从而是最为简单方便的医保制度，而承担责任的是政府，从而显示出了有为政府的担当。在全民免费医疗的条件下，任何人都可以享受平等的基本医疗服务，疾病不再构成影响患者及其家庭生活的重要风险因素。国民健康服务是被英国人民普遍接受的制度安排，客观而论也是解除民众疾病医疗后顾之忧的一种理想制度安排。

当然，任何制度都不可能是放之四海而皆准的普适性或完美型制度安排，英国的国民健康服务制度也不会例外。一方面，制度的门槛高。国民健康服务制度在中国不似社会医疗保险制度受欢迎，主要是其需要具有雄厚的财力支撑和追求高福利的社会共识。国民健康服务意味着国家财政必须承担起全部责任，从而必须强化个人所得再分配的调节功能，因此离不开高税收支撑，发达国家也不易做到；同时，追求社会公平为社会主流价值取向的高福利共识，即人民普遍期望建立高福利制度并在这种制度覆盖下享受无后顾之忧的生活，是支撑国民健康服务制度的思想基础，也是群众基础，而这种共识的形成并不容易。美国作为世界最发达的国家和第一大经济体，迄今还未实现全民医保的目标，背后原因是无法达到全民医保的共识。此外，还需要落实基层首诊、分级诊疗，以实现对医疗服务资源的合理配置。在这方面，尤其是需要强大的基层医疗机构扮演"守门人"角色。事实上，全科医生守门人制度是英国 NHS 的基础，病人首先在全科医生处接受服务，由全科医生决定病人是否需要接受专科诊疗，这些全科医师经过严格专业训练，医疗技术受到民众的普遍信赖。基层能力的建设、民众信任的建立、就医习惯的改变难以一蹴而就。另一方面，政府包办的免费医疗效率受到质疑。国民健康服务制度在英国的实践中，也长期遭到了一些批评，这种批评的声音主要聚焦在效率偏低上，特别是急慢分治机制下的排队候诊、择医权受限等，这些可能影响患者的就医体验。人口老龄化叠加新冠疫情等因素使得 NHS 系统承压，候诊时间屡创新高，2022 年底，仅人口不到 6000 万的英格兰地区就有约 700 万人在等待转诊治疗，等待超过 18 周的患者近 300 万，等待超过一年的有近 40 万。在急诊方面，35% 的急诊患者需要等待 4 小时以上。由于排队就医时间较长，大多数英国人也都能坦然接受小病自愈、非紧急情况耐心等候的局面。有更高支付能力或需求的人也会转而付费从营利性的私人医疗机构获得更快、更好的医疗服务。

我们认为，纵观 70 多年间 NHS 的实践，其制度设计理念，即"让所有人不再因为经济原因而忍受疾病煎熬或痛苦等待死亡，是一个文明社会最起码的标志"得到了坚守。NHS 通过全科医生提供初级服务和逐级转诊实现的基层首诊、分级医疗，以及通过排队机制实现的急慢分治，实质都是医疗资源的配置机制。这样的资源分配注重保健和预防，且根据患者医疗需求的急迫程度进行。有更高支付能力或需求者可以选择私人医疗服务，NHS 的资源配置方式是公平且不失效率的。[①]

总之，我们需要理性认识全民免费医疗，既不必盲目推崇也不必一味排

---

① 华颖：《英国全民医疗服务（NHS）的组织管理体制探析——兼论对中国的启示》，《中国医疗保险》2014 年第 3 期。

斥，其本质是通过税收筹资的方式来为国民提供医疗保障。未来，如果中国想要走向全民免费医疗，则不仅要共创更加丰厚的物质基础，而且要有集体主义的共享意识，摒弃与全民免费医疗相悖的取向，包括固守着医保个人账户作为私人利益的利己取向。而在现阶段，理应坚持社会医疗保险并不断优化其制度安排，不断满足人民群众对更高水平医疗保障的需要。

（二）美国的医保立法与实践

美国是当今世界头号强国，自20世纪30年代罗斯福总统执政时期建立社会保障制度以来已有近90年历史，发展至今，美国的社会保障制度无疑不如欧洲特别是西欧北欧国家，其医疗保障制度因尚未实现全民覆盖且代价高昂而在世界上亦非获得普遍认可。美国的卫生总费用是当今世界各国中规模最大的，这项支出占其国内生产总值之比高达18%，这一指标表明其建立的是世界上最为昂贵的医疗卫生制度，而多元并行的医疗保障制度构成了这一制度体系的重要组成部分，并呈现出显著的美国特色。

1. 美国医疗保障立法的发展历程

根据美国主要公共医疗保障制度相关立法的演进历史，美国1965年前处于公共医疗保障缺位状态，只有私营医疗保险与慈善医疗。1965年，联邦层面通过的《社会保障法修订案》，标志着美国建立医疗保险和医疗救助制度，医疗保险既包括了民主党提出的基于工资税的强制性老年人住院医疗保险（A部分），也包括共和党提出的自愿参加的支付老年人医生服务费用的医疗保险（B部分）；医疗救助则为美国医学会提出的由各州政府进行独立管理运行的、基于收入调查的医疗救助制度。这两项制度填补了老年人、残疾人和穷人等弱势群体的医疗保障空白，标志着联邦政府在公共医疗保障领域主导地位的确立，也意味着美国公共医疗保障制度初具雏形，并由此确立了政府、市场、社会力量分别主导的多元并立的混合型医疗保障制度。此后数十年，虽然公共医疗保障制度经历扩张和收缩等波动，但政府、市场、社会等多元主体共同参与的医疗保障体系架构基本保持稳定。因此，1965 年通过的《社会保障法修正案》在美国医疗保障制度发展史上具有里程碑意义。

20 世纪 80 年代，共和党人里根总统削减了医疗保险和医疗救助的资助，公共医疗保障进入全面收缩时期，第三产业壮大也导致快速流动的劳动力普遍缺乏雇主医疗保险，美国的医疗保障发展陷入低潮期。1986 年，美国国会不得不通过《紧急医疗和积极劳动法》，以回应重病患者无法得到及时救治的问题。

1993 年 10 月，民主党人总统克林顿向国会提交了《医疗保障法案》，试图通过强制性雇主医疗保险及扩大政府补助覆盖面的方式来实现全民医保，利用地区性健康联盟的团体购买来实现有管理的竞争，压低医疗保险成本，扩大医疗保障覆盖面并控制医疗费用。1994 年这一法案遭到美国国会否决。

直到 2010 年 3 月，民主党人总统奥巴马经过异常艰难的立法推动工作，终于使《患者保护和平价医疗法案》（又被称为"奥巴马医改"法案）在激烈的争议中获得通过并于 2014 年 1 月正式全面生效。该法旨在扩大医保覆盖面、降低医疗成本并保障医疗服务质量，其核心内容包括强制未参保民众投保并为购买保险的个人提供了税收抵免和成本分担补贴，扩大医疗补助计划的覆盖面以使其覆盖到收入低于贫困线水平 138% 的无子女成年人，禁止保险公司对带病投保群体拒保并要求提供标准化的保险保障项目。这一法律的通过，被认为是美国医疗保障立法进程中的又一巨大成就，照此法实施，美国将首次建立起一个覆盖 95% 人口的全民医疗保障制度。然而，由于这一立法触及美国医学会、商业保险公司、医药企业等集团利益，招致了共和党人的反对。共和党人总统特朗普在 2017 年 1 月入主白宫后签署的第一个行政命令就是为了叫停奥巴马医改法案，又于两个月后公布了奥巴马医改法案的替代方案——《美国医保法案》，该法案的核心要义是缩减政府责任，取消强制参保，回归医疗保险的商品化特征，从而实际上利好富人群体及商业保险公司、医药集团等，但最终未能在国会获得通过。

2020 年，民主党人拜登总统就职一周后即签署了重启奥巴马医改的行政令，降低了参保补助的申请标准以使其覆盖范围扩张至部分未参与的州，承诺美国医疗服务更加可负担和可得。2022 年 8 月，美国参众两院通过的《通胀削减法案》计划投入 640 亿美元以延长三年奥巴马医改法案的参保补贴。该法案在药价改革上有较大突破，30 多年来首次允许美国医保直接同药企进行谈判。然而，联邦最高法院的合宪性裁决回避了奥巴马医改的核心条款争议，仅侧面驳回了诉讼请求，这为奥巴马医改法案的顺利实施埋下了隐患。

从 1993 年克林顿政府到 2022 年的拜登政府的 30 年间，美国公共医疗保障立法一直处于波折之中，并未给美国人民带来真正的医疗保障福利，这是党争误却民生、利益集团主导医改政策的典型例证。美国式的医疗保障立法也表明，美国的医疗保障制度不同于德国、法国、英国等欧洲国家，也不同于日本、韩国等亚洲国家，而是自成一体。

2. 美国法定医疗保障制度的基本内容

与世界绝大多数国家和地区的制度模式选择不同，美国采取的是集合商业医疗保险（与就业挂钩）、政府为特定人群开办公共医疗保障项目以及非营利部门积极参与医疗保障的多元并立型医疗保障制度安排。一方面，由政府举办的公共医疗保障项目和私营医疗保险项目覆盖了约 85%—90% 的人群；另一方面，美国的非营利部门积极参与医疗保障提供，通过各种形式为低收入人群或者无医疗保险人群提供保障。

在美国，政府举办的医疗保险实际上是针对老年人、残疾人、穷人、儿童、军人等提供的公共保险计划，普通民众的医疗保障则以私营保险机构举办的商业医保为主，其中又以雇主为员工购买的团体医疗保险为主要形式。奥巴马医改使得美国医疗保险的普及达到了前所未有的水准，但同时也触及了中产阶级、资本家、保险公司的利益，特朗普医改主要旨在取代奥巴马医改内容，主要内容包括废除强制参保、改变补助机制和改革医疗救助制度。

美国的医疗救助（Medicaid）是 1965 年设立的针对低收入群体的医疗健

康保障项目，服务对象是低收入的老人、孕妇、儿童及残障人士等人群。该项目由美国联邦政府和各州政府共同资助，联邦政府提供超过 50% 但低于 83% 的项目经费，具体运作由美国卫生部（HHS）下属的医疗保险和医疗救助服务中心（CMS，其前身为 1977 年成立的卫生保健财务管理局 HCFA）对各州负责项目的执行进行监督，并为各州提供解释性指导、技术支持、配套资金及其他资源。在运营方式上，有些州将医疗救助交由私营健康保险机构办理，有些则直接向提供服务的医院或医生支付补贴，但并不直接补贴个人，有些州还规定该项目的参保者在享受医疗服务时仍需支付一定的费用。

此外，还有由各州负责的儿童医疗保障，其覆盖范围是那些家庭收入高于各州医疗救助受益资格但又不足以承担商业健康保险高昂保费的家庭儿童，也包括部分低收入家庭的孕妇，这一制度由《社会保障法》授权各州灵活制定本州儿童医疗保障的受益资格，因此，各州的具体制度安排并不一致。

在管理体制上，美国卫生与公众服务部（HHS）是联邦一级主要的卫生管理机构，其分支机构管理着美国大约 25% 人口的医疗保障事务。各州由自己的卫生部门负责，如加州福尼亚设有管理居民医疗保健事务的医疗保健部以及负责公共卫生事业的公共卫生部。

3. 对美国医疗保障制度的基本评价

美国是一个独特的国家，这种独特性表现在身居世界第一大经济体、第一强国的地位却迄今仍然未建立全民医保制度，而是采取了政府主导、市场主导、社会力量主导等多元并立的制度体系，这当然离不开美国独特的国情。这种影响医疗保障制度的国情要素至少包括移民国家的独特社会结构、奉行个人主义与个人自由的价值取向、资本主义制度、充分竞争的自由市场、发达的社会慈善事业，以及历史形成的强大的利益集团的影响等。这些要素综合塑造了美国的制度文明。

概括起来，美国的医疗保障立法实践的特点有：一是美国的法律是联邦与各州自成体系，司法也是联邦与州自成体系，这一国家体制决定了美国的医疗保障立法也是两个体系，除了联邦立法还有州的立法，哪些须遵守联邦法律、哪些须遵守各州的立法由宪法规制的权责划分而定。二是美国的法律体系虽然也有成文法，但有深厚的判例法传统，其对社会保障的规制亦不会像德国等大陆法系的国家以集约方式进行专门且详尽的规制，这使得美国医疗保障方面的立法显得过于分散。三是多元制度并立情形下政府、市场与社会责任的边界是清晰的，但基于小政府大社会的治理方式，借助市场与社会力量实施医疗保障制度构成了一大特点。

美国医疗保障制度的优点在于对弱者的保障是有力的，政府举办的医疗保险面向老年人、残疾人、穷人、儿童等，政府负责的医疗救助面向低收入的老人、孕妇、儿童及残障人士等人群；同时，充分调动了市场主体与社会力量的积极性，如商业性的健康保险和慈善机构的非营利医疗均发挥了巨大的作用。

美国医疗保障制度的缺点是迄今仍未实现全民医保，同时健康保障成本畸高，而背后利益集团的不良影响和两党之争也误却了医保，因此，美国医疗保障总体上并不值得赞赏，其教训需引以为戒。

（三）英国与美国的比较

在当今世界，英国与美国通常被视为如出一辙，但两国的社会保障制度却存在着本质差异：英国是福利国家的先驱，实施的是从摇篮到坟墓提供人生全周期保障的福利制度，包括国民健康服务制度在内的整个社会保障制度所体现的是集体主义、共享主义色彩，政府扮演着不可替代的重要角色并发挥巨大作用，其结果是社会平等度较高；美国则是在很大程度上需要依赖市场主体与社会力量发挥作用，体现的是典型的资本主义价值取向和对个人自由的追求，政府作用有限，只对弱势群体负责，市场主体与社会力量活跃参与，以医药、保险行业的利益集团影响巨大，结果是贫富差距偏大。因此，英国与美国是福利制度完全不同的国家，在医疗保障方面，英国不可能仿效美国，美国也不可能学习英国，它充分证明了医疗保障制度反映的不仅是经济社会发展水平，更有政治文化因素的深刻影响。

在国际上，美国的医疗保障制度因其不能全面解决美国人民疾病医疗后顾之忧，并不被其他发达国家认可，反而是批评美国医疗成本过高和医保不足的声音一直很高；而英国虽然也受到一些批评，但还有多个国家仿效，如北欧国家及一些英联邦国家就采取了英国式的国民健康服务制度，这表明英国的国民健康服务制度更加符合人民的期望。这一客观事实说明，有些人对美国制度的好感和对英国制度的恶感都是不客观的，背后隐含的是自己的价值偏好。因此，需要重新客观评估英国与美国的制度安排，并从中借鉴有益成分，最终还是要走出中国特色的医疗保障发展之路。

八、典型国家医疗保障立法的共性与差异性

从前述典型国家的医保立法与实践出发，可以发现其共性与差异性。凡典型国家医保立法中表现出来的共性应当是具有普适意义的医保立法客观规律，而不同国家之间表现的差异性则可以理解为国别特色。对中国而言，要建立健全医疗保障制度也应当遵循普适性的规律，同时还需要基于中国国情体现中国个性。

需要指出的是，基于中国采取的是社会医疗保险制度，英国的免费医疗服务与美国的多元并举并非可以直接借鉴的对象，况且英国、美国的医保立法与采取社会医疗保险制度的国家差异性大，因此本节聚焦德国、法国、日本、韩国四个国家展开，兼顾英美经验，提炼其共性与差异性。

（一）典型国家社会医疗保障立法的共性

1. 立法先行、以法定制，通过法律赋权明责

德国、日本、韩国、法国、英国、美国医疗保障制度的首次立法虽在时

期、时代背景、覆盖人群方面有着差异（见表2—2），但各国医疗保障制度的建立无不呈现立法先行、以法定制的特征，且立法者均为全国性的立法机构，以此避免了区域间的不公平。各国医保制度的发展和完善同样呈现立法先行、以法定制的特征。这不仅使医疗保险制度运行规范有序，而且使民众对医疗保险制度有了稳定预期和充分信心。

表2—2 典型国家公共医疗保障首次立法情况

	首次立法（颁布）年份	首次立法背景	首次立法覆盖人群
德国	1883年《工人医疗保险法》	铁血宰相俾斯麦社会保障立法中通过的首部法律，稳定新生的德意志帝国和安抚劳工的需要	蓝领工人，强制参保，1885年时覆盖约10%的人口
日本	1922年《健康保险法》	第一次世界大战后日本经济政治处于国内外矛盾漩涡中，从战争时期的畸形繁荣立刻转变为经济危机，工厂和企业倒闭导致大量失业者出现，劳资关系紧张。试图通过保护工人健康来缓和劳资冲突，具有劳动立法的性质	以工厂与矿山的体力劳动者等蓝领劳动者强制参保制度实施之初，参保人仅占全国人口的3%，覆盖范围有限
韩国	1963年《医疗保险法》	20世纪60年代快速工业化不仅给韩国带来了巨大的经济成功，还使人们有了社会权利的概念。1962年，韩国宪法首次承认并宣布社会保障是一项基本人权，之后各项社会保障立法迅速展开	雇用300人以上的用人单位自愿建立医疗保险协会，自愿参保。1977年通过修法引入强制参保政策，医疗保险制度才得以正式全面实施
法国	1928年《社会保险法》	1918年，德占阿尔萨斯—洛林的回归使法国政府面临建立统一的社保制度的压力，1919—1920年高涨的工人运动加剧了这一压力。在此背景下，法国经过长达10年的酝酿，于1928年4月出台首部"社会保险法"，初步建立涵盖疾病、生育、残疾、养老和死亡等风险的强制性的社会保险制度	工商业部门收入低于一定水平的雇员强制参保。第二次世界大战后的1945年通过立法得到进一步发展

续表

	首次立法（颁布）年份	首次立法背景	首次立法覆盖人群
英国①	1946 年《国民健康服务法》	第二次世界大战时即提出建设福利国家的计划，国民健康服务是战后英国工党依据贝弗里奇报告设计的福利国家建设的一部分；1948 年法律生效，同天宣布英国建成福利国家	全体国民
美国	1965 年《社会保障法修正案》	经济发展带来的繁荣与贫富分化加剧催生了社会共识，对弱势群体的保障被视为政府应当承担的责任。民主党执政为政府介入医疗保险领域并通过公共医疗保障制度奠定了政治基础	面向老人和低收入群体的医疗保险（Medicare）和医疗救助（Medicaid）制度

资料来源：基于国别报告和相关文献。①

　　德国医疗保险制度依据 1883 年的立法建立，一经创立就步入了法治化轨道。"立法先行、以法定制、依法实施"自此成为各国建立包括医保制度在内的各项社会保障制度的基本规则。回顾德国医保制度的发展历程，可以发现首次立法后其历次改革或细节调整均是法律修订先行，形成的是一套具有高度调整弹性的法律体系。如 2019 年和 2020 年平均每月都会通过一项医疗卫生相关法律，修法频率虽高，但大多数情况下是关于某个领域的微调或具体实施措施，而非实质性改革。通过法律赋权明责，保障了制度的公信力和执行力，也给行政、司法、医保管理机构、医疗机构等主体依法作为提供了依据。德国医疗保险制度惠及全民即是以法定制、依法实施的结果。在法律的明确规制下，所有国民和永久居民都被强制加入法定或私人医保体系。法定医保覆盖约 90% 的人口，除公务员、自雇者等外，凡工资收入超过 450 欧元且在一定限额以下的在职劳动者、学生、农民、退休者、失业者等，均强制参保。

---

① 　1911 年英国议会通过《国民保险法案》，试图仿效德国引入劳资缴费的社会医疗保险，但覆盖面非常有限，且之后英国医疗保障模式经历了彻底转变。

法定医保以家庭为单位参保，即缴费参保者的无收入或低收入配偶和未成年子女可作为家属免费参保，这不仅符合按能力缴费的公平筹资原则，也是对家庭友好的政策，征缴成本较全民缴费亦更低。根据德国联邦健康监测信息系统的数据，截至 2022 年 7 月，法定医保覆盖 7368 万人，其中 5762 万为缴费参保者，1606 万为家庭连带参保者。收入高于限额的雇员可自愿参保，或转而参加替代性的私人医保。替代性的私人医保覆盖了约 10% 的人口，其中超半数为公务员和自雇者。公务员普遍选择私保的原因在于其 50% 的医疗费由财政直接报销，其余由私人保险覆盖；其家属 70% 的医疗费由财政直接报销，其余由私人保险覆盖。法定和私人医保均须提供统一的基本医保待遇，法定医保参保者还可另选私人医保作为补充，以获得如私人病房等更好的服务。需要指出的是，德国的以法定制与依法实施并不是僵化的制度延续，而是能够适应时代发展与制度运行环境的变化调整相关内容。无论是推行全民强制医疗保险、在各个医保经办机构间引入竞争机制、筹资方面实现全国统筹并引入联邦财政补贴、引入按病种付费等医保支付方式的精细化调整，抑或是近期着力加强门诊与住院治疗的协调连贯、加快推进医疗卫生服务数字化进程等举措，均是根据制度运行环境变化作出的适应性调整，这是其实现可持续发展的关键。①

　　日本的医疗保险制度同样具有立法先行、依法行政的特点，其各种医疗保险法律不仅有明确的理念，而且对制度主要结构都有较详细的规定，当事人的权利受到侵害时，法律即是诉讼的依据。韩国 1963 年制定《医疗保险法》后，1977 年通过修法引入强制参保政策，医疗保险制度得以正式全面实施；此后经历了 10 多次修订，其医疗保险法制建设走向成熟，韩国还明确立法规定由国民健康保险公团作为单一保险人运营覆盖全民的统一的健康保险制度。法国通过 1928 年出台的首部"社会保险法"，为工商业部门收入低于一定水平的雇员建立了涵盖疾病、生育、残疾、养老和死亡等风险的强

---

① 华颖：《德国医疗保险制度发展实践及其对中国的启示》，《江淮论坛》2022 年第 5 期。

制性的社会保险制度，由雇主和雇员共同缴费，利益相关者自治管理。法国并未像其邻国德国和英国一样按风险类别确定险种，而是一项保险覆盖若干风险。① 第二次世界大战后，1945 年 10 月 4 日，法国政府出台《关于关于社会保障组织的法案》，② 强制性的基本医疗保险制度和养老保险、工伤与职业病、家庭津贴通过整体立法得到了进一步的发展。英国通过 1848 年生效的《国民健康服务法》引入了覆盖全民的国民健康服务体系；美国 1965 年通过《社会保障法修正案》建立了医疗保险（Medicare）和医疗救助（Medicaid）制度。

立法先行、以法定制使得医疗保障制度的创设与制度变革具有更能够得到国民认同的合法性，保障了制度的公信力和执行力，法律的赋权明责也给行政、司法、医保管理机构、医疗机构等主体依法作为提供了依据。③

2. 可操作性较强，能够为医保制度的实施提供具体依据

从典型国家的医疗保障法律内容来看，不仅有原则性规定，而且对医疗保险制度实施的各个方面也有着较为完备的规制，可操作性强，从而呈现出法律就是制度，国民的医疗保障权益来自法律授予，主体各方的责任或义务由法律清晰规制，从而能够为医保制度的实施提供具体依据。具体来说，德国现行（2022 年 12 月）法定医疗保险法共计 15 章 423 条，④ 中文译本 20 多万字，具体规制了包括医疗保险筹资与支付范围、医疗保险经办机构、法定医疗保险的医疗服务机构，以及医疗保险经办机构与医疗服务机构的关系、数据提供与保护、远程信息处理、违法违规处罚规定等。在日本，应用最广的三部医疗保障法律为《健康保险法》《国民健康保险法》《高龄者医疗确保法》，其中，

---

① 　弗朗西斯·凯斯勒（Francis Kessler）：《法国社会保障制度》，中国劳动社会保障出版社 2016 年版，第 29 页。

② 　https://www.legifrance.gouv.fr/loda/id/JORFTEXT000000698857/。

③ 　华颖：《典型国家医疗保险立法及其启示》，《内蒙古社会科学》2020 年第 3 期。

④ 　参见 https://www.gesetze-im-internet.de/sgb_5/BJNR024820988.html。

《健康保险法》分 11 章共 222 条并有附则，内容涉及总则、保险人、参保者、保险给付、保健事业及福利事业、费用负担、健康保险组联合会、权利救济、杂则、罚则等；《国民健康保险法》分 12 章 128 条并有附则，内容包括总则、保险人、保险给付、费用负担、保健事业、国民健康保险团体联合会、诊疗报酬审查委员会、审查请求（权利救济）、监督、杂则、罚则等内容；《高龄者医疗确保法》分 8 章 171 条并有附则，内容包括总则、保险人间的费用负担调整、后期高龄者医疗制度、社会保险诊疗报酬支付基金的高龄者医疗制度相关业务、国民健康保险团体联合会的高龄者医疗相关业务、杂则、罚则等内容。韩国的《国民健康保险法》共分 9 章 119 条，中文译本近 4 万字，同样全面具体地规制了涉及医疗保险制度及其实施的各个方面，包括总则、参保者、保险人（国民健康保险公团）、保险给付、健康保险审查评估院、保险费标准和征缴方式、异议申请及审判请求、补充规定、处罚规定等。美国的专门规制占份额最大的公共医疗保障项目（Medicare）的法律条文共计五部分、98 条。医疗保障立法的完整性与具体化，使得这一制度能够全面规范地运行在法治轨道上。

3. 在保持法律稳定性的同时与时俱进地修订完善

医疗保险担负着解除空中疾病医疗后顾之忧的职责，必须维护制度的稳定性才能给公民提供稳定的安全预期，但稳定性并不等于立法可以一劳永逸，因为医疗保险制度需要持续发展，制度运行的环境也会伴随社会发展进程处于不断变化之中，这使得相关法律需要适时调整而非僵化不变。在典型国家中，均在保持医疗保障基本制度和原则稳定性的同时，呈现出与时俱进地对其进行修订的共性。在德国，自 1988 年颁布《社会法典第五册——法定医疗保险》以来，迄今已进行了近百次修改，其法定医疗保险的一系列改革都是通过立法来规范和推动的，形成的是一套具有调整弹性的医疗保险法律体系。虽然修法的频率很高，但在大多数情况下是关于单个部门的渐进的变化或实施措施，而非实质性的改革。① 通过修法实施的较大改革措施包括 1993 年实施的《医疗保健结构法》改变了医保机构间原有的按区域或行业封闭运行的状态，允许参保人自由选择医保机构，从而首次将竞争机制引入各个医保经办机构间；2000 年出台《法定医疗保险改革法》，确定从 2003 年起逐步引入按病种付费作为医保对医院的结算方式；2007 年出台的《法定医疗保险竞争加强法》推行了全民强制医疗保险，所有国民和永久居民都必须依法加入法定或私人医疗保险体系；近期出台改革法案旨在着力加强门诊与住院护理的协调连贯、加快推进医疗卫生服务数字化进程等。韩国的《国民健康保险法》自 2000 年实施以来，也已经进行约 30 次的修法。日本 1922 年制定的《健康保险法》亦不断修订、适用至今。法国亦是通过 1945 年的立法规范了面向工薪劳动者的基本医疗保险制度、1949 年至 20 世纪 90 年代的一系列立法实现了制度扩面、1999 年的立法将强制性医疗保险拓展至全民、2010 年以来的立法对医疗保险进行了结构性改革。英国通过 1991 年实施的《国民健康服务制度与社区护理法》开启了 NHS 迄今为止最为深刻的结构调整，即服务"购买者"和"服务者"分离的内部市场改革。这些国家在医疗保障法制建设实践中的上述做法，保障了医疗保险制度对社会经济环境变化的适应性。

4. 医疗保险法的结构具有相似性

从法律框架看来，医疗保险法的结构具有相似性，德日韩的医疗保险法中均以专章形式对参保主体、保险机构、待遇给付、筹资、法律责任进行了规制（表 2—3），其根本原因在于参保者、经办机构、待遇和筹资等均是医疗保险制度设计中最重要的部分。德国的医疗保险章节设置和内容最为丰富，还对医疗保险基金与医疗服务提供机构的关系、医疗保险与服务的数据、远程医疗等进行了专章规制。

---

① European Observatory on Health Systems and Policies, Blümel M, Spranger A, Achstetter K, Maresso A.et al.(2020). "Germany: health system review". World Health Organization. *Regional Office for Europe. Health Systems in Transition*; Vol.22(6).

表2—3　德、日、韩三国的医疗保险法各章设置比较

章节内容	德国《法定医疗保险》15章423条	韩国《国民健康保险法》9章119条	日本《健康保险法》11章共222条
总则	总则（第一章）	总则（第一章）	总则（第一章）
参保主体	参保人（第二章）	参保人（第二章）	参保人（第三章）、按日雇佣特例被保险者（第五章）
保险机构（及其协会）	医疗保险基金的组织（第六章）、医疗保险基金的协会（第七章）	国民健康保险公团（第三章）	保险者（第二章）、健康保险组联合会（第八章）
相关医疗服务	法定医疗保险的医疗服务机构（第九章）	无专章	保健事业及福利事业（第六章）
专家机构/评估组织	卫生事业发展评估专家委员会 Sachverständigenrat zur Begutachtung der Entwicklung im Gesundheitswesen（第五章）	健康保险审查评价院（第五章）	无专章。但《国民健康保险法》中对"诊疗报酬审查委员会"专章规制
三医间关系	医疗保险基金与医疗服务提供机构的关系（第四章）	无专章	无专章
待遇给付	医疗保险的支付范围（第三章）	保险给付（第四章）	保险给付（第四章）
筹资	资金筹集（第八章）	保险费（第六章）	费用负担（第七章）
法律责任	（刑事）处罚与（民事）罚款规定（第十一章）	处罚规定（第九章）	罚则（第十一章）
权利救济	无专章	异议及审判请求（第七章）	不服申诉（第九章）
其他章节	保险与服务提供数据、数据保护、数据透明（第十章）、远程信息处理基础设施（第十一章）推广开放标准和接口，国家卫生门户网站（第十二章）塑造统一德国的过渡性规定（第十四章）其他过渡性规定（第十五章）	补充规定（第八章）	杂则（第十章）

5. 医疗保险法的重点内容具有相似性

从法律内容上来看，社会医疗保险型的典型国家均包括了如下重点。

（1）强制参保，覆盖全民，待遇统一公平。德日韩法四国均为全民参保、强制参保，即在法律上把全体国民强制纳入医疗保险体系。在保障水平上也实现了全民的公平性：德国和韩国是以全国统一的制度覆盖全体国民；日本的医疗保险主要分为具有职域和地域特征的两大类，具体制度更加细分化，但各项制度在待遇给付方面相同。

除了待遇的公平统一外，德、日、韩、法四国在待遇给付内容方面均表现为实物加津贴的形式。德国法定医保提供的待遇给付全面综合，包括医疗服务和现金津贴两大类。医疗服务方面包括普通和专科医生门诊、医院门急诊和住院医疗、牙科医疗、精神疾病医疗、处方药和辅助医疗品、康复医疗、姑息治疗等。此外，还提供各种预防保健服务，例如儿童预防保健、预防免疫、牙科检查、慢性病筛查、癌症筛查等。除了医疗服务给付外，法定医保的还支付疾病津贴和生育津贴。如果参保者因病无法工作，通常情况下雇主会支付六周病假工资，之后医疗保险将支付疾病津贴，数额为不超过缴费基数上限的毛工资的70%。[①] 生育津贴可在法定产假期间领取，数额取决于分娩前3个月的平均税后收入。日本的医疗给付内容包括采取实物给付的形式诊疗、药品、门诊、住院等，以及现金形式给付的医疗费（家属医疗费、住院伙食医疗费、住院生活医疗费、上门护理医疗费）、高额医疗费、分娩育儿金、伤病补贴金等。韩国健康保险的实物支付包括了医疗机构诊疗和健康体检，现金支付包括紧急特殊情况下在准医疗机构接受治疗的费用补偿、超过本人负担上限金额的补偿、残疾人辅助器具补贴费、怀孕/分娩追加援助。法国略有不同，待遇给付内容虽包括患病时的收入保障（即疾病津贴）和门诊、住院、药物、器械、眼科护理、牙科护理、器具和交通成本等与医疗服务相关的内容，但后者一般采取报

---

① Federal Ministry of Labour and, "Social Affairs: Social Security at a Glance (2020)". See https://www.bmas.de/EN/Services/Publications/a998-social-security-at-a-glance.html。

销制，即参保通常直接支付服务费用，再由保险机构进行一定比例的报销。①

（2）责任合理分担，互助共济，遵循按能力缴费、按实际需求享受待遇的筹资公平性原则。德国法定医疗保险的保险费根据个人收入比例计算，自建制以来一直奉行劳资双方共同缴费的做法，所有缴费全部进入医疗保险基金并由全体参保人共享，充分体现互助共济的本质特征，同时规定有收入者缴费并惠及其无收入的家属。日本雇员健康保险的保险费也由雇主和员工各负担一半，可惠及在同一户家庭居住并由该员工供养的家属如配偶、子女、父母等；申请国民健康保险者则需由户主提交申请表格（家庭成员在同一份表格上申请），保险费以税收的形式缴纳，根据收入、净资产和家庭人数为基数计算，不同地区的保险税具体计算标准有差异。韩国亦是雇主与雇员各承担 50% 的缴费责任，有收入者缴费，无收入者依附其抚养（赡养）人参保；除单位参保人及其被抚养（赡养）人以外的参保人则以参保人的收入、财产等各附加要素分数合计的保险费征收分数，乘以每分的对应金额得出保险费，而后适用折扣率等确定需缴纳的保险费，以家庭为单位征缴。法国强制性法定医疗保险目前略有不同，随着其覆盖全民而不再局限于工薪劳动者，2018 年起由雇主和雇员的共同缴费转变为只由雇主缴费，原雇员缴费部分更多地由上调以个人全部收入为税基的"普遍社会捐"来弥补。

（3）严格控制自付费用。尽管各个国家对于个人共付机制的规定有差异，但对个人自付额均设有上限，以此切实避免参保者由于自付额过高而陷入困境。具体来说，德国法定医疗保险规定了个人需要支付的医疗费用的封顶线，所有参保者个人支付的医疗费用都设有封顶线。一年内自付费用封顶线为家庭总收入的 2%，对于某些慢性病患者，该比例可减至 1%。② 日本设有专门的高额医疗费保险制度，参保者一个月内需要自付的医疗费超过自费上限后，超额部分将由保险机构退还。韩国亦规定若患者承担的法定个人自付额超出法令

---

① Scheme description: "International Social Security Association (ISSA)"，https://ww1.issa.int/node/195543?country=854。

② 参见社会法典第 5 编第 61 条、第 62 条。

所规定的上限，则超出的费用由健康保险公团承担。法国则是通过基本制度和几项补充性制度的多重报销，将患者的医疗自付费用控制在很低水平；[①] 对于低收入无收入群体和重大特疾病和慢性病群体，国家更是承担全部医疗费。

（4）注重预防，且待遇给付向大病慢性病倾斜

典型国家各国的医疗保障均包括预防保健措施，并通过减少个人自付比例从而降低个人大病慢性病的疾病医疗负担。待遇给付重点呈现向两端倾斜的特点，即前端体检、疾病筛查等预防措施，以及后端大病慢性病的治疗。医疗保障制度通过积极推进疾病预防措施、倡导健康的生活方式，不仅可以从根本上促进参保人健康，而且可以防止疾病的发生从而降低医疗支出。大病慢性病意味着更高的医疗费用甚至灾难性医疗支出，大病慢病保障故而成了解决人们疾病医疗后顾之忧的重点。

德国法定医疗保险提供各种预防保健服务，包括儿童预防保健、预防免疫、定期牙科检查，慢性病筛查、癌症筛查等。在慢病方面，经过批准的某些慢性疾病患者，一年内自付费用封顶线可减少至不超过家庭总收入的1%。韩国尽管医疗保险整体保障水平相较偏低，但同样注重疾病预防和大病保障，在缴费率不高（6%左右）的约束下具有明显的以"治未病"和"保大病"为重点的特征。住院个人一般负担20%，但癌症患者负担降至5%，一些种类的癌症个人无须自付。法国的医保制度同样向重特大疾病和慢病患者倾斜，对癌症、心血管疾病、糖尿病、艾滋病等重疾、慢性病等予以全额报销，对治疗重疾的不可替代药品全额报销。英国1988年实施了世界上首个乳腺癌筛查项目，2008年开始实施健康检查项目，为所有40—70岁的人群提供包括心脏病、中风、糖尿病、肾病在内的预防性检查和健康管理服务。此外，国民健康服务还覆盖了传染病防控与免疫、肥胖和酗酒的健康干预等服务。

（5）集中统一监管。德国明确由联邦保险监管局与卫生部分工协作，对法定医疗保险和长期护理保险进行监管，日本的医疗保险行政监管部门是厚生劳

[①] 仅占总费用的7%—8%，是欧盟和OECD国家的最低水平。

动省，韩国则是保健福利部。法国社会保障司①和卫生部协作对医疗保险运行进行监管。英国卫生部是国民健康服务、社会照护、公共卫生的主管部门。这种集中统一的监管体制，能够确保医疗保障法律在全国范围内全面有效落实。

6. 相关法律健全，能够形成有效协同

在典型国家，与医疗保险法并行的，通常还有对医疗服务提供体系乃至公共卫生领域的一系列立法，并确保两者间衔接顺畅，能够形成有效协同。这源于医疗保险制度的有效实现离不开对医疗服务提供体系的有效管理。在日本，有关医疗服务体系的法律包括针对医务人员的法律和针对医疗机构的法律，前者主要有《医师法》《齿科医师法》，针对医生以外的医务人员的法律还有《药剂师法》《保健师助产师看护师法》《诊疗放射线技师法》《齿科卫生士法》等；后者具有指导性地位的是《医疗法》，该法详细规制了医疗机构、医疗计划、医疗法人等。在德国，医疗服务方面的法律包括《医院筹资法》《医院报酬法》《医疗保健广告法》《电子医疗法案》等。在韩国，通过《药品事务法》《医疗服务法》和一系列与医疗设备有关的法律法规对医务人员、医疗机构及其协会等医疗服务提供体系方面的内容进行规制。社会医疗保险典型国家的上述做法，能够确保医疗保险与医疗服务等的协同推进。

（二）典型国家社会医疗保险立法的差异性

前述所论及典型国家医疗保险立法的共性，反映的是社会医疗保险制度的普遍规律，但各国国情的差异性也不可避免会对医疗保险制度产生影响，从而在立法中呈现出不同的个性。

德国、日本、韩国、法国采取权利义务相结合社会医疗保险模式，英国采

---

① 社会保障司是经济和财政部、劳动和就业部、卫生部三部委联合管辖下主管社保事务的专门机构。

取税收筹资的国民健康服务模式，美国采取集合与就业挂钩的私人医疗保险、政府为特定人群开办公共医疗保障项目以及非营利部门参与医疗保障的混合型模式。医疗保障制度模式本身的泾渭分明就构成了立法内容和形式的最大差异。加之中国采取的是社会医疗保险模式，因此，在差异性比较部分，本报告主要围绕德国、日本、韩国等社会医疗保险型国家展开。

1. 医疗保险制度统一性不同

德国与韩国均采用一个法定的医疗保险制度覆盖全民，奉行有收入者缴费、受抚养者作为缴费人员的连带参保家属全面纳入统一的医保制度的原则，其医疗保险制度具有高度的统一性。反映在立法上，德国与韩国分别以《社会法典第五册》和《国民健康保险法》作为医保制度的法律基础。德国法定的医疗保险的一个特殊之处在于收入超过一定水平（该标准每年调整，2022年为5362.5欧元／月）的高收入者可以选择退出法定医保参加替代性的私人医保。公务员①和自雇者无论收入多少也都可参加私人医保。德国的私人医保可同时起到法定保险的替代和补充作用，这在实行全民强制性医疗保险的国家是独一无二的。尽管大多数具有参加私人保险资格者仍留在法定保险，但也有观点提出，允许高收入者退出法定医保有损法定医保的财务基础，削弱了团结的原则。

日本受历史路径的影响，仍然是通过按职场和地域划分面向不同类型的参保者的多项制度实现对全民的覆盖，2008年更是通过实施《高龄者医疗确保法》为75岁以上高龄老年人单独建制，走向了制度的进一步碎片化，个人对于加入何种医保制度并无选择权。反映在立法上，日本有关医疗保险的现行法律主要有7部，即《健康保险法》《船员保险法》《国家公务员共济组合法》《私立学校教职员共济法》《地方公务员等共济组合法》《国民健康保险法》《高龄

---

① 公务员普遍选择私保的原因在于其50%的医疗费由财政直接报销（Beihilfe），50%的由私人保险覆盖；其家属70%的医疗费由财政直接报销，其余由私人保险覆盖。

者医疗确保法》，其中，前五部是有关具有职域保险性质的雇员保险，主要以企业的劳动者、船员、国家及地方公务员、私立学校教职员及其扶养家属为对象。后两部是具有地区保险性质的地域或居民保险，主要以农民、自营业者、无业者、不适用雇员保险的从业者及其扶养家属和后期高龄者为对象。日本医疗保险制度虽然分立，但各个制度之间却有互助共济、资金调节机制，不同群体的医疗保险待遇相差不大，从而是追求实质公平的统一性制度安排，① 随着统筹水平的提高和中央政府介入的强化，日本医疗保险原有的分散性和多样性特征正在不断淡化。

2. 筹资机制不同

社会保险型国家均通过保费和财政补贴筹资，但保费缴纳机制以及财政补贴方式和所占比重不同。

德国法定医疗保险主要通过劳资双方的缴费筹资，辅之以联邦财政补贴。参保者一般按照工资的一定比例缴费（设有缴费上限），自 2015 年至今，缴费率为 14.6%，雇主雇员均担。在此基础上，各医保机构可另向参保者另收取其收入一定比例的附加保费。自 2019 年起，附加费由雇主和雇员均担。社会救助和基本保障领取者的附加保费由地方福利主管机关代缴。2021 年各医保机构附加费在 0.35%—2.70% 之间不等，平均约为 1.3%。对于退休人员和失业人员，法定养老保险管理机构和联邦就业局分别承担雇主的筹资角色。无保险的社会福利领取者以及一部分寻求庇护的移民，都必须选择医保机构，并享有与其他被保险人相同的权利和义务。市政当局不代表社会福利领取者缴费，而是向实际提供医疗服务的医保机构进行报销。② 传统上，法定医保只通过劳资缴

---

① 高山宪之、王新梅：《日本公共医疗保险制度的互助共济机制》，《社会保障评论》2020 年第 1 期。

② Busse R, Blümel M, Knieps F, Bärnighausen T. "Statutory health insurance in Germany: a health system shaped by 135 years of solidarity, self-governance, and competition". *Lancet*. 2017 Aug 26;390(10097):882-897.p.84.

费进行筹资，国家并不进行补贴。但自 2004 年起，医保机构从联邦预算中获得固定金额的补贴 10 亿欧元，用于与家庭政策有关的若干福利，包括与生育相关的服务和津贴、照顾患病儿童的父母病假工资等。2017 年以来，财政补贴的规模每年维持在 145 亿欧元，目前约占法定医保的总收入的 5%。①② 引入政府补贴这一转变实际上是在新的全民医保模式下，进一步稳定缴费率、缓解劳动力成本压力、促进制度可持续发展的必要举措。

日本医疗保险资金来自财政和参保者缴纳的保险费，具体筹资模式因制度不同而不同。（面向雇员及其家属的）健康保险的保费与雇员工资收入挂钩，劳资双方各承担一半；（面向自雇者、75 岁以下退休老人等的）国民健康保险以家庭为参保单位，根据每户家庭收入、资产、家庭人数等情况酌情确定保费，人均年保费占人均年收入的 10.3%，财政负担保费支出的 50% 及部分群体的保费减免补偿；（面向 75 岁以上老人的）后期高龄者医保依据老年人收入情况确定保费，保费支出的 10% 来自缴费，40% 来自其他医保制度的援助金，财政负担保费支出的 50% 及部分群体的保费减免补偿。③ 不同的医保制度间有资金的共济机制，如后期高龄者医保制度 40% 的资金来自其他医保制度的援助金，国民健康保险亦从雇员医保制度获得大量的援助金。

韩国国民健康保险主要通过保费和财政补贴筹资，其中财政提供相当于保费收入 20% 的金额，包括了国库支援金（14%）和健康增进基金（6%，主要为烟草税）。职工参保人和居民参保人的缴费机制有所不同。2022 年职工健康保险缴费率为工资的 6.99%，由雇员和雇主各承担 50%，从工资中直接扣除，

① European Observatory on Health Systems and Policies, Blümel M, Spranger A, Achstetter K, Maresso A.et al.(2020). "Germany: health system review". World Health Organization. *Regional Office for Europe, Health Systems in Transition*; Vol.22 (6).

② Busse, Reinhard, and Annette Riesberg. *Health care systems in transition: Germany*. European Observatory on Health Systems and Policies, Health Systems in Transition (HiT) series, 2004.

③ 蒋浩琛、李珍：《从参保机制看日本医疗保险制度的经验与教训》，《社会保障研究》2021 年第 5 期；我が国の医療保険について｜厚生労働省，https://www.mhlw.go.jp/stf/seisakunit-suite/bunya/kenkou_iryou/iryouhoken/iryouhoken01/index.html。

年收入超过一定数额的高收入参保者的利息、分红、企业盈利等收入也需按一定规则缴费。居民参保人的月保险费为：保险费分数 × 分数单价。保险费分数以地区参保人家庭的财产、收入等为参数计算得出，分数单价则全国统一。偏僻地区参保人、残疾人等部分群体实施缴费减免政策。

法国医疗保险主要通过保费和财政补贴筹资。在保费方面，自2018年以来由原来的劳资等额缴费转变由雇主单方缴费，目前的缴费率为7.3%。与此同时，财政补贴的比重进一步增加。财政补贴主要来自以个人全部收入为税基的普遍社会捐。

3. 个人共付机制（财务保护水平）不同

全球范围内，就医时的医疗的自费支付是造成贫困的重要原因之一，据估计目前全球约2亿人因此而陷入贫困。[1] 参保者就医时的个人自付费用在各典型国家间存在差异，德国只需少量定额个人自付费用，日本视参保者年龄规定了10%—30%的个人自付比例，韩国视不同医疗机构的级别、门诊和药店规定了30%—60%不等的自付比例。虽然患者共付比例差异较大，但正如上文提及的，所有参保者个人支付的医疗费用都设有封顶线。

具体来说，德国的法定医疗保险缴费率是三个国家中最高的，相应也提供着最为全面的医疗保障，法律规定了少量定额的个人支付项目。在德国，参保者可以自由选择合约医生或机构就诊，除了少数的个人自付费用外，病人无须支付医疗费用。个人自付费用主要包括购买处方药时每种药品需支付10%的药品费用（限制在5—10欧元间），住院治疗时需每天支付10欧元，最多不超过28天。未成年人不需要分担上述费用，失业者和低收入者可以免交部分个人自付医疗费用。日本的医疗保险视参保者年龄的不同，个人需自付10%—30%的医疗费用：大多数参保者需要自付30%的医疗费，6岁以下儿童以及70岁至74岁老年人通常自付20%，75岁以上的高龄老人自付10%，其余全

---

① International Labour Organization, *World Social Protection Report 2020-22*, 2021.

部由医疗保险支付。韩国医疗保险的给付标准为：按医疗机构和药店的不同级别，门诊和药店个人需要负担总费用的30%—60%，上级综合医院的自付比例最高，一定程度上促进了门诊服务的分级诊疗；住院个人一般负担20%，癌症患者负担5%，罕见病及重症疑难病患者10%，一些种类的癌症个人无须自付。癌症检查个人自付10%，但大肠癌和宫颈癌的检查费用无须自付。从住院不同的自付比例可见，韩国医疗保险侧重于对花费昂贵的疾病的保障。

法国基本医疗保险采用报销制，报销比例根据服务类型而有所不同：全科和专科医疗服务报销比例一般为70%；住院报销比例为80%；药品按其重要程度报销15%—100%不等，其中治疗重疾的不可替代药品全额报销；重特大疾病和慢性病等全额报销。残疾人、战争受害者等特殊群体也免于分摊费用。

表2—4 典型国家当前卫生支出中来自不同筹资制度的百分比（%）①

国家	当前卫生支出的GDP占比	自费支付的当前卫生支出占比	强制性筹资安排	当前卫生支出中来自不同筹资制度的百分比				自愿筹资安排
				政府筹资安排	强制性医疗保险	社会医疗保险	强制性私人医疗保险	
中国	5①	35	56	17	39	39	—	44
德国	12	13	85	7	78	71	7	15
法国	11	9	84	6	78	71	7	16
日本	11	13	84	8	76	76		16
韩国	8	30	61	10	51	49	1	39
英国	10	17	79	79	0	0	0	21
美国	17	11	83	26	57	24	33	17

数据来源：世界卫生组织，"Global Health Expenditure Database"，https://apps.who.int/nha/database/ViewData/Indicators/undefined/en。

---

① 根据《2019年我国卫生健康事业发展统计公报》，2019年中国卫生总费用占GDP的6.6%。但为了数据的可比较性，在此统一使用世卫组织的统计口径和数据。

不同的个人共付机制也最终反映了医疗保障财务保护水平的差别。表2—4展示了一些典型国家卫生支出的不同筹资情况。韩国自费支付的当前卫生支出占比为30%，是典型国家中最高的，呼应了韩国国民健康保险较高的自付比例。在以社会医疗保险制度为主体的德国、法国、日本、韩国，当前卫生支出中通过强制性医疗保险①制度筹资的比例分别为78%、78%、76% 和51%，在实行国民医疗服务（NHS）的典型国家英国，政府筹资安排的占比为79%，美国通过其强制性政府筹资安排和强制性医疗保险的筹资，也达到了当前卫生支出的83%。

4.经办管理机制有别

德国实行劳资自治管理、多元分散竞争经办模式，即由具有一定竞争性的、劳资双方（等额）代表自治管理的100多家医疗保险机构（疾病基金）及其协会依法负责医疗保险的组织实施，参保者在其中有自由选择保险机构的权力，联邦保险监管局与卫生部作为行政监管部门则对医保制度实践负有监督之责。

在日本，采取的是多元制度下的分散经办管理，全国有3000多个不同性质的经办机构（保险人）。②其中，最大的一家经办机构为面向中小企业雇员的全国健康保险协会，覆盖了近4000万人；面向大企业雇员的健康保险组合约1400家，覆盖了2800多万人；面向公务员、私立学校教职员的共济组合85家，覆盖参保者约900万；面向退休者、自雇者、非正规就业者的国民健康保险组合以及都道府县和市町村约1900家，覆盖参保者近2900万；面向75岁以上的后期高龄者医疗广域联合共47家，覆盖近1900万人。

---

① 包括社会医疗保险（SHI）和强制性私人医疗保险（CHI-PVT）。在德法两国，强制性私人医疗保险的筹资额占当前卫生支出的7%，美国医疗保障制度中强制性私人医疗保险扮演更重要的作用，其筹资占比达到33%。

② 日本厚生劳动省.我が国の医療保険について，https://www.mhlw.go.jp/stf/seisakunitsuite/bunya/kenkou_iryou/iryouhoken/iryouhoken01/index.html,2020-01-15。

在韩国，经过对原碎片化制度的整合，从原有的分散经办发展为集中垄断经办模式，目前的医疗保险业务由法定的单一保险人——国民健康保险公团——依法统一组织实施，保健福利部负监督之责①。

上述差异性展现的是各国医疗保险制度与医疗保险立法的个性，这是由各国国情和医疗保险制度发展历史路径的差异性所决定的。

九、对中国医保立法的若干启示

在前述六个典型国家中，德国、法国、日本、韩国的医疗保险立法实践经本国检验是成功的；英国作为福利国家的起源地，其选择全民免费医疗的立法及实践也是成功的。唯有美国的医疗保障立法受党争的影响颇为曲折，背后实质上是利益集团起着主导作用。

中国选择的法定医保制度是社会医疗保险制度，德国、法国、日本、韩国的立法具有直接借鉴意义，英国的免费医疗服务立法虽然现阶段不能用于中国，但伴随中国式现代化的全面推进，未来亦可作为选项。只有美国的医保立法对中国而言借鉴价值偏低。而最有价值的莫过于德国、日本、韩国。因为德国的医疗保险创制近140年实现了稳定而持续发展，日本虽按不同人群分别立法但同样为全民提供了可持续的全面医疗保障，韩国的医疗保险覆盖全民并被视为其福利国家的重要支柱。这三个国家医疗保险制度在筹资公平性、健康保障目标实现和整体满意度等方面都表现优秀，能够带给中国诸多启示。

---

① 韩国国民健康保险公团.国民健康保险制度，https://www.nhis.or.kr/static/html/wbd/g/a/wb-dga0101.html,2020-01-15。

（一）医疗保障制度应当运行在法治轨道上

典型国家在建立自己的医疗保险制度时，均奉行立法先行、以法定制、依法实施的规则，中国也不应例外。

一方面，医疗保障涉及多方主体、多元利益，保障链条也较其他社会保障项目更长，必须通过立法加以有效规制，才能妥善处理好。尽管中国现行的医疗保险制度是在传统的劳保医疗、公费医疗与农村合作医疗基础上，通过渐进的制度变革逐步建立的，试点先行、单项突破、自下而上、总结推广的改革策略决定了中国无法像典型国家一样先立法后正式实施，而是需要逐渐突破原有法制的规定，在不断探索中逐步成熟，但中国的医疗保险改革已经进行了20多年，参与主体各方的博弈事实上已经日益明朗化，急切需要通过立法来赋权明责并提供运行规范与裁判依据，以促使这一重要制度安排真正走向成熟和定型。因此，中国需要加快医疗保障立法。

另一方面，典型国家的经验表明，良法是善治的前提，立法必须理性且周全。这决定了中国的医疗保障立法不能过于原则化，更不能存在重大瑕疵。德国等国的医疗保险制度之所以历经100多年还能持续发展，不仅得益于建制之初的立法就具有理性且考虑较周全，而且能够与时俱进地根据发展变化着的形势作出相应的调整，以确保法律制度能够跟上形势发展。联系到我国的相关立法，显然离此要求还有相当距离，迄今不仅没有医疗保障方面的专门法律，即使是涵盖了医疗保险的社会保险法律中亦存在着重大瑕疵。如退休人员不再缴费医疗保险费的规定就使退休人员与参与城乡居民中的老年人处在权益不平等的状态，更有许多条文是原则性规定或者授权性规定，根本无法操作。这种情形使医疗保障制度不得不依靠"红头"文件主导，从中央到县级政府都在出台相关文件，导致法定医疗保险政策在各地差异性大，进而成为制度整合的现实障碍。

当然，基于中国幅员辽阔、人口众多、地区发展不平衡的现实国情和医疗保险制度涉及关系的复杂性，加之国家立法机关的程序性要求偏高，一步到位制定一部能够全面规制医疗保障制度全部内容的专门法律尚不现实，但主要依靠政策性文件为实践依据的现状却亟须改变。适宜的策略是法律与法规并行，即在梳理总结现行医疗保险政策性文件并借鉴国外立法经验的基础上，加快制定综合性的医疗保障基本法步伐，由该法确立中国特色医疗保障体系的制度框架、权责关系、功能定位、基本运行规范等，以为整个医疗保障制度提供基本法律依据；同时，根据需要由国务院制定相应的医疗保障行政法规，在医疗保障基本法的统驭下，为医疗保障制度的实施提供具体的操作依据。

（二）法律应以切实解除全民疾病医疗后顾之忧为目标

建立医疗保障制度的目的，是为了解除人民群众的疾病医疗后顾之忧，立法须以切实解除全民疾病医疗后顾之忧为目标。前述六个典型国家中，除美国外，其他五国均是在工业化进程中进行了首次医保立法，且医保立法都经历了从只覆盖部分劳动者至如今全民有保障的发展过程，覆盖全民是其医保政策的基本目标，医保制度也确实从根本上解除了国民的疾病医疗后顾之忧。中国是社会主义国家，以共同富裕为基本特征的中国式现代化更应当通过自己的医疗保障制度来切实解除全体人民的疾病后顾之忧，以为共同富裕提供有效制度支撑。因此，借鉴典型国家的普遍经验，中国的医疗保障立法需要明确全民医保的目标是真正免除全体人民的疾病医疗后顾之忧。

前述典型国家之所以能够做到这一点，主要是其医疗保障覆盖全民、保障水平较高，关键是对个人自付额均设有上限，超过该限额则由医疗保障制度兜底，此举切实控制了个人的风险。而在中国，虽然全民医保的覆盖率已稳定在95% 以上，但因城乡居民属于自愿参保，尚有部分人没有医疗保险，或者因流动性等原因出现断保、漏保等现象，从而事实上存在着一批缺乏医疗保障的人口；同时，现行医疗保险政策有范围限制，即政策范围内的医疗费用报销水平虽在不断提升，但政策外的自费项目仍多，疾病医疗的个人自负额仍偏高，特别是发生重特大疾病时因医保基金支付有封顶限制，个人自负的医疗费用更是具有不确定性，完全可能因重大疾病使个人及家庭的正常生活遭受灾难性破坏。因此，中国的医疗保障立法，需要明确将居民自愿参保转变为强制参保或自动参保，以确保医疗保险制度的有效全覆盖；同时，参照典型国家的做法，通过立法改进医疗保险财务和报销政策，从当前以收定支的理念和财务模式转变为以支定收的理念和财务模式，从控制医疗保险基金支付额度转化为设定参保者个人自负费用的封顶额，从而切实解除全民疾病医疗后顾之忧。

（三）医疗保险立法应明确权利义务结合及责任合理分担原则

采取社会医疗保险制度的典型国家的经验表明，社会医疗保险制度不同于福利国家的免费医疗制度，其根本特征就是参与主体分担责任，通过互助共济机制，以集体之力量提供确切保障，并以这种确切之保障从根本上解除参保人个体的不确定的疾病风险。

在德国、日本、韩国，其医疗保险制度不仅要求参保人先履行缴费义务于后享受医疗保险待遇，而且通常由劳资双方均衡分担缴费责任，这种筹资责任分担方式实质上等于自动地注入了责任均衡的理性，也使参保人的权利与义务相结合意识得到更加充分的体现。实践证明，这种责任均衡的取向有助于维护制度的理性发展。中国现行医疗保险制度也体现了权利与义务相结合的原则，即使是低保户等困难群体，也采取由医疗救助资金代缴医疗保险费的做法，以遵循先参保后受益的原则，但筹资责任分担却持续失衡且呈现更加失衡的趋势。如在职工基本医疗保险中，用人单位的缴费率为工资总额的 6%、职工个人缴费率为 2%，两者之比为 3:1，一些地方甚至突破了这一比例，达到 4:1 甚至更高；在城乡居民基本医疗保险中，2003 年农村新型合作医疗试点时确立的是政府补贴每人 20 元、个人缴纳 10 元，政府与居民的缴费之比为 2:1，但近 10 多年来，一些地区政府补贴增长速度远超个人缴费增长速度，两者之比增长至 3:1、4:1，个别地区的特定参保人群甚至超过 10:1。这种责任失衡的筹资机制，不仅导致政府负担日益沉重，而且直接妨碍了医疗保险基金的筹集与壮大，进而制约了保障水平的提高，还助长了利己主义倾向。这使得医疗保险制度面临可持续性持续弱化的风险，也不利于培养个人及其家庭应是维护健康的第一责任人的意识。因此，中国需要借鉴典型国家的经验，通过医疗保险立法明确筹资责任的合理分担比例并维持其稳定性，包括适当降低用人单位与政府的负担，强化个人的缴费责任。

（四）医疗保险立法需要坚守互助共济的本质

没有互助共济，不可能实现疾病医疗风险的有效分摊，因为个体的疾病风险具有不确定性，这种不确定性只能通过群体内部互助共济机制才能化解。因此，互助共济是典型国家医疗保险立法始终体现的要义，也是医保制度具备相应保障能力的必要条件。自 1883 年德国创立社会医疗保险制度之始，就是建立在健康者和生病者、年轻人和年长者、高收入者与低收入者间的风险共担、互助共济的基础上，具有高度的再分配性。[1] 疾病是所有人都面临的风险，只有遵循人人尽责、人人享有的原则，才能确保这一制度充分利用群体的力量化解个体的疾病医疗风险。

然而，中国在职工基本医疗保险制度中不当地引入了私有化的个人账户，致使相当一部分医疗保险基金不能统筹使用，并衍生出个人账户资金使用低效、违规等乱象。据统计，截至 2021 年底，全国基本医疗保险（含生育保险）基金当期结存 4684.48 亿元，累计结存 36156.30 亿元，其中，职工基本医疗保险（以下简称职工医保）个人账户累计结存高达 11753.98 亿元。[2] 据此可知，个人账户资金占全国基本医疗保险（含生育保险）结存资金之比高达 32.5%，换言之，有三分之一的医疗保险基金不能统筹使用。个人账户的设置严重扭曲

---

[1] 郑功成、[德] 沃夫冈·舒尔茨：《全球社会保障与经济发展关系：回顾与展望》，北京：中国劳动社会保障出版社 2019 年版，第 87 页。

[2] 国家医疗保障局：《2021 年医疗保障事业发展统计公报》，2022 年 6 月 8 日，http://www.nhsa.gov.cn/art/2022/6/8/art_7_8276.html。

了医疗保险制度互助共济的本质，也直接减损了这一制度三成多的保障能力，以致造成个人账户大量医保资金闲置的同时一些大病患者又不能得到充分医疗保障。国家医疗保障局、财政部已经明令禁止各地为城乡居民基本医疗保险建立个人账户，并取消了原来从单位缴费中划转30%进入职工医保个人账户的做法，这表明主管部门已经意识到个人账户对医疗保险制度的严重损害。然而职工医疗保险个人账户仍然存在，参保者个人缴费仍然全部记入其个人账户，这意味着参保人之间完全没有互助共济性。这种严重背离互助共济规则的政策，只有通过深化改革和相应的立法规制才能矫正。

此外，现行医疗保险基金的统筹层次还停留在市级，全国有约400个统筹地区，这实质上也限制了区域之间的互助共济性。如东北地区与长三角地区、珠三角地区就因人口年龄结构差异大，导致医保基金收支余缺两极分化现象，这对于中国这样统一的国家而言，显然是不合理的现象。

因此，应当通过加快医疗保险法制建设来化解违背制度规律的医保个人账户，同时通过提高统筹层次，促使医疗保险制度回归互助共济的本质。

（五）医疗保险立法需要切实维护基本医疗保险制度的统一性

制度统一是制度公平的直接保障，在典型国家中，德国、法国、韩国均是用一个法定医疗保险制度覆盖全民，日本虽按人群分立但通过相应的调剂制度来确保全民公平享受相应的医疗保险待遇。实行免费医疗服务的英国更是同一制度惠及全民。因此，统一制度安排是医疗保障制度惯例，隐藏在背后的根本原因是医保是一项基本人权，应当在全国范围内采取统一的制度安排确保其公平。日本虽然存在多种制度，但这只是历史遗留现象，其现实中各种制度之间的差异性较小，所以均能够达到切实解除日本国民疾病医疗后顾之忧的目的。

在中国，虽然建立的是社会医疗保险制度，打破了计划经济时期按单位或集体分割定制的格局，但由于路径依赖，仍是职工基本医疗保险与城乡居民基本医疗保险两种制度并立，且大多处于市、县级低统筹层次的状态。在中央缺乏统一的政策规制下，各地出台的政策性文件零散杂乱，导致各地医疗保险待遇相差很大。因此，中国应当借鉴典型国家的做法，通过立法进一步将按职工与居民分设的基本医疗保险制度整合成统一的制度，使全民在同一制度覆盖下享受公平的基本医疗保险待遇；同时，按照《社会保险法》的要求，将医疗保险统筹层次提升到省级层面，并设立中央层级的调剂基金，以此在省级统筹的条件下确保基本医疗保险制度的统一和全民待遇的公平。

当然，医疗保险制度整合与统一的目标不可能一蹴而就，但当下就需要予以明确并纳入立法，可以设定在2035年国家基本实现现代化时实现医保制度统一且普惠全民，从现在起就应当积极有效地缩小职工与居民两大制度之间的差距，立法应当为此提供引领。

（六）研究英国、美国医保制度的可资借鉴之处

尽管中国在短期内不可能选择英国的免费医疗服务制度，更不可能考虑美国的医疗保障制度，但这两个国家并非没有可资借鉴之处。在重点参考德国等采取社会医疗保险制的国家的同时，亦宜将英国、美国的医保制度纳入研究视野。

英国的免费医疗服务制度，建立在财政支撑的物质基础之上，国民看病享受到最为简便的服务，其公平性毋庸置疑。但建立免费医疗服务制度的条件是经济发展使财富积累达到雄厚程度、医疗卫生资源布局相对均衡，以及国民对医疗卫生服务的需要具有共识等，显然，中国现在还不具备这样的条件。然而，作为社会主义国家，伴随中国式现代化的如期推进，在财富积累到相当规模的条件下，面向全体人民提供免费医疗服务或许可以作为值得选择的方案。现在研究英国的经验具有前瞻性，至少在与医疗保障相关的医疗卫生资源布局方面值得借鉴。

美国的多元并立型医疗保障体系确实不宜也无法仿效，但其发达的商业健康保险与慈善或非营利医疗却值得重视。因为对中国而言，在共同富裕的目标

实现之前，贫富差距仍然存在，不同阶层的人群对医疗保障与健康服务的需求也会不同，因此，建立多层次医疗保障体系是既定的目标。在推进多层次医疗保障体系建设中，法定的基本医疗保险无疑是主体性制度并必然要从根本上解除全体人民疾病医疗后顾之忧，但这种基本保障不可能同时满足不同层次人群的需要，因此高收入者需要更高质量的健康管理服务，低收入困难群体则还需要社会慈善力量助力。在发展商业健康保险与慈善医疗方面，中国客观上需要借鉴美国经验。

综上所述，中国选择的是社会医疗保险制度，且目标是以社会医疗保险制度为主体的、解除全民疾病医疗后顾之忧的多层次保障体系。这一现实决定了中国的医疗保障立法需要借鉴采取社会医疗保险制度的德国、法国、日本、韩国等国的经验，但也需要适当考虑英国、美国的做法。

第三部分　典型国家医疗保障立法与实践（国别报告）

一、德国医疗保障法律制度概况与启示 [①]

摘要：作为世界上最早建立社会医疗保险制度的国家，德国在法定医疗保障立法方面有四项典型性特征：第一，通过潘德克顿模式法典分门别类地规定了医疗保险、医疗救助、医疗待遇方面的社会补偿等制度，将社会保障制度的内在逻辑作为分类立法的标准，在颁布单行法的同时也将具备普遍适用性的条款编入社会法典，兼顾医疗保障制度的稳定性和灵活性；第二，以法定医疗保险作为医疗保障制度的主体，通过建立在劳动关系基础上的职工保险和免缴费的家庭保险完成制度的全覆盖，在实现不区分待遇水平的公平全覆盖的同时，推动和鼓励家庭在工业社会继续作为基层保障单位的作用；第三，通过社会化经办和分散化经办达到"管办分离"和"有序竞争"的目标，以签署和履行集体性医疗服务协议体现社会化管理的思路，并且在社会保险体系中不排斥商业保险的参与，政府监管仅发挥辅助性功能；第四，构建权威性和专业性的医疗

---

① 执笔人：娄宇，中国政法大学教授，中国社会保障学会理事。

保障争议解决机制，将一切纠纷纳入司法解决途径的同时，也兼顾了医疗保障领域的专业化特征，将法律治理和社会治理有机地结合在一起。德国医疗保障法律制度带给我们的启示是，立法既要尊重法律的一般规律，又要体现社会保障制度的内在要求，还要兼顾医保工作自身的特点。结合我国现阶段医保制度的发展状况和立法体系，应当以制定一部定位为功能整合法和职能协助法的综合医疗保障法为主要目标，与此同时，不断完善基本医疗保险法、医疗救助法、医疗慈善法、社会补偿法、商业健康保险法等特别医疗保障法，促进医疗保障制度全面深化改革，为构建新时代中国特色社会主义的医疗保障法律体系打好坚实的基础，保障我国的相关制度在法治化的轨道上稳定有序地运行。

医疗保险是社会保险最古老的分支。[①] 德国是世界上最早通过立法建立社会医疗保险制度的国家。从法律制度的结构来看，德国医疗保障法律体系由法定医疗保险法、社会救助法、商业健康保险法、社会补偿法等部门法共同构成，其中以法定医疗保险法为主体，以社会救助法为兜底，以其他法律为补充，目前已经形成了一套完备的、多层次的法律系统，体现了鲜明的社会保障莱茵模式；从法律制度的编纂方式来看，德国医疗保障制度的主体——法定医疗保险法编入了《社会法典》，作为独立的一卷，商业健康险也在此卷中，医疗待遇方面的救助和补偿被分别置于社会救助卷和社会补偿卷，另外，该法典为所有的缴费类社会保障制度（即社会保险）单独设置一个总则，为不缴费的社会保障制度设置一个总则，两个总则分别用提取公因式的方法提炼出一般原则和基本概念，体现出了潘德克顿模式下法典编纂的特征。

我国自 20 世纪 90 年代相继建立了职工基本医疗保险、城乡居民基本医疗保险、普惠式商业健康险等医疗保障制度。2010 年颁布了《社会保险法》，通过全国人大立法的方式明确了基本医疗保险在我国医疗保障法律体系中的地位。2018 年，我国成立了国家医疗保障局和地方各级医疗保障行政机关，整

---

① Stolleis, *Geschichte des Sozialrechts in Deutschland*, Stuttgart:lucius&lucius, 2003, S.13.

合了原属卫生部门和人社部门的医疗保障职能，标志着我国医保事业进入了新的发展阶段，目前，我国相关部门正在筹划编纂一部《医疗保障法》，实现医保领域各类法律制度的合理分工、无缝衔接和有序合作，发挥制度的协同效应。德国在医疗保障领域的立法可以为我们提供一些有益的借鉴。

（一）德国《社会法典》与医疗保障法

德国是现代社会保障制度的"母国"，亦是社会保障制度法典化模式的母国。该国社会保障制度的发展史就是一部社会保障法典的编纂史，立法者在某一个时期建立起若干项社会保障制度之后，都会有意识地适时汇总整理，形成一部相对较为完整的法典。德国的医疗保障立法工作始于19世纪的俾斯麦社会立法运动，1883年6月15日颁布的《工人医疗保险法》（*Gesetz betreffend die Krankenversicherung der Arbeiter*），1911年开始，德国威廉二世政府将该法整体编入《帝国保险法》（*Reichsversicherungsordnung*，缩写为RVO），[①] 这是一部涵盖全面且具备"总则—分则"结构的法典，其不仅是将已经被实践证明行之有效的三项社会保险制度汇总在一起，并阐明了社会保险经办机构之间和与参保人之间的法律关系以及统一了行政程序，而且还形成了总则，其中规定了经办机构的法律地位、人员组成、财产归属和社会保险行政机关的法律地位和人员组成，以及与之相关的监管办法和程序，此外还规定了社会保险法上一些通用概念，如期限、缴费、给付、法律援助等的含义。[②]

在国家社会主义时期，德国的法定医疗保险制度被非缴费型的医疗福利制度取代，社会化的经办服务也不复存在。第二次世界大战后，德国恢复了与社会市场经济相配套的社会医疗保险制度，通过20世纪50—60年代的社会保障

---

① 也有的译作"帝国保险条例"，但是德文 Ordnung 一词意为规则或者制度，"Verordnung"才是政府颁布的规范性法律文件，译作"条例"才合适。这里统一译作"帝国保险法"。笔者按。

② Vgl.Stolleis, *Geschichte des Sozialrechts in Deutschland: Ein Grundriß*, Oldenburg: Lucius & Lucius, 2003, S.132ff.

制度实践，自 1969 年起，德国将自 18 世纪 70 年代以来颁布的各类社会保障单行法编纂成为一部社会保障领域的基本法——《社会法典》，各项医疗保障制度分门别类地确立在这部法典之中。

1.《社会法典》的结构

最早颁布的《社会法典》分卷是"第一卷——总则"，1976 年 1 月 1 日起正式实施，之后不久颁布了"第四卷——社会保险总则"，1977 年 1 月 1 日起正式实施，紧接着颁布的是"第十卷——社会保障行政程序和数据保护"，两个部分分别于 1981 年 1 月 1 日和 1983 年 1 月 1 日起正式实施，其他各分卷多颁布于 90 年代，进入 21 世纪之后，又颁布了"第二卷——求职者的基本保障"和"第十二卷——社会救助"，由此形成了两个总则统领其他十个分则的结构。

表 3—1 《社会法典》各分卷名称、实施时间、主要内容

卷	名称	实施时间	主要内容
一	总则	1976 年 1 月 1 日	《社会法典》的整体构建、概念和程序条款
二	寻找工作者的基本保障	2005 年 1 月 1 日	对 15 周岁至法定退休年龄的有工作能力，但无生活来源的人群以及家庭成员的资助
三	就业促进	1998 年 1 月 1 日	联邦劳动局的给付
四	社会保险总则	1977 年 1 月 1 日	社会保险法的基本概念以及社会保险经办基金会（法律组织形式、经办程序、财务预决算办法）
五	法定医疗保险	1989 年 1 月 1 日	组织、参保权利和义务、各类主体的法律关系
六	法定养老保险	1992 年 1 月 1 日	组织、各类养老金的申领办法
七	法定事故保险	1997 年 1 月 1 日	工伤、职业病的给付
八	青少年救助	1990 年 10 月 3 日（新联邦州）1991 年 1 月 1 日（旧联邦州）	对青少年及其监护人的给付

续表

卷	名称	实施时间	主要内容
九	残疾人康复与社会分享	2001年7月1日 2018年1月1日最新修订	消除对残疾人的歧视、促进残障人士的自决权和公平的参与社会生活的权利
十	社会保障行政程序与数据保护	1981年1月1日 1983年1月1日	社会保障法行政程序、数据保护、各类给付主体的合作和法律关系
十一	社会照护	1995年1月1日	组织、参保权利和义务、各类主体的法律关系
十二	社会救助	2005年1月1日	功能、给付类型、计算方法

另外，根据《社会法典第一卷——总则》第68条的要求，以下社会福利（也包括家庭政策）和社会补偿方面的单行法也要在合适的时机编入《社会法典》。

从颁布和实施的日期来看，《社会法典》最早确立的是基本制度和基本原则，70年代相继出台了第一卷"总则"和第四卷"社会保险总则"。考虑到社会保险类制度统一适用独立的总则，因此第一卷"总则"实质上的适用范围是非社会保险类社会保障制度。① 第五卷"法定医疗保险"是1989年编入《社会法典》的，包含医疗救助的第十二卷"社会救助"是最近编入该法典的一卷，此外第十三卷"社会补偿"正在紧锣密鼓地编纂中，预计2023年通过，2024年1月1日起实施。这样的编纂方法体现了德国社会保障制度建设的一个基本逻辑，即先将具备更普遍意义的制度构建完善后，留下的空间由兜底性的制度来填充，该逻辑符合福利型公共服务制度建设的一般规律，因为涉及人群广泛、基金规模大、筹集资金和经办流程复杂的制度更加难以预先规划，需要待这类制度基本成熟之后再通过其他制度来填补漏洞，反之，则可能破坏社会保障制度预先设定的整体结构，破坏其根基。

---

① Vgl. Schulin, *Einführung in Sozialgesetzbuch mit Sozialgerichtsgesetz*, München: Beck-Texte im DTV, 2019, S.XIff.

2. 医疗保障法的法律部门组成

德国的医疗保障法律体系主要由法典法和单行法组成。在法典法的层面，《社会法典》中的第五卷"法定医疗保险"、第十二卷"社会救助"、未来的第十三卷"社会补偿"构成，如果考虑总则和程序法的普遍适用性，第一卷"总则"、第四卷"社会保险总则"、第十卷"社会保障行政程序与数据保护"也可以视为医疗保障立法体系的组成部分；在单行法方面，德国近年来针对促进法定医疗保险经办机构竞争、优化基金支付方式、加强参保人自我责任等改革趋势，颁布了一系类的单行法，每部单行法颁布之后，都会将其中的基本制度编入《社会法典》的相应条款之中，这样按照不同的立法位阶，呈现出来一个层层递进的法律体系。处于顶端的是《社会法典》各总则，其次是分则，低端的是单行立法和法规规章。

（1）《社会法典》中的医疗保障法

《社会法典》第五卷分为 13 章，第一章是该分卷的总则，确定了法定医疗保险的互助共济和个人责任原则，并界定了服务供给、医疗保险基金会等基本概念，第二章规定了参保人的基本类型，第三章确定了基金的支付范围，第五章规定的卫生发展专家评估委员会体现了专业化和社会化治理的原则，第六章和第七章规定了医疗保险基金会与其协会制度，第八章确定了筹资制度，第九章和第十章涉及待遇给付方面的制度，第十章主要是数据信息传输的基本制度，后面的章节是程序性条款和适用规则。

第十二卷中与医疗保障相关的条款主要分布在第五章"健康救助"，待遇给付的基本类型是预防健康救助、疾病救助、计划生育救助、孕期和哺乳期的救助、绝育救助五种。第十三卷仍然在编纂之中，从构成该卷的单行法律法规来看，医疗保障方面的制度主要是疫苗接种健康受损补偿和犯罪受害人补偿。此外，第八卷"青少年救助"和第九卷"残疾人康复与社会分享"中也涉及相关群体的一些医疗保障制度，但是为数甚少，不构成重要内容。

第四卷"社会保险"总则中最重要的条款是第 7 条——从属性劳动，只有从事从属性劳动的就业人员才是法定医疗保险的参保缴费人，其雇主分担缴费，其他人群是通过家庭保险制度，免缴费参加到法定医疗保险体系中来的。

第十卷"社会保障行政程序与数据保护"是在社会保险领域贯彻依法行政和数据安全原则的重要立法。适用于医保制度的条款包括地域管辖的确定规则、行政程序的参与人和授权办法、职权调查原则、参与人听证的基本法则、医疗服务协议的公法合同性质以及公民和法人组织的信赖利益保护规则等，此外，该卷还规定了个人和组织的信息保密规则、各类组织的联合会与成员之间以及联合会之间共享数据的基本法则等。

（2）单行法中的医疗保障法

自20世纪80年代以来，德国医疗保障体系面临着人口老龄化、医疗技术进步带来的费用攀升问题，再加上按照人群划分的经办体系过于僵化，效率低下，因此，立法机关和政府部门颁布了一系类的法规规章。

在削减费用方面，重要的单行法包括1988年颁布的《健康—改革法》（*Gesundheits-Reformgesetz*），该法将医疗保险法作为第五编纳入社会法典中。主要职业为自由职业的劳动者被免除了保险义务，增加了退休人员保险义务的前提条件并且规定，退休人员必须自负超过医疗保险基金会的一般平均医疗支付标准以外的医疗费用。除此之外，还削减了大量的给付费用，主要包括牙医治疗费用，住院费用和疗养费用，并且引入了包括药费、治疗费和救济金在内的固定费用的规定（Festbetragsregelung）。1992年颁布的《健康结构法》（*Gesundheitsstrukturgesetz*）和1997年通过的关于法定医疗保险的自治和责任自负的两部法律（*Erste und Zweite Gesetz zur Neuordnung von Selbstverwaltung und Eigenverantwortung in der gesetzlichen Krankenversicherung*）允许医疗保险基金会在其规章框架内自行制定有关参保人费用自付、费用报销和提高现有加付数额的规定。为了提高医护质量和节约开支，医疗保险基金会可以在医护、康复和预防给付方面推行试验性的阶段性改革模式。

在促进医保经办竞争方面，2007年颁布的《加强法定医疗竞争法》（*Gesetz*

zur Stärkung des Wettbewerbs in der gesetzlichen Krankenversicherung）引入了可以称得上是法定医疗保险发展史上最大范围的改革。该法为全体公民设置的大范围的医疗保险保障，引入了选择性收费制度，取消某些给付项目，尤其通过引入减轻症状的药物性治疗和康复给付的合法请求，药物治疗方面的修订（对此参见边码117，150）。此项改革的中心是调整费用的筹集：从 2009 年 1 月 1 日起，统一规定费率。建立一项将雇主、社会保险承担人和医疗保险基金会成员中的缴费人与税收相关联的健康基金（Gesundheitsfonds）。

进入 21 世纪之后，德国法定医保改革集中于支付制度领域。源于俾斯麦社会立法时期的按项目付费越来越体现出效率低下、竞争无序的缺陷，自 2000 年起，德国用了 10 年时间在全部医院推广了按病组付费制度（DRG），各州内同一疾病的基准费率实现统一，基准费率整合完成。2014 年修订了《全住院和半住院医疗服务报酬法》（*Krankenkassehausentgeltsgesetz*），2017 年修订了《医院经济保障及医疗费用规制法》（*Krankenhausfinanzierungsgesetz*）和《医院费用结算条例》（*Verordnung zur Regelung der Krankenhauspflegesätze*），将医保基金支付方式改革的成果用立法的方式确定下来。值得一提的是，这两部法律构建了 DRG 支付争议解决机制，通过将社会化和专业化的仲裁与社会法院审判相结合的方式为 DRG 的实施扫除了障碍。

医疗保险法正处在持续的改革之中。正如德国税法学家 Stefan Muckl 所言，每一项落后于当前医疗保险法基本特征的描述都是在一定程度地冒险：很快它就会像记录过去的老照片一样褪色。①

（二）德国法定医疗保险法律制度

德国法定医疗保险制度集中规定在《社会法典第五卷》中，主要由经办、参保、待遇给付、筹资、给付提供四项结构性制度构成。

---

① Muckl/Ogerek/Rixen, *Sozialrecht*, München: C.H.Beck, 2019, S.62.

1. 经办

（1）医疗保险基金会

法定医疗保险的经办机构是医疗保险基金会，包括（一般）地方、企业和手工业同业联合会医疗保险基金会①，农村医疗保险基金会和德国矿业—铁路业—渔业退休保险基金会（die Deutsche Rentenversicherung Knappschaft-Bahn-See）以及医疗互助组织（Ersatzkassen）五种类型。按照地理上的行政区域划分，有全国性的基金会和地方性基金会（Ortskrankenkassen），后者只在一定区域内开展业务。德国行政区域以前一般划分为乡镇和区，但是，后来随着行政区域整合出现了行政联合体（Verwaltungseinheiten），基本覆盖了联邦每一个州，有的基金会通过跨州际协定（Staatsvertrag）延伸到了几个州的区域。

在一个或几个企业中常年有超过 1000 名雇员作为义务参保人，并且可以长时间地保障其给付能力，经由主管监督部门批准，可以建立企业医疗保险基金会（Betriebskrankenkassen）。满足相应的条件，一个或几个手工业同业联合会可以为其手工业企业雇员建立手工业同业联合会医疗保险基金会（Innungskrankenkassen）。根据《法定医疗保险竞争促进法》的新规定，德国矿工—铁路工人—渔业退休保险基金会已经自 2007 年 4 月 1 日起原则上向所有法定医疗保险基金会的参保成员开放。农业医疗保险基金会是农民医疗保险的承担人。与德国矿业—铁路业—渔业退休保险基金会不同，农业保险还是一个特殊的封闭体系。医疗互助组织（Ersatzkassen，依据社会法典第五编，第 168 条及以下）的前身是某些特定职业从业者，如商人等组成的职业及社会各阶层联合会。自 18 世纪以来，建立了一系列的职业互助和援助联合会以及保险机构（详见雷克波夫，社会保险法手卷，第二章）。这主要是一种合作社式的自助机构。其建立在此种认识的基础上：每一种职业都会存在特殊的疾病风险，为抵御风

---

① 即 AOK 医保基金会（全称 Allgemeine Ortskrankenkasse）。目前是德国最大的国立法定医疗保险经办机构，AOK 在全德国境内拥有 61000 名员工，及超过 3600 万的参保人，共设有 1700 多个办公网点，占有德国医疗保险市场近 37% 的市场份额，成为这一领域的绝对主导机构。

险，应当由带有职业特点的保险机构提供最好的保障。一直以来，加入医疗互助组织都不是通过法律的指派，而是特定人群通过行使其内部章程赋予了的选举权来实现。根据社会法典第五编第 168 条第 1 款和第 2 款的规定，既不能设立新的互助医疗组织，也不能限制享有加入权的成员群体。要维持目前的状况。

（2）自治管理和分散管理

医疗保险的承担人是具有资格能力的享有自治权的公法主体（Körper-schaften des öffentlichen Recht）。自治权尤其表现在规章自治和资金筹集自治上，这使得医疗保险基金会在理论上可以依据资金需求情况自行确定缴费数额。由于《社会法典》的严格规定以及提高缴费数额的批准义务，医疗保险基金会在实践中享有的自由裁量权是很小的。自由裁量在自治权（Selbstverwaltung）中存在于给付权的边缘领域，例如家庭疾病护理、家政服务和医疗金。医疗保险基金会处在国家的监管之下（社会法典第四编，第 87 条及以下）。自 2009 年 1 月 1 日起，由联邦政府统一确定全国范围内的缴费标准，这样，属于医疗保险基金会自己的自由裁量决定被进一步压缩。目前，医疗保险基金会的自由裁量仅局限于在其无法满足法定统一缴费数额时，确定向个人征收额外缴纳的数额。

医疗保险基金会在州范围内组建具有公法主体地位的州联合会(Landesver-bände)。该机构的任务主要是与医疗保险医师联合会签订共同协议。按照社会法典第五编第 212 条第 5 款的规定，医疗互助组织无须与上述联合会签订协议。各州联合会组成联邦联合会。各医疗保险基金会(联邦医疗保险基金会联合会、联邦矿业医疗保险基金会和医疗互助组织）在联邦层面上的组织是各最高联合会组织（Spitzenverbände）。其主要承担法律协调和协作职能，包括制定固定药费支付数额、与联邦医疗保险医师联合会共同制定统一的医疗给付评价标准。在最高联合会组织的层面上，《法定医疗保险竞争促进法》带来了显著的新变化。从 2008 年 6 月 1 日起，最高联合会组织的法定任务由作为公法主体的医疗保险基金会联合会（Bund der Krankenkassen）为所有医疗保险基金会承担。最高联合会（Spitzenverband）取代了以前的多个联合会组织，而这些联合会组织从 2009 年 1 月 1 日起转变成为民法意义上的基金会。作为以前各联合会的法律继承者，这些基金会履行各自前任们的义务。医疗保险基金会可以约定法定医疗保险其他的任务的移交。以前的多个联合会组织模式已经成为历史。这样改革的目的在于缩减机构，避免不必要的行政开支。德国社会保障学者 Schnapp 认为，自治管理原则正在被逐渐削弱，联邦立法的力量越来越大。[①]

（3）参保选择权

义务参保人和自愿参保人都享有一项普遍的选择权：他们可以选择加入任何一家医疗保险基金会。法律不再指定参保人必须加入某家特定的保险基金会。参保人可以选择：

——就业地或者居住地的地方保险基金会

——任何一家医疗互助机构，只要其规章规定业务范围位于参保人就业地和居住地

——参保人所就业的，或者其章程规定可以吸纳参保人参保的企业或者手工业同业联合会医疗保险基金会

——德国铁路业和渔业退休保险基金会

——在参保人履行保险义务或享有保险资格之前已经是其参保成员或者其家庭成员已经是参保人（社会法典第五编，第 10 条）的保险基金会

——参保人的配偶参保的保险基金会

除上述情况外还有一些特殊规定：比如残疾人可以选择其父母参保的保险基金会，大学生可以选择其高校所在地的保险基金会和医疗互助机构。家庭成员参保可以以其他家庭成员的选择为准。

参保选择权针对所选择的医疗保险基金会行使。保险基金会不得拒绝参保人的参保权。义务参保人的选择权最迟应在符合履行保险义务两周后行使。如果参保义务人不自觉行使选择权，那么负责保险义务登记的机关应自保险义务发生后通知与参保人最后发生保险关系的医疗保险基金会；如果在保险义务

---

① Vgl. Schnapp, *Soziale Selbstverwaltung vor der Agonie?*, StWStPr.1998, 149 ff.

发生前不存在这样一个保险关系，该机关应当为保险义务人选定一个保险基金会。

义务参保人至少应在所选择的保险基金会参保 18 个月。这对尚未行使选择权的义务参保人同样适用。义务参保人可以解除合同，但是必须在合同解除期内出示已将保险关系转移到其他医疗保险基金会的证明。只有当医疗保险基金会提高了保险费时，参保人才可以单方面解除合同。

2. 参保

参加法定医疗保险的人群具有多样性。德国《社会法典第五卷》区分了保险义务（Versicherungspflicht）与作为例外的保险自由，另一方面是保险的资格（Versicherungsberechtigung），即自愿保险（freiwillige Versicherung）。此外还有非法定的参保者家庭成员（配偶及子女）的共同参保，即所谓家庭保险（Familienversicherung）。与此相对的是法律没有规定的人群，例如企业家、自由职业者或者私营者。他们没有（法定）保险的义务和资格。

实质的保险保障（materieller Versicherungsschutz），即在保险事项发生时，给付请求权的法律基础在法定医疗保险中产生于保险资格以及保险关系产生之时，也就是劳动关系产生之时，同时对参保人产生缴纳保险费用的义务。但是参保资格和给付请求与是否已经缴纳费用无关。除此之外原则上不产生等待期、候补期以及前保险期（Warte-, Anwartschafts- bzw.Vorversicherungszeit）。

当出现停止情况（Ruhenstatbestand）时，参保人即使具备保险资格，也无法获得医保给付。给付请求的停止与参保人法定的意愿无关；也不需要医疗保险基金会作出相应的处分。法定医疗保险给付遵循属地原则，参保人在国外逗留期间一般不能提出给付请求。

（1）义务参保人

法定医疗保险是一种强制保险，应当遵循所有社会保险项目都适用的义务参保资格原则（Prinzip der Pflichtmitgliedschaft）。据此，大多数法定医疗保成员都有义务参保。与强制责任保险法，比如机动车责任保险不同，义务保险并不要求相关人员缔结保险合同。而是在满足义务保险的前提条件时，依法产生一种公法上的保险关系。一般情况下，保险关系终止于保险义务的事实前提条件不复存在之时。保险资格终止之后，给付请求只在一定时期内继续存续。按照《社会法典》的相关规定，只要停止了工作，在保险资格终止之后，给付请求最长还能存续一个月。

1）雇员。最大的义务参保群体是处于非自主性劳动关系（Beschäftigungs-verhältnis）中的雇员。接受职业培训的人员也有义务参加保险，这包括付酬金的职业培训关系（Berufsausbildungsverhältnisse）和不付酬金的职业培训关系。由于该条款仅限于职业培训，即为从事某项职业开展的基本的企业培训，因此该条款规定的人群范围比在企业里接受职业知识、技能和经验传授的作为工作的职业培训的范围要窄。但是职业培训人员也要履行参保义务。

参保义务始于劳动关系建立之日，终于劳动关系终结之日。此外，该义务还终结于保险自由（Versicherungsfreiheit）产生之日，尤其是当超过年工资限度时，《社会法典》将此限额规定为社会平均工资的三倍。

2）失业金领取人。领取失业救济金或者失业生活津贴者以及领取失业救济金Ⅱ者。原则上，参保人在领取救济金期间都有参保义务；这并不取决于其是否提出了给付请求。

3）农民、艺术工作者和新闻工作者。义务参保人还包括农民以及与其共同劳作的家人、1989年农民医疗保险法第二部（KVLG）规定的农场林场经营人以及艺术工作者和新闻工作者。尽管这一参保人群属于自主就业者，但是他们也具有加入保险的意义，因此也作为例外情况被纳入到法定医疗保险中来。

4）残疾人。在受社会承认的残疾人工厂就业的残疾人，以及在依公法设立的机构中就业的，同等条件下完成的工作量相当于正常工的五分之一的残疾人。这仅取决于残疾人是否满足了经济意义上的法定最高工作量的限额，而不考虑他们是否为此获得了报酬。

5）接受高等教育者。在国立或者国家承认的高校中接受高等教育者在第

14 个专业学期结束前、且不超过 30 岁的情况下有法定参保义务。超过该期限的，如果属于法律规定的学习类型，或者法定认可的由于家庭或者个人的原因超过了年龄或者学习期限的，也有参保义务。例外情况只能作限制解释。法律承认的个人或者家庭方面的原因包括比如延续超过三个月的疾病、残疾、在联邦国防军或者联邦边境防卫队服义务役八年、通过第二条途径获得大学学习机会、照料残疾人或者年龄较小的子女。法律规定，生育子女可以延长三个学期。其他主观方面的原因无效。通过第二条途径获得大学学习机会的毕业生如果被录取时已经超过了 30 周岁，原则上不能构成例外情况。如果接受高等教育者的父母或者子女没有加入保险，那么根据大学生医疗保险义务的辅助性原则（Der Grundsatz der Subsidiarität der studentischen Krankenversicherungspflicht），该保险不能用于家庭保险的给付请求。因此即使其家庭成员无须缴纳家庭保险费，那么该大学生也应履行参保义务。

6）实习者。除了实习者之外，以下人群也具有保险资格：从事大学和考试规章中规定的无报酬实习工作者、无报酬接受职业培训人员以及联邦教育促进法中规定的应当给予资助支持的通过第二条途径接受培训的人员。

7）退休人员。具有法定医疗保险义务的退休人员系指可以申请支付法定退休保险退休金、并且已经提出申请者，此外他们还必须满足自首次就业到提出退休申请至少在后半期十分之九的时间里参加了义务保险或者参加了家庭保险。该规定被联邦宪法法院宣布为违宪，因为依此规定，超过了最高年薪标准或者长时间在商业保险公司参保的自主就业者在年老时就无法重新加入（更加优惠）的法定医疗保险。① 只要退休者在领取退休金之前较长时间地加入了法定医疗保险，并且参与了退休人员医疗保险金的筹集都具有法定医疗保险资格。联邦宪法法院认为，剥夺在后半期十分之九的时间里参加了自愿保险而非义务保险的法定医疗保险成员的参保资格违反了基本法第 3 条第 1 款规定的一般平等权原则。联邦宪法法院作出此判决的背景是，参保的退休人员所缴纳的

---

① BVerfGE 102,92ff.

医疗保险费低于自愿保险。①

8）接受社会救助者 / 领取失业救济金 II 者。长期接受生活救助者也必须加入义务保险，寻求避难的外国人或类似人群除外。根据《法定医疗保险现代化法》的规定，接受社会救助者即使没有加入法定医疗保险，也将获得和法定医疗保险参保者一样的给付权。医疗保险基金会花费的医疗费用可以在社会救助提供人那里报销。依据《社会法典第五卷》的规定，具有劳动能力的领取失业救济金 II 者也需要加入义务保险。

9）无其他医疗保障者。《促进法定医疗保险竞争法》的主要目标之一就是减少不参保的人群，为每一个加入法定医疗保险或者私人医疗保险的参保者提供保障。2003 年，德国有 188 000 未参保人群，促进法定医疗保险竞争正是就此出台的。② 该法规定，为参保人群选择加入法定医疗保险或者是私人医疗保险。自 2007 年 4 月 1 日起，原在法定医疗保险参保的人群仍应在法定医疗保险参保。而且，除主要从事自主性工作者或者免除保险义务人群之外，所有非法定医疗保险者或私人医疗保险参保者也纳入法定医疗保险的范围，这些人群主要是薪酬超过年工资标准的工人和职员。

未加入法定医疗保险的人群应当加入私人医疗保险。截至 2009 年 1 月 1 日，他们可以选择目前的标准保险项目（Standarttarif），较商业保险，该项目拥有多方面的优惠：参保人无需再支付风险补贴和给付补贴。保险费用不会超过法定医疗保险的平均数额。二者的区别就在于是否存在强制缔约。商业保险重要的特征之一——在私人自治的范围内拒绝缔结合同的权利，至少可以部分地取消。

从 2009 年 1 月 1 日起，私人医疗保险中增加了一项次级义务。既没有参加法定医疗保险，也没有提出过其他类似免费医疗给付要求的人群应当选择一种私人医疗保险提供的合同，该合同至少应当包括门诊和住院治疗的费用。双

---

① BVerfGE 102,68,86ff。

② Bundestag Drucksache, 16/3100.

方约定的自付费用不应超过每年 5000 欧元。

从 2009 年 1 月 1 日起新增加了一项基本保险项目，同时废除了标准保险项目。该行业范围内统一标准的基本保险项目在给付的方式、范围以及数额上与法定医疗保险原则上一致。为保障基本保险项目的支付能力，该项目的最高费用额不得超过法定医疗保险。与标准保险项目不同，不仅所有商业保险参保者都可以加入私人医疗保险基金会的基本保险，而且所有法定医疗保险者在满足基本保险条件6个月内以及义务保险结束后6个月内也可以加入。除此之外，从 2009 年 1 月 1 日起 6 个月内，所有商业保险的长期参保者在缴纳养老准备金（Altersrückstellungen）后，可以在任何一家私人医疗保险基金会更换为与商业保险同额的基本保险。从 2009 年 7 月 1 日起，在 2009 年 1 月 1 日前签订了限制条件保险合同的参保者也可以更换成基本保险。从 2009 年 1 月 1 日起，所有新签订私人医疗保险的参保人都有权在缴纳养老准备金后，更换为任何一家保险基金会的基本保险。

（2）自愿参保人

某些特定人群可以自愿加入法定医疗保险。原则上，自愿加入法定保险具有与义务保险相同的权利和义务。医疗保险基金会可以依据相应的费用优惠标准排除病假补助金的申请。因此对某些特定人群来说，自愿加入法定医疗保险是商业保险之外的一种选择。在出现退出法定保险的事由之后，不能强迫长时间加入法定医疗保险的人员退出法定保险，加入商业保险。

自愿加入法定医疗保险需要出具书面加入声明，这是一项参保权人单方面的需受领意思表示的意思表示。加入的意思表示需要向所选的医疗保险基金会作出，保险基金会也有选择权。在法定的加入期限内，相关人通过加入声明获得自愿保险的权利。无需通过社会保险承担人或者行政行为。

在可以加入法定保险的事由出现后的三个月内，相关人可以申请加入。自加入医疗保险之日起，相关人具备保险资格。该资格于相关人死亡、重新具备保险义务以及解除保险合同之日起终止；如果相关人加入了家庭保险，那么保险基金会的章程可以规定一个更早的解除期限。

已经被排除在法定保险之外，但是在排除之前五年内至少参保了 24 个月或者在排除之前未间断地参保了至少 12 个月（这段时间被称为"前保险时间"，德文 Vorversicherungszeit）的人群，有权加入法定保险。24 个月的前保险时间无需连续计算。只要保险关系存续了 24×30=720 天即可。所有法定保险的参保时间，包括家庭保险成员的参保时间都可以计算在内。不予以考虑的时间仅有养老保险申请人不满足领取养老金的条件时的参保时间。该规则的法政策背景是照顾无法定保险义务的自主性就业者：当他们患病，而商业保险又过于昂贵时，将被法定医疗保险有条件地接纳。

（3）家庭保险参保人

《社会法典第五卷》规定的家庭保险是法定医疗保险团结共济的核心内容（Kernstück des Solidarausgleichs）。该保险是建立在法定保险参保人，即所谓源参保人（Stammversicherten）的保险资格之上的、无需缴纳保险费的、其家庭成员的共同保险。因此，家庭保险的给付由源参保人的法定医疗保险承担。

家庭保险的起始与终止与源保险人的保险资格一致。但是在源保险存续期间，该派生保险在法律上是独立的（rechtlich selbstständig）。家庭保险参保人有独立的对医疗保险基金会的待遇给付请求权，只是没有在法定医疗保险独立的参保资格。

源参保人的家庭成员如果没有加入法定保险、有保险自由或者被免除了法定保险义务，并且无主要职业，月收入不超过法律规定的数额的七分之一，可以加入家庭保险；月总收入不超过 400 欧元的低收入职业者可加入家庭保险。原则上，家庭保险居于次要地位。根据《社会法典第五卷》的相关规定，大学生和实习人员的义务保险属于例外情况。除此之外，可以自行决定不加入法定医疗保险的人群，包括具有保险自由的人群，以及被免除保险义务的人群不参加家庭保险。主要职业是自主性就业的人群排除在家庭保险之外，主要职业的判断标准是该职业在经济上和时间上处于中心地位。以上法律规定考虑的总收入系指税法意义上的所有收入的总和。

法律对在家庭保险参保的子女有年龄限制：原则上不超过 18 周岁，未就业的子女放宽至 23 周岁，接受学校培训或者职业培训或者完成社会义工者放宽至 25 周岁。如参保子女残疾、无法供养自己，则无年龄限制。

如果父母没有参加法定医疗保险，月总收入长期超过年最高薪酬标准的十二分之一以及长期高于参保规定的总收入标准，那么其子女也无家庭保险资格。法律如此规定是出于这样的考虑，家庭收入以及子女养育费用不能通过参保人的保险金待遇获得，父母的收入更应当扮演重要的角色。①

家庭保险投保人原则上有与源投保人相同的给付请求，其中不包括病假补助金，这是因为病假补助金的功能主要是补贴工资。

3. 待遇给付

待遇给付是参保和缴纳保费的对价，但是值得提出的是，义务参保人的待遇给付请求权并不来源于参保以及缴费。以雇员的参保义务为例，只要满足了参保的条件，即与雇主建立了劳动关系，雇员就与社保基金之间基于公法之债原理产生了社会保险法律关系，雇员在出现社会保险法规定的情形时，就可以享有待遇给付请求权，是否参保和缴费不是考量的要素。

（1）给付的一般规定

1）给付类型。除了法律直接规定的给付外，只要还在其他相关事项上被授权，医疗保险基金会可以在其章程中规定其他的给付。基于法律保留原则，某些给付，如单纯的优惠待遇或者慈善行为是被禁止的。自愿投保人可以依据保险基金会的章程缩短法律规定的给付。从 2009 年 1 月 1 日起，该法条针对主要职业为自主性就业的自愿参保人。该类参保人首先不享有病假工资的请求，因此他们也不享有缩短给付的请求。医疗保险基金会有义务提供带有病假工资给付的选择性保险合同。

2）给付原则。法定医疗保险法的一项重要原则是实物和医务给付原则，

---

① Felix, *Die Familienversicherung auf dem Prüfstand – verfassungsrechtliche Überlegungen zu § 10 Abs.* 3 SGB V, in NZS 2003, 624 ff.

或者更确切地说是获得实物和医务给付原则。该原则涉及的是参保人对医疗保险基金会的请求。实物和医务给付原则的核心内容是，参保人（原则上）不能在医疗保险基金会报销与恢复健康有关的医务和护理给付费用、药费以及治疗和救助费用，而是获得实物方面的支付。在这一点上，法定医疗保险和商业保险有着本质的区别：商业保险的参保人从医师、医院或者药店得到一张账单，先行支付后再向商业保险公司提出报销的请求。而法定医疗保险的参保人在生病时向医疗保险基金会提出治疗的请求。医疗保险基金会提供必要的给付，当然不是通过自己，而是通过法律上称为给付提供者（Leistungserbringer）的医师、牙医、医院和药店等。给付提供人为患病的投保人提供实物和医务给付。有关给付的事项由法律规定或者由给付提供者和医疗保险基金会的合同约定。实物和医务原则的意义在于使投保人无需支付治疗费用。除此之外，实物和医务原则还保障投保人可以享受足额并且可以支付得起的医疗待遇。联邦社会法院认为，实物给付原则的优缺点处在"相互权衡的关系"当中，"实物给付将参保人和对治疗给付的监督以及费用结算的审查分离；同时由于不存在金钱给付，参保人无须为资金问题担忧"。[1]

值得注意的是，参保人原则上不能提出某一项特定给付的请求。参保人只享有一个框架性权利，合同医师依据对其有约束力的法律条文将该权利具体化。在这个所谓的权利具体化方案的框架内，在医疗保险基金会的参与下，合同医师自行决定相关事项。

法定医疗保险的实物给付原则也受到了较多的批评。因为在该原则指导下，投保人无法获悉治疗手段和费用情况。（通过合同医师联合会介绍的）医师只与医疗保险基金会结算费用，参保人对治疗疾病产生的较为敏感的费用情况无法获知。近年来，德国法定医疗保险积极引入按病组付费（DRGs）和按价值付费的费用结算方案，克服实物给付带来的过度医疗等弊端。[2]

---

[1]　BSGE 86,67,76ff。

[2]　Becker/Kingreen/Axer, SGB V: *Gesetzliche Krankenversicherung*, München: C.H.Beck, 2020, S.765.

3）义务给付和裁量给付。从行政法的角度来看，社会保障给付是一种义务给付，除非在特殊情况下，否则社会保障给付提供者不享有自由裁量权。与义务给付不同，参保人对裁量给付不享有直接的法律请求，但是可以请求社会保障承担者经办者依照职责进行裁量。为有利于参保人，会在个案中将裁量压缩至零；对无过错裁量的请求就此转变成给付请求本身。进行裁量时需遵守终局性原则。该原则的内容是，提供给付原则上不取决于参保人是否患病。此外该法律还规定了例外的情况。《社会法典第五卷》规定，患工伤或者职业病的，不能向医疗保险基金会提出给付请求。该条款将法定医疗保险的位阶置于工伤保险之下。

《社会法典》还规定了终局性原则的例外情况，参保人应当自负其责的情况：医疗保险基金会可以对参保人故意引起的，或者对他人犯罪以及故意犯罪造成的疾病伤害进行裁量，按照合理的比率进行医疗给付或者拒绝给付病假工资。如果参保人不遵医嘱进行美容手术、文身、穿孔，造成了疾病，医疗保险基金会按照合理的比率进行医疗给付，可以部分或者全部拒绝病假工资。在可疑的情况下，医师有义务向医疗保险基金会出具必要的材料。

如吸烟、酗酒以及危险性较大的运动（如滑雪、登山、跳伞）是否适用于损害健康的生活方式，一直存在争议。按照现行法律规定，对于此类情况一般不设给付限制。即便可以证明此类行为与疾病存在因果关系，一般情况下也很难说是蓄意造成疾病。有人认为可以将有意识的过失情况规定在《社会法典》中，但是却面临着如何界定的问题：很多运动员早就意识到了运动会带来疾病和损伤的风险。不仅仅是滑雪和登山，足球、网球、自行车和体操等运动同样也可以带来损伤的风险。是否所有的参保人都要出于安全的考虑而放弃体育活动，以此避免有意识的过失呢？似乎仅是为了维系健康而这样做没有必要。吸烟和饮酒也是同样的道理——少量地从事此二项活动不会带来什么风险。而且，很多人都有饮酒的嗜好。另一方面，不能排除较少的人，至少是有些人的健康就此受到了损害。此类风险应为大众所获悉，这样才满足有意识的过失情况的前提条件。限制给付必须避免完全戒掉吸烟和饮酒嗜好带来的不利影响。

但是这样又不符合限制给付的目的。①

4）经济原则。法定医疗保险中的所有给付都应遵循经济原则。给付必须足额、符合目的并且经济，不能超过必要的限度。参保人不能提出不必要、不经济的给付请求、给付提供者和医疗保险基金会同样也不能进行此类给付。

经济原则是一个不确定的法律概念。医疗保险基金会没有评判的权力（kein Beurteilungsspielraum）。在个案中由法院来评判一项给付是否符合经济原则。②

给付是否足额，是否提供了所有的法定给付以及给付是否超出了必要的限度，此类问题在医护治疗的一般性框架内界定。"足额"系指通过医护治疗实现了最高的给付请求。如果可以提供多种不同结果的给付，那么那种能够实现具有最大可能性目标的给付就是足额的。此外应当保障提供完整的给付。

按照目的性的要求，法定医疗保险的给付应当与其要实现的目标相符。给付的质量和效果必须满足普遍认同的医学认知标准，并且应当考虑到医学的最新发展水平。治疗方法可以被普遍认同的标准是，治疗程序和用药的效果建立在被普遍认可的医学知识之上。法定医疗保险基金会的给付不能够只用现代医学的标准来评判；原则上允许使用特殊的疗法、药品和辅助工具（例如顺势疗法、人智学救助方法、植物疗法）。应当指出的是，不能仅仅以替代性疗法与传统疗法不同为借口就把它们从医疗保险基金会的给付义务中排除。

目前尚无科学依据的非传统型疗法（所谓的外部疗法），是否可以由医疗保险基金会付费，这个问题尚在讨论之中。如可以的话，该疗法应当符合何种标准，目前在司法判决和法学文献中均无定论。

联邦社会法院提出的三个基本判断标准是：

——由于不明原因所患的重病。

——不存在被普遍认同的现代医学疗法，或者在个案中现代医学疗法无能

---

① Muckl/Ogerek/Rixen, *Sozialrecht*, München: C.H.Beck, 2019, S.82.

② BSGE 17,79,84.

为力，或者不合适，或者无法预测。

——外部疗法之前已被证明是合理有效的或者在个案中已经取得了事实上的成果。[1]

按照联邦议会的观点，对于未经足够试验的新型疗法或者虽被认可但未被证明是可靠的外部疗法，医疗保险基金会无给付的义务。[2] 资助医学研究不是医疗保险基金会的工作。即使新型疗法在个案中可以治愈疾病或者缓解病人的症状也不能进行给付。也就是说，所有不符合社会法典第五编第 2 条第 1 款第 3 句所规定标准的给付请求都将被排除。

联邦社会法院采取了严厉的立场：只有当外部疗法未被联邦医师联合会和医疗保险基金会联合会的指导意见排除在医疗护理项目之外，并且其疗效被大量病例所验证，质量问题未发现异常，才能够成为法定医疗保险的给付项目。[3] 根据《社会法典》的规定，不一定非要在个案中审查疗效。立法者认为，未经足够试验的疗法不能够由医疗保险基金会提供给付。因此（原则上）只有经过了试验并被证明质量和疗效都值得信赖的新型疗法才能由法定医疗保险进行给付。被大量的病例证明了疗效是给付的前提条件。新型疗法的疗效必须通过对大量病例和治疗效果的严密的科学统计数据来证实（联邦社会法院审判集第 76 卷，第 194 页，第 197 页及以下）。[4]

联邦社会法院在类似的案例中选择了程序的做法：由于法院欠缺医学专业知识，而将此案交由联邦（医师或保险基金会）联合会来评判：在联邦联合会作出拒绝给付的决定或者不做决定的情况下，法律将排除对新型疗法的给付。只有在联邦联合会以错误地方式不作为的情况下（也就是 [检验] 程序被肆意地或者出于不恰当的考量停止或者延迟作出时），法院才能作出实质性的判决。但是即使在此类案件中，法院也不负责用专业的医学知识审查带有争议疗法的

---

[1] BSGE 63,102;64,255.

[2] BT-Drucksache, 11/2237,157.

[3] BSGE 81,54,56.68ff.

[4] BSGE76,194.197.

效果。法院只负责审查该项新型疗法是否在实践中得到应用以及是否被医学界所承认。判断的标准是能否在医学界中引起较大的反响以及是否为医师们大量地应用。

联邦宪法法院至少部分地否定了联邦社会法院迄今为止的判决。此决议认为如果法定医疗保险投保人在身患绝症或者常年患有重病的情况下不能使用符合医疗标准的治疗方法，而对一项由他自己选择的治疗方法也无法获得给付的话，他的基本权利将受到侵害，这也不符合社会国家原则。前提条件是，至少存在一种有较大希望治愈疾病或者对治愈疾病有可以觉察到的积极作用的疗法。强调对基本权利和社会国原则的狭义解释，而不是将为现代医学所承认作为新型疗法的费用被医疗保险基金会承担的前提条件。

5）参保人的费用分担。各类医疗费用首先由医疗保险基金会支付，参保人也要以补充支付的方式自行负担一部分。《法定医疗保险现代化法》重新规定了补充支付和并提高了支付的数额。补充支付的数额原则上为支出价目的10%，至少 5 欧元，最多 10 欧元。住院治疗每天缴纳 10 欧元。药品和家庭医疗护理费用为 10%，或每个处方 10 欧元。家庭医疗护理的参保人补充支付仅限前 28 天。对《法定医疗保险现代化法》的新规定争议最大的是增收门诊费。参保人需要每个自然季度向第一次提供门诊治疗、牙科治疗或者精神治疗，但是在此季度内未能的给付提供者，支付 10 欧元的补充费用。

镶补牙的治疗费用也需要参保人自行支付。参保人可以选择在法定医疗保险基金会或商业医疗保险基金会投保。经医师诊断的镶补牙的固定补贴费用只能由法定医疗保险基金会负担。最初确定的额外缴费额由法定医疗保险投保人收入的 0.5% 提高到 0.9%。参保人可以对颌骨矫形治疗提出给付的请求，但是如果提前中断了治疗，必须自行支付 10%—20% 的费用。

在法律规定由医疗保险基金会承担补充费用的情况下，参保人需要自行承担大部分费用。尤其是门诊预防治疗的费用。

为防止给投保人造成过重的负担，《社会法典第五卷》规定了最高费用负担额（Belastungsgrenzen）。原则上，最高费用负担额为参保人用于生计的年毛收入的2%。因身患重病而引起慢性病，需要长期治疗的，最高费用负担额为1%。《加强法定医疗保险竞争法》将减少慢性病的补充支出费用与预防措施挂钩。未提出法定预防治疗和早期诊断检查的参保人，负担额为生活费的2%。因此，参保人应当增强健康意识、及早采取预防措施。年满18周岁的参保人，例如接受社会救助者，需负担额缴纳补充费用。

（2）个案中的给付

1）对疾病预防和早期诊断的给付。法定医疗保险对预防性给付的额度逐年提高。近年来，越来越多的人患上了各类慢性病和所谓的"现代文明病"，比如心血管疾病、风湿病、糖尿病和癌症。目前，不允许医疗保险基金会用社会筹集的缴费资金维系其市场运作。医疗保险基金会可以在其章程内规定首要的预防给付的权力。除此之外，为保障医疗保险基金会能够完成任务还规定了一个具体的数额，目前大约为每名参保人4欧元，每年还将随着月费用额的浮动幅度调整该数额。

医疗保险基金会应当在章程中写明关于首要预防给付的事项。此类给付的目的在于改善民众的健康状况，尤其是实现健康方面的平等权。此外基金会还为企业员工提供健康给付，实现劳动保护。各医疗保险基金会的最高联合会组织的任务是为基本预防的给付确定优先项目和评判标准，尤其是要考虑需求、目标群体、准入方式、内容和方法。

为预防牙科疾病，《社会法典第五卷》规定了团体和个人预防措施。团体预防措施包括：年满12周岁不满16周岁的儿童，首先在学校及幼儿园里进行集体体检。医疗保险基金会必须与（合同）牙医以及各州牙防组织以资助的方式一起参与到此项措施中来，并与州的相关机构订立框架协议，在州联合会层面上实现资助。个人预防措施与团体预防措施密切相关。年满6周岁不满18周岁的参保人每半年享有一次牙医治疗的待遇。其他关于个人预防措施的方式、范围和证明由联邦共同联合会根据法律规定的指导意见制定。

为预防危害健康的疾病、克服阻碍儿童健康成长的风险或避免病情加重，参保人在有必要的情况下可以提出医疗服务和药品、包扎等费用的请求。只有当门诊治疗无法奏效时，父母才可以依据法律提供门诊和住院预防疗法的给付。

《社会法典第五卷》还规定了对避孕的给付和必要的绝育和不违法的堕胎引发的疾病的给付。为避免疾病而进行咨询、检查和开处方药品产生的费用都可以在治疗疾病的范围内进行给付。为避免损害健康而进行堕胎也在此范围内。此类情况下，参保人享有优先的疾病治疗请求权。

为早期诊断疾病（所谓的次要预防），《社会法典第五卷》规定了成年人和儿童的健康体检。这主要是诊断措施，而非治疗措施。进行给付与是否出现疾病症状无关，仅取决于年龄，并且仅限于通过诊断措施就可以确诊的早期和前期的症状。主要包括儿科疾病、心血管疾病、肾病、糖尿病和癌症。

2）对疾病的给付。《社会法典第五卷》规定的对疾病治疗的给付和支付病假工资的前提条件是发生了疾病保险规定的情况。根据社会法院的司法判决，疾病系指损害了身体或者精神健康，需要接受医务治疗，并且 / 或者会导致丧失劳动能力。[1] 医疗保险法意义上的损害系指参保人的身体和精神状况异于健康人的状况。"健康人的状况"系指正常的身体和精神状况。[2] 综上所述，疾病是指对正常的身体和精神机能（不一定要很严重）的损害。

一是疾病。

根据司法判决，下列情况被视为疾病：

——患病时丧失自控能力，如无医疗救护无法克服、减轻症状或者至少是加重此症状；[3]

——患精神病（神经功能病）时，患者无法自力克服精神障碍以及可预期的精神紧张；[4]

——颌骨、牙齿异常，严重影响了咀嚼、啃咬、说话或者呼吸（联邦社会

---

[1]　BSGE 13,134,136; 35,10,12.

[2]　BSGE 35,10,12.

[3]　BSGE 28,114,115;46,41ff.

[4]　BSGE 18,173;21,189,191;31,279,281.

法院审判集第 35 卷，第 10、12 页；第 35 卷，第 105、106 页）。①

　　损害身体健康的原因一般情况下不在考虑之列，此处适用所谓目的性原则。工伤伤害和职业病排除在医疗保险之外，因为这属于工伤保险的给付范围。因参保人过错引发的疾病也在给付范围之内，比如因打架斗殴或试图自杀造成的损伤。但是，在责任自负的情况下，基金会可以报销医疗费用，也可以拒绝给付。

　　由于自然原因以及自然成长的原因导致的身体状态异常，例如衰老、怀孕或者月经等不属于上述疾病的情况，也可以认定为法律规范意义上的疾病。如果这类情况超出正常范围或相关人可以忍受的范围，也视为社会保险法意义上的疾病。因衰老造成的身体上和精神上的障碍应当划分为不同的疾病等级，依严重程度进行治疗，如开具配眼镜、助听器的处方。

　　只有通过医疗服务才可以治疗身体和精神上的损伤，至少是可以改善健康状况或防止病情的恶化，减轻病痛、一定程度地延长寿命，才具有治疗的必要性。治疗的必要性以治疗能力为前提，也就是说对健康状态的损害（尚）可以被医治好。濒临死亡的病人也有医治的必要性，因为可能出现的死亡与病情加剧有关，并且医治也可以减轻痛苦。无治疗必要性的情况是，无需治疗也可以恢复健康状态，比如轻微感冒或者酗酒后酣睡引起的不适。

　　投保人丧失劳动能力需要住院治疗时可以请求支付病假工资（Krankengeld）。此类疾病的判断标准是丧失劳动能力。丧失劳动能力系指由于身体和精神状况的损害无法胜任一直以来的工作以及合同约定的任务，或者若强行工作可能使病情加重。联邦社会法院多次在判决中指出，雇员要么具有完全劳动能力，要么不具有劳动能力，不存在（丧失）部分劳动能力的情况。因此，丧失部分劳动能力的参保人可以提出支付全额病假工资的请求，但是只要投保人使用了因病受限的劳动能力，该请求就只能以原酬劳数额为限。

　　一直以来从事的工作是指在患病之前从事的工作。长期以来，司法判决并

---

① BSGE 35,10,,12;35,105,106.

未将工作只定义为患病之前的工作岗位上的职务活动，而是类似地，将其界定为将某一工作单位中可胜任的职务活动。联邦社会法院在早期的司法判决中曾将此界定为"在患病之前最后从事的具体的工作"。参保人"在健康受到损害时是否还可以从事另外一项工作，并不重要"。[①] 按照最新的判决，是否被委任了另外一项同类型的工作原则上也不予考虑。只有投保人在已有的劳动关系框架下被（暂时地）分派到另外一个工作岗位上才属于不同的情况。[②]

但是，终止了劳动关系应视为其他的情况，因为投保人不再从事"具体的工作"。目前判断的标准是，参保人是否由于健康状态受损而不能从事某项工作，如果劳动力市场上存在大量的此类工作并且相关人也可以胜任的话，那么应当考虑该工作的性质和酬劳。在这种情况下，"抽象地根据最后从事的工作来判断（……）。参保人可以被'委任'相同或者相似的工作，此时应当按照病假工资的功能，缩小委任工作的范围"。[③]

二是疾病治疗。

必须存在诊断疾病、预防恶化或者减轻病痛的必要时才可以提出治疗疾病的请求。"必要性"的概念是一个不存在裁量空间的不确定法律概念；法院具有完全的审查权。

疾病治疗主要包括以下给付内容：

——医护治疗，包括医师和心理疗法医师进行的精神疗法；

——牙医治疗；

——镶补牙，包括齿冠等；

——药物、包扎治疗；

——家庭护理和家政服务；

——住院治疗；

——康复给付和补充给付以及

---

① 　BSGE 2001,133,134.

② 　BSGE 61,66.

③ 　BSGE 2001,133,134.

——妊娠的医疗措施。

此外，为恢复因病或因病实施的必要的绝育手术而丧失的或天生丧失的生殖能力和受孕能力的措施也属于疾病治疗的范围。

只有当共同联邦委员会在指导意见中给出相应的建议时，才能要求医疗保险基金会对新诊断和治疗方法进行给付，药品给付也适用此规定。只有当联邦委员会没有或者没有及时实施法律规定的新诊断和治疗方法的检验程序时，才能由法院代为实施。医疗保险基金会及其联合会组织可以在检验规则的框架下，在一定的期限内对医护、促进康复和预防的新型给付进行检验。

（a）医护和牙医治疗

原则上只能由执业医师以及牙医来完成。根据医师保留的规定，其他人员，即使是未经国家考核但持有开业执照的行医者也不能（独立）为参保人进行治疗。但是除（牙医）医师自己完成的救助给付外，由他们安排和监督的治疗是被允许的。助理人员包括医师的直接助手、独立营业的专业护理人员、按摩师和口喉理疗师。安排是直接地分配任务。为助理人员安排任务和事后监督以及一定程度上的个人指导以及当场监督都属于这种情况。另外，医师在分派任务的框架内必须对助理人员在原本为医师的事务范围内所从事决定，如诊断、为病人提供咨询或者确定治疗方法进行保留，并且对无医师资格的助理人员的工作负责。医师保留不允许无医师资格的助理人员用社会法典第五编第32条意义上的医疗手段独立诊疗。

《社会法典第五卷》规定了"自由选择医师（权）"，这意味着，参保人可以自由选择具有合同医师资格的医师和医疗护理中心。只有在紧急情况下才能选择非合同医师。除了对医师选择的限制之外，《社会法典》还规定了其他的限制：投保人不能在非紧急情况下提出在非合同医师处就医的请求。否则参保人需要自行支付多余的交通费用。

医师治疗包括医师为预防、早期诊断和治疗疾病提供的医务活动，该活动需根据符合一般原则和医疗方法的目的以及病情需要作出，并符合普遍承认的医学认知水平。医师原则上有不遵循某项特定的诊断和治疗方法的自由。规定限制是为了遵守经济原则以及提供给付的框架，尤其是《合同医师法》的条文和共同联邦委员会的指导意见。

牙医治疗与医师治疗的范围相同，但仅限于牙齿、口腔和颌骨疾病的治疗。颌骨整形手术也属于牙医治疗的范围。

根据《社会法典》，只能在必要的情况下提出颌骨整形手术的请求。此类事项由合同医师和医疗保险基金会联邦委员会以法规解释和对给付请求进行定义的指导意见来规定。

一段时间以来，共同联邦委员会作出的指导性意见引起了广泛的争议。争议的焦点一方面是共同联邦委员会及其决议的民主正当性，另一方面是指导性意见的法律性质。根据联邦社会法院最新的司法判决以及目前的主流观点，共同联邦委员会的指导意见被视为法律规范。理由是，指导意见具有（对医疗保险基金会、医师以及参保人）法律上的约束力，此外，该意见作为联邦框架协议（Bundesmantelverträge）的组成部分也具有相应的约束力。①

同联邦委员会指导性意见的功能是将"治疗的必要性"这个概念具体化。该意见对于参保人提出的给付请求以及限制医师的诊疗自由具有重要意义。参保人的给付请求只是一项需要合同医师具体化的框架性权利（所谓权利具体化纲领），必须与指导意见相结合。目前学界对此争议比较大，但是对其基本内容是赞同的，至少其在法律上是站得住脚的。

对参保人进行医师和牙医治疗作为实物以及医务给付原则上是免费的。但是，某些给付项目也需要参保人自行支付部分费用。

（b）使用药物、包扎、医疗手段以及辅助手段的护理

法定医疗保险法意义上的药物系指口服、涂抹、注射或吸入的对身体机能产生实质效果的物品。

与药品相反，治疗和救助手段主要作用于机体的外部。治疗和救助手段的

---

① Becker/Kingreen/Axer, SGB V, *Gesetzliche Krankenversicherung*, München: C.H.Beck, 2020, S.542.

区别在于使用目的的不同：治疗手段系指治疗疾病的实物和医务给付（例如疝带、按摩、健身操、冷热敷法和洗浴疗法、运动疗法），采取救助手段的目的是按照治疗步骤消除（主要是身体上的）功能性损伤（例如助视、助听器械、假肢、轮椅）。救助手段必须对保障治疗效果和减少病人障碍来说是必需的，且对参保人的个人状况意义重大。日常用具不在此列。因此，参保人必须自行支付日常特殊用具（如矫形鞋、残疾人用电脑）的费用。救助手段的费用还包括对救助器械必要的改装、修理和购置配件以及进行使用培训造成的费用。

包扎系指除了药品和治疗手段以外的为治疗和减轻病痛而采取的手段。主要包括治疗身体外部的损伤、处理流出的体液以及对药品使用的辅助。

年满 18 周岁的投保人对于某些应用较为普遍的治疗小病的特定药品（所谓的缓解类药品）无需请求保险基金会进行给付。主要包括下列适用范围内的药品：

——治疗感冒和传染性流感的药品，包括感冒药、止痛药、咳嗽药，

——治疗口腔、咽喉疾病的药品，不包括治疗真菌感染的药品，

——泻药，

——晕车、晕船药。

非处方类药品也被排除在护理范围之外，除非共同联邦委员会将此类药品确定为治疗顽症的标准药品。排除在护理范围之外的药品还包括为提高生活质量而使用的所谓的"生活方式药品"（比如克服勃起机能障碍类药品、提高性能力类药品等）。

使用处方类药品、包扎、医疗手段以及辅助手段一般情况下也要遵从实物原则，即参保人基于医师处方从合同药店获得必要的实物给付。但是，法律对某些药品、包扎和辅助手段类别规定了固定资费（Festbeträge）。鼓励参保人以优惠价格购买。固定资费制度应当在保障药品质量的同时，保障其价格上同样经济。被确定了固定资费的药品、包扎和辅助手段的费用由医疗保险基金会承担，承担的数额最高不超过此固定资费，其他药品扣除参保人自行支付的部分后由保险基金会全额承担。

对于未列入固定资费范围内的药品，由医疗保险基金会最高联合会基于该药品的成本/药效评价确定一个最高报销额度。以此可以确定对新型药品补充支付的额度。此外，还可以确保成本与支付额度成正比。对于某些具有高性价比的以及治愈罕见疾病的特效药将不设置最高额度。

另外一项限制药费支出过高的制度是补充支付。即年满18周岁的参保人需支付法定医疗保险范围之内的药品和包扎费用。对于治疗费用也规定了补充支付的制度。设置补充支付制度的目的除了减轻法定医疗保险基金会的财政负担之外，还包括加强参保人控制费用支出的意识，实现经济原则以及避免药品的浪费。对治疗框架内和住院治疗范围内的药费支出不设置补充支付义务。

（c）家庭护理、家政服务、社会疗法以及专业门诊护理

社会疗法和门诊专业缓解护理。参保人可以在家政、家庭以及其他合适的场所，尤其是居住地、学校和幼儿园，残疾参保人在有必要的护理需求时可以在福利获得下列护理给付：

——在本应由医院治疗来完成，但是无法进行或者通过家庭护理可以替代或者缩短治疗时，由合适的护理人员提供的除治疗外的家庭疾病护理；

——为实现治疗目的有必要时，作为家庭疾病护理的治疗护理。

司法判决和部分文献将护理也视必要情况下的住院治疗。将二者等同视之的做法不难理解。首先，使用不同的概念表明立法者有意将二者区分开。其次，根据疾病类型将无法在诊所进行的治疗转移到医院里，因此时"有必要"的。最后制定此规则的目的将二者区分开。家庭疾病护理可以减少住院治疗的费用。住院治疗的要求因此降低了。并不一定是在必要时，但至少是适当和合目的时候才能提供住院治疗。

医院补充护理包括个案中必要的基本护理和治疗护理、家庭护理以及相关的住院治疗框架内的护理措施。治疗护理还包括非医护救助给付，例如无需医师操作的注射和更换包扎。基本护理包括各类护理措施，尤其是肌体保养。与医院补充护理不同，治疗保障护理的范围是确定的：作为普通类护理，其只包含治疗护理，而基本护理和家庭护理本身被视为依章程进行的额外护理类型。

当由于接受住院治疗、门诊护理或恢复性治疗、家庭疾病护理或者住院接受预防和恢复性措施而无法操持家政时可以提出家庭救助（Haushaltshilfe）请求。家庭救助包括维持家政所必需的服务，比如购买食品、做饭、洗衣、清洁房屋以及照顾照看小孩等。提出家庭救助的前提条件是，家中有未满12周岁或者残疾需要帮助的儿童。如果参保人家中有人可以操持家务则应排除家庭救助给付。这种情况是参保人家中有人可以胜任与维系家务相关的实质性工作。在个案中应根据实际情况判断。

（d）住院治疗

住院治疗包括作为各类实物给付的在医院承担护理任务框架内的所有给付项目，在个案中应依据参保人疾病的类型和严重程度来判断是否有住院治疗的必要。住院治疗的项目包括医师治疗、疾病护理、药品、医疗手段以及辅助手段的护理以及日常住宿膳食。

住院治疗可以全部、部分、在患病之前或之后在医院以及诊所进行。全住院治疗的前提条件是，由医院负责审查全住院治疗是有必要的，即治疗目的通过部分住院治疗、患病之前或者之后以及通过诊所治疗，包括家庭医疗护理都无法实现。该审查只能进行，并贯彻经济原则。

与"自由选择医师"原则相反，参保人只能有限地自由选择接受治疗的医院。如果参保人选择了医师指定以外的医院，且无令人信服的理由，需自行承担多余的费用。制定此规则的背景是，出于经济原则的考虑，住院治疗只能在医师处方的指导下进行并且在处方中必须写明两个就近的适合进行治疗的医院。由于在给付提供者选择问题上需要考虑参保人的宗教需求，因此一般情况下，宗教原因被视为令人信服的理由，参保人可以据此提出在医师指定以外的医院就医的请求。此外，还应当满足参保人合理的意愿。

参保人可以针对医院提出超出法定给付法以外的特殊请求（Sonderwün-sche）。此类请求由医院基于与病人的私法合同提供。

（e）病假工资

家庭保险的源保险人可以在因病丧失劳动能力时，或者由医疗保险基金会承担住院治疗以及在护理或恢复性治疗机构接受治疗的费用时，提出支付病假工资的请求。病假工资起着补贴薪酬的作用。

原则上，从医师确定参保人丧失劳动能力之日起或者开始住院治疗之日起可以提出病假工资的请求。病假工资原则上没有时间限制。但是参保人因同一疾病持续丧失劳动能力的情况除外。在这种情况下，参保人在78周之后不能再提出病假工资请求。如果参保人自确诊丧失劳动能力之日起（所谓的封闭期间），三年之内因间歇性患同一种病丧失劳动能力共计78周也不能提出病假工资请求。应当避免起补贴酬作用的病假工资演变成与退休金类似的持续给付。间歇性患同一种疾病时，如果前后两次丧失劳动能力的时间相差至少六个月，并且参保人在此期间内参加了工作，或者试图寻找工作，那么病假工资请求从封闭期间结束后重新计算。

参保人在丧失劳动能力期间又患其他疾病的，且此疾病已经可以导致劳动能力丧失或者与本来所患之病共同导致劳动能力丧失的，不能延长给付期限。如果在恢复劳动能力之后又患新病，重新计算三年的封闭期间。

（f）丧葬费

旧版《社会法典第五卷》规定的丧葬费在《法定医疗保险现代化法》中已被取消。

4. 给付提供

（1）概况

法定医疗保险的本质特征是实物给付原则。根据此原则法定医疗保险承担人的给付不是以纯粹的类似于病假工资式的金钱方式，而是以实物的方式提供。医疗保险的承担人可以限制医疗费用的事后报销，但是必须承担医疗服务。由于医疗保险承担人没有自行进行实物给付的物力和人力资源，并且经营其自有设施时还受到严格的限制，因此必须依靠医师、医院、药店、救护机构和其他法律规定的给付提供者来实现给付任务。于是在社会保险承担者经办者、参保人和给付提供人之间形成了一种三角关系（Dreiecksbeziehung）：参保人对医疗保险基金会提出由定点医院进行给付的请求。医疗保险基金会可以要求给付提供者提供实物和医务给付。给付提供者可以要求医疗保险基金会支付报酬。

（2）合同医师法的基本特点

但是这种粗略的三角关系在给付提供者那里需要被修正。从医师治疗的角度来看，三角关系变成了四角关系，因为所谓的合同医师是保险基金会医师联合会的强制会员，该联合会保障其会员的权利，监督他们履行义务。这种四角的法律关系依法运转：参保人对医疗保险基金会提出治疗请求。医疗保险基金会对保险基金会医师联合会提出为参保人提供医疗服务的合同请求。保险基金会医师联合会对于合同医师在合同医师医疗服务框架内履行义务的情况进行监督。合同医师为参保人提供给付。

所谓的合同医师（以前被称为保险基金会医师）系指按照法律规定的程序被准许提供合同医师医疗服务并且作为保险基金会医师以及保险基金会医师联合会的会员，遵守以及在与之订立的合同的基础上为参保人提供医疗服务的（牙医）医师。医疗保险基金会向保险基金会医师联合会支付医师的总报酬，再由联合会分配给医师。

为履行合同义务，合同医师（或牙医）在各州范围内组成保险基金会医师联合会（Kassenärztliche Vereinigungen）。这是一个公法机构，所有保险基金会医师（或牙医）都必须成为其会员。仅在保险基金会医师联合会和保险基金会以及其联合会组织以及在保险基金会医师联合会和合同医师之间存在直接的法律关系，合同医师和医疗保险基金会之间没有直接的联系。保险基金会医师联合会代替保险基金会确保医护服务是否满足法定的和约定的条件，并同时保障医师（牙医）的权利。该联合会具有法定的确保委任合同（Sicherstellungsauftrag）的义务。根据《加强法定医疗保险竞争法》的最新规定，保险基金会医师联合会还有义务确保持有商业保险定式合同的参保人获得医疗服务，并且确保持有基本合同参保人的医疗服务。

保险基金会联合会和合同医师联合会以缔结书面合同的方式，对参保人提供的医疗服务和必要的医疗给付的费用进行规定。这是一种公法合同。这不仅表明缔结合同的双方都是公法主体，更重要的是合同的规定内容具有公法性质。在联邦层面上，保险基金会医师联邦联合会和保险基金会最高联合会达成了联邦框架协议（Bundesmantelverträge）。该联合会将保障全联邦范围内统一的合同医师（牙医）服务。该协议的内容包括：家庭医师护理、确定统一的应当结账的医师给付的评判标准以及合同医师医疗服务机构。在各州层面上，由州医疗保险基金会联合会和合同医师联合会达成总协议（Gesamtverträge）。该协议对下级保险基金会和医师联合会组织以及合同医师具有直接约束效力。提供医疗服务的合同医师和医疗机构的报酬事项规定在此协议中。联邦框架协议的内容也是总协议的组成部分。

医疗保险基金会负责支付总协议中约定的总报酬（Gesamtvergütung），其数额由合同医师提供的需支付报酬的给付总量决定，保险基金会医师联合会不参与其中。确定分配标准时不仅要保证每种给付项目都能得到支付，还要防止合同医师的职业活动超过必要的限度。此外还要确保总报酬能够均匀地覆盖全年的支出。

（3）医疗保险基金会与医院和其他给付提供人之间的法律关系

1）医院。在联合会的层面上，即由保险公司联合会以及给付提供者联合会定期签订框架协议，单个（获得许可）给付提供者与之签订的协议对此进行补充。

医院（Krankenhäuse）基于各类协议为各类参保人提供医疗服务，签订了医疗服务协议（Versorgungsvertrag）的医院获得了给付的许可。保障协议（Sicherstellungsvertrag）中规定了医院的日常工作，如接纳参保人住院和离院的方式和费用承担。虽然此协议的签订方并非单个医院，但是该保障协议对于所有具备许可的医院都有直接的约束效力。

医院通过一种双重体系（dualen System）来筹集资金：国家投入固定资本；流动资本，以及人力资本需要医院从护理费用中自行筹集。在法律授权的基础上制定护理费用标准，并在协议中确定。目前，该体系以治疗项目一揽子价格

(Fallpauschalen)（制定每项治疗项目的统一收费价格，如盲肠手术收费价格）和特殊收费（对一揽子价格治疗措施以外的治疗进行特殊收费）的方式进行补充。

2）其他给付提供者。建立在私法合同基础上的医院与其他给付提供者（救助和辅助器械提供者，药店等）存在着更为密切的法律关系。救助器械只能由为参保人提供医疗服务的获得特殊许可的给付提供人提供。有关给付提供者的工作、给付和收费事项在协议中约定。《加强法定医疗保险竞争法》使救助器械提供者的准入条件发生了原则性的改变。原有的救助器械提供准入体系由一项协议体系进行补充。原则上，该协议以招标的方式由保险基金会签订。以后只能通过招标的方式，由保险基金会的合同伙伴，即中标者提供救助器械。不合目的之招标无效。这主要系指私人签署的给付协议以及劳务费用过高的给付。虽然某些情况下签署符合目的之协议无需通过招标的方式，但是也必须以合理的方式公开相关信息。参保人有权要求所有的作为保险基金会合同伙伴的给付提供者公布相关信息问题。

保险基金会与药店（Apotheken）签订集体框架协议。该类协议对所有参与签订或加入协议的具有最高联合会会员身份的药店都具有约束力，最高联合会在其章程中规定了协议对会员的法律效力。法律遵循了协议模式。制药企业（pharmazeutische Industrie）通过规定药品包装和包装规格以及药品生产日期的协议与保险公司（最高联合会）发生法律关系。药店尤其有义务遵守经济要求，并且根据社会法典第五编第130条保障保险公司获得折扣。制药企业有义务保障药店获得折扣，这样保险公司才能获得政府补贴。医疗保险基金会还可以以其他折扣价与出售药品的制药企业约定价格。

如果保基金会为某种处方类药品签订了折扣协议，药店就必须以具有同类活性成分的药品取代之。该条款生效后不久就有大约200家保险公司（大约80%）与55家药品生产商签订了折扣协议。与各州的AOK保险公司签订折扣协议的合作伙伴的市场份额迅速增加。这表明，加强法定医疗保险竞争法规定的折扣协议已经成为能够显著影响市场的工。在家庭救助（Haushaltshilfe）方面，保险公司可以与合适的个人签订劳动合同，或者与相关的机构签订协议。

3）公法和私法上的法律关系。保险基金会医师联合会和保险公司、合同医师联合会和合同医师以及保险基金会和参保人之间的法律关系由公法调整。由保险基金会医师联合会和保险基金会签订的协议将植根于公法的保障任务具体化，并且认定为公法合同。合同医师（牙医）和合同医师（牙医）联合会之间存在的法律关系是法律和章程中规定的公法上的会员关系，该关系基于合同医师（牙医）医疗服务许可产生。参保人对保险基金会的给付请求基于社会保险法上的保险关系产生，并且具备公法性质。

对于参保人和合同医师（牙医）之间的关系属于何种法律关系存在争议。联邦最高法院（参加联邦最高法院民事审判集，第 76 卷，第 259 页；第 97 卷，第 273 页、第 276 页；第 100 卷，第 363 页、第 367 页）以及大量的社会法文献中都持此观点：参保人和医生之间的关系是私法关系，但同时对合同医师和保险公司的参保病人是否在事实上签订了民法合同存在争议，对于他们之间签订的社会法典第五编第 76 条第 4 款意义上的合同是否适用民事责任法，以及保险公司与合同医师（牙医）签订的合同是否是民法典第 328 条意义上的利他合同也存在争议。但是联邦社会法院（参见联邦社会法院审判集第 33 卷，第 158 页、第 160 页及以下；第 59 卷、第 172 页、第 177 页）和社会法文献认为这种法定法律关系具备公法性质。

公法角度来看，医生治疗仅具有实现公法请求的意义。除此之外，社会法典第五编第 76 条第 4 款表明，虽然该合同的归责原则符合民事合同法的规定，但是该法律关系完全可归入公法关系。因此，该合同不能成为民事合同法的调整对象。参保人的治疗请求权尤其不同于民法上的请求权，因为保险公司是以实物的方式进行给付的。参保人的支付义务同样也不由民法调整；因为该义务根本不存在。而附随义务，如注意之义务（Sorgfaltspflicht），也是基于社会法典第五编第 76 条第 4 款的法律规定(施纳普，新社会法杂志 2001 年，第 337 页、第 339 页)。

但是此论证很值得怀疑。虽然合同医师（牙医）的职务活动表现为公法上的提供实物和医务给付，但是合同医师（牙医）并非作为保险基金会的业务承担者经办者或者私法上的执行高权任务的债务人，而是独立的自由职业者。公法保障了参保人原则上无须为医疗服务支付费用，免除了其为医疗给付支付的义务。但这只意味着，支付对价制度具备公法性质，而合同医师（牙医）对病人提供的医疗服务不一定不具备民法性质。由于参保病人提出的是实物和医务给付，所以一般不承认医生（牙医）和参保病人之间存在民法意义上的合同关系。社会保险法背景下的治疗关系不具有缔结民事合同所需要的意思表示要素。

参保人的给付请求满足社会法典第五编规定的法定给付前提条件即可。合同医师（牙医）一方进行实物和医务给付时无需进行意思表示，并非由于自己想要对参保病人承担这项服务，而是履行作为保险基金会医师联合会会员的义务。但是不能就此排除参保人和合同医师（牙医）之间的关系是私法关系。应该得出这样的结论，二者的关系是一种法定的私法上的债权关系。事实上的"医疗给付接管"构成了这种关系。在参保人和合同医师之间依法形成的治疗关系使医师具备了给付义务。除此之外，由法定的债关系产生了独立和不独立的附随义务，比如注意义务、解释义务、沉默义务等。此外还应考察侵权法之责任。由于医师未尽解释义务或者因医疗差错导致之责任诉讼由普通民事法院受理。

5. 医疗保险基金的筹集

（1）缴费

法定医疗保险经费的筹集主要通过缴费。与法定养老保险不同，国家补贴发挥的作用很有限。

加入义务保险的雇员原则上按照工资的数额以及最高缴费数额缴费，原则上该费用由雇主和雇员各负担一半，在社会保险费总额框架内由雇主代缴。《法定医疗保险现代化法》和《义牙费用筹集法》规定雇员和雇主在医疗保险缴费方面地位平等。从 2005 年 7 月 1 日起，参保人需自行支付 0.9% 的附加费用。对于被免除保险义务或无保险义务的低收入者从事少量工作的人员以及从事私人家政服务的雇员，适用一项特别条款。退休人员的医疗保险费用由领取法定养老保险金的义务保险人以及养老保险承担者经办者依照养老金的数额各负担一半，用从养老保险金中支。其余部分由义务保险人从照料金和工资以及其他具有缴费义务的收入中支付。此规定还适用于自愿参保人、申请退休人员以及保留参保资格的孕妇。自愿在法定医疗保险参保的就业，如果仅因为薪酬超过了最高年薪标准而被免除了参保义务，可以从雇主那里获得相当于义务保险缴费额一半的保险费补助，但是最高为实际缴纳费用的一半。其他就业人员如果由于超过最高年薪标准而被免除了保险义务并在商业保险投保，可以获得补助。

缴费数额根据参保人有缴费义务的收入计算。义务参保人的何种类型收入具有缴费义务做了总结性的规定。包括通过有保险义务的工作获得的工酬、法定养老保险的有缴费义务的养老金、照料金以及除养老金和照料金以外的劳动收入。后两种收入只有总数超过月收入总额的 1/20 时，才有缴费义务。加入义务保险的就业人员收入类型的顺序规定在《社会法典第五卷》中。在计算缴纳保险的收入时应当考虑最高缴费额度。自愿参保人的缴费额由医疗保险基金会的章程确定。制定该章程时应当考虑自愿参保人的经济给付能力，至少应当将参加义务保险的就业人员的工资收入作为参考。

医疗保险基金会依据其财政状况在章程中确定了缴费比例（Beitragssatz），即缴费额占作为缴费基础的收入的百分比。目前，平均缴费比例为 14%。所有参保人原则上按照同样的缴费比例缴费。个人患病的概率和家庭状况都不是考虑的因素。一个收入不高，但还要供养五个孩子的父亲与未婚、但收入颇丰的单身男子缴费比例相同。这体现了法定医疗保险制度的共济性质。

《促进法定医疗保险竞争法》的核心内容就是对缴费制度进行改革。一般缴费比例包括以前规定的 0.9% 的额外缴费。由于某些费用承担规则被修订，后者也发生了变更。就此，雇主将根据减去 0.9% 的额外缴费的一般费率承担参保人从工酬中支付的一半的保险费用。养老保险承担者经办者也适用相关规定。计算一般费率时应当综合考虑有缴费义务的收入、联邦层面对费用的补偿以及医疗保险公司的预期支出。所缴纳费用计入健康基金，该基金作为联邦保险局（Bundesversicherungsamt）的特殊财产建立。

根据《社会法典第五编》的规定，医疗保险公司获得基金分配。如果保险公司认为所得基金分配无法维持运营，可以自行收取附加费用。附加费用所占具有缴费义务的收入的比例不能超过1%。规定此上限意在避免保险公司随意收费。对8欧元以下的固定或者比例附加缴费不进行工资收入审查。如果医疗保险公司所得分配基金额在维持运营后还有结余，可以向参保人分发红利。今后附加缴费额的高低将成为在医疗保险公司之间开展竞争的决定性因素。

病假工资方面的区别较大：如果参保人患病时未提出继续支付酬劳的请求，则需缴纳较高的费用。如果参保人未提出病假工资请，可享受缴费优惠。义务参保的大学生的缴费率只相当于平均缴费率7/10。义务参保的退休人员的一般缴费率由医疗保险公司根据退休金确定。照料金和工作收入需全额缴费。

根据《促进法定医疗保险竞争法》的规定，参保人可以在医疗保险基金会提供的多种保险合同中进行选择。未提出或未获得给付的参保人可以获得保费奖励或者分红。最低参保时间原则上为三年。此期间内原则上不允许解除保险合同或者更换保险基金会。可以选择签订保险合同的做法已经使法定医疗保险具有了商业保险的一些性质。

（2）其他收入

法定医疗保险意义上的收入的还有联邦补助、实现针对个人和其他社会保险承担者经办者提出的补偿和报销请求、租金和资本收益以及费用。在以下三种情况下，可以提出医疗保险法上的补偿请求：

1）在所有费用以及管理费用得到补偿的特定情况下，保险基金会可以提供医疗；

2）第二种补偿请求情况包括第三人实施的加害行为。虽然在这种情况下参保人的医疗费用事实上由法定医疗保险负担，但是参保人对加害人有民法上的损害赔偿请求权。因此只要产生了医疗费用，受害人民法上的请求权就优先于医疗保险；

3）第三种补偿请求是不法的社会给付。这种情况下，保险基金会将收回先前提供的错误的医疗给付。

（3）保险基金会之间的财务平衡

各医疗保险承担者经办者之间可以进行财政平衡。亏损或者资金较少的医疗保险承担者经办者可以以此方式从运营较好的保险承担者经办者那里获得补偿。

医疗保险承担者经办者在财政困难时可以获得援助。这是一种可选择的、在各州之间实施的财政补偿。联邦联合会和医疗保险公司互助联合会的章程中必须对此作出规定，各最高联合会组织的理事会决定其实施，参与的各州联合会可以拒绝实施。

风险结构补偿制度在全联邦所有的医疗保险基金会之间进行由于参保人缴费额差异、家庭参保数量以及参保人年龄和性别差异造成的财政差距的补偿。这是各医疗保险公司自己无法克服的（风险）状况。给付提供人提供的地区性护理项目的差异和医疗保险公司内部财政管理造成的差异不在考虑之列。风险结构补偿借助各医疗保险公司的财力，通过平均其收费额来实施。此类补偿由联邦保险局负责实施。①

风险结构补偿制度不符合保险承担人自治原则，并且不利于在它们之间展开竞争。但是此项制度由法律规定。从经济宪法的角度来看，不应对结构补偿制度提出非议。②

（4）联邦层面上对医疗保险支付能力的保障

在给付提供者无支付能力的情况下，联邦财政承担起保障医疗保险支付能

---

① 联邦保险局（Bundesversicherungsamt）是德国各类社会保险基金会的监督管理机构，其职能与商业保险的监督管理类似。

② BSGE 113,167,199.

力的责任。① 如果医疗保险基金会陷入了财政困境，联邦有义务给予援助。但是此条款能否真正得到执行值得怀疑。在联邦宪法法院小心翼翼地得出这样的结论，此条款只涉及了管理权限。相关的法律承担者经办者既不能据此条款提出补贴支付的请求，联邦也无义务保障社会保险承担者经办者获得补贴。从《基本法》的基本权利中不能推导出参保人或者社会保险承担者经办者对联邦的请求权。

最后，为了保障联邦在财政方面的需要，当某医疗保险公司丧失持续给付能力时，可以与其他保险公司合并或者解散。

（三）启示

我国正在编纂一部综合式医疗保障法律，德国医疗保障立法有以下四方面显著的结构性特征，其中蕴含的理念或许可以我国提供一些新的思路以及可能的借鉴。

1. 潘德克顿模式立法

潘德克顿模式，又称体系型法典模式，源于罗马皇帝查士丁尼颁布的汇集当时著名法学家言论的《民法大全》(*Pandekten*)，以体系完整严密、学理意味浓厚、语言风格抽象为主要特色。从结构上，这种模式将某个领域纷繁复杂的事务提炼出共性法则，即通过所谓"提取公因式"(vor die Klammer) 的方法，归纳出"总则"放置基本原则和基本概念，用以指导分则立法和司法适用。前述的《帝国保险法》曾被德国法律史学权威专家 Stolleis 称为"20 世纪欧洲法典化时代立法艺术的高水平代表之作"，这是连德国《民法典》都未曾获得过的赞誉。②

---

① BVerfGE 39,302,313.
② M.Stolleis, *Geschichte des Sozialrechts in Deutschland: Ein Grundriß*, Oldenburg: Lucius & Lucius, 2003, S.132ff.

20 世纪 60 年代开始，德国通过法典模式分门别类地规定了医疗保险、医疗救助、医疗待遇方面的社会补偿等制度，将社会保障制度的内在逻辑作为分类立法的标准，在颁布单行法的同时也将具备普遍适用性的条款编入社会法典，兼顾医疗保障制度的稳定性和灵活性。

我国的医疗保障体系由社会医疗保险、医疗救助、补充医疗保险、商业健康保险、慈善医疗救助等制度共同组成。通过立法的方式确认，并保障该体系在法治化的轨道上运行是医疗保障制度建设的重要任务，以何种立法模式完成该任务是当下亟待解决的问题。2010 年颁布的《中华人民共和国社会保险法》（以下简称《社会保险法》）为我国社会保障领域立法确立了基本框架，该法分则部分依次列举了各险种的基本制度，下一阶段的立法工作应当是对各险种分别立法。2021 年，国务院拟向全国人大常委会提交的《中华人民共和国社会救助法（草案）》，将医疗救助和疾病应急救助作为社会救助措施之一，并在该法中确定了救助对象和申领条件；2016 年颁布的《中华人民共和国慈善法》（以下简称《慈善法》）也规定慈善医疗的内容，下一阶段可考虑颁布单行法细化这两类医保制度。那么，是否可以编纂一部综合立法，将这几类医保制度合并规定呢？

一般认为，医疗保障法有广义和狭义两种，前者指前述各项立法中涉及的医疗保障制度规范，后者指以"医疗保障法"之名编纂的综合式立法。我国已经存在广义上的医疗保障法，且按照《社会保险法》《慈善法》等法律确立的框架，医疗保障立法需按照社会保障制度固有的逻辑开展，即分别颁布基本医疗保险法、医疗救助法（或条例）、慈善医疗法（或条例）等，我国目前筹划编纂的实际上是一部狭义的"医疗保障法"，该法的立法路径不应当是将《社会保险法》等法律中涉及医疗保障的内容剥离出来，独立形成一部法律，而应是实现各项医保制度之间的区分和衔接，以及各职能部门间的分工协作，也就是说，该法的定位应是一部功能整合法和职能协作法，而非结构性制度法。理由如下：

第一，制度逻辑的要求。医疗保障是国家实施的一项社会政策，涉及社会保险、社会救助、社会福利等多项社会保障制度，每项制度都拥有独立的目标和实施原则，无法汇总到一部法律之中，直接堆砌会导致法律内部逻辑不统一。

第二，这是法典化模式的要求。自 2020 年《中华人民共和国民法典》（以下简称《民法典》）颁布后，我国开启了部门立法法典化时代，与《民法典》相一致，我国的法典化遵循欧陆法系的潘德克顿模式，即在立法结构上按照"总则—分则"方式布局，总则中规定立法目标、基本原则与基本概念，分则条款贯彻总则的立法精神，出现制度漏洞时可依据总则进行司法创设。各项医保制度的待遇水平、筹资方式、收支法则、经办管理模式等大相迥异，强行拼凑必然导致总则对分则指导不明，创新制度困难。

第三，这符合我国社会保障的立法规划。我国的社会保障立法正式肇始于 2010 年的《社会保险法》，之后的《慈善法》《社会救助暂行办法》都遵循社会保障体系划分的一般逻辑，即依据筹资和功能分为社会预防（社会保险）、社会救济（社会救助）、社会补偿（社会福利、慈善）三个部分，并在各部分内各自立法。需要注意的是，医疗保障是社会保障的一个领域，全面涉及了以上三个部分，在各部立法格局已经开展过半之时突然开启领域立法，必然会造成内容重复甚至矛盾，浪费立法资源。

第四，这是比较法上的经验。从世界范围来看，鲜有国家颁布过规范结构性医疗保障制度的综合式立法。在社会保障立法模式上，无论是英美法系国家还是欧陆法系国家，都不约而同地遵循着社会保障体系划分的一般逻辑，无论是美国的社会保障法，还是德国的社会法典，在结构上都体现了这一逻辑。《医疗保障法（征求意见稿）》由国家医疗保障局起草，从结构上看是把医保行政部门的全部职能以立法方式予以确认，但由于采用了结构性制度法的定位，导致总则抽象提炼不足、对分则的指导意义欠缺、整体逻辑不统一、与相关领域法律条文重复等缺陷。中央和地方各级医疗保障行政机关整合了医疗保险、医疗救助、慈善医疗等职能，"医疗保障法"作为职能性立法，应当将合理界定各项医保制度的功能和保障水平，通过整合功能实现制度的无缝衔接，以及划分相关行政机关职权、实现有序分工协助作为立法定位，以此服务于统括各项医保结构性制度法并为医保制度的实施建立行政机制。[①]

2. 无差别待遇的全民医保

德国以法定医疗保险作为医疗保障制度的主体，通过建立在劳动关系基础上的职工保险和免缴费的家庭保险完成制度的全覆盖，在实现不区分待遇水平的公平全覆盖的同时，推动和鼓励家庭在工业社会继续作为基层保障单位的作用。

就业是现代工业社会运行的基础条件，也是各类社会保险构建的基础。劳动关系是最基本的就业关系，但不是唯一的就业关系。在以平台新业态就业为代表的灵活就业越来越多的背景下，应当深入挖掘就业的社会涵义并探讨社会保险，尤其是医疗保险制度与就业的关联性。一方面，我国未来应当将建立在劳动关系基础上的社会保险制度不断拓展至全部就业关系，以职工医疗保险为龙头，将越来越多的就业关系纳入其中，不断提高待遇；另一方面，可以尝试将居民保险改革成为真正的非就业群体社会保险制度，稳步提高政府财政补贴水平，通过大病保险、惠民保等制度逐步拉近两种保险的待遇水平，并发掘"新农合"以家庭为单位参保制度的家庭促进功能，最终实现缴费差异化，待遇均等化的"全民医保"。

3. 社会化和分散化经办

德国法定医疗保险制度通过社会化经办和分散化经办达到"管办分离"和"有序竞争"的目标，以签署和履行集体性医疗服务协议体现社会化管理的思路，并且在社会保险体系中不排斥商业保险的参与，政府监管仅发挥辅助性功能。

[①] 以上内容参见娄宇：《"医疗保障法"的定位是功能整合法和职能协助法》，《中国医疗保险》2021年第9期。

（1）社会化经办

德国法定医疗保险甫一开始就贯彻了社会自治的原则，公权力机关的管理和社会组织的经办分工明确，如果对德国医保经办机构早期发展历程进行总结的话，那就是从游离于体制之外的社会组织发展成为国家公权力认可的间接行政主体，从早期对医保管理的"大包大揽"与完全自治发展到法定范围之内与最低标准之上的有限自治。不难看出，民族国家通过"招安"的方式将市民社会自发生成的制度确定为德国医保经办组织的立法模式，而制度转变背后的驱动力正是工业化社会带来的生存危机。新生的德意志政权秉承着国家积极干预经济推动现代化进程的理念，在社会保障领域实现了一次重大的突破。

20世纪70年代以来，福利国家在经济滞胀面前依然希望依靠政府的作用克服市场的不足，随之而来的是政府机构的日益庞大和公共服务的无效率，引发了公众的普遍不满。严格来说，德国并不属于"福利国家"，但是在医疗保险领域，由于坚持采用行业封闭经办的做法并且缺乏第三方医疗服务购买机制，原有的模式在面临老龄化社会与医疗技术进步带来的费用攀升面前亦显得束手无策。

从医改的立法演进过程来看，建立经办机构费用监督作用的机制不可能一蹴而就。首先，起源于欧洲中世纪的社会自治传统为德国建立具有独立法人地位的医保基金会创造了条件。医者与经办者一开始就归属于不同的社会自治体，"管""办"不发生联系。随着医保改革的深入，德国又借助这种自治管理制度，使基金会成为一定范围内自负盈亏的公司化经办主体，使基金会产生了提高服务质量和监督费用支出的动力；其次，最初按照行业建立的基金组织能够较好地贯彻团结互助的经办理念，在本行业雇员内部建立一个小范围的团结体，这就为之后引入竞争机制奠定了一个制度性基础，而竞争又会强化基金会作为第三方购买者的监管积极性。健康基金制度和管办双方的集体谈判制度又在相当程度上避免了竞争的无序，保障了参保人的权益。

应当说，中国的医保制度自建立伊始就带有强烈的政治化倾向，是在统一的和具有强大权威的中央政府的推动下展开的。这并不应当受到非议，如前所述，世界各国社会保障领域的改革早已证明，强大的政府作为后盾是建立现代化社保制度的必要条件。然而，在缺乏社会自治理念的制度框架下，我国应当通过何种途径完成社保经办机构的法人化和市场化转变？笔者主张，德国的立法经验带给我们的是理念上的启迪和具体制度的借鉴，宏观制度的创新和演进之路需要我们根据国情自行探索。

未来的改革方向有两个：第一个是赋予经办机构以独立的法人地位，实现法人治理模式下的"政事分开"；第二个是充分发挥协议管理的作用，区分协议监管和行政监管的界限，实现基本医疗保险经办方式的创新。第一个方向是第二个方向的前提条件，第二个方向是第一个方向的目标。

首先，将经办机构定位为承担民事责任的公法法人。我们以往研究社会保险制度时，更多地强调其强制性、公益保障性等公法属性，对其权利义务对等的私法属性未予以足够的重视，这在一定程度上影响了对社保经办机构作为事业单位民法法人法律定位的研究。

德国作为经办机构的各类法定医疗保险基金会是非政府的以"自治"为核心的基金会法人，在法制框架下独立运作，政府仅实施政策指导和法律监管，实现了真正的"政事分开"与"管办分离"。经办机构从社保基金中提取管理成本，其责任意识和费用意识较强，目前已经发展成为一种独立于政府的专业化和法人化的公共服务机构。

我国当前经办机构的规模和服务水平是基于 20 年前社会保险覆盖面很窄、基金余额很小的状况确定的。近 10 年来，随着我国社会保险覆盖面和基金规模的加速扩张，经办机构越来越不堪重负，经办服务质量亦难以令人满意。借鉴德国经验，结合中国国情，我国医保经办机构的管理模式改革可以从以下三个方面入手：

第一，摆脱地方行政部门的干预，推广垂直管理模式。确保社保经办机构独立法律地位的关键在于弱化其行政管理职能，使之摆脱与地方政府行政部门的隶属关系，使其从而能够独立履行义务、承担责任。可以尝试在中央层面设立独立的社保经办管理机构，依托地方各级经办机构，实行全行业垂直管理；

在地方层面，按照相应行政区划，设立省级和市级经办机构分支机构，在乡镇和社区级别设立服务网点。

第二，建立法人治理结构，实现"人权"和"财权"的独立。作为面向社会提供公益服务的事业单位，社保经办机构可以以现代企业制度建立法人治理结构为参照对象，在内部尝试建立理事会、董事会、管委会等形式的决策机构和执行机构，其负责人由民主程序推举，不再由政府指定或委派；在外部建立社会监督机制，接受政府职能部门和社会公众的监督。在这方面，以德国为代表的行业自治型经办机构立法和治理模式可以为我所鉴。在法人治理结构下，经办机构可以依据服务量和基金数额之多寡实行动态的人员和费用投入机制，未来可以尝试将经办人员身份逐步脱离事业单位编制，实行面向市场的人员聘任制，同时将人力资源配比与工作负荷挂钩，管理费用可以从基金收入中提取，按照各种指标确立测算公式，科学合理地计算服务费和经费预算。此做法符合国际惯例，体现了世界各国社保经办改革的发展方向。

第三，以"专业化"改革强化经办能力。以上两项法律改革服务于经办机构能力建设，在准确定位和施以必要措施确保此种定位的前提下，经办机构将逐渐成为专业化的社会保险经营者，公共管理学意义上激励机制、资源配置优化等偏重技术化的设计方案就有了用武之地。

其次，发挥协议管理的作用。德国法定医疗保险中提供医疗服务的主体被称为合同医院和合同医师（医生），从内容上看，各类医疗服务合同的法律性质是民事合同，从争议处理方式上看，该类合同争议被纳入行政法途径解决。

行政机关在社会保障事业建立过程中的主导责任主要体现在制度设计、财政支持和事务管理这三项内容上。国家承担的社会保障义务是国家调整职能的结果，但这绝不意味着国家的社会保障义务是无限的。在我国基本医保领域，根据《社会保险法》的相关规定，制度设计主要体现在国家把社会保险事业纳入县级以上各级政府的国民经济和社会发展规划中，并以确立权利、义务和责任为内容的立法来明确各方法律关系。财政支持责任则体现在多渠道筹集医疗保险资金、财政直接补贴保费、税收优惠和财政维持经办机构的行政运营四个方面。事务管理主要体现在对医保基金运行的监控方面，行政机关制定监管标准和程序，指导和监督社会组织的协议监管；除非涉嫌违法和违规，否则应当避免用行政管理取代社会治理，在对医疗专业行为的监管中尤其要发挥社会治理的功能。

协议是医保管理上的概念，法律性质为合同。合同可分为公法合同与私法合同，后者系特殊的合同类型，由行政主体与行政相对人签订，行政主体在合同履行过程中可享有行政优先权，具体表现为监督权、指挥权、单方变更权和解除权。有学者主张将医疗服务协议认定为公法合同，这样可以由经办机构发挥优先权来规制医药机构的骗保行为。此观点值得商榷，除了上文所论证的经办机构的民事主体地位以及现行法律法规中没有特别规定的理由之外，退一步讲，即使将服务协议认定为行政合同，行政优先权也难以有效解决骗保问题。目前的制度设计应当旨在实现对违法行为的震慑，提高骗保的成本，众所周知，监督权和指挥权处于"事中"管理阶段，其发挥作用的机制主要表现为对违法行为的事先预防，而经办机构确认了医药机构的骗保行为，单方面解除服务协议之后，也无法阻碍该机构在本合同履行期结束之后再次成为服务机构，行政合同的规制效果并不理想。

因此，未来可以借鉴德国的做法，将医疗服务协议认定为民事合同，努力发掘民事法律规制手段在规制骗保中的积极作用。

总之，社会医疗保险的社会化治理必须与行政管理区分开来，各司其职，相互配合，有效衔接。既要避免公权力过度介入，全面包办，又要防止行政机关不作为，推诿责任。当然，由于我国缺乏社会化治理的文化传统，且行政力量强大，目前最应当强调的可能还是前者。

（2）分散式经办与竞争

在引入竞争机制方面，中国社会医保制度明显采用了与德国法定医保不同的解决方案，前者的竞争主要体现在医疗经办机构公开招投标上，是将之前的医保定点服务机构招标办法应用到了保险机构的选择上；而后者的竞争体现在经办机构通过提高服务质量争取参保人方面，这种竞争才是长期而全面的竞争。在中国的模式下，保险公司竞争的动力主要体现在招标过程中，中标之后的地位与其他险种中一家独大的社保经办机构并无实质性差异，在目前对经办社会保险的商业公司的法律地位界定不明确、亦无法适用对社保经办机构行政问责制的情况下，这种经办改革长期来看是存在较大风险的，对此已有学者提出要将 20 世纪 80 年代错误地将集体职工养老保险交由保险公司经办，结果几败俱伤，导致百万计的职工无法领取养老金的教训引以为戒。[①]

如果仅将目前的竞争机制作为试点方案，那么评价应当是积极的。但是长期来看，必须划清社会保险与商业保险的界限，将竞争贯彻在社会保险参保、对医疗机构的选择以及费用结算的全过程中。而要实现竞争的有序化，避免经办机构的竞争为参保人带来的不利后果，那么就必须实现社保经办机构向独立的公共服务机构的转型，并建立起全国性的健康基金和管理人分配基金的制度以及与之相对应的集体谈判机制。在此意义上，德国近年来医改法案确定的制度值得我们细细品味并"择其善者而从之"。[②]

4. 争议的司法解决机制

德国在法定医疗保险体系之中构建了权威性和专业性的医疗保障争议解决机制，将一切纠纷纳入司法解决途径的同时，也兼顾了医疗保障领域的专业化特征，将法律治理和社会治理有机地结合在一起。通过前面的述评不难发现，司法机关在德国医疗保障制度形成和争议解决机制中发挥着不可替代的作用，一方面，立法者不断地在法律中预留解释空间，赋予社会法院在个案中发挥"法律续造"（rechtliche Fortbildung）的功能，实现医疗保障领域的"权力分立"和"权力制衡"；另一方面，充分尊重医疗保障，尤其是社会医疗保险中专业性强的特点，建立行业专家组成的各类仲裁委员会，通过社会化的争议解决机制扩大司法的功能，并在此过程中完善指导案例库，实现"同案同判"。

---

① 许飞琼：《商业保险公司与社会保障关系的演进与重构》，《中国人民大学学报》2010 年第 2 期。

② 以上内容可参见娄宇：《"管办分离"与"有序竞争"——德国社会医保经办机构法律改革述评与对中国的借鉴意义》，《比较法研究》2013 年第 5 期。

我国"十四五"全民医疗保障规划中也将"法治医保"列为中国医保高质量发展的目标之一，但是法治化还停留在"科学立法"的层面上，这是远远不够的。德国法定医疗保险争议解决的实践表明，仅靠趋于保守和面向过去的立法无法应对日新月异的医学和药品技术发展以及配套的医保支付方式改革，必须扩大司法审查的范围，通过中立第三方的争议解决机制在个案中实现正义，并积极发挥"能动司法"的功能，填补立法漏洞，形成医疗保险领域的"法官法"；另外，吸收来自医学、药学、经济学、法学、审计学等多领域的专家组成仲裁委员会，通过专业化的争议解决机制来弥补单一司法的不足，增强司法的权威性。

二、法国医疗保障立法研究报告 [①]

摘要：法国建有全面周到、覆盖全民的医疗保障制度。该制度始建于第二次世界大战后，最初借鉴并采用了以德国为代表的俾斯麦模式，即建立在职业基础上的社会保险模式，覆盖工薪劳动人口及其家庭，资金来自雇主和雇员的共同缴费。之后经过持续的立法拓面，最终形成了一个多层次的制度体系，覆盖生活在法国土地上的所有人，包括符合一定条件的外国人，形成了集贝弗里奇模式和俾斯麦模式为一身的混合模式。医疗保险的资金来源随之发生改变，从以医保缴费为主变为税费结合，最后又演变为以税为主——目前医保缴费只占法国医保总收入的三分之一，其余部分来自形形色色的专项税，主要是创建于 20 世纪 90 年代、用于社保赤字清偿、以个人全体收入为税基的"普遍社会捐"，烟草酒精税和对制药公司的课税等。医保缴费也从由雇主和雇员分担转变为只由雇主缴费，雇员不再缴费。法国的医保制度具有向经济弱势群体和健康弱势群体倾斜、民众负担小的特点：首先向低收入人口倾斜，国家负责一定

---

① 执笔人：彭姝祎，中国社会科学院欧洲所研究员，中国社会保障学会理事。

收入水平之下的贫困人口的医疗费，无需个人出资。其次向重特大疾病和长期慢性患者倾斜，癌症、心血管疾病、糖尿病、艾滋病等商业保险不愿意承保的重疾、慢性病等予以全额报销，因此不存在因病致贫、因病返贫的问题。长期被公认为全球保障最好的制度之一，曾在 2000 年世界卫生组织的评选中排名第一。法国的医疗保障制度由社会伙伴即雇主和雇员共同管理，国家最初只起监督作用，从 20 世纪 90 年代起，随着医保基金构成的变化，国家的作用大幅度上升。法国医保基金的征缴和发放均由带有公共服务性质的第三方组织负责，并接受监督，以确保透明。法国医疗保障制度的方方面面，均有相关立法，在法律的规范和约束下有序运行。

法国建有历史悠久、保障全面的医疗保障制度。该制度具有覆盖面广、医疗服务可及性高、医疗公平性好、民众负担小等显著特征，长期被公认为全球保障最好的制度之一，受到世界卫生组织的高度赞誉，在 2000 年世卫组织的全球医疗保障制度排名中位居第一。多个调查表明，法国民众对本国医保制度的满意度在欧盟国家高居榜首。最近十余年来，政府为削减医保赤字而持续压缩医保开支，导致其保障水平下降，排名随之后移，尽管如此，仍然是全球保障最好的制度之一。在它的良好保障下，法国的全民健康水平处在全球较高水平，人均预期寿命不断提高，排名世界前列。相关统计表明，2019 年法国医疗总支出占国内生产总值的比重为 11.2%，排名世界前列；人均医疗支出排名全球第 12。本报告首先回顾法国医疗保障制度的立法史，从中总结归纳其制度结构与特征，进而阐述其制度实践，法国的经验对我国的医疗保障立法和制度建设具有积极的借鉴与启示意义。

（一）法国医疗保障制度的立法回顾

法国首个全国性的医疗保险制度建立于 19 世纪 30 年代。1918 年，被德国占领的法国领土阿尔萨斯和洛林回归法国，德国早在 19 世纪末便建立了社会保障制度，阿尔萨斯和洛林两地居民从 1911 年起便享有相关保障，为此法国被迫向高标准看齐，在全国范围内建立、普及社会保障制度，以确保阿尔萨斯和洛林两地的顺利回归。1919—1920 年，法国爆发工人运动，也要求政府给予相应的社会保障。在此背景下，法国议会两院成立了一个委员会，开始研究制订社会保险计划。经过长达 10 年的起草和准备，最终出台首部"社会保险法"，[①] 为工商业部门低于一定薪酬的雇员建立了一个包含医疗（包括生育）、残疾和养老项目的社会保险制度，资金由雇员和雇主分摊。该制度在第二次世界大战结束后被废除。

法国现行医疗保障制度始建于 1945 年。该制度是作为法国现代社会保障制度的一个重要组成部分，和其他三大分支——养老保险、工伤与职业病、家庭津贴——一起建立的[②]。第二次世界大战结束后，在新的历史背景下，法国新政府决定建立一个全新的、现收现付制的社会保障制度，包含医疗保险。最初，法国因深受贝弗里奇模式的影响而决定建立一个覆盖全民的普惠性制度，怎奈它刚刚走出战争，国库空虚，加之利益集团激烈反对，[③] 最终政府选择了俾斯麦模式，即只覆盖工薪人口及其家庭。但是法国并未放弃建立普惠性制度的初心，接下来它不断拓展制度覆盖面，为未被覆盖的人群增设相应的制度，最终实现了医疗保障的全覆盖。

1.1945 年：立法建立基本医疗保险制度

在第二次世界大战结束前的 1944 年，当时的临时政府——法国全国抵抗运动委员会——在借鉴现代社会保障制度两大先驱——英国和德国——模式的

---

① 1928 年 4 月出台第一部法律，1930 年 4 月出台第二部，后者是前者的修改版。

② 法国建立社会保障制度时，失业问题并不严重，因此迟至 1958 年才建立失业保险。而家庭津贴制度是法国的一大特色，法国很早以来便保受生育率不足的苦恼，因此很早就建有家庭津贴制度。第二次世界大战后建立社会保障制度时，继承了这一传统，当时经过两次世界大战的摧残，青壮年人口损失严重，人口问题显得更加重要。

③ 此前拥有行业性制度的群体反对建立统一制度；农业人口、自雇者等出于各自的利益也表示反对。

基础上，倡议废除历史上的旧制度，建立一个全休的现代社会保障制度，即"一项全面的社会保障计划，目的是为全体公民在其无法依靠劳动生存的情况下提供生存手段，（该计划）由国家和受保人代表共同管理"①。根据上述宗旨，1945 年 10 月 4 日，政府出台《关于建立社会保障机构的法案》（*Ordonnance n°45-2250 du 4 octobre 1945 portant organisation de la sécurité sociale*），② 在法案第一条开宗明义地提出："特此建立一个社会保障机构，以确保劳动者及其家庭免受任何可能降低或损害其收入能力的风险……该机构负担家庭生育开支和家庭开支""保障所有劳动者及其家庭的医疗权利，保证他们不受命运的危害，保护其家庭，为老年劳动者提供退休金"。随着该法的出台，法国建立了一个包括医疗、工伤和职业病、养老和家庭津贴在内的强制性的社会保障制度，以现收现付制为融资方式。医疗保险（含生育，Assurance Maladie Obligatoire，AMO）是其中的一个重要组成部分。

1945 年法国刚刚走出战争，国库空虚，因此包括医疗在内的整个社会保障制度选择了社会保险模式，即以职业为基础，只覆盖工薪劳动者及其家庭，资金来自雇主和雇员的共同缴费，不足部分由国家财政予以补充。同时，国家还立法建立了一个自愿性的医疗保险制度，以使那些未被法令医疗保险所覆盖的民众也能享受医疗保险。

1945 年建立的强制性医疗保险制度是基本制度，此后以互助会为基础，法国又建立了自愿性的补充医疗保险制度。在 1945 年社会保障制度建立之前，脱胎于行会 ③ 的互助会及其所提供的行业互助式保险（包括医疗保险和养老保

---

① Gérard Milhaud, Michel Lagrave, *Historique de l'assurance maladie de sa création à nos jours*; https://www.academie-medecine.fr/historique-de-lassurance-maladie-de-sa-creation-a-nos-jours-2/。

② https://www.legifrance.gouv.fr/loda/id/JORFTEXT000000698857/。

③ 行会是从事同类职业的劳动者组织起来、保护本行业利益、避免恶性竞争的组织，同时也帮助会员及其家人共同抵御生老病死等人生的主要风险。行会盛行于手工业发达、小作坊林立的欧洲中世界，在法国这种工业革命的发生相对较晚、保留着大量手工业的国家，行会发展的如火如荼。

险）是法国社会保障领域的主力军。互助会历史悠久，发展迅速，到 19 世纪末已覆盖各行各业，到第一次世界大战前夜，除个别偏远或落后省份外，几乎遍布法国各地。它们在全法范围内组织起来，在医疗保障领域发挥着举足轻重的作用。20 世纪上半叶，行业互助性质的保障在医疗领域独当一面。

1945 年，随着法国建立现代社会保障制度，行业互助式的保障将退出历史舞台，但互助会不愿意就此谢幕，强烈要求参与管理新建立的医疗保险制度。然而互助会的规模普遍较小，覆盖人群、救助能力和管理水平均十分有限，难以应对第二次世界大战后大规模的、全民性的社会风险管理和救助需求，最终国家选择了一个折中方案，即在法定基本医疗保险之外，建立自愿性的补充医疗保险制度，由互助会负责管理，其主要作用是负担基本医疗保险中的自费部分。

2.1945—1993 年：拓展制度覆盖面

1945 年建立的基本医疗保险制度只覆盖工薪者，之后，法国政府持续拓面[1]，以覆盖尽可能多的人口，首先是覆盖所有从事某项职业活动的劳动人口，如 1949 年 4 月 14 日立法为职业军人建立了医疗保险制度；1961 年立法为农业人口建立了医疗保险制度。1966 年 7 月立法为手工业主、小商人和自由职业者建立了医疗保险制度。同时，众多无职业活动的人口也经由相关立法逐步被覆盖，如学生（1948 年 9 月立法），残疾人、寡妇和战争孤儿（1954 年 4 月立法），领救济的失业者、囚犯、无薪水的宗教人员等。从 1967 年起直到 1978 年，国家还把 1945 年建立的自愿性医疗保险向所有"居住在法国领土上、且没有任何强制性医疗保险的其他人及其家庭成员"开放，提供实物形式的给付。不过人们认为它保费过高，参与的积极性不高。接下来，国家又拓展了医疗保险的"家庭"属性，通过 1993 年 1 月 27 日立法规定，除法律上的配偶外，

---

[1]　Jean-François Chadelat, « La couverture maladie universelle», *in Revue d'hisoire de la protection sociale*, 2012/1, (N° .5), https://www.cairn.info/revue-d-histoire-de-la-protection-sociale-2012-1-page-101.htm。

法定医疗保险参保者的子女、同居者，甚至任何与其共同生活至少 12 个月并彻底、永久依赖参保人者，都享有连带权利，只要支付一小笔保费，就可作为连带参保人被法定医疗保险所覆盖。

经过上述渐进的、打补丁式的拓面，法国人（包括生活在法国的外国人）基本上均以这种或那种方式被基本医疗保险所覆盖。地方政府还建有医疗援助制度，面向没有医疗保险的人口。

3.1999 年：立法建立全民医疗保障制度

1999 年 7 月 27 日法国立法建立"全民医疗保障制度"（La couverture maladie universelle, CMU），将强制性基本医疗保险拓展到全民。该制度的出台基于如下背景：

首先，经过不断拓面，绝大多数法国人（包括居住在法国土地上的外国人）均以这种或那种方式被医疗保险所覆盖，这使法国的医疗保障背离创建之初基于"就业"的保险模式，变成了基于"居住地"的普惠模式。但是该制度条文繁多，结构复杂——不同的人群有不同的制度，叠屋架床，高度碎片化。其次，仍有少部分人口未被任何保险所覆盖，而且各地区为无医保者所提供的医疗援助标准不统一。在此背景下，将现有制度最大限度地简化，整合的呼声渐高，法国社保部门遂开始考虑整合各种制度碎片、建立一个普惠性的全民医疗保险制度（assurance maladie universelle, AMU），以之取代种类繁多的既存制度，统一缴费、统一待遇。一方面，围绕上述思路，1995 年时任法国总理阿兰·朱佩提交了一份以建立统一制度为宗旨的改革计划，不幸的是，改革遭到方方面面的反对，难以付诸实践；另一方面，基本医疗保险不能报销所有费用——（报销比例为 74%）[1]，要依赖补充医疗保险来减轻自费负担，但当时法国经济持续萧条，有越来越多的人无力购买补充医疗保险，这导致部分最贫困

---

[1] 1945 年建立医疗保险制度时，为使投保人自身也负起一定的责任，国家制定了"共同付费"原则，即投保人自身要承担一定的费用，比例设在 30% 左右。

的人口因无力承担自费部分而放弃治疗，在此背景下，一些专家指出，最好是先为贫困人口建立免费的补充医疗保险，再谈制度整合。

最终朱佩提出的医疗保险改革方案随着他因改革养老保险下台[①]而搁置。继任政府在充分评估形势后指出，全法尚有15万人（约占总人口的0.3%）没有基本医疗保险；有四分之一的人口因无力支付补充医疗保险并因此放弃治疗，因此，正如专家所言，与整合医疗保险制度相比，向贫困群体提供恰当的医疗保障要更加迫切[②]，随后围绕以下三大宗旨，国家立法建立了"全民医疗保障制度"（Couverture Maladie Universelle，CMU）：宗旨一，为全体居民提供基本医疗保险；宗旨二，为最弱势的群体提供补充医疗保险，使之无需预付费而获得免费治疗；宗旨三，为不满足在法居留条件的外国人者提供国家医疗援助。这三条明确写在《社会保障法典》第L380-1条款中：

·允许所有在法国本土和海外省稳定、定期居住且没有任何保险资格的人，享有基本医疗和生育保险下的实物补贴。

·允许极低收入者获得医疗服务，给予其免费的额外健康保险，但其收入应低于相关法令（art.L 861-1 du code de la sécurité sociale）规定的上限，且定期居住在法国的土地上。

·为没有居留权、无法在法国稳定居住且收入低于一定门槛的人提供免费医疗。该规定属于国家医疗援助，由国家预算出资。

1999年立法建立的"全民医疗保障制度"分为两部分，第一部分是基本制度（CMU），遵循上述《社会保障法典》第L380-1条的宗旨一——覆盖全体在法国定期居住满三个月以上、未被任何医疗保险所覆盖的人口，因此理论上不仅包括无业、失业等无收入人口，也包括有职业有收入、但出于种种原因而未加入任何医疗保险的人口；第二部分是补充制度（CMU-C），遵循上述宗

---

① 朱佩同时提出了养老保险改革，并引发大规模的抗议示威浪潮，最终被迫辞职。

② Jean-François Chadelat, «La couverture maladie universelle», *in Revue d'hisoire de la protection sociale*, 2012/1, (N°.5), https://www.cairn.info/revue-d-histoire-de-la-protection-sociale-2012-1-page-101.html。

旨二，覆盖无力购买补充医疗保险的低收入人口，有家计调查，收入低于一定水平者方有资格享有。第三是国家医疗援助制度（aide médicale d'Etat），遵循上述宗旨三，面向滞留在法国的无合法居留者，如难民、非法移民以及居住不满三个月者。随着这三项制度的问世，法国各种地方性的医疗援助项目和自愿性的个人保险即宣告作废。

和法定基本医疗保险不同，"全民基本医疗保障"的享有资格不是基于职业身份，而是基于"居住地"，不仅包括法国人，也包括满足一定条件的外国人，这使之超越了英国的贝弗里奇模式（该模式基于公民身份，不包括外国人）。随着该制度的建立，法国实现了医疗保障的全民覆盖，特别是为困难人口提供了有力的制度保障，是巨大的社会进步，实现了在 1946 年 10 月 27 日宪法（*Constitution du 27 octobre 1946*）中所宣称的"国家确保为所有人，特别是儿童、母亲和老人劳动者提供健康保护"的目标①，将法律上规定的人人享有健康权落到了实处。

4.2004 年：立法建立补充医疗保险援助制度

2004 年 8 月 13 日，针对"全民基本医疗保障"补充制度（CMU-C）有准入门槛，致使一部分收入略高于该门槛、但又无力购买补充医疗保险的低收入群体被挡在 CMU-C 门外的现实，法国又立法创建"补充医疗保险援助"（aide à la complémentaire santé②，ACS），以抵消 CMU-C 的门槛效应。具体规定是，收入高于 CMU-C 门槛 35% 以下者，根据年龄的不同，可获得 100—500 欧元不等的补助，用于购买补充医疗保险。

5.2016 年：立法将全民医疗保障制度升级为全民医疗保护制度

2016 年，在《社会保障资金法案》（*La loi du financement de la sécurité so-*

---

① https://www.cairn.info/revue-d-histoire-de-la-protection-sociale-2012-1-page-101.htm。

② 或称 Aide au paiement d'une complémentaire santé。

ciale）框架下，法国将"全民医疗保障制度"的基本制度升级为"全民医疗保护制度"（Protection Universelle Maladie，PUM）。两者的主要区别在于，"全民医疗保障制度"有时间限制，需要每年携带相关资料去续保，否则就会失去享有资格。换言之逾期未续保则权利停止，不再享有。改革旨在最大限度地简化手续，确保受保人权利享有的连续性，不因未及时续保而断保，实现该制度在建立时所确定的目标——确保医疗保障覆盖每一个被剥夺权利的人。[①] 与此同时，新制度更注重保护受保人的隐私和医疗支出自主权。

同样出于制度简化和方便民众的目的，从 2019 年 11 月 1 日起，全民医疗保障的补充制度（CMU-C）和"补充医疗保险援助"制度（ACS）被整合为一个制度——"补充医疗团结"制度（Complémentaire santé solidaire, CSS）。

由以上的历史回顾可见，从 1945 年起迄今，在半个多世纪的时间里，法国从特定历史阶段的特定需求出发，经过渐进的、打补丁式的立法、拓面，最终实现了医疗保障的全覆盖，使之不仅惠及本国人，而且惠及外国人，包括难民和非法移民，至少在理论上做到了医疗保障的全覆盖，即全方位、无死角地覆盖了居住在法国土地上的所有人，使全体国民特别是低收入群体几乎没有就医负担，不存在没钱看病或者因病致贫问题。

（二）法国医保制度结构与特点

经过半个多世纪的发展演进，法国的医疗保障制度形成了如下的制度架构，具有鲜明的法国特色。

1. 制度结构

如上文所述，法国医疗保障制度在建立之初参照的是德国的俾斯麦模

[①]　https://solidarites-sante.gouv.fr/affaires-sociales/securite-sociale/article/la-mise-en-place-de-la-protection-universelle-maladie。

式——即建立在就业基础上的社会保险模式，覆盖工薪劳动者及其家庭，体现的是职业团结。此后法国政府在借鉴英国贝弗里奇式模式的基础上，不断扩大覆盖面，最终随着"全民医疗保障"制度（CMU）的建立而覆盖了生活在法国的所有居民（包括符合一定条件的外国人）。目前法国已形成一个多层次保障、全方位覆盖、理论上不漏掉一人的医疗保障体系，兼具德国(俾斯麦模式)和英国（贝弗里奇模式）两种医疗保障模式的特点，其具体构成如下（详见图3—1）。

图3—1　法国医疗保障制度的基本结构

（1）强制性基本医疗保险（Assurance maladie obligatoire, AMO）

法国医疗保障制度的第一层是国家负责运营的强制性法定医疗保险，面向全体劳动人口，覆盖了法国总人口的88%。[①] 该制度下的医疗支出占法国医疗

①　Direction de la sécurité sociale, *Les chiffres clés de la Sécurité sociale 2019*, p.13.https://www.se-curite-sociale.fr/files/live/sites/SSFR/files/medias/DSS/2020/CHIFFRES%20CLES%202020%20ED2019.pdf。

总支出的三分之二余。医疗保险资金最初来自雇主和雇员的共同缴费①，不足部分由国家财政负责补足。此后，随着医疗保险赤字的出现和扩大，又增加了以专项税为主的其他资金来源，主要包括以下几种：（1）以个人全体收入为税基的"普遍社会捐"（contribution sociale généralisée，CSG）。"普遍社会捐"创建于20世纪90年代，专门用于社保赤字清偿；（2）对有可能危害健康的潜在消费行为进行的课税，如烟草税和酒精税；（3）对制药公司的课税等。此后随着医疗保险制度的全覆盖，即从工薪劳动者拓展到全民，从2018年起国家取消了雇员的医保缴费。换言之，从2018年起法定医疗保险只有雇主缴费，雇员无需再缴费，由此损失的资金通过上调"普遍社会捐"来补足。从2022年4月1日起，法国医疗保险的缴费率为7.30%②，平均报销额度为78%。

（2）补充医疗保险

法国医疗保障制度的第二层是自愿性的补充医疗保险，其目的在于补充法定医疗保险的不足，偿付法定医疗保险下的自费部分，目前覆盖96%的人口。补充医疗保险框架下的支出约占法国医疗总支出的14%。补充医疗保险或由个人购买，或由雇主提供。其中由雇主作为额外福利提供的占大多数。补充医疗保险的主要承运机构是历史上遗留下来的互助会，它占据着补充医疗保险市场82%的份额；其次是保险公司，占据13%的份额。其中，互助会作为非营利性和行业性的保险机构，发挥着关键作用。补充医疗保险最初是自愿性的，从2016年起，工薪者的补充医疗保险变为强制性。

（3）全民医疗保护制度（PUM）

法国医疗保障制度的第三层是2016年由全民医疗保险制度的基本制度（CMU）升级而成的全民医疗保护制度，该制度是对前两项制度的补充，面向所有在法国稳定居住三个月以上且未加入任何基本医疗保险的人——即既没有法定医疗保险也没有补充医疗保险者，属于强制性制度。换言之，凡是符合上

---

①　此前雇主和雇员缴费长期停留在各8%的水平。

②　https://www.urssaf.fr/portail/home/taux-et-baremes/taux-de-cotisations/les-employeurs/les-taux-de-cotisations-de-droit.html。

述两个条件者，均被全民医疗保护制度自动覆盖。因此在理论上，除失业、无业等无收入群体外，有收入而没有任何医疗保险的群体也是该制度的覆盖对象。只是收入超过一定门槛者需要支付一定的保费（费率通常为8%）。现实中，该制度下需要支付保费的收入"较高"群体人数很少，因此整体上它仍然以经济困难群体为主要覆盖对象。目前，全民医疗保护制度约覆盖总人口的7%，资金主要来自医保基金和国家财政。

（4）补充医疗团结制度（CSS）——CMU-C+ACS

法国医疗保障制度的第四层是补充医疗团结制度（Complémentaire santé solidaire, CSS）。该制度由全民医疗保障的补充制度（CMU-C）和"补充医疗保险援助"制度（ACS）简化、整合而成（2019年11月1日生效）。经过前期的报销（无论是基本医疗保险还是全民医疗保护制度），依然会有一定的自费部分，为此国家出台CMU-C，目的就在于为无力支付剩余自费部分的人免除这部分费用。按照相关规定，CMU-C首先免除了预付费，即无需预付款就可获得免费治疗；其次负担了其他不能报销的费用[1]。不过由于信息不充分、宣传不够等因素，目前还有相当一部分潜在人口、特别是偏远地区的居民因不知情而未加入CMU-C制度。CMU-C制度有基于家计调查的准入门槛，收入低于一定水平者方被覆盖。收入略高于门者，可申请补充保险援助制度（ACS），详见上文，此不赘述。从2019年11月1日起，为简化制度结构，CMU-C和ACS整合为CSS。

（5）国家医疗援助

法国医疗保障的最后一层是国家医疗援助，面向因居住不满3个月而无法被上述几层保障所覆盖或没有合法居留身份的外国人。

在上述几层制度的严密保护下，法国人的医疗自费部分很小，只占总费用的7%，是欧盟和经合组织国家内的最低水平，也是全球就医负担最轻的国家之一。

---

[1] https://www.cairn.info/revue-d-histoire-de-la-protection-sociale-2012-1-page-101.htm。

2. 制度特征

由以上分析和论述可见，法国的医疗保障制度具有如下主要特征：

（1）普惠性

法国的医疗保障制度覆盖居住在法国土地上的所有人，包括稳定居住满3个月的外国人，居住不满3个月或者缺乏合法居留身份，可申请国家医疗救助。由此可见，法国的医疗保障制度是360度无死角式全覆盖，至少在理论上实现了这一点，其医疗保障支出长期占国内生产总值的12%左右。

不过在现实中，由于信息不对称，宣传力度不够等因素，一小部分人、特别是偏远地区的居民，因不知情而未被纳入相应的制度，主要是CMU-C制度。

（2）向经济弱势群体和健康弱势群体倾斜

法国的医疗保障制度有两大倾斜：首先向低收入人口倾斜，收入低于一定水平的群体由国家兜底，负担医疗费用。其次向重特大疾病和长期慢性患者倾斜。在法国的制度设计中，癌症、心脑血管疾病、糖尿病、艾滋病、帕金森等商业保险不愿意承保的重特大疾病、慢性病等，国家予以全额报销，无需个人负担。换言之，在法国，小病需要一定程度的自费，大病则由国家全权负责（详见表1），因此基本不存在没钱看病、因病致贫、因病返贫的问题。最近几年，为适应老龄化社会的需求，法国又陆续将助听器、义齿、老花镜等此前不予报销的项目纳入医保，给予报销。此外，在新冠肺炎疫情期间，为方便民众看病并减轻其医疗负担，政府出台了临时性措施，将远程问诊、远程照护和心理咨询等纳入医保，给予最高可达100%的报销（见表3—2）。

表3—2　法国医保报销额度一览表

项　目	报销额度
全科医生	70%
专科医生	70%
治疗重疾的不可替代的贵重药品	100%

项　　目	报销额度
重要和主要药品	65%
中等重要程度的药品	30%
重要性低的药品	15%
重特大疾病和慢性病。具体包括： 1. 癌症、糖尿病、心脑血管疾病、阿尔茨海默病、帕金森、肾衰、艾滋病等 2. 上述疾病以外的一种或数种致残性，或连续治疗半年以上的疾病	100%

不过在现实中，仍然有个别低收入群体，在就医时会感到一定的经济负担或压力，个中主要原因在于医保签约医生不遵守相关规则，违规向受保者收取高于报销额度的额外费用；或者本应被 CMU-C 等制度覆盖的群体，因不知情而未被覆盖，进而未能享受相关政策待遇。

（3）设法充实医保基金，确保财政可持续

法国的医疗保障制度建立于第二次世界大战后，当时正值法国经济高速发展、就业充分的"黄金三十年"（1945—1967 年），国库充盈。在此背景下，医疗保险和整个社会保障制度一样，运转良好。但是从 20 世纪 60 年代末、70 年代初起，伴随着法国在两次石油危机的打击下结束高速增长，进入经济衰退或低迷期，医保支出大幅度攀升，速度远高于国内生产总值增速，导致赤字出现并持续攀升。为确保医疗保障制度可持续，政府不断开动脑筋，开征新税，用于充实医保基金，削减赤字：1991 年出台普遍社会捐（CSG），最初用于弥补养老保险赤字，后政府将它移到了医疗保险制度下面，用于填补医保赤字；1996 年出台社会债务清偿税（la contribution au remboursement de la dette sociale，CRDS），作为对普遍社会捐的补充，共同填补包括医保在内的社保赤字，税基是个人全部收入的 0.5%；开征烟草税、酒精税并向制药公司课税，以此来充实医保基金。目前法国医保资金构成如下，其中不含工伤与职业病，工伤与职业病的资金 95.6% 来自医保缴费。

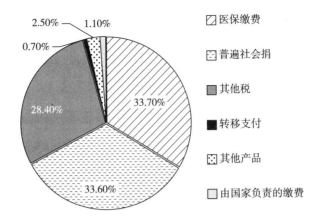

图3—2　法国医保资金构成（2019）

资料来源：Commission des comptes de la sécurité sociale,juin 2020①。

（4）不断探讨提高医疗公平性

2020年暴发的新冠肺炎疫情暴露出了法国的医疗资源分布和占有不均等问题——疫情期间，巴黎郊区的移民聚居区由于医疗资源严重匮乏而成为疫情高发和医院挤兑的重灾区，相应地死亡率也最高。法国还有不少偏远地区属于缺医少药的医疗"荒漠"，因此如何从制度上确保就医公平成为新冠疫情后法国各界思考的重点，专家共提出了如下改革建议：一是鉴于目前尚有4%的人没有补充医疗保险，建议建立强制性的补充医疗保险——从2016年起补充医疗保险对工薪人口而言已是强制性。二是提高报销比例，取消自费部分，或至少降低收费最高的自费部分。三是鼓励有条件的人参与私人保险，从而为社会保险节约资金。

此外，新冠疫情大幅度提高了法国的医保赤字，使之创历史新高。为减赤，确保医保制度可持续，也有专家提出了相反的意见，即取消补充医疗保险，将只覆盖工薪者的基本医疗保险拓展至全民。理由如下：补充医疗保险的保费和管理费太高，是基本医疗保险的6倍；补充医疗保险不足以应对现时代

① 转引自Direction de la sécurité sociale, *Les chiffres clés de la Sécurité sociale 2019*, p.9.https://www.securite-sociale.fr/files/live/sites/SSFR/files/medias/DSS/2020/CHIFFRES%20CLES%202020%20ED2019.pdf。

的新需求，如老龄化背景下，慢性病和致残性疾病增多，但补充医疗保险不覆盖相关住院费用；疫情背景下失业者增多，但大多数补充医疗保险由雇主提供，失业者无法享有；补充医疗保险助推了私人医生的额外收费。

上述方案到底哪一个更可行，尚在讨论中。

（三）法国医保制度实践

医疗保障作为法国社会保障制度的一大分支，和整个社保制度一样，全权委托给社会伙伴即雇主代表和雇员代表管理，前者由主要的雇员工会如法国总工会负责。后者主要由雇主工会负责。国家只起监督作用。不过随着时间的推移，鉴于税在社保资金中的占比不断增加，加之出于控制支出、削减赤字的需求，国家在包括医疗保险在内的整个社保管理中的监督、指导作用不断强化。

1. 主管部门

医疗保障在中央一级的主管部门是社会保障司。

（1）社会保障司（Direction de la sécurité sociale）①

医疗作为社会保障的一个分支，在中央一级由社会保障司负责管辖。社会保障司是经济和财政部、劳动和就业部、卫生部三部委联合管辖下主管社保事务的专门机构②，主要负有如下使命：

第一，设计并指导包括医疗保险在内的社会保障政策的实施；包括推进结构性改革，如设立陪产假、尝试创建失能险、降低医保自费部分等；制定相关

---

① La direction de la sécurité sociale-qui sommes-nous ? 2021, https://www.securite-sociale.fr/files/live/sites/SSFR/files/medias/DSS/2022/La%20DSS%20en%202021.pdf。

② 法国历届政府都设有卫生部，但名称略有不同，有时是"卫生与团结部"，有时是"卫生与社会部"、有时是"卫生与融入部"，2022 年新政府上台以来叫做"卫生与预防部"，职责与使命大同小异。

社保政策；如在新冠肺炎疫情期间，出台免费疫苗注射、将远程问诊和心理咨询等纳入医保等措施。

第二，监督社保收支情况；出台相关法规，确保社保资金充足（如为增加社保收入而开征烟草或酒精税）；监督保费的征缴、监督社保账户，定期出版报告提出改进建议等。

第三，负责编撰一年一度的《社会保障资金法案》并确保法案实施。《社会保障资金法案》在医疗领域主要有如下内容：确立在医疗领域的年度预算，规定支出目标等。各部委根据预算金额和政府的指导方针制定各自的政策并予以落实。2022 年的社保资金法案题为《在健康危机管理和建设未来的社会保护之间》。

第四，监督包括医保经办机构在内的社会保障经办机构，和它们签署多年期目标与管理协议（详见下文）；促进社保管理与时俱进，使之更加现代化、更加高效，如简化相关行政手续，实现信息共享，对征缴和支付方式进行信息和数字化改革等。

社会保障司内部设有两个直接和医保相关的部门——医疗制度融资局和医疗、家庭津贴和工伤局[1]。医疗制度融资局主要负责控制医保支出；协调国家医保支出目标（objectif national de dépenses d'assurance maladie，ONDAM）的制定与实施；撰写一年一度的《社会保障资金法案》中的医疗卫生部分；负责医保和卫生支出领域的有关改革；参与制定医疗健康用品定价；指导地方卫生机构的工作。医疗、家庭津贴和工伤局负责制定医保费领取的有关规则，并监督执行，确保资金到位。

（2）卫生部

"卫生部"（健康部），在医疗事务中同样发挥着主导作用，拥有广泛权力，包括：负责监督、指导公共卫生政策的制定与实施，参与卫生医疗供给的组织

---

[1]　https://www.securite-sociale.fr/la-secu-cest-quoi/la-direction-de-la-securite-sociale/les-sous-directions。

和融资，在不同部门之间——如医院、门诊、神经健康、残疾人和老年人的社会护理等——分配预算；在不同地区的医院之间分配预算；决定每年录取的医学生数量，决定医院的病床数和重型医疗设备数（包括昂贵的医疗技术）；确定公立和私立医院的收费标准，批准医疗保险和自由开业医生工会签署的有关协议。根据高级卫生管理局（haute autorité de santé，HAS）的建议制定药品和医疗设备的价格；为医院制定安全标准；确定国家卫生计划的优先领域等。在地方层面，大区卫生局（Les agences régionales de santé）配合卫生部，执行相关国家政策。

卫生部往往紧密依靠高级卫生管理局等公共机构开展工作。高级卫生管理局创建于 2004 年，当时法国出于降低赤字、提高医疗质量的目的，成立了该机构。高级卫生管理局作为独立的第三方机构，经常为政府部门提供政策咨询，引导政府在医疗服务和医疗物资供给，医疗制度的财政可持续和公平性等领域进行探索，同时也向公众提供有关医疗信息。①

2. 立法过程

在法国，医疗保障领域的立法过程大致如下：

首先是立法建议阶段，在该阶段，医疗保障主管部门组成工作小组，在征求本部门、专家、工会和其他利益集团意见的基础上形成法律提案，并就此提案征求其他相关部门，特别是司法部和经财部的意见。之后提案送交由总统、总理和全体部长参加的部长会议讨论。讨论通过后，送交行政法院审核，审核通过后再次交由部长会议审议，最终形成正式法律草案。

其次是立法审议阶段，在该阶段法律草案要交由议会专门委员会审议：首先是交由议会两院（国民议会和参议院）中的一院的相关专门委员会（国民议会的社会事务委员会或参议院的社会事务委员会）审议并发表书面报告。其间将草案公开发表，征求意见。相关利益集团和公民若有意见，可将意见

---

① https://solidarites-sante.gouv.fr/ministere/acteurs/partenaires/article/has-haute-autorite-de-sante。

反馈给议员。若是社保财政草案，则直接交至国民议会审议，之后进入议会全体会议审议阶段，在该阶段进行一读讨论并表决投票，之后转入另一院进行一读，以同样方式讨论并发表书面报告。一读后，若两院意见一致，则两院在同一时间通过草案，之后提交给总统，总统签署总统令，并于15日内在《政府公报》上公布，使法律生效、执行。一读后，若两院无法达成一致，则进行二读。二读后，若两院达成一致，则两院在同一时间通过草案，之后提交给总统，总统签署总统令，并于15日内在《政府公报》上公布，使法律生效、执行；二读后若两院意见不一致，总理有权组织一个由两院组成的混合对等委员会对草案进行讨论，一般情况下，混委会一读即可达成一致，使草案通过。如果议会内多数代表表示反对，使法案被驳回，则政府可选择动用宪法第43条的特殊条款，绕开议会，使草案强行通过，不过此举存在政府遭弹劾的风险。

再次是合宪性检查：法律公布之前，总统、总理、国民议会议长、参议院议长、60名国民议会议员或60名参议院议员可就该法律的合宪法性提交宪法委员会进行审查。（详见图3—3）

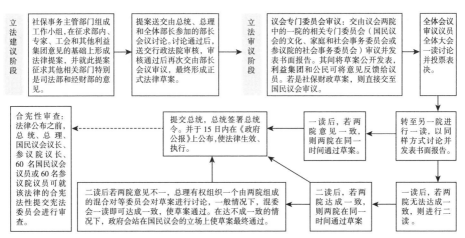

* 在法国，立法创议权归由总理和议员行使，总理提出的立法动议称为法律草案（projet de loi），议员提出的叫做法律创议案（proposition de loi），但其中大多数由总理提出，议员提出的只占10%。

图3—3　法国社会保障相关提案立法过程

3.经办机构

法国的医疗保险由专门的经办机构负责，这些机构呈阶梯状和网状分布在整个法国，首先简要介绍一下法国的行政区划：

法国是由四级政府组成的中央集权国家，自上而下划分为中央、大区（région）、省（département）和市镇（commune）四级。大区是一级国家行政区划，省是二级，法国本土共划为 13 个大区、96 个省（2023 年数据）；大区和省的职责范围常有重叠。整体上大区更侧重于经济与社会事务。省更侧重于农村事务。市镇是基层行政单位，全法共有市镇 36000 余个，但面积和人口相差悬殊，最小的市镇只有 3 公顷，最大的有 76000 公顷；小市镇不足一两百人，最多的人口过百万（如巴黎）。尽管人口和面积不同，所有的市镇（巴黎除外）都拥有同样的行政结构及法律权能。

（1）经办机构

就医疗保险而言，法国在中央、大区和市镇一级建有相应的经办机构：

在中央一级，法国设有一所经办机构——全国医疗保险基金管理局（Caisse nationale de l'assurance maladie, CNAM，以下简称全国局），该机构主要承担如下使命：制定医疗保险的原则和目标并确保落实；监督地方医疗保险基金管理局的工作。全国局是承担行政事务的公立机构，享有法人资格，财政独立，由社会保障司负责监管。

在大区一级，设有 13 所大区医疗保险基金管理局（Caisse régionale d'assurance maladie CRAM，以下简称大区局），主要使命是：开展卫生防疫；进行卫生培训；预防工伤和职业病；制定工伤赔偿标准；培训社会工作者；与企业开展对话；提供卫生领域的社会服务等。大区局是承担公共服务使命的私法机构，即第三组织，拥有独立的法律地位，但受到地方政府的全方位监管。1996 年经过改革，国家和各基金会之间的关系被合同固定下来。

在省一级，法国设有百余所基层医疗保险基金管理局（Caisse primaire d'assrance maladie, CPAM，以下简称"基层局"）。基层局主要负责具体事务，如医疗保险的登记、注册，医药费的报销和保费的支付等事务。和大区局一样，基层局也是承担公共服务使命的私法机构，即第三组织，拥有独立的法律地位，但受到国家的全方位监管。

在市镇等最基层地区，法国设有5500多个接待网点。

（2）基金征缴

医保基金的征缴由专门的征缴机构——"社保费和家庭津贴征收联合会"（Union de recouvrement des cotisations de Sécurité sociale et d'allocations familiales, URSSAF，以下简称征收联合会），负责征缴包括医保基金在内的整个社保基金，目前共有20余所，遍布全法各地，该机构同样是承当公共使命的私法机构。

征收联合会在中央一级设有一所"社会保障机构中央管理局"（Agence centrale des organismes de sécurité sociale，ACOSS，以下简称中央管理局）。征收联合会将资金征缴上来之后，汇入中央管理局，中央管理局再向国家一级的经办机构拨付款项，将医保基金拨付至全国医疗保险基金管理局，将养老基金拨付至全国养老保险基金管理局，等等。全国局再向下面的地方局拨付；如全国医保基金管理局把款项拨付至地方医保基金管理局（详见图3—4）

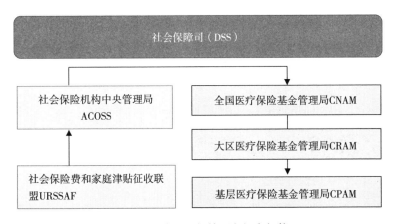

图3—4　法国医保管理和经办机构

注：箭头为资金流向。

按照 1996 年 4 月 24 日法律的规定，全国医保基金管理局要和国家签署"多年期目标和管理协议"（les conventions d'objectifs et de gestion，COG，至少 3 年）：协议内容主要包括双方的义务、多年期管理目标、实现目标的手段等。协议对风险预防、风险管理、服务质量的改善、社会行动以及行政及财政管理等作出规定，并有具体的数量和质量指标。全国管理局进一步与对应的地方局和基层局签署多年期管理合同，以推动目标落实。国家负责任命国家管理局的主席，国家管理局的主席负责任命下级管理局的主席和会计师并审核和批准其他工作人员的任命。此外，全国医保基金管理局内部设有监察委员会，由议会代表、地方代表、受保人代表、经济和社会组织代表以及专业人员组成，并由一名议员负责，监督管理局的运作，特别是跟踪"多年期目标与管理协议"的执行情况；每年至少召开两次会议，委员会主席每年向议会提交一份报告。

4. 监督、审查

20 世纪末，随着医保（以及养老）开支的增加和法国经济的萎缩，法国社保赤字持续增大，在此背景下，国家于 1996 年 2 月立法建立了社会保障预算年度审查制度，规定由议会对社会保障司负责编撰的年度《社会保障资金法案》进行审查和表决，具体内容包括社保资金（含医保资金）的收支情况和运作。2023 年的《社会保障资金法案》就在议会表决中遭遇巨大阻力（执政党在议会中未能占据绝对多数席位），最终政府不得不动用宪法第 43 条的特殊条款，绕开议会投票，使法案强行通过，但政府也付出了屡遭弹劾的代价。尽管弹劾未成功，但政府的公信力急剧下降。《社会保障资金法案》的执行情况由审计法院或社会事务总监察局等监管机构负责。

（四）政策启示

法国医疗保障制度是在法国特有的历史、文化和政治条件下形成的，有鲜明的国别特色，打着该国的强烈烙印，其中有很多经验值得我们参考、借鉴。

（1）立法先行，从而使相关事务有法可依，有法必依，违法必惩

法国很久以来便建立了依法行政的传统，从上文的历史回顾可见，通过立法来管理包括医疗保障在内的社会保障事务便是该传统之下的产物并沿袭至今。在法国，任何理念和计划、目标，最终都要经过反复推敲、辩论、审读，上升到法律层面，以法律条文的形式确定下来，方能确保日后的执行过程中的有法可依，有法必依，违法必惩。此外，法律草案在立法过程中会充分咨询相关利益方，特别是广大民众和相关从业者的意见，以便最大限度地听取并兼顾各方利益。

（2）医保覆盖全民，优先关照弱势群体，优先保障大病重病慢性病

法国的医疗保障制度具有全覆盖的显著特征，不仅指覆盖全体国民（包括外国人），而且向经济弱势群体和健康弱势群体倾斜。将低收入无收入群体和重特大疾病和慢性病患者作为保障重点，国家百分百负担医疗费，有效缓解了人们的经济负担，使看不起病和因病致贫的问题基本不存在，也因此法国并未针对重特大疾病设计专门的保险和救助制度，因为不存在这个需求。换言之，法国政府在医疗领域发挥着关键作用、主导作用和兜底作用，引导医疗资源向中低收入人群和重特大疾病慢性病患者倾斜，为弱势群体构建了一张行之有效的安全网络。

（3）设法解决资金问题

法国的医疗保障全面而慷慨，但也带来了赤字大、国家财政负担重的难题，为此，法国不断开动脑筋，通过种种方式充实医保基金，如向有害健康的潜在行为课税——烟草酒精课税；向药企课税，开征普遍社会捐等。事实证明，这些措施是行之有效的，极大缓解了法国医保的资金压力，值得我们参考、借鉴。

（4）重视预防，从上游起减少重特大疾病和慢性病的发生

针对医疗开支庞大、增长快、国家财政负担重的问题，法国在摸索改革的过程中，逐步提出了由治疗逐步转向重预防、从上游减轻个人、家庭和国家的经济负担的改革思路。研究表明，慢性病和重特大疾病占到了医疗开支的

60%—80%，只有把这部分降下来，才能切实减轻个人和国家的财政负担，确保医疗保障制度的长期可持续。加强定期体检，做好预防工作，正成为一大可行的改革方向。

（5）构建多层次的医疗保障，分流高收入人群，将医疗资源优先用于保障普罗大众特别是弱势群体

法国构建了多层次的医疗保障体系，其中以互助会为主的非营利性私人医疗保险和一小部分营利性的保险公司在其中发挥着关键作用，用以弥补国家提供的基本医疗保险的不足。一部分人群特别是高收入者，也愿意通过市场获得更多个性化、更便捷高效和高质量的保障。这种多样化的医疗保障模式有利于分流高收入人群，有助于国家将有限的资源集中保障普罗大众特别是弱势群体。

基于以上分析，笔者认为我国应从现阶段的国情出发，在充分考虑人口结构（老龄化）和经济发展水平的基础上，借鉴法国经验，构建适合我国国情的医疗保障制度，特别要充分关照到弱势群体的利益，避免老百姓看不起病或因病致贫。制度的建立可采取循序渐进的方式，正如法国经验所显示的，可随着经济发展水平的提高，不断完善制度架构和保障水平。

主要参考文献：

· Dominique Polton, *La gouvernance des systèmes de santé et d'assurance maladie, une perspective internationale*, Regards, 2017, https://archive.wikiwix.com/cache/index2. php?url=https%3A%2F%2Fdoi.org%2F10.3917%2Fregar.052.0175#federation=archive.wikiwix. com&tab=url.

· Gérard Milhaud, Michel Lagrave, *Historique de l'assurance maladie de sa création à nos jours*; https://www.academie-medecine.fr/historique-de-lassurance-maladie-de-sa-creation-a-nos-jours-2/.

· L'évolution des systèmes de soins et d'assurance maladie, https://www.revue-projet.com/ articles/2000-09-lebrun-sailly-l-evolution-des-systemes-de-soins-et-d-assurance-maladie/7623.

· Assurance maladie France, https://selectra.info/assurance/mutuelle-sante/remboursement/ psychologue.

· https://www.irdes.fr/documentation/syntheses/plans-de-reforme-de-l-assurance-maladie-en-france.pdf.

· https://www.irdes.fr/documentation/syntheses/plans-de-reforme-de-l-assurance-maladie-en-france.pdf.

· https://www.radiofrance.fr/franceculture/podcasts/la-question-du-jour/grande-secu-un-projet-pour-reformer-l-assurance-maladie-de-quoi-s-agit-il-4183072.

· https://www.google.fr/search?q=reforme+assurance+maladie+covid-19&biw=1280&bih=607&ei=XDAgY-T3JPGE0PEPoeCY-AY&start=10&sa=N&ved=2ahUKEwjklcTPnpH6AhVxAjQIHSEwBm8Q8tMDegQIARA6.

· https://www.service-public.fr/particuliers/actualites/A15193.

· https://www.ccomptes.fr/fr/publications/securite-sociale-2021.

· http://institut-rousseau.fr/notre-systeme-de-sante-apres-le-covid-19-reussir-le-changement-de-paradigme/.

· https://healthmanagement.org/c/imaging/issuearticle/le-systeme-de-sante-francais-ce-qui-est-en-train-de-changer-dans-le-domaine-de-la-sante-en-france.

· https://www.cleiss.fr/particuliers/venir/soins/ue/systeme-de-sante-en-france.html.

· https://www.has-sante.fr/upload/docs/application/pdf/2021-01/rq_xvii_4_cabarrot.pdf.

· https://www.cairn.info/revue-d-economie-financiere-2020-3-page-119.htm.

三、日本医疗保障立法研究报告 [①]

摘要：日本的医疗保障制度在国民皆保险即全民医保体制下，一直努力追求实现"无论何时，无论何人，无论何处，均可获得安心的医疗"之目标。医疗保险制度作为日本医疗保障的核心性制度，自 1922 年制定《健康保险法》以来发展至今，百年间还出台了《船员保险法》《国家公务员共济组合法》《私立学校教职员共济法》《地方公务员等共济组合法》《国民健康保险法》《高龄者医疗确保法》等，形成了具有职域保险性质的雇员保险和具有地域性质的地

---

① 执笔人：韩君玲，北京理工大学法学院教授，中国社会保障学会理事；李莲花，东京经济大学经济学部副教授。

域或居民保险多元法律制度体系，前者以 1922 年制定的《健康保险法》为代表，后者以 1938 年制定、1958 年全面修改的《国民健康保险法》和 2006 年制定的《高龄者医疗确保法》为代表。日本医疗保险虽法律众多，制度分立，但其立法结构科学合理，均对保险人、被保险人、医疗保险给付、费用负担、保险经办机制、权利救济等重要内容作出了明确且细致的规定，彰显了医疗保险的实质平等和社会连带理念，日本的国民皆保险不仅意味着人口意义上的全覆盖，而且意味着医疗内容和医疗费用的全覆盖，体现了医疗保险的高度公平性、防贫性和财政兜底性，为国民过上安全和安心的生活提供了坚实的法律制度保障。日本医疗保险立法给予我国的启示是，我国应提高基本医疗保险制度的法定保障层次，制定全国统一的基本医疗保险法律，明确平等保障基本医疗保险权利基础上的社会连带立法理念，科学设定提升民众生活安全感的医疗给付相关立法内容，即：全面取消目前基本医疗保险基金的最高支付限额，设定个人支付医疗费封顶线；彻底消除医疗保险待遇的制度间差距，为所有参保人提供平等的基本医疗服务待遇；严格控制保险外治疗即自费治疗，避免拉大患者之间的医疗差距和招致差别诊疗的危险；科学设计基本医疗保险费用的财政负担和筹资机制，财政负担应为低收入的参保人提供合理的倾斜性资助，为实现我国基本医疗保险制度的稳定可持续发展，筹资机制的法定化不可或缺。

医疗直接关涉人的生命和健康，保障基本且平等的医疗服务是国家不可推卸的责任。日本的医疗保障制度在国民皆保险体制下，一直努力追求实现"无论何时，无论何人，无论何处，均可获得安心的医疗"之目标，在国内和国际社会获得了较高的评价。在日本社会保障法上，医疗保障这个概念包含两个含义：其一，基于过程的视角看，医疗保障是指有关伤病的预防、治疗和康复整个过程的医疗应对。其二，医疗保障不仅是指作为社会性事故的伤病发生时的费用保障，还应包括对医疗服务供给主体规制在内的综合应对。[1]基于第一个含义，

---

① ［日］菊池馨实：《社会保障法（第 2 版）》，有斐阁 2018 年版，第 337 页。

日本的医疗保障立法主要是指医疗保险立法；基于第二个含义，日本的医疗保障立法包括有关医疗工作者和医疗机关的医疗供给体制立法、医疗保险立法和有关精神卫生、公费负担医疗、保健预防等其他医疗保障立法。本报告聚焦于日本的医疗保险立法，分别从日本医疗保险的立法进程、现行法的框架与内容、制度实践及效果、日本医疗保险立法的特征及启示四个方面展开具体的研究。

（一）日本医疗保险的立法进程和法律体系

作为日本社会保障制度中历史最长的社会保险项目，医疗保险已经历了百年的历史发展，其立法进程可分为第二次世界大战前的初创时期、第二次世界大战后的重建和发展时期、改革时期和进入 21 世纪至今的四个阶段。

1. 日本医疗保险的立法进程

（1）第二次世界大战前的初创时期

日本医疗保险的发端可追溯至 1922 年制定、1927 年施行的《健康保险法》。该法制定的直接契机是为了应对资本主义的高度发展过程中不断高涨的工人运动而采取的立法措施，具有劳动立法的性质，其以工厂与矿山的体力劳动者等蓝领劳动者为被保险人，工伤也成为保险给付的对象。1938 年日本制定了《国民健康保险法》，该法以救济农民的医疗问题为主要目的，并体现"全民皆兵"的战时体制下健民健兵的政策需要。该法以不满 5 人的企业和农民为对象，运营主体为国民健康保险组合，实行非强制加入，1942 年该法修改为强制加入。1939 年以海上劳动者和白领为对象，分别制定了《船员保险法》[①] 和《职员健康保险法》，同时修改了《健康保险法》，创设了向被保险人的扶养家属提供

---

① 第二次世界大战前日本建立了以船员为对象的船员保险，其保险种类包括医疗、养老、失业和工伤四个项目。第二次世界大战后，船员保险逐渐与一般性制度合并，现行的《船员保险法》仅规定了医疗保险和工伤保险的相关内容，并且，自 2010 年 1 月 1 日起，船员保险中的医疗保险和工伤保险由全国健康保险协会掌管。

的家族给付，这意味着健康保险的适用范围扩大至被保险人的家属。1942 年《健康保险法》和《职员健康保险法》统合为《健康保险法》。针对政府职员，1940 年以敕令形式公布了《政府职员共济组合令》。上述医疗保险法律有关医疗保险的给付对象和内容虽然并不充分，但从医疗保险的立法架构而言，可以说，日本第二次世界大战前大致形成了国民皆保险的法律体系雏形。①

（2）第二次世界大战后的重建和发展时期

第二次世界大战后，日本的医疗保险法律制度在《日本国宪法》第 25 条生存权理念的指引下得以重建和发展，该宪法第 25 条规定："所有国民均享有维持健康的、具有文化意义的最低限度生活的权利。国家应在所有生活方面提高和增进社会福祉、社会保障及公众卫生。"当时，日本为解决因伤病引起的贫困社会化问题，在 1946 年制定、1950 年全面修改的《生活保护法》中规定了国家对贫困者提供医疗扶助的项目，并且，1948 年制定了《医师法》《保健师助产师看护师法》《医疗法》，对医疗工作者和医疗机关进行法律规制。此外，随着 1948 年《国家公务员共济组合法》、1953 年《私立学校教职员共济法》、1962 年《地方公务员等共济组合法》的颁布，以国家和地方公务员及其扶养家属、私立学校教职员及其扶养家属为对象的各种共济组合医疗保险制度得以建立。与此同时，为了维持国民健康保险制度的运行，1948 年修改《国民健康保险法》，该制度变为由市町村这个最基层的地方公共团体直接管理，并大幅强化了中央政府的财政支援。

进入经济高速发展时期，为解决相当于国民人口三分之一的农业、自营业、中小企业等约 3000 万无保险人群的医疗保障问题，1958 年，全面修改了《国民健康保险法》，并于 1961 年 4 月正式施行。该法强制所有市町村实施国民健康保险，将未加入其他医疗保险的国民强制加入所在地的国民健康保险。据此，日本建立了国民皆保险体制，正式进入"全民医保"时代。此后，日本不断修改《国民健康保险法》和《健康保险法》等，提高医疗保险的保障水平。

---

① ［日］菊池馨实：《社会保障法（第 2 版）》，有斐阁 2018 年版，第 355 页。

如为提高医疗保险给付率，1963 年国民健康保险对被保险人的给付率由 5 成改为 7 成，1966 年对家庭成员的给付率亦改为 7 成；1973 年健康保险的扶养家属给付率由 5 成改为 7 成；1973 年健康保险、1975 年国民健康保险设立高额医疗费制度，对患者自付医疗费用设置了封顶线（根据年龄和收入而不同），超过上限的部分由医疗保险全额支付。该制度不仅使患者的医疗需求得到满足，而且使因病致贫问题得到有效解决；为了应对老年人看病问题，1972 年修改的《老人福祉法》创设了老年人医疗免费制度，即 70 岁以上的老年人，其个人负担的医疗费改由国家和地方公共团体负担。

（3）改革时期

进入 20 世纪 80 年代，日本经济低速发展，人口老龄化和产业结构的变化导致国民健康保险中的农民、自营业者减少。这一时期医疗保险的改革主要是矫正医疗保险各制度之间的差距，控制医疗费及确保医疗保险的财源。该时期立法的举措是：

第一，废止老年人医疗免费制度。1982 年制定《老人保健法》，原则上以加入各医疗保险制度的 70 岁以上的老年人为对象提供医疗，废止老年人医疗免费制度，导入部分负担制。该医疗给付事业由各保险人共同出资筹措老年人保健筹集基金，首次在医疗保险中导入了不同制度之间的财政调整机制，具有共同事业的性。该法加强对慢性疾病的预防和保健，市町村为 40 岁以上的居民开展保健事业，其部分体检项目和保健指导被纳入医疗保险制度内。1991 年修改该法时增设了老年人上门看护制度，提高了公费负担的比例。

第二，设立退休者医疗制度和特定医疗费制度。1984 年修改《健康保险法》，设立退休者医疗制度，对于退出健康保险而转入国民健康保险的 60 岁以上 70 岁未满者给付率从 7 成提高至 8 成，其费用由国民健康保险的保险人和健康保险的保险人根据报酬① 总额按份共同负担筹措资金。与此同时，为满足

---

① 在日本的社会保险中，"报酬"这个词意即"工资"，但几乎不使用"工资"这个词。还有，根据报酬总额按份计算的方法被称为"总报酬比例"，此即意味着倾斜分配。

国民对医疗的多样化需求，设立特定医疗费制度，以高端先进医疗和选定医疗为对象，对与通常诊疗范围相关的部分以特定医疗费的形式进行保险给付，超过部分由本人负担。日本曾长期坚持禁止混合诊疗原则，禁止混合诊疗是指禁止将适用医疗保险的治疗和不适用医疗保险的治疗并用，① 若患者想使用保险目录以外的治疗方法，那么即须全额负担包括保险目录以内的治疗在内的所有费用。禁止混合治疗旨在防止差别诊疗，即避免使有经济能力的患者获得优先诊疗而带来的社会差距，并防止助长安全性和有效性未经确认的医疗。

第三，努力实现负担与给付的公平化。自 20 世纪 80 年代以来，特别是 90 年代后期，为了抑制医疗费的上涨而不断地修改法律，使医疗保险的给付内容更加合理。1984 年修改《健康保险法》，对于被保险人的给付比例由 10 成下调至 9 成，导入了个人负担 1 成的固定比例。1997 年该法修改时，被保险人的给付比例降至 8 成，直至 2002 年该法修改时，被保险人的给付比例降至 7 成，即将个人负担比例规定为 3 成，使其与国民健康保险的个人给付比例相同。1988 年修改《国民健康保险法》时，为确保高额医疗费的财源，对于超过基准的费用额，除保险基金分担外，建立了中央、都道府县和市町村共同负担制度；对于低收入者减轻其保险费的缴纳部分，规定了由中央和都道府县负担制度；加强国民健康保险团体联合会的高额医疗费共同事业，中央和都道府县对其部分费用可以提供补助。通过上述立法修改，发挥了国民健康保险在提供医疗给付方面的兜底作用。

（4）进入 21 世纪以来

进入 21 世纪，日本医疗保险立法在提高统筹层次、强化政府责任和保险负担的公平性等方面进行了制度的优化和提升。

2006 年日本医疗保险制度经历了重大改革，对《健康保险法》等进行了战后少有的大规模修改，主要体现在：第一，综合推进医疗费的适当化。在医

---

① 但高等病房的费用、牙科的填充材料，以及以纳入医保范围为前提的、尚在试验阶段的高新技术和药品等可以例外。

疗费的公正负担方面，政府应制定医疗费适当化计划；对保险人课加一定的预防性检查义务；保险给付的内容和范围进一步合理化，等等。第二，新设高龄者医疗制度。2006 年全面修改《老人保健法》，改称为《高龄者医疗确保法》，废止老年人保健制度和退休者医疗制度，针对 75 岁以上及 65 岁以上卧床老年人即后期高龄者专门建立了后期高龄者医疗制度，采取医疗保险的机制。同时，针对 65 岁以上 75 岁未满的前期高龄者，建立了与前期高龄者的医疗费相关的财政调整制度。此外，医疗费的个人负担比例设定更加合理，75 岁以上的后期高龄者原则上负担 1 成，有规定收入以上者负担 2 成，有等同现职收入者负担 3 成；70 岁至 74 岁者负担 2 成，有等同现职收入者负担 3 成；69 岁以下者负担 3 成。第三，实行医疗保险和非医疗保险并用制度。对于非医疗保险的选定医疗和评价医疗所发生的费用，基础部分费用由保险给付，特别部分费用由个人自费负担。第四，以都道府县为单位进行保险人的重编和整合。在医疗保险领域，重新整合医疗保险的保险人，国民健康保险的保险人逐渐向都道府县层面转化，强化国民健康保险的财政基础；实现政府掌管健康保险的公法人化，设立了具有公法人性质的全国健康保险协会，由其掌管之前由政府掌管的中小企业的健康保险业务，协会健康保险的保险费由全国统一改为以都道府县为单位。此外，为了促进同一都道府县内健康保险组合的统合，以应对高龄者医疗保险制度今后日益沉重的高额筹措资金负担，创设了超越企业和职种的地域型健康保险组合。

2015 年修改了《国民健康保险法》等，目的在于构建可持续的医疗保险制度。该法具体的修改内容是：第一，加强国民健康保险的安定化。扩充国民健康保险的财政支援，使都道府县成为财政运营的责任主体，而被保险人管理和保险费征缴等具体业务继续由市町村承担。据此，都道府县和市町村共同成为国民健康保险的保险人。第二，阶段性导入后期高龄者支援金的全面总报酬比例。第三，体现负担的公平化，包括提高住院时伙食费，导入无介绍信去大医院看病时的定额负担，提高标准报酬月额的上限额。第四，新设保险外并用医疗费，作为保险诊疗和保险外诊疗并存的新制度，由患者提出申请医疗。该制度扩大了混合诊疗的对象范围，旨在增加患者医疗选择的多样性，促进医疗技术的革新。①

2019 年修改的《健康保险法》规定，健康保险的被扶养人原则上仅限于在日本国内的居住者。

2. 日本医疗保险的法律体系

日本建立的是多元制度体系的医疗保险制度，反映在立法上，日本有关医疗保险的现行法律主要有 7 部，即：《健康保险法》《船员保险法》《国家公务员共济组合法》《私立学校教职员共济法》《地方公务员等共济组合法》《国民健康保险法》《高龄者医疗确保法》，其中，一方面，《健康保险法》《船员保险法》《国家公务员共济组合法》《私立学校教职员共济法》《地方公务员等共济组合法》是有关具有职域保险性质的雇员保险，主要以企业的劳动者、船员、国家及地方公务员、私立学校教职员为被保险人，其扶养家属在法律上称为被扶养人，为参保人。雇员保险若按保险人即医疗保险经办机构的类型进一步细分，可分为①以大企业为中心的由同业组合掌管的健康保险、②以中小企业和船员为主的由全国健康保险协会掌管的健康保险及船员医疗保险、③以国家公务员、地方公务员、私立学校教职员为主的各种共济组合医疗保险。这些雇员的医疗保险虽然因职业的不同在缴费和部分给付方面存在差异，但其医疗保险的基本给付为相同待遇。另一方面，《国民健康保险法》《高龄者医疗确保法》是具有地区保险性质的地域或居民保险，主要以农民、自营业者、无业者、不适用雇员保险的从业者及其扶养家属和后期高龄者为被保险人。地域保险若按保险人的类型进一步细分，可分为①由都道府县和市町村共同掌管的国民健康保险、②由国民健康保险组合掌管的律师、诊疗所的开业医生、美容师等同业人员国民健康保险、③由后期高龄者医疗广域联合掌管的后期高龄者医疗保险。

---

① 田思路：《日本社会保障法研究》，中国社会科学出版社 2021 年版，第 123 页。

总体而言，日本的医疗保险法律体系由雇员保险法律和地域保险法律两部分构成，前者以 1922 年制定的《健康保险法》为代表，后者以 1938 年制定、1958 年全面修改的《国民健康保险法》和 2008 年施行的《高龄者医疗确保法》为代表。

（二）日本医疗保险法律的框架与内容

本部分以代表日本医疗保险制度的《健康保险法》《国民健康保险法》《高龄者医疗确保法》三部法律为中心，展开各自框架与主要内容的阐述。

1.《健康保险法》的框架与主要内容

（1）《健康保险法》的框架

《健康保险法》是日本医疗保险的第一部法律，也是日本医疗保险制度的基本构成，自 1922 年制定以来，经过了多次修改，该法共 222 条，由 11 章及附则构成，具体如下：

第一章总则（第 1—3 条），包括该法的目的、基本理念和各法律用语的定义。

第二章保险人（第 4—30 条），包括"健康保险组合"和"全国健康保险协会"的性质、设立、构成、章程制定、运营、解散及业务等。

第三章被保险人（第 31—51 条之 2），包括被保险人的资格、标准报酬月额及标准奖金额、申报等。

第四章保险给付（第 52—122 条），包括保险给付的范围、方式、额度、患者个人负担部分、"适用保险的医疗机关"提供医疗服务的义务、厚生劳动大臣对"适用保险的医疗机关"的指定，以及作为医疗报酬审查支付机构的"国民健康保险团体联合会"和"社会保险诊疗报酬支付基金"等。

第五章关于日雇特例被保险人的特例（第 123—149 条），包括保险人、标准工资日额、保险给付范围及保险费计算方法等。

第六章保健事业及福祉事业（第 150—150 之 10 条），包括保险人应举办的保健事业和福祉事业，以及厚生劳动大臣为提升国民保健水平而利用或提供匿名诊疗相关信息等。

第七章费用负担（第 151—183 条），包括国库的负担与补助、保险费的计算与征缴、各主体保险费用的负担及缴纳义务，以及与后期高龄者医疗制度等制度之间的财政调整等。

第八章健康保险组合联合会（第 184—188 条），包括健康保险组合联合会的设立、性质、名称、厚生劳动大臣有关设立之认可、章程的必要事项、管理人员等。

第九章不服申诉（第 189—192 条），包括行政复议、行政诉讼等权利救济的途径。

第十章杂则（第 193—207 条），规定了时效、期间的计算、资料提供、厚生劳动大臣相关权限的委任等。

第十一章罚则（第 207 条之 2—222 条），包括有关医疗保险的违法行为及其处罚办法。

(2)《健康保险法》的主要内容

1）法的目的和基本理念。依据《健康保险法》第 1 条和第 2 条，健康保险为劳动者或其被扶养人于非因工患病、负伤、死亡或分娩生育时，提供保险给付，旨在维护国民生活的稳定和增进福祉水平。健康保险的基本理念是，提高给付的内容和医疗质量，注重资源的公正分配，实现医疗保险运营的效率化和费用负担的适当化。

2）健康保险的保险人。《健康保险法》第 4 条规定，健康保险的保险人是全国健康保险协会和健康保险组合。

全国健康保险协会为公法人，掌管中小企业的被雇佣者的保险，简称协会健康保险。其主要从事的业务包括：保险给付、有关保健事业和福祉事业之业务、有关健康保险协会掌管的非厚生劳动大臣从事之业务、有关《船员保险法》规定的船员医疗保险事业之业务、有关《高龄者医疗确保法》规定的前期老年人缴纳金和后期老年人支援金及《护理保险法》规定的护理缴纳金的缴纳之业务。依据《健康保险法》第 7 条之 4、之 9、之 10、之 11、之 18 的规定，健康保险协会总部设在东京都，在各都道府县设立支部。该协会有理事长 1 人，理事 6 人以内、监事 2 人组成。理事长和监事由厚生劳动大臣任命，理事由理事长任命。并且，该协会设立运营委员会，由雇主、被保险人和专家共 9 名以内组成，厚生劳动大臣任命理事长时，应事先听取运营委员会的意见。各地方的支部亦应设置由雇主、被保险人和专家组成的评议会，协会在从事有关支部的业务时，应听取评议会的意见。

健康保险组合的性质为公法人，掌管作为组合成员的被保险人的保险，其由适用事业所①的雇主、被保险人及任意继续被保险人②组成，其掌管的对象主要为大企业的雇员。关于一个或两个以上适用事业所，雇佣政令规定的常时人数达 700 人以上的被保险人的雇主，可以设立健康保险组合。适用事业所的雇主还可以共同设立健康保险组合，于此情形，被保险人数合算应达到政令规定的常时人数 3000 人以上。此外，为了促进同一都道府县内健康保险组合的统合，可以设立超越企业和职种的地区型健康保险组合。于任意设立的情形，拟设立健康保险组合的适用事业所须征得二分之一以上被保险人的同意，制定章程，并须获得厚生劳动大臣的认可。与上述任意设立相对应，强制设立是指，厚生劳动大臣可以命令雇佣政令规定的常时人数达 700 人以上的被保险人的雇主，设立健康保险组合。依据《健康保险法》第 18 条和第 21 条，健康保险组合的议决机关是组合会，由偶数的组合会评议员组成，其半数从适用事业所的雇主中选定，另一半数从作为被保险人的组合成员中互选产生。健康保险

---

① 适用事业所是指《健康保险法》第 3 条第 3 款第 1 项所列各项事业且常时雇员 5 人以上的事业所，相当于我国职工基本医疗保险的用人单位。此外，国家、地方公共团体或法人事业所即使仅雇佣常时雇员 1 人，也是适用事业所。

② 任意继续被保险人是指，因退职等事由丧失了被保险人的资格，于丧失日的前日为止持续 2 个月以上为被保险人时，自资格丧失起 20 日以内向保险人提出申请，继续成为该保险人的被保险人。由于任意被保险人与雇主的劳动关系已经终止，原本与雇主均摊的健康保险费亦全额由本人负担。

组合设置理事和监事，理事的半数从作为被保险人的组合成员互选产生的组合会议员中选举产生，监查业务执行情况和财产状况的 1 名监事从作为被保险人的组合成员互选产生的组合会议员中选举产生。据此，在法律上健康保险组合体现了被保险人参与的自治性运营机制，使保险人自治得到制度的保障。健康保险组合解散的情形是：当组合会以组合会议员规定人数的四分之三以上多数议决，并经厚生劳动大臣认可；当健康保险组合的事业不能继续，并经厚生劳动大臣认可；当厚生劳动大臣作出解散命令时，可以解散健康保险组合。于此情形，若健康保险组合以其财产无法偿还债务时，依据政令的规定，健康保险组合可以要求雇主负担该债务所需费用的全部或部分。全国健康保险协会继承因解散而消灭的健康保险组合的权利和义务。

3）健康保险的被保险人。健康保险的被保险人为被适用事业所雇佣者和任意继续被保险人，应以建立劳动关系为前提。被保险人同时被数个事业所雇佣时，其必须选择保险人。健康保险的被保险人资格因死亡和雇佣关系的终止等而丧失，当雇佣关系终止时，其负有加入国民健康保险的义务。需要说明的是，健康保险中的被扶养人①，须与被保险人为同一户，主要依靠被保险人维持生活者，其不需要缴纳保险费，实际上在代理受领的方式下获得与被保险人相同的医疗服务给付。②

健康保险将按日雇佣、季节性雇佣、一定期间雇佣、临时雇佣等劳动者排除在其适用范围之外，但是，为了满足其医疗需求，在《健康保险法》中专章规定了日雇特例被保险人制度。日雇特例被保险人是指，被适用事业所雇佣的日雇劳动者，即按日雇佣或雇佣 2 个月以内期间，或按季节性工作雇佣，或因

---

① 依据《健康保险法》第 3 条，被扶养人具体包括：(1) 被保险人的直系尊亲属，配偶（含事实婚姻）、子女、孙子女、弟妹，主要依靠被保险人维持生活者；(2) 除前述 (1) 以外的被保险人三亲等以内的亲属，与被保险人为同一户，主要依靠被保险人维持生活者；(3) 被保险人的配偶的父母，与被保险人为同一户，主要依靠被保险人维持生活者；(4) 被保险人的配偶死亡后其父母及子女，继续与被保险人为同一户，主要依靠被保险人维持生活者。至于依靠被保险人维持生活的基准，则由行政通知予以规定。

② [日] 菊池馨实：《社会保障法（第 2 版）》，有斐阁 2018 年版，第 366—367 页。

临时工作被事业所临时性雇佣等，其保险人是全国健康保险协会。

4）保险给付。包括如下各项：

①医疗给付。这是医疗保险的主要给付，依据《健康保险法》第 63 条第 1 款，其内容包括：诊察、药剂或治疗材料的给付、处置、手术及其他治疗、居家医疗上的管理及其医疗伴随的照顾和其他看护、医院或诊疗所的住院及其医疗伴随的照顾和其他护理，采取实物给付的形式。接受这些给付时，接受给付者原则上需要向保险医疗机关支付按照厚生劳动大臣规定的计算额之 3 成，于灾害及厚生劳动省令规定的特别事由之情形，可适用减免规定。

②医疗费。医疗费主要包括家属医疗费、住院时伙食医疗费、住院时生活医疗费、上门看护医疗费和其他医疗费等。

关于家属医疗费，在健康保险中，依据《健康保险法》第 110 条第 1 款，被保险人的扶养家属为被扶养人，其接受保险医疗机关的医疗时所获得的给付并非是医疗给付，而是对被保险人提供的家属医疗费，给付金额原则上是：6 岁以上 70 岁未满者 7 成，6 岁未满及 70 岁以上 75 岁未满者 8 成（70 岁以上 75 岁未满有一定规定以上收入者 7 成）。

关于住院时伙食医疗费，住院时伙食医疗费从按厚生劳动大臣制定的计算基准算出的伙食医疗费中扣除综合考量家庭的平均食费而制定的伙食医疗计算标准负担额后，剩余额作为住院伙食医疗费给付。伙食医疗计算标准负担额按每餐计算，一日三餐，对居民税非课税家庭或按住院天数多少采取减轻措施。被扶养人住院时，亦采取相同的计算方法。

关于住院时生活医疗费，65 岁以上住院者亦称为特定长期住院被保险人，其生活医疗所需费用的给付，从根据厚生劳动大臣考量生活医疗所需的平均费用额而规定的基准计算出的费用额中，扣除考量平均家计的食费及水电取暖费的状况而由厚生劳动大臣规定的金额（生活医疗标准负担额）后，剩余额作为住院生活医疗费给付。并且，对于低收入者采取减轻措施。

关于上门看护医疗费，具有长期慢性疾患的居家继续接受医疗的被保险人，在主治医师的指示下，接受厚生劳动大臣指定的上门看护，其指定上门看护所需费用，作为上门看护医疗费给付。依据《健康保险法》第 111 条第 1 款，被保险人的被扶养人接受指定上门看护时，给付家属上门看护医疗费，其基本费用，被保险人及被扶养人原则上负担 3 成。

此外，还有其他形式的医疗费。第一，当医疗给付有困难时或者在保险医疗机关以外的医院就诊时，于保险人不得不认可的情形，医疗费以金钱给付的方式进行给付。第二，随着在国外工作的增加，医疗费制度中还设立了海外医疗费制度，即对于在日本国内进行保险诊疗的医疗行为给付医疗费，但对以医疗为目的去国外就诊的情形不给付医疗费。第三，对于柔道调整恢复、针灸按摩等医疗费，符合规定的伤病时，给付医疗费。第四，为接受医疗给付，向医院移动过程中所产生的移送费，以金钱方式给付。第五，国民健康保险上还有特别医疗费制度。当户主因滞纳保险费而被要求返还了被保险人证，其诊疗时的医疗费全额自己负担，但之后可获得特别医疗费这种金钱给付。

③保险外并用医疗费和高额医疗费。第一，关于保险外并用医疗费。诊疗分保险诊疗和自由诊疗，前者在医疗保险范围之内，后者不在保险范围之内，因此，自由诊疗亦称为保险外诊疗。保险外并用医疗费包括患者申请医疗、评价医疗和选定医疗。申请医疗是指，根据患者的申请使用厚生劳动大臣规定的高度医疗技术，以该种医疗为给付对象；[①] 评价医疗是指，先进医疗、医药品、医疗机器、再生医疗等制品的实验性诊疗、药价标准收录医药品的适用外使用、保险适用医疗机器和再生医疗等制品的适用外使用；选定医疗是指，特别的医疗环境、牙科的金合金等、预约诊疗、时间外诊疗、大医院的初诊和再诊、180 日以上的住院、超过限制次数的医疗行为。保险外并用医疗费的给付主要是与普通的治疗共通的部分。第二，关于高额医疗费。《健康保险法》第 115 条规定，为了防止因长期住院和长期医疗带来的患者个人负担过重，当医

---

① 该种医疗虽然是基于患者的选择而进行，但在医疗领域，平等诊疗是民众强烈的要求，按照资产和收入水平的不同而提供医疗服务，在事实上对给付设定了差别，这种混合诊疗不仅存在着安全性和有效性方面的问题，更容易招致差别诊疗的危险。参见［日］菊池馨实：《社会保障法制的将来构想》，韩君玲译，商务印书馆 2018 年版，第 141 页。

疗给付和其他医疗所需费用的个人负担金额显著高额时，向个人给付高额医疗费，这"实质上设定了被保险人、被扶养人个人负担的限额"。① 高额医疗费的给付要件、给付额及其他有关给付的必要事项，应考量医疗所需费用的负担对家计的影响及医疗所需费用的金额，由政令规定。此外，《健康保险法》第115 条之 2 还规定了高额护理合算医疗费制度，即：医疗保险各制度的高额医疗费的算定对象家庭，于有护理保险给付者时，各医疗保险人基于被保险人的申请，将合算医疗和护理的自己负担限度额，超过设定的自己负担限度额之金额，向被保险人给付。

④分娩育儿给付。依据《健康保险法》第 101 条，关于分娩，以分娩育儿临时金的金钱形式给付，而非实物给付。多胎分娩时，按照胎儿的人数给付临时金。曾经是 1 年以上的被保险人，在其被保险人资格丧失后的 6 个月以内分娩的，亦可成为分娩育儿临时金的给付对象。对于健康保险的被扶养人，给付相同金额的家属分娩育儿临时金。依据《健康保险法》第 102 条和第 108 条第1 款，参加健康保险的被保险人分娩时，从分娩日以前 42 天（多胎妊娠 98 天）至分娩日之后的 56 天之间未从事工作时，每日给付相当于标准工资日额的三分之二的分娩补贴金。于支付工资之情形，该工资低于分娩补贴金时，给付其差额。

⑤伤病补贴金。休业给付主要是针对加入健康保险的劳动者因疾病无法提供劳动时，为了保障收入，设立了伤病补贴金制度。依据《健康保险法》第99 条，从被保险人因医疗无法提供劳动之日起，第 4 日以后按标准报酬日额三分之二的相当额给付。对于同一疾病或负伤及因其引起的疾病，伤病补贴金的给付期限为 1 年 6 个月。伤病补贴金与分娩补贴金相同，当支付的报酬额低于伤病补贴金的数额时，给付其差额。此外，接受障碍厚生年金、障碍补贴金及老年厚生年金者，若这些金额低于伤病补贴金时，其差额作为伤病补贴金给付。

---

① 田思路：《日本社会保障法研究》，中国社会科学出版社 2021 年版，第 118 页。

⑥其他给付。《健康保险法》第 100 条规定，被保险人死亡时，向其家属给付丧葬费。健康保险的被扶养人死亡时，向其家属给付相同金额的丧葬费。还有，保险人为健康保险组合时，根据章程的规定，可以提供附加给付。此外，对于《健康保险法》上的日雇特例被保险人，规定其接受医疗给付日的前两个月合算 26 日以上或前 6 个月合算 78 日以上缴纳保险费的，对其提供相关给付。

5）保险诊疗担当者及法律关系。医疗给付以实物给付为原则，其涉及多个主体，法律关系较为复杂。

依据《健康保险法》第 63 条第 3 款，被保险人可以在自己选择的保险医疗机关或保险药局接受医疗给付。保险医疗机关或保险药局由厚生劳动大臣依其申请而进行指定，从事保险诊疗的保险医师或保险药剂师应获得厚生劳动大臣的登记。被保险者就医时需要出示健康保险证与保险医疗机关缔结诊疗契约。依据该法第 70 条第 1 款、第 72 条、第 74 条和第 76 条第 1 款、第 2 款的相关规定，保险医疗机关应按照医疗担当规则等履行其义务，保险医疗机关提供医疗给付，被保险人原则上应向保险医疗机关支付总医疗费数额的 3 成即患者自付部分。剩余部分由保险医疗机关向受保险人委托①的诊疗报酬审查支付机构申请支付。若被保险人负担超过了一定额度，则该超过部分作为高额医疗费由保险人支付给保险医疗机关。诊疗报酬按照厚生劳动大臣的规定计算。②

6）保险费用的负担。医疗保险的财源主要由保险费和公费负担等构成，医疗保险费原则上由保险人征收，但是，由于保险人较多，保险费的征收机制因各个制度而有所不同。

①公费负担。公费负担因各保险人的财力不同，因而负担比例也有所差异。在健康保险中，依据《健康保险法》第 151 条、第 152 条和第 153 条的规

---

① 现行法律规定也可以不进行委托，直接由保险者审查支付医疗费用，但是实际操作中依然维持委托审查支付机构进行审查和支付。

② 厚生劳动省以告示的形式发布《诊疗报酬的算定方法》和《使用药剂的药价（药价基准）》，附表中的诊疗报酬计分表将保险医疗机关及保险药局提供的各种技术、服务等分数化（1 分 10 日元），制成表格，分别决定医疗服务的内容、范围，体现医疗服务的程度、质量和技术等。该表每两年修订一次。

定，国库每年度在预算的范围内，负担事务费。关于给付费，健康保险组合中以各健康保险组合的被保险人数为基准由厚生劳动大臣算定国库的负担；协会健康保险按照规定的比率予以补助。

②保险费。依据《健康保险法》第 155 条和第 161 条，健康保险的保险费由保险人征收，被保险人和雇主各自承担二分之一的保险费额，雇主负有缴纳义务。但是已经退职的任意继续被保险人承担全额保险费，负有亲自缴纳的义务。被保险人同时被两个以上的雇主所雇佣时，各雇主应负担的保险费额及保险费的缴纳义务由政令规定之。但是，依据同法第 162 条，作为特例规定，健康保险组合根据章程的规定，雇主应负担的一般保险费额或护理保险费额的比例可以增加。有关被保险人的每月保险费应在翌月末日之前缴纳，但是，任意继续被保险人的保险费每月 10 日之前缴纳。处于分娩育儿休业期间的被保险人，可以向雇主的保险人提出申请免除缴纳该期间的保险费。健康保险的一般保险费率，协会健康保险和健康保险组合均可在 3%—13% 的范围内自主设定。协会健康保险的一般保险费率为了反映医疗费的差距，由各都道府县设定。

7）不服申诉等。对于健康保险的被保险人资格、标准收入或有关保险给付的处分不服者，应向社会保险审查官提出审查请求，对其决定不服者，可以向社会保险审查会提出再审查请求。提出审查请求之后两个月内未作出决定时，审查请求人可视为社会保险审查官不受理审查请求。对于保险费等的课加或征收处分或保险费的督促及滞纳处分不服时，可以向社会保险审查会提出审查请求。

有关取消医疗保险的处分之诉讼，采取了不服申诉前置主义，即须经行政复议后方可提起诉讼。此外，《健康保险法》第 193 条规定，征收医疗保险费等或获得其返还及保险给付的权利，以 2 年为时效。

2.《国民健康保险法》的框架与主要内容

（1）《国民健康保险法》的框架

《国民健康保险法》在日本的公共医疗保险中占有十分重要的地位，该法于 1938 年制定，1958 年被全面修改，其后又经过了多次修改，该法共 128 条，由 12 章及附则构成，具体如下：

第一章总则（第 1—4 条），包括该法的目的、性质、保险人等。

第二章都道府县及市町村（第 5—12 条），包括被保险人资格的取得与丧失时期、成为被保险人的程序及限制，管理保险事务的"国民健康保险事业运营协议会"等。

第三章国民健康保险组合（第 13—35 条），包括国民健康保险组合的组织、性质、名称、设立及章程、被保险人资格的取得与丧失时期等。

第四章保险给付（第 36—68 条），包括保险给付的范围、方式、额度、患者个人负担部分、费用免除、适用保险的医疗机关提供医疗服务的义务，以及厚生劳动大臣对适用保险的医疗机关的指导、作为医疗报酬审查支付机构的国民健康保险团体联合会和社会保险诊疗报酬支付基金等。

第五章费用负担（第 69—81 条之 3），包括国库负担及补助、保险费的计算与征缴、不同主体对于保险经费的责任，以及与后期高龄者医疗制度等制度之间的财政调整等。

第六章保健事业（第 82 条），包括健康咨询、健康检查等保健事业。第六章之二国民健康保险运营方针等（第 82 条之 2—82 条之 3），包括保险、保险财政运营事务及保险费率。

第七章国民健康保险团体联合会（第 83—86 条），包括都道府县和市町村可以为实现共同目的，经都道府县知事许可而设立国民健康保险团体联合会等。

第八章诊疗报酬审查委员会（第 87—90 条），包括国民健康保险诊疗报酬审查委员会的设立、组织和权限等。

第九章审查请求（第 91—103 条），包括针对保险给付、保险费的行政复议、行政诉讼等权利救济途径。第九章之二与保健事业等相关的援助等（第 104—105 条），包括国家和地方公共团体针对上述第六章保健事业所采取的措施。

第十章监督（第106—109条），包括对保险各个参与主体的监督。

第十一章杂则（110—120条），包括时效、期间、资料提供等保险程序相关规定。

第十二章罚则（第120条之2—128条），包括有关医疗保险的违法行为及其处罚办法等。

(2)《国民健康保险法》的主要内容

1）法的目的。本法旨在确保国民健康保险事业的健全运营，力图实现社会保障和国民保健水平的提高。国民健康保险提供与被保险人的疾病、负伤、生育和死亡相关的必要保险给付。

2）国民健康保险的保险人。依据《国民健康保险法》第3条，国民健康保险的保险人，其一是都道府县及市町村，其二是国民健康保险组合。

于都道府县及市町村为保险人时，国民健康保险的财政运营的主体为都道府县，具体实施主体为市町村，这是一种共同运营的制度。① 都道府县的职责在于，稳定财政运营，确保市町村国民健康保险事业的有效开展，在都道府县及其辖区内市町村的国民健康保险事业及安全运营方面发挥中心性作用。市町村的职责在于，负责被保险人的资格取得及丧失的管理工作，征收国民健康保险的保险费及保险税，有效开展保健事业及其他国民健康保险事业。为了审议有关国民健康保险有效运营的重要事项，在都道府县和市町村各自设立了国民健康保险运营审议会。

于国民健康保险组合为保险人时，其由从事同种事业或业务的该组合地区内拥有住所的组合成员组成，性质为公法人。组合的地区，除有特别的理由，以一个或二个市町村的区域为主。全国每个地区主要有医师、牙科医师、药剂师、土木建筑业的组合，此外，有的地区还有税理师、美容美发师、律师等组合。拟设立组合时，应获得主要事务所所在地的都道府县知事的认可。申请认可时由15名以上的发起人制定章程，并获得应成为组合成员者300人以上的

① ［日］菊池馨实：《社会保障法（第2版）》，有斐阁2018年版，第375页。

同意。国民健康保险组合内设置理事 5 人以上，监事 2 人以上，由章程予以规定。理事和监事原则上由组合会从组合成员中选任，组合会由组合成员选举的组合会议员组成，其与前述的健康保险组合相同，是有关章程的变更、预算和决算等议决机关。

3）国民健康保险的被保险人。依据《国民健康保险法》第 5 条，在都道府县区域内拥有住所者，为该都道府县与其辖区内的市町村共同举办的国民健康保险的被保险人。同时，该法第 6 条还规定了适用除外条款，即被其他公共医疗保险制度所覆盖者不是国民健康保险的被保险人，具体是指健康保险、船员保险、各个共济组合等的被保险人及其被扶养人、接受生活保护家庭的成员、国民健康保险组合的被保险人、有其他特别理由依据厚生劳动省令所规定者。国民健康保险的被保险人资格，自在都道府县区域内有住所之日起取得资格，至在都道府县无住所之翌日起丧失资格。户主负有向市町村申报的义务。国民健康保险证是被保险人资格的证明，具有重要的法律意义，户主有请求向其家庭的所有被保险人交付被保险人证的请求权。

依据《国民健康保险法》第 9 条，当滞纳保险费的户主，除去灾害及政令规定的特别事由，在规定的期间内未缴纳保险费时，市町村有权要求其返还被保险人证，并同时向其交付被保险人资格证明书。

4）医疗给付。国民健康保险的医疗给付与健康保险中有关被保险人的医疗给付内容基本相同，在此不再赘述。但是，需要说明的是，由于加入国民健康保险者多为低收入者，依据《国民健康保险法》第 43 条的相关规定，对医疗给付采取一定程度的减免措施。还有，依据同法第 54 条之 3，国民健康保险上还有特别医疗费制度。当户主因滞纳保险费而被要求返还了被保险人证，其诊疗时的医疗费全额自己负担，但之后可获得特别医疗费这种金钱给付。此外，依据《国民健康保险法》第 58 条第 2 款，市町村及组合依据条例或章程的规定，可以提供伤病补贴金的给付。但是，国民健康保险是否给付伤病补贴金，由保险人判断决定，并不负有必须给付的义务。

5）保险诊疗担当者及法律关系。本部分内容与《健康保险法》的相关规定大致相同，于此不再赘述。

6）保险费用的负担。包括如下项目：

①公费负担

在国民健康保险中，依据《国民健康保险法》第 69 条、第 20 条和第 71 条，国库负担的主要费用包括：国民健康保险组合的全部事务费用；都道府县承担的其辖区内的市町村医疗给付等所需费用、缴纳前期老年人缴纳金、后期老年人支援金和护理缴纳金所需费用的 32%。当都道府县及其市町村未有效确保保险费等征收时，国家可以减少国库负担的金额，以促进其积极征收保险费。

国民健康保险的财政运营，由都道府县主导。为了保证国民健康保险财政的有效运营，依据《国民健康保险法》第 10 条，都道府县和市町村有关国民健康保险的收入与支出，根据政令的规定，各自设立专用账户，主要是在"入口"和"出口"进行管理。① 依据同法第 75 条之 2 第 1 款、第 75 条之 7 第 2 款和第 76 条第 1 款，市町村拥有保险费或保险税的征收权限，并负有向都道府县缴纳国民健康保险事业费缴纳金的义务，对于市町村有关国民健康保险的专用账户中负担的医疗给付所需费用及其他国民健康保险事业所需费用，都道府县根据政令的规定，通过条例向都道府县内市町村交付国民健康保险给付费等交付金。② 此外，都道府县为了保证国民健康保险财政的稳定，设立财政安定化基金，都道府县对于保险费征缴不足的市町村，可开展不足部分的借贷事业，对于有特别事由的市町村，交付二分之一以内的资金额。该基金的财源，依据同法第 81 条之 2 的相关规定，由国家、都道府县和市町村各负担三分之一。

关于国家向都道府县举办的国民健康保险事业所给付的交付金，依据《国民健康保险法》第 72 条，按照都道府县及其市町村的财政状况和其他状况进行财政调整，根据政令的规定，向都道府县交付调整交付金，并规定了相应的

---

① ［日］菊池馨实：《社会保障法（第 2 版）》，有斐阁 2018 年版，第 405 页。

② 该交付金的财源，除了市町村征收的缴纳金之外，还包括与给付费相关的 32% 的国库负担、9% 的国家的调整交付金、9% 的都道府县向专用账户的交付。

金额比例。此外，国家为了支持都道府县及市町村努力促进被保险人的健康，有效提供医疗及合理确定医疗费用，根据政令的规定，在预算的范围内，向都道府县给付交付金。

②保险费

依据《国民健康法》第76条，为了充实国民健康保险事业缴纳金的缴纳所需费用、统筹金的缴纳所需费用及国民健康保险事业所需费用，都道府县和市町村向作为被保险人的家庭的户主征收保险费；为了充实医疗给付所需费用及其他国民健康保险事业所需费用，国民健康保险组合向组合成员征收保险费，其中护理缴纳金所需费用向护理保险的第2号被保险人征收。国民健康保险费根据《地方税法》的规定可以国民健康保险税的形式征收，国民健康保险税在创设之初是为了解决国民健康保险的财政困难。为了征收的便利，大多数地方公共团体采取保险税形式，但在大城市采取保险费形式的地方较多。国民健康保险费税的赋税及征收等相关事项，或按照《国民健康保险法施行令》所规定的基准由条例进行规定，或按照《地方税法》规定的基准予以规定。

国民健康保险费额的算定机制是：按受益负担比例和按能力负担比例构成，其中，前者具体由被保险人均等比例和家庭平等比例构成，后者具体由收入比例和固定资产税比例构成。采取这种算定机制的原因在于，国民健康保险的加入者主要是自营业者等，其收入很难准确把握。此外，对于国民健康保险费税的赋税设定了限度额。依据《国民健康保险法》第77条，对于因自然灾害等生活明显困难时，市町村及组合根据条例的规定，对于有特别理由者可以减免或者缓征保险费；对于国民健康保险税，依据《地方税法》第717条，市町村长可以根据条例的规定减免税额。对于滞纳保险费者，采取要求返还被保险人证、发给被保险人资格证明书、全部或部分停止保险给付的措施。

7）审查请求。对于国民健康保险的保险给付处分或有关保险费及征收金的处分不服者，可向各都道府县设置的国民健康保险审查会提出审查请求。有关取消医疗保险的处分之诉讼，采取了审查请求前置主义，即须经行政复议后方可提起诉讼。依据《国民健康保险法》第110条第1款，征收医疗保险费及其他征收金或接受其返还的权利和接受保险给付的权利，以2年为时效。

3.《高龄者医疗确保法》的框架与主要内容

（1）《高龄者医疗确保法》的框架

2006年制定、2008年施行的《高龄者医疗确保法》创设了后期高龄者医疗制度，该制度采用社会保险机制，使日本的医疗保险制度结构发生了较大变化，并独具特色。该法共171条，由8章和附则构成，具体如下：

第一章总则（第1—7条），包括该法的目的、基本理念、国家和地方公共团体等的责任及法律用语的定义。

第二章推进医疗费用的适当化（第8—31条），包括医疗费用适当化的全国及地方计划、特定健康诊查的实施等。

第三章有关前期高龄者的保险人间的费用负担调整（第32—46条），包括前期高龄者交付金的数额计算、前期高龄者缴纳金等的征收及缴纳义务、前期高龄者相关事务费筹措金的数额等。

第四章后期高龄者医疗制度（第47—138条），规定了75岁及以上高龄者的医疗保险，包括后期高龄者医疗广域联合的设立、被保险人、后期高龄者医疗给付的范围、方式及额度、患者个人负担部分、费用免除、保险医疗机关提供医疗服务的义务、厚生劳动大臣对保险医疗机关的指导、作为医疗报酬审查支付机构的国民健康保险团体联合会和社会保险诊疗报酬支付基金、作为保险经费来源的国库负担、都道府县负担、市町村负担、保险费的计算与收取、不同主体对于保险经费的责任、财政安定化基金、特别高额医疗费共同事业、保险人的后期高龄者支援金等、后期高龄者医疗广域联合的保健事业、后期高龄者医疗诊疗报酬审查委员会、审查请求等权利救济的途径等。

第五章社会保险诊疗报酬支付基金的高龄者医疗制度相关业务（第139—154条），包括该基金在高龄者医疗制度中的具体业务等。

第六章国民健康保险团体联合会的高龄者医疗相关业务（第155—157条），

包括国民健康保险团体联合会的具体业务等。

第七章杂则（第157条之2—166条），包括为保持高龄者健康水平而辅助后期高龄者医疗制度运营的"保险人协议会"，以及时效、期间的计算等。

第八章罚则（第167—171条），包括有关后期高龄者医疗制度的违法行为及其处罚办法等。

（2）《高龄者医疗确保法》的主要内容

《高龄者医疗确保法》为了确保国民处于高龄期的适当医疗，采取制定医疗费适当化计划和保险人实施健康诊断等抑制医疗费的措施，调整65岁至74岁的前期高龄者保险人之间的费用负担，创设了以75岁以上后期高龄者为对象的独立制度。

1）法的目的与基本理念。为确保国民高龄期的医疗需求，本法旨在推进医疗费用负担适当化而采取各项措施的同时，基于国民共同连带的理念，通过有关前期高龄者的保险人间费用负担的调整，建立为后期高龄者提供适当的医疗给付等制度，力图实现国民保健和高龄者福祉水平的提高。本法的基本理念是，国民基于自助和连带的精神，在努力维持和增进健康的同时，公平负担高龄者的医疗费用。国家应为国民在高龄期保持健康提供获得适当保健服务的机会。

2）后期高龄者医疗制度的保险人和被保险人。依据《高龄者医疗确保法》第48条，市町村为了处理后期高龄者医疗事务，设立了由都道府县区域内所有市町村加入的后期高龄者医疗广域联合。该广域联合为保险人，其性质为公法人。依据《高龄者医疗确保法》第50条，被保险人是：①在后期高龄者医疗广域联合区域内拥有住所的75岁以上者；②在后期高龄者医疗广域联合区域内拥有住所的65岁以上75岁未满的瘫痪或经认定符合政令规定的障碍程度者。

3）保险给付的种类。保险给付的种类与健康保险和国民健康保险的给付种类基本相同，依据《高龄者医疗确保法》第56条，具体有：医疗给付及住院时伙食医疗费、住院时生活医疗费、保险外并用医疗费、医疗费、上门看护医疗费、特别医疗费及移送费、高额医疗费和高额护理合算医疗费。此外，根据广域联合的条例规定，可以提供独自的给付。

4）保险诊疗担当者与法律关系。本部分内容与《健康保险法》和《国民健康保险法》的相关规定大致相同，于此不再赘述。

5）保险给付费用的负担。关于保险给付的公费负担，公费负担5成，具体包括：国家除负担对象额的十二分之三外，还负担调整交付金十二分之一，都道府县和市町村各负担十二分之一。对于一件80万日元以上的高额医疗，国家和都道府县各负担对象额的四分之一。对于一件超过400万日元的高额医疗费，设立了特别高额医疗费共同事业，由广域联合的统筹金运营。市町村对于低收入者保险费的减额相当额，应从一般预算转入市町村的专用账户，其中都道府县负担四分之三。作为被保险人的后期高龄者在2008年和2009年的负担率为10%，此后，随着年轻人口的减少，以人口减少率的二分之一比例每两年提高负担率。公费负担和后期高龄者负担以外的部分，由支付基金调用向广域联合支付的后期高龄者交付金充当，该交付金由支付基金征收的后期高龄者支援金所构成，该支援金由健康保险和国民健康保险的各保险人征收的保险费来运营。后期高龄者支援金的金额，按照后期高龄者支援金调整率进行调整。

关于保险费，依据《高龄者医疗确保法》第104条，市町村征收保险费，但财政责任主体是广域联合。与国民健康保险相同，保险费按受益比例即被保险人均等比例和按能力比例即收入比例算定每一个被保险人的保险费，并设定了限度额。对于低收入者采取减轻缴费比例的措施。此外，都道府县还设立了财政安定化基金，由国家、都道府县和广域联合各出资三分之一，对未缴纳保险费者等提供借贷。

综上所述，关于后期高龄者的医疗给付费用，公费负担为百分之五十，其他医疗保险的援助金负担为百分之四十，后期高龄者自己负担原则上为百分之十，超过一定收入以上者则自己负担百分之二十，与工资收入基本相同者则自己负担百分之三十。

6）医疗费适当化计划。随着人口的老龄化，后期高龄者的医疗费不断上涨，成为深刻的社会问题。为此，《高龄者医疗确保法》专章规定了医疗费适当化的推进内容。主要包括：医疗费适当化基本方针及全国医疗费适当化计划、都道府县医疗费适当化计划、计划实效的评估、特定健康诊断等基本方针及实施计划等。依据《高龄者医疗确保法》第8条和第9条，厚生劳动大臣制定全国医疗费适当化和基本方针，每6年为1期，制定全国医疗费适当化计划，规定国家有关推进国民健康的保持、有效医疗的提供等应达成的目标事项。都道府县遵照基本方针，每6年为1期，制订都道府县医疗费适当化计划。

7）特定健康诊查等。为了推进国民健康的保持和抑制医疗费的上涨，厚生劳动大臣应制定有效实施特定健康诊查及特定保健指导的基本方针。保险人遵照基本方针，每6年为1期，制定有关特定健康诊查的实施计划。保险人对40岁以上的保险加入者，进行特定健康诊查。基于实施计划，根据特定健康诊查的结果，对有必要努力保持健康者，如对腰围超过85公分的男性或腰围超过90公分的女性，且血压超过一定基准者，根据厚生劳动省令的规定进行特定保健指导。[1] 但是，特定健康诊查等在事实上强制不努力预防生活习惯病的被保险人进行预防活动，易导致因国家过度介入个人生活而使二者处于紧张的关系。[2]

8）前期高龄者的财政调整。关于65岁以上75岁未满的前期高龄者，仍让其加入健康保险及国民健康保险，但创设了精细化的调整保险人之间负担不均衡的机制。为了调整因前期高龄者所在地区分布不均而引起的保险人负担的失衡，创设了按照各保险人的65岁以上75岁未满的加入者人数调整的机制。社会保险诊疗报酬支付基金为了调整上述不均衡，按照政令的规定，向保险人支付前期高龄者交付金。该交付金是由支付基金向保险人征收的前期高龄者缴

---

[1] 《特定健康診査及び特定保険指導の実施に関する基準》，2007年12月28日厚生労働省令157号，第4条第1款。

[2] 参见［日］菊池馨实：《社会保障法制的将来构想》，韩君玲译，商务印书馆2018年版，第24页。

纳金所构成。至于保险人之间的调整额，设定了全国平均的前期高龄者加入率，当低于全国平均的加入率时，应缴纳前期高龄者缴纳金；反之则获得前期高龄者交付金。

（三）日本医疗保险的制度实践及效果

本部分主要阐述日本医疗保险的主管部门和审议机构、经办机构与审查支付机构的运行状况，以及医疗保险的监督管理机制。

1. 主管部门和审议机构

在社会保障各制度中医疗保障是专业性最强、最复杂的领域，除了有专业知识的医生和官僚以外其他人很难介入到实际的政策制定过程中。长期以来，日本医疗政治中的主角是厚生省（2001 年以后为厚生劳动省）和医师协会（日语为“医师会”①）。前者以“给全体国民保障公平、优质的医疗服务”为目标，试图加强对医疗体系的控制；而以后者为代表的服务方则试图尽可能地维护医疗的专业性，排除官僚的干预。双方的对弈在基本医疗保险的覆盖范围迅速扩大的 20 世纪 50 年代和 60 年代达到高潮，甚至多次出现了医生总罢工等极端事态。但是经过长期的较量，一方面，医师协会部分地接受了政府的“管理医疗”和公平理念，以换来患者的增加和保险费用的收益；另一方面，厚生官僚们也逐渐认识到医生和专业人员在医疗保障中的重要性，尽可能地保证他们的专业自由（如自由开业制、按服务收费等）和经济社会地位。20 世纪 80 年代以后，厚生劳动省和医师协会的关系逐渐平和，甚至成为共同维护日本医疗保障制度的“战友”，以对抗来自财务省和产业界的削减医疗费的要求。

---

① 成立于 1916 年的日本医师会是以维护医生（尤其是拥有个人诊疗所或医院的“开业医”）利益为目的的行业组织，具有强大的经济资源和社会影响力。在第二次世界大战后的日本政治中，医师会是自民党的主要后援团体之一，曾被誉为“日本第一大利益团体”。近几年影响力有所减弱，与执政党的关系也比较密切。

除了厚生劳动省和医师协会，医疗政策制定的主要参与者还有牙科医师协会、医院协会等服务方团体，健康保险联合会、国民健康保险联合会中央会等支付方团体，日经联、联合等劳资团体，主管财政的财务省及政治家、学者等。以下着重介绍厚生劳动省内部有关医疗的主要部门，以及两个主要的咨询审议机构——社会保障审议会和中央社会保险医疗协会。

(1) 厚生劳动省

日本的医疗政策和立法具有很强的官僚主导特点，有医学教育背景的医疗官僚和文科出身的社会官僚在医疗保障政策的制定、管理运营、协调等方面发挥着重要作用。作为社会保障和劳动的主管部门，厚生劳动省组织庞大、业务繁多，其中与医疗保障直接相关的主要部门是医政局和保险局。医政局主管医疗服务提供体系（类似于我国的前卫生部），如医师等医疗服务人员国家资格、国立医院的运营、医疗机器和医药品的生产流通、社区医疗、居家医疗等。保险局主要负责医疗保险制度的运营，它是原厚生省中最有历史和权限的部门之一，担任局长的人物往往会升至厚生劳动省次官（官僚中的最高级别。长官由政治家担任）。原厚生省自 1938 年成立后一直是日本社会保障的唯一主管部门，厚生官僚有相对独立的认同感和自尊心。在医疗方面厚生劳动省同时监管供方和需方，因此政府部门内部的政策协调相对容易。20 世纪 90 年代中期以后，以首相为主的内阁对医疗政策的政治干预有所加强，但政策的具体企划、立案基本还是由官僚主导。

(2) 社会保障审议会

除了官僚主导，日本福利政治的另一特征是"审议会政治"，即通过众多的审议会来聚集不同利益集团和专家的意见，给政府提供政策建议。审议会本身是一个咨询机构，没有决策权，但它是社会不同利益集团向政府反映意见的官方渠道。厚生劳动省旗下也有众多的审议会，社会保障领域最重要的是社会保障审议会，下面设有二十几个分会和特别分会，如人口分会、儿童分会、年金分会、少子化对策特别分会，等等。社会保障审议会中与医疗相关的主要分会是"医疗分会"（负责医疗服务和公共卫生）和"医疗保险分会"（负责医疗保险），各分会由相关利益团体代表、各级政府代表、公益代表（大学教授等）等组成。如果政府想要进行某项改革或制定法律，一般会在既有的分会里或组建新的特别分会来进行研究和讨论，然后由厚生省有关部门起草法案向国会提交，以供审议和表决。这些审议会一般是公开的，事先可以申请去旁听，而且会议记录和资料基本都在网上公开。当然，审议会是政策决定的表面舞台，在议题上交到审议会以前很多都已经进行了水面下的交涉和调整，这些交涉和调整都是厚生劳动省官僚的主要工作之一。

（3）中央社会保险医疗协议会

中央社会保险医疗协议会简称中医协，是就医疗保险和诊疗报酬问题对厚生劳动长官提供咨询和政策建议的审议会，成立于1950年。中医协现在有20名正式委员和10名专业委员。正式委员的构成是支付方7人、服务方7人、大学教授等公益代表6人。日本的医疗服务价格（诊疗报酬）采用"单价 × 点数"的方式计算，单价为10日元，固定不变，所以医疗服务价格调整就是点数的调整，诊疗报酬表即点数表。该表每两年修订一次，由于关系到医疗保险支付方和服务方的切身利益，而且双方的利益在根本上是对立的，因此中医协里的点数调整往往会非常激烈，甚至出现退席、拒绝交涉等僵局。这时就需要厚生劳动长官或有影响力的政治家出面协调。本世纪初小泉政府上台以前，中医协不仅对个别项目的点数，而且对整个诊疗报酬的改定率也有很大的发言权。但是小泉政府以后，诊疗报酬的总改定率变为以首相为主的内阁决定事宜，由内阁综合宏观经济形势、老龄化进程、国民医疗费的情况等决定。2002年和2006年出现了前所未有的诊疗报酬负增长，引起了医疗机关和医务人员的强烈不满，直到2009年以后才转为正增长。目前，中医协的主要功能是在总改定率已定的情况下分配和调整个别服务项目的点数。

2.医疗保险的经办与审查支付机构

（1）医疗保险的经办机构

社会保险的经办机构在日语中称为保险人，负责参保人的资格管理（包括被扶养家属的认定)、保险费的征缴、保险给付及健康管理等。日本医疗保险的经办机构即保险人的构成等情况，如表3—3所示。

表3—3　日本医疗保险制度体系（2022年）

医疗保险名称	健康保险	共济组合	国民健康保险	后期高龄者医疗制度
保险人	全国健康保险协会 健康保险组合	各共济组合 （国家公务员共济组合、地方公务员等共济组合、私立学校教职员共济组合）	国民健康保险组合 都道府县·市町村	后期高龄者医疗广域联合
保险人数	全国健康保险协会1 健康保险组合约1400	85	约1900	47
加入人数	约6760万人 （其中：协会约3930万人、组合约2830万人）	约910万	约2850万人	约1890万
主要的被保险人	全国健康保险协会为中小企业雇员、健康保险组合为大企业雇员	国家和地方公务员、私立学校教职员	自营业者、依靠养老金生活者、非正规雇佣者等	75岁以上高龄者

资料来源：厚生劳働省《医疗保险制度の体系》（数据为2022年度预算基础数值），https://www.mhlw.go.jp/stf/seisakunitsuite/bunya/kenkou_iryou/iryouhoken/iryouhoken01/index.html，最后访问时间：2022年10月22日。

1）健康保险等雇员保险的经办机构。包括：

①健康保险组合

以大企业的雇员（被保险人）和其扶养家属为对象设立的健康保险组合是日本医疗保险的主要经办机构之一，拥有近100年的历史，至今在日本的医疗保险制度中起着举足轻重的作用。健康保险组合是由企业内的雇员互助组织发展起来的，因此注重劳资双方的参与和自主管理，有较强的社团性质。健康保险组合分"单一/联合组合"和"综合组合"，前者需要有700人以上的正式雇员，后者需要有3000人以上同一行业或同一地区不同行业的雇员。各健康保险组合可以自主决定保费水平，也可以支付法定给付项目以外的附加给付（如体检、预防、超过法定水平的伤病补贴金及运营保育园等）。2022 年度预算基础数值显示，日本约有 1400 家健康保险组合，覆盖约 2830 万人。健康保险组合的全国性组织为"健康保险组合联合会"（简称"健保联"），其代表支付方（尤其是大型企业的利益）在医疗保险政策的制定、诊疗报酬的定价等方面发挥着较强的影响力。健康保险组合解散时，其被保险人成为全国健康保险协会的被保险人，全国健康保险协会发挥着雇员保险的安全网作用。

②全国健康保险协会

以中小企业的雇员（被保险人）和其扶养家属为对象设立的全国健康保险协会是 2008 年改革后成立的公法人，管理全国的中小企业健康保险和船员保险。2008 年以前的政府管掌健康保险和厚生年金由原厚生省管辖下的"社会保险厅"长期负责，但是由于 20 世纪 90 年代以后该组织养老保险记录遗失等多种丑闻被披露，在 2006 年改革中社会保险厅被撤销，新组建了"日本年金机构"和"全国健康保险协会"两个独立机构。2022 年度预算基础数值显示，作为日本最大的一个保险人，其覆盖约 3930 万人，由各都道府县的协会支部设定保险费率。全国健康协会与中央政府关系紧密，该协会的理事长由厚生劳动大臣任命，理事由理事长任命。协会设有运营委员会，由被保险人、雇主及专家组成。各都道府县有协会的支部，并设立有三方代表构成的"评议会"。

③共济组合

基于前述共济组合各法，共济组合是以国家公务员、地方公务员和私立学校的教职员为对象设立的保险人。2022 年度预算基础数值显示，日本有 85 个共济组合，覆盖约 910 万人，各共济组合的保险费标准不同。这些共济组合和企业的健康保险组合的不同之处在于，前者除了医疗保险（短期给付）还管理养老保险（长期给付）和其他职业福利项目。由于兼管养老金，共济组合拥有巨额的基金和财产（包括全国各地的疗养设施、酒店等），具有较强的财团性质。共济组合的负责人不是经过选举产生，而是由主管部门任命，因此参保人的自治性较弱。

2）国民健康保险的经办机构。即保险人为国民健康保险组合和都道府县及市町村。2022 年度预算基础数值显示，国民健康保险的保险人约 1900 个，覆盖约 2850 万人。具体包括：

①国民健康保险组合

国民健康保险组合是国民健康保险制度中的特殊保险人，由同一行业的自营业或自由职业者组建，简称"国保组合"。律师、美容师、个人出租车司机、土木建筑业、个体饮食业等均有本行业的国民健康保险组合，一般以都道府县为单位，也有全国性的组合。国民健康保险组合虽是国民健康保险的保险人之一，但其性质与健康保险组合、共济组合相类似，具有较强的参保人互助性质。

②都道府县及市町村

1948 年国民健康保险被公营化后，由最基层的地方公共团体即市町村负责本地区的居民医疗保险。市町村以及上述国民健康保险组合以都道府县为单位组成"国民健康保险联合会"，共同运营与医疗保险相关的事务，如医疗费的审查支付、保健项目、制度宣传等。其全国性的组织为"国民健康保险联合会中央会"，主要负责高额医疗费的特别审查、全国国民健康保险信息系统的开发、对国民健康保险联合会的支援和调整等。近年来，国民健康保险的保险人由市町村改为市町村和都道府县的双重保险人。被保险人的资格管理、保费征收、体检等事务继续由离居民最近的市町村负责，而财政责任则转移至都道府县，保险费也从市町村单位变为都道府县单位。截至 2020 年 3 月末，保险人包括都道府县 47 个、市町村 1716 个，覆盖被保险人数约 2660 万人，①20 世纪 50 年代被保险人以农林渔业、自营业者为中心，现在非正规劳动者、依靠年金生活者和无业者占 7 成，实际的保险费率由各市町村根据各自的实际情况设定。

---

① 厚生劳动省资料《我国的医疗保险》（我が国の医療保険について），https://www.mhlw.go.jp/stf/seisakunitsuite/bunya/kenkou_iryou/iryouhoken/iryouhoken01/index.html，最后访问时间：2022 年 10 月 16 日。

3）后期高龄者医疗制度的经办机构。与国民健康保险不同，后期高龄者医疗制度从一开始就采用了都道府县制，保险人为都道府县广域联合，2022年度预算基础数值显示，都道府县广域联合共47个，覆盖75岁以上者约1890万人，被保险人的资格认定、医疗保险证的发放、保险费的算定、保险医疗费的支付等由该广域联合负责。由于都道府县地理范围较广，各种手续的受理、保险证的交付、保费的征收等具体操作仍由市町村代理。可以说，国民健康保险的都道府县及市町村经办机构形式参照了后期高龄者医疗制度的经办形式。

（2）审查支付机构

患者在医疗机关就医时发生的医疗费用中扣除患者自付部分后的剩余部分，本应由保险医疗机关向各保险人即经办机构申请支付。在日本，医疗保险参保人可以凭医疗保险证到全国任何一家医疗机关就医，而且经办机构也有约3433个。为了减少保险医疗机关和经办机构的申请、审查和支付成本，1948年日本成立了社会保险诊疗报酬支付基金，对健康保险的费用进行集中审查和支付。该基金除了东京的本部，在各都道府县还设有支部，具体对管辖范围内的保险医疗机关的诊疗报酬申请进行审查和支付。[①] 不过1961年重建后的国民健康保险的费用审查和支付业务不是由该基金负责，而是各都道府县的国民健康保险团体联合会负责。换言之，日本有两个审查支付体系，一个是社会保险诊疗报酬支付基金，另一个是国民健康保险团体联合会。除了医疗保险，这两个审查支付机构还负责高龄者医疗制度、医疗救助、分娩补贴金、特定保健指导等其他业务。2000年实施护理保险后，护理保险的审查和支付也归医疗保险审查支付机构负责。

出于对医生职业专业性的尊重，诊疗报酬的审查主要以形式审查为主。因为对治疗方法和内容的审查需要有医学背景的医生担任，而由于是同行，审查委员一般对治疗内容不会过多干预。近年来，随着医疗保险的电子化和信息

---

① 仅东京本部就有4000多名职员。该基金的理事长一般由退居二线的厚生劳动省官僚出任。

化，诊疗报酬审查也部分引进了电子审查，但是与其他国家相比，日本在医疗保险审查支付方面的信息化程度不是很高，这在很大程度上与分散型保险制度以及尊重医生专业性的传统有关。

3. 监督管理机制

（1）对保险医疗机关和医生的监督

对保险医疗机关和医生的监督主要由地方厚生局①负责。欲成立新的医院或诊所的医生或法人需向所辖地区的地方厚生局申请成为指定的保险医疗机关，地方厚生局长经咨询地方的社会保险医疗协议会后，批准保险指定。因为日本的保险外医疗控制非常严格，绝大多数的医疗机关都是保险医疗机关（整形、美容等除外）。对医疗机关而言，被取消保险医疗机关资格则基本就意味着无法继续经营下去。

如果发生虚报诊疗报酬等案件，地方厚生局首先对医疗机关及负责人进行"个别指导"，情况非常严重就会实行"监察"，监察结果倘若严重违反法律、情形极其恶劣，则取消被指定为保险医疗机关的资格、或取消保险医师的登记，并公布行政处分的内容。根据厚生劳动省发布的资料，2017 年全国接受个别指导的医疗机关有 4617 家，其中 66 家成为监察对象，13 家被取消保险指定医疗机关资格。加上 15 家在被取消制定前自主辞退保险指定的医疗机关，共有 28 家丧失了保险指定医疗机关的资格，具体为医科 8 家、牙科 19 家、药局 1 家。另有 18 名医生被取消保险指定医师资格，共收回 70 多亿的保险损失。违反内容大部分为假报、虚报诊疗报酬，而被发现的原因大多为参保人即患者的举报。②

（2）对医疗保险审查请求的处理

参保人若对医疗保险经办机构作出的有关被保险人资格、标准报酬、保险

---

① 全国共有 8 个地方厚生局，分别是：北海道、东北、关东信越、东海北陆、近畿、中国（日本的地方名称）、四国及九州。

② 厚生劳动省资料（https://www.mhlw.go.jp/stf/houdou/0000188884_00004.html）。

费及保险给付等行政决定不服，可以向审查机构提出审查请求。审查也分雇员保险和居民保险两个不同体系。

健康保险的审查采用地方和中央两级审查制度。负责一级审查的是地方厚生局和支局的社会保险审查官。中央则为社会保险审查会，成员由厚生劳动大臣任命，由委员长和5名委员组成，一般由经验丰富的厚生劳动省官员担任。当事人（参保人、雇主等）若对经办机构的处分（如参保人资格、被扶养家属的认定、保险给付等）不服，可以在3个月以内向地方的审查官提出审查请求。如果对地方审查官的审查结果仍有不服，当事人还可以在2个月以内向中央的社会保险审查会提出再审查请求。社会保险审查会的审查采用公开审理的方式，当事人和经办机构各自陈述自己的意见，经审查会内部的合意后进行裁决。如果当事人对再审查结果仍有不服，则可向法院提出诉讼。

国民健康保险和后期高龄者医疗制度的审查机构是于各都道府县设置的国民健康保险审查会和后期高龄者医疗审查会，由被保险人代表委员、经办机构代表委员、公益代表委员各3人组成。与健康保险不同，国民健康保险采用一审制，没有中央级别的审查会。另外，各种共济组合内部或联合会也设有审查会，同样由被保险人代表、经办机构代表、公益代表各3人组成。

（3）对企业和个人的监督管理

在日本，具有法人资格的企业以及雇佣5人以上的私人企业必须加入健康保险和厚生年金（农林水产业、饮食业、美容美发业等一部分行业除外），政府有关部门发放营业许可时相关信息就会转交给社会保险经办机构。但还是有些私人企业为了避免社会保险负担（厚生年金18.3%、健康保险约10.0%的一半），想方设法不加入社会保险。根据2017年厚生劳动省的调查，约有34万个事业所、156万人没有参加雇员社会保险。[①] 由于日本的税务、社会保险和

---

① 厚生劳动省资料，(https://www.mhlw.go.jp/file/05-Shingikai-12601000-Seisakutoukatsukan-Sanjikanshitsu_Shakaihoshoutantou/tekiyo.pdf)。

劳动保险（雇佣保险和工伤保险）分别属于不同系统管理，而且没有类似于我国的居民身份证制度，因此不同管理部门之间的信息共享不是很发达。如果雇主没有为雇员办理雇员保险，雇员只能参加所在地的居民保险，自己负担所有的保费。

对于那些没有在期限内缴纳保险费的企业和个人，经办机构会先给其发督促状。如果仍没有在期限内缴纳保险费就会发生延滞金，根据超过期间发生2.6%—14.9% 的利率。若情形恶劣，可以在未事先通知的情况下强制扣押财产，或处以 6 个月以下的有期徒刑或 50 万日元以下的罚金刑。

（四）日本医疗保险立法的特征及启示

日本的医疗保险法律制度自创设以来至今，坚持通过社会保险的方式，实现了全民皆保险的国家目标，为保障国民过上有尊严的安全和安心的生活，提供了坚实的制度保障。日本作为法治国家，其在医疗保险立法方面的经验值得我国参考或借鉴。

1. 日本医疗保险立法的形式特征

（1）以制定法律的形式建立和推进医疗保险制度

从前述日本医疗保险的立法进程可见，日本自建立医疗保险制度以来，针对不同的群体，制定了各自的医疗保险专门性法律或相关性法律，前者如《健康保险法》《国民健康保险法》《高龄者医疗确保法》，后者如《船员保险法》《国家公务员共济组合法》《私立学校教职员共济法》《地方公务员等共济组合法》，通过这些法律强力推行覆盖全民的医疗保险制度，并在制度实践中及时将政府的改革措施通过制定或修改法律反映在立法中，法治思维一以贯之，最终建成了可持续的高质量法定医疗保险制度。

（2）医疗保险立法精细化程度极高

日本涉及医疗保险的法律较多，且立法内容细致，以《健康保险法》《国民健康保险法》《高龄者医疗确保法》为例，《健康保险法》除附则外，正文共222条；《国民健康保险法》除附则外，正文共128条；《高龄者医疗确保法》除附则外，正文共171条。仅从条文的数量看，就可窥见其立法细致之一斑。并且，这些法律的实际条文数远不止于此，其中还有条之几甚至条之几之几的条文规定，如《健康保险法》除了有第7条之外，还有第7条之2—42，共41条，均为针对全国健康保险协会所做的专门详细规定。①若将类似条款加起来计算，该法实际上已经超过了300条。此外，从《健康保险法》第四章"保险给付"的法条数量看，从第52条至第122条均是有关保险给付的内容、范围和方式等规定，条文数量约占整部法律条文的32%以上。还有，关于该法第七章"费用的负担"，其法条规定从151条至第183条，条文数量多达33条，通过对有关健康保险医疗费用负担各主体的负担比例之详细规定，明确保障了健康保险医疗费用的财源。

总之，日本医疗保险立法的高度精细化为各方责任主体提供了明确的规范指引，这不仅使国民获得医疗保险给付的权利落到了实处，而且为行使公权力的行政主体依法行政提供了具体的制度依据，其自由裁量权受到了较大限制。还有需要强调的是，明确且精细化的医疗保险立法也划定了基本医疗保险与其他多层次的医疗商业保险的边界。由于医疗保险本身具有很强的专业性，加上日本相关立法内容规定精细，许多法律条文句子表述较长，若不加以专业的解读，一般人很难读懂条文的含义。因此，连日本的学者也认为，在日本的法律中，包括医疗保险法律在内的不少社会保障法律是最难懂的法律。

（3）医疗保险立法结构科学

从《健康保险法》《国民健康保险法》的立法结构看，主要由总则、保险人、被保险人、保险给付、费用负担、审查请求或不服申诉、罚则即法律责任等构

---

① 日本在修改法律时，除了全面修改外，一般保留原来的条文编号。若需中间增加新条文，就用"条之几"如"第7条之3"等编号。此时，该条文并不是某条如第7条的附属条文，而是独立的条文。

成，《高龄者医疗确保法》中第四章"后期高龄者医疗制度"的结构与前两部法律的立法结构基本相同。这种立法结构的安排，尤其是对保险给付内容、费用负担即医疗保险的财源构成和不服申诉的立法规定，鲜明体现了保障国民获得医疗保险给付权利的立法思想，对公民如何救济获得医疗保险给付的权利提供了明确的立法指引。

（4）医疗保险法律的立、改、废活动及时频繁

日本的《健康保险法》《国民健康保险法》自施行以来，已经历过数十次大大小小的修改，这从两部法律的附则内容之庞杂便可知晓。实际上，包括医疗保险在内的社会保障相关法律的立、改、废活动极为频繁的状况已成为日本社会不争的事实。其主要原因在于，包括医疗保险在内的社会保障本身具有流动性和目的性，社会保障的流动性意味着随着社会的发展，医疗保险的内容亦需要不断地加以调整和扩充，以实现制度的可持续发展；社会保障的目的性意味着医疗保险承载着不断提高和改善国民医疗质量及生活水平的重任，以确保国民能够过上有尊严的安全和安心的生活。

2. 日本医疗保险立法的内容特征

（1）体现实质平等和社会连带的立法理念

通过考察日本医疗保险的立法进程和内容，可以发现，第二次世界大战后日本的医疗保险法律制度是在《日本国宪法》第 25 条生存权理念的指引下得以重建和发展。在生存权理念指引下，20 世纪 60 年代初日本建立了国民皆保险体制，进入了"全民医保"时代。但是，自 20 世纪 80 年代至今，日本医疗保险法律的立、改、废活动频繁，在不断修改、完善《健康保险法》和《国民健康保险法》的同时，2006 年颁布了专门针对老年人的《高龄者医疗确保法》，由此形成了具有日本特色的医疗保险法律体系。21 世纪初，日本的医疗保险终于在各自分立的医疗保险立法中实现了所有参保人法定医疗保险待遇的平等给付；为满足患者多样化的需求，谨慎导入了保险诊疗和保险外诊疗并存的新制度；在国民医疗费的财源负担构造方面（见附表 1），不断增加政府财政投入

力度，并努力保持被保险人和雇主等缴纳保险费的公平性；为实现对前期高龄者医疗费用的均衡负担，建立了前期高龄者财政调整机制，通过各保险人以高龄者加入率为基准缴纳的缴纳金和获得的财政调整金即交付金的双向流动，最大限度地调适了制度间因高龄者加入率的不同而导致的负担不均衡问题；①75岁以上高龄者即后期高龄者医疗保险的医疗给付中，由各医疗保险人以后期高龄者援助金的形式承担4成费用。上述立法内容体现了从保险组织内部的成员连带发展到全体社会成员共同连带的思想，即鲜明的社会连带理念。②就本质而言，日本医疗保险所体现的社会连带，是突破了地域和职域界限的"国民连带"。③

　　与上述内容相一致，《高龄者医疗确保法》第2条明确规定该法的基本理念是："国民基于自助和连带的精神，在自觉因年老所伴随的身心变化而努力保持并增进健康之同时，公平负担高龄者的医疗所需费用。国民按照年龄、身心状况，在职域、地域或家庭中，应获得接受适当保健服务之机会。"再者，《健康保险法》第2条规定："鉴于健康保险制度为医疗保险制度的基础，为应对老龄化的发展、疾病构造的变化及社会经济形势的变化等，结合其他的医疗保险制度及后期高龄者医疗制度和与之密切相关的制度，应经常研究探讨健康保险制度，基于其结果，全面实施并确保医疗保险运营的效率、给付内容和费用负担的适当化及国民获得高质量的医疗服务。"该条规定也体现了实质平等和社会连带的理念。综上所述，从第二次世界大战后至今，随着日本社会经济的发展变化，日本医疗保险立法的理念亦产生了与时俱进的转变，即从生存权保障理念向国民实质平等和社会连带理念的转变。

---

①　国民健康保险中约有四分之三的前期高龄者加入，由于加入率明显较高，虽说采取财政调整的方式，但实际上，健康保险及共济组合等雇用保险通过缴纳前期高龄者缴纳金发挥着支援国民健康保险的作用。

②　李文静：《高龄化背景下老年人医疗保险之立法因应——日本老年人医疗保险立法之考察》，《比较法研究》2013年第3期，第97—99页。

③　[日]仓田聪：《社会保険の構造分析——社会保障における連帯のかたち》，北海道大学出版会2009年版，第292页。

（2）体现医疗给付的高度公平性

为国民提供"无论何时，无论何人，无论何处均可安心的医疗"，这是日本医疗保险制度孜孜追求的国家目标。日本医疗保险立法的公平性主要表现在：

第一，实现了国民皆保险即全民医疗保险。按照现行的医疗保险相关法律，所有人均须加入一种医疗保险，即医疗保险覆盖所有人。

第二，确保了制度间医疗给付的公平性。无论参加何种医疗保险，原则上医疗费的个人负担比例均相同。日本医疗保险法律分立，在各制度建立初期，不同法律之间保障水平存在着较大差距，但随着社会经济的发展，通过修改法律不断调整各制度间被保险人个人的负担比例，最终于本世纪初实现了各制度被保险人医疗费用个人负担比例相同和法定给付相同，原则上个人负担医疗费用的3成，6岁以下儿童负担医疗费用2成，70岁至74岁高龄者原则上负担2成，有一定收入以上者负担2成或3成，75岁以上的高龄者原则上负担1成，有一定收入以上者负担2成或3成，消除了不同制度之间保障水平的差距。还有，高龄者医疗费用的减轻可视为将年轻一代的收入向高龄者进行的再分配，体现了代际间的公平性。不过，医疗保险费的负担则因各制度而不相同，医疗保险采用"按能力负担、按需求支付"的原则，健康保险的保险费负担为按能力负担，即主要与收入挂钩，而国民健康保险的保险费负担则为按能力和按受益相结合负担，医疗给付主要采取服务给付方式，只有少部分为现金给付。

第三，患者可以自由选择医疗机关。按照保险诊疗的相关法律规定，在日本，根据个人需求，参保人凭一张医疗保险证就可以随时到全国任何一家医院或诊疗所就诊。而医生在何处开诊疗所（开设医院有地区医疗计划的限制），甚至挂何科目原则上都是自由的。之所以形成这样的特征与日本的医疗服务体系以民间医疗机关为主有关，而且大部分医院是从个人诊疗所发展壮大的，诊所和医院之间从一开始就无质的差异，这种医疗提供模式极大地方便了参保人的就医选择。①

综上所述，日本的医疗保险制度从立法上"保证了所有国民无论贫富都能接受相同的医疗机会"，②确保了制度的公平性。

（3）体现医疗保险的防贫性

为了防止因高额医疗费的支付而引发的贫困问题，日本医疗保险立法中规定了高额医疗费制度和高额医疗与护理合算制度。高额医疗费制度是指根据年龄和收入规定的个人支付医疗费用的上限，即个人支付医疗费封顶线。当医疗费和护理费的个人合计金额显著过高时，为减轻被保险人的负担，设立了高额医疗与护理合算制度。这两项个人医疗费用支付封顶线制度，有效解决了因病返贫和因病致贫问题，使国民可以过上安心的生活。"一个家庭不会因为有人患了严重疾病或手术比较困难的疾病而导致家庭贫困，也不会出现由于严重疾病需要高额医疗费而无法医治的情况。"③

（4）体现医疗保险国家责任的财政兜底性

为了构筑可持续的医疗保险制度，日本医疗保险立法规定国家承担医疗保险的财政基础责任，国库对国民健康保险、全国健康保险协会掌管健康保险、后期高龄者医疗制度承担着固定比例的财政负担，与保险费共同构成医疗保险的主要财源。目前，公费负担约占医疗保险财源的近4成（见附表1）。在体现多元制度体系的日本医疗保险立法中，为了维持制度的运行，公费除了发挥对不同制度的转移支付作用外，还发挥着纠正医疗费差距、维持国民皆保险体制及保持制度整体财政安定的功能。并且，在抑制医疗保险费的过度上涨、对保险外医疗和诊疗报酬、药品价格的严格控制及提高给付水平与保持公平性方面，也具有重要的作用。

---

① 当然，这种医疗提供模式也存在一定程度的过度医疗和医疗机构功能分化滞后。"首诊在社区"在日本也是尚未完成的改革任务。

② ［日］工藤征四郎：《日本的医疗制度》，陈小梅、黄富表译，《中国康复理论与实践》2013年第1期。

③ ［日］工藤征四郎：《日本的医疗制度》，陈小梅、黄富表译，《中国康复理论与实践》2013年第1期。

3. 日本医疗保险立法对我国的启示

我国基本医疗保险制度与日本医疗保险制度在形式上具有一定的相似性，均采取职域保险和地域保险为中心的多元制度体系模式，在制度推进过程中遇到的问题也具有一定的相似性，借鉴日本医疗保险的立法经验，今后，我国应在以下方面作出立法的努力。

（1）提高基本医疗保险制度的法定保障层次

目前，我国基本医疗保险制度的法律依据主要是《宪法》和《社会保险法》的相关原则性规定，而制度的具体实施仍主要依据政策性文件予以推进。"我国的医疗保险改革已经进行了 20 多年，亟待通过立法来促使这一重要制度走向定型。"[1] 中国共产党二十大报告提出："健全覆盖全民、统筹城乡、公平统一、安全规范、可持续的多层次社会保障体系。"具体到基本医疗保险制度，只有其安全规范运行，才能为民众提供稳定的预期和安心的生活。从日本医疗保险制度的发展历程看，立法先行是日本建立全民医疗保险制度的第一步。毋庸置疑，任何国家一部法律的制定，均有其特定的社会背景和历史文化等因素的影响，但是，立法先行更是法治思维的体现，依法治国就是要用法治思维解决民众关心的社会问题，我国应通过制定基本医疗保险法律来推进基本医疗保险制度，唯有如此，基本医疗保险制度才最安全规范。

（2）制定全国统一的具有可操作性的基本医疗保险法律

我国在基本医疗保险立法形式方面，目前采取的多元制度体系，这点与日本具有相似性。但是，我国的基本医疗保险制度已经历了 20 余年的发展，有相当的制度经验或教训积累，与日本医疗保险法律当初制定时的状况已不可同日而语。当前，在面对人口老龄化少子化、产业结构调整和信息革命时代所带来的一系列问题时，我国的基本医疗保险立法在借鉴日本医疗保险立法经验的基础上，应根据国情制定统一的即一元化的基本医疗保险法律，通过统一的基本医疗保险法律制度安排，保障公民获得公平的基本医疗保障。当然，制定出

---

[1] 华颖：《典型国家医疗保险立法及其启示》，《内蒙古社会科学》2020 年第 3 期。

来的基本医疗保险法律无论采取何种立法体系或形式，其都并非一劳永逸的规范，从日本医疗保险法律频繁的立、改、废活动看，良好的、可持续的基本医疗保险法律正是在不断的调整或修改中才得以完善，并最终走向定型。从这个意义上讲，立法者应不惧立法的困难和麻烦，尽可能制定出具有可操作性的细致的法律，并根据情况变化及时进行法律修改等立法活动。总之，涉及权利义务的法律规范内容越详细，政府的自由裁量权就越小，公民的权利保障就越能落实到位。

（3）明确平等保障基本医疗保险权利基础上的社会连带立法理念

我国目前的基本医疗保险由职工基本医疗保险和城乡居民基本医疗保险构成，但这两个制度的保障水平还存在着较大差距。并且，已参加基本医疗保险者中，居民基本医疗保险的参保人居多。此外，我国基本医疗保险虽然参保率已达 95% 以上，但仍有少部分人未被基本医疗保险所覆盖；各地医疗保险给付水平参差不齐，存在一定的地区差距；不同医疗保险制度之间的互助共济并未形成，等等。出现上述情况的原因，表面上看是国家层面的制度安排存在制度性缺陷或立法滞后，但深层次的原因则是我国基本医疗保险的立法理念仍欠明确所致。考察日本医疗保险的立法进程和内容可以发现，日本医疗保险的立法理念是在制度的不断推进实施过程中逐渐得以清晰明确。医疗关涉人的生命和健康，建立基本医疗保险制度就不能仅仅立足于经济发展的角度，还应从医疗伦理和人权保障等多角度充分予以考量。[①] 对于我国而言，健全覆盖全民、统筹城乡、公平统一、安全规范、可持续的基本医疗保险制度，就是今后追求的立法目标。这个目标反映在基本医疗保险立法的理念上，就是应确立平等保障公民获得基本医疗保险权利基础上的社会连带理念。

（4）科学设定提升民众生活安全感的医疗给付相关立法内容

日本的国民皆保险即全民医保不仅意味着人口意义上的全覆盖，而且意味

---

① ［日］菊池馨实：《社会保障法（第 2 版）》，有斐阁 2018 年版，第 430 页。

着医疗内容和医疗费用的全覆盖，也就是世界卫生组织所提倡的三维度的全覆盖。通过考察日本的《健康保险法》《国民健康保险法》《高龄者医疗确保法》之内容，给予我国的启示是：

第一，立法应明确医疗给付的具体内容。日本有关医疗给付的立法内容不仅具体细致，而且体现了较高的医疗给付标准，尤其是其中的高额医疗费制度和高额医疗与护理合算制度即个人支付医疗费封顶线制度，有效地防止了灾难性医疗支出对家庭的打击，从根本上解决了因病致贫和因病返贫的问题，这是公平性方面日本医疗保险领先世界和引以为自豪的主要原因之一。我国应确立先进的立法理念，取消目前基本医疗保险基金的最高支付限额，设定个人支付医疗费封顶线，为民众过上安心的生活提供立法保障。

第二，立法应明确规定参保人医疗给付待遇平等。日本虽实行分立的医疗保险制度，但所有制度的法定医疗保险待遇均相同。患者无论何时何地均可自由就诊。我国的医疗保险待遇也应消除制度间的差距，为参保人提供平等的基本医疗服务待遇。

第三，立法应严格控制保险外治疗即自费治疗。日本医疗保险对混合诊疗的高度谨慎给予我们的启示是，若允许存在广泛的保险外治疗，那么医疗机关为了盈利就会想方设法扩大保险外治疗内容，给患者推荐最新的检查设备和药品。其导致的结果是，无论政府如何加大对基本医疗保险的投入，也无法控制总医疗费的膨胀，患者之间的医疗差距也会不可避免地拉大，甚至有招致差别诊疗的危险。

第四，立法应明确基本医疗保险的财政负担和保险费用的筹资机制。日本对医疗保险的财政费用负担作出了明确具体的立法规定，筹资模式也因制度不同而有所差异。当制度的参保人主要为低收入者时，财政负担则为其提供合理的倾斜性资助。为实现我国基本医疗保险制度的可持续发展，基本医疗保险费用负担的制度设计内容法定化不可或缺。

附表 1　日本国民医疗费负担结构（以财源为分类标准）（2019 年）

财　源		比　例	
公共财政	地方	12.8%	38.3%
	国库	25.4%	
保费	被保险人	28.1%	49.4%
	雇主	21.3%	
其他	患者自负	11.7%	12.3%
	原因者负担（依据关于公害健康被害的补偿等法律及健康被害救济制度的救济给付等）	0.6%	

资料来源：厚生労働省《令和元 (2019) 年度 国民医療費の概況統計表 表 3 財源別にみた国民医療費・対前年度増減率・構成割合の年次推移》，https://www.mhlw.go.jp/toukei/saikin/hw/k-iryohi/19/index.html，最后访问时间：2022 年 10 月 22 日。

附表 2　《国民健康保险法》《健康保险法》《高龄者医疗确保法》
框架与内容对照表

法律名称\内容	《国民健康保险法》	《健康保险法》	《高龄者医疗确保法》
第一章	总则：规定立法目的，保险人（市町村及国民健康保险组合），国家、都道府县、市町村法定责任等内容	总则：规定立法目的及基本理念等内容	总则：规定立法目的，基本理念，国家、地方公共团体、保险人、医疗服务提供者法定责任等内容
第二章	都道府县及市町村：规定被保险人范围，排除适用情形，保险资格的取得、丧失等内容	保险人：规定全国健康保险协会及健康保险组合的设立、运营、业务、人员等内容	推进医疗费负担机制优化改革：规定优化改革基本方针、全国及都道府县优化计划、特定健康检查基本指南等内容
第三章	国民健康保险组合：规定国民健康保险组合的设立、运营管理、业务、人员、解散合并，被保险人范围，保险资格的取得、丧失等内容	被保险人：规定保险资格的取得、丧失，标准报酬月额制度等内容	调整前期高龄者与保险人之间的费用负担：规定前期高龄者交付金，前期高龄者缴纳金的征收、支付义务、数额等内容

续表

法律名称 内容	《国民健康保险法》	《健康保险法》	《高龄者医疗确保法》
第四章	保险给付：规定医疗给付（检查费、药剂与治疗材料费、处置费、手术费等）、住院时伙食医疗费、住院时生活医疗费、保险外并用医疗费、上门护理医疗费、特别医疗费、移送费、高额医疗费、高额护理合算医疗费等给付种类内容，以及给付限制内容	保险给付：规定医疗给付（检查费、药剂与治疗材料费、处置费、手术费等）、住院时伙食医疗费、住院时生活医疗费、保险外并用医疗费、上门护理医疗费、移送费、伤病补贴金、丧葬费、分娩育儿临时补贴金、分娩补贴金、高额医疗费等给付种类内容，以及给付限制内容	后期高龄者医疗制度：规定被保险人保险资格的取得、丧失，保险给付种类（医疗给付、住院时伙食医疗费、住院时生活医疗费、保险外并用医疗费、上门护理医疗费、特别医疗费、移送费、高额医疗费、高额护理合算医疗费，费用负担，高龄者保健事业）等内容
第五章	费用负担：规定保险费（根据被保险人家庭收入等标准综合计算确定）、国库负担（补贴）、都道府县补贴、市町村一般预算纳入金、财政安定化基金等内容	日雇特例被保险人：规定保险给付依据的标准报酬日额级别划分、保险给付种类等内容	与高龄者医疗制度相关的社会保险医疗费支付基金业务：规定了社会保险医疗费支付基金中的高龄者医疗制度相关内容
第六章	保健事业：规定国民健康保健事业、国民健康保险运营方针等内容	保健事业及福祉事业：规定健康保健事业及福祉事业内容	与高龄者医疗制度相关的国民健康保险团体联合会业务：规定了国民健康保险团体联合会中的高龄者医疗制度相关内容
第七章	国民健康团体联合会：规定国民健康团体联合会的设立、运营理念、业务等内容	费用负担：规定保险费（劳资双方对半负担）、国库负担事务费用、国家对保险给付费给予部分补贴等内容	杂则
第八章	医疗费审查委员会：规定医疗费审查委员会组织、权限等内容	健康保险组合联合会：规定健康保险组合联合会的设立、人员等内容	罚则

续表

内容＼法律名称	《国民健康保险法》	《健康保险法》	《高龄者医疗确保法》
第九章	审查请求：规定国民健康保险审查会的设置、组织、委员，审查请求的期间、方式，保健事业援助等内容	不服申诉：规定审查请求、再审查请求及与诉讼的关系等内容	
第十章	监督：规定对国民健康保险运营事业进行监督	杂则	
第十一章	杂则	罚则	
第十二章	罚则		
附则	附则	附则	附则

四、韩国国民健康保险立法研究报告 [①]

摘要：韩国国民健康保险于 20 世纪 60 年代起步，1976 年立法、1977 年强制实施，从大企业逐步扩大到小规模企业劳动者、农渔村地区居民直至全体居民。2000 年分立的保险经办机构整合为一，基金统筹层次提升，国民健康保险完成了制度定型。

韩国的国民健康保险由保健福利部主管，国民健康保险公团负责保险基金的经办管理。作为单一保险人，国民健康保险公团不仅负责征缴保费、支付待遇，而且代表所有参保人的利益，与医疗机构协商支付价格，具有强大的谈判

---

① 执笔人：陈诚诚，北京信息科技大学副教授，中国社会保障学会青年委员会委员；金炳彻，中国人民大学副教授，中国社会保障学会会员。

能力。审查评价院作为第三方机构对诊疗行为进行审查,医疗机构须通过审查评价院的审查才能获得公团的医疗保险支付。韩国的健康保险主要由保险基金和财政组成,其中保险基金的占比约80%,保险基金又分别由职工参保人和居民参保人两类群体缴费组成。其中职工参保人缴费由雇主和雇员(职工)各缴纳一半,职工参保群体实施被抚养人制度,即参保人一人缴费,参保人员、被抚养人均可享受健康保险待遇。居民参保人实施家庭缴费制度,即缴费主体以家庭为单位,全家人都可以享受待遇。职工与居民两群体的缴费负担类似待遇水平无差异。老年人、残障人等群体实施缴费削减制度。健保待遇支付倾向于保障大病、罕见病、灾难性医疗支出等。

之后的20余年时间里韩国健康保险的改革集中在支付方式、待遇政策和缴费体系三方面的改革。支付方式改革引导价值医疗、规范诊疗行为。待遇政策改革从提升大病保障、关注预防起步,逐步提升国民整体医疗保障水平,全面化解国民因疾病而引起的后顾之忧,同时向弱势群体倾斜。缴费体系改革力求平衡职工和居民两大类缴费群体,从筹资能力的角度科学改革缴费办法,并且让高收入群体多负担缴费,使国民健康保险更加体现公平正义的应有之义。

韩国健康保险通过小步、有序、渐进的方式实现制度定型,立法先行、以法定制、依法实施保证了政策的稳定性和权威性。通过修法使制度改革在保障制度公平的同时逐步提升国民整体待遇水平与基金使用效率。我国目前由于正处在提升医疗保险的高质量发展阶段,这些经验将为我国医保改革提供借鉴参考意义。

(一)国民健康保险发展变迁概述

1. 制度定型前的发展与准备

(1)政策立法与扩面

韩国的医疗保险制度探讨起步于20世纪60年代,从1977年开始推行医疗保险制度，以 500 人以上的大企业为实施对象，同年，国家通过社会救助为绝对贫困阶层提供医疗服务。其后医疗保险逐步覆盖小规模企业，1987 年考虑到恶劣的医疗环境，先将医疗保险覆盖到农渔村地区居民，比覆盖城镇居民早了 2 年。1989 年将医疗保险覆盖范围扩大到城镇居民，至此制度覆盖到全体韩国国民。2000 年分立的经办机构重组为由一个保险机构统合经办的体制，名称由原来的医疗保险更改为具有统括性医疗服务意义的国民健康保险。健康保险从 1963 年立法直至 2000 年，制度从自愿参保变为人人强制参保，从覆盖大企业到保障全民，成为真正意义上化解国民后顾之忧的一项稳定型国家政策（具体的制度变迁和立法进程见附表）。

（2）提升统筹层次

韩国健康保险制度变迁中最具特色的改革举措就是统一经办，整合经办的同时也提升了基金统筹层次，增加了基金抵御风险的能力。健康保险制度最初分为职工健康保险和居民健康保险两大部分①。在整合经办之前对于职工健康保险，大企业建立独立的职工健康保险经办，中小企业可根据地理位置合并建立若干个健康保险经办，居民健康保险则根据居住地的不同划分为若

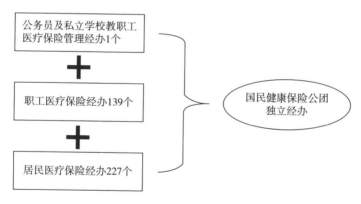

图 3—5　韩国国民健康保险制度的经办体系变化

---

① 　依据韩文直译为：雇员健康保险计划（被雇者制度）和地区健康保险计划（自雇者制度）。分别对应我国的职工医保和居民医保。

干个保险经办。在 1998 年之前韩国共有大大小小 367 个健康保险经办，包括 139 个职工保险经办、1 个政府与私立学校职工保险经办以及 227 个居民健康保险经办。参保人无权选择经办机构，而是根据就业状况和居住地区被分配在相应的保险经办中，各保险经办独立经营，自我管理，相互之间不存在竞争。

碎片化的健康保险经办带来了很多问题，首先，是筹资不公平问题。由于各保险统筹区都有权决定自己的保险费率，这意味着各医疗保险统筹区提供的待遇水平一致，但费率不同，这导致了明显的横向不公平问题。相对高收入和城镇居民，低收入和农村居民缴纳的保险占其收入的比例要高得多。此外，对农村地区而言，随着经济增长和城市化的加快，大量人口向城市转移，人口急剧减少且快速步入老龄化，加上相对较差的健康水平，参保人群的筹资能力降低而医疗需求却在增大，因此居民医疗保险统筹区普遍面临着严峻的基金支出压力。其次，众多的保险经办分散了保险资金，很多的保险统筹区本身规模就很小，所以保险基金对疾病风险的分担能力较弱。最后，分散的经营管理也推高了管理成本。1997 年统筹区的管理成本占保险总费用的 8.5%，显著高于加拿大 1.5% 及英国 2% 的水平。为了解决上述问题，韩国先后于 1998 年和 2000 年进行了两次经办整合，最终统一了经办机构，健康保险基金全部由国家健康保险公团统一运营管理。

2. 制度定型后的三项改革举措

（1）支付方式改革

2000 年政策框架定型后，健保制度进行了一系列的修订（详见附表 2）。近 20 年来主要有三项改革举措：首先，从提高健康保险基金使用效率的角度考虑，2001 年开始韩国启动健康保险支付方式改革。2000 年前韩国实行的是按诊疗行为付费制度，诊疗行为由政府统一出台指导价，改革后，通过公团理事长和医药团体代表之间的合同来确定收费制度。从 2001 年起对部分诊疗科目的七种疾病住院患者实施诊疗费定额制，此办法自 2012 年起在诊所和中小型医院实施，到 2013 年扩大到大型综合医院。此后，结合诊疗费定额制和诊疗行为分类收费制的特点，实施"新诊疗费定额制"（针对 553 个疾病）试点，此办法获得了医疗界的支持。

按诊疗行为分类的付费制度计算方式如下：首先，由保健福利部令（每五年调整一次）制定所有诊疗行为的相对价值分数，个别诊疗行为的单价（补贴单价）考虑物价上涨等因素，由公团理事长和医药团体代表进行协商。以药价为例，新药的价格须由制药公司和公团协商决定。

不同类型的医疗机构包括：设立医院的代表（大韩医生协会）、医院的代表（大韩医院协会）、药局代表（大韩药事会）、牙科医院代表（大韩牙科协会）、韩医医药界代表（大韩医师协会）、协助人员代表（大韩护士协会）等。若协商不一致，则由健康保险政策审议委员会审议决定。

$$\text{费用} \quad = \quad \underset{\substack{\text{RBRVS}\\\text{保健福利部公示}}}{\text{行为分类（相对价值）}} \quad \times \quad \underset{\substack{\text{公团和医药界协议}\\\text{（各类协议）}}}{\text{换算指数（各类价格）}}$$

图 3—6　韩国国民健康保险诊疗行为分类的付费方式

（2）待遇政策改革

为提高健康保险的保障水平，解决医疗待遇水平较低的问题，自 2005 年起以癌症疾病为重点，开始增强对重大疾病的保障。为进一步减少本人负担，文在寅政府时期推进了提高健保保障的一系列政策，被称为"文在寅医改"（2017 年文在寅政府发表的"增强健保的保障性对策"）。韩国虽然建立了普遍性的健康保障体系，且医疗费支出增长率低于 GDP 增长率，但长期被诟病个人自付比在 OECD 国家中相对较高。因此健保待遇政策改革主要包括两大方面：第一，提高对高费用支出疾病患者的报销比例，即重度疾病特例制度，韩国住院患者健保的个人自付比例为 20%，门诊患者的自付比例为 30%，癌症、脑血管疾病、心血管疾病、罕见疑难疾病等高费用负担重症疾病，个人自付比例降为 5%—10%。第二，扩大报销范围。包括四方面内容：1）高额诊断（MRI、CT、PET 等）项目原并不涵盖在健康保险报销范围，但对于重大疾患则实施例外原则。2）为进一步减轻国民的负担，将餐费、选择型医疗费和高级病房使用费等本人负担项目纳入健康保险报销范围。3）牙科治疗（口腔保险）也开始纳入报销范围，旨在扩大对弱势群体的保障。4）扩大对儿童、生育妇女、低收入群体的报销范围，降低本人负担率。

"文在寅医改"旨在要超过 2005 年"对癌症强化保障"和 2014 年朴槿惠总统选举承诺的"加强对四大重大疾病保障"政策。"文在寅医改"的政策核心是减少因病致贫的现象，实现"让国民不再为医疗费用担心"的政策目标。具体做法包括为：第一，消除制度的未覆盖部分：将治疗所需的非报销部分全部纳入医保范围的同时，加强美容、整形等非报销部分的管理。第二，医疗费用上限管理：即使非报销部分被纳入医保范围，如果对于弱势群体（老年人、儿童、妇女、残疾人等）的法定个人负担过重，依然会造成因病致贫的情况出现。因此进一步降低本人负担水平，根据收入水平设定本人负担上限，使政策向低收入层倾斜。第三，加强紧急情况补助：经过上述两项的政策支持后，也有可能会发生个别个人负担过重的情况，因此通过救灾型医疗费用补助项目提供医疗费用的兜底支援。

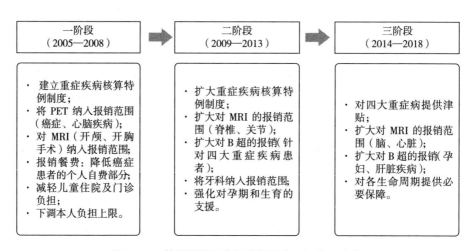

图 3—7　韩国国民健康保险待遇水平调整三阶段

（3）缴费体系改革

近20年来，韩国健保保费水平相对较低且上涨平缓（见图3—8）。随着医疗需求的增加和健康保险保障水平不断提升，保险费率水平亟待上涨，同时还要提高保险费征收体系的平衡性，即增强居民参保人和职工参保人之间缴费的公平。两大群体的保险费征收方法具有较大差异，缴费设计如何体现制度公平成为难点问题。居民参保人，除了考虑收入以外，征收保费时还需计算家户的财产和汽车等。因此在实践中出现了从职工参保人变更为居民参保人时，缴费额度激增的现象，所以缴费体系的改革力求平衡两大群体，改革办法是整体调整为以收入为中心的缴费体系，扩大征缴范围。

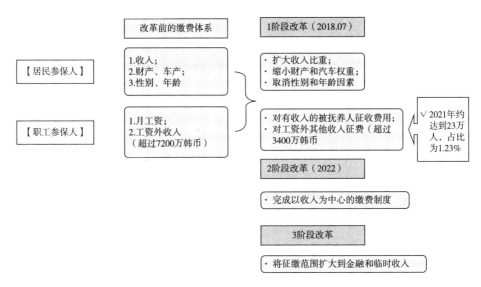

图3—8　韩国国民健康保险缴费体系改革三阶段

（二）国民健康保险法的基本框架与特色

现行的国民健康保险制度以《国民健康保险法》为基础，其细节内容根据总统令（国民健康保险法实施令）、保健福利部令（国民健康保险法实施规则等）和行政规则（通知、指令等）实施。韩国宪法第19条、第34条第1项及第2项，《社会保障基本法》第3条为《国民健康保险法》提供了立法

依据 ①。如图 3-9。

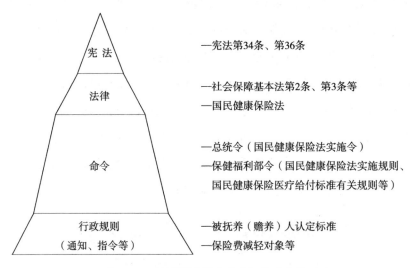

图 3—9　韩国国民健康保险相关法令体系

国民健康保险共有 8 个章节,119 个条文,主要内容如下:第一章总则(第 1 条至第 4 条)包括国民健康保险的目的、主要决策过程、法律概念及地位、制定健康保险综合计划等。第二章参保人(第 5 条至第 12 条),包括国民健康保险的适用对象、参保人类型和参保资格的变化等。第三章国民健康保险公团(第 13 条至第 40 条),包括国民健康保险公团作为保险人的作用、管理和运营事项等。第四章保险给付(第 41 条至第 61 条),包括国民健康保险支付的种

---

① 韩国宪法第 19 条规定:"老龄、疾病及其他没有劳动能力的人,依照法律规定受到国家保护。"韩国宪法第 34 条第 1 项及第 2 项规定了国民的基本生活权利和为实现这一目标国家增进社会福利的义务,这是社会保障制度的法律基础。《社会保障基本法》第 3 条规定:"社会保障"是指为消除或降低国民因生育、抚养、失业、老龄、残疾、疾病、贫困及死亡等社会风险,为国民提供必要的收入及服务,以保障国民生活质量的社会保险、社会救济、社会服务等。立足于自由主义原则,保障个人政治、经济、社会活动的自由,积极运作国家权力,消除自由经济引发的矛盾,从而实现"福利国家"。此外,《社会保障基本法》第 2 条规定了韩国社会保障制度的基本理念:"为保障所有国民的基本生活水平而提供最低生活保障,为提高所有国民的生活水平,建立制度并创造条件,实施执行过程中兼顾公平和效率,最终实现社会福利。"

类和范围、定点医疗机构的范围、支付方式、本人负担水平等。第五章健康保险审查评价院（第62条至第68条），包括审查评价院的作用、管理和运营事项等。第六章保险费(第69条至第86条)，包括保险费计算标准、征缴方式等。第七章异议申请及审判请求等（第87条至第90条），包括异议申请及行政审判等。第八章补充规定(第91条至第114条)包括法律时效、保护劳动者权益、提供资料、保存文件、报告和检查、罚款等。第九章处罚规定（第115条至第119条），包括处罚规则及罚款等。

1. 总则

《国民健康保险法》总则规定了政策的目的、主要决策过程、法律概念及地位、制订健康保险综合计划。关于健康保险政策目的为：通过为国民提供保险给付来改善国民的健康和促进社会保障，保险给付用于疾病和伤害、分娩和死亡以及改善健康的预防、诊断、治疗和康复。总则也规定了健康保险政策审议委员会的长官、成员的组成以及委员会应履行的事宜。

2. 管理体制与经办机构

健康保险法中的第一章总则、第三章国民健康保险公团、第五章健康保险审查评价院都涉及对健康保险的管理和经办主体的相关规定，主要包括了保健福利部、国民健康保险公团、健康保险审查评价院、健康保险政策审议委员会等主体，几大主体的关系如图3—10，下文将对各机构的作用、行使的权利及履行的责任逐一介绍。

（1）保健福利部

1）健康保险政策决策权。保健福利部为健康保险事业的主管部门，保健福利部长官首先具有政策决策权。负责制订和推进健康保险长期发展方向（社会保障基本法第16条）、制订和实施健康保险的主要政策推进方向（同法第18条）、决定健康保险主要政策措施等。长官主要决策事项包括：医疗给付的标准（第41条第2款）、公团和医疗机关代表之间签订医疗给付费用协商不一

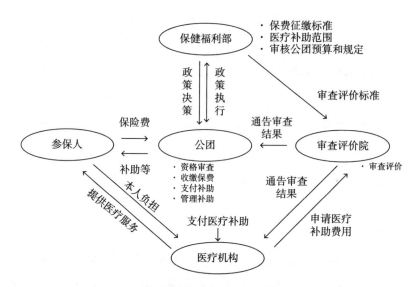

图3—10　韩国国民健康保险相关主体的关系图示①

致时的费用确定（第45条第3款）、职工参保人的缴费率（第73条第1款）及居民参保人的保险费分数单价（第73条第3款）。

2）审核权。保健福利部长官具有审核权，监管公团和审查评价院的法律行为是否合法以及妥当。具体内容如下：公团及审查评价院章程变更（第17条第2款，第68条）时需获得保健福利部长官的认可。公团及审查评价院的组织、人事、报酬及会计相关规定（第29条，第68条）、公团和审查评价院预算案及预算变更（第36条，第68条）、公团和审查评价院长期借贷（第37条，第68条）、结算书（《公共机构运营相关法》第43条第2款）、公团的保险费等滞纳处分（第81条第3款）等都须经过保健福利部长官审核同意。

3）机构成员的任免权。保健福利部长官对相关部门的主要人员有提名、委托、任命或解聘的权力。可以提名公团的理事长和审查评价院院长候选人（依照第20条第2款，第65条第2款，《公共机关运营相关法》第26条

———————
① 韩国健康保险公团官网：https://www.nhis.or.kr/。

第 1 款），可以任命公团及审查评价院的非常任理事。对健康保险政策审议委员会委员（第 4 条第 4 款），财政运营委员会委员（第 34 条第 3 款），健康保险纠纷调解委员会委员（第 62 条第 1 款）及健康保险公示审议委员会委员（第 73 条第 2 款）有任命和委任权。另外，如果公团及审查评价院职员不履行义务或责任、消极怠工时，保健福利部长官可以解雇相关机构的非常任理事，或要求公团理事长和审查评价院院长解雇常任理事。还可以向总统建议解雇公团理事长和审查评价院院长（依照《公共机关运营相关法》第 35 条第 3 款）。

（2）国民健康保险公团

健康保险的保险人是国民健康保险公团，公团是管理与经办健康保险的主体。保险人是指保险的经营者或经办主体。作为保险合同的当事人，是签订保险合同、征收保险金、实行保险给付并最终承担保险法律责任的权利和义务的主体。简言之，国民健康保险公团对整个健康保险事业负责，履行其职责并承担最终责任。

公团除了作为保险人履行经办的基本业务外，还根据第三方医疗机关实施的健康保险特性，执行"保险给付管理"业务。简言之，保险给付是指在遇到疾病或事故时提供的医疗服务。狭义的保险给付管理是指保险人须知悉医疗机构在数量或质量上是否为待遇人提供适当的治疗、是否采取了适当的措施等，广义的保险给付管理还包括对医疗服务的适当管理，即对医疗提供体系、医疗资源的管理，对药价以及诊疗程序的管理等。

综上所述，公团具体负责的事务有四项：1）管理参保人资格；2）征收保险费；3）依据和医药界代表人签订的价格合同对提供医疗服务的定点机构支付费用；4）保险给付管理。

另外，公团还须履行降低健保基金风险、增强基金可持续性的作用，还须具有引导预防疾病及提高国民健康水平的功能。公团承担财政运营责任，要努力减少保险事故风险，即疾病、受伤和死亡等。通过减少保险支付来降低支出，降低参保人的负担。通过稳定运营健康保险，最终实现国民健康水平和社会保障水平的提升。

（3）健康保险政策审议委员会

《社会保障基本法》第24条第3款规定，政府在社会保障制度的决策及实施过程中，应当让公益代表和利益相关方共同参与以保证民主决策。健康保险政策决定过程中，须邀请中央行政机关、公团、审查评价院及健康保险相关专家参与，并同时邀请保健医疗需求者一方的劳动者和雇主团体、农渔业团体、医药界相关利益团体参与决策（第4条第4款），组成政策审议委员会，保证在决策过程各利害关系人之间通过协商达成协议。

（4）财政运营委员会

由参保人及公益代表组建的财政运营委员会，主要负责审议并表决保险费调整等保险财政相关主要事项，以提高公团在决定保险财政相关事项时的合理性和民主性。委员会代表参保人的意愿，对执行公团业务的理事长和理事会起到一定的制衡作用。在公团理事长和医药界代表签订合同时，须经财政运营委员会的审议和表决，由财政运营委员会作出最终决定(第45条第5款)。此外，委员会还负责审议和表决单位参保人的缴费费率等特例事项、保险费等的亏损处理以及其他与保险财政相关的事项等。

（5）审查评价院

在实施《医疗保险法》阶段，由于经办机构数量较多，对报销费用的审查由各统筹区分别进行，这导致程序复杂且缺乏统一性，因此由各统筹区保险人团体医疗保险联合会履行了对医疗给付费用的审查职能。在经办机构统一后，保险人和医疗消费者提出了"为了用有限的资金运营健康保险事业，需要保险人履行医疗给付费用的审查"的主张，而医疗服务供方则提出"需要由客观中立的第三方机构进行审查"。最终考虑到医疗给付费用审查的正当性和其结果的可接受性，"建立专业、客观和公正中立地位的第三方机构"的主张较占优势，因而建立了审查评价院制度。

审查评价院的主要功能有三点：第一，保证医疗费用给付的公平性，通过具有专业性和客观性的审评员审查医疗费用，保证审评结果的公正性。第二，引导优质医疗服务。审查评价院不仅对诊疗的数量进行审查，而且对诊疗质量进行适当评价，引导医疗机构采取恰当的诊疗行为。从而达到促进医疗发展、向国民提供优质医疗服务的目的。第三，在经济、医疗行为方面对参保人予以充分保护。如上所述，审查和评价员以专业和客观的方式公正地审查医疗费用，评估医疗给付的内容及其质量的适当性，其最终目的是使参保人的权益得到最大化。不仅体现在有效率地使用保险金上，而且在医疗行为方面也得到充分的保护。

审查评价院主要的业务是审查医务人员的医疗行为，为有效履行审查评价院的业务院内设立了诊疗审查评价委员会，决定审查评价业务内容及制订相关各项标准。审查评价院的业务执行机关由理事会组成（法律第26条，第68条），诊疗审查评价委员会是为执行审查及评价业务的合议制咨询机构。

3. 参保人群与待遇人群

（1）参保人群

韩国健康保险参保的适用对象为居住在韩国国内的所有国民。在健康保险法中，规定了参保人群的适用除外对象：第一类是依据"医疗救助法"，领取医疗救助的人。第二类是根据独立有功者、国家有功者等礼遇的相关法律受到医疗保护的人。除此之外符合法律相关规定的人群均采取"强制"参加健康保险。

（2）待遇人群

韩国健康保险待遇人群的种类为三种：第一类职工参保人，即所有企业单位的劳动者、雇主、公职人员及教师。第二类居民参保人，即并非职工参保人及其被抚养人的所有人，如农民、渔民、个体户等。第三类被抚养人，主要指生计依赖职工参保人的人，收入及财产要低于一定的标准。在健康保险法上，对参保人的被抚养人与参保人的关系有明确界定：1）职工参保人的配偶；2）职工参保人的直系长辈（包括配偶的直系长辈）;3）职工参保人的直系晚辈（包括配偶的直系晚辈）及其配偶；4）职工参保人的兄弟或姐妹。

4. 筹资机制与给付方式

（1）筹资机制

健康保险基金分为三个部分组成：保费、财政补贴与其他。其中财政提供相当于保费收入 20% 的金额，包括了国库支援金（14%）（依照第 108 条）和健康增进基金（6%，主要为烟草税）（依照附则第 6619 号第 2 款）。其他收入为滞纳金、不当所得和其他应收款等。

为实现投保人之间收入再分配，根据投保人的收入，采用定率制征收保险费。缴费分为两部分群体，即职工参保人和居民参保人。2022 年职工健康保险缴费率为工资的 6.99%，由雇员和雇主各承担 50%，从工资中直接扣除，即计算公式为：

月保险费＝月工资 × 健康保险费率

居民参保人的月保险费计算公式则为：

月保险费＝保险费分数 × 分数单价

保险费分数以居民参保人家庭的财产、收入、汽车等为参数计算得出，分数单价则全国统一，2022 年的分数单价为 205.3 韩元。具体如表 3—4。

表 3—4　韩国国民健康保险征缴方式

项目	职工参保人		居民参保人
月保险费	月薪金额 × 保险费率（6.99%）		分配分数 × 每个分配分数相应金额（205.3 韩元）
保险费分担率	企业劳动者 —雇主：50% —本人：50%	公职人员： —本人：50% —政府：50% 教师（私立大学）： —本人：50% —雇主：30% —政府：20%	无
征收	月薪中扣除		参保人按照告知书的金额交费
交费日期	次月 10 日		

在职工健康保险缴费中，除了规定按照工资缴费之外，还规定了按照收入缴费的方法。主要是为了提高保险征费体系的公平性，并逐步过渡到以收入为中心的缴费方式中。目前，为年收入超过 3400 万韩元的职工参保人交费的计算公式为：

月保险费 ={(收入外所得 −3400 万元）×1/12} × 所得评价率 × 保险费率

其中所得评价率依照收入种类不同存在差异，例如利息、分红、企业盈利等为 100%，劳务、年金所得为 30%。并规定所得保险费的上限为 3,653,550元韩币。

韩国的健康保险制度致力于解决高额诊疗费问题，并且倾向于保护弱势群体。依照健康保险法对以下参保人的缴费减免：对位于岛屿等偏僻地区工作的参保人、居住在韩国的国外劳动者依法减免 50% 保险费。65 岁以上的参保人、依照《残疾人福利法》认定为"残疾人"的参保人、最高可减免 30% 的保费。居住在农渔村地区的地区参保人可减免 22%。而在国外工作，没有居住在国内的被抚养人的参保人、被教导所收容的人和军队服役者依照法律可以免除交纳保险费。

表 3—5　韩国职工健保缴费率和居民健保缴费分数
单价历年变化（2006—2022）①

年度	职工健康保险缴费率	居民健康保险缴费分数单价
2006	4.48%	131.4 元
2007	4.77%	139.9 元
2008	5.08%	148.9 元
2009	5.08%	148.9 元
2010	5.33%	156.2 元
2011	5.64%	165.4 元
2012	5.80%	170.0 元

---

① 韩国健康保险公团官网：https://www.nhis.or.kr/nhis/policy/wbhada01800m01.do。

年度	职工健康保险缴费率	居民健康保险缴费分数单价
2013	5.89%	172.7 元
2014	5.99%	175.6 元
2015	6.07%	178.0 元
2016	6.12%	179.6 元
2017	6.12%	179.6 元
2018	6.24%	183.3 元
2019	6.46%	189.7 元
2020	6.67%	195.8 元
2021	6.86%	201.5 元
2022	6.99%	205.3 元

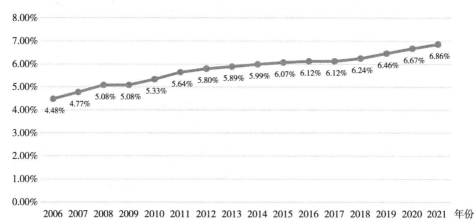

图 3—11　韩国国民健康保险职工缴费率增幅趋势图

（2）给付方式

1）待遇支付内容。韩国健康保险的支付分为两个部分，即服务和现金（依照第 41 条，第 44 条，第 49 条，第 50 条，第 52 条以及"国民健康保险医疗给付标准相关规定"等）。在服务支付方面，包括了医疗费用报销和健康体检。具体如表 3—6。其中，医疗费用报销指的是参保人遭遇疾病、负伤等情况时，支付在医疗机构诊疗的费用。这部分费用的范围比较广泛，包括了诊察、检查、诊疗材料、治疗、手术、预防、康复、住院、看护及陪护、移送等。健康体检包括了血检在内的 22 项体检以及癌症检查，癌症检查种类包括了胃癌、大肠癌、乳腺癌、肝癌、宫颈癌等。其中癌症检查个人自付 10%，但大肠癌和宫颈癌的检查费用由保险公团全额负担。在现金支付方面，包括：一是在参保人或被抚养人发生紧急或其他不得已的事由时，在保健福利部令规定的定点机构因疾病、负伤、生育等原因接受治疗，或在并非定点机构的地方生育的情况下，公团须支付诊疗费。二是报销超过本人负担上限的金额。以 120 天为标准，如患者的本人负担金额超过了 120 万韩元，则由公团对其超额部分进行补偿。三是在各辅助器具支付金额范围内，由公团支付购买费用的 80%。四是健康保险还为怀孕及分娩提供追加援助，支援金额为 60 万韩元。

表 3—6　韩国国民健康保险待遇支付种类

服务支付	—医疗费用报销 —健康体检
现金支付	—医疗费 —超过本人负担上限金额的补偿 —残疾人辅助器具补贴费 —怀孕／分娩追加援助

2）待遇支付比例。依照健康保险法，个人需要负担一定比例的医疗费用。根据住院或者门诊，以及医疗机构的种类不同，个人负担存在差异。其主要目的是避免待遇群体在使用医疗服务时，集中到上级综合医院看病。因此采取分级诊疗的方式。

表 3—7   韩国国民健康保险个人自付比 ①

	医疗机构种类	个人自付比
住院		医疗费用总额的 20%（癌症患者负担 5%，罕见病及重症疑难病患者 10%）
门诊	上级综合医院（第 3 次医疗报销机构）	检查费总额 100%+ 医疗费用总额的 60%
	综合医院	50%（行政区域上的洞） 45%（行政区域上的邑或面）
	药店	40%（行政区域上的洞） 35%（行政区域上的邑或面）
	医院	医疗补贴费用总额的 30%
	诊所	医疗补贴费用总额的 30%

注：韩国的"邑"相当于中国的"镇"，"面"相当于中国的"乡"，"洞"相当于中国的"城市街道"。

（三）国民健康保险法实践与效果

1. 小步、有序、渐进实现制度扩面

韩国从 1976 年医疗保险立法并强制实施，起步阶段覆盖群体为 500 名雇员以上的大企业，随后经历了 1979 年 300 名雇员以上大企业及公职人员、私立学校教职工起步，逐步扩大到 100 名雇员以上企业（1981 年）、16 名雇员以上企业及居民医保试点（1982 年）、5 名雇员以上企业（1988 年），发展过程呈阶梯状。随着经济社会发展，韩国国民健康保险制度从立法到最终全面覆盖，呈现小步、有序、渐进的发展态势，韩国的国民年金、健康保险以及长期照护保险发展都具有类似的特点。渐进式的发展路径保证了制度的顺利实施和平稳推进，同时立法先行、以法定制、依法实施保障了政策的稳定性和权威性，有序化解了韩国国民因疾病风险陷入贫困的后顾之忧，增进国民福祉、保

---

① 韩国健康保险公团官网：https://www.nhis.or.kr/chinese/wbheca02200m01.do?menuCd=C03&parentMenuCd=C&menuNm= 保险金 &parentMenuNm= 国民健康保险 &parentUrl=。

障了国民权益。目前健康保险几乎覆盖了所有的人群，如表 3—8 所示，职工健康保险、居民健康保险覆盖群体到 97.1%，剩下 2.9% 的群体被医疗救助覆盖。健康保险真正成为一项全民享有的普惠性的福利制度安排。

表 3—8　韩国国民健康保险覆盖人数（截至 2022 年 6 月份）①

分类		覆盖人口（千名）	比例（单位：%）
总计		52,909	100.0
健康保险	计	51,396	97.1
	职工健康保险	37,436	70.7
	地区健康保险	13,960	26.4
医疗救助		1,513	2.9

2. 公平正义的理念贯穿制度发展路径之中

韩国健保制度发展过程中，在给予国民提供健康保障的同时，社会保障所具有的公平正义理念也贯穿始终，体现在制度改革的方方面面。首先，统筹层次的提升。整合经办解决了诸多问题，最明显的是筹资不公平的问题，根据 2008 年韩国统计局数据，将所有参保者按收入分为 5 等分，最低收入组的缴费相当于最高收入组的 1/5，但获得的保险给付却较为接近，从最低收入到高收入组，获得的保险给付与保费支出的比例分别为 3.36、2.09、1.72、1.46 和 0.98②。其次，制度定型后，由于征缴体系分为职工和居民两大群体，两者缴费基数的计算方式不同，为了让两个群体缴费水平更趋近，对缴费方式统筹设计安排。同时为了平衡不同收入水平群体，对特殊群体实行缴费减免，对高收入群体设计另外缴费。其目的就是要促使不同群体的缴费公平，增强收入再分配的效果。研究发现，改革后将收入（居民为综合收入）分为 20 个等级，居民和职工参保人负担的保险费率曲线基本吻合，但由于职工参保人个人仅需要

---

① 韩国健康保险公团：https://www.nhis.or.kr/nhis/policy/wbhada01700m01.do。

② 李珍、蒋浩琛：《参保机制视域下韩国国民健康保险制度嬗变及其借鉴》，《社会保障评论》2021 年第 1 期。

负担总费率的一半，因此就个人的缴费负担来看，居民仍要高于职工①，这也是韩国国民健康保险征缴体系未来改革需要进一步解决的问题。

3. 政府、企业和个人权责明确、边界清晰

韩国国民健康保险基金由保险金和财政组成。如图 3—12 每年财政约 12%—14% 投入健保基金，其他部分约 6%—8%，约 80% 的保险金的缴纳由职工群体和居民群体两部分组成，居民个人缴费，职工缴费由雇主和雇员组成。即便是保险费率每年调整，缴费率仍然劳资各半，权责清晰。健康保险法明确了政府、企业和个人的权责边界，形成了稳定的制度框架。并且，健康保险法明确了各方参与谈判的民主机制，保证了制度的顺利实施。

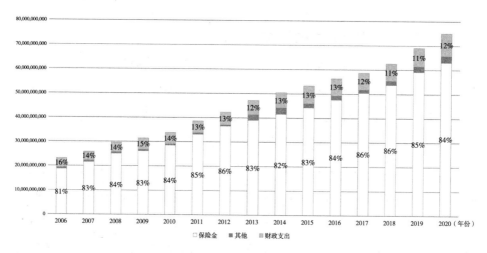

图 3—12　韩国国民健康保险各方筹资比例历年变化

4. 提升基金使用效率以保障制度的可持续性

随着医疗费用的增长，提高基金的使用效率、降低管理成本十分重要。韩国健保统一经办，提高了管理效率、降低了管理成本。整合后保险公司雇员减

---

① 서남규、안수지：《소득수준 판단 근거로서 건강보험료 분위의 적정성에 관한 연구》，《한국사회정책》 2021 년제 1 권。

少了 1/3，管理成本由 7.3%（2001 年）降低到 3.7%（2006 年），再到 3%（2010 年）。节约的管理成本用于救助低收入人群或扩大补偿范围。此外，统一的保险基金对疾病经济风险的分担能力提高了，而且由于统筹层次的提升，提高了保险公团在医疗服务市场的话语权，有利于医疗费用的控制和对医疗质量的监管。

近年来通过健康保险支付方式引导价值医疗，减少了基金浪费、提升了医疗质量。对于门诊次数、转院天数增长率控制比较严格，2012—2016 年年均增加率为 4.4%，在 2019—2023 年间控制在其 1/2 左右，即 2.2%。从住院天数增加率来看，2012—2016 年的平均增加率为 3.0%，2019—2023 年年均增加率在 1.5% 以下。抗生素处方率使用量从 2016 的 34.8% 降低到 2017 年的 39.7%。

5. 保障重大疾病、守护弱势群体

韩国国民健康保险的保障水平[①]由于低于OECD国家的平均水平，改革一直致力于提升待遇水平。通过改革，韩国健保在大病保障方面成绩突出。

表 3—9 韩国四大重症疾病的保障水平历年变化

（单位：%）

	2015 年			2016 年			2017 年			2018 年			2019 年			2020 年		
	保障水平	个人自付比	个人自费比	保障水平	个人自付比	个人自费比	保障水平	个人自付比	个人自费比	保障水平	个人自付比	个人自费比	保障水平	个人自付比	个人自费比	保障水平	个人自付比	个人自费比
总计	79.9	8.6	11.5	80.3	8.0	11.7	81.7	7.8	10.5	83.0	8.0	9.0	82.7	8.3	9.0	83.9	8.4	7.7
癌症	76.0	8.8	15.2	76.3	7.8	15.9	78.2	7.3	14.5	79.1	8.0	12.9	78.5	8.5	13.0	79.8	9.0	11.2
脑血管	77.1	7.7	15.2	79.6	8.1	12.3	81.4	7.7	10.9	86.5	6.3	7.2	86.7	7.3	6.0	87.8	7.0	5.2
心脏病	81.2	6.2	12.6	82.5	6.2	11.3	82.9	6.4	10.7	87.6	6.1	6.3	88.2	6.4	5.4	87.8	6.7	5.5
罕见病	86.1	9.1	4.8	86.2	8.9	4.9	87.6	8.9	3.5	88.2	8.5	3.3	88.4	8.5	3.1	89.7	8.0	2.3

资料来源：건강보험연구원：《건강보험환자 진료비 실태조사》통계정보보고서，2021.12.31.

---

① 保障水平概念等同于我国的实际报销比，计算公式为报销费用／（自付费用＋自费费用＋报销费用）。

表 3—10 韩国人均高额诊疗费前 30%（50%）疾病的健保保障水平

（单位：%）

年度	前 30%			前 50%		
	保障水平	个人自付比	个人自费比	保障水平	个人自付比	个人自费比
2020	82.1	10.5	7.4	80.1	12.6	7.3
2019	81.3	10.9	7.8	78.9	13.3	7.8
2018	81.2	10.5	8.3	78.9	13.0	8.1
2017	79.7	10.3	10.0	77.8	13.0	9.2
2016	77.3	11.2	11.5	76.6	13.2	10.2
2015	77.9	12.4	9.7	76.6	13.5	9.9

资料来源：건강보험연구원：《건강보험환자 진료비 실태조사》통계정보보고서，2021.12.31。

从表 3—9 和表 3—10 可知，韩国国民健康保险在保证四大重症和灾难性医疗支出方面表现很好，从 2015 年开始到 2020 年保障水平逐年递增，到 2020 年四大重症的保障水平合计达到 83.9%，高额诊疗费前 30% 和前 50% 疾病的保障水平分别达到了 82.1% 和 80.1%，此比例已经高于 2019 年 OECD 的平均值（74.1%）。

制度不仅对重大疾病保障水平高，而且低收入群体的受益更多。如表 3—11 所示，2020 年居民参保群体的健保保障水平与职工参保群体基本类似。但低收入参保群体的健保保障率要明显高于高收入群体，且收入越低，居民参保群体的健保保障水平要高于职工，个人自费比例越低。研究得出在较低收入群体中，居民群体的生活状态普遍比职工群体要差，但是高收入群体却出现了相反的情况①。可见，越是低收入群体，获得制度的保障越好。

---

① 정창률、권혁창、남재욱：《한국 건강보험 보험료 부담의 형평성에 대한 연구》，《사회보장연구》2014 년제 2 권。

表 3—11 2020 年依据收入等级职工和居民参保人群的健保保障水平

	职工参保人群的保障水平			居民参保人群的保障水平		
	保障水平	个人自付比	个人自费比	保障水平	个人自付比	个人自费比
1 等级	67.1	15.6	17.3	78.4	12.0	9.6
2 等级	64.0	17.5	18.5	68.4	16.0	15.6
3 等级	62.4	18.9	18.7			
4 等级	61.4	19.8	18.8	67.5	17.0	15.5
5 等级	62.1	18.8	19.1	67.3	17.1	15.6
6 等级	61.9	19.6	18.5	64.2	19.2	16.6
7 等级	62.0	19.5	18.5	61.9	19.8	18.3
8 等级	62.1	20.0	17.9	62.2	19.9	17.9
9 等级	62.1	20.4	17.5	61.2	20.3	18.5
10 等级	61.4	20.6	18.0	60.1	20.6	19.3

注：依照职工、居民参保人的保险费分为 10 个等级，10 等级为收入最高群体。居民参保群体的 2—3 等级较难区分因此一并统计。

资料来源：건강보험연구원：《건강보험환자 진료비 실태조사》통계정보보고서，2021.12.31。

（四）政策启示

1. 设计科学的缴费方式体现制度的公平性

实证研究发现，我国的城市居民和农村居民个人缴费占人均可支配收入比例低，因此农村居民和城镇居民医保等采取的平等筹资掩盖了城乡居民在医保筹资方面的不公平。在制度整合的过程中，因为目前尚未建立起完善的个人收入申报制度，且城乡居民收入差距非常大，因此采取平等的筹资安排实际上并不公平[1]。且我国在筹资政策设计时，采取居民自愿缴费、退休人员不参与缴

---

[1] 朱坤、张小娟等：《整合城乡居民基本医疗保险制度筹资政策分析：基于公平性视角》，《中国卫生政策研究》2018 年第 3 期。

费等方式①，这都使得筹资在不同群体之间产生不公平的现象。

韩国健保基于《国民健康保险法》，除医疗救助接受者与国家有功者等少数人外，全员强制参保，包括退休人员，对于部分弱势群体实施缴费减免政策。健保制度定型后一直致力于如何增进职工和居民参保人两大群体的缴费公平。整体来看，职工由于雇主和雇员共同负担缴费责任，相比于居民参保人，健保的负担偏低。改革致力于逐步增加职工中的高收入群体以及有能力的抚养人参与缴费，而对于居民参保人而言，在核算时增加综合收入的比重，减少财产、车产等比重，以力求让两群体之间缴费更加公平。韩国的居民参保人高低收入差距较大以及对于收入判断不准确的情况，因此如何在高低收入者之间进行平衡、科学的设计缴费基数仍然是未来亟待改革的部分，也有研究者提出可以通过消费来核算缴费基数。这些经验无疑对正处于制度定型期的我国提供了借鉴。

2. 提升基金统筹层次对抗风险

韩国健保无论是提高统筹层次，还是改革缴费方式和调整待遇支付，其政策目标都是为了更加促进社会保险的公平性，这也是我国医保制度发展一直追求的目标。我国在实践中，制度的公平性不足表现明显，目前，限于制度的统筹层次较低、地区间经济差异较大，筹资和待遇给付的公平性不足问题非常明显，这与韩国 2000 年提高统筹层次之前多个保险人的情况十分类似。我国绝大部分地区医保遵循属地化管理原则，各统筹区的医保政策内容不尽相同，各地的筹资比例不一致，各地基金池大小不一，抗风险能力存在差异。有学者呼吁应该在"十四五"期间应当确立全面做实法定医疗保险市级统筹，基本实现省级统筹的目标，促进制度的公平并增强制度在区域之间的互助共济功能②。

① 仇雨临、王昭茜：《我国医疗保险制度发展四十年：进程、经验与展望》，《华中师范大学学报》2019 年第 1 期。

② 郑功成：《"十四五"时期中国医疗保障制度的发展思路与重点任务》，《中国人民大学学报》2020 年第 5 期。

这一点从韩国 2000 年制度整合后便可发现，统筹层次的提高一方面收入再分配效果显著，另一方面提高了管理效率、降低了管理成本，且对疾病经济风险分担的能力提高了，提升了医保在医疗服务市场的话语权，有利于医疗费用的控制和对医疗质量的监管①。

3. 增强大病保障化解后顾之忧

我国现行的城镇职工基本医疗保险和城乡居民基本医疗保险两项制度并行，虽然执行了统一的医保目录和定点管理政策，但两者的待遇水平仍然差距较大②，并且两者的医保政策调整内容和频率不一致，因此导致二者之间的差距呈现出逐年扩大的趋势。且我国的城镇职工基本医疗保险有个人账户制度设计，导致职工和居民在待遇方面差异更大。且地区间的待遇标准和目录范围呈现碎片化，部分地区在基本医疗保险待遇清单的基础上扩大了清单范围③，因此在待遇标准上，不同群体、不同地区差异仍然较大。

韩国的健保以支定收，所缴纳的保险费全部进入社会统筹基金池，无个人账户制度。在待遇支付上，居民和职工参保人、被抚养人全部统一，基金支付比例的差异只体现在诊疗场所以及诊疗项目上，无地区和群体差别。随着近些年个人医疗费用支付比例较高，不在医保报销范围内的项目在增加，因此，在过去十年中，健康保险的报销比例持续在 60% 左右。政府对制度的保障性比较重视，从 2017 年的 62.7% 的报销率提高到 2022 年的 70%。除此之外，从实际的保障情况来看，基金对于重病、灾难性支出的保障更高，对于低收入群体，尤其是低收入的居民群体的保障性更好，个人自费的比例更低。制度并非仅仅指向"均等化"，而更加倾向于弱势群体，较好地呈现了社会保险应有的

---

① 李珍、蒋浩琛：《参保机制视域下韩国国民健康保险制度嬗变及其借鉴》，《社会保障评论》2021 年第 1 期。

② 顾海：《统筹城乡医保制度、与收入相关的医疗服务利用和健康不平等》，《社会科学辑刊》2019 年第 2 期。

③ 关博：《"十四五"时期"全民医保"的风险挑战与改革路径》，《宏观经济管理》2021 年第 3 期。

公平正义的属性。这对于我国在不同群体、不同地区之间待遇公平的制度设计有着较大的启示意义。

附表 1 韩国健康保险立法进程

20 世纪 60 年代以前 政策探讨期：				
	法律进展	内容推进	发展重点	经济社会等条件
1950 年		私营部门开始了类似于医疗保险业务的探索，为工会工人及直系亲属提供医疗保险服务		1948 年成立了韩国政府、1949 年成立了卫生部、1955 年社会事务部和卫生部合并成立卫生和社会事务部

20 世纪 60、70 年代 由自愿向强制的发展阶段，政策开创期：				
	法律进展	内容推进	发展重点	经济社会等条件
1963 年	制度《医疗保险法》，开始自愿性医疗保险的探索	允许 300 人以上企业自愿设立保险组合，为加入者提供医疗保险，无独立收入来源的直系亲属可作为被抚养人免于缴费而加入医疗保险制度	职工医疗保险，适用对象包括公司雇员、雇主、公务员、教职工等	经济和社会发展为卫生领域带来一定突破
1970 年	对《医疗保险法》进行修改	将职工、军人、公务员列入强制参保范围，将个体经营者归为自愿参保对象		政治经济形势动荡不定、国家财政能力有限且经济发展优先等原因，仅批准了几个示范性医疗保险组合
1976 年	全面修改《医疗保险法》，真正走向强制性、实质化发展阶段	开始为超过 500 名雇员的公司雇员建立强制性医疗保险，推动了长期处于停滞状态的医疗保险事业		经济迅猛发展
1979 年		为超过 300 名雇员的公司雇员建立强制性医疗保险制度，并成立公教医疗保险组合，针对公职人员和私立学校教职工实施医疗保险		

续表

	法律进展	内容推进	发展重点	经济社会等条件
1981 年		对 100 人以上的公司雇员建立强制性医疗保险制度，并将 5 人以上的公司雇员制定为自愿适用对象		
1982 年		将 16 人以上的公司雇员纳入强制性医疗保险制度		
1988 年		将 5 人以上的公司雇员纳入强制性医疗保险制度		

20 世纪 80 年代
由雇员向全体国民扩展，政策扩大期：

	法律进展	内容推进	发展重点	经济社会等条件
1981 年		韩国对 3 个试点地区的自雇者开展地区医疗保险试点	对居民自雇者的医疗保险制度不断推进，居民医疗保险制度的建立和强制加入特征标志着韩国实现了医疗保险的全民覆盖	
1982 年		扩大居民医保试点		
1988 年		以家庭为基本参保单位分别建立了适用于农村、城市的地区医疗保险制度		
1989 年		整个医疗保障体系包括政府为低收入人群提供保障的医疗救助制度以及医疗保险制度，医疗保险制度有两项并行制度，即职场医疗保险和居民医疗保险		

20 世纪 90 年代以后
由二元走向统一，政策完善期：

	法律进展	内容推进	发展重点	经济社会等条件
1998 年	《国民医疗保险法》	韩国进行第一次保险经办的统合，将公教医疗保险经办及 227 个居民医疗保险经办合并，组建了国民医疗保险管理公团		
2000 年		国民医疗保险管理公团进一步和 139 个职工医疗保险组合合并，组建国民健康保险管理公团，由其负责全国医疗保险相关事宜，并将医疗保险更名为健康保险	韩国实现了居民和职工两个保险制度各自统一的保费标准和全国统一的管理运营体系	

	法律进展	内容推进	发展重点	经济社会等条件
2002年	《国民健康保险金融合并特别法》	进一步实现健康保险财务的一元化，将居民和职工健康保险合并为全国性的单一资金池	实现了韩国健康保险制度管理、经办和资金的一体化	韩国的城镇化水平达80%以上，非农业化水平达90%以上，这为单一制度覆盖提供了物质基础和社会经济条件

附表 2　韩国健康保险立法及历次修法概要一览图

时期	立法及修法（讨论热点）	具体内容
1963年12月16日	颁布《医疗保险法》	雇用300名工人及以上的用人单位可自愿建立医疗保险协会
1964年6月5日	制定《医疗保险法实施条例》	
1970年8月7日	修订《医疗保险法（第一次修订)》	建立起为企业职工、军人、政府工作人员和个体工商户强制建立的医疗保险协会的法律基础
1976年12月22日	全面颁布《医疗保险法（第二次修订)》	雇用500名工人及以上的企业职工将被强制纳入医保范围（公务员、私立学校雇员和军事人员除外）；实行医疗保险社会制度
1977年1月13日	韩国医疗保险协会联合会（FKMIS）的创始人召开大会	成立韩国医疗保险协会联合会
1977年3月12日	全面修订《医疗保险法实施条例》	雇用500名或以上工人的工业雇员被强制纳入医保范围
1977年6月8日	保健和社会事务部通报了医疗服务和医疗保险药品价格	
1977年7月1日	第一类医疗保险协会(编号486)业务启动	
1977年11月28日	韩国医疗保险协会联合会获得法人团体的批准	
1977年12月31日	颁布《公务员和私立学校雇员医疗保险法》	

续表

时期	立法及修法（讨论热点）	具体内容
1978 年 8 月 11 日	成立韩国医疗保险公司	为公务员和私立学校的员工管理保险业务
1979 年 1 月 1 日	韩国医疗保险公司业务启动	
1979 年 4 月 7 日	修订《医疗保险法实施条例》	第一类医疗保险的覆盖面扩大到雇用 300 名及以上工人的企业
1979 年 4 月 17 日	修订《医疗保险法（第三次修订）》	医疗保健机构被强制指定为医疗保险照料服务的提供者
1979 年 7 月 1 日	雇用 300 名及以上工人的用人单位被包括在内	新成立 26 个地区协会；医疗福利的医疗费用审查和支付由 FKMIS 负责
1980 年 10 月 31 日	修订《医疗保险法实施条例》	医疗保险覆盖范围被强制扩大到雇用 100 人及以上企业职工，自愿扩大到雇用 16 人及以上的企业职工
1981 年 1 月 1 日	雇用 100 名及以上工人的用人单位被纳入保险范围	
1981 年 4 月 4 日	修订《医疗保险法（第四次修订）》	建立职业和个体工商户医疗保险协会（第二类）的法律基础
1981 年 7 月 1 日	在三个农村地区开展第一批个体工商户医疗保险试点项目	
1981 年 9 月 30 日	FKMIS 已改组为一个合法的公共司法机构	
1981 年 12 月 1 日	建立职业医疗保险协会（指为艺术家、理发师、美发师设立）	
1981 年 12 月 31 日	修订《医疗保险法（第五次修订）》	FKMIS 建立医疗保险审议委员会；建立社团间联合项目的法律基础
1982 年 7 月 1 日	第二批个体户医疗保险试点在两个农村地区和一个城市地区开展	
1982 年 12 月 21 日	修订《医疗保险法实施条例》	强制将第一类医疗保险覆盖范围扩大到雇用 16 人及以上企业的从业人员，并自愿扩大到雇用 5 人及以上企业的从业人员

续表

时期	立法及修法（讨论热点）	具体内容
1984 年 5 月 1 日	配药与处方分离试点项目在木浦市实施了 8 个月	
1984 年 12 月 1 日	实施"东方医养"试点	
1984 年 12 月 31 日	修订《医疗保险法（第六次修订)》	受养人的范围扩大到被保险人配偶的父母；领取福利金的待遇期限由患病 180 天改为一年内 180 天；医疗保险期限变更，第一类医疗保险→产业工人医疗保险第二类医疗保险→自雇及职业医疗保险
1985 年 12 月 25 日	修订《医疗保险法实施条例》。	职工月标准工资等级由 41 级调整为 53 级；在分级诊疗模式下，建立了门诊定额自付医疗费用制度
1987 年 2 月 1 日	东方医疗照料服务作为全民医疗保险待遇加以提供	
1987 年 12 月 4 日	修订《医疗保险法（第七次修订)》	受养人的范围扩大至被保险人的直系后代配偶、兄弟姐妹；介绍了被保险人暂时退休资格延续的可选择性；FKMIS 的名称改为 NFMI（美国国家医疗保险联合会）；联邦政府被迫设立保险金融稳定基金；重新调整受益期限的限制规定
1988 年 1 月 1 日	农村地区自雇人员被纳入医保范围	
1988 年 7 月 22 日	修订《医疗保险法实施条例》	雇用 5 名或 5 名以上工人的工业职工被强制保险
1989 年 7 月 1 日	城镇个体工商户被纳入医保范围	实现全民医疗保险
1989 年 10 月 1 日	药房作为医疗保险待遇的提供者	
1994 年 1 月 7 日	修订《医疗保险法（第八次修订)》	产业工人医疗保险缴费比例由 3%—8% 调整为 2%—8%；65 岁及以上老年人的医疗保险待遇期由一年 180 天提高到一年 210 天；生育津贴从受保妇女和受保妻子扩大到受保妇女和受抚养妇女

续表

时期	立法及修法（讨论热点）	具体内容
1994 年 8 月 1 日	修订《医疗保险法实施条例》	被保险人丧失医疗保险资格后的医疗保险待遇期限由 3 个月延长至 6 个月；患者分担药师处方和配药费用的比例从整体费用的 60% 下降到 40%；保险公司分担高成本福利的比例从总体缴费的 10% 提高到 20%
1994 年 12 月 31 日	修订《医疗保险法（第九次修订)》	《国家功勋人物法案》改为《国家功勋人员光荣待遇法》等
1995 年 8 月 4 日	修订《医疗保险法（第十次修订)》	医疗保险待遇期由每年 180 天延长至每年 210 天；65 岁以上、有国家功勋的残疾人士等不再有最长待遇期限
1995 年 12 月 29 日	修订《医疗保险法实施条例》	虽然当月账单不超过 500000 韩元，但如果 30 天内费用金额超过 500000 韩元，则应给予缴费人赔偿；1996 年，待遇期从每年 210 天延长到每年 240 天
1996 年 1 月 1 日	可报销服务清单扩大	电脑断层扫描（CT）被列入可报销服务项目；在 1997 年待遇期由每年 240 天延长至每年 270 天
1997 年 1 月 13 日	修订《医疗保险法（第十一次修订)》	《国家功勋人物法案》改为《优待扶助国家功勋人员法》等
1997 年 12 月 13 日	修订《医疗保险法（第十二次修订)》	取消听证条款
1997 年 12 月 31 日	修订《医疗保险法（第十三次修订)》	有关条款是根据自 1998 年 10 月 1 日起颁布的《国民健康保险法》的规定制定的；待遇期限由每年 270 天延长至每年 300 天
1998 年 2 月 8 日	修订《医疗保险法（第十四次修订)》	废除医疗机构定点和注销方案；介绍了医疗机构暂停治疗或替代暂停治疗的附加费的方案
1998 年 10 月 1 日	全国医疗保险公司开始了它的业务	
1999 年 2 月 8 日	颁布《国民健康保险法》（自 2000 年 1 月 1 日起施行）	保险待遇范围扩大到预防疾病和康复；所有保险公司均并入单一保险公司，即国民健康保险公司；独立的卫生保健审查和评估组织，即医疗保险审查机构成立；介绍了确定医疗费用的合同制度

续表

时期	立法及修法（讨论热点）	具体内容
1999 年 12 月 31 日	修订《国民健康保险法》	财务会计被分为在固定期限内对雇员和自营职业者的财务；《国民健康保险法》生效日期被推迟到 2000 年 7 月 1 日
2000 年 7 月 1 日	实施《国民健康保险法》	实行处方药与配药相分离
2001 年 5 月 24 日	修订《国民健康保险法》	修改了《医疗救助法》中的条款，并实施相关条款
2002 年 1 月 19 日	制定了《保障国民健康保险财政稳定的特别法案》（自 2002 年 7 月 1 日起施行）；修订了《国民健康保险法》	将雇员与自营职业者之间的财务会计分类延长到 2003 年 6 月 30 日
2002 年 12 月 18 日	修订《国民健康保险法》	建立了新的保险待遇批准申请制度；不包括医疗用品直接缴费制度
2003 年 7 月 1 日	国民健康保险事业计划会计核算体系于 2003 年 7 月 29 日进行整合	将职工保险与自营职业者保险分离的财务会计制度进行整合
2003 年 7 月 29 日	《国民健康保险法》于 2003 年 7 月 29 日修订	国民健康保险公司可以从私人保险公司获得详细的支付信息；新增了国家政府等免费提供信息的规定
2003 年 9 月 29 日	《国民健康保险法》于 2003 年 9 月 29 日修订	韩国孤儿药物中心注册为医疗机构
2004 年 4 月 30 日	《国民健康保险法》于 2004 年 4 月 30 日修订	为军事人员等提供保险待遇
2004 年 7 月 1 日	《国民健康保险法》于 2004 年 7 月 1 日修订	引入共付限额制度
2005 年 1 月 27 日	《国民健康保险法》于 2005 年 1 月 27 日修订	国民健康保险公司诱使受益人向国家税务机关如实报告其收入
2005 年 7 月 13 日	《国民健康保险法》于 2005 年 7 月 13 日修订	为囚犯提供保险待遇
2006 年 10 月 4 日	《国民健康保险法》于 2006 年 10 月 4 日修订	供款及豁免的计算日期更改；推出电子通知系统
2006 年 12 月 30 日	《国民健康保险法》于 2006 年 12 月 30 日修订	废除了标准化月工资的等级分级制（1 级—100 级）；扩大符合减少缴费资格的被保险人人数

时期	立法及修法（讨论热点）	具体内容
2007 年 12 月 14 日	《国民健康保险法》于 2007 年 12 月 14 日修订	新增职工工伤保险基金和医疗保险基金的受益范围和费用调整办法
2008 年 1 月 28 日	修订《国民健康保险法》	减轻出示医疗保险卡的义务（可使用身份证、驾驶执照等代替）；对 20 岁以下无能力支付供款的人免除支付供款的共同责任；调整额外费用并规定增加提供退款的利息；行动禁止措施效果的延续；提供宣布一些医疗设施被坚决决定采取行政措施事实的依据；提供奖励的依据；根据治疗国家功勋人员的法案，第 66—2 条的 2 第一段第四项被修改了（改进失去亲人的家庭或按照两性平等原则的家庭范围，并通过消除禁止转让、抵押被政府收购的物业贷款等规定加强对私有财产的保护，等等）
2009 年 5 月 21 日	修订《国民健康保险法》	通过《国民年金法》《失业保险金和工伤保险金征收法》《工资索赔担保法》，在现有的国民健康保险公司义务基础上，增加征收社会保险费的义务；根据《国民健康保险法》和《托收寄售法》，NHIC 的会计核算业务划分为国民养老金业务、失业保险业务、工伤事故赔偿保险业务和工资索赔担保业务；同一工作地点有 2 名以上雇主的，按共同缴费原则缴费；如果通过 NHIC 收取的社会保险费用低于假定的全部缴纳费用，则通过将不足部分分配给各社会保险来安排付款处理标准；社会保险费的征收职责必须在本法施行前试行 6 个月以上
2010 年 3 月 22 日	修订《国民健康保险法》	根据《石棉损害救济法》设立工作组
2010 年 6 月 10 日	修订《国民健康保险法》	《动产、债券等抵押品法案》颁布后有关规定的定义
2011 年 12 月 31 日	综合修订《国民健康保险法》	月收入计算方法的具体规定（按每月收入计算的保险费，是按非薪酬收入向受雇的投保人收取的）；投保人如未能缴纳保费等须披露个人资料的程序；投保人的受养人如属海外韩国国民或外国人的资格准则；保险人有义务报告当前设施、设备和人员的详细情况

时期	立法及修法（讨论热点）	具体内容
2013 年 5 月 22 日	修订《国民健康保险法》	待遇合同签订的时间调整；保费延期支付的法律依据
2014 年 1 月 1 日	修订《国民健康保险法》	被发现与回扣有关的药物可以被排除或暂停报销。如果该药物的排除或停用极有可能对公众健康造成严重危害，可以用罚款代替；国家对公立学校的教师和教员提供部分补贴（不包括私立学校的教师和教员）；扩大了全国医疗保险纠纷调解委员会的成员人数。委员会内设立了一个秘书处
2014 年 5 月 20 日	修订《国民健康保险法》	为医院和药房因借用许可证而拒不偿还费用提供了法律依据；对于那些接受现金福利的人，国民健康保险公团可以在收到接收者的请求时将福利转移到指定账户。该金融机构确保该账户只用于国民健康保险公团的福利。禁止查封指定账户；为信用卡支付国民健康保险公团保费及支付机构向用户收取的服务费提供法律依据；国民健康保险公司和医疗保险审查服务的附加数据类型可向以具体方式被定义的中央和地方政府提出要求
2016 年 2 月 3 日	修订《国民健康保险法》	为卫生与福利部每五年制定一份综合健康计划并由国民健康保险政策审议委员会审查提供了法律依据。应制订和执行详细的年度实施计划，并向国民大会报告
2016 年 3 月 22 日	修订《国民健康保险法》	政府对国民健康保险财政的支持再延长一年；引入了关于选择性报销标准评估和供应商选择性报销管理的新条款；为允许对有选择的报销情况分别确定共同付款提供了法律依据。为现有的共同支付最高限额制度的稳定运作提供了法律依据；针对在韩国的外国人和在外国的韩国公民，就如何征收和收取保费制定了新的条款
2017 年 2 月 8 日	修订《国民健康保险法》	明确了国民健康保险公司预防工作的目标和方向；取消支付医疗保险费及其他费用的人士的信用卡付款上限

续表

时期	立法及修法（讨论热点）	具体内容
2017 年 4 月 18 日	修订《国民健康保险法》	修订面向现有低收入自雇人士的制度，以改善保费厘定机制的不平衡和资金损耗情况
2018 年 1 月 16 日	修订《国民健康保险法》	为《灾难性卫生支出支持体系》准备了法律依据，以允许国民健康保险公团对灾难性卫生支出案件作出贡献；通过调整资格标准，扩大自愿用户的目标
2018 年 3 月 27 日	修订《国民健康保险法》	引入在药剂师打破禁止退税的《药品管理法》第 47—2 条时提供降低医药卫生服务费用的上限金额（指的是为每一种药设置数量的上限）；介绍国民健康保险公团应在止赎程序中向逾期付款人发出"银行账户内金额不大，不得扣押"的书面通知的条款；介绍国民健康保险公团将分期付款方案的资料及申请手续交予逾期 3 个月及以上付款人的规定
2018 年 12 月 11 日	修订《国民健康保险法》	介绍国民健康保险公团只在被保险人要求节省预算时才发放医疗保险卡的条款；介绍"探望护理津贴"。这是一种新的保险，医生或护士可以亲自探访病人（被保险人）的家；将健康检查服务扩大至自雇受保人及受供养的 20 岁以上雇员

五、英国国民健康服务立法报告 [1]

摘要：英国医疗保障制度的主体是国民健康服务（National Health Service，简称 NHS），医疗服务提供、医疗费用筹资、卫生资源分配以及医疗服务质量监管都集中于 NHS，属于中央集权程度较高的制度模式。国民健康服务在国

---

[1]　执笔人：王雯，北京工商大学副教授；朱小玉，中国财政科学研究院副研究员。感谢中国人民大学经济学院范思源和北京大学政府管理学院孙艺航的文献整理工作，感谢外交学院国际法助理教授吴园林老师对本研究英国立法流程部分的帮助。

际比较视野下具有较强的典型性和示范型。本报告聚焦英国国民健康服务立法问题，从英国国民健康服务的制度概况、英国国民健康服务的发展历程、英国国民健康服务的立法特征、英国国民健康服务立法对中国的启示四个方面展开研究。主要研究结论如下：国民健康服务萌芽于济贫法时代的穷人免费医疗和国民保险法时期的免费医疗服务，形成于 1948 年《国民健康服务法案》。其诞生以来经历了人口老龄化、"脱欧"、新冠疫情等多因素的严峻挑战，受到新自由主义、第三条道路等多种理论思潮的影响，其制度内涵、服务内容、运行管理方式等要素发生了重大变革，总体上展示出较强的生命力和适应性。就制度模式而言，英国国民健康服务的制度基本模式是全民免费医疗，制度运行机制是政府主导资源分配，采用三级医疗服务体系的服务提供方式，由独立执业的全科医生主导医疗服务提供。英国国民健康服务的立法理念包括：寓制度于立法，法即制度；寓思想于立法，法即价值观；寓政治于立法，法即执政党的核心主张；寓利益于立法，法即利益博弈。英国国民健康服务的立法特征包括：立法理念兼收并蓄、立法流程经历"三读七步"长周期、立法内容全面细致、立法主体充分讨论。英国的国民健康服务立法对我国的主要启示是以制度发展的现实需求作为立法主线；以促进全民健康平等作为立法宗旨；以满足健康需求作为立法落脚点；以长期渐进式改革作为立法路径；以多主体协商共治作为立法方式；上位法下位法有机衔接的立法结构。

英国国民健康服务是卫生健康体系法治化的典型代表，在卫生健康体系基本法的科学立法、严格执法、公正司法和全民守法方面，对许多国家或地区的卫生健康体系的法制化影响至深。[1] 本报告聚焦英国国民健康服务立法问题，从英国国民健康服务的制度概况、英国国民健康服务的发展历程、英国国民健康服务的立法特征、英国国民健康服务立法对中国的启示四个方面展开研究。

---

[1] 黄清华：《论新医改与中国卫生健康体系法治化——兼论〈卫生健康基本法草案〉修改》，《法治社会》2019 年第 7 期。

通过对已有文献的梳理，结合医疗保障、政党政治、新制度经济学的相关理论，总结发现英国的国民健康服务立法具有立法理念兼收并蓄、立法流程经历"三读七步"长周期、立法内容全面细致、立法主体充分讨论四个特点。英国的国民健康服务立法对我国的主要启示有：以制度发展的现实需求作为立法主线；以促进全民健康平等作为立法宗旨；以满足健康需求作为立法落脚点；以长期渐进式改革作为立法路径；以多主体协商共治作为立法方式；上位法下位法有机衔接的立法结构。

（一）英国国民健康服务的立法及制度基本概况

1. 英国国民健康服务立法理念

（1）理念之一：寓制度于立法，法即制度

英国国民健康服务发展遵循法治原则，寓制度于立法，以立法体现制度。英国法治精神中的规则意识、契约意识、程序正义在国民健康服务立法中得以充分体现。立法与制度合二为一，制度即立法，立法即制度；立法框架既具高度，也具深度；立法不仅纲举目张，也是操作守则。一方面，国民健康服务制度每一次重大的变革都是通过高阶立法来推动的，以法律的形式明确制度；另一方面，国民健康服务的运行涉及资金分配、分级诊疗、技术标准、费用支付、质量监管等多项内容，对医疗服务和资金的集中管理方式要求对制度运行规范在立法中予以明确。

通过立法明确规则，通过规则分配利益。同时，通过立法推动变革，通过变革提高制度的适配性。资源分配的本质是利益分配，国民健康服务对个人就医选择的规定、对医疗服务人员费用补偿的规定、对医疗服务技术标准的规定等内容都会影响民众和相关主体的切身利益。通过立法建立契约，明确各方行为边界和"越界"行为需要承担的后果。随着经济社会发展、疾病谱的变化以及医疗技术的进步，国民健康服务的保障范围、服务提供者、服务内容等要素都在立法中得以及时调整。这些调整都是在充分吸纳民众、专业人士意见的基础上、经过充分的讨论和修改并走完"三读七步"的立法程序后，才体现在新法案之中的。

（2）理念之二：寓思想于立法，法即价值观

国民健康服务体系是英国社会福利制度中福利色彩最浓、覆盖最广泛的一个项目。公平、"大健康"思想贯穿立法过程之始终。在国民健康服务的框架下，英国形成了一套强调每一个公民都能公平地获得国家公共卫生服务的伦理、政策和法律机制。公共卫生资源根据病种和诊疗方式在个体之间进行配置，因此需要公平合理的决策程序。具体而言，国民健康服务的公平性体现在覆盖面、筹资机制以及服务提供等方面。首先，国民健康服务覆盖全体国民，还包括短期居留的外国人。其次，以国家税收为筹资来源，所有国民不论贫富贵贱都可以享受到国民健康服务。再次，医疗服务高度标准化，人人都可以享受标准统一的医疗服务，都需要遵循分级诊疗的一般规则。

健康受益最大化也是英国国民健康立法考量的重要伦理因素，这就要求基于质量调整寿命的成本——效益评估工具选择资源配置的次序问题。[1] 现代健康理论认为，生活方式、疾病预防等因素对健康的影响远大于直接的医疗干预。与之对应，国民健康服务的"大健康"理念要体现在全流程、全方位的保障上，要关注预防、治疗、康复的全过程。例如，国民健康服务除了提供诊疗、治疗之外，还通过立法明确向患者提供免费的假肢、助听器、轮椅等辅具，并且承担卫生保健知识宣传、食品安全、药物安全、环境卫生等职责。

（3）理念之三：寓政治于立法，法即执政党的核心主张

英国是政党政治发源地，不同政党在各种社会议题上各抒己见、深度博弈、反复拉锯是立法的必经环节。国民健康服务立法过程中充分体现了寓政治于立法的特点。立法过程经过了不同政党观点的碰撞和融合，充分体现了政党政治的影响性。作为基本民生制度的医疗卫生政策始终是党派政治博弈的核心

---

[1] 黄清华：《公共医疗卫生资源公平分配的伦理和法律问题——以英国 NHS 分配伦理和法律为参照》，《国外社会科学》2014 年第 3 期。

议题之一，既是"大票仓"，也是"导火索"，利益处理不当很容易引发社会舆情造成社会冲突，进而引发政治危机。在英国，虽然保守党和工党对于国民健康服务体系的制度理念和保障程度有过激烈的争论和冲突，但是英国政府以高度的务实态度和充分完善的协商流程使得两党在较长的时期内对于医疗卫生政策的共识多于冲突，妥协多于对立。不可否认，NHS 制度在不同历史时期都存在一些被诟病之处，但总的来说具有极大的社会价值和政治意义，政府与民众一直努力延续制度的精髓和原有的主体契约内容，没有出现极端化的颠覆性变革，改革方案的政党之争主要体现在服务供给方式、路径和改革强度上，改革动荡被控制在最低程度。

回顾历史，英国特定时期的政治家核心主张完整地体现在立法内容上，重要政治人物在推动立法方面发挥了关键性作用。比如，国民健康服务的建立就体现出时任首相艾德礼的社会主义思想，"社会主义是手段而非目标，要给民众带来自由、平等和安全感"。时任卫生部长比万在面临巨大反对的不利条件下，仍凭借着不懈努力将90%的医疗行业置于国民健康服务体系中，为提供全民免费医疗奠定了基础。撒切尔—梅杰政府时期国民健康服务的内部市场化改革，很大程度受到了撒切尔夫人个人私有化、市场化、个人化基本执政主张的影响。布莱尔政府时期对国民健康服务的改革很大程度上体现了"第三条道路"的实用主义特点。

（4）理念之四：寓利益于立法，法即利益博弈

国民健康服务的管理主体、实施主体众多，涉及民众的切实利益，任何一项改革都会对已有利益格局进行重新调整。寓利益于立法体现为：国民健康服务立法过程中充分听取各个利益集团的意见，平衡不同群体的利益主张，兼顾制度宏观发展需要与各利益群体的现实困境，在改革必要性和可行性之间寻找最大公约数。

英国国民健康服务立法是复杂的利益集团之间进行讨价还价和谈判的结果，遭遇反对是立法之常态。1946 年，国民健康服务法在成为正式法律之前，受到了保守党和英国医学会（British Medical Association）的强烈反对，甚至

在工党内部也遭遇了传统医疗卫生政策的坚定捍卫者（莫里森）。作为国民健康服务法案的起草者和主要推动者，比万通过多轮辩论协商才与工党内阁、保守党以及医学界达成一致，推动立法。

2. 英国国民健康服务制度特征

（1）制度基本模式：全民免费医疗

英国的医疗保障制度是免费型医疗的典范。始建于 1948 年的国民健康服务体系（NHS，National Health Service）经过 70 多年的不断改革与完善，逐渐发展为全世界最大的由政府筹资建立的全民免费医疗保障制度，除对处方药、验光配镜和牙科服务等收取部分费用外，NHS 始终坚守着为民众提供基本免费医疗服务的承诺。英国的 NHS 体系是全世界最大的公办医疗卫生服务体系，服务范围涵盖了从预防到康复等各类医疗服务。其设计和运行贯穿着三大核心原则：覆盖全民，免费医疗，基于医疗需求而非支付能力来提供医疗服务。这使得英国的国民健康服务具有较强的公平性，不管病人收入状况如何，都可以获得连续的医疗服务，实现了全民覆盖。

需要予以特殊说明的是，此处的"全民免费医疗"并不是指个人完全无偿地享有全部的医疗卫生服务。一方面，这种模式的资金来源于税收。英国国家卫生服务经费是通过税费筹集的，包括普通税和国民保险费，其中普通税的主要来源为收入所得税、增值税、公司所得税、消费税，占国家卫生服务资金来源的 75% 左右；国民保险费则是基于个人劳动收入，对雇主、雇员和自雇劳动者实施强制缴费，个人费率为纳税工资的 12%，雇主费率为雇员应税工资总额的 13.8%，占国家卫生服务资金总额的 25%。另一方面，患者在看病时仍然需要自付部分项目费用。2020 年，英国个人自付的医疗费用占全国医疗卫生总费用的 13.8%。

（2）制度运行机制：政府主导资源分配

国民健康服务由政府主导进行资金和医疗资源的分配。政府兼具服务提供者和购买者的身份，一方面直接举办公立医疗机构，将通过税收筹集的专项资金通过预算拨付给公立医疗机构，用于补偿相关医疗费用以及支持机构日常运转，向受雇于公立医疗机构的医生、护士等人员支付薪酬。国民健康服务运行初期，其费用全部由政府税收承担，包括医疗费用、药品费用、机构和人员经费等。从 1952 年开始，逐渐由患者承担一部分的费用。但总体而言，国民健康服务的筹资主体仍然是政府。另一方面，政府购买全科医生提供的初级医疗保险服务以及营利性医疗机构提供的专科服务等。国民健康服务是英国医疗保障的主体，政府具有较强的议价能力。National Health Service 是卫生部直属的一个独立机构，负责分配 NHS 资金、配置卫生资源、协调安排服务供给，并通过协议对卫生健康服务进行管理，是典型的"一手托两家"，资金来源于中央税收支持。

（3）服务提供方式：三级医疗服务体系

NHS 提供三级医疗服务体系，具有典型分级诊疗特征。以社区为基础的初级医疗保健服务（地段）是整个国家医疗服务体系的"守门人"，在此之上的二级（地区）和三级（中央）医疗服务以医院为基础提供专科服务。三级医疗服务各司其职，初级医疗保健服务承担大部分常见病治疗和健康服务，二级医疗服务主要提供综合和专科医疗服务，三级医疗服务主要治疗疑难病患和危重病患。所有居民需要到住所附近的全科医生诊所注册，接受初级医疗保健服务的首诊，如果有重病则按照转诊流程到更高一级的医院接受治疗。患者如果需要医疗协助，但不危及生命时，可以拨打 24 小时免费电话 111，工作人员会根据情况进行判断，提供医疗建议和医疗机构相关信息。当患者有生命危险，或者病情紧急且严重时，可以直接拨打 999 呼叫急救车。

（4）服务提供主体：由独立执业的全科医生主导

英国通过全科医生（General Practitioner，简称 GP）自由执业、优胜劣汰，实现了初级医疗卫生服务的市场化。大部分全科医生在私立诊所执业，自负盈亏、拥有诊所的收入分配自主权，保持自我雇佣的独立身份，通过与政府签约并获得相应报酬来向社会提供公共服务。全科医生除了提供基础医疗服务、公共卫生服务之外，有的还可以完成简单的日间手术。少部分全科医生受雇于

NHS，领取固定工资。全科医师在国民健康服务体系中充当"守门人"的作用，90%的居民在基层医疗服务体系接受诊断和治疗，不需转诊到二级机构。[1] 英国的药房和医院是相互独立的，无论是一级、二级还是三级医疗机构，医生只负责病情诊断、开具处方，患者持医生处方到药店买药。特殊困难群体可以享受购药的费用减免。

3. 英国卫生支出结构及国民健康服务的收支结构

（1）以政府支出为主体的卫生支出结构

在 2010—2019 年间，欧盟 14 国人均卫生支出平均每年（中位数）增长 2.6%，英国的增幅为 2.7%，略高于欧盟 14 国。21 世纪初，英国的人均卫生支出水平较低，尽管增幅略高，但绝对数仍然低于欧盟 14 国的平均水平。包括德国、法国、比利时在内的 6 个国家的年增长率高于英国。2010—2019 年间英国平均每人日常健康开支为 3005 英镑，比欧盟 14 国平均水平 3665 英镑低了 18%。如果参照法国或德国的人均支出标准，英国每年需要额外支付 400 亿英镑或 730 亿英镑[2]。

就卫生支出结构而言，英国的卫生支出中政府支出[3]的占比高于欧盟 14 国平均水平。2010—2019 年间，英国 79.9% 的卫生支出来自政府，而欧盟 14 国的这一比例为 76.5%[4]。2019 年，英国政府卫生支出为 177 亿英镑，人均政府卫生支出为 2647 英镑，同年 OECD 平均人均政府卫生支出为 2336 英镑，欧盟 14 国平均人均政府卫生支出为 2908 英镑，G7 平均人均政府卫生支出为 3523 英镑，法国和德国的人均政府卫生支出分别为 3308 英镑和 4131

---

[1] 王库存、汤学军、张学高：《英国初级卫生保健制度及其信息化建设初探》，《中国卫生信息管理杂志》2020 年第 4 期。

[2] How does UK health spending compare across Europe over the past decade? - The Health Foundation.

[3] 本数据口径的政府支出包括强制性保险支出。

[4] How does UK health spending compare across Europe over the past decade? - The Health Foundation.

英镑①。2019 年，英国政府卫生支出占 GDP 的 8%，OECD 平均水平为 6.4%，欧盟 14 国的平均水平是 7.2%，G7 国家的平均水平是 9.4%②。

如表 3—12 所示，2014—2019 年间，英国卫生服务总支出占 GDP 的比重稳定在 10% 左右，2020 年受新冠疫情影响，卫生服务总支出占 GDP 的比重提高到 12%。2014—2020 年间，政府支出始终是卫生服务总支出的主体，个人自付的比重从 10% 提高到 20%，自愿性健康保险、非营利机构和企业支出规模较小。

表 3—12　2014—2020 年英国卫生服务（Healthcare）总支出及结构

（%，亿英镑）

	总支出占 GDP 比重	总支出	政府	自愿性健康保险	非营利机构	企业	个人自付
2014	9.9%	1794	1426	64	28	1	265
2015	9.9%	1850	1471	63	30	1	274
2016	9.8%	1917	1522	62	31	9	290
2017	9.8%	1974	1556	61	32	11	315
2018	10%	2144	1667	63	45	10	358
2019	10.2%	2252	1768	63	54	9	357
2020	12%	2576	2133.8	57.6	54.9	6.5	322.9

注：此表格中的健康服务包括但不限于 NHS 服务。数值为当时价格。不同年份数据口径略有不同，2014—2016 年另有强制性保险（Compulsory insurance schemes）2 亿、3 亿、3 亿英镑未体现在表格中。
资料来源：Office of National Statistics-UK Health Accounts。

表 3—13 显示了 2014—2019 年各种类型卫生服务支出的年均增长率。不难发现，在各类别的筹资来源中，政府支出的增长最为明显，说明健康服务的开支增长主要是由政府承担的。2019 年政府卫生支出名义增长 6.4%，实际增长 4.0%，是 2009 年以来政府卫生支出实际增速最快的一年。

①　Taxes and health care funding: how does the UK compare? - The Health Foundation.

②　Taxes and health care funding: how does the UK compare? - The Health Foundation.

表 3—13　2014—2019 年英国卫生服务（healthcare）
各项支出的年增长率（扣除物价影响）

	总支出	自付支出	企业支出	非营利机构支出	自愿性保险支出	政府支出
2014	2.6	0.4	0.0	0.0	0.1	2.2
2015	1.8	0.4	0.0	0.2	-0.1	1.4
2016	1.4	0.4	0.0	0.2	-0.4	1.3
2017	1.1	0.5	0.0	0.2	0.2	0.2
2018	2.3	0.5	0.0	0.3	0.1	1.4
2019	4.0	0.6	0.0	0.3	0.0	3.1

资料来源：Office for National Statistics - UK Health Accounts. Healthcare expenditure, UK Health Accounts - Office for National Statistics (ons.gov.uk)。

2019 年英国卫生服务的总支出为 2252 亿英镑，相当于用于每个人头的支出为 3371 英镑。总支出占 GDP 的 10.2%，略高于 2018 年的 9.9%。2019 年的健康服务支出绝对值增长了 4%，是 2009 年以来的最高年度涨幅。其中，来自政府筹资的支出为 1768 亿英镑（相当于用于每个人头的支出为 2647 英镑），占全部支出的 79%，绝对值增长了 4%。自付支出约占 16%，为 357 亿英镑。自愿性健康保险承担了大约 3% 的支出，为 63 亿英镑。非营利性机构以及企业筹资分别占总支出的 2% 和不到 1%。[1]

（2）国民健康服务以一般税收为最主要筹资来源

英国国民健康服务的资金来源主要包括三部分，一是一般税收；二是国民保险（National Insurance）缴费的一部分；三是个人自付费用。其中，前两部分占主体。国民保险税的税率和税基规定比较复杂，根据不同的身份区分了 12 类参保群体（含豁免），不同类型参保者（包括雇员和雇主）的缴费率不同。2022 年 11 月到 2023 年 4 月，标准就业者的缴费率为雇主 13.8%，雇员 12%。国民保险为雇员提供包括基本养老金（State Pension）、失业保险、生育保险，

---

[1]　Healthcare expenditure, UK Health Accounts - Office for National Statistics (ons.gov.uk).

为全体国民提供国民健康服务，是一揽子的保障制度安排。国民健康服务的筹资水平每年由中央政府通过特定的支出评估（Spending Review）程序来确定。通过此程序，政府还将确定 NHS 的筹资结构，如使用者付费、国民保险费、一般税收等。如果国民保险费和使用者付费未能达到预定的水平，不足部分由一般税收来补充。①

如表 3—14 所示，1950 年制度初创期，NHS 的筹资全部来源于一般税收，此后将国民保险税和自付费用纳入筹资范围。国民保险税的筹资力度经历了小幅波动后稳步增长，自付费用的筹资力度总体呈现下降趋势。

表 3—14　1950—2010 年 NHS 筹资来源结构（%）

年份	一般税收	国民保险税	自付费用
1950	100	0	0
1960	77.5	13.6	5
1970	82.8	10.6	3
1975	89	8.8	2.2
1980	88.4	9.3	2.3
1985	85.3	11.8	2.8
1990	80.9	15.1	4
1995	85.6	12.3	2.2
2000	86	12.1	1.9
2005	78.5	20.2	1.3
2010	80.9	17.9	1.2

资料来源：How the NHS is funded, The King's Fund (kingsfund.org.uk)。

（3）新冠疫情后国民健康支出有明显增长

英国健康和社会照护的预算支出在 2008—2019 年间增长较为平稳，2020年后该支出受到新冠疫情影响有较大幅度的增长（见表 3—15）。2022/23 年度，

---

① 　How the NHS is funded | The King's Fund (kingsfund.org.uk).

健康和社会照护支出预算为 180.2 百万英镑，其中 152.6 百万英镑通过 NHS 英格兰计划（NHS England）和 NHS 改进计划（NHS Improvement）用于健康服务。

表 3—15 健康和社会照护支出（百万英镑，2022/2023 年价格）

年份	支出金额
2008/2009	121.5
2009/2010	129.7
2010/2011	130.2
2011/2012	130.9
2012/2013	131.7
2013/2014	134.6
2014/2015	137.4
2015/2016	141.1
2016/2017	142.2
2017/2018	145.2
2018/2019	148.4
2019/2020	156
2020/2021	201.4
2021/2022	199
2022/2023	180.2
2023/2024	182
2024/2025	184.5

数据来源：The NHS budget and how it has changed, The King's Fund (kingsfund.org.uk)。

2011/2012 年，英国健康服务（health care）总支出为 152 bill，占 GDP 的 10%，其中 NHS 的总支出为 134 billion。受新冠疫情的影响，2020 年英国健康服务的总支出为 2567 亿英镑，占 GDP 的 12%。

2014/2015 年，英国国民保险缴费收入中有 210 亿英镑用于 NHS，大约占到 NHS 支出的 20%。① 根据国民保险缴费收入总量测算，当年用于 NHS 的国民保险缴费相当于当年缴费收入的 19%。2017/2018 年，英国国民保险缴费中用于 NHS 的约有 240 亿英镑②，当年用于 NHS 的国民保险缴费相当于当年缴费收入的 18%。

2019 年，政府健康服务支出中的 48% 流向了医院服务者，24% 流向了全科医生诊所、牙医和家庭护理提供者等门诊服务提供者，其他的开支用于购买医疗器具、相关设施等。③

4. 英国国民健康服务立法整体进程

国民健康服务萌芽于济贫法时代的穷人免费医疗和国民保险法时期的免费医疗服务，形成于 1948 年《国民健康服务法案》，在 20 世纪 50—70 年代不断发展壮大。20 世纪 70 年代末至 2019 年，受到新自由主义（撒切尔政府时期）、第三条道路(布莱尔政府时期)、大社会(卡梅伦政府时期) 等理论思潮的影响，国民健康服务在保持基本原则和宗旨（覆盖全民、免费治疗以及基于需求提供医疗服务）不发生根本性改变的前提下，围绕着提高医疗服务整合性、增强制度可持续性、改进服务质量和提升服务效率等目标进行了一系列改革。国民健康服务自诞生以来已有 70 余年的历史，在经历了人口老龄化、"脱欧"、新冠疫情等多因素的严峻挑战之际，仍以立法推动制度完善，以制度实践引领新一轮立法。

国民健康服务法案自 1946 年颁布以来，经历了多次改革，主要的法案包括国民健康服务法案（1980 年）、国民健康服务法案（2006 年）、健康和社会服务法案（2012 年）、健康和社会服务法案（2022 年）等（见表 3—16）。从法案名称上看，经历了从健康服务向健康和社会服务的转变，体现出健康服务与社会服务的融合趋势。

---

① National Insurance a bad way to pay for the NHS (sochealth.co.uk).

② How is the NHS funded? - Full Fact.

③ Healthcare expenditure, UK Health Accounts - Office for National Statistics (ons.gov.uk).

表 3—16　不同执政时期英国国民健康服务部分主要立法 ①

时期	核心法案	主要内容
艾德礼政府	《国民健康服务法案》(1946 年)	制度确立。
卡拉汉政府	《国民健康服务法案》(1977 年)	提供疾病预防、诊断及治疗的全流程健康服务。
撒切尔政府	《国民健康服务法案》(1980 年)	通过行政重组和管理改革来改善服务质量。
梅杰政府	《国民健康服务制度与社区护理法案》(1990 年)	增加患者选择权和医疗机构自主权，引入竞争机制。
布莱尔政府	《国民健康服务法案》(2006 年)	整合健康和社会照护服务，建立 NHS 与卫生管理部门的合作伙伴关系。 建立 NHS 信托机构，该机构可以直接提供医疗服务，也可以作为委托者，与其他医疗服务提供者签订合同。①
布朗政府	《健康和社会服务法案》(2008 年)	成立护理质量委员会，同时管理医疗和社会护理服务。
卡梅伦政府	《健康和社会服务法案》(2012 年)	全科医生负责统筹规划本地的医疗服务，提供初级医疗服务以及购买其他服务。 减少政府管理人员规模。
特蕾莎政府	《健康和社会服务法案》(2018 年)	增强健康和社会照护服务数据安全保护。
约翰逊政府	《健康和社会服务法案》(2022 年)	建立整合服务委员会和整合服务伙伴关系，将健康服务安全调查部门作为法定机构。

（二）英国国民健康服务的发展历程

1. 制度萌芽时期（1601—1942 年）

英国医疗卫生服务体系的演变经历了漫长的过程。在政府承担起民众的健康保障需求之前，主要是由慈善机构来承担济贫职责的。17 世纪开始，对于

---

① 　NHS Trust (datadictionary.nhs.uk).

贫困病患提供医疗救济，包括支付医疗费用、建立济贫院医院等，水平比较低，各地做法不统一。这一时期的医疗救济不是出于对个人健康权的维护，而是为了防止穷人生病所产生的各种社会问题，如家庭贫困增加对一般性救济的依赖、公共卫生问题等。1834年新《济贫法》实施，为了压缩开支，规范管理，明确了"院内救济""劣等处置"的原则，随着有劳动能力的人逐渐远离济贫院，济贫院开始照顾越来越多的生病的贫民。《1842年医疗令》对济贫院内医务人员的专业水平提出了具体要求。《1867年大都市济贫法》颁布后，各地济贫事务的管理权集中到了中央政府，逐渐将济贫医院从济贫院分离出来，改善条件，扩大规模，济贫院也开始为非贫困者提供医疗服务。

1911年，英国议会通过《国民保险法案》，该法案要求雇主和雇员都应缴纳工资一定比例的社会保险金，以获得政府提供的免费医疗服务。该计划只覆盖雇员，且需要缴费，所以覆盖面非常有限，形成了一部分群体看病免费，另一部分群体自付费用看病的不公平状况，备受诟病。1929年地方政府法案颁布，济贫医院被移交地方当局，由地方公共援助委员会来管理，根源于济贫传统的医疗机构逐渐转变为隶属于政府的医疗机构。

为了应对第二次世界大战期间的医疗服务需求，政府对所有医疗机构进行登记、统一调度、集中管理，为第二次世界大战后医院国有化改革埋下伏笔。第二次世界大战期间，在政府对医疗资源的调度管理下，低收入老年人和残疾人的就医需求得到一定程度的满足，国家资助的综合医院服务模式初具雏形。基于战争时期紧急医疗服务基础上建立综合性健康服务，由政府负担保障全民医疗服务需求逐渐成为共识。第二次世界大战时期全国性集体行动的有效性使英国经济社会发展的轨迹在一定程度上偏离了"小政府"的自由主义导向，也影响了第二次世界大战后英国福利国家建设。第二次世界大战后，英国国民对于国家中央集权独特作用的认可度显著增加。

2. 制度确立时期（1942—1948年）

1942年颁布的《贝弗里奇报告》（以下简称"报告"）提出建立国民健康服

务，并将其视为英国福利制度的三大支柱之一。报告明确了政府在公共卫生医疗和社会保障中的绝对责任，建议提供覆盖全民的医疗服务，"为每一个公民提供广泛的医疗服务，无论他需要什么样的医疗、需要什么形式的医疗都包括在内……"①在随后的几年里，英国提出了1944年国民健康服务提案的白皮书，最终于1946年颁布《国民健康服务法案》，并于1948年建立了国家健康服务体系。

1948年7月5日，《国民健康服务法案》（又被译为《国民医疗保健法》）、《国民保险法》和《国民救济法》同时生效。英国政府在同一天宣布英国已经成为福利国家。工党政府依据《国民健康服务法案》创建了国民健康服务，作为一系列旨在保障个人和社会基本水平的福利改革的一部分。《国民健康服务法案》共分为六个部分，确立了两个目标：一是不论收入多少，每个居民都可以平等就医；二是为了更好地协调和发展国家卫生资源，把医院管理权上交卫生部。②法案还规定，由卫生大臣负责"建立一套广泛的保健服务制度"，以确保改善"人民的身心健康，为他们预防、诊断和治疗疾病"。而且，"所提供的服务，除本法任一条款明确规定是为了收费或回复收费者外，一律免费"。③为了推行改革，法案中决定将医院收为国有。1948年，英国工党提出"福利国家"口号，推行自由与计划经济、民主与社会主义相结合的社会发展新模式，促进了英国公共医疗卫生事业的国有化，逐渐走向福利主义道路。④

3. 制度发展时期（1948—2010年）

（1）制度蓬勃发展时期（艾德礼政府—希思政府）

20世纪50年代，保守党接替工党连续执政13年，延续发展了国民健康

---

① 劳动和社会保障部社会保险研究所组织翻译：《贝弗里奇报告——社会保险和相关服务》，中国劳动社会保障出版社2004年版，第180页。转引自刘苓玲、刘万：《社会保障制度国际比较研究》，经济科学出版社2019年版，第134页。

② 孙赛：《英国1946年国民健康服务法案研究》，河南大学学位论文，2017年。

③ 刘成：《英国艾德里工党政府的福利政策》，《学海》2007年第11期。

④ 尹栾玉、王依娜：《从英国NHS制度变迁看我国新医改路径选择》，《社会治理》2018年第10期。

服务，医疗健康服务成为国民社会权利的重要组成部分，生育津贴和生育医疗费纳入医疗保障范围。这一时期英国的经济蓬勃发展，国民健康服务不仅促进了社会稳定，而且与经济发展形成良性互动。

这一时期国民健康服务面临的主要问题是医疗服务需求的快速增长与医疗服务供给不充分之间的矛盾。从付费看病到免费医疗是英国医疗保障的重大变革，大量被压抑的医疗服务需求得到释放，完全免费的医疗服务使得民众缺乏节约意识，医疗服务需求增长的内在动力强。而此时英国的医疗服务供给体系还不完善，政府虽然通过医院国有化的方式建立起医疗服务体系的基础，但是医院和医生仍相对匮乏，各地区医疗资源分布不均。为此，英国进行了如下改革：第一，引入自付机制。1952 年推行处方收费制度，对每张国民健康处方加收 1 先令的处方费，同时设立相关委员会专项调查；① 第二，指导医疗资源配置。政府允许全科医生在贫穷、医疗服务匮乏的地区设立行医机构，同时，禁止其在经济发达且已经过度供给的地区设立行医机构。到 20 世纪 70 年代，通过在医疗资源缺乏的地区增加更多专科医生岗位，整个英国专科医生在各地区的分布更加均衡。②

（2）卫生管理机构改革时期（威尔逊政府—卡拉汉政府）

20 世纪 70 年代，国民健康服务面临的主要挑战来自两方面，一是过多的管理机构导致的管理成本高、管理效率低等问题；二是患者获得的健康服务相对割裂，难以得到连续的服务。

1973 年英国议会通过了国家卫生服务改组法，从 1974 年正式对卫生管理机构进行改革，改革的重点是裁撤相应管理机构，归并相关权限。将各个机构的职能进行整合，将医院服务、全科医生、社区卫生服务三个相互独立的领域统一起来，具有明显的中央集权的特点，增强了中央调配资源与协调的能力。经过重组，NHS 形成了包括中央、大区、区域和地区在内的四级科层式组织

---

① 王莉莉：《英国老年社会保障制度》，中国社会出版社 2010 年版，第 64 页。

② ［英］朱利安·图特·哈特：《医疗服务的政治经济学》，格致出版社 2014 年版，第 3 页。

架构，每个层级都包括管理机构和咨询机构，旨在促进卫生当局和相关地方政府服务之间更好地协调。区域卫生局接管了原本由地方卫生当局管理的地方卫生服务，并由其下设的家庭医生委员会接管此前由地方执行委员会管理的全科医生服务。至此，卫生部门实现了对医院服务、地方卫生服务、全科医生服务的统一管理，终结了此前的分割式管理结构。[1]

《国民健康服务法案（1977）》提出国民健康服务要提高民众身体健康和精神健康水平，致力于提供疾病预防、诊断及治疗的全流程健康服务。

英国政府于 1979 年出台了"患者优先"的咨询文件。基于此咨询文件，英国政府出台了 1980 年的《健康服务法案》，该法案于 1980 年 8 月获得批准，并在 1982 年对卫生管理机构进行了结构重组。此次改革撤除了集中化管理的地区卫生局（area health authorities），新建立了 192 个地段管理局（district health authorities 简称 DHAs）作为卫生提供者和计划者，地段管理局拥有从管理、提供医疗服务、帮助病人挑选意愿到分配国家拨款等广泛的权力。其目的是增强地方当局的"责任感"，在尽可能小的地理范围内发展医疗服务，制定统一计划，增强服务项目，提高管理效率。[2]与以往体制相比，新体制中的职员总数下降 25%。[3]这一改革减少了高成本、低效率的中间官僚环节，更加贴近基层患者。[4]

（3）内部市场改革时期（撒切尔政府—梅杰政府）

随着国民健康服务的不断发展，其管理体制混乱、多部门职责划分不清、行政组织官僚化、费用增长过快等问题逐渐暴露出来。到 1988 年 7 月 5 日为止，NHS 已经实施 40 年，是仅次于养老保险的第二大福利项目，其弊端也日益显著。第一，政府的财政负担不堪重负。NHS 的开支占 GDP 的比重，在

---

① 李鸽：《英国国民医疗服务体系行政治理研究：制度史的视角》，上海交通大学学位论文，2014 年。

② 王皖强：《论八十年代英国地方政府改革》，《湖南师范大学社会科学学报》1997 年第 12 期。

③ S.R.Letwin, *The Anatomy of Thatcherism*, London, 1992, p.165.

④ 刘苓玲、刘万：《社会保障制度国际比较研究》，经济科学出版社 2019 年版，第 164 页。

1970 年为 4.4%，到 1980 年达到 77 亿英镑，占国内生产总值的 6.1%。第二，医疗资源管理者与服务人员缺乏成本意识，缺乏追求效率和创新动力。第三，医师在"按件计酬"的支付制度下，偏好给予病人"过度治疗"而形成资源浪费等。

撒切尔夫人上台伊始就致力于推行大刀阔斧的福利削减改革，但由于国民健康服务涉及主体众多，影响面广，在英国民众心中具有不可撼动的地位，因此对于国民健康服务的改革相对于其他福利项目的改革更加温和、更加平缓。撒切尔政府曾试图以类似美国的私人医疗保险方案取代 NHS，但在政治上不可行，转而采取了较为温和务实的内部市场改革。

在撒切尔夫人执政的第三个任期时（1987 年大选后），英国政府借鉴教育改革的经验，着手进行免费医疗制度的内部市场化改革，提高国民保健服务的效率。① 所谓内部市场化改革，是指将市场原则引入公共领域，建立"内部市场"。1988 年在关于 NHS 改革的白皮书中，撒切尔政府提出："在 NHS 不开放民营的情况下，将市场运营的好处以其他方式注入而且也不需要大幅度增加经费。"② 内部市场改革的核心特点是"购买""服务提供"相分离。在 1979 年底发表的咨询文件"病人第一"中，政府宣布同意取消一级行政管理的建议，并建议设立区卫生局，将现有地区和区的职能结合起来。1989 年机构改革之后，公立医疗机构逐渐成为独立的法人单位，彼此相互竞争，地方卫生局作为"购买者"将 NHS 预算资金按照一定规则支付给医疗服务提供者。③

英国政府于 1990 年颁布《国民健康服务制度与社区护理法》，并于 1991 年 4 月 1 日正式执行，正式开启了国民健康服务的内部市场改革。改革的主要内容包括：第一，增加患者就医选择权。患者可以自由选择全科医生以及医疗

---

① 毛锐：《私有化与撒切尔政府的社会福利制度改革》，《山东师范大学学报（人文社会科学版）》2007 年第 7 期。

② [英] 玛格丽特·撒切尔：《通往成功之路——撒切尔夫人自传》，当代世界出版社 1998 年版，第 557 页。

③ 尹栾玉、王依娜：《从英国 NHS 制度变迁看我国新医改路径选择》，《社会治理》2018 年第 10 期。

机构，全科医生和医疗机构都需要通过提高服务质量和效率来赢得患者从而获得国民健康服务的资金。第二，医疗机构在收费、人员聘用、工资等方面享有一定程度的自主权。医院可以自行对医疗服务定价，并决定各层次医务人员的工资水平。第三，在医疗服务市场引入竞争机制。政府通过招投标的方式在众多医疗机构中择优选择服务提供者，签订合同，由中标机构提供医疗服务，地区卫生局与其结算收入。

总体看，撒切尔夫人执政 12 年间，以削减福利开支为主线进行改革，福利制度从强调"普遍性原则"向"选择性原则"过渡，明确了"以病人为中心"的理念，重视病人作为医疗服务消费者的权益和满意度。梅杰政府延续了撒切尔政府医疗改革的基本思路。1991 年政府颁布《病人宪章》保障病人权益，规定了病人候诊的最长时间限制，强调病人拥有知情权、隐私权、投诉权等权利。[1]

（4）重构合作改革时期（布莱尔政府—布朗政府）

1997 年布莱尔在竞选中获胜，开启了新工党时代，颁布了《新的 NHS：现代的与可依赖的》白皮书，提出"以更加整合的 NHS 取代'内部市场'"，虽然表述不同，但改革实质属于内部市场改革基础上的回调，更加重视合作，是以患者为导向的，兼顾市场因素和中央集权化管理的再改革。主要改革内容有：第一，保留了购买方与供应方分离的制度，在表述上用"委托"替换了"购买"。第二，以全科医生和护士为主体建立初级保健小组，负责代表病人购买二级医疗服务。第三，提出"准市场"改革理念，进一步扩展了患者的自由选择权，除了可以选择全科医生，还可以选择医院。这大大削弱了全科医生"健康守门员"的功能，病患越来越具有自主消费主体的特点。第四，采取市场化付费方式按照病患实际使用的医疗项目及其价格总额结算费用。

2000 年英国政府发布了《NHS 投资改革计划的白皮书》，主张扩大政府在

---

[1]　张春梅、刘成：《论英国国民健康服务体系中病人地位的改变》，《郑州大学学报（哲学社会科学版）》2016 年第 7 期。

医疗服务方面的预算。2002 年 NHS 引入整合型保健信托，以加强与地方政府合作，促进社会照料服务与医疗卫生服务的有效衔接。2008 年，英国首相宣布将 NHS 的重心转移到赋权于患者和预防疾病的宗旨上，随即英国卫生大臣宣布 NHS 建立健康检查项目，进一步增强了"预防优先"的健康管理理念。[1]

2006 年出台《我们的政府、我们的关心、我们的意见——公共服务新指南》白皮书，提出改善医患关系的改革建议。布莱尔政府改革原则可以概括为 REACH：R（Right services）即在正确的地方和正确的时间提供正确的服务；E（effective use of resources）即有效提高各类资源，节约资金；A（achieving targets）即实现国家和地区卫生目标；C（creating an organization）即创造机会让人们积极服务，得到比较好的收入；H（health improvement）即增加居民健康。总体改革措施集中于以下几方面[2]：第一，改革 NHS 管理模式，卫生部权力下放，削弱大区卫生局对经费的管理权限，由 NHS 直接分配至初级医疗服务实施。第二，改革费用分配方式，不仅考虑地区服务人口数，而且考虑人口构成情况及医疗保险服务质量和效果。第三，改善医疗服务质量，增强服务能力。加强对医院工作的监督，将部分服务从医院转向社区等。第四，控制医疗费用。第五，改革医护人员编制，规定专科医生在 NHS 体系工作满七年后才可以挂牌营业。第六，废除全科医生基金持有计划，并以长期服务协议代替合同。第七，加强医疗服务基础设施建设。

2008 年布朗政府颁布了《健康和社会护理法案》（2008 年），新成立了护理质量委员会（CQC），作为一个新的独立监管机构同时管理医疗和社会护理服务。从 2009 年 4 月 1 日起，CQC 将接替医疗保健审计和检查委员会（简称医疗保健委员会）、社会福利监察委员会（CSCI）精神卫生法委员会三个机构的相应职能。具体而言，CQC 需要承担三方面的责任，一是为医疗服务提供者进行注册登记，确保其满足提供适当服务的最低标准。二是对医疗服务提供

---

[1] 孙树菡、闫蕊：《英国医疗卫生事业的转型——从"治病救人"到"预防优先"》，《兰州学刊》2010 年第 8 期。

[2] 王佩玲：《英国医疗保险体制改革研究》，复旦大学学位论文，2007 年。

者进行检查，确保服务的质量和安全。三是对检查过程中发现的不符合质量和安全标准的违规行为进行执法行为。

4. 制度重塑时期（2010—2019 年）

这一时期英国 NHS 制度主要围绕医疗服务规划、统一临床标准和规范、整合医疗服务和社会照护、重构服务和管理流程进行改革。

2009 年，英国的医疗服务费用支出已经从 1997 年时占 GDP 不到 7% 急剧上升到 9.8%，尽管政府对医疗服务的投入每年增加数十亿英镑，但医疗服务的质量却不升反降。病人等待时间长，越来越多的患者因等不及而选择到国外就医。

2010 年上台的联合政府总体属于中间偏右的政府，强调小政府、大社会。在严峻的经济形势和高额财政赤字下大幅缩减社会福利开支，缩减公共部门预算，是第二次世界大战以来最大规模的政府削减开支计划。国民保健制度受到多数英国人的支持和拥护，这一领域的改革异常艰难，步履维艰。政府原本希望将国民保健体系权力下放，增进服务多元化，如让地方全科医生在医疗收费方面拥有更多的自主权，并且将某些服务转包给私人执业医生。但是这一改革方案遭到了医疗服务部门和社会多数人的反对。公众不能理解的是，保守党在选举之前承诺对国家医疗服务制度不做改变，现在却又操之过急地进行改革以应对医疗成本的上升、社会过高的期待和老龄化的趋势。所以改革法案几经妥协和修补才得以在议会通过，离联合政府的改革目标相去甚远①。

2010 年联合政府发表了《公平与优质：解放国家医疗服务体系》白皮书，宣称将患者与公众放在医疗服务体系的首位，提高医疗服务的成效，强调医生的自主权和责任，精简管理机构以提升效率。以此为蓝图，2011 年 1 月 19 日，英国颁布了《健康与社会照护法案》（*The Health and Social Care Bill 2010-*

---

① 宋云峰：《英国社会发展述评［M］.英国发展报告（2010—2013）》，社会科学文献出版社 2013 年版。

11），计划对 NHS 进行改革，将医疗支出在本届政府任期（2011—2015）内削减 40 亿英镑。改革的要点包括①：（1）英格兰地区建立新的全科医生组织(GP consortia) 并由其全权负责所辖病人的医疗保健，同时享有相应医疗预算的管理权。（2）建立一个全新独立的医疗保健监管组织，负责调查投诉并审查地方保健服务提供者的表现，旨在提升国家医疗服务体系对患者和公众的责任感（加强政府与公众对医疗服务的监管)。(3）成立全新的"公共卫生英格兰"组织，旨在改善公共卫生，缩小富人区与穷人区在公共卫生方面的不平等（消除公共卫生方面的差距）。(4）到 2013 年，废除总数约为 150 个的初级医疗保健单位和 10 个地区医疗管理机构，代之以"国家医疗授权董事会"（National Commissioning Board)，以达到精简官僚管理机构并减少国家医疗服务体系 45% 管理费用的目的（精简机构，减少开支）。英国此次新医改的核心就是对医疗服务的付费者进行改革，希望改善其治理结构，提高其服务水平，最终促进医疗服务提供者之间的竞争②。法案出台后，在医生、医院、公众甚至联合政府内部引发了广泛且持续的争论和批评，利益相关人员甚至上街游行示威。争论集中在两个方面：一是全科医生的权力太大，而他们是否胜任医疗与预算两方面的任务，很令公众担心；二是私营部门医疗服务介入带来的竞争是否会破坏国家医疗服务的公平原则。有些医院担心全科医生的医疗水平问题，而代表医生和护士的工会则担心将医疗服务转包给私营公司会危机自己的饭碗。对此政府不得不暂停推进医改立法。在花费两个月时间听取各方意见后，政府对法案进行了修改，作出妥协。

2012 年《健康和社会照护法案》（*The Health and Social Care Act 2012*）出台以后，对 NHS 进行了彻底全面的改革，强调健康服务体系的竞争。（1）全科医生负责统筹规划本地的医疗服务，提供初级医疗服务以及购买其他服

---

① 宋云峰：《英国社会发展述评［M］.英国发展报告（2010—2013)》，社会科学文献出版社2013 年版。

② 顾昕：《全民免费医疗的市场化之路——英国经验对中国医改的启示》，《东岳论丛》2011 年第 10 期。

务。（2）成立了独立于政府的新 NHS 信托委员会。（3）创建了全科医生临床执业联盟（Clinical Commissioning Groups, CCGs），该组织由基层全科医生领导，掌握 NHS 大约三分之二的委托预算这些变化旨在为患者提供更多选择，并利用竞争来改善服务。[①]（4）减少政府管理人员规模，裁掉大约 3 万名行政人员。

2013 年 NHS 与英国卫生部、英国国家卫生与服务优化研究院 NICE（National Institute for Clinical Excellence）等 12 家机构共同签署了国家性的整合服务框架《整合医疗和社会服务：我们共同的责任》[②]。2016—2021 年，NHS 实施了"可持续性与转型合作关系"（Sustainability and Transformation Partnerships，以下简称"STPs"）。建立 STPs 的目的是进一步整合各类医疗服务资源，促进相关机构的协调合作；提高质量和发展新的护理模式；改善健康和福祉；提高服务效率。2019 年英国政府提出了 NHS 长期计划（NHS Long Term Plan），提出了改善服务质量、控制费用增长的长期改革思路。具体改革内容是通过建立新型的基层卫生服务组织——基层卫生网络（Primary Care Network，PCN）来改变基层医疗服务的提供方式和预算分配方式。在全国层面，全科医生与 NHS 签订合同，在地方层面，通过 PCN 与 NHS 签订地方化合同，用来支持初级保健和社区服务。PCN 由全科医生、护士、精神卫生和社会照护者等多学科专业人员组成服务团队，向患者提供全面系统的健康服务、社会支持和健康指导。

5. 新冠疫情下面临深度挑战和再造时期（2020 年至今）

2020 年新冠疫情暴发初期，英国政府没有及时采取果断措施，疫情失控给经济社会带来冲击，英国甚至成为发达国家中新冠死亡率最高的国家之

---

① 李琦、袁蓓蓓、何平、马晓晨、孟庆跃、徐进：《英国"购买与提供分开"下的健康服务整合改革及启示》，《中国卫生政策研究》2020 年第 9 期。

② 李梦颖、汪梦、陈晓丽、李星辉、杨婷婷、王颖：《英国整合型保健应对健康老龄化的经验剖析》，《中国初级卫生保健》2012 年第 12 期。

一。原因主要包括以下四点①：一是"自由"价值观和意识形态局限。在英国，自由主义的观念深入人心，个人的权利和自由备受重视。出于保护个人隐私的考量，迟迟不能利用电子手段追踪病毒携带者信息。对戴口罩问题争论不休，加速了病毒传播。二是英国医疗服务体系存在服务能力不足、等待时间长的弊端，政府担心NHS无法应对与日俱增的新冠患者，采取全民免疫的策略。三是政府担心疫情防控对经济和社会的负面影响，较晚采取限制人员流动和佩戴口罩的要求，错失良机。四是大多数新冠病毒检测只能在英格兰公共健康委员会管辖的医院进行且试剂有限，负责生产防护用品的公司产品提升缓慢，防护服、呼吸机等医疗设备缺乏致使医院和养老院的医护人员感染率较高。

新冠疫情对国民健康服务的挑战主要来自以下几个方面：一是医疗服务设施及医疗服务人员总量不足。英国的千人病床数、千人医生数等基础性医疗资源指标在OECD国家中比较低，床位占用率高，等待时间长是医疗体系的常态。疫情暴发之前，公立医院应对就诊病人就已经捉襟见肘，疫情暴发后，床位紧缺的矛盾进一步凸显。英国政府紧急征用了私立医院的8000张床位以缓解NHS的压力，但需要支付巨额的租用费用。二是疫情加剧了医疗资源紧张。疫情放大了NHS原有的排队等待时间长的问题，急诊室人满为患、救护车反应时间慢、癌症患者无法及时就诊、手术等待期延长。据英媒报道，全英NHS系统中排队等待就医的人数已经超过610万，创下历史新高，等待常规手术的时间达到2—4年不等，非紧急转诊的最长等待时间为18个月。NHS设立了专门的诊所（长期新冠诊所）为出现疲劳、肌肉疼痛和呼吸问题等持续新冠症状的患者提供服务。然而，长期新冠诊所在不同地区分布不均衡，到2021年7月为止，英格兰地区有89家长期新冠诊所，北爱尔兰地区只有1家，而苏格兰和威尔士地区根本没有这类诊所。三是医

---

① 宋云峰：《2020年英国应对新冠肺炎疫情的策略及社会影响》，见《英国发展报告（2019—2020)》，社会科学文献出版社2020年版。

护人员压力大、退出国家健康服务系统的意愿高。疫情暴发后，许多一线的医护人员因为巨大的工作压力选择辞职或者转岗，直接造成短时间内无法弥补的人员短缺问题。英国国会议员的一份报告称，英格兰现在缺少 1.2 万名医院医生和 5 万多名护士和助产士，这是 NHS 历史上最严重的劳动力危机。护理人员、助产士辞职的主要原因是薪酬水平偏低，缺乏有吸引力的职业发展路径。2022 年 5 月，英国牙科协会发布了一份调查报告称自 2020 年 3 月以来，约有 3000 名牙医已经退出了 NHS。2022 年 9 月底，英国新冠患者再度激增，英国护士和助产士会向政府要求为其成员涨薪 17%，否则将进行有史以来首次罢工。

英国政府除了紧急增加对国民健康服务的财政预算支持以外，还出台了新的改革法案。2021 年 2 月，英国政府在长期改革方案（Long Term Plan）的基础上发布了白皮书《整合与创新：合力为所有人改善健康与社会照护》，提出了新冠疫情后的 NHS 与社会照护改革蓝图。改革的关键词是整合与创新。改革内容包括：第一，整合 NHS、公共卫生与社会照护。将健康服务与照护服务更紧密地整合，更好地解决肥胖、口腔健康和患者选择问题来提高服务水平、解决健康不平等。通过整合 NHS、地方政府及相关合作伙伴为社区居民提供行政层级少、更负责任的整体性的服务方案。将健康服务逐渐从医院转向社区，聚焦预防性健康服务。第二，NHS 职员在健康服务的不必要的招标程序方面花费了大量的时间，建议 NHS 只有在有可能为患者提供更好的服务时才进行招标，这样可以使 NHS 职员得以有更多的时间用于患者和提供服务。第三，将健康服务安全调查部门作为法定机构，以持续降低服务风险，提高服务安全性，总结经验教训。第四，在社会照护领域，通过新的保证机制和数据共享措施提高服务递送的监督和问责机制。更新立法框架，确保以个人为中心的出院模式。提高国务大臣在有需要时直接向承认社会照护服务者直接付费的权力。

以此白皮书为基础，英国出台了《健康护理法案》（*Health and Care Bill*，2022 年），接受了大部分白皮书中的改革建议，但是没有包括社会照护和公共卫生领域的较为广泛的改革，包括了少量体现整合思想的改革内容，如整合服务体系（integrated Care Systems, ICSs）旨在增强 NHS 和地方服务的协调性。①

（三）英国国民健康服务立法特征

1. 立法理念兼收并蓄

基于国民健康服务免费医疗、覆盖全民、分级诊疗等基本制度特点，该制度面临的诸多困境实际上是多重目标的冲突，如民众就医需求的满足与有限的医疗服务资源和资金之间的矛盾，提高医疗服务质量和效率与平等获得医疗服务之间的矛盾等。因此英国国民健康服务立法主要围绕质量、效率、平等、可持续性、可负担性、可及性展开。在这个过程中，政府与市场的关系、政府部门与专业机构的关系不断调整，医疗服务的供给方式不断优化、医疗服务付费方式改革与医疗服务质量提升协同，健康服务、医疗服务与照护服务的衔接更加有序。

（1）自由与干预：以干预为主，兼顾自由

在 1948 年之前，英国的社会福利制度总体上保障水平是比较有限的，这是由英国"自由主义"的精神底色决定的。第二次世界大战后民众对政府"促平等，保福祉"的期待，以及战后重建、促进稳定的客观要求在一定程度上促成了英国社会福利的扩张性转变。全民免费医疗的国民健康服务在建立和改革过程中都体现了自由与干预的融合。例如，国民健康服务建立初期虽然是中央集权管理，政府决定资金和资源的分配，政府对私人医疗机构进行国有化改革，但是保留了全科医生的自我雇佣的独立身份，独立于国民健康服务的私人医疗服务被保留下来。再如，国民健康服务的改革过程中，逐渐给予病人一定的就医选择权，以自由促竞争，以竞争促提升。

---

① *Health and Care Bill 2021-22 - House of Commons Library* (parliament.uk).

（2）普遍主义与选择主义：以普遍主义为主，兼顾选择主义

NHS 建立初衷是为全体国民提供免费平等的医疗服务，对于初级卫生保健医疗服务的内容、受益对象、免费服务范围采取普遍主义原则，即个人不需支付任何费用，以体现"人人平等"的健康公平理念。随着制度不断完善，缺乏个人自付的弊端逐渐凸显，制度支出快速增长。此时，英国不得不适时地引入了自付制度，增加部分医疗服务收费和药品收费。比如验光配镜、牙齿治疗和处方药都收取固定费用。尽管如此，制度还规定对贫困者和儿童的相关费用可以减免，以减轻负担。总体而言，国民健康服务仍然以普遍主义为核心。

（3）集权与分权：以集权为主，适时分权

总体而言，NHS 制度具有较强的中央集权化模式，中央政府对于资金筹集、人员安排、服务提供都干预较多，以确保医疗健康服务的人人享有、平等享有。但是关于集权还是分权，中央政府与地方政府的责任划分，统一机构管理与多机构共同管理的争论贯彻了 NHS 建立和改革的全过程。NHS 建立初期，工党政府内部对于医院的管理权就存在分歧，一部分人认为地方医院应该由地方政府控制而不是由中央政府集中管理，反对全部医疗支出都由财政部负担，但工党政府大部分人包括爱得利都支持比万的观点，宁愿让权力集中在中央政府手中。① 在医疗服务的管理方面实行中央、地方分治的多元结构，直到1974 年卫生管理机构改革形成了中央垂直领导的一元分层架构，增强了中央调配资源与协调的能力。② 地方政府的职能被大大削弱。从央地关系看，中央集权水平有所增强，但是从横向主体参与看又体现出分权的特征。专业工作者参与管理的程度显著增强，不仅各级卫生局中有大量的专业工作者参与，而且在中央、大区、区三个管理层次上都新建了专业工作者咨询委员会，享有与卫

---

① 刘成：《英国现代转型与工党重铸》，生活·读书·新知三联书店 2013 年版。

② 乌日图：《医疗保障制度国际比较研究及政策选择》，中国社会科学院研究生院学位论文，2003 年。

生当局协商各类卫生规划和重大事项的权利。① 虽然撒切尔—梅杰政府时期进行大幅度的内部市场改革，增强了国民健康服务领域的市场竞争，减少了中央层面的管理权限，但是 1997 年布莱尔政府上台后实施的以"第三条道路"为指南、以患者为导向、适当吸收某些市场因素的改革实际上属于重新中央集权化管理的再改革。②

2. 立法流程漫长：经历"三读七步"的长周期

英国立法流程需要经历"三读七步"，周期较长。其中，"三读"指的是法案从提出到通过需要经历议会的三个环节。"一读"是下议院提出法案，宣布法案的名称或者要点，如通过法案便列入议事日程。"二读"是下议院宣读法案全文，对其中的一般内容和原则展开辩论。法案经过"二读"后提交委员会审议，然后提交大会。"三读"由全院大会在议长主持下进行，接受再一次的辩论和表决。如果通过，则递交上议院，在上议院接受上述"三读"过程，可以提出修改案，下议院可对修正案进行辩论和表决，上议院和下议院在修正法案过程中互相确认，可能经历较长时间才能达成一致意见。一旦双方达成一致意见，则法案送到君主处签准。"七步"指的是立法流程最少也要经历下议院"三读"、上议院"三读"、君主签署这七个步骤。

英国国民健康服务领域的立法复杂，专业性强，从酝酿改革到立法进程要经过相当长的时间，即便是进入立法阶段也要经历"绿皮书—白皮书—法案"的过程。绿皮书是征询民众意见的咨询文件，经过修订后发表白皮书。白皮书是政府发表的短篇幅的报告，一般体现改革立法的背景和思路框架。白皮书公布后，需要收集民众、政府部门和议会等利益主体和立法主体的反馈意见后进行修改，经议会同意后成为法律。

---

① 乌日图：《医疗保障制度国际比较研究及政策选择》，中国社会科学院研究生院学位论文，2003 年。

② 丁纯：《当地医疗保障制度研究——英国、德国、美国和新加坡实例分析》，复旦大学学位论文，2002 年。

例如，国民健康服务实施初期，初级卫生保健服务、医院服务、社区卫生服务分割，影响医疗服务的质量和效率，重组改革从提出建议到真正实施经历了十余年的时间。1968 年《国民医疗服务体系的未来架构》(*The Future Structure of the National Health Service*) 的绿皮书建议，在英格兰和威尔士地区，整合大区医院委员会、医院管理委员会、地方当去个人卫生服务和执行委员会的职责。1970 年《英格兰和威尔士医疗及相关服务的行政结构》(*The Administrative Structure of Medical and Related Service in England and Wales*) 第二份绿皮书再次强调发挥大区卫生委员会履行卫生规划职能的作用。1971 年，新上任的卫生大臣提交了《国民医疗服务重组：咨询文件》，建议以社区卫生委员会的形式为地方有效参与提供渠道，促进医疗服务均等化。第二份绿皮书的主要内容最终形成了 1972 年白皮书《国民医疗服务重组：英格兰》(*National Health Service Reorganization: England*)，并于 1973 年通过《国民医疗服务体系重组法》。[①]

3. 立法内容全面细致：始终紧跟卫生服务需求

狭义上的国民健康服务立法仅包括名称上包含 health care 字样的法案，但广义上的立法还包括一系列推动国民健康服务法案实施的相关立法。一是医疗服务提供者专业领域立法，明确专业规范，便于管理监督。比如《1954 年药剂法》(*the Pharmacy Act 1954*)、《1984 年牙医法》(*The Dentist Act*)、《1989 年眼科医师法》(*The Optician Act*)、《2001 年护理与助产法令》(*The Nursing and Midwifery Order 2001*) 等。[②] 二是卫生系统信息公开立法，保护个人隐私，规范信息获取。如《医疗报告获得法 1988》(*Access to Medical Reports Act 1988*)、《健康数据获得法案 1990》(*Access to Health Records Acts 1990*)、《数

---

① 李鸽：《英国国民医疗服务体系行政治理研究：制度史的视角》，上海交通大学学位论文，2014 年。

② 陈昌雄、魏亮瑜：《英国医疗卫生法律制度概论》，《中国卫生法制》2011 年第 9 期。

据保护法案1998》（*the Data Protection Act 1998*）。① 三是法案的配套法规、规划、计划等，以推动改革实现。国民健康服务的保障内容包括了疾病治疗、预防、康复护理、公共卫生和社会照护的部分内容，日益丰富。1988年实施了世界上首个乳腺癌筛查项目，2005年创建了老年防摔倒计划，2008年开始实施健康检查项目，为所有40—70岁的英国人提供包括心脏病、中风、糖尿病、肾病在内的预防性检查和健康管理服务。② 此外，国民健康服务还覆盖了传染病防控与免疫、肥胖和酗酒的健康干预等服务。2012年《健康和社会照护法案》强调重视精神健康。

4. 立法参与主体充分讨论：所涉主体要反复多轮谈判

英国的立法环境、政党政治以及民众对于医疗保障、健康问题的关注都使得国民健康服务立法过程十分艰难、复杂多变，要经过立法参与主体的充分讨论，观点的交锋与妥协，内容反复修改。英国国民健康服务立法非常注重民众意见、部门意见和其他利益团体的意见。英国医师协会（British Medical Association）代表和支持英国医生和医学专业的学生，实施会员制，代表这些群体参与相关谈判，为其争取最优条件，参与关系医疗职业的重大议题的游说和竞选活动，影响政策制定及立法。③ 在英国国民健康服务立法过程中，医师协会的影响力非常大。早在1942年，英国医师协会就发布了《卫生服务和卫生政策的发展》报告，主张扩大国家对卫生服务的参与，将医疗保险应扩大到覆盖大多数人口，保险所涵盖的项目应包括医院专家和检查服务。1946年，英国议会通过了《国民卫生保健法》，但在制度实施之前，法案遇到了英国医师协会的坚决反对，整理的焦点是医院国有化问题。英国医生属于自由执业，生病后选择家庭医生是英国人的传统行为方式。医师协会担心医院国有化和医生

---

① 柏高原、李东光：《英国卫生系统信息公开的立法及借鉴》，《电子政务》2011年第5期。

② 孙树菡、闫蕊：《英国医疗卫生事业的转型——从"治病救人"到"预防优先"》，《兰州学刊》2010年第8期。

③ UK consultations, briefings and legislation (bma.org.uk).

固定薪金会破坏医生的职业自由，影响其收入状况，政府部门不得不与其进行多方面谈判，做了很大妥协，承诺"保护医生和病人双向选择的权力，医生可以接受私人病人或通过其他方法增加自己的收入"，才得以通过大部分医生的支持。①

（四）英国国民健康服务立法对中国的启示

1. 以制度发展的现实需求作为立法主线

坚持以立法推进制度发展，坚持以立法解决现实问题，坚持实用主义的立法态度是英国国民健康服务立法带给我们的启示之一。

医疗卫生服务中不断产生的需求和运行中的问题是立法的第一推动力。英国国民健康服务运行过程中主要面临三方面的问题。第一，人口老龄化、人口总量增长、医疗技术进步等因素导致的支出快速增长。第二，多部门管理职责划分及衔接。第三，医疗健康服务的供需矛盾导致的可及性下降、服务治疗和效率低下。为了积极回应上述问题，国民健康服务立法数十年来持续改革，在坚持"平等提供医疗服务"的基本原则不变的前提下，全面深刻地改变了制度运行机制。在付费方式方面，从按人头服务转向考虑服务数量和质量的以结果为基础的付费方式，降低总费用上升，促进服务质量提升。在管理主体方面，从最初的三分式组织结构（大区医院管理委员会负责医疗机构管理，地方卫生当局负责管理地方的公共卫生服务，地方执行委员会负责全科医生服务的管理）改变为统一的管理。②

法律要具有实用性，即要对制度运行的直接指导和对各方利益的回应满足。资金筹集与服务提供是国民健康服务的两个环节。在国民健康服务的演进过程中，政府筹资并且由公立医院提供服务的初始状况并没有成为不可改变的

---

① 刘成:《英国现代转型与工党重铸》，生活·读书·新知三联书店 2013 年版。
② 李鸽:《英国国民医疗服务体系行政治理研究：制度史的视角》，上海交通大学学位论文，2014 年。

制度前提，而是通过实用主义导向的立法不断调整政府和市场、公共服务和私人服务的关系。公共部门提供并不意味着是公共资金或者税收支持的。私人部门提供也不意味着私人进行财政支持。服务机构可以用公共或私人资金提供财政支持，也可以由两者共同提供。英国公私合作伙伴关系（PPP）在医疗健康领域应用最为广泛深入。自撒切尔政府以来，私人部门开始越来越多地通过竞标参与到 NHS 的服务中，包括洗衣、餐饮与清洁等辅助服务，也包括医疗服务。私人部门在国民健康服务及其相关制度中的参与广度进一步扩展，英国医疗健康领域公私伙伴关系从以项目对项目路径的服务递送转变为涵盖长期结果的战略与政策发展在内的服务供给。[①]

2. 以促进全民健康平等作为立法宗旨

按能缴费和全民覆盖是制度公正性的基本体现之一。国民健康服务的筹资来源主要包括一般税收和国民保险税（National Insurance）两部分。公民以纳税者的身份向政府缴纳一般税，就业者以工资为基础缴纳国民保险税。国民保险税的一部分用于支持国民健康服务。一般税属于累进税，收入越高缴费越多，在确保筹资力度的同时，实现了按能缴费。低收入者无论有无纳税能力，均纳入国民健康服务保障范围。

人人享有平等的医疗服务资源获取机会是制度公正性的另一体现。国民健康服务在建立之初就确立了"同等需要获得同等卫生服务"的宗旨。公正原则这一伦理原则在立法中得到确认，体现为人应当受到公平的待遇，不应被歧视。具体而言，病人应当受到医务人员的平等对待，不因经济、政治、社会地位的差异而受到不同的治疗。[②] 健康权是基本人权，国民健康服务把医疗服务看做是国民应该近乎无条件享受的基本权利。[③]

---

① 方易：《英国医疗保健领域中的公私伙伴关系：模式检视与政策启示》，《中国行政管理》2016年第 6 期。

② 陈昌雄、魏亮瑜：《英国医疗卫生法律制度概论》，《中国卫生法制》2011 年第 9 期。

③ 刘苓玲、刘万：《社会保障制度国际比较研究》，经济科学出版社 2019 年版，第 163 页。

3. 以满足健康需求作为立法落脚点

"以人为中心"提供连续、综合的健康服务。国民健康服务建立之初执行"以疾病为中心"的理念，强调病人就医机会的公平性，但忽视了患者个性化需求。撒切尔和梅杰政府时期确立了"以病人为中心"的理念，改变病人在医疗服务中的被动地位，内部市场改革给予病人自由选择全科医生的权利，增加了医疗服务的竞争机制。布莱尔政府时期进一步加大医疗投入、完善医疗质量监督、优化医疗资源，进一步践行"以病人为中心"的理念。"以病人为中心"除了体现为关注个人的选择和满意度，还体现为从以疾病治疗为中心转向以预防疾病为中心，重视医院治疗与社区康复护理的衔接等。这种转变对提高民众健康水平，减少医疗服务利用，抑制医疗费用快速增长发挥了重要作用。健康中国战略实施以来，"大健康"的理念已经贯穿到我国政策改革的方方面面，但在医疗服务和健康服务的整合方面、老年人医养结合的实现方面还存在一些不足。建议通过信息共享、远程医疗等信息技术手段将健康管理、疾病治疗、急救医疗等服务深度整合，以人为中心提供连续、综合的健康服务。

4. 以长期渐进式改革作为立法路径

英国 NHS 建立至今已有近八十年的时间，经历了政党轮换、经济危机、人口老龄化、脱欧、新冠疫情等多重因素的考验，其制度内涵、服务内容、运行管理方式等要素发生了重大变革，在为英国人提供免费、平等的健康服务，改善国民健康水平方面发挥了不可替代的作用。虽然 NHS 也曾经历过"私有化"的改革冲动，但总体而言，制度改革是理性务实的，在坚守 NHS 精神内核的前提下通过各种精细化改革修补、重建制度，在制度出现问题时以及面临外部冲击时及时地作出反应，不断为制度注入新的活力。英国国民健康服务领域的改革大多是历经"改革建议—改革方案—改革立法"的长期过程，既着眼于未来制度的发展，又关注当下的紧迫问题。许多立法从提议、修正到颁布往往跨越几届政府。

此处以医疗服务过程中政府角色的转变为例进行阐述。医疗服务过程涉及三个主体：筹资者、供给者和监管者。在 20 世纪 80 年代之前，英国采用的是"公共集成模式"，这三个主体是重合的：由公共财政提供筹资来源，由公立医院提供医疗服务，由卫生部门进行监管。80 年代中后期，国民健康服务体系的三个主体逐渐分化，公立医院逐步法人化，政府代表民众负责向医护人员和医疗机构购买服务，政府从医疗服务的直接供给者转变为购买者。在这个演进过程中，英国国民健康服务实际上从"公共集成模式"转型为"公共契约模式"，政府的角色逐渐从直接的分配者、管理者、提供者转变为协调者、参与者和合作者，通过公私合作提高服务水平和制度效率，通过部门间、机构组织间的协作与制衡提高制度管理水平。

5. 以多主体协商共治作为立法方式

英国国民健康服务立法过程中，政府主管部门、行业组织、公众等相关利益主体参与其中，有效地提高了立法的科学化水平，过程参与和协商互动也最大限度地减少了执行层面的摩擦，最大限度地达成了共识。与其他公共政策相比，医疗保障领域的立法专业性强、涉及面广，仅依靠相关主管部门是远远不够的，需要给予相关利益主体发声的机会，发挥独立性研究机构的优势。

一是身兼多职的卫生部发挥主导作用。英国卫生部的目标在于改善英国人民的卫生和健康状况，是医疗服务、社会照护、公共卫生的主管部门，扮演着四种独立而又相互联系的角色：确定 NHS、社会照护和公共健康的总体发展目标；选择最好的方法以改善服务；与其他系统和政府部门、地方政府合作促进医疗健康政策与其他社会政策的深度融合；为卫生大臣向国会与公众提交的医疗与社会服务报告做准备。①

二是重视卫生专业机构的作用。英国 1974 年重组创设了医疗领域的咨询委员会体系，包括大区咨询委员会、区域咨询委员会、社区卫生委员会、联合

---

① 孙树菡、闫蕊：《英国医疗卫生事业的转型——从"治病救人"到"预防优先"》，《兰州学刊》2010 年第 8 期。

咨询委员会，这些机构后经多次调整，但是英国国民健康服务立法过程中向相应委员会咨询的传统被保留下来，以促进公众参与，提高立法水平。此外还建立了监督机构。1969 年建立了独立于卫生和社会保障部的决策和行政机构——卫生咨询服务局（Health Advisory Service, HAS），独立进行检查，向卫生大臣报告工作。该机构的首要职能是为医疗服务机构提供建议和支持，促进医疗服务改善。[①]

三是发挥专门调查委员会的作用。通过调查收集 NHS 运行的相关信息，对已有法律制度进行评估和反思是英国国民健康服务立法的一大特色。议会、政府或地方卫生当局会根据需要成立特定的独立调查委员会，并启动调查，许多调查委员会的报告都对改革立法产生了重要影响，调查委员会的主席通常是相关领域的资深专家。比如 1975 年 10 月成立国民医疗服务皇家委员会，对重组后的 NHS 运行情况进行调查。再如 Ely 医院调查报告建议创设一个监督者来监考长期住院机构的服务质量，并处置医疗服务中的差错与问题，卫生大臣随即决定成立了卫生咨询服务局。[②]

6. 上位法下位法有机衔接的立法结构

英国国民健康服务的立法频繁、内容丰富、立法项目既有宏观层面的基本法案又有微观层面的各种规划、计划，既涉及国民健康服务的基本规则，又涉及相关规范，上位法下位法有机衔接，体现出立法的精细化水平较高。这反映出英国务实严谨的文化特点，通过精细化的制度设计和重构实现精细化管理。

以健康和社会服务法案（2022 年）为例，英国政府还出台了 NHS 英格兰运作框架、NHS 人力资源计划等相关法规和发展规划等配套立法。其中 NHS 英格兰运作框架阐述了 NHS 如何与地方系统伙伴合作以履行健康和社

---

① 李鸽:《英国国民医疗服务体系行政治理研究：制度史的视角》，上海交通大学学位论文，2014 年。

② 李鸽:《英国国民医疗服务体系行政治理研究：制度史的视角》，上海交通大学学位论文，2014 年。

会服务法案（2022年）规定的责任。该框架清晰界定了 NHS 英格兰、整合护理服务委员会以及 NHS 服务提供者的职责，致力于在更广泛的健康护理体系中协同合作。NHS 人力资源计划则明确了鼓励更多的人在富有同情心和包容性的文化中以不同的方式工作的改革原则，提出了四项改革目标：一是满足雇员需求：为全体人提供高质量的健康和福利支持。二是提供 NHS 归属感：关注 NHS 特殊职员面临的歧视问题。三是创新工作和服务递送：充分利用人力资源的技能和经验优势。四是致力于未来发展：吸引、保留人才，欢迎人才回归。

（五）结语：英国国民健康服务的成就及影响力

在很长一段时间里，英国的 NHS 在覆盖范围、公平性和成本投入等方面都显示出独到的优势，为改善英国国民健康水平发挥了至关重要的作用，被英国人标榜为"西方最完整的医疗服务体系"。[①] 英国国民健康服务对其他国家医疗保障制度建立具有典型示范意义。除了英国以外，瑞典、加拿大等国也采用了类似的全民健康保障模式。NHS 建立至今，在维持总体框架不变的基础上，扩展了保障范围，从疾病治疗拓展到从预防到康复的全流程健康服务；增加了一部分个人自付费用，如处方药、验光配镜和牙科服务；改变了央地责任关系，加大了地方政府的筹资以及管理权限；创新了医疗服务供给方式，通过内部市场改革引入竞争机制增强了制度效率；整合了社会照护与健康服务，尤其是促进老年群体获得连续、协调的健康护理服务。就全球比较而言，NHS 的总体表现优秀，以较低的人均医疗费用支出取得了较好的医疗质量，不足体现为等候时间过长、支出增长过快、服务能力不足等。

在英国，实施平等和免费医疗被视为保障公民基本权利的重要举措。由于

---

① M.Powell, "New Labour and the Third Way in the British NHS", *International Journal of Ser-vices*, 29, 1999, p.353.

路径依赖和制度强化，国民健康服务在各项福利项目中处于非常重要的地位，已经不仅是一种医疗保障的方式，而是成为影响英国人生活的最为重要的公共政策，是英国人最为自豪的国家象征，被视为"皇冠上的明珠"。2012年伦敦奥运会开幕时，NHS作为公认的"国家形象"而亮相，将英国国民对这一"国民骄傲"的自豪感展现得淋漓尽致。英国《泰晤士报》在世纪之交曾做过一项调查，在回答"你认为政府在20世纪影响英国人生活的最大业绩是什么"时，46%的人认为是NHS，18%的人认为是福利制度的建立，第三位才是赢得第二次世界大战的胜利，占15%。[①] 不难发现，NHS对于英国民众而言具有至高的社会地位和普遍的社会认同。

六、美国医疗保障立法研究报告[②]

摘要：与世界绝大多数国家和地区的医疗保障制度模式选择不同，美国采取了集商业医疗保险（与就业挂钩）、政府为特定人群开办公共医疗保障项目以及非营利部门积极参与医疗保障于一体的混合型医疗保障制度：一方面，由政府举办的公共医疗保障项目和私营医疗保险项目覆盖了接近85%—90%的人群；另一方面，美国的非营利部门积极参与医疗保障提供，通过各种形式为低收入人群或者无医疗保险人群提供保障。本研究旨在深入探究美国医疗保障立法与实践。研究首先对美国公共部门、私营部门与非营利部门多元协作的医疗保障制度进行系统性梳理，认为美国医疗保障制度由覆盖不同人群的子制度构成，呈现混合形态，制度间呈现出高度耦合性。这些子制度安排为实现满足不同人群医疗保障需求的目标而有机地组合在一起。其次，重点探究了美国公

---

① 曹锡荣：《英国国民医疗保健服务系统的启示》，《前进论坛》2011年第1期。
② 执笔人：胡文秀，复旦大学博士后；苏泽瑞，中国社会保障学会学术干事。

共医疗保障制度的相关立法，以直接影响制度建立和变迁的重要法律为标志，将美国公共医疗保障制度的演进历史大致划分为四个阶段：一是 1965 年之前公共医疗保障缺位与私营医疗保险的发展；二是 1965 年后医疗保险(Medicare)和医疗救助（Medicaid）的建立与发展；三是 20 世纪 90 年代克林顿全民医疗保障立法失败与儿童医疗保障制度（SCHIP/CHIP）建立；四是 2010 年后呈现美国医保发展最新改革动态的奥巴马医改（ACA）。随后，研究呈现了美国公共医疗保障的立法内容及其制度的管理和经办机制。最后，重点探讨了美国医疗保障立法的特征，认为美国医保法制呈现分散性、多元性的特征，立法过程带有强烈的渐进性，但是其立法实践凸显了政府、市场、社会多元互动与合作、对社会弱势群体的兜底保障、强调企业雇主的责任、重视税收政策杠杆作用的鲜明特征。

（一）美国医疗保障制度概览

在美国，没有一个约定俗成的医疗保障概念。过去几十年来，随着对美国医疗保障制度研究的深入，我国研究者逐渐丰富了其制度内涵。为了更全面地梳理美国医疗保障立法实践，本课题采用郑功成教授早前对医疗保障制度广义的定义①，具体采用胡文秀博士对美国医疗保障制度的定义：把涉及国家、市场和社会为社会成员的疾病提供医疗费用和医疗服务以化解疾病风险、保障成员健康需求的制度安排均纳入医疗保障制度体系中②。由此可见，美国医疗保障制度采取了集商业医疗保险（与就业挂钩）、政府为特定人群开办公共医疗保障项目以及非营利部门积极参与医疗保障于一体的混合型制度安排。

---

① 郑功成指出，广义的医疗保障体系应涵盖基本医疗保险、医疗救助、医疗优抚和商业医疗保险。参见郑功成主编：《社会保障学》，中国劳动社会保障出版社 2005 年版。

② 胡文秀：《美国医疗保障制度变迁的逻辑：基于历史制度主义的分析》，中国人民大学劳动人事学院学位论文，2021 年，第 39 页。

美国的医疗保障体系可谓构成复杂，依据部门划分，主要可以分为三种类别（见表3—17）：第一类是私人医疗保障，即由营利性保险公司和非营利性保险公司提供的商业医疗保险。该保险或基于就业关系而获取，或个人从医疗保险市场上自行购买，这一制度安排覆盖了接近50%—60%的人口。第二类是公共医疗保障，即由公共部门提供的针对社会弱势群体的医疗保险项目或特定人群的免费医疗服务。主要以医疗保险（Medicare）、医疗救助（Medicaid）①及儿童医疗保障制度（SCHIP/CHIP）为主，还包括退役和现役军人医疗保障、土著居民医疗保障以及急诊保障。第三类是以"慈善医疗服务"为代表的非营利部门提供的医疗保健"安全网"，作为非正式的制度安排，为低收入人群或无保险人群提供及时有效的免费或低成本的医疗服务②。整体而言，目前私营医疗保险项目和由政府举办的公共医疗保障项目覆盖了接近85%—90%的人群，还有一些低收入人群或者无医疗保险人群通过非营利部门获得一些医疗服务保障。

表3—17　美国混合型医疗保障制度组成

类别		项目名称	资金筹集
私人部门	营利性保险公司	团体医疗保险	雇主和雇员按一定比例共同缴纳
		个人医疗保险	自费
	非营利性保险公司	部分蓝十字和蓝盾计划	资金来源于会员缴纳保费及雇主雇员共同缴纳的保费
		恺撒医疗保险计划（KFHP）	

---

① 医疗保障研究领域存在对国外制度的翻译不统一的现象。我国相关医疗保障文章中对"Medicare""Medicaid"等医疗保障名词存在多种译法，但哪一种译法更为贴切还没有形成统一的结论。从这两种制度的立法目标及制度功能来看，本研究更倾向将"Medicare"译为"医疗保险"，将"Medicaid"译为"医疗救助"，将"SCHIP/CHIP"译为"儿童医疗保障"。特此说明。

② 胡文秀：《美国医疗保障制度变迁的逻辑：基于历史制度主义的分析》，中国人民大学劳动人事学院学位论文，2021年，第79—80页。

续表

类别	项目名称		资金筹集
公共部门	主体保障项目	医疗保险（Medicare）	医疗保险工资税
		医疗救助（Medicaid）	联邦政府和州政府共同出资
		儿童医疗保障（SCHIP/CHIP）	联邦政府和州政府共同出资
	特定人群保障项目	退伍军人医疗保障（VHA）	联邦政府财政
		现役军人及家属医疗保障项目（TRICARE）	联邦政府财政
		印第安人免费医疗服务（IHS）	联邦政府财政
	公立医院	急诊保障、为无保险人群提供免费医疗服务；向低收入人群收取较低的服务费用	由州和地方政府主办；资金来源于地方政府补助及服务收费
非营利部门	免费或低成本的医疗服务	非营利性医院	资金筹集源于债券募集以及慈善捐赠
		非营利社区卫生中心/免费诊所	资金筹集源于联邦或州政府补助、协议或来自私人基金会和遗产的捐赠
	低成本的医疗保险	为没有医疗保险的人群提供医疗保险	资金筹集涵盖捐赠、政府税收收入、医疗服务提供方补贴等

资料来源：胡文秀：《美国医疗保障制度变迁的逻辑：基于历史制度主义的分析》，中国人民大学劳动人事学院学位论文，2021年，第79—80页。

（二）美国公共医疗保障立法历程

美国并没有大陆法系公法、私法划分的传统，是典型的英美法系国家，判例法是其主要法律渊源。从法律调整的对象和实质内容方面看，美国的医疗保障法既有大量的判例法，也有很多成文法，既有联邦立法，也有各州的立法。总体来看，美国医疗保障立法的发展经历了一个从排斥到全面发展的过程。早期美国奉行"自由放任"的理念，主张国家不干预属于私人自治的领域。直到1929年经济大萧条爆发，美国才对私人自治理念为主导的法律制度进行修正和补充，开始在社会保障领域有所作为。但由于相关利益集团阻碍、政党间斗争以及个人主义文化等因素影响，公共医疗保障制度的立法进程经历了数次反复。因此，美国医疗保障制度并不是通过一项单一的医疗保障法律建立起来的，而是在长达百余年时间中通过几十部分门别类的法案将涉及的制度安排予以规定（见表3—18）。

由于美国私人部门和非营利部门医疗保障是经过长时间发展、社会已约定俗成而非立法强制规定的机制安排，本研究重点关注美国主要公共医疗保障制度的相关立法，并以直接影响制度建立和变迁的重要法律为标志，将美国公共医疗保障制度的演进历史大致划分为四个阶段：一是1965年之前公共医疗保障缺位与私营医疗保险的发展；二是1965年后公共医疗保障制度的建立与发展；三是20世纪90年代克林顿全民医疗保障立法失败与儿童医疗保险制度建立；四是2010年奥巴马全民医疗保障立法及此后的一波三折。

表3—18　美国医疗保障制度相关法律

立法时间	法案名称	法案主要内容
1921 年	《母婴法案》	授权联邦政府监督并向各州妇幼保健提供配套经费，以改善母婴健康状况
1935 年	《社会保障法案》	规定向各州提供用于公共健康服务的资金
1935 年	《全国劳工关系法》	赋予雇员参加工会并与雇主集体谈判的权利，禁止雇主歧视和报复工会支持者，同时明确不公平劳动行为类型
1937 年	《联邦保险缴款法案》	规定雇主和雇员要在所得税之外另行缴纳社保税
1945 年	《麦克卡兰—费古森法案》	规定保险业由各州规制，不再受联邦反托拉斯法案的规制
1946 年	《医院调查与建设法案》	规定联邦政府提供资金，改善医院硬件环境和服务能力
1954 年	《国内税收法》	明确了团体医疗保险税优政策，企业为员工缴纳的保费可作为费用税前列支。员工个人承担的保费也实行税前列支，由企业代扣代缴
1960 年	《医疗救助法案》又称《科尔—米尔斯法案》	联邦政府为各州老年人提供资金，以覆盖大部分医院、疗养院和医师服务项目花费

续表

立法时间	法案名称	法案主要内容
1963 年	《综合社区精神健康中心法案》	提出向各州提供用于儿童和成人的精神健康诊疗的经费
1964 年	《经济机会法案》	联邦政府资助社区卫生中心，旨在向贫困人群或医疗服务不足的社区提供医疗保健和社会服务
1965 年	《社会保障法修正案》	建立了医疗保险（Medicare）和医疗救助制度（Medicaid）
1972 年	《社会保障修正案》	规定 Medicare 保障范围扩大至患有严重肾脏疾病人士
1973 年	《健康维护组织法案》	规定雇主在可行的情况下向雇员提供 HMO 的选项，而 HMO 机构被允许与不同的医院和诊所签订合约
1974 年	《雇员退休收入保障法》	对雇主或医疗保险主办机构投保、管理的医疗保险项目进行了规定
1977 年	《医疗保险—医疗救助反欺诈和滥用修正案》	规定虚假报销、回扣、受贿等违法行为为严重犯罪及明确欺诈和滥用的惩处
1981 年	《综合预算调整法》	削减医疗救助资金 15 亿美元
1982 年	《赤字削减法》	推行预付制医疗保险支付方式（PPS）
1982 年	《税收公平和财政责任法案》	授权医疗保险合同可以实现以风险为基础的商业健康计划，即医保优势计划（Medicare Advantage）
1985 年	《健康保险延长法案》又称《综合预算平衡法案》	允许已离职的雇员继续参加前雇主的团体医疗保险计划，但雇员需自付较高保费
1986 年	《紧急医疗和积极劳动法》	无论是否有支付能力都可以使用紧急医疗服务，防止医院拒绝治疗或将无支付能力的病人或医疗保险、医疗救助的参保人转移至公立医院等
1988 年	《医疗保险灾难性保障法案》	规定了医疗保障支付严重疾病的住院患者的起付线和共同保险费用
1996 年	《健康保险可转移性和责任法案》	规定了病人信息档案处理办法、限制保险公司将患有既往疾病的人排除在外的程度，规定工人在失业或变更工作后能够保留他们的医疗保险
1997 年	《平衡预算法案》	规定联邦政府为各州提供补助，将 Medicaid 资助对象扩展至那些因家庭收入"过高"而无法获得 Medicaid 资助的 19 岁以下儿童和青少年群体；推出了医保选择计划（Medicare+Choice），扩大参保人选择私营计划的范围

立法时间	法案名称	法案主要内容
1998 年	《国防授权法案》	规定参加战区战役行动的退伍军人服役时间满 5 年者，可享受免费医疗保障
2003 年	《医疗保险处方药改进和现代化法案》	增加了医疗保险的处方药计划（D 部分）和建立健康储蓄账户
2005 年	《赤字削减法案》	规定了医疗保险
2010 年	《患者保护与平价医疗法案》（又称"奥巴马医改法案"）	一是通过降低医疗补助准入门槛和强制购买商业医疗保险来覆盖剩余未参保群体；二是严禁保险公司拒绝和歧视参保人群从而保障公平性
2017 年	《税收调节法案》	废除奥巴马医改法案中规定的美国居民必须拥有医疗保险否则面临罚款的强制性条款
2020 年	《冠状病毒准备和响应补充拨款法》	规定划拨 83 亿美元用于资助疫苗研究；向州和地方政府提供资金以抗击病毒的传播
2020 年	《薪资保护计划和医疗保健增强法案》	规定划拨 750 亿美元援助相关医院以及 250 亿美元加强检测
2020 年	《新冠状病毒对策法案》	强制（少于 500 名员工的）公司为患有新冠的员工提供带薪病假，并提供税收抵免以帮助公司支付这些费用，同时规定所有人都可以免费进行新冠测试
2022 年	《通胀削减法案》	要求对医疗保险耗费医保费用最多的药品进行价格谈判，并规定 2025 年后医疗保险 D 部分自付封顶

资料来源：笔者自行整理。

1. 1965 年之前：公共医疗保障缺位与基于就业的私营医疗保险的发展

（1）罗斯福新政期间公共医疗保障首次立法尝试失败

20 世纪以前，美国始终奉行"济贫"性质的社会政策，应对疾病风险被视为个人责任而非政府职能，因此主要依靠地方政府、市场以及民间慈善来提供有限的医疗保障。1929—1933 年间，美国爆发了空前严重的经济危机，金融系统整体崩溃，大批工厂倒闭，数千万人处于贫困中，国家经济陷入大萧条。面对如此严峻的局面，罗斯福上任后一改胡佛政府"自由放任"的有限政府理念，积极推行新政，认为联邦政府应当在国民经济中起到更积极的作用，主动干预市场失灵。其中最重要的内容之一便是 1935 年的《社会保障法》。法案建立起了以解决老年贫困和失业问题为主体的保障制度，标志着社会保险和公共救济相结合的美国现代社会保障体系的建立。然而，这份美国社会保障发展历史上十分重要的文件也存在着巨大的缺陷，即未能将公共医疗保障制度纳入其中。

究其原因，一方面，《社会保障法》的通过实际上是经济大萧条的直接结果，其建立的社会保障制度具有明显的工具手段特征，主要是为了应对严重经济危机背景下亟待解决的失业和贫困问题，疾病风险反而居于次位。另一方面，美国医学会（American Medical Association，AMA）的反对起到了关键性作用。作为美国医疗领域利益集团的领军组织，为避免政府主导的公共医疗保险制度限制行医营利的自由，便抨击公共医疗保险违背美国价值观，干涉医患间的民主关系，是父权主义的、反社会的，将增加雇主和公众的税收负担。[①]因此，为通过社会保障法案，罗斯福政府不得不将最初法律提案[②]的医疗保险部分推迟[③]。此后也是由于美国医学会的阻碍，1939 年瓦格纳医疗保险法案、1943 年瓦格纳—默里—丁格尔法案、1945 年和 1948 年杜鲁门全民医保法案等数次公共医疗保障立法尝试均走向失败。

虽然 1935 年《社会保障法》没能纳入医疗保险是美国公共医疗保障立法史上的一次重大失败，但它仍然为政府介入医疗保障领域拓宽了道路。法案规定联邦政府必须向各州提供用于母婴护理以及残疾儿童医疗服务的相关财政补贴，同时要求联邦政府继续加强其在国家公共卫生领域的投入和主导作用。[④]

（2）税收优惠和第二次世界大战前后战时政策促使基于就业的私营医疗保险大发展

美国的私营医疗保险包括建立在就业关系基础上的、雇主为雇员提供的团

---

① "The Epstein State Health Insurance Bill," *The Journal of the American Medical Association*, vol.104, no.5 (1935).

② Chapman, C.B., Talmadge, J.M., "Historical and Political Background of Federal Health Care Legislation," *Law and Contemporary Problems*, vol.35, no.2 (1970).

③ 约翰·F. 沃克、哈罗德·G. 瓦特：《美国大政府的兴起》，重庆出版社学位论文，2001 年版，第 69 页。

④ 任丽娜：《美国医疗保险制度演进的新政治经济学研究》，辽宁大学学位论文，2019 年。

体式商业医疗保险和少部分个人自愿购买的商业医疗保险，是一种经过长时间发展、社会已约定俗成而非立法强制规定的市场医疗保障机制。

20世纪30年代经济危机爆发后，由于公共医疗保障缺位，人们无力支付医疗费，医院和医生收入也随之下降。一些医院开始实施"预付式医疗保险计划"（prepayment insurance plans），即后来的"蓝十字计划"（Blue Cross plan）；同时，针对医生服务（特别是外科手术）的预付式医疗保险计划，即由医疗社团举办的"蓝盾计划"（Blue Shield plan）应运而生。蓝十字计划和蓝盾计划合称"双蓝计划"，它们都是私人非营利性医疗保险计划。[1]"双蓝计划"同社会医疗保险类似，并不以年龄、收入区分保费，而是采取同一个社区同一个费率的政策。"双蓝计划"受到广泛欢迎，对之后美国医疗保障制度的演进起到了重要的引领作用。

在第二次世界大战期间和第二次世界大战后的数十年间，由于战时工资管控及战后税收优惠政策影响，迎合大众医疗需求的私营医疗保险得到快速增长和扩张。第二次世界大战期间，大量工人投身战争导致劳动力供给短缺，为稳定市场秩序，战时劳工委员会实施了临时性的工资管控政策，禁止雇主提高或降低工资水平。在商界和工会团体的强烈反对下，包括医疗保险和养老金在内的部分社会保障被排除在工资管控之外。企业间的雇员争夺从劳动报酬竞争转为保险福利竞争，意外地促进了雇主医疗保险的发展。此外，联邦政府也为雇主医疗保险提供了税收优惠的财政支持。1943年，美国国税局决定将雇主为雇员提供医疗保险的缴费纳入免税待遇范围（免缴联邦、州和市一级的所得税），[2] 即雇主对员工医疗保险的缴费金额不构成雇员的收入部分。1954年，艾森豪威尔政府对《国内税收法》进行了修订，明确规定将雇主为员工的医疗

---

[1] Theodore Marmor, et al., *Nonprofit Organizations and Health Care*. New Haven: Yale University Press, 1987.pp.225,227.

[2] Arnett, Grace-Marie, ed. *Empowering health care consumers through tax reform*. University of Michigan Press, 1999.p.11. 参见 26 U.S.Code § 106 - Contributions by employer to accident and health plans, Available at https://www.law.cornell.edu/uscode/text/26/106。

保险缴费排除在应纳税收入之外，并从雇员的应税收入中扣除。① 该税收政策允许雇主使用雇员的税前收入为雇员购买医疗保险，而不是强迫雇员使用税后的收入购买医疗保险，实际上是一种对基于就业关系获得医疗保险的补贴，并因税收的累进性而更有利于高收入群体。②

在这一时期，公共医疗保障议题被搁置，工人们联合起来争取企业或行业内的医疗福利，以"双蓝计划"和"恺撒医疗"为代表的第三方支付制度开始出现并蓬勃发展。基于就业关系的雇主医疗保险逐渐成为就业福利的标准特征，并成为美国医疗保障制度重要的组成部分。

2.1965 年后：公共医疗保障的建立与发展

（1）医疗保险（Medicare）和医疗救助（Medicaid）的建立

虽然此前建立公共医疗保障的尝试均以失败告终，但杜鲁门在 1949 年的提案遭遇失败后仍然继续呼吁建立国民医疗保险。为了减少政策阻力，杜鲁门的顾问尤因提出一个渐进的方案，针对市场不愿提供医疗保障的弱势群体，尤其是老年人群③，建立覆盖 65 岁以上老年人及其家属医院费用的公共医疗保障制度④。1952 年，杜鲁门任命的国家医疗需求委员会发布报告，建议实施一项由联邦和州政府共同合作，由州政府发起和管理的，为老年人和贫困群体提供医疗保障，联邦政府负责提供配套资金支持的新制度⑤。尽管试图建立覆盖老

---

① Glied, Sherry. *Revising the Tax Treatment of Employer-Provided Health Insurance*. American Enterprise Institute, 1994.

② Sheils, John, and Paul Hogan. "Cost of Tax-Exempt Health Benefits In 1998: Tax policies for health insurance cost the government $111.2 billion in lost revenue for 1998.Is it appropriate that most of this benefit goes to those with the highest incomes?." *Health Affairs 18*, no.2 (1999), pp.176-181.

③ Marmor, T.R. *The politics of Medicare*. New York: Aldine de Gruyter, 2000. pp.16-17.

④ Stevens, Robert Bocking, and Rosemary Stevens. *Welfare medicine in America: A case study of Medicaid*. Transaction Publishers, 2003. p.25.

⑤ 虽然该建议案在当时并没有起到作用，但是却成为了约翰逊政府于 1965 年建立的两项医疗保障制度的基础。

年人群体的医疗保险的努力始于杜鲁门政府时期，但这一制度直到十余年后才得以实施。

进入 20 世纪 60 年代，超过 80% 的就业人群（年龄在 35—65 岁之间）拥有私营医疗保险，约 70% 的儿童也得到了保障。然而，由于保费昂贵或市场拒保，老年人等高风险人群的私营医疗保险覆盖率非常之低 [1]。同时，贫困家庭的医疗保险覆盖情况也极为糟糕，1965 年收入在 5000 美元及以上的家庭中仅 13% 缺乏医疗保险，但收入低于 5000 美元的家庭中接近 40% 缺乏医疗保险。[2] 肯尼迪总统曾在 1960—1963 年间多次向国会提议建立解决老年人医疗费用问题的医疗保险（Medicare）。其意外遇刺后，继任者约翰逊总统继续着手推动公共医疗保障制度的建立。这一时期，建立公共医疗保障制度的有利条件也逐渐成熟：一方面，经济发展带来的繁荣与贫富分化加剧的撕裂一并催生了医疗保险改革的社会共识，对弱势群体的保障被视为政府应当承担的责任；另一方面，约翰逊在 1964 年大选中的压倒性胜利以及彼时美国国会民主党人占绝对优势，为政府介入医疗保险领域并通过公共医疗保障制度奠定了政治基础。此外，民权政治背景的变化和南方经济性质的变化也为社会项目立法通过创造了良好的时机。

1965 年 1 月，约翰逊在提交给国会的经济报告中建议尽快通过老年医疗保险。然而对于医疗法案的具体内容，各方仍各执己见，以美国医学会、美国心脏协会、美国人寿保险协会、美国商会、全国蓝盾计划协会和全国制造商协会为代表的利益集团对民主党强制性工资税方案和共和党自愿性税收补贴方案均表示反对。在老年人这一关键群体的支持下 [3]，经各方妥协，医疗保险

---

① Klem, M.C. "Physician services received in an urban community in relation to health insurance coverage." *American Journal of Public Health and the Nation's Health 55*, no.11 (1965): 1699-1716. p.1703.

② Klem, M.C. "Physician services received in an urban community in relation to health insurance coverage." *American Journal of Public Health and the Nation's Health 55*, no.11 (1965): 1699-1716. p.1704.

③ Marmor, T.R. *The politics of Medicare*. New York: Aldine de Gruyter, 2000. p.24.

（Medicare）和医疗救助（Medicaid）最终于 1965 年获得通过。其中，Medicare 既包括了民主党提出的基于工资税的强制性老年人住院医疗保险（A 部分），也包括共和党提出的自愿参加的支付老年人医生服务费用的医疗保险（B 部分），Medicaid 即为美国医学会提出的由各州政府独立管理运行的、基于收入调查的医疗救助制度。

医疗保险（Medicare）和医疗救助（Medicaid）的建立，极大程度地扩大了美国医疗保险的覆盖面，填补了老年人、残疾人和穷人等弱势群体的医疗保障空白，标志着联邦政府在公共医疗保障领域主导地位的确立，也意味着美国混合型医疗保障体系初具雏形。此后数十年，虽然公共医疗保障制度经历扩张和收缩等波动，但政府、市场、社会等多元主体共同参与的医疗保障体系架构基本保持稳定。因此，1965 年通过的《社会保障法修正案》是公共医疗保障立法的一次重大胜利，是美国医疗保障发展史上浓墨重彩的一笔。

（2）紧急医疗的救治保障

公共医疗保障立法的成功使全民医疗保障重回改革议题，但由于石油危机带来的经济衰退和医疗费用的飞速上涨，共和党尼克松、福特和民主党卡特在全民医保改革方面的尝试均宣告失败。20 世纪 80 年代，里根总统削减了对医疗保险（Medicare）和医疗救助（Medicaid）的资助，公共医疗保障进入全面收缩时期，第三产业壮大也导致快速流动的劳动力普遍缺乏雇主医疗保险。由于经济环境的影响，当时没有医疗保险的患者中大多数遭遇过被急诊室拒绝治疗的情况，或者遭遇过被迫从私营急诊室转到公共急诊室的情况。[1] 面对广泛的争议，国会最终于 1986 年通过了《紧急医疗和积极劳动法》，以此回应重病患者无法得到及时救治的问题。这部法案保障了公众无论是否有支付能力都可以使用紧急医疗服务，防止医院拒绝治疗或将无支付能力的病人及医疗保险、

---

[1]　Schiff, Robert L., David A.Ansell, James E.Schlosser, Ahamed H.Idris, Ann Morrison, and Steven Whitman. "Transfers to a public hospital.A prospective study of 467 patients." *The New England Journal of Medicine 314*, no.9 (1986), pp.552-557.

医疗救助的参保人转移至公立医院或地方一级医院。该法案规定，任何"到急诊室"要求"检查或治疗某种疾病"的患者都必须接受"适当的医学检查"，以确定他是否存在"紧急医疗状况"（见表3—19）。若符合"紧急医疗状况"，则医院有义务为其提供治疗直至病情稳定，或按照法规的指示将其转移到另一家医院。

表3—19　紧急医疗的情况说明

第一类：表现为严重程度（包括剧烈疼痛）的急性症状的三种情况
（1）个人健康（或就孕妇而言，妇女或其未出生婴儿的健康）处于严重危险之中；
（2）身体功能严重受损；
（3）任何身体器官或部分的严重功能障碍。
第二类：即将分娩的孕妇的两种情况
（1）分娩前没有足够的时间安全转移到另一家医院；
（2）转诊可能对妇女或未出生婴儿的健康或安全构成威胁。

资料来源：42 U.S.Code § 1395dd - Examination and treatment for emergency medical conditions and women in labor.Available at https://www.law.cornell.edu/uscode/text/42/1395dd。

尽管最初制定这部法律旨在禁止医疗服务中的歧视现象，保障公众平等接受医疗服务的权利，但其客观上为许多贫困患者提供了急诊医疗保障，并成为低收入人群或者无医疗保险人群的医疗保障方式之一。根据美国医院协会的一项研究报告，1996年美国医疗服务机构的急诊患者中，约16%的患者是没有任何医疗保险的。[1] 此外，在对30家医院所做的调查中发现，每4位没有任何医疗保险的患者中就有3位到急诊室寻求诊疗。[2] 但是该法案并没有建立针对这种紧急状况下提供医疗保障的付费机制安排，因此联邦政府和州政府会对

---

[1]　Fields, Wesley. "Defining America's safety net." *Defending America's Safety Net* (1999).5–14.

[2]　Fields, W.Wesley, Brent R.Asplin, Gregory L.Larkin, Catherine A.Marco, Loren A.Johnson, Charlotte Yeh, Keith T.Ghezzi, and Michael Rapp. "The Emergency Medical Treatment and Labor Act as a federal health care safety net program." *Academic Emergency Medicine 8*, no.11 (2001): 1064-1069.

因急诊保障产生的"医疗坏账"通过一定的途径给予补偿。①

3.20 世纪 90 年代：克林顿全民医保失败与儿童医保建立

（1）克林顿全民医疗保障立法失败

克林顿竞选总统时期，医疗费用大幅上涨和缺乏医疗保险的人数不断增长这对矛盾越发凸显，医疗控费和医保扩面成为政府的主要任务。一方面，医疗费用飞涨导致包括联邦政府、各州政府、企业和普通民众在内的整个社会不堪重负。1960 年，拥有医疗保险的患者除了医疗保险报销之外，自己还需支付医疗费用的 56%。到了 1991 年，需要自付的部分下降到 22%，其余部分均由第三方或雇主来承担。从 20 世纪 80 年代开始，美国企业用于支付其雇员医疗保险费用的开支直线上升，成为沉重的负担。1982 年，美国企业用于支付其雇员医疗保险费用的支出为 800 亿美元，到 1989 年已经达到 2600 亿美元，增长了20.4%。② 另一方面，经济下行带来的失业导致许多中产阶级失去了基于就业的雇主医疗保险。根据 1990 年美国人口普查局的统计资料显示，1980 年美国共有1.87 亿人具有私人性质的医疗保险，到了 1989 年，数字降至 1.78 亿，到 1990年又降至 1.77 亿人。其中，年收入低于 2.5 万美元的家庭占总数的 26%，有 9%的家庭生活在贫困线以下；年收入在 2.5 万美元至 5 万美元之间的家庭占总数的 42%，年收入在 5 万美元以上的家庭占总数的 32%，这些新增的失去医疗保险的人口都处于工作年龄段，甚至包括很多大学教授、工程师、医生和牧师。③据估计，在克林顿上任之时，美国约有 4200 万人没有任何医疗保险，220 万人属于医疗保险不足，另有 6300 万人左右可能会在两年内失去医疗保险。④ 面对社会经济环境的变化，医疗保险成为这一时期最受民众关注的议题之一。

---

① 许多医院因此为没有医疗保险的病人提供无偿的医疗服务导致的"医疗坏账"是造成美国近二十年来不少医院倒闭的一个重要的原因。

② Robert E Dentn, Jr, Rachel L.Holloway, ed. *The Clinton Presidency: Images, Issues, and Communication Strategies*: pp.165-166.

③ Theodore Marmor. *The Procompetitive Movement in American Medical Politics*, pp.61-62.

④ ［美］西德尼·布朗门托尔：《克林顿战争》，东方出版社 2010 年版，第 102 页。

1993 年 10 月，克林顿向国会提交了《医疗保障法案》（*Health Security Act*），试图通过强制性雇主医疗保险及扩大政府补助覆盖面的方式来实现全民医保，利用地区性健康联盟的团体购买来实现有管理的竞争，压低医疗保险成本，扩大医疗保障覆盖面并控制医疗费用。法案包含 11 章，其中提出了医疗保障改革的几项基本原则，包括医疗保险的强制参与、可负担、可选择、低成本高效运营、有效监管以及医疗服务高效率、高质量、合理收费等。克林顿全民医改计划放弃了国家单一支付方式，而是采用扩大以就业为基础的雇主医疗保险并提供政府补助这一折中的方式来实现全民医疗保障。然而，由于国内共和党及相关利益集团的强烈反对、经济复苏使基于就业的雇主医疗保险重焕生机、克林顿政府医疗保障立法策略失误以及北美自由贸易协定等重大国际事件影响等因素，《医疗保障法案》于 1994 年被国会否决，公共医疗保障制度在迈向覆盖全民的立法之路上遭遇了一次重大失败。在这次医改失败后，克林顿本人及许多致力于推动扩大医疗保险覆盖面的改革派意识到，实现全民医保异常之难，只能采用渐进式的手段逐步扩大医疗保险覆盖面，最显著的成果便是其第二任期内通过的州儿童医疗保险。

（2）儿童医疗保障（SCHIP/CHIP）的建立

儿童医疗保障制度（SCHIP，后简称为 CHIP）始于 1997 年的《平衡预算法案》，是为不符合医疗救助资格但又无力承担私营医疗保险的家庭提供的儿童医疗保障。得益于 1935 年《社会保障法》实施的抚养未成年人子女贫困家庭临时救助（AFDC）和 1965 年《社会保障修正案》实施的医疗救助制度（Medicaid），享有医疗保障的儿童人数大幅增加，一定程度上改善了儿童，尤其是贫困家庭儿童的健康状况。然而在 20 世纪七八十年代，低收入家庭的儿童和没有医疗保障的儿童人数在不断增加。尽管 1984 年的《赤字削减法案》将婴儿和 6 岁以下儿童纳入医疗救助（Medicaid）制度，但 1987 年家庭收入在一倍联邦贫困线以下的儿童中近 1/4 缺乏医疗保障。[①]1996 年《福利改革法案》

---

① Centers for Disease Control."National Medical Expenditures Survey 1987." Available at http://wonder.cdc.gov/wonder/sci_data/surveys/nmes/nmes.asp.

的实施，弱化了联邦政府在医疗保障管理中的主导性地位，加剧了社会弱势群体（贫困人群、老年人群体、儿童及移民）的处境恶化，在该法案颁布后的一年里，有49%的妇女失去了福利保护，30%左右的儿童失去医疗保险。[1]1997年全美共有1160万儿童没有医疗保险，占儿童总人数的15.3%。[2]

为解决儿童医疗保障问题，两党达成了一致意见，即并不设立一个全新的联邦福利项目，而是参考医疗救助（Medicaid）制度，将管理权授予州一级政府。1997年《平衡预算法案》允许各州通过进一步放宽医疗救助准入资格或建立一个新的针对儿童的医疗保险计划，将收入超过医疗救助制度准入资格又无力负担高昂私营医疗保险的家庭中的儿童纳入制度。为了推进制度落地，国会拟下拨400亿美元的配套资金，用于各州实施为期10年的儿童医疗保障计划，因而SCHIP/CHIP支出配套支持相较医疗救助制度更高，平均高达70%。[3]

尽管医疗救助（Medicaid）与SCHIP/CHIP的实施范围日益扩大，但是没有医疗保障的儿童总数仍然在逐年增多。根据美国卫生与公众服务部的数据，2003年全美18岁以下没有医疗保险的儿童人数达810万，到2006年底上升到870万人，到2007年底上升为940万。其中固然包含受助家庭因文化水平有限以及基层医疗机构宣传不到位导致的参保疏漏等因素，但更为重要的原因是国外移民的不断增加。2007年，美国移民局统计的合法移民总数达100万人，而非法移民人数数倍于此，其子女也超百万之众。由于商业医疗保险保费高昂，这些儿童迫切需要公共医疗保障来抵御健康风险，但Medicaid和SCHIP/CHIP的准入限制使得许多贫困的非法移民家庭因害怕被遣返而不敢参加。

---

[1]　Smith, David G., and Judith D.Moore. *Medicaid politics and policy.* Transaction Publishers, 2015. p.244.

[2]　Byck, Gayle R. "A comparison of the socioeconomic and health status characteristics of uninsured, State Children's Health Insurance Program-eligible children in the United States with those of other groups of insured children: implications for policy." *Pediatrics 106*, no.1 (2000), pp.14-21.

[3]　Wooldridge, Judith. "Interim Evaluation Report: Congressionally Mandated Evaluation of the State Children's Health Insurance Program." (2003).

4.2010 年后：奥巴马医改（ACA）一波三折

小布什任内为 Medicare 参保人增加了补充性的处方药计划以应对日益膨胀的医疗费用，但这并未解决医保覆盖不足的问题。2008 年金融危机爆发后，美国国内失业率居高不下，越来越多中产阶级失去了基于就业关系的雇主医疗保险，全民医疗保险又成为公众十分关注的改革话题。2009 年，美国没有医疗保险的人数为 5067.4 万，占总人口的 16.7%[①]。此外，尽管美国是世界上医疗技术最发达的国家且医疗费用投入极高，但世界卫生组织的数据显示，在其调查的 191 个国家中，美国国民的总体健康水平排名第 72 位，医疗筹资分配的公平性排名第 55 位。在预期人均寿命、产妇及新生儿死亡率、慢性病发病率等衡量医疗体系效率的主要指标上，缺乏全民医疗保险的美国均不及其他大多数发达国家。

在竞选中和当选后，奥巴马均将全民医疗保障制度改革作为其社会政策的中心。经过异常艰难的立法推动，2010 年 3 月，《患者保护和平价医疗法案》（*Patient Protection and Affordable Care Act*，ACA，又称"奥巴马医改"法案）在激烈的争议中获得通过并于 2014 年 1 月正式全面生效。该法案旨在扩大医保覆盖面、降低医疗成本并保障医疗服务质量，其核心内容包括强制未参保民众投保并为购买保险的个人提供税收抵免和成本分担补贴，扩大医疗补助计划的覆盖面以使其覆盖到收入低于贫困线水平 138% 的无子女成年人，禁止保险公司对带病投保群体拒保并要求其提供标准化的保险保障项目。奥巴马医改法案是美国医疗保障立法进程中的又一个巨大成就，在美国历史上首次建立起一个覆盖 95% 人口的全民医疗保障制度。

但围绕奥巴马医改法案的争议并未就此平息。由于触及美国医学会、商业保险公司、医药企业等集团利益，奥巴马医改法案招致了共和党的反对，

---

① "People Without Health Insurance Coverage by Selected Characteristics: 2008 and 2009". U.S.Census Bureau, *Current Population Survey, 2009 and 2010 Annual Social and Economic Supplements*. [Online] Available at https://www2.census.gov/programs-surveys/demo/tables/p60/238/tab8.pdf.

迄今已经经历了 2012 年、2015 年和 2018 年至 2021 年三次合宪性危机挑战，均被联邦最高法院驳回。此外，作为"大市场小政府"理念的拥护者，共和党总统特朗普将废除和取代奥巴马医改作为竞选承诺之一，其在 2017 年 1 月入主白宫后签署的第一个行政命令就是叫停奥巴马医改法案，又于两个月后公布了奥巴马医改法案的替代方案——《美国医保法案》（*American Health Care Act*）。该法案致力于缩减政府责任，取消强制参保，回归医疗保险的商品化特征，因此实际上利好富人群体及商业保险公司、医药集团等。但最终未能在国会获得通过，这也标志着特朗普政府废除奥巴马全民医保改革举措的失败。

2020 年，拜登就职一周后便签署了重启奥巴马医改的行政令，降低了参保补助的申请标准以使其覆盖范围扩张至部分未参与的州，承诺美国医疗服务更加可负担和可获得。2022 年 8 月，美国参众两院通过的《通胀削减法案》（*Inflation Reduction Act*，IRA）计划投入 640 亿美元以延长三年奥巴马医改法案的参保补贴。该法案在药价改革上有较大突破，30 多年来首次允许美国医保直接同药企进行谈判，其主要条款包括：联邦政府对医疗保险下耗费医保资金最多的药品进行价格谈判，药企须将超过通胀的药价上涨部分缴纳至医疗保险信托基金，医疗保险 D 部分参保人 2024 年灾难性疾病 5% 自付额免除，2025 年起自付部分设立 2000 美元封顶线，等等。[1]IRA 的实施是奥巴马医改的一种延续，进一步强化了政府在医疗保障领域的责任，通过向年收入高于 40 万美元的家庭及利润超过 10 亿美元的公司征税以开源，通过管控药价压低医药企业、保险公司、医院药店等利润以节流，从而为低收入人群提供了更为充足的医疗保障。据估计，IRA 使得超 300 万缺乏医疗保障的人群得以通过奥巴马医改获得医疗保险。[2]

然而，联邦最高法院的合宪性裁决回避了奥巴马医改的核心条款争议，仅

---

① 参见 *The Inflation Reduction Act (IRA) of 2022*。

② BY THE NUMBERS: The Inflation Reduction Act.https://www.whitehouse.gov/briefing-room/statements-releases/2022/08/15/by-the-numbers-the-inflation-reduction-act/.

侧面驳回了诉讼请求，这为奥巴马医改法案执行埋下隐患。此外，在贫富分化悬殊以及政治极化严重的美国社会，两党争议如此之大的奥巴马医改能够走多远仍旧面临诸多不确定性因素，其改革目标的实现也必将是一个漫长和艰难的过程。

（三）美国公共医疗保障法律制度

美国包括公共医疗保障法在内的社会保障法分为社会福利、社会保险和社会救助三个部分，整体编入《美国法典》（*United States Code*）第 42 卷。《美国法典》共分 50 余卷，实质上是一种"法律汇编"，除了前六个总领性标题外，其余标题按照字母的顺序进行排列，各个部分之间并无逻辑关系，该法典编纂的目的只是服务于法律应用，无法应用于体系化、规范化科学研究。相应地，美国《社会保障法》实质上也是一部"社会保障法律汇编"。在这种法律汇编模式下，社会保障制度作为国家和社会法律制度的一个重要组成部分被加以强调，其国家治理的"工具化"特征突出。本部分重点考察美国《社会保障法》中关于主要公共医疗保障制度的法律规定（见附件），具体包括医疗保险（Medicare）、医疗救助（Medicaid）以及儿童医疗保障（SCHIP/CHIP）三大公共医疗保障制度内容及运营现状，并对十余年来美国医疗保障领域最富争议的奥巴马医改法案（ACA）进行简要介绍。

1. 医疗保险（Medicare）

（1）覆盖范围

Medicare 旨在为没有经济能力参加商业健康保险的社会低收入者、老年人和残疾人等人群提供可负担的医疗保险。Medicare 覆盖的对象包括：一是曾工作并缴纳医疗保险税 10 年以上的 65 岁及以上的老人；二是永久性残疾并且领取社会保障残障津贴至少超过 24 个月的残障者；三是患有晚期肾病（需要透析或肾移植的永久性肾衰竭）的病人，1974 年进一步扩大到所有慢性肾病患者；四是某些不符合以上条件但愿意支付保费参加此保险计划的人群。

（2）保障内容

Medicare 包括四部分，分别为住院保险（Part A）、补充性医疗保险（Part B）、医保优势计划（Part C，Medicare Advantage，MA）以及 2006 年 1 月实施的处方药计划（Part D）。投保人可以选择参加由医疗保险与医疗补助服务中心（CMS）运营的 A 部分，并支付一定保费参加 B 部分或 D 部分等补充医疗险，也可以直接选择由商业保险公司运营的 MA 计划。MA 计划同样包含 A 部分和 B 部分，并且也一般会包括 D 部分的相应服务。

1）住院保险（Part A）。住院保险具有强制性，为病人住院费用、专业护理费用、家庭保健服务费用以及晚期病人收容所护理费用等项目提供保障。2022 年，每次住院超过 1556 美元的免赔额后，前 1 天至 60 天住院不需要支付任何费用，第 61 天至 90 天住院需要每天支付 389 美元，从第 91 天开始为"终身储备日"（每人一生最多 60 天），需要每天支付 778 美元，在 60 天的"终身储备日"结束之后则需要个人支付所有住院费用。①

2）补充性医疗保险（Part B）。补充性医疗保险是自愿选择投保，只要有资格免费获得 A 部分，就可以通过每月支付保费的形式加入 B 部分。即便没有资格获得 A 部分，只要年满 65 周岁且是美国公民或者合法入境且在美国居住至少 5 年也可以加入 B 部分。2021 年，75% 的资金来自美国联邦政府的一般性财政收入，25% 左右来自每位参加者每月交纳的 148.5 美元保险费，约 95% 的符合条件者都选择参加了 B 部分。

该部分保障的项目主要是住院保险没有覆盖到的项目，以门诊项目为基础，主要包括门诊的医生和护理服务、物理疗法、疫苗接种、输血、肾透析、救护车、器官移植、化疗、心理健康等费用以及特定人群的部分耐用医疗设备等。这类医疗费报销的规定经常变化，全国性的报销规定由 CMS 制定。2022

---

① 资料来源：https://www.medicare.gov/basics/get-started-with-medicare/medicare-basics/what-does-medicare-cost。

年，B 部分项目免赔额为每年 233 美元，超过免赔额部分由保险报销 80%，个人负担 20%，无封顶线。

3）医保优势计划（Part C）。1982 年，美国通过《税收公平和财政责任法案》（*Tax Equity and Fiscal Responsibility Act*，TEFRA），在 Medicare 中引入了 MA 计划，旨在鼓励商保运作的市场化计划提高效率，以降低医疗保险支出，同时参保人有机会在两个计划中进行选择。MA 计划为 Medicare 的参保人提供了由私营商业保险机构负责健康保险计划的选择方案，因此除了必须覆盖的 Medicare 承保的所有医疗服务外，MA 计划往往还提供 A 部分和 B 部分不包括的额外项目（见表 3—20）。2021 年，68% 的 MA 计划提供了牙科保健、听力保健、视力保健、健身俱乐部会员资格等福利；89% 的 MA 计划提供处方药保险（D 部分），并且 90% 参保者都参加了包含此处方药承保范围的计划。此外，MA 计划有自付上限，一旦达到限额，在该年度内，不需要再为承保的服务支付任何费用。2021 年，合作网络内服务的自付费用不得超过 7550 美元(D 部分有 6550 美元的单独自付费用门槛）。

表 3—20　医疗保险 A&B 计划和 C 计划对比

项目	Medicare A & B 部分	Medicare C 部分
就医限制	可以在任何接受医疗保险的医生处就医，不需要转诊就可以在专科医生处就医	一般来说，需要在所加入保险计划的医生网络内选择就医，需要转诊才可以在专科医生处就医
保障范围	包含 A 和 B 部分，通常不包含 D 部分，需要额外参加	包括 A 和 B 部分，通常包括 D 部分，还可能提供一些额外的保障，如视力、听力及牙科等服务
保险费用	A 部分通常是免费获得，仅需要每月为医疗保险（B 部分）和处方药保险（D 部分）单独支付保费	每月保费的多少也因保险计划而异，但缴纳私人保险保费的同时要缴纳 B 部分保费，可能比传统 A&B 计划更便宜
报销水平	医疗保险（B 部分）相关费用在免赔额之上有 20% 需要自费，每年的自付额度没有限制，可以购买补充险，用以支付自费部分	自费比例因保险计划而异，有些计划的自费比例可能很低甚至为零，保险计划对 A 和 B 部分的自费支出有封顶，但不可以再购买补充险

资料来源：美国医疗保险和医疗救助服务中心（CMS）。

根据恺撒家庭基金会（Henry J.Kaiser Family Foundation，KFF）研究，自 2006 年以来，MA 计划的作用稳步增长。近年来，加入医疗保险优惠计划的人数和比例在不断增加和提高。截至 2021 年，MA 计划参保人数达到 2600 万，占 Medicare 参保人数的 42%。在 MA 计划中，67% 参保者适用于个人参保计划，19% 参加了雇主和工会提供的团体计划。美国国会预算办公室（Congressional Budget Office, CBO）预计，到 2030 年，参加 MA 计划的比例将上升至 51% 左右。2021 年，美国共有 3550 项商保机构提供的 MA 计划供参保人选择。平均每个参保人在所在地有 8 个公司提供的 33 项 MA 计划可以选择。参与商保机构主要有联合健康（United Healthcare）、恒诺（Humana）和双蓝（Blue Cross Blue Shield）及其附属公司。另外，MA 计划的占比在不同的州、县也有很大差异：在美国本土，虽然 2017 年优惠计划投保人在 6 个州的占比超过了 40%（最高的是明尼苏达州，占比为 56%），但是在另外的三个州则低于

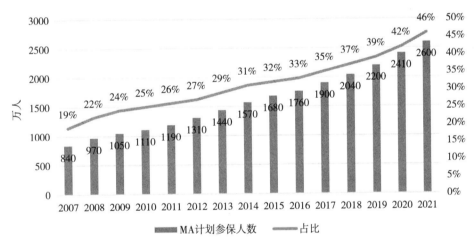

图 3—13 MA 计划参保人数及在 Medicare 参保人中的占比

资料来源：KFF analysis of CMS Medicare Advantage Enrollment Files, 2010-2022; Medicare Chronic Conditions (CCW) Data Warehouse from 5 percent of beneficiaries, 2010-2017; CCW data from 20 percent of beneficiaries, 2018-2020; and Medicare Enrollment Dashboard 2021-2022.

10%（最低的是怀俄明州，占比为 3%）。①

4）处方药计划（Part D）。1993 年至 2000 年间，美国的处方药总花费平均每年增加 13%，为解决日益上涨的处方药开支问题，2003 年《医疗保险处方药改进和现代化法案》（*Medicare Modernization Act*，MMA）规定自 2006 年 1 月 1 日起执行处方药计划。处方药计划是美国政府为参加 Medicare 前两部分的参保人进行处方药补贴的措施，主要包括 A 和 B 部分不包含的处方药报销，完全由参保者自行决定是否加入。处方药计划由私营医疗保险机构实际执行和运营管理，种类较多且参保缴费标准差异较大，但 2021 年 CMS 规定所有的处方药计划自付额不得超过 445 美元。根据 2022 年 8 月通过的《通胀削减法案》，自 2024 年起 D 部分参保人的灾难性疾病的 5% 自付部分免除，自 2025 年起 D 部分的自付额设置 2000 美元封顶线，并限制 D 部分在 2024—2030 年间的保费涨幅。

（3）资金收支

Medicare 的医疗保险基金分别由财政部下属的两个信托基金具体运营，其中一个是负责支付 A 部分费用的医院保险信托基金（Hospital Insurance trust fund，HI），另一个是负责支付 B 部分和 D 部分费用的补充医疗保险信托基金（Supplementary Medical Insurance trust fund，SMI）。2021 年，Medicare 为约 6380 万美国人提供了保障，其中覆盖约 5550 万 65 岁及以上的老人，其余 830 万为残疾人，当年总收入为 8876 亿美元，总支出为 8393 亿美元，当期结余 483 亿美元，累计结余 3257 亿美元（见图 3—14）。

A 部分主要资金来源是工薪税，目前法律规定其税率是职工工资总额的 2.9%，雇主和雇员各缴纳 1.45%，个体经营者需要缴纳全部的 2.9%（见表 3—21）。此外，2013 年后年收入超过 20 万美元的个人和年收入超过 25 万美元的夫妻需要额外缴纳 0.9% 的税。Medicare 工薪税收入存入医疗保险（HI）

---

① 李小沉、朱筠：《美国老年医疗保险现状和对中国的启示》，《中国老年健康研究报告（2018）》，2019 年，第 37 页。

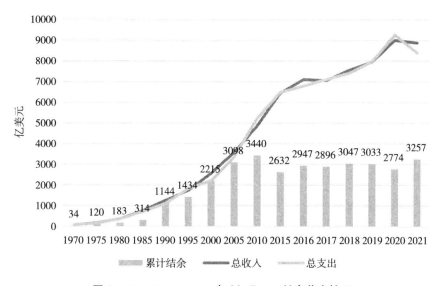

图 3—14　1970—2021 年 Medicare 基金收支情况

资料来源：The 2022 Annual Report of the Boards of Trustees of the Federal Hospital Insurance and Federal Supplementary Medical Insurance Trust Funds.

信托基金，用于支付医疗保险金，专款专用。2021 年，HI 基金总收入为 3374 亿美元、总支出为 3289 亿美元(含 53 亿美元管理费用)，当年结余 85 亿美元，累计结余 1427 亿美元（见表 3—22）。

表 3—21　1966—2022 年 Medicare 税率及最大应税收入

年份	最大应税收入（美元）	税率	
		雇主、雇员	个体经营者
1966	6600	0.35	0.35
1967	6600	0.50	0.50
1968—1971	7800	0.60	0.60
1972	9000	0.60	0.60
1973	10800	1.00	1.00
1974	13200	0.90	0.90
1975	14100	0.90	0.90
1976	15300	0.90	0.90

年份	最大应税收入（美元）	税率	
		雇主、雇员	个体经营者
1977	16500	0.90	0.90
1978	17700	1.00	1.00
1979	22900	1.05	1.05
1980	25900	1.05	1.05
1981	29700	1.30	1.30
1982	32400	1.30	1.30
1983	35700	1.30	1.30
1984	37800	1.30	2.60
1985	39600	1.35	2.70
1986	42000	1.45	2.90
1987	43800	1.45	2.90
1988	45000	1.45	2.90
1989	48000	1.45	2.90
1990	51300	1.45	2.90
1991	125000	1.45	2.90
1992	130200	1.45	2.90
1993	135000	1.45	2.90
1994—2012	无上限	1.45	2.90
2013—2022	无上限	1.45	2.90

资料来源：美国医疗保险和医疗救助服务中心（Centers for Medicare & Medicaid Services, CMS）。

表3—22　1970—2021年 HI 基金收支情况（亿美元）

年份	基金收入	基金支出	当期结余	累计结余
1970	60	53	7	32
1975	130	116	14	105
1980	261	256	5	137
1985	514	484	48	205

续表

年份	基金收入	基金支出	当期结余	累计结余
1990	804	670	134	989
1995	1150	1176	−26	1303
2000	1672	1311	361	1775
2005	1994	1829	164	2858
2010	2156	2479	−323	2719
2015	2754	2789	−35	1938
2016	2908	2854	54	1991
2017	2994	2965	28	2020
2018	3066	3082	−16	2004
2019	3225	3283	−58	1946
2020	3417	4022	−604	1341
2021	3374	3289	85	1427

资料来源：The 2022 Annual Report of the Boards of Trustees of the Federal Hospital Insurance and Federal Supplementary Medical Insurance Trust Funds.

B 和 D 部分由参保人自愿参加，费率每年会有变动。2022 年，B 部分每月基础保费为 170.1 美元，而收入超过 91000 美元的个人和超过 182000 美元的夫妻还要每月缴纳 68—408.2 美元不等的额外保费；D 部分每月基础保费为 33.37 美元，与 B 部分相同，高收入人群还需要每月缴纳 12.4—77.9 美元不等的额外保费。缴费存于补充医疗保险（SMI）信托基金中两个单独的账户，专款专用。通常 B 和 D 部分政府会予以补助，约为保费的 70% 以上（2021 年为 79%），个人仅需要缴纳保费的 20%—30%。根据 2022 年 8 月通过的《通胀削减法案》（IRA），自 2023 年起，药价涨幅与通胀幅度之间的差额将由药企上缴给 SMI 信托基金。2021 年，SMI 信托基金总收入为 5502 亿美元，总支出为 5104 亿美元（含 55 亿美元管理费用），当期结余 397 亿美元，累计结余 1830 亿美元（见表 3—23 和表 3—24）。

表 3—23 1970—2021 年 SMI 基金 B 部分收支情况

（亿美元）

年份	基金收入	基金支出	当期结余	累计结余
1970	22	22	0	2
1975	47	47	−1	14
1980	109	112	−4	45
1985	251	239	12	109
1990	459	440	19	155
1995	603	666	−63	131
2000	899	907	−8	440
2005	1570	1524	46	240
2010	2088	2129	−41	714
2015	2790	2790	1	682
2016	3132	2934	198	880
2017	3056	3137	−81	799
2018	3537	3372	165	963
2019	3736	3703	33	996
2020	4523	4186	337	1333
2021	4355	4055	301	1633

资料来源：The 2022 Annual Report of the Boards of Trustees of the Federal Hospital Insurance and Federal Supplementary Medical Insurance Trust Funds.

表 3—24 1970—2021 年 SMI 基金 D 部分收支情况

（亿美元）

年份	基金收入	基金支出	当期结余	累计结余
2004	4	4	—	—
2005	11	11	—	—
2006	482	474	8	8
2007	497	497	0	8

续表

年份	基金收入	基金支出	当期结余	累计结余
2008	494	493	1	9
2009	610	608	1	11
2010	617	621	–4	7
2011	674	671	3	10
2012	669	669	0	10
2013	697	697	0	10
2014	782	781	1	11
2015	900	898	3	13
2016	1062	999	63	76
2017	1002	1000	2	78
2018	954	952	2	80
2019	987	975	12	92
2020	1058	1050	8	100
2021	1146	1049	97	197

资料来源：The 2022 Annual Report of the Boards of Trustees of the Federal Hospital Insurance and Federal Supplementary Medical Insurance Trust Funds.

受新冠疫情影响，Medicare 在短期内支出有所上升，但长期来看，依据国会预算办公室（CBO）的估算，Medicare 的净支出将在 2028 年达到 15252 亿美元，届时 HI 基金将全部耗尽（见图 3—15）。此外，Medicare 净支出在国内生产总值中的比例也会从 2022 年的 3.9% 提升到 2028 年的 4.8%。因为奥巴马医改法案降低了对医疗服务提供商和保险计划的支付额度，以及"婴儿潮一代"较年轻的投保人比例的增加，2010—2017 年医疗保险净支出的复合年增长率只有 4.1%，略高于同期美国国内生产总值 2.2% 的增速。而在 2018—2028 年，考虑到人均寿命的不断增长，婴儿潮一代退休人员迅速增加，医疗保险价格上涨，医疗服务使用频率和强度随之提高，医疗保险的人均支出预计将以每年8.0% 的速度增长，远高于美国国内生产总值预期的增速。

图 3—15　1970—2028 年 HI 信托基金比率 ①

资料来源：The 2022 Annual Report of the Board of Trustees of the Federal Old-Age and Survivors Insurance and Federal Disability Insurance Trust Funds。

（4）参保时间

对于参加公共养老保险的人群，年满 65 岁即可自动加入 Medicare 的 A 部分和 B 部分；65 岁以下享受老年、遗属与残障保险（Old-Age, Survivors, and Disability Insurance，OASDI）满 2 年的残障人也会自动加入；其他人则需要自行登记申请。首先，申请人年满 65 岁前后 3 个月（共 7 个月）是初始投保期（Initial Enrollment Period，IEP），带上出生证明或其他年龄证明材料，可去当地的社会保障办公室办理，或通过电话和网络来办理 A、B 和 D 部分，或将申请的 A 和 B 部分转为 C 部分。如果因故错过了初始投保期，还可以在一般投保期（General Enrollment Period，GEP）登记申请 A 和 B 部分，生效期为当年 7 月 1 日。此外，每年 10 月 15 日至 12 月 7 日是 C 和 D 部分的开放投保期（Open Enrollment Period，OEP）或年度投保期（Annual Election Period，

---

① 信托基金比率是指年初信托基金累计结余占当年基金开支的百分比，用于衡量信托基金的短期充足性。

AEP），在此期间内可以对 C 和 D 部分进行调整，次年 1 月 1 日生效。除部分特殊情况外，超出上述时间申请 Medicare 将会因超期而缴纳延期投保罚款（Late-Enrollment Penalty）。如拥有雇主提供的团体医疗保险，则可在特别投保期（Special Enrollment Period，SEP）申请 Medicare 而不会有罚款，通常为团体医疗保险生效期内以及终止后 8 个月内。

2. 医疗救助（Medicaid）

医疗救助（Medicaid）是 1965 年设立的针对低收入群体的医疗健康保障项目，服务对象是低收入的老人、孕妇、儿童及残障人士等人群。该项目由美国联邦政府和各州政府共同资助，联邦政府提供超过 50% 但低于 83% 的项目经费，被称为联邦医疗救助百分比（Federal Medical Assistance Percentages，FMAP），具体运作由美国卫生部（HHS）下属的医疗保险和医疗救助服务中心（CMS，其前身为 1977 年成立的卫生保健财务管理局 HCFA）对各州负责项目的执行进行监督，并为各州提供解释性指导、技术支持、配套资金及其他资源。在运营方式上，有些州将医疗救助交由私营健康保险机构办理，有些则直接向提供服务的医院或医生支付补贴，但并不直接补贴个人，有些州还规定该项目的参保者在享受医疗服务时仍需支付一定的费用。

（1）覆盖范围

目前美国 50 个州全部参加了该项目，各州政府根据本州居民的收入水平来确定获得医疗救助的资格、标准及保险的覆盖范围。根据奥巴马医改法案规定，2014 年后各州应将计划扩展至全部 65 岁以下、收入不超过 138% 联邦贫困线（Federal Poverty Level，FPL）的低收入人群，儿童和孕妇的收入限制则更宽松。关于参保人的资格，各州间的规定差别很大，除了属于低收入群体外，还必须满足一定的条件要求，比如年龄、妊娠状况、残障、失明、收入和财产、是否为美国公民、是否为合法移民等。很多地区对 65 岁以上老年人除了有收入限制（Income Limit）外，还有财产限制（Asset Limit）。比如大部分州要求 65 岁以上老年人个人的现金和存款等要低于 2000 美元，夫妻要低于

3000 美元，还需要申报国外财产，但对于申请人的自住房、一辆自用车和其他个人物品等通常都不会计算入财产限制。

相比医疗保险，医疗救助覆盖面更广，截至 2021 年底，医疗救助覆盖了近 7944 万低收入者，其中儿童约为约有 3316 万，另有超过 1000 万的人群属于同时参加医疗保险和医疗救助的双重参保人。此外，还有约 6824 万不满足医疗救助条件的儿童参加了儿童医疗保障（SCHIP/CHIP）。根据 CMS 数据，受新冠疫情影响和经济下行冲击，2022 年初，医疗救助和儿童健康保险的人数相较于 2020 年初大幅增加了 19%，约 1540 万人。从长期来看，随着美国人口老龄化背景下医疗及保健需求的增加和医疗技术进步与药品创新带来的医疗价格上涨，预计医疗救助将保持持续的高增长态势，给美国的财政预算带来较大的压力。2000—2018 年间，Medicaid 支出由 2000 多亿美元增长至 5973 亿美元。其中，联邦政府支出增幅为 198.65%，州支出增幅为 344.07%。根据 2018 年 CMS 报告预计，2027 年 Medicaid 开支将达到 10079 亿美元，占 GDP 比重为 3.3%（见图 3—16）。

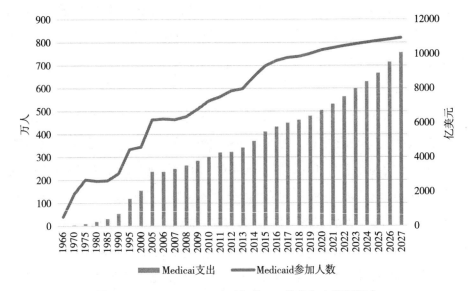

图 3—16　1966—2027 年 Medicare 的参加人数及开支

资料来源：2018 ACTUARIAL REPORT ON THE FINANCIAL OUTLOOK FOR MEDICAID。

（2）保障内容

根据美国《社会保障修正案》第 19 条规定，各州 Medicaid 的保障范围有着较大的灵活性，但必须满足联邦政府要求的基本服务保障才能获得相应的联邦补助资金，也可以自行扩展。Medicaid 主要以事后的医疗费用报销为主，少部分包括预防保健。针对低收入群体的基本服务包括住院和门诊病人的医院服务、孕产妇产前和产后护理及助产士服务、儿童疫苗、21 岁及以上人群的护理设施服务、计划生育服务和用品、农村卫生诊所服务、上门护理、实验室和 X 光服务、儿科和家庭内科护理医师、联邦认可的健康中心（FQHC）服务以及针对 21 岁以下人群提供定期的筛查、诊断和治疗服务。各州自行拓展的部分服务包括诊断服务、处方药、病例管理、康复性物理治疗、21 岁及以下人群的看护服务、验光及眼镜、临终关怀等。具体的服务金额和服务期限由各州依据联邦政府要求确定，例如，各州可以限定住院护理的天数或医生出诊的次数。

为避免医疗资源的浪费，各州通常对 Medicaid 设置了起付线和报销比率，需要参保人自付一部分费用（见表 3—25），但是急诊服务、计划生育服务、孕妇及儿童预防性服务采取全额报销，此外，孕妇、18—21 岁以下儿童（年龄标准由各州自行决定）、临终疗护人群等也享受全额报销政策。

表 3—25　2013 年依据家庭收入计算的最高自付标准

服务项目　　　　家庭收入	联邦贫困线以下	联邦贫困线以上但不超过 1.5 倍	超过 1.5 倍联邦贫困线
机构护理（住院服务、康复护理等）	74 美元	自付比例不超过 10%	自付比例不超过 10%
非机构护理（医生服务、物理治疗等）	4 美元	自付比例不超过 10%	自付比例不超过 10%
非急救使用急诊室	8 美元	8 美元	自付费用不超过家庭收入的 5%
首选药物	4 美元	4 美元	4 美元
非首选药物	8 美元	8 美元	20%

资料来源：Medicaid 官网，https://www.medicaid.gov。

Medicaid 为低收入群体及儿童、老年人等弱势群体提供了良好兜底保障。根据美国医疗救助预算支出系统（MBES）显示，2017 年人均 Medicaid 支出中，老年人和残障者人均支出最高。相比其他反贫困措施，Medicaid 在降低个人自付医疗费用导致的因病致贫发生率方面发挥了更为显著的作用，尤其对于残障者、儿童、老年人等群体减贫效果良好。2010 年的数据分析表明，Medicaid 使每位受益人的自付医疗费用从 871 美元减少到 376 美元，并使儿童、残疾人和老年人的贫困率分别降低了 1.0%、2.2% 和 0.7%，2010 年使至少 260 万人摆脱贫困。[1]

3. 儿童医疗保障（SCHIP/CHIP）

（1）覆盖范围

SCHIP/CHIP 保障的对象是那些家庭收入高于各州 Medicaid 受益资格但又不足以承担商业健康保险高昂保费的儿童，也包括部分低收入家庭的孕妇。由于《社会保障法》授权各州灵活制定本州 SCHIP/CHIP 的受益资格，因此各州对收入标准的认定各异，但通常位于联邦贫困线（FPL）的 170%—400% 之间（见表 3—26），有的州甚至把这项福利受益人扩大至享受 Medicaid 待遇的儿童的父母、孕妇以及其他成年人。

表 3—26　各州 SCHIP/CHIP 收入标准认定（FPL 百分比）

州	19 岁以下儿童和青少年	孕妇
阿拉巴马州	312%	—
阿拉斯加州	—	—
亚利桑那州	200%	—
阿肯色州	211%	—
加利福尼亚州	注 1	—

---

[1] Sommers, B.D., O.Donald, 2013. "The Poverty - Reducing Effect of Medicaid." *Journal of Health Economics*. 32(5), pp.816-832.

续表

州	19 岁以下儿童和青少年	孕妇
科罗拉多州	260%	260%
康涅狄格州	318%	—
特拉华州	212%（1—19 岁）	—
哥伦比亚特区	—	—
佛罗里达州	210%（1—19 岁）	—
佐治亚州	247%	—
夏威夷州	—	—
爱达荷州	185%	—
伊利诺斯州	313%	—
印第安纳州	250%	—
爱荷华州	302%（1—19 岁）	—
堪萨斯州	225%	—
肯塔基州	213%	—
路易斯安那州	250%	—
缅因州	208%	—
马里兰州	—	—
马萨诸塞州	300%	—
密歇根州	—	—
明尼苏达州	—	—
密西西比州	209%	—
密苏里州	300%	300%
蒙大拿州	261%	—
内布拉斯加州	—	—
内华达州	200%	—
新罕布什尔州	—	—
新泽西州	350%	200%
新墨西哥州	—	—
纽约州	400%	—

州	19 岁以下儿童和青少年	孕妇
北卡罗来纳州	211%（6—19 岁）	—
北达科他州	—	—
俄亥俄州	—	—
俄克拉何马州	—	—
俄勒冈州	300%	—
宾夕法尼亚州	314%	—
罗德岛州	—	253%
南卡罗来纳州	—	—
南达科他州	204%	—
田纳西州	250%	—
德州	201%	—
犹他州	200%	—
佛蒙特州	—	—
维吉尼亚州	200%	200%
华盛顿州	312%	—
西维吉尼亚州	300%	300%
威斯康星州	301%（1—19 岁）	—
怀俄明州	—	—

注：1. 加州的 SCHIP/CHIP 覆盖了收入低于 317%FPL 的 2 岁以下儿童及三个县 2—19 岁的儿童。2. 在阿拉斯加和夏威夷，FPL 所代表的美元价值更高，2018 年，一个四口之家的 100%FPL 在阿拉斯加为 31380 美元，在夏威夷为 28870 美元，而其他 48 个州和哥伦比亚特区为 25100 美元。

资料来源：Medicaid 官网，https://www.medicaid.gov。

（2）保障内容

由于儿童医疗保障的提供方式由各州决定，各州在具体实施时有三种不同的选择：第一种是扩展 Medicaid 的准入限制，将此前不符合条件的儿童纳入其中；第二种是同 Medicaid 分离，单独建立一个保障项目；第三种是上述二者的组合。

实施 Medicaid 准入放宽方式的州，必须要为儿童提供 Medicaid 全部的保障，包括为低收入家庭的婴儿、儿童及 21 岁以下青少年提供早期的预防、诊断和治疗服务（Medicaid Early and Periodic Screening, Diagnostic, and Treatment，EPSDT）等。

单独建立的 SCHIP/CHIP 也分为几种类型：一是基准保障（benchmark coverage），其保障范围与联邦雇员健康福利计划（Federal Employees Health Benefit Plan）、州雇员健康计划（State Employee Plan）或各州最大的健康维护组织计划（Health Maintenance Organization Plan）之一等同即可；二是基准等效保障（benchmark-equivalent coverage），即要求提供和基准保障精算价值接近的保障，必须包括住院病人和门诊病人的治疗、手术、化验和 X 射线检查、婴幼儿预防保健等；三是卫生与公共服务局局长批准的保障方案（Secretary-approved coverage）。但无论选择何种保障方案，所有州的 SCHIP/CHIP 都必须提供"良好的婴儿和儿童护理"（well-baby and well-child care）、牙科保险、针对精神健康的行为疗法和疫苗服务，旨在提供不同领域的护理、预防及保健服务。

各州可以对参加 SCHIP/CHIP 的儿童实行费用分摊，即通过注册手续费、起付线、报销比例等来由受益人承担一部分费用，并可以通过州计划修正案（state plan amendment）来定期修改自付费用金额。但对于收入不超过联邦贫困线 150% 的家庭，其自付额度不得超过 Medicaid 允许的最大限额。对于收入超过联邦贫困线 150% 的家庭，累计自付费用不得超过家庭收入的 5%。同时，对印第安原住民儿童和阿拉斯加原住民儿童等特殊群体以及婴儿、儿童保健等特殊服务设置了禁止强制自付的规定，也禁止采取任何不利于低收入家庭儿童的费用分担方式。

4. 奥巴马医改法案（ACA）

奥巴马医改法案包括参议院起草的《患者保护与可承受医疗卫生服务法案》和众议院起草的《医疗卫生与教育协调法案》，其中前者是奥巴马医改法案的主体。法案内容广泛详细，主要包括扩大医疗保险覆盖面、改革医保筹资渠道、强化政府监管职能等内容，具体如下：

（1）扩大医保覆盖面

在扩大私人医保覆盖面上，采取的措施包括建立新的保险市场准则。法案禁止保险公司拒收健康状况不佳的客户，或根据客户的健康状况实行价格歧视，收取远高于一般人的保险费。这一条款旨在保护那些被商业医疗保险市场边缘化的弱势群体，并且要求员工人数超过 50 名的中小企业雇主为员工购买医疗保险，否则对超过 30 名员工没有医疗保险的企业雇主按人均 2000 美元进行罚款。同时，强制个人购买医疗保险。法案要求在 2014 年前，所有收入在一定水平线上的美国公民和在美合法居民 ① 购买医疗保险，否则将面临罚款。允许年轻人在 26 岁之前继续享受他们父母的保险计划。

在扩大公共医疗保险覆盖面上，法案从两个途径实施：一是降低医疗救助制度资格准入线。具体的条款旨在扩大医疗救助项目的覆盖范围，即联邦政府与各州政府合作，将年收入低于联邦贫困线 138% 的个人纳入到医疗救助制度中 。联邦政府将在条款实施的前三年（2014—2016 年），向各州提供所需全部资金，从 2017 年改为补贴 95%，2018 年补贴 94%，到 2020 年补贴将降至 90%。二是提高儿童医疗保障制度的联邦资金匹配率。法案规定各州在 2019 年 10 月以前对于儿童的医疗救助须维持一致的收入资格标准，而从 2015 年开始，联邦政府对州儿童医疗保险计划的资金匹配提高 23%，上限为 100%。

根据美国人口普查数据，2010 年美国没有医疗保险的人数为 4990.4 万，占总人口的 16.3%。2013 年美国没有医疗保险的人数为 4179.5 万，占总人口

---

① 该条款存在针对部分群体豁免（Exemptions）的规定：常规条件下的豁免（regular exemptions）和特殊情形下的豁免（hardship exemptions）。第一种豁免规定排除了因经济困难而无法负担医疗保险的人群：具体包括，购买最低成本的医疗保险的保费超过了其个人收入的 8% 的个人（含印第安人），以及属于在处罚缓冲期的 3 个月内没有投保的个人；第二种有别于常规性的例外，包含无家可归者、近期经历家暴、历经家庭成员过世、历经自然或人为灾害导致财产受到损失的个人，6 个月内申请破产者，以及那些根本性不适用强制参保规定的个人，包含因宗教信仰而不需要医疗保健者、外国人、非法移民、被监禁的囚犯等。

的 13.3%①。截至 2017 年底，美国没有医疗保险的人数为 2854.3 万人，占比 8.8%②。这就意味着，自 1965 年医疗保险和医疗救助制度实施以来，未参保率和未参保者人数降至历史低点。奥巴马医改努力扩大了低收入人群的医疗保障，2000 多万人因此获得了医疗保险。出于这一部分考量，许多人认为奥巴马医改是一项了不起的成就，因为它有效提高了医疗服务可及性，同时它是自 1965 年美国实行 Medicare 和 Medicaid 以来，公共医保项目覆盖面扩大最明显的一次③。

（2）改革医保筹资渠道

年工资收入在 20 万美元以上的个人或年收入在 25 万美元以上的夫妇为 Medicare 缴纳的工资税上涨 0.9%，由原来的 1.45% 上涨到 2.35%。此外，对高收入群体工资以外的其他收入，也要额外征收相应消费税。除了对高收入人群增税外，奥巴马医改法案还要求制药企业、医疗器械生产企业及商业保险公司为医改缴纳相应的税收和年费，增加政府的财政收入。制药企业缴纳的年费标准为：2012—2013 年每年缴纳 29 亿美元，2014—2016 年每年缴纳 30 亿美元，2017 年缴纳 40 亿美元，2018 年缴纳 41 美元，2019 年及以后每年缴纳 28 亿美元。商业医疗保险公司缴纳的年费为：2014 年缴纳 80 亿美元，2015—2016 年每年缴纳 113 亿美元，2017 年缴纳 139 亿美元，2018 年缴纳 143 亿美元，2018 年以后每年缴纳的年费以上一年的年费为基础，按保险费用

---

① Smith, J.C., & Medalia, C.(2014)."Health insurance coverage in the United States: 2013".Washington, DC: US Department of Commerce, Economics and Statistics Administration, Bureau of the Census.[Online] Available at https://www.census.gov/content/dam/Census/library/publications/2015/demo/p60-253.pdf.

② Berchick, E.R., Hood, E., & Barnett, J.C.(2018)."Health insurance coverage in the United States: 2017". Current Population Reports.US Government Printing Office, Washington, DC, 60-264. [Online] Available at https://www.census.gov/content/dam/Census/library/publications/2018/demo/p60-264.pdf.

③ 事实上，在奥巴马医改法案颁布的那一年，美国国内预计到 2019 年将会增加 3900 万人获得医疗保障，其中 1600 万是通过被纳入医疗救助计划获取医疗保险，另外 1600 万是通过医疗保险交易所和基于就业的医疗保险覆盖获取。

的比例递增。与商业医疗保险公司的缴费标准不同，医疗器械生产企业或进口商不必缴纳年费，而是在原先缴纳税收的基础上对应税医疗器械再额外征收 2.3% 的税收。

（3）强化政府监管职能

奥巴马医改大大加强了对美国商业医疗保险的监管，对个人和小企业主购买医疗保险做了更加严格的监管要求，不按要求将遭到经济惩罚。联邦政府监管各州设立医疗保险市场交易场所（State Health Insurance Exchanges）其中包含面向个人的医疗福利交易所以及提供给雇员少于 50 名的小型企业雇主的小企业医疗选择计划。医疗保险市场交易所提供一个公正的平台供个人或雇主在这个平台上选购医疗保险。交易中心的重要职责之一就是对进入该平台的商业保险公司的资质及具体保险方案进行审查，确保符合相关标准，其本身是一个管理部门，不销售医疗保险。

医改法案也加强了联邦政府对整个医疗体系的控制，特别是对医疗保险行业的控制。在市场经济的支配下，美国的商业医疗保险普遍存在歧视现象，现在医改法案对此进行了规范或限制，保费定价、保费用于医疗费用的比例、保险所覆盖的医疗服务、病人自付比例、病人每年自付封顶额等都必须接受联邦政府的规定。除非投保人提供不实信息，一律不能拒保，也不能不予续保，不得设置保险最高金额，不同年龄层次投保人之间的保费差额不得超过一定比例。

此外，奥巴马医改法案还对提高医疗服务质量做了相应的规定，此外，法案也相应地采取了一些措施改善医疗服务质量，包括要求 HHS 牵头制定全国性医疗保健质量战略以改进医疗服务质量；要求建立以病人为中心的治疗效果研究所（Patient-Centered Outcomes Research Institute，PCORI），开展比较疗效研究；将 Medicare 支出与其中常见的高成本医疗服务(心脏、外科和肺炎治疗)的质量挂钩，从而鼓励提供更高质量的医疗服务；立足社区，发展社区医疗队伍，加强医疗机构与社区的合作；等等。

（四）美国医疗保障制度管理体制和经办机制

1. 管理体制

与其他发达国家相比，美国医疗服务体系显得例外。它的医疗卫生服务并不是一个旨在协调组织工作的合理的、集成的网络，相反，它是一个由筹资、保险、交付和支付制度构成的松散的网络。这些制度由公共部门、私营部门及非营利部门共同构成。这样的体系特征直接影响了医疗保障制度实际运行也由三大部门构成。

卫生与公众服务部（HHS）是美国主要的联邦一级卫生管理机构，它的职责是执行国会和联邦政府关于财政、规划、协调、行政和管理以及提供卫生服务方面的指示。联邦层面的很多政策规定都是由 HHS 制定的。HHS 内部具有多个组织结构，这些机构负责发布法规并执行联邦政府对一些卫生保健和相关事项的政策以及监督项目实施。具体来说，HHS 负责协调和监督州和地方以及医疗机构。联邦政府、州和地方各级联合管理的许多项目资金通过 HHS 提供，HHS 预算占联邦总支出的 25%，它的各种分支机构管理着美国大约 25% 的人口医疗保障事务。

州政府在公共卫生管理方面具有很大的自主性，主要依据各州公共卫生法律及法规。各州历史传统、经济实力、政府架构和工作方式有很大差异，因此政府管理公共卫生的授权、组织、职能甚至机构名称也"因州而异"。有 35 个州政府设立了专门的公共卫生管理部门，以美国西部加利福尼亚州为例，设有管理居民医疗保健事务的医疗保健部（DHCS）以及负责公共卫生事业的公共卫生部（CDPH）。州政府在公共卫生方面工作的一个重要内容在于为本州各地方政府的公共卫生事业提供资金、专业人员、设备和政策协调方面的支持。地方一级的机构特指县、市一级的政府公共卫生机构，也包括专门管理土著居民的公共卫生部门。这些部门在具体的管辖范围、组织方式、机构规模、实际作用等方面存在很大差异。

在美国混合型医疗保障制度体系内，私营医疗保险覆盖范围接近 65%。

私营医疗保险种类繁多，主要类别有六七种，其中最主要的保险模式有五种，按投保者比例由高到低的顺序依次分布为：优选医疗提供者组织（PPO）（占70%左右）；健康维护组织（HMO）（占比为20%左右）；定点服务（POS）（占比低于10%）；指定医疗提供者组织（EPO）（占比低于10%）；按服务付费（FES）（占比1%左右）。可以说，PPO和HMO占据了主要的市场份额。他们遵循市场机制运行，互相竞争，自主经营，自负盈亏。医疗服务提供方则包括私立医院、私人医生诊所、私人护理公司等，主要提供医疗护理、处方药、家庭护理和长期护理、精神卫生、公共卫生和其他专业医疗服务。

除了公共部门和私人部门之外，在美国的医疗保障制度体系中，还存在许多非营利性组织，包括非营利性医疗服务机构（医院、社区卫生中心）、非营利性医疗保险公司、一些发挥行业监督功能的非营利性组织、为私营机构代言的非营利性组织以及负责医疗资金筹集的非营利性基金会等。例如，以非营利性组织发挥行业监督作用来看，国家质量保证委员会（NCQA）是负责对那些付费进行评估的医生、医院和健康医疗保险计划的护理质量进行测量和报告的非营利性组织。还有医疗机构认证联合委员会（JCAHO）负责对美国国内包括5200多家医院在内的15000多家医疗保健机构进行评估和认证，全国县市卫生官员协会（NACCHO）将1300多个地方公共卫生机构官员联系起来，在推进地方公共卫生事业方面发挥着独特而重要的作用。此外，为私营机构代言的非营利性协会也在医疗卫生服务体系发挥着重要的作用。例如，美国医疗保险协会（AHIP）是一个全国性的组织，它代表了1300家经营医疗保险、牙科保险、长期护理保险、残障保险以及其他各种保险产品的营利性保险公司的利益。作为保险行业利益代言人，它的作用除了规范行业发展以外，还可以游说国会的政策制定者来推行满足他们利益偏好的政策。

美国混合型医疗保障制度在管理上呈现混合交叉管理的特征（见图3—17）。公共医疗保障项目的实施直接由相对应的政府部门管理。在所有公共医疗保障项目中，医疗保险（Medicare）占份额最大，它主要是为65岁及以上的美国人、残障人士和终末期肾病患者提供医疗保障。其次是医疗救助和儿

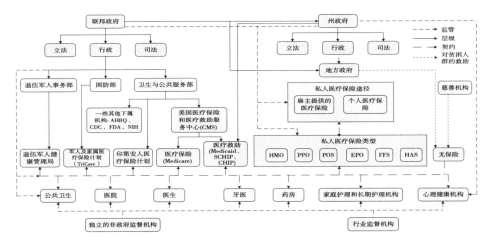

图 3-17　美国混合型医疗保障制度管理架构

资料来源：胡文秀：《美国医疗保障制度变迁的逻辑：基于历史制度主义的分析》，中国人民大学学位论文，2021 年，第 76 页。

童医疗保险两大项目，均由州政府与联邦政府共同出资为低收入贫困人群（涵盖儿童）以及特定的残障人士提供医疗保障。在联邦政府中，卫生与公众服务部（HHS）负责管理医疗保险、医疗救助以及儿童医疗保障计划三个项目的医疗保险和医疗救助服务中心（CMS），同时管理着负责专门向美国土著部落和阿拉斯加土著部落成员提供医疗服务的印第安人医疗服务计划。HHS 还包括医疗保健研究和质量局（AHRQ）、疾病控制和预防中心（CDC）、食品药品监督管理局（FDA）和国家卫生研究院（NIH）等一些分支机构。退伍军人事务部（VA）是一个独立于 HHS 的联邦机构，负责监督退伍军人医疗管理局（VHA），为退伍军人提供医疗服务。国防部负责通过 TRICARE（军人医疗保障计划）向现役军人及其家属提供医疗卫生服务。

　　而私营医疗保险的运行同时接受联邦、州和地方政府以及独立非政府机构和行业监督机构的监管。具体而言，私营医疗保险具体的监管由州议会的立法机构和州保险专员（State Insurance Commissioner）负责。对医疗保险进行监管的目的是保证保险公司财务上的稳定性、分散公民在重大疾病方面的风险、保护公民不受欺诈、建立和维护医疗保险方面的公平性。州政府对医疗保险的监管非常具体，包括经营许可的发放、医疗服务范围、对医疗服务提供机构的保护、对消费者和病人的保护等。每个州的法律比较类似，但会存在一些细节上的差别。此外，各州的保险专员均加入全国保险监管官协会（NAIC），互相就监管法律条例和执行问题进行协调。州和地方政府还以其他方式为低收入和弱势群体提供获取医疗服务提供可能的途径，包括经营公立医院、积极资助非营利性社区卫生中心以及免费诊所。

在以市场为导向的经济体制下，私营部门在美国医疗保障制度中扮演着重要的角色。大多数企业雇主通过保险公司为其员工购买医疗保险，这种医疗保险依赖于就业，雇主将医疗作为其员工的附带福利[①]，员工获得由私营部门提供的医疗服务。政府的医疗保险、医疗救助和儿童医疗保险计划则为老年人群体、大部分低收入人群、残障人士和儿童提供。许多公共医疗保险项目的具体运行是通过私营部门，医疗卫生服务由私人执业医生、私立或公立医院提供。与此同时，非营利部门采用市场化运营机制积极发挥医疗保健"安全网"作用，为低收入人群及无保险人群提供及时有效的医疗保障。这种混合型医疗保障制度体系呈现出以下特征：医疗资金筹集、支付多元化；保险机构积极采取各种机制来预防风险；不同制度间互动与交融；管理方式上呈现纵向和横向的分权式管理。

2. 经办机制

美国医保体系呈现混合形态，包括公共部门、私营部门和非营利性部门主办的医疗服务项目。在此以公共部门主办的医疗保障为例，分析其经办体制及特征。美国的公共医疗保障由政府主办，但政府本身不负责实际管理，医疗保险和医疗救助服务中心（CMS）负责两大医疗计划的运营管理，但具体管理事项由商业保险机构承办，负责特定辖区内的医疗保险的索赔及其他行政事务，如参保登记、信息管理等。美国医保经办管理的显著特征是委托第三方管理。

---

① 小规模的企业雇主可能并不会为其员工提供医疗保险。

自 1965 年医疗保险（Medicare）建立以来，私营医疗保险公司一直在处理医疗保险受益人的医疗索赔等事务。最初，这些实体机构被称为医疗保险 A 部分的财务中介机构（Fiscal Intermediaries，FI）和医疗保险 B 部分的运营商。根据 2003 年通过的《医疗保险处方药改进和现代化法案》第 911 条，CMS 设立医保管理承办机构（Medicare Administrative Contractor，MAC），替代 A 部分 FI 和 B 部分运营商。

CMS 目前合作的承办机构主要包括以下类型：医保管理承办机构（MAC）、区域方案整合承办机构（Zone Program Integrity Contractor，ZPIC）、补充医学审查承办机构（Supplemental Medical Review Contractor，SMRC）、符合资格的独立承办机构（Qualified Independent Contractor，QIC）等。其中，MAC 居于核心地位。通过公开竞标成功的 MAC，是 CMS 与医疗服务提供者之间沟通的桥梁，主要处理由医院、医师和其他医疗专业人员提交的医疗索赔请求，并按照医保规则条例进行支付，包括识别和纠正少付或多付的情况。MAC 是美国多个州的区域性承办机构，可以处理医疗保险 A 和 B 部分医疗索赔或按服务项目和服务数量付费（FFS）部分的医疗保险以及耐用医疗设备（Durable Medical Equipment，DME）索赔。

该机构存在的作用及其职责主要包括如下 10 项：处理医疗索赔问题；制定并核算关于医疗索赔保险费用的支付；招募供应商参与医疗索赔保险费的项目；对医疗服务提供者的偿付业务进行处理；处理受益人在第一阶段的申诉手续；对医疗服务提供者的询价进行响应；对医疗服务提供者关于医疗保险费的计费规则进行培训；建立当地的医疗保险项目；审查所选索赔的医疗记录；与 CMS 和其他医疗保险费用承办机构进行沟通协调。

截至 2021 年，MAC 共有 16 个管辖区内的机构，包括 12 个 A/B MAC 和 4 个 DME MAC[①]。12 个 A/B MAC 中又分为典型的 A/B MAC 和特定的 A/B

---

① 资料来源：https://www.cms.gov/Medicare/Medicare-Contracting/Medicare-Administrative-Con-tractors/What-is-a-MAC#WhatIsAMac。

MAC。其中典型的 A/B MAC 处理特定地理区域的医疗保险 A 和 B 部分索赔，为机构提供者、医生、从业者和医疗服务提供者服务，这其中还有 4 个 A/B MAC 处理家庭健康和临终关怀索赔；DME MAC 则是处理特定地理区域的医疗保险耐用医疗设备等的索赔。

（五）美国医疗保障立法特征

1. 医疗保障法制呈现分散性、多元性

与欧洲大陆国家以及英国不同，呈现混合形态的美国医疗保障制度并不是通过一项单一的法律建立起来的，而是通过几十部法案将涉及的方方面面的制度内容呈现出来。其中，美国公共医疗保障法虽然以大量的成文法形式呈现，但是不具有完整、连贯和清晰的法典化逻辑，而是对现有法规的不断增补与修订，如关于医疗保险和医疗救助制度的立法、设立各州儿童医保立法、关于健康维护组织的立法、关于健康保险可携带性的立法、关于医疗保险处方药的改进和完善立法等。而涉及商业健康保险相关的监管制度，均是通过州一级的法案规定的。

2. 立法进程因政党博弈具有强烈的渐进性

美国公共医疗保障艰难的立法过程充分体现了利益集团的掣肘以及政党之间的博弈，因而立法推进具有明显的渐进与反复。作为一个移民国家，美国以自由、独立、平等为基础的社会价值观，在经济上倾向于自由市场经济、反对政府干预，在政治上强调权力的制衡、民主意识的发挥，在文化上倾向于多元化、宣扬个人主义。在这种社会背景之下，美国公共医疗保障制度建制及改革因涉及多方利益往往难以一步到位，既可以看到在代表中下层利益的民主党执政期间公共医疗保障制度扩张性的发展取向，也可以看到在代表富人阶级利益的共和党执政期间公共医疗保障制度收缩及私有化的改革迹象，其背后体现着各方利益集团的诉求与博弈。

3. 政府针对弱势群体承担兜底保障责任

美国混合型医疗保障制度由覆盖不同人群的子制度构成，这些子制度为实现满足不同人群的医疗保障需求的功能和目标而有机地组合在一起。美国以其强大的和比较彻底的市场机制较好地解决了社会中广大就业群体的医疗保障问题，营利性商业医疗保险及非营利性保险公司为超过 60% 的就业人群提供了医疗保障；而政府则充分发挥引导作用，为社会中"剩余的"弱势群体（老年人、残障人士、儿童、妇女）和低收入群体开办公共医疗保险项目，保障这部分人群的医疗需求，这是利用政府机制维护底线公平的表现。在这样一个混合型的医疗保障体系内，政府优化资源配置为社会弱势群体提供兜底式医疗保障，老人、儿童和贫困人群无疑是这个制度体系的主要受惠者。可以说，政府充分发挥了其引导作用，体现了对社会弱势群体的兜底保障的鲜明特征。

4. 政府、市场、社会多元互动与合作

美国的医疗保障立法实践另一个显著性特征在于政府、市场、社会的多元互动与分工合作，共同编织起了一张庞大的医疗保障网。公共、私人医疗保险计划与慈善医疗服务在实施中互相交融；私人部门、公共部门、非营利性组织彼此密切合作，共同发挥着重要作用。政府、市场、社会多元互动与分工合作，共同架构起多元并举的医疗保障体系，这种制度安排符合美国的国情和文化价值观，具有独特的理性价值。借由不同制度的有机组合，保证了医疗保障体系整体的连续性和稳定性；同时，又由于不同制度安排的内在机制作用，促使资源配置的最优化、制度整体运行的高效化，最终实现社会整体福利的最大化。

5. 强调企业雇主的责任

在美国基于就业关系和工作场所的医疗保险体系中，企业雇主为雇员购买的医疗保险占据重要的份额，而这种制度安排随着时间的推移和更大覆盖范围的实现，已逐渐成为就业福利的标准特征，可以说企业雇主在提供员工医疗保

障方面发挥着核心作用。这一传统，自 1911 年蒙哥马利公司提出美国第一个团体医疗保险计划以来，至今仍然没有发生实质性的改变 ①。即便是奥巴马医改法案，也仍然强调企业雇主的责任，例如，规定员工超过 50 人的企业，必须为雇员购买医疗保险，否则将按每名雇员 2000 美元的标准进行罚款。再如，考虑到小企业的经济实力，法案也规定建立医疗保险交易所，雇员低于 50 人的小企业和个人可以在交易所通过联合议价，享受与大企业员工或政府雇员同样的优惠保险费率。这些规定都体现了美国医疗保险法律理念，即企业雇主必须承担起员工的健康保健责任 ②。

6. 重视税收政策的杠杆作用

在医疗保险领域，美国很早便开始通过税收优惠政策，来推动医疗保障制度的发展，尤其是雇主为雇员购买医疗保险的私人医疗保障制度 ③。依照美国的税收法规定，医疗保险费不在所得税和工资税的课税之中，这不仅鼓励了雇员尽可能在工作场所获得医疗保险，同时也激励了雇主为雇员购买医疗保险的积极性。政府的税收优惠政策可以使企业雇主通过提供医疗保险福利待遇吸引人才就业 ④。医疗保险的本质是风险分担机制，企业团体医疗保险一方面可以因参保规模的扩大而降低人均成本，另一方面，团体保险覆盖了不同年龄群体，有助于分散风险。企业团体医疗保险也是美国私人医疗保障制度的主体

---

① 在美国学术界，大多数学者对雇主为雇员购买医疗保险持肯定态度，并认为在美国基于就业的医疗保险法律体系中起着主体作用，但也有少数学者认为，雇主为雇员购买医疗保险的方式已在逐步走向衰落。参见 Westmoreland, Tim. "Can We Get There from Here-Universal Health Insurance and the Congressional Budget Process." Geo.LJ 96 (2007) p.523。

② Cutler, David M. "Employee costs and the decline in health insurance coverage." *In Forum for Health Economics & Policy*, vol.6, no.1. De Gruyter, 2003.p.27.

③ 在现行税收法下，参保者在医疗保险上每花费 1 美元，就可以有 70 美分的退税。参见 Bovbjerg, Randall R. "Competition Versus Regulation in Medical Care: An Overdrawn Dichotomy." *Vand.L.Rev.34* (1981). p.985。

④ Aaron, Henry, and Leonard E.Burman, eds. *Using Taxes to Reform Health Insurance: Pitfalls and Promises.* Brookings Institution Press, 2009.p.2.

部分①。企业雇主为雇员提供的团体式医疗保险，不仅企业雇主出资部分，连带个人出资部分均能享受税收优惠。此外，美国医疗保险领域的"医疗保险储蓄账户（Health Savings Accounts，HSA）"也可以享有政府的税收优惠，即投保人储蓄在"医疗保险储蓄账户"中的存款，只要是用于医疗健康方面的支出，就不需要缴纳税款②。

附件1：

《美国法典》第42卷第七章社会保障中关于医疗保险（Medicare）的法条目次③

---

① Mariner, Wendy K. "Health Reform: What's Insurance Got to Do with It? Recognizing Health Insurance as a Separate Species of Insurance." *American journal of law & medicine 36*, no.2-3 (2010). pp.436-439.

② Westmoreland, Tim. "Can We Get There from Here-Universal Health Insurance and the Congressional Budget Process." *Geo.LJ 96* (2007) p.525.

③ 参见 *2021 United States Code*，*Title 42 - The Public Health and Welfare*，Chapter 7 - Social Security，Subchapter XVIII - Health Insurance for Aged and Disabled。

④ 附件一至四中的医疗保险特指 Meidcare，健康保险指包括医疗保险、补充性医疗保险等在内的 health insurance。

C 部分——医保优势计划

决定、上诉

附件 2：

《美国法典》第 42 卷第七章社会保障中关于医疗救助（Medicaid）的法条
目次 ①

---

① 参见 2021 *United States Code*，*Title 42 - The Public Health and Welfare*，Chapter 7 - Social Se-curity，Subchapter XIX - Grants to States for Medical Assistance Programs。

附件 3：

《美国法典》第 42 卷第七章社会保障中关于儿童医疗保障（SCHIP/CHIP）的法条目次 ①

---

① 参见 *2021 United States Code*，*Title 42 - The Public Health and Welfare*，Chapter 7 - Social Security，Subchapter XXI - State Children's Health Insurance Program。

附件 4：

《奥巴马医改法案》（ACA）各章节内容 ①

第一章 为美国人民提供高质量、可负担的医疗保障

第一节 立即提高美国人民的医疗保障覆盖率

第二节 立即采取行动维持并提高覆盖面

第三节 为美国人民提供高质量的医疗保险

第一部分 医疗保险市场改革

第二部分 其他条款

第四节 可供美国人民选择的医疗保险方案

第一部分 建立合格的医疗保险计划

第二部分 通过医疗保险市场交易场所提供消费选择和保险竞争

第三部分 州可以灵活处理医疗保险市场交易场所事宜

第四部分 州可以灵活设立其他医疗保险替代方案

第五部分 再保险和风险调整

第五节 为美国人民提供可负担的医疗保险选择

第一部分 保费税收抵免和成本分摊减免

第二部分 小型企业税收抵免

第六节 医疗保障的共同责任

第一部分 个人职责

第二部分 雇主职责

第七节 其他规定

第二章 公共医疗保障项目的作用

第一节 扩大医疗救助计划覆盖面

第二节 加大对儿童医疗保障计划的支持

---

① 参见 *H.R.3590 - Patient Protection and Affordable Care Act*。

国家社会科学基金特别委托项目"中国社会法系列研究"（18@ZH023）成果之四

中国社会法系列研究之四

郑功成　华颖　等 ◎ 著

医疗保障立法研究 【下卷】

人民出版社

第四部分　典型国家医疗保障法律摘译

一、德国医疗保险法 [①]

1988 年 12 月 20 日颁布（联邦法律公报　I 第 2477 页）

版本：2022 年 12 月 20 日

（缩减版）

目　录

[①]　即德国社会法典第五册。译者：中国政法大学教授娄宇。

第一章　总则

第1条　互助共济与个人责任

法定医疗保险作为一个社会责任共同体，任务是保持与恢复参保人的健康或改善其健康状况。参保人亦要对自身健康负责；他们应通过健康的生活方式、及时的疾病预防措施以及治疗与康复积极主动地配合来避免疾病与伤残的发生或克服伤病带来的后果。保险基金会通过解释、咨询以及提供服务和支付费用来帮助参保人实现健康的状态。

第2条　服务供给

（1）医疗保险基金会在满足本法第12条意义上的经济原则的前提下为参保人提供本法第三章中列举的服务，只要这些服务不属于参保人个人责任。特殊治疗方案下的治疗方法、药剂与药物也包含在内。服务供给的质量与效果要符合普遍认可的医学知识，并兼顾医学技术的进步。

（2）只要不违背《社会法典》本卷及第九卷的规定，参保人均以实物和服务方式获得支付。根据参保人申请，这种服务提供也可以纳入跨不同保险险种的个人预算的范围内；此情况下适用与预算条例相关的《社会法典》第九卷第17条第2款至第4款和第159条。医疗保险基金会按照本法第四章的规定与服务提供者签订实物与医疗服务协议。

（3）在选择服务提供者时应注意到其多样性。须考虑参保人的宗教需求。

（4）医疗保险基金会、服务提供者及参保人须注意，要提供有效与高效（经济性）的医疗服务，并且仅限必需范围内的服务。

第 2a 条　针对残疾人及慢性病人的服务

须考虑残疾人与慢性病人的特殊需要。

第 3 条　互助共济的筹资

医疗保险基金会的服务以及其他支出由保险费支付。通常，参保人及雇主根据各自有缴费义务的收入缴纳保险费。参保人家属无需再缴纳保险费。

第 4 条　医疗保险基金会

（1）医疗保险基金会是公法意义上自我管理的法人机构。

（2）医疗保险基金会分为：

普通地区性医疗保险基金会、

企业医疗保险基金会、

手工业同业行业医疗保险基金会基金会、

农村医疗保险基金会、

德国矿工—铁路—海员养老保险医疗保险基金会、

医疗互助基金会。

（3）出于法定医疗保险的效率与经济性的考虑，医疗保险基金会及其联合会不仅仅要与同类型的医疗保险基金会，也与不同类型的医疗保险基金会，以及卫生事业的其他机构紧密合作。

（4）医疗保险基金会必须经济且高效地行其职责及管理事务，禁止用提高保险费的方式来满足其支出，除非耗尽资金储备后也无法保证必要的医疗服务。管理费用也包括在履行职责时委托第三方产生的费用。在下列情况下第 2 句不适用：

1. 根据第 270 条第 1 款第 1 句 c 项对分配起决定性影响的要素改变，

2. 选举程序按《社会法典》第四卷第 46 条第 2 款举行时，应该考虑因社会保险选举致使管理费用增加的情况。

因新分配任务而导致人力需求无可避免地增加时，允许监管机构不考虑第 2 句，只要医疗保险基金会能够证明，资金枯竭也不能满足人力需求。第 2 句、第 3 句、第 4 句的第 2 项以及第 5 句同样适用于医疗保险基金会联合会。

（5）根据《社会法典》第四卷第78条第1款与第77条第1a款对行政费用的规定，为吸引潜在客户参保而进行的宣传活动费用，将按照适用于所有医疗保险基金会的原则扣除。

第 4a 条　管理程序的特别规则

州法律不得违背第266条、第267条和第269条的管理程序规则。

第二章　参保人

第一部分　法定医疗保险参保义务

义务参保人

（1）义务参保人包括：

1. 工人、职员以及为他们进行职业培训并领取报酬者，

2. 根据《社会法典》第三卷领取失业金、赡养金者、在限制期（《社会法典》第三卷第144条）开始后第二个月至第十二周期之间不能领取救济金者、限制期开始第二个月领取假期津贴（《社会法典》第三卷第143条第2款）而不能领取救济金者；可以溯及既往地撤销错误的决定、要求返还保费或者返还医疗服务，

2a. 根据《社会法典》第二卷领取失业金Ⅱ者，如果其没有在家庭保险中参保。此条款不适用通过借贷的方式或者根据《社会法典》第二卷第24条第3款第1句获得失业金者；可以溯及既往地撤销错误的决定、要求返还保费或者返还医疗服务，

3. 农民及其作为雇工的家庭成员以及符合《农民医疗保险法Ⅱ》中相关规定的保有终老财产的农村老人，

4. 符合《艺术工作者社会保险法》详细规定的艺术工作者及媒体工作者，

5. 在青少年救助机构工作的有劳动能力的人员，

6. 体验职业生活者、试工期雇员，依据《联邦优抚法》采取措施时除外，

7. 在国家承认的残疾人车间、依照《社会法典》第九卷第143条设立的盲人车间以及在家为这些机构工作的残疾人，

8.在家以及在各类企业中工作，并定期获得报酬的残疾人，其收入应当达到同等工种正常全职收入的五分之一。工作也包括为这些机构提供劳务，

9.在公立或者国家承认的高校正式注册就读的大学生，只要其在第十四个专业学期结束前或者年满三十周岁之前根据国际法或跨国协定不能提出实物支付请求的，不论其居住地或者常住地是否在德国；由于培训、家庭及个人原因而不可避免地导致学习时间超过十四个学期或年满三十周岁不能完成学业者，

10.根据高校学业及考试规章从事必须但无报酬的实习工作或职业培训者，

11.符合法定养老保险养老金领取条件并已申领养老金者，自其初次参加工作至提交养老金领取申请的后半段时期中，至少十分之九的时段都是法定医疗保险参保人或根据第本法第十条参保者，

12.符合领取养老金并已提交领取养老金的申请者，如果属于《外国人养老法》第1条或第17a条，或《纳粹暴行补偿法》第20条在社会保险中提及的群体，并且能提供在提交领取养老金申请前至少在德国居住10年的证明的，

13.患病时没有获得其他救助者，并

a）最终参加了法定医疗保险，或者

b）至今没有参加过法定与私人医疗保险，本条第5款或者第6条第1款或第2款中提及的人员或者在国内接受过职业培训者除外。

（3）对于领取提前退休金、并从事有劳动报酬工作者，如果在领取提前退休金前有参保义务并且其领取的提前退休金达到了毛劳动报酬的百分之六十五，也同样适用于第1款第1项。

（4）如果居住地或者日常居留地位于与德国没有签订医疗服务转移支付协议的国家，领取提前退休工资者在领取提前退休工资期间可不义务参保。

（4a）在《职业培训法》规定的职业培训合同范围内，在企业外部机构接受培训的人员适用第1款第1项。为文化与宗教团体提供劳务的非正式员工或者在这些机构中接受学校外培训者也视为机构外职业培训者。

（5）根据第1款第1项或者第5项至第12项，主业为自主经营者不是义务参保人。

（5a）根据第 1 款第 2a 项，在领取失业金 II 之前参加私人医保或者既没有参加法定医保也没有参加私人医保，并且符合第 5 款或第 6 条第 1 款或第 2 款或者在国内从事职业活动的群体。第 1 句不适用于根据第 5 条第 1 款第 2a 项在 2008 年 12 月 31 日救济金强制保险者。

（6）第 1 款第 1 项规定的义务参保人满足第 1 款第 5 项至第 7 项或第 8 项的规定时不再是义务参保人。第 1 款第 6 项规定的保险义务与第 1 款第 7 或第 8 项规定的发生冲突时，按照较高的费率缴纳保费。

（7）第 1 款第 1 项至第 8 项、第 11 项或第 12 项以及第 10 条规定的义务参保人满足第 1 款第 9 项或第 10 项的规定时不再是义务参保人，除非其配偶、同居伴侣没有参保或者其作为大学生或实习生的子女没有参保。第 1 款第 9 项规定的参保义务优先于第 1 款第 10 项。

（8a）第 1 款第 1 项至第 12 项的义务参保人、自由参保人以及第 10 条规定的参保人，根据第 1 款第 13 项不义务参保。第 1 句同样适用于符合《社会法典》第 12 卷第三章、第四章、第六章及第七章以及依据《难民申请者福利法》第 2 条获取收入者。第 2 句适用于此种收入不满一月就停止的情况。在疾病情况下，只要救助结束之后当事人不再享有医疗保险的可能，根据第 19 条第 2 款得到的救助就不能等同于第 1 款第 13 项提及的医疗保险。

（9）根据第 5 条、第 9 条或者第 10 条，一项保险关系在解除医疗保险合同后不再成立，或者根据第 5 条或第 9 条，一项保险关系在前保险期限未满足之前即告终止，且前一份合同在结束之前不间断地履行五年以上，私人医疗保险基金会有义务与参保人重新签署保险合同。合同将在不进行风险评估的情况维持合同解除时的资费标准；参保人在合同解除之前获得的老龄储备金要记入新合同。如果没有根据第一句建立法定的医疗保险关系，新的保险合同在前一份保险合同结束之日起立即生效。根据第 1 句，如果法定保险关系在前保险期限满足前即告结束，则新的保险合同在法定医疗保险结束之日起立即生效。如果没有根据第 5 条、第 9 条或者第 10 条建立保险关系，则在保险合同终止三个月后结束第 1 句提及的义务。在满足第 9 条的前保险期限前，解除符合第 5

条或者第 10 条的保险关系时,最长在私人保险合同关系终止 12 个月后结束第 1 句提及的义务。前述条款同样适用于法定医疗保险转入私人保险的情况。

(11)如果来自非欧盟成员国、非欧洲经济区缔约国或者瑞士的外国公民根据《居留法》具有长期居留许可或者超过一年的居留许可,并且根据《居留法》第 5 条第 1 款第 1 项,在发放此居留许可时无提供生活来源证明的义务,则必须根据第 1 款第 13 项参加法定医疗保险。对来自欧盟成员国、欧洲经济区缔约国及瑞士的公民来说,如果根据《欧盟自由流动法》第四条在德国居住的前提条件是拥有医疗保险保护,则根据第 1 款第 13 项无参保义务。《难民申请者福利法》第 4 条已经对难民的疾病、生育救助做了规定。

自由参保

(1)自由参保人

1. 工人与职员,其固定年收入超过第 6 款或第 7 款规定的年收入上限;根据家庭状况发放的各类津贴不在此列,

1a. 第 1 项的例外情况是,德国轮船上的非德籍船员,其居住地或长期逗留地不在本法适用的范围内,

2. 公务员、法官、服役期间的士兵以及联邦、州、乡镇联盟、乡镇、公法机构和基金会等的工作人员,根据公务员法或者宪法规定,此类人员在疾病情况下有要求支付病假津贴以及其他医疗服务的权利,

3. 在大学或者提供专业培训的学校正式注册学习期间从事劳动报酬工作者,

4. 在被认定为公法机构的宗教团体中工作的牧师,根据公务员法律规定或者原则性规定,此类人员在疾病情况下有要求支付病假津贴以及其他医疗服务的权利,

5. 私人学校的全职教师,根据公务员法律规定或者原则性规定,在疾病情况下有要求支付病假津贴以及其他医疗服务的权利,

6. 第 2 项、第 4 项与第 5 项涉及的对象,此类人员领取退休金或类似的收入,在疾病情况下有要求支付病假津贴以及其他医疗服务的权利,

7. 宗教团体的正式成员、执事以及类似群体，此类人员出于宗教与心灵的关怀而从事护理、授课或者其他义工性质的工作，并只获取维持最基本生活需要的收入。

8. 欧洲共同体疾病护理系统覆盖的群体。

（2）根据第5条第1款第11项，第1款第1项和第4至第6项提及对象的强制保险死者家属可自由参保，他们的养老金仅仅来源于死者的保险并根据公务员法律规定或者宪法在疾病情况下有获取津贴的权利，

（3）根据第1款或者其他法律规定，第2款和第7条除外，如果符合第5条第1款第1项或者第5项至第13项所提及前提条件的任何一个，可自由参保或者可不强制保险者。第1款第3项提及的群体在工作期间自由参保的，不适用此项规定。

（3a）年满55周岁的义务参保人在符合法定保险要求的前五年内没有参加过法定保险，自由参保。其他前提条件是：在这段时间至少有一半时间自由参保，或者无参保义务或者根据第5条第5款不在法定保险之列。第2句提到的前提条件同样适用于第2句所提及人群的配偶或同居伴侣。第1句不适用于第5条第1款第13项的义务参保人。

（4）超过年收入上限者，其法定参保义务将在超过年收入上限的当年年底解除。如果其收入没有超过第二年年初设定的年收入上限，不适用此规定。

低收入工作者自由参保

（1）从事《社会法典》第四卷第8与第8a条低收入工作者，此份工作无参保义务；下列工作除外：

1. 企业内部职业培训范围内的工作，

2.《青年志愿服务法》规定的工作，

3.《联邦志愿服务法》规定的工作，

《社会法典》第四卷第8条第2款的规定只有与一份非低收入工作一起核算时，才有参保义务。

（2）在2003年3月31日只从事一份有参保义务的工作，如果这份工作符

合《社会法典》第四卷第 8 条及第 8a 条描述的低收入工作特征，并且在 2003 年 3 月 31 日之后不符合第 10 条的保险前提条件，则这份工作仍然有参保义务。可通过申请免除保险义务。保险义务于 2003 年 4 月 1 日当天生效时，第 8 条第 2 款适用。免除保险义务限于当时从事的这份工作。

保险义务的解除

（1）义务参保人可以申请解除保险义务

1. 基于第 6 条第 6 款第 2 句或者第 7 款调整年收入上限，

1a. 领取失业金或者赡养金（第 5 条第 1 款第 2 项），并在领取这些服务前五年没有参加法定医疗保险，同时参保人已在一家医疗保险企业参保并且已经获得本卷规定的各类服务的条件下，

2. 在育儿期间根据《联邦儿童福利法》第 2 条或根据《联邦育儿法》第 1 条第 6 款从事一份非全职工作；解除保险义务只适用于育儿期间，

2a. 根据《护理期法》第 3 条，在护理期间减少每周定期工作时间；解除保险义务只适用于护理期间，

3. 每周工作时间等于或者少于同类全职工作每周工作时间的一半；这也适用于从之前的雇主处辞职后直接从事符合上述工作的情况，以及在领取父母津贴之后或度过育儿期或护理期后从事工作，且这份工作的全职收入根据第 6 条第 1 款第 1 项可解除参保义务的情况；此外，前提条件包括年收入至少连续五年超过年收入上限；领取新生儿抚养津贴或父母津贴的时间或育儿期及护理期也计算在内。

4. 申领、领取养老金或者参与职业生活分享（第 5 条第 1 款第 6 项、第 11 项或第 12 项），

5. 注册为大学生或者职业实习生（第 5 条第 1 款第 9 项或第 10 项），

6. 实习医生，

7. 在为残疾人建立的机构中工作（第 5 条第 1 款第 7 项或第 8 项）。

（2）必须在保险义务开始后三月内向医疗保险基金会提交解除保险义务的申请。如果参保人自保险义务开始后没有提出过服务请求，则自这一天起解除

保险义务，否则，将从申请提交的当月开始解除保险义务。保险义务的解除不可撤销。

第二部分　法定医疗保险参保权利

自主申请参保

（1）下列群体可自主申请参保

1. 曾经退出法定保险，并且在退保前的最后五年中至少二十四个月或者在退保之前至少连续参保十二个月的人员；第 189 条意义上的参保时间，即错误领取失业金Ⅱ的参保时间不计算在内，

2. 根据第 10 条退保或者因为第 10 条第 3 款的前提条件而未参保的参保人，当事人或者父母一方的保险符合第 1 项保险期限的家庭保险，

3. 首次在国内参加工作并且符合第 6 条第 1 款第 1 项的自由参保人；不考虑接受职业培训期间或之前从事的工作，

4. 符合《社会法典》第九卷的严重残疾人，其父母一方、配偶或者生活伴侣在参保前最近五年至少参保三年，除非因自身的残疾不符合参保前提条件；保险基金会的章程依据年龄规定参保权，

5. 因为在国外工作而退保的雇员，回国后的两个月内重新开始工作，

（2）在下列情况下，必须在三个月内通知医疗保险基金会参保，

1. 第 1 款第 1 项，结束参保关系之后，

2. 第 1 款第 2 项，结束保险或者子女出生之后，

3. 第 1 款第 1 句第 3 项，获得工作之后，

4. 第 1 款第 4 项，根据第九卷第 68 条确定为残疾之后，

5. 第 1 款第 5 项，回国之后。

（3）根据第 1 款第 7 项参加法定医疗保险时，如果不能根据《联邦流亡者法》第 15 条第 1 款或第 2 款提供相应证明，联邦行政机关按照符合《联邦流亡者法》第 8 条第 1 款的分发流程出具的登记卡，或者相关部门根据《联邦流亡者法》第 15 条第 1 款或者第 2 款出具的证明申请提交确认函可以作为临时证明使用。

第三部分　家庭成员保险

家庭保险

（1）当家庭成员属于下列情况时，参保人的配偶，生活伴侣和子女以及参加家庭保险的子女下一代都参保，

1. 居住地与长期居留地在国内，

2. 不符合第 5 条第 1 款第 1 项、第 2 项、第 3 项至第 8 项、第 11 项或第 12 项或者非自主申请参保人，

3. 非参保自由者或自由参保人或者非参保义务解除人；在此可忽视第 7 条提及的参保自由状态或情形，

4. 非全职的自主经营者，以及

5. 全部收入不超过第四卷第 18 条确定的月收入的七分之一者；退休者的收入不考虑子女教育期间获取的补偿；根据第四卷第 8 条第 1 款第 1 项、第 8a 条低收入者收入不超过 400 欧元。

符合第 1 款第 4 条的全职自主经营者不在此列，由于 1994 年 7 月 29 日颁布《农民养老保险法》（联邦法律公报 I 第 1890 页、第 1891 页）第 1 条第 3 款为他们规定了另外的保险形式。在 2013 年 12 月 31 日之前，照顾五个及五个以下来自其他家庭子女的日护理保姆同样不在此列。如果参保人的配偶和同居伴侣在符合《母亲保护法》第 3 条第 2 款与第 6 条第 1 款的保护期限及育儿期以前没有参加法定医疗保险，则不参保。

（2）子女在以下情况下是参保人

1. 年满十八周岁之前，

2. 没有参加工作的，年满二十三周岁之前，

3. 年满二十五周岁，仍在校或者接受职业培训的，或者根据《青年志愿服务法》自愿参与社会、生态活动或者符合《联邦志愿服务法》的其他志愿活动的；因履行法定兵役导致学业或者职业教育中断或拖延，服役阶段的保险相应地延长至二十五岁之后，

4. 第九卷第 2 条第 1 款第 1 句因残疾生活不能自理的情况，没有年龄限制；

前提条件是：残疾发生时，当事人仍作为参保人子女根据第 1 项、第 2 项或第 3 项参保。

（3）如果参保人的配偶或同居伴侣未在任何医疗保险基金会参保，并且其收入高于年收入上限的十二分之一，其总收入经常性地高于参保人总收入，则与参保人的配偶或同居伴侣有血缘关系的子女不参保，要考虑退休者的退休金。

（4）第 1 款至第 3 款规定的子女包括由参保人抚养的继子女与孙子女以及养子女（第一卷第 56 条第 2 款第 2 项）。获得其亲生父母同意并且由领养者抚养的子女视为抚养者的子女而不是亲生父母的子女。符合第 1 句的继子女也可是参保人同居伴侣的子女。

（5）第 1 款至第 4 款的前提条件都符合时，参保人可选择医疗保险基金会。

（6）参保人必须向相应医疗保险基金会通报符合第 1 款至第 4 款的参保人情况、参加家庭保险所需的说明和说明变更。医疗保险基金会联邦最高联合会确定统一的程序和统一的登记表。

第三章　医疗保险的支付范围

第一部分　支付项目总揽

支付项目种类

（1）参保人对以下项目有请求支付的权利：

2. 预防疾病及预防疾病恶化、避孕，包括绝育与流产时的避孕（第 20 条至第 24b 条），

3. 疾病的早期诊断（第 25 条与第 26 条），

4. 疾病治疗（第 27 条至第 52 条），

5. 符合第九卷第 17 条第 2 款至第 4 款规定的个人医疗费用。

（2）参保人还有权要求提供医疗康复、维持生计以及其他必要的配套服务，以避免、消除、减少及补偿残疾与护理需求，防止恶化或减轻其后果。出现护理需求后相应的护理服务由护理保险基金会提供。只要本卷没有其他规

定，则按照第九卷的规定提供第 1 句提及的服务。

（3）根据第十二卷第 66 条第 4 款第 2 句，如果参保人确定由其雇佣的护理人员能够提供足够的护理服务，则住院期间需要陪同治疗的人员或者根据第 108 条需要的护理人员包括在支付范围内。

（4）参保人有权要求得到保障管理服务，特别是解决在不同保障项目之间转移时所产生的问题。相关的服务提供机构为参保人提供适当的衔接保障，并相互进行必要信息的沟通。该职责的履行必须得到医疗保险基金会的支持。护理设施也包含在该保障管理支付范围中；同时根据第十一卷第 7a 条要确保与护理顾问之间的紧密合作。只有在获得参保人的同意和事先通知参保人后，才进行保障管理以及必要的信息沟通。只要未在符合第 140a 到 140d 条的合同中进行相关约定，可按照第 112 条或 115 条或按照法定医疗保险服务提供机构与第十一卷规定的其他服务提供机构、护理保险基金会的协商意见处理。

（5）法定事故保险规定的工伤或职业病不在医疗保险支付范围内。

第二部分　通用规则

经济原则

（1）医疗服务必须充分、有针对性并且经济；不能超出必要的范围。参保人可不参加不必要或者不经济的医疗服务保险，服务提供机构不得提供此类服务，医疗保险基金会也不能批准。

（2）如果服务确定了固定额度，医疗保险基金会只按照此额度履行服务义务。

（3）如果医疗保险基金会无法律依据或违背现行法律为参保人提供服务，并且其董事会成员了解情况或者应该了解情况，管理委员会也没有主动纠正，则负责监管的机构在对董事会成员进行听证之后，要求管理委员会督促董事会成员赔偿因此造成的各种损失。

费用报销

（1）只要是本卷或第九卷有相应规定，医疗保险基金会可用费用事后报销来代替实物与医疗服务服务（第 2 条第 2 款）。

（2）参保人可以选择费用报销代替实物与服务服务。但是必须在接受该项服务前通知医疗保险基金会。医疗服务基金会必须在参保人获得服务之前明确告知，基金会是否可以提供费用报销以及参保人是否需要自己承担服务费用。基金会可以限制医疗服务领域、牙医服务、住院服务以及其他临时服务的选择。只有事先得到医疗保险基金会的批准，才能获得第四章未提及的医疗服务提供机构的服务。如由于医疗或社会原因在此类医疗服务提供机构就医是合理的，并且保证其医疗服务至少达到同等水平，则可获得医疗保险基金会的批准。第95b条第3款第1句意义的报销请求排除在外。报销上限为医疗保险基金会为实物服务确定的补偿金额。基金会的章程规定了费用报销的程序。医疗保险基金会可从报销费用中最高扣除百分之五作为管理费用。根据第129条第1款第5句进行费用报销时，必须考虑根据第130a条第8款不交付给医疗保险基金会的折扣以及与第129条第1款第3及第4句规定与药物出售相比增加的费用；折扣金额应一次付清。在此种情况下，参保人的费用报销至少需要一个季度。

（3）医疗保险基金会没有能够及时提供紧急情况下的服务或者不合理地拒绝提供服务，只要这项服务为必要服务，则由医疗保险基金会承担因参保人自行购买服务产生的费用。参保人根据第九卷第15条报销符合第九卷的医疗康复费用。

（4）参保人有权在其他国家医疗服务提供机构以报销来代替获得实物或服务，这些国家须遵守欧洲理事会于1971年6月14日颁布的1408/71项关于在欧共体范围内移居（欧洲共同体公报第L 149项第2页）雇员及其家庭的社会安全体系之有效条例（EWG），除非在总额基础上报销了此类人群在他国的治疗费用，或在协商放弃报销的基础之上不报销。这些服务提供机构必须符合欧洲共同体规定的准入和展业条件或者在所在国医疗保险体系中有权向参保人提供服务。报销上限为在国内实物服务的报销上限。基金会的章程规定报销的程序。其中要考虑足够的报销额度折扣，以弥补管理费和经济性考量的不足，并要扣除规定的附加费。只有在欧盟其他成员国或者欧洲经济区缔约国进行与其医疗水平相当的疾病治疗，才可完全报销费用。

(6) 第 18 条第 1 款第 2 句和第 3 款同样适用于第 4 款和第 5 款的情况。

部分费用报销

(1) 适用《帝国保险法》第 351 条工作制度的医疗保险基金会及其团体雇员、在企业医疗保险基金会或者矿工—铁路—海员医疗保险基金会就职的公务员，根据本卷规定报销部分服务费用。必须按照百分比确定报销额度并规定履行报销程序的详情。

(2) 第 1 款提及的参保人可事先决定是否在接下来的两年内报销部分费用。这个决定对根据第 10 条参保的参保人的家庭成员同样有效。

医生诊疗，医疗保险卡

(1) 只要第 63 条第 3c 款规定的示范项目中未作其他规定，由医生或牙医提供医疗或者牙科诊疗。只有经过医生或牙医安排且由其负责时，才可接受他人的辅助诊疗。

(2) 需要进行医疗或牙科诊疗的参保人在治疗前需要向医生（牙医）出示医疗保险卡（第 291 条第 2 款第 1 句第 1 项至第 10 项），以证明自己有权要求获得服务，或者如果尚未引入医疗保险卡，则出示医疗证。

(3) 医疗保险基金会可为参保人出具证明，使参保人可获得其他相关服务。此证明必须在医疗服务提供机构提供服务之前出具。

(4) 此证明上必须注明 291 条第 2 款第 1 句第 1 项至第 9 项规定的信息及有效期。不允许包含其他内容。

(5) 在紧急情况下可补交医疗保险卡、医疗证或享受服务的资格证明。

(6) 首次领取保险卡、首次在医疗保险基金会参保领取保险卡以及非参保人责任引起的保险卡换发均免费。医疗保险基金会必须采用适当的措施避免不当使用医疗保险卡。因参保人的原因必须换发保险卡时，根据第 10 条向参保人收取 5 欧元的费用。医疗保险基金会可在参保人根据第 10 条第 6 款提交正式申请后发放新保险卡。

请求权的中断

（1）在下列情况下，获得保险服务请求权被暂时中断

1. 本法未另行规定时，在外国停留期间，即使在短暂停留期间患病，

2. 基于法定工作职责或服务的工作和执行《兵役法》第四篇界定的活动，

2a. 根据《作战和康复法》第 6 条服特种兵役的人员，

3. 根据就业法规定有权要求免费医疗的人员或者发展中国家援建从业人员，

4. 参保人作为监禁者要求获得符合《监狱法》的健康照顾或其他健康照顾，但参保人处于拘留审查期、根据《刑事诉讼法》第 126a 条暂时收押或者根据《改善与安全规章》被限制自由。

（2）参保人可从外国其他事故保险基金会得到同类服务时，要求提供服务的权利暂时中断。

（3）如果参保人适用于《海员法》，则要求提供服务的权利暂时中断，特别是海员出海或者旅行期间。但是，参保人根据《海员法》第 44 条第 1 款选择了医疗保险基金会的服务或者船东根据《海员法》第 44 条第 2 款将参保人移交给医疗保险基金会的除外。

（3a）根据《艺术工作者社会保险法》第 16 条第 2 款，如果参保人欠缴两个月保险费，并在被警告之后仍然拒付，则要求提供服务的权利暂时中断。该法条第 1 句规定了上述的例外情况：根据第 25 条、第 26 条为提前确诊而进行的检查、急性病痛以及怀孕哺乳期必要的治疗；参保人在补缴保险费和保险服务暂停期间的保险费之后或者参保人根据第二卷或第十二卷需要得到救助时，保险服务请求权重新生效。如果达成有效的分期还款协议，只要参保人能定期如约还款，从协议达成时起，服务请求权重新生效。

（4）参保人在失去工作能力之后得到医疗保险基金会的同意而居住在外国时，病假津贴应继续发放。

在国外工作的支付范围

（1）参保人如果在外国工作期间患病，依据本章和《帝国保险法》第二卷

第二篇规定的支付范围内的服务有权要求雇主承担。参保人在国外工作期间患病时，如果其家庭成员陪同或者探望参保人，则第 1 句同样适用于根据第 10 条参保的家庭成员。

（2）医疗保险基金会根据第 1 款为雇主报销的费用和最高额度参照在国内治疗疾病产生的费用金额。

（3）医疗保险基金会根据《海员法》第 48 条第 2 款给船东报销产生的费用。

欧洲共同体条约与欧洲经济区协议有效区之外的治疗费用

（1）如果只能在欧洲共同体条约与欧洲经济区协议有效区之外利用普遍认可的医疗技术知识治疗疾病，则医疗保险基金会可以承担全部或者部分必需的医疗费用。在这种情况下继续发放病假津贴。

（2）在第 1 款描述的情况下，医疗保险基金会可以承担全部或部分其他各类费用以及所需护理人员的费用。

（3）在欧洲共同体条约与欧洲经济区协议有效区临时逗留期间，如果需要立即治疗，且在国内也存在此类治疗的条件，但只要经证实参保人因既往病史或年龄不能参保，并且医疗保险基金会在其出国前已了解此情况，医疗保险基金会应承担在以上地区治疗产生的必要费用。费用上限参照国内同等情况下产生的费用，而且一年中在这些地区治疗的时间最长不超过六周。如果参保人为治疗而出国，不得报销治疗费用。第 1 句与第 3 句同样适用于因接受教育而在国外逗留的情况；上限同样参考国内同等情况下产生的费用。

保险服务请求权的终止

（1）只要本法典没有其他特殊的规定，则保险关系结束时保险服务请求权也随之终止。

（2）保险关系终止后，如果参保人没有工作，还享有最长一个月的保险服务请求权。符合第 10 条的保险优先于第 1 句规定的保险服务请求权。

（3）参保人死亡，根据第 10 条参保的其家庭成员在参保人去世后享有最长一个月的保险服务请求权。

第三部分　疾病预防服务、企业内部健康促进与
预防工伤危害、自救促进

预防与自救

医疗保险基金会应在章程中规定初级预防措施，这些措施要符合第2句与第3句规定的要求。初级预防措施应改善普遍的健康状况，特别是要降低因社会条件导致的健康机会不平等。根据第1句，医疗保险基金会的最该联合会组织协同独立的专家共同制定优先提供服务的领域与标准，特别要考虑需求、目标人群、准入条件、内容以及方法。

第20a条　企业内部健康促进

(1) 医疗保险基金会向企业提供健康促进服务，以便在参保人与企业负责人的共同参与下解决企业内部的健康问题、排除潜在风险，并提出改善健康水平与增强健康资源的建议，发展能力和为贯彻实施提供帮助。第20条第1款第3句同样适用。

(2) 在履行第1款规定的职责时，医疗保险基金会与相关的工伤事故保险基金会合作。可以委托其他医疗保险基金会、医疗保险基金会联合会以及以此为目的设立的事务组来履行第1款规定的职责，并在履行职责时与其他医疗保险基金会合作。第十卷第88条第1款第1句与第2款以及本卷第219条同样适用。

第20b条　预防工伤与职业病

(1) 在履行预防因工危害健康的职责时，医疗保险基金会为法定工伤事故保险基金会提供支持。尤其是要传授疾病与工作条件之间的相互关联知识。如果发现参保人遭遇工作条件导致的健康危害或者职业病，医疗保险基金会必须立即知会劳动保护监管机构和工伤事故保险基金会。

(2) 履行第1款规定的职责时，医疗保险基金会与法定工伤事故保险基金会紧密合作。未履行该职责，基金会与基金会联合会组织应组建地区工作组。第十卷第88条第1款第1句和第2款以及本卷第219条同样适用。

第 20c 条 自救促进

（1）对按照第 2 句规定制定的疾病种类目录为参保人提供疾病预防与康复服务的自救团体与组织，医疗保险基金会及其联合会要促进其发展；同时，协助其建立第 3 款规定的自救联系点。医疗保险基金会最高联合会必须在医保签约医生联邦最高联合会和维护自救机构利益的最高联合会的代表机构地参与下，制定为促进疾病预防与康复的疾病目录。自救联系点必须致力于跨主题、跨领域及跨适应征群体的健康促进工作。

（2）对如何确定促进自救的内容以及根据不同层面与领域的资金分配，由医疗保险基金会联邦最高联合会制定基本原则。第 1 款第 2 句提及的自救机构代表也须参与其中。自救促进可以采取固定拨款与项目支持的方式。

（3）在 2006 年，医疗保险基金会根据第 1 款第 1 句履行职责而产生的费用为每位参保人 0.55 欧元；在之后的年份中，根据第四卷第 18 条第 1 款规定的每月参考值百分比变化进行调整。根据参保人的居住地来确定州与地区的促进资金。在第 1 句确定经费的至少百分之五十用于跨保险类型的综合促进工作。根据第 2 款第 1 句提及的基本原则，医疗保险基金会及其不同促进层面的团体与权威自救团体代表机构、组织和联系点商议后发放综合促进经费。如果医疗保险基金会本年度未达到第 1 句提及的年促进资金额度标准，则在第二年额外发放综合促进工作未支出的资金。

第 20d 条 通过接种疫苗进行初级预防

（1）根据《传染病预防法》第 2 条第 9 项规定，参保人有权要求接种疫苗。但是因非工作原因逗留国外导致健康风险增大时需要接种疫苗的除外，除非接种疫苗可预防此种疾病进入联邦德国。要在 Robert Koch-Institute 接种常务委员会根据《传染病预防法》第 20 条第 2 款提出建议的基础上，并考虑到疫苗对公共健康安全重要性的同时，由联邦共同委员会依照第 92 条确定接种疫苗的前提条件、方式和范围等细节。如不接受接种常务委员会的建议，则需要说明理由。依照第 3 句第一次作出决定时，联邦共同委员会必须在充分考虑接种常务委员会所有建议的基础上作出决议。必须在 2007 年 6 月 30 日之前作出第一次决定。如果要更改接种常务委员会的建议，联邦共同委员会必须在建议公布后三个月内作出决定。如果没有如期根据第5句与第7句作出决定，标准出台之前，执行接种常务委员的疫苗接种建议，第2句规定的疫苗接种除外。

（2）医疗保险基金会可以在其章程中规定其他疫苗接种。符合第1款第5句的标准出台之前，之前规定疫苗接种的章程仍然有效。

（3）此外，医疗保险基金会必须与州内根据《传染病预防法》接种疫苗的机关合作，促进完成参保人共同和统一的疫苗接种任务，并共同报销材料费用。医疗保险基金会的州协会和医疗互助基金会与相关的州立机关共同签署框架协议，约定实施的措施和材料费用的报销。

牙病预防（团体预防）

（1）医疗保险基金会必须与牙医以及本州负责牙齿健康护理的机构合作，制定统一和共同的措施，促进完成未满十二周岁参保人的牙病诊断和预防任务，并分摊由此产生的费用。措施必须覆盖全州。在龋齿比例超出平均值的学校与残疾人机构，采取措施的对象年龄调整为不满十六周岁。应首先针对特殊群体采取这些措施，特别是学校和幼儿园；措施尤其要包括口腔检查、牙齿状况调查、牙齿珐琅质软化、营养咨询及口腔卫生。针对龋齿病发风险特别高的儿童需要开展专门的项目。

（2）根据第1款第1句，医疗保险基金会的州协会和医疗互助基金会与相关的州立机关共同制定框架协议，以便贯彻实施第1句规定的措施。医疗保险基金会联邦最高联合会必须制定全国统一的建议框架，特别是关于协议内容、资金来源、与参保人无关的文件以及监控。

牙病预防（个人预防）

（1）年满六周岁，但未满十八周岁的参保人为预防牙齿疾病，可每半年做一次牙齿全面检查。

（2）检查应该涉及牙龈检查、牙病原因调查和规避以及口腔卫生、牙龈状况和龋齿的诊断比较、口腔护理启蒙和珐琅质固化措施。

（3）年满六周岁，但未满十八周岁的参保人有权要求封闭磨牙裂纹。

（5）联邦共同委员会根据第 92 条规定了详细的个人预防服务方式、范围和证明。

疾病预防

（1）如有必要，参保人有权要求疾病预防服务，并提供药品、包扎用品和其他医疗辅助器材，

1. 避免在可预见的时间内健康恶化，

2. 消除危害子女健康成长的因素，

3. 预防疾病或者避免其恶化，

4. 避免导致护理的需求

（2）如果第 1 款规定的服务不满足参保人的需要，出于医学原因，医疗保险基金会可在认可的疗养地为参保人提供门诊保健服务。医疗保险基金会的章程可对参保人与此保健服务相关的费用作出规定，即每天津贴不超过 13 欧元。如果为患有慢性病的婴儿提供门诊保健服务，则津贴可根据第 2 句提高至 21 欧元。

（3）第 31 条至第 34 条适用于第 1 款和第 2 款提到的情况。

（4）如果第 1 款规定的服务不能满足参保人的需要，医疗保险基金会可在相应的保健机构为参保人提供带食宿的治疗，并且医疗保险基金会与此保健机构要根据第 111 条签订合同。医疗保险基金会对根据第 1 句与第 2 款提出的服务申请及其完成情况进行统计调查。

（5）在个别医疗需求的情况下，医疗保险基金会确定符合第 4 款的服务方式、时长、范围、起始时间和贯彻实施以及符合责任评估的保健机构。符合第 4 款的服务最长三周，除非从医学角度来看迫切需要延长服务的。如果医疗保险基金会联邦最高联合会在对门诊和住院保健机构听证后，制定了服务准则及期限，则第 2 句不适用；只有在迫切需要医疗的个别情况下，才能延长期限。接受同类或类似服务之后三年，参保人才能要求第 2 款规定的服务，而第 4 款的服务则要求满四年，根据具备公法性质的相关法律的规定，在这种情况下产生的费用由医疗保险基金会承担或补助，除非从医学角度上来看迫切需要提前

提供服务。

（6）年满十八周岁的参保人接受第 4 款的服务需每天向服务提供机构支付根据第 61 条第 2 句规定的费用。服务提供机构将这些费用转交至医疗保险基金会。

（7）一般情况下，对未满十四周岁参保儿童采取的住院保健措施持续四至六周。

生育医疗保健

（1）在第 23 条第 1 款规定的前提条件下，出于医学原因参保人有权要求产后恢复机构提供的必要保健服务；可利用母—婴保护措施的形式获得此项服务。第 1 句同样适用于相关机构中的父—婴保护措施。根据第 111a 条规定，必须与提供第 1 句和第 2 句规定的保健服务机构签署照护合同。第 23 条第 4 款第 1 句在此不适用；第 23 条第 4 款第 2 句适用。

（2）第 23 条第 5 款适用。

（3）年满十八周岁的参保人如果要求第 1 款规定的服务，需每天向服务提供机构支付根据第 61 条第 2 句规定的费用。服务提供机构将这些费用转交至医疗保险基金会。

第 24a 条　避孕

（1）参保人在怀孕问题上有权咨询医生。医生咨询包括必要的检查和妊娠药物处方。

（2）只要医生开具处方，未满二十周岁的参保人有权获得避孕药物；第 31 条第 2 款至第 4 款适用。

第 24b 条　终止妊娠与绝育

（1）因疾病导致绝育和合法终止妊娠时，参保人有权要求医生提供服务。只能在符合《妊娠冲突法》第 13 条第 1 款的机构才能接受合法终止妊娠的服务。

（2）对以保胎与终止妊娠的医生咨询、确定因疾病导致绝育或合法终止妊娠为前提条件的医生检查与鉴定、医疗、药物、包扎用品以及其他医疗器具的供应和医院护理要给予保障。如果疾病导致的绝育或由医生合法终止妊娠致使参保人无法工作，则参保人有权获得病假津贴，除非拥有第 44 条第 1 款规定的其他权利。

（3）在符合《刑法》第 218a 条第 1 款前提条件下终止妊娠时，参保人有权享受保胎与终止妊娠医生咨询、除终止妊娠及顺产后治疗外的其他医疗、医疗、药物、包扎用品以及其他医疗器具的供应和医院护理，前提是这些措施

1. 未终止妊娠时，保护胎儿的健康，

2. 保护将来孕育胎儿的健康，或者

3. 保护孕妇的健康，特别是预防终止妊娠可能导致的并发症，或消除已经出现的并发症。

（4）不能享有第 3 款规定权利的终止妊娠医疗措施包括

1. 麻醉、

2. 手术或药物终止妊娠、

3. 阴道治疗，包括孕妇服用药物、

4. 药物注射、

5. 止痛药物、

6. 其他医生的协助、

7. 直接准备手术的身体检查和手术后的观察。

以上服务产生的费用，特别是麻醉剂、包扎用品、手术巾、消毒剂，不属于医疗保险基金会的服务范围。住院终止妊娠时，医疗保险基金会不承担终止妊娠手术当天产生的护理费用。

第四部分　疾病早期诊断的支付范围

健康检查

（1）年满三十五周岁的参保人有权要求每两年进行一次早期诊断疾病的健康检查，特别是心血管疾病、肾病及糖尿病。

（2）参保人每年最多可以做一次癌症早期诊断检查，女性最早可从二十岁开始，男性最早可从四十五岁开始。

（3）第 1 款及第 2 款规定的检查前提条件是

1. 可有效治疗的疾病、

2. 可以通过诊断手段确定此种疾病在早期及前期阶段、

3. 利用医疗技术可足够明确确定病症、

4. 有足够的医生与设施，来深入诊断与治疗发现的疑似病例。

（4）只要职业法允许，可一起进行第 1 款与第 2 款规定的检查。联邦共同委员根据第 92 条规定的检查方式和范围以及本条第 3 款规定的前提条件制定细则。联邦共同委员会可为特定参保群体规定不同于第 1 款与第 2 款的年龄限制和检查次数。

（5）此外，联邦共同委员会可以在细则中规定，如果为了保证检查质量，多个专业领域的医生通力合作、参与医生根据规定的最少次数进行检查。如果要求特殊辅助技术机构或者需要具有特殊资质的非医学人员协助实施第 1 款和第 2 款规定的措施，则要在获得医生协会批准之后。需要参与医生进行多次检查或提供服务时需要多个专业领域的医生通力合作时，细则还应当规定照顾需求的标准，以确保根据需求分配病房。对医生资质进行评估并在细则规定的招标流程范围内合理分配门诊病房，并在此基础上通过医生协会选择医生。细则可规定早期诊断检查的批准期限，并在满足照顾所需的条件后予以批准。

儿童身体检查

（1）参保儿童有权要求在年满六周岁之前进行身体检查，在年满十周岁之后进行一次疾病的早期诊断检查，防止对儿童身心健康发展造成的重大危害。口腔、牙齿与颌骨疾病的早期诊断尤其要包括口腔检查、龋齿危险评估及确定、营养与口腔卫生咨询和牙齿釉质硬化与杀菌措施。年满六周岁之前享有第 2 句规定的服务，可由医生或牙医提供此项服务。

（2）此处适用第 25 条第 3 款与第 4 款第 2 句。

（3）医疗保险基金会与州法律要规定州级机构通力合作，为参保儿童提供符合第 1 款的服务。为落实第 1 句规定的措施，医疗保险基金会的州联合会和医疗互助基金会与州级机构根据第 1 句签署框架协议。

第五部分　疾病的支付范围

疾病治疗

疾病治疗

（1）在必要情况下，参保人有权要求获得疾病治疗，以确诊、治愈、防止恶化或者减轻病痛。疾病治疗包括

1. 心理和精神治疗在内的医疗、

2. 牙医治疗、

2a. 包括齿冠和超结构在内的义齿保健、

3. 提供药物、包扎用品与其他医疗辅助器材、

4. 提供家庭病护人员与家政人员、

5. 住院治疗、

6. 医疗康复与补充服务。

疾病治疗要考虑到心理病人的特殊要求，特别是在提供药物与医疗康复方面。如果参保人天生没有生育能力，或者因病绝育或丧失了生育能力，恢复其生育能力也包括在疾病治疗范围内。

（2）临时在国内逗留的参保人、根据《居留法》第 25 条第 4 款到第 5 款获得居留许可的外国人，以及

1. 避难申请程序还未最终结束的外国人、

2.《联邦流亡者法》第 1 条第 2 款第 2 项和第 3 项规定的被驱逐者及该法第 4 条规定的归国者、其配偶，生活伴侣以及子孙，如果在提出服务要求之前已经参保至少一年，或者根据第 10 条参保，又或者出于医学原因必须立刻采取治疗，根据该法第 7 条第 2 款以上人员有权享有义齿服务。

第 27a 条人工受孕

（1）疾病治疗的支付范围也包括诱导妊娠措施，如果

1. 医生确诊后需要采取此项措施、

2. 医生确诊后充分确定通过采取此项措施可怀孕；如果采取三次措施后未成功，将不能再继续进行、

3. 人工授精的双方有婚姻关系、

4. 只使用配偶的卵子与精子、

5. 在采取此项措施之前，医生须从医学及心理社会学角度向当事人介绍此措施的情况，介绍情况的医生不能是亲自进行治疗的医生，然后再由介绍情况的医生把病人移交给根据第 121a 条获得批准的医生或机构。

（2）第 1 款适用于执行刺激程序后的人工授精和可能增大三胞胎或多胎妊娠风险的人工授精。第 1 款第 2 项后半句与第 5 项不适用于其他人工授精。

（3）只有年满二十五周岁的参保人才有权要求第 1 款规定的实物服务；年满四十周岁的女性参保人与年满五十周岁的男性参保人不适用于第 1 款。进行治疗之前，需要向医疗保险基金会提交治疗计划，以求得到批准。医疗保险基金会承担通过治疗计划获批治疗费用的 50%。

（4）联邦共同委员会根据准则中的第 92 条来确定符合第 1 款的人工授精前提条件、方式和范围。

脚注

第 27a 条第 1 款第 3 项：需在联邦宪法法院 2007 年 2 月 28 日作出的合宪性解释（I 350）的基础上执行。联邦消费者保护与食品安全协会 5/03 号决议。

医疗与牙医治疗

（1）医生在医术的基础上充分和有目的地防治、诊断与治疗疾病。由医生安排和由其负责的人员提供的协助服务也属于医疗范畴。

（2）牙医在医术的基础上充分和有目的地防治、诊断与治疗牙齿、口腔与颌骨疾病的工作；齿冠和超结构在内的义齿安装、必要的保守外科手术与 X 光检查服务也囊括在牙医治疗范围内。如果参保人在牙填充时选择了超标的服务，则自己承担超标的费用。在这种情况下，价格最低的同类塑料填充将作为实物服务的参考标准。出现符合第 2 句的情况时，在治疗之前，参保人要与牙医签订合同。超标费用规则不适用于更换完好无损的牙填充物。年满十八周岁的参保人进行的颌骨整形手术不属于牙医治疗范畴，异常参保人进行颌骨外科与颌骨整形综合手术也不属于牙医治疗范畴。功能分析与功能治疗措施也不属于牙医治疗范畴；移植服务也同样不属于牙医治疗范畴，除非是联邦共同委员会根据第 92 条第 1 款确定的严重例外情况，在此情况下，医疗保险基金会承担整个医疗范围内的实物服务费用，包括超结构服务。第 1 款第 2 句在此适用。

（3）允许心理治疗师和儿童及青少年心理治疗师进行心理治疗，以及根据第 92 条制定的细则规定的合同医生进行疾病心理治疗。最迟在根据第 92 条第 6a 款进行心理测试后，在心理治疗开始前，心理医生需向合同医生索取说明患者生理疾病的会诊报告，如果出具生理报告的合同医生必须保留报告以备使用，则必须向精神病学合同医生索取报告。

（4）年满十八周岁的参保人每个季度初次享受门诊医疗、牙医或心理治疗服务时，与同一季度中其他服务费用划账不同，参保人要根据第 61 条第 2 句向医疗服务提供机构缴纳附加费用。第 20a 条与第 25 条规定的医疗服务、第 55 条第 1 款第 4 句和第 5 句规定的牙医检查以及根据《帝国保险法》第 196 条第 1 款和《农民医疗保险法》第 23 条第 1 款进行的妊娠保健措施不在第 1 句的适用范围内。只要参保人选择根据第 13 条第 2 款报销费用，则适用第 1 句与第 2 句条款和医疗保险基金会根据第 13 条第 2 款第 9 句扣除附加费用的说明。

颌骨整形治疗

（1）如果参保人的颌骨与牙齿缺陷严重影响或者威胁咬、嚼、说话或者呼吸，参保人则有权要求获得已经医学证实有效的颌骨整形治疗。

（2）参保人需为符合第 1 款的颌骨整形治疗向合同医生支付百分之二十的费用。第 1 句不适用于与颌骨整形治疗相关的保守外科与 X 射线检查。如一个家庭中至少有两个子女需要颌骨整形治疗，且在开始治疗时子女都未满十八周岁，第二个子女和其他每个子女自付第 1 款规定费用的百分之十。

（3）合同牙医与医疗保险牙医协会结算颌骨整形治疗费用时，扣除参保人据第 2 款第 1 句与第 3 句自付的部分。如果在治疗计划确定的必要医疗范围内完成治疗，医疗保险基金会将参保人根据第 2 条第 1 句和第 3 句自付的费用退还参保人。

（4）联邦共同委员会在根据第 92 条第 1 款制定的细则中确定客观检查的适应征群组标准。同时规定必须要遵守的颌骨整形检查和诊断的标准。

药品与包扎用品

（1）参保人有权获得药店必备的药品供应，只要药品不在第 34 条或者第 92 条第 1 款第 2 句第 6 项规定之列，还有权获得包扎用品与尿血试纸。联邦共同委员会根据第 92 条第 1 款第 2 句第 6 项制定细则规定，在何种情况下将药物和配制药物作为符合《医药产品法》第 3 条第 1 项或者第 2 项的内用或外用医药产品纳入药品供应清单；第 34 条第 1 款第 5 款、第 7 款与第 8 款和第 6 款以及第 35 条、第 126 条和第 127 条在此适用。第 34 条第 1 款第 6 句适用于第 2 句规定的处方药与非处方药。在经证实的特殊医疗情况下，合同医生开具的药方可不在基于第 92 条第 1 款第 2 句第 6 项准则的供应清单中，但需说明原因。参保人可在第 129 条第 2 款框架协议范围内的药店自由选择第 1 句规定供应的药品。

（2）根据第 35 条或者第 35a 条确定固定价格的药品和包扎用品，医疗保险基金会按照固定价格上限负担费用，对于其他药品，则负担扣除参保人自付金额以及第 130 条、第 130a 条和《药品批发折扣实施法》规定折扣金额之外的全部费用。如果医疗保险基金会与提供固定价格药品的制药企业根据第 130a 条第 8 款签订协议，则第 1 句不再适用此情况，医疗保险基金会负担除去参保人自付金额以及第 130 条、第 130a 条第 1 款、第 3a 和第 3b 款规定的折扣金额之外的药品费用。只有可以补偿超出固定价格的额外费用时，此协议才有效。医疗保险基金会根据第 129 条第 2 款告知合同伙伴包括药品和医疗保险基金会特征在内的所需说明；根据第 129 条第 2 款及第 5 款在合同中约定细节。如果医疗保险基金会签订的合同不符合法律要求，则参保人与药店没有义务向医疗保险基金会返还多余的金额。

（3）年满十八周岁的参保人购买由医疗保险基金会负担法定医保范围内的处方药和包扎用品时，需要自付第 61 条第 1 句规定的金额作为附加费用，然而此费用不是药品的价格。第 1 句不适用于尿血试纸。第 1 句也适用于根据第

1 款第 2 句和第 3 句被纳入药品供应名单的医疗产品。医疗保险基金会联邦最高联合会根据第 213 条第 2 款作出决议,如果能够节约医疗保险基金会的开支,当药品在药店含增值税的售价至少低于售价基础上有效固定价格的百分之三十时,个人无须自付。对于根据第 130a 条第 8 款达成协议的药品来说,如果能够节约医疗保险基金会的开支,医疗保险基金会可以减免自费金额的一半。第 2 款第 4 句在此适用。

(4)联邦卫生部依法确定符合治疗的经济型药品包装细节,无需联邦议会批准。购买的成品药品包装大小超出以上述第 1 句为基础确定的包装大小时,不属于第 1 款提供的药品范畴,而且法定医疗保险基金会不承担相关费用。

(5)从医学角度来看,如果采用平衡饮食具有必要性、针对性及经济性,则参保人有权要求平衡饮食来保持肠道营养。联邦共同委员会根据第 92 条第 1 款第 2 句第 6 项制定细则确定,合同医生在何种前提条件下开具哪种平衡饮食食谱,以保持肠道营养,并在联邦报纸上公开医生开具的饮食产品名单。第 34 条第 6 款在此适用。只将符合细则要求的食品纳入此清单。第 3 款第 1 句对参保人自费进行了相应的规定。肠道营养平衡饮食服务要符合第 126 条和第 127 条的规定。根据第 84 条第 1 款第 2 句第 1 项签订协议时,需考虑第 1 句规定的服务。

药物

(1)参保人有权获得第 34 条规定的药物。第 92 条适用于第 1 句规定的药物。

(2)年满十八周岁的参保人,购买药物时须向服务提供机构自行交付第 61 条第 3 句规定的药物费用。如果服务中包括按摩、温泉与保健操(符合第 27 条第 2 句第 1 项),或者在医院、康复或其他机构门诊接受治疗时,也必须自行承担药物费用。根据第 125 条医疗保险基金会为合同医生所在地的参保人计算第 2 句所提及的治疗药物自付金额。如果在这个地区有不同的价格约定,医疗保险基金会要参考平均价格。医疗保险基金会通知医疗保险基金会医生协会适用的价格,医疗保险基金会医生协会再告知合同医生。

医疗辅助器具

（1）只要医疗辅助器具不是参保人日常生活中的常规日用品或者未在第34条第4款规定范围内，参保人有权获得特殊情况下必要的助听器、假肢、人造骨等辅助器具，以保证成功治疗疾病、预防与补救残障。住院护理期间，为补救残障获得的辅助器具与参保人仍可参与群体生活的程度无关；住院护理机构有责任妥善保管用于日常护理工作的必要医疗辅助器具和护理辅助器具。第92条第1款适用于第1句没有排除的辅助器具。参保人的权利还包括：为了提高辅助器具的使用性和防止参保人遭受无法防御的危险而进行的辅助器具改装、修理与替换，要在现有技术水平条件下进行必要的保养和技术检查，以便维持其功能及技术安全。参保人选择超标的辅助器具或附加服务时，自行承担附加费用和由此产生的高额后续费用。

（2）根据第1款规定的前提条件，参保人有权在年满十八周岁之前获得视力辅助器具。如果参保人在年满十八周岁后，弱视或失明使双眼视力损害达到世界卫生组织界定的一级标准，有权获得视力辅助器具；如果治疗对眼睛疾病与伤害有疗效时，还有权获得治疗性的视力辅助器具。联邦共同委员会根据第92条制定细则，规定享受治疗性视力辅助器具的症状。视力辅助器具不包括眼镜镜框。

（3）根据第2款，只有在医学上认为是绝对必要的例外情况下，参保人才有权要求获得隐形眼镜。联邦共同委员会根据第92条规定获得隐形眼镜的症状。如参保人不符合第1句规定的前提条件，却要求佩戴隐形眼镜来代替眼镜，医疗保险基金会最高只承担购买必要眼镜的费用作为隐形眼镜费用补贴。护理液自付。

（4）参保人年满十四周岁后，只要其视力变动在0.5度以上，就有权根据第2款再次获取视力辅助器具；在医学上认为是绝对必要时，联邦共同委员会可根据第92条批准例外情况。

（5）医疗保险基金会可允许参保人租借必要的医疗辅助器具。参保人租借医疗辅助器具是否被批准，取决于这些物件是否适合参保人的使用或是否可学习使用。

（6）参保人可以在参保医疗保险基金会的任何一家合同医疗服务提供机构就诊。如果医疗保险基金会根据第 127 条第 1 款签订了特定医疗辅助器具供应合同，则由医疗保险基金会指定合同医疗服务提供机构为参保人提供医疗辅助器具。不同于第 2 句规定的情况下，如果存在正当利益，参保人可破例选择另一家医疗服务提供机构购买此类医疗辅助器具；自行承担因此产生的额外费用。

（7）医疗保险基金会承担合同规定的费用。

（8）年满十八周岁的参保人购买法定医疗保险提供的各种医疗辅助器具时，向供货机构缴纳附加费，附加费等于医疗保险基金会需承担金额中第 61 条第 1 句规定的费用。从符合第 7 款的额外补贴中扣除附加费；在此第 43b 条第 1 款第 2 句在此不适用。使用特定医疗辅助器具时的附加费为医疗保险基金会需承担总费用的 10%，但是每月所需总额最高为 10 欧元。

不予支付的药品、药物与医疗辅助器具

（1）非处方药不属于第 31 条的供应范围。联邦共同委员会第一次根据第 92 条第 1 款第 2 句规定，在合同医生注明理由的条件下，重症治疗时可使用用于标准治疗的非处方药。在此需要考虑到治疗方法的多样性。联邦共同委员会在第 2 句的基础上制作并定期更新可作为处方开具的成品药清单，在互联网上可调用此清单，并可提供电子版。第 1 句不适用于：

1. 未满十二周岁的参保儿童，

2. 未满十八周岁有发育障碍的青少年

在以下应用领域不能为年满十八周岁的参保人开具第 31 条规定的处方药：

1. 感冒与流感药物，包括止痛、止咳药物、

2. 口腔与咽喉药物，真菌感染除外、

3. 泻药、

4. 旅行病药物。

此外，也不能开具主要用来提高生命质量的药物。尤其不能开具治疗勃起

障碍、刺激与提高性能力、戒烟、节食、整形及生发的药物。细节参见根据第92条第1款第2句第6项制定的准则。

（3）一些特殊疗法比如顺势疗法、植物疗法和人智疗法等的用药，要参考其疗效来确定是否可作为处方药开具。

（4）联邦卫生部经联邦议会同意，可通过制定条例来确定医疗保险基金会不承担费用的医疗辅助器具，因为这些用具的作用不明显或者有争议，或者其售价太低。条例还可以规定，医疗辅助器具改装、维修和替换的费用低于什么程度时，医疗保险基金会可不承担这些费用。第1句与第2句不适用于未满十八岁参保人的助听器维修与电池更换。第1句条例没有规定的医疗辅助器具适用第92条。

（6）医药企业可以向联邦共同委员会申请，将其药品纳入第1款第2句和第4句规定的清单中。申请需要充分说明理由，并附上足够的证明材料。如申请理由不充分，联邦共同委员会立即通知申请企业，并告知仍需要的材料与信息。联邦共同委员会应在九十日内对申请作出决定，并充分说明理由或者给予申请者上诉提示与上诉期限。拒绝决定应该建立在客观与经得起推敲的标准之上。申请程序收费。由联邦共同委员会规定充分理由与必要证明材料的细节。

药品和包扎用品的固定支付价格

（1）联邦共同委员会根据第92条第1款第2句第6项的规定，制定细则以明确固定支付价的药品类别。同一类的药品应

1. 具有同样的有效成分、

2. 药理学上类似的有效成分，特别是化学关联物资、

3. 类似的疗效，特别是药物组合；

如果有效成分相同药物的生物来源对治疗有重要意义，则应考虑生物来源的多样性。根据第2句第2项与第3项划分的药品种类必须确保不会限制治疗的可能性和医疗上必要备选处方的可用性；具有新疗效的新专利药或具有微小副作用改善治疗的药物不在以上种类范围内。所谓"新"，是指这种药物的有效成分第一次作为专利药物流通。联邦共同委员会根据第3款制定细则确定每

天或每支平均剂量或适当的参考量。第 106 第 4a 款第 3 句和第 7 句适用于联邦共同委员会办事处根据第 1 款进行的决议准备。联邦共同委员会如委托第三方，必须保证评估过程及所使用的数据是公开的。接受委托的第三方机构不能公开。

（1a）在不同于第 1 款第 4 句的情况下，如果仅为获得专利的药物划分类别，则可根据第 1 款第 2 句第 2 项划分有效成分获得专利的药物类别，类别中至少包含三种药物，并可为其定价。具有改善疗效作用的专利药，即使有微小的副作用，也要排除在第 1 句述及情况之外。第 1 句和第 2 句适用于药物组合，其有效成分根据第 1 款或第 1a 款第 1 句已被纳入定价药品种类或者已不属于新品种。

（1b）第 1 款第 3 句后半句与第 1a 款第 2 句表述的改善疗效意即，此种药物比含有同类有效成分的药物疗效更好，因此作为有针对性的疗法定期使用或比同类别的其他药物优先用于相关患者群体、症状范围。根据第 1 句对有效成分类别的药物普遍应用范围进行评估。根据第 1 句，较好的药效也可以是减少治疗副作用的概率与强度。只要此研究普遍适用或即将适用，并且研究方法符合国际水准，就可凭借专业信息和通过符合循证医学理论原理的临床研究评估来证明医疗改善效果。最好是临床研究，特别是直接与含有同类其他有效成分的药物进行比较研究，尤其是要考虑到死亡率、发病率与生活质量。根据第 1 款第 1 句阐述决议时，需要准备专业和有条理的评估结果，以便可追溯支持决议的理由。在决定之前，可根据第 2 款听取专家口头汇报。在联邦共同委员会因重要原因作出不同决定的前提下，根据第 94 条第 1 款完成草案后，最晚在联邦公报公布决议的同时，公布决议理由。从定价药品清单中清除只对部分病人或者第 1 句规定的部分通用应用领域症状有更好疗效的药物，这些药物只是在部分应用中较经济；第 92 条第 1 款第 2 句第 6 项规定了详细信息。

（2）医药科学与实践专家，及药品生产企业和药店代表在联邦共同委员会作出决定前需要阐述自己的立场；评估特殊疗法的药物时，还需要就此种疗法方向专家征求意见。做决定时要考虑这些意见。

（3）医疗保险基金会联邦最高联合会根据药物每天或每次平均用量或其他适当参考用量规定支付价格。绷带可统一定价。第 2 款适用专家的意见。

（5）规定药品的固定支付价格，是为了保证普遍、足量、有针对性和经济地供应质量安全的药品。固定支付价格压缩了药品的盈利空间，引发有效的价格竞争，因此可供应尽量廉价的药品；如有可能，要保证有足够的治疗药品种类可供选择。至少每年检查一次药品定价；按照适当的时间跨度根据市场变化对定价进行调整。此外，必须至少以定价提供五分之一的处方药品和五分之一的包装药品；同时，不按定价获得的处方药与包装药品数量总比例不能超过百分之一百六十。根据第 4 句进行计算时，不考虑处方定价组包装药品中比例低于百分之一的高价包装药品。符合第 84 条第 5 款的处方计算参考计算截止日期当天提供的最终年度数据。

（6）调整定价时，如果根据第 31 条第 3 款第 4 句通过了有效决议，并在此决议基础上取消了药品的附加费用，则需要调整定价，确保在调价之后，能够供应充足无附加费用的药品。如果预计不能充分供应事先根据第 31 条第 3 款第 4 句免除附加费的药品数量，在这种情况下，根据第 5 款第 5 句规定，总和不得超出 100%。

（7）须在联邦报纸上公布药品定价。针对定价规定的申述不影响决定的立即生效。不进行预审程序。禁止提出针对符合第 1 款第 1 句至第 3 句分类、针对符合第 1 款第 4 句药品每日或每次平均剂量或其他适当参考计量或者针对药品定价的其他组成部分的特殊申述。

（8）医疗保险基金会联邦最高联合会制作并公布所有药品及其定价一览表，并通过网络传输给德国医学文献信息研究所，以供下载出版。一览表一个季度更新一次。

第 35a 条　含有新有效成分的药品有效性评估

（1）联邦共同委员会评估含有新有效成分的可报销药品的有效性。特别是相对其他类似治疗的辅助疗效、疗效强度及临床意义。疗效评估建立在医药企业证明的基础上，医药企业须在药品第一次临床使用和允许用于新领域前要将所进行或受托进行的所有医学检验以电子方式知会联邦共同委员会，特别是必须包含如下说明：

1. 许可的应用领域、

2. 医药疗效、

3. 与其他类似治疗相比的辅助疗效、

4. 显现重大辅助疗效的病人及病人群体数量、

5. 法定医疗保险承担的治疗费用、

6. 保证疗效的正确使用要求。

药理学上与定价药品类似的药品，需要根据第 35 条第 1b 款第 1 至第 5 句来证明符合第 3 句第 3 项的辅助疗效能够改善治疗。如果即使在联邦共同委员会的督促下医药企业也不能按时或者齐全地提交必需的证明，则此辅助疗效不予承认。联邦卫生部根据条例可不经过联邦议会批准直接调整疗效评估细节。特别是规定：

1. 符合第 3 句的证明提供要求、

2. 确定类似疗法及其辅助疗效的基本原则，需要提交附加证明的情况和达到特定证据级别研究的前提条件；基础是实证医学与卫生经济学的国际标准、

3. 程序原则、

4. 第 7 款规定的咨询原则、

5. 基于疗效评估的证据公布，以及

6.2011 年 7 月 31 日前首次用于临床的含有新有效成分的药品过渡规定。

联邦共同委员会必须在条例生效一个月内第一次在其程序规则中规定其他细节。为了确保有针对性的类似治疗，联邦共同委员会可要求医药企业提供申请许可的新药应用范围信息。根据欧洲议会与欧洲理事会 1999 年 12 月 16 日通过的第 141/2000 项决议，向治疗疑难杂症的药品颁发疑难杂症药品许可，可视为确认该药品具有医学辅助疗效；无须提供第 3 局第 2 项与第 3 项规定的证明。如在过去的十二个月中，通过法定医疗保险基金会以药店售价出售的符合第 10 句的药品销售额（包括增值税）超过五千万欧元时，医药企业要在联

邦共同委员会提出要求的三个月内根据第 3 句提供证明，并证明药品具有不同于其他类似治疗的辅助疗效。在符合第 84 条第 5 款第 4 句说明的基础上，确定符合第 11 句的销售额。

（1a）如果预计法定医疗保险为此药品支付的费用极少，则联邦共同委员会可免除医药企业根据第 1 款与第 3 款提交证明材料的义务，也可根据申请取消根据第 3 款进行的药品疗效评估。医药企业需充分阐述申请理由。联邦共同委员会可规定义务免除期限。联邦共同委员会在程序条例中对细节进行了规定。

（2）联邦共同委员会根据第 1 款第 3 句检查证明材料并决定，自行进行疗效评估或是委托卫生事业质量与经济研究所或者第三方进行。联邦共同委员会与卫生事业质量与经济研究所可要求审阅联邦主管机关的许可材料。疗效评估最迟在第 1 款第 3 句规定的证明材料递交时间后三个月内完成并在网上公布。

（3）联邦共同委员会在公布后三个月内须对疗效评估作出决议。第 92 条第 3a 款在下列条件下有效，即有机会做口头意见称述。根据联邦共同委员会的决议确定药品的辅助疗效。联邦共同委员会可规定疗效评估决议的有效期。在网上公布决议。决议是符合第 92 条第 1 款第 2 句第 6 项准则的一部分；第 94 条第 1 款在此不适用。

（4）如果根据第 1 款第 4 句确定药品不具有改善治疗的功效，则在符合第 3 款的决议中将此药品纳入第 35 条第 1 款规定的具有相同药理学功效的定价种类。第 35 条第 1b 款第 6 句在此适用。第 35 条第 1b 款第 7 句和第 8 句以及第 2 款不适用。

（5）如果医药企业掌握了更新的科学知识并证明有必要重新评估疗效，则根据第 3 款，医药企业最早可以在决议公布一年后申请重新评估疗效。联邦共同委员会在三个月内决定是否批准申请。医药企业根据要求在三个月内向联邦共同委员会提交第 1 款第 3 句规定的证明材料。第 1 款至第 4 款及第 6 款至第 8 款在此适用。

（5a）如果联邦共同委员会在其决议中没有确定符合第 3 款的辅助疗效或

者符合第 4 款的改善疗效，则须根据医药企业的要求申请根据第 35b 或者第 139a 款第 3 款第 5 项进行评估，前提是医药企业承担费用。确定定价或者报销价格的义务不变。

（6）对于已批准且已应用于临床的药品，联邦共同委员会可进行疗效评估。优先评估对药品供应有重大意义或者与其他药品存在竞争关系的药品，并根据第 3 款作出决议。第 5 款在此适用。批准联邦共同委员会委托根据第 1 句进行疗效评估药品新的应用领域时，医药企业需最迟在批准之前提交第 1 款规定的卷宗。

（7）联邦共同委员会为医药企业提供待提交材料、研究以及类似疗法的咨询。并可与医药企业进行这些方面的协商。可在第三阶段批准程序开始之前，在联邦医药产品研究所或者 Paul-Ehrlich 研究所的参与下展开咨询。医药企业获得咨询谈话纪要。包括咨询费用报销在内的细节见程序条例规定。

（8）不得针对符合第 2 款的疗效评估、符合第 3 款的决议以及根据第 4 款将药品纳入定价种类提出申诉。第 35 条第 7 款第 1 句至第 3 句在此适用。

第 35b　药品的成本效用评估

（1）联邦共同委员会根据符合第 130b 条第 8 款的申请委托卫生事业质量与经济研究所进行成本效用评估。在委托合同中明确规定，针对何种疗效与哪些病患群体进行评估，以及评估时需要考虑的时段、疗效与费用类型和在总疗效中占的比例；联邦共同委员会在其程序条例中对细节进行规定；在下列条件下，第 92 条第 3a 款适用于委托授权，即联邦共同委员会进行口头听证。考虑到对患者的治疗辅助疗效与费用的关系，通过与其他药品和治疗形式对比进行评估；评估的基础是临床试验成果和医疗服务，根据第 2 款与联邦共同委员会协商服务内容或根据医药企业的申请由联邦共同委员会批准；第 35a 条第 1 款第 3 句和第 2 款第 3 句在此适用。药品对患者的疗效应适当考虑患者健康状况的改善、病期的缩短、寿命的延长、副作用的减轻及生活质量的提高，评估经济性时也要考虑参保人群体负担费用的适用性和合理性。研究所根据委托，根据第 1 句选取相应的方法与标准，按照相应专业范围内基于证据的医学和卫生经济国际标准对药品进行评估。研究所保证评估结束之前程序高度透明并且适当参与第 35 条第 2 款和第 139a 条第 5 款提及的事宜。研究所在网络上公布相关方法与标准。

（2）联邦共同委员会可与医药企业协议约定临床试验及其重点。试验草案的准备期限取决于既定指标及准备相应数据必需的时间；不能超过三年。联邦共同委员会在其程序条例中对细节进行规定。由医药企业承担费用的试验应优先在德国进行。

（3）在根据第 1 款进行费效评估的基础上，联邦共同委员会做成本效用评估决议并在网上公开。第 92 条第 3a 款在此适用。决议通过后，确定药品的辅助疗效及其使用相关药品时的治疗费用。决议是根据第 92 条第 1 款第 2 句第 6 项制定的细则的一部分；决议也可包含符合第 92 条第 2 款的治疗提示。第 94 条第 1 款在此不适用。

（4）不得提出针对符合第 1 款第 1 句的委托或者符合第 1 款第 3 句评估的特殊申诉。针对根据第 3 款确定成本效用关系的申诉对决议生效不产生影响。

第 35c 条　药品超出许可范围的应用

（1）根据《药品法》，根据现有的科技水平对禁用适用症及适用症领域许可药品的使用进行评估时，联邦卫生部须任命联邦医药产品研究所的专家小组进行评估。评估结果将转到联邦共同委员会，并作为符合第 92 条第 1 款第 2 句第 6 项决议的建议使用。评估需要得到相关医药企业的首肯。不得针对评估提出特殊申诉。

（2）除了第 1 款规定的应用范围之外，如果与现有治疗方案相比能够得到更好的重症治疗效果，并且相关的附加费与预期的辅助疗效之间的比例适当，则参保人有权要求在临床试验中获取许可的药品，此临床试验需要由合同医生或者第 116b 与 117 条规定的门诊医生完成，并且处方不与联邦共同委员会颁布的药品条例相冲突。如果根据药品法律规定药品由医药企业免费提供，则医疗保险基金会没有提供服务的义务。开具处方前十周须知会联邦共同委员会；只要不符合第 1 句规定的前提条件，联邦共同委员会可在收到通知后八周内驳回。联邦共同委员会根据 92 条第 1 款第 2 句第 6 项准则规定细节、证明材料和信息反馈义务。如果第 1 句规定的临床试验为药品许可范围的扩展作出决定性贡献，医药企业须为医疗保险基金会支付处方费用。符合欧洲法律的用药许可也适用于此规定。

医疗辅助器具的固定支付价格

（1）医疗保险基金会联邦最高联合会确定医疗辅助器具的固定支付价格。在满足第 139 条规定的医疗辅助器具清单的前提下，按照其功能将相似和一致的器具汇总为一组并规定详细的供应信息。传达所需的相关信息后，在决定前的适当期限内可向相关制造商与医疗服务提供机构的最高联合会组织阐明意见；将其意见纳入决定。

（2）医疗保险基金会联邦最高联合会为供应符合第 1 款规定的医疗辅助器具确定统一的定价。第 1 款第 3 句在此适用。在医疗保险基金会联邦最高联合会的要求下，制造商与医疗服务提供机构有义务提供履行第 1 款第 1 与第 2 句规定之任务所需的信息与消息，特别是医疗辅助器具的售价。

（3）第 35 条第 5 款与第 7 款在此适用。

居家疾病照护

（1）如果参保人需要的治疗属于医院治疗的一部分，但医院却无法提供，而居家疾病照护可避免或缩短医院治疗，则除了医生治疗之外，参保人在家务、家庭中或其他合适的地方，特别是护理型住宅、学校、幼儿园以及各类需要特别看护的残疾人工作场所，可获得相应护理员的居家照护服务。《工作场所条例》的第 10 条仍然有效。**居家疾病照护**包括个别情况下必需的基本治疗护理和家政服务。参保人在病发后四周内可提出服务请求。医疗服务提供机构（第 275 条）从第 1 句规定的原因出发认为有必要时，在充分说明理由的例外情况下，医疗保险基金会可批准较长时间的居家疾病照护。

（2）如果护理有利于保证医生达到治疗目标，作为居家疾病照护，参保人可在家务、家庭中或其他合适的地方，特别是护理型住宅、学校，幼儿园以及各类需要特别看护的残疾人工作场所，获得治疗护理；服务还包括根据第十一卷第 14 和第 15 条确定护理需要时考虑辅助需求情况下的疾病特有日常护理措施。《工作场所条例》第 10 条在此仍然有效。除了上述情况，如果预计提供服务的时间至少为六个月，第 1 句规定的服务要求还额外适用于需要第十一卷第 43 条批准护理机构提供更高医疗护理的参保人。合约可规定，除了符合第 1 句的医疗护理之外，作为居家疾病照护，医疗保险基金会还要提供基本护理和家政服务。合约条例同时可规定符合第 4 句的基本护理与家政服务持续时间与范围。医疗保险基金会的章程中还可规定第十一卷的护理需求产生后，不得再提供第 4 与第 5 句提及的服务。符合第十一卷第 71 条第 2 款或第 4 款的机构未长期收容的参保人，其家庭已不存在并只有被临时机构或另一个适当安置处收容才能获得治疗护理时，获得第十一卷第 71 条第 2 款或者第 4 款规定的服务。

（3）只有病人所在家庭的在世者不能提供必需的护理与照料时，才可提出居家疾病照护服务的请求。

（4）如果医疗保险基金会不能为家护雇佣到护理员，或者有充分理由不雇佣护理员，医疗保险基金会将适当报销参保人自己雇佣护理员的费用。

（5）年满十八周岁参保人自行向医疗保险基金会缴纳第 61 条第 3 句规定的费用，费用额度不超过每年提供此服务最初二十八天的费用总和。

（6）联邦共同委员会根据第 92 条制定实施细则，规定在参保人家庭场所以外可根据第 1 款与第 2 款提供服务的地点和前提条件。此外，还规定符合第 2 款第 1 句的疾病特有日常照护方式与内容细节。

第 37a 条　社会康复治疗

（1）如果社会康复治疗能避免或缩短住院治疗，或者医院提供社会康复治疗但却无法实施，因严重心理疾病而不能独立获得医师服务或者医嘱要求的服务的参保人，可要求社会康复治疗服务。在第 2 款的框架范围内，社会康复治疗包括个别情况下需要的医嘱服务及服务实施说明与积极性协调。每种疾病在三年内享有的社会康复治疗不超过 120 个小时。

（2）联邦共同委员会在第 92 条的准则中规定根据第 1 款提供服务的前提

条件、方式与范围等细节，特别是

1. 在通常情况下需要进行社会康复治疗的病征、

2. 社会康复治疗的目标、内容、范围、时间与次数、

3. 医生有权提供社会康复治疗的前提条件、

4. 对病患疗效的要求、

5. 开具社会康复治疗处的医生与服务提供机构合作的内容与范围。

（3）享受服务期间，年满十八周岁的参保人每天向医疗保险基金会自行缴纳第 61 条第 1 句规定的费用。

第 37b　专科门诊姑息疗法

（1）预期生存期有限的参保人所患疾病不可治愈、不断恶化且需要极其昂贵的照料时，有权要求专科门诊姑息疗法。合同医生或者住院医生可开具此服务处方。专科门诊姑息疗法包括医生与护理及其综合服务，特别是止痛疗法和症状控制，以及在值得信赖的家庭环境中为参保人提供第 1 句规定的照料；例如包括帮助残疾人适应和救助儿童及青少年的设施。常住收容所的参保人有权要求享受专科门诊姑息疗法范围内所需的部分医疗服务。此种情况的前提条件是其他机构没有提供服务的义务。同时，儿童要受到特别照顾。

（2）在社会法典第十一卷第 72 条第 1 款意义上的护理机构中住院治疗的参保人有权要求专科姑息疗法服务。符合第 132d 条第 1 款的合同规定，由护理机构中的医疗保险基金会合作伙伴或者由护理机构的工作人员按照第 1 款提供服务；第 132d 条第 2 款在此适用。

家政服务

（1）如参保人因住院治疗或者因第 23 条第 2 款或者第 4 款、第 24 条、第 37 条、第 40 条或者第 41 条的服务丧失家务能力，则有权获得家政服务。此外，前提条件还包括，家庭中的子女还未满十二周岁或者残疾并需要照料。

（2）医疗保险基金会的章程可规定，如果参保人因疾病丧失家务能力，医疗保险基金会在第 1 款规定的其他情况下提供家政服务。合同章程也可规定不同于第 1 款第 2 句的服务范围和持续时间。

（3）只有在家庭在世成员无家务能力的情况下，参保人才有权获得家政服务。

（4）如果医疗保险基金会不能为参保人雇佣到家政服务员，或者有充分理由不雇佣家政服务员，则医疗保险基金会应当适当报销参保人自己雇佣家政服务员的费用。如果雇佣的是家属和两代之内的直系亲属，则不报销费用；但是如果报销第2句意义上的费用与雇佣专职家政服务员的支出在合理的比例范围内，医疗保险基金会可报销必要的路费与收入损失。

（5）享受服务期间，年满十八周岁的参保人每天自行向医疗保险基金会缴纳第61条第1句规定的费用。

医院治疗

（1）医院治疗分住院、半住院、住院前和住院后（第115a条）及门诊（第115b条）。如果通过半住院、住院前和住院后或门诊治疗和家庭病护不能达到治疗目的，而且经医院审核的确有必要，则参保者有权要求在许可的医院住院治疗。医院治疗包括医院服务协议范围内的所有服务，即个别情况下根据疾病类型和严重程度为住院参保人提供的医疗服务，特别是医生治疗（第28条第1款）、疾病护理，药物、治疗及医疗辅助器具的供应，食宿；急性住院治疗也包括个别情况下为了早期康复提供的必须与及时服务。

（2）如果参保人在没有强制原因的情况下选择医生指定之外的医院进行治疗，自己承担因此产生的全部或部分额外费用。

（3）在联邦医院协会与医疗保险基金会医生协会的协力下，医疗保险基金会的州协会、医疗互助基金会以及德国矿工—铁路—海员养老保险基金会共同制定参保人在本州或者本地区许可医院接受医院治疗的服务与支付明细，并随着发展对其进行调整（住院服务与支付明细）。汇总支付明细，以便能够进行比较。医疗保险基金会须督促合同医生及参保人在提供与接受住院治疗时注意此明细。

（4）年满十八周岁的参保人从开始住院治疗起每天向医院缴纳第61条第2句规定的费用，一年之内最多缴纳二十八天的费用。一年之内根据第六卷第

32 条第 1 款第 2 句以及根据第 40 条第 6 款第 1 句已向法定养老保险基金会缴纳的费用算作第 1 句规定的费用。

第 39a 条　住院与门诊的临终服务

(1) 通过参保人的家庭门诊不能提供姑息治疗时，不需要住院治疗的参保人，根据第 4 句在协议范围内，有权要求获得在提供姑息治疗机构住院或半住院的补助。医疗保险基金会根据第 1 句承担第十一卷规定服务补助性费用的百分之九十，承担儿童患者费用的百分之九十五。根据第四卷第 18 条第 1 款，补助每天不能超过每月参考值的百分之七，在计入其他社会服务机构分担费用的情况下，不能超过第 1 句规定的每天实际费用。医疗保险基金会联邦最高联合会与代表门诊临终服务机构利益的联邦组织共同协商第 1 句规定的服务方式和范围细节。此外，应充分考虑到儿童服务。医疗保险基金会医生联邦协会须有机会阐明其立场。医疗保险基金会与临终服务机构之间就第 1 句规定的服务细节签署协议，其中规定在不能达成共识的情况下，须由患者指定的独立仲裁人来解读协议内容。如果协议双方通过仲裁人仍然不能达成共识，将由负责签订协议的医疗保险基金会监管机关来决定。仲裁程序费用由协议双方平摊。

(2) 医疗保险基金会应督促门诊临终服务机构，在家庭、住院护理机构、残疾人适应机构以及儿童青少年救助机构为不需要医院治疗、住院与半住院治疗的参保人提供送终义务陪护。此外，督促的前提条件还包括，门诊临终服务机构

1. 与姑息疗法护理人员和医生的合作，及

2. 在护士、病护或者其他的专业人员的专门负责下，能证明拥有姑息疗法护理多年经验或者相应培训，并证明拥有负责的专业护理人员培训或者管理职能培训。

门诊临终服务机构由经过相应培训的专业人员提供姑息护理咨询，并为义务送终陪护人员提供招聘、培训、协调与支持。通过必要人员费用的适当津贴促进第 1 句内容的实施。津贴参考由专业送终服务志愿者人数与送终陪护人数之比确定的服务单位。为促进第 1 句内容的实施，医疗保险基金会为每个服务

单位支出第四卷第 18 条第 1 款规定的每月参考值的百分之十一，不能超过收容服务机构津贴性人员费用。医疗保险基金会联邦最高联合会与代表门诊收容服务机构利益的联邦组织规定促进措施的前提条件和内容。同时，应该充分考虑到门诊收容服务机构提供儿童服务的特殊利益。

医疗康复服务

（1）门诊治疗不足以使参保人达到第 11 条第 2 款描述的治疗目的时，出于医学原因，医疗保险基金会在康复机构为参保人提供所需的门诊康复服务，康复机构须根据第 111 条与医疗保险基金会签订合同，或者需要康复机构为参保人提供适合需要的经济型门诊康复医疗服务时，康复机构也可位于参保人住处附近。符合第十一卷第 72 条第 1 款规定的住院护理机构也可提供第 1 句规定的服务。

（2）如果第 1 款规定的服务不充分，医疗保险基金会则为参保人提供带食宿的住院康复服务，提供服务的康复机构必须在经过第九卷第 20 条第 2a 款认证，并根据第 111 条与医疗保险基金会签订合同。如果参保人选择没有根据第 111 条签订合同的另一家认证康复机构，则自行承担由此产生的额外费用。医疗保险基金会根据性别来统计符合第 1 句与第 1 款的服务申请与处理。

（3）根据个别情况下的医学要求，医疗保险基金会根据第 1 款和第 2 款确定服务方式、持续时间、范围、开始时间和贯彻实施，以及符合义务评估的康复机构。第 1 款规定的服务最多可享受二十个治疗日，第 2 款规定的服务最多可享受三周，除非从医学角度上来说急需延长服务。在代表门诊与住院康复机构设施利益的联邦级中央组织进行听证后，如果医疗保险基金会联邦最高联合会按照病症指导确定了权威的中央组织并且规定了治疗时间，则第 2 句不适用；出于重大医学因素，在个别情况下可不遵守规定的时间。此类或相似服务提供后四年内不得再享受第 1 款与第 2 款规定的服务，根据公法规定，医疗保险基金会不承担费用或提供津贴，除非从医学角度上来看具有必要性。第 23 条第 7 款在此适用。参保人在申请提交之后的六个月内没有享受到必要的医疗康复服务时，医疗保险基金会向护理保险基金会为有护理需要的参保人支出

3072 欧元。医疗保险基金会对未提供的服务不承担责任时，第 6 句无效。医疗保险基金会每年向监管机构报告符合第 6 句的情况。

（4）根据适用于其他社会保险基金会的有效法规未提供类似服务时，医疗保险基金会才提供第 1 款与第 2 款规定的服务。第六卷第 31 条规定的情况除外。

（5）年满十八周岁的参保人要求获得第 1 款或者第 2 款规定的服务时，每天向康复机构缴纳第 61 条第 2 句规定的费用。这些款项会转入医疗保险基金会的账户。

（6）如果年满十八周岁的参保人住院治疗后有必要直接接受第 1 款或第 2 款规定的服务（连续康复），则最多每年向康复机构支付 28 天相关费用，此费用根据第 61 条第 2 句计算得出；在住院治疗结束后十四天之内开始的康复都可视为是治疗后直接开始的康复；除非出于限制性的实际或医学原因无法遵守此期限。在一年之内已向其他法定养老保险基金会缴纳的符合第六卷第 32 条第 1 款第 2 句的费用以及符合第 39 条第 4 款的费用，均算作符合第 2 句的费用。这些款项会继续转入医疗保险基金会的账户。

（7）在专家小组参与的情况下，医疗保险基金会联邦最高联合会根据第 282 条（医疗保险基金会联邦最高联合会的医务服务）确定病症的清单，出现这些病症时，如果根据第 2 款提供必要的医疗服务，则需根据第 6 款第 1 句由参保人自行承担费用，不涉及治疗后直接进行的康复。确定病症之前，代表住院康复机构利益的联邦级中央组织有机会发表意见；在决策时必须考虑其意见。

生育医疗康复

（1）在第 27 条第 1 款规定的前提条件下，因医学原因，参保人可享受母亲康复机构或者类似机构提供的必要康复服务；可通过母—婴措施的形式提供服务。第 1 句同样适用于类似机构中的父—婴措施。根据第 111a 条签订协议的机构提供第 1 句与第 2 句规定的康复服务。第 40 条第 2 款第 1 句和第 2 句不适用；第 40 条第 2 款第 3 句在此适用。

（2）第 40 条第 3 款和第 4 款在此适用。

（3）年满十八周岁的参保人要求获得第 1 款规定的服务时，每天向康复机构缴纳第 61 条第 2 句规定的费用。这些款项会继续转入医疗保险基金会的账户。

压力测试与职业康复治疗

根据适用于其他社会保险基金会的有效规定，如果不能提供类似服务，则参保人有权要求获得压力测试与职业康复治疗服务。

康复的补充服务

（1）如果最后由医疗保险基金会提供医院治疗服务，则除了符合第 44 条第 1 款第 2 项至第 6 项以及第九卷第 53 条和第 54 条的服务之外，作为补充服务，医疗保险基金会还可，

1. 在考虑残疾类型或严重程度的情况下，提供或资助所有或部分康复服务，以达到或巩固康复目标，但是不包括促进其工作及适应日常社会生活的服务，

2. 在医学需要的情况下，为慢性病提供有效与高效的病人培训措施，包括对其家属与固定看护人员进行培训。

（2）如果因疾病的种类、严重程度或者持续时间需要后续措施，以缩短住院时间或者保证之后的门诊医生治疗，因医学原因，第 39a 条第 1 款规定的医院治疗或者住院康复结束后，医疗保险基金会直接为慢性病人或者未满十四周岁重病、未满十八周岁患重大疾病的儿童与青少年提供必要的社会医学后续措施。后续措施包括个别情况下需要的医嘱服务及服务实施说明与积极性协调。从医学角度来看有必要时，同时涵盖参保人家属与固定看护人员。医疗保险基金会联邦最高联合会决定后续措施的前提条件、内容与质量细节。

第 43a 条　非医疗的社会康复儿科服务

（1）为了及早确诊疾病并制定治疗计划，在医生的职责范围内，参保儿童需要非医疗的社会康复儿科服务时，有权享受此项服务，特别是心理、特殊教育和心理社会服务；第九卷第 30 条仍然有效。

（2）参保儿童有权享受非医疗的社会康复儿科服务，在医生的职责范围内通过精神治疗提供此项服务。

第 43b 条　付款方式

（1）医疗服务提供机构必须收取参保人应支付的款项，并在向医疗保险基金会申报支付时结清此款项。参保人无视医疗服务提供机构寄送的书面付款要求未付款时，医疗保险基金会必须收取此款项。

（2）医疗服务提供机构占留参保人根据第 28 条第 4 款所支付的附加费用；其向医疗保险基金会申请支付时，保险医师协会或者牙医协会应相应扣减。根据第 83 条须支付费用应相应扣减，扣减的额度是保险医生协会或牙医协会与各医疗服务提供机构结算的根据第 1 句扣留附加费用的总和。在第 82 与 83 条规定的总合同范围内提供的服务及其结算，不适用于第 1 款第 2 句的规定。在符合第 3 句的情况下，如果参保人无视医疗服务提供机构寄送的书面付款要求未付款，保险医生协会或者牙医协会须在医疗保险基金会的委托下收取此款项。这些机构可以实施针对参保人的行政行为。对第 5 句规定的行政行为提起的申诉不能延缓行政行为的执行，并且无需前置程序。在联邦框架协议中可对不同于第 4 句的程序进行约定；联邦框架协议可根据第 1 句、第 2 句和第 4 句至第 7 句规定程序细节。

（3）医院占留参保人根据第 39 条第 4 款所支付的附加费用；其向医疗保险基金会申请支付时应相应扣减。第 1 款第 2 句不适用。参保人无视医院寄送的书面付款要求未付款时，医院须在医疗保险基金会的委托下收取此款项。医院有权根据第 3 句实施行政行为。第 2 款第 5 句至第 7 句适用。医院根据第 3 句实施行政行为时，当事医疗保险基金会应当按次给医院支付适当的费用。医院由于参保人申诉行政行为所发生的费用，由医疗保险基金会承担。由当事医疗保险基金会执行第 39 条第 4 款所规定的附加费用强制执行程序。医疗保险基金会联邦最高联合会与德国医院协会协商落实第 6 句与第 7 句提及的费用补偿的细节。如果医院最终未成功收取附加费用，医院向医疗保险基金会申请支付时不按第 1 句规定进行扣减。

病假津贴

病假津贴

（1）如果疾病导致参保人丧失工作能力或者在医疗保险基金会负担费用的情况下在医院、保健以及康复机构（第23条第4款、第24条、第40条第2款与第41条）进行住院治疗，参保人有权要求获得病假津贴。

（2）无权要求获得病假津贴

1. 符合第5条第1款第2a、5、6、9、10或13项及符合第10条的参保人；但不包括要求过渡津贴时符合第5条第1款第6项规定的参保人，和受雇佣及未从事第四卷第8条及第8a条低收入工作时，符合第5条第1款第13项的参保人，

2. 全职独立经营者，除非参保人向医疗保险基金会声明保险关系应包含获得病假津贴的权利（选择声明），

3. 符合第5条第1款第1项的参保人在丧失工作能力的情况下，根据《工资继续发放法》、劳资协定、企业协议或者其他合同类约定无权要求至少继续发放六周工作酬劳，也无权要求获得保险义务中说明的社会救济，除非此参保人递交了选择声明，声明保险关系包含获得病假津贴的权利。这不适用于根据《工资继续发放法》第10条有权获得工作收入额外津贴的参保人，

4. 从相关职业的公法保险基金会或者保障机构或者其他类似机构获得养老金的参保人，养老金的形式要符合第50条第1款规定的服务方式。参保人获得与此规定罗列服务方式相同的服务时，第50条第2款适用于符合第1句第4项的参保人。

第53条第8款第1句适用于符合第1句第2项和第3项的选择声明。第53条第6款适用于根据第2项与第3项罗列的参保人。

（3）在丧失工作能力的情况下，继续发放工资的要求参见劳动法规。

子女疾病期间的病假津贴

（1）根据医生书面证明，如果参保人因照看、照顾或护理其生病并参保的子女而必须暂时离开工作岗位，同时家中其他人不能照看、照顾或护理子女，

而且子女又未满十二周岁或者残疾需要帮助，则参保人有权要求获得病假津贴。第 10 条第 4 款和第 44 条第 2 款适用。

（2）第 1 款规定的病假津贴每年每个子女不能超过十天，对于单亲参保人来说最多不能超过二十天。每个参保人享有第 1 句规定权利的时间每年不能超过二十五天，单亲参保人每年不能超过五十天。

（3）根据第 1 款要求获得病假津贴的参保人在享受病假津贴权利期间，有权向其雇主提出不带薪休假的要求，只要申请原因不同于带薪休假。医疗保险基金会根据第 1 款确认其服务义务之前，如果未达到相应的前提条件时，符合第 1 句的休假请求生效，则雇主有权将已经获得批准的休假计入以后因照看、照顾或护理患儿享有的休假中。不能通过劳动合同排除与限制符合第 1 句的休假要求。

（4）此外，如果参保人因照看、照顾或护理其生病并参保的子女而必须暂时离开工作岗位，同时子女又未满十二周岁或者残疾需要照看并且医生证明子女患有的疾病，

a）逐步发展并且已经达到相当严重程度、

b）救助无效，需要姑息治疗或者父母有一方要求姑息治疗，及

c）仅仅只有数周或者数月的存活可能。

只有父母一方有权提出此要求。第 1 款第 2 句与第 3 款在此适用。

（5）员工即使不是有权根据第 1 款提出病假津贴要求的参保人，也有权根据第 3 款与第 4 款提出不带薪休假的要求。

病假津贴请求的提出

可在以下时间提出病假津贴请求：

1. 从开始在保健或康复机构（第 23 条第 4 款，第 24 条，第 40 条第 2 款和第 41 条）进行医院治疗或者治疗时、

2. 此外，从医生确定丧失工作能力当天起。

对于符合《艺术工作者社会保险法》的参保人和根据第 44 条第 2 款第 1 句第 2 项提交选择声明的参保人来说，从丧失工作能力的第七周始享受病假津

贴。如果第 2 句提及的参保人根据《艺术工作者社会保险法》在医疗保险基金会选择第 53 条第 6 款规定的收费标准，则可在确定丧失工作能力第七周之前的法律规定时间内提出获得病假津贴的要求，最晚从丧失工作能力第三周起。

病假津贴的额度与计算

（1）在提供工资对账单（标准工资）的情况下，病假津贴为参保人标准劳动报酬和工资收入的百分之七十。根据劳动报酬计算的病假津贴不能超过根据第 2 款计算的劳动报酬纯收入的百分之九十。劳动报酬纯收入中第 2 句劳动报酬纯收入所占比例通过第 2 款第 6 句规定的每天追加金额和百分比计算得出，此百分比为符合第 2 款第 1 句至第 5 句的每天标准报酬额度与通过标准报酬额度计算得出的劳动报酬纯收入之比。根据第 1 句至第 3 句算出的日病假津贴不能超过通过第 2 款第 1 句至第 5 句劳动报酬计算得出的劳动报酬纯收入。根据第 2 款、第 4 款与第 6 款计算标准工资。病假津贴按天支付。需支付整月病假津贴时，按三十天计算。在计算符合第 1 句的标准工资和符合第 2 句和第 4 句的劳动报酬纯收入时，不需考虑第四卷第 20 条第 2 款规定浮动区的工资评估和工资支付特点。

（2）计算标准工资的方法是，参保人获得的劳动报酬除以付酬小时数，其中减去一次性支付的劳动报酬，时间要求是参保人丧失工作能力之前至少最后四周（评估期）。所得结果乘以劳动合同规定的每周标准工作小时，并除以七。如果劳动报酬不能按月计算或者不能根据第 1 句和第 2 句计算标准收入，则丧失工作能力前最后一个月所得劳动报酬的三十分之一减去一次性支付的劳动报酬后为标准工资收入。如果是以完成一定工作任务而支付的劳动报酬，并且在解职之前或者之后支付劳动报酬（符合第四卷第 7b 条的工资储蓄），则在计算标准工资时重点考虑以计算期间内工资为基础扣除一次性支付的劳动报酬后所得的报酬；不按照灵活劳动时间约定支付的工资储蓄不计算在标准工资之中（第四卷第 23b 条第 2 款）。每周的常规工作时间符合已支付的劳动报酬时，第 1 句才适用。如在丧失工作能力之前的最后十二个月根据第四卷第 23a 条获得一笔一次性支付的劳动报酬，应取其三百六十分之一计入根据第 1 句至第 5 句计算的劳动报酬中。

（3）工作和收入不连续的情况下，医疗保险基金会的章程可对病假津贴的支付和计算进行例外规定，保障病假津贴发挥收入替代的作用。

（4）海员的标准收入为海员符合第233条第1款有缴纳保险费义务的收入。未受雇佣参保人的标准收入参考丧失工作能力前对劳动收入计算起决定性作用的每日工资。对于符合《艺术工作者社会保险法》的参保人来说，以劳动收入计算标准工资，劳动收入参考参保人丧失工作能力前最后十二个月的收入评估；同时，天工资按照年收入的三百六十分之一计算。从三百六十天中扣除没有根据《艺术工作者社会保险法》参保的天数或扣除没有以第234条第1款第3句的劳动收入为基础的天数。不考虑符合第226条第1款第1句第2项与第3项的收入。

（6）标准工资不能不超过日评估收入的上限。

第47b条　领取失业金、赡养费以及短期工资者的病假津贴的额度和计算方法

（1）符合第5条第1款第2项的参保人病假津贴数额必须等于参保人最后获得的失业金或赡养费。保证从丧失工作能力的第一天起发放病假津贴。

（2）在领取病假津贴期间，参保人获取失业金或者赡养费的情况发生变化时，假设参保人不再生病，则在参保人提出申请的前提下，将领取的失业金或赡养费来作为病假津贴。不考虑导致病假津贴增幅少于百分之十的情况。

（3）在从事短期工作期间丧失工作能力的参保人，根据停工之前最后获得的常规劳动报酬（标准工资）计算病假津贴。

（4）因生病丧失工作能力的参保人，在其工作的企业达到第三卷规定的获得短期工作收入的前提条件之前，如果在患病期间有权继续获得劳动报酬，则除了劳动报酬之外，作为病假津贴，参保人还可获得未丧失工作能力情况下获得的短期工作收入。雇主须计算并付清病假津贴。雇员则须提供必需的信息资料。

（5）在确定法定医疗保险支付责任的测算基础时，须基于法定医疗保险缴费所测算的劳动报酬。

（6）在符合第232a条第3款的情况下，不同于本条第3款规定，应根据冬季工资补偿办法确定的劳动报酬计算病假津贴。第4款与第5款在此适用。

领取病假津贴的期限

（1）参保人领取病假津贴没有时间限制，但同一种疾病导致丧失工作能力时，每三年内领取病假津贴的时间不能超过78周，从丧失工作能力之日计算。如果在丧失工作能力期间出现其他疾病，不延长服务的时间。

（2）已在最近三年内因同一种疾病获得78周病假津贴的参保人，在下一个三年开始后，才有权获得因同一种疾病导致丧失工作能力的病假津贴，前提是参保人在再次丧失工作能力时因参保有权获得病假津贴，并在两次疾病期间至少六个月

1. 没有因为此病丧失工作能力，并

2. 有工作能力或者在寻找工作。

（3）在领取病假津贴期间，即使领取病假津贴的权利暂停或者失效，确定病假津贴领取时间时，也要将以上时间计入三年的期限中。不考虑无权要求获得病假津贴的时间。

病假津贴的暂停

（1）病假津贴在以下情况下暂停，

1. 只要参保人获得有缴纳保险费义务的劳动报酬或工资收入；一次性获得的劳动报酬不计入其内，

2. 只要参保人根据《联邦育儿金与育儿假法》申请了育儿假；不适用情况：育儿假开始之前参保人就已丧失工作能力或者病假津贴来源于参保人在育儿假期间获得的有缴纳保险费义务的劳动报酬，

3. 只要参保人领取了战争受害者疾病津贴、过渡津贴、赡养费或者短期工作津贴，

3a. 只要参保人领取生育津贴或者失业金，或者享受病假津贴的权利因第三卷规定的阻断期而暂停，

4. 只要参保人获得外国社会保险基金会或者国家机构提供的替代收入，此收入与第 3 项规定的款项种类相似，

5. 只要没有在医疗保险基金会登记丧失工作能力；丧失工作能力后一周之内登记不包括在内，

6. 只要在休假期间（根据第四卷第 7 条第 1a 款）不承担工作义务，

7. 根据第 44 条第 2 款第 1 句第 3 项提交选择声明的参保人，丧失工作能力后的前六周。

（3）第 1 款适用时，不得增加根据法律决定降低的收入或者替代收入。

（4）如果其他社会保险基金会在提供医学康复门诊服务时承担工伤津贴、战争受害者疾病津贴或者过渡津贴，在根据第九卷第 13 条第 2 款第 7 项协商的共同建议范围内，这些机构可根据需要报销因此产生的费用。

病假津贴的终止与缩减

（1）如果参保人，

1. 因残疾或者伤病丧失工作能力，或者符合退休年龄后从法定养老保险中领取养老金，

2. 根据公务员法律条文或者原则领取退休工资，

3. 根据第 5 条第 3 款领取提前退休工资，

4. 参保人获得外国法定养老保险基金会或者国家机构提供的款项，此款项与第 1 项和第 2 项规定的款项种类类似，

5. 参保人根据仅适用于《统一合同》第 3 条所指领域的相关规定领取款项，此款项与第 1 项和第 2 项规定的款项种类类似，

则从获得以上款项之日起，终止参保人要求获得病假津贴的权利；开始领取上述款项后，不能重新获得要求获得病假津贴的权利。如果医疗保险基金会在参保人领取上述款项后已支付了病假津贴，且金额超出款项额度，则医疗保险基金会不能要求参保人返还超额款项。在第 4 项规定的情况下，将不超出上述款项额度的额病假津贴视为保险基金会的预付款；这是需要返还的。不再支付第 1 句规定的款项时，如果参保人在参保时要求拥有再次丧失工作能力时领

取病假津贴的权利，则有权领取病假津贴。

（2）如果在丧失工作能力或者住院治疗之后确认获得相关款项，则从病假津贴中扣除

1. 养老金、因残疾或者伤病丧失工作能力时领取的养老金或者从农民养老金中领取的土地税养老保险金、

2. 因残疾或伤病丧失部分工作能力时领取的养老金，或者符合退休年龄后从法定养老保险领取的部分养老金、

3. 矿工补偿或者矿工养老金，或者

4. 外国保险基金会或国家机构提供的类似款项，

5. 参保人根据仅适用于《统一合同》第3条所指领域的相关规定领取的款项，与第1项和第2项规定的款项种类类似。

病假津贴的取消，申请分摊服务

（1）根据医生鉴定，参保人的工作能力严重受损或降低，可在医疗保险基金会规定的十周期限内提交医疗康复服务和分担工作生活的申请。如果参保人的居住地或者长期逗留地在国外，可在医疗保险基金会规定的十周期限内，提交在国内服务机构享受医疗康复服务和分担工作生活的申请，或者向国内的法定养老保险基金会申请因完全丧失工作能力而领取的退休金。

（2）参保人年满六十五岁且符合从养老保险基金会领取退休金的前提条件时，可在医疗保险基金会规定的十周期限内递交享受此服务的申请。

（3）如果参保人在此期限内未提交申请，则请求支付病假津贴的权利过期作废。如果日后申请，享受病假津贴的权利随着申请的提交重新生效。

待遇限制

自身责任下的待遇限制

（1）参保人故意或者在实施犯罪或者故意违法过程中染病，医疗保险基金会只承担适当的部分待遇支付的费用，并可驳回生病期间要求获得全部或部分病假津贴的请求，如果参保人已获得，则需退回。

（2）参保人接受医学上未获得认证的整容手术、文身或者穿孔患病时，医

疗保险基金会只承担适当的部分服务费用，并可驳回治疗期间要求获得全部或部分病假津贴的请求，如果参保人已获得，则需退回。

第 52a 条 待遇终止

在本法典的适用范围内，如果参保人不当接受第 5 条第 1 款第 13 项或者第 10 条意义上的待遇时，则无权请求病假津贴。医疗保险基金会在章程中规定实施细节。

第六部分 折扣、保险费退款

选择费率

（1）医疗保险基金会可在其章程中规定，参保人每年可承担医疗保险基金会应承担费用的一部分（折扣）。医疗保险基金会必须为参保人拟定保险费。

（2）如果参保三个月以上的参保人及其根据第 10 条参保的家人在本年度没有使医疗保险基金会产生费用，则医疗保险基金会可在章程中为此类参保人拟定奖金。奖金额度不能高于每年保险费的十二分之一，并在本年度结束之后的一年内向参保人发放。不考虑第三篇与第四篇中提及的服务和向未满十八周岁参保人提供的服务，其中第 23 条第 2 款与第 24 条至第 24b 条规定的服务除外。

（3）医疗保险基金会在章程中为参加第 63 条、第 73b 条、第 73c 条、第 137f 条或第 140a 条规定特殊保障形式的参保人规定费率。医疗保险基金会可为参保人拟定奖金或附加费用折扣。

（4）医疗保险基金会可在其章程中规定，参保人及其根据第 10 条参保的家属可选择费用报销费率。医疗保险基金会可调整报销额度并为参保人确定特殊奖金。第 13 条第 2 款第 2 句与第 3 句不适用。

（5）医疗保险基金会可在其章程中对特殊疗法所用医药费的承担进行规定并为参保人确定特殊奖金，这些特殊疗法不包括在第 34 条第 1 款第 1 句规定的保障范围内。

（6）医疗保险基金会可在章程中确定第 44 条第 2 款第 2 项和第 3 项规定参保人的共同费率和符合《艺术工作者社会保险法》参保人的费率标准，以上参保人有权按照第 46 条第 1 句或者在之后的某个时间获得病假津贴，但是，符合《艺术工作者社会保险法》的参保人最迟在丧失工作能力之后的第三周提出享受病假津贴要求。允许存在不同于第 47 条的情况。医疗保险基金会可根据服务项目的扩展提高参保人的保险费。保险费额度的确定与参保人的年龄、性别及疾病风险无关。医疗保险基金会可在其章程中规定将符合第 1 句的费率选择权转移给另一家医疗保险基金会或者州协会。在此类情况下，保险费继续支付给接收机构。解释权在转入的医疗保险基金会或其州协会。

（7）医疗保险基金会可在其章程中为服务受限的特定参保群体拟定相应的保险费，根据本卷固定限制此类参保人的服务范围。

（8）符合第 2 款、第 4 款与第 5 款的选择费率绑定期限至少为一年，第 1 款与第 6 款规定的选择费率至少持续三年有效；第 3 款规定的选择费率没有最短绑定期限限制。最早可在第 1 句规定的最短绑定期限结束时解除保险关系，而不是第 175 条第 4 款第 1 句规定的最短绑定期限结束前；第 175 条第 4 款第 5 句适用，适用第 6 款规定选择费率的参保人除外。合同必须拟定特殊情况下的特别解约权。付给参保人的奖金不能超过参保人年保费的百分之二十，包含第 242 条规定奖金在内的一项或多项费率不能超过百分之三十，第六卷第 106 条和第 257 条第 1 款第 1 句规定的保险津贴除外，即不能超过 600 欧元，包含第 242 条规定奖金在内的一项或多项费率每年不能超过 900 欧元。第 4 句不适用于根据第 14 条选择报销部分费用的参保人。保费完全由第三方承担的参保人只能选择第 3 款规定的费率。

（9）费率选择产生的费用来源于收入、储蓄与效率的提高。医疗保险基金会必须至少每三年，定期向主管监管机关提交账目明细。为此，医疗保险基金会必须提交保险精算报告来说明以保费计算和选择费率保险准备金为基础的保险受理情况。

第七部分　义齿

服务请求

（1）只要牙齿修复具有必要性且计划的修复方法符合第 135 条第 1 款规

定，根据第 2 句到第 7 句的指导方针，参保人有权从包括牙冠和超结构（牙医和牙齿技术服务）在内的义齿必要医疗保障中获得基于诊断的固定补助。固定补助为第 57 条第 1 款第 6 句和第 2 款第 6 句及第 7 句规定标准保障金额的百分之五十。为了从自身关注牙齿健康保护，第 2 句规定的固定补助可提高百分之二十。在下列情况下不提高固定补助：从牙列状态判断不出参保人定期进行口腔卫生护理，而且参保人在治疗前近五年

1. 没有每半年进行一次第 22 条第 1 款规定的检查、

2. 年满十八周岁后没有每年至少做一次牙医检查。

(2) 接受义齿服务时，如果参保人无力承担费用，除了第 1 款第 2 句规定的固定补助，参保人还可要求得到同样数额的款项，两者相加等于标准保障服务的实际开销，最多不能超过实际产生的费用；无力承担费用的参保人如果根据第 4 款或第 5 款选择超出标准保障的各类义齿，则医疗保险基金会只承担固定补助的两倍。无力承担费用的情况包括

1. 参保人每月生活毛收入不超过第四卷第 18 条规定月收入参考值的百分之四十、

2. 参保人领取第十二卷规定的或者《联邦保障法》战争受害者救济金范围内的生活救助、低保、第二卷规定的生活保障款以及《联邦培训促进法》或第三卷规定的的助学金，或者

3. 在执行社会救助任务的疗养院或者类似机构产生的费用由社会救助或者战争受害者赡养机构承担。参保人的生活收入也包括生活在同一个家庭的其他家庭成员和同居伴侣的家庭成员收入。生活收入不包括伤残者在《联邦保障法》或《联邦保障法》应用范围内根据其他法律获得的地租收入、养老金或者因身体与健康损害根据《联邦补偿法》领取的补助，补助最多不超过符合《联邦保障法》的地租收入。对家庭中首位与参保人一起生活的家庭成员来说，第 2 句第 1 项规定的百分比按照第四卷第 18 条提高每月收入参考值的百分之十五，与参保人或者生活伴侣共同生活的家庭成员每增加一名，百分比提高百分之十。

（3）参保人在获取义齿服务时，除了第 1 款第 2 句规定的固定补助之外，还有权要求获得其他款项。医疗保险基金会为参保人报销的额度等于第 1 款第 2 句固定补助超出每月生活毛收入与根据第 2 款第 2 句第 1 项补偿两倍固定补助时最高标准收入之差的三倍。医疗保险基金会承担的费用最高为第 1 款第 2 句规定固定补助的两倍，但不能超过实际产生的费用。

（4）参保人选择超过第 56 条第 2 款规定标准保障范围的同类义齿时，参保人自行承担第 56 条第 2 款第 10 句罗列服务之外的费用。

（5）在不同于第 56 条第 2 款规定的标准保障服务的情况下，医疗保险基金会必须报销根据第 1 款第 2 句至第 7 句、第 2 款与第 3 款批准的固定补助。

标准保障服务的确定

（1）联邦共同委员会在细则中规定了保障第 55 条固定补助的诊断结果并制定了相应的假肢保障标准。

（2）对诊断结果的规定建立在国际认可的牙间隙分类基础之上。为每一种诊断结果均规定了义齿保障。如此可定位牙齿医学上必要的牙医与牙科技术服务，以保证每一种诊断结果都能得到现有牙医技术水平普遍承认的充分、有针对性和经济性的义齿保障，其中包括牙冠及其超结构。在为诊断结果规定标准保障时，特别要考虑机能有效时间、稳定性及反向牙列。至少出现小的缝隙时，应以固定义齿为基础。出现大的缝隙时，标准保障最多规定每颌四颗义齿、每个侧牙区三颗义齿。在组合保障情况下，标准保障最多规定每颌两个连接部件，对于每颌最多只剩下三颗牙齿的参保人来说，规定每颌最多三个连接部件。标准保障包括镶牙，上颚最多五颗，下颚最多四颗。标准保障的确诊包括剩余牙列的诊断调查、计划、剩余牙列准备、大闭塞阻碍的清除及所有制造义齿与适应义齿使用的措施。确定牙医服务与牙齿技术服务的标准保障时，单独罗列第 87 条第 2 款与第 88 条第 1 款规定的服务。必须按照适当的时间间隔审核标准保障的内容与范围，以适应牙齿医学水平的发展。联邦共同委员会可不遵循第 5 句至第 8 句的指导，并调整服务说明。

（3）联邦共同委员会根据第 2 款作出决定之前，德国牙科技师协会有机会陈述意见；为牙齿技术服务制定标准保障时应考虑以上意见。

（4）每年在 11 月 30 日之前，联邦共同委员会必须根据第 55 条第 1 款第 2 句、第 3 句与第 5 句以及第 2 款规定的等级在联邦公报公布诊断结果、相应的保障标准（包括第 2 款第 10 句罗列的牙医与牙齿技术服务）以及第 57 条第 1 款第 6 句和第 2 款第 6 句与第 7 句规定的标准保障的分摊费用。

（5）第 94 条第 1 款第 2 句的适用条件是，投诉期限为一个月。联邦卫生部根据第 94 条第 1 款第 5 句制定细则时，第 87 条第 6 款第 3 句后半句与第 6 句适用。

与牙医和牙齿技师的关系

（1）每年 9 月 30 日之前，医疗保险基金会联邦最高联合会与保险基金会牙医联邦协会根据第 56 条第 2 款第 2 句提供标准保障服务时共同制定下一年度牙医的报酬。

第八部分　交通费

交通费

（1）如果从必要的医学角度来看，与医疗保险基金会的服务存在必然联系，则根据第 2 款与第 3 款规定，医疗保险基金会承担包括符合第 133 条运输在内的费用（交通费）。个别情况下医学的必要性决定可选择使用的交通工具。只有在联邦共同委员会根据第 92 条第 1 款第 2 句第 12 项确定的特殊情况下，而且必须事先得到批准，医疗保险基金会才承担门诊治疗的交通费，其中扣除第 61 条第 1 句规定的费用。

（2）在下列情况下，由医疗保险基金会承担超过第 61 条第 1 句规定数额的交通费

1. 住院服务中：从医学角度来看必须转入另一家医院时才适用，或者经过医疗保险基金会批准后转入住所附近的医院时才适用、

2. 送往医院急救，即使不需要住院治疗、

3. 路途中需要专业照顾或救护车的特种设施，或者视参保人状况预计需要此项服务的参保人（急救运送）、

4. 参保人前往门诊进行治疗或者进行第 115a 或者第 115b 条规定的治疗，前提是治疗能避免或缩短住院或半住院治疗（第 39 条），或者住院治疗时无法提供以上治疗。

如果使用救护车行走第 1 句提及的路程，医疗保险基金会每次向参保人收取第 61 条第 1 句规定的附加费。

（3）以下费用视为交通费

1. 在乘坐公共交通工具时尽可能买到的优惠票费用、

2. 公共交通工具不可用时，根据第 133 条计算的出租车或者租车费用、

3. 公共交通工具、出租车不可用或租车不可行时，根据第 133 条计算的救护车或者救援车辆使用费用、

4. 使用私家车时，依照《联邦交通费用法》确定的每公里路程的最高补偿费，但是上限等于使用第 1 项至第 2 项规定的交通工具产生的费用。

（4）医疗保险基金会不承担国内的回程费用。第 18 条仍然有效。

（5）根据第九卷第 53 条第 1 款至第 3 款，医疗保险基金会承担与医疗康复服务相关的交通费或者其他旅费。

第九部分　自付费用、负担上限

自付费用

参保人需要自己负担的费用为服务零售价的百分之十，至少为 5 欧元，最多为 10 欧元，但是每次不能超过服务物品的成本价。住院治疗措施的自付费用为每天 10 欧元。药物和家庭病护的自付费用占总费用的百分之十，且每个处方 10 欧元。这些费用的收受方为参保人开具发票；因此不存在补偿请求权。

负担上限

（1）参保人每年的自付费用不超过上限；如果当已达到本年度的负担上限，则医疗保险基金会出具相应证明，在本年度的剩余时期参保人不须再缴纳自付费用。负担上限为每年生活毛收入的百分之二；患有重大慢性病并需要长期接受治疗的参保人自付费用上限为每年生活毛收入的百分之一。

如果符合第 3 句第 1 项与第 2 项的参保人参加针对其疾病的现有结构化治

疗项目，则此类参保人负担上限为每年生活毛收入的百分之一。联邦共同委员会在 2007 年 7 月 31 日前的细则中规定了不必强制进行健康检查的例外情况。医疗保险基金会必须最晚在每年结束之后证明第 2 句提及的治疗有进一步延长的必要，并在必要的情况下由医疗保险基金会的医疗服务提供机构进行检查。只有在医生证明参保人有必要进行治疗的前提下，才开具每年的证明，比如通过参加符合第 137f 条的结构化治疗项目；这对第 7 句前提条件明显不适用的参保人无效，特别是根据第十一卷获得第二级和第三级护理的参保人，或者残疾程度至少达到百分之六十。联邦共同委员会在其实施细则中规定细节。医疗保险基金会有义务在年初提示其参保人在本年度进行第 25 条第 1 款和第 2 款规定的重要身体检查。联邦共同委员会在符合第 92 条的细则中对重大慢性病进行定义。

（2）根据第 1 款确定负担上限时，必须将与参保人共同生活的参保人及其同居伴侣的家庭成员生活毛收入计算进去。与参保人共同生活的第一位家庭成员年毛收入将相应减少，减少额度为第四卷第 18 条规定的每年收入参考值的百分之十五，此外之外，每增加一位家庭成员将减少每年收入参考值的百分之十。对参保人及其生活伴侣的每个子女来说，其年毛收入减少《收入税法》第 32 条第 6 款第 1 句和第 2 句规定的额度；在此不考虑确定负担上限时第 2 句的规定。生活收入不包括伤残者根据《联邦保障法》或《联邦保障法》应用范围内的其他法律获得的地租收入、养老金或者因身体与健康损害根据《联邦补偿法》领取的补助，补助最多不超过符合《联邦保障法》的地租收入。第 1 句至第 3 句不适用于以下参保人：

1. 领取生活保障救助金，或者老年人基本保障金及第十二卷规定的失去工作能力者的基本保障金，或者《联邦保障法》或者其他在此适用法律规定的生活保障补助金，

2. 在养老院或者类似机构生活，并由社会救助机构或者战争受害者救助机构承担费用

以及对于第 264 条提及的家庭而言，作为整个家庭的生活毛收入，只有

《社会法典》第十二卷第 28 条实施条例规定的家庭标准费用有决定性意义。如果参保人根据第二卷获得生活基本保障，则第 1 句至第 3 句不适用，作为整个家庭的生活毛收入，只有第二卷第 20 条第 2 款规定的标准服务是有决定性意义。

（3）医疗保险基金会为参保人开具不需要再承担第 1 款规定附加费用的证明。证明中不能包含参保人及相关人员的收入信息。

第十部分　保障项目的扩展

基本原则

（1）在改善保障质量和经济性的法定任务范围内，医疗保险基金会及其协会可根据第 64 条协议确定或者实施示范项目，以便继续发展服务提供程序、组织、筹资及补偿形式。

（2）医疗保险基金会可根据第 64 条协议确定或者实施服务示范项目，以便促进根据本卷相关规定或在相关规定基础上医疗保险服务范围外的疾病预防、早期诊断及治疗。

（3）在符合第 1 款的示范项目协商与落实过程中，只要有必要，可不遵循本卷第四章与第十章规定，以及《医院筹资法》《医院收费法》以及与这些法规相关的规定；稳定保费原则在此适用。特别是如下情况与此原则并不冲突，即示范项目产生的额外支出与通过示范项目内规定措施节约出来的资金相抵消。根据第 2 句节约的资金如果超过产生的额外支出，则可将节约资金转移到参加示范项目的参保人身上。第 1 句适用的条件是不背离第 284 条第 1 款第 5 句的规定。

（3a）如果符合第 1 款的示范项目未遵循本卷第十章规定，则示范项目的题材可特别致力于数据运用过程中的信息技术与组织改善，包括扩展获取、处理及使用个人相关数据的权限。根据本卷第十章规定，只有得到参保人书面同意后，才能在达成示范项目目标必要的范围内获取、处理与使用个人相关数据。在出具书面同意之前需告知参保人，此示范项目偏离本卷第十章规定的程度和偏离的必要性。参保人的书面同意包括获取、处理及使用其个人和参与者信息数据的目的、内容、方式、范围及时长；可撤销此书面同意。只有辅助数据在信息技术上与第291条第2款提及的数据分离时，才允许在违反第291条规定的情况下拓展使用参保人的健康保险卡。使用基于个人的移动储存及处理媒介时，《联邦数据保护法》第6c条适用。

（3b）符合第1款的示范项目可规定，只要《医疗护理法》与《老年护理法》规定的从业人员受过专业的训练和认证，并且不涉及单独进行的医疗活动，可

1. 开具绷带与护理物品处方和

2. 包括期限在内的家庭病护内容方案。

符合第1款的示范项目可规定，只要拥有《按摩师与理疗师法》第1条第1款第2项规定许可的理疗师接受过相关方面的训练和认证，并且不涉及单独进行的医疗活动，可决定物理治疗的种类与期限，及治疗单元频率。

（3c）符合第1款的示范项目允许医生将治疗工作转交给《医疗护理法》规定的相关从业人员，要求从业人员根据《医疗护理法》第4条第7款接受过相关训练与认证，并且此治疗工作是可独立进行的治疗活动。第1句适用于《老年护理法》规定的相关从业人员，并且从业人员接受过《老年护理法》第4条第7款规定的培训与认证。联邦共同委员会在其实施细则中规定，示范项目范围内，可将治疗工作转交给第1句和第2句提及从业人员。在联邦共同委员会决策之前，联邦医师协会和具有重要影响的护理职业团体可阐述意见。决策时考虑这些意见。

（4）符合第2款的示范项目题材仅限此类服务项目，即在第92条第1款第2句第5项或者第137c条第1款规定的决策范围内，联邦共同委员会根据第91条不会就其适宜性予以否决的项目。生物医学研究问题和医药产品的开发与检验不属于示范项目的题材。

（5）在医疗保险基金会的章程中规定示范项目的目标、期限、种类、一般的设计指导方针和参保人参加示范项目的条件。通常，示范项目的期限最长为八年。需要向协议双方主管监管机关提交符合第64条第1款的合同。符合第1款、不同于本卷第十章规定的示范项目期限最长为五年；示范项目结束之后，

立即删除未遵循本卷第十章获取、处理与使用的个人信息数据。示范项目开始之前，应及时向主管数据保护的联邦专员或者州专员通报符合第 1 款、未遵循本卷第十章的示范项目。

（6）在法定任务范围内，保险基金会医生协会和医疗保险基金会及其团体协议确定符合第 1 款与第 2 款的示范项目。本篇规定适用。

与医疗服务提供机构进行的协商

（1）医疗保险基金会及其团体可与法定医疗保险基金会许可的医疗服务提供机构及其团体签订第 63 条第 1 款或第 2 款规定示范项目的实施协议。只要医学治疗在合同医生提供的服务范围之内，医疗保险基金会可仅与单个合同医生、医疗服务提供机构团体或者保险基金会医生协会签订第 63 条第 1 款或第 2 款规定示范项目的实施协议。

（3）在符合第 63 条第 1 款的示范项目中，如果补偿超出第 85 条或第 85a 条规定的服务报酬、第 84 条规定的支出总额或医院预算之外的服务，则包括此服务支出在内的补偿、支出总额或者预算将相应减少，减少依据是与参保人总数相比参加示范项目的参保人数和风险结构；必须参照较小的服务范围调整参与医院的预算。如果合同双方未能就符合第 1 句的补偿、支出总额或者预算降低达成共识，医疗保险基金会或其协会，即符合第 1 款的协商同双方，可根据第 89 条向仲裁委员会，或根据《医院筹资法》第 18a 条第 1 款向仲裁机构上诉。如果所有根据《医院筹资法》第 18 条第 2 款参与护理备忘录协定的医疗保险基金会共同协商一个示范项目，此项目包括医院为参保人提供的利用《联邦护理备忘条例》第 12 款或者《医院费用法》第 3 条或第 4 条预算补偿的所有服务，则为所有住院参保人统一计算协商的费用。

（4）第 1 款第 1 句规定的协议双方可实施避免参保人在不协调的情况下多次享受合同医生服务的示范项目。协议双方可约定，如果参保人就诊的合同医生不是参保人本治疗季度的首位医生，或参保人没有转院单，或未要求获得第二意见，在费用报销中扣除由此产生的服务费用。

示范项目评估

从是否达到第 63 条第 1 款或者第 2 款规定示范项目的目标来看，医疗保险基金会或其协会可根据普遍公认的科学标准对示范项目进行科学同步评估。必须公开独立专家制定的评估结果报告。

第 65a 条　对有意识的健康行为进行奖励

（1）医疗保险基金会可在章程中确定，在何种前提条件下，根据第 25 条和第 26 条定期要求享受医疗保险基金会疾病早期诊断或者初级预防的品质保障服务的参保人可要求获得奖金，第 62 条第 1 款第 2 句中降低的负担上限除外。

（2）医疗保险基金会还可在其合同章程中规定，如果雇主在企业内推行促进健康的措施，雇主与参保人都可获得奖金。

（3）从中期来看，第 1 款规定的措施支出必须通过这些措施节约的费用或者效率提升来筹集。医疗保险基金会必须定期，至少每三年，向主管监管机关提交费用节约情况说明。如果未节约费用，则不提供相应保障形式的奖金。

第 65b 条　促进建立消费者与患者咨询机构

（1）医疗保险基金会联邦最高联合会推进建立向消费者和患者提供高质量和免费健康及健康法律咨询的机构，以增强卫生事业中对病人的指导并明确卫生系统中的问题。医疗保险基金会联邦最高联合会不能影响咨询服务的内容及范围。促进消费者及患者咨询机构设立的前提条件具有中立性和独立性。医疗保险基金会联邦最高联合会和代表患者利益的联邦政府专员共同资助经费的发放；经费每五年发放一次。发放经费时，咨询委员会要向医疗保险基金会联邦最高联合会进行咨询。除了代表患者利益的联邦政府专员之外，咨询委员还包括学术界与患者组织代表、两位联邦卫生部代表、一位联邦营养、农业与消费者保护部代表，以及在私人保险公司参与第 1 句规定的促进工作情况下，包括一位私人保险公司团体代表。医疗保险基金会联邦最高联合会每年就符合第 1 句的促进事务向咨询委员会进行陈述说明。根据第 1 句获得促进支持的咨询机构可通过申请向咨询委员会陈述观点。

（2）2011 年，符合第 1 款第 1 句规定的促进经费为 5200000 欧元，在此后的年份，参考第四卷第 18 条第 1 款规定的每月收入的百分比进行调整。促进经费还包括质量保证和保险总额所需的支出。医疗保险基金会根据其参保人在所有医疗保险基金会参保人中的比例发放符合第 1 句的促进经费。在每年 7 月 1 日，通过法定医疗保险基金会参保人的 KM6 统计表确定医疗保险基金会参保人的数量。

（3）联邦政府将于 2013 年 3 月 31 日向联邦议会提交落实消费者与患者独立咨询中心的经验报告。

出现误诊时对参保人的支持

参保人可对保险服务过程中的误诊要求赔偿，并且此赔偿未根据第十卷之第 116 条转至医疗保险基金会时，医疗保险基金会可在赔偿要求跟进的过程中为参保人提供支持。

电子交流

（1）为提高保障质量和经济性，医疗服务提供机构之间应尽快和尽量全面地利用电子和机器方式交流病情、诊断、治疗建议和治疗报告以替代纸张交流，这也有助于不同情况下的跨机构合作。

（2）医疗保险基金会与医疗服务提供机构及其团体应为符合第 1 款规定的电子交流过渡提供资金支持。

个人电子健康卡的资金筹措

为提高保障的质量和经济性，医疗保险基金会应提供资金支持，以便使参保人获得由第三方提供的个人健康数据电子储存及传输服务。基金会通过章程拟定实施细则。

第四章 医疗保险基金会与医疗服务提供机构的关系

第一部分 一般原则

适用范围

（1）此章及第 63 条和第 64 条最终规定了医疗保险基金会及其团体与医生、

牙医、心理医生、药店和其他医疗服务提供机构及其团体的法律关系，包括联邦共同委员会和州联合委员会根据第 90 条至第 94 条作出的决议。最终在本章、第 63 条及第 64 条、《医院筹资法》《医院收费法》以及相关法律条例中规定医疗保险基金会及其团体与医院及其团体的法律关系。此外，如果根据本章就符合第 70 条的指导方针和参与者的其他任务与义务作出协定，民法典也相应适用于第 1 句与第 2 句规定的法律关系。在牵涉到第三方的情况下，第 1 句至第 3 句同时有效。

（2）《反限制竞争法》第 1 条、第 2 条、第 3 条第 1 款、第 19 条、第 20 条、第 21 条、第 32 条至第 34a 条、第 48 条至第 80 条、第 81 条第 2 款第 1 项、第 2a 项和第 6 项、第 3 款第 1 项和第 2 项、第 4 款至第 10 款、第 82 条至第 95 条适用于第 1 款提及的法律关系。如果医疗保险基金会或其协会有签订合同或协议的义务，则第 1 句不适用于医疗保险基金会或其协会与医疗服务提供机构或其团体签订的合同或其他协议。第 1 句同样不适用于医疗保险基金会或其协会按照法律义务作出的决议、建议、指令或者其他决策，也不适用于联邦共同委员会按照法律义务作出的决议、指令与其他决策。《反竞争限制法》第四部分规定适用。

质量，人性化与经济性

（1）医疗保险基金会与医疗服务提供机构必须保障向参保人提供符合需求、公平、符合普遍公认医学知识水平的保障。针对参保人的保障必须充分且有针对性，不能超过必要的范畴，专业质量与经济性并重。

（2）医疗保险基金会及医疗服务提供机构必须努力通过适当的措施实现参保者人性化的疾病治疗。

保险费率的稳定性

（1）医疗保险基金会与医疗服务提供机构根据本卷达成保险服务偿付共识，即不允许提高保险费，除非即使耗尽所有的资金储备仍然无法确保必要的医疗保障（保险费率稳定性原则）。即使增加基于法律规定保健及早期诊断措施或者第 266 条第 7 款要求的结构化治疗项目（第 137g 条）范围内附加服务的费用，也不得违背保险费率稳定性原则。

（2）为符合第1款第1句前半句的指导方针，协定的补偿变动不能超过联邦范围内根据第3款规定变动率得出的补偿变动。不同于第1句的情况下，如果相关的额外费用能够与协议保障或者其他服务领域节约的费用相抵，则允许超过补偿变动。

（3）每年9月15日之前，为了协商下一年的偿付，联邦卫生部确定每位参保人上一年下半年和本年度上半年医疗保险基金会所有参保人缴费收入与上一年相对时期的平均变化率，根据第1款和第2款应用此变化率。基础是医疗保险基金会每月征收的保险费和健康基金每季度的财务报表，此表证明医疗保险基金会所有参保人有缴纳保费义务的收入。在联邦公报上公布变化率的确定情况。

（4）向协议双方的主管监管机关提交根据第57条第1款和第2款、第83条、第85条、第125条与第127条达成的服务项目费用。在协议与法律冲突的情况下，监管机关可在协定提交后两个月内提出异议。

（5）不受第4款限制，符合第4款第1句的协议和符合第73c条和第140a条至第140d条的协议也要提交至主管社会保险事务的州最高管理机关。

第二部分　医生、牙医和心理医生的关系

合同医生及合同牙医服务保障

（1）医生、牙医、心理医生、医疗保障中心及医疗保险基金会共同努力，保障参保人获得合同医疗。如果本章规定涉及医生，除例外情况外，规定同样适用于牙医、心理医生及医疗保障中心。

（2）在法律规定及联邦共同委员会指令的范围内，通过合同医生协会与医疗保险基金会团体之间签订的合同规定合同医疗保障，以保证参保人在普遍公认的现有医疗水平下获得全面、有针对性及经济的保障，并对医生的服务进行适当的偿付。

（3）只要地方条例没有对矿工—铁路—海员养老保险基金会与医生的关系另行规定，第1款与第2款同样适用于矿工—铁路—海员医疗保险基金会。

第72a条保障任务移交至医疗保险基金会

（1）如果许可区内或者地区规划范围内超过百分之五十的合同医生放弃第95b条第1款规定的合同医生资格，或者拒绝提供合同医疗保障服务，并且监管机关在对医疗保险基金会的州协会、医疗互助基金会和保险基金会医生协会进行听证之后确定，当地的合同医疗服务得不到保障，则医疗保险基金会及其团体就要履行保障任务。

（2）由具备合同医生资格或受委托的医生和受委托的机构继续提供合同医疗服务时，保险基金会医生协会只对根据第1款履行的保障任务施加影响。

（3）医疗保险基金会履行保障任务时，医疗保险基金会或其州协会及医疗互助基金会共同与医生、牙医、医院或者其他相关机构签订统一的个体或者集体合同。也可根据第140条第2款设立自己的机构。如果医生或牙医与其他合同医生协商放弃作为合同医生的资格（第95b条第1款），则不允许再与此医生或牙医签订符合第1句的合同。

（4）可根据第3款就不同内容签订合同。协商支付给医生或者牙医的费用金额应以约定的服务内容、范围与难度，以及扩展保障、约定保证或者品质保证程序为准。监管机关根据第1款确认之后，可直接允许根据第3款签订合同的医生获得高于之后签订合同的费用金额。

（5）如果符合第3款的合同仍然起不到充分的保障作用，则医疗保险基金会可与外国的医生或者相关机构签订为参保人提供服务的保障合同。

（6）根据第3款与第5款签订参保人保障合同的医生或机构有权利和义务记录并通知医疗保险基金会因医疗服务提供、开处方所产生的合同费用。

基金会医生保障服务

（1）合同医疗保障服务分为家庭医疗保障与专业医疗保障。家庭医疗保障特别包括

1.在了解病人家庭及居住环境的基础上，为病人提供诊断和治疗方面的普通及更进一步的医学照顾；不排除特殊治疗方法下的治疗手段与药品，

2.诊断、治疗与护理措施的协调，

3.归档，特别是整理、评估和保存治疗数据、门诊及住院保障的诊断结果与报告，

4.采用或落实预防及康复措施，和整合治疗措施中的非医疗救助与陪同服务。

（1a）参与家庭医疗保障的有

1.全科医生、

2.儿科医生、

3.被选入家庭医疗保障的无特别方向的内科医生、

4.根据第95a条第4款和第5款第1句在医生注册表登记的医生、

其他专业医生参与专业医疗保障。如果符合需求的服务得不到保障，许可颁发委员会可对儿科医生和无特别方向的内科医生进行不同于第1句的期限规定。有特别方向的儿科医生也可参加专业医疗保障。根据申请，许可颁发委员会可向提供专科服务的全科医生或者没有领域限制的医生颁发仅允许参与专业医疗保障的许可。

（1b）在参保人开具可撤销书面同意的情况下，医疗服务提供机构中为患者提供治疗的家庭医生可获取与参保人相关的治疗数据和诊断结果，以利于存档和日后的治疗。为患者治疗的医疗服务提供机构有义务向参保人询问其选定的家庭医生，并在参保人开具可撤销书面同意的情况下，将第1句规定的数据告知家庭医生，以利于存档和日后的治疗；在获得参保人可撤销书面同意的条件下，提供治疗服务的医疗服务提供机构有权向参保人的家庭医生和其他医疗服务提供机构索取必要的治疗信息和诊断结果，以供在提供服务时进行处理与使用。根据第1句和第2句获得的数据信息处理与使用必须与家庭医生当时获取数据信息的目的一致；在获得参保人可撤销的书面同意条件下，家庭医生有权利和义务向对参保人进行治疗的医疗服务提供机构提供治疗所需的数据与诊断结果。第276条第2款第1句的第二半句仍然有效。在更换家庭医生时，如果参保人同意，参保人之前的家庭医生有义务向新家庭医生提供所有的存档；新家庭医生可从这些存档中获取参保人的个人信息。

（2）合同医疗保障包括

1. 医疗、

2. 牙医治疗和根据第 28 条第 2 款的颌骨整形治疗、

2a. 只要符合第 56 条第 2 款，义齿服务包括牙冠和超结构更换、

3. 疾病的早期诊断措施、

4. 妊娠及育儿期的医疗照顾、

5. 医疗康复服务处方、

6. 救助他人的指示、

7. 药品、绷带、药物及辅助器具、患者运送和住院治疗或在保健或康复机构的治疗处方、

8. 家庭病护处方、

9. 开具证明或者制定报告，医疗保险基金会或者医疗服务（第 275 条）履行法定任务，或者参保人要求继续发放劳动报酬时需要此证明或报告、

10. 根据第 27a 条第 1 款促进怀孕的医学措施、

11. 第 24a 与 24b 条规定的医学措施、

12. 社会疗法处方。

只要这些规定涉及丧失工作能力的确定和证明，第 2 项至第 8 项、第 10 项至第 12 项和第 9 项不适用于心理治疗。

（3）在总合同中约定，在符合第 2 款保险基金会医疗保障的范围外，属于保险医疗保障内容的保健与康复措施。

（4）门诊治疗已不足成功治疗或救援参保人时，才允许开具住院治疗处方。须在处方中说明住院治疗的必要性。在开具住院治疗处方时，须注明两所最近且适合住院治疗的医院。必须考虑符合第 39 条第 3 款的目录。

（5）参与保险医疗保障的医生及授权的机构在开具药物处方时，应注意符合第 92 条第 2 款的价格比较表。在处方单或者电子处方数据组中，避免药店出售具有相同药效的低价药品来代替处方药品。医生开具的药物价格超出第 35 条或者第 35a 条规定的固定价格时，医生必须提示参保人额外费用由参保

人自己承担。

（6）如果在医院治疗或者分娩住院期间进行了疾病早期诊断，则疾病早期诊断措施不属于保险医疗保障范围，除非由主治医师提供医疗服务。

（8）为保证处方开具方式的经济性，保险基金会医生协会和保险基金会医生联邦协会以及医疗保险基金会及其团体必须向合同医生提供低价的处方服务和来源信息，其中包括相应价格和补偿，以及符合普遍公认医学水平的指标与药效提示。基于符合第 92 条第 2 款第 3 句的提示、第 84 条第 7 款第 1 句规定的框架规定和根据第 84 条第 1 款达成的药物协定提供药品药物、绷带和辅助器具处方的信息与提示。特别要在第 92 条第 1 款第 2 句第 6 项指令基础上，在信息与提示中以直接比较的方式注明商标、指标和价格以及其他对开具药物处方有重要影响的信息；可选择在指标领域对参保人具有决定性保障作用的药品。必须根据解剖—治疗—化学分类标注药物每天用量的费用。德国医学文献信息研究所受联邦卫生部委托出版的分类手册在此适用。该手册在每年的基准日出版，并按照恰当的时间间隔进行更新，通常每年更新一次。开具处方药物时，合同医生只能使用保险基金会医生联邦协会批准的电子程序，此程序包含第 2 句和第 3 句以及第 130a 条第 8 款规定的折扣合同信息。

第 73a 条　结构合同

保险基金会医生协会可与医疗保险基金会州协会和医疗互助基金会在符合第 83 条的合同中协定保障与偿付结构，即将合同医疗保障服务、医疗处方服务、所有或定义内容的子领域服务质量与经济性的责任转交给由参保人选择的家庭医生或者家庭与专业医生协会；第 71 条第 1 款适用。可为第 1 句规定的服务协定预算。预算包括参与合同医生提供服务的支出；预算责任中还包括药品药物、绷带及辅助器具和其他服务范围的费用。对合同医疗服务的偿付，合同双方可不遵循根据第 87 条进行的服务评估。参保人与合同医生自愿参与。

第 73b　家庭医生为中心的保障

（1）医疗保险基金会须向参保人提供特别的家庭医疗保障（家庭医生为中心的保障）。

（2）其中，必须保证家庭医生为中心的保障要特别满足以下超出联邦共同委员会和联邦框架协议中第 73 条意义上的家庭医疗保障要求：

1.家庭医生在经过培训的专业人员的领导之下，参与药物治疗的结构性质量检测，

2.遵循证据基础上针对家庭医生保障发展的临床试验细则，

3.通过参加针对家庭医生典型治疗事务的进修来履行符合第 95d 条的义务，如面向病人的交流、心身基本保障、姑息治疗、普通疼痛治疗、老年病，

4.要针对家庭医生门诊的特殊条件量身定做、可用指标评价的并且获得科学认可的机构内部的质量管理体系。

（3）参保人自愿参与以家庭医生为中心的保障。此时参保人有义务向其医疗保险基金会书面声明，只在符合第 4 款的家庭医生中选择就医的家庭医生，而且在进行门诊专业医疗时要有此家庭医生的转院单，眼科与妇科医生除外；直接享受儿科医生服务的权利不变。参保人履行的义务和家庭医生选择为期至少一年；参保人只能在提交重要理由的前提下更换家庭医生。医疗保险基金会在章程中规定参保人参与此保障的细节，特别是与所选家庭医生的关系、转院服务的其他例外情况和参保人未履行义务的后果。

（4）为全面保障第 1 款规定的服务，医疗保险基金会必须单独或与其他医疗保险基金会合作与医疗服务提供机构签订共同体合同，共同体应至少能代表保险基金会医生联合体地区所有参加家庭医生保障的全科医生之半数。如合同双方不能取得一致，此共同体可根据第 4a 条申请采用仲裁程序。如果根据第 1 句达成合同或者签署儿童青少年保障合同，则签订合同的机构还可能包括

1.参加符合第 73 条第 1a 款规定的家庭医疗保障的合同医生医疗服务提供机构、

2.此类医疗服务提供机构团体、

3.通过合同医生医疗服务提供机构提供保障的机构承办人，保障以家庭医生为中心，合同医生医疗服务提供机构要求参与符合第 73 条第 1a 款规定的家庭医疗保障，

4.团体根据第 2 项授权的保险基金会医生协会。

如果保险基金会医生联合体地区的医疗保险基金会没能寻获符合第 1 句前提条件的合同伙伴，为全面保障第 1 款规定的服务，必须与一个或者多个第 3 句提及的合同伙伴签订合同。在符合第 3 句与第 4 句的情况不能签订合同；要求公布客观甄选标准之后，对提供服务的公开招标。通过符合此款的合同落实参保人的家庭医疗保障时，实施第 75 条第 1 款规定的限制保障任务。医疗保险基金会可通过保险基金会医生协会来确保以包括家庭医生为中心的保障范畴内全额报销的应急服务。

（4a）一个团体根据第 4 款第 2 句申请采用仲裁程序时，双方必须知会独立的仲裁人，由其来确定符合第 4 款第 1 句的合同内容。双方不能通过仲裁人达成共识时，由医疗保险基金会主管监管机关来决定。合同双方平摊仲裁程序费用。对仲裁人决定和对合同内容确定的申诉无延迟决定实施的效力。

（5）在符合第 4 款的合同中，规定以家庭医生为中心的保障内容及落实细节，特别是要调整符合第 2 款要求的设计和偿付。保险基金会医生协会可参与符合第 2 款规定的设计和要求落实工作。以家庭医生为中心的保障内容仅限符合第 92 条第 1 款第 2 句第 5 项规定的决议范围内，联邦共同委员会根据第 91 条未否决过作为法定医疗保险服务适宜性的服务。独立合同可与本章规定和根据本章规定制定的条例有所偏差。第 106a 条第 3 款适用于医生与参保人结算合法性的审核。

（6）医疗保险基金会必须通过适当的方式向其参保人全面介绍以家庭医生为中心的保障内容及目标，以及住所附近参加此保障的家庭医生情况。

（7）如果在符合第 1 句的总偿付或符合第 2 句的治疗需求减少的问题上不能达成共识，作为根据第 4 款签订合同的一方，医疗保险基金会可向符合第 89 条的仲裁委员会起诉。医疗保险基金会向主管的框架合同双方提交清算程序所需的医生及参保人数据。

（8）符合第 4 款的合同双方在协定超出第 73 条家庭医疗保障范畴和不属于第 7 款清算义务的服务时，在合同中规定，由此产生的附加费用通过第 4 款规定合同措施节约的费用和效率提高来偿付。

第 73c 条　特别门诊医疗保障

（1）医疗保险基金会可通过缔结符合第 4 款的合同来确保为参保人提供门诊医疗保障服务。合同内容可以是针对参保人的所有门诊医疗保障，也可是门诊医疗保障的单一领域。作为最低前提条件，由联邦共同委员会按照联邦框架合同中为合同医生保障服务决定的要求制定适用于协定保障合同实施的人员和实物服务质量要求。

（2）参保人必须声明自愿参加由第 3 款规定的义务医疗服务提供机构提供的特殊门诊医疗保障，必须以书面形式向医疗保险基金会提交此声明，并在履行合同规定的保障任务时，只在合同规定的医疗服务提供机构就诊，并只在转院的情况下在其他医疗服务提供机构就诊。参保人此义务的履行期限至少为一年。医疗保险基金会在合同规章中规定参保人参与此保障的细节，特别是与合同规定医疗服务提供机构的绑定、转院服务的特殊情况、参保人未履行义务的后果。

（3）为落实第 1 款规定的服务，医疗保险基金会可单独或与其他医疗保险基金会合作与

1. 合同医疗服务提供机构，

2. 此类医疗服务提供机构团体，

3. 通过合同医疗服务提供机构根据第 1 款提供特殊门诊保障的机构承办人，

4. 保险基金会医生协会

签订独立合同。不得提出终止合同的要求。公布客观甄选原则之后，对服务提供要求进行公开招标。如果通过符合第 1 款规定的合同为参保人提供保障，则根据第 75 条第 1 款限制保障任务。医疗保险基金会可通过保险基金会医生协会来确保以括家庭医生为中心的保障范畴内全额报销的应急服务。

（4）在符合第 3 款规定的合同中，规定保障任务的内容、范围及落实细节，特别是调整质量要求设计和偿付。保障任务的内容仅限符合第 92 条第 1

款第 2 句第 5 项规定的决议范围内，联邦共同委员会根据第 91 条未否决过作为法定医疗保险服务适宜性的服务。合同可与本章规定和根据本章规定制定的条例有所偏差。第 106a 条第 3 款适用于医生与参保人结算合法性的审核。

（5）医疗保险基金会必须通过适当的方式向其参保人全面介绍符合第 1 款的特殊门诊医疗保障内容及目标，以及参加此保障的医生情况。

逐步重返社会

如果丧失工作能力的参保人经过医生确定之后可部分从事之前的工作，并预计能够通过逐步恢复工作重新更好地适应职业生活，医生应在丧失工作能力证明上注明参保人可从事工作的种类与范畴，并在适当的情况下获得企业医生或者在医疗保险基金会批准后获得医疗服务（第 275 条）建议。

保障内容与范围

（1）保险基金会医生协会与保险基金会医生联邦协会必须在第 73 条第 2 款描述的范围内确认合同医疗保障，为此要向医疗保险基金会及其团体保证，合同医疗保障符合法律及合同要求。只要州法律没有其他规定，保障包括接待时间以外的合同医疗保障（应急服务），但不包括急救服务。如果保险基金会医生协会因必须维护的原因不能履行保障任务，医疗保险基金会将收回符合第 85 条或第 87a 条总合同中部分偿付款。细节由双方在联邦总合同约定。

（2）保险基金会医生协会与保险基金会医生联邦协会可向医疗保险基金会执行合同医生的权利。必须监督合同医生履行义务的情况，并在必要的情况下督促合同医生采用第 81 条第 5 款规定的措施来履行其义务。

（3）保险基金会医生协会及保险基金会医生联邦协会必须确保人员的医疗保障，在提供医疗保健的服务法规定基础上，此类人员有权享受无偿医疗保障服务，条件是未通过其他方式实现该权利。医疗服务的偿付参照医疗互助基金会合同医生服务的模式。第 1 句与第 2 句适用于为服义务兵役进行的医疗检查、人事决策准备检查和由公法费用承担机构发起的企业及保健医疗检查。

（3a）保险基金会医生协会及保险基金会医生联邦协会同时必须确保，根据第 257 条第 2a 款、第 314 条、第 257 条第 2a 款、第 315 条行业统一标准费率以及符合《保险监管法》第 12 条第 1a 款行业统一基本费率参保的参保人获得按次费率参保的医疗服务。只要第 3b 款没有其他的协定或者规定，根据《医生收费规定》或者《牙医收费规定》，如下偿付第 1 句提及的服务和第 121 条规定的协作医师服务：《医生收费规定》收费明细表第 M 篇提及的服务费用和收费明细表第 437 项服务费用最多等于《医生收费规定》规定额度的 1.16 倍，《医生收费规定》收费明细表第 A、E 和 O 篇提及的服务费用最多等于《医生收费规定》规定额度的 1.38 倍，《医生收费规定》收费明细表中其他的服务费用最多等于《医生收费规定》规定额度的 1.8 倍，而《牙医收费规定》收费明细表中的服务费用最多为规定数额的 2 倍。如果在提及的费率范围内向符合第 1 句的参保人提供第 115b 条与第 116b 条至第 119 条中提及的服务，则第 2 句适用于此类服务的偿付。

(3b) 在私人医疗保险基金会团体与保险基金会医生协会或者保险基金会医生联邦协会签订的合同中，规定了符合第 3a 款第 2 句的服务偿付，此规定可完全或者部分偏离第 3a 款第 2 句的指导方针，私人医疗机构团体为可统一对私人医疗保险企业施加影响并根据官方法律的规定与疾病、护理及生育费用承担方达成一致。《保险监管法》第 12 条第 1d 款适用私人保险基金会团体。如果符合第 1 句的当事人未就偏离第 3a 款第 2 句规定的偿付规定达成共识，则有异议的当事人可向符合第 3c 款的仲裁机构提出上诉。仲裁机构必须在三个月内就未达成共识的内容作出决定并确定合同内容。仲裁机构作出决定，使合同内容

1. 符合向第 3a 款第 1 句规定参保人提供充分、有针对性、经济及高品质医疗保障的要求，

2. 考虑合同医生及私人医生领域类似服务的偿付结构，和

3. 适当考虑合同医生的经济利益、偿付规定对第 3a 款第 1 句规定参保人费率奖金发展的影响。

合同双方根据第 1 款协定或者由仲裁机构判定的合同期限到期之后，如果双方仍然不能就偿付达成共识，则仲裁机构作出决定之前的合同仍然有效。针

对第 3a 款第 1 句提及的参保人和费率，可在私人保险基金会团体与相关医疗服务提供机构或机构代表团体签订的合同中，规定第 115b 条和第 116b 条至第 119 条提及的服务偿付，此规定可全部或部分偏离第 3a 款第 2 句和第 3 句的指导方针，私人医疗机构团体为可统一对私人医疗保险企业施加影响并根据官方法律规定与疾病、护理及生育费用承担方达成一致；第 2 句适用。合同双方根据第 7 句协定的合同到期之后，如果仍然不能就偿付达成共识，则之前的合同继续有效。

（3c）保险基金会医生联邦协会与私人保险基金会团体组建共同的仲裁机构。一方面包括保险基金会医生联邦协会或者保险基金会牙医联邦协会的代表，另一方面包括私人保险基金会团体及根据官方法律规定承担疾病、护理及生育费用的承担方代表，双方人数相等，同时还包括一位独立主席、两位独立成员以及联邦财政部与联邦卫生部代表各一位。任期四年。通过主席与独立成员及其机构代表应使合同双方达成共识。如果不能达成共识，则第 89 条第 3 款第 4 句至第 6 句适用。此外，第 129 条第 9 款适用。联邦财政部监管仲裁机构的运作；第 129 条第 10 款第 2 句适用。

（4）保险基金会医生协会与保险基金会医生联邦协会必须确保在监狱医生和牙医工作时间之外的紧急情况下为监狱犯人提供医疗，前提是没有通过其他方式保障此治疗。第 3 款第 2 句适用。

（5）只要没有通过矿工医生确保相关参保人在矿工—铁路—海员医疗保险基金会获得医疗保障，第 1 款和第 2 款适用。

（6）经过监管机关批准，保险基金会医生协会与保险基金会医生联邦协会可履行医疗保障的其他任务，特别是其他社会保险基金会的医疗任务。

（7）保险基金会医生联邦协会必须

1. 为权限范围内签订的合同落实制定必要的细则，

2. 只要联邦总合同中没有特殊的约定，最晚在 2002 年 6 月 30 日以前，在细则中规定合同医疗保障的跨地区实施和保险基金会医生协会之间的付款补偿，及

3. 制定关于保险基金会医生协会企业运作、经济管理及会计细则。

符合第 1 句第 2 项的细则必须确保，提供服务的保险基金会医生协会获得可支配的服务偿付；可以在联邦平均的结算点值的基础上进行偿付。只要联邦总合同中没有特殊的约定，符合第 1 句第 2 项的细则同样可规定结算审查、经济审查、质量审查和拥有多个保险基金会医生联合成员的跨地区职业共同体纪律事务程序。

(8) 保险基金会医生协会与保险基金会医生联邦协会通过适当的措施在合同医生的诊所内提供所需的职位，以完成医生的实习期和普通医学培训。

(9) 保险基金会医生协会有义务与符合《妊娠冲突法》第 13 条的机构根据其要求签订提供第 24b 条所列门诊医疗服务的合同，并偿付超出保险基金会医生协会与符合《妊娠冲突法》第 13 条机构或其团体规定分配比例的服务。

自由选择医生

(1) 参保人可在获得合同医疗服务批准的医生、医疗保障中心、授权医生、授权或者根据第 116b 条参与门诊保障的机构、医疗保险基金会的牙科诊所、符合第 140 条第 2 款第 2 句医疗保险基金会的固有机构、根据第 72a 条第 3 款合同规定有义务提供医疗服务的医生和牙医、获得门诊手术批准的医院及符合第 75 条第 9 款的机构中进行自由选择。只有在紧急情况下才能到其他医生处就诊。在符合第 140 条第 1 款与第 2 款第 1 句的医疗保险基金会固有机构获得的服务仅限合同内容。如果符合第 140 条第 2 款第 1 句规定的前提条件，可在合同协定基础上增加固有机构数量。

(2) 如果没有令人信服的理由，参保人未在最近的合同医疗保障医生、机构或者医疗保障中心就诊，需要自付额外费用。

(3) 参保人如需更换合同医疗保障医生，应在一个季度之内提交重要理由。参保人选择一个家庭医生。医生必须事先就家庭医疗保障（第 73 条）的内容及范围知会参保人；医生必须在其诊所招牌上注明参加家庭医疗保障。

(3a) 符合第 82 条第 1 款的合同双方协定适当的措施，来避免合同医生在未经协调的情况下重复提供服务，并保证前期与后期治疗医生之间的信息交流。

（4）根据民事合同法，符合第 1 款的人员或机构有义务对参保人进行细心治疗。

（5）矿工—铁路—海员医疗保险的参保人可在矿工—铁路—海员医生及第 1 款提及的人员和机构中进行自由选择。第 2 款至第 4 款适用。

保险基金会医生协会与保险基金会牙医协会

保险基金会医生协会与联邦协会

（1）为完成通过本卷委托的合同医疗保障任务，每个州的区域合同医生组建保险基金会医生协会和保险基金会牙医协会（保险基金会医生协会）。如果一个州拥有的成员少于 10000 名，则保险基金会医生协会必须合并。如果一个州拥有成员少于 5000 名，则保险基金会牙医协会也必须合并。

（2）在与州主管社会保险事务的最高管理机关协商后，待合并的保险基金会医生协会进行必需的组织结构变动。如果存在必要的特殊原因，在与主管监管机关协商后，合同双方可根据第 83 条共同协定将第 2 句提及的期限最长延长四个季度。

（3）获法定医保资格的医生、在合同医疗保障范围内获得资格的医疗保障中心雇佣的医生、合同医生中根据第 95 条第 9 款与第 9a 款雇佣的医生以及参加合同医疗保障的授权医院医生是主管行医地区保险基金会医生协会的成员。受雇佣医生成为行医地点保险基金会医生协会成员的前提条件是，至少每天工作半天。

（4）保险基金会医生协会组建保险基金会医生联邦协会与保险基金会牙医联邦协会（保险基金会医生联邦协会）。保险基金会医生协会与保险基金会医生联邦协会可为主管的联邦与州最高机关提供短期的人员支持，特别是在法律制定方面。原则上由其报销由此产生的费用；州与联邦预算规定的相关法律中规定了例外情况。

（5）保险基金会医生协会与保险基金会医生联邦协会为公法法人。

（6）第十卷第 94 条第 1a 款至第 4 款和第 97 条第 1 款第 1 句至第 4 句适用。

第 77a 条 服务团体

（1）为完成第 2 款罗列的任务，保险基金会医生协会与保险基金会医生联邦协会可组建商业公司。

（2）相对合同医疗服务提供机构，符合第 1 款的公司可履行以下任务：

1. 在与参保人签订提供法定医疗保险服务合同时提供咨询，

2. 为数据处理、储存及保护问题提供咨询，

3. 为与合同医疗活动相关的一般经济问题提供咨询，

4. 为参保人提供法定医疗保险服务的合同双方解除合同，

5. 从事诊所网络的行政管理任务。

（3）符合第 1 款规定的公司只能通过费用补偿运行。不得利用保险基金会医生协会或保险基金会医生联邦协会的经费为团体提供财政支持。

监管、预算及会计、财产、统计

（1）联邦卫生部监管保险基金会医生联邦协会，主管社会保险事务的各州最高管理机关监管保险基金会医生协会。

（2）保险基金会医生协会所在州的主管社会保险事务的最高管理机关监管为多个州的地区组建的共同保险基金会医生协会。必须与相关州主管社会保险事务的最高管理机关协商监管事宜。

（3）监管内容包括法律和其他法规的遵守情况。第四卷第 88 条与第 89 条适用。第 67 条至第 70 条第 1 款和第 5 款、第 72 条至第 77 条第 1 款、第 78条与第 79a 条第 1 款和第 2 款以及第 3a 款适用于包括统计在内的预算与会计，第四卷第 80 条和第 85 条适用于财产，第 305b 条适用于保险基金会医生协会经费的使用。

机关组织

（1）在保险基金会医生协会及保险基金会医生联邦协会中，建立作为自我管理机关的代表大会和全职董事会。

（2）合同章程确定保险基金会医生协会及保险基金会医生联邦协会代表大会成员的人数。保险基金会医生协会代表大会成员最多为 30 人。保险基金会

医生协会成员超过 5000 或者保险基金会牙医协会成员超过 2000 时，代表大会成员人数最多可增加至 40 人，保险基金会医生协会成员超过 10000 或者的保险基金会牙医协会成员超过 5000 时，代表大会成员人数最多可增加至 50 人。保险基金会医生联邦协会的代表大会人数不超过 60 人。

（3）代表大会特别是要

1.制定章程与其他自治章程，

2.监督董事会，

3.作出对法人有根本意义的所有决策，

4.确定预算计划，

5.因年终决算对免除董事会作出表决，

6.在董事会及其成员面前代表法人，

7.对购买、转让或抵押不动产和建造建筑物作出表决。

代表大会可审阅与审核所有经营与管理文件。

（4）保险基金会医生协会及保险基金会医生联邦协会的董事会成员最多为 3 人。董事会成员相互代表对方。成员专职从事自身的工作。如果将一名医生选为董事会成员，则此医生可在限制范围内兼职从事医疗工作，或者暂停其行医许可。任期六年；可再次当选。必须在每年 3 月 1 日的概览中公布各个董事会成员每年包括附加服务的酬劳额度和基本保障规定。由第三方来保证董事会成员履行职责的方式和资助额度告知代表大会的主席及副主席。

（5）只要法律法规没有其他规定，由董事会管理和代表法人。在合同章程中或者在个别情况下董事会可规定，董事会的独立成员可代表法人。

（6）第四卷第 35a 条第 1 款第 3 句和第 4 句、第 2 款、第 5 款第 1 句、第 7 款和第 42 条第 1 款至第 3 款适用。代表大会在进行选举时应注意，董事会的成员拥有其权限领域所需的专业能力。

第 79a　组织障碍，任命专员

（1）只要未进行代表大会与董事会的选举，或者代表大会或董事会拒绝履行职责，监管机关或由其任命的专员接管保险基金会医生协会及保险基金会医生联邦协会的任务，费用由保险基金会医生协会及保险基金会医生联邦协会承担。如果代表大会或董事会危害了法人的正常工作，特别是代表大会或董事会不能在按照法律或合同条约管理法人时，或导致保险基金会医生协会消亡，或计划或已经作出侵害法人财产的决定时，监管机关或由其任命的专员接管保险基金会医生协会及保险基金会医生联邦协会的运作，费用也由保险基金会医生协会及保险基金会医生联邦协会承担。

（2）必须事先对监管机关自己或者任命专员接管的日常运作在一定期限内进行必要的安排，保险基金会医生协会监管机关根据安排布置任务。针对此安排和专员任命、由监管机关自己履行保险基金会医生协会或者保险基金会医生联邦协会任务的反对意见和起诉无中止行政行为执行的效力。监管机关或者由其任命专员的立场与管理组织运作的保险基金会医生协会组织相同。

第79b 心理治疗咨询专业委员会

在保险基金会医生协会与保险基金会医生联邦协会设立心理治疗咨询专业委员会。此委员会由五位心理治疗师与一位儿童青少年心理治疗师以及相同数目的医生代表组成，代表大会从保险基金会医生协会成员中以直接和不记名的方式选出医生代表。在下列条件下第2句适用于保险基金会医生联邦委员会中专业委员会成员的选举，即专业委员会的心理治疗师成员必须是有医保服务资格的心理治疗师。不同于第2句规定时，在保险基金会医生协会及保险基金会医生联邦协会选举期间，根据对行业利益起决定作用的州和联邦级心理治疗师组织建议，由相关监管机关任命专业委员会的心理治疗师成员。在保险基金会医生协会与保险基金会医生联邦协会作出决定之前，委员会必须就确保心理医疗保障的基本问题及时阐述立场。在决策过程中应考虑其立场。各自治机构的章程规定细节。保险基金会医生协会与保险基金会医生联邦协会的代表大会权利保持不变。

第79c 条 家庭医疗保障咨询专业委员；其他咨询专业委员会

在保险基金会医生协会中设立家庭医疗保障咨询专业委员，委员会由参加家庭医疗保障的成员组成。可设立其他咨询专业委员，特别针对康复医疗问题。代表大会从保险基金会医生协会成员中以直接及不记名的方式选举咨询专业委员会成员。章程中规定咨询专业委员会及其组成的细节。第 79b 条第 5 款至第 8 款适用。

选举

(1) 保险基金会医生协会成员以直接及不记名的方式选举代表大会成员。遵循基于名单与个人选举提名的比例选举原则进行选举。心理治疗师按照第 1 句与第 2 句规定选举代表大会成员，但心理治疗师最多只能占代表大会成员名额的十分之一。在章程中规定代表大会成员选举的细节和保险基金会医生协会其他成员的比例。

(1a) 保险基金会医生协会主席和一位副主席是保险基金会医生联邦协会代表大会的成员。保险基金会医生协会代表大会成员从其队伍中以直接和不记名的方式选举保险基金会医生联邦协会的其他代表大会成员。根据保险基金会医生协会成员在所有保险基金会医生协会成员中所占的比例考虑保险基金会医生协会时，第 1 款规定适用。

(2) 代表大会以直接与不记名的方式

1. 从其内部选举一位主席及一位副主席，

2. 选举董事会成员，

3. 选举董事会主席及副主席。

代表大会主席及副主席不能同时兼任董事会主席或副主席。

(3) 保险基金会医生协会与保险基金会医生联邦协会的代表大会成员六年选举一次。不管选举在何时进行，任期都在第六年度末结束。此期限过后，被选举者一直行使其职权至接班人接手。

章程

(1) 章程尤其要包括下列规定

1. 协会名称、地区及所在地，

2. 机关组织的组成、选举及成员人数，

3. 公开性和代表大会决议方式，

4. 机关组织及成员的权利与义务，

5. 经费的筹措及管理，

6. 年度经营与会计审计和财务报表验收，

7. 章程的变更，

8. 机关组织成员的补偿规定，

9. 通知方式，

10. 履行保障任务的合同医疗义务。

细则须获得监管机关的批准。

（2）如果应建立管理与会计机构，保险基金会医生协会的细则必须包括机构建立和任务的规定。

（3）保险基金会医生协会的章程内容必须符合，

1. 保险基金会医生协会签订的合同、作出的相关决议、跨地区提供合同医疗保障和保险医生机构协会及其成员必须遵守的保险医生机构协会间清算规定，

2. 保险基金会医生协会及其成员必须遵守的第 75 条第 7 款、第 92 条与第 137 条第 1 款和第 4 款细则。

（4）保险基金会医生协会章程必须包括合同医疗工作领域医生的进修、进修方式与形式细节和参加义务。

（5）此外，保险基金会医生协会章程还必须规定，成员未履行或者未按照规范履行合同医疗义务时，采取强制措施的前提条件与程序。根据过失轻重，符合第 1 句的措施包括警告、通报批评、罚款或者两年以下暂停许可或者禁止参加合同医疗。罚金最高可至 10000 欧元。无预审（《社会法院法》第 78 条）程序。

第 81a 条　制止卫生事业中不当行为的机构

（1）保险基金会医生协会与保险基金会医生联邦协会设立组织单位，监督与保险基金会医生协会或保险基金会医生联邦协会任务有关的违规行为、违法或不当的资金运用。组织单位根据第十卷第 67c 条第 3 款行使控制权利。

（2）任何人可就第 1 款提及的事务求助保险基金会医生协会及保险基金会医生联邦协会。如果从各种说明或总体形势来看，线索可信，则符合第 1 款的机构追查线索。

（3）为了完成符合第 1 款的任务，保险基金会医生协会及保险基金会医生联邦协会必须相互合作并与医疗保险基金会及其团体合作。

（4）如果在审查中发现可对法定医疗保险造成重要影响的犯罪行为端倪，保险基金会医生协会及保险基金会医生联邦协会必须立即通知检察官。

（5）董事会必须每两年向代表大会报告一次第 1 款规定机关单位的工作及其成果，2005 年 12 月 31 日前首次报告。必须向主管监管部门转交报告。

州及联邦一级的合同

基本原则

（1）保险基金会医生联邦协会与医疗保险基金会联邦最高联合会在联邦框架协议中约定一般内容。联邦框架协议的内容是总合同的组成部分。

（2）由医疗保险基金会的州协会和医疗互助基金会与保险基金会医生协会通过总合同规定参加合同医疗保障服务的医生与机构酬劳。可共同进行所有保险基金会类型的协商。

（3）保险基金会医生联邦协会可与非联邦直接资助的医疗互助基金会、德国矿工—铁路—海员养老保险和农村医疗保险基金会协定偏离第 83 款第 1 句的总合同协商程序、偏离第 85 条第 1 款和第 87a 条第 3 款清偿总合同规定酬劳的程序和偏离第 291 条第 2 款第 1 项的标记。

总合同

保险基金会医生协会与其所在地区的主管医疗保险基金会州协会和医疗互助基金会签订总合同，内容涉及保险基金会医生协会所在地参保人及其参保家属的合同医疗保障；医疗保险基金会州协会签订总合同，并对相关保险基金会类型的医疗保险基金会有效。只要通过保险基金会医生协会来确保医疗保障，第 1 句就适用于德国矿工—铁路—海员养老保险。第 82 条第 2 款第 2 句适用。

药品药物预算，基准

（1）为确保提供合同医疗药品药物，医疗保险基金会州协会与医疗互助基金会共同统一与保险基金会医生协会在每年 11 月 30 日前为下一年达成药品协定。协定包括

1.合同医生根据第 31 条提供所有服务的开支总额，

2.保障与经济目标、以实现此目标为准的具体措施，特别是不同应用领域各种有效成分及有效成分组的处方开具比例，以便开具单次药量的经济型处方（目标协定），此外，尤其是要包括信息和咨询以及

3.遵守当年协定开支总额的紧急措施标准。

如果在第 1 句提及的期限内未能达成协定，则之前的协定仍然有效，直至新协定达成或者仲裁委员会作出决定。医疗保险基金会州协会与医疗互助基金会向医疗保险基金会联邦最高联合会通报根据第 2 句第 1 项协定或者仲裁确定的开支总额。医疗保险基金会可与医生达成的协定可偏离或超出第 2 句的规定。

（2）根据第 1 款第 1 项规定调整开支总额时，必须特别注意

1.参保者人数与年龄结构的变更，

2.药物药品及绷带价格的变更，

3.医疗保险基金会法定服务义务的变更，

4.符合第 92 条第 1 款第 6 项联邦共同委员会准则的变更，

5.创新药的经济与质量安全使用，

6.与指标有关的必要性和基于第 1 款第 2 项目标协定的药品处方质量变更，

7.基于服务领域转移的药品药物及绷带处方范围变更，

8.符合第 1 款第 2 项目标协定的储备金充分使用。

（3）根据第 5 款第 1 句至第 3 句确定的药品及绷带实际开支总额超过根据第 1 款第 1 项协定的开支总额时，超标额度属于总合同范畴。合同双方必须考虑超标的原因，特别要考虑履行第 1 款第 2 项规定的目标协定。超出根据第 1 款第 1 项协定的开支总额时，超标额度可纳入总合同。

（4）执行第 1 款第 2 项规定的目标协定时，无论是否遵守了根据第 1 款第 1 项协定的开支总额，参与的医疗保险基金会都要在总合同双方规章的基础上向保险基金会医生协会缴纳协定的奖金。

（4a）只要医疗保险基金会协会和医疗互助机构董事会是符合第 1 款的合同双方，就要与保险基金会医生协会董事会共同对上述措施的正确实施负责。

（5）为了确保实际开支总额符合第 3 款规定，医疗保险基金会在药品协定有效期内通过医生，而不是患者的相关数据来掌握开支情况。在财务审查之后，医疗保险基金会向医疗保险基金会联邦最高联合会通报此情况，医疗保险基金会联邦最高联合会汇总跨保险类型的数据信息，并分别通报费用支出医生所属保险基金会医生协会；同时医疗保险基金会联邦最高联合会向医疗保险基金会州协会与医疗互助基金会通报这些数据信息，这些机构是第 1 款规定保险基金会医生协会的合同方。符合第 1 句的开支总额也是通过费用报销偿付的药物与绷带开支总额。此外，医疗保险基金会联邦最高联合会为每个保险基金会医生协会制定每月药品与绷带支出趋势报告，并将此报告作为快讯通报符合第 1 款的合同双方，特别是药品协议的签订与落实报告和符合第 73 条第 8 款的信息报告。第 1 句和第 2 句适用此报告；第 2 句适用的条件是，必须在财务核算之前通报开支情况。保险基金会医生联邦协会获得一份符合第 7 款框架规定协议和符合第 73 条第 8 款信息的报告评估。医疗保险基金会和医疗保险基金会联邦最高联合会可根据第 219 条委托一个工作组来落实上述任务。第 304 条第 1 款第 1 句第 2 项适用。

（6）在考虑根据第 1 款达成的药品协定条件下，根据每位医生当前开具处方的药品及绷带（基准量），每年 11 月 15 日之前，符合第 1 款的合同双方为第二年协定医生组特殊病例基准，以确保合同医疗保障，将此基准用作平均值。此外，符合第 1 款的合同双方应根据患者群体不同的年龄段及疾病类型确定基准。此基准引导合同医生在开具药物及绷带处方时遵循经济性原则。超过基准量时，在相关前提条件下根据第 106 条第 5a 款进行绩效审核。

（7）每年 9 月 30 日之前，保险基金会医生联邦协会与医疗保险基金会联邦最高联合会为下一年协定符合第 1 款药品协议内容和符合第 73 条第 8 款信息与提示内容的框架规定。框架规定必须比较和评估保险基金会医生协会之间药品处方；借此来表明保障质量与经济性的差别。药品协议合同双方通过本地保障条件阐明原因后，才允许偏离框架规定。符合第 1 句的合同双方决定医生组的分类及参考案例细节，这些对符合第 6 款第 1 句的基准协定同样具有强制效力。合同双方应确定患者年龄组和疾病种类，这同样对符合第 6 款第 2 句的基准协定具有强制效力。此外，合同双方还可就符合第 6 款第 1 句的协定给出建议。

(8) 第 1 款至第 4 款和第 4b 款至第 7 款适用于药物领域考虑特殊保障与结算条件下的药物。根据第 5 款第 1 句产生的开支费用与在药物协定有效期内与医疗保险基金会结算的服务有关。

(9) 在发生对医疗保障有巨大影响的事件时，为保障药物及绷带的必要供应，联邦卫生部可在得到联邦参议院批准后，通过行政法规来提高第 1 款第 1 项规定的开支总额。

总酬劳

(1) 医疗保险基金会根据总合同说明向相关保险基金会医生协会为保险基金会医生协会所在地区参保人及参保家庭成员支付所有合同医疗保障总酬劳，总酬劳数额封顶。

(2) 在总合同中协定总酬劳数额；医疗保险基金会州协会达成的协定对所有保险基金会类型的医疗保险基金会有效。总酬劳是所有需偿付合同医疗保障服务的开支总额；总酬劳可以是固定金额，也可建立在单项服务、人头费、单项定额或者不同计算方法关联体系的评估标准上。不得针对不同参保群体保障制定不同的酬劳。合同双方还必须为社会疗法与精神疗法工作范围内的非医疗服务和需要特别资质的肿瘤保障协定适当的酬劳；在联邦总合同中协定细节。可将根据第 22 条、第 25 条第 1 款和第 2 款、第 26 条进行检查的酬劳规定为包干形式。在更换义齿时，不得支付制定治疗与费用计划的酬劳。只要基于单项服务约定了总偿付，则根据第 2 句确定开支总额额度，并制定避免超出此额度的规章。第 13 条第 2 款与第 53 条第 4 款规定的报销服务支出、基于第 28 条第 2 款第 3 句额外费用控制的支出都可纳入符合第 2 句的开支总额，符合第 13 条第 2 款第 6 句的报销服务除外。

（2a）根据联邦共同委员会制定的细则，由医疗保险基金会在第 2 款协定的总酬劳之外支付戒除毒瘾的替代治疗过程中的合同医疗费用。

（2c）符合第 82 条第 1 款的合同双方可协定，将参与合同医疗保障医生群体的独立酬劳比例作为总酬劳基础；合同双方也可规定衡量酬劳比例的基础。第 89 条第 1 款不适用。

（3）在考虑门诊费、为合同医疗工作耗费的工作时间和医疗服务方式及范围的条件下，总合同的合同双方协商总酬劳的变更，前提条件是变更建立在法定或者合同规定的服务范围基础上。协商总酬劳变更时，必须注意与所有需偿付合同医疗服务开支总额有关的保费稳定性原则（第 71 条）。如果在联邦共同委员会根据第 135 条第 1 款作出的决议基础上产生额外费用，不同于第 2 句规定时，允许超过第 71 条第 3 款规定的变化率；同时必须核查，取消第 135 条第 1 款第 2 句和第 3 句规定审核基础上不需要医疗保险基金会承担费用的服务后，通过由此减少的费用能够抵消多少额外费用。

（3c）如果协商总酬劳期间，参保人的参考人数与协商期间的实际参保人数不符，则在接下来的总酬劳协商过程中考虑此情况。根据第 83 条第 1 款签订合同的医疗保险基金会，每月必须确定其参保人数，并根据参保人居住地所在的保险基金会医生协会地区进行划分，同时要根据《社会法典》第四卷第 79 条规定的程序进行登记。

（4）保险基金会医生协会把总酬劳分摊至合同医生；在合同医疗保障体系中，单独将总酬劳分摊至家庭医疗与专业医疗保障领域（第 73 条）。分摊总酬劳时，以合同医生服务的种类和范围为基础；同时，还要以医疗保险基金会支付给保险基金会医生的酬劳金额点值为基础，此点值大小相同。按照分配标准，规定心理治疗师的心理治疗服务、儿童青少年精神与心理专科医生、精神与心理专科医生、神经专科医生、心理药学专科医生和只从事心理治疗的医生酬劳，来保证每个时间单位获得适当的酬劳。分配标准必须保证在整个年度平均分配总酬劳。分配标准要避免合同医生因第95条第3款第1句规定的保障任务而过度工作。特别要确定不同医生群体的极限值，到达极限值之前，按照固定的点值偿付诊所提供的服务（标准服务量）。如果超过极限值，则按照逐渐降低的点值来偿付超过极限值的服务。针对此费用设定及其变更或者取消的反对意见和申诉无中止行政行为实施的效力。评估委员会根据第4a款第1句制定的规定是符合第2句协定的组成部分。分配标准可规定因保障水平不同形成的不同分配。根据评估委员会第4a款第4句的指导方针，保险基金会医生协会向医疗保险基金会州协会和医疗互助基金会免费提供合同医疗保障中协定分配标准所需的数据。第11句不适用合同牙医保障。

（4a）评估委员会（第87条第1款第1句）确定根据第4款分配总酬劳的标准，特别是确定家庭医疗和专业医疗保障的酬劳比例，以及根据合同医疗保障变化进行的调整，确定家庭医疗和专业医疗保障在总酬劳中的比例时，必须注意合同医疗保障的变化；此外，评估委员会还确定根据第4款第1句、第6句、第7句和第8句制定的细则内容，2004年2月29日之前首次确定细则内容。初次决定符合第1款家庭医疗保障的酬劳比例时，以1996年在保险基金会医生协会结算的所有点数中分摊至家庭医疗保障的比例为基础；1997年至1999年，如果保险基金会医生协会总点数中分摊至家庭医疗保障的点数比例超过1996年，则以较高的比例为基础。

（4b）每位合同牙医每年从包括颌骨整形治疗在内的合同牙医治疗获得的总点量超过262500后，根据第73条第2款第2项其他合同牙医治疗获得的偿付值将减少百分之二十，超过337500点后，减少百分之三十，超过412500点后减少百分之四十；对于颌骨整形服务来说，每年超过280000点后，其他合同牙医治疗获得的偿付值减少百分之二十，每年超过360000点后减少百分之三十，每年超过440000点后，减少百分之四十。第1句适用于授权牙医、合同牙医根据第95条第9款第1句雇佣的牙医、医疗保障中心雇佣的牙医。职业团体的点数极限值基于牙医成员人数。救济、进修与实习助理的点数提高百分之二十五。对于兼职或者非全年从业者来说，根据从业时间减少符合第 1 句的点数极限值或者根据第 4 句需要额外考虑的点数。点数包括符合第 73 条第 2 款第 2 项的所有合同牙医服务。确定点数时，必须计算符合第 13 条第 2 款的费用报销。医疗保险基金会向保险基金会医生协会通报以上内容。

（4c）保险基金会医生协会必须按照服务季度在牙医与医疗保险基础上获取掌握牙齿修复与颌骨整形的账单，并与根据第 28 条第 2 款第 1 句、第 3 句、第 7 句、第 9 句结算的服务和根据第 13 条第 2 款和第 53 条第 4 款登记的费用报销汇总，根据第 4b 款确定总点数时以点数为基础。

（4d）每次公布账目时，保险基金会牙医协会要通知医疗保险基金会，哪位合同牙医、合同牙医根据第 95 条第 9 款第 1 句雇佣的哪位牙医、医疗保障中心雇佣的哪位牙医超出第 4b 款规定的点数极限值。此外，需要注明牙医超过点数极限值的时间和当时的点数。同样，也要通报各个诊所救济、进修和实习助理点数及工作时间。

（4e）保险基金会牙医协会必须将因第 4b 款酬劳减少而节约的经费转交医疗保险基金会。超出极限值时，保险基金会牙医协会通过第 4b 款规定的降低合同协定点值来减少酬劳。根据第 2 句降低的点值作为超过极限值时与医疗保险基金会进行核算的基础。下一次结算时扣除多余的付款。双方规定偿付合同（第 83 条）的其他细节。

（4f）如果保险基金会牙医协会未能履行第 4c 款至第 4e 款规定的义务，则医疗保险基金会有权保留保险基金会牙医协会每笔应付款项的百分之十。如保险基金会牙医协会在每年最后一个季度结算之前仍未或者未完全履行义务，则要求付清根据第 1 句保留款项的权利失效。

联邦总合同、统一的评估标准、联邦统一基准值

（1）保险基金会医生联邦协会与医疗保险基金会联邦最高联合会通过评估委员会协定医疗和牙医服务的统一评估标准，并将其作为联邦总合同的组成部分。在联邦总合同中，还协定了合同医疗保障组织必要的规定，特别是表格与证明。在设计药品处方表时，必须注意第 73 条第 5 款的规定。药品处方表每页处方表可最多容纳三个处方。此外，每个处方应留有填写第 300 条第 1 款第 1 项规定标记的空白处，和医生根据第 73 条第 5 款通过打叉明确其决定的地方。

（1a）在联邦总合同中，保险基金会医生联邦协会和医疗保险基金会联邦最高联合会必须确定，如果所选的保障符合第 56 条第 2 款规定的标准保障，必须根据第 2 款规定向参保人扣除包括牙冠及超结构在内的牙齿更换费用。此外，在联邦总合同中进行下列规定：治疗前，合同牙医必须制定免费的治疗与费用计划，此计划包含诊断结果、标准保障和在第 55 条第 4 款与第 5 款的情况下根据方式、范围及费用计划的实际保障。在治疗与费用计划中，必须标注义齿的生产地。在治疗前，由医疗保险基金会总体审查治疗与费用计划。医疗保险基金会可对诊断结果、保障的必要性以及计划的保障进行鉴定。如果存在保障的必要性，则医疗保险基金会参照治疗与费用计划中证明的诊断结果根据第 55 条第 1 款或者第 2 款批准固定补贴。治疗结束后，合同牙医与保险基金会牙医协会结算医疗保险基金会批准的固定补贴，符合第 55 条第 5 款的情况例外。

（2）统一的评估标准确定可结算的服务之内容以及相互之间用点数体现的关系；在可能的情况下，要为每一项服务标注合同医生提供此服务所需的时间；此处不适用合同牙医服务。评估标准按照特定的时间间隔持续核查对服务的描述及其评估是否符合医学科技水平和提供经济服务范围内的合理化要求；评估服务时，必须特别考虑治疗过程中所使用的医疗技术设备是否符合经济性要求。在考虑相关医生群体特点的前提下，以合同医疗服务提供机构根据实际情况进行的抽样调查和企业经济学为基础，按照医疗服务的评估标准确定符合第 1 句的服务评估；总体上，由医生诊所或者医疗保障中心一定时间段内提供的服务总体上可确定为，超过特定阈值之后评估值随着数量的增加而下降。

（2a）根据第 73 条第 1 款中确定的合同医疗保障分类，将按照医疗服务统一评估标准罗列的服务分为家庭医疗保障服务和专业医疗服务。尽管都是可结算的服务，但是家庭医疗保障服务只能由参加家庭医疗保障的医生结算，专业医疗保障服务只能由专业医疗保障的医生结算；专业医生保障服务划分的方式是，仅为独立专业医生团体分配可由其结算的服务。根据第1句确定医生团队时，必须以合同医疗保障范围内各个医生团队的保障任务为基础。

（2b）可将按照医疗服务统一评估标准罗列的家庭医疗保障服务设计为参保人一揽子套餐；针对特别需要促进的服务可拟定单个服务或者综合服务。符合第1句的套餐通常涵盖参保人在家庭医疗保障范围内接受的所有服务，包括照料、协调以及存档服务。可按照发病率标准，如年龄和性别区分符合第1句的套餐，以兼顾参保人不同健康状况下治疗费用的差别。此外，可拟定质量津贴，来保障特别治疗情况下所需的质量。

（2c）考虑到不同的医生群体特性以及联合保障形式的特殊性，将按照医疗服务统一评估标准罗列的专业医疗保障服务归入基本与附加套餐；只要医学上必要或者出于服务提供的原因和执行需要，可拟单个服务项目。通过符合第1句的基本套餐偿付通常由医生群体在各种治疗情况下提供的服务。通过符合第1句的附加套餐偿付特殊的服务费，即在特定治疗情况下因服务提供机构的业绩、结构与质量特征产生的特殊服务费。在不同于第3句的情况下，通过医生群体特有的与诊断相关的病例套餐来偿付需要巨额治疗服务费和超常费用的参保人群体治疗。必须针对合作保障形式范围内的保障确定特殊的病例套餐，此套餐应考虑在此保障形式中不同专业方向医生基于病例的共同作用。心理治疗师服务的评估必须确保每个单位时间的适当酬劳。

（2d）按照医疗服务统一评估标准，必须拟定包括审查标准在内的实施细则，确保完整提供第2b与第2c款提及套餐的服务内容，遵循必要的质量标准，同时将结算的服务限制在必要的医学范围内，并在根据第2c款第5句结算病例套餐时，遵守参与合作医生制度设计的最低要求；为此，服务的可结算性可与是否遵守联邦共同委员会和联邦总合同中确定的资质与质量保证要求建立关联，也可与是否遵守特别依照第295条第3款第2句向保险基金会医生协会提供的存档义务建立关联。此外，还可规定在结算期间，仅通过医生结算符合第2b款第1句的参保人套餐及符合第2c款第1句的基本套餐，或者可规定在结算期间，如果参保人更换医生，则会缩减套餐数额。

（2e）按照医疗服务的统一评估标准，每年8月31日之前必须确定作为基准值使用的联邦统一点值，以欧元为单位，来偿付下列情况的合同医疗服务

1. 标准情况下，

2. 根据第100条第1款第1句确定保障不足或者面临保障不足时，及

3. 根据第103条第1款第1句确定过度保障时。

符合第1句第2项的基准值应高于第1句第1项规定的基准值，以及符合第1句第3项的基准值应低于第1句第1项规定的基准值，由此便于对医生开分店的行为产生调控作用；可根据保障水平区分第1句第2项与第3项规定的基准值。在过渡期这样区分第1句第3项规定的基准值，即基准值用于偿付首次协定基准值之前获得服务资格的医生合同医疗服务（旧例），还是用于首次协定基准值之后获得许可的医生合同医疗服务（新例），目的是尽可能同时调整新旧例的基准值。评估委员会确定强制使用符合第1句第2项与第3项基准值的情况及其应用时段。

（2f）每年8月31日之前，主管医疗服务的评估委员会确定衡量第87a条第2款第2项规定费用及保障结构的地区特殊性指标，在其基础上，地区点值协定可不同于第2e款第1句规定的基准值。评估委员会可根据第3f款第3句进行所需的数据调查与评估，以确定指标；只要可能，在确定指标时，评估委员会必须以官方的指标为基础。将衡量联邦平均病例数量趋势与地区性病例数量趋势差异的特殊指标视为保障结构的地区特殊性指标。将衡量对诊所重要的地区投资及运营费用与联邦平均费用的差异指标视为费用结构地区特殊性的指标。

（2g）根据第2e款调整基准值时，特别要考虑

1. 对诊所重要的投资与运营费用的发展，前提是没有根据第2款第2句通过评估关系的继续发展掌握上述发展，

2. 耗尽资金储备的可能性，前提是没有根据第2款第2句通过评估关联的继续发展掌握此可能性，

3.病例数量增加时的普遍费用递减，前提是没有通过符合第2款第3句的分级规定进行衡量，以及

4.根据第2e款第1句第2项与第3项调控基准值时产生的赤字。

（2h）按照牙医服务统一评估标准罗列的服务可整合为综合服务。必须参照保护牙齿和以预防为目的的合理保障评估服务，特别要参照牙齿维护、预防、义齿更换以及颌骨整形手术服务范围内和之间所需工作时间的标准。确定评估关联时，必须考虑科学技术水平。

（3）评估委员会的成员包括三名由保险基金会医生联邦协会委任的代表、三名由医疗保险基金会联邦最高联合会委任的代表。主席由医生代表与医疗保险基金会代表轮流担任。

（3a）评估委员会就以下几个方面分析其决议影响，合同医生酬劳、参保人的合同医疗服务、医疗保险基金会的合同医疗服务支出以及参加合同医疗保障的医疗服务提供机构地区分布。评估委员会每个季度向联邦卫生部通报每季度合同医疗保障酬劳与服务结构最新发展的临时与最终数据与报告。此外，评估委员会每年最迟在6月30日之前提交上一年合同医疗保障酬劳与服务结构发展报告和参加合同医疗保障的医疗服务提供机构地区分布报告。联邦卫生部必须立即向联邦议会提交符合第2句与第3句的报告。联邦卫生部可确定符合第1句的详细分析内容、数据通报内容、范围和时间、符合第2句的报告以及符合第3句的报告内容。第6款适用。

（3b）履行任务时，评估委员会接受研究机构的支持，此研究机构根据评估委员会依据第3e款协定的议事规程准备符合第85条第4a款、第87条、第87a条至第87c条的决议和符合第3a款、第7款与第8款的分析与报告。研究机构承办人是保险基金会医生联邦协会和医疗保险基金会联邦最高联合会。如果研究机构不能在规定范围内或者未根据有效指导方针履行任务，或者研究机构解散，则第3句适用。偏离第1句与第2句规定时，第2句提及的组织可委托第三方完成第1句规定的任务。在研究机构或者由其委托的第三方建立完整的工作职能之前，组织必须确保评估委员会能够按照整个范围和期限完成第

1 句提及的任务。为此，评估委员会要确定研究机构或由其委托的第三方是否具备工作职能及其工作范围，同时还确定在不同于第 2 句规定的情况下，是否在 2008 年 10 月 31 之前分配研究机构或者受托第三方和保险基金会医生联邦协会及医疗保险基金会联邦最高联合会之间过渡期的任务；第 6 款相应适用。

（3c）通过合同医疗保障中每一次门诊及住院治疗收取的津贴为研究机构或者根据第 3b 款委托的第三方筹措资金。医疗保险基金会在第 85 条规定的总酬劳或者第 87a 条规定的与发病率有关的总酬劳之外筹集此津贴。评估委员会在符合第 3e 款第 1 句第 2 项的决议中规定细节。

（3d）评估委员会决定研究机构或者根据第 3b 款委托第三方完成任务所需的物资配备、人员雇佣和研究机构或受托第三方符合第 3f 款的数据使用；第 6 款适用。为满足符合第十卷第 78a 条规定的数据保护要求时，必须设立内部机构。

（3e）评估委员会决定

1. 工作章程，其中包括评估委员会和研究所或者根据第 3b 款委托第三方的工作方式规定，特别是机构运作和准备第 3b 款第 2 句提及决议、分析与报告的方式以及

2. 筹资规定，其中包括根据第 3c 款收取津贴的细节。

工作章程及筹资规定需得到联邦卫生部的批准。

（3f）根据由评估委员会确定的内容与程序规定，保险基金会医生协会与医疗保险基金会掌握本法规定评估委员会任务的所需数据，包括第 73b 条第 7 款第 4 句和第 73c 条第 6 款第 4 句以及第 140d 条第 2 款第 4 句规定的数据和与医生和参保人相关以统一匿名方式记录的数据。保险基金会医生协会向保险基金会医生联邦协会，医疗保险基金会向医疗保险基金会联邦最高联合会无偿提供符合第 1 句规定的数据，医疗保险基金会联邦最高联合会汇总这些数据并免费通报研究机构或者根据第 3b 款委托的第三方。此外，如有必要，评估委员会必须调查和评估与人员无关的信息，或委托他人进行调查和评估或获得专家鉴定。为调查和处理第 2 句与第 3 句规定的数据，评估委员会可设立一个数

据点或者委托外部数据点；第 3c 款与第 3e 款适用于数据点的经费来源。如果不再需要，删除符合第 1 句的个人信息。评估委员会与联邦信息技术安全局协商后确定符合第 1 句的匿名程序。

（3g）第 3a 款至第 3f 款规定不适用于主管牙医服务的评估委员会。

（4）如果通过所有成员一致的决议未在评估委员会内达成完整或仅达成部分评估标准协定，则评估委员会可根据至少两位成员的要求增加一位独立董事与两位独立成员。第 89 条第 3 款适用于独立董事的任命。两位独立成员一位由自保险基金会医生联邦协会任命，一位由自医疗保险基金会联邦最高联合会任命。

（5）扩大的评估委员会通过多数通过的原则进行协定。规定具有第 82 条第 1 款规定合同协定的法律效应。为了准备医疗服务范围内符合第 1 句的措施，研究机构或者根据第 3b 款委托的第三方必须按照依据主管的扩大评估委员会的命令立即直接开展准备工作。

（6）联邦卫生部可参加评估委员会、研究机构或者根据第 3b 款委托的第三方以及由以上组建的分委员会和工作组会议；向联邦卫生部提交评估委员会决议以及基于决议的咨询材料和对决议起决定性作用的缘由。联邦卫生部可在两个月内驳回决议；可在评估委员会决议审核范围内索取额外信息和补充性观点；收到消息之前，中止期限计算。联邦卫生会可有条件地接纳决议；为了满足条件，联邦卫生部可设定适当的期限。如果评估委员会在联邦卫生部设定的期限内未达成完整或仅达成部分决议，或者在联邦卫生部设定的期限内未撤销驳回，则联邦卫生部可规定协定；对此可委托他人进行数据调查或获取专家鉴定。为了准备医疗服务范围内符合第 4 句的措施，研究机构或者根据第 3b 款委托的第三方或者由联邦卫生部委托的组织必须直接立即按照其方式进行准备工作。与第 4 句措施挂钩的费用必须由医疗保险基金会联邦最高联合会与保险基金会医生联邦协会均摊；由联邦卫生部规定细节。不同于第 4 句规定的情况下，如果评估委员会在联邦卫生部设定的期限内未达成完整或仅达成部分决议，则联邦卫生部可根据第 4 款向扩大的评估委员会提出异议，这一点同样适用于合同双方。在联邦卫生部设定的期限内，扩大评估委员会以多数通过的原则达成协定；第1句至第6句适用。

第 87a 条　区域性欧元费用规定，以发病率为条件的总酬劳，参保人的治疗需求

（2）在符合第 87 条第 2e 款第 1 句第 1 项至第 3 项基准值的基础上，每年10 月 31 日之前，保险基金会医生协会、医疗保险基金会州协会和医疗互助基金会共同统一协定点值，结算下一年合同医疗服务酬劳时使用此点值。此外，符合第 1 句的合同双方可根据第 87 条第 2e 款第 1 句第 1 项至第 3 项确定的基准值协定补贴或者折扣，以便兼顾费用与保障结构中的区域特点。同时，强制应用评估委员会遵循第 87 条制定的指导方针。不得按照医生群体和保险基金会类型区分补贴或者折扣，必须统一应用所有符合第 87 条第 2e 款第1 项至第 3 项的基准值。在确定补贴或折扣时，必须确保为参保人提供所需的医疗保障服务。通过协定的点值和符合第 87 条第 1 款的医疗服务统一评估标准，制定以欧元标价的区域性费用规定（区域性欧元费用规定）；在此规定中，不但说明了标准情况下的价格，同时还说明了保障不足或者过度保障情况下的价格。

（3）同样，每年 10 月 31 日之前，第 2 款第 1 句提及的合同双方共同统一为医疗保险基金会协定下一年总酬劳，总酬劳封顶并以发病率为条件，保险医生协会所在地的参保人享受所有合同医疗保障时，医疗保险基金会向相关保险基金会医生协会支付此酬劳。对此，在统一评估标准基础上，合同双方协定与参保人数和发病结构相关的治疗需求作为点数量，并利用根据第 2 款第 1 句协定的以欧元为单位的点值进行评估；协定的治疗需求为符合第 71 条第 1 款第 1句的必要医疗保障。按照第 2 款第 6 句的欧元费用规定的价格偿付治疗需求范围内提供的服务。此外，在协商以发病率为条件的总酬劳时，如果出现不可预见的以发病率为条件的治疗需求，医疗保险基金会必须最迟在下一次结算时，根据第 5 款第 1 句第 1 项的标准按照第 2 款第 6 句欧元费用规定价格来偿付超出范围的服务。在根据第 1 句协定的总酬劳范围外，医疗保险基金会必须按照第 2 款欧元费用规定价格偿付根据联邦共同委员会准则在戒毒替代治疗中提供的合同医疗服务；此外，在根据第 1 句达成的协定中可规定，如果合同医疗服务需要特别资助，或存在医学必要性或者在服务提供原因与落实特殊性基础上确实需要，则根据第 1 句协定的总酬劳范围外，按照第 2 款欧元费用规定价格偿付其他合同医疗服务。

（3a）跨地区提供合同医疗保障时，第 3 款第 3 句与第 4 句在此不适用，医疗保险基金会必须按照合同医生协会的有效价格提供服务，合同医生协会须是医疗服务提供方的成员。如果根据第 2 款第 6 句协定的价格与第 1 句规定的价格不同，则最迟在下一次协定以发病率为条件的总酬劳变更时考虑此偏差。根据基准时段内的参保天数确定符合第 3 款第 2 句的参保人数。以发病率为条件的总酬劳协定过程中基础的参保人数与协商期间实际参保人数不同时，最迟在下一次协定以发病率为条件的总酬劳变更考虑此偏差。必须将第 13 条第 2 款和第 53 条第 4 款规定的费用报销服务支出记入根据第 3 款第 1 句必须支付的总酬劳中，第 13 条第 2 款第 6 句规定的费用报销服务除外。

（4）根据第 3 款第 2 句调整治疗需求时，必须按照评估委员会根据第 5 款决定的程序说明考虑下列特殊变更

1. 参保人数及发病率结构，

2. 医疗服务的方式与范围，条件是建立在医疗保险基金会法定或合同约定服务范围变更的基础上，或者联邦共同委员会根据第 135 条第 2 款作出决议的基础上，

3. 住院与门诊领域之间基于服务转移的合同医疗服务的范围，

4. 合同医疗服务提供方在资金储备耗尽时的合同医疗服务的范围。

（5）评估委员会决定程序用来

1. 确定不可预见的以发病率为条件的治疗需求增长范围，治疗需求符合第 3 条第 4 款规定，

2. 确定第 4 款第 1 项规定的发病结构变更，及

3. 确定第 4 款第 2 项、第 3 项和第 4 项规定的合同医疗服务方式与范围

变更。

为了确定第 1 句第 2 项规定的发病结构变更，根据合同医疗保障中适用的分级程序，评估委员会为具有类似治疗需求的参保人设立基于诊断的风险分类；基础是符合第 295 条第 1 款第 2 句的合同医疗治疗诊断，以及合同医疗服务数量。如有必要，可把与门诊保障相关的发病率标准予以考虑，此标准与在有效风险结构均衡中使用的发病率标准协调一致。此外，评估委员会还必须确定一个程序，在第 3 款第 5 句规定的偿付情况下，根据此程序清算符合第 2 句的相对权重。

(6) 医疗保险基金会通过电子数据处理的方式无偿为第 2 款第 1 句提及的合同双方提供根据第 2 款至第 4 款进行协定时所需的参保人数据；医疗保险基金会也可委托工作组调查与处理所需的数据。

第 87b 条　医生酬劳（基于医生或者诊所的标准服务量）

(1) 在不同于第 85 条的情况下，保险基金会医生协会在符合第 87a 条第 2 款的区域性有效欧元费用规定基础上偿付合同医疗服务。第 1 句不适用合同牙医的服务。

(2) 为了避免医生与诊所工作量的过度膨胀，必须确定基于医生与诊所的标准服务量。第 1 句规定的标准服务量是医生或者诊所在特定时期内提供的可结算的合同医疗服务量，按照第 87a 条第 2 款欧元费用规定价格和适用于医生或诊所的价格偿付服务。在不同于第 1 款第 1 句的情况下，按照递减的价格偿付超出标准的服务量；治疗的参保人数过度增长时，此条不适用。确定标准服务量的时间段时，必须确保为参保人提供不间断的保障。因符合第 87a 条第 3 款第 4 句的发病率不可预见地增加，医疗保险基金会要在过期后补交费用时，最迟必须在下一个结算期适当调整标准服务量。心理治疗师、儿童青少年精神与心理专科医生、精神与心理专科医生、神经专科医生、心身与心理专科医生以及只从事心理治疗医生提供的心理治疗服务不属于标准服务量范畴，必须申请和偿付。如果其他合同医疗服务需要特别资助或在医学上具有必要性或在服务提供原因与落实特殊性基础上确实需要，则可偿付服务服务量之外的其他合同医疗服务。

（3）必须按照医生群体和保障水平区分第 2 款规定的标准服务量值，在加权发病率和兼顾合作保障形式特殊性的条件下确定此数值；区分医生群体时，必须考虑基于第 87 条第 1a 款的医生群体定义。此外，根据第 2 款确定标准服务量时要特别考虑

1. 根据第 87a 条第 3 款为保险基金会医生协会地区共同协定的以发病率为条件的总酬劳数额，

2. 根据第 75 条第 7 款和第 7a 款跨地区提供合同医疗保障范围内的预计支出，

3. 根据第 2 款第 3 句递减偿付和标准服务量之外根据第 2 款第 6 句与第 7 句偿付的服务量预计支出，

4. 隶属于各个医生群体的医生人数与工作范围。

只要需要，就必须兼顾诊所的特殊性。此外，在第 87 条第 2 款第 1 句规定的时间值基础上，可确定每个工作日每一位医生或者诊所提供安全质量服务量的上限。第 2 句第 1 项规定的酬劳总数份额可用于设立准备金，便于参加合同医疗保障医生的增加，也可用于保障任务和超额经费损失的补偿。需借助发病率标准年龄与性别来确定第 1 句规定的发病率。第 2 句规定的工作范围是指保障任务的范围，在此范围内允许隶属于各个医生群体的合同医生提供保障服务，或指许可委员会为各个医生群体雇佣医生批准的保障任务范围。必须更正根据第 2 句第 3 项规定确定预计服务量范围时的错误；第 87a 条规定的偿付协定仍然有效。

第 87e 条　额外费用的付款要求

牙医费用规定是根据第 28 条第 2 款第 2 句和第 55 条第 3 款结算额外费用的基础。以额外费用为基础的服务中，合同牙医向参保人提出的付款要求不能超过牙医费用规定收费标准的 2.3 倍。第 28 条第 2 款第 2 句规定的两边牙齿薄膜和腐蚀技术的光固体复合材料补牙额外费用不能超过牙医费用规定收费标准的 3.5 倍。如果联邦共同委员会根据第 92 条第 1a 款完成任务，评估委员会

根据第 87 条第 2h 款第 2 句完成任务，则取消第 2 句与第 3 句的限制。指令生效日与评估委员会决议日具有决定意义。

牙科服务

联邦服务表，酬劳

（1）医疗保险基金会联邦最高联合会与德国牙科技师行业协会协定联邦统一可结算的牙科服务表。必须与保险牙医联邦协会协商联邦统一牙科服务表。

（2）医疗保险基金会州协会和医疗互助基金会与牙医技师行业团体根据联邦统一牙科服务表协定可结算的牙医服务酬劳，不考虑包括牙冠及超结构在内的义齿更换服务。协定的酬劳为最高价格。医疗保险基金会可告知参保人及牙医存在低价的保障服务。

（3）牙医根据第 1 句提供的牙医服务价格，包括牙冠及超结构在内义齿替换服务除外，必须至少低于第 2 款第 1 句和第 2 句规定价格的百分之五。为此可根据第 83 条签订合同。

仲裁

仲裁委员会

（1）如果没有签署完整的医疗保障合同或仅签署部分医疗保障合同，则仲裁委员会按照成员多数通过的原则在三个月内确定合同内容。合同一方解约时，必须以书面形式通知主管仲裁委员会。如果合同到期之前未签署新合同，则仲裁委员会利用成员多数通过原则在三个月内确定合同内容。在此情况下，原合同规定临时沿用至仲裁委员会作出决定。如果在三个月期限到期之前通过仲裁委员会判决未能签署合同，并且仲裁委员会在主管监管机构确定的期限内未确定合同内容，则由主管仲裁委员会的监管机关确定合同内容。对仲裁委员会决定的申诉没有中止决定执行的效力。

（1a）如果签订了完整的医疗保障合同或部分合同，并且合同双方未向仲裁委员会提出达成共识的申请，主管监管机关可在由其设定的适当期限到期后向仲裁委员会提起仲裁，这一点同样适用于合同双方。仲裁委员会利用成员多数通过的原则在三个月内确定合同内容。第 1 款第 5 句适用。对仲裁委员会决定的申诉没有中止决定执行的效力。

（2）保险基金会医生协会、医疗保险基金会州协会和医疗互助基金会为合同医疗与合同牙医保障各设立共同的仲裁委员会（州仲裁委员会）。仲裁委员会由人数相同的医生与医疗保险基金会代表以及一位独立主席及两位独立成员组成。作出不涉及所有保险基金会类型的合同决定时，仅由仲裁委员会中相关保险基金会类型的代表行使职能。第1句提及的医疗保险基金会和医疗保险基金会团体可制定偏离第3句的规定。

（3）保险基金会医生协会、医疗保险基金会州协会和医疗互助基金会应就主席、两位独立成员及其代理人问题取得共识。2008年12月31日之前有效的第213条第2款适用于医疗保险基金会州协会与医疗互助基金会。任期四年。只要未达成共识，参与方就要出具一份共同名单，名单上至少有两位主席和四位独立成员及其代理人的姓名。如果通过共同制定的名单仍未就主席、独立成员或代理人达成共识，则抽签决定行使主席、独立成员和代理人职能的人员。在这种情况下任期为一年。仲裁委员会成员为名誉职位。不受委员会命令的约束。

（4）保险基金会医生联邦协会和医疗保险基金会联邦最高联合会为合同医疗与合同牙医保障各设立共同的仲裁委员会。第2款第2句至第4句和第4款适用。

（5）主管社会保险事务的各州最高管理机关或者各州政府通过条例确定的机关根据第2款监管仲裁委员会；州政府可将授权转至州的最高机关。联邦卫生部根据第4款监管仲裁委员会。监管的内容涵盖了法律与其他法规的遵守。仲裁委员会根据第57条第1款和第2款、第83条、第85条以及第87a条作出的服务偿付决定必须递交给主管监管机关。与法律冲突时，监管机关可在提交后两个月内驳回决定。异议申诉的规定适用于合同双方的驳回申诉。

（6）获得联邦参议院批准后，联邦卫生部通过行政法规确定仲裁委员会成员人数、任命、任期、管理、现金开支报销和花费时间的补偿，以及运作、程序、收费和费用额度以及费用分摊的细节。

（7）德国牙科技师协会与医疗保险基金会联邦最高联合会设立一个联邦仲

裁委员会。此仲裁委员会由来自德国牙科技师协会与医疗保险基金会联邦最高联合会人数相同的代表、一位独立主席和两位独立成员组成。此外，第 1 款、第 1a 款、第 3 款和第 5 款第 2 句和第 3 句以及在第 6 款基础上通过的仲裁委员会条例适用。

（8）牙科技师行业协会、医疗保险基金会州协会与医疗互助基金会设立州仲裁委员会。此仲裁委员会由牙科技师行业协会与医疗保险基金会人数相同的代表、一位独立主席和两位独立成员组成。此外，第 1 款、第 1a 款和第 3 款及第 5 款适用。

州委员会和联邦共同委员会

州委员会

（1）保险基金会医生协会和医疗保险基金会州协会以及医疗互助基金会为每个州设立医生与医疗保险基金会州委员会和牙医与医疗保险基金会州委员会。医疗互助基金会可将此任务委托给在保险基金会医生协会辖区由医疗互助基金会设立的工作组或者医疗互助基金会。

（2）州委员会由一位独立主席、两位独立成员、八位医生代表、三位地方医疗保险基金会代表、两位医疗互助基金会代表、一位企业医疗保险基金会代表、一位行业医疗保险基金会代表和一位农村医疗保险基金会代表组成。保险基金会医生协会和州协会以及医疗互助基金会应就主席、两位独立成员及其代理人达成共识。如果未达成共识，则在与保险基金会医生协会、医疗保险基金会州协会以及医疗互助基金会协商的基础上，由主管社会保险事务的州最高管理机关任命。在州委员会的辖区内，如果不存在特定保险基金会类型的州协会，并且医疗保险基金会代表人数因此减少，则相应减少医生人数。医生代表及其代理人由保险基金会医生协会任命，医疗保险基金会代表及其代理人由医疗保险基金会州协会以及医疗互助基金会任命。

（3）州委员会成员以荣誉职位的形式履行职责。不受指令约束。州委员会的费用由参与的保险基金会医生协会一方和医疗保险基金会州协会以及医疗互助基金会组成的另一方均摊。在获得联邦参议院批准的情况下，在保险基金会医生联邦协会与医疗保险基金会联邦最高联合会听证后，联邦卫生部通过行政法规来确定委员会成员人数、任命、任期、管理、现金开支报销和花费时间的补偿以及费用分摊的细节。

（4）根据本卷规定确定州委员会的任务。主管社会保险事务的州最高管理机关监管州委员会的运作。

联邦共同委员会

（1）保险基金会医生联邦协会、德国医院协会和医疗保险基金会联邦最高联合会设立联邦共同委员会。联邦共同委员会具有法人资格。由决策委员会主席全权代表联邦共同委员会。

（2）联邦共同委员会的决策委员会由一位独立主席、两位独立成员、一位由保险牙医联邦协会任命的成员、两位由保险基金会医生联邦协会任命的成员、两位由德国医院协会任命的人员、五位由医疗保险基金会联邦最高联合会任命的成员组成。由符合第1款第1句的组织应共同决定独立主席和独立成员及各自的两位代理人的人选。如果未达成共识，在与符合第1款第1句组织协商的基础上由联邦卫生部任命。通常主要由独立成员从事工作；只要雇主在所需的工作范围内确定了独立成员，则允许以荣誉职位的方式开展工作。独立成员的代理人为荣誉职位。专职独立成员在任期间与联邦共同委员会存在雇佣关系。除了在决策委员会的任务，每位独立成员要担任联邦共同委员会的分委员会主席。符合第1款第1句的组织与独立主席签订服务协议。由组织任命的其他决策委员会成员为荣誉职位；决策委员会作出决定时，荣誉职位成员不受指令约束。符合第1款第1句的组织为每位由其任命的成员最多任命三位代理人。决策委员会任期四年；允许连任一次。

（3）第139c条第1款适用于联邦共同委员会的费用承担，由符合第1款第1句组织任命的成员费用除外。此外，第90条第3款第4句在下列条件下适用，即通过自治条例之前必须进行德国医院协会的听证。

（4）联邦共同委员会决议

1.诉讼规则，其中，联邦共同委员会规定有效性、必要性及经济性的科学跨领域评估的特殊方法要求，包括根据第 35a 条和第 35b 条进行的评估，并将这些要求来作为决议的基础，同时还规定专家专业独立性证明要求和相关准则听证程序，特别是确定听证机构、听证方式与方法及其评估，

2. 议程，其中，规定联邦共同委员会的工作方式，特别是运作、通过部署通常跨领域设立的分委员会来准备指令决议、通过决策委员会独立成员担任分委员会主席以及委员会与联邦共同委员会办事处的合作；在议程中还规定了确保组织根据 140f 条第 2 款派出专家的共同咨询权。

诉讼规则与议程必须得到联邦卫生部的批准。

（5）作出涉及医生、心理治疗师或牙医职业特性的决议时，此类职业的联邦级联合会组织工作组可陈述立场。第 137 条第 3 款第 7 句仍然有效。

（6）联邦共同委员会的决议对符合第 1 条第 1 款的承办人及其成员和成员组织以及参保人和医疗服务提供机构有约束力，根据第 137b 条作出决定和根据 137f 条给出建议除外。

（7）只要议程没有其他的规定，联邦共同委员会的决策委员会根据第 2 款第 1 句利用成员多数通过的原则作出决议。通常，跨领域作出药品供应与质量保证的决议。如果主席和其他独立成员一致认为决议提案不妥当，可共同向决策委员会提交自己的决议提案。决策委员会必须在表决时兼顾此提案。通常，决策委员会的会议为公开会议。

（8）联邦卫生部监管联邦共同委员会。第四卷第 67 条、第 88 条与第 89 条适用。

联邦共同委员会的指令

（1）联邦共同委员会就保证参保人充分、有目标性和经济性的保障必需的指令作出决议，以确保医疗保障；同时须考虑残疾与面临残疾的人群以及精神病人保障的特殊要求，特别是压力测试与工作疗法服务；此外，如根据普遍认可的医学知识不能证明其诊断与治疗功效、医学上的必要性或者经济性，则联邦共同委员会可限制或禁止提供和批准相关服务与措施；如开具的处方不能证明其有效性或另一个更经济的治疗方案可提供类似的诊断与治疗功效，则联邦

共同委员会可限制或禁止开具药物处方。特别是其应就以下事宜的指令作出决定

1. 医疗，

2. 牙医治疗，包括牙医保障，以及颌骨整形治疗，

3. 疾病早期诊断措施，

4. 妊娠与育儿期的医疗保健，

5. 新的检查与治疗方法的引入，

6. 药品、绷带、药物及辅助器具、住院治疗、家庭病护和社会治疗的开具与批准，

7. 丧失工作能力的鉴定，包括第二卷中根据第 5 条第 1 款第 2a 项和第 10 条参保的、有工作能力的需要帮助者，

8. 在个别情况下为医疗康复提供服务的批准，及医疗康复服务、参与工作生活的服务和康复补充服务的咨询，

9. 需求规划，

10. 第 27a 条第 1 款中诱导妊娠的医疗措施，

11. 第 24a 与第 20b 条的措施，

12. 急救服务的批准，

13. 质量保证，

14. 特需门诊姑息保障，

15. 接种疫苗。

（1a）第 1 款第 2 句第 2 项的指令针对基于病因、保护牙质及以预防为主的牙医治疗，包括义齿及颌骨整形治疗的保障。联邦共同委员会也须基于外部、全面牙科专业知识的指令作出决议。联邦卫生部可让联邦共同委员会就依法分配给联邦委员会的个别任务作出决议或者审查该决议，并设定适当的期限。在不能遵守期限的情况下，由联邦委员会成员组成的仲裁委员会将在 30 天之内作出必要的决议。仲裁委员会由联邦委员会独立主席、两位独立成员和由保险基金会牙医联邦协会与医疗保险基金会联邦最高联合会分别决定的一位

代理人组成。在联邦委员会就第 1 款第 2 句第 2 项的指令作出决定前，在联邦一级，代表牙科技师利益的重要中央组织可阐述立场，此立场须在作出决定时予以考虑。

（1b）在联邦共同委员会就第 1 款第 2 句第 4 项的指令作出决定前，第 134 条第 2 款提及的联邦一级服务提供者组织有机会阐述立场；此立场须在作出决定时予以考虑。

（2）第 1 款第 2 句第 6 项的指令须兼顾第 35a 条与第 35b 条的评估对药品和药物进行编排，使得医生尽可能经济与合理地选择药物治疗。药物的编排须按照指标领域与成分组进行划分。为了能够让医生从疗效与价格方面合理选择药品，在各个指标领域须录入相关提示，在提示中针对拥有类似药理学有效成分或者类似疗效的药品，评估其治疗功效与治疗费用的关系，借此来评估处方的经济性；第 73 条第 8 款第 3 句至第 6 句适用。此外，为了能够让医生从疗效与价格方面合理选择药品，可对单个的指标领域的药品做如下分类：

1. 适合普遍性治疗的药物药品，

2. 只适合一部分病人或者特殊病例的药物药品，

3. 因为其众所周知的危险或者值得怀疑的治疗合理性，在开具处方时需要特别注意的药物药品。

第 3a 款适用。在第 1 句和第 7 句的治疗提示中可确定保证质量用药的要求，特别是基于医生资质或病人群体。在第 1 款第 2 句第 6 项的指令中，可在编排分类之外注明药品的治疗提示；第 3 句和第 4 句以及第 1 款第 1 句第三分句适用。第 1 句和第 7 句的治疗提示可对开具处方时在某个指标领域各个有效成分的份额提出建议。联邦共同委员会在其议事程序规则中规定第 1 句与第 7 句治疗提示的基本原则。第 1 款中针对药物药品的处方开具限制与禁止由联邦共同委员会在治疗提示之外的指令中单独规定。联邦共同委员会只有在通过第 35 条的固定数额或通过第 130b 条的报销数额约定都不能实现经济性时，才可限制或禁止开具某种药品药物的处方。药品药物因为未达到第 1 款第 1 句的要求而导致限制或禁止开具处方，这不可与批准机关就药品质量、效用及无害性确定的结果相矛盾。

（2a）为促进医疗企业的看可持续发展，联邦共同委员会可在个别情况下，与德国医生协会药品委员会和联邦药品与医疗产品研究所或者 Paul-Ehrlich 研究所在一个适当的期限内要求补充对保障重要的研究，来评估一种药品药物的合理性。第 3a 款适用第 1 句的要求。前提条件、补充研究的要求、期限以及对研究的要求之细节由联邦共同委员会在其议事程序规则中规定。如第 1 句的研究不能或者不能及时提交，则联邦共同委员会可偏离第 1 款第 1 句禁止开具此药品的处方。针对此补充研究要求单方面的申诉是不允许的。

（3）异议申诉规定适用于第 2 款药品编排分类的申诉。申诉没有中止决定执行的效力。无预审。不允许针对第 2 款第 2 句根据指标领域或者有效成分组进行的划分、针对第 2 款第 4 句进行的药品分类，或者针对第 2 款编排分类的其他组成部分提起申诉。

（3a）在就第 1 款第 2 句第 6 项的药品药物处方开具指令和第 2 款第 7 句的治疗提示作出决定之前，医学与制药科学与实践领域的专家以及联邦一级代表医药企业经济利益的重要中央组织、相关的医药企业、药店经营者的行业代表以及特殊疗法医生协会重要的顶层团体有机会阐述立场。其立场阐述应在作出决定时予以考虑。联邦共同委员会须在保证企业与商业秘密的前提下，在引入立场阐述程序时，公开专家的鉴定与建议，此鉴定与建议是第 1 款第 2 句第 6 项药品药物处方开具指令和第 2 款第 7 句治疗提示的基础。

（4）在第 1 款第 2 句第 3 项的指令中应特别规定

1. 使用经济处理方法及进行早期诊断时采取多种措施的前提条件，

2. 在实施疾病早期诊断措施时的证明与记录细节，

3. 记录分析以及疾病早期诊断措施评估的落实与处理细节。

（5）在医疗保险基金会就第 1 款第 2 句第 8 项的指令作出决定之前，第 111b 条第 1 句提及的服务提供者组织、康复机构（第九卷第 6 条第 1 款第 2 项至第 7 项）及联邦康复工作组有机会阐述立场；阐述的立场应在作出决定时予以考虑。在指令中须规定，何种残疾、在何种前提条件下以及根据何种程序，合同医生才应就参保人的残疾向医疗保险基金会通报。

（6）在第 1 款第 2 句第 6 项的指令中须特别规定

1. 可开具处方的外用药物之目录，

2. 外用药物按指标进行的归类，

3. 重复开具处方时的特殊性，以及

4. 开具处方的合同医生与外用药物提供者之间合作的内容与范围。

在联邦共同委员会就第 1 款第 2 句第 6 项的外用药品处方开具指令作出决定之前，第 125 条第 1 款第 1 句提及的服务提供者组织有机会阐述立场，阐述的立场应在作出决定时予以考虑。

（6a）在第 1 款第 2 句第 1 项的指令中须特别规定，需要心理治疗的疾病，适合治疗的方法，申请与鉴定程序，验证会议以及治疗方式、范围与落实的细节。此外，指令还就对会诊报告的内容要求和提交会诊报告（第 28 条第 3 款）的合同医生之专业要求作出规定。

（7）在第 1 款第 2 句第 6 项的指令中须特别规定

1. 家庭病护的批准及其医疗目的，

2. 开具处方的合同医生与相关医疗服务提供者及医院合作的内容与范围，

3. 批准家庭病护和在住院之后继续提供医院所开药物的前提条件。

在联邦共同委员会就第 1 款第 2 句第 6 项的家庭病护批准指令作出决定之前，第 132a 条第 1 款第 1 句提及的服务提供者有机会阐述立场；阐述的立场应在作出决定时予以考虑。

（7a）在联邦共同委员会就第 1 款第 2 句第 6 项的外用药物开具处方指令作出决定之前，第 128 条第 1 款第 4 句提到的联邦一级相关服务提供者和外用药物生产者组织有机会阐述立场；阐述的立场应在作出决定时予以考虑。

（7b）在联邦共同委员会就第 1 款第 2 句第 14 项的特种门诊姑息疗法批准指令作出决定之前，送终工作与姑息保障的重要组织以及第 132a 条第 1 款第 1 句提及的组织有机会阐述立场。阐述的立场应在作出决定时予以考虑。

（7c）在联邦共同委员会就第 1 款第 2 句第 6 项的社会疗法批准指令作出

决定之前，社会医疗保障服务提供者的重要组织有机会阐述立场；阐述的立场应在作出决定时予以考虑。

（8）联邦共同委员会的指令是联邦总合同的组成部分。

禁止药品药物一览表

（1）联邦共同委员会应定期将根据第34条第1款或者基于第34条第2款和第3款通过行政法规完全或者针对某些特定指标领域在第31条保障中将禁止使用的药品药物编排在一览表中。此一览表须在联邦公报中公布。

（2）如联邦共同委员会未能或者未能在由联邦卫生部规定的期限内履行其第1款的义务，则由联邦卫生部制作一览表并在联邦公报中公布。

指令的生效

（1）由联邦共同委员会决定的指令须提交联邦卫生部。卫生部可在两月内驳回指令；第35条第1款的决议驳回期限是四周。联邦卫生部可在联邦共同委员会指令审查范围内要求额外的信息与补充立场阐述；在收到回复之前，中断第2句的期限。联邦卫生部可在某些条件下不需要驳回指令；联邦卫生部可为符合某一条件设定一个适当的期限。如果对于确保医疗保障必需的联邦共同委员会决议不能或者不能在联邦卫生部设定的期限内落实，或者联邦卫生部没有在其设定的期限内撤销驳回，则联邦卫生部颁布这些指令。

（2）指令在联邦公报公布，其基本理由可在网络公布。公布的指令还须含有在网络公布的基本理由之链接。

医生和牙医参与保障的前提条件和形式

参与合同医疗保障

（1）参加合同医疗保障的有服务资格医生和医疗保障中心以及授权的医生及机构。医疗保障中心是跨专业的医生领导机构，在第2款第3句的医生登记表注册的医生作为雇员或者合同医生在这些机构从事活动。如各种专科医生或者不同重要称项的医生在第2句的机构从业，则此机构为跨专业（综合）机构；如医生属于第101条第5款的家庭医生组，或医生或心理治疗师属于第101条第4款的心理治疗师医生组，则其不是跨专业机构。在第2句的机构中如有一位专科医生与一位家庭内科医生一同从业，则此机构为跨专业机构。如参加合同医疗保障的不同职业群体成员在一个医疗保障中心从业，则合作服务也是可能的。医疗保障中心可以各种许可的组织形式提供服务；其可由根据许可、授权或者合同参加参保人医疗保障的服务提供者建立。在开业地对医生或者医疗保障中心（合同医生执业地）授予服务资格。

（2）每个医生都可申请合同医生资格许可，通过其在医生或者牙医登记表（医生登记表）注册而得到证明。每个许可区的保险基金会医生协会管理这些医生登记表。在登记表注册须申请，并

1. 符合第 95a 条针对合同医生和第 95c 条针对心理治疗师的前提条件，

2. 顺利结束为期两年的合同牙医准备期。

许可条例规定相关细节。在第 3 句的医疗登记表注册的医疗保障中心中的医生也可申请许可；第 2a 款适用于在许可医疗保障中心从业的医生。以私法法人形式的医疗保障中心之许可还须符合以下前提条件，即经营者为在其处从业的合同医生就保险基金会医生协会与医疗保险基金会向医疗保障中心提出的付款要求提交自愿承担债务的担保声明；这对于在医疗保障中心撤销之后才到期的付款要求同样有效。许可医疗保障中心雇佣医生须得到许可委员会的批准。如满足第 5 句的前提条件，则须给予批准。如申请许可和批准时，在医疗保障中心从业的医生属于第 103 条第 1 款第 2 句的许可限制范围，则应拒绝医生许可、医疗保障中心许可及批准有许可的医疗保障中心雇佣医生的申请。对于医疗保障中心雇佣的医生，第 135 条适用。

（2a）这点不适用于以下地区的许可申请，即医生与医疗保险基金会州委员会根据第 100 条第 1 款第 1 句确定为保障不足的地区。

（3）医生许可生效后，合同医生可成为主管保险基金会医生执业地的保险基金会医生协会成员，并有权且有义务参加其许可有效期内全部或者一半保障委托任务范围内的合同医疗保障。医疗保障中心的许可生效后，被其雇佣的医生成为主管保障中心合同医生执业地的保险基金会医生协会成员，并且许可的医疗保障中心就此有权利且有义务参加合同医疗保障。关于合同医疗保障的合

同规定具有约束力。

（4）授权生效后，授权的医生或机构有权利且有义务参加合同医疗保障。关于合同医疗保障的合同规定对其具有约束力。第 5 款至第 7 款、第 75 条第 2 款和第 81 条第 5 款在此适用。

（5）如合同医生未从事相关活动，但是预计会在适当的期限内开始活动，或者根据第 79 条第 1 款被选为专职主席的合同医生提出申请，则根据委员会的决议，许可暂时失效。在相同的前提条件下，对于全部的保障委托任务可决定暂时取消一半许可。

（6）如不符合或者不再符合许可的前提条件，合同医生不从事或者不再从事其合同医疗活动，或者严重违反合同保障义务，则应吊销医生许可。在这些情况下，根据许可委员会的决议，可吊销一半而非全部的许可。如超过六个月不再符合第 1 款第 6 句后半句的成立前提条件，则也应吊销医疗保障中心的许可。

（7）医生的许可因有许可权者死亡、放弃或者从保险基金会医生执业地辖区迁移而终止。医疗保障中心的许可因许可医疗保障中心的放弃、关闭或者从合同医生执业地辖区迁移而终止。

（9）只要被雇佣的医生所属的医生组没有许可限制，合同医生可在许可委员会批准的情况下雇佣在医生登记表注册的医生。如有许可限制，则第 1 句适用，条件是必须符合第 101 条第 1 款第 1 句第 5 项的前提条件。许可条例规定合同医生雇佣医生的相关细节。第 7 款第 3 句至第 5 句在此适用。

（9a）参加家庭医疗保障的合同医生在许可委员会批准的情况下，可雇佣不管是否有许可限制的医生，该医生被高校雇佣或任命为全科医学高校教员或者作为科学工作者从业，每天至少工作半天，且在医生登记表上注册。在确定规划领域保障水平时，此类被雇佣的医生不予以考虑。

（11a）在心理治疗师需要抚养和照顾三周岁内与其一起生活的子女而未从业的这段时间，其授权亦暂时失效。心理治疗师可按照抚养子女的时间而相应延长其授权。

（11b）如心理治疗师在第 10 款第 1 句第 3 项和第 11 款第 1 句第 3 项提及的时间内因为照顾和抚养三周岁内与其共同生活的子女而未从业，则期限的开始时间按照其在三年期内抚养子女的时间相应往前调整。如在 1994 年 6 月 25 日之前开始子女抚养期，则期限从子女抚养期开始计算。

（12）如医生与医疗保险基金会州委员会已经确定第 103 条第 1 款第 1 句的所述事项，则许可委员会可就心理治疗师及 1998 年 12 月 31 日之后被雇佣、主要或者只从事心理治疗活动的医生之许可申请作出决定。如果许可限制在提交申请时还未颁布，则第 1 句的申请也可因为许可限制而被拒绝。

（13）在心理治疗师和主要或只从事心理治疗活动的医生许可事务上（第 101 条第 3 款第 1 句），不同于第 96 条第 2 款第 1 句和第 97 条第 2 款第 1 句，替代医生代表的是相同人数的心理治疗师与只从事心理治疗活动的医生代表；在心理治疗师代表中必须至少有一位儿童青少年心理治疗师。根据第 1 句，在许可委员会及上诉委员会首次全体会议上，心理治疗师的代表由主管监管机关根据州一级代表治疗师职业利益的重要组织之建议进行任命。

第 95a 条　合同医生在医生登记表注册的前提条件

对于医生来说，在医生登记表注册的前提条件是：

1. 作为医生获得从业许可，

2. 接受全科医生继续教育或者在其他专科领域接受继续教育成功解散并且具有使用该领域称号的权限，或者可证明具备第 4 款和第 5 款承认的资质。

（2）如医生根据州法律规定有权使用全科医疗的专科医生称号，并且此权限是在授权进行继续教育的医生处和被许可的机构中，至少经过五年成功全科医生继续教育而获得的，则可证明第 1 款第 2 句的全科医生继续教育。

（3）全科医疗继续教育至少花费五年的时间并在内容上须至少符合欧洲议会及欧洲理事会于 2005 年 9 月 7 日颁布的关于职业资质认可（欧洲共同体公报第 L 255 项第 22 页、2007 年第 L 271 项第 18 页）的 2005/36/EG 指令第 28 条的要求，并通过解散获取全科医疗专科医生称号。其须特别包括下列活动：

1. 在被授权进行全科医学继续教育的执业医生开设的诊所最少六个月，

2. 在许可的医院最少六个月，

3. 在其他被许可从事全科医疗的机构或者卫生事业机构最多六个月，只要医生被委托从事与病人有关的活动。

第 95b 条　共同放弃许可

（1）根据合同医生的义务，其不可与其他医生相互协商来放弃合同医生许可。

（2）如合同医生与其他合同医生相互协商来放弃合同医生许可，并且监管机构根据第 72a 条第 1 款确认了此情况，则新的许可须最早在提交放弃声明六年之后才能发放。

（3）如参保人在第 1 款意义上的放弃许可的医生或者牙医处就医，则医疗保险基金会对其的偿付封顶。向医疗保险基金会要求偿付的数额须限制在医生或者牙医收费标准费率的 1.0 倍。医生与牙医不可要求参保人支付额外费用。没有其他例外规定。

第 95c 条　心理治疗师在医生登记表注册的前提条件

心理治疗师在医生登记表注册的前提条件是：

1. 根据《心理治疗师法》第 2 条或者第 12 条作为心理治疗师获得开业许可，

2. 专业知识证明。

专业知识证明的前提条件是：

1. 对于根据《心理治疗师法》第 2 条第 1 款获得开业许可的心理治疗师，其须在由联邦共同委员会根据第 92 条第 6a 款认可的治疗过程中，成功完成按照《心理治疗师法》第 8 条第 3 款第 1 项进行的拓展培训；

2. 对于根据《心理治疗师法》第 2 条第 2 款和第 3 款获得开业许可的心理治疗师，其在联邦共同委员会根据第 92 条第 6a 款认可的治疗过程中完成作为开业许可依据的训练及考核；

3. 对于根据《心理治疗师法》第 12 条获得开业许可的心理治疗师，其可在联邦共同委员会根据第 92 条第 6a 款认可的治疗过程中证明开业许可要求的资质、继续教育或者治疗时间、病例和理论培训。

第 95d 条 专业进修的义务

（1）合同医生有义务在维持与提高合同医疗保障必需的专业知识范围内进行专业进修。进修内容必须符合当前最新的医学、牙医或者心理治疗领域的科学知识水平。培训内容不考虑经济利益。

（2）进修证明可以是医生行业、牙医行业及精神心理治疗师行业和儿童青少年心理治疗师行业开具的进修证书。其他进修证书必须符合联邦一级各职业行业工作组制定的标准。在特殊情况下，也可通过其他证明来证实进修符合第1款第2句和第3句的要求；保险基金会医生联邦协会根据第6款第2句规定相关细节。

（3）每位合同医生须每五年向保险基金会医生协会提交一次证明，证明其在过去的五年时间内履行了第1款的进修义务；在暂停许可期间，期限中止计算。如因合同医生迁出其行医所在地区而导致许可暂时失效，则期限继续计算。如一位合同医生不能或者不能完全提供进修证明，则保险基金会医生协会有义务，将作为合同医疗活动报酬付给其的款项在五年期之后的前四个季度缩减百分之十，随后的季度开始缩减百分之二十五。合同医生可在随后两年内部分或者完全补上其在上一个五年期内需要进行的进修；补上的进修不被计入下一个五年期。报酬缩减终止于提供全部进修证明的该季度结束。如合同医生在五年期后的两年内仍不能提供进修证明，则保险基金会医生协会应立即向许可委员会提交申请，要求吊销其许可。如拒绝吊销许可，则报酬缩减终止于合同医生在下一个五年期提供完全进修证明的那个季度结束。

（4）第1款至第3款适用于授权的医生。

（5）第1款和第2款适用于医疗保障中心、合同医生或者符合第119b条要求的机构雇佣的医生。医疗保障中心或者合同医生为其雇佣的医生落实第3款的进修证明；符合第119b条要求的机构雇佣的医生由机构落实第3款的进修证明。如被雇佣的医生三个月以上没有从事医疗活动，则保险基金会医生协会可根据申请将五年期相应延长缺席的时间。第3款第2句至第6句和第8句适用，条件是缩减医疗保障中心、合同医生或者符合第119b条要求的机构之报酬。当向保险基金会医生协会证明雇佣关系已结束，报酬缩减终止于雇佣关系结束的那个季度结束。如雇佣关系继续保持，并且对于雇佣的医生，许可医疗保障中心或者合同医生没有在五年期结束后的最迟两年内提供进修证明，则保险基金会医生协会应立即向许可委员会提交申请，撤销雇佣许可。

（6）保险基金会医生联邦协会与联邦一级主管的同业协会的工作小组协商后规定五年期内必要进修的适当范围。保险基金会医生联邦协会规定进修证明与报酬缩减的程序。须特别确定，在何种情况下，合同医生有权在五年期结束之前就已进行的进修要求书面认证。此规定对保险基金会医生协会具有约束力。

许可委员会

（1）就许可事务的决议与决定，保险基金会医生协会与医疗保险基金会州协会及医疗互助基金会为每个保险基金会医生协会的辖区或者部分辖区（许可辖区）设立一个医生许可委员会和一个牙医许可委员会。

（2）许可委员会由相同人数的医生与医疗保险基金会代表组成。医生代表及其代理人由保险基金会医生协会任命，医疗保险基金会代表及其代理人由医疗保险基金会州协会任命。许可委员会成员的职位为荣誉职位。其不受指令约束。一位医生代表与一位医疗保险基金会代表轮流担当主席。许可委员会通过简单多数票表决，在票数相等的情况下申请被拒绝。

（3）许可委员会的运作在保险基金会医生协会进行。只要许可委员会的开支不能通过收费平账，则由保险基金会医生协会为一方，医疗保险基金会州协会与医疗互助基金会为另一方均摊。

（4）针对许可委员会的决定，参与程序的医生与机构、保险基金会医生协会和医疗保险基金会州协会及医疗互助基金会可向上诉委员会起诉。起诉有中止行政行为执行的效力。

上诉委员会

（1）保险基金会医生协会和医疗保险基金会州协会及医疗互助基金会为每一个保险基金会医生协会辖区设立一个医生上诉委员会和一个牙医上诉委员

会。其可根据需要为一个保险基金会医生协会的辖区设立多个上诉委员会或者为多个保险基金会医生协会的辖区设立一个共同上诉委员会。

（2）上诉委员会由一位有法官资格的主席和作为陪审员的相同人数的医生一方的代表和医疗保险基金会州协会及医疗互助基金会一方的代表组成。陪审员应就主席人选达成共识。如不能达成共识，则由主管社会保险事务的最高管理机关在与保险基金会医生协会和医疗保险基金会州协会以及医疗互助基金会协商后任命。第96条第2款第2句至第5句和第7句以及第3款适用。

（3）《社会法院法》第84条第1款和第85条第3款适用于诉讼程序。上诉委员会之前的程序被视为预审（《社会法院法》第78条）。

（4）上诉委员会可以公共利益的名义立即安排执行其决定。

（5）许可委员会与上诉委员会日常运作的监管由负责社会保险事务的州最高管理机关落实。如果并且只要保险基金会医生协会、医疗保险基金会州协会或者医疗互助基金会没有任命医生和医疗保险基金会的代表，则由州最高管理机关任命。

许可条例

（1）许可条例规定参加合同医疗保障及确保合同医疗保障必需的需求规划（第99条）和许可限制的细节。此许可条例由联邦卫生部在联邦参议院批准的情况下作为行政法规颁布。

（2）许可条例必须包含以下规定

1. 委员会成员及其代理人的人数、任命及卸任、任期、办公和现金垫付的报销和花费时间的补偿，

2. 委员会的运作，

3. 符合社会法院前置程序基本原则的委员会程序，

4. 兼顾管理支出和事务对于费用被收取方重要性的处理费用，以及委员会开支向参与团体的分摊比例，

5. 保险基金会医生协会对医生登记表的管理，保险基金会医生联邦协会对联邦医生登记表的管理及查阅这些登记表和等级卡的权力，特别是相关医生与

医疗保险基金会，

6. 在医生登记表注册的程序以及兼顾管理支出和事务对于费用被收取方重要性的处理费用，

7. 许可区的设立与界定，

8. 对于中长期确保合同医疗保障必需的需求规划之制定、协商、深化与评估，以及与其他机构必要的合作，在医生与医疗保险基金会州委员会的咨询与通报，

9. 合同医生执业地的公示，

10. 基于从事合同医疗活动的准备情况与属性而发放许可的前提条件，及根据许可进行的保障委托任务的时间范围之细节规定，

11. 许可委员会授权医生，特别是在医院或者职业康复机构的医生，或者在特殊情况下授权机构参加合同医疗保障的前提条件，被授权的医生和机构的权利与义务，以及准许由具有同样领域称号的医生代表被授权医院医生的细则，

13. 根据自由择业原则，被合同医生雇佣的医生、助手和代表可从事合同医疗保障或者在其他地方从事合同医疗活动的前提条件，

13a. 被许可参加合同医疗保障的服务提供者共同从事合同医疗活动的前提条件，

14. 被德国主管机构批准可临时从事医疗活动的医生，及根据《欧洲共同体成立条约》第50条或者《欧洲经济区协议》第37条在国内临时提供服务的医生，参加合同医疗保障，

15. 在放弃许可时，为确保合同医疗保障而对终止合同医疗活动设定的适当期限。

需求规划、保障不足、过度保障

需求规划

（1）保险基金会医生协会征得医疗保险基金会州协会和医疗互助基金会的同意，并与主管的州机关协商后，按照联邦共同委员会颁布的指令，在州一级

制定需求规划并随着发展进行调整，来确保合同医疗保障。须注意土地规划和区域规划及医院规划的目标与需求。须以合适的方式公布需求规划。

（2）如果保险基金会医生协会、医疗保险基金会州协会和医疗互助基金会不能达成共识，则任何参与者都可向州医生委员会和医疗保险基金会州委员会提出决策申请。

（3）州委员会就第1款的需求规划提供咨询，并在第2款情况下作出决定。

保障不足

（1）医生与医疗保险基金会州委员会有责任确定，是否在一个许可区特定的区域出现了医疗保障不足或者在可预见的时间内存在此种风险。该委员会须为主管相关区域的保险基金会医生协会确定一个适当的期限，来消除和防止此保障不足的情况。

（2）如通过保险基金会医生协会的措施或者其他合适的措施不能保证确保医疗保障，并且期限过后仍然存在保障不足的情况，则州委员会应根据许可条例在其他区域启动许可限制听证后对许可委员会颁布具有约束效力的决定。

（3）医生与医疗保险基金会州委员会按照第101条第1款第2a项有责任确定，是否在一个非保障不足的规划区内存在额外的地方性保障需求。

（4）第1款第2句和第2款不适用于牙医。

过度保障

（1）联邦共同委员会在其指令中作出有关以下各项的决议，即

1. 在合同医疗保障中普遍符合需求的保障水平之统一指数，

2. 均衡的家庭医疗与专科医疗保障结构的标准，

3. 破例批准合同医生额外执业地的规定，前提是这些执业地对于确保一个保障区的合同医疗保障质量是必需的，

3a. 医生与医疗保险基金会州委员会根据第100条第3款在一个非保障不足规划区确定当地额外保障需求的前提条件，

4. 在颁布许可限制的规划区向医生发放许可的例外规定，只要医生与已经在当地从事同一专业方向活动的合同医生共同从业，或者只要继续教育条例拟

定专科医生称号并以同一医生称号从事活动，以及职业共同体的合作方遵循许可委员会提出的服务限制，使得提供的服务不会明显超过迄今为止的诊疗范围，这点适用于被第311条第2款第1句的机构和被医疗保障中心雇佣的医生；在确定医疗保障水平时，此医生不被予以考虑。

5.针对被相同专业领域的合同医生雇佣的医生之规定，只要继续教育条例拟定专科医生称号，并在颁布许可限制的规划区以同一专科医生称号从事活动，只要合同医生遵循许可委员会提出的服务限制，使得提供的服务不会明显超过迄今为止的诊疗范围；以及服务限制的例外情况，只要此对于覆盖当地额外的保障需求是必需的；在确定医疗保障水平时，被雇佣的医生不被予以考虑。

只要继续教育条例在同样的专业领域拟定多个专科医生称号，第4项与第5项的指令亦决定，在第4项的共同执业和在第5项的雇佣中约定哪一个专科医生称号。如普遍符合需求的保障水平超过百分之十，则接受过度保障。

（2）如有必要，在以下情况下，联邦共同委员会须调整在第1款第3句和第4句基础上得出的指数，或者重新确定指数

1.因更改医生组专业分类，

2.联邦范围内一个医生组的医生人数超过1000，或者

3.为确保符合需求的保障。

在调整与重新确定时，应以上一年12月31日的医生人数为依据。

（3）在第1款第1句第4项的情况下，医生获得一个对共同执业时间有限制的许可。第1款第1句第4项的限制或者服务限制终止于第103条第3款许可限制取消之时，最迟在共同执业十年之后。限制取消后，医生被纳入保障水平的计算范围。在第103条第4款的诊所继续经营的情况下，在选择申请者时，只有当第1款第1句第4项提及的医生从事共同合同医疗活动至少达五年，才会考虑其共同从业经历。第2句和第3句适用于第311条第2款第1句的机构。

（3a）第1款第1句第5项的服务限制终止于许可限制取消之时。服务限制取消后，受雇佣的医生被纳入保障水平的确定之中。

（6）第 1 款第 1 句第 3 项至第 5 项和第 3 款和第 3a 款不适用于牙医。

许可限制

（1）医生与医疗保险基金会州委员会确定，是否存在保障过度的情况。如果存在这种情况，则州委员会根据许可条例的规定，并兼顾联邦共同委员会的指令，颁布许可限制。

（2）许可限制可以限制地区。其可包括保险基金会医生协会一个或者数个规划区。其须根据不同的医生组并适当考虑各类保险基金会的特殊性而颁布。

（3）如过度保障的前提条件消失，则取消许可限制。

（4）在颁布许可限制的规划区，如合同医生的许可因其到达年龄上限、死亡、放弃或者撤销而终止，并且诊所应由一个继任者继续经营，则保险基金会医生协会须根据合同医生或者对诊所有支配权的继承人申请，在其规定的公布官方消息的报纸上立即公布此合同医生的执业地，并制作详细的申请者名单。第 1 句亦适用于许可的半放弃或者半吊销状态。详细的申请者名单须提供给许可委员及合同医生或其继承人。在多个想作为迄今合同医生继任者继续经营所公布诊所的申请者中，许可委员会应按照义务裁量原则挑选继任者。在挑选申请者时须考虑申请者的职业属性、审批年龄和从事医疗活动的时间，此外还须考虑申请者是否是迄今合同医生的配偶、子女或者其雇佣的医生，还是迄今为止与其共同经营诊所的合同医生。

（4a）在颁布许可限制的规划区，如某一合同医生放弃其许可，而去医疗保障中心工作，则许可委员会须批准雇佣；这时，就不可能继续从事第 4 款的诊所经营。在根据第 4 款第 1 句终止许可的情况下，如诊所继任者继续提供合同医疗活动，则诊所可以如下形式继续经营，即一个医疗保障中心接受合同医生的执业地，及由雇佣的医生在机构内继续提供合同医疗服务。第 4 款和第 5 款适用。如医生在一个颁布许可限制的规划区内的医疗保障中心至少从事五年医疗活动，则该医生可不管许可限制而通过申请获得此规划区的许可。

（4b）在颁布许可限制的规划区，如某一合同医生放弃其许可，而作为第 95 条第 9 款第 1 句被合同医生雇佣的医生继续从业，则许可委员会须批准雇佣；这时，就不可能继续从事第 4 款的诊所经营。即医生位置使颁布许可限制，也可填补第 95 条第 9 款第 1 句雇佣医生的位置。

（5）保险基金会医生协会（登记处）为每个规划区制作候选名单。候选名单中记录的是在医生登记表中注册并申请合同医生位置的医生。在为第 4 款的合同医生诊所转手选择申请者时，须考虑候选名单中登记的时间。

（6）如迄今为止与一个或者多个合同医生共同经营诊所的一个合同医生终止其许可，则第 4 款和第 5 款适用。在选择申请者时应适当考虑继续在诊所从业的合同医生之利益。

（7）在颁布许可限制的规划区，医院所有者须在协作医生合同到期后公布执业地。如果未能与一位在规划区执业的合同医生签订协作医生合同，则医院所有者可与一位迄今为止未在规划区执业的合适的医生签订协作医生合同。其获得一个对协作医生活动时间有限制的许可；此限制在第 3 款的许可限制取消之后撤销，最迟在十年期满后。

（8）第 1 款至第 7 款不适用于牙医。

许可限制程序

（1）许可条例规定，对于出现合同医疗保障不足或者在可预见的时间内可能受保障不足威胁的许可区，为了确保该许可区内一些区域的医疗保障符合需求，则在什么前提条件下、在何种范围内以及多长时间，在其他合适的方法用尽之后，针对许可区的其他区域拟定许可限制，并且规定在这种情况下许可委员会多大程度上受州委员会安排约束，以及在多大程度上须考虑不利情况。

（2）许可条例按照第 101 条规定了在合同医疗过度保障的情况下颁布许可限制的程序细节。

（3）第 1 款和第 2 款不适用于牙医。

合同医疗保障的促进

（1）保险基金会医生协会在保险基金会医生联邦协会的支持下，须参照需求计划投入合理的资金并采取合适的措施，来保证、改善和促进合同医疗保障；可能的措施包括向符合医生与医疗保险基金会州委员会第 100 条第 1 款和第 3 款规定的区域或者部分区域的合同医生发放保障补贴。保险基金会医生协会可在与医疗保险基金会州委员会和医疗互助基金会协商的基础上制定措施或者直接参与给参保人提供医疗保障的机构的工作。

（2）保险基金会医生协会须致力于为医生提供支持其措施所必需的经济合算的医疗技术服务。如提供这类服务符合医学需要，则保险基金会医生协会应尽可能让这些服务包含在执业医生共同机构的合同医疗保障范围内。

（3）保险基金会医生协会可对在六十二周岁自愿放弃许可的合同医生提供资金激励。

（4）医生与医疗保险基金会州委员会就第 1 款第 1 句后半句保障补贴的提供、每个医生获得的保障补贴额度、此措施的持续时间以及就获得补贴的资格要求作出规定。主管合同医生的保险基金会医生协会以及按照总合同根据第 83 条或者第 87a 条向此保险基金会医生协会缴纳报酬的医疗保险基金会均摊第 1 句中付给合同医生的补贴开支。第 3 句不适用于合同牙医保障。第 2 句中医疗保险基金会分摊的金额如何在单独的医疗保险基金会之间进行分摊由医生与医疗保险基金会州委员会决定。

效率（经济性）与结算审计

合同医疗保障的效率（经济性）审计

（1）医疗保险基金会和保险基金会医生协会通过咨询与审计监督合同医疗保障的经济性。

（1a）在必要的情况下第 4 款提及的审计办公室，在一年或者更短的时间内以由合同医生提供、开具和发起的服务概况为基础，就保障的经济性与质量咨询合同医生。

（2）通过以下方面的审计对保障经济性进行审查

1. 在超过第 84 条标准量的情况下，就医生开具的服务对医生进行审计（异常性审计），

2. 在对医生与参保人进行抽样（每季度最少对百分之二医生进行抽样）的基础上，就医疗服务与医生开具的服务对医生进行审计（随机性审计）。第 1

句第 2 项的抽样率应根据不同医生组进行单独决定。第 1 句第 2 项的审计除包括结算的服务量之外，还包括转院、医院食宿、丧失工作能力的确定及其他发起的服务，特别是开支巨大的医疗技术服务；审计不受费用上限规定的影响。医疗保险基金会州协会和医疗互助基金会可共同统一与保险基金会医生协会在第 1 句规定的审计之外，约定按照联邦平均值审计医疗服务和医生开具的服务，或者约定其他与医生相关的审计种类；此外，与参保人相关的信息数据只可根据第十卷的规定进行收集、处理和使用。超过标准量的审计一年一次；如审计能改善效率并简化审计程序，则也可以一季度一次；如标准量审计不能落实，则标准量审计基于其他相同法律规定中（医生）专业组给出的平均值来决定。以第 1 句第 2 项为基础的审计时间至少为一年。

原则上不能对超过本专业组百分之五的医生进行第 1 句第 1 项的异常审计；应在接受审计的规定时间结束后两年内确定在医疗保险基金会处报销的第 5a 款多余开支。加入第 130a 条第 8 款合同的医生所开具的药品不属于第 1 句第 1 项审计的对象。其效率（经济性）通过合同中的约定得以保证；医疗保险基金会应向审计办公室通报必要的信息，尤其是药物代码、参与的医生和合同的有效期。在第 1 句的审计中应特别审核以下医生，其在特定应用领域开具的医疗服务明显偏离其所属专业组，及根据《药品法》第 67 条第 6 款参加检查的医生所开具的服务。保险基金会医生联邦协会为此目的须向保险基金会医生协会通报参加的医生；保险基金会医生协会把这些数据提交审计办公室。医疗保险基金会向审计办公室通报在门诊保障中、合同医疗保障之外所开具服务的数据。第 296 条和第 297 条适用。此外，须通报病例数量以及在治疗日期所开具服务的分类。合同方可根据第 11 句向审计办公室申请审计医生开具的服务并承担费用。在此情况下按照在合同医疗保障中同样的标准进行审计。审计办公室规定相关细节。

（2a）只要存在相关理由，第 2 款第 1 句第 2 项审计中经济性评估对象就可以是

1. 服务的医学必要性（适应性），

2. 服务实现治疗与诊断目的的能力（有效性），

3. 服务与提供专业服务公认标准的一致性（质量），特别符合联邦共同委员会指令中所包含的规定，

4. 参照治疗目的，因服务产生费用的适当性，

5. 在提供牙齿更换与颌骨整形服务时，也包括服务与治疗和服务计划的一致性。

（2b）保险基金会医生联邦协会和医疗保险基金会联邦最高联合会首次在2004年12月31日之前，约定第2款第1句第2项审计内容的命令，特别是第2a款的评估对象、抽样的决定与范围，以及服务特征的选择的命令。这些命令须提交联邦卫生部。卫生部可在两个月内驳回命令。如未落实命令或者联邦卫生部未在其设定的期限内撤销驳回，则联邦卫生部可发布命令。

（2c）第2款第1句的审计建立在根据第296条第1款、第2款和第4款及根据第297条第1款至第3款向第4a款的审计办公室通报数据的基础之上。如审计办公室怀疑通报数据的正确性，可以通过对结算的医生病例抽样来确定审计所需要的数据依据，并利用可信统计程序上所确定的部分数据推算诊所的总体情况。

（3）第2款第4句提及的合同方共同统一约定第1a款咨询与第2款经济性审计的内容与落实；第2b款的指令是约定的内容。在约定中须特别确定第2款第1句第2项审计需要的抽样之决定程序；此外，抽样组群的组建可不根据专业领域，而是根据所选的服务特征来规定。在合同中还须确定，在何种前提条件下进行个案审计并缩减套餐费用；此外还可规定，根据保险基金会医生协会、医疗保险基金会及其协会的申请，审计办公室可进行个案审计。如再次确定无效率（无经济性），则可拟定缩减套餐费用办法。

（3a）通过第2款和第275条第1款第3b项、第1a款和第1b款的审计确定，如在病人没有提交相关前提条件的情况下，由于医生疏忽或者故意鉴定其丧失工作能力，而给这位不符合判定丧失工作能力前提条件的病人开具了证明，从而让雇主支付了不应该的工作报酬，而且让医疗保险基金会支付了不应该的病

假津贴，由此产生的损失可要求医生赔偿。

（3b）根据第 3 款的约定，可基于有效成分的选择和有效成分量，在各自的应用领域对医生开具的服务进行审计。对此，应特别针对有效成分和有效成分分类，确定类似医生组应用领域中的处方比例及有效成分量。此外对医生组的保障及处方费用至关重要的所有应用领域作出了规定。应遵循第 92 条第 1 款第 2 句的指令，第 84 条、第 130b 条或者第 130c 条的约定及第 73 条第 8 款第 1 句的提示作出第 2 句的规定。第 1 句的约定须公开。其接替第 2 款的标准量审计。第 1 句的约定中就不能遵守设立的目标时补偿的额度作出规定。只要第 1 句的约定未作其他规定，则应根据第 5a 款认可诊所特殊性。如存在第 1 句的约定，则可放弃第 84 条第 6 款的约定。合同方约定，应对多少医生进行审计；第 2 款第 7 句前半句适用。在这种情况下，第 1 句的约定在解除后仍继续有效，直至按照第 1 句或者第 84 款达成新协定。

（4）第 2 款第 4 句提及的合同方在保险基金会医生协会或者在第 5 句提及的州协会设立一个共同的审计办公室和一个共同的投诉委员会。投诉委员会由相同人数的保险基金会医生协会代表和医疗保险基金会代表及一位独立主席构成。任期两年。如票数相当，则以主席的投票为准。就主席及其代理人人选以及委员会办公地点应由保险基金会医生协会、医疗保险基金会州协会和医疗互助基金会达成共识。如无法达成共识，则第 7 款的监管机关在与保险基金会医生协会、医疗保险基金会州协会以及医疗互助基金会协商下任命主席及其代理人，并决定投诉委员会的办公地点。

（4a）审计办公室与投诉委员会独立执行任务；投诉委员会在进行运作时从组织上得到审计办公室的支持。审计办公室设立在保险基金会医生协会或者在一个第 4 款第 5 句提及的州协会之中，也可以在某一州已经存在的一个工作组中。关于审计办公室的设立、办公地点和领导，由第 2 款第 4 句的合同方共同决定；合同方还应根据审计办公室领导的建议，在每年 11 月 30 日之前就第二年审计办公室的人事、设备和资金达成共识。审计办公室领导管理审计办公室的日常运作并对内部组织进行安排，使之符合第十卷第 78a 条数据保护的特别要求。如不能就第 2 句和第 3 句达成共识，则由第 7 款的监管机关决定。审计办公室整理第 2 款审计必需的数据及其他材料，确定对于经济性评估有实质意义的事实和根据第 5 款第 1 句作出决定。审计办公室与投诉委员会的开支由保险基金会医生协会和参与的医疗保险基金会均摊。联邦卫生部在联邦参议院批准后通过行政法规决定审计办公室与投诉委员会日常运作的细节，包括委员会主席的报酬和第 2 款第 4 句提及的合同方委派的代表之义务。如委员会成员未履行或未按规定履行本卷中的义务，则行政法规还可确定对这些成员实施惩罚措施的前提条件与程序。

（4b）如经济性审计没有在拟定的范围内或者没有按照有效规定进行，则为了正确执行此规定，主管的医疗保险基金会协会和保险基金会医生协会董事会成员会对此负责。如因为第 296 条和第 297 条的必需数据信息没有或者没有在拟定的范围或者没有按期通报，从而导致经济性审计没有在拟定的范围内或者没有按照有效的规定进行，则主管的医疗保险基金会或者保险基金会医生协会董事会成员对此承担责任。主管监管机关须在听证董事会成员和委员会派出的代表后召集监事会或者代表大会，要求董事会成员补偿因其未履行义务所产生的损失，前提是监事会或者代表大会没有主动提起追索程序。

（4c）第 2 款第 4 句的合同方在得到主管监管机关同意后，可在一个州或者其他保险基金会医生协会的范围外约定共同组建一个审计办公室和投诉委员会。针对一个覆盖多个州的地区设立的审计办公室和投诉委员会进行的监管，由委员会或者办公室所在州主管社会保险事务的最高管理机关负责。监管在与其他相关州主管社会保险事务的最高管理机关协商基础上进行。

（5）审计办公室判定，合同医生、授权医生或者授权的机构是否已经违背了经济性原则，并决定应采取哪些措施。此外，通常在实施进一步措施之前需要进行有针对性的咨询。针对审计办公室的决定，相关医生和医生领导的机构、医院、相关的医疗保险基金会州协会及保险基金会医生协会可向投诉委员会投诉。投诉有中止行政行为实施的效力。《社会法院法》的第 84 条第 1 款和第 85 条的第 3 款适用于投诉程序。投诉委员会之前的程序可被视为预审（《社会法院法》第 78 条）。针对投诉委员会作出的缩减报酬的申诉没有中止行政行为实施的效力。与第 3 句不同，在为被法律或第 92 条指令所禁止的服务产生的多余费用确定补偿义务时，不进行预审。

（5a）如一个医生一个年度的处方开具量超第 84 条第 6 款和第 8 款标准量的百分之十五，并且审计办公室基于提交的数据信息不认为此超出量完全因为其业务特殊性所导致（预审计），则在超过该标准量时进行第 1a 款的咨询。在确定业务特殊性时，不能再次考虑第 84 条第 6 款中用来决定标准量的标准。在超过标准量百分之二十五的情况下，合同医生在审计办公室确定后，如不能通过业务特殊性来说明理由，则应向医疗保险基金会赔偿由此产生的多余费用。审计办公室在作出决定与确定前，应与合同医生作出相应的约定，使得赔偿能最多减少五分之一。第 2 款第 4 句提及的合同医生在第 3 款的约定中确定兼顾业务特殊性的审计标准。审计办公室在遵循第 3 句约定的情况下确定确认诊所业务特殊性的程序的基本原则。因法律规定的或者在第 3 款和第 84 条第 6 款约定中事先认可的业务特殊性而限制开具的药品、（外用）药物、绷带费用，应在审计程序引入之前从医生处方开具的费用中扣除；须就此通知医生。其他的业务特殊性由审计办公室根据医生的申请来确定，也包括通过与相应专业组的个别应用领域的诊断和处方开具进行比较。审计办公室还可通过第 2c 款第 2 句的抽样对这些特殊性进行确定。相应专业组第 296 条和第 297 条的必须数据应通报给审计办公室。针对申诉委员会决定的申诉无中止决定执行的效力。第 7 句中事先认可的业务特殊性也包括在第 84 条第 1 款第 5 句约定的范围内开具的药品，特别是可直接让病人使用的肠外制剂成药之费用，只要兼顾第 73d 条开具此类药物的规定。

（5b）第 2 款审计的对象也要遵循第 92 条第 1 款第 2 句第 6 项中的药方限制和药方禁止要求。在第 3 款的约定中规定了相关细节。

（5c）审计办公室确定医疗保险基金会根据第 5a 款可支配的资金数额；根据医生未参与的合同，参保人的补交款和第 130a 条第 8 款的折扣须一次性扣除。医疗保险基金会应向审计办公室通报与医生相关的第 1 句中一次性扣除金额，该金额为参保人补交款和根据 130a 条第 8 款为由药店结算的药物而得到的折扣款总额。按照总合同缴纳的报酬相应减去这个数额。医疗保险基金会医生协会可向相关合同医生要求偿还应向其缴纳的、相应额度的报酬。只要合同医生能证明，还款可能会对其造成经济损害，则保险基金会医生协会可根据第四卷第 76 条第 2 款第 1 项和第 3 项延期或者免除偿还。不同于第 5 句，医疗保险基金会可延期或免除其索款；在这种情况下第 3 句不适用。不同于第 1 句，在赔偿多余费用时，审计办公室为第一次超过标准量百分之二十五的医生确定，其超过后前两年赔偿的总金额不超过 25000 欧元。

（5d）只要审计办公室和医生约定可以保证在兼顾其业务特殊性的情况下经济合理地开具处方的个人标准量，则关于合同医生赔偿多余费用的规定，第 5a 款第 3 句适用。在此约定中，医生有义务从约定后的季度起，向医疗保险基金会赔偿因超过约定标准量而产生的多余费用。标准量每四个月季度约定一次，如没有其他约定，则之后适用。第 84 条第 1 款的目标协议可作为第 1 句的个人标准量进行约定，只要其中针对单独的有效成分或者有效成分组确定足够具体和充分的经济性目标。

（6）第 1 款至第 5 款也适用于对医院提供的门诊医疗服务和协作医生服务进行经济性审计；第 106a 条在此适用。

（7）审计办公室与申诉委员会的监管由主管社会保险事务的州最高管理机关负责。审计办公室和申诉委员会每年对进行的咨询与审计数及由其确定的措施制作一览表。一览表须提交给监管机关。

第 106a 条　合同医疗保障的结算审计

（1）保险基金会医生协会与医疗保险基金会审计合同医疗保障结算的合法性与可信度。

（2）保险基金会医生协会从客观事实和计算方面确定合同医生结算的正确性，包括针对医生的结算可信度审计及结算实物费用审计。针对医生的可信度审计对象为合同医生每天结算的服务，同时参照其因此产生的时间支出。每天最高结算的服务量之期限为第 2 句审计的基础；在一个较长的时间段内最高结算的服务量之期限也可作为审计的基础。只要第 87 条第 2 款第 1 句后半句规定了时间支出的说明，则其也可作为第 2 句审计的基础。第 2 句至第 4 句不适用于合同牙医保障。审计的出发点为与费用上限规定无关、由合同医生要求的点数量。只要对于审计对象是必需的，之前结算期的结算也应被纳入审计范围。保险基金会医生协会须立即就审计的落实及结果，向第 5 款提及的医疗保险基金会协会以及医疗互助基金会通报。

（3）医疗保险基金会审计合同医生的结算，特别是参考

1. 其服务义务以及范围，

2. 从指定的诊断方面，对参保人进行治疗而结算的服务之方式与范围的可信度，对于牙医服务来说，则从指定的检验结果方面进行考虑，

3. 向参保人提供服务的合同医生数量之可信度，同时兼顾其专业组归属，

4. 参保人向医生补交的第 28 条第 4 款的费用，和第 43b 条第 2 款相关程序的遵循情况。

其须立即就审计落实及其结果向保险基金会医生协会通报。

（4）只要存在相关理由，医疗保险基金会或其协会可申请第 2 款中保险基金会医生协会有针对性的审计。只要存在相关理由，保险基金会医生协会可申请第 3 款中医疗保险基金会的审计。根据第 3 款第 1 句第 2 项或者第 3 项被确定为不可信时，医疗保险基金会或其协会可申请第 106 条的经济性审计；此亦适用于根据第 2 款被确定为不可信时的保险基金会医生协会。

（5）保险基金会医生协会和医疗保险基金会州协会和医疗互助基金会共同统一约定第 2 款至第 4 款审计的内容和落实。在约定中，须规定在违反结算规定、超过第 2 款第 3 句的期限及医疗保险基金会不履行服务义务的情况下所采取的措施，前提是这些须向服务提供机构知会。第 6 款指令的内容是约定的组成部分。

（6）保险基金会医生联邦协会和医疗保险基金会联邦最高联合会首次于 2004 年 6 月 30 日之前约定第 2 款与第 3 款中审计内容与落实的命令；命令特别包括第 2 款第 2 句和第 3 句的标准之预先规定。命令须提交联邦卫生部。该

卫生部可在两个月内驳回命令。如未落实命令或者联邦卫生部未在其设定的期限内撤销驳回，则联邦卫生部发布命令。

（7）第 106 条第 4b 款适用。

第三部分　与医院和其他机构的关系

医院、保健与康复机构

（1）本卷规定，医院为以下机构，即

1. 进行医院治疗或助产服务的机构，

2. 在固定医生领导下从事专业医疗服务、拥有符合其保障任务的充分诊断与治疗能力，并按照科学认可方法工作的机构，

3. 借助随时可支配的医疗、护理、功能和医疗技术人员，主要通过医疗和护理服务查明并治疗病人疾病，防止其恶化，减少病痛或者提供助产的机构，

而且在此机构

4. 可提供病人食宿。

（2）根据本卷规定，保健与康复机构可，

1. 提供病人住院治疗，

a）以消除在可预见的将来可能导致疾病发生的健康弱化，或抵制子女健康发展的损害（保健），或者

b）治疗疾病，防止其恶化或者减轻病痛，在医院治疗之后保证和巩固已取得的治疗效果，规避、消除、减少、补偿残疾威胁或者护理需求，防止其恶化或者减轻其后果（康复），其主动护理服务不可由医疗服务提供机构承担。

2. 在固定医生领导下从事专业医疗服务并在经过特别教育人员的协作下，在病人医学治疗后主要通过使用（外用）药物，包括物理治疗、言语治疗、工作与职业治疗，此外还可通过其他合适的帮助，也可通过精神与心理作用，来改善病人的健康状况，并且帮助病人恢复和提高自身免疫力，

而且在此机构

3. 可提供病人食宿。

具备服务许可资格的医院

医疗保险基金会只能通过以下医院（许可医院）来提供医院治疗服务：

1. 根据州法律规定作为高校医院建立的医院，

2. 被录入州医院规划的医院（规划医院），或者

3. 与医疗保险基金会州协会和医疗互助基金会团体签订保障合同的医院。

第 108a 条　医院协会

州医院协会是由州许可医院所有者组成的联盟。德国医院协会由州医院协会组成。医院所有者州或者联邦协会可属于医院协会。

与医院保障合同的签订

（1）因医疗保险基金会州协会和医疗互助基金会共同与医院所有者达成共识而签署第 108 条第 3 项的保障合同；该合同为书面形式。签订保障合同时，高校医院需要根据州法律规定获得认可，规划医院则需要根据《医院筹资法》第 8 条第 1 款第 2 句录入医院需求规划。此合同对国内所有医疗保险基金会具有约束力。只要医院的服务结构不会被改变，第 1 句的合同方可在与主管医院规划的州机关取得一致后，约定比医院规划少的床位数；约定可设定期限。如医院规划中对床位数及其服务结构没有作出规定，则第 1 句的合同方在与主管医院规划的州机关协商后可补充约定。

（2）不可要求签署第 108 条第 3 项的保障合同。在多个申请签订保障合同的合适医院之间进行必要的选择时，由医疗保险基金会州协会和医疗互助基金会在兼顾公共利益与医院所有者的多样性根据本职判断决定，哪些医院最适合提供一个符合需求、有效且经济的医院治疗。

（3）第 108 条第 3 项的保障合同不可被签署，如医院

1. 不能保证提供有效且经济的医院治疗，或者

2. 对于符合参保人需求的医院治疗并不是必不可少的。

保障合同的签署和拒绝须得到主管州机关的批准才生效

（4）通过第 1 款的保障合同，允许医院在合同期内向参保人提供医院治疗。许可医院有义务在保障任务范围内向参保人提供医院治疗（第 39 条）。医

疗保险基金会有义务，根据本卷的规定，按照《医院筹资法》、《医院收费法》与《联邦护理费条例》与医院所有者进行护理费谈判。

与医院签订的保障合同之解约

（1）如果医疗保险基金会州协会和医疗互助基金会共同提出并且只能因第109条第3款第1句提及的理由而要求解约，则第109条第1款的合同保障可由每个合同方提前一年全部或者部分解约。只有当解约理由长期存在时，才允许解约。就规划医院的解约，需要根据《医院筹资法》第8条第1款第2句向主管州机关申请取消或者更改把该医院录入州医院规划的确认决定。

（2）第1款第1句提及协会的解约需与作为护理费一方相关的医疗保险基金会协商后进行。解约需得到主管州机关批准才可生效。该机关须对其决定说明理由。就规划医院来说，只有在以下情况下失效才会不批准解约，即如果且只要此医院对于保障来说是不可或缺的。如主管州机关在解约通告三个月之内没有驳回，则被视为批准。州机关最迟须在三个月内以书面形式就其驳回说明理由。

与保健或康复机构的保障合同

（1）医疗保险基金会只允许在签有第2款保障合同的保健或康复机构中提供医疗保健服务（第23条第4款）或医疗康复服务，包括需要住院、但不需要医院治疗的后续康复治疗服务（第40条）。

（2）医疗保险基金会州协会和医疗互助基金会共同代表其成员保险基金会就落实第1款提及的服务与保健或康复机构签订统一的保障合同，这些机构

1. 符合第107条第2款的要求，和

2. 对于通过保健或医疗康复服务，包括后续康复治疗，给成员保险基金会的参保人提供符合需求、高效且经济的保障是必不可少的。

第109条第1款第1句适用。其他联邦州的医疗保险基金会州协会和医疗互助基金会可加入第1句签订的保障合同，只要其成员保险基金会的参保人需要在保健或康复机构进行治疗。

（4）基于保障合同，允许保健或康复机构在合同有效期内，通过住院保健

或康复医疗服务给参保人提供保障。如第 2 款第 1 句缔结合同的前提条件不再存在，则医疗保险基金会州协会和医疗互助基金会可共同提前一年解除保障合同。保障合同的签署与解除须得到主管医院规划的州机关的同意。

（5）第 1 款提及服务的偿付由医疗保险基金会和许可保障或康复机构所有人协定。

（6）如许可医院内一个经济与组织上独立且由专科医生领导的保健或康复机构符合第 2 款第 1 句的要求，则第 1 至第 5 款另适用。

第 111a 条　与妇产机构或同类机构的保障合同

医疗保险基金会只允许在签有保障合同的妇产机构或同类机构或者适合父婴措施的机构就产期父母的保健（第 24 条）和康复（第 41 条）提供住院医疗服务。第 111 条第 2 款、第 4 款第 1 句和第 2 句和第 5 款及第 111b 条适用。

医疗治疗的双方合同与框架建议

（1）医疗保险基金会州协会和医疗互助基金会一起与州医院协会或者医院所有者州协会共同签订合同，以确保医院治疗的方式与范围符合本卷要求。

（2）合同特别规定

1. 医院治疗的普遍条件，包括

a）参保人的入院与出院，

b）费用承担、费用结算、报告和证明，

2. 医院治疗的必要性及持续时间核查，包括通常以半住院方式提供的服务目录，

3. 经济性与质量审核的处理与审核原则，

4. 医院中参保人的社会照顾与咨询，

5. 医院治疗到康复或护理的无缝过渡，

6. 第 27a 条第 1 款诱导妊娠医疗措施的前提条件、方式和范围之细节。

这些合同对于医疗保险基金会及州许可医院有直接约束力。

（4）第 1 款的合同可由合同任何一方提前一年全部或者部分解除。第 1 句适用由州仲裁委员会根据第 3 款作出的规定。这些规定可在不预先通知的情况

下随时被第 1 款的合同替代。

（5）医疗保险基金会联邦最高联合会和德国医院协会或医院所有者联邦协会应共同针对第 1 款合同内容提交框架建议。

（6）保健与康复机构中央组织须参与第 1 款合同的签署和第 5 款框架建议的提交，只要第 2 款第 5 项的规定与其相关。

医院治疗的质量与经济性审核

（1）医疗保险基金会州协会、医疗互助基金会和私人医疗保险企业团体州委员会可共同通过审核员对许可医院进行医院治疗的经济性、效率与质量审核，任务的审核员须得到医院所有者同意。如不能就审核员人选达成共识，则可根据申请，由第 114 条第 1 款的州仲裁委员会在两个月内决定。审核员独立并且不受命令的约束。

（2）医院及其工作人员有义务，在审核员及其委托人要求下，向其提供履行其任务必要的材料并回复询问。

（3）审核结果须在将来下一次护理费约定时被考量，审核结果与第 110 条解除保障合同所产生的结果无关。根据《德国护理费条例》就经济性审核的规定仍然有效。

（4）门诊精神病院和社会儿科中心所提供保障的经济性与质量由医疗保险基金会适当运用第 106a 条、第 106 条第 2 款和第 3 款和第 136 条的有效规定进行审核。

州仲裁委员会

（1）医疗保险基金会州协会和医疗互助基金会共同与州医院协会或者医院所有者州协会在每个州设立一个仲裁委员会。该委员会决定本卷分配给其的任务。

（2）州仲裁委员会由相同人数、来自医疗保险基金会和许可医院的代表及一位独立主席和两位独立成员构成。医疗保险基金会的代表及其代理人由医疗保险基金会州协会和医疗互助基金会任命，许可医院的代表及其代理人由州医院协会任命。主席和独立成员由参与组织共同任命。如不能达成共识，则由适当应用第89条第3款第3句和第4句的程序通过抽签来任命。只要参与的组织未任命代表，或者在第3句的程序中没提名主席和独立成员人选，则根据参与组织的申请，可由主管州机关任命代理人和提名候选人；在这种情况下仲裁委员会成员任期为一年。

（3）仲裁委员会成员职位为荣誉职位，其不受命令约束。一人一票。以成员多数票作出决定。如票数相当，则以主席的投票为准。

（4）由主管州机关对仲裁委员会的日常运作进行监管。

（5）州政府被授权，通过颁布地方条例来决定仲裁委员会和扩大的仲裁委员会成员的人数、任命、任期、办公、现金的报销和时间支出的报酬（第115条第3款）、日常运作、程序、费用收取与金额以及支出分布的细节。

第四部分　与医院和合同医生的关系

医疗保险基金会、医院与合同医生之间的三方合同与框架建议

（1）医疗保险基金会州协会和医疗互助基金会连同保险基金会医生协会与州医院协会或者与州医院所有者协会共同签订合同，以通过合同医生与许可医院的紧密合作来保证参保人无缝的门诊与住院治疗。

（2）合同特别规定

1. 促进机构内协作医生活动和治疗，在此机构内参保人通过多个合同医生合作获得门诊与住院保障（诊所医院），

2. 就病人治疗及病历的转交与使用进行的相互告知，

3. 在部署和落实随时待命的应急服务时的合作，

4. 根据第115a条在医院中进行住院前和住院后治疗的落实，包括经济性的审核和防止滥用；在合同中可约定有别于第115a条第2款第1句至第3句的规定。

5. 医院门诊治疗的一般条件。

这些合同对医疗保险基金会、合同医生以及州许可医院有直接约束力。

（3）如第1款的合同不能完全或者部分落实，则根据合同一方的申请，由第114条的州仲裁委员会来确定其内容。仲裁委员会就此增加与之前的医疗保

险基金会或医院代表相同人数的合同医生代表（扩大的仲裁委员会）。合同医生代表由合同医生协会任命。相关细节由第114条第5款的行政法规决定。第112条第4款适用于合同的解除及由扩大的仲裁委员会所确定合同的终止。

（5）医疗保险基金会联邦最高联合会、保险基金会医生联邦协会和德国医院协会或者医院所有人联邦协会应共同提交第1款合同内容的框架建议。

第115a条 在医院中住院前和住院后治疗

（1）医院可在开具医院治疗处方时，在医学上认为适当的情况下，不提供食宿而对参保人进行治疗，以

1. 查明全住院医疗治疗的必要性或者为全住院医院治疗做准备（住院前治疗），或者

2. 紧接全住院医院治疗，保证和强化治疗效果（住院后治疗）。

（2）住院前治疗被限制在住院治疗开始前五天内，最长三个治疗日。住院后治疗被限制在住院治疗结束后十四天内，最长七个治疗日，在根据《移植法》第9条第1款进行器官移植时，不能超过住院治疗结束后三个月。十四天或者三个月的期限在医学理由充分的个别情况下，如获得指导医生的同意可延长。《移植法》第9条第1款的器官移植的体检可由医院在住院后治疗结束后继续进行，以便从科学角度辅助和支持进一步的疾病治疗或者质量保证措施。住院前和住院后治疗期间在医院之外必要的医疗由参加合同医疗保障的医生在确保委任任务范围内给予保证。医院须立即就住院前和住院后治疗向指导医生以及就体检及其结果向此指导医生和参加进一步疾病治疗的医生通报。第2句至第6句适用于《移植法》第8条第3款第1句器官捐赠后的照料。

（3）医疗保险基金会州协会、医疗互助基金会和私人医疗保险基金会团体州委员会连同州医院协会或者州医院所有者协会，在与保险基金会医生协会协商的基础上根据《医院筹资法》第18条第2款协定对合同各方均有效的服务报酬。报酬为套餐，而且对于减少住院费用是合适的。医疗保险基金会联邦最高联合会和德国医院协会或者医院所有人联邦协会，在与保险基金会医生联邦协会协商的基础上就报酬给出建议。此适用于第1句约定生效之前。如在三个

月之内不能达成有关报酬的约定，合同一方书面要求启动谈判后，根据合同一方的申请或者主管州机关的申请，由仲裁委员会按照《医院筹资法》第18a条第1款确定报酬。

第115b 在医院中进行的门诊手术

（1）医疗保险基金会联邦最高联合会、德国医院协会或者医院所有人联邦协会共同与保险基金会医生联邦协会约定

1. 可在门诊进行的手术或者其他替代住院的手术之目录，

2. 针对医院和合同医生统一的报酬。

在约定中须考虑第135条第2款的质量前提条件及第92条第1款第2句和第137条的联邦共同委员会决议与命令。

（2）目录中提及的手术和替代住院的手术可准许医院在门诊进行。就此需要医院通知医疗保险基金会州协会和医疗互助基金会、保险基金会医生协会和许可委员会（第96条）；保险基金会医生协会就合同医疗保障的保障水平向州医院协会通报。医院有义务遵守第1款的合同。服务直接由医疗保险基金会偿付。由医疗保险基金会进行经济性与质量审核；医院向医疗保险基金会提供第301的数据，前提是这些数据对于医疗保险基金会履行任务是必需的。

（3）如不能全部或者部分达成第1款的约定，则根据合同一方的申请，其内容由第89条第4款的联邦仲裁委员会决定。联邦仲裁委员会就此增加与医疗保险基金会或者保险基金会医生联邦协会代表相同人数的德国医院协会代表（扩大的联邦仲裁委员会）。扩大的联邦仲裁委员会由成员的三分之二多数票来通过决议。第112条第4款适用。

（4）在第1款或者3款规定生效前，医院有权遵循统一的评估标准（第87条）进行门诊手术。就此需要医院通知医疗保险基金会州协会和医疗互助基金会、保险基金会医生协会和许可委员会（第96条），在通知中对在医院进行的门诊手术进行描述；第2款第2句后半句适用。报酬和与参保人相关的报酬值根据统一的评估标准决定。第2款第4句和第5句适用。

（5）在第1款的约定中，可就医院与合同医生进行门诊手术服务的报酬共

同预算作出规定。资金来源于总报酬和被批准进行门诊手术医院的预算。

第 115c 条　医院治疗后继续进行药物治疗

（1）如在医院治疗后，必须开具药物处方，则医院通过标注有效成分通知继续治疗的合同医生，以给其治疗建议。如存在拥有类似有效药理成分或者类似疗效的药物，则至少需要给出一个更实惠的治疗建议。在说明医学理由的例外情况下，如与第 1 句与第 2 句的情况所有偏差也是允许的。

（2）如在医院治疗之后，有必要在一个较长的时期内、在合同医疗保障范围中继续提供在医院已经开始的药物治疗，则只要不会在个别情况下影响治疗或者不会导致滞留时间延长，医院应在出院时使用在合同医疗保障范围内同样具备经济性与合目的性的药物。

医院医生的门诊治疗

继续教育解散的医院医生可在医院所有者的同意下，由许可委员会（第 96 条）授权参加参保人的合同医疗保障。如果没有合适的医生能够提供特殊的检查与治疗方法或者医疗知识，从而不能确保给这些参保人提供充分的医疗保障，这时就应当进行许可授权。

第 116a　保障不足的情况下医院医生的门诊治疗

许可委员会可根据许可医院的申请，在医生与医疗保险基金会州委员会确定的保障不足规划区，针对相应的专业领域授权许可医院参加合同医疗保障，只要这对于消除保障不足是必须的。

第 116b　医院门诊治疗

（1）医疗保险基金会或者其州协会可与批准参加第 137g 条规定结构化治疗项目实施的医院签订门诊治疗合同，前提是三方在结构化治疗项目合同中提出了提供门诊服务的要求。作为最低要求，第 135 条规定的要求适用于医院提供门诊服务的实际和人员要求。

（2）获得批准的医院有权提供第 3 款和第 4 款目录中所提及高水平专业服务、罕见疾病和具有特殊变化的疾病门诊治疗服务，前提是在州医院规划范围内考虑到合同医疗保障情形，根据医院承办人申请作出相关决定。如果医院不适合，则不进行规定。要积极争取与直接参与医院规划的当事人作出一致的决定。

（3）门诊治疗目录包括下列高水平专业服务、罕见疾病和具有特殊变化的疾病：

1. 高水平专业服务

——借助 CT/MRT 的干预性病痛治疗服务

——近距离放射治疗，

2. 罕见疾病和具有特殊变化的疾病

——肿瘤患者的诊断和照管

——HIV/Aids 患者的诊断和照管

——风湿病严重发展型患者的诊断和照管

——心机能严重不健全者的特殊诊断和治疗（NYHA3—4 期）

——肺结核患者的诊断和照管

——胰纤维性囊肿患者的诊断和照管

——血友病患者的诊断和照管

——畸形、先天性骨骼系统畸形和神经肌肉疾病患者的诊断和照管

——严重免疫系统疾病患者的诊断和治疗

——多发性硬化症患者的诊断和照管

——癫痫患者的诊断和照管

——儿科心脏学范围内患者的诊断和照管

——存在间接危险的早产儿诊断和照管

合同医疗保障要求适用于医院提供门诊服务的实际和人员要求。

（4）联邦共同委员会补充符合第 3 款的目录，补充内容包括其他罕见疾病、具有特殊变化的疾病和符合第 2 句标准的高水平专业服务。收录至目录的前提条件证明具有诊断或治疗有效性、医疗必要性和经济性，同时，评估医疗服务的必要性和经济性时，必须考虑与在合同诊所提供的服务相比，医院提供服务的特点。此外，实施细则中必须规定医院提供的门诊服务能否以及在何种

情况下才能由家庭医生或专业医生转诊。在细则中还规定了医院提供门诊服务的附加实际和人员要求、符合第135a条和第137条的跨机构质量保障措施；符合第135条的要求为最低要求。联邦共同委员会最晚每隔两年审核一次根据法律确定的目录、资质要求和准则，审核以上内容是否仍符合第2句至第4句提及的标准，并审查是否必须将新的高水平专业服务、新型罕见疾病和具有特殊变化的新型疾病收录至符合第3款的目录。

（5）医疗保险基金会直接偿付医院根据第2款提供的服务。此酬劳与类似合同医疗服务酬劳一致。医院向医疗保险基金会通报可根据第3款和第4款提供的门诊服务，并在同一评估标准（第87条）基础上标记可计算的服务。通过最近一次提交的保险基金会医生协会辖区合同医疗保障季度计算得出平均点值，根据此点值计算2007年和2008年每个季度提供服务的酬劳。利用保险基金会医生协会辖区每季度与医保基金会类型相关的有效支付点值计算符合第4句的点值，分别在医疗服务统一评估标准基础上清算的点数加权支付点值。每季度开始的八周后，保险基金会医生协会、医疗保险基金会州协会和医疗互助基金会定期共同统一确定符合第4句的平均点值，2007年5月31日首次确定。如果在此时间之前未确定平均点值，则由主管保险基金会医生协会的监管机构确定点值。

（6）在许可范围内，如果完成治疗任务时需要符合第73条第2款第5项至第8项和第12项的服务处方，则第2款规定的门诊治疗也将其囊括在内；第73条第2款第9项适用。符合的92条第1款第2句的准则相应适用。如果根据第1句制定了服务处方规定，则符合第87条第1款第2句的表格与证明协定和符合第75条第7款的准则适用。同时，医院必须使用符合第293条的标记，根据第300条和第302条结算时，借助此标记可进行明确的分配。如果合同未另行规定，则第113条第4款适用于符合第1句处方经济性的审查。

高校门诊

（1）许可委员会（第96条）有义务，根据高校和高校医院的要求，授权高校医院的门诊、研究所和科室为参保人和第75条第3款提及的人群提供门诊医疗。这样授权应是为了让高校门诊在研究和教学必需的范围内为第 1 句提及的人群提供检查和治疗服务。保险基金会医生协会在得到医疗保险基金会州协会和医疗互助基金会共同同意下，通过与高校或者高校医院签订的合同规定授权落实细节。

（2）第 1 款适用于在研究和教学必需范围内的大学心理研究所高校门诊和在《心理治疗师法》第 6 条所提及培训机构的门诊进行的授权，这些门诊给参保人和第 75 条第 3 款提及的人群提供第 92 条第 6a 款中联邦共同委员会认可的医疗纠纷，前提是由符合合同医疗保障框架内心理治疗专业资质的人员负责医疗。在大学心理研究所高校门诊之授权框架内须拟定病例数上限。对于其报酬，第 120 条第 2 款至第 4 款适用。

精神病院门诊

（1）精神病院须由许可委员会授权对参保人提供门诊精神与心理治疗保障。治疗针对的是那些因为疾病种类、严重程度和持续时间或者因其距离合适的医生较远而被分配到此病院进行治疗的参保人。医院所有者确保，在需要时为门诊精神与心理治疗提供必需的医生和非医务专业人员以及必要的设施。

（2）拥有独立且由专业医生领导的精神科并负有地区保障义务的全科医院，可授权为第 2 句合同中约定的病人群体提供精神与心理治疗。医疗保险基金会联邦最高联合会和德国医院协会及保险基金会医生联邦协会在合同中确定精神病人群体，其因疾病种类、严重程度或者持续时间需要第 1 句的机构提供门诊治疗。如不能完全或者部分落实合同，则根据合同一方的申请，由第 89 条第 4 款的联邦仲裁委员会确定其内容。为此联邦仲裁委员会须增加与医疗保险基金会或者保险基金会医生联邦协会代表相同人数的德国医院协会代表（扩大的联邦仲裁委员会）。扩大的联邦仲裁委员会由成员的三分之二多数票来通过决议。第 1 款第 3 句适用。第 135 条第 2 款适用于医院医生的资质。

社会儿科中心

（1）在固定医生领导下从事专业医疗服务并提供有效和经济的社会儿科治疗的社会儿科中心应由许可委员会（第 96 条）授权从事儿童的门诊社会治疗。

只要授权对于确保充分的社会儿科治疗是必要的，就可以授予许可。

（2）社会儿科中心的治疗针对的是那些因为疾病的种类、严重程度和持续时间或者可能威胁其的疾病而不能被合适的医生或者不能在合适的早期干预中心得到治疗的子女。社会儿科中心应与医生及早期干预中心紧密合作。

第 119a 残疾救助机构的门诊治疗

如果机构中没有医生能够提供特殊的检查与治疗方法或者医疗知识，执业医生就不能确保给精神发育障碍的参保人提供充分的医疗保障，这时拥有医生领导科室的残疾救助机构就应由许可委员会授权对这些参保人进行门诊医疗。治疗针对的是那些因为其残疾种类或者严重程度而被分配到此机构进行门诊治疗的参保人。在许可决定中须规定，机构中的医生是否或者在什么情况下可直接或者还是需要通过转院的方式提供治疗。医生领导的科室应与其他医疗服务提供者紧密合作。

第 119b 住院护理机构的门诊治疗

在有适当需求时，住院护理机构可不考虑第 75 条第 1 款，单独或者共同与合适的合同医疗服务提供机构签订合作合同。根据护理机构的申请，保险基金会医生协会须力求签订第 1 句的合同，以确保有护理需要的参保人在护理机构得到充分的医疗保障。在护理机构申请递交后六个月内如没有签署第 1 句的合同，则对于雇佣那些在医生登记簿中登记并且接受过老人护理进修的医生的护理机构，应由许可委员会授权给有护理需要的参保人提供合同医疗保障；如有护理需要的参保人是由一名被多个护理机构雇佣的医生提供保障，则应授权此受雇的医生给护理机构中有护理需要的参保人提供合同医疗保障。参保人在护理机构中自由选择医生的权利不受影响。在护理机构中从业的医生在其进行医疗决定时不受非医务人员命令约束。其应与其他服务提供者紧密合作。

医院门诊纠纷的报酬

（1）由授权医院医生在医院中提供的门诊医疗服务，由第 119b 条第 3 句后半句授权医生在住院护理机构中提供的门诊医疗服务和在授权机构中提供的门诊医疗服务，按照合同医生的相关原则从合同医生总报酬中偿付。对于与此服务相关的一般诊疗费用、因使用医疗器械产生的费用及其他材料费用，只要在统一的评估标准中没有其他规定，则可通过收费偿付。提供给授权医院医生的报酬由医院所有者和保险基金会医生协会结算，在扣除分摊的管理费用以及医院因第 2 句产生的费用后，向相关的医院医生转交。第 119b 条第 3 句后半句的授权医生提供服务之报酬由住院护理机构和保险基金会医生协会结算。

（1a）作为第 1 款报酬的补充，医疗保险基金会州协会和医疗互助基金会应共同统一就在医院的儿科、儿童外科和儿童骨科及儿童耳科与放射科提供的门诊服务，与医院所有者约定基于病例或机构的一次性套餐，如这对于通过转院提供给儿童青少年的治疗得到适当的报酬是必需的。套餐由医疗保险基金会直接偿付。第 295 条第 1b 款第 1 句适用。结算材料及必需表格的形式与内容细节由第 301 条第 3 款的约定来规定。只要在某一年首次约定第 1 句中的针对此服务的套餐，特殊机构将在第 1 句约定的套餐数额上一次性减少《医院收费法》第 6 条第 3 款提及的该年度利润总数及《联邦护理费条例》第 6 条第 1 款提及的该年度总金额，和相应的《联邦护理费条例》第 12 条所包含的预算。各自的减少数额已经在第 1 句的报酬约定中确定。在约定《医院收费法》第 10 条的州基本值时须兼顾当年首次约定的门诊套餐总额减少的支出。

（2）高校门诊、精神病院门诊和社会儿科中心的服务直接由医疗保险基金会偿付。报酬由医疗保险基金会州协会和医疗互助基金会共同统一与高校或者高校门诊、医院或者代表其的州协会约定。其须保障精神病院门诊与社会儿科中心的经济性与效用。高校门诊服务的报酬应与类似服务的报酬一致。对于公立医院的附属高校门诊须考虑投资成本折扣。2003 年第 85 条的总报酬须基于上一年的总报酬进行约定，该总报酬是在对支付给门诊所的服务报酬进行清算后得到的。

（3）高校门诊、精神病院，社会儿科中心和其他由医生领导的授权机构之服务报酬可以套餐的方式一次性付清。对于公立医院，第 1 句的报酬须缩减百分之十的投资成本折扣。第 295 条第 1b 款第 1 句适用。结算材料和必须表格的内容与形式细节由第 301 条第 3 款的合同方为高校门诊、精神病院和社会儿科中心约定，第 83 条第 1 句的合同方为其他由医生领导的授权机构约定。

（4）如不能完全或者部分达成第 1a 款第 1 句或者第 2 款第 2 句的约定，则根据合同一方的申请，根据《医院筹资法》第 18a 条第 1 款由仲裁委员会确定报酬；根据第 1a 款第 1 句的约定，仲裁委员会须首先确定，该约定对于通过转院提供给儿童青少年的医疗服务得到适当的报酬是否是必需的。

（5）关于缴纳雇主设备、人员和物资使用费的公务员法律规定，或者关于除费用报销和利益补偿外所涉及使用费的合同规定，以及其他医生费用均不受第 1 款至第 4 款影响。

协作医生服务

（1）第 115 条第 1 款的合同方与医疗保险基金会和许可医院共同致力于参保人高效和经济的协作医生治疗。医院应给予相同专业方向的协作医生共同治疗其病人的机会（合作协作医生活动）。

（2）本卷规定的协作医生不是被医院雇佣的合同医生，合同医生有权使用医院提供的服务、设备和物资对病人（协作病人）进行全住院和半住院治疗，但不会为此从医院获得报酬。

（3）协作医生服务由合同医生总报酬支付。报酬须兼顾协作医生活动的特殊性。此外还包括基于以下服务所产生的费用，即

1. 为协作病人的医疗急救服务，和

2. 由协作医生发起、医院下级医生落实的服务，此下级医生在治疗其协作病人时从事与协作医生相同专业领域的活动。

（4）评估委员会须在其第 87 条的决议中，按照统一的评估标准对医疗服务作出规定，以基于第 3 款第 2 句和第 3 句的规定对协作医生的服务作出适当的评估，此规定 2007 年 4 月 1 日生效。

（5）有别于第 2 款至第 4 款的报酬规定，有协作病房的医院可与协作医生签订酬金合同，来为协作医生的服务提供报酬。

第 121a 条　人工受孕的许可

（1）医疗保险基金会只可通过以下人员或机构实施诱导妊娠措施（第 27a

条第 1 款），

　　1. 合同医生，

　　2. 许可的医疗保障中心，

　　3. 授权医生，

　　4. 由医生领导的授权机构，或者

　　5. 许可医院，

这些人员或单位已获得主管机关就实施此措施颁发的第 2 款许可。第 1 句仅适用于按照模拟程序进行的人工授精，通过该程序确定怀孕时可能出现的三个或者多个胚胎的高风险。

　　（2）许可只可发放给第 1 款第 1 句提及的医生或者机构，如其

　　1. 提供落实诱导妊娠措施（第 27a 条第 1 款）进行的必要诊断与治疗，并按照科学认可的方法工作，以及

　　2. 确保诱导妊娠措施（第 27a 条第 1 款）的落实工作是符合需求、有效且经济的。

　　（3）不得请求批准。在从多个申请许可且符合条件的医生或者机构中进行必要的选择时，主管机关在兼顾公共利益和申请者多样性的前提下通过义务裁量决定，哪位医生或者哪个机构最符合诱导妊娠措施（第 27a 条第 1 款）的落实要求，而且要求落实工作应符合需求、有效且经济。

　　（4）按州相关法律由主管机关（如无此法律，则由州政府）决定主管发放许可的机关；其可将授权转交其他机构。

在诊所医院中治疗

　　医疗保险基金会联邦最高联合会和代表诊所医院从业合同医生利益的中央组织在框架合同中约定

　　1. 替代常规住院、在第 115 条第 2 款第 1 句第 1 项的诊所医院提供门诊或住院治疗的目录，

　　2. 保证治疗质量、保障过程和治疗结果的措施。

　　第 115 条第 2 款第 1 句第 1 项的诊所医院有义务遵守第 1 句的合同。

第五部分　与药物服务提供者的关系

许可

（1）作为服务服务，特别是理疗、语言疗法或者运动疗法服务的药物，只可由许可服务提供者向参保人提供。

（2）以下人员可视为许可者，即其

1. 接受过提供服务必需的培训并拥有服务提供资格许可，

2. 拥有为保证提供适当与经济的服务必备的医疗设备，

3. 承认有关保障参保人的协定。

药物的许可服务提供者在其他（外用）药物领域的活动也是许可的，只要此领域的服务提供者符合第 1 句第 2 项和第 3 项的前提条件，并且提供服务的一人或多人能证明符合第 1 句第 1 项的前提条件。

（3）医院、康复机构和类似的机构可通过符合第 2 款第 1 项条件的人员提供第 1 款提及的药物；第 2 款第 2 项和第 3 项适用。

（4）医疗保险基金会联邦最高联合会针对第 2 款许可条件的统一应用提出建议。应听取联邦一级代表服务提供者经济利益的重要中央组织的意见。

（5）许可由医疗保险基金会州协会和医疗互助基金会颁发。拥有服务许可才可以为参保人提供保障。

（6）如服务提供者在颁发许可后不再符合第 2 款第 1 项、第 2 项或者第 3 项的前提条件，则可撤销许可。如服务提供者在第 125 条第 2 款第 3 句的宽限期内没有进行进修，则也可撤销许可。

框架建议与协议

（1）医疗保险基金会联邦最高联合会和联邦一级代表（外用）药物提供者利益的重要中央组织应根据第 92 条第 1 款第 2 句第 6 项的命令，共同就统一的（外用）药物保障提供框架建议；其也可与各自服务范围的重要中央组织提供一个共同的相应框架建议。在协定框架建议之前，保险基金会医生联邦协会有机会阐述立场。阐述的立场须纳入框架建议合作方的决定程序。在框架建议中应特别规定：

1. 各类药物的内容，包括其通常情况下的使用范围和频率以及标准治疗时间，

2. 进修和质量确保之措施，包括治疗质量、保障过程与治疗结果，

3. （外用）药物提供者与开具处方的合同医生之间合作的内容与范围，

4. 服务提供的经济性措施及其审核，以及

5. 报酬结构的规定。

（2）就（外用）药物保障的细节、价格、其结算和服务提供者的进修义务由医疗保险基金会、其州协会或者工作组与服务提供者或者团体或者其他联合体签订协议规定；约定的价格为最高价格。如相关协议方不能证明其进修，则在第 1 句的协议中规定报酬折扣。针对服务提供者须设定期限，在此期限内可补上进修。如果协议双方在与服务提供者团体签订的协议中不能就协议价格或者协议价格调整达成共识，则价格由协议方共同提名的独立仲裁人决定。如协议双方不能通过仲裁人达成共识，则由主管签约医疗保险基金会或者签约州协会的监管机关决定。仲裁程序的费用由服务提供者团体及医疗保险基金会或者其州协会均摊。

第六部分　与辅助器具服务提供者的关系

通过合同方的保障

（1）辅助器具只可基于第 127 条第 1 款、第 2 款和第 3 款提供给参保人。医疗保险基金会的合同方只能是符合以下前提条件的服务提供者，即要求充分、适当且按功能制造、出售和调试辅助器具。医疗保险基金会联邦最高联合会就统一应用第 2 句要求提出相关建议，包括服务提供者的进修。

（1a）医疗保险基金会确保符合第 1 款第 2 句的前提条件。如提供某一资质机关的确认函，则该医疗保险基金会就被认定符合前提条件。包括如何决定与监督资质机关、确认函的内容与有效期，如何审核否决的决定和费用收取问题在内的第 2 句程序细节由医疗保险基金会联邦最高联合会与在联邦一级代表服务提供者利益的重要中央组织协定。此外须确保，服务提供者能够不依赖于其在第 3 句合同某方的成员关系而使用程序，并且如其符合第 1 款第 2 句的前

提条件，则有权要求获得确认函。如果服务提供者没有在一个适当的期限内做到符合前提条件，则只要颁发机关确定其不符合或者不再符合前提条件，颁发的确认函就须被限制、吊销或者收回。在第 3 句的约定中有决定权的机关可从服务提供者那里收集、处理并使用为确定和确认符合第 1 款第 2 句的要求而必需的数据。该机关可就颁发、拒绝、限制、吊销和收回的确认函，包括认证不同服务提供者必需的数据向医疗保险基金会联邦最高联合会通报。联邦最高联合会有权处理通报的数据并向医疗保险基金会公布。

（3）对于不在合同医疗保障范围内提供的非医疗透析服务，本篇规定适用。

协议

（1）只要对于确保经济且保证质量的保障合适，医疗保险基金会、其州协会或者工作组以公告的方式与服务提供者或者其为此目的设立的联合体，就提供一定数量辅助器具、落实一定数量的保障或者一定时间内的保障签订协议。此外，其须确保辅助器具的质量及参保人必要的咨询和其他必需的服务，并且须负责参保人在居住地附近的保障。应注意第 139 条辅助器具表中就保障与产品质量确定的要求。为特定参保人定制的辅助器具，或者服务比例很高的保障，通常不适合公告。

（1a）医疗保险基金会联邦最高联合会和联邦一级服务提供者的中央组织在 2009 年 6 月 30 日之前首次共同就公告的合目的性给出建议。如在第 1 句的指定期限之前不能达成共识，则建议内容由第 1 句的建议合作方共同提名的独立仲裁人决定。如建议合作方不能通过仲裁人达成共识，则建议内容由主管医疗保险基金会联邦最高联合会的监管机关决定。仲裁程序的费用由联邦最高联合会和服务提供者中央组织均摊。

（2）只要没有作出第 1 款的公告，医疗保险基金会、其州协会或者工作组就辅助器具保障的细节、药物再次使用、药物资量及额外提供的服务、服务提供者进修要求、价格与结算与服务提供者、其州协会或者其他形式的联合体签订协议。第 1 款第 2 句和第 3 句适用。就特定辅助器具签订协议的意图，须通过合适的方式公开通报。须立即向其他问询的服务提供者知会签订协议的内容。

（2a）如果服务提供者根据目前的协议还无权给参保人提供保障，则其可以同样的条件作为协议方加入第2款第1句的协议。与服务提供者协会或者其他形式的联合会组织签订的协议，服务提供者协会或者其他形式的联合体也可加入。第1句和第2句适用2007年4月1日之前签订的协议。第126条第1a款和第2款仍然有效。

（3）对于必需的辅助器具，如第1款和第2款的医疗保险基金会没有与服务提供者签订协议，或者参保人不可能从协议方以一种合理的方式获得保障，医疗保险基金会可在个别情况下与相关服务提供者协定；第1款第2句和第3句适用。医疗保险基金会也可事先以匿名方式从其他服务提供者那里获取价格单。在第33条第1款第5句和第6款第3句的情况下，第1句适用。

（4）对于已确定固定价格的辅助器具，可约定第1款、第2款和第3款合同中的价格最高为固定价格。

（5）医疗保险基金会须就有权提供保障的协议方以及在问询的情况下就合同实质性内容知会参保人。其也可向合同医生提供相应的信息。

服务提供者与合同医生之间禁止的合作

（1）只要不是为紧急情况下保障之需要提供的辅助器具，就不得从合同医生的库存中向参保人提供辅助器具。第1句适用于在医院和其他医疗机构的辅助器具出售。

（2）服务提供者不得让医院及其他医疗机构的合同医生或者医生在收取报酬或者其他获得经济利益的前提下参与辅助器具保障的落实，或者不得为其提供与辅助器具处方相关的资助。此外，在合同医生提供的辅助器具保障范围内，服务提供者不得对额外的私人医生服务支付报酬。第1句的经济利益也包括设备和材料的无偿或降价转让、实施培训、提供空间与人员，或者承担因此产生的开支。

（3）医疗保险基金会通过合同确保，如违背第1款和第2款禁令可适当进行处罚。如果严重或者一再违背，则须拟定，服务提供者在最长两年时间内不得参与参保人保障项目。

（4）除了其在合同医疗保障范围内应负责的任务外，合同医生只允许在与医疗保险基金会合同约定的基础上参与辅助器具保障的落实。第 1 款至第 3 款仍然有效。对于第 1 句的参与，医疗保险基金会须知会主管各合同医生的医生协会。

（4a）在保障的经济性与质量不会因签订合同而受到限制的前提下，医疗保险基金会可与合同医生签订第 4 款的合同。第 126 条第 1 款第 2 句和第 3 句及第 1a 款同样适用于合同医生。在合同中须明确规定由合同医生提供的额外服务，及其为此获得的报酬。额外服务报酬由医疗保险基金会直接向合同医生支付。服务提供者不得参与结算和清算合同医生提供服务的报酬。

（4b）在第 4 款合同的基础上参与辅助器具保障落实的合同医生，须向相关主管医疗保险基金会提交其开具的处方，以求获得保障的批准。处方与批准情况须由医疗保险基金会向参保人通报。此外，医疗保险基金会须就不同的保障方式向参保人提供咨询。

（5）医疗保险基金会在落实合同医生处方时对参保人分配给特定服务提供者的可能性或者其他禁用的合作方式时应当作出醒目提示，第 4 款第 3 句适用。

（6）如法律没有其他规定，则在提供第 31 条和第 116b 条第 6 款的服务时，第 1 款至第 3 款不仅适用于医药企业、药店、医药批发商和其他卫生服务提供者，也适用于合同医生、医院中的医生及医院所有者。医疗保险基金会与服务提供者就开具第 31 条和第 116b 条第 6 款服务处方时为参与开发经济性潜力与改善保障质量涉及的财政激励所签订的法律许可协议，其效力不受影响。

第七部分　药店与医药企业的关系

药物保障的框架协议

（1）按照第 2 款的框架协议，药店有义务在向参保人提供处方药物时，

1. 在以下情况下出售实惠药物，即开具处方的医生

a）只对药物的有效成分进行了标注，或者

b）不排除用有效成分一样的药物来替代处方药物，

2. 按照第 130a 条第 1 款、第 1a 款、第 2 款、第 3a 款和第 3b 款的折扣，向参保人出售实惠进口药物，该药物的售价比参考药物售价至少便宜百分之十五或者 15 欧元；在第 2 款的框架合同内可约定开具具有额外经济性潜力药品的规定。

3. 出售经济的单数量药物，以及

4. 在药品包装上注明药店售价。

在出售第 1 句第 1 项的药物时，药店须出售与开具的药物有同样药效与包装、有同样适用范围许可以及有相同或可替换剂型的药物；同样包装的意思为包装大小相同，并且有第 31 条第 4 款提及的行政法规规定的大小代码。此外，有效成分相同的药物应替代对医疗保险基金会有效、符合第 130a 条第 8 款约定的药物。如不存在第 130a 条第 8 款相应的约定，药店可按照框架合同用更实惠的药品替代。如果满足第 2 句的前提条件，则不用考虑第 3 句和第 4 句，参保人可以用费用报销的方式获得其他药物。第 13 条第 2 款第 2 句和第 12 句不适用。在出售进口药物和其参考药物时，第 3 句和第 4 句适用；此外，如果存在第 130a 条第 8 款约定的药物，则优先于第 1 句第 2 项的药物出售。

（1a）联邦共同委员会根据第 92 条第 1 款第 2 句第 6 项的细则、在兼顾疗效可比性的前提下，立即就剂型的可替换性给出指示。

（2）医疗保险基金会联邦最高联合会和代表药店经济利益设立的重要中央组织可在一份共同框架合同中规定相关细节。

（3）如果药店符合以下条件，则第 2 款的框架合同对药店有法律效力，

1. 药店属于中央组织的会员团体，并且团体的章程规定，由中央组织签订的此类合同对属于该团体的药店有法律效力，或者

2. 药店签署了框架合同。

（4）在第 2 款的框架合同中须规定，如药店违背第 1 款、第 2 款或者第 5 款的义务，则州一级的合同方可采取何种措施。如果严重和一再违背，则须拟定，药店在最长两年时间内不得参与参保人保障项目。

（5）医疗保险基金会或者其协会可与州一级代表药店经济利益的重要组织签订补充合同。第3款在此适用。关于直接用于医疗病患、在药店加工的肿瘤成药等肠外制剂的保障，可由医疗保险基金会通过与药店的合同来确保；此外，可约定医药企业销售价格折扣和药店价格与价格范围。在第1句提到的合同中，可不遵照第2款的框架合同，约定药店可以对有效成分一样的药物进行替换，但是医疗保险基金会只承担每种药物约定的平均支出额度。

（5a）出售非处方药时，通过第300条的结算，医药企业的销售价格加上的《药品价格条例》第2款和第3款的补贴，可作为给参保人有重要参考意义的药品售价。

（5b）药店可参与合同约定的各种保障形式；所提供的药物应公开通告。第1句提到的合同中，还应约定通过药店向参保人提供保证质量的咨询之措施。在整合保障中，也可不遵照本卷规定，在第1句提到的合同中就参加整合保障的参保人之药物保障质量和结构细节进行约定。

（5c）成药制剂产品的价格由代表药店经济利益设立的重要中央组织与医疗保险基金会联邦最高联合会根据《药品法》的规定进行约定。如针对肠外制剂成药没有按照第1句就要计算的买入价进行约定，则由药店计算其实际约定买入价，但不得超过药店买入价，此买入价为基于《药品法》的价格规定或者第1句而给参保人的售价减去第130a条第1款折扣得到的价格。应考虑使用部分成药而产生的成本优势。药店可向医疗保险基金会联邦最高联合会和医疗保险基金会要求提供来源和加工量以及实际约定的买入价的证明，医药企业可要求提供肠外制剂成药的约定价格证明。医疗保险基金会可委托其州协会进行审查。

（6）代表药店经营者经济利益设立的重要中央组织有义务，向联邦共同委员会及医疗保险基金会联邦最高联合会通报履行第1款第4句和第1a款的任务、根据第92条第1款第2句第6项指令落实疗效和价格透明性、确定第35条第1款和第2款的固定价格，或者履行第35a条第1款第2句和第5句的义务必需的数据，并且如要求，还应提供必要的答复。第2款的框架合同规定了相关细节。

（7）如第2句的框架合同不能完全或者部分落实或者未在联邦卫生部设定的期限内落实，则合同内容由第8款的仲裁委员会决定。

（8）医疗保险基金会联邦最高联合会和代表药店经营者经济利益设立的中央组织设立一个共同的仲裁委员会。其由相同人数的医疗保险基金会与药店经营者代表者及一位独立主席和两位独立成员组成。就主席和两位独立代表及其代理人人选，应由合同方达成共识。如无法达成共识，则第89条第3款第4句和第5句适用。

（9）仲裁委员会制定了工作章程。仲裁委员会成员职位为荣誉职位。其不受命令的约束。一人一票。以成员多数票作出决定。如票数相当，则以主席的投票为准。对仲裁委员会决议的申诉无中止决议实施的效力。

（10）由联邦卫生部对仲裁委员会的日常运作进行监管。其可在联邦参议院批准后通过行政法规规定成员人数及任命、现金垫付的报销和成员时间支出的报酬、费用处理及其分配细节。

第129a条　医院药店

医疗保险基金会或其协会可就医院药店向参保人出售的处方药细节，特别是对参保人适用的售价，与许可医院的所有者达成协议。第300条第3款作出的规定是第1句所提及协议的一部分。医院药店只可在存在第1句协议的情况下才允许出售由医疗保险基金会承担相应费用的处方药。第129条第5c款第4句至第5句的规定适用于第1句的协议。

折扣

（1）医疗保险基金会就处方成药可从药店获得每份2.05欧元的折扣，对于其他药物，可获得的折扣为对参保人适用药品售价的百分之五。此外，应

1.基于服务的标准描述确定药店服务的变化；

2.通过选取的代表性药店实际经营结果考虑药店收入与费用。

（2）如药品按照第35条或者第35a条确定固定价格，则折扣视固定价格而定。如第1款的药品售价低于固定价格，则折扣视更低的售价而定。

（3）提供折扣的前提条件是，药店的账单在送到医疗保险基金会十日内被偿付清。第 129 条的框架合同规定了相关细节。

第 130a　医药企业的折扣

（1）医疗保险基金会由其在医疗保险范围内负担的出售药物从药店获得不含增值税的医药企业药品售价百分之六的折扣。医药企业有义务为药店补偿此折扣。只要是根据第 5 款确定的医药批发商，医药企业就有义务为这些医药批发商补偿此折扣。药店和医药批发商的折扣应在请求生效后十日内给予补偿。第 1 句适用于其药店售价由《药品法》价格规定或者第 129 条第 5a 款决定的成药，及根据第 129a 条出售的药品。医疗保险基金会就肠外制剂成药及第 129a 条出售的药品，在不含增值税的医药企业售价上获得第 1 句中的折扣，此售价为根据《药品法》的价格规定向消费者出售的价格。如果仅配制了部分成药，则只收取这些数量单位的折扣。

（2）医疗保险基金会就其在医疗保险范围内负担的第 20d 条第 1 条的出售疫苗从药店获得不含增值税的医药企业售价折扣，通过此折扣来补偿每数量单位相对于第 2 句中较低平均价格的差额。每数量单位的平均价格由四个欧盟成员国中医药企业的实际有效售价与最接近的相应国民毛收入，通过销售额与购买力加权得出。第 1 款第 2 句至第 4 句、第 6 款和第 7 款及第 131 条第 4 款适用。医药企业确定第 1 句的折扣额度和第 2 句的平均价格，并在被询问时，向医疗保险基金会联邦最高联合会通报计算用信息。医疗保险基金会联邦最高联合会规定相关细节。在约定就《药品法》价格规定中没有统一药店售价的疫苗价格时，最高可约定的价格为相应药店售价减去第 1 句的折扣得到的价格。

（3）对于在第 35 条或者第 35a 条基础上确定固定价格的药品，第 1 款、第 1a 款和第 2 款不适用。

（4）联邦卫生部在按照欧盟理事会 89/105/EWG 指令第 4 条"关于人类使用药物定价调整措施的透明性以及药物纳入国家医疗保险系统的事宜"，对第 1 款、第 1a 款和第 3a 款的折扣必要性进行审核后，可在联邦参议院批准的情况下通过行政法规取消或者减少这些折扣，如果或者只要根据总经济形势，包括其对法定医疗保险的影响，认定这些折扣不再合适。关于医药企业按照第 1 句提及指令的第 4 条申请第 1 款、第 1a 款和第 3a 款拟定折扣的例外情况，由联邦卫生部决定。例外情况和特殊理由须在申请中充分表达。第 34 条第 6 款第 3 句至第 5 句和第 7 句适用。联邦卫生部可委托专家审核医药企业的资料。此外，其须确保对企业和经营情况保密。第 137g 条第 1 款第 8 句至第 10 句和第 14 句在以下条件下适用，即实际产生的费用可在套餐费用率基础上计算。联邦卫生部可将第 2 句至第 7 句的任务转交给联邦管理局。

（5）医药企业有权要求受益的医疗保险基金会退回第 1 款、第 1a 款、第 2 款、第 3a 款和第 3b 款提及的折扣。

（6）作为折扣证明，药店需基于第 300 条第 1 款向医疗保险基金会通报信息。向医药企业提供可机读的关于出售药物及其出售日期的药品代码，或者如存在第 5 款的约定，则也要向医药批发商提供。在第 5 款第 4 句的规定情况下须额外向医药批发商提供代码。医药企业有义务，向代表药店经营者经济利益的重要组织及医疗保险基金会联邦最高联合会通报可机读的、对决定折扣必需的数据，以履行其法定任务。代表药店经营者、医药批发商和医药企业经济利益设立的重要中央组织可在一个共同的框架合同内规定相关细节。

（7）药店可在第 1 款第 4 句的期限结束后与医药批发商结算折扣。医药批发商可以套餐形式与医药企业结算第 1 句结算的折扣。

（8）医疗保险基金会或其协会可与医药企业为其在医疗保险范围内负担的出售药品约定折扣。此外，须特别约定基于数量的价格优惠等级、平衡多余利润的年销售额或者取决于可测算的治疗成功之补偿。第 1 句的折扣由医药企业向医疗保险基金会支付。第 1 句的约定不影响第 3a 款和第 3b 款的折扣；只要明确约定第 1 款、第 1a 款和第 2 款的折扣，则可结清这些折扣。医疗保险基金会或其协会可让服务提供者或者第三方参与第 1 句合同的签署，或者委托其签署合同。第 1 句折扣的约定有效期应为两年。此外，须考虑服务提供者的多样性。

（9）医药企业可为以下药品提交第 4 款第 2 句的申请，即根据欧洲议会和欧洲理事会 141/2000 项欧共体条例，此药品被允许用于治疗少见病症。如申请提交者证明，第 1 款、第 1a 款和第 3a 款的折扣对于满足其特别是在药品研发上的投入已不能保证，则应批准申请。

第 130b 医疗保险基金会联邦最高联合会和医药企业之间就药品补偿金额的协议

（1）医疗保险基金会联邦最高联合会在与私人医疗保险企业团体协商后，根据对所有医疗保险基金会均有效的第 35a 条第 3 款意义上的联邦共同委员会制定的功效评估决议，与医药公司约定此决议没有划入固定价格组的药物的补偿金额。约定补偿金额作为医药企业售价的折扣。医药企业在出售药品时提供折扣。批发商在向药店出售时提供折扣。药店在结算时向医疗保险基金会提供折扣。对于第 129a 条的药品可与医药企业约定最高补偿金额。第 130a 条第 8 款第 4 句适用。此约定应包含对处方效用、质量和经济性的要求。医药企业应向医疗保险基金会联邦最高联合会通报其在其他欧洲国家的实际售价信息。

（2）第 1 款的协定应规定如果医生在个别情况下出具处方时遵守为此约定的要求，即药物处方的开具应被审计办公室认定为符合第 106 条第 5a 款规定的诊所特殊性。关于这些要求，须包含在第 73 条第 8 款第 7 句的药品处方开具项目中。第 82 条第 1 款的合同中应约定相关细节。

（3）根据第 35a 条第 3 款联邦共同委员会决议，对于无额外功效并且不能划入固定价格组的药品，须约定第 1 款的补偿金额，此金额不会导致年度治疗费用高于第 35a 条第 1 款第 7 句中指定的适当比较疗法所产生的费用。第 2 款不适用。只要没有作出其他约定，医疗保险基金会联邦最高联合会可不遵照第 7 款以非常规方式解除协定，以确定第 35 条第 3 款的固定价格。

（4）如在第 35a 条第 3 款或者第 35b 条第 3 款的决议公布后六个月内不能达成第 1 款或第 3 款的约定，则第 5 款的仲裁委员会在三个月内确定协议内容。仲裁委员会应考虑其他欧洲国家的实际售价金额；这点不适用于第 3 款的约定。从第 35a 条第 1 款第 3 句提及的时间点后第十三个月起，仲裁裁决中确定的补偿额度开始生效，条件是在确定时应补偿仲裁委员会决定的补偿额度与实际支付售价之间的差价。仲裁委员会在决定前给予私人医疗保险企业团体阐述立场的机会。针对仲裁委员会决定的申诉无中止决定执行的效力。无前置复议程序。

(5) 医疗保险基金会联邦最高联合会和联邦一级代表医药企业经济利益设立的重要中央组织设立一个共同的仲裁委员会。其由一位独立主席和两位独立成员及来自第 1 款合同方的各自两位代理人组成。第 140f 的病人组织可作为顾问列席仲裁委员会会议。就主席和两位独立成员及其代理人人选应由第 1 句的团体达成共识。如无法达成共识，则第 89 条第 3 款第 4 句和第 5 句适用。

(6) 仲裁委员会制定了工作章程。章程由各独立成员与第 5 款第 1 句的团体协商决定。议程需要得到联邦卫生部的批准。其他事项第 129 条第 9 款和第 10 款适用。在第 129 条第 10 款第 2 句的行政法规中可规定成员人数和任命、现金垫付的报销和成员时间支出的报酬、费用处理及其分配细节。

(7) 第 1 款或者第 3 款的约定或者第 4 款的仲裁决定可由合同一方最早在一年之后解除。约定或仲裁决定在新约定生效之前有效。如公布第 35a 条第 3 款药物功效评估或者第 35b 条第 3 款费用功效评估的新决议，及提交设定第 35 条第 1 款固定价格组的前提条件，则可在一年到期之前解除合同。

(8) 根据第 4 款的仲裁决定，合同一方可向联邦共同委员会申请第 35b 条的费用功效评估。仲裁决定的有效性不受影响。补偿金额须根据第 35b 条第 3 款费用功效评估决议重新约定。第 1 款至第 7 款适用。

(9) 第 5 款第 1 句的团体就第 1 款约定的标准达成框架协议。其中须特别确定在第 35a 条决议和第 1 款规定之外被纳入第 1 款补偿金额约定考量的标准。应适当考虑类似药物的年治疗费用。如不能达成框架协议，则根据第 1 句合同一方的申请，仲裁委员会的独立成员可在与各团体协商下确定框架协议；针对确定事项的申诉无中止行政行为实施的效力。

(10) 联邦共同委员会、医疗保险基金会联邦最高联合会和卫生事业质量与经济性研究所就私人医疗保险企业为第 35a 条和第 35b 条的费用功效评估及为第 4 款的补偿金额确定而与私人医疗保险企业团体签订协议。

第 130c 医疗保险基金会与医药企业的协议

（1）医疗保险基金会或其协会可不遵照现有的约定或者第 130b 条的仲裁决定，就药物的报销及参保人的药物保障与医药企业达成协议。此外，须特别约定基于数量的价格优惠等级、平衡多余利润的年销售额量或者取决于可测算的治疗成功之补偿。通过第 1 句的约定可补充或替换第 130b 条的约定。须兼顾第 35a 和第 35b 条的评估结果、第 92 条的指令、第 84 条的约定和第 73 条第 8 款第 1 句的信息。第 130a 条第 8 款在此适用。

（2）医疗保险基金会就协议的保障内容知会其参保人和参加合同医疗保障的医生。

（3）医疗保险基金会或其协会可与医生、保险基金会医生协会或者医生团体一起按照第 84 条第 1 款第 5 句规定第 1 款第 1 句的药物处方优先开具事宜。

（4）只要约定了相关事宜并遵循为确保处方效用、质量和经济性而约定的前提条件，第 3 款第 1 句协议框架内的药物处方开具应被审计办公室认定为符合第 106 条第 5a 款规定的诊所特殊性。第 106 条第 5a 款第 12 句在此适用。

（5）关于第 3 款规定的信息，须包含在第 73 条第 8 款第 7 句药品处方开具项目中。第 82 条第 1 款的合同中应约定相关细节。

与医药企业的框架协议

（1）医疗保险基金会联邦最高联合会和联邦一级代表医药企业经济利益设立的重要中央组织可就法定医疗保险基金会中的药物保障签订协议。

（2）协议可涵盖

1. 有关便于治疗且经济的包装大小和包装设计的决定，

2. 简化收集与分析药品价格信息、药品消费信息和药品处方开具信息包括信息交换所采取的措施，特别是为了确定价格对比清单（第 92 条第 2 款）和确定固定价格。

（3）第 129 条第 3 款适用于医药企业。

（4）医药企业有义务，向联邦协会委员及医疗保险基金会联邦最高联合会通报根据第 92 条第 1 款第 2 句第 6 项指令落实疗效和价格透明性、确定第 35

条第 1 款和第 2 款的固定价格，或者履行第 35a 条第 1 款第 2 句和第 5 句的义务及履行第 129 条第 1a 款任务必需的数据，并且如要求，还应提供必要的答复。对于成药的结算，医药企业向第 129 条第 2 款提及的团体及保险基金会医生联邦协会和联邦共同委员会，以电子数据传输方式和通过机器可处理的数据载体，通报第 300 条的结算必需的价格和产品信息，包括第 130a 条的折扣；此外还须说明对参保人适用的药品售价（第 129 条第 5a 款）。第 2 句提及数据的通报细节由第 129 条第 2 款的团体约定。这些团体可直接要求医药企业在适当期限内提供第 2 句的信息。其可纠正错误信息，并可对因通报延迟或者必要的纠正而产生的费用要求赔偿。第 2 句中通报的信息，或者在第 5 句纠正的情况下所修改的信息是有约束力的。药店与医疗保险基金会的结算和医药企业按第 130a 条第 1 款、第 1a 款、第 2 款、第 3a 款和第 3b 款折扣给药店的补偿都基于第 2 句信息进行操作。错误信息的纠正和索赔的执行可转移到第三方。为保障第 4 句的要求，在没有说明和证实《民事诉讼法》第 935 条和第 940 条所述的前提条件下也可发布临时命令。这同样适用于《社会法院法》第 86b 条第 2 款第 1 句和第 2 句所述的临时安排。

（5）医药企业有义务，在药品的外包装上以药店可机读的联邦统一形式标注第 300 条第 1 款第 1 项提到的药品代码。医疗保险基金会联邦最高联合会和联邦一级代表医药企业经济利益设立的重要中央组织在协议中规定相关细节。

第八部分　与其他服务提供者的关系

家政服务保障

（1）医疗保险基金会可雇佣合适的人员提供家政服务。如该机构为此向其他合适的人员、机构或者企业提出要求，则其须就服务的内容、范围、报酬及质量和经济性审核签订合同。

（2）医疗保险基金会须注意，应提供高效实惠的服务。在选择服务提供者时应考虑其多样性，特别是免费福利护理的重要性。

第 132a 条　家庭病人护理保障

（1）医疗保险基金会联邦最高联合会与联邦一级代表护理人员利益的重要

中央组织应根据第 92 条第 1 款第 2 句第 6 项的细则，就家庭病护的统一保障提交共同框架建议；对于属于教堂、公法意义上的宗教团体或者其他义工团体的护理人员，可由这些机构所属的教堂、宗教团体或者福利团体与框架建议的其他合作方协定框架建议。在签署协议之前，保险基金会医生联邦协会与德国医院协会有机会阐述立场。阐述的立场可纳入框架建议合作方的决定程序。在框架建议中须特别规定

1. 家庭病护的内容包括其界定，

2. 服务提供者的资质，

3. 质量保证与进修措施，

4. 服务提供者与出具处方的合同医生和医院的合作内容与范围，

5. 服务提供（包括其审计）经济性的基本原则，和

6. 报酬基本原则及其结构。

（2）医疗保险基金会与服务提供者就家庭病护的保障细节、价格及其结算，以及服务提供者进修义务签订协议。如不能证明曾经进修，则须规定扣除部分报酬。对于服务提供者可设定期限，在此期限内其可补上进修。如在此期间服务提供者依然没有进修，则应解除合同。医疗保险基金会须注意，应提供高效实惠的服务。在协议中须约定，在不能达成共识的情况下，由协议双方确定的独立仲裁人确定合同内容。如协议双方不能通过仲裁人达成共识，则由主管签约医疗保险基金会的监管机构决定。仲裁程序费用由协议双方均摊。在选择服务提供者时须兼顾其多样性，特别是免费福利护理的重要性。偏离第 1 句时，医疗保险基金会可雇佣合适的人员提供家庭病护。

第 132b 条 社会疗法（融入社会生活的治疗）保障

医疗保险基金会或者医疗保险基金会州协会可根据第 37a 条第 2 款的指令与合适的人员或者机构就社会疗法保障签订合同，只要此合同对于满足需求的保障是必要的。

第 132c 条 社会医疗善后措施保障

（1）医疗保险基金会或者医疗保险基金会州协会可与合适的人员或者机

构就提供社会医疗善后措施签订合同，只要此合同对于满足需求的保障是必要的。

（2）医疗保险基金会联邦最高联合会在建议中确定对社会医疗善后措施服务提供者的要求。

第 132d 条　特种门诊姑息治疗保障

（1）就特种门诊姑息治疗保障包括其报酬和结算，医疗保险基金会可根据第 37b 条的指令与合适的机构或者人员签订合同，只要此合同对于满足需求的保障是必要的。在合同中须补充规定，服务提供者还可以何种方式提供咨询。

（2）医疗保险基金会联邦最高联合会在德国医院协会、联邦一级护理机构所有人协会、送终与姑息治疗保障中央组织及保险基金会医生联邦协会参与下，在建议中共同统一确定

1. 对服务提供的物资与人员要求，

2. 质量保证与进修措施，

3. 特种门诊姑息治疗保障与满足需求的保障之标准。

第 132e　疫苗接种保障

（1）医疗保险基金会或者其协会与保险基金会医生协会、合适的医生及其团体、拥有合适医务人员和公共卫生服务的机构，就落实第 20d 条第 1 款和第 2 款的疫苗接种保障签订合同。此外，其须确保，特别是参与合同医疗保障的医生有权决定落实由医疗保险基金会承担费用的疫苗接种。在根据第 20d 条第 1 款第 3 句作出决定后三个月内，如不能达成共识，则合同内容由合同双方确定的独立仲裁人确定。如合同方不能通过仲裁人达成共识，则由主管签约医疗保险基金会或者主管签约团体的监管机关决定。仲裁程序费用由合同方均摊。

（2）医疗保险基金会及其团体可就为其参保人提供第 20d 条第 1 款和第 2 款的疫苗接种与单个医药企业签订合同；第 130a 条第 8 款适用。只要未作其他约定，则给参保人只提供约定的疫苗。

病人转移服务保障

（1）只要州或者地方法律章程没有明确规定获得救护服务或者其他病人转

移服务的费用，医疗保险基金会或者其州协会应根据第71条第1款至第3款就此服务的报酬与合适的机构和企业签订合同。如不能达成第1句的约定，并且州法律就此情况规定了报酬的确定，则在确定报酬时亦须注意第71条第1款至第3款。此外，应考虑确保全面覆盖救护服务保障并重视卫生事业一致行动的建议。约定的价格为最高价格。价格约定须针对尽可能实惠的保障方式。

（2）如果州或者地方法律章程明确规定了获得救护服务的费用，医疗保险基金会可将其承担费用的义务限制在向参保人提供类似实惠服务的固定价格内，如

1. 在确定费用之前医疗保险基金会或其协会没有机会进行讨论，

2. 在衡量费用时考虑到投资成本和储备金维持成本，这些成本是机构在确保救护服务之外的公共任务时产生的，或者

3. 提供的服务根据法律规定的确保义务来衡量是不经济的。

（3）第1款适用于《人员运输法》范围内的救护服务和其他病患转移。

第134a条 助产保障

（1）医疗保险基金会联邦最高联合会与联邦一级代表助产士及其领导机构的经济利益而设立的重要职业协会和团体，就助产保障、在助产机构进行门诊分娩和在此机构内为保证质量所产生的可结算款项，包括经营费用，以及报酬额度和医疗保险基金会偿付结算的细节，签订对医疗保险基金会有约束力的合同。合同方同时须考虑参保人对助产的需求及其质量、保险费稳定性原则及自由职业助产士的合理经济利益。

（2）第1款的合同对自由职业助产士有法律效力，如其

1. 属于第1款第1句的联邦一级和州一级团体，并且该团体章程规定，由第1款的团体签订的合同对属于该团体的助产士有法律效力，或者

2. 参与了第1款合同的签署。

第1款的合同对其没有法律效力的助产士不能被批准为服务提供者。应证明第1句第1项所述团体中的成员关系及第1句第2项所述的参与情况，有关证明程序与形式的细节由医疗保险基金会联邦最高联合会规定。

（3）第 1 款的合同在

a）第 1 款第 1 句决定期限结束之前，或者

b）由合同方约定的合同到期之前

不能完全或者部分落实，则合同内容由第 4 款的仲裁委员会决定。在第 1 句 b 项所述的情况下，迄今使用的合同继续有效，直至仲裁委员会作出决定。

（4）医疗保险基金会联邦最高联合会和联邦一级代表助产士及其领导机构的经济利益而设立的重要职业协会和团体设立一个共同的仲裁委员会。其由相同人数的医疗保险基金会和助产士代表，及一位独立主席和两位独立成员组成。任期四年。就主席和两位独立成员及其代理人人选，合同方应达成共识。如无法达成共识，则第 89 条第 3 款第 5 句和第 6 句适用。其他情况下第 129 条第 9 款和第 10 款适用。

（5）根据此规定，助产士也包括分娩护理人。

第九部分　服务提供质量的保障

检查与治疗方法的评估

（1）只有当联邦共同委员会根据第 91 条第 2 款第 1 句的独立成员、保险基金会医生联邦协会、保险基金会医生协会或者医疗保险基金会联邦最高联合会提出的申请，按照第 92 条第 1 款第 2 句第 5 项指令，就以下情况提出推荐，才允许由医疗保险基金会承担费用在合同医疗和合同牙医保障范围内引用新的检查与治疗方法。

1. 参照各治疗领域的科学知识水平对新方法诊断与治疗功效之认可，及其医疗必要性和经济性，也可与由医疗保险基金会出资、已提供的方法进行比较，

2. 医生必要的资质、设备的要求及质量保证措施的要求，以保证新方法合理应用，以及

3. 关于医疗的必要记录。

联邦共同委员会审查由医疗保险基金会出资提供的合同医生及合同牙医服务，确定其是否符合第 1 句第 1 项的标准。如审查得出，不符合此标准，则医

疗保险基金会不再将此服务作为合同医疗或者合同牙医服务承担相关费用。如联邦共同委员会在得到对决定至关重要的科学知识评估后六个月内仍然没有作出决议，则其可向第 1 句的申请提交者及联邦卫生部要求延长六个月时间。如此期限内仍然不能作出决议，则允许由法定医疗保险基金会承担在合同医生与合同牙医保障中采用的新检查与治疗方法的费用。

（2）因操作要求或者因程序新颖而需要具备特别知识和经验（专业知识证明）及特殊的诊所设备或者对结构质量有其他要求的医疗和牙医服务，联邦总合同的合同方可统一为此服务的实施与结算约定相应的前提条件。就作为资质前提条件必需的知识与经验，只要在关于医生从业，特别是专科医生从业权的州法律规定中，引入联邦境内内容一致且符合第 1 句质量前提条件的同等资质，则此资质便为必要且充分的前提条件。如首次提供医疗服务须取决于某一资质，则合同双方可为在继续教育过程中没有取得相应资质的医生引入过渡资质，而此资质须符合专业医生法律规定的知识与经验水平。与第 2 句不同，第 1 句的合同方可为保证服务提供的质量与经济性作出规定，根据此规定特定医疗技术服务仍保留在专科医生的手中，对于这些医生来说，这些服务属于其核心业务范围。

第 135a 条　质量保证义务

（1）服务提供者有义务确保和继续优化由其提供的服务质量。服务须符合相关科学知识水平，并且必须以专业的素质提供这些服务。

（2）根据第 137 条和第 137d 条的规定，合同医生、医疗保障中心、许可医院、保健或康复服务提供者，以及签订第 111a 条保障合同的机构有义务，

1. 参与跨机构的质量保证措施，此措施特别致力于改善结果质量，和

2. 在机构内部引入和继续优化质量管理。

合同医生、医疗保障中心和许可医院须向第 137a 条第 1 款的机构提供其履行第 137a 条第 2 款第 2 项和第 3 项任务必需的数据信息。

通过保险基金会医生协会促进质量

（1）保险基金会医生协会须落实促进合同医疗保障质量的措施。此质量保

证措施的目标与结果由保险基金会医生协会做文字整理并每年公布。

（2）保险基金会医生协会通过抽样审核包括在个别情况下从业医生服务的合同医疗保障服务之质量；在特殊情况下允许全面调查。根据第 92 条第 1 款第 2 句第 13 项的细则，联邦共同委员会制定合同医疗保障的质量评估标准，及根据第 299 条第 1 款和第 2 款阐明第 1 句中有关质量审查选择、范围和程序的规定；此外须考虑第 137a 条第 2 款第 1 项和第 2 项的结果。

（3）第 1 款和第 2 款亦适用于在医院提供的门诊医疗服务。

（4）为促进合同医疗保障质量在不违背第 87a 条至第 87c 条规定的基础上，保险基金会医生协会可与单独的医疗保险基金会、或者与主管其辖区的医疗保险基金会之州协会、或者医疗互助基金会团体签署总合同约定，在总合同约定中为特定服务确定统一结构与电子文档形式的特别服务、结构与质量特征，符合这些特征并参与这些合同的医生获得报酬补贴。在第 1 句的合同中，为参与合同的医疗保险基金会和由没有参与合同的各专科医生组医生提供的受合同控制的服务，商定第 87a 条第 2 款第 1 句中所商定点值的折扣，通过此折扣为参与医疗保险基金会补偿第 1 句的额外服务。

质量保证的细则

（1）联邦共同委员会通过第 92 条第 1 款第 2 句第 14 项的指令为合同医疗保障和许可医院、原则上为所有病人作出统一的决定，特别是

1. 在遵循第 137a 条第 2 款第 1 项和第 2 项结果以及机构内部质量管理基本要求的前提下，对第 135a 条第 2 款、第 115b 条第 1 款第 3 句和第 116b 条第 4 款第 4 句和第 5 句的质量保证采取的强制措施，和

2. 对于已进行的诊断与治疗服务，特别是开支巨大的医疗技术服务，其基于指标的必要性和质量标准；此外，还确定对结构、过程和结果质量的最低要求。

如有必要，联邦共同委员会对未能遵守其质量保证义务的服务提供者，就其承担的后果特别是报酬折扣，发布必要的落实决定和基本原则。私人医疗保险企业团体、联邦医生协会及护理人员职业组织须参与到第 92 条第 1 款第 2

句第 13 项的指令中。

(2) 应跨领域颁布第 1 款的实施细则，除非服务提供的质量只能通过基于领域的规定而给予适当保证。第 3 款和第 4 款的规定仍然有效。

(3) 联邦共同委员会为许可医院、原则上为所有病人统一就以下方面作出决议

1. 专科医生、心理治疗师和儿童青少年心理治疗师须每五年提交履行进修义务的证明，

2. 根据《医院筹资法》第 17 条和第 17b 条可规划的服务之目录，目录中治疗结果的质量在某种程度上取决于提供服务的数量，以及取决于每位医生或者每个医院提供的服务和例外情况的最少量，

3. 在手术前获得其他意见的基本原则，和

4. 许可医院每两年发表的结构化质量报告之内容、范围和数据格式，在报告中，特别是在遵循第 1 款要求并落实第 1 项和第 2 项规定的情况下说明质量保障的状态。报告还须显示医院服务的方式与数量，并以适合所有标准的标准化数据格式来制作。除了决议确定的受领人圈子之外，也可由医疗保险基金会州协会和医疗互助基金会在互联网上公布。

如预计无法达到第 1 句第 2 项要求的规划服务最少量，则不可提供相应的服务。主管医院规划的州机关可规定第 1 句第 2 项目录中的服务，在提供此服务时，应用第 2 句可能会损害民众保障全覆盖的保证；根据医院申请，该机关可决定在提供此服务时不应用第 2 句。为提高住院保障的透明度和质量，保险基金会医生协会及医疗保险基金会和其协会也可在第 4 项质量报告的基础上就医院质量特征告知合同医生与参保人，并提供建议。私人医疗保险企业团体、联邦医生协会及护理人员职业组织参与到第 1 项至第 2 项的决议中；在作出第 1 款的决议时，须另外有联邦心理治疗师协会参与。决议对于许可医院有直接约束力。其相对于第 112 条第 1 款的合同具有优先权，只要此合同对于质量保证没有补充规定。第 112 条第 1 款的质量保证合同在第 1 款的指令生效之前继续有效。允许有补充的质量要求，包括在州医院规划框架内管理临床癌症登记

的规定。

（4）联邦共同委员会还须决定补牙与义齿保障质量标准。在确定义齿质量标准时，须有德国牙科技术行业协会参与；其立场在决定中被予以考虑。牙医对补牙和义齿保障提供两年担保。在这两年内，重新或者部分补牙以及包括牙冠的义齿更换和更新服务由牙医免费提供。例外情况由保险基金会医生联邦协会和医疗保险基金会联邦最高联合会决定。《民法典》第195条仍然有效。保险基金会医生协会、医疗保险基金会州协会和医疗互助基金会之间，以及在牙医和医疗保险基金会签订的单独或者集体合同中，可约定更长的保证期。医疗保险基金会可为此提供报酬津贴；参保人更换义齿的自付比例不变。给予其病人更长保证期的医生可向其病人公布。

第137a条　质量保证的落实和质量展示

（1）第91条的联邦共同委员会在分配程序的框架内委托一个专业独立的研究机构，为第115b条第1款、第116b条第1款第4句和第5句、第137条第1款和第137f条第2款第2项中跨机构质量保证的落实，开发评估和展示保障质量的程序，程序应尽可能跨领域编制。此研究机构应被委托参与到跨机构质量保证的落实当中。应充分利用已经存在的机构，如有必要，为完成第1句和第2句提及的任务调整其组织结构。

（2）研究机构被特别委托，

1. 为评估和展示保障质量，尽可能开发跨领域的统一指标和工具，

2. 兼顾数据节约原则，为跨机构的质量保证制作必要的记录，

3. 参与到跨机构质量保证的落实当中，如有必要，可让第2句的其他机构介入，以及

4. 质量保证措施结果应由研究机构以适当的方式和以大众理解的形式公布。

如果有更多机构参与第137条第1款第1项质量保证强制措施的实施，其须向第1款的研究机构提供完成其第2款任务必需的数据。第1款的研究机构，以透明的程序并注意数据保护规定的前提下，为科学研究和跨领域与跨机构质

量保证的继续开发，保存和评估鉴于第 137 条第 1 款第 1 项的质量保证强制措施收集的并根据第 2 句传输的数据。只要数据评估对于联邦共同委员会履行其法定任务是必要的，研究机构须根据其要求向其提供数据评估。

（3）在开发第 2 款内容时，须有保险基金会医生联邦协会，德国医院协会，医疗保险基金会联邦最高联合会，私人医疗保险企业团体，联邦医生协会，联邦牙医协会，联邦心理治疗师协会，护理人员职业组织，科学医学专业协会，在联邦一级上代表病人、慢性病人和残疾人利益的重要中央组织及联邦政府为维护病人利益委托的专员参与。

（4）为履行其任务，研究机构从联邦共同委员会获得基于其服务的报酬。研究机构也可在其他研究机构委托下，以费用分摊的形式履行第 2 款的任务。

（5）联邦共同委员会在委托的框架内确保参与第 2 款任务的机构和人员可能的利益冲突公开化。

第 137b 条　医学质量保证的促进

联邦共同委员会须确定卫生事业领域质量保证的状态，指明由此产生的继续发展需求，评估引进的质量保证措施之效果，并制订出对卫生事业领域内按统一原则调整的、跨领域与跨职业质量保证的建议，包括其落实。联邦共同委员会定期制作关于质量保证状态的报告。

第 137c　医院检查和治疗方法的评估

（1）第 91 条的联邦共同委员会根据医疗保险基金会联邦最高联合会、德国医院协会或者医院所有者联邦协会的申请，审查由法定医疗保险基金会出资在医院治疗范围内使用或者应使用的检查和治疗方法，根据普遍公认的医学知识水平确定此方法对于参保人充分、适当和经济的保障是否是必需的。如审查得知此方法不符合第 1 句的标准，则联邦共同委员会发布相应指令。

（2）如第 94 条第 1 款第 2 句的联邦卫生部未在其设定的期限内撤销申诉，则联邦政府部门可颁布指令。从指令生效日起，医疗保险基金会不再承担医院治疗范围内禁用方法的费用；临床试验不受影响。

第137d 门诊和住院保健或康复的质量保证

（1）对签订第111条或者第111a条合同的住院康复机构，和签订第40条第1款关于医疗康复门诊服务提供合同的门诊康复机构，由医疗保险基金会联邦最高联合会，基于第九卷第20条第1款的建议，与联邦一级代表门诊和住院康复机构与妇产机构或者类似机构利益的重要中央组织约定第135a条第2款第1项的质量保证措施。跨机构的质量保证措施评估费用由医疗保险基金会根据机构或者专业部门的分配情况按比例承担。机构内部的质量管理和住院康复机构的认证义务基于第九卷第20条。

（2）对签订第111条保障合同的住院保健机构和签订第111a条保障合同的机构，由医疗保险基金会联邦最高联合会与联邦一级代表住院保健机构和妇产机构或者类似机构利益的重要中央组织约定第135a条第2款第1项的质量保证措施和第135a条第2款第2项机构内部质量管理的要求。此外，须考虑第九卷第20条第1款的共同建议并将其作为基本特点使用。第1款第3句的费用分担义务适用。

（3）对根据第23条第2款提供门诊保健服务的服务提供者，由医疗保险基金会联邦最高联合会与保险基金会医生联邦协会和实施门诊保健服务的重要服务提供者联邦团体约定第135a条第2款第2项机构内部质量管理的基本要求。

（4）合同方须通过合适的措施确保，门诊和住院保健和康复质量保证的要求符合统一的基本原则，并适当考虑跨领域和跨职业保障的要求。在进行第1款和第2款约定时，联邦医生协会、联邦心理治疗师协会和德国医院协会有机会阐述立场。

第137f条 慢性病结构化的治疗方案

（1）符合第91条的联邦共同委员会按第267条第2款第4句界定的参保者组给联邦卫生部提出建议，根据第2句指示，为适当的慢性疾病制定结构化治疗方案，这有助于改善慢性病人医疗保障的质量和治疗过程。在选择建议的慢性疾病时，须特别兼顾以下标准：

1. 与疾病有关的参保人数，

2. 改善保障质量的可能性，

3. 以实证为基础的准则可支配性，

4. 跨领域的治疗需求，

5. 参保人自身意识对与疾病发展的影响度，

6. 治疗的巨大开支。

（2）符合第 91 条的联邦共同委员会就第 266 条第 7 款的行政法规向联邦卫生部建议制定第 1 款治疗方案的要求。特别是应指明以下方面的要求

1. 根据以实证为基础的准则、按照当下医疗科学水平，或者参照各自现有的最佳病例并兼顾各自保障领域的治疗，

2. 根据第 137a 条第 2 款第 1 项和第 2 项结果实施的质量保证措施，

3. 参保人参加方案项目的前提条件和程序，包括参加的期限，

4. 服务提供者与参保人的培训，

5. 记录，和

6. 效用与费用评估，和一个方案项目内评估的间隔时间，及第 137g 款许可的期限。联邦卫生部告知第 1 句的联邦共同委员会，第 1 款中的哪些慢性病需要给出要求的建议；建议须在公告之后立即提交。医疗保险基金会联邦最高联合会参与医疗保险基金会联邦中央联会会的医疗服务。在联邦一级代表门诊、住院保健和康复机构，自救机构及其他服务提供者利益的重要中央组织，只要涉及其利益，就有机会阐述立场；阐述的立场须在决策时予以考虑。

（3）参保人自愿参加第 1 款的方案项目。报名的前提是医疗保险基金会根据全面的信息介绍出具书面同意书，同意其参加项目，并允许医疗保险基金会、符合第 4 款的专家和参加的服务提供者获取、处理和使用第 266 条第 7 款行政法规中确定的数据，并把这些数据提供给医疗保险基金会。同意可撤销。

（4）医疗保险基金会或其协会须通过一个独立专家基于普遍公认的科学水平进行第 1 款项目的外部评估并给予公布，该专家在联邦保险局与医疗保险基金会或其协会协商后由其出资任命。

（5）医疗保险基金会协会和医疗保险基金会联邦最高联合会在组建与实施第 1 款的方案项目时对其参保人提供支持；支持也包括，第 2 句提到的任务可由这些协会提供，只要借此可落实联邦或者州统一的规定。关于与许可的服务提供者按合同约定的第 1 款方案项目的落实，医疗保险基金会可向第三方转移相关任务。第十卷第 80 条仍然有效。

（6）只要在落实第 1 款结构化治疗方案的合同中对设立工作组有所规定，则与第十卷第 80 条第 5 款第 2 项不同，为了履行其任务，其可向承办方委托处理所有的数据。委托方须在委托之前以书面形式向主管数据机关及时通报第十卷第 80 条第 3 款第 1 句第 1 项至第 4 项提及的信息。第十卷第 80 条第 6 款第 4 句仍然有效。主管委托方和承办方的各监管机构须在监控第 1 句的合同时紧密合作。

脚注

第 137f 条：需在联邦宪法法院 2005 年 7 月 18 日作出的合宪性解释（I 2888）的基础上执行。联邦消费者保护与食品安全协会 2/01 号决议。

第 137g　结构化治疗方案的许可

（1）如第 137f 条第 1 款的项目和为落实这些项目签订的合同满足第 266 条第 7 款行政法规中提及的要求，则联邦保险局可根据一个或者多个医疗保险基金会或者医疗保险基金会协会的申请授予该项目许可。对此，可请教科学专家。许可是有期限的。其会附带一些条件和要求。许可须在三个月之内颁发。如因为医疗保险基金会的原因而无法在期限内颁发许可，则还是被认为遵守了第 5 句的期限。许可生效之日为满足第 266 条第 7 款行政法规中提及的要求且第 1 句合同签订当日，最早在申请提交日，但不能在条例规定生效之前。公告发布时须收取成本费用。费用由实际产生的人工与物资支出为准。此外管理费用须计入实际费用中。只要联邦保险局因第 137f 条第 1 款项目的许可产生必要的、不能通过第 8 款的收费平账的应急费用，则由健康基金提供财政支持。有关第 9 款和第 10 款费用的计算和风险结构补偿中第 11 句的费用考量之细节，由联邦卫生部在第 266 条第 7 款的行政法规中作出相关规定，无需联邦参议院批准。在第 266 条第 7 款的法规中可规定，第 9 句和第 10 句产生的实际费用可在套餐费用率的基础上计算。针对联邦保险局的收费决定的申述无中止决定执行的效力。

（2）基于第 137f 条第 4 款的评估，延长第 137f 条第 1 款的项目许可。此外，第 1 款适用于延长许可。

新型药物

只有联邦共同委员会事先承认新型药物的疗效，并根据第 92 条第 1 款第 2 句第 6 项的实施细则提交保证服务质量的建议，参加合同医疗保障的医生才可开具新型药物。

医疗辅助器具表，医疗辅助器具质量保证

（1）医疗保险基金会联邦最高联合会制作一个有系统性结构的医疗辅助器具表。在表中罗列服务义务包括的医疗辅助器具。医疗辅助器具表在联邦公报中公布。

（2）只要对于确保充分、适当和经济的保障是必需的，在医疗辅助器具表中就可基于指标和应用确定医疗辅助器具的特别质量要求。也可确定第 1 句的特别质量要求，以使得医疗辅助器具有足够长的使用年限或者在适当的情况下再次用于其他参保人。在医疗辅助器具表也可规定对使用医疗辅助器具提供其他服务的要求。

（3）医疗辅助器具表可根据制造者的申请收录医疗辅助器具表。关于是否收录，由医疗保险基金会联邦最高联合会决定；其可由医疗服务验证，是否符合第 4 款的前提条件。

（4）如制造者能证明医疗辅助器具的功能适用性、安全性，并且符合第 2 款的质量要求，还可在必要的情况下证明其疗效，并用德语就其正规和安全的使用提供必需的信息，就应收录该医疗辅助器具。

（5）对于符合《医药产品法》第 3 条第 1 项规定的医药产品，原则上通过 CE 标识表明对功能适用性和安全性提供了证明。医疗保险基金会联邦最高联合会须通过一致性声明证实 CE 标识的正规合法性，并且如可行，须核实参与

合法性评估的著名机构提供的证书。在说明理由的情况下可进行额外的检查，并对此要求必要的证据。第 3 句的检查可在产品成功收录后采用抽样方式执行。如第 2 句至第 4 句的检查发现未遵守医药产品法规，则不管是否存在其他后果，都应就此向主管机关告知。

（6）如制造商没能提供完整的申请材料，则为其设定补交材料的合理期限，但总共不能超过六个月。如在设定的期限内不能交齐必要的材料，则应拒绝申请。否则，医疗保险基金会联邦最高联合会须在材料完全提交后三个月内作出决定。就此决定将颁发书面通知。如产品不再符合第 4 款的要求，则可撤销收录。

（7）医疗辅助器具录入医疗辅助器具表的程序由医疗保险基金会联邦最高联合会根据第 3 款至第 6 款的指示作出相关规定。此外，其可规定，只要提交适当机构的检查证书或者以合适的方式证明遵守了有关标准，则可被视为符合特定的要求。

（8）医疗辅助器具表须定期更新。更新包括进一步开发和更改第 2 款的分类和要求、收录新的医疗辅助器具及删除撤销收录或者根据第 6 款第 5 句与收录有冲突的产品。在进一步开发和更改第 2 款的分类和要求之前，在适当期限内通过传达必要的信息，让相关制造商与服务提供者的中央组织有机会阐述立场；阐述的立场须在决策时予以考虑。

第 139a　卫生事业中的质量与经济性研究所

（1）第 91 条的联邦共同委员会在卫生事业中组建一个专业上独立的、有法律行为能力的质量与经济性科学研究所，并作为其所有者。为此也可建立私法意义上的基金会。

（2）研究所管理层的任命须得到联邦卫生部的同意。如建立私法意义上的基金会，则任命须在基金会董事会内通过，联邦卫生部会向董事会派出一位代表。

（3）研究所就在法定医疗保险范围内所提供服务的质量与经济性之根本意义问题，在以下领域从事活动：

1. 对特定疾病诊断与治疗方法的当前医疗知识水平进行研究、展示和评估，

2. 兼顾年龄、性别和生活处境方面的特点，对在法定医疗保险范围内所提供服务的质量与经济性问题进行整理、鉴定与立场确定，

3. 对以实证为基础的重要流行病准则进行评估，

4. 提交疾病管理方案的建议，

5. 对药物的效用和费用进行评估，

6. 准备所有公民可以理解的、有关卫生保障质量与效率及重要流行疾病诊断与治疗的通用信息。

（4）研究所须保证，根据国际公认的、以实证为基础的医学标准对医疗效用进行评估，并根据权威的国际公认标准进行经济评估，特别是卫生经济学方面的评估。研究所须定期公布其工作程序和工作结果，包括决策依据。

（5）研究所在评估程序的各个重要阶段给医学、药学和卫生经济学与实践的专家、药品生产商及代表病人、慢性病人和残疾人利益的重要机构及联邦政府为病人权益所委托的专员提供阐述立场的机会。阐述的立场须在决策时予以考虑。

（6）为保证研究所的专业独立性，其工作人员在被雇佣前应公开其与利益团体、委托机构，特别是医药企业和医药产品工业的所有关系，包括捐赠的方式与额度。

第139b　任务实施

（1）第91条的联邦共同委员会委托研究所处理第139a条第3款的工作。组成联邦共同委员会的机构、联邦卫生部和代表病人、慢性病人和残疾人利益的重要组织及联邦政府为病人权益所委托的专员可向联邦共同委员会申请委托研究所执行相关任务。

（2）联邦卫生部可直接向研究所申请处理第139a条第3款的任务。研究所不需要提供理由即可拒绝联邦卫生部的申请，除非联邦卫生部承担任务处理的费用。

（3）为完成第139a条第3款第1项至第5项的任务，研究所须向外部专家分配学术研究任务。这些专家须公开其与利益团体、委托机构，特别是医药企业和医药产品工业的所有关系，包括捐赠的方式与额度。

（4）研究所向第91条的联邦共同委员会转达作为建议的第1款和第2款任务的工作结果。联邦共同委员会须鉴于其任务分配考虑此建议。

第139c条　资金支持

第139a条第1款研究所的资助，一半来自每次结算的医院病例补贴，一半来自在第85条和第87a条门诊合同医生和牙医保障报酬上额外增加的相应百分点。在住院领域收取的津贴会在医院账单中单独显示；这些津贴不计入《医院收费法》第3条与第4条或者《联邦护理费条例》第6条的总金额，也不计入相应的利润补偿。给每个医院病例的津贴、保险基金会医生与牙医协会的比例，及此经费移交给提名机构的细节由联邦共同委员会确定。

第十部分　医疗保险基金会的自保机构

自保机构

（1）医疗保险基金会可继续经营在1989年1月1日就已存在的为参保人提供保障服务的自保机构。自保机构可参考州医院规划和合同医疗领域的许可限制，根据保障需求调整其方式、范围和资金；其可作为第95条第1款的医疗保障中心组建者。

（2）只有在其无法通过其他方式来确保履行卫生保健和康复任务时，方可设立新的自保机构。医疗保险基金会或其协会也可建立自保机构，前提是其能够确保履行第72a条第1款的任务。

第十一部分　与整合保障中服务提供者的关系

第140a条　整合保障

（1）不同于本章其他规定，医疗保险基金会可就参保人跨不同服务领域的保障或者跨专业与科室的保障，与第140b条第1款提及的合同方签订合同。整合保障合同应使民众的保障全覆盖成为可能。只要参保人的保障根据这些合同被落实，第75条第1款的确保任务就会受到限制。保障内容和其获得的前提条件由整合保障合同决定。

（2）参保人自愿参加整合的保障形式。实施治疗的服务提供者只有在参保人同意时，才可从第140b第3款的共同文档中调用与参保人相关的治疗数据与化验结果，这些信息应被用于当下具体的病例，且服务提供者应有义务根据《刑法典》第203条保守秘密。

（3）参保人有权从其医疗保险基金会就整合保障合同、参加的服务提供者，特别是服务和约定的质量标准获取全面的信息。

第140b条　整合保障形式的合同

（1）医疗保险基金会只能与以下单位签订第140a条第1款的合同

1. 为提供合同医疗保障而许可的各个医生和牙医及其他根据本章有权为参保人提供保障的各个服务服务者或其团体，

2. 有权为参保人提供保障的许可医院所有人、签订了第111条第2款保障合同的住院保健和康复机构所有人、门诊康复机构的所有人或其团体，

3. 第95条第1款第2句的机构所有人或者其团体，

4. 通过有权为第四章的参保人提供保障的服务提供者提供第140a条的整合保障的机构所有人，

5. 在第十一卷第92b条基础上的护理保险基金会和许可的护理机构，

6. 前面提到的服务服务者之团体及其团体，

7. 第115条第2款第1句第1项提到的诊所医院，

8. 医药企业，

9. 符合医药产品法律规定的医药产品生产商。

对于第8项与第9项的医药企业和医药产品生产商，第95条第1款第6句后半句不适用。

（3）在第1款的合同中，医疗保险基金会的合同方有义务为参保人提供保证质量的、有效、充分、适宜且经济的保障。合同方须在本章服务提供者义务的范围内确保满足第2条和第11条至第62条参保人的服务要求。合同方须特别保证，其参照普遍公认的医学知识和医学进步，符合约定整合保障的组

织、企业经济及医疗和医疗技术前提条件，并以参保人保障需求为目标确保所有参与保障者的合作，包括不同保障领域的协调及所有参与整合保障者在各自要求的范围内必须获取的充分资料。第 1 款和第 2 款的医疗保险基金会合同方的保障任务对象只可能是这样的服务，即其作为医疗保险服务的属性没有被第 91 条的共同联邦共同委员会在第 92 条第 1 款第 2 句第 5 项的决议范围内和第 173c 条第 1 款的决议范围内否决。

（4）合同可以不遵照本章、《医院筹资法》、《医院收费法》的相关条例及根据这些条例制定的相关规定而作出调整，只要有偏差的规定符合整合保障的理念与独特性，改善整合保障的质量、效果和经济性，或者由于其他原因而对于其落实是必需的。整合保障的合同方应基于各自的许可情况就整合保障的落实达成一致，即使提供的服务不在服务提供者的许可与授权范围内，服务仍然会被提供。与第 3 句无关，医院有权在整合保障的合同范围内对第 116b 条第 3 款目录中提及的高度特殊服务、罕见疾病和需要特别治疗手段的疾病进行门诊治疗。

（5）只有合同方全部同意的情况下，方可让第三方加入合同。

第 140c 条　报酬

（1）整合保障合同确定报酬。参加整合保障的参保人在合同保障任务范围内要求的所有服务之报酬来自整合保障形式的报酬。这也适用于未参加整合保障的服务提供者提供的服务，只要参保人是从参加整合保障的服务提供者转至未参加整合保障的服务提供者处得到的服务，或者由于整合保障合同规定的原因而有权要求在未参加整合保障的服务提供者处得到服务。

（2）整合保障合同可拟定承担全部预算责任，或者承担可定义的部分领域的预算责任（组合预算）。应考虑整合保障的参保人数及其风险结构。补充的发病率标准须在协议中予以考虑。

第十二部分　适用欧共体 1408/71 号条例的各国服务提供者之关系

第 140e 条　适用欧共体 1408/71 号条例的各国服务提供者之关系

医疗保险基金会为保障其参保人可按照第三章和其相关法规与第 13 条第

4 款第 2 句中一些国家的服务提供者签订合同，这些国家须适用欧洲理事会于 1971 年 6 月 14 日颁布的 1408/71 号关于在欧共体范围内移居（欧洲共同体公报第 L 149 项第 2 页）雇员及其家庭的社会安全体系之有效条例。

第十三部分　病人的参与，联邦政府代表病人权利的专员

第 140f 条　病人利益代表的参与

（1）代表病人、慢性病人和残疾人利益的重要组织按照下面的规定参与和保障有关的问题。

（2）在第 91 条的联邦共同委员会和履行第 303b 条数据透明任务的工作组的咨询委员会中，在联邦一级代表病人、慢性病人和残疾人利益的重要组织有咨询权；组织为此提名一些专家。咨询权也包括在制定决议时的在场权。专家人数应最多不超过由医疗保险基金会联邦最高联合会派入委员会的成员人数。专家由第 140g 条的条例提及或者承认的组织共同提名。在第 56 条第 1 款、第 92 条第 1 款第 2 句、第 116b 条第 4 款、第 136 条第 2 款第 2 句、第 137 条、第 137a、第 137b 条、第 137c 条和第 137f 条的联邦共同委员会决议中，这些组织获得了提出申请的权利。

（3）在第 90 条的州委员会及第 96 条的许可委员会和第 97 条的任命委员会中，只要就在特殊情况下额外增加第 101 条第 1 款第 1 句第 3 项的合同医生执业地或者就机构和医生的授权作出了决定，则在州一级代表病人、慢性病人和残疾人利益的重要组织获得咨询权；组织为此提名一些专家。咨询权也包括在制定决议时的在场权。专家人数应最多不超过由医疗保险基金会派入委员会的成员人数。专家由第 140g 条的条例提及或者承认的组织共同提名。

（4）关于第 21 条第 2 款、第 84 条第 7 款第 6 句、第 111b 条、第 112 条第 5 款、第 115 条第 5 款、第 124 条第 4 款、第 125 条第 1 款、第 126 条第 1 款第 3 句、第 127 条第 1a 款第 1 句、第 132a 条、第 132b 条第 2 款和第 132d 条第 2 款各种拟定的医疗保险基金会联邦最高联合会的框架建议、建议和实施细则以及第 139 条医疗辅助器具表的更改、更新及取消，及第 36 条第 1 款固定价格组的决定和第 36 条第 2 款固定价格的确定，由第 140g 条的条

例提及或者承认的组织以咨询的方式达成一致。咨询权也包括在制定决议时的在场权。如果没有遵循他们的书面要求规定，则应在要求时以书面形式告知相关原因。

（5）专家会根据根据开会的天数按照《联邦差旅费法》或者州关于差旅津贴的规定获得差旅费、按照第四卷第 41 条第 2 款获得误工补助，及按照（第四卷第 18 条）每月标准值的五十分之一作为对其时间支出的报酬。报酬由专家咨询的委员会提供。

（6）第 140g 条的规定中提及或者承认的组织及专家，在实施其第 2 款的咨询权时，由联邦共同委员会通过适当的措施对其进行组织与内容上的支持。为此联邦共同委员会可设立一个病人参与办公室。主要通过组织培训与进修、整理会议材料、统筹联邦一级的提名程序以及行使第 2 款第 4 句提及的申请权提供支持。

第 140g 条　制定条例授权

联邦卫生部被授权，在联邦参议院批准后通过行政法规来规定在联邦一级代表病人、慢性病人和残疾人的重要组织被承认的前提条件细节，特别是对组织形式和财政公开，及病人参与程序的要求。

第 140h　条联邦政府代表病人利益的专员之任期、任务和权力

（1）联邦政府任命代表病人利益的专员。专员可支配为完成其任务必要的人员与物资资源。除非被解除职位，否则直至联邦议会改选，任期才会结束。

（2）专员的任务是，致力于通过服务提供者、费用承担者和卫生事业机关的全面、独立的咨询和客观的信息及在医疗保障确保问题上的参与来考虑病人的利益，尤其是他们的权利。专员在执行任务时，须注意男性与女性不同的生活条件与需求，并在医疗保障及性别观点研究的领域进行考量。

（3）为完成第 2 款的任务，只要涉及病人保护及其权利的问题，联邦政府部门会按照所有法律、法规和其他重要规定加入专员团队。所有联邦机关和其他联邦范围内的公共机构在专员执行任务时提供支持。

第五章　卫生事业发展评估专家委员会

支持协调一致行动；专家委员会

（1）联邦卫生部任命专家委员会来评估卫生事业的发展。为支持专家委员会工作，联邦卫生部设立一个事务办公室。

（2）专家委员会的任务是，根据健康保障发展在医学和经济方面的影响对其进行评估。在评估范围内，兼顾资金框架条件和现存的资金储备，专家委员会为减少赤字和存在的保障过度制定优先选项，并指明卫生事业继续发展的可能性及其道路；其可将社会保险其他分支的发展纳入评估范围。联邦卫生部可详细规定评估对象及委托专家委员会进行特别评估。

（3）专家委员会两年评估一次，并通常在每年 4 月 15 日转交给联邦卫生部。联邦卫生部立即向联邦立法机构提交评估。

第六章　医疗保险基金会

第一部分　医疗保险基金会种类

地方医疗保险基金会

地方医疗保险基金会的辖区

（1）地方保险基金会为划定的地区设立。

（2）州政府可根据行政法规规定地区的划分。州政府可将此权力授予根据州法律相关的主管机关。

（3）相关的州可通过国民协议约定，一个地区可覆盖多个州。

自愿合并

（1）如果合并后新医疗保险基金会的辖区超出了本州区域范围，则地方医疗保险基金会也可通过其监事会决议进行合并。决议须得到在合并前主管的监管机关批准。

（2）参加的医疗保险基金会在申请许可时需附加提供一个章程，一个机关成员任命的提议，一个新医疗保险基金会组织、人员与资金结构的方案，包括其办公场所的数量和分布及与第三者法律关系的协议。

（3）监管机构批准章程和协议，任命机关成员并决定合并生效的时间点。

（4）一到生效时间，之前的医疗保险基金会自动解散。新的医疗保险基金会接受其权利与义务。

申请的州内合并

（1）州政府可根据某一地方医疗保险基金会或者其州协会的申请，在对相关地方医疗保险基金会和其州协会听证后通过行政法规合并州内独立设置的或者所有地方性医疗保险基金会，如

1.通过合并可改善相关医疗保险基金会的服务能力，或者

2.一个地方医疗保险基金会的需求率高于联邦或者州一级所有地方医疗保险基金会平均需求率百分之五以上。第313条第10款第a项适用。

（2）州政府根据州协会的申请，在对相关地方医疗保险基金会和其州协会听证后，通过行政法规合并州内单独或者所有地方医疗保险基金会，如果

1.符合第1款的前提条件，和

2.在提出申请后的十二个月内没有实现自愿合并。如地方医疗保险基金会协会的辖区超出了本州区域范围，则第143条第3款适用。

（3）需求率为过去一年中服务支出与参保人有缴纳保险费义务的收入的总和之比。支出应减去由第三方为服务补偿的额度，减去额外或者试验服务以及无权服务情况下的服务之支出，减去第266条获得的风险结构补偿金，并减去按照第269条从风险共担金中获得的补偿金。根据第266条和第269条承担的补偿金也属于支出。

申请的州内合并程序

（1）如地方医疗保险基金会根据第145条合并，则其向监管机关提交一个章程、一个任命机关成员的提议和一个关于其与第三方法律关系的协议。

（2）监管机关批准章程和协议、任命机关成员并决定合并生效的时间点。

（3）一到生效时间，之前的医疗保险基金会自动解散。新的医疗保险基金会接受其权利与义务。

（4）如参与的医疗保险基金会没有在监管机关设定的期限内履行第 1 款的义务，则由监管机关确定章程，任命机构成员，规定其与第三方的法律关系，并决定合并生效的时间点。第 3 款适用。

第 146a 条　解散

如果某一地方医疗保险基金会不能长期保证其服务能力，则会被监管机关关闭。监管机关决定其解散生效的时间点。除第 4 款第 9 句外的第 155 条、第 164 条第 2 款至第 5 款适用。

企业医疗保险基金会

设立

（1）如满足以下条件，雇主可为一个或者多个企业设立企业医疗保险基金会，即

1. 在这些企业至少定期有 1000 名义务参保雇员，以及

2. 长期保证其服务能力。

（2）对于其章程不含有第 173 条第 2 款第 1 句第 4 项规定的企业医疗保险基金会，雇主可雇佣管理业务必需的人员，费用由雇主承担。不能雇佣可在企业的人事部门或者服务部门工作的人员。如雇主向医疗保险基金会董事会通过不可撤销的声明拒绝继续支付管理业务必需人员的费用，则只要企业医疗保险基金会同意，就必须在接到此声明后下一年度 1 月 1 日之前接管迄今负责日常运作而委托的人员。企业医疗保险基金会与其接管人员的服务和劳动关系发生权利与义务关系；《民法典》第 613a 条适用。相关关系可在第 4 句的声明递交到企业医疗保险基金会的当日进行重新调整。如医疗保险基金会在其章程中拟定第 173 条第 2 款第 1 句第 4 项的规定，从此章程规定生效日始，第 4 句至第 6 句适用。

（2a）如雇主在第 2 款第 1 句的企业医疗保险基金会自己承担雇佣管理业务必需人员的费用，则该医疗保险基金会根据第 270 条第 1 款第 1 句第 c 项获得的分配额的百分之八十五转交给雇主。如雇主只承担上述人员的部分费用，则转交的金额相应减少。转交的金额需分开安排。第 1 句和第 2 句中转交的金

额须限定在雇主实际负担的费用之内。

（4）第 1 款不适用于被许可为服务提供者或者其重要目标是维护服务提供者经济利益的企业，只要其根据本卷与医疗保险基金会或者其协会签订了合同。如服务提供者并不是主要提供与医疗保险基金会或者其协会的合同规定的服务，则第 1 句不适用。

设立程序

（1）企业医疗保险基金会的设立需要得到在设立之后主管监管机关的批准。许可只有在以下情况下才会失效，即如未达到第 147 条第 1 款提及的前提条件之一，或者医疗保险基金会在设立时成员不足 1000 人。

（2）设立须征得多数企业雇员的同意。监管机关或者由其委托的机关负责投票事宜。投票应保密。

（3）雇主在申请许可时须附上一个章程。监管机关批准章程并决定设立生效的时间点。

扩展至其他企业

如企业医疗保险基金会章程不含有第 173 条第 2 款第 1 句第 4 项规定，则该医疗保险基金会可根据雇主的申请向同一个雇主的其他企业扩展。第 148 条适用。

自愿合并

（1）几家企业医疗保险基金会可根据其监事会的决议合并为一个共同的企业医疗保险基金会。决议需要得到合并前主管监管机关的批准。

（2）第 144 条第 2 款至第 4 款适用。对于其章程含有第 173 条第 2 款第 1 句第 4 项规定的企业医疗保险基金会，第 145 条和第 146 条适用；对于一个或多个联邦企业医疗保险基金会与其他企业医疗保险基金会的合并，第 168a 条第 2 款适用。

企业退出

（1）如同一雇主的多个企业拥有一个共同的企业医疗保险基金会，则其中一个企业被转手给其他雇主时，任何相关的雇主可申请让转手的企业退出共同企业医疗保险基金会。

（2）如不同雇主的多个企业拥有一个共同的企业医疗保险基金会，则任何相关的雇主都可申请，让其企业退出共同的企业医疗保险基金会。第1句不适用于章程中含有第173条第2款第1句第4项规定的多个雇主的企业医疗保险基金会。

（3）关于企业退出共同企业医疗保险的申请，由监管机关决定。该机关决定退出生效的时间点。

（主动）解散

企业医疗保险基金会可根据雇主的申请解散，前提是监事会有投票权的成员以四分之三多数票通过。申请由监管机关决定。该机关决定解散生效的时间点。如企业医疗保险基金会的章程包含第173条第2款第1句第4项的规定，则第1句和第2句不适用。

（被动）关闭

企业医疗保险基金会可被监管机关关闭，如

1. 设立该医疗保险基金会的企业倒闭，并且章程中不含有第173条第2款第1句第4项的规定，

2. 该企业医疗保险基金会本来就不允许设立，或者

3. 该企业医疗保险基金会的服务能力无法得到长期保证。

监管机构决定关闭生效的时间点。

业务清算与义务承担

（1）解散或者关闭的企业医疗保险基金会的业务由其董事会清算。在清算结束之前，企业医疗保险基金会被视为继续存在，只要清算需要。如解散或关闭后董事会离职，则由监管机关在对医疗保险基金会联邦最高联合会及其州协会进行听证后决定清算董事会。第四卷第35a条第7款适用。

（2）董事会公开宣布解散或者关闭。如公布中含有相应的提示，且在宣布六个月内没有提出索款请求的债权人，其索款要求可被拒绝。第2句和第3句不适用于保险服务请求权以及基于国家间和跨国家法律的请求权。

（3）清算结束后如还有资产，则转交州协会。如不存在州协会或者此企业医疗保险基金会不属于任何州协会，则转交医疗保险基金会联邦最高联合会。

（4）如解散或关闭的企业医疗保险基金会的资产不足以偿付所有债权人，则雇主有义务偿还。如多个雇主参与，则其被视为共同债务人。如雇主的资产也不够偿还债务，则其他企业医疗保险基金会有义务偿还。如关闭的企业医疗保险基金会章程含有第 173 条第 2 款第 1 句第 4 项的规定，则第 1 句至第 3 句不适用；在此情况下，其他企业医疗保险基金会有偿还义务。只有医疗保险基金会联邦最高联合会才能够要求履行第 3 句和第 4 句的义务，其可决定债务在单独企业医疗保险基金会的分配和分期偿还的额度。如企业医疗保险基金会无力履行义务，则未偿付的款项由医疗保险基金会联邦最高联合会分摊给其他医疗保险基金会，农村医疗保险基金会除外。针对此分摊款项执行的申诉没有中止行政决定实施的效力。在第 173 条第 2 款第 1 句第 4 项的章程规定生效时，如企业医疗保险基金会须承担的款项超过其资产，则雇主须在章程规定生效后六个月内补偿差额。第 164 条第 2 款至第 4 款在以下条件下适用，即第 164 条第 3 款第 3 句只适用于其劳动关系不能通过正式解除合同而终止的雇员。

公共管理部门的企业医疗保险基金会

第 147 条至 155 条第 4 款适用于联邦、州、乡镇联合体或者乡镇的管理部门服务企业。这里，管理部门取代雇主。

行业医疗保险基金会

设立

（1）对于其成员登记在手工业行业目录中手工业企业，一个或者多个手工业行业可为其设立行业医疗保险基金会。

（2）一个行业医疗保险基金会只有满足以下前提条件才可设立，即

1. 在手工业行业成员所在手工业企业至少定期有 1000 名义务参保雇员，

2. 长期保证其服务能力。

（3）第 1 款不适用于按照本卷被允许作为服务提供者与医疗保险基金会或者其协会签订合同的手工业企业。

设立程序

（1）行业医疗保险基金会的设立需要得到在设立后主管监管机关的批准。许可只有在以下情况下才会失效，即如未达到第 157 条提及的前提条件之一，或者医疗保险基金会在设立时成员不足 1000 人。

（2）设立须征得行业成员大会及行业企业中多数雇员的同意。

（3）第 148 条第 2 款第 2 句和第 3 句和第 3 款适用于程序。这里，雇主的职能由手工业行业协会承担。

扩展至其他手工业行业

（1）如单独或者与其他手工业行业共同设立一个行业医疗保险基金会的手工业行业（所有者行业）与没有行业医疗保险基金会的另一手工业行业合并，则只要行业企业中多数雇员同意，所有在其他手工业工会企业义务参保的雇员都属于此行业医疗保险基金会；第 157 条第 2 款第 2 项适用。如所有者行业从地域上或者事务上向其主管范围扩展，则第 1 句适用。第 158 条在此适用。

（2）如因手工业法规的更改而导致所有者行业的成员范围发生变化，则主管的监管机关须对行业医疗保险基金会的成员范围进行相应调整。如此调整涉及的所有者行业成员超过 1000 人，则第 157 条、第 158 条在此适用。

（3）如在调整之后的行业医疗保险基金会覆盖几个监管机关辖区，则第 2 款的决定由调整前的主管监管机关作出。

行业医疗保险基金会的合并

（1）行业医疗保险基金会可根据其监事会的决议合并。决议需要得到合并前主管监管机关的批准。第 144 条第 2 款至第 4 款适用于合并程序。

（2）如行业医疗保险基金会的所有者行业自行合并，则这些医疗保险基金会也会被合并。第 146 条适用于合并程序。

（3）如州政府对行业医疗保险基金会进行合并，则第 145 条和第 146 条适用。

手工业行业的退出

手工业行业可申请从一个共同的行业医疗保险基金会退出。退出申请由监管机关批准决定。该机关决定退出生效的时间点。第1句至第3句不适用于其章程未包含第173条第2款第1句第4项规定的行业医疗保险基金会。

（主动）解散

单独的行业医疗保险基金会可根据行业成员大会的申请在听证熟练工委员会后解散，共同的行业医疗保险基金会可根据所有行业成员大会在听证熟练工委员会后解散，前提是监事会有投票权的成员以四分之三多数票通过。申请由监管机关决定。该机关决定解散生效的时间点。如行业医疗保险基金会的章程含有第173条第2款第1句第4项的规定，则第1句至第3句不适用。

（被动）关闭

行业医疗保险基金会可被监管机关关闭，如

1. 设立该医疗保险基金会的手工业行业解散，对于共同的行业医疗保险基金会来说，则是所有参与的手工业行业解散，

2. 该医疗保险基金会本来就不允许设立，或者

3. 该医疗保险基金会的服务能力无法得到长期保证。

监管机关决定关闭生效的时间点。如行业医疗保险基金会的章程含有第173条第2款第1句第4项的规定，则第1句第1项不适用。

资产分配、业务清算、义务承担与员工事务规例

（1）行业医疗保险基金会的解散与关闭适用第154条和第155条第1款至第3款。如解散或关闭的行业医疗保险基金会的资产不足以偿付所有债权人，则手工业行业协会有义务偿还。如多个手工业行业参与，其被视为共同债务人。如手工业行业的资产不够偿还债务，则其他行业医疗保险基金会有义务偿还。如关闭的行业医疗保险基金会章程含有第173条第2款第1句第4项的规定，则第2句至第4句不适用；在此情况下，其他行业医疗保险基金会有偿还义务。对于第4句和第5句的义务，第155条第4款第5句至第7句和第5款适用。对于第173条第2款第1句第4项章程规定生效时的义务，第155条第4款第8句适用。

（2）行业医疗保险基金会关闭或解散当日现有的保障受领人及其遗属的保

障要求不受影响。

（3）按照工作条例雇佣的员工有义务，接手州行业医疗保险基金会协会介绍的符合工作条例的、该协会或者另一个行业医疗保险基金会的职位，前提是该职位并未与其能力明显不相称。如因此产生较低的薪水和保障，应被补齐。其余雇员应考量其能力与迄今的工作，为其提供在该协会或者另一个行业医疗保险基金会的职位。每一个行业医疗保险基金会有义务，按照其参保人数占所有行业医疗保险基金会参保人数的比例，介绍第1句中符合工作条例的职位并提供第3句的职位；雇员可通过适当的方式了解其介绍的内容与提供的职位。

（4）不是按照第3款获得职位的雇员之合同关系，在解散与关闭当日结束。提前解除合同的权利在此不受影响。

（5）对于第2款至第4款所承担的义务，第1款和第155条第5款适用。

农村医疗保险基金会

农村医疗保险基金会是第二卷第17条中就农村医疗保险提供的医疗保险基金会。关于农村医疗保险的法律规定有效。

德国矿工—铁路—海员养老保险

德国矿工—铁路—海员养老保险执行本卷规定的医疗保险。

医疗互助基金会

（1）医疗互助基金会的参保人成员资格通过行使选举权而获得。

（2）不允许限制医疗互助基金会接受成员的权限。

（3）医疗互助基金会的辖区可通过章程规定扩张覆盖到一个或者数个州，或者整个联邦境内。章程规定需要得到扩张前主管监管机关的批准。

第168a条　医疗互助基金会的合并

（1）医疗互助基金会可通过其监事会决议合并。决议须获得合并前主管监管机关的批准。对于相关程序，第144条第2款至第4款适用。

（2）根据某一医疗互助基金会的申请，联邦卫生部可在联邦参议院批准后通过行政法规在对相关医疗互助基金会进行听证后合并单个医疗互助基金会。对于通过联邦卫生部行政法规合并医疗互助基金会，第145条和第146条适用。

关闭

如果一个医疗互助基金会的服务能力不能长期保证，则可被监管机关关闭。监管机关决定关闭生效的时间。

资产分配、业务清算、义务承担

涉及关闭时，第154条、第155条第1款至第3款和第164条第2款至第5款适用，条件是第164条第3款第3句只针对其劳动关系不能通过正式解除合同而终止的雇员。如关闭的医疗互助基金会资产不足以偿还债务，则第155条第4款第4句至第7句和第5款适用。

跨保险医疗保险基金会的规定

第171a条　跨类型医疗保险基金会的合并

（1）本篇第一节至第三节和第七节提及的医疗保险基金会可在监事会决议下与在这些节提到的其他保险基金会类型的医疗保险基金会合并。决议需要获得合并前主管监管机关的批准。第144条第2款至第4款有效，条件是申请批准时须附上一个声明，告知应保留哪些基金会属性。之后，如新的医疗保险基金会属在申请批准当日参与合并、人数最少的医疗保险基金会所属的协会的成员，则基于此协会监管机关实施的核查结果一致确定可能会对其资金基础造成损害，此协会可根据第二句向监管机关拒绝新医疗保险基金会加入。

（2）新的医疗保险基金会在合并生效五年后，须向参加合并的医疗保险基金会未合并前有支付义务的协会履行医疗保险基金会倒闭后所产生的支付义务或者根据第265a条提供资金救助的义务。第155条第5款有效。新保险医疗机构应基于某些背景条件利用一些对确定支付义务具有至关重要的数据，即参与合并的医疗保险基金会在提交批准申请当日彼此承认的需要偿付的数额。新保险医疗机构须向相关协会告知确定义务偿付的金额所必需的数据。如果新的医疗保险基金会是企业医疗保险基金会或者医疗互助基金会，则在关闭此医疗保险基金会时，第164条第2款至第5款适用。

第171b条　医疗保险基金会破产

（1）自2010年1月1日起，《破产条例》第12条第1款第2项不适用于医疗保险基金会。自此刻起，医疗保险基金会的破产条例以下列条款为准。

（2）如果某一医疗保险基金会丧失服务能力或者预知在债务到期时无法履行现有的支付义务（有破产危险），或者出现超额负债，医疗保险基金会董事会须立即以有说服力的材料向主管监管机关报告。医疗保险基金会联邦最高联合会根据第 171d 条第 1 款会为医疗保险基金会承担债务，但在确定超额负债时应不被考虑在内。

（3）只能由监管机关提出申请启动医疗保险基金会资产的破产程序。如果符合因长期无法保证服务功能而关闭医疗保险基金会的前提条件，则监管机关可直接关闭医疗保险基金会，而不是按照第 1 句提出申请。在收到第 2 款第 1 句提到的报告后三个月之内监管机关没有根据第一句提出申请，则只要报告的破产理由继续存在，就不可再提出破产申请。

（4）监管机关须立即就第 3 款第 1 句的申请提出事宜知会医疗保险基金会联邦最高联合会。在任命破产管理员之前，破产法庭须对监管机关进行听证。启动决议须单独寄送给监管机关。监管机关和医疗保险基金会联邦最高联合会可随时就程序进度向破产法庭和破产管理者要求提供回复。

（5）在破产程序启动当日或者因缺乏破财人资产而拒绝启动破产程序的决议生效当日，关闭医疗保险基金会，条件是，在破产程序启动后根据《破产条例》规定对医疗保险基金会业务进行清算。

（6）医疗保险基金会的资产包括生产资料、储备金和管理资产。与第 260 条第 2 款第 2 句不同，只要医疗保险基金会对于服务请求作为特别资产归入健康基金，这笔费用就不予考虑。

（7）对于 2009 年 12 月 31 日之前因半退休协议而产生的余额，应最迟在 2015 年 1 月 1 日之前完全履行《半退休法》第 8a 条中的相关义务。

第 171c 条　根据《破产条例》第十二条第二款的保证之取消

自 2009 年 1 月 1 日起，根据《破产条例》第 12 条第 2 款，各州不再有义务为医疗保险基金会雇员提供养老保障款项和破产金。

第 171d 条　破产情况下的保证

如就医疗保险基金会的资产启动破产程序，或者根据法律上确定有效的判决，破产程序启动因缺乏破产人资产而被驳回（破产情况），那么医疗保险基金会联邦委员会承担 2009 年 12 月 31 日之前此医疗保险基金会产生的养老保障和半退休保障义务，以及为履行相关义务向公共合法机构支付公司养老保障义务而申请的贷款，前提是破产情况影响了这些义务的履行，或者已使机构无法履行这些义务。如果根据《企业养老金法》破产保险的受益人能够履行医疗保险基金会一直持续的养老保险义务，则其他医疗保险基金会或者其协会不承担任何义务。医疗保险基金会联邦最高联合会规定为履行其保证义务而向同一保险类型的医疗保险基金会收取必需的金额，以及如果属于此保险类型的医疗保险基金会参与合并，则在 2049 年 12 月 31 日之前根据第 171a 条向由合并产生的医疗保险基金会收取部分额度的费用。如第 3 句提到的医疗保险基金会没有能力履行第 1 句提到的义务，则医疗保险基金会联邦最高联合会就不足的额度向所有其他医疗保险基金会收取。第 155 条第 4 款第 7 句和第 164 条第 2 款至第 4 款适用。

（2）第 1 款第 3 句和第 4 句、第 5 款第 1 句和第 2 句，及第 155 条第 4 款第 5 句和第 6 句与第 5 款第 1 句第 3 项和第 5 项的额度确定细节由联邦卫生部在联邦参议院批准后按照行政法规进行调整。此外规定，章程中不含有第 173 条第 2 款第 1 句第 4 项规定的企业和行业医疗保险基金会可参与筹资，其额度为待支付金额的百分之二十。在行政法规中还可规定，医疗保险基金会为履行第 1 款第 3 句和第 4 句而须向医疗保险基金会联邦最高联合会提供哪些信息，包括提供信息的时间点。

（3）如果在 2010 年 1 月 1 日之前没有被批准进入破产程序的医疗保险基金会出现了破产，则《企业养老金法》第四篇的破产保护仅涉及 2009 年 12 月 31 日之后保障金承诺的权利和预期利益。《企业养老金法》第 7 条至第 15 条不适用于根据州法律而成为巴符州或者萨克森州社区保障协会义务成员的医疗保险基金会。巴符州一般地区性医疗保险基金会（AOK）除外。如成员关系终结，则第 1 句适用。

（4）医疗保险基金会联邦最高联合会在第 1 款的基础上提供服务，相关权利人的诉求由其满足；《企业养老金法》第 9 条第 2 款至第 3a 款（第 3 款第 1 句后半句除外）适用于医疗保险基金会联邦最高联合会。为了第 1 款第 3 句和第 4 句中医疗保险基金会的利益，医疗保险基金会联邦最高联合会使得破产程序中第 1 句的诉求有效。

（5）在破产情况下，同一种类的其他医疗保险基金会为第 155 条第 5 款第 1 句第 3 项和第 5 项所述的权利和要求承担责任。如第 1 句中的义务超过了相应种类的医疗保险基金会每年从健康基金得到的总配额的百分之一，则其他种类的医疗保险基金会亦须负责。第 155 条第 4 款第 5 句至第 7 句适用。如果第 1 句或者第 2 句的医疗保险基金会须提供服务，则参保人和服务提供者的诉求由其负责。第 4 款第 2 句适用。

第 171e 条　用于养老保障义务的养老金储蓄准备金

（1）医疗保险基金会须为会实现《企业养老金法》第 1 条第 1 款第 3 句中直接购买义务的保障金承诺以及最少供款而产生的援助义务，设立一个额度相等的养老金储蓄准备金，此准备金可为在某天预计产生的此义务现金额度完全提供资金支持。在计算资产的负债方面应设立多个与现有养老金储蓄准备金相同数额的准备金。只要医疗保险基金会通过保险精算鉴定向监管机关证明，其为保障养老金预期利益和权利所承担的义务及援助义务而设立一个满足第 1 句和第 3 款行政法规中所列前提条件的养老金储蓄准备金，则第一句无效。在计算依据出现实质性变化时，应更新证明，原则上五年变化一次。养老金储蓄准备金只能用于指定用途。

（2）只要医疗保险基金会成为一个公共合法保障金机构成员，则鉴于第 1 款中的义务相应考虑预期的保障金付款。如果具有被监管义务的企业根据《保险监管法》第 1 条第 1 款第 1 项和第 2 项在 2009 年 12 月 31 日之前设立了养老金储蓄准备金，则只要涉及第 1 款第 1 句中的保障金承诺，就会适当考虑这一情况。只要医疗保险基金会有义务遵守联邦的《保障储备金法》或者相应州法律，则同样应考虑根据这些法律规定设立的资金。

（3）联邦卫生部经联邦参议院批准按照行政法规调整以下细节

1. 为应设立养老金储蓄准备金的保障金义务之界定，

2. 确定保障金义务现金数额的普遍保险精算规定，

3. 设立养老金储蓄准备金必需的供款额度和额度的审核与调整，

4. 养老金储蓄准备金供款的付账程序，

5. 落实企业养老保障金时养老金储蓄准备金的计算，及养老金储蓄准备金的投资。联邦卫生部经联邦参议院批准按照行政法规向联邦保险局转移第 1 句的权限。在这种情况下，第 271 条第 6 款适用于联邦保险局由此产生的费用。

（4）由监管机关批准确定医疗保险基金会所必需的养老金储蓄准备金额度和养老金储蓄准备金的供款计划。

（5）第 4 款的公务行为会收取相应费用和开支。联邦卫生部被授权，在联邦参议院批准后按照行政法规决定收费事项、收费额度和偿还事宜。可规定固定收费标准，也可按时间规定收费标准，另外还规定框架收费标准。应考虑不同的收费标准，从而补偿与监管机关公务行为相关的人员及物资支出。联邦卫生部可在联邦参议院批准后通过行政法规将第 2 句中的行政法规制定权授权给联邦保险局。

第 171f 条　医疗保险基金会协会的破产能力

第 171b 条至第 171e 条适用于医疗保险基金会联合会。

第 172 条　医疗保险基金会关闭或破产之规避

（1）在医疗保险基金会的设立、合并、开张（第 173 条第 2 款第 1 句第 4 项）、解散和关闭之前须对相关医疗保险基金会的协会进行听证。如果医疗保险基金会将其所在地转移至另外一个协会的辖区，则第 1 句适用。

（2）在医疗保险基金会联邦最高联合会要求下，医疗保险基金会须立即向其提交评估机构长期服务能力所必需的材料并接受询问，或者允许其查阅这些机构办公区的资料。如果医疗保险基金会联邦最高联合会确定，在最后一个季度的结算中，一个医疗保险基金会的支出超过收入的额度为评估报告期内健康基金平均每月供款的百分之零点五以上，则其须向主管监管机关通报。此外，医疗保险基金会联邦最高联合会可向监管机关通报其在截至每个日历年 12 月 31 日的年度结算中已证实的生产资料、储备金和购置与更新管理资产的经费。监管机关须在兼顾第 2 句和第 3 句提及的财务数据的同时，立即要求医疗保险基金会的董事会提供第 1 句提到的材料和答复的样本，如果能够从中发现造成医疗保险基金会经济能力长期受损的关键所在。如协会基于第 1 句所传达的信息，判断医疗保险基金会的支付能力长期受到威胁，则协会通过采取适当的措施为保证医疗保险基金会的长期支付能力向其提出建议，并向医疗保险基金会的监管机关通报医疗保险基金会的财政状况和相关建议。如果医疗保险基金会没有履行其第 1 句和第 4 句中的义务，也须通知其监管机关。

（3）如果监管机关在与医疗保险基金会联邦最高联合会达成一致后确定，一个医疗保险基金会只有可能与另一医疗保险基金会合并才能保证长期的支付能力，或者避免进入破产或过度负债状态，监管机关可提议这两家医疗保险基金会合并。如果支付能力不足的医疗保险基金会在监管机关设定的期限内未能就与其他医疗保险基金会自愿合并事宜达成决议，则监管机关会取代其作出决议。

第二部分　成员的选择权

第 173 条普遍选择权

（1）只要以下法规、农村医疗保险第二卷或者《艺术工作者社会保险法》没有其他规定，义务参保人（第 5 条）和自由参保人（第 9 条）都可成为其所选医疗保险基金会的成员。

（2）义务参保人和自由参保人可选择

1. 工作或者居住地的地方医疗保险基金会，

2. 根据相关章程，其管辖地覆盖工作或者居住地的医疗互助基金会，

3. 企业或者行业医疗保险基金会，如其在设立企业或者行业医疗保险基金会的企业从业，

4. 企业或行业医疗保险基金会，如企业或者行业医疗保险基金会的章程规

定了这一情况，

4a. 德国矿工—铁路—海员养老保险基金会

5. 在义务参保或者自由参保之前最终确定了成员资格或者签订了第 10 条保险契约的医疗保险基金会，

6. 其配偶参保的医疗保险基金会。

如果章程包含第 4 项规定，则对存在企业或行业企业，并且企业或者行业医疗保险基金会的章程对这些企业的管辖权起决定作用的州所在区域有效；只要章程规定在 2007 年 3 月 31 日对其他地区有效，就不受影响；章程不能把选择权限定在特定人群或者受条件限制。第 1 句第 4 项的章程规定不能违背。如果拥有第 1 句第 4 项章程规定的医疗保险基金会参与企业医疗保险基金会或者行业医疗保险基金会的合并，则此章程规定也适用于合并的医疗保险基金会。

（3）大学生可另外选择其高校所在地的地方医疗保险基金会或者当地医疗互助基金会。

（4）第 5 条第 1 款第 5 项至第 8 项强制保险的年轻人、参与共同工作生活服务的人员、残疾人和第 5 条第 1 款第 11 项和第 12 项或者第 9 项的退休参保人员及第 9 条第 1 款第 4 项参保的残疾人可另外选择其父母方参保的医疗保险基金会。

（5）如果参保人员在设立企业或者行业医疗保险基金会的企业从业，则可另外选择企业或者行业医疗保险基金会，

（6）成员的选择决定适用于第 10 条的参保人。

（7）如果章程不含有第 2 款第 1 句第 4 项规定的企业或者行业医疗保险基金会参加第 171a 条的合并，并且合并产生的医疗保险基金会属于企业或者行业医疗保险基金会的协会，则对于一些可能拥有企业或者行业医疗保险基金会选择权的义务参保人和自由参保人都可选择新的医疗保险基金会，而该企业或者行业医疗保险基金会的章程在合并前可能已经包含了第 2 款第 1 句第 4 项的规定。

第 174 条 特别选择权

(2) 对于在企业或者行业医疗保险基金会从业或者在退休前在其处从业的义务参保人和自由参保人，第 173 条第 2 款第 1 句第 3 项适用。

(3) 在企业或者行业医疗保险基金会协会从业或者在退休前在其处从业的义务参保人和自由参保人，可选择其居住或者工作地的企业或者行业医疗保险基金会。

(5) 与第 173 条不同，第 5 条第 1 款第 13 项的义务参保人可成为其最后参保的医疗保险基金会或者该机构受让方的成员，其他情况下，可成为其根据第 173 条第 1 款所选医疗保险基金会的成员；第 173 条有效。

第 175 条 选择权的行使

(1) 选择权的行使主要针对所选择的医疗保险基金会。该机构不可否决参保人的成员资格。选择权须年满十五周岁方可行使。

(2) 被选择的医疗保险基金会须在选择权被行使后立即开具成员证明。如果在义务参保或者自由参保前的最后十八个月内在另一医疗保险基金会存在成员资格，则只有根据第 4 款第 3 句出示解约确认书后方可开具成员证明。如果在义务参保时，为了提交给有登记义务的机构，须立即开具成员证明。

(3) 义务参保人须向有登记义务的机构立即提交成员证明。如果在义务参保后两周内未提交成员证明，则有登记义务的机构可从义务参保人开始义务参保起在其最后一次参保的医疗保险基金会为其登记；如参保人在义务参保之前没有参保记录，则有登记义务的机构可从义务参保人开始义务参保起在第 173 条中可选的医疗保险基金会中为其登记，并立即就选择的医疗保险基金会知会义务参保人。如果没有提交第 1 句中的成员证明，又未执行第 2 句中的登记，则医疗保险基金会联邦最高联合会就会指明责任归属。

(4) 如果义务参保人和自由参保人行使选择权，则其选择该医疗保险基金会应至少持续 18 个月。成员资格的解除须在成员申请解约的当月的下下个月度生效。医疗保险基金会须最迟在收到解约申请后两周内出具解约申请确认函。如果成员在解约期限内通过成员证明或者通过另一个疾病保险来证明其为另一家医疗保险基金会的成员，则解约生效。如果医疗保险基金会收取额外保险费、提高其额外保险费或者减少其保费支付，则与第 1 句有所不同，成员资格可在收取额外保险费、提高额外保险费或者减少保费首次生效时被解除。医疗保险基金会须最迟在首次生效前一个月向其成员表明可行使第 5 句中的解约权。如医疗保险基金会未及时对其成员提供第 6 句的指示，则对该成员来说，收取或者提高额外保险费的生效时间以及行使特别解约权的期限相应推迟一段时间。由于满足第 10 条中的参保前提条件，因此如自由参保人解约，则第 1 句和第 4 句均不适用；由于未说明医疗保险基金会的成员资格，因此如参保人解约，则第 1 句无效。医疗保险基金会可在其章程中规定，如说明另一家同类医疗保险基金会的成员资格，则第 1 句的期限无效。在 2007 年 2 月 2 日及之后由个人提出解除成员资格，以转入私人医疗保险企业，如此刻不满足第 6 条第 1 款第 1 项的前提条件，则解约无效。

（5）第 4 款不适用于通过企业或行业医疗保险基金会的设立或者扩张或者企业变动而成为企业或行业医疗保险基金会成员的义务参保人，前提是其在设立、扩张或者企业变动后两周内行使选择权。

（6）医疗保险基金会联邦最高联合会根据此规定确定用于登记和证明成员资格的统一程序和表格。

第三部分　成员资格与宪法

成员资格

第 186 条　义务参保人成员资格的开始

（1）义务参保的雇员之成员资格从其建立雇佣关系之日开始。

（2）非固定工作的雇员（第 179 条第 2 款）之成员资格从主管医疗保险基金会首次确定其有义务参保义务，而此确定在工作开始后一个月内落实，则从接受非固定工作之日起计算，否则从确定日开始计算。如非固定工作的雇员所从事的工作并非不超过三周的短暂工作，则成员资格继续保有。

（2a）《社会法典》第二卷中失业金 II 和第三卷中失业金或生活扶助津贴领取人的成员资格从其领取救济金之日开始计算。

（3）根据《艺术工作者社会保险法》参保人的成员资格开始于艺术工作者社会保险基金会确定其参保义务当日。如《艺术工作者社会保险法》规定的参保义务被一个非固定工作的雇佣关系（第179九条第2款）中断，则成员资格重新开始于非固定工作雇佣关系的结束日。如根据《艺术工作者社会保险法》第9条解除保险合同，则成员资格开始于解除合同的下月，最迟在确定参保义务后两个月。

（4）对于能胜任青年救助机构工作的人员，其成员资格从活动开始时计算。

（5）对于参与共同工作生活服务的义务参保人，其成员资格从活动开始时计算。

（6）残疾人义务参保人的成员资格从为残疾人设立的经批准的工场、疗养机构、休养院或类似机构开始工作之日起计算。

（7）大学生义务参保人的成员资格始于学期开始，最早可始于报到或者注册日。

（8）实习生义务参保人的成员资格始于职业实习活动开始之日。属于职业培训一部分的无报酬工作者，其成员资格从其工作开始之日计算。

（9）领取养老金的义务参保人之成员资格始于提交养老金申请日。

（10）如义务参保人解除在某个医疗保险基金会的成员资格（第175条），则其在新选择的医疗保险基金会之成员资格始于其解约生效日，对此，第1款至第9款不适用。

（11）第5条第1款第13项的义务参保人之成员资格开始于在国内没有就疾病保险提出任何其他诉求之首日。非来自欧盟成员国、欧洲经济区协定缔约国的外国人或者瑞士公民之成员资格，始于其落户许可或居留许可生效日。没有就疾病保险提出任何其他诉求之人员，其成员资格开始于此日。参保人因客观原因在第1句和第2句提及的时间点后提交义务参保的前提条件，医疗保险基金会须在其章程中规定，义务参保义务生效后需补交的款项可给予适当折扣、延期或者免交。

成员资格的开始

如主管义务参保人的医疗保险基金会为新设立的机构，则该义务参保人的成员资格始于医疗保险基金会设立有效日。

自由参保人成员资格的开始

（1）自由参保人的成员资格始于其加入该医疗保险基金会之日。

（2）第9条第1款第1项和第2项提及的自由参保人之成员资格始于其解除参保义务日或者其第10条的保险终结日。第9条第1款第6项提及的自由参保人之成员资格始于第5条第1款第11项义务参保生效日。

（3）参保须书面声明。

养老金申请者之成员资格

（1）具备成员资格的人应为申请过法定养老保险的养老金、符合第5条第1款第11项和第12项和第2款前提条件、但不符合领取养老金前提条件的申请者。第1句不适用于符合其他规定的义务参保人或者符合第6条第1款的自由参保人。

（2）成员资格始于养老金申请提出之日。其终结于死亡或者申请被无可争辩的驳回或者拒绝日。

义务参保人成员资格的结束

（1）义务参保人成员资格终结于其死亡。

（2）义务参保雇员的成员资格终结于其获取工作报酬的劳动关系结束之日。

（3）对于根据第6条第4款无参保义务的人员，其成员资格终结于在本规定拟定的时间，但要求该成员在医疗保险基金会就退出可能作出提示后两周内表明退出。如未表明退出，则成员资格作为自由参保成员继续保有，除非不符合第9条第1款第1句第1项自由参保的前提条件。如未表明退出，则以下人员的成员资格以自由参保成员继续保有，即当事人根据第6条第4款第1句撤销参保义务，但不符合第9条第1款第1句第1项自由参保的前提条件。

（4）如果非固定工作雇员不是暂时放弃非固定工作的职业行为，即最后一份非固定工作超过三周，则其成员资格终结。

（5）根据《艺术工作者社会保险法》参保人的成员资格终结于在艺术工作者社会保险基金会确定强制保险义务撤销日；第 192 条第 1 款第 2 项和第 3 项仍然有效。

（6）对于能胜任青年救助机构工作的人员，其成员资格终结于活动结束之日。

（7）对于参与共同工作生活服务的义务参保人，其成员资格终结于活动结束之日，在过渡金继续发放的情况下终结于过渡金发放结束日。

（8）残疾人义务参保人的成员资格终结于在为残疾人设立的经批准的工场、疗养机构、休养院或类似机构的工作结束。

（9）大学生义务参保人的成员资格终结于最后一个注册学期的结束。

（10）实习生义务参保人的成员资格终结于职业实习活动结束之日。属于职业培训一部分的无报酬工作者，其成员资格终结于其工作结束之日。

（11）领取养老金的义务参保人之成员资格终结于

1. 驳回领取养老金请求或者作出无可辩驳的取消和收回养老金决定的当月月末，或者最后一次支付养老金的当月月末。

2. 在补发之前某段时间的养老金情况下，作出无可辩驳决定的当月月末。

（12）《社会法典》第二卷中失业金 II 和第三卷中失业金或生活扶助津贴领取人的成员资格终结于其领取救济金的最后一日。

（13）第 5 条第 1 款第 13 项提及人员的成员资格，终结于

1. 表明在生病情况下可以提起其他保障请求权，或者

2. 居住地或者日常居留地迁至其他国家的前一日。

第 1 句第 1 项是不适用于《社会法典》第十二卷第三章、第四章、第六章和第七章中领取救济金之人。

自由参保人成员资格之结束

自由参保人成员资格终结于

1. 成员死亡，

2. 义务参保人成员资格生效，或者

3. 合同解除生效（第 175 条第 4 款）；如果成员满足第 10 条中的保险前提条件，则该章程可确定更早的时间点。

义务参保人成员资格之继续保有

（1）只要满足以下条件，义务参保人的成员资格仍然保有

1. 在合法的劳动争议期间，

2. 获得病假津贴或者生育津贴期间，或者领取其中一种救济金或依法领取教育津贴或者父母津贴，或者休父母假期间，

3. 在获得医疗康复服务期间从康复机构获得工伤津贴、疾病津贴或者过渡津贴，或者

4. 获取第三卷的短期工作工资期间。

（2）怀孕期间，如雇佣关系在雇主同意的情况下被解除，或者成员申请不带薪休假，则保留义务参保人的成员资格，除非根据其他规定存在其他成员资格。

兵役与民役期间成员资格之继续保有

（1）根据《工作岗位保护法》第 1 条第 2 款继续获得工资的义务参保雇员，其雇佣关系视为未因《兵役法》第 4 条第 1 款和第 6b 条第 1 款的兵役而中断。此亦适用于《作战和康复法》第 6 条的特殊兵役关系者，如其在作战事故中涉及医疗保险关系。

（2）对于第 1 款情况之外的义务参保人和自由参保人，《兵役法》第 4 条第 1 款和第 6b 条第 1 款的兵役不影响其在某一医疗保险基金会的现有成员资格。如参保义务结束于兵役开始日，或者如参保义务结束日与兵役开始日之间为周六、周日或者法定节假日，义务参保人的成员资格继续保有。第 1 款第 2句有效。

（3）第 1 款和第 2 款适用于民役。

（4）第 1 款和第 2 款适用于根据《军人法》第四篇提供服务或者进行演习的人员。服务或者演习与第 5 条第 1 款第 1 项和第 6 条第 1 款第 3 项的活动无关。

（5）《作战和康复法》第 6 条的特殊兵役关系期间，第 5 条第 1 款第 1 项和第 6 条第 1 款第 3 项的活动不适用。

章程与机关

医疗保险基金会的章程

（1）章程需特别规定

1. 医疗保险基金会的名称与所在地，

2. 医疗保险基金会的辖区和其会员范围，

3. 服务种类与范围，只要法律未作规定，

4. 第 242 条中额外保险费的确定、到期和支付，

5. 机关成员数量，

6. 机关权利与义务，

7. 监管会决议方式，

8. 机关成员报酬之确定，

9. 年度企业管理与会计审核、年度结算的验收，

10. 申诉办公室的组成与所在地，以及

11. 公告方式。

（1a）章程包含的规定有，医疗保险基金会可介绍其参保成员与私人医疗保险企业签订私人额外保险合同。此合同的对象可以是补充法定医疗保险的所有偿付款项，特别是用于支出补偿的追加费、医院择医治疗、单人或者双人床补贴及国外医疗保险。

（2）章程不能含有与法定医疗保险矛盾的规定。其只能涉及本卷许可的保障项目。

章程批准

（1）章程需要监管机关批准。

（2）事后确定的章程不应被批准，则监管机关可要求医疗保险基金会在一定期限内进行必要的修改。如医疗保险基金会在此期限内没有跟进，监管机关可代替医疗保险基金会自行进行必要的修改。对第 1 句和第 2 句中监管机关措

施的申诉无终止行政决定实施的效力。

（3）如章程因之后出现的情况而需要更改，则第2款适用。

章程检查

（1）有效章程可在医疗保险基金会的办公场所在正常的办公时间查阅。

（2）每位成员免费获得关于义务参保人和自由参保人成员资格的开始与结束、参保权以及由医疗保险基金会提供的服务和保险费的通知单。

监事会

（1）监事会须特别

1.决定章程及其他自主权，

1a.监督董事会，

1b.作出所有对于医疗保险基金会有根本意义的决定，

2.确定预算计划，

3.因年度结算就给董事会减负事宜作出决定，

4.在董事会及其成员前代表医疗保险基金会，

5.就购买、转让和抵押不动产，及建房事宜作出决定，以及

6.就医疗保险基金会的解散或者与其他医疗保险基金会的自愿合并事宜作出决定。

（2）监事会可查阅和检查所有业务与管理资料。

（3）监事会应为履行其任务设立专业委员会。

第197a 打击卫生事业不当行为办公室

（1）医疗保险基金会及其州协会（如存在）与医疗保险基金会联邦协会联手设立一些组织单位，来跟进与相关医疗保险基金会及其协会任务相关的资金异常、违法或不当运用的情况和事实。其拥有第10卷第617c条第3款的控制权限。

（2）任何人可就第1款所述事务向医疗保险基金会和第1款提及的其他组织询问。如第1款提到的组织根据个别情况或者总体情况认为其可信，则继续跟进。

（3）医疗保险基金会及第 1 款提到的组织就履行第 1 款的任务应彼此合作，并与保险基金会医生协会和保险基金会医生联邦协会合作。

（4）医疗保险基金会及第 1 款提及的其他组织如根据审查结果得出，可初步怀疑存在对法定医疗保险会产生重大影响的违法行为，则应立即向国家检察机关通报。

（5）医疗保险基金会和第 1 款所提及组织的董事会须向监事会每两年汇报一次，首次在 2005 年 12 月 31 日前，报告内容为第 1 款中组织单位的工作情况和成果。报告应转交给主管监管机关。

第 197b 条　通过第三方完成任务

只要工作组或第三方能够更经济地执行任务，相关人员可以获得更好的利益，并且不会损害参保人的权利，医疗保险基金会可委托工作组或者第三方来履行其义务性的任务。保障参保人的实质性工作不能委托第三方。第十卷的第 88 条第 3 款和第 4 款和第 89 条、第 90 条至第 92 条和第 97 条有效。

第四部分　登记

雇主对参保的雇员有登记义务

雇主需根据第四卷第 28a 条至 28c 条为有义务参保义务的雇员向主管医疗保险基金会登记。

非固定工作雇员的登记义务

（1）非固定工作的雇员须向第 179 条第 1 款的主管医疗保险基金会报告从事非固定工作的开始和结束时间。雇主须对非固定工作雇员的登记义务给予提示。

（2）对于经常从事不固定工作的雇员，其工作的主要雇主单位承担本卷规定的雇主义务。哪些机构被视为主要雇主单位，由州法律决定。

其他义务参保人员的登记义务

（1）以下人员应按第四卷第 28a 条第 1 款至第 3 款进行登记

1.胜任青年救助机构工作者，或者在残疾人工场、盲人作坊、疗养机构、休养院或类似机构从业者，及这些机构的持有者；

2. 参与共同工作生活服务的人员，及负责其的康复机构持有者；

3. 有权领取提前退休金者，及支付提前退休金的义务人。

第四卷第 28a 条第 5 款及第 28b 条和第 28c 条适用。

（2）国内及国家承认的高校须为参保大学生，培训机构须为有义务参保义务的实习生，和其无报酬的职业培训雇员向主管医疗保险基金会进行登记。联邦卫生部在联邦参议院批准后通过行政法规调整登记的内容、形式和期限，及登记程序的细节。

养老金申请者和领取者的登记义务

（1）法定养老保险的养老金申请者须在申请时向主管医疗保险基金会提交一份报告。养老保险基金会须立即将报告转交给主管医疗保险基金会。

（2）如义务参保的退休者与死亡参保人家属选取其他医疗保险基金会，则被选择的医疗保险基金会须立即通知迄今的医疗保险基金会和主管的养老保险基金会。

（3）如义务参保的退休者与死亡参保人家属从事须义务参保的工作，而此工作由其他医疗保险基金会主管，则此主管医疗保险基金会须立即通知迄今的医疗保险基金会和养老保险基金会。如义务参保的劳动关系结束，则第 1 句适用。

（4）养老保险基金会应就以下情况立即通知主管的医疗保险基金会

1. 法定养老保险养老金的开始发放时间与额度，及首次支付养老金的月份，

1a. 法定养老保险养老金的实际额度，只要医疗保险基金会因审核第 242b 条的请求权而要求这些参考数据，

2. 养老金申请撤销日，

3. 对养老金申请作出有约束力的决定，导致养老金申请被撤销的当日，

4. 养老金的结束、收回、撤销和其他不包含的服务，及

5. 从养老金中支付保险费的开始和结束时间。

（5）如法定养老保险养老金的领取者变为义务参保人，医疗保险基金会须

立即向养老保险基金会告知这一情况。如参保义务因第 4 款第 4 句之外的原因而结束，则第一句有效。

（6）登记需要通过机器可处理的数据载体或者数据传输来进行。医疗保险基金会联邦最高联合会与德国养老保险团体，在与联邦保险局的协商下，确定程序的细节。

保障金领取时的登记义务

（1）发放机构须在首次批准保障金以及在通知保障金受益者的成员资格结束时查明其主管的医疗保险基金会，并向其立即通报保障金领取的开始和结束时间、额度和变更情况。医疗保险基金会须在六个月内查明。保障金领取者须向发放机构提供其医疗保险基金会的信息，说明其医疗保险基金会的更换以及开始一份有参保义务的工作。医疗保险基金会须立即通知保障金收支双方有关保障金领取者的缴纳保险费义务及其来源于保障金的保险费范围和额度。医疗保险基金会可与保障金发放机构做其他约定。

（2）发放机构须基于系统审核过的程序通过安全有密码的数据传输或者机械储存在主管医疗保险基金会处进行登记。数据记录的结构、必要的密码及信息应由医疗保险基金会联邦最高联合会基于相关原则来确定，该原则需得到联邦劳动与社会保障部的同意，并被联邦卫生部批准；德国雇主协会联邦协会亦参与。

（3）如发放机构传达第 2 款中的报告，则医疗保险基金会须通过数据传输向发放机构提供所有信息。第 2 款第 2 句有效。

教育津贴与父母津贴领取时的登记义务

教育津贴或者父母津贴的发放机构须向主管医疗保险基金会立即通报教育津贴或父母津贴支付的起始和结束时间。

第 203a 条 失业金、失业金 II 和生活扶助津贴领取时的登记义务

劳动局或者基于第二卷第 6a 条许可的社区机构按照第四卷第 28a 条至第 28c 条为第 5 条第 1 款第 2 项和第 2a 项的参保人进行登记。

服兵役和民役时的登记义务

（1）有参保义务的雇员和失业者被征兵时，前者由雇主、后者由劳动局立即向主管医疗保险基金会通报兵役的开始时间、基本兵役的结束时间以及《军人法》第四篇的服务与演习信息。《兵役法》第 4 条第 1 款第 6 项的兵役结束应通报联邦国防部或者其规定的部门。其他参保人应根据第 1 句自行通报。

（2）第 1 款同样适用民役。其中，代替联邦国防部的机关为联邦民役局。

特定强制保险者的登记义务

领取法定养老保险养老金或者与养老金类似收入（保障金）的义务参保人，须向其医疗保险基金会立即通报

1. 领取养老金的开始时间和额度，

2. 领取保障金的开始时间、额度、变更及其发放机构，及

3. 领取工作收入的开始时间、额度和变更。

参保人的答复与通知义务

（1）只要参保人或者被视为参保人的人员未履行第四卷第 28o 条的信息答复义务，则其须向医疗保险基金会

1. 一经要求，立即就所有确定保险关系和保险费缴纳义务以及对医疗保险基金会执行任务所必需的情况给予答复，

2. 立即告知对于确定保险关系和保险费义务至关重要并且不能由第三方告知的关系变更情况。

一经要求，上述人员就立即在医疗保险基金会的办公地点向其提供事实与关系变更的来源材料。

（2）因不履行第 1 款的义务而导致医疗保险产生了额外开支，其可向义务参保人要求赔偿。

第七章　医疗保险基金会协会

州协会的设立与合并

（1）在每个州，

地方医疗保险基金会设立一个地方医疗保险基金会州协会，

企业医疗保险基金会设立一个企业医疗保险基金会州协会，

行业医疗保险基金会设立一个行业医疗保险基金会州协会。

医疗保险基金会州协会为公法法人。

除联邦服务企业的企业医疗保险基金会外，医疗保险基金会属于其所在地的州协会。其他医疗保险基金会可加入州协会。

（2）一个州存在多个州协会，则只要主管社会保险事务的州最高管理机关没有让其许可失效，这些协会就可以继续存在。主管社会保险事务的州最高管理机关可以一年为期限在日历年结束后撤销第一句的许可。如该最高管理机关让许可失效或者撤销许可，则规定进行必要的组织变更。

（2a）如一个州协会的所有成员自行合并，或者由州政府安排合并成一个医疗保险基金会，则该医疗保险基金会行使州协会的权利和义务。

（3）如相关州主管社会保险事务的州最高管理机关没有让其许可失效，则跨州的州协会继续保有。每个州主管社会保险事务的州最高管理机关可以一年为期限在日历年结束后撤销其许可。如许可被撤销或者失效，则参与的各州共同规定进行必要的组织变更。

（4）如一个州只有一家同一类型的医疗保险基金会，则其同时履行州协会的职责。就这方面来说，其具有州协会的法律地位。

（4a）如在一个州某个保险类型没有州协会，则在相关州主管社会保险事务的最高行政机关的许可下，此保险类型的另一州州协会履行此州州协会的职责。如在撤销州协会后三个月内相关州不能达成共识，则此类保险类型的联邦协会履行该职责。

（5）在相关州主管社会保险事务的最高行政机关许可下，同一保险类型的州协会可合并为一个协会。如这些州协会位于不同的州，这点同样适用。

监管、预算与会计、资产、统计

（1）州协会受其所在州主管社会保险事务的最高行政机构监管。

（2）第四卷第 87 条至第 89 条适用于监管。第四卷第 67 条至第 70 条第 1

款和第 5 款、第 72 条至第 77 条第 1 款、第 78 条和第 79 条第 1 款和第 2 款适用于预算与会计，包括统计；第四卷第 80 条和第 85 条适用于资产。第 263 条相应适用于管理资产。

州协会的监事会

（1）医疗保险基金会州协会作为自我管理的机关可根据章程细则设立监事会。监事会最多 30 名成员。在监事会中，如可行，所有成员保险基金会都必须派有代表。

（2）监事会由各占一半的参保人和雇主代表组成。参保人选取参保人代表，雇主选取雇主代表。第四卷第 44 条第 4 款有效。

（3）监事会成员由作为其成员的保险基金会的监事会从其队伍中选取。

（4）第 197 条适用于监事会。第四卷第 33 条第 3 款，第 37 条第 1 款，第 40 条、41 条、42 条第 1 款至第 3 款，第 51 条第 1 款第 1 句第 34 项，第 58 条、59 条、62 条、63 条第 1 款、3 款、4 款，第 64 条第 3 款和第 66 条第 1 款有效。

第 209a 条　州协会的董事会

地方、企业和行业医疗保险基金会的州协会设立一个董事会。该董事会最多由三人组成。第四卷第 35a 条第 1 款至第 3 款和第 5 款至第 7 款有效。

州协会章程

（1）每个州协会通过其监事会制定章程。章程须得到主管社会保险事务的州最高行政机构批准。章程须含有以下规定

1. 协会名称、辖区和所在地，

2. 监事会及代表成员的数量和选取，

3. 机关人员的报酬，

4. 监事会的公开性，

5. 成员保险基金会的权利与义务，

6. 资金的募集与管理，

7. 运营与会计的年度审核，

8. 公告方式。

第四卷第 34 条第 2 款有效。

（2）章程此外还需要规定，由医疗保险基金会联邦最高联合会签订的合同和第 92 条和第 282 条的指令对州协会及其成员保险基金会具有约束力。

州协会的职责

（1）州协会履行法定职责。

（2）州协会通过某些方式支持保险基金会成员来履行职责和维护利益，尤其是通过

1. 咨询与讲授，

2. 收集与处理对协会有用的统计材料，

3. 签订与更改合同，特别是与其他社会保险基金会，只要其保险基金会成员对其授权，

4. 代表保险基金会成员应对其他社会保险基金会、机关或者法庭，

5. 作为仲裁成员处理各保险基金会的管辖权冲突，

6. 促进并参与保险基金会成员的雇员职业培训、进修和继续教育，

7. 工作会议，

8. 在与保险基金会成员协调一致后，开发并协调自动化数据处理、数据保护和数据备份，及数据中心运作的方法和程序。

（3）州协会应在立法与管理问题上支持主管机关；第四卷第 30 条第 3 款相应适用。

（4）资助州协会履行相关职责必需的资金，此资金由保险基金会成员及驻地在州协会辖区的相同保险类型的医疗保险基金会提供。第 207 条第 1 款第 3 句中医疗保险基金会的成员资格法定安排不受影响。第 1 句的资金募集细节由州协会与其成员约定。如第 3 句的约定在每年 11 月 1 日之前不能达成，则协议内容由合同方指定的仲裁人决定。

第 211a 条　对州一级的决定

医疗保险基金会州协会与医疗互助基金会应就其根据本法共同统一作出的决定达成共识。如无法共识达成，则由每个保险类型各派一名代表作出决议，

根据相应保险类型的 KM6 统计数据，利用代表投票加权法得出全州参保人数。应根据每年 1 月 1 日前 KM6 统计数据推导的参保人数调整加权。

州协会、德国矿工—铁路—海员养老保险基金会、医疗互助基金会协会

（1）已经存在的联邦协会转为民法意义上的公司。之前的州协会不能单方面解除合同。在 2012 年 12 月 31 日之后，股东可自由决定公司的继续存在和公司的各类关系。只要以下法律法规无其他规定，则适用《民法典》中关于公司民事权的规定。第 1 句的公司可允许其保险类型的医疗保险基金会加入。

（3）德国矿工—铁路—海员养老保险基金会履行矿工医疗保险州协会的职责。

（4）第 1 款的公司是第 212 条存在的联邦协会的法定继承人。成立公司的目的是履行其根据第 214 条产生或者合同另外约定的职责。在公司合同签订之前，保障公司履行职责必要的权利和义务应当为双方默认遵守。《企业组织法》适用。

（5）医疗互助基金会可合并为协会。协会根据章程确定其目的与职责。根据章程，需要对登记到监管机构认可的协会名册上提出申请并进行批准。医疗互助基金会须为所有州一级非共同统一签订的合同各提名一位有签字权的全权代表。医疗互助基金会可就州一级的共同代表达成共识。对于共同统一签订的州一级合同，医疗互助基金会须就一位有签字权的共同全权代表达成共识。在第 5 句和第 6 句所述的情况下，医疗互助基金会可提名医疗互助基金会协会为全权代表。只要无其他规定，医疗互助基金会就须为其他措施和决定提名一位共同代表。如在第 6 句和第 8 句所述的情况下医疗互助基金会无法就共同代表的任命达成共识，则由监管机关决定代表。只要行政处理决定对履行职责是有必要的，则在完全授权的情况下医疗互助基金会协会享有此权限。

合法继承、资产过渡、劳动关系

（1）2008 年 12 月 31 日之前存在的联邦协会应得的资产转化为民法意义上公司的共同资产。《民法典》的第 613a 条适用于劳动关系。雇佣和劳动合同产生的权利，包括要求保障的权利由股东在期限内全权负责。如医疗互助基金会协会解散或者其成员退出，则协会成员为以上权利在期限内全权负责。

（3）在联邦协会存在的服务协议在民法公司中被视为企业协议，最长保持24个月，只要其没有被其他规定取代。

（4）在联邦协会正式引入的参与程序结束之前，《联邦人事代理法》的规定适用。此亦适用于协会委员会和行政法院的操作程序。在第1句和第2句所述的情况下，参与此程序的是《企业组织法》中主管的雇员代表，而不是人事代表。

（5）如州协会合并，则作为合并州协会法定继承人的公司继续经营。

（6）联邦最高联合会应为第212条第1款中存在的联邦协会及医疗互助基金会协会的雇员提供工作岗位，只要其对于联邦最高联合会正常履行其职责是必需的。不需要提前公告。

职责

公司须履行其作为法定继承人或者依法须履行的义务。股东可在公司合同中约定更多职责，来支持法定医疗保险的落实。

第217a条　医疗保险基金会联邦最高联合会的设立

（1）医疗保险基金会设立医疗保险基金会联邦最高联合会。

（2）医疗保险基金会联邦最高联合会为公法法人。

第217b条　机关

（1）医疗保险基金会联邦最高联合会作为一个自我管理的机关设立监事会。监事会成员须为一个作为其成员的保险基金会的监事会或者代表大会的成员。第四卷的第33条的第3款，第37条、第40条、第41条、第42条第1款至第3款，第58条、第59条、第62条，第60条第1款、第3款、第4款，第64条第1款至第3款和第66条第1款，及本卷第197条适用。与第四卷第58条第2款不同，2007年选取成员的任期结束于下届社会保险普选后七个月。

（2）在医疗保险基金会联邦最高联合会设立董事会。董事会最多三人。董事会、从中选取的董事会主席及其代理人由监事会选取。只要法律或者对于最高联合会至关重要的其他法规未另行规定，董事会就负责管理最高联合会，并且全权代表最高联合会。董事会成员为专职。第四卷第35a条第1款至第3款、第6款和第7款适用。

（3）在医疗保险基金会联邦最高联合会设立一个成员大会。成员大会选取监事会。每个成员保险基金会各派一位来自其监事会或者代表大会的参保人和雇主代表加入成员大会。雇主代表少于监事会成员一半的医疗互助基金会各派两位来自监事会的参保人代表。第四卷第64条第1款和第3款适用。

第217c 监事会和成员大会主席的选举

（1）监事会最多由52名成员组成。应将一般地区医疗保险基金会、医疗互助基金会、企业医疗保险基金会和行业医疗保险基金会的参保人代表和雇主代表，以及德国矿工—铁路—海员养老保险和农村医疗保险的共同参保人和雇主代表选为监事会成员。与第2句不同，雇主代表不到监事会成员一半的医疗互助基金会只能选举参保人代表。每个成员选举一位代理人。第四卷第43条第2款适用。席位的分布取决于截至当年1月1日全联邦境内某种保险类型的参保人数，成员大会会在当年选举新一轮的监事会。

（2）为某一保险类型的医疗保险基金会选举的监事会成员须一半属于参保人组，一半属于雇主组。与第1句不同，如果医疗互助基金会的监事会主要由雇主代表组成，为了确定该医疗互助基金会应选取的雇主代表人数，则应参照医疗互助基金会的参保人数占全联邦境内所有医疗互助基金会参保人数比例的一半，该人数为截至监事会选举当年1月1日的数据。在监事会表决时，为了确保监事会中参保人与雇主代表总选票相等，须采用加权投票法。席位的分布和保险基金会类型间选票的加权须尽可能接近相应基金会类型之参保人的百分比比例。席位分布和选票加权的细节可根据章程最迟在监事会任期结束前六个月作出明确规定。章程可规定，选举期间的选票分布根据参保人数量的发展做相应调整。

（3）根据提名名单进行监事会选举。每个类型的保险基金会应各提交一份提名名单，名单中至少包含多名候选者，其人数应与章程中规定的席位相等。这点同样适用于根据第1款为德国矿工—铁路—海员养老保险基金会和农村医疗保险基金会共同选举的成员。如某个保险类型不能就提名名单达成共识，则该种类的每个医疗保险基金会提名一名参保人代表和一名雇主代表；雇主代表不到监事会成员一半的医疗互助基金会，可最多提名三名参保人代表。根据提交的单独提名名单，成员大会主席基于保险基金会类型制作提名名单。这点同样适用于待选代理人提名名单的制作。为参保人代表、雇主代表以及其代理人分别制作名单。然后分别按参保人代表、雇主代表、其代理人或者保险类型进行选举。成员大会中的参保人代表从提名名单中选取监事会参保人代表及其代理人。成员大会中的雇主代表从提名名单中选取监事会雇主代表及其代理人。在第8句的分开选举程序中，成员保险基金会每位有选举权的代表拥有与其章程规定席位相对应的选票。

(4) 提名名单上的候选者获得第4款中加权有效选票最高者（最高票）当选。此外，根据章程中每个保险类型的席位分布，选取相应多的最高票候选者。这点同样适用于代理人的选举。

(5) 成员大会对于监事会成员的选举，联邦最高联合会的成员保险基金会的选票须加权。加权取决于每年1月1日在联邦境内的成员参保人数量。加权须根据每年2月1日前参保人数量的发展而进行调整。章程可对相关细节作出明确规定。

(6) 成员大会从其成员中选举主席及其代理人。成员大会主席的选举遵循成员保险基金会有效票数的三分之二多数原则。成员保险基金会统一投票。联邦卫生部邀请联邦最高联合会的成员参加第一次成员大会，并在此首次大会上主持成员大会主席的选举。《社会保险选举条例》第76条适用于成员大会的首次会议，条件是，联邦卫生部的代表履行选举委员会的职责。主席主持之后的成员大会。其主持监事会的选举并宣布选举结果。章程可对相关细节作出明确规定。

(7) 成员大会主席邀请当选的监事会成员参加其成立大会，并主持监事会主席的选举。《社会保险选举条例》第75条和第76条适用于监事会的首次会议，条件是，成员大会主席履行选举委员会的职责。

（8）不管是在设立阶段，还是在任期结束之后的后续选举，联邦卫生部可借助行政法规而无需联邦参议院的批准在选举条例中明确规定监事会及成员大会主席的选举细节。

第 217d 条　监管、预算与会计、资产、统计

医疗保险基金会联邦最高联合会受联邦卫生部监管；在落实第 217f 条第 3 款时受联邦劳动与社会保障部监管。在联邦劳动与社会保障部的批准下，由联邦卫生部对作为第 219a 条中衔接机构的医疗保险基金会联邦最高联合会进行监管。第 208 条第 2 款有效。

第 217e 条　章程

（1）监事会须制定章程。章程须主管监管机关批准。联邦最高联合会位于柏林；章程可决定其他机构所在地。衔接机构（第 219a 条）位于波恩；章程也可以出于其他特殊考虑，将驻地迁至其他城市。章程须含有以下规定

1. 监事会和董事会的选举，及监事会成员提前退出时监事会的补选，

2. 监事会成员的报酬，

3. 资金的募集与管理，

4. 监事会决议的背书，

5. 监事会会议的公开性，

6. 保险基金会成员的代表派驻成员大会的细节，成员大会主席选举及其职责的细节，

7. 保险基金会成员的权利与义务，

8. 运营与会计的年度审核，

9. 公告方式。

第四卷第 34 条第 2 款有效。

（2）由医疗保险基金会联邦最高联合会签订的合同和其他决定对联邦最高联合会的保险基金会成员、医疗保险基金会的州协会和参保人有效。

第 217f 条　医疗保险基金会联邦最高联合会的职责

（1）医疗保险基金会联邦最高联合会须履行其法定职责。

（2）医疗保险基金会及其州协会在履行其职责并代表其利益时，医疗保险基金会联邦最高联合会给予其支持，主要是通过为法定医疗保险基金会及与雇主的电子信息交换创建并协调数据定义（格式、结构和内容）并进行程序优化（流程联网）。

（3）医疗保险基金会联邦最高联合会在基本的专业与法律问题上，就保险费和登记程序和保险费统一收取作出决定（第四卷第23条、第76条）。医疗保险基金会联邦最高联合会就第四卷第28f条第4款委托的职位提名与分布提供建议。

（4）医疗保险基金会联邦最高联合会就医疗保险基金会的质量与效率竞争的组织问题作出决定，特别是颁布设立与落实衡量效率与质量数据指标的框架准则。

（5）由2008年12月31日之前存在的联邦协会及德国矿工—铁路—海员养老保险基金会、医疗互助基金会协会和海员医疗保险基金会作出的约定、规定、决定一直有效，直至联邦最高联合会在其任务范围内作出新的约定、规定或者决定，或者仲裁委员会重新确定合同内容。

第217g条　设立专员

（1）符合2008年12月31日之前生效版本第212条的联邦协会、德国矿工—铁路—海员养老保险基金会，海员医疗保险基金会和医疗互助基金会协会任命设立专员，来组建医疗保险基金会联邦最高联合会。

（2）专员设立费用和设立专员的报酬由医疗保险基金会联邦最高联合会承担。只要联邦最高联合会没有就预算计划作出决议，此费用就由符合2008年12月31日之前生效版本第212条的联邦协会、德国矿工—铁路—海员养老保险基金会、海员医疗保险基金会和医疗互助基金会协会，按照相应类型的医疗保险基金会成员有缴纳保险费义务的收入比例承担。第2句的有义务者须为预期的支出支付适当的预付款。

地区保险协会

（1）地方、企业与行业医疗保险基金会可通过其监事会协调的决议合并为保险协会，如其所在地位于同一保险局的辖区。

（2）经主管社会保险事务的州最高行政机关批准，保险协会可跨多个保险局辖区。

工作组

（1）医疗保险基金会及其协会可特别与保险基金会医生协会和其他服务提供者及公共卫生服务机构合作，为履行第十卷第 94 条第 1a 款第 1 句提及的任务而设立工作组，以促进健康、预防、慢性病人保障和康复。

第 219a 德国医疗保险衔接机构—外国

（1）医疗保险基金会联邦最高联合会履行德国医疗保险外联机构（外国衔接机构）的职责。其还履行通过跨国家或者国家间及国内法律移交的任务。特别是

1. 与外国衔接机构的协商，

2. 与国内外机构的费用结算，

3. 适用保险权的确定，

4. 在跨国案例下管理帮助的协调，以及

5. 信息、咨询与声明。

联邦最高联合会的章程可明确规定职责履行的细节，还可在联邦最高联合会管辖范围内向衔接机构移交其他任务。

（3）董事会为履行第 1 款职责而任命行政总管及其代理人。行政总管管理联邦最高联合会第 1 款的所有事务并且在庭内和庭外全权代表联邦最高联合会，只要法律和其他重要法规没有其他规定。第四卷第 35a 条第 6 款第 1 句适用于雇佣合同的签订。行政总管日常运作的基本原则细节由章程决定。

（4）董事会须针对衔接机构的任务领域在联邦最高联合会的总预算计划中单独列出。预算应根据任务领域分别进行管理。

（5）对衔接机构筹资必需的资金源于在章程中规定了计算标准的分摊金额（第 217e 条第 1 款第 3 项），和衔接机构其他的收入。章程须就衔接机构履行其任务可支配资金的单一用途作出特别规定。

第八章　筹资

第一部分　保费

资金筹集

基本原则

（1）医疗保险基金会的资金通过保险费和其他收入筹集。

（2）联邦保险局设立的评估机构在每年10月15日前预估健康基金的年收入和医疗保险基金会的年支出及预计参保人数和医疗保险基金会成员数。此估测结果作为确定第二年第242a条中平均额外保险费的基数。

（3）对于由联邦保险局管理的健康基金的预算、会计，包括统计，第67条至第79条、第70条第5款，第72条第1款和第2款第1句前半句，第73条至第77条第1a款和第79条第1款和第2款，以及第四卷的第3a条，和在第四卷第78条的基础上颁布的条例适用。第四卷第80条和第85条适用于资产。

联邦分摊支出

（1）联邦采用一揽子的方式补偿医疗保险基金会非保险事务性支出，联邦在每月银行第一个工作日向健康基金转入部分款项。

（2）健康基金把第1款中产生的联邦补偿金根据农村医疗保险的分摊比例向其转账，该份额亦决定联邦会向农村社会保险最高联合会拨款的额度，以便能将补偿金下发到农村医疗保险基金会。第1句中的转账金额由此医疗保险基金会的参保人数与所有医疗保险基金会的参保人数之比来决定；上一年7月1日获得的比例在这里起到至关重要的作用。

第221b条　联邦为社会均衡补偿所投入的款项

为了提供第242b条中的社会均衡补偿，联邦除了在每月银行第一个工作日将将应转账的部分款项支付给健康基金外，还提供额外的支付款项，此款项为根据第271条第2款注入的流动储备金。款项额度将由法律确定。此社会均衡补偿还包括根据第242条第4款第1句向成员征收的附加保险费，及联邦劳动局根据第二卷第 26 条第 3 款交付的额外保险费之全部款项。

具有时间限制、禁止通过贷款进行筹款的例外情况

（1）与第 220 条第 2 款不同，医疗保险基金会可通过贷款来实现预算平衡的方式，避免在《统一协议》第 1 条第 1 款提到的地区（包括柏林）提高保险费。

（2）贷款需要得到监管机关的批准。只有医疗保险基金会证明，所有资金储备都已耗尽，并且在与其州协会协商后通过其具有说服力的证据表明，如何在五年内清偿债务基数，并且在最长十年之内还清贷款，才能批准其贷款。监管机关至少每年审核被批准贷款的医疗保险基金会的经营与会计状况。

（3）贷款可优先被医疗保险基金会或者其协会获取；为此，第 220 条第 3 款不适用。医疗保险基金会及其协会只有在不提高保险费的前提下，才能使用贷款资金。

（4）对于违背第 220 条关于加强新联邦州法定医疗保险资金基础的法律（联邦法律公报 I 第 526 页）生效之前为预算平衡而获取贷款的第 1 款所提及地区的医疗保险基金会，须立即向监管部门提供具有说服力证据，以此表明如何在五年内清偿债务基数，并且在最长十年之内还清贷款。医疗保险基金会机构此外须与其协会协商。清偿债务基数和还清贷款的方案须得到监管机关的批准。如方案不被批准，贷款须立即偿还；第 220 条第 2 款有效；第 1 款至第 3 款不适用。鉴于第 3 句或者第 4 句，监管机构须至少每年审查此医疗保险基金会的经营与会计状况。

缴纳保险费义务，有缴纳保险费义务的收入，保险费起算线

（1）只要本卷没有其他规定，成员的保险费按日历天支付。

（2）保险费费率按照成员有缴纳保险费义务的收入计算。按每周七天、每月三十天、每年三百六十天计算。

（3）有缴纳保险费义务的收入应考虑不超第 6 条第 7 款年工作收入上限的三百六十分之一（保险费起算线）。只要本卷没有其他规定，超过此数额的收入不予考虑。

免除领取病假津贴、育儿金或者教育津贴或父母津贴者的保险费

（1）成员在领取病假津贴，育儿金或者教育津贴或父母津贴期间，可免交保险费。免除保险费只适用第1句提到的服务。

（2）不能因为免除保险费而排除或减少损害赔偿的。

免除特定养老金申请者的保险费

如果养老金申请者满足以下条件，则在领取养老金之前免除保险费

1. 已开始领取养老金、符合第5条第1款第11项或者第12项的义务参保退休者死亡后遗留的配偶申请死者家属抚恤金，

2. 已开始领取养老金、符合第5条第1款第11项或者第12项的义务参保退休者的遗孤，在年满十八周岁之前申请遗孤津贴，

3. 没有本卷第5条第1款第11项或第12项、第10条或者第二卷第7条的义务参保义务，而在农村医疗保险参保人。

如养老金申请者获取工作收入或者保障金，则第1句无效。第226条第2款相应适用。

成员有缴纳保险费义务的收入

义务参保雇员之有缴纳保险费义务的收入

（1）义务参保雇员的保险费起算须参照

1. 义务参保雇员的工资，

2. 法定养老保险的养老金数额，

3. 与养老金类似的收入（保障金）数额，

4. 除法定养老金或者保障金之外获取的工作收入。

提前退休金与工资一样。根据《职业培训法》在职业培训合同范围内在企业外的机构参加培训者，其培训补贴与工资一样。

（2）只有当第1款第1句第3项和第4项中每月有缴纳保险费义务的收入加起来超过第四卷第18条中每月参考值的二十分之一，才应缴纳第1款第1句第3项和第4项中确定的保险费。

（3）根据第192条第2款，有成员资格的怀孕者由章程规定。

(4) 对于每月工资高于低收入工作者但低于滑动区(第四卷第20条第2款)上限的雇员,第六卷第163条第10款第1句至第5句和第8句中有缴纳保险费义务的收入数额适用。

有参保义务且迄今未在法定医疗保险中参保的归侨有缴纳保险费义务的收入

对于第5条第1款第13项中的义务参保人,第240条适用。

养老金作为有缴纳保险费义务的收入

(1) 法定养老保险的养老金为一般养老保险的养老金及矿工养老保险的养老金,包括追加保险中增加的保费数额。

(2) 在起算保险费时须兼顾法定养老保险中补发的养老金,只要该养老金是在退休者申请本卷提及的保障金时被补发。补发养老金的保险费为补发当月收取的保险费。

保障金作为有缴纳保险费义务的收入

(1) 只要是因为谋生能力受到限制或者为了养老或死者家属保障获取的收入,都可作为与养老金类似的收入(保障金),

1. 来自公法上的公务关系或者根据公务员法规定或原则有权要求保障的劳动关系产生的保障金;不予考虑的有

a) 仅仅是作为过渡方式提供的保障金,

b) 事故引起的偿付款项或者损害保障的偿付款项,

c) 在涉及事故保障金时,支付额为百分之二十的数额,以及

d) 在涉及提高事故保障金时,与普通保障金支付额的差额,至少为事故保障金提高额度的百分之二十,

2. 议员、议会国务秘书和部长的保障金,

3. 保险和保障机构为特定职业从业者设立的养老金,

4. 除过渡救济金外根据《农村养老保险法》获得的养老金和土地税养老金,

5. 包括公共服务额外保障和钢铁矿工额外保障在内的企业养老保障养老金。

如从外国或者国家间或者跨国机构获得此类收益，则第 1 句有效。如果非定期返还的收益代替保障金，或此类收益在参保之前被约定或者允诺，则收益的一百二十分之一作为保障金的每月支付额，但持续时间最长为一百二十个月。

（2）第 228 条第 2 款适用于保障金的补付。

义务参保雇员收入类型之优先次序

如果工资没有达到保险费起算线，则依次考虑成员保障金支付额度和工作收入，直至达到保险费起算线。法定养老保险的养老金支付额须与保险费起算线以内的其他收入类型分开考虑。

退还保险费

（1）只要符合一定条件，医疗保险基金会可根据成员申请向其退还保障金或者工作收入的保险费，退还的保险费额度对应的是保障金和包括工资（含一次性支付工资）在内的工作收入超过第 6 条第 7 款年收入上限的部分。

（2）医疗保险基金会根据成员申请退还其本人承担部分法定养老保险养老金的保险费，退还的保险费额度对应的是成员养老金和以保险费起算为依据的其他收入超过保险费起算线的部分。医疗保险基金会的章程可规定退款细则。如医疗保险基金会根据成员申请退还第 1 句中本人承担部分的保险费，则还须退还法定养老保险基金会自己承担的部分。

非固定工作的雇员有缴纳保险费义务的收入

（1）对于非固定工作的雇员，其有缴纳保险费义务的收入可以一个日历月内获得的工资为依据，最高为第 6 条第 7 款的年收入上限的十二分之一，而无需考虑工作时间长短。本卷第 226 条和第 228 条至第 231 条及第四卷第 23a 条适用。

（2）如一个日历月内从事多份非固定工作，且总收入超过第 1 款提到的每月起算线，则在计算保险费时，只要总收入没有超过月起算线，就只需按比例考虑单独的工资。根据成员或者雇主的申请，医疗保险基金会按评估的工资确定保险费分布。

（3）根据事务的性质、时间限制在一周内的工作，或者在合同签订时已签订为短期的工作为非固定工作。

第 232a 条　领取失业金、生活扶助津贴或者短工津贴者有缴纳保险费义务的收入

（1）有缴纳保险费义务的收入为

1. 对于根据第三卷领取失业金或者生活扶助津贴的人员，第 226 条第 1 款第 1 句第 1 项以救济金为基础的七分之一周工作收入的百分之八十，只要其没有超过第 6 条第 7 款的年工作收入上限的三百六十分之一；非低收入工作的有缴纳保险费义务的工作收入的百分之八十须被扣除。

2. 领取失业金 II 的人员，为每月参考值的 0.3450 倍的三十分之一；如果这类人员有其他缴纳保险费义务的收入，则失业金 II 保费起算支付额在以下条件下被计入此有缴纳保险费义务的收入，即第一句提到的参考值部分视为有缴纳保险费义务的收入。联邦保险局在与联邦劳动与社会保障部、联邦卫生部及联邦财政部的协调下规定平衡补偿额度的细节。此外，须考虑变动低收入雇员的人数。

根据第三卷规定领取部分失业金或者部分生活扶助津贴的人员，第 1 句第 1 项后半句不适用。从限制期第二月开始、不超过第十二周或者从因领取度假津贴而导致暂停期的第二月开始，视为已领取救济金。

（1a）在第 1 款第 2 项所述的情况下，如果在出现其他有缴纳保险费义务的收入时预计在失业金 II 批准期间（批准期参照第二卷第 41 条第 1 款第 4 句）该收入并不平均，则为了确定更多有缴纳保险费义务的收入，可为其确定每月平均值。第 1 句的月平均值为批准期内预计其他有缴纳保险费义务收入总和除以批准期的月数。如批准期结束后，每月实际平均收入与第 1 句和第 2 句确定的每月平均收入相差 20 欧元以上，则实际月平均收入将被作为有缴纳保险费义务的收入给予考虑。

（2）只要提供第三卷所述的短工津贴，第 226 条第 1 款第 1 句第 1 项中有缴纳保险费义务的收入则为第三卷第 179 条计划收入与实际收入之差的百分之八十。

（3）第 226 条适用。

海员有缴纳保险费义务的收入

（1）海员有缴纳保险费义务的收入为根据法定事故保险法计算保险费的主要参考额度。

（2）第 226 条第 1 款第 1 句第 2 项至第 4 项和第 2 款及第 228 条至第 231 条适用。

艺术工作者和新闻工作者有缴纳保险费义务的收入

（1）对于根据《艺术工作者社会保险法》义务参保者，其保险费为预计年收入（《艺术工作者社会保险法》第 12 条）的三百六十分之一，最少为《社会法典》第四卷第 18 条每月参考值的一百八十分之一。在领取父母津贴或者教育津贴或者因为收入原因无法领取教育津贴期间，如每月平均收入超过 325 欧元，则根据成员申请，将第 1 句中在此期间预计获得的工作收入分摊到每一天的额度为依据。在领取病假津贴或者育儿津贴或者支付第 251 条第 1 款保险费期间，不以工作收入为依据。工作收入还包括使用和开发版权保护作品与服务获得的报酬。

（2）第 226 条第 1 款第 2 项至第 4 项和第 2 款及第 228 条至第 231 条适用。

在各种机构中的康复者、青年和残疾人有缴纳保险费义务的收入

（1）对于根据第 5 条第 1 款第 6 项参与共同工作生活服务的义务参保人，其有缴纳保险费义务的收入为固定收入的百分之八十，该固定收入以计算过渡金为基础。从中应扣除因为工作能力受损而获得的养老金补贴金额或者因从事一份有义务参保义务的工作而得到的收入。领取第三卷部分过渡金的人员不适用第二句。如调整过渡金、工伤补贴或者保障病假津贴，则应按相应的百分比提高收入。对于未得到过渡金的参加者以及根据第 5 条第 1 款第 5 项的义务参保人，其有缴纳保险费义务的收入为第四卷第 18 条每月参考值百分之二十的工作收入。

（2）对于其成员资格根据第 192 条第 1 款第 3 项保留的人员，由第 251 条第 1 款的主管康复机构负担的保险费用应按照固定收入的百分之八十进行计算，该固定收入以计算过渡金、工伤补贴或者保障病假津贴为基础。第 1 款第 3 句适用。

（3）对于根据第 5 条第 1 款第 7 项和第 8 项有参保义务的残疾人，其有缴纳保险费义务的收入为实际获得的工作收入，但最少为第四卷第 18 条每月参考值的百分之二十。

（4）第 226 条第 1 款第 1 句第 2 项至第 4 项和第 2 款及第 228 条至第 231 条适用；在应用第 230 条第 1 句时须优先考虑工作收入。

大学生与实习生有缴纳保险义务的收入

（1）对于第 5 条第 1 款第 9 项和第 10 项所述的义务参保人，其有缴纳保险费义务的收入为《联邦教育促进法》第 13 条第 1 款第 2 项和第 2 款中针对那些不与父母一起生活的大学生所规定的每月所需费用的三十分之一。需求费用金额的变动须在变动之后的学期开始予以考虑。

（2）第 226 条第 1 款第 1 句第 2 项至第 4 项和第 2 款及第 228 条至第 231 条适用。根据第 226 条第 1 款第 1 句第 3 项和第 4 项计算的保险费只有在其超过第 1 款计算的保费时才需要缴纳。

义务参保退休者有缴纳保险义务的收入

对于义务参保的退休者，以下几项作为计算保险费的基础

1. 法定养老保险的养老金支付额度，

2. 与养老金类似收入的支付额度，以及

3. 工作收入。

第 226 条第 2 款以及第 228 条、第 229 条和第 231 条适用。

义务参保退休者收入类型之优先次序

如法定养老保险的养老金支付额度没有达到保险费起算线，则依次考虑成员保障金支付额度和工作收入，直至达到保险费起算线。

第 238a 条　自由参保退休者收入类型之优先次序

对于自由参保退休者，在计算保险费时依次考虑退休金额度、保障金支付

额度、工作收入，以及其他决定自由参保成员经济能力的收入（第 204 条第 1 款），直至达到保险费起算线。

养老金申请者的保险费计算

养老金申请者从开始申请养老金至养老金开始发放期间保险费的计算由医疗保险基金会联邦最高联合会规定。此亦适用于调整养老金发放的人员，其保险费的计算截至作出无可辩驳的取消和收回养老金决定的当月月末。第 240 条有效。

自由参保成员有缴纳保险费义务的收入

（1）自由参保成员的保险费计算由医疗保险基金会联邦最高联合会统一规定。同时须确保，负担的保险费会考虑自由参保人的整体经济能力。

（2）在确定经济能力时至少须考虑自由参保成员的收入，这些收入也应作为类似义务参保人雇员计算保险费的依据。根据婚姻状况或第 10 条中参保的家庭成员数进行等级划分是不允许的。第三卷第 4 款第 2 句提及的启动津贴和第 57 条中为社会安全拟定的每月 300 欧元启动津贴部分不予考虑。此外，给予护理人员的护理金低于第十一卷第 37 条第 1 款规定额度的，同样不予考虑。本卷第 223 条和第 228 条第 2 款、第 229 条第 2 款和第 228a 条、第 247 条第 1 款和第 248 条及第四卷第 23a 条适用。

（3）在获取工作收入之外领取法定养老保险养老金的自由参保人，养老金发放数额应与其他收入分开考量，直至到达保险费起算线。只要出现负担的保险费超过保险费起算线的情况，则仅支付养老保险基金会的津贴，而不是养老金中相应的保险费。

（4）每天有缴纳保险费义务的收入至少为每月参考值的九十分之一。对于专职独立经营的自由参保人，其每日有缴纳保险费义务的收入为保险费起算线（第 223 条）的三十分之一，在提供更低收入证明情况下最少为四十分之一，对于领取第三卷第 57 条的每月启动津贴或者第 3 卷第 4211 条的启动津贴又或者第二卷第 16 条相应津贴者，至少为每月参考值的六十分之一。除此之外，医疗保险基金会联邦最高联合会规定，在某些前提条件下，对于收入较低的参保人，至少将每月参考值六十分之一的收入作为专职经营者计算保险费的依据。此外应特别考虑成员的财产和收入，及与其共同生活者的财产。对于日常护理人员独立工作的评估，第 10 条第 1 款第 2 句和第 3 句适用。在参保人提供第 2 句证据的基础上出现保险费计算方面的变动只可在提交证据的下一个月第一天开始生效。对于自由参保的专科学校或职业技术学校的学生或者在国外国立或者国家承认的大学注册的大学生，或者定期作为雇员流动工作的成员（流动散工），第 236 条结合第 245 条第 1 款适用。对于符合申请法定养老保险养老金的前提条件，并且申请了此养老金的自由参保人，如果从其首次参加工作到提出养老金申请期间，其在后半期至少有十分之九时间为医疗保险基金会成员或者根据第 10 条参保，则第 1 句不适用；第 5 条第 2 款第 1 句有效。

（4a）如自由参保人因本人或者其配偶、生活伴侣或者父母一方的职业活动而在国外逗留期间，暂停为其和根据第 10 条参保的家庭成员所提供的服务，或者根据第 16 条第 1 款第 3 项暂停服务，则他们的保险费以第四卷第 18 条的每月参考值的百分之十为基础计算。如根据第 16 条第 1 款的服务请求因其他原因暂停三个月以上，则第 1 句适用，此句还适用于在本法有效范围内在国际组织工作期间的参保人。

（5）只要在计算自由参保人保险费时兼顾其不属于第 4 条第 2 款医疗保险基金会成员的配偶或者《生活伴侣法》规定的生活伴侣之收入，则对家庭中共同抚养的、根据第 10 条第 3 款规定没有参加家庭保险的子女，应通过此收入确定每月参考值三分之一的额度，而对于根据第 10 条参保的子女，应从中确定每月参考值五分之一的额度。

保险费率与额外保险费

一般保险费率

一般保险费率为成员有缴纳保险费义务收入的百分之十五点五。

保险基金会单独的额外保险费

（1）只要医疗保险基金会的资金需求不能通过健康基金的分配得到满足，该机构就须在其章程中规定，从其成员收取与收入无关的额外保险费。对于因首次收取额外保险费而限期行使第 175 条第 4 款第 5 句中特别解约权的成员，不会收取额外保险费。对于因提高额外保险费而行使特别解约权的成员，不会收取提高的额外保险费。如解约无效，则额外保险费全部收取。

（2）只要健康基金的分摊经费超过了医疗保险基金会的资金需求，该机构就须在其章程中规定，向其成员发放额外费用。额外费用发放的前提条件是医疗保险基金会履行了其第 261 条的义务。没有完全交清保险费的成员，不可获得这些额外费用。第 1 句中的发放奖金应与第 53 条中的款项分开记账和说明。

（3）医疗保险基金会应根据第 1 款计算额外保险费，该保险费与健康基金的分配金额和其他收入一起抵补在预算年度预计的开销和需要填补的储备金。如在预算年度，医疗保险基金会的企业资金包括储备金都不足以抵补开支，则通过修改章程来增加额外保险费。如医疗保险基金会须在短期内重新具备支付能力，则其董事会可作出决议，在章程修改之前临时增加额外保险费；决议须得到监管机关批准。如决议不能达成，则监管机关可允许增加必要的额外保险费。对第 4 句安排的申诉无中止决议实施的效力。

（4）对于第 5 条第 1 款第 2a 项的成员，以及获取第二卷生活最低保障金的成员和第 5 条第 1 款第 13 项的成员或者自由参保人，收取第 1 款第 1 句的额外保险费，但最高为第 242a 条的额外保险费额度；如这些成员有其他缴纳保险费义务的收入，则这点同样适用。如第 1 款第 1 句的额外保险费高于第 242a 条的额外保险费，则医疗保险基金会可在其章程中规定，差额应由第 1 句提及的成员支付。

（5）与第 1 款第 1 句不同，只要以下成员没有其他有缴纳保险费义务的收入，不可收取额外保险费，

1. 第 5 条第 1 款第 6 项、第 7 项和第 8 项和第 4a 款第 1 句的成员，

2. 根据第 192 条第 1 款第 2 项或者第 3 项或者第 2 款继续保留成员资格的成员，

3. 领取第七卷的工伤津贴、《联邦保障法》的保障病假津贴或者类似收入补贴的成员，

4. 根据《健身锻炼法》第 193 条第 2 款至第 5 款或者第 8 款继续保留成员资格的成员，

5. 适用第四卷第 20 条第 3 款第 1 句第 1 项或者第 2 项或者第 2 句的雇员，第 1 句第 2 项适用于自由参保人。

（6）如成员六个月没有缴纳医疗保险基金会单独的额外保险费，则医疗保险基金会额外收取滞纳金，滞纳金最少为 20 欧，最多为近三个月应付额外保险费总额。第一句的细节，特别是滞纳金额度，由医疗保险基金会在其章程中规定。第四卷第 24 条除第 1 句外均不适用。在参保人完全缴清拖欠的额外保险费和滞纳金前，第 242b 条不适用于第 1 句提到的情况。如达成有效的分期付款约定，则只要按合同分期付款，成员自此开始重新有获得第 242b 条社会均衡补偿的权利。医疗保险基金会须根据第 4 句和第 5 句向退还保险费的部门知会不支付第 242b 条社会均衡补偿的起始和结束时间，无须说明理由。

第 242a 条　平均额外保险费

（1）医疗保险基金会平均额外保险费由医疗保险基金会预计年支出和健康基金针对第 266 条和第 270 条分配额度预计的年收入之差额，除以医疗保险基金会预计的成员数，再除以 12 得出。此外，只要在法定医疗保险中出现不可预期的、异常的支出增长，就应考虑为填补所有医疗保险基金会储备金所必需的资金，要求资金至少达到第 261 条第 2 款第 2 句提及的最少额度。

（2）联邦卫生部根据第 220 条第 2 款的评估组的评估结果，在得到联邦财政部同意下，确定第二年平均额外保险费的欧元额度，并且在每年度的 11 月 1 日之前在联邦公报公告。联邦卫生部在联邦财政部同意下须在 2011 年 1 月 3 日通报第 1 句中为 2011 年确定的金额。

第 242b 条　社会均衡补偿

（1）如第 242a 条的平均额外保险费超过成员有缴纳保险费义务收入的百分之二（社会均衡补偿的负担上限），则成员有权要求社会均衡补偿。通过相应降低成员每月基于收入的保险费率比例，落实社会均衡补偿。第四卷第 23b 条第 2 款提及的有缴纳保险费义务的收入在落实社会均衡补偿时不被纳入考虑范围。只有当第226条第1款第1句第3项和第4项提及的有缴纳保险费义务的收入超过第四卷每月参考值的百分之五，才会在落实社会均衡补偿时考虑义务参保人（第5条第1款第13项的成员除外）。考虑第1句中有缴纳保险费义务的收入，第232a条第1款第1句第1项适用于第三卷的失业金领取者，条件是，作为失业金基础的工作收入的百分之六十七须被予以考虑。第232a条第1款第3句适用。对这些人群来说以这样的方式落实社会均衡补偿，是为了让服务提供机构向成员支付第2款第1句中每月保险费和减少的保险费之间的差额，并且服务机构相应减少保险费。考虑到第1句中有缴纳保险费义务的收入，第232a条第2款适用于短期工津贴领取者，条件是，第三卷第179条中应得收入与实际收入之差额的百分之六十七须被予以考虑。在计算收入替代津贴或者其他津贴的纯收入时，第1句中成员单独降低的每月保险费率比例不予考虑。

（2）成员降低的保险费率比例由退还保险费的部门确定，只要将第1款的负担上限与成员有缴纳保险费义务的收入相乘，然后从第242a条的平均额外保险费中扣除即可。随后从取决于收入的保险费中扣除根据第1句确定的超额部分，但最多直至成员保险费率比例降至零欧元。如成员社会均衡补偿要求不能通过减少基于收入的每月保险费率比例来完全实现，则第5款适用于退还多余的额度。在第4句的情况下，退还保险费的部门有义务，向成员以书面形式一次性提示其第5款第1句的申请权，并通知相应的主管医疗保险基金会。一次性偿付工作收入时，在兼顾当年相关负担上限的情况下，第四卷第23a条适用。对于不超过相关负担上限的一次性支付的保险费部分，应鉴于所提供的社会均衡补偿退还一定保险费，该保险费由第1句成员保险费率比例和负担上限之和得出。应根据对成员至关重要的保险费率来提供超过相关负担上限的一次性支付的保险费。第1句适用失业金领取者，条件是偏离第3句，确定另外由联邦劳动局向成员发放的金额。

（3）如成员同时有多份有缴纳保险费义务的收入，则医疗保险基金会应兼顾其收入总额，审核是否存在第1款的社会均衡补偿请求，并将其告知退还保险费的部门。如存在此请求，则医疗保险基金会通知该提供最高收入总额、退还保险费的部门，应由其退还第 2 款中降低保险费率比例的成员保险费。如第 1 句的情况下，有缴纳保险费义务的收入为第 228 条中超过 260 欧元的法定养老保险的养老金，则与第 2 句不同，始终由养老保险基金会退还减少的成员保险费。医疗保险基金会应通知其他退还保险费的部门，其应鉴于所提供的社会均衡补偿退还一定保险费，该保险费由成员的保险费率比例与第 1 款的负担上限相加乘以有缴纳保险费义务的成员收入得出。与第 4 句不同，就失业金领取者而言，应额外支付的金额可通过以下计算方式得知，即负担上限乘以有缴纳保险费义务的成员收入，该金额也是联邦劳动局支付金额减少的额度。对于第 1 句的成员，医疗保险基金会核实该年落实的社会均衡补偿，并退回成员多缴纳的保险费或者追讨缴纳不足的保险费。如未缴清部分为 20 欧以下，则不需要收取。对于一次性支付的工作收入，由退还保险费的部门在当年鉴于所提供的社会均衡补偿退还一定保险费，该保险费由成员的保险费率比例和第 1 款的负担上限之和得出。

（4）如成员自己支付保险费，则由主管医疗保险基金会落实第 1 款至第 3 款的社会均衡补偿。对于从事多份工作、其收入高于低收入者但低于第四卷 20 条第 2 款滑动区上限数额的人员，考虑到第四卷第 28h 条第 2a 款第 2 项的社会均衡补偿，医疗保险基金会通知其雇主相应退还的保险费。

（5）与第 2 款和第 3 款不同，对于非固定工作雇员，主管医疗保险基金会根据成员申请在三个结算月之后（最长十二个结算月）为其审核社会均衡补偿诉求，并退还成员多付的保险费。医疗保险基金会有义务向非固定雇员成员定期（最长每十个月）以适当的书面形式提示第 1 句的申请权。

（6）根据第 242 条第 5 款无法收取额外保险费或者其额外保险费根据第 251 条第 6 款完全由第三方承担或支付，或者领取第十二卷第三章或第四章的津贴的成员，无权要求社会均衡补偿。

（7）德国养老保险联盟、艺术工作者社会保险基金会和联邦劳动局向联邦保险局通报，除由其退还的保险费之外，还告知在未落实社会均衡补偿的情况下应缴纳的额度。考虑到需要继续下拨第四卷第 252 条第 2 款第 2 句和第 28k 条第 1 款第 1 句的医疗保险保险费，因此相应的要求这点同样适用于医疗保险基金会。医疗保险基金会此外通知联邦保险局，其鉴于第 3 款第 6 句及第 5 款和第 8 款的社会均衡补偿向其成员退还的金额，或者索要的金额。

保险费率的折扣

对于无权要求病假津贴的成员，其保险费率打折。这点不适用于第 240 条第 4a 款的保险费计算。打折后的保险费率为有缴纳保险费义务收入的 14.9%。

服兵役和服民役者的保险费折扣

（1）服兵役时，针对以下人员

1. 第 193 条第 1 款的服兵役者，保险费降为服役之前最后一次缴纳保险费三分之一，

2. 第 193 条第 2 款的服兵役者，保险费降为服役之前最后一次缴纳保险费十分之一。

此不适用于以法定养老保险的养老金、保障金和工作收入为基础计算的保险费。

（2）联邦卫生部可在与联邦国防部和联邦财政部磋商后，在联邦参议院批准后，通过行政法规就第 1 款第 1 句第 2 项的保险费支付规定一次性的额度计算和支付方式。

（3）第 1 款和第 2 款适用服民役者。在第 2 款的行政法规中，取代联邦国防部位置的为联邦家庭、老人、妇女和青年部。

大学生和实习生的保险费率

（1）第 5 条第 1 款第 9 项和第 10 项义务参保人的保险费率为一般保险费率的十分之七。

（2）第 1 款的保险费率也适用于第 190 条第 9 款的大学生医疗保险成员资格终结并且自主继续参保的人员，直到毕业考试，但最长不能超过六个月。

失业金 Ⅱ 领取者的保险费率

失业金 Ⅱ 领取者适用第 243 条的折扣保险费率。

养老金的保险费率

对于义务参保人，第 241 条的一般保险费率适用于法定养老保险养老金的保险费计算。

保障金和工作收入的保险费率

对于义务参保人，一般保险费率适用于其保障金和工作收入的保险费计算。与第 1 句不同，对于义务参保人，一般保险费率的一半加上 0.45 个保险费率点适用于第 229 条第 1 款第 1 句第 4 项保障金的保险费计算。

保险费的承担

义务参保雇员的保险费承担

（1）对于第 5 条第 1 款第 1 项和第 13 项的义务参保雇员，雇主基于一般保险费率减去 0.9 个保险费率点来承担成员根据工作收入计算的一半保险费；其他由雇员承担。低收入雇员适用第 249b 条。

（2）只要必须支付短期工津贴的保险费，雇主就应单独为雇员承担保险费。

（4）与第 1 款不同，对于月工作收入在第四卷第 20 条第 2 款滑动区的义务参保雇员，如医疗保险基金会的保险费率被应用于以工作为基础的工作收入，则雇员一半的保险费由雇主承担，其他由参保人承担。

第 249a 条　领取养老金的义务参保人的保险费承担

从法定养老保险领取养老金的义务参保人，养老金机构基于一般保险费率减去 0.9 个保险费率点来承担成员根据养老金计算的一半保险费。

第 249b 条　低收入者的雇主承担的保险费

第四卷第 8 条第 1 款第 1 项的雇主可为自由参保或者非义务参保而参保的雇员，承担工作收入百分之十三的保险费。对于在第四卷第 8a 条第 1 句中从事家政工作的雇员，如情况与第 1 句相同，则雇主承担工作收入百分之五的保险费。第四卷的第三篇及第四卷第 111 条第 1 款第 2 项至第 4 项、第 8 项以及第 2 款和第 4 款适用于雇主的保险费。

成员承担保险费

(1) 义务参保人单独承担以下情况产生的保险费

1. 保障金，

2. 工作收入，

3. 第 236 条第 1 款中有缴纳保险义务的收入，

并承担第 242 条额外保险费。

(2) 第 189 条提及的养老金申请者及其成员资格根据第 192 条第 2 款保留的孕妇，如其自由参保，则自己单独承担保险费。

(3) 第 5 条第 1 款第 13 项的义务参保人单独承担其保险费，除工作收入和法定养老保险的养老金产生的保险费。

第三方承担保险费

(1) 主管的康复机构承担参与共同工作生活服务者及参加职业培训或试用（第 5 条第 1 款第 6 项）人员或者领取过渡金、工伤津贴或者保障病假津贴者（第 192 条第 1 款第 3 项）须支付的保险费。

(2) 机构所有人为以下人员单独承担保险费

1. 根据第 5 条第 1 款第 5 项义务参保的青年，

2. 根据第 5 条第 1 款第 7 项或者第 8 项义务参保的残疾人，如其实际工作收入不超过第 235 条第 3 款的最低额度；此外第 249 条第 1 款和第 3 款适用。

对于根据第 5 条第 1 款第 7 项义务参保的残疾人，机构所有人为其承担的保险费，由为残疾人提供服务的机构报销。

(3) 艺术工作者社会保险基金会为根据《艺术工作者社会保险法》义务参保的成员承担保险费。如艺术工作者社会保险基金会根据《艺术工作者社会保险法》第 16 条第 2 款第 2 句确定暂停服务，则其在暂停期间无缴纳保险费的义务，除非此暂停根据《艺术工作者社会保险法》第 16 条第 2 款第 5 句中止。在根据《艺术工作者社会保险法》第 16 条第 2 款第 6 句的约定中，艺术工作者社会保险基金会有义务在暂停期间为成员缴纳保险费，只要参保人自己承担自己的保险费比例。

（4）在第 193 条第 2 款和第 3 款情况下服兵役和服民役者的保险费及领取失业金Ⅱ且根据第 5 条第 1 款第 2a 项义务参保人的保险费由联邦承担。

（4a）联邦劳动局为领取第三卷失业金和救济金者承担保险费。

（4b）作为宗教或类似宗教团体非正式成员在其机构内从事非正式训练者，机构承担保险费。

（4c）在根据《职业培训法》的职业培训合同范围内，在企业外的机构进行职业培训者，由机构承担保险费。

（5）医疗保险基金会有权审查保险费缴纳情况。第 3、第 4 和第 4a 款的情况下，联邦保险局有权审查保险费缴纳情况。

（6）第 242 条的额外保险费由成员承担。与第一句不同，对于根据第 242 条第 4 款第 1 句收取额外保险费的成员，额外保险费来自第 271 条第 2 款的健康基金的现金储备金。保险基金会单独的额外保险费与第 242a 条的额外保险费之差额由第 2 句提及的成员自己承担，该差额须根据第 242 条第 4 款第 2 句收取。第 2 句适用于其额外保险费根据第二卷第 26 条第 3 款由联邦劳动局按必需的额度支付的成员。

保险费的支付

保险费支付

（1）只要法律未做其他规定，由负担保险费者支付保险费。与第 1 句不同，对于第二卷中失业金Ⅱ领取者，由联邦劳动局或者在第二卷第 6a 条的情况下许可的社区机构承担保险金，第 242 条、第 242a 条的额外保险费除外。

（2）在第 251 条第 3 款、第 4 款和第 4a 款情况下，保险费向健康基金缴纳。其他情况则缴纳给第四卷第 28i 条规定的主管收款机构。收款机构在工作日向健康基金转交第 2 句中缴纳的保险费，包括保险费和滞纳金的利息。第 1 句中保险金缴纳程序和第 3 句中保险金转交程序的细节按照第四卷第 28c 条和第 28n 条的行政法规作出调整。

（2a）第 251 条第 6 款第 2 句的情况下，第 242 条第 4 款第 1 句的额外保险费按照成员人数缴纳给主管医疗保险基金会。相关程序细节由联邦保险局与医疗保险基金会联邦最高联合会协商决定。

（2b）第 251 条第 6 款第 4 句的情况下，对于根据第二卷第 26 条第 3 款产生的联邦劳动局的费用，最迟在每个年度的最后三个银行工作日向联邦劳动局缴纳。程序的细节由联邦保险局与联邦劳动局协商决定。

（3）如成员拖欠费用、保险费、第 242 条的额外保险费、第 242 条第 6 款的滞纳金、第 53 条的奖金、利息、罚款、强制金等，可在支付时决定哪些债务可先偿付。如成员不做决定，则债务按上述顺序偿还。同一债务种类则按其到期顺序依次偿还，到期时间相同，则按比例偿还。

（4）对于收款机构在收取第 2 款第 2 句的保险费时因其玩忽职守而担负的责任，第四卷第 28r 条第 1 款和第 2 款适用。

（5）联邦卫生部在联邦参议院批准后通过行政法规调整由根据第 274 条委托审查的专门机构审查医疗保险基金会提供数据的细节，包括提供错误数据或无法核实数据的后果，以及审核程序和在保险费确定、保险费收取和第 2 款第 4 句保险费通过医疗保险基金会继续转交方面的审核标准程序，这些也有别于第 274 条。

工作收入保险费支付

关于义务参保雇员支付其工作收入的保险费，第四卷第 28d 条至第 28n 条和第 28r 条中关于社会保险总经费的规定适用。

大学生保险费支付

义务参保的大学生须在高校注册或者报到前，向主管医疗保险基金会预付该学期的保险费。医疗保险基金会联邦最高联合会会可规定其他支付方式。如大学生参保人没能履行本法典规定的相对医疗保险基金会的义务，高校可拒绝其注册或报到。

养老金保险费支付

（1）义务参保人应承担的养老金保险费（第 242 条的额外保险费除外）由养老保险基金会在发放养老金时扣留，并与由养老保险基金会承担的保险费一并付给德国除农村医疗保险基金会外其他医疗保险基金会的养老保险协会。保险费额度变更时，养老保险基金会无须颁发特别决定。

（2）如在支付养老金时未扣留第 1 款的保险费，则由养老保险基金会从应继续支付的养老金中扣留拖欠的保险费；第一卷第 51 条第 2 款适用。如养老金不再发放，则由主管医疗保险基金会负责收取拖欠的保险费。养老保险基金会根据由其承担的比例承担医疗保险费用。

（3）只要后面没有作出其他规定，则第 1 款和第 2 款的保险费应在发放养老金当月后一个月的最后一个银行工作日到帐。如养老金在应付当月前一个月的最后一个银行工作日发放（第六卷第 272a 条），则与第 1 句不同，第 1 款和第 2 款的保险费应在发放养老金当月的最后一个银行工作日到帐。如每月 8 日有 3 亿欧元保险费到帐，则第 1 款和第 2 款中当月到帐的保险费相应减少 3 亿。德国养老保险协会把第 1 款和第 2 款保险费转交给健康基金，并在每月 15 日前知会预计在当月最后一个银行工作日到帐的款项额度。

保障金保险费支付

（1）领取法定养老保险养老金的义务参保人，保障金发放机构须扣留保障金产生的保险费，并支付给主管医疗保险基金会。应支付的保险费与发放保障金一同到账，从该保障金中应扣留相应的保险费。发放机构须向医疗保险基金会说明扣留的保险费；第四卷第 28f 条第 3 款第 5 句适用。如成员从多个发放机构领取保障金，并且保障金加上法定养老保险养老金缴纳金额超过了保险费起算线，则医疗保险基金会根据成员或者其中一家发放机构的申请分摊保险费。

（2）第 255 条第 2 款第 1 句和第 2 句适用。医疗保险基金会从补付的保障金中收取保险费。这点不适用于因经济发展调整保障金而补付的保险费。主管医疗保险基金会有责任补偿保险费。其可与保障金发放机构做其他约定。

（3）医疗保险基金会监督保险费缴纳。如多个医疗保险基金会监督某一发放机构的保险费缴纳情况，其须约定，其中某个医疗保险基金会为有关的医疗保险基金会承担监督任务。第十卷第 98 条第 1 款第 2 句适用。

（4）给少于三十名有缴纳保险费义务的成员定期发放保障金的发放机构，

可向主管医疗保险基金会申请，成员自己缴纳保险费。

第二部分　保险费补贴

雇员的保险费补贴

（1）仅仅因为超过年收入上限而免除参保义务的雇员，如其自由或自主参加法定医疗保险，则可从其雇主处获得一半的保险费作为保险费补贴，支付的保险费额度为基于法定医疗保险一般保险费率减去 0.9 个保险费率点得出的额度。如在同一时期存在多个雇佣关系，则相关雇主根据其支付的工作收入比例支付保险费补贴。对于领取第三卷短期工作津贴的雇员，除第 1 句的补贴之外还须向其支付雇主根据第 249 条第 2 款第 3 项为义务参保雇员在其存在成员关系的医疗保险基金会所缴纳保险费的一半。

（2）仅仅因为超过年收入上限或因为第 6 条第 3a 款而免除参保义务的雇员，或者免除强制保险义务并在一个私人医疗保险企业参保的雇员，以及可为根据第 10 条义务参保的雇员及其家人要求合同规定偿付款项的雇员，从其雇主处获得保险费补贴。补贴额度为基于一般保险费率减去 0.9 个保险费率点以及根据第 226 条第 1 款第 1 句第 1 项和第 232a 条第 2 款有缴纳保险费义务、作为保险费的收入所计算金额的一半，但最高为雇员自己应缴纳医疗保险金额的一半。对于在医疗保险基金会中根据其成员资格无权要求病假津贴的人员，第 243 条的保险费率适用。领取第三卷短期工津贴的雇员，第 1 款第 3 句适用，条件是其获得的额度不能超过其实际支出的额度。第 1 款第 2 句有效。

（2a）只有当医疗保险企业满足以下条件时，才会自 2009 年 1 月 1 日起针对私人医疗保险支付第 2 款的补贴

1. 医疗保险作为一种人寿保险来经营，

2. 根据《保险监管法》第 12 条第 1a 款提供基本资费，

3. 只要该企业按照 2008 年 12 月 31 日之前有效版中第 257 条第 2a 款行业统一标准资费给参保人投保，则其有义务，就标准资费所提及的义务遵循第 257 条第 2a 款中的规定，

4.有义务把主动结束保险业务时多余的经费用于参保人，

5.按照合同放弃正规解约权，

6.当医疗保险企业的业务在本法适用范围内时，该企业未将医疗保险与其他保险部分一起经营。

参保人须在三年后向雇主提交由医疗保险企业就此开具的证明，即监管机构确认此保险企业按照第1句提及的前提条件经营作为保险合同基础的保险业务。

（3）领取第5条第3款提前退休金者，其作为雇员在提前退休前有权要求领取全部或者部分第1款的保险费补贴，有权向发放提前退休金的机构，在领取提前退休金期间要求保险费补贴。补贴为提前退休金领取者在提前退休前作为义务参保雇员缴纳保险费的一半，最高为其自付保险费额度的一半。第1款第2句适用。

（4）领取第5条第3款提前退休金者，其作为雇员在提前退休前有权要求领取全部或者部分第2款的保险费补贴，有权向发放提前退休金的机构，在领取提前退休金期间要求保险费补贴。补贴为通过不超过保险费起算线（第223条第3款）的提前退休金和一般保险费率的十分之九作为保险费所计算额度的一半，最高为提前退休金领取者为其医疗保险自付金额的一半。第2款第3句适用。保险费率精确到小数点后一位。

其他人员的保险费补贴

对于第5条第1款第6、第7或者第8项提及的人员，其根据第6条第3a款可自由参保，以及过渡金领取者，其根据第8条第1款第4项解除强制保险义务，他们可从服务提供机构获得医疗保险费补贴。其获取的补贴为服务提供机构可能会作为医疗保险义务的保险费支付的额度，最高不超过向私人医疗保险企业支付的金额。第257条第2a款有效。

第三部分 资金使用和管理

医疗保险基金会的资金

医疗保险基金会的资金包括经营资金、储备金和管理资产。

经营资金

（1）经营资金仅允许用于

1. 法定或者章程规定的任务，及管理费用；按规定，医疗保险基金会作为护理保险基金会的任务并不属于法定任务，

2. 填实储备金和形成管理资产。

（2）在每个预算年度平均每月的经营资金不应超过根据医疗保险基金会预算计划为第 1 款第 1 项提及目的的支出分摊至每个月额度的 1.5 倍。在确定经营资金存量时，须兼顾医疗保险基金会的收支可能，只要其不被归入储备金或者管理资产。流动资金不予考虑。

（3）经营资金须保留必要的金额并另外安置，以保证第 1 款提及的目标有资金可支配。

储备金

（1）医疗保险基金会为确保其支付能力而设立储备金。

（2）章程决定根据预算计划为第 1 款第 1 项提及目的的支出平均分摊至每个月额度的一定百分比作为储备金（应储备额）。储备金须至少为第 1 句中分摊至每个月额度的四分之一，最多为一倍。

（3）如一个预算年度内的收支波动不能通过经营资金平账，医疗保险基金会可从储备金向经营资金输款。在这种情况下可动用储备金，以保证在本预算年度避免提高第 242 条的额外保险费。

（4）在制订预算计划时发现，储备金少于应储备额，则在预算计划中须规定至少向储备金输送四分之一的应储备额来充实储备金，直至储备金达到应储备额。如因充实储备金而要求提高第 242 条的额外保险费，则第 1 句无效。

（5）如储备金超过应储备额，则多余的金额流入经营资金。

（6）储备金须与其他资金分开安置，使得第 1 款提及的目的有资金可支配。储备金以第 262 条为前提条件由医疗保险基金会管理。

总储备金

（1）州协会的章程可决定，由协会成员设立的储备金中最多为应储备额三

分之一的储备金由州协会作为特别资产（总储备金）管理。在注资时总储备金应优先于由医疗保险基金会管理的部分储备金。

（2）一年中产生的资本收益和通过转让产生的总储备金利润可用来补偿通过转让造成的损失。根据相关医疗保险基金会在州协会的储备金年平均结余额，将差额分摊给这些机构。

（3）如根据第 2 款产生了资金盈余，则发放给在州协会的储备金结余额达到了第 1 款规定比例的医疗保险基金会。如未达到此储备金结余额，则不超过短缺额度的盈余资金首先用来向其注资，而不是发放给医疗保险基金会。如根据第 2 款出现了短缺，则从医疗保险基金会的储备金结余中相应扣除。

（4）只有当医疗保险基金会自身管理的储备金结余耗尽，才能支配其放置在州协会的储备金结余。如医疗保险基金会储备金结余耗尽，可向州协会从总储备金中要求贷款。州协会章程规定贷款的前提条件、还款和利息。

（5）总储备金这样放置是为了保证第 261 条第 1 款和第 4 款提及的目的有资金负担。

管理资产

（1）医疗保险基金会管理的资产包括

1. 规定用于管理医疗保险基金会及其运营企业（自营企业）的固定资产，

2. 购买和更新设备资产以及为工作人员及其遗属将来支付保障金而保留的资金，只要这些对于履行医疗保险基金会的职责是必不可少的。管理资产还包括只有部分用于医疗保险基金会管理目的或者用于自营企业所必需的不动产。

（2）管理资产还可以是基于其他法律义务或授权的固定资产，只要其不属于经营资金、储备金或者特别资产。

第 263a 条　权利人清算

联邦对勃兰登堡州观光局医疗保险部、苏台德区德国职员医疗保险基金会和当地内河航运及相关企业特殊医疗保险基金会，以及布朗伯格区农村医疗保险基金会提供的信托管理资产不予考虑。

通过费用报销来承担非义务参保人的疾病治疗

（1）医疗保险基金会可为没有参加法定医疗保险的失业或者无业者、为接受救助者，及联邦卫生部提及的人群承担疾病治疗，只要保证医疗保险基金会能够报销为个别情况支出的所有费用和其适当比例的管理费用。

（2）对于第十二卷第三章至第九章的津贴获得者，《难民申请者福利法》第 2 条的津贴获得者，和第八卷中未参保的病患救助津贴获得者，其疾病治疗由医疗保险基金会负责。第 1 句不适用于为生计预计不止一个月连续领取补助金的人员，或者只领取第十二卷第 11 条第 5 款第 3 句和第 33 条中相关津贴的人员，及第十二卷第 24 条提及的人员。

（3）第 2 款第 1 句提及的受领人须立即在主管救助的社会救助机构或者公共青年救助机构所在区域选择承担其疾病治疗的医疗保险基金会。多名受领人生活在同一家庭，则由户主为自己及可能根据第 10 条户主义务参保时连带参保的家庭成员行使选择权。如未行使第 1 句和第 2 句的选择权，则第四卷第 28i 条和本卷第 175 条第 3 款第 2 句有效。

（4）第 11 条第 1 款及第 61 条和第 62 条适用于第 2 款第 1 句提及的受领人。这些受领人可获得第 291 条的医疗保险人卡。受领人在年满 65 周岁之前所处状态为"成员"，65 周岁之后为"退休者"，以此作为第 291 条第 2 款第 7 项中参保人的状态。未满 65 周岁、在家庭中生活但并不是户主的受领人，其所处状态为"家庭参保人"。

（5）如受领人不再是第十二卷或者第八卷中规定的有需求者，则社会救助机构或者公共青年救助机构在相应医疗保险基金会将其注销。在注销时，社会救助机构或者公共青年救助机构须收取受领人的医疗保险人卡，并交给医疗保险基金会。注销后因滥用医保卡而造成医疗保险基金会的费用，由社会救助机构或者青年救助机构承担。第 3 句不适用于以下情况，即医疗保险基金会因法律规定或者合同约定有义务在要求服务前审核其服务义务。

（6）在计算第 85 条或者第 85a 条中的报酬时，须考虑受领人的合同医疗保障。如第 85 条的总报酬根据人头计算，则受领人被视为成员。如多位领取者生活在同一家庭中，则与第二句不同，只有第 3 款中的户主被视为成员；可能根据第 10 条参保的家庭成员之合同医疗保障按分摊给户主的人头费给予补偿。

（7）因承担第 2 款至第 6 款中的疾病治疗而导致医疗保险基金会的支出，由相关社会救助机构或者公共青年救助机构每个季度报销。作为适当的管理费用包括第 2 款人群的人工支出，确定为所计算服务支出的百分之五。如提交所提供服务存在浪费的证据，则各自的医疗保险基金会可要求主管社会救助机构或者公共青年救助机构核实和证明支出是否合理。

第四部分　健康基金的财政平衡和分配

第一节

支出巨大的服务案例的财政平衡

州协会和医疗互助基金会协会章程可规定协会成员的分配额，以完全或者部分补偿医疗服务支出以及其他服务的费用。也可通过贷款来提供援助；协会章程规定前提条件、还款和利息的细节。

第 265a 条　避免医疗保险基金会关闭或破产的财政援助

（1）医疗保险基金会联邦最高联合会的章程可在 2009 年 3 月 31 日前为实现或简化医疗保险基金会合并而提供财政援助的规定，这些援助对于避免责任风险被认为是有必要的。有关援助前提条件、范围、筹资和落实的细节由医疗保险基金会联邦最高联合会章程决定。章程规定，只有在提供第 265b 条中足够额度的财政援助时，才会提供援助。章程规定由成员通过第 217c 条第 1 款第 2 句加权的百分之七十多数票决定。

（2）第 1 款财政援助的申请只可由监管机关提出。医疗保险基金会联邦最高联合会董事会决定是否提供第 1 款的财政援助。也可以贷款的形式提供援助。这些援助是有期限，也是有条件的，条件是其有助于改善经济性和支付能力。

（3）医疗保险基金会联邦最高联合会通过书面决定向其成员保险基金会（农村医疗保险基金会除外）声明援助筹资必要的额度。在分配援助筹资时，应适当考虑医疗保险基金会不同的支付能力以及根据第 265b 条已经提供的援助。在对援助服务筹资所需金额的决定进行申述时，无中止效力。

第 265b 条 自愿财政援助

（1）医疗保险基金会可与同一保险类型的其他医疗保险基金会就援助服务签订合同，以

1. 保持其支付能力和竞争力，

2. 通过支持自愿合并来避免第 155 条第 4 款和第 5 款以及第 171d 条第 1 款第 3 句和第 4 句的责任案例，或者

3. 与第 171d 条第 2 款颁布的行政法规不同，规定按照第 171d 条第 1 款第 3 句和第 4 句分配额度。

在合同中规定援助服务的范围、筹资和落实细节。第十卷第 60 条适用。

（2）合同需要得到作为签约方的医疗保险基金会的监管机关批准。

健康基金的分配（风险结构补偿）

（1）医疗保险基金会从健康基金（第 271 条）补偿其支出的分配款中获得基本费，根据年龄、性别和风险调整的补贴和折扣，以此补偿不同风险结构和其他支出的分配额（第 270 条）；分配按照第 272 条调整。每年通过年龄、性别和风险调整的分配额来实施风险结构补偿，通过风险结构来补偿因参保人分布不同而对医疗保险基金会之间根据不同年龄、性别分开的参保人组（第 267 条第 2 款）和发病率组（第 268 条）分配资金产生的不同影响。

（2）基本费和根据年龄、性别和风险调整的补贴和折扣用于补偿医疗保险基金会的标准服务支出。每位参保人的标准服务支出会基于全部医疗保险基金会的参保人年平均服务支出来确定，以便不同参保人组每位参保人标准服务支出比例符合根据第 267 条第 3 款为所有医疗保险基金会确定的、第 267 条第 2 款中不同参保人组每位参保人平均服务支出的比例。

（4）在确定第 2 款的标准服务支出时，不考虑

1. 由第三方补偿的支出，

2. 章程规定的多余服务或者实验类服务，及其无权要求的服务产生的

费用，

3. 在风险共担（第 269 条）中被补偿的费用。

住院后的后续康复（第 40 条第 6 款第 1 句）支出须被纳入第 1 句的平均服务支出。矿工医生和牙医的服务支出以与合同医生与牙医同样的方式被计算。

（5）联邦保险局确定分配额度，并把相应的资金转入医疗保险基金会。为确定第 2 款第 1 句的分配额度须每年公布

1. 每位参保人的所有参与补偿的医疗保险基金会的标准服务支出额度，而且应按照参保人组（第 267 条第 2 款）和发病率组分开公布，以及

2. 根据年龄、性别和风险调整的补贴和折扣额度。

联邦保险局可在提交经营与会计结果之外，还要求其他的询问和证据，以统一安排和获取计算必需的数据。

（6）联邦保险局为每个年度预先临时确定第 5 款第 2 句第 1 项和第 2 项的额度值。在计算每月分配额时，第 1 句的额度值以最后获取的医疗保险基金会参保人数量和在上一年 10 月 1 日之前获取的医疗保险基金会参保人数量为基础，而这些参保人数量应按照第 267 条第 2 款中各参保人组和第 268 条中各发病率组分开确定。年度结束后，每个医疗保险基金会分配的额度由联邦保险局从为本年度制定的经营和会计结果，及在本年度 10 月 1 日前获取的相关医疗保险基金会的参保人数量来确定。根据第 2 句得到的分配额可分期付款。这些分配额在根据第 3 句确定本年度的最终分配额后进行补偿。在确定了第 3 句的额度值后，如果计算过程中发现了实质性或者计算方面的错误，则联邦保险局须在下一次按照有效规定确定分配额度时予以考虑。针对风险结构补偿的分配额度（包括由此分摊到的附加费用）之申诉无中止效力。

（7）联邦卫生部在联邦参议院批准后通过部门规章规定以下内容的细节

1. 第 1 款第 1 句中基本费额度的确定和将其向参保人的公布，第 5 款的额度值，及对于实施风险补偿程序必需数据的公布方式、范围和时间点，

2. 第 2 款、第 4 款和第 5 款中服务支出的界定；此外，与第 2 款第 3 句不同，

可为第 267 条第 3 款提及的参保人组界定病假津贴并规定特别标准化程序，

2a. 第 270 条其他支出的界定和标准化程序，及用分配资金来补偿此支出的标准，

3. 第 267 条第 2 款中须考虑的参保人组，包括不同年龄组的年龄段之界定，也会与第 267 条第 2 款不同；还包括第 137f 条第 2 款第 3 句的疾病确定，此疾病可能是第 137g 条方案所涉及的对象，另外还包括认可这些方案的要求以及对落实这些方案所需的与人员相关的数据进行的确认，

4. 计算程序及付款落实，包括被委托进行计算和付款落实的机构，

5. 款项的到账和滞纳金的收取，

6. 补偿的程序和落实，

7. 第 267 条截止日期和期限的确定；代替第 267 条第 2 款的截止日期，可设定一个调查时间段，

8. 由医疗保险基金会、养老保险基金会和服务提供者通报的信息，

9. 通过为第 274 条的审核设立的机构对医疗保险基金会所通报数据的审核，包括提供错误数据或者不可审核数据的后果，及审核和审核标准的程序，这些也会与第 274 条不同。

与第 1 句不同，第 4 款第 2 句和第 1 句第 3 项的条例规定无需联邦参议院批准即可颁布。

（9）农村医疗保险不参与风险结构补偿。

风险结构补偿的数据获取

（1）医疗保险基金会为每个运营年度调查分类和按科目表规定的服务支出，此类信息不基于参保人个人提供。

（2）医疗保险基金会每年 10 月 1 日之前按照五年为一个年龄段调查不同年龄组成员和按照第 10 条参保的家庭成员的人数信息，而且将参保人（成员）组和性别分开考虑。成员组的划分决定于，

1. 参保人在丧失工作能力后是否要求继续发放工作收入，或者要求发放义务参保义务产生的社会福利，第 46 条第 2 句的成员是否从丧失工作能力的第

623

七周始要求病假津贴，或者是否提交了第 44 条第 2 款第 1 句第 3 项的选择声明，

2. 成员是否未要求病假津贴，或者医疗保险基金会是否因为本卷规定限制了服务的范围，或者

3. 符合《工资继续发放法》第 10 条的成员是否要求发放工作收入的补贴。

第六卷第 43 条和第 45 条中工作能力受损人员的数量，须在第 1 句的数据调查中作为另一个共同成员组单独列出。

（3）医疗保险基金会须最长每三年，调查第 1 款提及的服务支出和病假日津贴信息，这些信息同样根据第 2 款第 1 句按照参保人年龄组和性别单独列出，此类信息不涉及参保人个人信息。另外，第 44 条的病假津贴支出和病假日津贴信息按照第 2 款第 2 句提及的成员组进行分类；额外和实验服务的支出信息以及无权要求的服务支出信息不予调查，第 266 条第 4 款第 2 句的服务除外。在调查第 1 句的信息时，须单独调查为第六卷第 43 条和第 45 条中工作能力受损人员组提供的服务支出。第 2 款第 4 句中参保人组的服务支出须在进行第 1 句至第 3 句的数据调查时按照参保组单独进行调查。第 1 句至第 3 句数据的调查可限制在联邦境内或者单独的联邦州针对地区和医疗保险基金会种类进行的有代表性的抽样上。抽样的总范围上限为所有法定医疗保险参保人的百分之十。

（4）医疗保险基金会将以下结果通过机器可处理的数据载体经由医疗保险基金会联邦最高联合会提交给根据第 266 条第 7 款的行政法规提及的机构，即在下一年 5 月 31 日之前提交第 1 款和第 3 款数据调查结果，在调查截止日期后最迟三个月内提交第 2 款的数据调查结果。

（5）对于第 3 款的数据收集，相关医疗保险基金会可在医疗保险卡上使用第 3 款第 1 句至第 3 句的成员组代码。如医疗保险卡上含有第 1 句提及的代码，则医生和牙医须把此代码标入对合同医生提供的服务有约束力的处方页和转院单，或者相应的电子数据记录中。保险基金会医生和牙医协会以及服务提供者在服务结算时使用第 1 句的代码；这些代码在服务结算中另外表明每个代码类别的结算额度总数。在其他地方运用第 1 句提及的代码是不允许的。保险基金

会医生和牙医协会以及服务提供者须以合适的方式在机器可处理的数据载体上提供第 1 款至第 3 款的数据收集必需的结算数据。

(6) 医疗保险基金会通过医疗保险基金会联邦最高联合会向法定养老保险基金会提供在其处参保的义务参保退休者的第 293 条第 1 款的代码，及第六卷 147 条的保险号码。法定养老保险基金会通过医疗保险基金会联邦最高联合会在每年 12 月 31 日前基于第 1 句的代码向主管医疗保险基金会通报，哪些参保人因为工作能力受损获得养老金或者因为丧失就业或劳动能力获得养老金的信息。法定养老保险基金会可将第 2 句的任务交由德国邮政集团承担；医疗保险基金会在这种情况下通过医疗保险基金会联邦最高联合会向德国邮政集团传达第 1 句的数据。第六卷第 119 条第 6 款第 1 句有效。法定养老保险基金会或者根据第 3 句委托的机构只要落实了本款中的任务，就可删除第 1 句的数据。医疗保险基金会可使用专为第 1 款至第 3 款的数据调查所提供的数据。只要落实并完成了第 266 条的风险结构补偿，第 2 句的数据就可删除。

(7) 医疗保险基金会联邦最高联合会决定以下细节

1. 第 3 款的调查范围，地区选取和抽样程序，和

2. 第 5 款第 1 句的代码程序。

医疗保险基金会联邦最高联合会

1. 与保险基金会医生联邦协会在第 295 条第 3 款的约定中，就第 5 款第 2 句至第 4 句的程序细节进行约定，并

2. 与德国养老保险协会就第 6 款的登记程序细节进行约定。

(9) 就以下情况承担费用

1. 第 1 款和第 2 款的调查费用由相关医疗保险基金会承担，

2. 第 3 款的调查费用由医疗保险基金会联邦最高联合会承担，

3. 第 5 款的数据调查和处理费用由保险基金会医生和牙医协会以及其他服务提供者承担，

4. 第 6 款的登记费用由法定养老保险基金会承担。

(10) 第 1 款至第 9 款不适用于农村医疗保险基金会。

第二节　退休者医疗保险的财政平衡

开支巨大的服务项目的共同筹资（风险共担）

（1）作为风险结构补偿（第 266 条）的补充，自 2002 年 1 月 1 日起，对于开支巨大的服务项目的资金负担，在医疗保险基金会之间进行部分补偿。如医疗保险基金会为每位参保人医院治疗服务支出总额 [包括一个运营年度住院期间提供的其他服务、药物和绷带、门诊透析的非医疗服务、病假津贴和死亡津贴（有补偿能力的服务支出），减去由第三方承担的支出] 超过第 3 句的支出上限（极限值），则超出部分的百分之六十由所有医疗保险基金会的风险共担资金支付。风险共担资金根据所有医疗保险基金会为此所确定的财力筹集；此外确定单独的补偿需求率。第 266 条第 3 款适用。与第 2 句不同，门诊透析的非医疗服务之支出在 2002 年补偿年度不予考虑。

（2）对于与风险结构补偿分开确定的每个医疗保险基金会的补偿要求和义务、有补偿能力的服务支出之确定、风险共担资金的落实、每月的分期偿还程序和滞纳金，第 266 条第 2 款第 1 句，第 4 款第 1 句第 1 项和第 2 项，第 2 句，第 5 款第 1 句、第 2 句第 3 项第 3 句，第 6 款，第 8 款和第 9 款适用。

（3）为确定来源于风险共担的补偿要求和义务，医疗保险基金会每年针对每位参保者调查第 1 款第 2 句的服务支出总额。第 1 句中由医疗保险基金会基于单独参保人汇总的数据只可用于计算是否超过极限值；汇总的参保人相关数据记录在计算结束后立即删除。如一位参保人的服务支出总额超过了第 1 款第 3 句的极限值，则医疗保险基金会须通过医疗保险基金会联邦最高联合会向联邦保险局通报带有匿名信息的服务支出。可创建参保人个人信息，因为这些信息对于审核第 3 句报告的服务支出和考虑之后对有补偿能力的服务支出进行修改是必不可少的。另外，对于调查和报告服务支出、有缴纳保险费义务的收入、参保人数和参保人组的界定，第 267 条第 1 款至第 4 款和第 10 款适用。第 267 条第 9 款有效。

（4）联邦卫生部在第 266 条第 7 款的行政法规中规定以下内容细节

1. 界定风险共担必需数据、有补偿能力的服务支出和确定第 1 款的极限

值，及兼顾第 1 款第 2 句由第三方补偿的支出之细节，

2. 计算程序、金额的到账、滞纳金的调查、补偿的程序和落实，

3. 由医疗保险基金会和服务提供者告知的信息，

4. 公告落实风险共担必需的计算值的方式、范围和时间点，

5. 通过为第 274 条的审核设立的机构对医疗保险基金会所通报数据的审核，包括提供错误数据的后果和不可审核数据的后果，及审核和审核标准的程序，这些也会与第 274 条不同。

（5）调查和界定数据和数据载体以及统一制定第 3 款的匿名之细节，由医疗保险基金会联邦最高联合会在得到联邦保险局的同意下确定。如第 1 句的约定在 2002 年 4 月 30 日之前没有达成，则由联邦卫生部在其第 266 条第 7 款的部门规章中确定细节。

（6）风险共担在第 268 条第 1 款中风险结构补偿继续发展生效当年的前一年最后一次被落实。

健康基金对其他开支的分配

（1）医疗保险基金会从健康基金中分配到资金，来抵消

a. 第 266 条第 4 款第 1 句第 2 项的标准化支出，第 53 条第 5 款的服务除外，

b. 在第 137g 条的项目发展和落实基础上产生的并在第 266 条第 7 款的部门规章中进一步确定的标准化支出，及

c. 其标准化的管理支出。

第 266 条第 5 款第 1 句和第 3 句、第 6 款和第 9 款有效。

（2）为确定第 1 款分配额度，医疗保险基金会不基于参保人，每年对第 266 条第 4 款第 1 句第 2 项的支出和管理支出进行调查。第 267 条第 4 款有效。

第 270a 条　删除

健康基金

（1）联邦保险局管理作为特别资产（健康基金）、来自以下方面的款项：

1. 由收款机构根据第四卷第 28k 条第 1 款第 1 句和第 252 条第 2 款第 3 句为法定医疗保险收取的保险费，

2. 第 255 条来自养老金的保险费,

3. 第四卷第 28k 条第 2 款的保险费,

4. 第 252 条第 2 款的保险费

5. 第 221 条的联邦资金。

(2) 健康基金须建立一个现金储备,可以此现金储备支付整个财政年度的收入波动、确定第 266 条第 2 款统一额度时未考虑到的收入损失、提高第 272 条第 2 款的分配额所产生的费用,及第 242b 条的社会均衡补偿费用,另外还有第 251 条第 6 款第 2 句和第 4 句中额外保险费的支出。现金储备额度在之后的运营年度保证为健康基金每月平均支出的百分之二十。健康基金超过第 242a 条第 1 款第 1 句医疗保险基金会预计年支出的年收入,超出部分注入现金储备。

(3) 如现金储备不够进行第 266 条第 1 款第 1 句的额度分配,联邦提供相应额度的无息现金贷款。贷款须在预算年度内偿还。须采取适当的措施确保年底的还款。

(4) 在整个年度中产生的资本收益注入特别资产中。

(5) 健康基金的资金安置时应确保第 266 条、第 269 条和第 270 条提及的目的有资金可支配。

(6) 联邦保险局在管理基金时产生的支出,包括落实风险结构补偿的支出,须由健康基金的收入抵消。第 266 条第 7 款的行政法规规定相关细节。

第 271a 条　健康基金收入的保障

(1) 如医疗保险基金会的拖欠保险费急剧增多,医疗保险基金会须在联邦保险局要求后就此报告原因,并在四周期限内作出有说服力的解释,表明拖欠保险费的增多并不是由于其不履行义务而引起的。对决定有重要影响的事实须通过合适的材料证明。

(2) 如医疗保险基金会没有提交对决定有重要影响的材料,或者这些材料不足以证明保险费拖欠不是由其过失造成的,则被视为医疗保险基金会拖欠。在每次要求清偿的第一个月,临时收取相关额度的百分之十作为滞纳金,相关额度为提出清偿要求当月的拖欠率减去医疗保险基金会上月或者上一年平均拖欠率，乘以当月应收保险费额度而计算出。

（3）如医疗保险基金会在由联邦保险局确定的适当期限内（一般情况下不少于第 2 款的拖欠出现后三个月）提供有说服力的证据，证明保险费拖欠不是由于其不履行义务导致，则可取回滞纳金。否则滞纳金被最终确定，并且进入健康基金。

（4）在第 3 款的期限结束后，如第 1 款拖欠的保险费仍然数额巨大，并且根据第 2 款的定义认定为医疗保险基金会拖欠，则视为医保基金会未履行义务。在此情况下，联邦保险局再次提高每月 10 个百分点，直到提高到第 2 款中作为计算滞纳金基础的全部差额。此滞纳金为最终确定，并进入健康基金。

（5）针对收取滞纳金的申诉无中止效力。

（6）第四卷第 28r 条和本卷第 251 条第 5 款第 2 句不受影响。

引入健康基金的过渡规定

（1）在确定健康基金分配额度时须确保，因引入健康基金而使一个州从业的医疗保险基金会每年的负担额度最高为 1 亿欧元。为此联邦保险局为每个补偿年和为每个州，将医疗保险基金会为在一个州生活的参保人而调整的收入额度与健康基金的分配额度做对比，无需考虑由第 2 款得出的分配额度提高。

（2）如第 1 款第 2 句的对比得出，在某个州从业的医疗保险基金会之负担超过第 1 款第 1 句中决定性的额度，则在各自的补偿年度为居住地在本州的参保人分配给医疗保险基金会的额度须调整到刚好负担的额度。对于提高第 1 句分配额度必需的款项来自第 271 条第 2 款的现金储备。

（3）第 1 款和第 2 款的规定在以下年度的前一年最后一次适用，即在该年度首次没有发现在任何联邦州有超越第 1 款第 1 句中决定性额度的情况。

（4）第 1 款和第 2 款预先规定的落实细节，特别是保险费率、收入及其调整和分配额度的决定，以及分期付款的确定都在第 266 条第 7 款的部门规章中作出明确规定。这也适用于联邦政府委托的鉴定。在此鉴定中，应该在健康基金生效之前就已经将第 1 款的影响进行量化。

风险结构补偿的基础数据之储存

（1）联邦保险局在根据下列条款落实风险结构补偿之际考核医疗保险基金会的数据通报，同时兼顾第268条第3款第1句、第2句和第14句的规定，特别是诊断数据和药物代码通报许可。第266条第7款第1句第9项和第274条仍然有效。

（2）联邦保险局会结合第1句第5项对第268条第3款第4句中的数据进行审核，以确定异常情况。联邦保险局会结合第1句第1项至第4项和第6项至第7项对第268条第3款第14句中的数据进行审核，以确定异常情况。审核以跨保险基金会的比较分析方式进行。适当的分析变量，特别是通报诊断的频率和严重性，及比较变量和比较时间为比较分析之基础，以识别第268条第1款第1句第1项中按发病率对参保人进行分类的数据变化及其意义。相关细节，特别是用于确定异常情况的极限值，由联邦保险局与医疗保险基金会联邦最高联合会协商决定。

（3）如联邦保险局确定第2款的异常情况，尤其是因提供第268条第3款第14条的可靠诊断数据而对相关医疗保险基金会进行个案审核。如有特定事实证明，医疗保险基金会没有遵循其第268条第3款第1句、第2句和第14句的规定，则同样对其进行审核。联邦保险局可向相关医疗保险基金会要求进一步答复并提供证据，特别是相关匿名医生编号及结算的费用状况。对数据统一的技术整理细节可由联邦保险局规定。联邦保险局可对相关医疗保险进行实地审核。不包括对服务提供者的审核，特别是基于诊断数据的审核。由医疗保险基金会通报的数据只可用于对确定第2款的异常情况进行审核及本款的个案审核。

（4）在第2款和第3款的审核结果中，联邦保险局确定，相关医疗保险基金会是否及在多大范围内遵循了第268条第3款第1句、第2句和第14句的规定。如医疗保险基金会没有或者只是部分遵循第268条第3款第1句、第2句和第14句的规定，则联邦保险局确定一个修正额度，来缩减此医疗保险基金会第266条第2款第1的分配额。确定修正额度和缩减分配额度的细节由联邦卫生部在联邦参议院批准后通过第 266 条第 7 款的行政法规决定。

（5）联邦卫生部向相关医疗保险基金会通知第 4 款第 1 句的确定情况和第 4 款第 2 句的修正额度。对本规定争议性的申诉无中止规定执行的效力。

第五部分　医疗保险基金会及其协会的审核

运营、会计和业务审核

（1）联邦保险局和主管社会保险的州最高行政机关须至少每五年对其监管的医疗保险基金会及其工作组进行运营、会计和业务的审核。联邦卫生部须至少每五年对医疗保险基金会联邦最高联合会和保险基金会医生联邦协会的运营、会计和业务进行审核，主管社会保险的州最高行政机关须至少每五年对医疗保险基金会州协会和保险基金会医生协会及第 106 条的审计办公室和申诉委员会进行运营、会计和业务审核。联邦卫生部可将联邦直属医疗保险基金会、医疗保险基金会联邦最高联合会和保险基金会医生联邦协会的审核，主管社会保险的州最高行政机关可将州直属的医疗保险基金会、医疗保险基金会州协会和保险基金会医生协会的审核移交给一个独立的、公法上的审核机构，或者为此设立的这样一个审核机构。审核覆盖整个业务运营领域；包括合法性和经济性的审核。医疗保险基金会、医疗保险基金会协会及其工作组、保险基金会医生协会和保险基金会医生联邦协会须在要求时提交所有材料和回答所有问询，只要这些对于审核的实施是必需的。

（2）审核机构产生的费用由医疗保险基金会按照其成员数量承担。关于费用报销包括预付款的细节，对联邦直属医疗保险基金会和医疗保险基金会联邦最高联合会的审核由联邦卫生部规定，对州直属医疗保险基金会及其州协会的审核由主管社会保险的州最高行政机关规定。保险基金会医生协会、保险基金会医生联邦协会及医疗保险基金会协会和工作组承担对其实施的审核费用。费用根据实际发生的人员与物资支出计算。保险基金会医生联邦协会审核费用的计算以联邦内政部制作的当年度关于官员、职员和工资领取者的人员费用，包括联邦管理机构工作岗位／雇员的物资支出的一览表为基础，保险基金会医生协会审核费用的计算以相应州主管最高机关制作的一览表为基础。如州机关无此一览表，则联邦内政部的一览表有效。人员费用之外的管理费用以实际发生额为准。人员费用按审核的小时数计算。审核的准备及后续工作包括审核报告的拟定和可能存在的咨询都应予以考虑。第1句的审核费用须扣除第3句提及机构承担的部分。

（3）联邦卫生部可在联邦参议院批准下，就审核实施颁布一般管理规定。此外须拟定审核机构之间进行定期经验交流。

（4）联邦审计署审核法定医疗保险基金会、其协会和工作组的预算和经济管理。

第九章　医疗保险基金会的医疗服务机构

第一部分　职责

第275条　评估和咨询

（1）在法律规定的情况下或者根据疾病的类型、严重程度、持续时间或发病次数或病情发展的需要，医疗保险基金会有义务，

1. 在提供服务时，特别是为了检查服务的前提条件、类型和范围，以及在异常情况下检查账单正确性，

2. 为了展开合作服务，特别是为了协调纠纷和与符合第九卷第10条到12条的康复机构合作，与主治医生达成一致后，

3. 在丧失工作能力的情况下

a）为了保证成功治疗，尤其是为了服务提供机构采取恢复劳动能力的措施，或

b）为消除对丧失工作能力的疑虑

获得医疗保险基金会医疗服务机构（医疗服务）开具的专家意见书。

（1a）在下列情况下认可根据第1款第3项b对丧失工作能力的质疑

a）参保人经常异常性地或者只持续短时间丧失工作能力，或者常常在一周工作日的开始或结束时丧失工作能力，

b）医生确定失去工作能力，但此医生出具丧失工作能力证明的次数异常。

必须在提交丧失工作能力的医生证明后立即进行审查。雇主可要求医疗保险基金会获取医疗服务机构出具的关于审查丧失工作能力的鉴定意见。如果医疗保险出具的医生文件中可明显证明已经满足丧失工作条件的医疗前提条件，那么医疗保险基金会可撤销对医疗服务机构的委托。

（1b）医疗服务机构以抽查的方式检查经过第 106 条第 2 款第 1 句第 2 项规定检查医生开具的工作能力丧失诊断。第 106 第 2 款第 4 句提及的合同方协商细节。

（1c）根据第 39 条进行住院治疗时，必须根据第 1 款第 1 项及时进行检查。最迟应在医疗保险基金会收到账单后六个星期内开始检查，并且通过医疗服务机构通知医院。如果检查并没有减少账单金额，则医疗保险基金会应向医院支付总额为 300 欧元的费用。

（2）医疗保险基金会可通过医疗服务机构审查

1. 以批准前抽样调查中医学治疗方案为基础、申请延长时定期按照第 23 条、第 24 条、第 40 条和第 41 条提出服务的必要性；如果从情况和人员范围来看，没有审查的必要性，医疗保险基金会中央联邦协会则在细则中规定抽查调查的范围和选择，并可批准例外情况；这尤其适用于住院治疗后的康复医疗服务（后续治疗），

2. 删除

3. 在报销国外治疗费用时，需审查疾病是否只能在国外治疗（第 18 条），

4. 家庭护理是否或者在哪个时期有必要超过四周（第 37 条第 1 款），

5. 是否出于医疗原因，不能推迟义齿的置换（第 27 条第 2 款）。

（3）医疗保险基金会可以在下列适当情况下，通过医疗服务机构审查下列项目

1. 在准许使用辅助器具之前，确定此辅助器具是否是必需的（第 33 条）；医疗服务机构应给参保人提供建议；其应与整形外科服务机构合作，

2. 在透析治疗时，哪种形式的门诊透析治疗在考虑具体个案的情况下是必要和经济的，

3. 对辅助器具的保障提供评估,

4. 参保人在因为误诊而提出保险金要求时是否产生了损失(第 66 条)。

(3a)如果在评估关于根据精神人员条例第 4 条规定的治疗范围来分配病人档案时在类似群体中出现偏差,那么医疗保险基金会州协会和医疗互助基金会可以请医疗服务机构审查分配情况,所提交的审查结果不能包含社会数据。

(4)医疗保险基金会及其协会在履行除第 1 至第 3 款之外的其他职责时,应该在必要的范围内,咨询医疗服务机构或其他专家,特别是参保人的关于健康保障和咨询的一般性医疗问题、质量保证问题、与服务提供者的合同谈判以及对医生和医疗保险基金会联合会的咨询,特别是审查委员会。

(5)医疗服务机构的医生在执行他们的医学任务时只是对他们的医生良知负责。他们无权介入治疗。

第 276 条 合作

(1)医疗保险基金会有义务将咨询和评估所需的必要资料提供给医疗服务机构,以便其提供咨询意见和评估报告。参保人自愿向医疗保险基金会提供的除第一卷第 60 条和第 65 条的合作义务之外的资料,只有在其同意的情况下,医疗保险基金会才可以转交给医疗服务机构。关于参保人的同意情况,第十卷第 67b 条第 2 款适用。

(2)只要对于第 275 条的审查、咨询和提出评估意见以及对第 275a 条的示范项目必需的,医疗服务机构才可以提取和储存社会数据;如果医疗保险基金会依据第 275 条第 1 款至第 3 款委托医疗服务机构提出评估意见或者进行审查,那么只要对于提出评估意见和审查是必需的,服务提供者有义务在医疗服务机构提出要求时直接将社会数据转交。合法提取和储存的社会数据只允许为了第 275 条规定的目的下处理和使用,对于《社会法典》行政法规规定或允许的其他目的,也可处理或使用。社会数据应在 5 年后删除。第 286 条、第 287条和第 304 条第 1 款第 2、3 句和第 2 款也相应适用于医疗服务机构。医疗服务机构应将确定参保人的身份社会数据和参保人的医疗社会数据分开储存。通过技术和组织措施确保社会数据只有那些为了履行其职责而必需的人员才能访问。整合数据的密码由被委托负责的医疗服务机构数据保护的人员保管，并且不能让其他人获取。每次整合制作记录。

（2a）如果医疗保险基金会依据第 275 条第 4 款咨询医疗服务机构或其他专家，则可以在监管机构同意的前提下委托他们，根据第 275 条第 4 款分析与服务提供者或个案相关、有时间限制和范围限制的数据储量；与参保人相关的社会数据在传送至医疗服务机构或者其他专家前要做匿名处理。第 2 款第 2 句在此适用。

（2b）如果医疗服务机构委托专家（第 279 条第 5 款），那么只要对于完成委托是必需的，则允许在医疗服务机构和专家之间传输必要的数据。

（3）对于参保人查看卷宗的权利，第十卷第 25 条适用。

（4）如在个别情况下需要对参保人住院治疗的必要性和时长做一个评估报告，医疗服务机构的医生有权在 8 时到 18 时之间进入医院、保健或康复机构的房间对病历资料进行查看，并在必要时对参保人进行检查。在第 275 条第 3 款的情况下，医疗服务机构的医生有权在 8 时到 18 时之间进入医院，以检查必要的文件。

（5）如果在丧失工作能力的调查结果审查中（第 275 条第 1 款第 3b 项、第 1a 款和 1b 款）通过医疗记录得知，参保人由于健康状况无法满足医疗服务机构的传唤要求，或者参保人因健康原因取消了约好的传唤或者未直接露面，那么调查将在参保人的家中进行。如果参保人拒绝，可以取消对他的服务。第一卷第 65 条和第 66 条不受影响。

（6）医疗服务机构在社会护理保险方面的任务除本卷规定之外，也可以从第十一卷的规定得知。

第 277 条　通知义务

（1）医疗服务机构应将评估结果通知参与合同医疗保障的医师、中心为其服务提供评估意见的其他服务提供者以及医疗保险基金会，并通知医疗保险基金会有关调查结果的必要信息。该医疗服务机构有权将有关调查结果的必要信息通知参与合同医疗保障的医师以及中心为其服务提供了评估报告的其他服务提供者。参保人可反对将调查结果通知服务提供者。

（2）如果评估报告与保险基金会医生的证明不相符，则只要参保人请求继续支付工资，医疗保险基金会就应将医疗服务机构就参保人是否丧失工作能力的评估结果通知用人单位和参保人。通知中不得包含参保人的疾病信息。

第二部分　组织

第 278 条　工作组

（1）在每个州会建立一个由第 2 款提及类型的医疗保险基金会共同成立的"医疗保险基金会的医疗服务"工作组。依据《健康改革法》第 73 条第 4 款第 3 句和第 4 句，该工作组是一个公法法人。

（2）工作组的成员包括地区、企业和行业医疗保险基金会的州协会以及农村医疗保险基金会和医疗互助基金会。

（3）如果一个州存在同一类型的多个州协会，可通过工作组成员的决议再建立一个医疗服务机构。通过相应工作组成员的决议，也可以在多个州建立一个共同的医疗服务机构。该决议需要得到相应州负责社会保险的最高行政机构的批准。

第 279 条　监事会和行政总管

（1）医疗服务机构的行政机关是监事会和行政总管。

（2）监事会的成员由成员代表大会选举产生。第四卷第 51 条第 1 款第 1 句第 2 项至第 4 项，第 6 款第 2 项至第 4 项，第 5 项 b 项和 c 项以及第 6 项 a 项在此适用。医疗服务机构的雇员不能通过选举产生。

（3）监事会代表不能超过十六位。如果医疗服务机构的成员是同一保险基金会类型的多个州级协会，则监事会的代表人数可以相应增加。成员们应该在每个保险基金会类型的成员数量上达成一致。如果不能达成一致，则由相应州负责社会保险的最高行政机构决定。

（4）行政总管根据监事会的方针管理医疗服务机构的业务。他提出预算计划，并在庭内和庭外代表医疗服务机构。

（5）医疗服务机构的专业任务由医生和其他的医疗机构成员完成；医疗服

务机构优先委托专家。

（6）第四卷中的以下规定相应适用：第 34 条、第 37 条、第 38 条、第 40 条第 1 款第 1 句和第 2 句以及第 2 款，第 41 条、第 42 条第 1 款至第 3 款，第 43 条第 2 款，第 58 条、第 59 条第 1 款至第 3 款、第 5 款和第 6 款，第 60 条、第 62 条第 1 款第 1 句前半句、第 2 款、第 3 款第 1 句和第 4 句、第 4 款至第 6 款，第 63 条第 1 款和第 2 款、第 3 款第 2 句和第 3 句、第 4 款和第 5 款，第 64 条第 1 款和第 2 款第 22 句、第 3 款第 2 句和第 3 句以及第 66 条第 1 款第 1 句和第 2 款。

第 280 条　监事会的职责

（1）监事会

1. 决定章程，

2. 确定预算，

3. 审查年度经营与会计，

4. 在考虑第 282 条第 2 款医疗保险基金会联邦最高联合会方针和建议的前提下，为履行医疗服务机构职责制订所需的细则，

5. 建立和解散分支机构，

6. 任免行政总管和他的副手。

第 210 条第 1 款在此适用。

（2）监事会决议由成员的简单多数通过。关于预算问题的决定和关于制订和修改章程的决议需要三分之二的多数票通过。

第 281 条　资金和监管

（1）对于医疗服务机构为履行第 275 条第 1 至 3a 款规定的职责所必需的资金由医疗保险基金会根据第 278 条第 1 款第 1 句通过征收获得。这些资金按医疗服务机构覆盖区域单个医疗保险基金会成员数比例确定。第 2 句中至关重要的医疗保险基金会成员数由每年 7 月 1 日的法定医疗保险参保人的 KM6 统计数据得知。如果医疗服务机构被委托针对并非第 278 条工作组成员的服务提供商请求进行审查，那么由此产生的费用由其他服务提供商承担。与第 3 句的

规定不同，对于第 1 句中提到的征收费用，护理保险基金会承担一半。

（1a）医疗服务机构或其他专家在第 275 条第 4 款规定的任务范围内中所提供的服务，由委托人通过以成本为基础的劳务费来给予补偿。为落实这些任务而提供资助时，不可以使用第 1 款第 1 句的征收资金来支付。

（2）对于预算和会计，包括统计，第 67 条至 69 条、第 70 条第 5 款、第 72 条第 1 款和第 2 款第 1 句前半句、第 73 条至第 77 条第 1 款和第 79 条第 1 款和第 2 款结合第四卷第 3a 款以及基于第四卷第 78 条发布的行政法规在此适用。对于资产，第四卷第 80 条和第 85 条在此适用。

（3）医疗服务机构受其所在州负责社会保险的最高行政机构监管。第 87 条第 1 款第 2 句和第四卷第 88 条和第 89 条以及第 274 条在此适用。应注意第 275 条第 5 款。

第 282 条　医疗保险基金会联邦最高联合会的医疗服务机构

（1）医疗保险基金会最高联合会成立了一个联邦一级的医疗服务机构（医疗保险基金会联邦最高联合会的医疗服务）。依据《健康改革法》第 73 条第 4 款第 3 句和第 4 句，该机构是一个公法法人。

（2）医疗保险基金会联邦最高联合会的医疗服务机构就所有与分配职责相关的医疗问题为医疗保险基金会联邦最高联合会提供咨询。医疗保险基金会联邦最高联合会的医疗服务机构从医疗和组织方面协调并促进职责的履行以及与医疗保险基金会医疗服务机构的合作。为保证统一评估以及就职业培训和进修原则按照统一的标准执行，医疗保险基金会联邦最高联合会发布关于医疗保险基金会与医疗服务机构的合作方针。此外，医疗保险基金会联邦最高联合会可以提出建议。医疗保险基金会的医疗服务机构应在医疗保险基金会联邦最高联合会的医疗服务机构履行其职责时提供支持。

（3）医疗保险基金会联邦最高联合会的医疗服务机构受联邦卫生部的监管。第 208 条第 2 款和第 274 条在此适用。应注意第 275 条第 5 款。

第 283 条　例外

在涉及联邦铁路企业医疗保险基金会和帝国铁路企业保险基金会（即使两

家机构合并为铁路企业保险基金会）以及联邦交通运输部的企业保险基金会的区域，如果其成员在铁路企业保险基金会的服务区居住，那么就由联邦铁路企业医疗保险基金会的医生来履行医疗服务机构的职责。联邦交通、建设和住房部企业医疗保险基金会以及符合《邮政社会保险组织法》（邮政企业医疗保险基金会）第 7 条规定的企业医疗保险基金会的其他成员，由这些企业医疗保险基金会与医疗服务机构签订合同。对于德国矿工—铁路—海员养老保险的医疗保险，由其社会医疗服务机构来履行医疗服务机构的职责。

第十章　保险与服务数据、数据保护、数据透明

第一部分　信息基础

数据使用的基本原则

第 284 条　医疗保险基金会的社会数据

（1）医疗保险基金会只能出于医疗保险目的提取或保存社会数据信息，只有这些信息对于以下情况是必需的：

1. 确定保险关系及成员身份，包括开展新的保险业务必备的信息资料，

2. 出具资格证明书、医疗保险卡和电子健康卡，

3. 确定缴费义务、缴费分担和支付额度以及进行社会均衡补偿，

4. 审核业务范围内的职责以及向参保人所提供的服务，包括审核限制服务的前提条件，确定收费状况并落实支出补偿、退还保险费和确定负担上限的程序，

5. 在误诊时为参保人提供支持，

6. 在出现第 264 条所述状况时负担诊疗费用，

7. 参与医疗服务，

8. 与服务提供者进行结算，包括审核结算的合法性和可靠性，

9. 审查服务是否遵循经济原则，

10. 与其他服务提供机构进行结算，

11. 进行退款或赔偿，

12. 根据第 85c 条、第 87a 条至第 87c 条，起草、协商和实施补偿协议，

13. 如果协议在保险基金会医生协会未参与的情况下签订，则安排和实施示范项目，根据第 11 条第 4 款进行保障管理，对整合的各种保障类型以及为了提供高质量专业门诊服务落实相关合同，其中包括就是否符合经济节约原则进行的审核和服务质量审核，

14. 处理有关风险结构平衡（第 266 条第 1 款到第 6 款、第 267 条第 1 款到第 6 款、第 268 条第 3 款）、风险共担（第 269 条第 1 款到第 3 款）的问题，根据第 137g 条所列项目收取参保人费用并安排和处理这些项目。

只要是第 1 句第 4 项、第 8 项、第 9 项、第 10 项、第 11 项、第 12 项、第 13 项、第 14 项所提及的目的必需的，参保人的医疗服务信息可储存在机器可处理的数据载体上。只要是第 1 句第 4 项、第 8 项、第 9 项、第 10 项、第 11 项、第 12 项、第 13 项、第 14 项以及第 305 条第 1 款所提及的目的必需的，参保人接受规定医疗项目的情况也可储存在机器可处理的数据载体上。一旦对于上述目的不再需要第 2 句和第 3 句中所储存的数据时，那么这些信息就会被删去。此外，在第一卷和第十卷中也有相关规定适用于数据提取和储存。

（2）为了能够监测合同医疗保障服务是否经济合理，只要是第 106 条第 2 款第 1 款第 2 项抽样检查必需的，有关参保人的就医和健康信息可储存在机器可处理的数据载体上。

（3）合法提取和储存的参保人相关数据信息只允许在执行第 1 款提及的任务时，在必要的范围内进行处理或使用，对于《社会法典》行政法规规定或允许的其他目的，也可处理或使用。一部分按照第 295 条第 1b 款第 1 句的规定向医疗保险基金会公开的参保人信息，只能出于第 1 款第 1 句第 4 项、第 8 项、第 9 项、第 10 项、第 11 项、第 12 项、第 13 项、第 14 项和第 305 条第 1 款提及的、与参保人相关目的进行处理和使用；对于因其他目的处理和使用这些数据时，应事先删除参保人相关信息。

（4）总的说来，医疗保险基金会为了收取参保人费用可以提取、处理和使

用参保人信息，除非在禁止处理或使用的情况下反而可以更好地保护参保人的利益。根据第 291 条第 2 款第 2 项、第 3 项、第 4 项和第 5 项的信息，允许对提取的数据进行调整。如果相关参保人反对负责机构使用和透露他们的信息，那么不可以处理这些信息。如果对于第 1 句提及的目的不再需要这些数据时，应将其删除。此外，在第一卷和第十卷中也有相关规定适用于数据提取、处理和储存。

第 285 条　保险基金会医生协会的个人数据信息

（1）只有在执行以下任务时，保险基金会医生协会才允许提取和储存医生的个人及事务信息：

1. 在医生登记表注册（第 95 条），

2. 确保和补偿合同医疗保障，包括对结算可靠性和正确性进行审核，

3. 医院门诊服务的报酬（第 120 条），

4. 协作医生的报酬（参照第 121 条），

5. 经济性审计（参照第 106 条），

6. 质量审计（参照第 136 条）。

（2）在执行第 1 款第 2 点、第 5 点、第 6 点和第 106a 条和第 305 条所提及的任务时，保险基金会医生协会有权提取和储存参保人的个人及事务信息。

（3）合法提取和储存的社会数据只允许在执行第 1 款提及的任务时，在必要的范围内进行处理或使用，对于《社会法典》行政法规规定或允许的其他目的，也可处理或使用。只要是审核医疗质量必需的，则针对第 1 款第 6 项合法提取和储存的社会数据可以根据放射规定第 17a 条向医生及牙医机构传达。只要是执行第 1 款第 1 项、第 2 项、第 4 项、第 5 项、第 6 项提及的任务必需的，参与的保险基金会医生协会允许将针对第 1 款和第 2 款合法提取和储存的社会数据传递给负责跨地区职业共同体的另一保险基金会医生协会。只要是执行第 1 款第 2 项提及的任务必需的，则在合同医生和合同牙医要求时，参与的保险基金会医生协会允许将针对第 1 和第 2 款合法提取和储存的社会数据向根据合同医生和合同牙医许可条例第 23 条第 3 款第 3 句授权的合同医生和合同牙医

通报。只要是执行第 1 款第 2 项和第 106a 条提及的任务必需的，则在服务提供者要求时，主管保险基金会医生协会和保险基金会牙医协会允许将针对第 1 款和第 2 款合法提取和储存的社会数据向提供合同医疗服务和合同牙科诊疗服务的服务提供者通报。只要是执行合同医生和合同牙医许可条例第 32 条第 1 款提及的任务必需的，则在合同医生和合同牙医要求时，允许向其提供合法提取和储存的社会数据。

（4）只要本章内容规定适用于医生、保险基金会医生协会，则也适用于心理医生、牙医和保险基金会医生协会。

第 286 条　数据概况

（1）医疗保险基金会和保险基金会医生协会每年一次制作一份由他们保存或受他们委托所保存的社会数据类概况报告。此概况报告将呈交监管机关。

（2）医疗保险基金会和保险基金会医生协会有义务将此概况以第 1 款规定的方式公开。

（3）医疗保险基金会和保险基金会医生协会应在一览中详细列出下列信息：

1. 信息处理的许可方法，

2. 输入和输出信息的方式、形式、内容及控制，

3. 信息处理时的责任范围，

4. 确保信息保护和信息安全的措施，特别是根据《社会法典》第十卷第 78 条所要求的措施。

第 287 条　研究计划

（1）医疗保险基金会和保险基金会医生协会在监管机关许可的前提下允许自行分析与服务提供者或个案相关、有时间限制和范围限制的研究计划数据储量，尤其是为了获得流行病学知识、疾病与工作条件之间的关联知识或者局部病灶知识对数据进行分析，或者可在第 304 条规定的期限外保管这些数据。

（2）社会数据信息须匿名化。

医疗保险基金会的信息基础

第 288 条 参保人名录

医疗保险基金会要建立一个参保人名录。此参保人名录必须包括以下所有信息：确定参保义务或权限、衡量和收取保险费（只要从参保方式来看是必要的）、确定服务要求，包括第 10 条参保所必需的信息。

第 289 条 家庭保险的证明义务

为了将信息登记到参保人名录中，在参保开始时医疗保险基金会要根据第 10 条进行确认。医疗保险基金会可调查家属的必要信息，或者在其同意下从参保成员处获取相关信息。在医疗保险基金会要求下，须证明第 10 条中的参保前提条件是否继续存在。

第 290 条 医疗保险号码

（1）医疗保险基金会为每一参保人建立一个医疗保险号码。医疗保险项由一个用于识别参保人身份的不可变更部分和一个可变更的部分构成，该部分包含联邦统一的保险基金会成员资格信息，而且在分配号码时，从这可变更部分应确保第 10 条中的参保人能够与成员家属建立关联。医疗保险号码的构成和分配程序应符合第 2 款规定。养老保险号码不得作为医疗保险号码使用。只有根据最新的科技确保在分配医疗保险号码后，既不能从医疗保险号码推断养老保险号码，也不能从养老保险号码推断医疗保险号码，才允许为建立第 2 款规定的医疗保险号码使用养老保险号码。此要求同样适用于分配机构。由信托办公室对多次分配医疗保险号码的审核不受此影响。如果使用养老保险号码来建立医疗保险号码，则对于尚未得到养老保险号码但必须指定医疗保险号码的人员，应分配一个医疗保险号码。

（2）医疗保险基金会联邦最高联合会应通过明确的准则规定医疗保险号码的构成和分配程序。医疗保险号码必须由从空间上、组织上和人员上与医疗保险基金会及其协会分开的信托办公室分配。信托办公室为公共机构，并且受第一卷第 35 条的社会数据保密规定约束。第 274 条第 1 款第 2 句有效。准则须提交联邦卫生部。其可在两个月内驳回。如没有在设定的期限内落实准则或者在联邦卫生部设定的期限内未撤销驳回，则由联邦卫生部颁布准则。

第291条 医疗保险卡

（1）医疗保险基金会给每位参保人分发一张医疗保险卡，这张医保卡将根据第15条代替原来的医疗证。此卡需由参保人签名。根据第291a条的规定，此卡只能用于证明有权要求合同医疗保障范围内相关服务以及服务提供者的结算。此卡只在和医疗保险基金会签约期内有效并且不可转借。接受医疗服务时，参保人根据医生结算单通过签字确认参保人的成员身份。医疗保险基金会可规定医保卡的有效期。

（2）医疗保险卡除参保人签名和照片外，还以第291a条为前提条件，包含下列信息，相关信息将以一种合理的方式通过机器传输到合同医疗保障规定的结算单和表格上（第295条第3款第1项和第2项）：

1. 签发的医疗保险基金会标识，包括成员居住地所在地区的保险基金会医生协会代码，

2. 参保人姓名，

3. 出生日期，

4. 性别，

5. 地址，

6. 医疗保险号码，

7. 按第267条第2款第4句参保人组划分的参保人状态，并以一种加密方式显示，

8. 缴费状况，

9. 医保开始时间

10. 医疗保险卡失效期；

医疗保险卡必须包含照片、性别、缴费状况等信息；未满15周岁参保人或不愿意将本人照片印在卡上的参保人，医保卡上将不出现参保人照片。

只要参保人按照第83条第2款与医疗保险基金会订立了医保合同，即便参保人居住地不在参与服务的保险基金会医生协会区域内，参保人也可使用医

疗保险基金会所在地区的保险基金会医生协会代码作为第 1 句第 1 项提及的代码。

(2a) 医疗保险基金会将第 1 款提及的医保卡拓展为符合第 291a 条规定的电子健康卡。除了履行第 1 款第 3 句指定的功能外，电子健康卡还将保证第 291a 条第 2 和第 3 款提到的各项功能的发挥。其中，电子健康卡除了有第 2 款第 1 句提到的信息外，还能提供用于证明第 53 条选择费率和附加合同关系的信息，以及在出现第 16 条第 3a 款所述状况时服务要求暂时失效的信息。电子健康卡必须在技术上过硬，能够进行持卡人认证、加密和电子签名。

(2b) 医疗保险基金会有义务提供相关服务，使得服务提供者可在医疗保险基金会在线审核第 1 款和第 2 款数据的有效性和即时性，并对电子健康卡进行更新。此服务也可在没有网络连接的情况下在服务提供者的诊所管理系统被在线使用。参与合同医疗保障的医生、机构和牙医在参保人本季度首次在其处要求服务时，可通过第 1 句的服务审核医疗保险基金会的服务义务。此外，还可进行在线清偿并利用提交给医疗保险基金会的即时数据来更新储存在电子健康卡上的第 1 款和第 2 款数据信息。审核义务从提供第 1 句的服务以及连接通信基础设施并签订第 291a 条第 7a 款和第 7b 款的协议开始存在。第 15 条第 5 款相应适用。审核情况应储存在电子健康卡上。已实施审核的通报是第 295 条中向保险基金会医生或者保险基金会牙医协会通报结算单的组成部分。第 2 句至第 5 句的程序落实之技术细节由第 295 条第 3 款约定规定。

(3) 医疗保险卡在联邦境内的设计细节由合同防在第 87 条第 1 款的合同框架内约定。

(4) 保险保障终止或者更换医疗保险基金会时，医疗保险卡由当时的医疗保险基金会收回。不同于第 1 句，医疗保险基金会联邦最高联合会可决定参保人在更换保险基金会后继续使用电子健康卡，以改善经济性和优化程序流程；此外须确保，定期更新第 2 款第 1 句、第 6 句、第 7 句、第 9 句和第 10 句的数据。决议须得到联邦卫生部批准。在批准颁发之前，联邦数据保护和信息自由专员有机会阐述立场。如第 1 句的电子健康卡被收回，则收卡医疗保险基金会须确保，参保人可继续使用第291a条第3款第1句的数据。在收回电子健康卡前，收卡医疗保险基金会须通知可能会删除第291a条第3款第1句信息。第5句和第6句亦适用于在现存的保险关系范围内电子健康卡的更换。

第291a条　电子健康卡

（1）为实现第2款和第3款提及的目标改善治疗的经济性、质量和透明度，第291条第1款的医疗保险卡拓展为电子健康卡。

（1a）如私人医疗保险企业为处理和使用第2款第1句第1项和第3款第1句的数据而向其参保人发放电子健康卡，则第2款第1句第1项和第2句及第3款至第5款、第6款和第8款在此适用。为使用第1句的电子健康卡，私人医疗保险企业可将第290条第1款第2句的医疗保险号码不可变更部分作为参保人号码使用。第290条第1款第4句至第7句在此适用。参保人号码的分配通过第290条第2款第2句的信托办公室进行，并且须符合第290条第2款第1句关于医疗保险号码不可变更部分细则的规定。设定参保人号码和分配养老保险号码（只要分配养老保险号码是必需的）的费用由私人医疗保险基金会承担。本款规定适用于邮政公务员医疗保险和联邦铁路公务员医疗保障。

（2）电子健康卡须含有第291条第2款的数据和必须适合记录以下信息

1. 以电子或者机器可处理的形式传输医疗处方，以及

2. 要求服务的权限证明须遵守以下法规：欧洲理事会颁布的1408/71项关于在欧共体范围内移居（欧洲共同体公报 L 149 号第 2 页）雇员及其家庭应用社会安全体系之条约（EWG）的适用内容，欧洲理事会颁布的关于应用1408/71项条约（EWG）的适用内容。

《联邦数据保护法》第6c条适用。

（3）除第2款之外，电子健康卡还须适合支持以下的用途，特别是提取、处理和使用以下信息：

1. 医疗数据，只要其对于紧急保障是必要的，

2. 在跨机构、基于病例的合作情况下，提供以电子或者机器可处理形式的检验结果、诊断、治疗建议及治疗报告（电子版医生报告）

3. 审核药物治疗安全性的数据，

4. 为了能够对病人进行跨病例和跨机构的记录，提供病人的检验结果、诊断、治疗建议、治疗报告及疫苗信息（电子版病人档案），

5. 由参保人自己或者为其提供的数据，以及

6. 参保人获得的服务及其临时费用的数据（第 305 条第 2 款）；

第 1 项数据的处理和使用可通过电子健康卡进行，无需网络。最迟在电子卡寄送时，医疗保险基金会须向参保人全面和以普遍可理解的方式就电子卡的使用方法，包括卡片上或通过卡片可提取、处理和使用的个人数据种类进行介绍。当参保人向医生、牙医、心理治疗师或者药店申明提供许可时，本款的参保人数据方可被提取、处理和使用。在首次使用电子卡时，须由服务提供者或者在其监管下由在服务提供机构或者医院作为职业实习生或者职业助手将许可记录在案；许可可随时被撤销，并在本款单独的使用范围内会受到限制。《联邦数据保护法》第 6c 条适用。

（4）为了能够通过电子健康卡提取、处理和使用相关数据，则只要对于参保人的保障是必要的，就可由以下人员获取相关信息

1. 第 2 款第 1 句第 1 项的信息，只可由以下人员使用：

a）医生，

b）牙医，

c）药店主、药店主助手、医药工程师、药店助手，

d）以下人员，即其

aa）在第 a 至第 c 项提及人员处，或者

bb）在医院

作为职业助手或者职业实习生，只要对于其在许可范围内解决相关工作是必需的，并且在第 a 至第 c 项提及人员的监管下获取相关信息。

e）执行医生处方的其他服务提供者；

2. 第 3 款第 1 句第 1 项至第 5 项的信息，只可由以下人员使用：

a）医生，

b）牙医，

c）药店主、药店主助手、医药工程师、药店助手，

d）以下人员，即其

aa）在第 a 至第 c 项提及人员处，或者

bb）在医院

作为职业助手或者职业实习生，只要对于其在许可范围内解决相关工作是必需的，并且在第 a 至第 c 项提及人员的监管下获取相关信息。

e）第 3 款第 1 句第 1 项的信息在紧急情况下也可让其他医疗职业的成员使用，从职业特性或职称拥有来看，该职业需要进行国家规定的培训，

f）心理治疗师。

参保人有权使用第 2 款第 1 句和第 3 款第 1 句的数据。

（5）在第 3 款第 1 句的情况下提取、处理和使用电子健康卡上的信息须得到参保人的同意。通过技术预防手段须保证，只有得到参保人的授权，方可使用第 3 款第 1 句第 2 点至第 6 点的数据。只有在具有电子医疗职业资格证的前提下，方可借助电子健康卡获取第 2 款第 1 句第 1 点和第 3 款第 1 句的数据，在第 2 款第 1 句第 1 点的情况下，亦需要相应的职业资格证明方可获取数据，这个证明可用于安全认证，并含有合格的电子签名；在第 3 款第 1 句第 5 点的情况下，参保人也可通过自身含有合格电子签名的签名卡获取信息。根据第 4 款第 1 句第 1 点第 d 和第 e 项以及第 2 点第 d 和第 e 项有权获取信息的人员，如无电子医疗职业资格证或者相应职业资格证明，但如得到拥有电子医疗职业资格证或者相应职业资格证明人员的授权，可获取相关信息，另外，如果为了便于查证谁获取了数据以及何人授权获取信息之人而进行电子记录，也可获取相关信息。如参保人通过适当的技术程序授权获取相关信息，则也可不考虑第 3 与第 4 句，借助电子健康卡获取第 2 款第 1 句第 1 点的信息。

（5a）根据通信基础设施的架构水准，联邦各州决定

1. 负责发放电子医疗职业资格证与职业资格证明的机构；

2. 对以下人员负责鉴定的机构，

a）在本法典适用范围内，对有资格从事第 4 款第 1 句所列职业的人员进行资格鉴定，只要其仅仅是为了保证第 4 款第 1 句所列职业中的某个职业所拥有的职称，或者

b）属于第 4 款中其他有权获取信息之人。

联邦州可为履行第 1 句的任务设立一个共同机构。如果取消相关人员的从业资格、职称拥有资格或者第 4 款中的其他获取权限资格，第 1 句第 2 点或者第 2 句的相关机构就会通知发证机构；发证机构须立即终止电子医疗职业资格证与职业资格证书的身份验证功能。

（6）第 2 款第 1 句第 1 项与第 3 款第 1 句的信息必须在参保人的要求下方能删除；为结算目的而处理和使用第 2 款第 1 句第 1 项提及的信息不受此条影响。技术预防措施须保证，出于数据保护控制的目的，至少记录最后 50 次取用第 2 款或者第 3 款数据的情况。记录信息部不得用于其他目的。记录信息须通过适当的预防措施以保证不被移作他用和滥用。

（7）医疗保险基金会联邦最高联合会、保险基金会医生联邦协会，保险基金会牙医联邦协会、联邦医生协会、联邦牙医协会、德国医院协会以及联邦一级代表药店经济利益设立的重要中央组织须为电子健康卡，特别是电子处方和电子病历的引入与使用建立具有可互操作性与兼容性的必要信息、通信与安全基础设施（通信基础设施）。其通过根据第 291b 条设立的信息通信协会履行此任务，该信息通讯协会制订通信基础设施的规定，并承担建造和运营任务。本卷规定的电子数据传输协议与标准，只要是与通信基础设施有关的，都要与这些规定相符。第 1 句提及的中央组织就以下方面的资助达成协议。

1. 服务提供者在通信基础设施的确定、试运行以及启动阶段产生的必要的最初装备费用，以及

2. 服务提供者在通信基础设施运营阶段产生的费用，包括分摊到第 7a 与第 7b 款的服务领域的费用。

（7a）第 7 款第 4 句第 1 条和第 2 条提及的医院投资与运营费用由一笔津贴资助（通信津贴）。第 1 句的津贴在医院的结算中会单独列出；而不计入《联

邦护理费条例》第 6 条的总额度或者《医院收费法》第 4 条的收入预算，以及相应的收入平衡中。第 1 句的津贴的额度与收取细节，由医疗保险基金会联邦最高联合会和德国医院协会在一个单独协议中共同商定。如在联邦卫生部规定的期限内或者在第二年的 6 月 30 日之前没有达成协议，则根据合同一方或者联邦卫生部的申请，《医院筹资法》第 18a 条第 6 款的仲裁委员会可在两个月内对协议内容进行裁决，裁决对合同方均有效。对仲裁委员会裁决的上诉没有中止裁决执行的效力。第 7 款第 4 句第 1 和第 2 项提及的投资与运营费用，如果是服务提供者在第 115b 条第 2 款第 1 句、第 116b 条第 2 款第 1 句和第 120 条第 2 款第 1 句以及医院急诊的情况下产生的，其资助则相应适用第 1 句和第 2 句前半句以及第 3 和第 4 句。

（7b）为补偿第 7 款第 4 句的费用，在本款中提及的服务提供者可根据相关的用途从医疗保险基金会获得补贴。针对参加合同医疗保障的医生、牙医、心理治疗师以及医疗保障中心的第 7 款第 4 句的协议规定细节由医疗保险基金会联邦最高联合会和保险基金会医生联邦协会在联邦总合同中商定。针对药品供应的第 7 款第 4 句的协议规定细节由医疗保险基金会联邦最高联合会以及联邦一级代表药店经济利益设立的中央组织在第 129 条第 2 款的框架合同中商定。如第 2 句的协议没有在联邦卫生部设定的期限内或者在第二年的 6 月 30 日之前达成，则根据合同一方或者联邦卫生部的申请，第 89 条第 4 款的相关仲裁委员会在两个月内对协议内容进行裁决，裁决对合同方均有效。如第 3 句的协议没有在联邦卫生部设定的期限内或者第二年的 6 月 30 日之前达成，则根据合同一方或者联邦卫生部的申请，第 129 条第 8 款的仲裁委员会在两个月内对协议内容进行裁决。在第 4 与第 5 句的情况下，第 7a 款第 5 句相应适用。

（7c）删除。

（7d）作为第 7a 款第 3 和第 5 句及第 7b 款第 2 句和第 3 句协议基础的第 7 款第 4 句第 1 项的费用协议如没能在联邦卫生部设定的期限内达成，则对由相关服务提供者产生的第 7 款第 4 句第 1 项所提及费用的资助协议由医疗保险基金会联邦最高联合会与德国医院协会、保险基金会医生联邦协会以及联邦一级代表药店经济利益而设立的重要中央组织共同商定。如不能达成协议，则根据合同一方的申请：如德国医院协会有异议则由《医院筹资法》第 18a 条第 6 款的仲裁委员会，如保险医生联邦协会有异议则由第 89 条第 4 款的主管仲裁委员会，如联邦一级代表药店经济利益而设立的重要中央组织有异议则由第 129 条第 8 款的仲裁委员会，在两个月期限作出裁决。

（7e）作为第 7a 款第 3 句和第 5 句及第 7b 款第 2 句和第 3 句协议基础的第 7 款第 4 句第 2 项的费用协议如没能在联邦卫生部设定的期限内达成，则第 7 款第 1 句的中央组织设立一个共同的专家委员会。委员会须在第 1 句所述期限到期后一周内组建。每个服务提供方的中央组织与医疗保险基金会联邦最高联合会各任命两名成员，再加上一名独立主席，该主席须让第 7 款第 1 句的中央组织达成一致。如在第 2 句规定期限内未能就主席和其他成员的任命达成一致，则由联邦卫生部任命主席和其他成员。委员会的开支从信息通讯协会的经费中取出。委员会在三个月内就通信基础设施在第 7a 和第 7b 款的服务领域中运行所产生的费用分配提出建议。在第 7 款第 4 句第 2 项的商议中，须在一个月内考虑委员会的建议。如未考虑委员会的建议，则联邦卫生部有权就通信基础设施在第 7a 款和第 7b 款的服务领域中运行所产生的费用分配通过行政法规进行确定，无需联邦参议会的批准。

（8）持卡人不得要求，允许第 4 款第 1 句之外的人员或者为了保障参保人以外，包括为保障目的而提供服务的结算之外的其他目的，而使用第 2 款第 1 句第 1 项或者第 3 款第 1 句提及的信息；不可与其就此进行约定。参保人不能因在个人信息上的立场而受到区别对待。

第 291b 条　信息通讯协会

（1）在第 291a 条第 7 款第 2 句的任务框架内，信息通讯协会须

1. 制定包括安全方案在内技术方案，

2. 为数据记录的准备和使用确定其内容和结构，

以及确保必要的测试和认证措施。其须保护病人利益，并确保遵循保护个人数据的规定。信息通讯协会的任务是为建立一个可互操作且可兼容的通信基

础设施中发挥必要的作用。其部分任务可委托单个股东或者第三方；而信息通讯协会确保通信基础设施的互操作性、兼容性和必要的安全水平。

（1a）通信基础设施的组件和服务由信息通讯协会批准。如组件和服务功能正常、可互操作并且安全，则可颁发许可。信息通讯协会在由其公布的审核标准基础上审核其功能性和互操作性。安全性可根据联邦信息技术安全局的预先规定通过安全认证来证明。为此，联邦信息技术安全局制订合适的审查条例，并且在联邦公报和电子版联邦公报上公布。批准程序和审核标准的细节由信息通讯协会在与联邦信息技术安全局协调后作出决议。信息通讯协会公布许可的组件和服务清单。因第4句和第5句的任务在联邦信息技术安全局产生的费用由信息通讯协会报销。相关细节由联邦信息技术安全局和信息通讯协会协商决定。

（1b）应基于信息通讯协会决议的框架条件提供运营服务。为落实通信基础设施组件、服务和接口的正常运作，由信息通讯协会分配合同或者只要第1款第4句前半句的单个股东或者第三方受到委托，则由被委托人负责分配合同。在分配这些合同时，根据合同额度，有关公法合同分配的规定：《反不正当竞争法》第四部分及《发包条例》和《社会保险预算条例》第22条，及《服务合约程序》A部分（VOL/A）第1篇适用。对于按照《服务合约程序》A部分（VOL/A）第3条第4款第p项而不进行公开招标的服务分配，由联邦卫生部确定执行规定，并在电子版联邦公报中公布。不同于第2句至第4句，最迟自2009年1月1日起，为落实通信基础设施组件、服务和接口的正常运作，可由信息通讯协会或者只要第1款第4句前半句的单个股东或第三方受到委托，则由被委托人在一个透明和无差别的程序中批准供应商，前提是

1. 使用的组件和服务按照第1a款获得许可，

2. 供应商可提供证明，证实其可保障运营服务的可用性和安全性，以及

3. 供应商通过合同有义务，遵循信息通讯协会为运营服务制定的框架条件。

只要对于确保可操作性、兼容性和必要的安全性水平是必需的，信息通讯

协会或者其委托的机构可限制许可的数量。信息通讯协会或者其委托的机构公布

1. 对于第 5 款第 2 项的证明必须符合的专业和客观的前提条件，以及

2. 许可的供应商名单。

（1c）信息通讯协会或者其委托的机构可为第 1a 款和第 1b 款的许可要求收费。收费目录须得到联邦卫生部的批准。

（2）股东合同须得到联邦卫生部批准，并根据下面的基本原则设计：

1. 第 291a 条第 7 款第 1 句提及的中央组织是信息通讯协会的股东。医疗保险基金会联邦最高联合会和第 291a 条第 7 款第 1 句提及的其他中央组织各占百分之五十的股份。在联邦卫生部批准后，股东可决定联邦一级其他服务提供者中央组织和私人医疗保险协会的加入；在加入新股东的情况下，股份须在照费用承担者和服务提供者分组内作出相应调整；

2. 在不影响强制性法定多数要求的情况下，只要股东合同中没有拟定更少的多数票，股东就按照其股份所得选票的 67% 为多数作出决定；

3. 联邦卫生部向股东大会派出一位无投票权的代表；

4. 设立一个给协会提供专业咨询的咨询委员会。其可向股东大会提交至关重要的事项进行讨论，并在对至关重要的事项作出决议前进行听证。咨询委员会由四位州代表，三位代表病人、慢性病人和残疾人利益的重要组织代表，三位学术界代表，三位代表信息技术领域企业利益的重要联邦协会代表，及联邦数据保护和信息自由专员，和保护病人权益的专员组成。可任命其他群体和联邦机关的代表。咨询委员会成员可由股东大会在联邦卫生部批准后任命；州代表由各州提名。股东、协会行政总管及联邦卫生部可参加咨询委员会会议。

（3）如信息通讯协会未在联邦卫生部设定的期限内建立或者信息通讯协会解散，则联邦卫生部可要求第 291a 条第 7 款第 1 句提及的一个或多个中央组织承担建立信息通讯协会的义务；其他中央组织在联邦卫生部的批准后可作为股东加入信息通讯协会。第 291a 条第 7 款第 5 句至第 7 句适用于第 1 句信息通讯协会的筹资。

（4）信息通讯协会就通信基础设施的规定、建立和运营的决议提交给联邦卫生部，如违反法律法规，其可在一个月内驳回；审核决议时，联邦卫生部须允许联邦数据保护和信息自由专员有机会阐述立场。在说明理由的个别情况下，特别当决议的审核不能在一个月内结束时，联邦卫生部可在期限到期前最多延长一个月。如没有驳回，则决议在驳回期限到期后，就对本卷的服务提供者、医疗保险基金会及其协会产生约束力。如果没有或者没有在联邦卫生部设定的期限内作出必要的决议，或者联邦卫生和社会保险部的驳回没有在其设定的期限内撤销，则联邦卫生部在与州最高管理机关协商下，无需参议院的批准，可通过部门规章确定其内容。信息通讯协会有义务，立即按照联邦卫生部的指示协助制订部门规章。

（5）联邦卫生部及其业务部门为制订第4款提及的部门规章而产生的费用须立即用信息通讯协会的资金填补；只要在研发活动的范围内制订部门规章，则这规定同样适用。

第 292 条　服务前提条件信息

医疗保险基金会须记录对于审核稍后服务提供的前提条件必需的信息。包括特别是医院治疗服务服务、健康保健和康复医疗服务，及费用报销和补贴服务前提条件的确认信息。在丧失工作能力的情况下亦须出具诊断。

第 293 条　服务获得者和服务提供者的代码

（1）为了确保质量保障措施和结算目的，医疗保险基金会在与其他社会保险基金会、联邦劳动局和州保障管理部门及其合同方包括其成员的信件往来中，包括在数据交换时电子数据传输和机器可处理数据载体中使用联邦统一的代码。医疗保险基金会联邦最高联合会、联邦劳动局和州保障管理机关为分发第1句的代码设立一个工作组。

（2）第1款第2句的工作组成员与服务提供者中央组织共同约定统一的代码形式和结构，以及分发的程序及其使用。

（3）如果第2款的约定没有或者没有在联邦卫生部设定的期限落实，则联邦卫生部在得到联邦劳动与社会保障部的同意下对参与者进行听证，在得到联邦参议员批准后通过行政法规来决定代码的形式和结构，以及分发的程序及其使用规定的细节。

（4）保险基金会医生和保险基金会牙医联邦协会掌握联邦范围内参与合同医疗保障的医生和牙医及机构的目录。目录含有以下信息：

1. 医生或者牙医编号（未加密），

2. 家庭医生或者专科医生识别号码，

3. 参加状态，

4. 医生或牙医性别，

5. 医生或牙医头衔，

6. 医生或牙医姓氏，

7. 医生或牙医名字，

8. 医生或牙医出生日期，

9. 医生或牙医诊所或者机构的街道，

10. 医生或牙医诊所或者机构的门牌号码，

11. 医生或牙医诊所或者机构的邮编，

12. 医生或牙医诊所或者机构所在地，

13. 医生或牙医编号有效期起始时间，和

14. 医生或牙医编号有效期结束时间。

目录须每月或者在更短的时间内进行更新。安排医生和牙医编号时须注意如果这些编号没有其他额外的医生或者牙医信息就不能分配给指定的医生或牙医；此外，须保证，医生和牙医编号能够让医疗保险基金会及其协会在整个合同医疗或者合同牙医活动期间对其进行分辨。保险基金会医生联邦协会和保险基金会牙医联邦协会确保目录含有医生和牙医编号，此编号由合同医生或合同牙医在根据第二篇的规定与医疗保险基金会为提供和开具处方的服务进行结算时使用。保险基金会医生联邦协会和保险基金会牙医联邦协会以电子数据传输方式或者通过机器可处理的数据载体，向医疗保险基金会联邦最高联合会提供目录；目录的变更须每月或者在更短的时间间隔内向医疗保险基金会联邦最高

联合会免费通知。医疗保险基金会联邦最高联合会为其成员协会和医疗保险基金会提供目录，使得其能履行其任务，特别是在确保保障质量和经济性方面，及整理必需的数据基础方面；医疗保险基金会联邦最高联合会不可为其他目的使用目录。

（5）为代表药店经营者经济利益设立的重要中央组织掌握联邦统一的药店目录，并以电子数据传输方式或者通过机器可处理的数据载体免费向医疗保险基金会联邦最高联合会提供。目录的变更须每月或者在更短的时间间隔内向医疗保险基金会联邦最高联合会免费通知。目录含有药店经营者的姓名、药店地址和代码；该目录须每月或者在更短的时间间隔内进行更新。医疗保险基金会联邦最高联合会向其成员协会和医疗保险基金会提供目录，使得其能履行与药店结算、第 129 条和第 300 条的规定及相关数据整理有关的任务；医疗保险基金会联邦最高联合会不可为其他目的使用目录。第 1 句的药店有义务，提供目录必需的答复。其他药物提供者对医疗保险基金会联邦最高联合会也有相应的答复义务。

第二部分　服务数据的传输和整理，数据透明

服务数据的传输

第 294 条　服务提供者的义务

参与合同医疗保障的医生和其他服务提供者有义务，记录医疗保险基金会及保险基金会医生协会履行其任务必需的信息，其包括由保障服务的提供、处方开具及出售带来的信息，并根据下列规定向医疗保险基金会、保险基金会医生协会或者委托进行数据处理的机构通报。

第 294a 条　疾病原因和第三方引起的健康损害之通知

（1）如果有证据表明某一疾病属于法定事故保险意义上的职业病或其后遗症，或者是《联邦保障法》意义上的工作事故、其他事故、受伤、损害导致或者其后遗症，或者《疫苗保护法》意义上的疫苗伤害，或者存在为第三方引起的健康损害迹象，则参加合同医疗保障的医生和机构及第 108 条的医院有义务，向医疗保险基金会通报必要的数据，包括原因和可能的肇事者。为了让根

据第十卷第 116 条转入医疗保险基金会的损害赔偿要求生效，保险基金会医生协会向医疗保险基金会通报与参保人相关的必要信息。

（2）如果有证据表明存在第 52 条第 2 款的前提条件，则参加合同医疗保险的医生和机构以及第 108 条的医院有义务，向医疗保险基金会通报必要的数据信息。向参保人告知第 1 句通报的理由和通报的数据。

第 295 条　医疗服务的结算

（1）参与合同医疗保障的医生和机构有义务，记录并通报以下信息

1. 在医疗保险基金会获得的丧失工作能力证明单中，出具诊断报告；

2. 在有关合同医疗服务的结算单中，出具由医生提供的服务，包括医疗日期，医疗时提供诊断报告，牙科诊疗时提供诊断单和检查结果；

3. 在合同医疗保障的结算单或表格中出具医生编项，在转院情况下出具要求转院医生的医生编项并提供第 291 条第 2 款第 1 项到第 10 项中可机读的信息。

第 1 句第 2 项提及的诊断应按照国际疾病分类，在由联邦卫生部委托、德国医学文献信息研究所出版的德语版本中进行加密。为确保密码在医疗保险基金会履行任务时的重要性，联邦卫生部可委托德国医学文献信息研究所在第 2 句提及的密码基础上补充额外密码。对合同医生开展的手术和其他医疗程序可按照由联邦卫生部委托、德国医学文献信息研究所出版的密码进行加密。联邦卫生部在联邦公报上公布第 2 句各版本诊断密码和第 4 句程序密码的生效时间。

（1a）为了确保按照第 106a 条的规定进行审计，参与合同医疗保障的医生们有义务并有权在保险基金会医生协会要求时向其提供审计所必需的各种检验结果。

（1b）在保险基金会医生协会未参与的情况下与医疗保险基金会或其协会签有整合保障形式（第 140a 条）合同或者第 73b 条或第 73c 条保障合同的医生、机构或医疗中心，精神疾病门诊部和根据第 116b 条第 2 款参与门诊治疗的医院都将以电子数据传输方式或通过机器可处理的数据载体，向相应的医疗保险基金会提供第 1 款中所述的相关资料。除精神疾病门诊部的数据传输外，医疗保险基金会联邦最高联合会规定了相关细节。精神疾病门诊部将依照《医院收

费法》第 21 条第 1 款第 1 句的规定将第 1 句提到的信息提供给诊断关联群数据库。《医院筹资法》第 17b 条第 2 款提及的自主管理合作机构协定第 3 句的数据传输细节；第 21 条第 4 款、第 5 款第 1 句和第 2 句以及第 6 款在此适用。

（2）为了核算报酬，医疗保险基金会协会每季度以电子数据传输方式或通过机器可处理的数据载体向各医疗保险基金会提供以下信息：

1. 第 291 条第 2 款第 1 项、第 6 项、第 7 项所要求的内容

2. 医生编号或牙医编号，在转院情况下，提供需要转院医生的医生编号或牙医编号

3. 请求类型

4. 治疗种类

5. 治疗日期

6. 带有第 1 款第 5 句密码的已结算的费用情况，牙科诊疗时的诊断单和检查结果

7. 治疗费用

8. 根据第 28 条第 4 款收取的额外费用

第 1 句适用于非医疗的透析服务，的目的所必需的与参保人有关的信息。为了保障第 137g 条各项目的贯彻实行，只要保险基金会医生协会参与落实这些项目，就要向医疗保险基金会提供第 266 条第 7 款要求的有关参保人的各项信息。保险基金会医生协会向医疗保险基金会提供第 1 句中参与第 137f 条项目的参保人信息。第 137f 条第 3 款第 2 句不受影响。

（2a）参与合同医疗保障的医生和机构、在保险基金会医生协会未参与的情况下与医疗保险基金会或其协会签有整合保障形式（第 140a 条）合同或者涉及第 73b 条或第 73c 条保障合同的服务提供者，以及根据第 116b 条第 2 款参与门诊治疗的医院有义务记录第 292 条规定的必要信息并将其向医疗保险基金会通报。

（3）第 82 条第 1 款和第 87 条第 1 款所提及合同的缔约方就以下信息细节达成一致，作为合同的组成部分，

1. 合同医疗服务结算单的形式和内容

2. 合同医疗保障所需表格的形式和内容

3. 合同医生应履行第 1 款义务的情况

4. 保险基金会医生协会履行第 2 款义务的情况，尤其是向医疗保险基金会及其协会所递交结算单的形式、期限及范围

5. 数据传输和根据第 296 条、第 297 条制作结算单的细节。

第 1 句的合同缔约方就合同医生服务结算和补偿约定第 1 款第 5 句的密码分配和记录准则（编码准则）；第 87 条第 6 款在此适用。

（4）参与合同医疗保障的医生、机构和医疗保障中心将服务结算必需的资料以电子数据传输方式或通过机器可处理的数据载体传送给保险基金会医生协会。具体细节由医疗保险基金会联邦最高联合会制定。

第 296 条　异常性审计

（1）为了完成第 106 条的医生审计，保险基金会医生协会每个季度都会以电子数据传输方式或通过机器可处理的数据载体，向第 106 条第 4a 款提及的审计办公室提供来自合同医生结算资料的以下信息：

1. 医生编号，包括第 293 条第 4 款第 1 句第 2 项、第 3 项、第 6 项、第 7 项和第 9 项至第 14 项提到的信息、重点和另外说明的信息以及附加结算许可，

2. 保险基金会代码，

3. 将参保人和退休者及其家属分开结算的治疗病例及其数目，

4. 转院病例、急诊医生病例和代理医生病例及其数目，以及第 3 项所列明细中的信息，

5. 第 3 项和第 4 项划分的可对比专业组得到的平均病例数，

6. 根据相应专业组的平均值，已结算费用情况的频率，

7. 转院时，要求转院医生的医生编号。

只要对审核是否遵循第 106 条第 5b 款规定是必需的，就应根据第 295 条第 1 款第 2 句加密的诊断情况通报第 1 句第 3 项的信息。

（2）为了完成第 106 条的医生审计，医疗保险基金会每个季度都会以电子

数据传输方式或通过机器可处理的数据载体，就所有合同医生所开具的服务〔药品、绷带、（外用）药物、辅助器具以及医院治疗〕向第 106 条第 4a 款提及的审计办公室提供以下内容：

1. 开具处方医生的医生编号，

2. 保险基金会代码，

3. 所开具药品、绷带、（外用）药物、辅助器具的种类、数量和费用，这些按照参保人和退休者及其家属分开提供，或根据第 84 条第 6 款第 2 句进行划分，所使用的药品还必须按照第 300 条第 3 款第 1 项的规定附上代码，

4. 住院频率和疗程时长。

一旦医生超出了第 106 条第 5a 款的处方开具量，审计办公室将有权知晓与此医生相关的参保人编号。

（3）保险基金会医生联邦协会和医疗保险基金会联邦最高联合会，在第 295 条第 3 款第 5 项的合同中，规定根据第 2 款第 3 项标注的药品、绷带和（外用）药物的种类和组群之细节。其也可约定，标注每一种药物或者其代码。此外还可约定第 1 款和第 2 款数据传输的期限和不遵守此期限的后果之细节。

（4）为了确保按照第 106 条第 5a 款的规定进行审计，参与合同医疗保障的医生们有义务并有权在第 106 条第 4a 款提及的审计办公室要求时向其提供审计所必需的各种检验结果。

第 297 条　偶然性审计

（1）保险基金会医生协会每个季度会向第 106 条第 4a 款提及的审计办公室提供一份医生名单，根据第 106 条第 3 款，这些医生被列入第 106 条第 2 款第 1 句第 2 项规定的审计范围。

（2）保险基金会医生协会以电子数据传输方式或通过机器可处理的数据载体，向第 106 条第 4a 款提及的审计办公室提供来自审计合同医生结算资料的以下信息：

1. 医生编号，

2. 保险基金会代码，

3. 医保编号，

4. 每个治疗病例已结算的费用情况，包括治疗日期，医疗时根据第295条第1款第2句中提到的密码进行加密的诊断，牙科诊疗时的诊断单和检查结果，转院时医生的转院委托书。每次传输提供的资料都是近一年内的最新数据和信息。

（3）医疗保险基金会以电子数据传输方式或通过机器可处理的数据载体，向第106条第4a款提及的审计办公室提供列入第106条第2款第1句第2项审计范围的合同医生所开具服务的各项信息，以及根据医生编号、保险基金会代码和医保编号确定是否丧失工作能力的信息。此外，处方药信息还包括法典第300条第3款第1项所规定的药品代码。而有关医院诊疗所开具处方的信息还包括第301条提到的各类信息，比如：入院日期和收治理由、住院诊断、入院诊断、手术方式以及诸如住院时长等其他程序说明。如果医生对参保人作出丧失工作能力的确诊，那么该确诊信息包括根据第295条第1款所提供的诊断，以及该患者丧失工作能力的时长。以上提供的资料都是近一年内的最新数据和信息。

（4）保险基金会和合同医生的服务信息和所开具服务的信息只要与参保人有关，并且只要这些信息对于第106条第2款第1句第2项提到的审计来说是必不可少的，就必须统一储存在机器可处理的数据载体上。

第298条　参保人信息的传输

在审核程序的框架内，只要在个别情况下须评估医疗或者处方批准方式的经济性或者质量，就允许传输医生或者医生批准的基于参保人的服务信息。

第299条　为质量保障目的而需要的数据提取、处理和使用

（1）如果为了第135a条第2款或者第136条第2款的质量保障目的而需要提取、处理和使用参保人的社会数据信息，则须确保联邦共同委员会根据第136条第2款第2句和第137条第1款第1句和第3款制定的决议和准则，及第137d条的约定，

1. 通常采用对相关病人进行抽样的方式，来限制数据的提取，而且参保人

信息须被匿名化，

2. 如果不在保险基金会医生协会的质量审核范围内进行数据评估，则由一个独立机构对数据进行评估，以及

3. 以合适的方式向相关病人提供经过确认的信息。

不同于第 1 句，准则、决议和约定也可拟定全部提取所有相关病人的数据，前提是一些重要医学专业或者重要方法的原因必须作为准则、决议和约定组成部分来进行阐述，从这方面考虑，全部提取数据被认为是必要的。需要提取的数据，及抽样的选择、范围和程序在第 1 句的准则、决议及约定中确定，并由参与合同医疗保障的医生和其他服务提供者提取和传输。医疗保险基金会、保险基金会医生协会或者其联盟不能获得根据第 295 条、第 300 条、第 301 条、第 301a 条和第 302 条传输的信息范围之外的数据。

（2）数据匿名化程序由参与合同医疗保险的医生及其他服务提供者实施。程序须根据联邦信息科技安全局的建议，在第 1 款第 1 句的准则、决议及约定中确定。不同于第 1 句，在第 1 款第 2 句全部提取的情况下，由从空间上、组织上和人员上与医疗保险基金会、保险基金会医生协会及其联盟分开的信托办公室进行匿名化处理。

（3）为评估用于第 135a 条第 2 款的质量保障目的而提取的数据，在第 137 条第 1 款第 1 句和第 3 款的情况下，由联邦共同委员会决定，在 137d 条情况下，由约定合作伙伴决定一个独立机构。该机构只可在准则、决议或者约定中事先确定的评估目标下，为质量保障程序作出评估。为第 135a 条第 2 款的质量保障目的、为质量保障程序而处理的数据，不得与为其他目的、作为质量保障提取的数据合并，也不得进行评估。

第 300 条　药物结算

（1）药店和其他药物供应者有义务不依赖于补交额度（或个人部分），

1. 在向参保人出售成药时，须将根据第 3 款第 1 项使用的代码以可机读的方式传送到对于合同医疗保障有约束力的处方单上或者电子处方数据记录中，

2. 向医疗保险基金会转交处方单或者电子处方数据记录，并向其通报与第

3 款第 2 项相关约定必需的结算数据。

（2）药店和其他药物提供者可为履行其第 1 款的义务而向数据中心提出要求。数据中心可为《社会法典》规定的目的只以针对此目的的方式来处理和使用这些数据，前提是其为此得到一个相关权力机构的委托；也可为其他目处理和使用匿名信息。只要第 1 款的数据对于保险基金会医生协会履行第 73 条第 8 款、第 84 条和第 305a 条的任务是必需的，数据中心可在其要求时向其通报这些数据，并以电子数据传输方式或者通过机器可处理的数据载体向联邦卫生部或者由其提名的机构通报。不能向联邦卫生部或者其提名的机构传输与医生相关但与参保人无关的数据。在保险基金会医生协会处理数据之前，参保人相关信息通过从空间上、组织上和人员上与各自的保险基金会医生协会分开的信托办公室进行匿名化处理。数据中心在审核委员会要求时立即向其通报必要的结算数据，来确定是否超过或低于与医生相关、与参保人无关的第 84 条第 7a 款定义的每剂量单位的平均费用。

（3）医疗保险基金会联邦最高联合会和代表药店经营者经济利益的重要中央组织在药物结算约定中规定相关细节，特别是关于

1. 使用联邦统一的处方成药代码，作为了解药品商家名称、生产商、出售方式、有效成分强度、包装大小的线索，

2. 提供代码标注和结算的细节，结算数据以电子数据传输方式或者通过机器可处理的数据载体进行传送的前提条件和细节，以及向医疗保险基金会转交处方单，

3. 通报第 293 条第 5 款的药店名录。

在进行第 1 款第 1 句第 2 项提及的数据传输时，须通报联邦统一的肠外制剂成药代码及成药的含量单位。第 2 句也适用于根据第 129 条第 1 款第 1 句第 3 项可提供经济的单独剂量的成药。对于肠外制剂的成药，须另外通报与医药企业约定的不含增值税的价格。如一种肠外制剂由超过三种成药构成，则第 1 句的合同方可约定，如通报会产生不合理的巨大开支，成药信息从第 1 句和第 2 句的通报中去除。

（4）如第 3 款的约定没有或者没有在联邦卫生部设定的期限内达成，则其内容由第 129 条第 8 款的仲裁委员会确定。

第 301 条　医院

（1）根据第 108 条许可的医院有义务，在进行医院治疗时，向医疗保险基金会以电子数据传输方式或者通过机器可处理的数据载体提供以下信息：

1. 第 291 条第 2 款第 1 项至第 10 项的信息，及参保人在医院内部的代码，

2. 医院及医疗保险基金会的机构代码，

3. 入院及初步诊断，入院诊断的日期、时间和原因，在入院诊断变更的情况下进行的后续诊断，预计医院治疗的时长，以及在超过此期限的情况下，在医疗保险基金会要求时提供医学理由，不足一岁的子女还须提供入院体重，

4. 医生开具医院治疗处方时，初步诊断医生的医生编号，在转院时安排转院医院的机构代码，在紧急入院情况下安排入院的机构，

5. 就诊专业科室的名称，在转院时被转入的科室名称，

6. 在相关医院进行手术和其他流程的日期和方式，

7. 出院或者转院的日期、时间和理由，转入外院则须提供转入机构的机构代码，在出院和转院时，提供对医院治疗重要的主要诊断和次要诊断，

8. 在医院实施的医疗康复服务和额外服务信息，以及工作能力的评估，和附上合适机构信息的继续治疗方式建议，

9. 根据第 115a 条和第 115b 条及《医院收费法》和《联邦护理费率条例》计算的费用。

第 1 句第 3 项住院延长的医学理由及第 1 句第 8 项的信息也可以机器不可读的方式通报。

（2）第 1 款第 1 句第 3 项和第 7 项的诊断，可按照国际疾病分类，在由联邦卫生部委托、德国医学文献信息研究所出版的德语版本中进行加密。第 1 款第 1 句第 6 项的手术和其他程序可按照由联邦卫生部委托、德国医学文献信息研究所出版的密码进行密码；根据《医院筹资法》第 17b 条可结算的其他程序也可涵盖此密码。联邦卫生部在联邦公报中公布第 1 句各版本诊断密码和第 2

句程序密码的生效时间；为确保密码在医疗保险基金会履行任务时的重要性，联邦卫生部也可委托德国医学文献信息研究所在第 1 句提及的密码基础上补充额外密码。

（3）必要表格的形式和内容的细节、通报第 1 款信息的时间间隔以及以电子数据传输方式或者通过机器可处理的数据载体进行结算的程序由医疗保险基金会联邦最高联合会与德国医院协会或者联邦医院所有者协会共同约定。

（4）签有第 111 条保障合同的保健或康复机构有义务，在住院治疗时向医疗保险基金会以电子数据传输方式或者通过机器可处理的数据载体通报以下信息：

1. 第 291 条第 2 款第 1 项至第 10 项的信息及参保人所在机构的内部代码，

2. 保健或康复机构和医疗保险基金会的机构代码，

3. 入院日期、初步诊断、入院诊断、预计医院治疗时长，以及超过此期限的情况下，根据医疗保险基金会的要求提供医学理由，

4. 在医生批准保健或康复措施情况下，指导医生的编号，

5. 出院或者转院的日期、时间和理由，及出院或者转院诊断；转入外院时则提供须转入机构的机构代码，

6. 实施的保健或康复措施信息，及附上合适机构信息的继续治疗方式建议，

7. 计算的费用。

第 1 句第 3 项住院延长的医学理由及第 1 句第 6 项的信息也可以机器不可读的形式通报。第 2 款适用于第 1 句第 3 项和第 5 项的诊断信息。第 3 款在此适用。

（5）授权的医院医生有义务，在第 120 条第 1 款第 3 句的程序范围内，向医院所有人通报结算合同医疗服务必需的材料；第 295 条在此适用。医院所有者须向保险基金会医生协会提交结算材料，来进行结算。第 1 句和第 2 句适用于选择医生服务的结算。

第 301a 条　助产士和分娩护理员的结算

（1）从事自由职业的助产士和分娩护理员有义务，以电子数据传输方式或者通过机器可处理的数据载体向医疗保险基金会提供以下信息：

1. 第 291 条第 2 款第 1 句第 1 项至第 3 项、第 5 项至第 7 项及第 9 项和第 10 项的信息，

2. 提供服务当日提供的服务，

3. 提供服务的时间和时长，只要此对于报酬额度是重要的，

4. 路费结算时，提供服务的日期、时间和地点及距离，

5. 垫付款项结算时，提供垫付类型，以及只要结算药品的垫付额度，还应提供单个药品的清单，

6. 第 293 条的代码；助产士和分娩护理员通过一个中心机构结算其服务，所以在结算时除了提供结算机构的代码，还须提供助产士或者分娩护理员的代码。

如对服务结算规定了医生安排，则须在账单中附上。

（2）第 302 第 2 款第 1 句至第 3 句和第 3 款适用。

第 302 条　其他服务提供者的结算

（1）在（外用）药物和辅助器具领域的服务提供者和其他服务提供者有义务，以电子数据传输方式或者通过机器可处理的数据载体，按照其提供服务的种类、数量和价格向医疗保险基金会描述，并说明服务提供日期及开具处方医生的医生编号、带诊断和检查结果必需信息的医生处方，以及第 291 条第 2 款第 1 项至第 10 项的信息；在出售辅助器具的结算中，应运用第 139 条辅助器具清单的描述。

（2）有关结算程序形式和内容的细节，由医疗保险基金会联邦最高联合会在服务合同和供货合同中应遵循的细则规定。第 1 款的服务提供者为履行其义务可要求使用数据中心提供的服务。数据中心可为《社会法典》规定的目的且只以针对此目的的方式来处理和使用这些数据，前提是其为此得到一个拥有相关权力机构的委托；也可为其他目的处理和使用匿名信息。只要第 1 款的数据

对于保险基金会医生协会履行第 73 条第 8 款、第 84 条和第 305a 条的任务是必需的，数据中心可向其通报这些数据。

（3）准则还须规定以电子数据传输方式或者通过机器可处理的数据载体参与结算的程序与前提条件。

第 303 条　补充规定

（1）医疗保险基金会州协会和医疗互助基金会协会可与服务提供者或者其协会约定，以便

1. 限制提交的结算单据范围，

2. 在服务结算时可完全或者部分忽视单独的信息，

前提是这些目的不会危及正规结算和医疗保险基金会法定职责的履行。

（2）医疗保险基金会可委托第 219 条的工作组，储存、处理和使用必要的数据，来准备第 112 条第 2 款第 1 句第 2 项和第 113 条的审核，准备第 305 条对参保人的通报，以及准备和落实第 305a 条的合同医生咨询。向工作组传输基于参保人的信息前，须将这些信息进行匿名化处理。此外，应能够通过医疗保险基金会确定参保人身份；只要其对于第 1 句提到的目的是必要的，则这样的识别方法也是许可的。第 286 条适用。

（3）如根据第 291 条第 2 款第 1 项至第 10 项、第 295 条第 1 款和第 2 款、第 300 条第 1 款、第 301 条第 1 款、第 301a 条和第 302 条第 1 款向医疗保险基金会通报的数据未能以电子数据传输方式或者通过机器可处理的数据载体进行传输，则医疗保险基金会须重新录入。如数据不能通过机器可处理的方式进行传输是源于服务提供者的原因，医疗保险基金会须向相关服务提供者收取因重新录入产生的费用，该费用可享受一定折扣，折扣最高为发票金额的百分之五。对于第 295 条第 1 款的诊断信息，从第 295 条第 1 款第 3 句编码的第十次修正生效起，第 1 句适用。

数据透明

第 303a 条　数据透明任务工作组

（1）医疗保险基金会联邦最高联合会和保险基金会医生联邦协会为数据透

明任务设立一个工作组。

（2）为数据透明任务设立的工作组须确保信托办公室（第303c条）和数据整理办公室（第303d）履行其任务。

（3）为数据透明任务设立的工作组须为法定医疗保险的数据交换拟定统一且跨领域的数据定义要求。工作组向联邦卫生部提交一份报告。只要服务提供者利益受到影响，则其联邦一级的重要中央组织有机会阐述立场。此立场须在报告中体现。

第303b条　咨询委员会

在为数据透明任务设立的工作组处，为第303e条第303f条的任务设立一个咨询委员会，该委员会由来自工作组，德国医院协会，在联邦一级代表服务提供者经济利益设立的重要中央组织，联邦数据保护专员，联邦政府维护病人权益的专员，联邦一级代表病人、慢性病人和残疾人利益的重要中央组织和主管法定医疗保险的最高联邦和州机关的代表组成。相关程序细节由咨询委员会成员规定。

第303c条　信托办公室

（1）信托办公室须通过利用第2款的程序，对由医疗保险基金会和保险基金会医生协会根据第303e条第2款传输的、与参保人和服务提供者相关的服务和结算信息进行匿名化处理。其须确保，数据经信托办公室、数据整理办公室或者第303f条第1款有权使用数据的机构处理后，参保人和服务提供者在数据的处理和使用过程中不会被再次鉴别出来。

（2）由信托办公室统一应用的匿名化程序由第303a条第1款的工作组在联邦信息科技安全局的协商同意后决定。设计匿名时须确保可为所有服务领域就获得服务的参保人和提供服务的服务提供者的结算和服务信息建立联邦境内清楚、跨周期的关联；此外，匿名参保人的信息须包括出生年份、性别、参保人状态及邮编的前两位数，匿名服务提供者的信息须包括服务提供者的种类、专业及邮编的前两位数。通过这些信息应该无法鉴别参保人和服务提供者。在通过信托办公室提取数据后，有待匿名化的个人相关信息须立即与服务和结算信息分开。所用的匿名再与相应服务和结算信息合并，并转交给数据整理办公室。匿名化的数据转交给数据整理办公室后，信托办公室的数据须删除。

（3）信托办公室须从空间上、组织上和人员上与数据透明工作组和其成员以及第303f条第1款中有权使用数据的机构分开。信托办公室为公共机构，并且受第一卷第35条的社会数据保密法规约束。其在法律上受联邦卫生部监管。第274条第1款第2句在此适用。

第 303d 条　数据整理办公室

（1）数据整理办公室为第303f条第2款提及的目标，对从信托办公室传来的数据进行整理，制成数据依据，并提供给第303f条第1款提及的有权使用数据的机构。只要数据对于数据整理办公室履行其任务不再是必需的，则应删除这些数据。

（2）数据整理办公室须从空间上、组织上和人员上与数据透明工作组及其成员分开以及第303f条第1款中有权使用数据的机构分开。数据整理办公室为公共机构，并且受第一卷第35条的社会数据保密政策约束。其在法律上受联邦卫生部监管。第274条第1款第2句在此适用。

第 303e 条　数据传输和提取

（1）为数据透明任务设立的工作组在与咨询委员会协商下，就实现第303f条第2款目标必需数据的选择、结构、审核质量，以及向信托办公室传输结算和服务数据的程序之准则作出决议。提取数据的范围（全部提取或者抽样）应确保实现第1句的目标；应核实提取的抽样是否足够。准则须提交联邦卫生部。联邦卫生部可在两个月内驳回。如在第1句的期限内不能落实准则或者在联邦卫生部设定的期限内未撤销驳回，则由联邦卫生部颁布数据提取准则。

（2）医疗保险基金会和保险基金会医生联邦协会成员有义务，为实现第303f条第2款第2句的目标，向信托办公室按照第1款的准则传输服务和结算数据。数据在通过医疗保险基金会和保险基金会医生联邦协会成员审核后，须立即但最迟在服务提供者通报之后12个月进行传输。

（3）如一个地区的数据没有按规定期限进行传输，则相应的医疗保险基金会及其州和联邦协会、保险基金会医生联邦协会及其各自的会员无权使用和处理数据整理办公室处涉及此地区的所有数据。

第303f条　数据处理和使用

（1）只要数据整理办公室储存的数据对于履行任务是必需的，则这些数据可被以下机构处理和使用，即医疗保险基金会联邦最高联合会、医疗保险基金会联邦和州协会、医疗保险基金会、保险基金会医生联邦协会及其成员、联邦一级代表服务提供者经济利益的重要中央组织、联邦和州的卫生事业报告研究机构、卫生保障研究机构、高校和其他独立学术研究机构（只要这些数据有助于学术研究）、卫生事业质量和经济性研究所、主管法定医疗保险的最高联邦和州机关及其下属领域。

（2）有权使用者可特别为以下目标处理和使用数据：

1.通过集体协议合作伙伴来履行控制任务，

2.改善保障质量，

3.服务资源的规划（医院规划等），

4.长期的纵向分析、治疗过程分析、保障案例分析来确认不良发展和改革起点（过度保障、保障不足或者不当保障），

5.支持政策决定程序来继续发展法定医疗保险，

6.跨领域的保障形式的分析与发展。

为数据透明任务设立的工作组在与咨询委员会协商基础上，在2004年12月31日前制作一个目录，目录规定可针对哪些目标处理和使用储存在数据整理办公室的数据，及规定使用费收取和计算的程序。目录须提交给联邦卫生部。联邦卫生部可在两个月内驳回。如在第2句的期限内没有完成目录或者在联邦卫生部设定的期限内未撤销驳回，联邦卫生部在与州协调的基础上颁布目录。

（3）在第1款中有权限的机构询问时，数据整理办公室须审核，处理和使用数据的目的是否符合第2款的目录，以及数据的范围和结构对于此目的是否足够和必需。只要第303e条第2款的数据传输机构打算使用由其提供的数据，

或者其协会允许使用这些数据，则取消第 1 句的审核。

第三部分　数据删除、询问义务

第 304 条　数据保存在医疗保险基金会、保险基金会医生协会和审核委员会事务办公室

（1）第十卷第 84 条第 2 款适用于删除为法定医疗保险任务而储存在医疗保险基金会、保险基金会医生协会和审核委员会事务办公室的社会数据信息，条件是

1. 第 292 条的数据最迟在十年后删除，

2. 第 295 条第 1a 款、第 1b 款和第 2 款的数据，以及审核委员会及其事务办公室为第 106 条的审核所必需的数据，最迟在四年后删除；在基于第 266 条第 7 款第 1 句中所颁布的行政法规、为落实风险结构补偿（第 266 条、第 267 条）或者风险共担（第 269 条）必需的数据，最迟在行政法规提及的期限后删除。

保管期限开始于提供或者结算服务的经营年度结束。如确定医生和参保人不再存在关联，则医疗保险基金会可为医疗保险目的的服务数据保存更长时间。

（2）在更换医疗保险基金会的情况下，迄今主管的医疗保险基金会有义务，在新保险基金会的要求下通报第 288 条和第 292 条中为继续实施保险所必需的数据。

（3）对于所请求服务的使用权限单和病历，包括内外用药物、绷带、辅助器具处方单的保存，第十卷第 84 条第 2 款和第 6 款适用。

第 305 条　提供给参保人的信息

（1）医疗保险基金会可根据参保人申请向其知会其在最后一年获得的服务及费用。保险基金会医生和保险基金会牙医协会在第 1 句所述的情况下，以医疗保险基金会不可查阅的形式向其通报每位参保人在过去一年获得的医生和牙医服务及费用的信息。医疗保险基金会把信息转发给参保人。不得将参保人了解的信息告知服务提供者。医疗保险基金会可在其章程中规定知会程序的细节。

（2）参与合同医疗保障的医生、机构和医疗保障中心在参保人要求下，须以可理解的书面形式，直接在治疗结束后或者最迟在要求服务的当季度结束后四周内，就提供的服务中由医疗保险基金会承担的服务及临时费用（病人收据）向参保人通报。第 1 句亦适用于合同牙医保障。参保人为第 1 句中每季度的书面通报支付 1 欧元的费用以及邮费。由保险基金会医生联邦协会规定相关细节。医院在参保人要求下，以可理解的书面形式，在治疗结束后四周内，就提供的纠纷及由医疗保险基金会承担的服务费用，向参保人通报。由医疗保险基金会联邦最高联合会和德国医院协会通过合同规定相关细节。

（3）医疗保险基金会在参保人要求下，向参保人全面介绍在法定医疗保险中许可的服务提供者，包括医疗保障中心和整合保障的服务提供者，及批准的服务和资金来源，包括第 73 条第 8 款、第 127 条第 3 款的信息。医疗保险基金会在参保人就参与第 53 条第 3 款中选择资费的特别保障形式作出决定前，须向参保人全面介绍其中提供的服务和参加的服务提供者。第 69 条第 1 款第 3 句在此适用。

第 305a 条　合同医生咨询

在必要的情况下，保险基金会医生协会和医疗保险基金会基于由合同医生在一年内或者较短的时间内提供、批准或者安排的服务一览表，就经济性问题给合同医生提供咨询。作为补充，合同医生在不涉及参保人个人信息的前提下，向保险基金会医生协会通报关于由其提供的服务数据，保险基金会医生协会可对其给合同医生的咨询数据进行评估，并将基于这些数据但不涉及医生个人信息而制作的比较一览表提供给合同医生。合同医生和保险基金会医生协会只可按照《社会法典》规定的目的处理和使用第 2 句的数据。如果相关法律或者第 130a 条第 8 款的约定未作其他规定，则合同医生只可将关于由其开具处方的药物向以下这些机构通报，这些机构有义务，将此数据仅作为在一个保险基金会医生协会或者一个至少拥有 30 万居民或者至少 1300 名医生的地区获得服务的证据来进行处理；不得在保险基金会医生协会中为单独的合同医生或者机构以及为单独的药店处理存在地区差异的数据。第 4 句亦适用于将本卷规定的处方药物数据传送给药店、批发商、医疗保险基金会及其数据中心。不同于第 4 句，服务提供者和医疗保险基金会可使用第 63 条、第 73b 条、第 73c 条、第 137f 条或者第 140a 条提及的合同保障类型中处方药物的数据。

第 305b 条　资金使用报告

医疗保险基金会须每年在其成员杂志中，就其在上一年度的资金使用情况作出醒目和详细的说明，同时其管理费用以保险费率比例的方式单独列出。

第十一章　（刑事）罚金与（民事）罚款规定

第 306 条　追究和惩罚违法行为时的合作

如在个别情况下对于以下违法行为有具体的证据，则对于这类违法行为的追究与惩罚，由医疗保险基金会特别与联邦劳动局、海关总署机关、养老保险基金会、社会救助机构、《居留法》第 71 条提及的机关、财政机关、根据州法律主管对违反《打击黑工法》行为进行追究与惩罚的机关、事故保险基金会和主管劳工保护的州机关合作实施，

1. 触犯《打击黑工法》，

2. 非德国国籍雇员从事工作活动，却无《居留法》第 4 条第 3 款中必需的居留许可，或者无有权从事工作活动的居留许可，或者无第三卷第 284 条第 1 款的许可，

3. 对联邦劳动局的事务机构、法定事故或者养老保险基金会，或者社会救助机构触犯第一卷第 60 条第 1 款第 1 句第 2 项的协助义务，或者触犯《难民申请者福利法》第 8a 条的登记义务，

4. 触犯《雇员解聘法》，

5. 触犯第四卷和第七卷关于支付保险费义务的规定，只要其与第 1 项至第 4 项的违法行为有关联，

6. 触犯《税务法》，

7. 触犯《居留法》。

其向主管追究和惩罚的机关、社会救助机构及《居留法》第 71 条的机关

通报。通报可包括对于收取医疗和养老保险保险费必需的相关事实数据信息。不得转达根据第 284 条至第 302 条向参保人调查得来的社会数据。

第 307 条（民事）罚款规定

（1）违反第 291a 条第 8 款第 1 句，要求此条款提及的许可或者与卡持有者协商获得此许可者违法。

（2）蓄意或不顾后果违反以下行为者违法

1.a）作为雇主，违反第 204 条第 1 款第 1 句，也可能连同第 2 款第 1 句，或

b）违反第 204 条第 1 款第 3 句，也可能连同第 2 款第 1 句，或者第 205 条第 3 项，或

c）作为发放机构负责人违反第 202 条第 1 句，

未进行、没有正确、完全或者及时通报，

2.违反第 206 条第 1 款第 1 句，未进行、没有正确、完全或者及时进行问询和变更的通知或颁布，或者

3.违反第 206 条第 1 款第 2 句，未进行、没有正确、完全或者及时提交必要的材料。

（3）在第 1 款的情况下违法可最高处以 5 万欧元的罚款，在其他情况下最高处以 2500 欧元的罚款。

第 307a 条 （刑事）处罚规定

（1）违反第 171b 条第 2 款第 1 句，未表明、未正确或者未及时表明其无支付能力或者超额负债者，可处以三年以下的监禁或者罚款。

（2）如当事人疏忽，则处以一年以下监禁或者罚款。

第 307b 条 （刑事）处罚规定

（1）违反第 291a 条第 4 款第 1 句获得此条款所提及数据者，可处以一年以下监禁或者罚款。

（2）当事人为获取酬金或者故意为自己或他人谋取福利或者损害他人利益，可处以三年以下监禁或罚款。

（3）追究只可根据申请实施。有权申请者为相关人员或机构、联邦数据保护专员或者主管监管机关。

第十二章　塑造统一德国的过渡性规定（从略）

第十三章　其他过渡性规定（从略）

二、日本健康保险法 [①]

（1922 年 4 月 22 日法律第 70 号，1926 年 7 月 1 日施行，
最新修改 2021 年 6 月 11 日法律第 66 号）

目　录

---

① 译者：北京理工大学法学院教授　韩君玲。

第一章 总则

（目的）

第 1 条 为了向劳动者或受其扶养者提供因工伤 [《劳动者灾害补偿保险法》（1947 年法律第 50 号）第 7 条第 1 款第 1 项所规定的工伤] 以外的疾病、负伤、死亡或生育之保险给付，据此实现稳定国民生活，提高福祉水平之目的，制定本法。

（基本理念）

第 2 条 鉴于健康保险制度为医疗保险制度的基础，为应对老龄化的发展、疾病构造的变化及社会经济形势的变化等，结合其他的医疗保险制度及后期高龄者医疗制度和与之密切相关的制度，应经常研究探讨健康保险制度，基于其结果，全面实施并确保医疗保险运营的效率、给付内容及费用负担的适当化及国民获得高质量的医疗服务。

（定义）

第3条　本法所称被保险人，是指被适用事业所雇用者和任意继续被保险人。但是，除日雇特例被保险人外，符合以下各项情形之一者，不可成为被保险人。

一　船员保险的被保险人 [除《船员保险法》（1939 年法律第 73 号）第 2 条第 2 款规定的疾病任意继续被保险人外]

二　为临时被雇用的下列人员 [除下列①者超过一个月、属于下列②者超过②所规定的时间，被继续雇用之情形外]

①按日被雇用者

②雇用期间在两个月以内者

三　被所在地不固定的事业所或事务所（除第 88 条第 1 款及第 89 条第 1 款外，以下仅称为"事业所"）雇佣者

四　因季节性工作而被雇佣者（除应连续超过四个月被雇佣之情形外）

五　被经营临时性业务的事业所雇佣者（除应连续超过六个月被雇佣之情形外）

六　被国民健康保险组合雇佣者

七　后期高龄者医疗的被保险人 [《确保高龄者医疗法》（1982 年法律第 80 号）第 50 条所规定的被保险人] 及符合同条各项规定情形之一者且根据同法第 51 条的规定非后期高龄者医疗的被保险人（以下称为"后期高龄者医疗的被保险人等"）

八　获得厚生劳动大臣、健康保险组合或共济组合承认者（限于因非健康保险的被保险人而应成为国民健康保险的被保险人之期间）

九　被事业所雇佣，其一周所定工作时间未满同一事业所雇佣的普通劳动

者（对于和该事业所雇佣的普通劳动者从事同种工作的该事业所的被雇佣者，除厚生劳动省令规定的情形以外，该被雇佣者和从事同种工作的普通劳动者。以下本项中仅称为"普通劳动者"）一周所定工作时间之四分之三的短时间劳动者（指一周所定工作时间少于同一事业所雇佣的普通劳动者之一周所定劳动时间者，以下本项亦同），或为一个月的所定工作日数少于同一事业所雇佣的普通劳动者一个月的所定工作日数之四分之三的短时间劳动者，且符合下列①至④中要件之一者：

①一周所定工作时间少于二十小时；

②在该事业所连续被雇佣预期不超过一年；

③薪酬 [除厚生劳动省令规定的相当于《最低工资法》（1959 年法律第 26 号）第 4 条第 3 款各项所列的工资外] 待遇，依据厚生劳动省令，参照本法第 42 条第 1 款计算得出的金额少于 8800 日元；

④《学校教育法》（1947 年法律第 26 号）第 50 条规定的高中生、同法第 83 条规定的大学生及厚生劳动省令规定的其他人员；

2　本法的"日雇特例被保险人"，指被适用事业所雇佣的日雇劳动者。但是，作为后期高龄者医疗的被保险人等或符合以下各项情形之一者，获得厚生劳动大臣承认的，不在此限。

一　在适用事业所连续按两个月计算被雇佣预期明确不超过二十六日以上时

二　为任意继续被保险人时

三　有其他特别之理由时

3　本法所称的"适用事业所"，指符合以下各项之一的事业所。

一　为从事下列业务、且经常雇佣的从业人员达五人以上的事业所。

①物的制造、加工、分拣、包装、修理或拆除业务

②土木、建筑及其他工作物的建设、改造、保存、修理、变更、破坏、拆除或其准备业务

③矿产采掘或开采业务

④电气或动力的生产、传输或供给业务

⑤货物或旅客的运送业务

⑥货物的装卸业务

⑦焚化、保洁或屠宰业务

⑧物品的销售或配给业务

⑨金融或保险业务

⑩物的保管或租赁业务

⑪中介业务

⑫收款、接待或广告业务

⑬教育、研究或调查业务

⑭疾病的治疗、助产及其他医疗业务

⑮通讯或报道业务

⑯《社会福祉法》（1951 年法律第 45 号）规定的社会福祉事业和《更生保护事业法》（1995 年法律第 86 号）规定的更生保护事业

二　前项所列内容以外，有固定从业人员的国家、地方公共团体或法人的事业所

4　本法所称的"任意继续被保险人"，指因不被适用事业所雇佣或因符合第 1 款的但书规定而丧失被保险人（日雇特例被保险人除外）资格者，至丧失资格之日的前一日为止连续两个月以上为被保险人（日雇特例被保险人、任意继续被保险人或作为共济组合成员的被保险人除外），其中已向保险人提出申请而继续成为该保险人的被保险人者。但是，船员保险的被保险人或后期高龄者医疗的被保险人等，不在此限。

5　本法所称的"报酬"，指劳动者因劳动的对价而接受的一切收入，无论是工资、薪金、薪水、津贴、奖金及其他任何名称。但是，临时收入和每隔三个月以上接受的收入，不在此限。

6　本法所称的"奖金"，指无论是工资、薪金、薪水、津贴、奖金及其他任何名称，在劳动者因劳动的对价而接受的一切收入之中，每隔三个月以上接

受的收入。

7　本法所称的"被扶养人"，指下列人员，其为在日本国内有住所者，或为在外国留学的学生，以及其他虽在日本国内没有住所，但根据厚生劳动省令的规定，考量其出国目的等情况后，认定其在日本有生活基础者。但是，后期高龄者医疗的被保险人等及厚生劳动省令规定的其他有特殊理由不适用本法者除外。

一　被保险人（包括日雇特例被保险人，本款中下同）的直系尊亲属、配偶（包括未登记的事实婚姻者。以下本款中相同）、子女、孙子女和兄弟姐妹，主要依靠被保险人维持生计者。

二　被保险人三亲等以内的前项规定以外的亲属，与被保险人属同一家庭，主要依靠被保险人维持生计者。

三　被保险人未登记的事实婚姻配偶的父母和子女，与被保险人属同一家庭，主要依靠被保险人维持生计者。

四　前项配偶死亡后，其父母和子女仍与被保险人属同一家庭，主要依靠被保险人维持生计者。

8　本法所称的"日雇劳动者"，指符合下列各项之一者。

一　临时被雇佣的下列者（属于在同一事业所中，①为一个月以上、②为其所规定的时间以上，连续被雇佣的情形除外，但不包括被无固定所在地的事业所连续雇佣的情形）

①按日被雇佣者

②雇佣期间在二个月以内者

二　因季节性业务而被雇佣者（应被连续雇佣超过四个月的除外）

三　被经营临时性业务的事业所雇佣者（应被连续雇佣超过六个月的除外）

9　本法所称的"工资"，指日雇劳动者因劳动的对价而接受的一切收入。无论其名称是工资、薪金、津贴、奖金及其他任何名称。但是，每隔三个月以上接受的收入，不在此限。

10　本法所称的"共济组合"，指依法组织的共济组合。

11　本法所称的"保险人编号"，指厚生劳动大臣为在健康保险事业中识别保险人，赋予每个保险人的编号。

12　本法所称的"被保险人等记号／编号"，指保险人为管理被保险人或被扶养人的资格，赋予每个被保险人或被扶养人的记号、编号或其他形式的符号。

13　本法所称的"电子资格确认"，指欲在保险医疗机构等（指第63条第3款各项所载的医院、诊所或药店，下同）就医，或欲从第88条第1款规定的从事指定上门看护业务者接受同款规定的指定上门看护者，通过向保险人发送在个人编号卡〔《关于为识别行政程序中的特定个人而使用编号的法律》（2013年法律第27号）第2条第7款规定的个人编号卡〕中记录的使用人证明用电子证明书〔《关于电子署名等的地方公共团体信息系统机构认证业务的法律》（2002年法律第153号）第22条第1款规定的使用人证明用电子证明书〕，查询有关被保险人或被扶养人的资格信息（包括与保险给付相关的费用请求之必要信息），再通过利用电子信息处理组织及其他信息通讯技术的方法，将从保险人获取的回复信息提交该保险医疗机构或从事指定上门看护业务者，最后从该保险医疗机构或从事指定上门看护业务者获取被保险人或被扶养人资格的确认。

第二章　保险者

第一节　通则

（保险者）

第4条　健康保险（日雇特例被保险人的保险除外）的保险人，为全国健康保险协会和健康保险组合。

（全国健康保险协会管理健康保险）

全国健康保险协会，管理非健康保险组合成员的被保险人（日雇特例被保险人除外。次节、第51条之2、第63条第3款第2项、第150条第1款、第172条第3项、第十章及第十一章除外，本则下同）的保险。

2 根据前款的规定，全国健康保险协会管理的健康保险事业的业务中，被保险人资格的取得及丧失之确认、标准报酬月额和标准奖金额之决定、保险费的征收（与任意继续被保险人相关的业务除外）及其附带业务，由厚生劳动大臣实施。

（健康保险组合管理健康保险）

健康保险组合，管理其组合成员作为被保险人的保险。

管理同时被两个以上事业所雇佣的被保险人之保险者，不拘于第5条第1款及前条的规定，由厚生劳动省令进行规定。

第二节　全国健康保险协会

（设立及业务）

第7条之2　为了实施与非健康保险组合成员的被保险人（在本节中以下仅称为"被保险人"）相关的健康保险事业，设立全国健康保险协会（以下称为"协会"）。

2 协会从事以下业务。

一　关于第四章规定的保险给付及第五章第三节规定的与日雇特例被保险人相关的保险给付之业务

二　关于第六章规定的保健事业和福祉事业之业务

三　除前两项规定的业务外，协会管理的与健康保险事业相关的除依据第5条第2款规定由厚生劳动大臣从事的业务以外的业务

四　除第1项及第2项规定的业务外，与日雇特例被保险人的保险事业相关的除依据第123条第2款规定由厚生劳动大臣从事的业务以外的业务

五　与第204条之7第1款所规定权限事务相关的业务

六　前各项所列业务的附带业务

3 在前款各项规定的业务以外，协会从事与《船员保险法》规定的船员保险事业相关的业务（除根据同法的规定由厚生劳动大臣从事的业务外），以及与《高龄者医疗确保法》规定的前期高龄者缴纳金等（以下称为"前期高龄者缴纳金等"）和同法规定的后期高龄者支援金等（以下称为"后期高龄者支

援金等")、《护理保险法》(1997 年法律第 123 号) 规定的缴纳金 (以下称为"护理缴纳金") 之缴纳相关的业务。

（法人格）

第 7 条之 3　协会，为法人。

（事务所）

第 7 条之 4　协会的主要事务所设在东京都，下属事务所（以下称为"支部"）设在各都道府县。

2　协会的住所应位于主要事务所的所在地。

（资本金）

第 7 条之 5　协会的资本金，根据《修改健康保险法等的部分内容之法律》(2006 年法律第 83 号，以下称为"修改法") 附则第 18 条第 2 款的规定，由政府出资的金额为准。

（章程）

第 7 条之 6　协会应在章程中规定下列事项。

一　目的

二　名称

三　事务所的所在地

四　管理人员相关事项

五　运营委员会相关事项

六　评议会相关事项

七　保健事业相关事项

八　福祉事业相关事项

九　资产管理及其他财务相关事项

十　厚生劳动省令规定的与其他组织和业务相关的重要事项

2　前款章程的变更（厚生劳动省令规定的事项除外），未获厚生劳动大臣认可的，不发生效力。

3　协会作出与前款厚生劳动省令规定事项相关的章程之变更时，应及时向厚生劳动大臣申报。

4　协会有关章程的变更获得第 2 款的认可时，或作出与同款的厚生劳动省令规定事项相关的章程之变更时，应公告之。

（登记）

第 7 条之 7　协会应根据政令的规定进行登记。

2　依据前款规定应登记的事项，未经登记，不得对抗第三人。

（名称）

第 7 条之 8　非协会者，不得使用全国健康保险协会这个名称。

（管理人员）

第 7 条之 9　协会设一名理事长、六名以内理事及两名监事作为管理人员。

（管理人员的职务）

第 7 条之 10　理事长代表协会执行其业务。

2　理事长遭遇事故时，或理事长缺位时，由理事长预先从理事中指定的人员代理或执行其职务。

3　理事按照理事长的规定，可以辅助理事长执行协会的业务。

4　监事监查协会的业务执行及财务状况。

（管理人员的任命）

第 7 条之 11　理事长及监事由厚生劳动大臣任命。

2　厚生劳动大臣根据前款的规定任命理事长时，应事先听取第 7 条之 18 第 1 款规定的运营委员会的意见。

3　理事由理事长任命。

4　理事长根据前款的规定任命理事后，应及时向厚生劳动大臣报告，并公布之。

（管理人员的任期）

第 7 条之 12　管理人员的任期为三年。但是，补缺的管理人员之任期，为前任者的剩余任期。

（管理人员的欠格条款）

第 7 条之 13　政府或地方公共团体的职员（兼职者除外），不得成为管理人员。

（管理人员的解任）

第 7 条之 14　厚生劳动大臣或理事长，其各自任命的管理人员根据前条的规定无法成为管理人员时，应解任该职员。

2　厚生劳动大臣或理事长，其各自任命的管理人员符合以下各项之一时，以及认为作为管理人员不适当时，可以解任该管理人员。

一　因身心障碍被认为无法履行职务时

二　违反职务上的义务时

3　理事长根据前款的规定解任理事后，应及时向厚生劳动大臣报告，并公布之。

（管理人员的兼职禁止）

第 7 条之 15　管理人员（兼职者除外），不得成为以营利为目的之团体的管理人员，或亲自从事营利事业。但是，获得厚生劳动大臣的承认时，不在此限。

（代表权的限制）

第 7 条之 16　关于协会与理事长或理事的利益冲突事项，理事长与理事无代表权。于此情形，监事代表协会。

（代理人的选任）

第 7 条之 17　关于协会的部分业务，理事长可以从理事或职员中选任享有作出裁判上或裁判外一切行为权限的代理人。

（运营委员会）

第 7 条之 18　为反映雇主（雇佣被保险人的适用事业所之雇主，本节下同）及被保险人的意见，保证协会业务的正确运营，协会设运营委员会。

2　运营委员会的委员应为九人以内，由厚生劳动大臣分别从雇主、被保险人及对协会业务的正确运营具有必要的学识经验者中同数任命。

3　前款的委员之任期为二年。

4　第 7 条之 12 第 1 款但书及第 2 款的规定，准用于运营委员会的委员。

（运营委员会的职务）

第 7 条之 19　关于下列事项，理事长应事先经过运营委员会的审议。

一　章程的变更

二　第 7 条之 22 第 2 款规定的运营规则的变更

三　协会每事业年度的事业计划及预算和决算

四　重要财产的处分或重大债务的负担

五　有关第 7 条之 35 第 2 款规定的管理人员的报酬及退休津贴支付基准的变更

六　厚生劳动省令规定的其他有关协会的组织及业务的重要事项

2　除前款规定的事项外，运营委员会应理事长的咨询或关于认为必要的事项，可以向理事长提出建议。

3　除前两款的规定外，有关运营委员会的组织及运营的必要事项，由厚生劳动省令规定。

（委员的地位）

第 7 条之 20　运营委员会的委员，关于《刑法》（1907 年法律第 45 号）及其他罚则的适用，根据法令视为从事公务的职员。

（评议会）

第 7 条之 21　为有助于各都道府县根据实情开展正确的业务运营，协会应在每个支部设置评议会，关于该支部业务的实施，听取评议会的意见。

2　评议会的评议员，根据章程的规定，由支部的部长（以下称为"支部长"）从设置该评议会的支部之所在都道府县的适用事业所的雇主、被保险人及对该支部业务的正确运营具有必要的学识经验者中委任。

（运营规则）

第 7 条之 22　关于厚生劳动省令规定的有关执行业务的必要事项，协会应制定运营规则。

2　理事长欲变更运营规则时，应事先向厚生劳动大臣申报。

（职员的任命）

第 7 条之 23　协会的职员，由理事长任命。

（管理人员及职员的公务员性质）

第 7 条之 24　第 7 条之 20 的规定，准用于协会的管理人员及职员。

（事业年度）

第 7 条之 25　协会的事业年度，自每年 4 月 1 日起，翌年 3 月 31 日止。

（企业会计原则）

第 7 条之 26　协会的会计，根据厚生劳动省令的规定，原则上遵循企业会计原则。

（事业计划等的认可）

第 7 条之 27　协会应每个事业年度制定事业计划及预算，于该事业年度开始前，获得厚生劳动大臣的认可。欲对此变更时，亦同。

（财务诸表等）

第 7 条之 28　协会应于翌年事业年度的 5 月 31 日之前，完成每个事业年度的决算。

2　协会每个事业年度应制作借贷对照表、损益计算书、与利益处分或损失处理相关的资料和厚生劳动省令规定的资料及其附属明细书（以下称为"财务诸表"），并补充该事业年度的事业报告书和决算报告书（在以下本条及第 217 条之 2 第 4 项中称"事业报告书等"），附上监事及根据次条第 2 款规定选任的会计监查人的意见，于决算完成后两个月之内向厚生劳动大臣提交，获得其承认。

3　于财务诸表和事业报告书等中，应记载厚生劳动省令规定的为表明每个支部的财务及事业状况之必要事项。

4　协会获得根据第 2 款规定的厚生劳动大臣的承认后，应及时在官报上公告财务诸表，并且，将财务诸表、事业报告书等及记载同款规定的监事与会计监查人之意见的书面资料备置于各事务所，在厚生劳动省令规定的期间内，供一般阅览。

（会计监查人的监查）

第 7 条之 29　关于财务诸表、事业报告书（限于和会计有关的部分）及决算报告书，除了监事的监查外，协会应接受会计监查人的监查。

2　会计监查人，由厚生劳动大臣选任。

3　会计监查人，应为公认会计士 [包括《公认会计士法》（1948 年法律第 103 号）第 16 条之 2 第 5 款规定的外国公认会计士] 或监查法人。

4　根据《公认会计士法》的规定，无法监查财务诸表者，不能成为会计监查人。

5　会计监查人的任期，自其被选任日之后，至最初完成的事业年度财务诸表获得前条第 2 款厚生劳动大臣承认的时间为止。

6　会计监查人符合以下各项情形之一时，厚生劳动大臣可以解任该会计监查人。

一　违反职务上的义务或怠于履行职务时

二　有与作为会计监查人不符的不正当行为时

三　因身心障碍履行职务有困难或无法胜任时

（各事业年度的业绩评价）

第 7 条之 30　厚生劳动大臣应对协会每事业年度的业绩进行评价。

2　厚生劳动大臣作出前款评价后，应及时向协会通知该评价结果，并公布之。

（借款）

第 7 条之 31　协会为安排其业务所需费用，于必要之情形，获得厚生劳动大臣的许可，可以短期借款。

2　前款规定的短期借款，应在该事业年度内偿还。但是，因资金不足无法偿还时，限于其无法偿还的资金金额内，获得厚生劳动大臣的认可，可以转借款。

3　根据前款但书规定的转借短期借款，应在一年以内偿还。

（债务保证）

第 7 条之 32　政府不拘于《关于限制政府对法人的财政援助之法律》（1946年法律第 24 号）第 3 条的规定，在经国会议决的金额范围内，为其业务顺利运营认为有必要时，关于前条规定的协会短期借款相关债务，于被认为必要期间的范围内，可以保证。

（资金的运用）

第 7 条之 33　协会业务上的充裕资金之运用，应根据政令的规定，按照事业的目的和资金的性质，安全且有效进行。

（重要财产的处分）

第 7 条之 34　协会转让厚生劳动省令规定的重要财产或提供担保时，应获得厚生劳动大臣的认可。

（管理人员的报酬）

第 7 条之 35　有关协会管理人员的报酬及退休津贴，应考量其管理人员的业绩。

2　协会应规定其管理人员的报酬和退休津贴给付标准，向厚生劳动大臣报告并公布之。对此变更后，亦同。

（职员的工资等）

第 7 条之 36　协会职员的工资，应考量其工作业绩。

2　协会应规定其职员的工资和退休津贴给付标准，向厚生劳动大臣报告并公布之。对此变更后，亦同。

（保守秘密义务）

第 7 条之 37　协会的管理人员、职员或担任过这些职务者，无正当理由不得泄露有关健康保险事业职务上知晓的秘密。

2　前款的规定，准用于协会的运营委员会委员或担任过委员者。

（报告的收取等）

第 7 条之 38　厚生劳动大臣认为有必要时，可以向协会收取其事业及财产状况的报告，或要求该职员进入协会的事务所对相关人员询问，实地检查其状况。

2　根据前款规定进行询问或检查的该职员，应携带表明其身份的证明书，并且，于相关人员提出请求时，出示之。

3　第 1 款规定的权限，不得解释为准许犯罪搜查的权限。

（监督）

第 7 条之 39　厚生劳动大臣，认为协会的事业或财产之管理或执行违反法令、章程或厚生劳动大臣的处分时，认为无法确保应确保的收入，不当支出经费，或不当处分财产，以及协会的事业或财产的管理或执行存在明显失当时，认为协会的管理人员对协会的事业或财产的管理或执行存在明显懈怠时，可以规定期间，命令协会或其管理人员对其事业或财产的管理或执行，应采取必要的改正或完善措施。

2　协会或其管理人员违反前款的命令时，厚生劳动大臣可以规定期间，命令协会解任全部或部分违反命令的管理人员。

3　协会违反前款的命令时，厚生劳动大臣可以解任与同款命令相关的管理人员。

（解散）

第 7 条之 40　关于协会的解散，由法律另行规定。

（对厚生劳动省令的委任）

第 7 条之 41　除本法和基于本法的政令规定以外，协会的财务、会计及其他有关协会的必要事项，由厚生劳动省令规定。

（与财务大臣的协议）

第 7 条之 42　厚生劳动大臣，于下列情形，事先应和财务大臣协议。

一　欲进行第 7 条之 27、第 7 条之 31 第 1 款或第 2 款但书、第 7 条之 34 规定的认可时

二　根据前条的规定欲制定厚生劳动省令时

第三节　健康保险组合

（组织）

第 8 条　健康保险组合由适用事业所的雇主、适用事业所雇佣的被保险人和任意继续被保险人组成。

（法人格）

第 9 条　健康保险组合为法人。

2　健康保险组合的住所为其主要事务所的所在地。

（名称）

第 10 条　健康保险组合应在其名称中使用健康保险组合的字样。

2　非健康保险组合者，不得使用健康保险组合的名称。

（设立）

第 11 条　在一个或两个以上的适用事业所雇佣政令规定的常时人数以上被保险人的雇主，可以在该一个或两个以上的适用事业所设立健康保险组合。

2　适用事业所的雇主可以共同设立健康保险组合。于此情形，被保险人的总数应为政令规定的常时人数以上。

第 12 条　适用事业所的雇主欲设立健康保险组合时，应得到欲设立健康保险组合的适用事业所雇佣的被保险人二分之一以上的同意，并制定规约，获得厚生劳动大臣的认可。

2　两个以上的适用事业所欲设立健康保险组合时，应得到各个适用事业所前款规定的同意。

第 13 条　于同时提出第 31 条第 1 款规定的认可申请和健康保险组合设立认可的申请之情形，前二条中所称的"适用事业所"为"应成为适用事业所的事业所"，所称的"被保险人"为"应成为被保险人者"。

第 14 条　厚生劳动大臣，可以命令在一个或两个以上的适用事业所（第 31 条第 1 款规定的适用事业所除外）雇佣政令规定的常时人数以上被保险人的雇主，设立健康保险组合。

（成立时期）

第 15 条　健康保险组合自获得设立的认可时成立。

（规约）

第 16 条　健康保险组合，在规约中应规定下列事项。

一　名称

二　事务所的所在地

三　与健康保险组合设立相关的适用事业所的名称和所在地

四　有关组合会的事项

五　有关管理人员的事项

六　有关组合成员的事项

七　有关保险费的事项

八　有关准备金及其他财产管理的事项

九　有关公告的事项

十　前各项规定事项之外，厚生劳动省令规定的事项

2　前款规约的变更（与厚生劳动省令规定的事项相关者除外），未获得厚生劳动大臣的认可，不产生效力。

3　健康保险组合变更前款中厚生劳动省令规定的事项后，应及时向厚生劳动大臣报告。

（组合成员）

第 17 条　设立健康保险组合的适用事业所（以下称为"设立事业所"）的雇主和受雇于设立事业所的被保险人，为该健康保险组合的组合成员。

2　前款的被保险人，虽不再受雇于该设立事业所，但为任意继续被保险人时，仍为该健康保险组合的组合成员。

（组合会）

第 18 条　健康保险组合设组合会。

2　组合会由组合会议员组成。

3　组合会议员的规定人数为偶数，其半数从设立事业所的雇主（包括其

代理人）和设立事业所的被雇佣者中选定，另半数从作为被保险人的组合成员中互选。

（组合会的决议事项）

第19条　下列事项，应经过组合会的议决。

一　规约的变更

二　收入支出的预算

三　事业报告及决算

四　规约规定的其他事项

（组合会的权限）

第20条　组合会可以检查与健康保险组合事务相关的文件，要求理事或监事提交报告，检查事务的管理、决议的执行或出纳。

2　组合会可以让从组合会议员中的选任者，进行属于前款组合会权限的事项。

（管理人员）

第21条　健康保险组合设理事和监事。

2　理事的规定人数为偶数，其半数在从设立事业所的雇主选定的组合会议员中互选，另半数从作为被保险人的组合会成员互选的组合会议员中互选。

3　自设立事业所的雇主选定的作为组合会成员的理事中，由理事选举其中的一人为理事长。

4　在组合会中，从设立事业所的雇主选定的组合会议员及作为被保险人的组合成员互选的组合会议员中，各选一人为监事。

5　监事不可兼任理事或健康保险组合的职员。

（管理人员的职务）

第22条　理事长代表健康保险组合，执行其业务。理事长遭遇事故时，或理事长空缺时，由理事长事先从设立事业所的雇主选定的作为组合会议员的理事中所指定者代理其职务，或执行其职务。

2　健康保险组合的业务，除规约中另有规定的以外，由过半数理事决定，赞同反对票数相等时，由理事长决定。

3 理事可按照理事长作出的规定，辅助理事长执行健康保险组合的业务。

4 监事监查健康保险组合的业务执行和财产状况。

（关于协会管理人员及职员的保守秘密义务规定之准用）

第22条之2 第7条之37第1款的规定，准用于健康保险组合的管理人员及职员。

（合并）

第23条 健康保险组合欲合并时，应在组合会经组合会议员规定人数的四分之三以上的多数议决，并获得厚生劳动大臣的认可。

2 因合并设立健康保险组合时，各健康保险组合在各自组合会的管理人员或组合会议员中选任的设立委员应共同制定规约，实施其他有关设立的必要行为。

3 因合并设立的健康保险组合或合并后存续的健康保险组合，继承因合并消灭的健康保险组合的权利义务。

（分立）

第24条 健康保险组合欲分立时，应在组合会经组合会议员规定人数的四分之三以上的多数议决，并获得厚生劳动大臣的认可。

2 健康保险组合的分立，不可对设立事业所的部分而进行。

3 进行分立时，应成为因分立设立的健康保险组合的组合成员之被保险人或作为分立后存续的健康保险组合的组成成员之被保险人的数额，应为第11条第1款（于共同设立健康保险组合的情形，同条第2款）政令规定的数额以上。

4 因分立设立健康保险组合时，应成为因分立设立健康保险组合的设立事务所之适用事业所的雇主制定规约，实施其他有关设立的必要行为。

5 因分立设立的健康保险组合，继承因分立消灭的健康保险组合或分立后存续的健康保险组合的部分权利义务。

6 根据前款规定继承的权利义务的限度，与分立的议决同时议决，并获得厚生劳动大臣的认可。

（设立事业所的增减）

第 25 条 健康保险组合欲增加或减少设立事业所时，应获得与其增加或减少相关的适用事业所的全部雇主及其适用事业所雇佣的被保险人二分之一以上的同意。

2 提出与第 31 条第 1 款规定的认可申请的事业所相关的设立事业所的增加规约变更认可申请时，前款中所称的"被保险人"，为"应成为被保险人者"。

3 根据第 1 款的规定，健康保险组合减少设立事业所时，作为健康保险组合被保险人的组合成员人数，即使在减少设立事业所后，亦应为第 11 条第 1 款（于设立共同健康保险组合之情形，同条第 2 款）中政令规定的人数以上。

4 第 12 条第 2 款的规定，准用于得到第 1 款的被保险人同意之情形。

（解散）

第 26 条 健康保险组合因以下理由解散。

一 经组合会议员规定人数的四分之三以上多数组合会议决

二 健康保险组合的事业无法继续

三 第 29 条第 2 款规定的解散命令

2 健康保险组合根据前款第 1 项或第 2 项所列理由解散时，应获得厚生劳动大臣的认可。

3 于健康保险组合解散之情形，其财产不能清偿债务时，该健康保险组合根据政令的规定，可以要求设立事业所的雇主负担为清偿该债务所需费用的全部或部分。

4 协会继承因解散而消灭的健康保险组合的权利义务。

第 27 条 删除

（指定健康保险组合制订的健全化计划）

第 28 条 作为健康保险事业收支不均衡的健康保险组合、且符合政令规定的要件接受厚生劳动大臣的指定者（以下本条及次条中称"指定健康保险组合"），根据政令的规定，制订其财政健全化的计划（以下本条中称"健全化计划"），获得厚生劳动大臣的承认。欲变更之时，亦同。

2　得到前款承认的指定健康保险组合，应按照与该承认相关的健全化计划开展事业。

3　厚生劳动大臣根据获得第 1 款承认的指定健康保险组合的事业及财产状况，认为有必要变更其健全化计划时，可以规定期限，要求该指定健康保险组合变更该健全化计划。

（报告的征收等）

第 29 条　第 7 条之 38 及第 7 条之 39　的规定，准用于健康保险组合。于此情形，同条第 1 款中所称的"厚生劳动大臣"换称为"厚生劳动大臣于根据第 29 条第 1 款准用的前条规定，要求提交报告，或提出质询，或进行检查之情形"，所称的"章程"，换称为"规约"。

2　健康保险组合违反前款准用的第 7 条之 39 第 1 款规定的命令时，或根据违反前条第 2 款规定的指定健康保险组合、不按照同条第 3 款要求的指定健康保险组合及政令规定的其他指定健康保险组合之事业或财产状况，被认为其事业继续困难时，厚生劳动大臣可以命令解散该健康保险组合。

（对政令的委任）

第 30 条　除本节规定外，健康保险组合的管理、财产的保管及其他有关健康保险组合的必要事项，由政令规定。

第三章　被保险人

第一节　资格

（适用事业所）

第 31 条　适用事业所以外的雇主，经厚生劳动大臣的认可，可以将该事业所作为适用事业所。

2　欲获得前款的认可时，该适用事业所的雇主应得到被该事业所雇佣者（限于应成为被保险人者）二分之一以上的同意，并向厚生劳动大臣提出申请。

第 32 条　适用事业所不符合第 3 条第 3 款各项时，可以视为其事业所已获得前条第 1 款的认可。

第 33 条　第 31 条第 1 款的事业所之雇主，经厚生劳动大臣认可，可以变更为非适用事业所。

2　欲获得前款的认可时，该事业所的雇主应得到被该事业所雇佣者（限于应成为被保险人者）四分之三以上的同意，并向厚生劳动大臣提出申请。

第 34 条　于两个以上适用事业所的雇主相同之情形，该雇主经厚生劳动大臣的承认，可以将该两个以上的事业所作为一个适用事业所。

2　获得前款的承认时，该两个以上的适用事业所视为非适用事业所。

（取得资格的时期）

第 35 条　被保险人（任意继续被保险人除外。以下自本条至第 38 条相同）从其受雇于适用事业所之日或其受雇事业所成为适用事业所之日或不符合第 3 条第 1 款但书规定之日始，取得被保险人的资格。

（丧失资格的时期）

第 36 条　被保险人自符合下列各项之一之日的翌日（自其事实发生之日且符合前条规定时，为此日）始，丧失被保险人的资格。

一　死亡时

二　不再被事业所雇佣时

三　符合第 3 条第 1 款但书的规定时

四　获得第 33 条第 1 款规定的认可时

（任意继续被保险人）

第 3 条第 4 款的申请，应自丧失被保险人资格之日起二十日以内进行。但是，于认为保险人有正当理由时，逾期提出的申请亦可受理。

2　提出第 3 条第 4 款的申请人，初次应缴纳的保险费于缴纳期限日之前未缴纳时，不拘于同款的规定，视为该申请人为非任意继续被保险人。但是，保险人认为其迟延缴纳有正当理由时，不在此限。

（任意继续被保险人的资格丧失）

第 38 条 任意继续被保险人自符合下列各项之一之日的翌日（符合从第4 项至第 6 项之一时，为此日）始，丧失其资格。

一 自成为任意继续被保险人之日起算经过二年时

二 死亡时

三 保险费（初次应缴纳的保险费除外）于保险期限日之前未缴纳时（保险人认为迟延缴纳有正当理由时除外）

四 成为被保险人时

五 成为船员保险的被保险人时

六 成为后期高龄者医疗的被保险人等时

七 于根据厚生劳动省令的规定向保险人提出希望成为非任意继续被保险人之申请情形，其申请被受理日所属之月的末日到来时

（资格得丧的确认）

第 39 条 被保险人资格的取得和丧失，因保险人等（指被保险人为协会管理的健康保险之被保险人时为厚生劳动大臣，被保险人为健康保险组合管理的被保险人时为该健康保险组合。第 164 条第 2 款及第 3 款、第 180 条第 1 款、第 2 款及第 4 款、第 181 条第 1 款除外，下同）的确认而发生效力。但是，符合第 36 条第 4 项被保险人资格的丧失及任意继续被保险人资格的取得和丧失，不在此限。

2 前款的确认，依据第 48 条规定的申请或第 51 条第 1 款规定的请求，或依据职权而进行。

3 第 1 款的确认，不适用行政程序法（1993 年法律第 88 号）第 3 章（第12 条及第 14 条除外）的规定。

第二节 标准报酬月额和标准奖金额

（标准报酬月额）

第 40 条 标准报酬月额，基于被保险人的月工资，按照下列等级区分（依据次款修改等级区分时，为修改后的等级区分）。

标准报酬 月额等级	标准报酬月额	月工资额
第 1 级	58000 日元	不足 63000 日元
第 2 级	68000 日元	63000 日元以上、不足 73000 日元
第 3 级	78000 日元	73000 日元以上、不足 83000 日元
第 4 级	88000 日元	83000 日元以上、不足 93000 日元
第 5 级	98000 日元	93000 日元以上、不足 101000 日元
第 6 级	104000 日元	101000 日元以上、不足 107000 日元
第 7 级	110000 日元	107000 日元以上、不足 114000 日元
第 8 级	118000 日元	114000 日元以上、不足 122000 日元
第 9 级	126000 日元	122000 日元以上、不足 130000 日元
第 10 级	134000 日元	130000 日元以上、不足 138000 日元
第 11 级	142000 日元	138000 日元以上、不足 146000 日元
第 12 级	150000 日元	146000 日元以上、不足 155,000 日元
第 13 级	160000 日元	155000 日元以上、不足 165000 日元
第 14 级	170000 日元	165000 日元以上、不足 175000 日元
第 15 级	180000 日元	175000 日元以上、不足 185000 日元
第 16 级	190000 日元	185000 日元以上、不足 195000 日元
第 17 级	200000 日元	195000 日元以上、不足 210000 日元
第 18 级	220000 日元	210000 日元以上、不足 230000 日元
第 19 级	240000 日元	230000 日元以上、不足 250000 日元
第 20 级	260000 日元	250000 日元以上、不足 270000 日元
第 21 级	280000 日元	270000 日元以上、不足 290000 日元
第 22 级	300000 日元	290000 日元以上、不足 310000 日元
第 23 级	320000 日元	310000 日元以上、不足 330000 日元
第 24 级	340000 日元	330000 日元以上、不足 350000 日元
第 25 级	360000 日元	350000 日元以上、不足 370000 日元
第 26 级	380000 日元	370000 日元以上、不足 395000 日元
第 27 级	410000 日元	395000 日元以上、不足 425000 日元
第 28 级	440000 日元	425000 日元以上、不足 455000 日元
第 29 级	470000 日元	455000 日元以上、不足 485000 日元

标准报酬 月额等级	标准报酬月额	月工资额
第 30 级	500000 日元	485000 日元以上、不足 515000 日元
第 31 级	530000 日元	515000 日元以上、不足 545000 日元
第 32 级	560000 日元	545000 日元以上、不足 575000 日元
第 33 级	590000 日元	575000 日元以上、不足 605000 日元
第 34 级	620000 日元	605000 日元以上、不足 635000 日元
第 35 级	650000 日元	635000 日元以上、不足 665000 日元
第 36 级	680000 日元	665000 日元以上、不足 695000 日元
第 37 级	710000 日元	695000 日元以上、不足 730000 日元
第 38 级	750000 日元	730000 日元以上、不足 770000 日元
第 39 级	790000 日元	770000 日元以上、不足 810000 日元
第 40 级	830000 日元	810000 日元以上、不足 855000 日元
第 41 级	880000 日元	855000 日元以上、不足 905000 日元
第 42 级	930000 日元	905000 日元以上、不足 955000 日元
第 43 级	980000 日元	955000 日元以上、不足 1005000 日元
第 44 级	1030000 日元	1005000 日元以上、不足 1055000 日元
第 45 级	1090000 日元	1055000 日元以上、不足 1115000 日元
第 46 级	1150000 日元	1115000 日元以上、不足 1175000 日元
第 47 级	1210000 日元	1175000 日元以上、不足 1235000 日元
第 48 级	1270000 日元	1235000 日元以上、不足 1295000 日元
第 49 级	1330000 日元	1295000 日元以上、不足 1355000 日元
第 50 级	1390000 日元	1355000 日元以上

2 每年 3 月 31 日，标准报酬月额等级中最高等级的被保险人数量占被保险人总数的比例超过百分之一点五时，且确认该状态还将持续时，从当年的 9 月 1 日开始，政令中可在该最高等级之上再加等级，重新制定标准报酬月额等级。但是，在当年的 3 月 31 日，修改后的标准报酬月额等级中最高等级的被保险人数占同日被保险人总数的比例不得低于百分之零点五。

3　厚生劳动大臣对前款政令的制定或修改进行立案时，需听取社会保障审议会的意见。

（定期决定）

第 41 条　保险人等，按照在每年 7 月 1 日实际雇佣被保险人的事业所中同日前三个月间 [限于在其事业所继续被雇佣的期间，且有支付报酬的基础日数未满十七日（为厚生劳动省令规定者时，为十一日。第 43 条第 1 款、第 43 条之 2 第 1 款及第 43 条之 3 第 1 款中相同）之月时，除去其月] 获得的报酬总额除以其间的月数之所得额为报酬额，决定标准报酬月额。

2　根据前款规定所决定的标准报酬月额，为自该年 9 月始至翌年 8 月止的各月标准报酬月额。

3　第 1 款的规定，对于自 6 月 1 日至 7 月 1 日间取得被保险人资格者及根据第 43 条、第 43 条之 2 或第 43 之 3 的规定自 7 月至 9 月的任意一月起标准报酬月额被修改或应被修改的被保险人，仅限该年不适用。

（取得被保险人资格时的决定）

第 42 条　保险人等，于有取得被保险人的资格者时，将下列数额作为报酬月额，决定标准报酬月额。

一　于按照月、周及其他一定期间确定报酬之情形，相当于取得被保险人资格之日的当时报酬额除以该期间的总日数所得额的三十倍数额

二　于按照日、小时、生产量、承包确定报酬之情形，在取得被保险人资格之月的前一个月的该事业所内，从事相同业务且获得相同报酬者所获得报酬额的平均额

三　依据前二项的规定计算困难者，取得被保险人资格月之前一个月，在其地方从事相同业务且获得相同报酬者获得的报酬额

四　于前三项中获得符合两个以上报酬之情形，各自按照前三项的规定计算金额之合算额

2　根据前款的规定所决定的标准报酬月额，自取得被保险人资格之月起至当年的八月（自 6 月 1 日至 12 月 31 日期间取得被保险人资格者，为翌年 8 月）

为止的各月的标准报酬月额

（修改）

第 43 条 于被保险人在实际受雇的事业所中连续三个月获得的报酬总额除以三所得额，与作为其标准报酬月额之基础的报酬月额相比，明显过高或过低之情形，保险人等认为有必要时，可以将该额作为报酬月额，自产生明显过高或过低之月的翌月起，修改标准报酬月额。

2　根据前款规定修改的标准报酬月额，为当年 8 月（自 7 月至 12 月的任意一月起修改的标准报酬月额，为翌年 8 月）为止的各月标准报酬月额。

（育儿休假等结束时的修改）

第 43 条之 2　结束《关于育儿休假、护理休假等育儿或家庭护理劳动者福祉的法律》（1991 年法律第 76 号）第 2 条第 1 项规定的育儿休假、准用同法第 23 条第 2 款育儿休假相关制度的措施或根据同法第 24 条第 1 款（限于第 2 项相关部分）的规定采取准用同款第 2 项规定的有关育儿休假制度的措施休假或基于政令规定的法令育儿休假（以下称为"育儿休假等"）的被保险人，于该育儿休假结束日（以下本条中称为"育儿休假等结束日"）养育与该育儿休假等相关的未满三岁子女之情形，经其被雇佣事业所的雇主，按照厚生劳动省令的规定向保险人等提出申请时，保险人等不拘于第 41 条的规定，以育儿休假等结束日的翌日所属月以后三个月间（限于育儿休假等结束日的翌日在受雇事业所中继续被雇佣的期间，并且，有作为报酬支付的基础之日数不满十七日之月时，该月除外）获得的报酬总额除以该期间的月数所得额为报酬月额，修改标准报酬月额。但是，于育儿休假等结束日的翌日开始次条第 1 款规定的产前产后休假的被保险人，不在此限。

2　根据前款规定修改的标准报酬月额，为自育儿休假等结束日的翌日起算，经过两个月之日的所属月之翌月起至当年的八月（该翌月为自 7 月至 12 月的任意一月时，为翌年 8 月）为止的各月的标准报酬月额。

（产前产后休假结束时的修改）

第 43 条之 3　结束产前产后休假［指自分娩日（分娩日为预产日之后时，

为预产日）以前四十二日至分娩日后五十六日期间不提供劳务（限于以妊娠或分娩相关事由为理由不提供劳务之情形），下同］的被保险人，于该产前产后休假结束日（以下本条称"产前产后休假结束日"）养育与该产前产后休假相关的子女时，经其被雇佣事业所的雇主，根据厚生劳动省令的规定向保险人等提出申请时，保险人等不拘于第 41 条的规定，以产前产后休假结束日的翌日所属月以后的三个月间（限于产前产后休假等结束日的翌日在受雇事业所中继续被雇佣的期间，并且，有作为报酬支付的基础之日数不满十七日之月时，该月除外）所获得的报酬总额除以该期间的月数所得额为报酬月额，修改标准报酬月额。但是，于产前产后休假结束日的翌日开始育儿休假等的被保险人，不在此限。

2　根据前款规定修改的标准报酬月额，为自产前产后休假等结束日的翌日起算，经过两个月之日的所属月之翌月起至当年的 8 月（该翌月为自 7 月至 12 月的任意一月时，为翌年 8 月）为止的各月的标准报酬月额。

（报酬月额算定的特例）

第 44 条　被保险人的报酬月额，根据第 41 条第 1 款、第 42 条第 1 款、第 43 条之 2 第 1 款或前条第 1 款的规定算定困难时，或根据第 41 条第 1 款、第 42 条第 1 款、第 43 条第 1 款、第 43 条之 2 第 1 款或前条第 1 款的规定算定之额明显不当时，保险人等不拘于这些规定，以其算定额作为该被保险人的报酬月额。

2　于前款之情形，保险人为健康保险组合时，同款的算定方法应在规约中规定。

3　于计算同时在两个以上的事业所获得报酬的被保险人报酬月额之情形，根据第 41 条第 1 款、第 42 条第 1 款、第 43 条第 1 款、第 43 条之 2 第 1 款或前条第 1 款或第 1 项的规定计算出各事业所的金额，以其合算额作为该被保险人的报酬月额。

（标准奖金额的决定）

第 45 条　保险人等，于被保险人获得奖金之月，基于当月该被保险人获得的奖金额，其存在不足 1000 日元的尾数时，舍去尾数，决定当月的标准奖金额。但是，因当月该被保险人获得的奖金其年度（指自每年 4 月 1 日起至翌年 3 月 31 日，下同）的标准奖金额的累计额超过 573 万日元（修改第 40 条第 2 款规定的标准报酬月额之等级区分时，为政令规定的金额，本款下同）时，以该累计额 573 万日元决定该月的标准奖金额，且该年度内当月的翌月之后获得的奖金的标准奖金额为零。

2 第 40 条第 3 款的规定准用于前款中政令的制定或修改，前条的规定准用于标准奖金额的计算。

（实物给付的价额）

第 46 条 报酬或奖金的全部或部分，于通货以外的形式支付时，其价额由厚生劳动大臣根据当地的时价确定。

2 健康保险组合不拘于前款的规定，可在规约中另行规定。

（任意继续被保险人的标准报酬月额）

第 47 条 任意继续被保险人的标准报酬月额，不拘于第 41 条至第 44 条的规定，以下列各项所列金额之一的较少数额，作为该任意继续被保险人的标准报酬月额。

一 该任意继续被保险人丧失被保险人资格时的标准报酬月额

二 将上一年（自 1 月至 3 月的标准报酬月额，为前年）的 9 月 30 日该任意继续被保险人所属的保险人管理的所有被保险人的同月标准报酬月额之平均额（健康保险组合在该平均的范围内有规约规定的金额时，为该规约规定的金额）视为是标准报酬月额的基础之报酬月额时的标准报酬月额

2 保险人为健康保险组合时，不拘于前款的规定，关于同款第 1 项所列额超过同款第 2 项所列额的任意继续被保险人，根据规约的规定，可将同款第 1 项所列额（该健康保险组合在超过同款第 2 项所列额不足同款第 1 项所列额的范围内有规约规定的数额时，可以将该规约规定的数额视为是标准报酬月额的基础之报酬月额时的标准报酬月额）作为其标准报酬月额。

第三节 申报等

（申报）

第 48 条 适用事业所的雇主，根据厚生劳动省令的规定，应向保险人等申报被保险人的资格取得、丧失、报酬月额和奖金相关事项。

（通知）

第 49 条 厚生劳动大臣作出第 33 条第 1 款规定的认可时，应将其内容通知该雇主。保险人等根据第 39 条第 1 款进行确认、确定或修改标准报酬（指标准报酬月额和标准奖金额，下同）时，应将其内容通知该雇主。

2 雇主接到前款通知时，应立即将其内容通知被保险人或曾经的被保险人。

3 于被保险人丧失被保险人的资格之情形，因其所在不明无法作出前款的通知时，雇主应向厚生劳动大臣或保险人等报告之。

4 厚生劳动大臣，于有前款的报告时，对于所在不明者，将根据第 1 款的规定对雇主通知的事项进行公告；保险人等，于有前款的报告时，对于所在不明者，应将根据第 1 款的规定对雇主通知的事项进行公告。

5 厚生劳动大臣，因事业所被废止或其他不得已的事由，无法进行第 1 款的通知时，代替同款的通知，将应通知的事项予以公告；保险人等，因事业所被废止或其他不得已的事由，无法进行第 1 款的通知时，应代替同款的通知，将应通知的事项予以公告。

第 50 条 保险人等，于有第 48 条规定的报告之情形，认为不存在与报告相关的事实时，应将其内容通知提出报告的雇主。

2 前条第 2 款至第 5 款的规定，准用于前款的通知。

（确认的请求）

第 51 条 被保险人或曾为被保险人者，可随时请求第 39 条第 1 款规定的确认。

2 保险人等，于有前款规定的请求之情形，认为不存在与请求相关的事实时，应驳回其请求。

（信息的提供等）

第 51 条之 2 厚生劳动大臣根据厚生劳动省令的规定，向协会提供有关被保险人资格的事项、有关标准报酬的事项及有关实施协会业务的必要信息。

第四章 保险给付

第一节 通则

（保险给付的种类）

第 52 条 本法规定的与被保险人相关的保险给付如下。

一 医疗给付及住院时伙食医疗费、住院时生活医疗费、保险外并用医疗费、医疗费、上门看护医疗费和移送费的给付

二 伤病补贴金的给付

三 丧葬费的给付

四 分娩育儿临时补贴金的给付

五 分娩补贴金的给付

六 家属医疗费、家属上门看护医疗费及家属移送费的给付

七 家属丧葬费的给付

八 家属分娩育儿临时补贴金的给付

九 高额医疗费及高额护理合算医疗费的给付

（健康保险组合的附加给付）

保险人为健康保险组合时，依据规约的规定，可提供连同前条各项所列给付在内的其他保险给付。

（有关作为法人管理人员的被保险人或其被扶养人的保险给付之特例）

第 53 条之 2 被保险人或其被扶养人为法人的管理人员（指执行业务的公司职员、董事、执行职或与之相当者，无论咨询职、顾问及有任何名称者，被认为与执行业务的公司职员、董事、执行职或与之相当者对法人具有同等以上的支配力者。本条下同）时，该被保险人或其被扶养人因作为法人管理人员而由于业务（厚生劳动省令规定的被保险人数未满五人的适用事业所雇佣的法

人的管理人员之业务除外）引发的疾病、负伤或死亡，不提供保险给付。

（与日雇特例被保险人相关的保险给付之调整）

第 54 条　与被保险人相关的家属医疗费（包括根据第 110 条第 7 款准用第 87 条第 1 款的规定给付的资料费）、家属上门看护医疗费、家属移送费、家属丧葬费或家属分娩育儿临时补贴金之给付，因同一疾病、负伤、死亡或分娩，根据下一章的规定已获得医疗的给付、住院时生活医疗费、保险外并用医疗费、医疗费、上门看护医疗费、移送费、丧葬费或分娩育儿临时补贴金时，于其限度内，不再进行。

（与其他法令的保险给付之调整）

第 55 条　与被保险人相关的医疗给付或住院时伙食医疗费、住院时生活医疗费、保险外并用医疗费、医疗费、上门看护医疗费、移送、伤病补贴金、丧葬费、家属医疗费、家属上门看护医疗费、家属移送费或家属埋葬费的给付，因同一疾病、负伤或死亡，根据《劳动者灾害保险法》《国家公务员灾害补偿法》（1951 年法律第 191 号，包括其他法律准用或依例情形。次款及第 128 条第 2 款相同）或《地方公务员灾害补偿法》（1967 年法律第 121 号）或根据基于同法的条例之规定可以获得与之相当的给付时，不再进行。

2　保险人认为有必要提供伤病补贴金的给付时，对于根据《劳动者灾害保险法》《国家公务员灾害补偿法》《地方公务员灾害补偿法》或根据基于同法的条例之规定进行给付者，可要求提供有关该给付支付状况的必要材料。

3　与被保险人相关的医疗给付或住院时伙食医疗费、住院时生活医疗费、保险外并用医疗费、医疗费、上门看护医疗费、家属医疗费或家属上门看护医疗费之给付，因同一疾病或负伤，依据《护理保险法》的规定可获得与之相当的给付时，不再进行。

4　与被保险人相关的医疗给付或住院时伙食医疗费、住院时生活医疗费、保险外并用医疗费、医疗费、上门看护医疗费、移送费、家属医疗费、家属上门看护医疗费或家属移送费之给付，因同一疾病或负伤，根据其他法令的规定由国家或地方公共团体的负担而获得医疗或医疗费的给付时，于其限度内，不再进行。

（保险给付的方法）

第 56 条 住院时伙食医疗费、住院时生活医疗费、保险外并用医疗费、医疗费、上门看护医疗费、移送费、伤病补贴金、丧葬费、分娩育儿临时补贴金、分娩补贴金、家属医疗费、家属上门看护医疗费、家属移送费、家属丧葬费和家属分娩育儿津贴的给付，应按次进行。第 100 条第 2 款（包括第 105 条第 2 款中准用的情形）规定的丧葬所需费用之相当金额的给付，亦同。

2 伤病补贴金和分娩补贴金的给付，不拘于前款的规定，可于每月固定的日期进行。

（损害赔偿请求权）

第 57 条 于因第三人的行为而产生给付事由之情形，保险人进行保险给付时，在其给付的价额（该保险给付为医疗给付时，该医疗给付所需费用额中扣除应由被保险人负担的该医疗给付的部分负担额之后的价额。下条第 1 款相同）限度内，享有获得保险给付权利人（于该给付事由对被保险人的被扶养人产生之情形，包括该被扶养人。下款相同）取得对第三人的损害赔偿请求权。

2 于前款情形，享有获得保险给付权利人因同一事由已获得第三人的损害赔偿时，保险人在其价额的限度内，免除提供保险给付的责任。

（不当得利的征收等）

第 58 条 通过欺诈和不正当行为获得保险给付者，保险人可向其征收该给付价额的全部或部分。

2 于前款情形，因雇主提供虚假的报告或证明，或在第 63 条第 3 款第 1 项规定的保险医疗机关从事诊疗的第 64 条规定的保险医或第 88 条第 1 款规定的主治医师，在应向保险人提交的诊断书中记载虚假内容，已提供保险给付时，保险人可以命令该雇主、保险医或主治医师，连带获得保险给付人，应缴纳前款的征收金。

3 第 63 条第 3 款第 1 项规定的保险医疗机关或保险药局或第 88 条第 1 款规定的指定上门看护事业者，通过欺诈和不正当行为获得医疗给付相关费用的给付或根据第 85 条第 5 款（包括第 85 条之 2 第 5 款及第 86 条第 4 款中准用的情形）、第 88 条第 6 款（包括 111 条第 3 款中准用的情形）、第 110 条第 4 款规定的给付时，保险人除了可以要求该保险医疗机关、保险药局或指定上门看护事业者返还该给付额外，还可要求其支付返还额乘以百分之四十的所得额。

（文件的提出等）

第 59 条 保险人认为有必要进行保险给付时，可以命令接受保险给付者（于该保险给付为与被扶养人相关的给付之情形，包括该被扶养人。第 121 条相同）提交或出示文件和其他物件，或要求职员进行询问或诊断。

（诊疗记录的出示等）

第 60 条 厚生劳动大臣认为有必要进行保险给付时，可以要求医师、牙科医师、药剂师、进行治疗者或雇佣其者，提交或出示与其提供的诊疗、药剂或治疗相关的报告或诊疗记录、账簿资料和物件，或要求职员进行询问或诊断。

2 厚生劳动大臣认为必要时，对于获得医疗给付或住院时伙食医疗费、住院时生活医疗费、保险外并用医疗费、医疗费、上门看护医疗费、家属医疗费或家属上门看护医疗费之给付的被保险人或曾为被保险人者，可以命令其提交与该保险给付相关的诊疗、调剂或第 88 条第 1 款规定的指定上门看护内容之报告，或要求职员进行询问。

3 第 7 条之 38 第 2 款的规定，准用于前 2 款规定的询问；同条第 3 款的规定准用于前 2 款规定的权限。

（受给权的保护）

第 61 条 获得保险给付的权利，不得让渡、用于担保或扣押。

（租税和公课的禁止）

第 62 条 租税和公课，不得以作为保险给付获得的金品为标准进行课税。

第二节 医疗的给付及住院时伙食医疗费等的给付

第一小节 医疗的给付及住院时伙食医疗费、住院时生活医疗费、保险

外并用医疗费、医疗费

（医疗的给付）

第 63 条 对于被保险人的疾病或负伤，提供下列医疗给付。

一 诊察

二 药剂及治疗材料的给付

三 处置、手术及其他治疗

四 居家医疗管理及其医疗附带的照料和看护

五 医院或诊所的住院服务及其医疗附带的照料和看护

2 下列与医疗相关的给付，不包括在前款的给付中。

一 与前款第 5 项所列的疗养一并提供的伙食医疗给付 [获得《医疗法》（1948 年法律第 205 号）第 7 条第 2 款第 4 项规定的医疗病床（以下称为"医疗病床"）的住院及其医疗附带的照料和看护给付时，满 65 岁之日所属月的翌月之后的被保险人（以下称为"特定长期住院被保险人"）除外。以下称为"伙食医疗"]

二 与前款第 5 项所列医疗一并提供的下列医疗（限于与特定长期住院被保险人相关的给付。以下称为"生活医疗"）

（1）提供伙食的医疗

（2）与温度、照明、供水相关的适宜医疗环境之医疗

三 关于使用厚生劳动大臣指定的高端医疗技术的医疗及其他疗养是否应成为前款给付的对象，作为从有效提供合理医疗的角度进行评价的必要医疗（次项规定的患者申请医疗除外），由厚生劳动大臣规定的给付（以下称为"评价医疗"）

四 基于欲接受使用高端医疗技术的医疗者之申请，关于其是否应成为前款给付的对象，作为从有效提供合理医疗的角度进行评价的必要医疗，由厚生劳动大臣规定的给付（以下称为"患者申请医疗"）

五 被保险人选定的特殊病房的提供及其他厚生劳动大臣规定的医疗（以下称为"选定医疗"）

3　欲接受第 1 款的给付者，根据厚生劳动省令的规定，在下列医院、诊所或药局中自行选择，通过电子资格确认及其他厚生劳动省令规定的方法（以下称为"电子资格确认等"）确认其被保险人资格，接受同款的给付。

一　厚生劳动大臣指定的医院、诊所（根据第 65 条的规定接受除全部或部分病床外的指定时，排除的病床除外。以下称为"医疗保险机关"）或药局（以下称为"保险药局"）

二　由特定保险人指定的对其管理的被保险人提供诊疗、调剂的医院、诊所或药局

三　作为健康保险组合的保险人开设的医院、诊所或药局

4　第 2 款第 4 项的申请，根据厚生劳动大臣的规定，应向厚生劳动大臣提交有关提供申请医疗的《医疗法》第 4 条之 3 规定的临床研究中核医院（限于为保险医疗机关的医院）开设者的意见书及其他必要的书面材料。

5　厚生劳动大臣收到第 2 款第 4 项的申请时，应及时审查该申请，认为与该申请相关的医疗为有必要进行同项评估的必要医疗时，将该医疗认定为患者申请医疗。

6　厚生劳动大臣根据前款的规定将提出申请的医疗确定为患者申请医疗时，应将其结果及时通知该申请人。

7　厚生劳动大臣根据第 5 款的规定审查第 2 款第 4 项的申请，将提出申请的医疗未确定为患者申请医疗时，应附上理由，将其结果及时通知该申请人。

（保险医生或保险药剂师）

第 64 条　在保险医疗机关从事健康保险诊疗的医师、牙科医师，或在保险药局从事健康保险调剂的药剂师，应为经过厚生劳动大臣登记的医师、牙科医师（以下统称"保险医生"）或药剂师（以下称为"保险药剂师"）。

（保险医疗机关或保险药局的指定）

第 65 条　第 63 条第 3 款第 1 项的指定，根据政令的规定，依医院、诊疗所或药局的开设者之申请而进行。

2　于前款之情形，其申请为与医院或设有病床的诊疗所相关的申请时，该申请依据《医疗法》第7条第2款规定的病床种类（第4款第2项及次条第1项中仅称为"病床的种类"），分别确定其数量。

3　厚生劳动大臣于有第1款申请之情形，符合以下各项之一时，可以不进行第63条第3款第1项的指定。

一　与该申请相关的医院、诊疗所或药局，根据法律的规定，被取消有关保险医疗机关或保险药局的第63条第3款第1项的指定，自取消之日起未经过五年时；

二　与该申请相关的医院、诊疗所或药局，于有保险给付相关的诊疗或调剂内容欠适当之虞时，重复接受第73条第1款（包括第85条第9款、第85条之2第5款、第86条第4款、第110条第7款及第149条中准用之情形）规定的指导时；

三　与该申请相关的医院、诊疗所或药局的开设者或管理者，根据本法和其他有关国民保健医疗的法律和政令的规定，被处以罚金刑，其执行完毕或不再执行时；

四　与该申请相关的医院、诊疗所或药局的开设者或管理者，被处以禁锢以上之刑，其执行完毕或不再执行时；

五　与该申请相关的医院、诊疗所或药局的开设者或管理者，根据本法、《船员保险法》《国民健康保险法》（1958年法律第192号）《高龄者医疗确保法》《地方公务员等共济组合法》（1962年法律第152号）《私立学校教职员共济法》（1953年法律第245号）《厚生年金保险法》（1954年法律第115号）《国民年金法》（1959年法律第141号）（第89条第4款第7项中称"社会保险各法"）的规定，对于负有缴纳义务的保险费、负担金和定期缴纳金（包括1950年法律第226号《地方税法》规定的国民健康保险税。以下本项、第89条第4款第7项及199条第2款中称为"社会保险费"），直至提出申请日的前一日，其基于这些法律的规定受到滞纳处分，并且，自受到该处分之日起无正当理由经过三个月以上，受到该处分之日后缴纳期限到来的所有社会保险费（根据与该处分相关的规定负有社会保险费缴纳义务的法律，限于受到该处分者负有缴纳义务的社会保险费。第 89 条第 4 款第 7 项中相同）继续滞纳时；

六 除前各项以外，与该申请相关的医院、诊疗所或药局，被认为作为保险医疗机关或保险药局明显不适当时。

4 厚生劳动大臣，关于第 2 款的医院或诊疗所有第 1 款的申请之情形，符合以下各项之一时，除其与申请相关的全部或部分病床外，可以作出第 63 条第 3 款第 1 项的指定。

一 该医院或诊疗所的医师、牙科医师、看护师及其他从业人员，未达到酌量《医师法》第 21 条第 1 款第 1 项或第 2 款第 1 项中由厚生劳动省令规定的人数和同条第 3 款中厚生劳动省令规定的基准基础上，而根据厚生劳动大臣制定的基准算定的人员数量时；

二 按照与申请相关的病床种类，《医疗法》第 7 条之 2 第 1 款所规定地域的保险医疗机关的病床数，属于超过酌量按照其指定同法第 30 条之 4 第 1 款规定的医疗计划中确定的基准病床数量而根据厚生劳动大臣的规定算定的数量之情形（包括已经超过该数量的情形），该医院或诊疗所的开设者或管理者不服从同法第 30 条之 11 所规定的都道府县知事的劝告时；

三 《医疗法》第 7 条之 3 第 1 款规定的构想区域之保险医疗机关的病床数，超过酌量根据与该申请相关的指定同法第 30 条之 4 第 1 款规定的医疗计划中确定的未来必要病床数量而根据厚生劳动大臣的规定算定的数量之情形（包括已经超过该数量的情形），该医院或诊疗所的开设者或管理者不服从同法第 30 条之 11 所规定的都道府县知事的劝告时；

四 基于有效提供适当医疗的观点，对于利用该医院或诊疗所的病床，作为医疗保险机关被认为明显不适当之处时。

（保险医疗机构的指定变更）

第 66 条 前条第 2 款的医院或诊疗所的开设者，欲增加与第 63 条第 3 款第 1 项的指定相关的病床数量或变更病床的种类时，应根据厚生劳动省令的规定，申请变更与该医院或诊疗所相关的同项指定。

2　前条第 4 款的规定，准用于前款的指定变更申请。

（向地方社会保险医疗协议会的咨询）

第 67 条　厚生劳动大臣决定不作出与保险医疗机关相关的第 63 条第 3 款第 1 项的指定时，或欲除与其申请相关的全部或部分病床外进行指定（包括指定的变更）时，或决定不作出与保险药局相关的同项指定时，应经地方社会保险医疗协会的议决。

（保险医疗机关或保险药局的指定更新）

第 68 条　第 63 条第 3 款第 1 项的指定，自指定之日起算经过六年以上时，失去效力。

2　关于厚生劳动省令规定的保险医疗机关（第 65 条第 2 款的医院及诊疗所除外）或保险药局，根据前款的规定自其指定的效力丧失之日前六个月起至同日前三个月期间，无特别的申请时，视为已提出同条第 1 款的申请。

（保险医疗机关或保险药局的视同指定）

第 69 条　诊疗所或药局为医师或牙科医师或药剂师所开设，并且，仅为该开设者的医师或牙科医师或药剂师从事诊疗或调剂之情形，该医师或牙科医师或药剂师已进行第 64 条的登记时，视为已对该诊疗所或药局进行了第 63 条第 3 款第 1 项的指定。但是，该诊疗所或药局符合第 3 款或第 4 款的规定要件，视同厚生劳动大臣的同项指定被认为不适当时，不在此限。

（保险医疗机关或保险药局的职责）

第 70 条　保险医疗机关或保险药局，除根据第 72 条第 1 款厚生劳动省令的规定，要求在该保险医疗机关从事诊疗的保险医生或该保险药局从事调剂的保险药剂师承担诊疗或调剂外，还应承担医疗的给付。

2　保险医疗机关或保险药局除根据前款（包括第 85 条第 9 款、第 85 条之 2 第 5 款、第 86 条第 4 款、第 110 条第 7 款及第 149 条中准用的情形）规定外，还应根据《船员保险法》《国民健康保险法》《国家公务员共济组合法》（1958 年法律第 128 号，包括在其他法律中准用或依例之情形）《地方公务员等共济组合法》（以下称为"该法以外的医疗保险各法"）承担医疗给付、被保险人及被扶养人的医疗和《高龄者医疗确保法》规定的医疗给付、住院时伙食医疗费相关的医疗、住院时生活医疗费相关的医疗和保险外并用医疗费相关的医疗。

3　保险医疗机关中《医疗法》第 4 条之 2 规定的特定机能医院和厚生劳动省令规定的其他医院，根据患者的病情和患者的其他情况，向该患者介绍适合的其他医疗保险机关，以及为使医疗保险机关之间互相分担功能和进行业务合作而采取厚生劳动省令规定的措施。

（保险医生或保险药剂师的登记）

第 71 条　第 64 条的登记，依医师或牙科医师或药剂师的申请而进行。

2　厚生劳动大臣于有前款申请之情形，符合以下各项之一时，可不进行第 64 条的登记。

一　根据本法的规定，申请人被取消有关保险医生或保险药剂师的第 64 条的登记，自取消登记之日起未经过五年时；

二　根据本法和有关国民保健医疗的法律、政令的规定，申请人被处以罚金刑，其执行完毕，或不再予以执行时；

三　申请人被处以禁锢以上之刑罚，其执行完毕，或不再予以执行时；

四　除前三项外，申请人作为保险医生或保险药剂师，被认为明显不适当时。

3　厚生劳动大臣决定不进行有关保险医生或保险药剂师的第 64 条的登记时，应经过地方社会保险医疗协议会的议决。

4　除第 1 款或第 2 款的规定外，有关涉及保险医生或保险药剂师的第 64 条的登记之必要事项，由政令规定之。

（保险医生或保险药剂师的职责）

第 72 条　在保险医疗机关从事诊疗的保险医生或在保险药局从事调剂的保险药剂师，应根据厚生劳动省令的规定，承担健康保险的诊疗或调剂业务。

2　在保险医疗机关从事诊疗的保险医生或在保险药局从事调剂的保险药剂师，除根据前款（包括第 85 条第 9 款、第 85 条之 2 第 5 款、第 86 条第 4 款、

第 110 条第 7 款及第 149 条中准用的情形）的规定外，还应承担本法以外的医疗保险各法或《高龄者确保法》规定的诊疗或调剂业务。

（厚生劳动大臣的指导）

第 73 条 保险医疗机关或保险药局提供医疗的给付，保险医生及保险药剂师进行健康保险的诊疗或调剂，应接受厚生劳动大臣的指导。

2 厚生劳动大臣于进行前款的指导之情形，认为有必要时，让相关团体指定的有关诊疗或调剂的专家出席并参与指导，但是，相关团体未指定时或被指定者不出席参与指导时，不在此限。

（个人负担金）

第 74 条 根据第 63 条第 3 款的规定，从保险医疗机关或保险药局接受医疗给付者获得给付时，按照下列各项规定情形的区分，根据第 76 条第 2 款或第 3 款的规定算定的该给付额，乘以该各项规定的比例之所得额，应作为个人负担金，向该保险医疗机关或保险药局支付。

一 满七十岁之日所属月以前者，为百分之三十。

二 满七十岁之日所属月的翌月以后者（次项所列情形除外），为百分之二十。

三 满七十岁之日所属月的翌月以后，根据政令算定的工资额超过政令规定的数额者，为百分之三十。

2 保险医疗机关或保险药局，应接受前款的个人负担金（采取第 75 条之 2 第 1 款第 1 项的措施时，为减少后的个人负担金）支付，保险医疗机关或保险药局接受其支付时虽履行了与善良管理人相同的注意义务，获得医疗给付者仍不支付全部或部分的个人负担金时，保险人可基于该保险医疗机关或保险药局的请求，按照本法规定的征收金之例处分之。

第 75 条 于根据前款第 1 项的规定支付个人负担金之情形，同款的个人负担金额之尾数不满 5 日元时，舍去尾数；尾数 5 日元以上不满 10 日元时，尾数提升至 10 日元。

（个人负担金数额之特例）

第 75 条之 2 保险人，对于遭遇灾害及有厚生劳动省令规定的特殊事由之被保险人，认为其向保险医疗机关或保险药局支付第 74 条第 1 款规定的个人负担金有困难时，可以采取以下措施。

一 减少个人负担金数额；

二 免除个人负担金的支付；

三 代替向保险医疗机关或保险药局的支付，直接征收个人负担金，或缓期执行。

2 接受前款措施的被保险人，不拘于第 74 条第 1 款的规定，对于接受前款第 1 项措施的被保险人，只需将其被减额后的个人负担金向保险医疗机关或保险药局支付；对于接受同款第 2 项或第 3 项措施的被保险人，无需向保险医疗机关或保险药局支付个人负担金。

3 前条的规定，准用于前款情形中个人负担金的支付。

（医疗给付的费用）

第 76 条 保险人向保险医疗机关或保险药局支付医疗给付的相关费用，保险医疗机关或保险药局可向保险人请求的有关医疗给付的费用金额，为从医疗给付所需费用金额中扣除被保险人应向该保险医疗机关或保险药局支付的相当于个人负担金之后的金额。

2 前款的医疗给付所需费用金额，根据厚生劳动大臣的规定计算。

3 保险人经厚生劳动大臣的认可，按照与保险医疗机关或保险药局的契约，对于在保险医疗机关或保险药局因提供有关第 1 款的医疗给付所需的费用金额，可以在根据前款规定算定的金额范围内，作出特别的规定。

4 于保险医疗机关或保险药局提出有关医疗给付费用的请求时，保险人按照第 71 条第 1 款及第 72 条第 1 款中厚生劳动省令及前 2 款的规定，经审查后进行支付。

5 保险人可将前款规定的审查及支付事务委托给《社会保险诊疗报酬支付基金法》（1948 年法律第 129 号）规定的社会保险诊疗报酬支付基金（以下

称为"基金")或《国民健康保险法》第45条第5款规定的国民健康保险团体联合会(以下称为"国保联合会")办理。

6　除以上各款规定外,有关保险医疗机关或保险药局医疗给付费用请求的必要事项,由厚生劳动省令规定。

(厚生劳动大臣有关医疗给付所需费用数额规定的调查)

第77条　厚生劳动大臣,为确保前条第2款的规定中有关药剂的规定和其他厚生劳动大臣的规定适当,可进行必要的调查。

2　厚生劳动大臣,为确保有关厚生劳动省令规定的保险医疗机关中的医院之前条第2款规定适当,应进行必要的调查。

3　前款规定的医院,为协助同款的调查,应向厚生劳动大臣报告对该医院住院患者提供的医疗内容及其他厚生劳动大臣规定的信息(第150条之2第1款及第150之3中称"诊疗等关联信息")。

(保险医疗机关或保险药局的报告)

第78条　厚生劳动大臣认为针对医疗给付有必要时,可以命令保险医疗机关或保险药局或保险医疗机关或保险药局的开设者或管理者、保险医生、保险药剂师及其他从业者(以下本款中称"开设者等")提交或出示报告、诊疗记录及其他账簿资料,要求保险医疗机关或保险药局的开设者或管理者、保险医生、保险药剂师及其他从业者(包括开设者等)出席,由职员对相关人员进行询问,或检查保险医疗机关或保险药局的设备、诊疗记录、账簿资料及其他物件。

2　第7条之38第2款及第73条第2款的规定,准用于前款规定的询问或检查;第7条之38第3款的规定,准用于前款规定的权限。

(保险医疗机关等的指定辞退或保险医生等的登记注销)

第79条　保险医疗机关或保险药局,设置一个月以上的预告期间,可以辞退其指定。

2　保险医生或保险药剂师,设置一个月以上的预告期间,可以注销其登记。

（保险医疗机关或保险药局的指定取消）

第 80 条　厚生劳动大臣，于符合以下各项情形之一，可以取消与保险医疗机关或保险药局相关的第 63 条第 3 款第 1 项的指定。

一　在保险医疗机关从事诊疗的保险医生或在保险药局从事调剂的保险药剂师，违反第 72 条第 1 款（包括第 85 条第 9 款、第 85 条之 2 第 5 款、第 86 条第 4 款、第 110 条第 7 款及第 149 条中准用的情形）的规定时（为防止该违反行为，该保险医疗机关或保险药局已尽到相当的注意及监督义务时除外）；

二　除前项外，保险医疗机关或保险药局违反第 70 条第 1 款（包括第 85 条第 9 款、第 85 条之 2 第 5 款、第 86 条第 4 款、第 110 条第 7 款及第 149 条中准用的情形）的规定时；

三　关于医疗给付费用的请求或第 85 条第 5 款（包括第 85 条之 2 第 5 款、第 86 条第 4 款中准用的情形）规定的支付请求，存在违法时；

四　保险医疗机关或保险药局，不服从根据第 78 条第 1 款（包括第 85 条第 9 款、第 85 条之 2 第 5 款、第 86 条第 4 款、第 110 条第 7 款及第 149 条中准用的情形，次项中相同）规定的提交或出示报告或诊疗记录及其他账簿资料的命令，或作出虚假的报告时；

五　保险医疗机关或保险药局的开设者或从业者，根据第 78 条第 1 款的规定被要求出席而不遵守该规定，对同款规定的询问不予回答，或进行虚假的回答，或拒绝、妨碍或逃避同款规定的检查时（于该保险医疗机关或保险药局的从业者实施这些行为的情形，为防止这些行为，该保险医疗机关或保险药局已尽到相当的注意及监督义务时除外）；

六　关于本法以外的医疗保险各法规定的医疗给付或被保险人、被扶养人的医疗或《高龄者医疗确保法》规定的医疗给付、与住院时伙食医疗费相关的医疗、与住院时生活医疗费相关的医疗、与保险外并用医疗费相关的医疗，有符合以上各项之一的事由时；

七　保险医疗机关或保险药局的开设者或管理者，根据本法和有关国民保健医疗的法律、政令的规定，被处以罚金刑，其执行完毕，或不再予以执行时；

八　保险医疗机关或保险药局的开设者或管理者，被处以禁锢以上之刑，其执行完毕，或不再予以执行时；

九　前各项所列情形以外，保险医疗机关或保险药局的开设者违反本法和有关国民保健医疗的法律、政令的规定或基于这些法律的命令或处分时。

（保险医生或保险药剂师的登记取消）

第 81 条　厚生劳动大臣于符合以下各项之一的情形，可以取消有关该保险医生或保险药剂师的第 64 条的登记。

一　保险医生或保险药剂师违反第 72 条第 1 款（包括第 85 条第 9 款、第 85 条之 2 第 5 款、第 86 条第 4 款、第 110 条第 7 款及第 149 条中准用的情形）规定时；

二　保险医生或保险药剂师根据第 78 条第 1 款（包括第 85 条第 9 款、第 85 条之 2 第 5 款、第 86 条第 4 款、第 110 条第 7 款及第 149 条中准用的情形。以下本项相同）的规定被要求出席而不遵守该规定，对第 78 条第 1 款规定的询问不予回答，或进行虚假的回答，或拒绝、妨碍或逃避同款规定的检查时；

三　关于本法以外的医疗保险各法或《高龄者医疗确保法》规定的诊疗或调剂，有相当于前二项之一的事由时；

四　保险医生或保险药剂师，根据本法和有关国民保健医疗的法律、政令的规定，被处以罚金刑，其执行完毕，或不再予以执行时；

五　保险医生或保险药剂师，被处以禁锢以上之刑，其执行完毕，或不再予以执行时；

六　前各项所列情形以外，保险医生或保险药剂师违反本法和有关国民保健医疗的法律、政令的规定或基于这些法律的命令或处分时。

（向社会保险医疗协议会的咨询）

第 82 条　厚生劳动大臣决定制定第 70 条第 1 款（包括第 85 条第 9 款、第 85 条之 2 第 5 款、第 86 条第 4 款、第 110 条第 7 款及第 149 条中准用的情形）的厚生劳动省令时，或欲制定第 63 条第 2 款第 3 项或第 5 项、第 76 条第

2 款（包括这些规定准用于第 149 条的情形）的规定时，应向中央社会保险医疗协议会咨询。但是，第 63 条第 2 款第 3 项的规定中与高端的医疗技术相关的规定，不在此限。

2　厚生劳动大臣欲进行与保险医疗机关或保险药局相关的第 63 条第 3 款第 1 项的指定时，或欲取消其指定时，或欲取消与保险医生或保险药剂师相关的第 64 条的登记时，根据政令的规定，应向地方社会保险医疗协议会咨询。

（提供对处分进行申辩的机会）

第 83 条　厚生劳动大臣决定不进行与保险医疗机关相关的第 63 条第 3 款第 1 项的指定时，或欲进行除有关申请的全部或部分病床以外的指定（包括指定的变更）时，或决定不进行有关保险药局的同项指定时，或决定不进行与保险医生或保险药剂师相关的第 64 条的登记时，应给予该保险医疗机关或药局的开设者、该保险医生或保险药剂师申辩的机会。于此情形，应事先书面通知申辩的日期、场所及其事由。

（保险人指定的医院等的医疗给付）

第 84 条　关于在第 63 条第 3 款第 2 项及第 3 项所列的医院、诊疗所、药局提供的医疗给付及健康保险的诊疗或调剂准则，依第 70 条第 1 款和第 72 条第 1 款的厚生劳动省令之例。

2　接受第 63 条第 3 款第 2 项所列医院或诊疗所或药局的医疗给付者，于接受给付时，应将根据第 74 条规定之例算定之数额作为个人负担金，向该医院或诊疗所或药局支付。但是，保险人为健康保险组合时，根据规约的规定，可以减少部分负担建的数额，或不要求其支付。

3　健康保险组合根据规约的规定，对接受第 63 条第 3 款第 3 项所列医院或诊疗所或药局的医疗给付者，可在根据第 74 条规定之例算定的数额范围内，要求其支付个人负担金。

（住院时伙食医疗费）

第 85 条　被保险人（特定长期住院被保险人除外）根据厚生劳动省令的规定，在自己选定的第 63 条第 3 款各项所列的医院或诊疗所中，通过电子资格确认等，确认被保险人资格，针对与同条第 1 款第 5 项所列的医疗给付一同接受的伙食医疗所需费用，支付住院时伙食医疗费。

2 住院时伙食医疗费数额，以从酌量该伙食医疗所需平均费用额而根据厚生劳动大臣规定的基准算定出的费用额（其额超过现该伙食医疗所需费用之额时，为现该伙食医疗所需费用之额）中，扣除酌量平均家计的食费状况及特定护理保险设施等（指《护理保险法》第 51 条之 3 第 1 款规定的特定护理保险设施等）有关伙食提供所需平均费用额而根据厚生劳动大臣规定的数额（关于酌量收入状况及其他情况而由厚生劳动省令规定者，为另行规定的数额。以下称为"伙食医疗标准负担额"）所得之额为准。

3 厚生劳动大臣欲规定前款的基准时，应向中央社会保险医疗协议会咨询。

4 厚生劳动大臣规定伙食医疗标准负担额后，应予考量和斟酌的要素之状况发生显著变动时，应及时修改确定其额。

5 被保险人（特定长期住院被保险人除外。以下本条相同）获得第 63 条第 3 款第 1 项所列医院或诊疗所的伙食医疗时，保险人对于其被保险人应向该医院或诊疗所支付的伙食医疗所需费用，在应向被保险人支付的住院时伙食医疗费的数额限度内，可代替被保险人向该医院或诊疗所支付。

6 根据前款的规定已支付时，视为已向被保险人支付住院时伙食医疗费。

7 于被保险人获得第 63 条第 3 款第 3 项所列医院或诊疗所的伙食医疗之情形，保险人应向其被保险人支付的伙食医疗所需费用中免除支付相当于应向被保险人支付的住院时伙食医疗费之数额时，视为已支付住院时伙食医疗费。

8 第 63 条第 3 款各项所列的医院或诊疗所，在获得伙食医疗所需费用的支付时，根据厚生劳动省令的规定，应向已支付的被保险人交付收据。

9 第 64 条、第 70 条第 1 款、第 72 条第 1 款、第 73 条、第 76 条第 3 款至第 6 款、第 78 条及前条第 1 款的规定，准用于从第 63 条第 3 款各项所列的自医院或诊疗所获得的伙食医疗及与之附随的住院时伙食医疗费的给付。

（住院时生活医疗费）

第 85 条之 2　特定长期住院被保险人，根据厚生劳动省令的规定，在第 63 条第 3 款各项所列医院、诊疗所中自行选择，通过电子资格确认等，确认其被保险人资格，关于和同条第 1 款第 5 项所列的医疗给付一并获得的生活医疗之所需费用，支给住院时生活医疗费。

2　住院时生活医疗费之数额为，有关该生活医疗，以从酌量该生活医疗所需的平均费用额而根据厚生劳动大臣制定的基准算定的费用额（其额超过现该生活医疗所需费用之额时，为该现生活医疗所需费用之额）中，扣除针对平均家计中的食费和电热水费的状况及有关医院和诊疗所中生活医疗所需费用而酌量相当于《护理保险法》第 51 条之 3 第 2 款第 1 项规定的食费基准费用额及同款第 2 项规定的居住费的基准费用额后由厚生劳动大臣规定的数额（关于斟酌收入状况、病状程度、治疗内容及其他情况而由厚生劳动省令规定者，另行规定数额。以下称为"生活医疗标准负担额"）所得之额。

3　厚生劳动大臣欲规定前款的基准时，应向中央社会保险医疗协议会咨询。

4　厚生劳动大臣确定生活医疗标准负担额后，应予考量和斟酌的要素之状况发生显著变动时，应及时修改确定其额。

5　第 64 条、第 70 条第 1 款、第 72 条第 1 款、第 73 条、第 76 条第 3 款至第 6 款、第 78 条、第 84 条第 1 款及前条第 5 款至第 8 款的规定，准用于自第 63 条第 3 款各项所列的医院或诊疗所获得的生活医疗及与之相伴的住院时生活医疗费的给付。

（保险外并用医疗费）

第 86 条　被保险人根据厚生劳动省令的规定，从自己选定的保险医疗机关等中，通过电子资格确认，确认参保人资格，获得评价医疗、患者申请医疗或选定医疗时，针对其医疗所需费用，支付保险外并用医疗费。

2　保险外并用医疗费之数额，为第 1 项所列数额（该医疗包括伙食医疗时，为该数额及第 2 项所列数额的合算额；该医疗包括生活医疗时，为该数额及第 3 项所列数额的合算额）。

一　有关该医疗（伙食医疗及生活医疗除外）从酌量第 76 条第 2 款的规定而根据厚生劳动大臣的规定算定的费用额（其额超过现该医疗所需费用额时，为现该医疗所需费用额）中，扣除其额按照第 74 条第 1 款各项所列情形的区分，乘以同款各项规定的比例所得之额（对与医疗给付相关的同款个人负担金应采取第 75 条之 2 第 1 款各项的措施时，为已采取该措施情形之数额）后的数额。

二　有关伙食医疗从根据第 85 条第 2 款规定的厚生劳动大臣制定的基准算定的费用额（其额超过现该伙食医疗所需费用额时，为现该伙食医疗所需费用额）中扣除伙食医疗标准负担额后的数额。

三　有关生活医疗从根据前条第 2 款规定的厚生劳动大臣制定的基准算定的费用额（其额超过现该生活医疗所需费用额时，为现该生活医疗所需费用额）中扣除生活医疗标准负担额后的数额。

3　厚生劳动大臣欲进行前款第 1 项的规定时，应向中央社会保险医疗协议会咨询。

4　第 64 条、第 70 条第 1 款、第 72 条第 1 款、第 73 条、第 76 条第 3 款至第 6 款、第 77 条、第 78 条、第 84 条第 1 款及第 85 条第 5 款至第 8 款的规定，准用于自保险医疗机关获得的评价医疗、患者申请医疗和选定医疗及与之相伴的保险外并用医疗费的支付。

5　从在前款规定的准用第 85 条第 5 款的情形下根据第 2 款的规定计算出的费用额（其额超过现该医疗所需费用额时，为现该医疗所需费用额）中，扣除有关该医疗所需费用之相当于支付保险外并用医疗费给付额后的数额支付，准用第 75 条的规定。

（医疗费）

第 87 条　保险人认为提供医疗给付、住院时伙食医疗费、住院时生活医疗费或保险外并用医疗费的给付存在困难时，或于被保险人在保险医疗机关等以外的医院、诊疗所、药局及他处获得诊疗、药剂或治疗的情形，保险人认为有不得已的事由时，可替代医疗给付等，支付医疗费。

2　医疗费之数额，以从有关该医疗（伙食医疗及生活医疗除外）算定的数额中，扣除其额按照第 74 条第 1 款各项所列的情形区分，乘以同款各项规定的比例所得数额及从有关伙食医疗及生活医疗算定的费用额中扣除伙食医疗标准负担额或生活医疗标准负担额后的数额为基准，由保险人规定。

3　前款的费用额之算定，于应接受医疗给付之情形依第 76 条第 2 款的费用额算定之例进行；于应获得住院时伙食医疗费的给付之情形，依第 85 条第 2 款的费用额算定之例进行；于应获得住院时生活医疗费的给付之情形，依第 85 条之 2 第 2 款的费用额算定之例进行；于应获得险外并用医疗费的给付之情形，依前条第 2 款的费用额算定之例进行。但是，其额不得超过现医疗所需费用之数额。

第二小节　上门看护医疗费的支付

（上门看护医疗费）

第 88 条　被保险人，自厚生劳动大臣指定者（以下称为"指定上门看护事业者"）中获得从事与该指定相关的上门看护事业 [指对因疾病或负伤需处于继续居家接受医疗者（限于主治医师认为其治疗的必要程度符合由厚生劳动大臣规定的基准），在其居所内从事由看护师及其他厚生劳动省令规定者提供的医疗上的照顾或必要的诊疗辅助（由保险医疗机关或《护理保险法》第 8 条第 28 款规定的护理老人保健设施或同条第 29 项规定的护理医疗院举办的事业除外。以下称为"上门看护"）之事业] 之事业所提供的上门看护（以下称为"指定上门看护"）时，关于该上门看护所需费用，支付上门看护医疗费。

2　前款的上门看护医疗费，根据厚生劳动大臣的规定，限于保险人认为必要的情形，支付之。

3　欲获得指定上门看护者，根据厚生劳动大臣的规定，从自行选择的指定上门看护事业者中，经电子资格确认等，确认被保险人资格，接受该指定上门看护。

4　上门看护医疗费的数额，为有关该指定上门看护从酌量指定上门看护所需平均费用额而根据厚生劳动大臣的规定算定的费用额中，扣除其额按照第 74 条第 1 款各项所列的情形区分，乘以同款各项规定的比例所得额（有关与医疗给付相关的同款的个人负担金应采取第 75 条之 2 第 1 款各项的措施时，为已采取该措施之情形的数额）后的数额。

5　厚生劳动大臣欲进行前款的规定时，应向中央社会保险协议会咨询。

6　被保险人接受指定上门看护事业者的指定上门看护时，关于其被保险人应向该指定上门看护事业者支付上门看护的所需费用，保险人在向被保险人应支付上门看护医疗费的限度之内，可以代替被保险人向该指定上门看护事业者支付。

7　根据前款规定进行支付时，视为已向被保险人支付上门看护医疗费。

8　第 75 条的规定，准用于在第 6 款情形中从根据第 4 款规定算定的费用额中扣除有关该指定上门看护所需费用之相当于支付上门看护医疗费给付额后的数额支付。

9　指定上门看护事业者，关于指定上门看护所需费用，接受其支付时，应根据厚生劳动省令的规定，向已进行该支付的被保险人交付收据。

10　保险人于指定上门看护事业者提出上门看护医疗费的请求时，对照第 4 款的规定及第 92 条第 2 款规定的关于指定上门看护事业运营基准（限于有关指定上门看护处理的部分），经审查后支付。

11　保险人，可以将前款规定的有关审查及支付事务委托给基金或国保联合会进行。

12　指定上门看护不包括在第 63 条第 1 款各项所列的医疗中。

13　除前各款的规定外，有关指定上门看护事业者的上门看护医疗费之请求的必要事项，由厚生劳动省令规定。

（指定上门看护事业者的指定）

第 89 条　前条第 1 款的指定，根据厚生劳动省令的规定，经从事指定上门看护事业者的申请，按照各从事指定上门看护事业的事业所（以下称为"上门看护事业所"）进行。

2　关于指定上门看护事业者以外的从事上门看护事业者，已作出根据《护理保险法》第 41 条第 1 款正文规定的指定居家服务事业者（从事上门看护事业者中，限于符合厚生劳动省令规定基准者。次款中相同）的指定、同法第 42 条之 2 第 1 款正文规定的指定地域密着型服务事业者（从事上门看护事业者中，限于符合厚生劳动省令规定基准者。次款中相同）的指定或同法第 53 条第 1 款正文规定的指定护理预防服务事业者（从事上门看护事业者中，限于符合厚生劳动省令规定基准者。次款中相同）的指定时，其指定之际，关于从事该上门看护事业者，视为已作出前条第 1 款的指定。但是，从事该上门看护事业者，根据厚生劳动省令的规定，提出特别的申请时，不在此限。

3　《护理保险法》第 70 条之 2 第 1 款规定的指定居家服务事业者的指定失效、同法第 77 条第 1 款或第 115 条之 35 第 6 款规定的指定居家服务事业者的指定取消或效力停止、同法第 78 条之 10（包括根据同法第 78 条之 17 的规定适合换称之情形）规定的指定地域密着型服务事业者的指定取消或效力停止、同法第 78 条之 12 中准用的同法第 70 条之 2 第 1 款或同法第 78 条之 15 第 1 款或第 3 款（包括同条第 5 款中准用之情形）规定的指定地域密着型服务事业者的指定失效、同法第 115 条之 9 第 1 款或第 115 条之 35 第 6 款规定的指定护理预防服务事业者的指定取消或效力停止、同法第 115 条之 11 中准用的同法第 70 条之 2 第 1 款规定的指定护理预防服务事业者的指定失效，不影响根据前款正文的规定已被视为接受指定的前条第 1 款的指定效力。

4　厚生劳动大臣于有第 1 款申请之情形，符合以下各项之一时，不得进行前条第 1 款的指定。

一　申请人非地方公共团体、医疗法人、社会福祉法人及厚生劳动大臣所规定者时。

二　与该申请相关的上门看护事业所的护理师和从业者的知识、技能及人员，未满足第 92 条第 1 款中厚生劳动省令规定的基准和同款厚生劳动省令规定的人数时。

三　申请人被认为无法按照第 92 条第 2 款（包括第 111 条第 3 款及第

149 条中准用的情形）规定的指定上门看护事业之运营基准开展适当的指定上门看护事业时。

四 根据本法的规定，申请人被取消与指定上门看护事业者相关的前条第 1 款的指定，自取消之日起未经过五年时。

五 申请人根据本法及国民保健医疗的法律、政令的规定被处以罚金刑，其执行完毕，或不再执行时。

六 申请人被处以禁锢以上之刑，其执行完毕，或不再执行时。

七 关于社会保险费，申请人于提出该申请之日的前一日为止，基于社会保险各法或地方税法的规定受到滞纳处分，并且，自受到该处分之日起无正当理由经三个月以上，继续滞纳受到该处分日以后缴纳期限届满的全部社会保险费时。

八 除前各项外，申请人被认为作为指定上门看护事业者明显不适当时。

（指定上门看护事业者的职责）

第 90 条 指定上门看护事业者，应按照第 92 条第 2 款规定的指定上门看护事业的运营基准，根据接受上门看护者的身心状况提供适当的指定上门看护。

2 指定上门看护事业者，除根据前款（包括第 111 条第 3 款及第 149 条中准用之情形）的规定外，还应提供根据本法以外的医疗保险各法规定的被保险人及被扶养人的指定上门看护及《高龄者医疗确保法》规定的被保险人的指定上门看护。

（厚生劳动大臣的指导）

第 91 条 指定上门看护事业者及与该指定相关的上门看护事业所的护理师及其他从业者，应接受厚生劳动大臣有关指定上门看护的指导。

（关于指定上门看护事业的运营基准）

第 92 条 指定上门看护事业者，应在与该指定相关的各上门看护事业所，按照厚生劳动省令规定的基准，配备厚生劳动省令规定人数的护理师和其他从业者。

2　除前款的规定外，关于指定上门看护事业的运营基准，由厚生劳动大臣规定。

3　厚生劳动大臣制定前款规定的有关指定上门看护事业的运营基准（限于有关指定上门看护的处理部分）时，应向中央社会保险协议会咨询。

（变更的申报等）

第 93 条　指定上门看护事业者，当与该指定相关的上门看护事业所的名称、所在地及厚生劳动省令规定的事项有变更时，或废止、休止或重新开始该指定上门看护事业时，应根据厚生劳动省令的规定，在十日以内向厚生劳动大臣申报相关事项。

（指定上门看护事业者的报告等）

第 94 条　厚生劳动大臣认为有必要支付上门看护医疗费时，可以命令指定上门看护事业者或曾为指定上门看护事业者或与该指定相关的上门看护事业所的护理师及其他的曾为从业者（以下本款中称为"曾为指定上门看护事业者等"）提交或出示报告、账簿资料，要求指定上门看护事业者或与该指定相关的上门看护事业所的护理师及其他从业者（包括曾为指定上门看护事业者等）出席，或由职员向相关人员进行询问，或检查该指定上门看护事业者的与该指定相关的上门看护事业所的账簿资料及其他物件。

2　第 7 条之 38 第 2 款的规定，准用于前款规定的询问或检查；同条第 3 款的规定，准用于前款规定的权限。

（指定上门看护事业者的指定取消）

第 95 条　厚生劳动大臣于符合以下各项之一的情形，可取消与指定上门看护事业者相关的第 88 条第 1 款的指定。

一　指定上门看护事业者，有关与该指定相关的上门看护事业所的护理师及从业者，无法满足第 92 条第 1 款中厚生劳动省令规定的基准或同款中厚生劳动省令规定的人数时。

二　指定上门看护事业者，未能按照第 92 条第 2 款（包括第 111 条第 3 款及第 149 条中准用之情形）规定的指定上门看护事业的运营基准适当运营指定上门看护事业时。

三　关于第 88 条第 6 款（包括第 111 条第 3 款及第 149 条中准用之情形）规定的支付请求，有违法行为时。

四　指定上门看护事业者，不服从前条第 1 款（包括第 111 条第 3 款及第 149 条中准用之情形。以下本条中相同）规定的要求其提交或出示报告或账簿资料的命令，或提交或出示虚假的报告时。

五　指定上门看护事业者或与该指定相关的上门看护事业所的护理师及从业者，根据前条第 1 款的规定被要求出席而不遵守该规定，对同款规定的询问不回答，或进行虚假的回答，或拒绝、妨碍或逃避同款规定的检查时（于和该指定相关的上门看护事业所的护理师及从业者实施这些行为的情形，为防止这些行为，该指定上门看护事业者已尽到相当的注意及监督义务时除外）。

六　对于本法以外的医疗保险各法规定的被保险人及被扶养人的指定上门看护或《高龄者医疗确保法》规定的被保险人的指定上门看护，有相当于第 2 项至第 4 项之一的事由时。

七　指定上门看护事业者通过不正当的手段获得指定上门看护事业者的指定时。

八　指定上门看护事业者，根据本法及国民保健医疗的法律、政令的规定被处以罚金刑，其执行完毕，或不再执行时。

九　指定上门看护事业者，被处以禁锢以上之刑，其执行完毕，或不再执行时。

十　除前各项所列情形外，指定上门看护事业者违反本法及国民保健医疗的法律、政令的规定或基于这些法律的命令或处分时。

（公示）

第 96 条　厚生劳动大臣于下列情形，应公示其决定。

一　作出指定上门看护事业者的指定时。

二　提出第 93 条规定的申报（同条厚生劳动省令规定的事项之变更及与同条规定的事业休止及重新开始相关的规定除外）时。

三　根据前条的规定取消指定上门看护事业者的指定时。

第三小节　移送费的支付

第 97 条　被保险人为获得医疗给付（包括与保险外并用医疗费相关的医疗）而被移送至医院或诊疗所时，支付根据厚生劳动省令的规定算定的移送费。

2　前款的移送费，根据厚生劳动省令的规定，限于保险人认为有必要之情形，予以支付。

第四小节　补则

（被保险人为日雇劳动者或其被扶养人之情形）

第 98 条　被保险人丧失资格，并且，被保险人为日雇劳动者或其被扶养人之情形，其资格丧失时的医疗给付、与住院时伙食医疗费相关的医疗、与住院时生活医疗费相关的医疗、与医疗费相关的医疗、与上门看护医疗费相关的医疗、与《护理保险法》规定的居家护理服务费相关的指定居家服务（指同法第 41 条第 1 款规定的指定居家服务，第 129 条第 2 款第 2 项相同）、与特例居家护理服务费相关的居家服务（指同法第 8 条第 1 款规定的居家服务，同项及第 135 条第 1 款相同）或与之相当的服务、与地域密着型护理服务费相关的指定地域密着型服务（指同法第 42 条之 2 第 1 款规定的指定地域密着型服务，同项相同）、与特例地域密着型护理服务费相关的地域密着型服务（指同法第 8 条第 14 款规定的地域密着型服务，同项及第 135 条第 1 款相同）或与之相当的服务、与设施护理服务费相关的指定设施服务等（指同法第 48 条第 1 款规定的指定设施服务，同项相同）、与特例设施护理服务费相关的设施服务（指同法第 8 条第 26 款规定的设施服务，同项及第 135 条第 1 款相同）、与护理预防服务费相关的指定护理预防服务（指同法第 53 条第 1 款规定的指定护理预防服务，同项相同）、与特例护理预防服务费相关的护理预防服务（同法第 8 条之 2 第 1 款规定的护理预防服务，同项及第 135 条第 1 款相同）或与之相当的服务中，获得相当于医疗的服务时，该疾病、负伤及因此而发病时，可获得保险人支付的医疗给付、住院时伙食医疗费、住院时生活医疗费、保险外并用医疗费、医疗费、上门看护医疗费或移送费。

2 前款规定的医疗给付、住院时伙食医疗费、住院时生活医疗费、保险外并用医疗费、医疗费、上门看护医疗费或移送费之给付，符合下列各项情形之一时，不予提供。

一 关于该疾病或负伤，根据次章规定，可以获得医疗给付、住院时伙食医疗费、住院时生活医疗费、保险外并用医疗费、医疗费、上门看护医疗费、移送费、家属医疗费、家属上门看护医疗费或家属移送费的给付时。

二 其成为被保险人、船员保险的被保险人或其被扶养人、国民健康保险的被保险人或后期高龄者医疗的被保险人时。

三 自丧失被保险人资格之日起算经过六个月时。

3 第1款规定的医疗给付、住院时伙食医疗费、住院时生活医疗费、保险外并用医疗费、医疗费、上门看护医疗费和移送费的支付，因该疾病或负伤，根据次章的规定可以获得特别医疗费（包括根据准用于第145第6款的第132条规定支付的医疗费）、移送费、家属移送费的给付期间，不予以提供。

4 第1款规定的医疗给付、住院时伙食医疗费、住院时生活医疗费、保险外并用医疗费、医疗费、上门看护医疗费的支付，因该疾病或负伤，根据《护理保险法》的规定可以获得相当于各自给付的给付时，不予提供。

第三节 伤病补贴金、丧葬费、分娩育儿临时补贴金和分娩补贴金的支付（伤病补贴金）

第99条 被保险人（任意继续被保险人除外。第102条第1款相同）因医疗而无法提供劳务时，自无法提供劳务之日起算经过三日后开始，于无法提供劳务期间，支付伤病补贴金。

2 伤病补贴金的日额为，伤病补贴金支付开始日所属月份之前最近连续十二个月间各月的标准报酬月额（限于被保险人根据现在所属保险人等规定的数额。以下本款相同）除以三十后所得平均额（其额尾数未满5日元时舍去，尾数5日元以上10日元未满时为10日元）的三分之二相当额（其额尾数未满

50 钱时舍去，尾数 50 钱以上 1 日元未满时为 1 日元）。但是，在同日所属月份之前最近的连续期间内，确定标准报酬月额之月未满十二个月时，为相当于以下各项所列的额中任意一个较小数额的三分之二相当额（其额尾数未满 5 日元时舍去，尾数 50 钱以上 1 日元未满时为一日元）。

一　伤病补贴金支付开始日所属月份之前最近各月的标准报酬额除以三十所得平均额的三分之二相当额（其额尾数未满 5 日元时舍去，尾数 5 日元以上 10 日元未满时为 10 日元）

二　伤病补贴金支付开始日所属年度之前一年度 9 月 30 日全部被保险人同月的标准报酬月额的平均额被视为标准报酬月额基础的报酬月额时，标准报酬月额除以三十的相当额（其额尾数未满 5 日元时舍去，尾数 5 日元以上 10 日元未满时为 10 日元）

3　除前款规定外，有关伤病补贴金数额算定的必要事项，由厚生劳动省令规定。

4　因同一疾病或负伤及由此引发的疾病，伤病补贴金的支付期间从开始支付之日起总计为一年六个月。

（丧葬费）

第 100 条　被保险人死亡时，依靠被保险人维持生计者料理丧葬事宜的，依据政令规定的金额，向其支付丧葬费。

2　于无依据前款规定应领取丧葬费者之情形，对于料理丧葬者，在同款金额范围内支付其丧葬所需费用。

（分娩育儿临时金）

第 101 条　被保险人分娩时，支付政令规定金额的分娩育儿临时金。

（分娩补贴金）

第 102 条　被保险人分娩时，从分娩日（分娩日在分娩预定日后时为分娩预定日）之前四十二天（多胎妊娠的为九十八天）开始至分娩日之后五十六天未从事工作的期间，支付分娩补贴金。

2　第 99 条第 2 款及第 3 款的规定，准用于分娩补贴金的支付。

（分娩补贴金和伤病补贴金的调整）

第 103 条 于支付分娩补贴金的情形（符合第 108 条第 3 款或第 4 款时除外），此期间不支付伤病补贴金。但是，其可以获得的分娩补贴金之额（于同条第 2 款但书之情形，同款但书规定的报酬额和根据同款但书的规定所算定的分娩补贴金之额的合算额）少于根据第 99 条第 2 款规定所算定的金额时，支付其差额。

2 于应支付分娩补贴金的情形支付了伤病补贴金时，其支付的伤病补贴金（根据前款但书的规定已支付部分除外），视为分娩补贴金的预付部分。

（伤病补贴金或分娩补贴金的继续给付）

第 104 条 至被保险人资格丧失日（丧失任意继续被保险人的资格者，为取得其资格之日）的前一日，曾连续一年以上为被保险人者（第 106 条中称为"曾为一年以上被保险人者"），其资格丧失时正在领取伤病补贴金或分娩补贴金者，在作为被保险人理应获得的期间，可继续获得同一保险人的给付。

（有关资格丧失后的死亡给付）

第 105 条 根据前条的规定获得保险给付者死亡时，根据同条的规定获得保险给付者，其未获得给付之日后三个月以内死亡时，或曾为其他的被保险人丧失被保险人资格之日后三个月以内死亡时，依靠被保险人维持生计者料理丧葬事宜的，可从被保险人最后的保险人处获得丧葬费的给付。

2 第 100 条的规定，准用于根据前款的规定无应获得丧葬费的给付者之情形及同款丧葬费的金额。

（资格丧失后分娩育儿临时金的给付）

第 106 条 曾为一年以上被保险人，丧失被保险人资格之日起六个月内分娩时，作为被保险人，可从最后的保险人处获得分娩育儿临时金的给付。

（成为船员保险的被保险人之情形）

第 107 条 不拘于前三条的规定，曾为被保险人者，成为船员保险的被保险人时，不提供保险给付。

（伤病补贴金、分娩补贴金和报酬的调整）

第 108 条　于患病、负伤的情形，对于可获得全部或部分报酬者，在可以获得的期间内，不向其支付伤病补贴金。但是，其可获得的报酬额，少于根据第 99 条第 2 款的规定所算定的数额时（符合第 103 条第 1 款、第 3 款或第 4 款时除外），支付其差额。

2　于分娩情形，对于可获得全部或部分报酬者，在可获得的期间内，不向其支付分娩补贴金。但是，其可获得的报酬额，少于分娩补贴金数额时，支付其差额。

3　应获得伤病补贴金的给付者，因同一疾病或负伤及由此引发的疾病，可获得《厚生年金保险法》规定的障碍厚生年金的给付时，不向其支付伤病补贴金。但是，关于其可获得的障碍厚生年金的数额（与该障碍厚生年金基于同一事由可获得《国民年金法》规定的障碍基础年金的给付时，为该障碍厚生年金数额和该障碍基础年金数额的合算额），根据厚生劳动省令的规定所算定之数额（以下本项中称为"障碍年金额"）少于根据第 99 条第 2 款的规定所算定的数额时，支付该数额与按照以下各项所列情形的区分所定的数额之差额。

一　无法获得报酬，且无法获得分娩补贴金的给付情形，为障碍年金额。

二　无法获得报酬，且可获得分娩补贴金的给付情形，为分娩补贴金数额（于该数额超过根据第 99 条第 2 款的规定所算定的数额之情形，为该数额）和障碍年金数额中任意一个多额者。

三　可获得全部或部分报酬，且无法获得分娩补贴金的给付情形，为该可获得全部或部分报酬的数额（于该数额超过根据第 99 条第 2 款的规定所算定的数额之情形，为该数额）和障碍年金数额中任意一个多额者。

四　可获得全部或部分报酬，且可获得分娩补贴金的给付情形，为可获得全部或部分报酬的数额及根据前款但书规定所算定的分娩补贴金数额的合算额（于该合算额超过根据第 99 条第 2 款的规定所算定的数额之情形，为该数额）和障碍年金数额中任意一个多额者。

4　应获得伤病补贴金的给付者，因同一疾病或负伤及由此引发的疾病，可获得《厚生年金保险法》规定的障碍补贴金的给付时，自获得该障碍补贴金给付日起至其于此日后获得伤病补贴金的给付时，根据第99条第2款的规定所算定的数额之合计额达到该障碍补贴金的数额之日的期间内，不向其支付伤病补贴金。但是，在该合算额达到该障碍补贴金的数额之日，于该合计额超过该障碍补贴金的数额之情形，可获得全部或部分报酬或分娩补贴金的给付时及其他政令的规定时，该合计额和该障碍补贴金数额的差额及其他政令规定的差额，不在此限。

5 应获得伤病补贴金的给付者（限于为根据第104条的规定应获得者，且符合政令规定的要件者），可获得《国民年金法》或《厚生年金保险法》规定的以老龄为给付事由的年金给付，以及政令规定的其他以老龄或退职为给付事由的年金给付（以下本款及次款中称为"老龄退休年金给付"）时，不向其支付伤病补贴金。但是，关于其可获得的老龄退休年金给付额（该老龄退休年金给付有二个以上时，为该二个以上老龄退休年金给付额的合算额），根据厚生劳动省令的规定所算定的数额少于伤病补贴金数额时，支付其差额。

6 保险人认为根据前三款的规定有必要支付伤病补贴金时，针对第2款的障碍厚生年金或障碍基础年金、第3款的障碍补贴金或前款的老龄退休年金给付的支付状况，可要求支付老龄退休年金给付者（在次款中称为"年金保险人"）提供必要的资料。

7 年金保险人（厚生劳动大臣除外），经厚生劳动大臣同意，可将前款规定的提供资料事务委托厚生劳动大臣进行。

第109条 前条第1款至第4款所规定者，因疾病、负伤或分娩，对于其理应可获得的全部或部分报酬，无法获得其全额时，支付伤病补贴金或分娩补贴金的全额；于其部分无法获得的情形，其获得的数额少于伤病补贴金或分娩补贴金的数额时，支付其额和伤病补贴金或分娩补贴金的差额。但是，根据同条第1款但书、第2款但书、第3款但书或第4款但书的规定获得部分伤病补贴金或分娩补贴金时，从支付额中扣除其额。

2 根据前款的规定保险人支付的金额，向雇主征收。

第四节 家属医疗费、家属上门看护医疗费、家属移送费、家属丧葬费及家属分娩育儿临时补贴金的支付

（家属医疗费）

第 110 条 被保险人的被扶养人在自己选定的保险医疗机关等接受医疗服务时，针对其医疗所需费用，向被保险人支付家属医疗费。

2 家属医疗费的数额，为第 1 项所列数额（该医疗包括伙食医疗时，为该数额及第 2 项所列数额的合算额；该医疗包括生活医疗时，为该数额及第 3 项所列数额的合算额）。

一 关于该医疗（伙食医疗及生活医疗除外）算定的费用额（其额超过该医疗实际所需费用额时，为该医疗实际所需费用额），按照以下①至④所列情形的区分，乘以该①至④所定的比例所得数额

①为被扶养人满六岁之日后最初的 3 月 31 日的翌日之后满七十岁之日所属月份之前的情形 百分之七十

②为被扶养人满六岁之日后最初的 3 月 31 日之前的情形 百分之八十

③为被扶养人（④规定的被扶养人除外）满七十岁之日所属月份的翌月之后的情形 百分之八十

④为符合第 74 条第 1 款第 3 项所列情形的被保险人即其他政令规定的被保险人的被扶养人满七十岁之日所属月份的翌月之后的情形 百分之七十

二 从该伙食医疗算定的费用额（其额超过该伙食医疗实际所需费用额时，为该伙食医疗实际所需费用额）中扣除伙食医疗标准负担额所得数额

三 从该生活医疗算定的费用额（其额超过该生活医疗实际所需费用额时，为该生活医疗实际所需费用额）中扣除生活医疗标准负担额所得数额

3 关于前款第 1 项的医疗费用额算定，于在保险医疗机关接受医疗（评价医疗、患者申请医疗及选定医疗除外）服务之情形，依第 76 条第 2 款费用额算定之例；于在保险医疗机关接受评价医疗、患者申请医疗或选定医疗服务之情形，依第 86 条第 2 款第 1 项费用额的算定之例；关于前款第 2 项伙食医疗费用额的算定，依第 85 条第 2 款费用额的算定之例；关于前款第 3 项生活

医疗费用额的算定，依第 85 条之 2 第 2 款费用额算定之例。

4 被扶养人获得第 63 条第 3 款第 1 项或第 2 项所列医院、诊疗所或药局的医疗时，对于其被扶养人应向该医院、诊疗所或药局支付的医疗所需费用，保险人在应向被保险人支付的家属医疗费之数额限度内，可以代替被保险人，向该医院、诊疗所或药局支付。

5 依前款规定进行支付时，视为已向被保险人支付家属医疗费。

6 于被扶养人获得第 63 条第 3 款第 3 项所列医院、诊疗所或药局的医疗之情形，在其被扶养人应支付的医疗所需费用中，保险人免除相当于应向被保险人支付的相当于家属医疗费数额时，视为已向被保险人支付家属医疗费。

7 第 63 条、第 64 条、第 70 条第 1 款、第 72 条第 1 款、第 73 条、第 76 条第 3 款至第 6 款，第 78 条、第 84 条第 1 款、第 85 条第 8 款、第 87 条及第 98 条的规定，准用于家属医疗费的给付及被扶养人的医疗。

8 于第 4 款情形的医疗，根据第 3 款的规定算定的费用额（其额超过该医疗实际所需费用额时，为该医疗实际所需费用额）中扣除该医疗所需费用中相当于家属医疗费的支付额所得数额的支付，准用第 75 条的规定。

（家属医疗费数额的特例）

第 110 条之 2 关于第 75 条之 2 第 1 款规定的被保险人的被扶养人之家属医疗费支付，保险人可将前条第 2 款第 1 项①至④规定的比例，采取超过各自的比例在百分之百以下的范围内由保险人规定比例的措施。

2 关于与前款规定的被扶养人相关的前条第 4 款规定的适用，同款中所称的"应向被保险人支付的家属医疗费数额"，为"该医疗算定的费用额"（其额超过该医疗实际所需费用额时，为该医疗实际所需费用额）。于此情形，保险人直接向与被扶养人相关的被保险人征收从该已支付额中扣除应向被保险人支付的家属医疗费数额的所得数额，其征收可缓期进行。

（家属上门看护医疗费）

第 111 条 被保险人的被扶养人自指定上门看护事业者接受指定上门看护时，针对其指定上门看护所需费用，向被保险人支付家属上门看护医疗费。

2 家属上门看护医疗费的数额为，有关指定上门看护根据第 88 条第 4 款厚生劳动大臣规定之例算定的费用额，按照第 110 条第 2 款第 1 项①至④所列情形区分，乘以同项①至④所规定的比例所得数额（关于家属医疗费的支付，应适用前条第 1 款或第 2 款的规定时，为适用该规定情形之额）。

3 第 88 条第 2 款、第 3 款、第 6 款至第 11 款及第 13 款、第 90 条第 1 款、第 91 条、第 92 条第 2 款及第 3 款、第 94 条及第 98 条的规定，准用于家属上门看护医疗费的支付和被扶养人的指定上门看护。

（家属移送费）

第 112 条 被保险人的被扶养人为接受与家属医疗费相关的医疗，被移送至医院或诊疗所时，向被保险人支付根据第 97 条第 1 款厚生劳动省令规定算出的家属移送费数额。

2 第 97 条第 2 款及第 98 条的规定，准用于家属移送费的支付。

（家属丧葬费）

第 113 条 被保险人的被扶养人死亡时，依据第 100 条第 1 款政令规定的金额，向被保险人支付家属丧葬费。

（家属分娩育儿临时金）

第 114 条 被保险人的被扶养人分娩时，依据第 101 条政令规定的金额，向被保险人支付家属分娩育儿临时金。

第五节 高额医疗费和高额护理合算医疗费的支付

（高额医疗费）

第 115 条 有关医疗给付已支付的个人负担金数额或医疗（伙食医疗及生活医疗除外）所需费用额中扣除支付的相当于保险外并用医疗费、医疗费、上门看护医疗费、家属医疗费、家属上门看护医疗费之后的金额（次条第 1 款中称为"个人负担金等数额"）明显过高时，向接受该医疗给付或其保险外并用医疗费、医疗费、上门看护医疗费、家属医疗费、家属上门看护医疗费者，支付高额医疗费。

2 高额医疗费的支付要件、支付额及其他与高额医疗费支付相关的事项，应考量医疗所需费用的负担对家庭经济的影响和医疗所需费用的金额，由政令规定。

（高额护理合算医疗费）

第 115 条之 2 个人负担金等数额（于支付前条第 1 款高额医疗费之情形，为扣除相当于该支付额后的所得额）、《护理保险法》第 51 条第 1 款规定的护理服务利用者负担额（于支付同款的高额护理服务费之情形，为扣除该支付额后的所得额）、同法第 61 条第 1 款规定的护理预防服务利用者负担额（于支付同款高额护理预防服务费的，为扣除该支付额后的所得额）的总额明显过高时，向接受与该个人负担金等数额相关的医疗给付或其保险外并用医疗费、医疗费、上门看护医疗费、家属医疗费、家属上门看护医疗费者，支付高额护理合算医疗费。

2 前条第 2 款的规定，准用于高额护理合算医疗费的给付。

第六节 保险给付的限制

第 116 条 被保险人或曾为被保险人者，因自己的故意犯罪行为，或故意导致给付事由发生时，不提供与该给付事由相关的保险给付。

第 117 条 被保险人因争斗、醉酒或品行不端行为导致给付事由发生时，可不提供与该给付事由相关的全部或部分保险给付。

第 118 条 被保险人或曾为被保险人者，符合以下各项情形之一，在患病、负伤或分娩期间，不提供与该期间相关的保险给付（支付伤病补贴金及分娩补贴金时，限于厚生劳动省令规定的情形）。

一 被收容于少年院及其他类似设施时

二 被拘禁于刑事设施、劳役场及其他类似设施时

2 即使被保险人或曾为被保险人者符合前款各项情形之一，保险人仍可提供与被扶养人相关的保险给付。

第 119 条 被保险人或曾为被保险人者，无正当理由不服从有关医疗的指示时，保险人可以不提供部分给付。

第 120 条 对通过欺诈及其他不正当行为获得保险给付，或欲获得保险给

付者，保险人可以规定六个月以内的期间，向其作出不支付全部或部分应支付的伤病补贴金或分娩补贴金之决定。但是，自欺诈及其他不正当行为发生之日起经过一年时，不在此限。

第 121 条　获得保险给付者无正当理由，不服从第 59 条规定的命令，或拒绝回答、诊疗时，保险人可不提供全部或部分保险给付。

第 122 条　第 116 条、第 117 条、第 118 条第 1 款及第 119 条的规定，准用于被保险人的被扶养人。于此情形，这些规定中所称的"保险给付"，可换称为"与该被扶养人相关的保险给付"。

第五章　关于日雇特例被保险人的特例

第一节　日雇特例被保险人保险的保险人

第 123 条　日雇特例被保险人保险的保险人为协会。

日雇特例被保险人保险的保险人业务中，日雇特例被保险人手册的交付、与日雇特例被保险人相关的保险费的征收、日雇筹措金的征收及与之附带的业务，由厚生劳动大臣实施。

第二节　标准工资日额等

（标准工资日额）

第 124 条　标准工资日额，基于日雇特例被保险人的工资日额，按照以下等级区分（根据次款的规定进行等级区分改定时，按改定后的等级区分）

标准工资日额等级	标准工资日额	工资日额
第 1 级	3000 日元	不足 3500 日元
第 2 级	4400 日元	3500 日元以上、不足 5000 日元
第 3 级	5750 日元	5000 日元以上、不足 6500 日元
第 4 级	7250 日元	6500 日元以上、不足 8000 日元
第 5 级	8750 日元	8000 日元以上、不足 9500 日元
第 6 级	10750 日元	9500 日元以上、不足 12000 日元
第 7 级	13250 日元	12000 日元以上、不足 14500 日元

标准工资日额等级	标准工资日额	工资日额
第 8 级	15750 日元	14500 日元以上、不足 17000 日元
第 9 级	18250 日元	17000 日元以上、不足 19500 日元
第 10 级	21250 日元	19500 日元以上、不足 23000 日元
第 11 级	24750 日元	23000 日元以上

2 对应某一年度标准工资日额等级的最高等级有关标准工资日额的保险费的总缴纳日数，占该年度日雇特例被保险人保险费的整个总缴纳日数比例超过百分之三情形，其状态确认持续时，从翌年度的 9 月 1 日起，可在政令中，于最高等级之上增加等级修改标准工资日额的等级区分。但是，在该某一年度内，对应修改后的标准工资日额等级的最高等级有关标准工资日额的保险费总缴纳日数，占日雇特例被保险人保险费整个总缴纳日数的比例不得低于百分之一。

3 第 40 条第 3 款的规定，准用于前款政令的制定或修改。

（工资日额）

第 125 条 工资日额，按照下列各项算定。

一 于工资按日或小时规定情形、按一日的生产量规定情形及其他可以按日雇特例被保险人被雇佣日的工资计算情形，为其额。

二 于工资按两日以上的生产量规定及其他无法按日雇特例被保险人被雇佣日的工资计算情形（符合下项情形除外），为在该事业所从事相同工作获得相同工资者的其前一日（在其前一日无从事相同工作获得相同工资者时，为有符合这个规定者的最近日）工资日额的平均额。

三 于工资按两日以上的期间规定之情形，为其额除以此期间的总日数（按月时，翌月按三十日计算）所得额。

四 无法根据前三项的规定算定者，为当地从事相同工作获得相同工资者一日所得工资额。

五 于前各项中符合两个以上工资的规定情形，为按照各自的工资，根据前各项算定额的合算额。

六　于一日被两个以上的事业所雇佣之情形，为从最先雇佣的事业所获得的工资，根据前各项算定之额。

2　于前款情形，关于工资中货币以外的支付，其价额根据地方的时价，由厚生劳动大臣规定。

（日雇特例被保险人手册）

第 126 条　日雇劳动者成为日雇特例被保险人时，自成为日雇特例被保险人之日起算五日以内，应向厚生劳动大臣申请交付日雇特例被保险人手册。但是，已经接受日雇特例被保险人手册的交付，携带该手册时，在其日雇特例被保险人手册中应粘贴健康保险印花纸处有空白时，不在此限。

2　于有前款的申请时，厚生劳动大臣应交付日雇特例被保险人手册。

3　接受交付日雇特例被保险人手册者，在其日雇特例被保险人手册中应粘贴健康保险印花纸的空白存在期间内，明显无希望成为日雇特例被保险人时，或获得根据第 3 条第 2 款但书规定的承认时，应向厚生劳动大臣交回日雇特例被保险人手册。

4　日雇特例被保险人手册的样式、交付、交回及其他有关日雇特例被保险人手册的必要事项，由厚生劳动省令规定。

第三节　与日雇特例被保险人相关的给付

（保险给付的种类）

第 127 条　本法规定的与日雇特例被保险人（包括曾为日雇特例被保险人。以下本节相同）相关的保险给付，包括以下给付。

一　医疗给付及住院时伙食医疗费、住院时生活医疗费、保险外并用医疗费、医疗费、上门看护医疗费及移送费的给付

二　伤病补贴金的给付

三　丧葬费的给付

四　分娩育儿临时金的给付

五　分娩补贴金的给付

　六　家属医疗费、家属上门看护医疗费及家属移送费的给付

　七　家属丧葬费的给付

　八　家属分娩育儿临时金的给付

　九　特别医疗费的给付

　十　高额医疗费及高额护理合算医疗费的给付

（与其他医疗保险给付等的调整）

第 128 条　因同一疾病、负伤、死亡或分娩，根据前章的规定、本法以外的医疗保险各法（《国民健康保险法》除外，以下本条相同）的规定、第 55 条第 1 款中法令的规定和《护理保险法》的规定，可以获得与之相当的给付之情形，不提供与日雇特例被保险人相关的医疗给付或住院时伙食医疗费、住院时生活医疗费、保险外并用医疗费、医疗费、上门看护医疗费、移送费、伤病补贴金、丧葬费、分娩育儿临时金或分娩补贴金的给付。

　2　协会认为有必要提供与日雇特例被保险人相关的伤病补贴金时，向根据《劳动者灾害补偿保险法》《国家公务员灾害补偿法》《地方公务员灾害补偿法》或基于同法的条例之规定提供给付者，可要求其提供有关该给付的支付情况之必要资料。

　3　因同一疾病、负伤、死亡或分娩，根据前章的规定或本法以外的医疗保险各法的规定，获得相当于本章规定的家属医疗费（包括第 140 条第 2 款中准用的根据第 132 条的规定给付的医疗费，次款中相同）、家属上门看护医疗费、家属移送费、家属丧葬费或家属分娩育儿临时金的给付时，于其限度内，不再提供与日雇特例被保险人相关的医疗给付或住院时伙食医疗费、住院时生活医疗费、保险外并用医疗费、医疗费、上门看护医疗费、移送费、丧葬费、分娩育儿临时金或分娩补贴金的给付。

　4　因同一疾病、负伤、死亡或分娩，根据前章的规定、本法以外的医疗保险各法的规定或《护理保险法》的规定，能够获得与之相当的给付或相当于本章规定的医疗给付或住院时伙食医疗费、住院时生活医疗费、保险外并用医疗费、医疗费、上门看护医疗费、移送费、丧葬费、分娩育儿临时金的给付

时，不再提供与日雇特例被保险人相关的家属医疗费、家属上门看护医疗费、家属移送费、家属丧葬费、家属分娩育儿临时金的给付。

5　因同一疾病、负伤、死亡或分娩，根据前章的规定、本法以外的医疗保险各法的规定、第 55 条第 1 款中法令的规定或《护理保险法》的规定，能够获得相当于本章规定的医疗给付或住院时伙食医疗费、住院时生活医疗费、保险外并用医疗费、医疗费、上门看护医疗费、家属医疗费、家属上门看护医疗费的给付时，不再提供特别医疗费（包括第 145 条第 6 款中准用的根据第 132 条的规定给付的医疗费）的给付。

6　因同一疾病、负伤、死亡或分娩，根据其他法令的规定因国家或地方公共团体的负担而获得医疗或医疗费的给付时，于其限度内，不再提供与日雇特例被保险人相关的医疗给付或住院时伙食医疗费、住院时生活医疗费、保险外并用医疗费、医疗费、上门看护医疗费、移送费、家属医疗费、家属上门看护医疗费、家属移送费、特别医疗费的给付。

（医疗给付）

第 129 条　日雇特例被保险人患病或负伤时，提供第 63 条第 1 款各项所列的医疗给付。

2　日雇特例被保险人为获得医疗给付，获得医疗给付之日应符合以下各项之一。但是，于符合第 2 项之情形，对于因符合第 1 项获得医疗给付的疾病、负伤及因此引发的疾病以外的疾病或负伤，不提供医疗给付。

一　该日所属月份的前二月间通算二十六日以上或该月所属月份的前六月间通算七十八日以上的保险费，日雇特例被保险人已缴纳。

二　符合前项规定，自因该疾病（包括成为其原因的疾病或负伤，以下本款相同）或负伤接受的医疗给付之开始日［于其开始日前提供因该疾病或负伤支付的特别医疗费（包括第 145 条第 6 款中准用的根据第 132 条的规定给付的医疗费，以下本项相同）的给付或《护理保险法》规定的居家护理服务费的给付（限于其给付中与医疗相当的指定居家服务相关的给付，以下本项、第 135 条第 4 款及第 145 条第 1 款中相同）、特例居家护理服务费的给付（限于其给付中与医疗相当的居家服务或与之相当的服务，以下本项、第 135 条第 4 款及第 145 条第 1 款中相同）、地域密着型护理服务费的给付（限于其给付中与医疗相当的指定地域密着型服务相关的给付，以下本项、第 135 条第 4 款及第 145 条第 1 款中相同）、特例地域密着型护理服务费的给付（限于其给付中与医疗相当的地域密着型服务或与之相当的服务相关的给付，以下本项、第 135 条第 4 款及第 145 条第 1 款中相同）、设施护理服务费的给付（限于其给付中与医疗相当的指定设施服务相关的给付，以下本项、第 135 条第 4 款及第 145 条第 1 款中相同）、特例设施护理服务费的给付（限于其给付中与医疗相当的设施服务相关的给付，以下本项、第 135 条第 4 款及第 145 条第 1 款中相同）、护理预防服务费的给付（限于其给付中与医疗相当的指定护理预防服务相关的给付，以下本项、第 135 条第 4 款及第 145 条第 1 款中相同）、特例护理预防服务费的给付（限于其给付中与医疗相当的护理预防服务或与之相当的服务相关的给付，以下本项、第 135 条第 4 款及第 145 条第 1 款中相同）时，特别医疗费的给付或《护理保险法》规定的居家护理服务费的给付、特例居家护理服务费的给付、地域密着型护理服务费的给付、特例地域密着型护理服务费的给付、设施护理服务费的给付、特例设施护理服务费的给付、护理预防服务费的给付或特例护理预防服务费的给付之开始日] 起，尚未经过（符合前项规定情形除外）一年（厚生劳动大臣指定的疾病，为五年）

3 日雇特例被保险人提出通过日雇特例被保险人手册证明符合前款第 1 项情形的申请时，保险人应发行对此有确认表示的受给资格人票，或在已发行的受给资格人票中作出确认表示。

4 日雇特例被保险人欲获得第 63 条第 1 款各项所列的医疗给付时，向自己选定的同条第 3 款第 1 项或第 2 项所列的机构出示受给资格人票，从该机构获得给付。

5 前款的受给资格人票，应获得第 3 款规定的确认，并且，根据其确认，应证明该疾病或负伤满足第 2 款规定的受给要件。

6 受给资格人票的样式、第 3 款规定的确认及其他有关受给资格人票的必要事项，由厚生劳动省令规定。

（住院时伙食医疗费）

第 130 条　日雇特例被保险人 [获得医疗病床的住院及与医疗附随的照顾及其他护理之医疗时，满六十五岁之日所属月的翌月之后者（次条中称为"特定长期住院日雇特例被保险人"）除外]，向自己从第 63 条第 3 款第 1 项或第 2 项所列医院或诊疗所中选定的机构提交受给资格人票，对于从选定的机构获得与同条第 1 款第 5 项所列的医疗给付一起的伙食医疗所需费用，给付住院时伙食医疗费。

2　前条第 2 款、第 4 款及第 5 款的规定，准用于住院时伙食医疗费的给付。

（住院时生活医疗费）

第 130 条之 2　特定长期住院日雇特例被保险人，向自己从第 63 条第 3 款第 1 项或第 2 项所列的医院或诊疗所中选定的机构提交受给资格人票，对于从选定的机构获得与同条第 1 款第 5 项所列的医疗给付一起的生活医疗所需费用，给付住院时生活医疗费。

（保险外并用医疗费）

第 131 条　日雇特例被保险人提出受给资格人票，从第 63 条第 3 款第 1 项或第 2 项所列的医院、诊疗所或药局中自己选定的机构获得评价医疗、患者申请医疗或选定医疗时，对于其医疗所需费用，给付保险外并用医疗费。

2　第 129 条第 2 款、第 4 款及第 5 款的规定，准用于保险外并用医疗费的给付。

（医疗费）

第 132 条　保险人认为进行医疗给付或住院时伙食医疗费、住院时生活医疗费、保险外并用医疗费的给付（以下本款中称为"医疗给付等"）有困难时，或于日雇特例被保险人从第 63 条第 3 款第 1 项或第 2 项所列的医院、诊疗所或药局以外的医院、诊疗所、药局及其他机构获得诊疗、药剂的给付或补贴之情形，保险人认为有不得已的事由时，可代替医疗给付等，给付医疗费。

2　日雇特例被保险人未获得第 129 条第 3 款规定的确认，从第 63 条第 3 款第 1 项或第 2 项所列的医院、诊疗所或药局获得诊疗或药剂的给付时，保险人认为其未确认之事有紧急的不得已事由时，与前款相同处理。

（上门看护医疗费）

第 133 条　日雇特例被保险人向自己选定的指定上门看护事业者提交受给资格人票，获得指定上门看护时，对于其指定上门看护所需费用，给付上门看护医疗费。

2　第 129 条第 2 款及第 5 款的规定，准用于上门看护医疗费的给付。

（移送费）

第 134 条　日雇特例被保险人为获得医疗给付（包括与保险外并用医疗费相关的医疗及与特别医疗费相关的医疗），被移送至医院或诊疗所时，给付根据第 97 条第 1 款厚生劳动省令的规定算定的移送费金额。

（伤病补贴金）

第 135 条　于日雇特例被保险人获得医疗给付［为保险外并用医疗费、医疗费及上门看护医疗费的给付及《护理保险法》规定的居家护理服务费、特例居家护理服务费、地域密着型护理服务费、特例地域密着型护理服务费、设施护理服务费、特例设施护理服务费、护理预防服务费或特例护理预防服务费的给付（限于与这些给付中相当医疗的居家服务或与之相当的服务、地域密着型服务或与之相当的服务、设施服务、护理预防服务或与之相当的服务相关的内容），向拥有第 129 条第 3 款的受给资格人票（限于符合同条第 5 款的规定情形）者提供给付，次款及次条中相同］之情形，因其医疗（包括居家服务及与之相当的服务、设施服务、护理预防服务及与之相当的服务中相当于医疗的服务）无法从事工作时，自无法从事工作之日起算经过三日之日开始，在无法从事工作期间内，给付伤病补贴金。

2　伤病补贴金的金额，按照以下各项所列情形的区分，在各项中规定一日之金额。但是，符合以下所有各项时，以任一高额为准。

一　关于该日雇特例被保险人，于其初次获得医疗给付日所属月的前二月间通算二十六日以上缴纳保险费之情形，为该期间内与缴纳保险费日相关的该日雇特例被保险人标准工资日额的每个月的合算额中最大额的四十五分之一相当额。

二　关于该日雇特例被保险人，于其初次获得医疗给付日所属月的前六月间通算七十八日以上缴纳保险费之情形，为该期间内与缴纳保险费日相关的该日雇特例被保险人标准工资日额的每个月的合算额中最大额的四十五分之一相当额。

3　因同一疾病、负伤及因之引发的疾病，与日雇特例被保险人相关的伤病补贴金的给付期间，从其给付开始日起算不超过六个月（对于厚生劳动大臣指定的疾病，为一年六个月）。

4　日雇特例被保险人因疾病或负伤，根据第128条的规定医疗给付或保险外并用医疗费、医疗费或上门看护医疗费的给付无法全部获得时，或根据《护理保险法》第20条的规定基于同法规定的居家护理服务费的给付、特例居家护理服务费的给付、地域密着型护理服务费的给付、特例地域密着型护理服务费的给付、设施护理服务费的给付、特例设施护理服务费的给付、护理预防服务费的给付或特例护理预防服务费的给付［限于对这些给付中拥有第129条第3款的受给资格人票（限于符合同条第5款规定者）者提供给付，以下本款中相同］无法全部获得时，将医疗给付或保险外并用医疗费、医疗费或上门看护医疗费的给付或《护理保险法》规定的居家护理服务费的给付、特例居家护理服务费的给付、地域密着型护理服务费的给付、特例地域密着型护理服务费的给付、设施护理服务费的给付、特例设施护理服务费的给付、护理预防服务费的给付或特例护理预防服务费的给付相当的该给付，或该医疗或医疗费的给付，视同为本章规定的医疗给付或保险外并用医疗费、医疗费或上门看护医疗费的给付或《护理保险法》规定的居家护理服务费的给付、特例居家护理服务费的给付、地域密着型护理服务费的给付、特例地域密着型护理服务费的给付、设施护理服务费的给付、特例设施护理服务费的给付、护理预防服务费的给付或特例护理预防服务费的给付，适用第1款及第2款的规定。

（丧葬费）

第 136 条　于日雇特例被保险人死亡之情形，其死亡之日所属月的前二月间通算二十六日以上或该月的前六月间通算七十八日以上的保险费已缴纳时，其死亡时已获得医疗给付或保险外并用医疗费、医疗费、上门看护医疗费的给付时，或其死亡为未获得医疗给付或保险外并用医疗费、医疗费、上门看护医疗费的给付日之后三个月以内时，向依靠其维持生计并办理丧葬者给付第 100 条第 1 款政令规定金额的丧葬费。

2　根据前款的规定无应获得丧葬费给付者时，在同款丧葬费的金额范围内，向办理丧葬者给付相当于丧葬所需费用的金额。

（分娩育儿临时金）

第 137 条　于日雇特例被保险人分娩情形，其分娩日所属月的前四个月间通算二十六日以上的保险费已缴纳时，向其给付第 101 条政令规定金额的分娩育儿临时金。

（分娩补贴金）

第 138 条　对于可获得分娩育儿临时金给付的日雇特例被保险人，自分娩日（分娩日为分娩预定日之后时，为分娩预定日）之前四十二日（多台妊娠时为九十八日）至分娩日之后五十六日间未从事工作期间，给付分娩补贴金。

2　分娩补贴金的数额一日为，与分娩日所属月的前四个月间的保险费已缴纳日相关的该日雇特例被保险人的标准工资日额的每个月合算额中，最大额的四十五分之一相当额。

（分娩补贴金和伤病补贴金的调整）

第 139 条　于向日雇特例被保险人给付分娩补贴金之情形，在此期间内，不向其给付伤病补贴金。但是，伤病补贴金的数额超过分娩补贴金的数额时，该超过部分不在此限。

（家属医疗费）

第 140 条　日雇特例被保险人的被扶养人，向从第 63 条第 3 款第 1 项或第 2 项所列医院、诊疗所或药局中自己选定的机构提交受给资格人票，从该机构获得医疗时，对于其医疗所需费用，向日雇特例被保险人给付家属医疗费。

2　第 129 条第 2 款、第 4 款、第 5 款及第 132 条的规定，准用于家属医疗费的给付。

3　第 87 条第 2 款及第 3 款的规定，准用于根据前款准用第 132 条第 1 款或第 2 款的规定给付的医疗费数额的算定。

（家属上门看护医疗费）

第 141 条　日雇特例被保险人的被扶养人，向从指定上门看护事业者中自己选定的机构提交受给资格人票，获得指定上门看护时，对于其指定上门看护所需费用，向日雇特例被保险人给付家属上门看护医疗费。

2　第 129 条第 2 款及第 5 款的规定，准用于家属上门看护医疗费的给付。

（家属移送费）

第 142 条　日雇特例被保险人的被扶养人为获得与家属医疗费相关的医疗（包括与特别医疗费相关的医疗），被移送至医院或诊疗所时。向日雇特例被保险人给付根据第 97 条第 1 款厚生劳动省令的规定算定的家属移送费。

（家属丧葬费）

第 143 条　日雇特例被保险人的被扶养人死亡时，向日雇特例被保险人给付家属丧葬费。

2　日雇特例被保险人为获得家属丧葬费的给付，日雇特例被保险人应缴纳死亡之日所属月的前二月间通算二十六日以上或该月的前六月间通算七十八日以上的保险费。

3　家属丧葬费之额，为第 113 条中政令规定的金额。

（家属分娩育儿临时金）

第 144 条　日雇特例被保险人的被扶养人分娩时，向日雇特例被保险人给付家属分娩育儿临时金。

2　日雇特例被保险人为获得家属分娩育儿临时金的给付，日雇特例被保险人应缴纳分娩之日所属月的前二月间通算二十六日以上或该月的前六月间通算七十八日以上的保险费。

3　家属分娩育儿临时金之额，为第 101 条中政令规定的金额。

（特别医疗费）

第 145 条　符合以下各项之一的日雇特例被保险人，自其符合之日所属月的初日起算未经过三月（符合月的初日者，为两月，第 5 款相同）者或其被扶养人，向从第 63 条第 3 款第 1 项或第 2 项所列医院、诊疗所或药局中自己选定的机构提交特别医疗费受给票，从该机构获得医疗时；或从指定上门看护事业者中自己选定的机构提交特别医疗费受给票，获得指定上门看护时，对于其医疗或指定上门看护所需费用，向日雇特例被保险人给付特别医疗费。但是，因疾病或负伤，可以获得医疗给付或住院时伙食医疗费、住院时生活医疗费、保险外并用医疗费、医疗费、上门看护医疗费、家属医疗费、家属上门看护医疗费的给付或《护理保险法》规定的居家护理服务费的给付、特例居家护理服务费的给付、地域密着型护理服务费的给付、特例地域密着型护理服务费的给付、设施护理服务费的给付、特例设施护理服务费的给付、护理预防服务费的给付或特例护理预防服务费的给付时，不在此限。

一　初次获得日雇特例被保险人手册的交付者

二　在一个月或持续两个月间通算二十六日以上或持续三个月乃至六个月间通算七十八日以上的保险费缴纳月，日雇特例被保险人手册中应粘贴健康保险印纸的空白已无，或该月的翌月中根据第 126 条第 3 款的规定已交回日雇特例被保险人手册后，初次获得日雇特例被保险人手册的交付者

三　在以前获得交付的日雇特例被保险人手册（于以前二次以上获得日雇特例被保险人手册的交付之情形，为最后获得交付的日雇特例被保险人手册）中，应粘贴健康保险印纸的空白已无之日，或根据第 126 条第 3 款的规定其日雇特例被保险人手册交回之日起算经过一年以上之后，获得日雇特例被保险人手册的交付者

2　特别医疗费之额，获得第 63 条第 3 款第 1 项或第 2 项所列医院、诊疗所或药局的医疗时，为第 1 项所列额（该医疗包括伙食医疗时为该额与第 2 项所列额的合算额，该医疗包括生活医疗时为该额与第 3 项所列额的合算额），

获得指定上门看护事业者指定上门看护时，为第 4 项所列额。

一　该医疗（伙食医疗和生活医疗除外）算定的费用额（其额超过该医疗的实际所需费用额时，为该医疗实际所需费用额）之百分之七十的相当额

二　从该伙食医疗算定的费用额（其额超过该伙食医疗的实际所需费用额时，为该伙食医疗实际所需费用额）中扣除伙食标准负担额的所得额

三　从该生活医疗算定的费用额（其额超过该生活医疗的实际所需费用额时，为该生活医疗实际所需费用额）中扣除生活标准负担额的所得额

四　该指定上门看护算定的费用额之百分之七十的相当额

3　于获得第 1 款的医疗或指定上门看护者满六岁以后最初的 3 月 31 日以前情形，适用前款规定时，同款第 1 项及第 4 项中的"百分之七十"，变更为"百分之八十"。

4　于获得第 1 款的医疗或指定上门看护者（符合第 149 条中准用第 74 条第 1 款第 3 项所列情形的该被保险人或其被扶养人或政令规定的被保险人的被扶养人除外）满七十岁之日所属月的翌月以后情形，适用第 2 款的规定时，同款第 1 项及第 4 项中的"百分之七十"，变更为"百分之八十"。

5　符合第 1 款各项之一的日雇特例被保险人，自其符合之日所属月的初日起算未经过三个月者，根据其提出的申请，由保险人交付特别医疗费受给票。

6　第 132 条的规定准用于特别医疗费的给付。于此情形，同条第 2 款中"第 129 条第 3 款规定的确认"及"该确认"，换称为"特别医疗费的给付"。

7　第 87 条第 2 款及第 3 款的规定，准用于根据前款中准用的第 132 条第 1 款或第 2 款的规定给付医疗费数额的算定。

8　特别医疗费受给票的样式、交付及其他有关特别医疗费受给票的必要事项，由厚生劳动省令规定。

第 146 条　日雇特例被保险人获得第 3 条第 2 款但书的承认时，因承认不再为非日雇特例被保险人之日后，日雇特例被保险人根据第 126 条第 3 款的规定交回日雇特例被保险人手册时，交回之日的翌日以后，不提供特别医疗费的

给付。

（高额医疗费）

第 147 条　自与日雇特例被保险人相关的医疗给付所支付的个人负担金数额或日雇特例被保险人或其被扶养人医疗（伙食医疗和生活医疗除外）所需费用的数额扣除保险外并用医疗费、医疗费、上门看护医疗费、家属医疗费、家属上门看护医疗费或特别医疗费之给付相当额所得额（次条中称为"与日雇特例被保险人相关的个人负担金等额"）明显过高时，向获得该医疗给付或其保险外并用医疗费、医疗费、上门看护医疗费、家属医疗费、家属上门看护医疗费或特别医疗费之给付的日雇特例被保险人，给付高额医疗费。

（高额护理合算医疗费）

第 147 条之 2　与日雇特例被保险人相关的个人负担金等额（于给付前条高额医疗费的情形，扣除该给付额之相当额所得额）、《护理保险法》第 51 条第 1 款规定的护理服务利用者负担额（于给付同款高额护理服务费之情形，为扣除该给付额所得额）及同法第 61 条第 1 款规定的护理预防服务利用者负担额（于给付同款的高额护理预防服务费之情形，为扣除该给付额所得额）的合算额明显过高时，向获得与该个人负担金等额相关的医疗给付或保险外并用医疗费、医疗费、上门看护医疗费、家属医疗费、家属上门看护医疗费或特别医疗费之给付的日雇特例被保险人，给付高额护理合算医疗费。

（受给方法）

第 148 条　欲获得与日雇特例被保险人相关的住院时伙食医疗费、住院时生活医疗费、保险外并用医疗费、医疗费、上门看护医疗费、移送费、伤病补贴金、丧葬费、分娩育儿临时金、分娩补贴金、家属医疗费、家属上门看护医疗费、家属移送费、家属丧葬费、家属分娩育儿临时金、特别医疗费的给付者，应根据厚生劳动省令的规定，附上能够证明具备给付要件的日雇特例被保险人手册或受给资格人票及其他材料，提出申请。

（准用）

第 149 条　下表第一列的规定，分别准用于同表第二列与日雇特例被保险人相关的事项。

第 56 条至第 62 条	保险给付
第 63 条第 2 款、第 64 条、第 70 条第 1 款、第 72 条第 1 款、第 73 条、第 76 条第 3 款至第 6 款、第 78 条及第 84 条第 1 款	医疗给付及住院时伙食医疗费、住院时生活医疗费、保险外并用医疗费、家属医疗费及特别医疗费的给付
第 74 条、第 75 条、第 75 条之 2、第 76 条第 1 款、第 2 款及第 84 条第 2 款	医疗给付
第 77 条	医疗给付及保险外并用医疗费的给付
第 85 条第 2 款及第 4 款	住院时伙食医疗费
第 85 条第 5 款及第 6 款	住院时伙食医疗费、住院时生活医疗费、保险外并用医疗费的给付
第 85 条第 8 款	住院时伙食医疗费、住院时生活医疗费、保险外并用医疗费、家属医疗费及特别医疗费的给付
第 85 条之 2 第 2 款及第 4 款	住院时生活医疗费的给付
第 86 条第 2 款及第 5 款	保险外并用医疗费的给付
第 87 条第 2 款及第 3 款	医疗费的给付
第 88 条第 2 款、第 6 款至第 11 款、第 13 款、第 90 条第 1 款、第 91 条、第 92 条第 2 款、第 3 款及第 94 条	上门看护医疗费、家属上门看护医疗费及特别医疗费的给付
第 88 条第 4 款及第 12 款	上门看护医疗费的给付
第 97 条第 2 款	移送费及家属移送费的给付
第 103 条第 2 款、第 108 条第 1 款至第 3 款、第 5 款及第 109 条	伤病补贴金及分娩补贴金的给付
第 110 条第 2 款	家属医疗费的给付
第 110 条第 3 款至第 5 款、第 8 款及第 110 条之 2	家属医疗费及特别医疗费的给付
第 111 条第 2 款	家属上门看护医疗费的给付
第 115 条第 2 款	高额医疗费及高额护理合算医疗费的给付
第 116 条至第 121 条	日雇特例被保险人或其被扶养人

第六章　保健事业和福祉事业

（保健事业及福祉事业）

第 150 条　保险人除了开展《高龄者医疗确保法》第 20 条规定的特定健康诊查（次款中仅称为"特定健康诊查"）和同法第 24 条规定的特定保健指导（以下本款及第 154 条之 2 中称为"特定健康诊查等"）之外，应努力开展健康教育、健康咨询、健康检查、健康管理、与疾病预防相关的被保险人及其被扶养人（以下本条称为"被保险人等"）的自助努力之支援，以及其他为保持增进被保险人等的健康之特定健康诊查等以外的必要事业。

2　保险人根据前款规定实施为保持增进被保险人等的健康之必要事业，认为有必要时，可以要求雇佣被保险人等的事业者等[指《劳动安全卫生法》（1972 年法律第 57 号）第 2 条第 3 项规定的事业者及基于其他法令负有实施健康诊断（限于实施相当于特定健康诊查的项目）职责者及其他厚生劳动省令规定者以下本条相同]或曾为事业者等，可要求其提供厚生劳动省令规定的，基于同法及其他法令该事业者等保存的有关该被保险人等的健康诊断记录的复印件及其他类似证明。

3　根据前款的规定，被要求提供基于《劳动安全卫生法》和其他法令保存的有关被保险人等的健康诊断记录复印件的事业者，根据厚生劳动省令的规定，应提供该记录的复印件。

4　保险人开展第 1 款事业时，应活用《高龄者医疗确保法》第 16 条第 1 款规定的医疗保险等关联信息、事业者等提供的有关被保险人等的健康诊断记录复印件及其他必要的信息，适当且有效地运用之。

5　保险人，可为被保险人等的医疗所需必要费用提供资金或辅具的借贷，改善被保险人等的医疗或医疗环境，为被保险人等的分娩所需必要费用提供贷款，以及开展其他有助于增进被保险人等福祉的必要事业。

6　保险人在不影响第 1 款和前款事业的情况下，可让非被保险人等利用该事业。于此情形，保险人依据厚生劳动省令的规定，可以向利用该事业者收取利用费。

7　依据厚生劳动省令，厚生劳动大臣可以命令健康保险组合开展第 1 款或第 5 款规定的事业。

8　厚生劳动大臣，为适当且有效地实施有关依据第 1 款的规定保险人开展的保持增进被保险人等健康的必要事业，应公布方针，提供信息，以及进行其他必要的支援。

9　前款的方针，应保持与《健康增进法》（2002 年法律第 103 号）第 9 条第 1 款规定的健康诊查等方针的调和。

（为改善国民保健的匿名诊疗等关联信息的利用或提供）

第 150 条之 2　厚生劳动大臣，为有助于改善国民保健，可利用匿名诊疗等关联信息 [是指识别与诊疗等关联信息相关的特定被保险人及其他厚生劳动省令规定者（次条中称为"本人"），以及为了其用于作成无法复原的诊疗等关联信息，按照厚生劳动省令规定的基准加工的诊疗等关联信息，下同]，或根据厚生劳动省令的规定，向获得提供的匿名诊疗等关联信息，分别从事被认为具有相当公益性的以下各项规定的业务者，可提供匿名诊疗等关联信息。

一　国家其他的行政机关及地方公共团体　有助于提供适当的保健医疗服务之施策计划及有关立案的调查

二　大学及其他研究机关　有关疾病的原因及疾病的预防、诊断及治疗方法的研究及其他有关提高和增进公共卫生的研究

三　民间事业者及其他的厚生劳动省令规定者　有助于医疗领域的研究开发之分析及其他厚生劳动省令规定的业务（用于特定的商品或公务广告或宣传的业务除外）

2　厚生劳动大臣，于进行前款规定的利用或提供之情形，可以将该匿名诊疗等关联信息与《高龄者医疗确保法》第 16 条之 2 第 1 款规定的匿名医疗保险等关联信息、《护理保险法》第 118 条之 3 第 1 款规定的匿名护理保险等关联信息及其他厚生劳动省令规定的信息结合利用，或提供可以结合利用的状态。

3　厚生劳动大臣，根据第 1 款的规定欲提供匿名诊疗等关联信息时，应事先听取社会保障审议会的意见。

（禁止核对等）

第 150 条之 3　根据前条第 1 款的规定获得匿名诊疗等关联信息的提供，对此利用者（以下称为"匿名诊疗等关联信息利用者"），处理匿名诊疗等关联信息时，不得为了识别用于作成该匿名诊疗等关联信息的与匿名诊疗等关联信息相关的本人，恢复从该匿名诊疗等关联信息中删除的记述等 [指文件、图画或电磁性记录（指用电磁的方式〈指通过电子的方式、磁气的方式及其他人的知觉无法识别的方式〉制成的记录）中记载、记录，或运用音声、动作及其他方法表示的所有事项]，或取得有关用于制作匿名诊疗等关联信息的加工方法等信息，或将该匿名诊疗等关联信息与其他信息进行核对。

（消去）

第 150 条之 4　匿名诊疗等关联信息的利用者，无获得提供匿名诊疗等关联信息利用的必要时，应及时消去该匿名诊疗等关联信息。

（安全管理措施）

第 150 条之 5　匿名诊疗等关联信息的利用者，应采取厚生劳动省令规定的必要且适当的措施，防止匿名诊疗等关联信息的泄露、灭失或毁损，以及安全管理该匿名诊疗等关联信息。

（利用者的义务）

第 150 条之 6　匿名诊疗等关联信息的利用者或曾为匿名诊疗等关联信息的利用者，不得擅自将利用匿名诊疗等关联信息时知悉的匿名诊疗等关联信息向他人散布，或将其用于不正当的目的。

（入室检查等）

第 150 条之 7　厚生劳动大臣，于本章规定实施的必要限度内，可命令匿名诊疗等关联信息的利用者(国家的其他行政机关除外，以下本款及次条相同)提交或出示报告或账簿资料，或要求职员进入匿名诊疗等关联信息利用者的事务所及其他事业所，对相关人员进行询问，检查账簿资料及其他物件。

2　第 7 条之 38 第 2 款的规定，准用于前款规定的询问或检查；同条第 3 款的规定准用于前款规定的权限。

（改正命令）

第 150 条之 8　厚生劳动大臣认为匿名诊疗等关联信息利用者违反第 150 条之 3 至第 150 条之 6 时，为纠正该违反行为可命令该利用者采取必要的措施。

（向基金等的委托）

第 150 条之 9　厚生劳动大臣可以将第 77 条第 2 款规定的调查及第 150 条之 2 第 1 款规定的与利用或提供相关的全部或部分事务，委托于基金或国保联合会及厚生劳动省令规定者（次条中称为"基金等"）。

（手续费）

第 150 条之 10　匿名诊疗等关联信息利用者，应酌量实际费用向国家（根据前条的规定接受厚生劳动大臣的委托，基金等从事第 150 条之 2 第 1 款规定的有关提供匿名诊疗等关联信息的全部或部分事务时，为基金等）缴纳政令规定的手续费数额。

2　欲缴纳前款手续费者为政令规定的对都道府县及其他改善国民健康保健发挥特别重要作用者时，厚生劳动大臣根据政令的规定，可以减免该手续费。

3　根据第 1 款的规定向基金等缴纳的手续费，为基金等的收入。

第七章　费用负担

（国库负担）

第 151 条　国库在每年度的预算范围之内，负担执行健康保险事业的事务（包括与前期高龄者缴纳金等、后期高龄者支援金等及第 173 条规定的筹措金和护理缴纳金的缴纳相关的事务）所需费用。

第 152 条　向各健康保险组合交付的国库负担金，以各健康保险组合的被保险人数为基准，由厚生劳动大臣算定。

2　前款的国库负担金，可以估算支付。

（国库补助）

第 153 条　除第 151 条规定的费用外，国库还补助以下金额：执行协会掌管的健康保险事业所需费用之中，与被保险人相关的医疗给付及住院时伙食医疗费、住院时生活医疗费、保险外并用医疗费、医疗费、上门看护医疗费、移送费、伤病补贴金、分娩补贴金、家属医疗费、家属上门看护医疗费、家属移送费、高额医疗费及高额护理合算医疗费的给付所需费用（医疗给付为扣除个人负担金相当额的数额）之额及缴纳《高龄者医疗确保法》规定的前期高龄者缴纳金（以下称为"前期高龄者缴纳金"）所需费用额乘以给付费比例（指有关同法第 34 条第 1 款第 1 项及第 2 项所列额的合算额中同款第 1 项所列额的比例，以下本条及次条相同）所得额的合算额 [有同法规定的前期高龄者交付金（以下称为"前期高龄者交付金"）时，从该合算额扣除该前期高龄者交付金之额乘以给付费比例所得额后的数额]，乘以千分之一百三十至千分之二百范围内政令规定的比例所得额。

第 154 条　除了第 151 条及前条规定的费用之外，国库还补助以下金额：每年度执行健康保险事业所需的费用中，与日雇特例被保险人相关的医疗给付及住院时伙食医疗费、住院时生活医疗费、保险外并用医疗费、医疗费、上门看护医疗费、移送费、伤病补贴金、分娩补贴金、家属医疗费、家属上门看护医疗费、家属移送费、特别医疗费、高额医疗费及高额护理合算医疗费的给付所需费用（医疗给付为扣除个人负担金相当额的数额）之额及缴纳前期高龄者缴纳金所需费用额乘以给付费比例所得额的合算额（于有前期高龄者交付金之情形，从该合算额中扣除该前期高龄者交付金之额乘以给付费比例所得额后的数额），乘以由设立健康保险组合（包括举办获得第 3 条第 1 款第 8 项的承认者的国民健康保险的国民健康保险的保险人，第 171 条第 2 款及第 3 款中相同）的事业主以外的事业主该年度已缴纳的有关日雇特例被保险人的保险费总缴纳日数除以该年度已缴纳的日雇特例被保险人的保险费总缴纳日数所得比率之所得额，再乘以前条中规定的政令所确定的比例之所得数额。

2　除了第 151 条、前条及前款规定的费用之外，国库还补助：协会应筹措的前期高龄者缴纳金及《高龄者医疗确保法》规定的后期高龄者支援金及护理缴纳金中与日雇特例被保险人相关的需缴纳的费用额之合算额（除去该前期高龄者缴纳金数额乘以给付费比例所得数额，于有前期高龄者交付金之情形，从该前期高龄者交付金数额中扣除该额乘以给付费比例所得数额后的所得额，从该合算额中扣除该所得额后的数额）乘以同款规定的比率所得额，再乘以同条中政令规定的比例所得数额。

第 154 条之 2 除了第 151 条及前二条规定的费用之外，在预算的范围内，国库可对执行健康保险事业所需费用中实施特定健康诊查等所需部分费用予以补助。

（保险费）

第 155 条 保险人等为了筹集健康保险事业所需费用（包括前期高龄者缴纳金等、后期高龄者支援金等、护理缴纳金及健康保险组合中根据第 173 条规定的缴纳筹措金所需费用），征收保费。

2 不拘于前款的规定，协会掌管的健康保险的任意继续被保险人的保险费，由协会征收。

（保险费等的交付）

第 155 条之 2 为充实协会举办的健康保险事业所需费用，政府根据政令的规定，向协会交付从厚生劳动大臣征收的保险费及其他本法规定的征收金数额及《关于用印花税票缴纳年收入之法律》（1948 年法律第 142 号）规定的缴纳金相当额中扣除厚生劳动大臣举办健康保险事业的执行事务所需费用相当额（第 151 条规定的与该费用相关的国库负担金的数额除外）后的金额。

（被保险人的保险费额）

第 156 条 被保险人每个月的保险费额，按照下列各项所列被保险人的类别，决定各项的金额。

一 同时为《护理保险法》第 9 条第 2 项规定的被保险人（以下称为"护理保险第 2 号被保险人"），一般保险费额［指各被保险人的标准报酬月额及标准奖金额乘以一般保险费率（指基本保险费率与特定保险费率的合算率）的所

得额] 和护理保险费额（指各被保险人的标准报酬月额及标准奖金额各自乘以护理保险费率的所得额，下同）的合算额。

二　护理保险第 2 号被保险人以外的被保险人，为一般保险费额。

2　不拘于前款第 1 项的规定，护理保险第 2 号被保险人为被保险人，于其不再为护理保险第 2 号被保险人之情形，其月的保险费额为一般保险费额。但是，于其该月再度成为护理保险第 2 号被保险人之情形及其他政令规定之情形，不在此限。

3　不拘于前二款的规定，自前一月起连续为被保险人者，于其资格丧失之情形，该月的保险费不予以算定。

（任意继续被保险人的保险费）

第 157 条　任意继续被保险人的保险费，自成为任意继续被保险人之月起算定。

2　于前款之情形，各月的保险费算定方法，依前条之例进行。

（保险费征收的特例）

第 158 条　自前一月起连续为被保险人者（任意继续被保险人除外，以下本条、次条及第 159 条之 3 相同）符合第 118 条第 1 款各项之一，其月以后；被保险人取得资格之月符合同款各项之一，其翌月以后，至不符合同款各项的任一情形之月的前一月的期间内，不征收保险费。但是，于被保险人符合同款各项的任一情形之月，不再符合同款各项的任一情形时，不在此限。

第 159 条　雇佣正在育儿休业等被保险人（正在适用第 159 条之 3 规定的被保险人除外）的事业所的雇主，根据厚生劳动省令的规定向保险人等提出申请时，自其育儿休业等开始之日所属月至其育儿休业等终了日的翌日所属月的前一月的期间内，不征收该被保险人的保险费。

第 159 条之 2　厚生劳动大臣于征收保险费之情形，适用事业所的雇主已缴纳部分保险费、《厚生年金保险法》第 81 条规定的保险费（以下称为"厚生年金保险费"）及《儿童育儿支援法》（2012 年法律第 65 号）第 69 条规定的筹措金（以下称为"儿童育儿筹措金"）时，以该雇主应缴纳的保险费、厚生年金保险费及儿童育儿筹措金的数额为基准，缴纳相当于按份额的保险费数额。

第 159 条之 3　雇佣正在产前产后休业的被保险人之事业所的雇主，根据厚生劳动省令的规定向保险人等提出申请时，自其产前产后休业开始日的所属月至其产前产后休业终了日的翌日所属月的前一月之期间内，不征收该被保险人的保险费。

（保险费率）

第 160 条　关于协会掌管的健康保险的被保险人之一般保险费率，在千分之三十至千分之一百三十的范围内，以支部被保险人（指各支部的都道府县所在的被适用事业所雇佣的被保险人及在该都道府县区域内有住所或居所的任意继续被保险人，下同）为单位，由协会决定。

2　根据前款的规定以支部被保险人为单位决定的一般保险费率（以下称为"都道府县单位保险费率"），适用于该支部被保险人。

3　都道府县单位保险费率，以支部被保险人为单位，按照下列额，为能够保持每个事业年度内财政的均衡，根据政令的规定算定。

一　第 52 条第 1 项所列医疗给付及其他厚生劳动省令规定的保险给付（以下本款及次款中称为"医疗给付等"）中，对与该支部被保险人相关的所需费用额（与该支部被保险人相关的医疗给付等第 153 条规定的国库补助额除外）基于次款的规定进行调整所能得到的预估额

二　保险给付（与支部被保险人相关的医疗给付等除外）、前期高龄者缴纳金等及后期高龄者支援金所需费用的预想额 [第 153 条及第 154 条规定的国库补助额（前项的国库补助额除外）及第 173 条规定的筹措金数额除外] 乘以总报酬按份率 [指该都道府县的支部被保险人的总报酬额（指标准报酬月额及标准奖金额的合计额，下同）的总额除以协会掌管的健康保险的被保险人之总报酬额的总额所得比率] 之所得额

三　保健事业及福祉事业所需费用额（第 154 条之 2 规定的国库补助额除外）、健康保险事业的执行事务所需费用及次条规定的准备金累积预定额（第

151 条规定的国库负担金数额除外）之中，该支部被保险人应分担额由协会决定其数额

4 为纠正根据支部被保险人及其被扶养人的年龄段的分布状况和协会掌管的健康保险的被保险人及其被扶养人年龄段的分布状况差异产生的医疗给付等所需费用额负担的不均衡，以及支部被保险人总报酬额的平均额和协会掌管的健康保险的被保险人总报酬额的平均额之差异产生的财政力量不均衡，协会根据政令的规定，以支部被保险人为单位进行健康保险财政的调整。

5 协会每两年将翌事业年度以后的五年间，制作协会掌管的健康保险的被保险人数、总报酬额的预测、保险给付所需费用额、保险费额（包括各事业年度内能够保持财政均衡的保险费率的水准）及其他健康保险事业的收支预测，并公布之。

6 协会拟变更都道府县单位保险费率时，理事长应事先在听取与该变更相关的都道府县所在支部的支部长意见基础上，经运营委员会审议。

7 支部长被要求提出前款的意见之外，认为有必要变更都道府县单位保险费率时，事先听取于该支部设立的评议会的意见，向理事长提出有关变更都道府县单位保险费率的意见申请。

8 协会拟变更都道府县单位保险费率时，理事长应就变更获得厚生劳动大臣的认可。

9 厚生劳动大臣作出前款的认可时，应及时告示之。

10 厚生劳动大臣认为都道府县单位保险费率对该都道府县实现健康保险事业的收支均衡不适当，对协会掌管的健康保险事业之健全运营产生障碍时，可规定相当的期间，命令协会应申请该都道府县单位保险费率的变更认可。

11 厚生劳动大臣，于协会在前款的期间内未提出同款的申请时，经社会保障审议会审议，可变更都道府县单位保险费率。

12 第 9 款的规定，准用于根据前款的规定进行的都道府县单位保险费率的变更。

13　第 1 款及第 8 款的规定，准用于健康保险组合掌管的健康保险的一般保险费率。于此情形，第 1 款中所谓的"以支部被保险人（指各支部的都道府县所在的适用事业所雇佣的被保险人及该都道府县区域内有住所或居所的任意继续被保险人，下同）为单位由协会决定为准"，换称为"决定为准"，第 8 款中所谓的"都道府县单位保险费率"，换称为"健康保险组合掌管的健康保险的一般保险费率"。

14　特定保险费率，以在各年度保险人应缴纳的前期高龄者缴纳金等额及后期高龄者支援金等额（在协会掌管的健康保险及日雇特例被保险人的保险中，从其额扣除第 153 条及第 154 条规定的国库补助额后的数额）的合算额（有前期高龄者交付金时，扣除此额后的数额）除以该年度该保险人掌管的被保险人总报酬额的总额之估算额所得比率为基准，由保险人确定。

15　基本保险费率，以从一般保险费率扣除特定保险费率后的所得比率为基准，由保险人确定。

16　护理保险费率，以在各年度保险人应缴纳的护理缴纳金（与日雇特例被保险人相关的护理缴纳金除外）额除以该年度该保险人掌管的护理保险第 2 号被保险人为被保险人的总报酬额的总额的估算额后所得比率为基准，由保险人确定。

17　协会根据第 14 款及第 15 款的规定确定基本保险费率和特定保险费率，或根据前款的规定确定了护理保险费率时，应及时通知厚生劳动大臣。

（准备金）

第 160 条之 2　保险人根据政令的规定，为准备健康保险事业所需费用的支出，应于每事业年度末，累积准备金。

（保险费的负担及缴纳义务）

第 161 条　被保险人和雇佣被保险人的雇主，各自负担保险费额的二分之一。但是，任意继续被保险人负担全额保险费。

2　雇主负有缴纳其雇佣的被保险人及自己负担的保险费之义务。

3　任意继续被保险人负有缴纳自己负担的保险费之义务。

4 被保险人同时被两个以上的事业所雇佣时，各雇主应负担的保险费额及保险费的缴纳义务，由政令进行规定。

（健康保险组合的保险费负担比例之特例）

第 162 条 健康保险组合不拘于前条第 1 款的规定，依据规约的规定，可以增加雇主应负担的一般保险费额或护理保险费额的比例。

第 163 条 删除

（保险费的缴纳）

第 164 条 被保险人应在翌月末之前缴纳每月的保险费。但是，任意继续被保险人每个月保险费的缴纳期限，为该月 10 日（初次应缴纳的保险费，由保险者指定日期）之前。

2 保险人等（指被保险人为协会掌管的健康保险的任意继续被保险人时，为协会；被保险人为健康保险组合掌管的健康保险的被保险人时，为该健康保险组合，除此以外为厚生劳动大臣，次项相同），知悉告知被保险人缴纳保险费的数额超过该缴纳义务人应缴纳的保险费数额时，或知悉被保险人已缴纳的保险费额超过该缴纳义务者应缴纳的保险费额时，其超过部分的缴纳告知或缴纳，可视为自告知或缴纳日的翌日至六个月以内的日期中应缴纳保险费的纳期已提前进行。

3 根据前款的规定，视为缴纳期提前已告知纳入或已缴纳保险费时，保险人等应通知该缴纳义务人。

（任意继续被保险人保险费的提前缴纳）

第 165 条 任意继续被保险人可提前缴纳将来一定期间的保险费。

2 于前款情形应提前缴纳的保险费额，为自该期间各月的保险费额中扣除政令规定的数额后的数额。

3 根据第 1 款的规定提前缴纳的保险费，与提前缴纳相关的期间各月初日到来时，可视为已缴纳各自月份的保险费。

4 除前三款的规定外，保险费提前缴纳的程序、已提前缴纳保险费的返还及其他有关保险费提前缴纳的必要事项，由政令规定。

（账号转账的缴纳）

第 166 条　缴纳义务者提出委托有其存款账号的金融机构通过存款支出或其已支付的金钱缴纳保险费之申请时，厚生劳动大臣认为其缴纳确实，且认为承认其申请有利于保险费的征收时，可承认其申请。

（保险费的预扣除）

第 167 条　于雇主以货币支付被保险人工资之情形，可以从工资中扣除被保险人应负担的前一个月基于标准报酬月额的保险费（于被保险人不再被事业所雇佣之情形，为前一月及当月的基于标准报酬月额的保险费）。

2　于雇主以货币支付被保险人奖金之情形，可以从该奖金中扣除相当于被保险人应负担的基于标准奖金额的保险费额。

3　雇主依据前两款的规定扣除保费时，应制作有关保费扣除的计算书，并通知被保险人所扣除的金额。

（日雇特例被保险人的保险费额）

第 168 条　日雇特例被保险人的保险费额，每日为以下所列额的合算额。

一　按照其标准工资日额的等级，以下列额的合算额为基准，根据政令的规定算定数额。

①　标准工资日额乘以平均保险费率（指都道府县单位保险费率乘以各支部被保险人总报酬额的总额之所得额除以协会掌管的健康保险的被保险人总报酬额的总额所得比率，下同）和护理保险费率的合算率（关于作为护理保险第 2 号被保险人的日雇特例被保险人以外的日雇特例被保险人，为平均保险费率）所得额

②　①所列额乘以百分之三十一所得额。

二　奖金额 [其额有未满 1000 日元的尾数时，将该尾数舍去，其额超过 40 万日元（第 124 条第 2 款规定的标准工资日额的等级区分进行改定时，为政令规定的数额，以下本项相同）时，为 40 万日元] 乘以平均保险费率和护理保险费率的合算率（关于作为护理保险第 2 号被保险人的日雇特例被保险人以外的日雇特例被保险人，为平均保险费率）所得额

2　第40条第3款的规定，准用于前款第2项的政令制定或修改；第48条的规定，准用于有关日雇特例被保险人的奖金额事项；第125条第2款的规定，准用于全部或部分奖金用货币以外的形式支付时其价格的算定。

（与日雇特例被保险人相关的保险费的负担及缴纳义务）

第169条　日雇特例被保险人，负担根据政令的规定算定的相当于前条第1款第1项①数额之二分之一额及同款第2项数额之二分之一额的合算额；雇佣日雇特例被保险人的雇主，负担该算定额、根据政令的规定算定的相当于同款第1项②数额之额及同款第2项数额之二分之一额的合算额。

2　雇主（日雇特例被保险人于一日被两个以上的事业所雇佣之情形，为最初雇佣其的雇主，第4款至第6款、次条第1款、第2款及第171条中相同），负有按照每个雇佣日雇特例被保险人日，缴纳该日雇特例被保险人及自己应负担的基于该日的标准工资日额的保险费之义务。

3　前款规定的保险费之缴纳，应在日雇特例被保险人提交的日雇特例被保险人手册上粘贴印花，加盖印章。

4　持有日雇特例被保险人手册的日雇特例被保险人，应于每个被适用事业所雇佣日，当日向雇主提交日雇特例被保险人手册。

5　雇主于每个雇佣日雇特例被保险人之日，要求日雇特例被保险人提交其所持有的日雇特例被保险人手册。

6　雇主根据第2款的规定缴纳保险费后，可以将相当于日雇特例被保险人应负担的保险费额从向其支付的工资中扣除。于此情形，雇主应告知日雇特例被保险人。

7　雇主负有于向日雇特例被保险人支付奖金之日所属月的翌月末日之前，缴纳该日雇特例被保险人及自己应负担的与该日奖金额相关的保险费之义务。

8　第164条第2款、第3款及第166条的规定，准用于前款规定的保险费的缴纳；第167条第2款及第3款的规定，准用于向日雇特例被保险人支付货币奖金的情形。

（与日雇特例被保险人标准工资日额相关的保险费额的告知）

第 170 条　雇主怠于缴纳前条第 2 款规定的保险费时，厚生劳动大臣基于其调查，决定其应缴纳的保险费额，将此告知雇主。

2　尽管雇主被认为无正当理由，但怠于缴纳前条第 2 款规定的保险费时，厚生劳动大臣根据厚生劳动省令的规定，征收依据前款的规定所确定的保险费额的百分之二十五之相当额的追缴金。但是，所确定的保险费额未满 1000 日元时，不在此限。

3　计算追缴金时，所确定的保险费额有未满 1000 日元的尾数时，舍去其尾数。

4　第 2 款规定的追缴金，应自确定之日起十四日以内，向厚生劳动大臣缴纳。

（健康保险印花的收付等报告）

第 171 条　雇主按照其每个事业所准备有关健康保险印花的收付及前条第 1 款规定的与告知相关的保险费缴纳的账簿，每次其收付时，记载其收付等状况，且于翌月末日，向厚生劳动大臣报告其收付等状况。

2　于前款情形，设立健康保险组合的雇主，应一同向该健康保险组合提交同款的报告。

3　根据前款的规定接受报告的健康保险组合，应根据厚生劳动省令的规定，每年度向厚生劳动大臣提交设立该健康保险组合的雇主前一年度的收付等报告。

（保险费的提前征收）

第 172 条　于下列情形，即使为缴纳前，亦可征收全部保险费。

一　缴纳义务者符合以下之一的情形

①因国税、地方税及其他税的滞纳，受到滞纳处分时；

②受到强制执行时；

③接受破产程序开始的决定时；

④开始企业担保权的实行程序时；

⑤开始拍卖时。

二　作为法人的缴纳义务者解散之情形

三　雇佣被保险人的事务所被废止之情形

（日雇筹措金的征收及缴纳义务）

第173条　厚生劳动大臣为充实与日雇特例被保险人相关的健康保险事业所需费用（包括前期高龄者缴纳金等、后期高龄者支援金等及护理缴纳金的缴纳所需费用，第175条相同），除了征收第155条规定的保险费之外，每年度自雇佣日雇特例被保险人的雇主设立的健康保险组合（以下称为"日雇关系组合"）处征收筹措金。

2　日雇关系组合，负有缴纳前款规定的筹措金（以下称为"日雇筹措金"）之义务。

（日雇筹措金之额）

第174条　根据前条第1款的规定自日雇关系组合征收的日雇筹措金之额，为该年度的概算日雇筹措金之额。但是，前一年度的概算日雇筹措金之额超过前一年度的确定日雇筹措金之额时，为从该年度的概算日雇筹措金之额中扣除其超过额后的所得额；前一年度的概算日雇筹措金之额未满前一年度的确定日雇筹措金之额时，为该年度的概算日雇筹措金之额加上其不满额之所得额。

（概算日雇筹措金）

第175条　前条的概算日雇筹措金之额为，根据厚生劳动省令的规定所算定的从该年度与日雇特例被保险人相关的健康保险事业所需费用的估算额中扣除相当于该年度有关日雇特例被保险人保险费的估算额之额，乘以从设立该日雇关系组合的雇主前一年度缴纳的有关日雇特例被保险人保险费的总缴纳日数除以前一年度缴纳的有关日雇特例被保险人保险费的总缴纳日数所得比率的所得额。

（确定日雇筹措金）

第176条　第174条的确定日雇筹措金之额为，根据厚生劳动省令的规定所算定的从前一年度与日雇特例被保险人相关的健康保险事业所需费用（包括前期高龄者缴纳金等、后期高龄者支援金等及护理缴纳金的缴纳所需费用）中扣除前一年度有关日雇特例被保险人保险费相当额之额，乘以从设立该日雇关系组合的雇主前一年度缴纳的有关日雇特例被保险人保险费的总缴纳日数除以前一年度缴纳的有关日雇特例被保险人保险费的总缴纳日数所得比率的所得额。

（日雇筹措金数额的算定特例）

第 177 条　关于因合并或分立而成立的日雇关系组合、合并或分立后存续的日雇关系组合及继承已解散日雇关系组合的权利义务的日雇关系组合之日雇筹措金数额的算定特例，依《高龄者医疗确保法》第 41 条规定的前期高龄者交付金及前期高龄者缴纳金等数额的算定特例进行。

（对政令的委任）

第 178 条　除第 173 条至前条的规定外，日雇筹措金数额的确定、缴纳方法、缴纳期限、缴纳缓期及其他有关日雇筹措金缴纳的必要事项，由政令规定。

（对国民健康保险的保险人之适用）

第 179 条　从事获得第 3 条第 1 款第 8 项承认者的国民健康保险的保险人，视为健康保险组合，适用第 173 条至前条的规定。

（保险费等的督促及滞纳处分）

第 180 条　于有滞纳保险费及其他法律规定的征收金（第 204 条之 2 第 1 款及第 204 条之 6 第 1 款除外，以下称为"保险费等"）者（以下称为"滞纳者"）时，保险人等 [指被保险人为协会掌管的健康保险的任意继续被保险人时，为协会掌管的健康保险的被保险人或日雇特例被保险人，应缴纳第 58 条、第 74 条第 2 款及第 109 条第 2 款（包括第 149 条中准用这些规定的情形）规定的征收金情形，或因解散而消灭的健康保险组合的权利根据第 26 条第 4 款的规定继承时，该健康保险组合未征收保险费等时，为协会；被保险人为健康保险组合掌管的健康保险的被保险人时，为该健康保险组合。除这些以外者，为厚生劳动大臣。以下本条及次条第 1 款相同]，应指定期限，督促之。但是，根据第 172 条的规定征收保险费时，不在此限。

2 欲根据前款的规定进行督促时，保险人等向缴纳义务者发出督促状。

3 前款督促状的指定期限，应自督促状发出之日起算经过十日以上。但是，符合第172条各项情形之一时，不在此限。

4 保险人等，于缴纳义务人符合以下各项情形之一时，依国税滞纳处分之例处分之，或向缴纳义务人的居住地或其财产所在地的市町村 [包括特别区，符合《地方自治法》（1947年法律第67号）第252条之19第1款的指定都市时，为区或综合区。第6款亦同]，可提出其处分请求。

一 收到第1款规定的督促者于指定的期限届满之前未缴纳保险费时；

二 因符合第172条各项之一而纳期提前，收到缴纳保险费的告知者，于其指定的期限届满之前未缴纳保险费时。

5 根据前款的规定，于协会或健康保险组合可依国税滞纳处分之例进行处分情形，应获得厚生劳动大臣的认可。

6 市町村收到根据第4款规定的处分请求时，可依市町村税之例处分之。于此情形，保险人应向该市町村交付征收金百分之四的相当额。

（延滞金）

第181条 作出前条第1款规定的督促时，保险人等按照自缴纳期限的翌日起至征收金缴清或财产被扣押日的前一日期间的日数，将征收金额乘以年百分之十四点六（该督促与保险费相关时，自该缴纳期限的翌日起至经过三月的期间，为年百分之七点三）的比例，计算出应征收的延滞金。但是，符合以下各项情形之一或确认滞纳存在不得已的事由时，不在此限。

一 征收金额未满1000日元时；

二 纳期提前征收时；

三 缴纳义务人在国内无住所或居所，或其住所及居所均不明确，通过公示送达的方法督促时。

2 于前款情形，已缴纳部分征收金额时，有关其缴纳日以后期间的作为延滞金计算基础的征收金，应扣除已缴纳的征收金额。

3 计算延滞金时，于征收金额有未满1000日元的尾数时，舍去其尾数。

4　于督促状的指定期限之前缴清征收金时，或根据前三款的规定计算的金额未满 100 日元时，不征收延滞金。

5　于延滞金的金额有未满 100 日元的尾数时，舍去其尾数。

（协会宣传及保险费缴纳鼓励等）

第 181 条之 2　协会为使其掌管的健康保险事业顺利运营，在实施宣传该事业的意义及内容之同时，还应鼓励缴纳保险费，对厚生劳动大臣所从事的有关保险费征收等业务予以适当的协助。

（协会征收的保险费）

第 181 条之 3　厚生劳动大臣，与协会进行协议，为有效地征收保险费，于认为必要时，可向协会提供有关保险费滞纳者的信息及其他必要信息，要求其征收滞纳者的保险费。

2　厚生劳动大臣根据前款的规定，决定要求协会征收滞纳者的保险费时，协会应向该滞纳者通知与滞纳者相关的保险费征收决定，以及其他厚生劳动省令规定的事项。

3　根据第 1 款的规定协会征收保险费时，协会可被视为保险人等，适用第 180 条及第 181 条的规定。

4　根据第 1 款的规定协会征收保险费后，关于其已征收的数额之相当额，可视为根据第 155 条之 2 的规定，政府向协会已交付的数额。

5　除前各款规定外，有关协会征收保险费的必要事项，由政令规定。

（优先权的顺位）

第 182 条　保险费等优先权的顺位，次之于国税及地方税。

（有关征收的通则）

第 183 条　除本法有特别的规定外，保险费等，依国税征收之例征收。

第八章　健康保险组合联合会

（设立、人格及名称）

第 184 条　为实现共同的目的，健康保险组合可以设立健康保险组合联合会（以下称为"联合会"）。

2　联合会为法人。

3　联合会在其名称中应使用健康保险组合联合会字样。

4　非联合会者，不得使用健康保险组合联合会名称。

（设立的认可等）

第 185 条　欲设立联合会时，应制定规约，获得厚生劳动大臣的认可。

2　联合会自获得认可时成立。

3　厚生劳动大臣认为为了增进作为组合成员的被保险人的共同福祉于有必要时，可以命令健康保险组合加入联合会。

（规约的记载事项）

第 186 条　联合会应在规约中记载下列事项。

一　目的和事业

二　名称

三　事务所的所在地

四　有关总会的事项

五　有关管理人员的事项

六　有关会员加入及退出的事项

七　有关资产及会计的事项

八　有关公告的事项

九　前各项所列事项外，由厚生劳动省令规定的事项

（管理人员）

第 187 条　联合会设会长、副会长、理事和监事。

2　会长代表联合会执行其业务。

3　副会长辅佐会长执行联合会的业务，会长遭遇事故时代理其职务，会长空缺时执行其职务。

4　依据会长的规定，理事辅佐会长及副会长管理联合会的业务，会长及副会长遭遇事故时代理其职务，会长及副会长空缺时执行其职务。

5 监事监查联合会的业务执行情况和财产状况。

（准用）

第 188 条 第 7 条之 38、第 7 条之 39、第 9 条第 2 款、第 16 条第 2 款及第 3 款、第 18 条第 1 款及第 2 款、第 19 条、第 20 条、第 26 条第 1 款（与第 2 项相关的部分除外）及第 2 款、第 29 条第 2 款、第 30 条、第 150 条及第 195 条的规定，准用于联合会。于此情形，这些规定中的"组合会"可换称为"总会"；第 7 条之 39 第 1 款中的"厚生劳动大臣"可换称为"于厚生劳动大臣根据第 188 条中准用的前款规定要求提交报告，或询问，或检查之情形"；"章程"换称为"规约"；第 16 条第 2 款中的"前款"可换称为"第 186 条"；第 29 条第 2 款中的"前款"可换称为"第 188 条"；"违反前条第 2 款的规定的指定健康保险组合，未按照同条第 3 款要求的指定健康保险组合及其他政令中规定的指定健康保险组合之事业"可换称为"事业"；第 150 条第 2 款中的"根据前款的规定被保险人等为保持增进健康的必要事业"可换称为"前款的事业"；"将被保险人等"可换称为"将健康保险组合或被保险人等"；"或者"可换称为"或"；"同法"可换称为"各该健康保险组合保存的医疗保险等相关信息（指《高龄者医疗确保法》第 16 条第 1 款规定的医疗保险等相关信息，次款及第 4 款相同）或《劳动安全卫生法》"；同条第 3 款中的"《劳动安全卫生法》"可换称为"要求提供医疗保险等相关信息的健康保险组合或《劳动安全卫生法》"；"该"可换称为"该医疗保险等相关信息或该"；同条第 4 款中的"《高龄者医疗确保法》第 16 条第 1 款规定"可换称为"自健康保险组合获得提供"。

第九章　不服申诉

（审查请求和再审查请求）

第 189 条 对有关被保险人的资格、标准报酬或保险给付的处分不服者，可向社会保险审查官提出审查请求。对其决定不服者，可向社会保险审查会提出再审查请求。

2 自提出审查请求之日起二个月之内未作出决定时，审查请求人可视为社会保险审查官已驳回其审查请求。

3　第 1 款的审查请求和再审查请求，对于时效的中断及重新起算，可视为裁判上的请求。

4　有关被保险人的资格、标准报酬的处分已确定时，不可将对其处分不服作为对基于该处分作出的保险给付处分不服的理由。

第 190 条　对保险费的赋税或征收处分及第 180 条规定的处分不服者，可向社会保险审查会提出审查请求。

（《行政不服审查法》的适用关系）

第 191 条　对于前二条的审查请求及第 189 条第 1 款的再审查请求，不适用《行政不服审查法》（2014 年法律第 68 号）第二章（第 22 条除外）及第四章的规定。

（审查请求与诉讼的关系）

第 192 条　第 189 条第 1 款的撤销处分之诉，未经社会保险审查官对该处分的审查请求作出决定，不得提起。

第十章　杂则

（时效）

第 193 条　征收保险费等或接受返还保险费的权利及获得保险给付的权利，自可以行使这些权利之日起经过两年后，因时效而消灭。

2　保险费等纳入的告知或督促，具有时效重新计算的效力。

（期间的计算）

第 194 条　本法或基于本法之命令规定的期间之计算，准用《民法》（1896 年法律第 89 号）有关期间的规定。

（被保险人等记号・番号等的使用限制等）

第 194 条　**之 2**　厚生劳动省令规定的厚生劳动大臣、保险人、保险医疗机关等、指定上门看护事业者及因开展其他健康保险事业或与该事业相关事务而使用保险人番号及被保险人记号・番号（以下本条中称为"被保险人等记号·番号等"）者（以下本条称为"厚生劳动大臣等"），除为开展该事业或事务而有必要之情形外，不得要求任何人告知与其人或其人以外者相关的被保险人等记号·番号等。

2　厚生劳动大臣等以外者，除了厚生劳动省令规定的因开展其他健康保险事业或与该事业相关事务而有必要使用被保险人记号·番号之情形，不得要求任何人告知与其人或其人以外者相关的被保险人等记号·番号等。

3　除下列情形，任何人，对于其从事业务活动，欲与其订立或订立或已缔结买卖、借贷、雇佣及其他契约（以下本款中称为"契约"）者，不得要求告知与其人或其人以外者相关的被保险人等记号·番号等。

一　厚生劳动大臣等，于第 1 款规定的情形，要求告知被保险人等记号·番号等时。

二　厚生劳动大臣等以外者，于前款规定的厚生劳动省令规定的情形，要求告知被保险人等记号·番号等时。

4　除下列情形，任何人，作为业务，不得构建记录被保险人等记号·番号等的数据库（指包括与其以外者相关的被保险人等记号·番号等信息的集合物，这些信息可以通过电子计算机检索的体系性构成），并将记录于该数据库中的信息预定提供给他人（以下本款中称为"提供数据库"）。

一　厚生劳动大臣等于第 1 款规定之情形，构成提供数据库时；

二　厚生劳动大臣等以外者，于第 2 款规定的厚生劳动省令规定之情形，构成提供数据库时；

5　厚生劳动大臣于有违反前二款规定的行为之情形，认为该行为者有反复作出这些违反规定的行为之虞时，可劝告该行为者中止该行为，或为确保中止该行为而劝告其采取必要的措施。

6　于有前款规定的受到劝告者不服从该劝告时，厚生劳动大臣可规定期限，命令其应服从该劝告。

（报告及检查）

第 194 条之 3　对于前条第 5 款及第 6 款规定的措施厚生劳动大臣认为有

必要时，可在认为必要的范围内，对于有足够相当的理由被认为违反同条第 3 款或第 4 款的规定者，要求其报告必要的事项，或让相关职员进入其事务所或事业所进行询问，或检查账簿资料及其他物件。

2　第 7 条之 38 第 2 款的规定，准用于询问或检查；同条第 3 款的规定，准用于前款规定的权限。

（印花税的非课税）

第 195 条　关于健康保险的文件资料。不课收印花税。

（户籍事项的免费证明）

第 196 条　市町村长（包括特别区的区长，为《地方自治法》第 252 条之 19 第 1 款的指定都市时，为区长或综合区长，第 203 条中相同），依据该市町村（包括特别区）的条例之规定，可向保险人或应获得保险给付者免费提供被保险人或曾为被保险人者的户籍证明。

2　于提供和被扶养人相关的保险给付之情形，前款的规定，准用于被扶养人或曾为被扶养人者的户籍。

（报告等）

第 197 条　保险人（关于厚生劳动大臣举办的第 5 条第 2 款及第 123 条第 2 款规定的业务，为厚生劳动大臣，次款中相同），根据厚生劳动省令的规定，可要求雇佣被保险人的雇主报告有关第 48 条规定事项以外的事项，或提交文件，以及从事其他为实施本法的必要事务。

2　保险人根据厚生劳动省令的规定，可要求被保险人（包括曾为日雇特例被保险人者）或应获得保险给付者，向保险人或雇主提交为实施本法的必要申请或申报。或提出文件。

（入室检查等）

第 198 条　关于被保险人的资格、标准报酬、保险费或保险给付，厚生劳动大臣认为有必要时，可命令雇主提交或出示文件及其他物件，或让其职员进入事业所询问相关人员，或检查账簿资料及其他物件。

2　第 7 条之 38 第 2 款的规定，准用于前款规定的询问或检查；同条第 3

款的规定，准用于前款规定的权限。

（资料的提供）

第 199 条　关于被保险人的资格、标准报酬、保险费或保险给付，厚生劳动大臣认为有必要时，可要求官公署提供法人事业所的名称、所在地及其他必要的资料。

2　关于第 63 条第 3 款第 1 项或第 88 条第 1 款的指定，厚生劳动大臣认为有必要时，对于与该指定相关的开设者、管理人或申请人的社会保险费缴纳状况，可向征收该社会保险费者提出阅览必要的文件或提供必要的资料之要求。

（厚生劳动大臣和协会的合作）

第 199 条之 2　为了保证基于本法的协会掌管的健康保险事业适当且顺利进行，厚生劳动大臣和协会应努力进行必要的信息交换等，确保相互间紧密的合作。

（关于共济组合的特例）

第 200 条　被国家雇佣的被保险人、被地方公共团体的事务所雇佣的被保险人或被法人雇佣的被保险人作为共济组合的组合员，不提供本法的保险给付。

2　共济组合给付的种类及程度，应为本法给付的种类及程度以上。

第 201 条　厚生劳动大臣认为有必要时，可向共济组合征收有关其事业及财产的报告。或作出有关其运营的指示。

第 202 条　对于依据第 200 条第 1 款的规定未获得保险给付者，不征收保险费。

（市町村处理的事务等）

第 203 条　日雇特例被保险人的保险的保险人之事务中，厚生劳动大臣从事的部分事务，可根据政令的规定，由市町村进行。

2　根据政令的规定，日雇特例被保险人的保险的保险人之事务中由协会从事的部分事务，协会可委托市町村（包括特别区）进行。

（向机构委任与厚生劳动大臣权限相关的事务）

第 204 条 以下所列与厚生劳动大臣权限相关的事务（根据第 181 条之 3 第 1 款的规定由协会从事的事务、根据前条第 1 款的规定由市町村从事的事务及第 204 条之 7 第 1 款规定的事务除外），由日本年金机构（以下称为"机构"）进行。但是，第 18 项至第 20 项所列权限，不妨由厚生劳动大臣亲自行使。

一 第 3 条第 1 款第 8 项规定的承认

二 第 3 条第 2 款但书规定的承认

三 第 31 条第 1 款及第 33 条第 1 款规定的认可（与健康保险组合相关的情形除外）、第 34 条第 1 款规定的承认（与健康保险组合相关的情形除外）、第 31 条第 2 款及第 33 条第 2 款规定的申请之受理（与健康保险组合相关的情形除外）

四 第 39 条第 1 款规定的承认

五 第 41 条第 1 款、第 42 条第 1 款、第 43 条第 1 款、第 43 条之 2 第 1 款及第 43 条之 3 第 1 款规定的标准报酬月额的决定或改定（包括第 43 条之 2 第 1 款、第 43 条之 3 第 1 款规定的申请受理，包括将根据第 44 条第 1 款规定算定之额作为报酬月额决定或改定的情形）

六 第 45 条第 1 款规定的标准奖金额的决定（包括将同条第 2 款准用第 44 条第 1 款的规定算定之额作为标准奖金额决定的情形）

七 第 48 条（包括第 168 条第 2 款准用情形）规定的申报受理及第 50 条第 1 款规定的通知

八 第 49 条第 1 款规定的与认可相关的通知（与健康保险组合相关的情形除外）、同条第 3 款规定的申报受理（与健康保险组合相关的情形除外）及同条第 4 款、第 5 款规定的公告（与健康保险组合相关的情形除外）

九 第 49 条第 1 款规定的确认或与标准报酬的决定或与改定相关的通知、同条第 3 款（包括第 50 条第 2 款中准用的情形）规定的申报受理及第 49 条第 4 款、第 5 款（包括第 50 条第 2 款中这些规定准用的情形）规定的公告

十 第 51 条第 1 款规定的请求受理及同条第 2 款规定的请求驳回

十一 第 126 条第 1 款规定的申请受理、同条第 2 款规定的交付及同条第 3 款规定的日雇特例被保险人手册的领取

十二 第 159 条及第 159 条之 3 规定的申请受理

十三 第 166 条（包括第 169 条第 8 款中准用的情形）规定的申请受理及承认

十四 第 171 条第 1 款及第 3 款规定的报告受理

十五 第 180 条第 4 款规定的依国税滞纳处分之例的处分及同款规定的对市町村处分的请求

十六 根据第 183 条的规定与依国税征收之例的征收相关的权限 [《国税通则法》（1962 年法律第 66 号）第 36 条第 1 款规定之例纳入的告知、同法第 42 条中准用《民法》第 423 条第 1 款规定之例行使的缴纳义务人权利、《国税通则法》第 46 条规定之例的缴纳缓期及其他厚生劳动省令规定的权限及次项所列询问、检查及搜索除外]

十七 根据第 183 条的规定依其例之《国税征收法》(1959 年法律第 147 号)第 141 条规定的询问、检查及同法第 142 条规定的搜索

十八 第 197 条第 1 款规定的提交报告、文件和其他为实施法律所从事的事务及同条第 2 款规定的提出申请、报告及文件事项

十九 第 198 条第 1 款规定的命令、询问及检查（与健康保险组合相关的情形除外）

二十 第 199 条第 1 款规定的提供资料之要求

二十一 前各项所列事项之外厚生劳动省令规定的权限

2 为有效开展前款第 15 项所列依国税滞纳处分之例的处分及同款第 17 项所列权限（以下称为"滞纳处分等"）及其他同款各项所列权限中与厚生劳动省令规定的权限相关的事务，机构认为有必要时，根据厚生劳动省令的规定，为行使该权限在向厚生劳动大臣提供必要信息之同时，可要求厚生劳动大臣亲自行使该权限。

3 于有前款规定的要求之情形，或机构因天灾及其他事由认为开展与第

1 款各项所列权限相关的全部或部分事务存在困难或欠妥当时，厚生劳动大臣认为有必要时，亲自行使同款各项所列的全部或部分权限。

4 《厚生年金保险法》第 100 条之 4 第 4 款至第 7 款的规定，准用于机构实施与第 1 款各项所列权限相关的事务或厚生劳动大臣行使同款各项所列权限。

（对财务大臣的权限委任）

第 204 条之 2 厚生劳动大臣决定亲自作出前条第 3 款规定的滞纳处分等及行使同条第 1 款第 16 项所列全部或部分权限时，这些权限及同项规定的厚生劳动省令规定的权限中，与厚生劳动省令规定的权限（以下本款中称为"滞纳处分等其他处分"）相关的缴纳义务者以免于执行滞纳处分等其他处分之目的有隐匿财产之虞及其他政令规定的事由，为有效征收保险费及本法规定的征收金 [第 58 条、第 74 条第 2 款及第 109 条第 2 款（包括第 149 条中准用这些规定的情形）规定的征收金除外，第 204 条之 6 第 1 款中称为"保险费等"]，厚生劳动大臣认为必要时，根据政令的规定，可向财务大臣提供有关该缴纳义务人的信息及其他必要的信息之同时，委任与该缴纳义务人相关的滞纳处分及其他处分的全部或部分权限。

2 《厚生年金保险法》第 100 条之 5 第 2 款至第 7 款的规定，准用于前款规定的对财务大臣的权限委任。

（与机构作出的滞纳处分等相关的认可等）

第 204 条之 3 机构于作出滞纳处分等情形，应事先获得厚生劳动大臣的认可。并按照次条第 1 款规定的滞纳处分等实施规程，由征收职员实施。

2 《厚生年金保险法》第 100 条之 6 第 2 款及第 3 款的规定，准用于前款规定的机构作出的滞纳处分等。

（滞纳处分等实施规程的认可等）

第 204 条之 4 机构应制定有关滞纳处分等实施的规程（次款中称为"滞纳处分等实施规程"），获得厚生劳动大臣的认可。欲变更之时，亦同。

2 《厚生年金保险法》第 100 条之 7 第 2 款及第 3 款的规定，准用于滞纳处分等实施规程的认可及变更。

（与机构进行的入室检查等相关的认可等）

第 204 条之 5　机构于实施第 204 条第 1 款第 19 项所列权限相关的事务之情形，应事先获得厚生劳动大臣的认可。

2　关于前款规定情形的第 198 条第 1 款规定的适用，同款中的"、保险费或保险给付"应为"或保险费"，"该职员"为"日本年金机构的职员"。

（机构的收取）

第 204 条之 6　厚生劳动大臣，不拘于《会计法》（1949 年法律第 35 号）第 7 条第 1 款的规定，可根据政令的规定，要求机构收取政令规定情形的保险费等。

2　《厚生年金保险法》第 100 条之 11 第 2 款至第 6 款的规定，准用于机构的收取。于此情形，必要的技术性换称，由政令规定。

（向协会委任与厚生劳动大臣权限相关的事务）

第 204 条之 7　有关第 198 条第 1 款规定的厚生劳动大臣的命令及询问和检查权限（与健康保险组合相关的情形除外）之事务，要求由协会实施。但是，该权限不妨由厚生劳动大臣亲自行使。

2　除前款的规定外，有关协会实施的与同款规定权限相关的事务之必要事项，由厚生劳动省令规定。

（与协会进行入室检查等相关的认可等）

第 204 条之 8　协会于实施和前条第 1 款规定权限相关的事务之情形，应事先获得厚生劳动大臣的认可。

2　关于前款规定情形的第 198 条第 1 款规定的适用，同款中"被保险人的资格、标准报酬、保险费或保险给付"应为"保险给付"，"该职员"应为"协会的职员"。

（对地方厚生局长等的权限委任）

第 205 条　本法规定的厚生劳动大臣的权限（第 204 条之 2 第 1 款及同条第 2 款中准用《厚生年金保险法》第 100 条之 5 第 2 款规定的厚生劳动大臣的

权限除外），根据厚生劳动省令的规定，可委任于地方厚生局长。

2　根据前款规定委任于地方厚生局长的权限，根据厚生劳动省令的规定，可委任于地方厚生支局长。

（对机构的事务委托）

第 205 条之 2　厚生劳动大臣要求机构实施下列事务（根据第 181 条之 3 第 1 款的规定由协会实施的事务及根据第 203 条第 1 款的规定由市町村长实施的事务除外）。

一　第 3 条第 2 款但书（限于同款第 3 项相关部分）规定的承认相关事务（该承认除外）

二　第 46 条第 1 款及第 125 条第 2 款（包括第 168 条第 2 款中准用的情形）规定的与价格决定相关的事务（该决定除外）

三　第 51 条之 2 规定的与提供信息相关的事务（该信息的提供除外）

四　第 108 条第 6 款规定的与提供资料相关的事务（该资料的提供除外）

五　第 155 条第 1 款、第 158 条、第 159 条、第 159 条之 3 及第 172 条规定的与保险费征收相关的事务（行使第 204 条第 1 款第 12 项、第 13 项及第 15 项至第 17 项所列权限的事务及根据第 204 条之 6 第 1 款的规定由机构实施的收取事务、第 180 条第 1 款规定的督促及其他行使厚生劳动省令规定的权限之事务、次项、第 7 项、第 9 项及第 11 项所列事务除外）

六　第 164 条第 2 款及第 3 款（包括第 169 条中准用这些规定的情形）规定的与缴纳相关的事务（纳期提前的纳入告知或视为已缴纳的决定及其通知除外）

七　第 170 条第 1 款规定的保险费额的决定及告知相关的事务（该保险费额的决定及告知除外）及同条第 2 款规定的征收金征收相关的事务（行使第 204 条第 1 款第 15 项至第 17 项所列权限的事务及第 204 条之 6 第 1 款规定的由机构实施的收取事务、第 180 条第 1 款规定的督促及其他行使厚生劳动省令规定的权限之事务、第 9 项及第 11 项所列事务除外）

八　第 173 条第 1 款规定的与筹措金征收相关的事务（行使第 204 条第 1

款第 15 项至第 17 项所列权限的事务及根据第 204 条之 6 第 1 款的规定由机构实施的收取事务、第 180 条第 1 款规定的督促及其他行使厚生劳动省令规定的权限之事务、次项及第 11 项所列事务除外）

九 第 180 条第 1 款及第 2 款规定的与督促相关的事务 [该督促及发出督促状的事务（与发送督促状相关的事务除外）除外]

十 第 181 条第 1 款及第 4 款规定的与延滞金征收相关的事务（行使第 204 条第 1 款第 15 项至第 17 项所列权限的事务及根据第 204 条之 6 第 1 款的规定由机构实施的收取事务、第 180 条第 1 款规定的督促及其他行使厚生劳动省令规定的权限之事务、前项及次项所列事务除外）

十一 第 204 条第 1 款第 16 项规定的与厚生劳动省令规定的权限相关的事务（行使该权限的事务除外）

十二 《护理保险法》第 68 条第 5 款及其他厚生劳动省令规定的按照法律规定的要求实施本法时厚生劳动大臣提供掌握的信息的相关事务（该信息的提供及厚生劳动省令规定的事务除外）

十三 除前各项所列事务外，厚生劳动省令规定的事务

2 《厚生年金保险法》第 100 条之 10 第 2 款及第 3 款的规定，准用于前款规定的对机构的事务委托。于此情形，必要的技术性换称，由政令规定。

（信息的提供等）

第 205 条之 3 机构根据厚生劳动省令的规定，向厚生劳动大臣提供被保险人的资格相关事项、标准报酬相关事项及其他行使厚生劳动大臣权限的必要信息。

2 厚生劳动大臣及机构，为保证基于本法由协会掌管的健康保险事业适当顺利开展，应努力进行必要的信息交换和确保相互间的密切合作。

（对基金等的事务委托）

第 205 条之 4 除第 76 条第 5 款（包括第 85 条第 9 款、第 85 条之 2 第 5 款、第 86 条第 4 款、第 110 条第 7 款及第 149 条中准用的情形，第 1 项相同）及第 88 条第 11 款（包括第 110 条第 3 款及第 149 条中准用的情形，同项相同）

规定的事务外，保险人可向基金或国保联合会委托下列事务。

一　第四章规定的保险给付及第五章第三节规定的与日雇特例被保险人相关的保险给付中厚生劳动省令规定的给付相关事务（第76条第5款及第88条第11款规定的事务除外）

二　第四章规定的保险给付及第五章第三节规定的与日雇特例被保险人相关的保险给付的支付、第六章规定的保健事业及福祉事业的实施、第155条规定的保险费的征收及其他与厚生劳动省令规定的事务相关的被保险人或曾为被保险人者或其被扶养人（次项中称为"被保险人等"）的信息收集或整理之事务

三　第四章规定的保险给付及第五章第三节规定的与日雇特例被保险人相关的保险给付的支付、第六章规定的保健事业及福祉事业的实施、第155条规定的保险费的征收及其他与厚生劳动省令规定的事务相关的被保险人信息的利用或提供相关事务

2　根据前款的规定委托同款第2项或第3项所列事务时，保险人应与其他《社会保险诊疗报酬支付基金法》第1条规定的保险人共同委托。

（相关者的合作与协力）

第205条之5　国家、协会、健康保险组合及保险医疗机关等其他相关者。因电子资格确认机制的导入及其他有关程序中信息通信技术使用的推进，为了顺利实施医疗保险各法等（指《高龄者医疗确保法》第7条第1款规定的医疗保险各法及《高龄者医疗确保法》）规定的事务，应相互合作协力。

（过渡措施）

第206条　基于本法制定、修改或废除命令时，伴随着其制定、修改或废除，在合理且必要的判断范围内，可在其命令中规定所需的过渡措施（包括有关刑罚的过渡措施）。

（实施规定）

第207条　除本法有特别的规定外，由厚生劳动大臣制定本法实施的程序及其他执行之必要细则。

第十一章 罚则

第 207 条之 2 违反第 7 条之 37 第 1 款（包括同条第 2 款及第 22 条之 2 中准用的情形）的规定泄露秘密者，处一年以下的有期徒刑或者 100 万日元以下的罚金。

第 207 条之 3 符合下列各项之一者，处一年以下的有期徒刑或 50 万日元以下的罚金，或并科两种刑罚。

一　违反第 150 条之 6 的规定，将利用匿名诊疗等关联信息而获知的匿名诊疗等关联信息擅自告知他人，或用于不正当之目的者；

二　违反第 150 条之 8 规定的命令者。

第 207 条之 4 违反第 194 条之 2 第 6 款规定的命令者，处一年以下的有期徒刑或 50 万日元以下的罚金。

第 208 条 雇主无正当理由而符合以下各项之一时，处六个月以下的有期徒刑或 50 万日元以下的罚金。

一　违反第 48 条（包括第 168 条第 2 款中准用的情形）的规定，未申报或提交虚假的申报时；

二　违反第 49 条第 2 款（包括第 50 条第 2 款中准用的情形）的规定，未通知时；

三　违反第 161 条第 2 款或第 169 条第 7 款的规定，于督促状中指定的期限之前未缴纳保险费时；

四　违反第 169 条第 2 款的规定，未缴纳保险费，或违反第 171 条第 1 款的规定，未准备账簿，或违反同项或同条第 2 款的规定，未申报或提交虚假的申报时；

五　未提交或出示第 198 条第 1 款规定的文件及其他物件，或不予回答同项规定的相关职员（第 204 条之 5 第 2 款中被换称适用的第 198 条第 1 款规定的机构职员及第 204 条之 8 第 2 款中被换称适用的第 198 条第 1 款规定的协会职员，次条相同）的询问，或作出虚假的回答，或拒绝、妨碍、逃避第 198 条第 1 款规定的检查时。

第 209 条　雇主以外者，无正当理由，拒绝回答第 198 条第 1 款规定的相关职员的询问，或作出虚假的回答，或拒绝、妨碍、逃避同款规定的检查时，处六个月以下的有期徒刑或 30 万日元以下的罚金。

第 210 条　被保险人或曾为被保险人者，无正当理由，不服从根据第 60 条第 2 款（包括第 149 条中准用的情形）的规定作出的提交报告的命令，或无正当理由，拒绝回答同款规定的相关职员的询问，或作出虚假的回答时，处 30 万日元以下的罚金。

第 211 条　针对第 126 条第 1 款规定的申请而提出虚假申请者，处六个月以下的有期徒刑或 30 万日元以下的罚金。

第 212 条　违反第 126 条第 1 款的规定，未提出申请者，或违反第 169 条第 4 款的规定，未提交日雇特例被保险人手册者，处 30 万日元以下的罚金。

第 212 条之 2　未提交第 7 条之 38 第 1 款规定的报告，或提交虚假的报告，拒绝回答同款规定的相关职员的询问，或作出虚假的回答时，或拒绝、妨碍、逃避同款规定的检查时，或违反第 7 条之 39 第 1 款规定的命令时，作出违反行为的协会管理人员或职员，处 30 万日元以下的罚金。

第 213 条　作为健康保险组合或第 154 条第 1 款规定的国民健康保险的保险人之国民健康保险组合的管理人员、清算人或职员，违反第 171 条第 3 款的规定，不提交报告，或提交虚假的报告时，处 50 万日元以下的罚金。

第 213 条之 2　符合以下各项之一者，处 50 万日元以下的罚金。

一　未提交或出示第 150 条之 7 第 1 款规定的报告或账簿资料，或提交或出示虚假的报告或账簿资料，对相关职员的询问不予回答，或作出虚假的回答，或拒绝、妨碍、逃避同款规定的检查者；

二　对第 183 条的规定所准用的《国税征收法》第 141 条中征收职员的询问（协会或健康保险组合的职员进行的询问除外）不予回答，或作出虚假陈述者；

三　拒绝、妨碍、逃避第 183 条的规定所准用的《国税征收法》第 141 条规定的检查（协会或健康保险组合的职员进行的检查除外），或提交对有关检查进行虚假记载或记录的账簿资料者。

第 213 条之 3　无正当理由未提交第 194 条之 3 第 1 款规定的报告，或提交虚假报告，或无正当理由对同款规定的相关职员的询问不予回答，或作出虚假的回答，或无正当理由拒绝、妨碍、逃避同款规定的检查者，处 30 万日元以下的罚金。

第 213 条之 4　第 207 条之 3 规定之罪，亦适用于在日本国以外触犯同条之罪者。

第 214 条　法人 [包括有规定的非法人的社团或财团的代表人或管理人（以下本条中称为"无人格的社团等"），以下本款相同] 的代表人（包括无人格的社团等的管理人），或法人或自然人之代理人、使用人及其他从业者，对于该法人或自然人的业务或财产，实施违反第 207 条之 3 至第 208 条、第 213 条之 2 或之 3 的行为时，除了处罚行为人外，对其法人或自然人，亦处以各本条的罚金刑。

第 215 条　医师、牙科医师、药剂师或实施治疗者或使用该治疗者，无正当理由未按照第 60 条第 1 款（包括第 149 条中准用的情形）的规定命令提交报告、诊疗记录、账簿资料及其他物件，或无正当理由对同款规定的相关职员的询问，不予以回答或作出虚假的回答时，处 10 万日元以下的罚款。

第 216 条　雇主无正当理由违反第 197 条第 1 款的规定，不提交报告，或提交虚假的报告，不出示文件，或怠于从事本法施行的必要事务时，处 10 万日元以下的罚款。

第 217 条　被保险人或应获得保险给付者，无正当理由违反第 197 条第 2 款的规定，未提出申请，或提出虚假的申请，或未进行申报，或作出虚假的申报，或怠于提交文件时，处 10 万日元以下的罚款。

第 217 条之 2　符合以下各项情形之一，实施其违反行为的协会管理人员，处 20 万日元以下的罚款。

一　违反第 7 条之 7 第 1 款规定的政令怠于登记时；

二 根据第 7 条之 27、第 7 条之 31 第 1 款或第 2 款及第 7 条之 34 的规定应获得厚生劳动大臣的认可之情形，未获得其认可时；

三 根据第 7 条之 28 第 2 款的规定应获得厚生劳动大臣的认可之情形，未获得其认可时；

四 违反第 7 条之 28 第 4 款的规定未备置财务诸表、事业报告书等或记载监事及会计监查人意见的书面材料，或未供阅览时；

五 违反第 7 条之 33 的规定运用协会的业务上的富余资金时；

六 未进行第 7 条之 35 第 2 款或第 7 条之 36 第 2 款规定的申报，或作出虚伪的申报时；

七 未进行第 7 条之 35 第 2 款或第 7 条之 36 第 2 款规定的公表，或进行虚假的公表时；

八 开展本法规定的业务或根据法律协会实施的业务之外的业务时。

第 218 条 被命令设立健康保险组合的雇主，无正当理由于厚生劳动大臣指定的日期之前未申请设立的认可时，其程序延迟期间，处相当于其应负担保险费额二倍以下的罚款。

第 219 条 健康保险组合或联合会，未提出第 16 条第 3 款（包括第 188 条中准用的情形）规定的申报或提出虚伪的申报，未提交第 29 条第 1 款或第 188 条中准用的第 7 条之 38 规定的报告或提交虚假的报告，未回答第 29 条第 1 款或第 188 条中准用的第 7 条之 38 规定的相关职员的询问，或作出虚假的回答，或拒绝、妨碍、逃避同条规定的检查，或违反第 29 条第 1 款或第 188 条中准用的第 7 条之 39 第 1 款规定的命令时，对其管理人员处以 20 万日元以下的罚款。

第 220 条 违反第 7 条之 8、第 10 条第 2 款或第 184 条第 4 款的规定，使用全国健康保险协会这个名称、健康保险组合这个名称或健康保险组合联合会这个名称者，处十万日元以下的罚款。

第 221 条 机构的管理人员，符合以下各项情形之一，处 20 万日元以下的罚款。

一　根据第 204 条之 3 第 1 款、同条第 2 款中准用的《厚生年金保险法》第 100 条之 6 第 2 款、第 204 条之 4 第 1 款、第 204 条之 5 第 1 款及第 204 条之 6 第 2 款中准用的同法第 100 条之 11 第 2 款的规定，于应获得厚生劳动大臣的认可之情形，未获得其认可时；

二　违反第 204 条之 4 第 2 款中准用的《厚生年金保险法》第 100 条之 7 第 3 款规定的命令时。

第 222 条　协会的管理人员，根据第 204 条之 8 第 1 款的规定，于应获得厚生劳动大臣的认可之情形，未获得其认可时，处 20 万日元以下的罚款。

附则　（略）

三、日本国民健康保险法 ①

（1958 年 12 月 27 日法律第 192 号，1959 年 1 月 1 日施行，

最新修改 2021 年 6 月 11 日法律第 66 号）

目　录

①　译者：韩君玲，北京理工大学法学院教授；刘点，北京理工大学法学院博士后。

第一章　总则

（本法的目的）

第 1 条　本法旨在确保国民健康保险事业的健全运营，力图实现社会保障和国民保健水平的提高。

（国民健康保险）

第 2 条　国民健康保险提供与被保险人的疾病、负伤、生育和死亡相关的必要保险给付。

（保险人）

第 3 条　都道府县连同该都道府县内的市町村（包括特别区，下同），应当根据本法的规定开展国民健康保险工作。

2　国民健康保险组合，可以根据本法的规定开展国民健康保险工作。

（国家、都道府县及市町村的责任和义务）

第 4 条　国家应当采取一切必要措施确保国民健康保险事业的良好运行；同时，应当积极推进与保健、医疗和福祉相关的施策和其他关联施策，促进实现第 1 条规定的目的。

2　都道府县应当确保财政运营的稳定和市町村对国民健康保险事业的有效落实，在都道府县连同该都道府县内的市町村的国民健康保险事业的良好运行中，发挥核心作用。

3　市町村应当妥善落实与被保险人资格的取得和丧失有关的事项、国民健康保险保险费〔包括《地方税法》（1950 年法律第 226 号）规定的国民健康保险税。第 9 条第 3 款、第 7 款和第 10 款、第 11 条第 2 款、第 63 条之 2、第 81 条之 2 第 1 款各项以及第 9 款第 2 项和第 3 项、第 82 条之 2 第 2 款第 2 项和第 3 项以及附则第 7 条第 1 款第 3 项以及第 21 条第 3 款第 3 项和第 4 款第 3 项中与此相同〕的征收，保健事业的开展和其他国民健康保险事业。

4　都道府县和市町村为了履行前两款规定的职责，应当有机地协调有关保健医疗服务和福祉服务的施策和其他相关施策。

5　除第 2 款和前款的规定外，都道府县应当向国民健康保险组合等其他相关人员提供必要的指导和建议，以实现国民健康保险事业的合理和顺利运行。

第二章　都道府县及市町村

（被保险人）

第 5 条　在都道府县区域内拥有住所者，为该都道府县和该都道府县内的市町村共同提供的国民健康保险的被保险人。

（适用除外）

第 6 条　不拘于前条的规定，符合以下各项情形之一者，不是都道府县和该都道府县内市町村提供的国民健康保险（以下称"都道府县等提供的国民健康保险"）的被保险人。

一　《健康保险法》（1922 年法律第 70 号）规定的被保险人。但是，同法第 3 条第 2 款规定的日雇特例被保险人除外。

二　《船员保险法》（1939 年法律第 73 号）规定的被保险人

三　《国家公务员共济组合法》（1958 年法律第 128 号）或者《地方公务员等共济组合法》（1962 年法律第 152 号）规定的共济组合的组合成员

四　《私立学校教职员共济法》（1953 年法律第 245 号）规定的加入私立学校教职员共济制度的加入者

五　《健康保险法》规定的被扶养人。但是，同法第 3 条第 2 款规定的日雇特例被保险人根据同法规定的被扶养人除外。

六　《船员保险法》《国家公务员共济组合法》（包括其他法律中的准用情形）或者《地方公务员等共济组合法》规定的被扶养人

七　根据《健康保险法》第 126 条的规定，已经领取日雇特例被保险人手册且手册中尚有空白处可以粘贴健康保险印花者，以及同法规定的其被扶养人。但是，同法第 3 条第 2 款但书规定的获得批准后处于不具备同款规定的日雇特例被保险人资格期间者和根据同法第 126 条第 3 款规定已经归还该日雇特例被保险人手册者，以及同法规定的其被扶养人除外。

八　《高龄者医疗确保法》（1982 年法律第 80 号）规定的被保险人

九　《生活保护法》（1950 年法律第 144 号）规定的接受保护的家庭（被停止保护的家庭除外）中的成员

十　国民健康保险组合的被保险人

十一　厚生劳动省令规定的有特别理由的其他人员

（资格取得的时期）

第 7 条　都道府县等提供的国民健康保险的被保险人，自于都道府县区域内拥有住所之日起，或者不再符合前条各项中任意一种情形之日起取得资格。

（资格丧失的时期）

第 8 条　都道府县等提供的国民健康保险的被保险人资格，自不在都道府县区域内拥有住所之日的次日起，或者符合第 6 条各项（第 9 项和第 10 项除外）

中任意一种情形之日的次日起丧失。但是，不在都道府县区域内拥有住所之日
而在其他都道府县区域内拥有住所时，自当日起丧失被保险人资格。

2　都道府县等提供的国民健康保险的被保险人，符合第 6 条第 9 项或者
第 10 项之日起，丧失被保险人资格。

（申报等）

第 9 条　户主应根据厚生劳动省令的规定，向市町村申报其家庭的被保险
人资格的取得和丧失相关的事项及其他必要的事项。

2　户主可要求户主居住的市町村为属于其家庭的所有被保险人发放被保
险人证。

3　滞纳保险费的户主［仅限在该市町村区域内拥有住所的户主，不包括
该家庭的所有被保险人可以领取《原子弹被爆者援护法》(1994 年法律第 117 号)
规定的一般疾病医疗费补助或者其他厚生劳动省令规定的医疗相关给付（指第
6 款和第 8 款中的"原爆一般疾病医疗费的补助等"）的户主］于保险费的缴
纳期限至厚生劳动省令指定的期限内仍未缴纳保险费之情形，市町村应当根据
厚生劳动省令的规定，要求该户主返还被保险人证，因灾害及其他政令规定的
特别事由导致该保险费滞纳的情形除外。

4　市町村也可以在前款规定的厚生劳动省令指定的期限届满前，要求同
款规定的户主返还被保险人证。但是，同款规定的政令规定的被认为有特别事
由时，不在此限。

5　根据前两款规定被要求归还被保险人证的户主，应向市町村返还被保
险人证。

6　户主根据前款规定返还被保险人证时，市町村应当向该户主交付属于
该家庭被保险人（不包括可以领取原爆一般疾病医疗费补助者和处于十八岁生
日以后至最初的 3 月 31 日期间者）的被保险人资格证明书｛该家庭的被保险
人中部分可以领取原爆一般疾病医疗费的补助等或者处于十八岁生日以后至最
初的 3 月 31 日期间时，为被保险人资格证明书及其被保险人证［如果是处于
十八岁生日以后至最初的 3 月 31 日期间者（不包括可以获得原爆一般疾病医

疗费补助者），为有效期是六个月的被保险人证。以下在本款中相同]；该家庭的被保险人全部可以领取原爆一般疾病医疗费的补助等，或者处于十八岁生日以后至最初的 3 月 31 日期间时，为其被保险人证}。

7 接受被保险人资格证明书交付的户主已全额缴纳完滞纳的保险费时，或者其滞纳金额明显减少、发生灾害及有政令规定的特别事由时，市町村向该户主交付其家庭所有被保险人的被保险人证。

8 于户主接受被保险人资格证明书交付的情形，该家庭的被保险人已成为可获得原爆一般疾病医疗费支付等给付者时，市町村向该户主交付与该被保险人相关的被保险人证。

9 户主于该家庭的被保险人丧失资格后，应根据厚生劳动省令的规定，及时向市町村进行申报，并返还该被保险人的被保险人证或者被保险人资格证明书。

10 市町村可对被保险人证和被保险人资格证明书设定有效期间。于此情形，可对滞纳本法规定的保险费的户主（市町村根据第 3 款规定要求其返还被保险人证者除外）和该家庭的被保险人，滞纳《国民年金法》（1959 年法律第 141 号）规定的保险费的户主（仅限厚生劳动大臣认为符合厚生劳动省令规定的要件并已通知市町村者，包括根据同法第 88 条第 2 款规定有义务缴纳保险费者）及该家庭的被保险人及其他厚生劳动省令规定者的被保险人证，设定特别的有效期间。但是，对于处于十八岁生日以后至最初的 3 月 31 日期间者所属家庭中的被保险人的被保险人证，设定不足六个月的特别有效期间时，则该人的被保险人证的特别有效期间，应为六个月以上。

11 市町村根据前款的规定为被保险人证或者被保险人资格证明书设定有效期间时（包括为被保险人证设定特别有效期间的情形），应为同一家庭中的所有被保险人（同款但书中规定的处于十八岁生日以后至最初的 3 月 31 日期间者和厚生劳动省令规定的其他人员除外）设定相同的有效期间。

12 第 10 款规定的与厚生劳动大臣的通知权限相关的事务，由日本年金机构执行。

13　关于前款的通知权限，准用《国民年金法》第 109 条之 4 第 3 款、第 4 款、第 6 款和第 7 款的规定。于此情形，必要的技术性换称由政令规定。

14　提出根据《住民基本台账法》（1967 年法律第 81 号）第 22 条至第 24 条、第 25 条、第 30 条之 46 或者第 30 条之 47 规定的申报时（限于该申报文件上附有同法第 28 条规定的附记之情形），视为与其申报基于同一事由已提出第 1 款或者第 9 款规定的申报。

15　除以上各款规定外，关于被保险人的申报及有关被保险人证和被保险人资格证明书的必要事项，由厚生劳动省令规定。

（专用账户）

第 10 条　都道府县和市町村应根据政令规定，为与国民健康保险有关的收入和支出分别设立专用账户。

（关于国民健康保险事业运营的协议会）

第 11 条　道府县内应设置都道府县国民健康保险事业运营协议会，用于审议与国民健康保险事业的运营相关的事项（都道府县根据本法规定处理的相关事项，仅限第 75 条之 7 第 1 款规定的国民健康保险事业费缴纳金的征收，第 82 条之 2 第 1 款规定的都道府县国民健康保险运营方针的制作和其他重要事项）。

2　市町村内应设置市町村国民健康保险事业运营协议会，用于审议与国民健康保险事业的运营相关的事项（市町村根据本法规定处理的相关事项，仅限第四章规定的保险给付，第 76 条第 1 款规定的保险费的征收和其他重要事项）。

3　除前二款的规定外，前二款规定的协议会还可以审议与国民健康保险事业的运营相关的其他事项（第 1 款规定的协议会仅限处理都道府县根据本法规定处理的事务，前款规定的协议会仅限处理市町村根据本法规定处理的事务）。

4　除前三款的规定外，与第 1 款和第 2 款规定的协议会相关的必要事项，由政令规定。

第 12 条 删除

第三章 国民健康保险组合

第一节 通则

（组织）

第 13 条 国民健康保险组合（以下称"组合"），是将从事同类事业或者业务并在该组合地区内拥有住所者组织为组合成员。

2 前款的组合之地区，由一个或者两个以上的市町村区域构成。但是，有特别的理由时，可以不由该区域构成。

3 符合第 6 条各项（第 8 项和第 10 项除外）之一情形者及为其他组合提供的国民健康保险的被保险人者，不拘于第 1 款的规定，不能成为组合成员。但是，其家庭中，有不符合同条各项（第 10 项除外）中任意一种情形，且不是其他组合提供的国民健康保险的被保险人时，不在此限。

4 受雇于组合，且不符合第 6 条各项（第 8 项和第 10 项除外）中任意一种情形，且不是其他组合提供的国民健康保险的被保险人者，不拘于第 1 款的规定，可以成为该组合的组合成员。

（人格）

第 14 条 组合为法人。

（名称）

第 15 条 组合应在其名称中使用"国民健康保险组合"字样。

2 组合以外者，不得使用"国民健康保险组合"这个名称或者与之相似的名称。

（住所）

第 16 条 组合的住所为其主要事务所所在地。

（设立）

第 17 条 组合的设立，应获得其主要事务所所在地的都道府县知事的认可。

2　申请前款的认可，由十五名以上的发起人制定规约，并征得三百名以上应成为组合成员的同意。

3　都道府县知事于有第 1 款认可的申请之情形，应当根据下列各项规定的组合类别，事先听取各项规定中人员的意见，只有在认为该组合的设立不会妨碍该组合所在都道府县和该都道府县内市町村的国民健康保险事业运行的情况下，方可批准同款的申请。

一　组合地区不超过一个都道府县区域　包括该组合地区的市町村的市町村长（包括特别区的区长，下同）

二　组合地区跨两个或者两个以上都道府县区域　包括该组合地区的市町村（仅限收到第 1 款认可申请的都道府县知事管辖的都道府县内的市町村）的市町村长和包括该组合地区的都道府县的都道府县知事（收到该认可申请的都道府县知事除外，下款中称"其他都道府县知事"）

4　根据前款的规定，其他都道府县知事在陈述意见时，应事先听取其管辖的都道府县内的市町村（仅限包含第 1 款认可申请的组合地区的市町村）的市町村长的意见。

5　组合自获得认可时成立。

（规约的记载事项）

第 18 条　组合的规约中应记载以下各项所列事项。

一　名称

二　事务所所在地

三　组合的地区和组合成员的范围

四　关于组合成员加入和退出的事项

五　关于被保险人资格的取得和丧失的事项

六　关于管理人员的事项

七　关于组合会的事项

八　关于保险费的事项

九　关于准备金及其他财产管理的事项

十　公告的方法

十一　除前各项所列事项外由厚生劳动省令规定的事项

（被保险人）

第 19 条　组合成员和组合成员的家庭成员是该组合提供的国民健康保险的被保险人。但是，符合第 6 条各项（第 10 项除外）之一者，或者是其他组合提供的国民健康保险的被保险人者，不在此限。

2　不拘于前款的规定，组合可以根据规约的规定，将组合成员的家庭成员一同排除在被保险人的范围之外。

（资格取得的时期）

第 20 条　组合提供的国民健康保险的被保险人，自成为该组合的组合成员或者组合成员的家庭成员之日起，或者不再符合第 6 条各项（第 10 项除外）中任意一项情形之日起，或者不再是其他组合提供的国民健康保险的被保险人之日起取得资格。

（资格丧失的时期）

第 21 条　组合提供的国民健康保险的被保险人，自不再是组合成员或者组合成员的家庭成员的次日起，或者符合第六条各项中任意一项情形（第 9 项和第 10 项除外）的次日起丧失。但是，因不再是组合成员或者组合成员的家庭成员，而成为都道府县等提供的国民健康保险或者其他组合提供的国民健康保险的被保险人时，自当日起丧失其资格。

2　组合提供的国民健康保险的被保险人，自符合第 6 条第 9 项情形的当日起丧失资格。

（准用规定）

第 22 条　有关组合提供的国民健康保险的被保险人的申报及被保险人证和被保险人资格证明书，准用第 9 条（第 12 款至第 14 款除外）的规定。于此情形，同条第 1 款中的"户主"换称为"组合成员"，"市町村"换称为"组合"，同条第 2 款中的"户主"换称为"组合成员"，"该户主拥有住所的市町村"换称为"组合"，同条第 3 款中的"市町村"换称为"组合"，"户主（限于在该市町村区域内拥有住所的户主、"换称为"组合成员（"、"的户主"换称为"的组合成员"，"要求该户主"换称为"要求该组合成员"，同条第 4 款至第 9 款中的"市町村"换称为"组合"，"户主"换称为"组合成员"，同条第 10 款中的"市町村"换称为"组合"，"户主（不包括市町村根据第 3 款规定要求其返还被保险人证者）和该家庭的被保险人，滞纳《国民年金法》（1959 年法律第 141 号）规定的保险费的户主（限于厚生劳动大臣认为符合厚生劳动省令规定的要件并向市町村通知者，包括根据同法第 88 条第 2 款的规定负有缴纳保险费义务者）"换称为"组合成员（不包括组合根据第 3 款的规定要求其返还被保险人证者）"，同条第 11 款中的"市町村"换称为"组合"。

第二节　管理

（管理人员）

第 23 条　组合中应设置理事和监事作为管理人员。

2　理事的固定人数为五人以上，监事的固定人数为两人以上，由规约分别规定。

3　组合会根据规约规定，从组合成员中任命理事和监事。但是，有特殊情况时，不排除组合会从组合成员以外的人选中任命。

4　理事和监事的任期由规约规定，最长不超过三年。

（管理人员的职责）

第 24 条　理事应根据规约规定执行组合的业务并代表组合。

2　除规约另有规定的外，组合的业务应当经过半数的理事表决通过。

3　监事应对组合业务的执行和财产状况进行监督。

（理事代表权的限制）

第 24 条之 2　对理事代表权的限制，不得对抗善意第三人。

（理事代理行为的授权）

第 24 条之 3　限于规约或者组合会决议不禁止时，理事可以授权他人代理自己从事特定行为。

（临时理事）

第 24 条之 4　于理事出现空缺的情形，在事务管理的迟延可能导致损害发生时，都道府县知事应依据利害关系人的申请或者依据职权，选任临时理事。

（利益冲突行为）

第 24 条之 5　对于组合和理事之间存在利益冲突的事项，理事不享有代表权。于此情形，都道府县知事应依据利害关系人的申请或者依据职权，选任特别代理人。

（理事的专决处分）

第 25 条　在组合会未成立或者对应当决议的事项未作出决议时，理事可以在都道府县知事的指示下，对应当经过决议的事项进行处理。

2　对应当经过组合会决议的事项需要进行临时紧急处理时，组合会未成立时，或者无暇召集组合会时，理事可对其应议决事项进行处理。

3　理事应将根据前二款规定作出的处理情况，在此后最初召集的组合会上进行报告。

（组合会）

第 26 条　组合中应当设置组合会。

2　组合会由组合会议员组成，组合会议员的固定人数在不低于组合成员总数二十分之一的范围内由规约规定。但是，组合成员总数超过六百人的组合，在三十人以上即可。

3　组合成员根据规约规定，从组合成员中选举产生组合会议员。

4　组合会议员的任期，在不超过三年的范围内，由规约规定。

（组合会的议决事项）

第 27 条　以下各项所列事项，应经过组合会的议决。

一　规约的变更

二　借款的借入和借款方式及借款利率和偿还方式

三　收入和支出的预算

四　决算

五　应由组合负担的除预算所规定事项外的合同

六　准备金和其他重要资产的处分

七　诉讼的提起及和解

八　除以上各项所列事项外，规约规定的应经组合会议决的事项

2　前款第 1 项、第 2 项和第 6 项所列事项（同款第 1 项和第 2 项所列事项中，将因合并而解散的组合地区作为合并后存续的组合地区中一部分的与地区扩张相关的规约变更及其他厚生劳动省令规定的事项除外）的议决，未经都道府县知事的认可，不发生其效力。

3　与组合地区扩张有关的规约变更的前款认可事项，准用第 17 条第 3 款和第 4 款的规定。

4　组合对第 1 款第 3 项所列事项和第 2 款规定的厚生劳动省令规定的事项作出议决后，应及时项向都道府县知事报告。

（组合会的召集）

第 28 条　理事应根据规约规定，每年度召开一次定期组合会。

2　组合会议员获得其固定人数三分之一以上的同意，并将已记载会议目的事项和召开理由的书面材料递交至组合申请召开组合会后，理事应自收到该申请之日起二十日内召开临时组合会。

（选举权和议决权）

第 29 条　组合成员每人享有一票的选举权，组合会议员每人享有一票议决权。

（无议决权的情形）

第 29 条之 2　对组合与特定组合会议员的关系进行议决时，该组合会议员不享有表决权。

（组合会的权限）

第 30 条　组合会可检查有关组合事务的文件，要求理事或者监事提交报告，或者检查事务的管理、决议的执行或出纳。

2 组合会可要求从组合会议员中的选任者，从事前款规定的属于组合会权限的事项。

（准用《一般社团法人及一般财团法人法》）

第31条 《一般社团法人及一般财团法人法》（2006年法律第48号）第78条的规定准用于组合。

第三节 解散及合并

（解散）

第32条 组合因以下各项所列事由而解散。

一 组合会的决议

二 规约规定的解散事由发生

三 第108条第4款或第5款规定的解散命令

四 合并

2 组合因前款第1项或者第2项事由欲解散时，应根据厚生劳动省令的规定，获得都道府县知事的认可。

（剩余财产的归属）

第32条之2 已解散组合的财产，归属于规约的指定者。

2 规约中未指定权利的应归属人，或者未对指定该人的方法进行规定时，理事经都道府县知事的许可，为将其用于类似该组合的目的之目的，可处分该财产。但是，应经过组合会的议决。

3 未按照前二款规定处置的财产归国库所有。

（清算中的组合的能力）

第32条之3 已解散的组合，在清算的目的范围内仍视为继续存在，直至清算结束。

（清算人）

第32条之4 组合解散后，理事为其清算人，因决定启动破产程序而解散的情形除外。但是，规约中另有规定时，或者组合会已任命理事以外的人选时，不在此限。

（裁判所任命清算人）

第 32 条之 5 依照前条规定无人成为清算人时，或者由于清算人的空缺有发生损害之虞时，裁判所可以依据利害关系人或检察官的请求或者依据职权，选任清算人。

（清算人的解任）

第 32 条之 6 存在重大事由时，裁判所可以依据利害关系人、检察官的申请或者依据职权，解任清算人。

（清算人及解散的申报）

第 32 条之 7 清算人应将其姓名、住所、解散的原因及年月日向都道府县知事申报，决定启动破产程序和根据第 108 条第 4 款或者第 5 款规定作出解散命令的情形除外。

2 清算中就职的清算人应将其姓名和住所向都道府县知事申报。

3 前款的规定准用于根据第 108 条第 4 款或者第 5 款规定作出解散命令时就职的清算人。

（清算人的职责和权限）

第 32 条之 8 清算人的职责如下。

一 结束现有业务

二 收取债权和清偿债务

三 交付剩余财产

2 清算人可以采取一切必要行动以履行前款各项所列职责。

（债权申报的催告等）

第 32 条之 9 清算人应在其任职之日起的两个月内，通过至少三次公告的方式，向债权人发出应当在一定期限内申报债权的催告。于此情形，上述的申报期间不可少于两个月。

2 前款的公告中应声明，债权人在规定的期限内未申报债权时，应被排除在清算之外。但是，清算人不得排除已知的债权人。

3 清算人应分别向各已知的债权人发出申报债权的催告。

4　第 1 款的公告应刊载于官报上。

（其间结束后的债权申报）

第 32 条之 10　前条第 1 款的期间结束后提出申报的债权人，只能在组合的债务全部清偿完毕后，对尚未交付给权利归属人的财产提出请求。

（裁判所的监督）

第 32 条之 11　组合的解散和清算应当接受裁判所的监督。

2　裁判所可依职权随时对前款的监督事项开展必要的检查。

3　监督组合解散和清算的裁判所，可以向监督组合业务的政府机关征求意见，或者委托其进行调查。

4　前款规定的政府机关，可以向同款规定的裁判所陈述意见。

（清算结束的申报）

第 32 条之 12　清算结束后，清算人应向都道府县知事进行申报。

（有关解散和清算监督等案件的管辖）

第 32 条之 13　与组合的解散和清算监督以及清算人有关的案件，由对其主要事务所所在地享有管辖权的地方裁判所管辖。

（对不服申诉的限制）

第 32 条之 14　对选任清算人的裁判，不得提出不服申诉。

（裁判所选任清算人的报酬）

第 32 条之 15　裁判所根据第 32 条之 5 的规定任命清算人时，可以决定组合向该清算人支付的报酬数额。于此情形，裁判所应听取该清算人和监事的陈述。

（检查人员的任命）

第 32 条之 16　裁判所为了监督组合的解散和清算而开展必要的调查，可以选任检查人员。

2　前两条的规定，准用于裁判所根据前款的规定选任检查人员的情形。于此情形，前条中的"清算人和监事"换称为"组合和检查人员"。

（合并）

第 33 条 组合拟进行合并时，应在组合会上对该内容进行议决。

2 组合合并后，因合并产生的新组合或者合并后存续的组合，应当承继因合并消灭的组合的权利和义务（包括该组合基于行政机关的许可、认可及其他处分所具有的有关国民健康保险事业的权利和义务）。

第 34 条 删除

第四节 杂则

（对政令的委任）

第 35 条 除本章的规定外，与组合的管理、财产的保管及其他有关组合的必要事项，由政令规定。

第四章 保险给付

第一节 医疗的给付等

（医疗的给付）

第 36 条 市町村及组合应当向被保险人提供与疾病和负伤有关的下列各项医疗给付。但是，该被保险人所属家庭的户主或者组合成员于该被保险人的被保险人资格证明书正在进行交付的期间，不在此限。

一 诊察

二 提供药剂或者治疗材料

三 处置、手术及其他治疗

四 居家医疗管理和该医疗附带的照顾及其他看护

五 医院或者诊疗所住院和该医疗附带的照顾及其他看护

2 以下医疗给付不包括在前款的给付范围内。

一 与前款第 5 项医疗相结合的饮食提供医疗［不包括《医疗法》（1948 年法律第 205 号）第 7 条第 2 款第 4 项规定的，满六十五岁生日所属月的下一个月以后的被保险人（以下称"特定长期住院被保险人"）接受的医疗病床住院和该医疗附带的照顾及其他看护。以下称"伙食医疗"］

二 与前款第 5 项医疗相结合的以下医疗（限于与特定长期住院被保险人有关的事项。以下称"生活医疗"）

① 饮食提供医疗

② 与温度、照明和供水相关的形成适宜医疗环境的医疗

三 评价医疗（指《健康保险法》第 63 条第 2 款第 3 项规定的评价医疗，下同）

四 患者申请医疗（指《健康保险法》第 63 条第 2 款第 4 项规定的患者申请医疗，下同）

五 选定医疗（指《健康保险法》第 63 条第 2 款第 5 项规定的选定医疗，下同）

3 被保险人欲接受第 1 款给付时，应当通过自己选择的保险医疗机关等（指《健康保险法》第 63 条第 3 款第 1 项规定的保险医疗机关或保险药局，下同）提供的电子资格确认 ｛是指，拟从保险医疗机关等处接受医疗者或者拟从第 54 条之 2 第 1 款规定的指定上门看护事业者处接受同款规定的指定上门看护者，通过向市町村或者组合发送记载于个人编号卡〔是指《行政程序中识别特定个人之编号利用法》(2013 年法律第 27 号）第 2 条第 7 款规定的个人编号卡〕上的用户认证电子证明书〔是指《有关电子署名的地方公共团体信息系统机构认证业务法》（2002 年法律第 153 号）第 22 条第 1 款规定的用户认证电子证明书〕的方法或者厚生劳动省令规定的其他方法，查询被保险人资格信息（包括申请保险给付费用的必要信息），通过使用电子信息处理系统的方法或者利用其他信息通信技术的方法，将从市町村或者组合得到的回复提供给有关保险医疗机关等或者指定上门看护事业者，从而得到有关保险医疗机关等或者指定上门看护事业者对被保险人身份的确认。下同｝，或者通过厚生劳动省令规定的其他方法(以下称"电子资格确认等")接受被保险人身份确认后，方可领取。但是，符合厚生劳动省令规定情形时，无需接受该确认。

第 37 条 删除

第 38 条 删除

第 39 条　删除

（保险医疗机关等的责任和义务）

第 40 条　保险医疗机关等或者保险医、保险药剂师（是指《健康保险法》第 64 条规定的保险医或者保险药剂师，下同）在提供国民健康保险的医疗给付，或者从事国民健康保险的诊疗、调剂时，其准则依同法第 70 条第 1 款和第 72 条第 1 款规定的厚生劳动省令之例。

2　于前款情形，难以依同款规定的厚生劳动省令之例时或依其例被认为不适当时，其准则由厚生劳动省令规定。

（厚生劳动大臣或都道府县知事的指导）

第 41 条　保险医疗机关等应接受厚生劳动大臣或者都道府县知事对于医疗给付的指导，保险医和保险药剂师应接受厚生劳动大臣或都道府县知事对于国民健康保险的诊疗或调剂的指导。

2　厚生劳动大臣或都道府县知事于提供前款规定的指导情形，认为有必要时，应当让相关团体指定的具有诊疗或者调剂相关知识和经验者到场指导。但是，相关团体未进行指定或者被指定者未到场时，不在此限。

（接受医疗给付时的个人负担金）

第 42 条　根据第 36 条第 3 款规定接受保险医疗机关等提供的医疗给付者，在接受其给付时，应根据以下各项的分类，将依据第 45 条第 2 款或者第 3 款规定计算出的与该给付有关的金额乘以该各项所列的比例所得之额，作为个人负担金向该保险医疗机关等支付。

一　于六岁生日后最初的 3 月 31 日的次日以后至七十岁生日的当月之前情形十分之三

二　六岁生日后的最初的 3 月 31 日以前　十分之二

三　七十岁生日所属月的次月以后（以下各项所列情形除外）十分之二

四　七十岁生日所属月的次月以后，接受该医疗给付者所属家庭中的被保险人（限于符合七十岁生日所属月的次月之后的情形者及政令规定者），根据政令的规定计算出的收入额超过政令规定的金额时　十分之三

2 保险医疗机关等应当接受前款的个人负担金（根据第43条第1款规定个人负担金的比例被降低时，对于同条第2款规定的保险医疗机关等，个人负担金为降低比例后的金额；采取第44条第1款第1项措施后，个人负担金为减额后的金额）的支付，在保险医疗机关等虽尽到了接受支付时的与善良管理者同一的注意义务，而被保险人仍未支付全部或者部分的个人负担金时，市町村和组合可基于该保险医疗机关等的请求，根据本法有关征收金的规定对其进行处理。

第42条之2 根据前条第1款规定支付个人负担金时，同款的个人负担金之额中有未满5日元的尾数时舍去尾数，有5日元以上10日元未满的尾数时尾数为10日元。

第43条 市町村及组合可根据政令规定，通过条例或者规约，降低第42条第1款规定的个人负担金比例。

2 根据前款规定降低个人负担金比例时，在市町村或者组合获得开设者的同意指定的保险医疗机关等接受医疗给付的被保险人，不拘于第42条第1款的规定，只需向该保险医疗机关等支付降低比例后的个人负担金即可。

3 于根据第1款的规定降低个人负担金比例之情形，被保险人在前款规定的保险医疗机关等以外的保险医疗机关等获得医疗给付时，市町村和组合应将该被保险人根据第42条第1款的规定向该保险医疗机关等支付的个人负担金与根据第1款规定降低比例后的个人负担金之间的差额，向该被保险人给付。

4 前条的规定，准用于第2款情形的个人负担金的支付。

第44条 被保险人有特殊理由，难以向保险医疗机关等支付第42条或者前条规定的个人负担金时，市町村及组合可采取以下各项措施。

一 减少个人负担金的数额。

二 免除个人负担金的支付。

三 以直接征收个人负担金的方式代替向保险医疗机关等的支付，并缓期征收。

2 接受前款措施的被保险人，不拘于第 42 条第 1 款和前条第 2 款的规定，接受前款第 1 项措施的被保险人，只需向保险医疗机关等支付减额后的个人负担金，接受同款第 2 项或者第 3 项措施的被保险人，无需向保险医疗机关等支付个人负担金。

3 第 42 条之 2 的规定，准用予前款情形个人负担金的支付。

（保险医疗机关等的诊疗报酬）

第 45 条 市町村和组合应向保险医疗机关等支付医疗给付相关的费用，保险医疗机关等可以向市町村或者组合申请的医疗给付相关的费用金额为，从医疗给付所需费用金额中扣除被保险人（第 57 条规定的情形，为该被保险人所属家庭的户主或者组合成员）就该医疗给付应向该保险医疗机关等支付的个人负担金后所得金额。

2 前款中医疗给付所需费用金额的计算，应依《健康保险法》第 76 条第 2 款中厚生劳动大臣的规定进行。

3 市町村和组合经都道府县知事的认可，按照与保险医疗机关等的契约，在根据前款规定计算出的范围内，可对与该保险医疗机关等提供的医疗给付有关的第 1 款中的医疗给付所需费用金额，另行规定。

4 市町村和组合收到保险医疗机关等提出的有关医疗给付费用的请求后，应参照第 40 条规定的准则及第 2 款规定的金额的计算方法和前款的规定进行审查后支付。

5 市町村和组合可将前款规定的审查和支付相关的事务，委托给以都道府县区域为区域的国民健康保险团体联合会（加入联合会的都道府县、市町村和组合的数量未达到其区域内都道府县、市町村和组合总数三分之二者除外）或者《社会保险诊疗报酬支付基金法》（1948 年法律第 129 号）规定的社会保险诊疗报酬支付基金（以下称"支付基金"）。

6 国民健康保险团体联合会根据前款规定和《健康保险法》第 76 条第 5 款规定接受委托处理诊疗报酬请求书的审查相关事务时，可将厚生劳动大臣规定的诊疗报酬请求书的审查相关事务，委托给审查组织及其他事项符合厚生劳动省令规定的要件，并且有妥善实施该事务能力的厚生劳动大臣指定的一般社团法人或一般财团法人。

7　根据前款规定接受厚生劳动大臣规定的诊疗报酬请求书的审查相关事务的委托者，应让符合厚生劳动省令规定要件者对该诊疗报酬请求书进行审查。

8　除以上各款的规定外，与保险医疗机关等的医疗给付费用请求相关的必要事项，由厚生劳动省令规定。

（保险医疗机关等的报告等）

第 45 条之 2　厚生劳动大臣或者都道府县知事对医疗给付认为有必要时，可命令保险医疗机关等或者保险医疗机关等的开设者、管理者、保险医、保险药剂师及其他曾为从业者（以下本款中称"原开设者等"）提交或者出示报告、诊疗记录或者其他账簿文件，可要求保险医疗机关等的设立者、管理者、保险医、保险药剂师及其他从业者（包括原开设者等）出席或者接受相关职员的询问，可检查保险医疗机关等的有关设备或者诊疗记录、账簿文件和其他物件。

2　根据前款规定进行询问或者检查时，相关职员应携带身份证明书，并在相关人员提出要求时出示之。

3　第 1 款规定的权限，不得解释为允许进行犯罪搜查。

4　第 41 条第 2 款的规定准用于第 1 款规定的询问或者检查。

5　都道府县知事认为保险医疗机关等依据本法提供的医疗给付有必要进行《健康保险法》第 80 条规定的处分时，或者认为保险医或者保险药剂师依据本法提供的诊疗或调剂有必要进行《健康保险法》第 81 条规定的处分时，应向厚生劳动大臣通知并说明理由。

（《健康保险法》的准用）

第 46 条　《健康保险法》第 64 条和第 82 条第 1 款的规定，准用于本法规定的医疗给付。于此情形，有关这些规定的必要的技术性换称，由政令规定。

第 47 条　删除

第 48 条　删除

第 49 条　删除

第 50 条　删除

第 51 条　删除

（住院时伙食医疗费）

第 52 条　对于被保险人（特定长期住院被保险人除外）在自己选择的保险医疗机关接受与第 36 条第 1 款第 5 项规定的医疗给付相结合的伙食医疗所需费用，市町村和组合应当向该被保险人所属家庭的户主或者组合成员支付住院时伙食医疗费。但是，该户主或者组合成员正在获得与该被保险人相关的被保险人资格证明书的交付期间，不在此限。

2　住院时伙食医疗费的金额为，从依据《健康保险法》第 85 条第 2 款中厚生劳动大臣确定的标准计算出的该伙食医疗的费用额（其金额超过该伙食医疗实际所需费用时，则为该伙食医疗实际所需费用额）中，扣除同款规定的伙食医疗标准负担额（以下称"伙食医疗标准负担额"）后的金额。

3　被保险人在保险医疗机关获得伙食医疗后，关于该被保险人所属家庭的户主或者组合成员应向该保险医疗机关支付的伙食医疗所需费用，可以由市町村和组合在向该户主或者组合成员应支付住院时伙食医疗费额的限度内，代替该户主或者组合成员，向该保险医疗机关支付。

4　市町村和组合根据前款规定支付后，视为已向户主或者组合成员给付住院时伙食医疗费。

5　保险医疗机关获得伙食医疗所需费用的支付时，应根据厚生劳动省令的规定，向已支付该费用的户主或者组合成员交付收据。

6　《健康保险法》第 64 条以及本法第 36 条第 3 款、第 40 条、第 41 条、第 45 条第 3 款至第 8 款、第 45 条之 2 的规定，准用于接受保险医疗机关提供的伙食医疗和附带的住院时伙食医疗费的支付。于此情形，有关这些规定的必要技术性换称由政令规定。

（住院时生活医疗费）

第 52 条之 2　对于特定长期住院被保险人在自己选择的保险医疗机关接

受与第 36 条第 1 款第 5 项规定的医疗给付相结合的生活医疗所需费用，市町村和组合应当向该特定长期住院被保险人所属家庭的户主或者组合成员支付住院时生活医疗费。但是，该户主或者组合成员正在获得与该特定长期住院被保险人相关的被保险人资格证明书的交付期间，不在此限。

2 住院时伙食医疗费的金额为，从依据《健康保险法》第 85 条之 2 第 2 款中厚生劳动大臣确定的标准计算出的关于该生活医疗的费用额（于计算出的金额超过该生活医疗实际所需费用时，则为该生活医疗实际所需费用）中，扣除同款规定的生活医疗标准负担额(以下称"生活医疗标准负担额")后的金额。

3 《健康保险法》第 64 条以及本法第 36 条第 3 款、第 40 条、第 41 条、第 45 条第 3 款至第 8 款、第 45 条之 2 和前条第 3 款至第 5 款的规定，准用于接受保险医疗机关提供的生活医疗及与之附带的住院时生活医疗费的支付。于此情形，有关这些规定的必要的技术性换称，由政令规定。

（保险外并用医疗费）

第 53 条 对于被保险人在自己选择的保险医疗机关等接受评价医疗、患者申请医疗或选定医疗所需费用，市町村和组合应当向该被保险人所属家庭的户主或者组合成员给付保险外并用医疗费。但是，该户主或者组合成员正在获得与该被保险人相关的被保险人资格证明书交付的期间，不在此限。

2 保险外并用医疗费的金额为第 1 项规定的金额（于该医疗中包括伙食医疗时，则为该金额和第 2 项规定金额的合算额，于该医疗中包括生活医疗时，则为该金额和第 3 项规定金额的合算额）。

一 从依据《健康保险法》第 86 条第 2 款第 1 项中，厚生劳动大臣确定的标准计算出的关于该医疗（伙食医疗和生活医疗除外）的费用额（计算出的金额超过该医疗实际所需费用额时，则为该医疗实际所需费用额）中，扣除该金额与第 42 条第 1 款各项分类中的比例（根据第 43 条第 1 款的规定个人负担金的比例被降低时，则为降低后的比例）相乘所得金额（应当对第 42 条第 1 款规定的与医疗给付相关的个人负担金采取第 44 条第 1 款规定的各项措施时，则为采取了该措施情形下的金额）后的金额

二 从依据《健康保险法》第 85 条第 2 款中厚生劳动大臣确定的标准计算出的关于该伙食医疗的费用额（于计算出的金额超过该伙食医疗实际所需费用额时，则为该伙食医疗实际所需费用）中，扣除伙食医疗标准负担额后的金额

三 从依据《健康保险法》第 85 条之 2 第 2 款中厚生劳动大臣确定的标准计算出的关于该生活医疗的费用额（计算出的金额超过该生活医疗实际所需费用，则为该生活医疗实际所需费用）中，扣除生活医疗标准负担额后的金额

3 《健康保险法》第 64 条以及本法第 36 条第 3 款、第 40 条、第 41 条、第 45 条第 3 款至第 8 款、第 45 条之 2 和第 52 条第 3 款至第 5 款的规定，准用于在保险医疗机关等接受的评价医疗、患者申请医疗、选定医疗以及附带的保险外并用医疗费的给付。于此情形，有关这些规定的必要的技术性换称，由政令规定。

4 于前款中准用第 52 条第 3 款之情形，从依据第 2 款规定计算出的关于该医疗的费用额（计算出的金额超过医疗实际所需费用额时，则为医疗实际所需费用额）中，扣除该医疗所需费用中已作为保险外并用医疗费支付的相当金额后之额。第 42 条之 2 的规定，准用于该支付。

（医疗费）

第 54 条 市町村和组合认为难以提供医疗给付或者难以提供住院时伙食医疗费、住院时生活医疗费或保险外并用医疗费的给付（以下在本款和次款中称"医疗给付等"）时，或者被保险人获得保险医疗机关等以外的其他医院、诊疗所、药局提供的诊疗、药品或者治疗之情形，市町村或者组合认为有不得已的事由时，可用补助医疗费的方式代替医疗给付等的提供。但是，该被保险人所属家庭的户主或者组合成员正在获得与被保险人相关的被保险人资格证明书交付的期间，不在此限。

2 于被保险人在未通过电子资格确认等方式接受被保险人资格认证的情形，接受了保险医疗机关等提供的诊疗或者药剂，并且未接受认证被认为是由于紧急情况及其他不得已的事由所致，市町村和组合应给付医疗费以代替医疗

给付等的提供。但是，该被保险人所属家庭的户主或者组合成员正在获得与该被保险人相关的被保险人资格证明书交付的期间，不在此限。

3 医疗费的金额，由市町村或者组合根据以下标准确定：从计算出的该医疗（不包括伙食医疗和生活医疗）的费用额中，扣除该金额与第42条第1款各项分类中的比例相乘所得金额后的金额，以及从计算出的该伙食医疗或者生活医疗的费用中，扣除伙食医疗标准负担额或者生活医疗标准负担额后的金额。

4 关于前款中费用金额的计算，于应接受医疗给付的情形准用第45条第2款的规定，于应接受住院时伙食医疗费给付的情形准用第52条第2款的规定，于应接受住院时生活医疗费给付的情形准用第52条之2第2款的规定，于应接受保险外并用医疗费给付的情形准用前条第2款的规定。但是，计算出的金额不得超过医疗实际所需的费用。

（上门看护医疗费）

第54条之2 对于被保险人接受指定上门看护事业者（指《健康保险法》第88条第1款规定的指定上门看护事业者，下同）提供的指定上门看护（指同款规定的指定上门看护，下同）所需费用，市町村和组合应向该被保险人所属家庭的户主或者组合成员给付上门看护医疗费。但是，该户主或者组合成员正在获得该被保险人的被保险人资格证明书交付的期间，不在此限。

2 前款规定的上门看护医疗费，限于市町村或者组合根据厚生劳动省令的规定于认为有必要时，才予以给付。

3 被保险人欲接受指定上门看护时，应根据厚生劳动省令的规定，通过电子资格确认等方式从自己选择的指定上门看护事业者处接受被保险人资格认证，以接受该指定上门看护。

4 上门看护医疗费的金额为，从依据《健康保险法》第88条第4款中厚生劳动大臣确定的标准计算出的关于该指定上门看护的费用额中，扣除该金额与对应的第42条第1款各项分类中的比例（根据第43条第1款规定于个人负担金的比例被降低时，则为降低后的比例）相乘所得金额（对医疗给付应采取第44条第1款规定的各项措施时，则为已采取该措施情形下的金额）后的金额。

5　被保险人获得指定上门看护事业者提供的指定上门看护后，对于该被保险人所属家庭的户主或者组合成员应向该指定上门看护事业者支付的指定上门看护所需费用，可以由市町村和组合在应当向该户主或者组合成员支付的上门看护医疗费的限度内，代替该户主或者组合成员，向该指定上门看护事业者支付。

6　市町村和组合根据前款规定支付后，视为已向户主或组合成员给付上门看护医疗费。

7　第5款的情形中，从依据第4款规定计算出的费用中，扣除该指定上门看护所需费用中已作为上门看护医疗费支付的相当金额，对该金额的支付，准用第42条之2的规定。

8　指定上门看护事业者获得指定上门看护所需费用的支付时，应根据厚生劳动省令的规定，向支付该费用的户主或者组合成员交付收据。

9　市町村和组合于有指定上门看护事业者提出的有关上门看护医疗费的申请时，应根据第4款规定的金额的计算方法和次款规定的准则进行审查后支付。

10指定上门看护事业者提供国民健康保险中的指定上门看护时，应以《健康保险法》第92条第2款规定的指定上门看护事业运营相关标准（仅限与处理指定上门看护有关的部分）为准则，据此困难时或认为据此不适当时，其准则由厚生劳动省令规定。

11　指定上门看护应不包括在第36条第1款各项所列的医疗中。

12　获得指定上门看护事业者提供的指定上门看护及与之附随的上门看护医疗费的支付，准用《健康保险法》第92条第3款及本法第45条第5款至第8款的规定。于此情形，有关这些规定的必要的技术性换称，由政令规定。

（厚生劳动大臣或都道府县知事的指导）

第54条之2之2　指定上门看护事业者和该指定相关的事业所的护士

及其他从业者，应接受厚生劳动大臣或者都道府县知事对于指定上门看护的指导。

（报告等）

第 54 条之 2 之 3 厚生劳动大臣或都道府县知事对于上门看护医疗费的支付，于认为有必要时，可以命令指定上门看护事业者或者原指定上门看护事业者、与该指定相关的事业所的护士及其他从业者（以下本款中称"原指定上门看护事业者等"）提交或者出示报告或者账簿文件，可以要求指定上门看护事业者或者与该指定相关的事业所的护士及其他从业者（包括原指定上门看护事业者等）出席或者接受相关职员的询问，可以检查与该指定上门看护事业者相关的事业所的账簿文件等其他物件。

2　前款规定的询问或检查准用第 45 条之 2 第 2 款的规定，前款规定的权限准用同条第 3 款的规定。

3　对于指定上门看护事业者提供的有关本法规定的指定上门看护，都道府县知事认为有必要作出《健康保险法》第 95 条规定的处分时，应向厚生劳动大臣作出通知并说明理由。

（特别医疗费）

第 54 条之 3　户主或者组合成员正在获得家庭中被保险人的被保险人资格证明书交付的期间，对于被保险人接受保险医疗机关等或者指定上门看护事业者提供的医疗所需费用，市町村和组合应向该户主或者组合成员给付特别医疗费。

2　接受保险医疗机关等或者指定上门看护事业者提供的与特别医疗费有关的医疗及与之附随的特别医疗费的给付，准用《健康保险法》第 64 条及本法第 36 条第 3 款、第 40 条、第 41 条、第 45 条第 3 款、第 45 条之 2、第 52 条第 5 款、第 53 条第 2 款、第 54 条之 2 第 3 款、第 8 款和第 10 款、第 54 条之 2 之 2 及前条的规定。于此情形，第 53 条第 2 款中的"保险外并用医疗费的金额"换称为"特别医疗费的金额"，"《健康保险法》第 86 条第 2 款第 1 项"换称为"、于被交付了被保险人证就可以接受医疗给付之情形，依《健康保险法》第 76 条第 2 款中厚生劳动大臣的规定之例；于被交付了被保险人证就可以获得保险外并用医疗费给付之情形，依同法第 86 条第 2 款第 1 项中厚生劳动大臣的规定之例；于被交付了被保险人证就可以获得上门看护医疗费给付之情形，依同法第 88 条第 4 款"，有关其他规定的必要的技术性换称，由政令规定。

3　于第 1 款规定的情形，若该户主或者组合成员被交付了该被保险人的被保险人证则适用第 54 条第 1 款的规定时，市町村和组合可以给付医疗费。

4　于第 1 款规定的情形，若被保险人因紧急情况或者其他不得已的理由，在未通过电子资格确认等方式接受被保险人资格认证的情况下获得保险医疗机关等提供的诊疗或药剂时，市町村和组合应给付医疗费。

5　前两款规定的医疗费准用第 54 条第 3 款和第 4 款的规定。于此情形，同条第 4 款中的"于应接受医疗给付之情形"换称为"若被交付了被保险人证就可以接受医疗给付之情形"，"于应接受住院时伙食医疗费给付之情形"换称为"若被交付了被保险人证就可以接受住院时伙食医疗费给付之情形"，"于应接受住院时生活医疗费给付之情形"换称为"若被交付了被保险人证就可以接受住院时生活医疗费给付之情形"，"于应接受保险外并用医疗费给付之情形"换称为"若被交付了被保险人证就可以接受保险外并用医疗费给付之情形"。

（移送费）

第 54 条之 4　被保险人为了获得医疗给付（包括保险外并用医疗费相关医疗和特别医疗费相关医疗）被移送至医院或者诊疗所时，市町村和组合应当向该被保险人所属家庭的户主或者组合成员给付根据厚生劳动省令的规定计算出的移送费之数额。

2　前款中的移送费，根据厚生劳动省令的规定限于市町村或者组合认为有必要时，才予以给付。

（被保险人成为日雇劳动者或者其被扶养人的情形）

第 55 条　于被保险人因符合第 6 条第 7 项规定而丧失被保险人资格的情形，若其丧失资格时正在接受医疗给付、与住院时伙食医疗费相关的医疗、与住院时生活医疗费相关的医疗、与保险外并用医疗费相关的医疗、与上门看护医疗费相关的医疗、与特别医疗费相关的医疗或者《护理保险法》（1997 年法律第 123 号）规定的与居家护理服务费相关的指定居家服务（指同法第 41 条第 1 款规定的指定居家服务）（仅限与医疗相当的内容）、与特例居家护理服务费相关的居家服务（指同法第 8 条第 1 款规定的居家服务）或与之相当的服务（仅限这些服务中与医疗相当的内容）、与地域密着型护理服务费相关的指定地域密着型服务（指同法第 42 条之 2 第 1 款规定的指定地域密着型服务）（仅限与医疗相当的内容）、与特例地域密着型护理服务费相关的地域密着型服务（指同法第 8 条第 14 款规定的地域密着型服务）或与之相当的服务（仅限这些服务中与医疗相当的内容）、与设施护理服务费相关的指定设施服务等（指同法第 48 条第 1 款规定的指定设施服务等）（仅限与医疗相当的内容）、与特例设施护理服务费相关的设施服务（指同法第 8 条第 26 款规定的设施服务）（仅限与医疗相当的内容）、与护理预防服务费相关的指定护理预防服务（指同法第 53 条第 1 款规定的指定护理预防服务）（仅限与医疗相当的内容）、与特例护理预防服务费有关的护理预防服务（是指同法第 8 条之 2 第 1 款规定的护理预防服务或）与之相当的服务（仅限这些服务中与医疗相当的内容），则该被保险人可获得市町村或者组合就该疾病或负伤以及由此引发的疾病提供的医疗给付、住院时伙食医疗费的支付、住院时生活医疗费的支付、保险外并用医疗费的支付、上门看护医疗费的支付、特别医疗费的支付或者移送费的支付。

2 符合下列各项情形之一时，不提供前款规定的医疗给付、住院时伙食医疗费的支付、住院时生活医疗费的支付、保险外并用医疗费的支付、上门看护医疗费的支付、特别医疗费的支付或者移送费的支付。

一 该疾病或者负伤可根据《健康保险法》第五章的规定，获得医疗给付、住院时伙食医疗费的支付、住院时生活医疗费的支付、保险外并用医疗费的支付、上门看护医疗费的支付、移送费的支付、家庭医疗费的支付、家庭上门看护医疗费的支付或者家庭移送费的支付时。

二 该人符合第 6 条第 1 项至第 6 项、第 8 项、第 9 项或者第 11 项中任意一项情形时。

三　该人可以就该疾病或负伤，获得其他市町村或者组合提供的医疗给付、住院时伙食医疗费的支付、住院时生活医疗费的支付、保险外并用医疗费的支付、上门看护医疗费的支付、特别医疗费的支付或者移送费的支付时。

四　被保险人丧失资格之日起已满六个月时。

3　该疾病或者负伤可根据《健康保险法》第五章的规定，获得特别医疗费的支付或者移送费的支付或家庭移送费的支付时，不提供第 1 款规定的医疗给付、住院时伙食医疗费的支付、住院时生活医疗费的支付、保险外并用医疗费的支付、上门看护医疗费的支付、特别医疗费的支付或者移送费的支付。

4　该疾病或者负伤可根据《护理保险法》的规定，分别获得与各自给付相对应的给付时，不提供第 1 款规定的医疗给付、住院时伙食医疗费的支付、住院时生活医疗费的支付、保险外并用医疗费的支付、上门看护医疗费的支付或者特别医疗费的支付。

（与其他法令规定的医疗相关给付的调整）

第 56 条　对于被保险人因疾病或者负伤，于可根据《健康保险法》《船员保险法》《国家公务员共济组合法》（包括在其他法律中的准用或依例适用情形）《地方公务员等共济组合法》或《高龄者医疗确保法》的规定，获得医疗相关给付的情形，或者可根据《护理保险法》的规定，分别获得相对应的给付的情形，不提供医疗给付或者住院时伙食医疗费、住院时生活医疗费、保险外并用医疗费、上门看护医疗费、特别医疗费、移送费的支付。同样适用于可获得《劳动基准法》（1947 年法律第 49 号）规定的医疗补偿、《劳动者灾害补偿保险法》（1947 年法律第 50 号）规定的医疗补偿给付、复数事业劳动者医疗给付或者医疗给付、《国家公务员灾害补偿法》（1951 年法律第 191 号，包括其他法律中的准用情形）规定的医疗补偿、《地方公务员灾害补偿法》（1967 年法律第 121 号）或者依同法制定的条例规定的医疗补偿，以及政令规定的其他法律中的医疗相关给付时，或者根据这些法令以外的法令规定，已由国家或者地方公共团体的负担提供了医疗相关给付时。

2 于前款中法令规定的给付为与医疗有关的实物给付之情形，对该给付支付的个人负担金或者征收的实际费用，超过了该给付作为医疗给付依照本法提供时本法规定的个人负担金的金额（根据第 43 条第 1 款的规定降低第 42 条第 1 款中的个人负担金比例时，为降低比例后的个人负担金的金额）时，或者于前款中规定的法令（《护理保险法》除外）规定的给付为支付医疗费之情形，支付的金额不足该医疗依照本法规定应当提供的住院时伙食医疗费、住院时生活医疗费、保险外并用医疗费、医疗费、上门看护医疗费、特别医疗费或移送费的数额时，市町村和组合应向该被保险人支付各自的差额。

3 于前款情形，被保险人接受了保险医疗机关等提供的该医疗后，需要由该被保险人向保险医疗机关等支付的该医疗所需费用，可以由市町村和组合在同款规定的应当向该被保险人支付的金额限度内，代替该被保险人向保险医疗机关等支付。但是，该市町村或者组合根据第 43 条第 1 款规定降低个人负担金比例时，限于被保险人自同条第 2 款规定的保险医疗机关等获得该医疗的情形。

4 根据前款的规定市町村和组合向保险医疗机关等支付费用后，视为已在该限度内，向被保险人提供了第 2 款规定的给付。

（非户主或者组合成员的被保险人的个人负担金等）

第 57 条 非户主或者组合成员的被保险人因疾病或负伤，有关个人负担金的支付或缴纳、第 43 条第 3 款或者前条第 2 款规定的差额和医疗费的支付，不拘于与这些事项相关的各本条规定，应当由该被保险人所属家庭的户主或者组合成员承担支付或者缴纳个人负担金的义务，以及应向该户主或者组合成员给付第 43 条第 3 款或前条第 2 款规定的差额或者医疗费。

（高额医疗费）

第 57 条之 2 就医疗给付支付的个人负担金或者医疗（不包括伙食医疗和生活医疗，下款中相同）所需费用扣除该医疗所需费用中作为保险外并用医疗费、医疗费、上门看护医疗费或特别医疗费的给付金额或者根据第 56 条第 2 款的规定给付的差额相当额后所得金额（下条第 1 款中称"个人负担金等金额")明显高额时，市町村和组合应向户主或者组合成员支付高额医疗费。但是，未就该医疗获得医疗给付、保险外并用医疗费支付、医疗费支付、上门看护医疗费支付或特别医疗费支付或者第 56 条第 2 款规定的差额支付时，不在此限。

2 与高额医疗费的支付要件、支付额及其他高额医疗费的支付相关的必要事项，应在酌量负担医疗所需必要费用对家计产生的影响和医疗所需费用金额后，由政令规定。

（高额护理合算医疗费）

第 57 条之 3 个人负担金等的金额（于获得前条第 1 款规定的高额医疗费给付之情形，为扣除与该给付额相当额后的所得额），以及《护理保险法》第 51 条第 1 款规定的护理服务利用者负担额（在获得同款的高额护理服务费给付之情形，为扣除该给付额后的所得额）和同法第 61 条第 1 款规定的护理预防服务利用者负担额（于获得同款的高额护理预防服务费给付之情形，为扣除该给付额后的所得额）的合算额明显为高额时，市町村和组合应向户主或者组合成员给付高额护理合算医疗费。但是，未获得与该个人负担金等的金额相关的医疗给付、保险外并用医疗费支付、医疗费支付、上门看护医疗费支付或者特别医疗费支付或者第 56 条第 2 款规定的差额支付时，不在此限。

2 高额护理合算医疗费的支付准用前条第 2 款的规定。

第二节 其他给付

第 58 条 市町村和组合对于被保险人的分娩及死亡，应根据条例或者规约的规定，提供分娩育儿临时金或丧葬费给付或丧葬服务给付。但是，有特殊理由时，可不予提供上述全部或者部分给付。

2 除前款规定的保险给付外，市町村和组合根据条例或者规约的规定，可提供伤病补贴金的给付及其他保险给付。

3 市町村和组合可将第 1 款规定的保险给付和前款规定的伤病补贴金支付相关事务，委托给国民健康保险团体联合会或者支付基金。

第三节　保险给付的限制

第 59 条　被保险人或曾为被保险人者符合各项之一情形时，不提供该期间内的医疗给付或者住院时伙食医疗费、住院时生活医疗费、保险外并用医疗费、上门看护医疗费、特别医疗费或者移送费的支付（以下本节中称"医疗给付等"）。

一　被收容于少年院及其他类似设施时。

二　被拘禁于刑事设施、劳役场及其他类似设施时。

第 60 条　被保险人因实施故意犯罪行为或者故意导致患病或者负伤时，不提供与该疾病或负伤有关的医疗给付等。

第 61 条　被保险人因争斗、醉酒或品行不端行为导致患病或者受伤时，可不提供与该疾病或者伤害有关的全部或者部分医疗给付等。

第 62 条　被保险人或曾为被保险人者无正当理由不遵守相关医疗指示时，市町村和组合可不提供部分医疗给付等。

第 63 条　被保险人、曾为被保险人者或接受保险给付者，无正当理由不遵守第 66 条规定的命令，或者无正当理由拒绝作出回答或接受诊断时，市町村和组合可不提供全部或者部分医疗给付等。

第 63 条之 2　市町村和组合，于可获得保险给付（包括第 43 条第 3 款或者第 56 条第 2 款规定的差额支付，下同）的户主或者组合成员滞纳保险费，并且自该保险费的缴纳期限至厚生劳动省令规定的期限届满后仍未缴纳保险费之情形，除因灾害及政令规定的特别事由导致迟延缴纳保险费外，应根据厚生劳动省令的规定，中止提供全部或者部分保险给付。

2　市町村和组合，于即使未超过前款规定的厚生劳动省令规定的期限，可获得保险给付的户主或者组合成员滞纳保险费之情形，除因灾害及政令规定的特别事由导致迟延缴纳保险费外，可根据厚生劳动省令的规定，中止提供全部或者部分保险给付。

3　市町村和组合，于根据第 9 条第 6 款（包括第 22 条中的准用情形）的规定正在获得被保险人资格证明书交付的户主或者组合成员因前两款规定被中止提供全部或者部分保险给付，但仍未缴纳滞纳的保险费之情形，可根据厚生劳动省令的规定，事先通知该户主或者组合成员，从中止提供的保险给付金额中扣除该户主或者组合成员滞纳的保险费。

第四节　杂则

（损害赔偿请求权）

第 64 条　给付事由因第三人的行为而产生之情形，市町村和组合提供保险给付后，在给付的价额（该保险给付为医疗给付时，为该医疗给付所需费用扣除被保险人就该医疗给付应承担的个人负担金金额后的金额。次条第 1 款中相同）限度内，取得被保险人对第三人享有的的损害赔偿请求权。

2　于前款之情形，应接受保险给付者因同一事由已从第三人处获得损害赔偿时，市町村和组合在其获赔价额限度内，免除提供保险给付的责任。

3　市町村和组合因第 1 款的规定取得的与请求权相关的损害赔偿金的征收或者收取事务，可委托给第 45 条第 5 款中规定的国民健康保险团体联合会，其由厚生劳动省令进行规定。

（不当得利的征收等）

第 65 条　于有通过欺诈及其他不正当的行为而获得保险给付者时，市町村和组合可向其征收全部或者部分给付价额。

2　于前款之情形，保险医疗机关中从事诊疗的保险医生或《健康保险法》第 88 条第 1 款规定的主治医师，因在提交给市町村或组合的诊断书中作出虚假记载而导致提供保险给付时，市町村或组合可命令该保险医生或主治医师与获得保险给付者应承担缴纳前款征收金的连带责任。

3　保险医疗机关等或者指定上门看护事业者通过欺诈及其他不正当行为获得医疗给付相关费用的支付或第 52 条第 3 款（包括第 52 条之 2 第 3 款和第 53 条第 3 款中的准用情形）或第 54 条之 2 第 5 款规定的支付时，市町村和组合除了可要求该保险医疗机关等或指定上门看护事业者返还其已支付的金额外，还可要求其支付返还金额乘以百分之四十的所得额。

4　在市町村根据前款的规定从事向保险医疗机关等或者指定上门看护事

业者征收返还金额及支付金额或收取事务时，都道府县可接受市町村的委托，处理其中需要大范围应对或者专业性高的事务。

（强制诊断等）

第 66 条 市町村和组合对于保险给付认为有必要时，可命令该被保险人、曾为被保险人者或接受保险给付者提交或出示文件及其他物件，或者可要求其接受相关职员的询问或者诊断。

（市町村保险给付的事务范围）

第 66 条之 2 市町村根据第 36 条第 1 款、第 43 条第 3 款、第 52 条第 1 款、第 52 条之 2 第 1 款、第 53 条第 1 款、第 54 条第 1 款和第 2 款、第 54 条之 2 第 1 款、第 54 条之 3 第 1 款、第 3 款和第 4 款、第 54 条之 4 第 1 款、第 55 条第 1 款、第 56 条第 2 款、第 57 条之 2 第 1 款以及第 57 条之 3 第 1 款的规定进行的保险给付，向在该市町村区域内拥有住所者提供。

2 市町村对在该市町村区域内拥有住所者，实施第 42 条第 2 款、第 43 条第 1 款、第 44 条第 1 款、第 45 条第 3 款（包括第 52 条第 6 款、第 52 条之 2 第 3 款、第 53 条第 3 款和第 54 条之 3 第 2 款中的准用情形）和第 58 条第 1 款规定的事务。

（受给权的保护）

第 67 条 接受保险给付的权利不得转让、用作担保或被扣押。

（禁止征税及其他课征）

第 68 条 不得以作为保险给付所支给的金钱和物品为标准，进行征税及其他课征。

第五章 费用的负担

（国家的负担）

第 69 条 国家根据政令的规定，负担组合执行国民健康保险事务〔包括与缴纳《高龄者医疗确保法》规定的前期高龄者缴纳金等（以下称"前期高龄者缴纳金等"）和同法规定的后期高龄者支援金等（以下称"后期高龄者支援金等")以及《护理保险法》规定的缴纳金(以下称"护理缴纳金")的有关缴纳事务〕所需的费用。

第 70 条　国家为了实现都道府县提供国民健康保险的财政稳定,根据政令的规定,向都道府县负担以下各项所列额的合算额的百分之三十二,用于该都道府县内市町村提供的医疗给付及住院时伙食医疗费、住院时生活医疗费、保险外并用医疗费、医疗费、上门看护医疗费、特别医疗费、移送费、高额医疗费和高额护理合算医疗费所需费用(指第 73 条第 1 款、第 75 条之 2 第 1 款、第 76 条第 2 款及第 104 条中的"医疗给付等所需费用")的给付以及该都道府县缴纳《高龄者医疗确保法》规定的前期高龄者缴纳金(以下称"前期高龄者缴纳金")、同法规定的后期高龄者支援金(以下称"后期高龄者支援金")及护理缴纳金所需的费用。

一　从与被保险人有关的医疗给付所需费用金额中扣除与该给付有关的个人负担金后所得金额,以及从补助住院时伙食医疗费、住院时生活医疗费、保险外并用医疗费、医疗费、上门看护医疗费、特别医疗费、移送费、高额医疗费和高额护理合算医疗费所需费用的总额中扣除第 72 条之 3 第 1 款规定的转入金和第 72 条之 4 第 1 款规定的转入金总额的二分之一后所得金额

二　缴纳前期高龄者缴纳金、后期高龄者支援金及护理缴纳金所需的费用额〔于有《高龄者医疗确保法》规定的前期高龄者交付金(以下称"前期高龄者交付金")之情形,为扣除该部分后的金额〕

2　根据第 43 条第 1 款规定降低个人负担金比例的市町村或者由都道府县或市町村负担全部或部分被保险人的个人负担金数额的市町村所属的都道府县在适用前款规定时,同款第 1 项所列金额为按照没有降低个人负担金比例或者没有采取负担全部或者部分个人负担金数额措施时,根据政令规定计算出的同项所列金额。

3　除第 1 款的规定外,国家应当根据政令规定,酌量高额医疗给付所需费用占被保险人所有医疗给付所需费用的比例等,向都道府县负担对国民健康保险的财政具有显著影响,超出政令规定金额的医疗给付所需费用总额(第

72 条之 2 第 2 款中称"高额医疗费负担对象额")的四分之一相当额。

（国库负担金的减额）

第 71 条 于都道府县或者都道府县内的市町村应确保的收入而不当地未确保之情形，国家根据政令规定，可减少根据前条的规定应向该都道府县负担的金额。

2 根据前款规定所减少的金额，不得超过不当地未确保之金额。

（调整交付金等）

第 72 条 针对都道府县等开展的国民健康保险，国家根据政令规定，向都道府县交付调整交付金，以便根据都道府县和该都道府县内市町村的财政状况及其他情况进行财政调整。

2 前款规定的调整交付金的总额，为以下各项所列额的合算额。

一 相当于第 70 条第 1 款第 1 项所列额（出现同条第 2 款规定中的适用情形时，为适用同款规定计算出的数额）和同条第 1 款第 2 项所列额的预估总额（次条第 1 款中称"计算对象额"）百分之九的数额

二 相当于第 72 条之 3 第 1 款规定的转入金和第 72 条之 4 第 1 款规定的转入金的合算总额四分之一的数额

3 除第 1 款的规定外，国家根据政令的规定，在预算范围内向都道府县发放交付金，以支持都道府县和都道府县内的市町村在维持和增进被保险人健康、推进提供有效医疗和规范医疗所需费用等方面采取的措施。

（向都道府县专用账户的转入）

第 72 条之 2 都道府县根据政令的规定，应将相当于计算对象额百分之九的金额，从一般账户中转入该都道府县与国民健康保险相关的专用账户，以便根据该都道府县内市町村的财政状况等其他情况进行财政调整，实现都道府县提供国民健康保险的财政稳定。

2 除前款的规定外，都道府县根据政令的规定，应将相当于高额医疗费负担对象额四分之一的金额，从一般账户转入该都道府县与国民健康保险相关的专用账户。

（向市町村专用账户的转入等）

第 72 条之 3　市町村根据政令的规定，应将依照政令规定计算出的金额从一般账户中转入该市町村与国民健康保险相关的专用账户，该金额的计算以条例规定的对低收入者进行保险费的减征或《地方税法》第 703 条之 5 第 1 款规定的基于国民健康保险税减额的被保险人的保险费或同法规定的国民健康保险税减额后金额的总额为基础，并应酌量国民健康保险的财政状况及其他情况。

2　都道府县根据政令的规定，负担相当于前款规定的转入金四分之三的数额。

第 72 条之 3 之 2　市町村根据政令的规定，应将依照政令规定计算出的金额从一般账户中转入该市町村与国民健康保险相关的专用账户，该金额的计算以条例规定的对满六岁生日以后最初的 3 月 31 日之前的被保险人保险费的减征、《地方税法》第 703 条之 5 第 2 款规定的基于国民健康保险税减额的被保险人的保险费或同法规定的国民健康保险税减额后金额的总额为基础，并应酌量国民健康保险的财政状况及其他情况。

2　国家根据政令的规定，负担相当于前款规定的转入金二分之一的数额。

3　都道府县根据政令的规定，负担相当于第 1 款规定的转入金四分之一的数额。

第 72 条之 4　除第 72 条之 3 第 1 款和前条第 1 款规定的转入金外，市町村根据政令的规定，按照低收入者的人数酌量国民健康保险的财政状况及其他情况，应将依照政令规定计算出的金额从一般账户中，转入该市町村的与国民健康保险相关的专用账户。

2　国家根据政令的规定，负担相当于前款规定的转入金二分之一的数额。

3　都道府县根据政令的规定，负担相当于第 1 款规定的转入金四分之一的数额。

（特定健康检查等所需费用的负担）

第 72 条之 5　国家根据政令的规定，应向都道府县负担该都道府县内的市町村根据《高龄者医疗确保法》第 20 条规定的特定健康诊查（第 82 条第 2 款中仅称"特定健康诊查"）及根据同法第 24 条规定的特定保健指导（第 82 条第 1 款和第 86 条中称"特定健康诊查等"）所需费用中，相当于政令规定部分（次款中称"特定健康诊查费用额"）三分之一的数额。

2　都道府县根据政令的规定，应将相当于特定健康诊查等费用额三分之一的数额，从一般账户转入该都道府县与国民健康保险相关的专用账户。

（对组合的补助）

第 73 条　国家根据政令规定，可向组合补助以下各项所列额的合算额，用于医疗给付等所需费用，以及缴纳前期高龄者缴纳金、后期高龄者支援金和护理缴纳金所需费用。

一　酌量组合的财政能力，将以下所列额的合算额乘以政令规定的百分之十三至百分之三十二之间的比例后所得数额

①　从医疗给付所需费用中扣除与该给付相关的个人负担金后所得额，以及从支付住院时伙食医疗费、住院时生活医疗费、保险外并用医疗费、医疗费、上门看护医疗费、特别医疗费、移送费、高额医疗费和高额护理合算医疗费所需费用的合算额中扣除该合算额中根据政令规定计算出的与组合特定被保险人（指《健康保险法》第 3 条第 1 款第 8 项或同条第 2 款但书规定的经接受承认未成为同法的被保险人而由组合承保的被保险人及属于上述家庭的由组合承保的被保险人。②中相同）相关的数额（以下在本条中称"特定给付额"）后所得金额

②　从缴纳前期高龄者缴纳金、后期高龄者支援金以及护理缴纳金所需费用额（于有前期高龄者交付金之情形，为扣除该额后的数额）中，扣除该费用中根据政令的规定计算出的与组合特定被保险人相关的费用额（以下在本条中称"特定缴纳费用额"）后所得金额

二　特定给付额和特定缴纳费用额分别乘以特定比例所得额的合算额

2　前款第 2 项的特定比例，酌量《健康保险法》规定的健康保险事业所需费用（包括缴纳前期高龄者缴纳金、后期高龄者支援金及护理缴纳金所需费

用）的国家补助比例和组合的财政能力，根据政令的规定分别计算出的低于百分之三十二的特定给付额和特定缴纳费用额比例。

3　根据第 43 条第 1 款规定降低个人负担金比例的组合，以及负担全部或者部分组合成员全部或者部分个人负担金数额的组合，在适用第 1 款规定时，同款第 1 项①所列额和特定给付额为按照未降低个人负担金比例或者未采取负担全部或者部分个人负担金数额的措施时，根据政令规定计算出的相当于同项①所列额和特定给付额。

4　国家于提供第 1 款规定的补助情形，根据政令的规定，酌量组合的财政能力等，可增加同款的补助金额。

5　根据前款的规定可以增加的补助额之总额为，在第 1 款第 1 项①所列额和特定给付额（于有第 3 款的规定适用于这些数额的情形，为适用同款规定计算出的数额）及同项②所列额和特定缴纳费用额的合算额之预估额总额的百分之十五·四范围内的数额。

（国家的补助）

第 74 条　除第 69 条、第 70 条、第 72 条、第 72 条之 3 之 2 第 2 款、第 72 条之 4 第 2 款、第 72 条之 5 第 1 款和前条的规定外，国家可以在预算范围内，补助保健师所需费用的三分之一和国民健康保险事业所需其他费用中的部分费用。

（都道府县和市町村的补助和贷款）

第 75 条　除第 72 条之 3 第 2 款、第 72 条之 3 之 2 第 3 款和第 72 条之 4 第 3 款的规定外，都道府县和市町村对国民健康保险事业所需费用（包括缴纳前期高龄者缴纳金、后期高龄者支援金以及护理缴纳金所需费用）可提供补助金或者贷款。

（国民健康保险保险给付费等交付金）

第 75 条之 2　都道府县根据政令的规定，通过条例向该都道府县内的市町村交付国民健康保险给付费等交付金，用于该市町村在国民健康保险专用账户中负担的医疗给付等所需费用及其他国民健康保险事业所需费用，以便按照该都道府县内市町村的财政状况及其他情况对财政进行调整，确保保险给付的实施和其他国民健康保险事业的顺利开展。

2 前款规定的国民健康保险保险给付费等交付金的交付，应努力确保与都道府县国民健康保险运营方针保持一致性。

第 75 条之 3 都道府县基于广范围和与医疗相关的专业视角，为确保该都道府县内的市町村能够合理地实施保险给付，适当地交付国民健康保险保险给付费等交付金，可根据厚生劳动省令的规定，要求该都道府县内的市町村提供保险医疗机关等根据第 45 条第 4 款（包括第 52 条第 6 款、第 52 条之 2 第 3 款和第 53 条第 3 款中的准用情形）的规定提出的请求和指定上门看护事业者根据第 54 条之 2 第 9 款规定提出的请求及其他该市町村的与保险给付的审查和支付相关的信息〔于该市町村将保险给付相关事务委托给国民健康保险团体联合会或者支付基金处理之情形（次条中称"事务委托的情形"），包括由国民健康保险团体联合会或者支付基金掌握的与该委托事务相关的信息〕。

第 75 条之 4 都道府县认为该都道府县内的市町村提供的保险给付有可能违反本法和其他相关法令的规定或者存在不当行为时，可以附上理由，要求该市町村（于事务委托之情形，包括接受该委托的国民健康保险团体联合会或者支付基金）对其提供的保险给付进行再次审查。

2 市町村或者国民健康保险团体联合会、支付基金收到前款规定的再次审查请求（以下称"再审查请求"）后，应就该再审查请求涉及的保险给付进行再次审查，并将其结果报告都道府县知事。

第 75 条之 5 即使已提出再审查的请求，都道府县认为属于该市町村未取消与该再审查请求相关的全部或者部分保险给付之情形，该保险给付违反本法及其他相关法令的规定或者存在不当行为时｛基于该再审查请求的审查已由第 87 条第 1 款规定的国民健康保险诊疗报酬审查委员会〔根据第 45 条第 6 款的规定，国民健康保险团体联合会已将诊疗报酬请求书的审查相关事务委托给同款规定的厚生劳动大臣指定的法人（以下称"指定法人"）时，包括从事该诊疗报酬请求书审查者〕或者《社会保险诊疗报酬支付基金法》第 16 条第 1 款规定的审查委员会或同法第 21 条第 1 款规定的特别审查委员会进行审查时除外},可以建议该市町村应取消该保险给付的全部或者部分。

2　都道府县提出前款规定的建议时,应事先听取该市町村的意见。

第 75 条之 6　都道府县根据前条第 1 款的规定作出应取消保险给付的全部或者部分之建议后,该市町村未遵循该建议时,都道府县可以根据政令规定,于交付国民健康保险给付费等交付金时,从国民健康保险的保险给付费等交付金的数额中减去与该保险给付(限于涉及该建议的部分)相当的数额。

(国民健康保险事业费缴纳金的征收和缴纳义务)

第 75 条之 7　都道府县应当根据政令规定,通过条例向都道府县内的市町村征收每年度(指每年 4 月 1 日至翌年 3 月 31 日,下同)的国民健康保险事业费缴纳金,用于充当该都道府县国民健康保险专用账户负担的交付国民健康保险保险给付费等交付金所需费用和其他国民健康保险事业所需费用(包括缴纳前期高龄者缴纳金、后期高龄者支援金以及护理缴纳金所需费用)。

2　市町村应缴纳前款规定的国民健康保险事业费缴纳金。

(保险费)

第 76 条　市町村应向被保险人所属家庭的户主(限于在该市町村区域内拥有住所的户主)征收保险费,用于充实该市町村国民健康保险专用账户负担的缴纳国民健康保险事业费缴纳金所需费用(包括该市町村所属的都道府县的国民健康保险专用账户负担的缴纳前期高龄者缴纳金、后期高龄者支援金和护理缴纳金所需费用,下同)、缴纳财政安定化基金筹措金所需费用及其他国民健康保险事业所需费用。但是,根据《地方税法》的规定课征国民健康保险税时,不在此限。

2　组合应向组合成员征收保险费,用于医疗给付等所需费用和其他国民健康保险事业所需费用(包括缴纳前期高龄者缴纳金、后期高龄者支援金和护理缴纳金所需费用,为《健康保险法》第 179 条规定的组合时,包括缴纳同法规定的日雇筹措金所需费用)。

3 前二款规定的保险费中，用于充实缴纳护理缴纳金所需费用的保险费，应向《护理保险法》第 9 条第 2 项规定的为被保险人的被保险人课征。

（课征日期）

第 76 条之 2 市町村征收前条第 1 款中保险费的课征日期为该年度的第一日。

（保险费的征收方法）

第 76 条之 3 市町村对第 76 条第 1 款规定的保险费的征收，除采取特别征收〔指市町村让支付老龄等年金给付者向领取老龄等年金给付的被保险人的户主（政令规定的除外）征收保险费，并让其将应当征收的保险费予以缴纳，下同〕的方法外，应采取普通征收〔指市町村根据《地方自治法》（1947 年法律第 67 号）第 231 条的规定，以向户主发出缴纳通知的方式征收保险费，下同〕的方法。

2 前款规定的老龄等年金给付是指，《国民年金法》规定的老龄基础年金及该法或《厚生年金保险法》（1954 年法律第 115 号）中以年老、残疾或者死亡为给付事由并由政令规定的年金给付以及类似于这些年金给付而由政令规定的以年老、退休、残疾或死亡为给付事由的年金给付。

（《护理保险法》的准用）

第 76 条之 4 《护理保险法》第 134 条至第 141 条之 2 的规定，准用于根据前款的规定采用的保险费的特别征收。于此情形，必要的技术性换称由政令规定。

（保险费的减免等）

第 77 条 市町村和组合可根据条例或规约的规定，对有特别理由者减免保险费，或缓期征收保险费。

（《地方税法》的准用）

第 78 条 《地方税法》第 9 条、第 13 条之 2、第 20 条、第 20 条之 2 和第 20 条之 4 的规定，准用于保险费和本法规定的其他征收金（附则第 10 条第 1 款规定的筹措金除外，第 91 条第 1 款中相同）。

（督促和延滞金的征收）

第 79 条　对滞纳保险费和本法规定的其他征收金者，组合应指定期限进行督促。但是，前条中准用《地方税法》第 13 条之 2 第 1 款的规定提前征收时，不在此限。

2　组合拟根据前款的规定进行督促时，应向缴纳义务人发出督促状。于此情形，除符合《地方税法》第 13 条之 2 第 1 款各项之一的情形外，督促状所应指定的期限为发出督促状之日起经过十日以上。

3　根据前款的规定进行督促时，组合可根据规约的规定征收延滞金。

（滞纳处分）

第 79 条之 2　市町村征收的保险费和本法规定的其他征收金，为《地方自治法》第 231 条之 3 第 3 款规定的法律中的收入。

第 80 条　收到第 79 条规定的督促或者因符合《地方税法》第 13 条之 2 第 1 款各项之一情形而收到提前征收告知的缴纳义务人，未在指定期限内完全缴纳该征收金时，组合可经都道府县知事的认可处分之，或者可要求缴纳义务人住所地或其财产所在地的市町村对此进行处分。

2　组合根据前款的规定进行处分时，准用《地方自治法》第 231 条之 3 第 3 款前段和第 11 款的规定。

3　组合根据第 1 款的规定请求市町村进行处分时，市町村应当参照市町村征收保险费的方式进行处分。于此情形，组合应向该市町村交付相当于征收金额百分之四的金额。

4　保险费及其他本法规定的组合的征收金的优先取得权顺位，次之于国家和地方税。

（保险费征收的委托）

第 80 条之 2　市町村可以根据政令规定，限于确保收入和增进被保险人的便利之情形，将以普通征收方法征收保险费的事务委托给私人。

（对条例或者规约的委任）

第 81 条　除第 76 条至前条的规定外，课征额、保险费率、缴纳期、减额课税及其他与保险费的课税和征收等相关的事项，按照政令规定的基准，由条例或者规约规定。

（财政安定化基金）

第81条之2 为了实现国民健康保险财政的稳定，都道府县应设立财政安定化基金，用于充当以下所列事业的必要费用。

一 对该都道府县内收入不足的市町村，根据政令的规定，以基金事业对象保险费收纳额不足基金事业对象保险费必要额的金额为基础，酌量该都道府县内市町村保险费的收入状况等，在根据政令规定计算出的金额范围内提供资金贷款的事业

二 对于被认为因特别事由导致基金事业对象保险费收纳额低于基金事业对象保险费必要额的征收不足的市町村，根据政令规定，以基金事业对象保险费收纳额不足基金事业对象保险费必要额的金额为基础，酌量该都道府县内市町村保险费的收入状况等，在根据政令规定计算出的金额的二分之一以内交付资金的事业

2 于基金事业对象收入额低于基金事业对象费用额的情形，都道府县应根据政令规定，以该缺口金额为基础，酌量该都道府县内市町村保险给付的状况等，在根据政令规定计算出的金额范围内调拨财政安定化基金，将与缺口金额相当的资金转入该都道府县与国民健康保险相关的专用账户。

3 都道府县根据前款规定调拨财政安定化基金后，应根据政令规定，将与调拨额相当的资金转入财政安定化基金。

4 除第2款规定的情形外，都道府县于酌量国民健康保险医疗所需费用和财政预算，认为有必要抑制国民健康保险事业费缴纳金的大幅增加，以及有必要确保都道府县开展的其他国民健康保险的稳定财政运营之情形，根据政令的规定，可在根据政令规定计算出的金额范围内调拨财政安定化基金，并将其转入该都道府县与国民健康保险相关的专用账户。

5 都道府县应当根据政令规定，向都道府县内的市町村征收财政安定化基金筹措金，充当财政安定化基金。

6　市町村应缴纳前款规定的财政安定化基金筹措金。

7　都道府县根据政令的规定，将根据第5款规定从该都道府县内的市町村征收的财政安定化基金筹措金总额三倍的相当额，转入财政安定化基金。

8　国家根据政令的规定，负担前款规定的都道府县转入金额三分之一的相当额。

9　财政安定化基金产生的收入，应全部充当财政安定化基金。

10　本条使用的术语中，以下各项所列内容的意义由各项规定。

一　收取不足的市町村　基金事业对象保险费收取额不足基金事业对象保险费必要额的市町村

二　基金事业对象保险费收取额　在该年度市町村已收取的保险费用额中，根据政令规定计算出的缴纳国民健康保险事业费缴纳金所需费用额、缴纳财政安定化基金筹措金所需费用额、偿还第1款第1项业务中都道府县贷款（次项中称"财政安定化基金事业贷款"）所需费用额及已支付其他政令规定的费用额

三　基金事业对象保险费必要额　在该年度市町村应收取的保险费额中，根据政令规定计算出的用于缴纳国民健康保险事业费缴纳金所需费用额、缴纳财政安定化基金筹措金所需费用额、偿还财政安定化基金事业贷款所需费用额及支付其他政令规定的费用额

四　基金事业对象收入额　都道府县与国民健康保险相关的专用账户中，该年度收入的金额（根据第2款规定转入的金额除外）总额中，根据政令规定计算出的从该都道府县内市町村提供医疗给付所需费用额中扣除与个人负担金相当的费用后的金额、该都道府县内的市町村提供的住院时伙食医疗费、住院时生活医疗费、保险外并用医疗费、医疗费、上门看护医疗费、特别医疗费、移送费、高额医疗费和高额护理合算医疗费补助产生的费用（次项中称"医疗给付等产生的费用额"）、缴纳特别高额医疗费共同事业筹措金、前期高龄者缴纳金和后期高龄者支援金以及护理缴纳金所需费用额、第3款规定的转入金和第7款规定的转入金（次项中称"财政安定化基金转入金"）的转入所需费用

额及支付其他政令规定的费用额

五　基金事业对象费用额　都道府县与国民健康保险相关的专用账户中，该年度负担的根据政令规定计算出的交付国民健康保险保险给付费等交付金所需费用额（限于和医疗给付等所需费用额相关的金额）、缴纳特别高额医疗费共同事业筹措金、前期高龄者缴纳金、后期高龄者支援金及护理缴纳金所需费用额、转入第 3 款规定的转入金和财政安定化基金转入金所需费用额及支付其他政令规定费用额的总额

（特别高额医疗费共同事业）

第 81 条之 3　为了缓和显著高额的医疗给付所需费用对国民健康保险财政产生的影响，指定法人应当根据政令的规定，开展向都道府县交付与显著高额的医疗给付所需费用相关的交付金之事业（以下在本条中称"特别高额医疗费共同事业"）。

2　指定法人应当根据政令规定，向都道府县征收特别高额医疗费共同事业筹措金，用于充当特别高额医疗费共同事业所需费用。

3　都道府县应缴纳前款规定的特别高额医疗费共同事业筹措金。

4　国家应当根据政令规定，在预算范围内，负担都道府县缴纳第 2 款规定的特别高额医疗费共同事业筹措金（特别高额医疗费共同事业相关事务的处理所需费用除外）所需的部分费用。

第六章　保健事业

第 82 条　市町村和组合除了进行特定健康诊查等以外，还应努力向被保险人提供与健康教育、健康咨询、健康诊查、健康管理和疾病预防相关的自助努力支持，以及其他有助于保持和增进被保险人健康的必要事业。

2　市町村和组合根据前款的规定开展有助于保持和促进被保险人健康的必要事业，于认为有必要时，可以根据厚生劳动省令的规定，要求正在雇佣被保险人的事业者等〔指《劳动安全卫生法》（1972 年法律第 57 号）第 2 条第 3 项规定的事业者和基于其他法令对实施健康诊断（仅限实施与特定健康

诊查相当的项目）负有责任者及其他厚生劳动省令规定者，以下本条中相同〕或者曾经雇佣过被保险人的事业者等，提供该事业者等基于同法或者其他法令保存的该被保险人的健康诊断记录的副本及厚生劳动省令规定的其他同类记录。

3　根据前款的规定，被要求提供基于《劳动安全卫生法》及其他法令保存的被保险人的健康诊断记录副本的事业者等，应根据厚生劳动省令的规定提供该记录的副本。

4　市町村和组合开展第 1 款规定的事业时，应当充分利用《高龄者医疗确保法》第 16 条第 1 款规定的医疗保险等相关信息、事业者等提供的被保险人的健康诊断记录副本和其他必要信息，以合理且有效的方式开展工作。

5　市町村在开展第 1 款规定的由市町村开展的有助于保持和促进被保险人健康的必要事业中，按照高龄者身心特点开展事业时，应努力将《高龄者医疗确保法》第 125 条第 1 款规定的高龄者保健事业和《护理保险法》第 115 条之 45 第 1 款至第 3 款规定的地域支援事业进行一体化实施。

6　市町村根据前款规定开展符合高龄者身心特点的事业，于认为有必要时，可要求其他市町村和后期高龄者医疗广域联合（指《高龄者医疗确保法》第 48 条规定的后期高龄者医疗广域联合，次款中相同）提供厚生劳动省令规定的与该被保险人有关的本法规定的医疗相关信息、《高龄者医疗确保法》规定的医疗相关信息、同法第 125 条第 1 款规定的健康诊查或者保健指导的记录副本、同法第 18 条第 1 款规定的特定健康诊查或者特定保健指导的记录副本、《护理保险法》规定的保健医疗服务或者福祉服务相关信息及其他为了有效且高效实施符合高龄者身心特点的事业所必需的信息。

7　根据前款规定被要求提供信息或者记录的副本的市町村和后期高龄者医疗广域联合，应根据厚生劳动省令的规定提供该信息或记录的副本。

8　市町村为了根据第 5 款规定开展符合高龄者身心特点的事业，除了可以充分利用根据前款规定获得的信息或者记录副本之外，还可以充分利用自身保存的与该被保险人有关的医疗相关信息、《高龄者医疗确保法》第 18 条第 1

款规定的特定健康诊查或者特定保健指导的记录副本、《护理保险法》规定的保健医疗服务或者福祉服务相关信息。

9 市町村和组合可以为被保险人的医疗提供必要用品的借贷和开展其他能够改善被保险人医疗环境的事业、保险给付的必要事业，以及为被保险人的医疗或分娩费用提供资金的借贷及其他必要事业。

10 限于不妨碍第 1 款和前款规定的事业之情形，组合可以允许非被保险人利用这些事业。

11 根据第 1 款的规定，对于市町村和组合开展的有助于保持和促进被保险人健康的必要事业，厚生劳动大臣应公布指导方针，提供信息和其他必要支援，以实现其合理且有效地实施。

12 前款的指导方针应与《健康促进法》（2002 年法律第 103 号）第 9 条第 1 款规定的健康诊查等方针保持协调。

13 对于市町村和组合根据第 1 款的规定开展的有助于保持和促进被保险人健康的必要事业，为实现其合理且有效的实施，都道府县应努力为该事业的实施进行相关市町村之间的联络与协调，派遣具有专业技术或者知识的人员，提供信息及进行其他必要的支援。

14 为了支援市町村根据第 1 款规定开展的有助于保持和促进被保险人健康的必要事业，都道府县可根据厚生劳动省令的规定，要求该都道府县内的市町村提供与该被保险人相关的以下信息。

一 保险医疗机关等根据第 45 条第 4 款（包括第 52 条第 6 款、第 52 条之 2 第 3 款和第 53 条第 3 款中的准用情形）的规定提出的请求、指定上门看护事业者根据第 54 条之 2 第 9 款的规定提出的请求及其他该市町村进行的保险给付的审查和支付相关的信息（于该市町村将保险给付相关事务委托给国民健康保险团体联合会或者支付基金之情形，包括国民健康保险团体联合会或者支付基金掌握的有关被委托事务的信息）

二 该都道府县内的市町村保存的《高龄者医疗确保法》第 18 条第 1 款规定的特定健康诊查的记录副本和厚生劳动省令规定的其他信息

第六章之二　国民健康保险运营方针等

（都道府县国民健康保险运营方针）

第 82 条之 2　都道府县应制定有关都道府县和该都道府县内市町村开展国民健康保险事业运营的方针（以下称"都道府县国民健康保险运营方针"），以实现都道府县开展国民健康保险的稳定财政运营，推进都道府县内市町村国民健康保险事业的广泛和有效运营。

2　都道府县国民健康保险运营方针应当规定以下事项。

一　国民健康保险的医疗所需费用和财政预算

二　关于该都道府县内市町村保险费的标准计算方法及其水准的平均化事项

三　关于该都道府县内市町村合理实施保险费征收的事项

四　关于该都道府县内市町村合理实施保险给付的事项

3　除前款规定的事项外，都道府县国民健康保险运营方针一般应规定以下事项。

一　关于合理化医疗所需费用的事项

二　关于推进都道府县内市町村国民健康保险事业的广泛且有效运营的事项

三　关于保健医疗服务和福祉服务相关措施和其他关联措施相合作的事项

四　为实施前款各项（第 1 项除外）和前三项所列事项而在相关市町村之间进行联络与协调及都道府县认为必要的其他事项

4　都道府县认为在该都道府县内的市町村中，相关市町村即使根据厚生劳动省令的规定酌量被保险人的人数和年龄段分布等其他情形，其医疗所需费用仍然明显过高时，应当努力在制定都道府县国民健康保险运营方针的过程中，把医疗所需费用的合理化等其他必要措施作为前款第 1 项所列事项予以规定。

5　都道府县应酌量该都道府县和该都道府县内市町村与国民健康保险相关的专用账户的财政状况和预算等其他情况，在其制定的都道府县国民健康保险运营方针中，努力规定能够保障该都道府县内市町村与国民健康保险相关的专用账户财政均衡的必要措施。

6 都道府县国民健康保险运营方针，应努力确保与《高龄者医疗确保法》第9条第1款规定的都道府县医疗费合理化计划保持整合性。

7 都道府县在制订或者计划修改都道府县国民健康保险运营方针时，应事先听取该都道府县内市町村的意见。

8 都道府县在制定或者变更都道府县国民健康保险运营方针时，应当及时公布之。

9 市町村应在都道府县国民健康保险运营方针的基础上，努力实施国民健康保险的各项事务。

10 都道府县制作都道府县国民健康保险运营方针和实施都道府县国民健康保险运营方针中的措施，认为有必要时，可以要求国民健康保险团体联合会及其他相关人员提供必要的协助。

（标准保险费率）

第82条之3 都道府县应每年度，根据厚生劳动省令的规定，计算出代表该都道府县内各个市町村保险费率标准水平的数值（第3款中称"市町村标准保险费率"）。

2 都道府县应每年度，根据厚生劳动省令的规定，计算出代表该都道府县内全体市町村保险费率标准水平的数值（次款中称"都道府县标准保险费率"）。

3 都道府县计算出市町村标准保险费率和都道府县标准保险费率（以下在本条中称"标准保险费率"）后，根据厚生劳动省令的规定，将标准保险费率通知该都道府县内的市町村。

4 于前款规定的情形，都道府县根据厚生劳动省令的规定，努力及时公布标准保险费率。

第七章　国民健康保险团体联合会

（设立、人格和名称）

第 83 条　都道府县、市町村或者组合，为了实现共同的目的，可以设立国民健康保险团体联合会（以下称"联合会"）。

2　联合会为法人。

3　联合会应在其名称中使用"国民健康保险团体联合会"字样。

4　非联合会者，不得使用"国民健康保险团体联合会"这个名称或者与此类似的名称。

（设立的批准等）

第 84 条　拟设立联合会时，应获得管辖该联合会区域的都道府县知事的认可。

2　联合会自获得认可时成立。

3　以都道府县的区域为区域的联合会，其所处区域内的都道府县、市町村和组合的三分之二以上加入了该联合会时，该区域内的其他都道府县、市町村和组合全部成为该联合会的成员。

（规约的记载事项）

第 85 条　联合会的规约中应记载以下各项所列事项。

一　事业

二　名称

三　事务所的所在地

四　联合会的区域

五　关于成员加入和退出的事项

六　关于经费分担的事项

七　关于业务执行和会计的事项

八　关于管理人员的事项

九　关于总会或者代议员会的事项

十 关于准备金及其他财产的事项

十一 公告的方法

十二 除以上各项外由厚生劳动省令规定的事项

（业务运营的基本理念）

第 85 条之 2 联合会应努力确保诊疗报酬请求书审查过程的公正性和中立性，通过分析诊疗报酬请求书等（指次条第 3 款规定的业务），提升国民的保健医疗水平和增进福祉，利用信息通信技术推进业务运营的高效化，确保业务运营过程的透明度，促进医疗保险制度的稳定和高效运营，在与支付基金有机合作的同时，努力开展有助于合理申请诊疗报酬的支援等及其他工作。

（业务）

第 85 条之 3 联合会接受市町村和组合根据第 45 条第 5 款（包括第 52 条第 6 款、第 52 条之 2 第 3 款、第 53 条第 3 款和第 54 条之 2 第 12 款中的准用情形）规定的委托，负责与医疗给付所需费用以及住院时伙食医疗费、住院时生活医疗费、保险外并用医疗费、上门看护医疗费的请求相关的审查和支付业务。

2 除前款规定的业务外，为了促进国民健康保险事业的顺利运营，联合会可以开展以下业务。

一 接受市町村和组合根据第 58 条第 3 款规定的委托，开展同条第 1 款保险给付和同条第 2 款伤病补贴金的支付业务

二 接受市町村和组合根据第 64 条第 3 款规定的委托，开展向第三人征收或者收取损害赔偿金的业务

三 前两项业务附带的业务

四 除前三项所列事务外，其他有助于国民健康保险事业顺利运营的事业

3 除前两款规定的业务外，联合会可以对诊疗报酬请求书和特定健康诊查等（指《高龄者医疗确保法》第 18 条第 2 款第 1 项规定的特定健康诊查等）记录的信息及其他有助于改善国民保健医疗和福祉的信息收集、整合和分析，并开展与促进其结果活用相关的事务。

4 除本法和其他法令规定的由联合会开展的业务外，联合会可以在不妨碍该业务执行的前提下，开展以下业务。

一 接受国家、都道府县、市町村、法人等其他团体的委托，开展保健、医疗和福祉相关的业务

二 前项业务附带的业务

（准用规定）

第 86 条 联合会准用第 16 条、第 23 条至第 25 条、第 26 条第 1 款、第 27 条至第 35 条和第 82 条（不包括与特定健康诊查等相关的内容以及同条第 5 款至第 8 款、第 13 款和第 14 款的内容）的规定。于此情形，这些规定中的"组合成员"换称为"作为成员代表都道府县、市町村或者组合的人"，"组合会"换称为"总会或者代议员会"，"组合会议员"换称为"总会或者代议员会的议员"，同条第 2 款中的"被保险人"换称为"都道府县、市町村、组合或者被保险人"，"又或者"换称为"或者"，"同法"换称为"分别由该都道府县、市町村、组合保存的医疗保险等相关信息（是指《高龄者医疗确保法》第 16 条第 1 款规定的医疗保险等相关信息。次款和第 4 款中相同）或者《劳动安全卫生法》"，同条第 3 款中的"《劳动安全卫生法》"换称为"被要求提供医疗保险等相关信息的都道府县、市町村、组合或者《劳动安全卫生法》"，"该"换称为"该医疗保险等相关信息或者该"，同条第 4 款中的"《高龄者医疗确保法》第 16 条第 1 款规定的"换称为"获得都道府县、市町村或者组合提供的"。

第八章 诊疗报酬审查委员会

（审查委员会）

第 87 条 以都道府县的区域为区域的联合会（不包括该区域内的都道府县、市町村或者组合中的三分之二以上未加入的联合会）内，设立国民健康保险诊疗报酬审查委员会（以下称"审查委员会"）以便接受第 45 条第 5 款规定的委托对诊疗报酬请求书进行审查。

2 在不妨碍前款规定事务执行的范围内，联合会可以将接受《健康保险

法》第 76 条第 5 款规定的委托而执行的诊疗报酬请求书的审查事务，交给审查委员会进行。

（审查委员会的组织）

第 88 条　审查委员会由都道府县知事规定的代表保险医和保险药剂师的委员、代表都道府县、该都道府县内的市町村和组合（以下称"保险人"）的委员，以及代表公益的委员组成。

2　委员由都道府县知事委托，其人数，代表保险医和保险药剂师的委员人数以及代表保险人的委员人数应当相同。

3　代表保险医和保险药剂师的委员及代表保险人的委员，应在各自相关团体的推荐下获得前款的委托。

（审查委员会的权限）

第 89 条　审查委员会为了审查诊疗报酬请求书，于认为有必要时，获得都道府县知事的承认，可要求相关保险医疗机关等或者从事指定上门看护事业的事业所提交或者出示报告、诊疗记录及其他账簿资料，或者可要求相关保险医疗机关等的开设者或管理者、指定上门看护事业者或在该保险医疗机关等中负责医疗的保险医或者保险药剂师出席或者说明情况。

2　联合会应向根据前款规定出席审查委员会者支付旅费、每日津贴和住宿费。但是，相关保险医疗机关等或者从事指定上门看护事业的事业所提交的诊疗报酬请求书或者诊疗记录及其他账簿资料，因记载不完整或者不当而被要求出席者，不在此限。

（对省令的委任）

第 90 条　除本章的规定外，有关审查委员会的必要事项，由厚生劳动省令规定。

第九章　审查请求

（审查请求）

第 91 条　对保险给付的处分（包括与被保险人证的交付申请或者返还相

关的处分）或者与保险费及本法规定的其他征收金相关的处分不服者，可向国民健康保险审查会提出审查请求。

2　前款的审查请求，对于时效的中断及重新起算，视为裁判上的请求。

（审查会的设置）

第 92 条　国民健康保险审查会（以下称"审查会"）设立于各都道府县。

（组织）

第 93 条　审查会由代表被保险人的委员、代表保险人的委员和代表公益的委员各三名组成。

2　委员以兼职的方式任职。

（委员的任期）

第 94 条　委员的任期为三年。但是，补缺委员的任期，为前任委员的剩余任期。

2　委员可以连任。

（会长）

第 95 条　审查会设会长一人，由委员从代表公益的委员中选举产生。

2　会长遭遇事故时，由依照前款规定选举产生者代其履行职务。

（法定人数）

第 96 条　审查会未满足包括出席委员中代表被保险人的委员、代表保险人的委员和代表公益的委员各一名以上出席的过半数委员出席时，不得召开会议和作出决议。

（表决）

第 97 条　审查会的决议应当经出席委员的过半数通过，赞成和反对同票时，由会长决定。

（管辖审查会）

第 98 条　审查请求应向作出该处分的市町村或者组合（根据第 80 条第 3 款规定作出的处分，为作出该处理的市町村）所在地的都道府县的审查会提出。

2　审查请求存在管辖错误时，审查会应及时将案件移送至有管辖权的审查会，并且通知审查请求人。

3　案件被移送时，视为自开始向接受移送的审查会已提出审查请求。

（审查请求的期间和方式）

第 99 条　审查请求应自获知作出处分日的次日起三个月内，以书面或者口头的方式提出。但是，确因正当理由无法于此期间提出审查请求时，不在此限。

（通知市町村或者组合）

第 100 条　审查会于审查请求提出后，除根据《行政不服审查法》（2014年法律第 68 号）第 24 条的规定驳回该审查请求之情形外，应通知作出原处分的市町村、组合及其他利害关系人。

（因审理的处分）

第 101 条　审查会为进行审理于认为有必要时，可要求审查请求人或者相关人员提交报告或者出具意见，命令其出席进行询问，或让医师或者牙科医师进行诊断或检查。

2　都道府县应根据政令的规定，向根据前款规定出席审查会的相关人员或者进行诊断或的医师、牙科医师支付旅费、每日津贴、住宿费或者报酬。

（对政令的委任）

第 102 条　除本章和《行政不服审查法》的规定外，有关审查会和审查请求程序的必要事项，由政令规定。

（审查请求和诉讼的关系）

第 103 条　第 91 条第 1 款规定的取消处分之诉，应在对该处分的审查请求的裁决作出之后，方可提起。

第九章之二　与保健事业等相关的援助等

（关于保健事业等的援助等）

第 104 条　为了实现国民健康保险事业的稳定运营，联合会和指定法人应对市町村根据第 82 条第 1 款和第 9 款规定的事业、促进医疗给付等所需费用合理化的事业（以下在本条中称"保健事业等"）及其他事业开展调查研究，在市町村之间进行与保险事业等的实施相关的联络和调整；同时，为努力开展保健事业等，应派遣具有专业技术或者知识的人员，提供信息，分析和评估保健事业等的实施状况，以及提供其他必要的援助。

（国家和地方公共团体的措施）

第 105 条　国家和地方公共团体为了促进联合会或者指定法人根据前条规定开展的事业，应努力提供必要的建议、信息和采取其他措施。

第十章　监督

（报告的收集等）

第 106 条　以下各项所列者，对相关各项所规定者，于认为有必要时，可以收集其事业和财产状况的报告，或者让相关职员实地检查其状况。

　　一　厚生劳动大臣　都道府县、市町村、组合或联合会

　　二　都道府县知事　该都道府县知事管辖的都道府县区域内的市町村、组合或联合会

　　2　于进行前款规定的检查之情形，相关职员应携带身份证明书，并在当事人提出请求时予以出示。

　　3　第 1 款规定的权限，不得解释为允许进行犯罪搜查。

（事业状况的报告）

第 107 条　以下各项所列者，应根据厚生劳动省令的规定，向各项所规定者分别报告事业状况。

　　一　都道府县　厚生劳动大臣

　　二　市町村、组合或联合会　统辖该市町村、组合或者联合会所在区域的都道府县的都道府县知事

（对组合等的监督）

第 108 条　厚生劳动大臣或者都道府县知事，于根据第 106 条第 1 款的规定收集报告或者进行检查之情形，认为组合、联合会的事业或者财产的管理或

执行违反法令、规约或厚生劳动大臣、都道府县知事的处分时，认为应确保的收入不当地未能确保，不合理地支出了经费，或者不合理地进行了财产处分等明显欠缺开展事业的合理性时，或认为组合、联合会的管理人员在事业和财产管理或执行中存在明显懈怠时，可以命令相关组合、联合会或其管理人员，在规定的期间内，采取必要措施纠正或改善其事业、财产管理或执行中的违规行为。

2　组合、联合会或者其管理人员违反前款命令时，厚生劳动大臣或者都道府县知事可以命令该组合或者联合会在规定期间内更换其全部或者部分管理人员。

3　组合或者联合会违反前款命令时，厚生劳动大臣或者都道府县知事可以改换同款命令涉及的管理人员。

4　组合或者联合会违反第1款规定的命令时，厚生劳动大臣或者都道府县知事可以命令解散该组合或者联合会。

5　厚生劳动大臣或者都道府县知事认为因组合或者联合会的事业或者财产状况其事业难以继续开展时，可以命令解散该组合或者联合会（为都道府县知事时，限于该都道府县知事管辖的都道府县区域内的相关组合或者联合会）。

第 109 条　删除

第十一章　杂则

（时效）

第 110 条　征收保险费和本法规定的其他征收金的权利，或者接受其返还的权利和接受保险给付的权利，自权利可以行使时起两年后，因时效而消灭。

2　征收保险费和本法规定的其他征收金的告知或者督促，产生重新起算时效的效力。

（赋课决定的期间限制）

第 110 条之 2　该年度最初的保险费缴纳期（指根据本法或者基于本法的条例规定，应缴纳或者收取保险费的期限，于保险费可在该缴纳期之后收取情形，则指可收取该保险费的日期，次款中相同）的次日起两年后，不得作出保险费的赋课决定。

2 保险费的赋课决定作出后，由于不可归责于被保险人的事由，判明需要调整与被保险人有关的医疗保险各法（指《健康保险法》《船员保险法》《国家公务员共济组合法》《地方公务员等共济组合法》或《私立学校教职员共济法》）之间的适用关系时作出的减少保险费金额的赋课决定，不拘于前款的规定，可以自该年度最初的保险费缴纳期的次日起两年后作出，但是应当在该年度最初的保险费缴纳期的次日起至有必要调整的期限之内作出。

（期间的计算）

第 111 条 本法或者基于本法的命令中规定的期间的计算，准用《民法》（1896 年法律第 89 号）中有关期间的规定。

（被保险人记号・番号等的利用限制等）

第 111 条之 2 厚生劳动省令规定的为了执行厚生劳动大臣、都道府县、市町村、组合、保险医疗机关等、指定上门看护事业者等其他国民健康保险事业或者与之关联事务，需要使用被保险人记号・番号等［指保险人番号（是指厚生劳动大臣为了在国民健康保险事业中识别市町村或者组合而为每个市町村或者组合确定的番号）和被保险人记号・番号（指市町村或者组合为了管理被保险人的资格而为每个被保险人确定的记号、番号等其他标志），以下本条中相同］利用者（以下在本条中称"厚生劳动大臣等"），除了为执行该事业或者事务于有必要之情形外，不得要求任何人告知其自身或者他人的被保险人记号・番号等。

2 除了厚生劳动省令规定的为了执行国民健康保险事业或者与之关联的事务应使用被保险人记号・番号的情形外，厚生劳动大臣等以外者，不得要求任何人告知其自身或者他人的被保险人记号・番号等。

3 除下列情形，任何人，对于其从事业务活动，欲与其订立或订立或已缔结买卖、借贷、雇佣及其他合同（以下本款中称"合同"）者，不得要求告知与其人或其人以外者相关的被保险人等记号・番号等。

一　厚生劳动大臣等，于第1款规定之情形，要求告知被保险人记号·番号等时。

二　厚生劳动大臣等以外者，于前款中厚生劳动省令规定之情形，要求告知被保险人记号·番号时。

4　除下列情形，任何人，作为业务，不得构建记录被保险人等记号·番号等的数据库（指包括与其以外者相关的被保险人等记号·番号等信息的集合物，这些信息可以通过电子计算机检索的体系性构成），并将记录于该数据库中的信息预定提供给他人（以下本款中称为"提供数据库"）。

一　厚生劳动大臣等，于第1款规定之情形，构建提供数据库时。

二　厚生劳动大臣等以外者，于第2款中厚生劳动省令规定之情形，构建提供数据库时。

5　厚生劳动大臣于有违反前二款规定的行为之情形，认为该行为者有反复作出这些违反规定的行为之虞时，可劝告该行为者中止该行为，或为确保中止该行为而劝告其采取必要的措施。

6　于有前款规定的受到劝告者不服从该劝告时，厚生劳动大臣可规定期限，命令其应服从该劝告。

（报告和检查）

第 111 条之 3　厚生劳动大臣采取前条第 5 款和第 6 款规定的措施，于认为有必要时，可以在必要范围内要求被合理怀疑为违反同条第 3 款或者第 4 款规定者提交有关必要事项的报告，或者可让相关职员进入其事务所或事业所进行询问，或检查账簿资料及其他物件。

2　前款规定的询问或者检查准用第 45 条之 2 第 2 款的规定，前款规定的权限准用同条第 3 款的规定。

（有关户籍的免费证明）

第 112 条　市町村长（为《地方自治法》第 252 条之 19 第 1 款规定的指定都市时，则为区长或者综合区长）根据该市町村的条例规定，可免费向市町村、组合或者接受保险给付者出具有关被保险人或曾为被保险人者的户籍证明。

（文件的提交等）

第 113 条　市町村和组合对被保险人的资格、保险给付和保险费认为有必要时，可命令被保险人所属家庭的户主、组合成员或者曾为这些人员者，提交或者出示文件及其他物件，或者可让相关职员对其进行询问。

（资料的提供等）

第 113 条之 2　市町村对被保险人资格、保险给付和保险费认为有必要时，可以要求官公署就以下事项提供必要文件的查阅或者提供资料，或者可以要求银行、信托公司及其他机构或者被保险人的雇主及其他相关人员提供报告：被保险人资格的取得和丧失的相关事项、被保险人或者被保险人所属家庭的户主的资产或者收入状况、国民年金的被保险人的种类变更或者《国民年金法》规定的保险费的缴纳状况。

2　市町村对被保险人资格认为有必要时，可要求其他市町村、组合、第6 条第 1 项至第 3 项中法律规定的保险人或者共济组合、根据《私立学校教职员共济法》的规定被指定管理私立学校教职员共济制度的日本私立学校振兴·共济事业团提供以下资料：其他市町村或者组合开展的国民健康保险的被保险人、健康保险或者船员保险的被保险人或被扶养人、共济组合的组合成员或被扶养人、私立学校教职员共济制度的加入者或被扶养人的姓名和住所、《健康保险法》第 3 条第 3 款规定的适用事业所的名称和所在地及其他必要的资料。

（向联合会或者支付基金进行事务的委托）

第 113 条之 3　除第 45 条第 5 款（包括第 52 条第 6 款、第 52 条之 2 第 3 款、第 53 条第 3 款和第 54 条之 2 第 12 款中的准用情形）规定的事务外，保险人可以将下列事务委托给第 45 条第 5 款规定的联合会或者支付基金处理。

一　与第四章规定的保险给付的实施、第 76 条第 1 款或第 2 款规定的保险费的征收、第 82 条第 1 款规定的保险事业的实施及其他厚生劳动省令规定事务相关的信息的收集或整理事务

二　与第四章规定的保险给付的实施、第 76 条第 1 款或者第 2 款规定的

保险费的征收、第 82 条第 1 款规定的保险事业的实施及其他厚生劳动省令规定事务相关的信息的利用或者提供事务

2 保险人根据前款规定委托同款各项所列事务时，应与《社会保险诊疗报酬支付基金法》第 1 条规定的其他保险人共同委托。

（相关者的合作及协力）

第 113 条之 4 国家、都道府县、市町村、组合、保险医疗机关以及其他相关者应通过相互合作与协力，推进电子资格确认机制的导入和信息通信技术在其他程序中的应用，确保根据医疗保险各法等（指《高龄者医疗确保法》第 7 条第 1 款规定的医疗保险各法和《高龄者医疗确保法》）的规定所开展的事务顺利实施。

（诊疗记录的出示等）

第 114 条 厚生劳动大臣或者都道府县知事对保险给付认为有必要时，可以命令医师、牙科医师、药剂师、提供治疗者或雇佣这些人员者，就其进行的诊疗、提供的药物或者治疗提交报告或出示诊疗记录、账簿资料及其他物件，或者可以让其接受相关职员的询问。

2 厚生劳动大臣或都道府县知事认为有必要时，可以命令获得医疗给付或者住院时伙食医疗费、住院时生活医疗费、保险外并用医疗费、上门看护医疗费、特别医疗费支付的被保险人或者曾为被保险人者，就该医疗给付或者住院时伙食医疗费、住院时生活医疗费、保险外并用医疗费、上门看护医疗费、特别医疗费支付涉及的诊疗、调剂或者指定上门看护的内容提交报告，或者让其接受相关职员的询问。

（准用规定）

第 115 条 第 106 条第 2 款的规定，准用第 113 条和前条规定的询问；第 106 条第 3 款的规定，准用第 113 条和前条规定的权限。

（上学期间被保险人的特例）

第 116 条 因上学而在某一市町村区域内拥有住所的被保险人，若不上学将与在其他市町村区域内拥有住所的他人被认为属于同一家庭，适用本法时，

视为在其他市町村区域内拥有住所并且为属于该家庭者。

（住医院等、入所或者入居中的被保险人的特例）

第 116 条之 2　因以下各项所列的住院、入所或者入居（以下在本条中称"住院等"），导致被保险人的住所变更为各项规定中的医院、诊疗所或者设施（以下在本条中称"医院等"。）所在地，并且在该医院等住院等时被保险人在其他市町村（是指该医院等所在的市町村之外的市町村）区域内拥有住所者，在适用本法时，视为在其他市町村区域内拥有住所者。但是，在两个以上医院等连续住院等的被保险人，由于该被保险人在目前的医院等（以下在本条中称"目前住院的医院等"）住院之前曾在其他医院等（以下在本条中称"上一次住院的医院等"）住院，因此其住所被视为依次由上一次住院的医院等的所在地变更为目前住院的医院等的所在地（次款中称"特定继续住院等被保险人"），对此，不在此限。

一　在医院或诊疗所住院

二　进入《儿童福祉法》（1947 年法律第 164 号）第 7 条第 1 款规定的儿童福祉设施（限于采取同法第 27 条第 1 款第 3 项或同法第 27 条之 2 规定的入所措施之情形）

三　进入《障碍者日常生活和社会生活综合支援法》（2005 年法律第 123号）第 5 条第 11 款规定的障碍者支援设施或同条第 1 款中厚生劳动省令规定的设施

四　根据《独立行政法人国立重度智力障碍者综合设施希望之园法》（2002年法律第 167 号）第 11 条第 1 项规定，进入独立行政法人国立重度智力障碍者综合设施希望之园设立的设施

五　进入《老人福祉法》（1963 年法律第 133 号）第 20 条之 4 或第 20 条之 5 规定的养护老人之家或特别养护老人之家（限于采取同法第 11 条第 1 款第 1 项或第 2 项规定的入所措施之情形）

六　进入《护理保险法》第 8 条第 11 款规定的特定设施或者同条第 25 款规定的护理保险设施

2 特定继续住院等被保险人中，以下各项所列者在适用本法时，视为在各项规定的市町村区域内拥有住所者。

一 因被保险人在两个以上的医院等连续住院等，住所依次变更为每个医院等所在地，当其在两个医院等中的第一家医院等住院等时，在其他市町村（指目前住院的医院等所在的市町村之外的市町村）区域内拥有住所时，为其他市町村。

二 因被保险人在两个以上的医院等连续住院等，从其中一家医院等继续进入另一家医院等住院等（以下本项中称"继续住院等"），住所已从其中一家医院等所在地以外的地方变更为另一家医院等所在地（以下在本项中称"特定住所变更"），被保险人最后一次特定住所变更涉及的继续住院等时，在其他市町村（是指目前住院的医院等所在的市町村以外的市町村）区域内拥有住所时，为其他市町村。

3 适用前两款规定的被保险人正在住院的医院等，应向该医院等所在的市町村及根据前两款的规定被视为被保险人在该区域内拥有住所的市町村提供必要的协助。

（换称规定）

第117条 本法中的"都道府县知事"，其区域内有跨两个以上都道府县区域的联合会时，换称为"厚生劳动大臣"。

（权限的委任）

第118条 本法规定的厚生劳动大臣的权限，根据厚生劳动省令的规定，可向地方厚生局局长委任。

2 根据前款的规定委任于地方厚生局局长的权限，根据厚生劳动省令的规定，可委任于地方厚生支局局长。

（厚生劳动大臣和都道府县知事的合作）

第119条 根据第41条第1款（包括第52条第6款、第52条之2第3款、第53条第3款和第54条之3第2款中的准用情形）和第2款（包括第45条之2第4款、第52条第6款、第52条之2第3款、第53条第3款和第54条之 3 第 2 款中的准用情形）、第 45 条之 2 第 1 款（包括第 52 条第 6 款、第 52 条之 2 第 3 款、第 53 条第 3 款和第 54 条之 3 第 2 款中的准用情形）、第 54 条之 2 之 2（包括第 54 条之 3 第 2 款中的准用情形）、第 54 条之 2 之 3 第 1 款（包括第 54 条之 3 第 2 款中的准用情形）和第 114 条的规定，厚生劳动大臣或者都道府县知事执行这些规定的事务时，应在互相密切配合下进行。

（事务的区分）

第 119 条之 2 根据第 17 条第 1 款和第 3 款（包括第 27 条第 3 款中的准用情形）、第 24 条之 4、第 24 条之 5、第 25 条第 1 款、第 27 条第 2 款和第 4 款、第 32 条第 2 款、第 32 条之 2 第 2 款、第 32 条之 7 第 1 款和第 2 款（包括同条第 3 款中的准用情形）、第 32 条之 12、第 41 条第 1 款（包括第 52 条第 6 款、第 52 条之 2 第 3 款、第 53 条第 3 款和第 54 条之 3 第 2 款中的准用情形）和第 2 款（包括第 45 条之 2 第 4 款、第 52 条第 6 款、第 52 条之 2 第 3 款、第 53 条第 3 款和第 54 条之 3 第 2 款中的准用情形）、第 45 条第 3 款以及第 45 条之 2 第 1 款和第 5 款（包括这些规定在第 52 条第 6 款、第 52 条之 2 第 3 款、第 53 条第 3 款和第 54 条之 3 第 2 款中的准用情形）、第 54 条之 2 之 2 以及第 54 条之 2 之 3 第 1 款和第 3 款（包括这些规定在第 54 条之 3 第 2 款中的准用情形）、第 80 条第 1 款、第 88 条及第 89 条第 1 款的规定，由都道府县处理的事务；根据第 106 条第 1 款（仅限与第 2 项相关的内容）、第 107 条（仅限与第 2 项相关的内容）和第 108 条的规定由都道府县处理的事务中，与组合相关的内容；根据第 114 条、附则第 16 条中准用《高龄者医疗确保法》第 44 条第 4 款和第 134 条第 2 款及附则第 19 条中准用同法第 152 条第 1 款和第 3 款的规定，由都道府县处理的事务，属于《地方自治法》第 2 条第 9 款第 1 项规定第 1 项法定受托事务。

（实施规定）

第 120 条 除本法中有特别规定的内容外，有关本法施行的程序及其执行之必要细则，由厚生劳动省令规定。

第十二章　罚则

第 120 条之 2　保险人的管理人员、职员或者曾任这些职务者，无正当理由泄露职务上知悉的有关国民健康保险事业的秘密时，处一年以下有期徒刑或一百万日元以下的罚金。

第 121 条　审查委员会、审查会的委员、联合会的管理人员、职员或者曾任这些职务者，无正当理由泄露职务上知悉的有关国民健康保险事业的秘密时，处一年以下有期徒刑或者 100 万日元以下的罚金。

2　根据第 45 条第 7 款（包括第 52 条第 6 款、第 52 条之 2 第 3 款、第 53 条第 3 款和第 54 条之 2 第 12 款中的准用情形）的规定厚生劳动大臣规定的从事诊疗报酬请求书审查者、已完成审查者或者指定法人的管理人员、职员或者曾任这些职务者，无正当理由泄露职务上知悉的有关国民健康保险事业的秘密时，同样适用前款规定。

第 121 条之 2　违反第 111 条之 2 第 6 款规定的命令者，处一年以下有期徒刑或者五十万日元以下的罚金。

第 122 条　无正当理由违反第 101 条第 1 款规定的处分，不出席、不陈述、不报告或者作出虚假陈述、报告，或者不进行诊断或者鉴定者，处 30 万日元以下的罚金。但是，审查会进行的审查程序中的请求人或者根据第 100 条的规定收到通知的市町村、组合等其他利害关系人，不在此限。

第 122 条之 2　无正当理由未提交第 111 条之 3 第 1 款规定的报告。或作出虚假报告，或者无正当理由不回答或虚假回答同款规定的相关职员的询问，或者无正当理由拒绝、妨碍、逃避同款规定的检查者，处 30 万日元以下的罚金。

第 123 条　根据第 114 条第 2 款的规定被命令提交报告的被保险人或者曾为被保险人者，无正当理由不服从命令，或者无正当理由不回答或者虚假回答同条同款规定的职员的询问，处 30 万日元以下的罚金。

第 123 条之 2　法人〔包括规定了代表人或者管理人的非法人社团或财团

（以下本条中称"无人格社团等"），以下本款中相同〕的代表人（包括无人格社团等的管理人）、法人或自然人的代理人、使用人及其他从业者，在从事法人或者自然人的业务过程中，作出了违反第 121 条之 2 或第 122 条之 2 的行为时，除处罚行为人以外，对其法人或自然人处各本条的罚金刑。

2　于无人格社团等适用前款之情形，其代表人或者管理人除代表无人格社团等进行诉讼外，准用有关刑事诉讼的法律对法人作为被告人或嫌疑人情形的规定。

第 124 条　医师、牙科医师、药剂师、提供治疗者或雇佣这些人员者，根据第 114 条第 1 款的规定被命令提交报告或者出示诊疗记录、账簿资料及其他物件，无正当理由不服从命令，或者无正当理由不回答或者虚假回答同条同款规定的相关职员的询问，处 10 万日元以下的罚款。

第 125 条　组合或联合会未提出第 27 条第 4 款（包括第 86 条中的准用情形）规定的申报，或作出虚假的申报，或者被命令提交第 106 条第 1 款规定的报告，无正当理由不配合或提交虚假报告，或者违反第 108 条第 1 款规定的命令时，对其管理人员或者清算人处 20 万日元以下的罚款。

第 126 条　违反第 15 条第 2 款或第 83 条第 4 款规定者，处 10 万日元以下的罚款。

第 127 条　市町村可在条例中规定，未提出第 9 条第 1 款或第 9 款规定的申报，或作出虚假申报者，或者根据同条第 3 款或第 4 款的规定被要求返还被保险人证而拒不配合者，处 10 万日元以下的罚款。

2　市町村可在条例中规定，户主或曾为户主者无正当理由，不服从第 113 条规定的提交或出示文件及其他物件的命令，或者不回答或者虚假回答同条规定的相关职员的询问，处 10 万日元以下的罚款。

3　市町村可在条例中规定，对通过欺骗或其他不正当行为被免除保险费及本法规定的征收金者，处相当于所免除征收金额五倍以下的罚款。

4　《地方自治法》第 255 条之 3 的规定，准用于前三款规定的罚款处分。

第 128 条　前条第 1 款至第 3 款的规定，准用于组合。于此情形，这些规定中的"条例"换称为"规约","罚款"换称为"过怠金"。

2 组合或联合会根据规约的规定，对使用其设施征收 10 万日元以下的过怠金。

附则（略）

四、韩国国民健康保险法①

2022 年 7 月 1 日起执行；第 18895 号法案，

2022 年 6 月 10 日，部分修正

第一章　总则

第 1 条（目的）该法案的目的是通过为国民提供保险支付来改善全体国民的健康及促进社会保障。保险给付用于疾病和伤害、分娩和死亡以及改善健康的预防、诊断、治疗和康复。

---

① 译者：陈诚诚，北京信息科技大学副教授；金炳彻，中国人民大学副教授。

第 2 条（总负责人）保健福利部部长应按照本法规定，主管健康保险事业。

第 3 条（定义）本法中使用的术语的定义如下：

1."劳动者"一词是指无论其职业类型如何，均以其所获得的工资为生计的人，包括公司的理事或其他管理人员。公职人员或学校雇员除外；

2."雇主"一词系指属于下列任何一项的人：

（1）雇用劳动者的营业机构所有者；

（2）由总统令决定雇用公职人员的机关负责人；

（3）建立和经营私立学校的人（指《私立学校教师年金法》第 3 条所规定的私立学校；以下同样适用于本条）；

3."营业机构"一词是指营业地或办公室；

4."公职人员"一词是指作为国家或地方政府的正式雇员，提供公务服务的人；

5."学校雇员"一词是指私立学校或在私立学校经营机构的教师与雇员。

第 3—2 条（国民健康保险综合计划的制订等）1. 为了健全地运行本法规定的健康保险（以下称"健康保险"），经健康保险政策审议委员会（以下称"健康保险政策审议委员会"）根据第 4 条审议后，保健福利部规定每五年制订一份综合性国家健康保险计划（以下称"综合计划"），同样也适用于已经制订的综合计划的任何修改。

2. 综合计划应包括以下内容：

（1）健康保险政策的基本目标和发展方向；

（2）增强健康保险保障水平的计划和实施办法；

（3）健康保险基金的中期和长期预测和运营；

（4）关于缴纳保险费制度的事项；

（5）关于保险给付的事项；

（6）有关促进健康计划的事项；

（7）关于支持弱势群体的事项；

（8）有关健康保险统计和信息管理的事项；

（9）除此之外，还有总统令规定的改善健康保险的必要事项。

3. 保健福利部在经健康保险政策审议委员会审议后，每年按照综合计划制订并推行年度实施计划（以下简称"实施计划"）。

4. 保健福利部部长应每年根据相关实施计划对推进效果进行评估。

5. 如果出现以下任何情况，保健福利部不可拖延应如实向国民议会常务委员会报告。

（1）制订或修改第 1 项所述的综合计划；

（2）制订第 3 项所述的实施计划；

（3）根据第 4 项所述关于实施计划推进效果的评估。

6. 如果认为有必要制订综合计划、制订和执行实施计划，或者根据实施计划的效果评估，保健福利部部长可以要求相关机构的负责人提交资料。除非特殊事由，被要求的机构须应对此类请求作出回应。

7. 除第 1 项制订和修订综合计划、第 3 项制订和执行实施计划，第 4 项的对实施计划的效果评估之外的其他必要事项，由总统令规定。

＜本条新设　2016 年 2 月 3 日＞

第 4 条（健康保险政策审议委员会） 1. 保健福利部负责的健康保险政策审议委员会（以下简称"审议委员会"）审议并讨论表决以下任何一项有关健康保险的事项：<2016 年 2 月 3 日第 13985 号法修订＞

（1）关于第 3—2（1）条规定的综合计划和（3）条规定的实施计划的事项（仅限于审议）；

（2）第 41（3）条规定的保险给付标准；

（3）关于第 45（3）条和 46 条规定的保险给付费用的事项；

（4）第 73（1）条规定的职工参保者的保险缴费率；

（5）第 73（3）条规定的地区参保者每个缴费点的货币价值；

（6）总统令规定的关于健康保险的其他重要事项。

2. 审议委员会由二十五名成员组成，其中包括一名委员长和一名副委员长。

3. 审议委员会委员长为保健福利部副部长，副委员长由主席从第 4 项的 (4) 项所述成员中提名。

4. 由保健福利部长官任命下列人员为审议委员会成员：

(1) 由工人组织和雇主组织分别推荐二人；

(2) 民间团体（指《非营利民间团体支援法》第 2 条规定的非营利民间团体组织，以下同样适用）、消费者组织、农渔民团体、自营职业组织各推荐一人；

(3) 代表医学界的组织团体和代表医药制造商的组织团体推荐共八人；

(4) 符合下列条件的共八人：

(a) 属于总统令规定的中央行政机构公职人员二人；

(b) 由国家健康保险公团理事长和健康保险审议评价院的院长各推荐一人；

(c) 在健康保险方面具有丰富学识和经验的共四人。

(5) 审议委员会委员的任期为三年。但上任委员辞任后，新任命的委员填补上任辞职委员的空缺不计入三年任期内。

(6) 由总统令规定的审议委员会运营的其他必要事项。

第二章　参保者

第 5 条（适用对象等）1. 居住在韩国境内的国民为健康保险的参保人（以下简称"参保人"）或被抚养人：但不适用于任何以下人员：<2016 年 2 月 3 日第 13985 号法修订 >

(1) 根据《医疗援助法》享受医疗给付的人员（以下简称"医疗给付权益人"）；

(2) 根据《独立有功者荣誉待遇法》或《国家有功者礼遇和支援法》（以下简称"医疗保护有功对象"）享受医疗保护。但以下任何人均为参保者或被抚养人：

(a) 医疗保护有功对象向保险机构申请自为健康保险适用对象；

（b）尽管本人的身份从健康保险适用范围内变更为健康保险有功对象，但未向保险公司申请自己被排除在健康保险范围之外。

2. 第 1 项所提及的参保者的被抚养人，是指主要生计依赖职工参保人的人，包括以下四类，其收入或财产低于保健福利部令规定的标准：2017 年 4 月 18 日第 14776 号法修订 >

（1）职工参保人的配偶；

（2）职工参保人的直系亲属（包括其配偶的直系亲属）；

（3）职工参保人的直系后代（包括其配偶的直系后代）及其雇员的配偶；

（4）职工参保人的兄弟姐妹。

3. 由保健福利部令规定第 2 项所述被抚养人资格、获得或丧失资格的日期以及其他必要事项的标准。

第 6 条（参保者的分类）1. 参保者分为职工参保者和居民参保者。

2. 所有营业场所的雇员和雇主以及公职人员和学校雇员应成为参保者：但以下除外：<2016 年 5 月 29 日第 14183 号法修订 >

（1）雇用时间不足一个月的按日结算劳动者；

（2）根据《兵役法》规定的现役士兵，借调服役人员和军官候选人；

（3）赢得选举上任、且没有领到月薪或相当于月薪的收入的公职人员；

（4）总统令根据工作场所的特点、就业形式和业务类型规定的雇员和雇主、公职人员和学校雇员。

3. 居民参保者是指除职工参保者和被抚养人以外的人。

4. 删除 <2018 年 12 月 11 日 >

第 7 条（营业机构的申报）如营业机构的雇主属于以下任何一项，应在此后十四天内按照保健福利部令的规定向保险机构报告。如改变向保险公司申报的任何事项，则同样适用：

1. 依据第 6 条第 2 项条成为由雇员、公职人员和学校雇员使用的营业或工作场所（以下简称"适用对象的工作场所"）；

2. 保健福利部令规定的暂停、关闭业务等事由。

第 8 条（取得资格日期等）1. 参保者在国内居住的当天有作为职工参保人或居民参保人的资格：除此之外，参保者属于以下任何一项情况当日即视为符合资格：

（1）医疗给付权益人被排除在该资格之外当日；

（2）职工参保者的被抚养人丧失资格的当日；

（3）医疗服务有功对象丧失资格的当日；

（4）根据第 5 条第 1 项第 2 号医疗服务有功对象向保险机构申请健康保险当日。

2. 如根据第 1 项获得资格，职工参保人的雇主或居民参保人的户主，应按照保健福利部令规定在获得资格之日起十四天内向保险机构提出申请。

第 9 条（资格变更日期等）1. 参保者的资格应在下列任何一项的日期之前变更：

（1）在居民参保人成为营业机构的雇主或雇员当日，或公职人员、学校雇员（以下简称"雇员等"）；

（2）职工参保人成为另一营业机构的雇主或雇员当日；

（3）职场雇员解除劳动关系当日；

（4）适用对象营业机构依照第 7 条第 2 号规定的相关事由当日；

（5）居民参保人另组家庭当日。

2. 如果参保人的资格根据第 1 项发生变化，职工参保人的雇主或参保者的户主应自资格变更之日起十四日内依据保健福利部令，按照下列类别向保险机构提交申请：

（1）根据第 1 项第 1 号和第 2 号资格变更的情况：职工参保人的雇主；

（2）根据第 1 项第 3 号至第 5 号的规定资格变更情况：居民参保人的户主。

3. 如职工参保人或居民参保人属于第 54 条第 3 号或第 4 号，法务部长和国防部长和司法部长应按照保健福利部令规定的事由在一个月之内向保险机构申报。

第 9—2 条（取得资格或变更告知）国民健康保险公团根据第 96 条第 1 项

提供的资料，确认参保者取得资格或变更情况下，首次向第 79 条所述缴费义务人发出缴费通知时，应当按照保健福祉部令规定，告知取得资格或变动的有关情况。＜新增该条 2019 年 1 月 15 日＞

第 10 条（丧失资格日期等）1. 参保人属于以下任何一项时丧失资格：

（1）死亡后的次日；

（2）变更国籍后次日；

（3）不再居住在国内的次日；

（4）成为参保者的被抚养人当日；

（5）成为医疗给付权益人当日；

（6）作为健康保险的适用者成为医疗保护对象有功者申请排除在健康保险范围之外当日。

2. 如根据第 1 项丧失资格，职工参保人的雇主或居民参保人的户主应按照保健福利部令的规定在丧失资格之日起十四日内向保险机构提交申请。

第 11 条（确认获得资格）1. 依据第 8—10 条，参保人资格的获得、变更或丧失资格之日起生效，保险机构可以确认其事实。

2. 参保人或前参保者、被抚养人或前被抚养人可以根据第 1 项请求确认。

第 12 条（健康保险证）1. 国民健康保险公团应当向参保人或被抚养人发行健康保险证。＜修订 2018 年 12 月 11 日＞

2. 当参保人或其被抚养人领取健康保险给付时，应将第 1 项所述的保险卡提交给第 42 条第 1 项所述的医疗机构（以下简称"医疗机构"）：如发生自然灾害等不可避免的情况，则不适用。

3. 尽管有第 2 项的规定，但医疗机构也可使用确定身份的居民身份证、驾驶执照、护照或其他保险福利令所规定的可以确定其身份的证件，这种情况下参保人或被抚养人可不必出示健康保险证。

4. 参保人及其被抚养人依照第 10 条第 1 项失去资格后，使用资格证明的材料，并不应获得保险给付。＜第 11787 号法新插入，2013 年 5 月 22 日＞

5. 任何人不得通过转让、借用健康保险卡或身份证于其他人冒领保险给

付。<2013 年 5 月 22 日第 11787 号法新插入 >

6. 任何人不得通过转让、借用或以欺诈手段使用他人的健康保险卡或身份证来领取保险给付。< 修订 2013 年 5 月 22 日 >

7. 第 1 项所述的健康保险证，具体的申请程序、方法与格式及发行和使用相关事项，依保健福利部令具体规定。< 修订 2013 年 5 月 22 日、2018 年 12 月 11 日 >

第三章　国民健康保险公团

第 13 条（保险人）国民健康保险的保险人是国民健康保险公团（以下简称"公团"）。

第 14 条（业务等）1. 公团主管以下事项：<2017 年 2 月 8 日第 14557 号法修订 >

（1）监督参保人及其被抚养人的资格；

（2）征收和收取本法规定的保险费和其他费用；

（3）保险给付管理；

（4）依照总统令规定的预防方案，利用有关医疗给付的现状和体检结果的信息以及早发现和预防参保人及其被抚养人的疾病，并对其进行健康管理；

（5）支付保险给付费用；

（6）管理、运营和增加资产的计划；

（7）医疗设施的运营；

（8）与健康保险有关的教育、培训以及宣传；

（9）与健康保险有关的调查研究和国际合作；

（10）依照本法规定的公团的工作事项；

（11）根据《国民年金法》《雇佣保险和工伤保险的保费征收法》《工资债权保障法》和《石棉伤害救济法》（以下简称"征收委托依据法"）委托的业务；

（12）根据本法或其他法规委托的其他业务；

（13）保健福利部规定的与健康保险有关的其他业务。

2. 根据第 1 项第 6 号，在考虑基金稳定性和盈利性基础上管理、操作和增加资产的计划应按照以下方法进行：

（1）在邮政局或根据《银行法》设立的银行存项或设立信托；

（2）购买根据国家、地方政府或依照《银行法》，银行直接发行或偿还债务保证的证券；

（3）购买根据特别法成立的公司发行的证券；

（4）购买根据《资本市场和金融投资关联法》设立的信托业务实体或根据同一法案设立的集体投资业务实体发行的证券；

（5）收购用于经营公团或部分租赁的房地产；

（6）总统令规定的其他方案，以增加公团的资产。

3. 公团为特定的群体提供业务或允许使用公团的设施的情况，应按照公团章程的相关规定，公团可以收取服务费或使用费，以提供服务或使用设施。

4. 公团根据《公共机关信息公开法》向公众披露维护和管理健康保险有关的信息。

第 15 条（公团的法人人格等）1. 公团应为法人。

2. 公团应在其总部所在地注册登记后成立。

第 16 条（办公室）1. 公团总部的地点应由其章程确定。

2. 如有必要，公团可根据其公司章程规定设立分支机构。

第 17 条（章程）1. 公团的章程应规定以下事项：

（1）目的；

（2）名称；

（3）办公地点；

（4）管理人员的相关事项；

（5）理事会管理；

（6）财务运营委员会的相关事项；

（7）保险缴项和保险给付的相关事项；

（8）预算和结算的相关事项；

（9）资产和会计的相关事项；

（10）业务和执行；

（11）修改章程的相关事项；

（12）公告的相关事项。

2. 公团修改章程应获得保健福利部的授权。

第 18 条（注册）公团的注册应包括以下事项：

1. 目的；

2. 名称；

3. 总公司和分公司的所在地；

4. 理事长的姓名、地址和居民登记号码。

第 19 条（解散）关于解散公团的事宜应由法案规定。

第 20 条（管理人员）1. 公团的管理人员由一名理事长，十四名理事和一名监事组成。在这种情况下，理事长、五名理事和监事应为常任。

2. 理事长根据《公共机构管理法》第 29 条设立的管理人员推荐委员会（以下简称"管理人员推荐委员会"）推荐若干人中，根据保健福利部部长的提请，由大韩民国总统任命。

3. 常任理事由总统根据保健福利部令规定的推荐程序任命理事长。

4. 作为兼职理事依照下列各项由保健福利部部长任命：

（1）由工会、雇主组织、民间组织、消费者组织、农渔业组织各推荐一人；

（2）依照总统令规定的相关公职人员三名。

5. 监事应由管理人员推荐委员会推荐的若干人中，由战略财政部长提请，大韩民国总统任命。

6. 第 4 项规定的兼职理事可按公司章程规定的获得报酬。

7. 理事长任期三年，理事（不包括公职人员理事）和监事的任期分别为二年。

第 21 条（征缴理事）1. 在常务理事中承担第 14 条第 1 项第 2 号和第 11

号所规业务的理事（以下简称"征缴理事"），应为具有丰富的管理、经济和社会保险知识经验，并符合保健福利部令规定的资格。

2. 为推荐征缴理事候选人公团应设立公共团体理事推荐委员会（以下简称"推荐委员会"）。在这种情况下，推荐委员会的委员长应为理事长提名的理事。

3. 推荐委员会应在主要报纸上发布征集征缴理事候选人的招聘公告，此外，还可以审查被认为合格的候选人，或要求专门机构对该候选人进行审查。

4. 推荐委员会应根据第3项，依照保健福利部令确定的征收理事候选人审查标准进行审查，并与公共团体理事候选人协商合同条项。

5. 理事长应根据第4项进行的审查和协商的结果与候选人签订合同，在这种情况下，常设理事应根据第20条第3项任命。

6. 根据第4项规定的合同条项协商，根据第5项合同缔结等具体事项，应由保健福利部令规定。

第22条（管理人员的职责） 1. 理事长应代表公团全面管理公团业务，任期中对公团的管理业绩负责。

2. 常务理事应根据理事长命令履行公团的事务。

3. 如果理事长因为任何不可避免的原因而无法履行其职责，由章程确定的常务理事应代表理事长行事，如果没有常务理事或常务理事不能履行此类职责，由章程确定的管理人员应代表理事长行事。

4. 审核员应审核公团的服务，会计和资产状况。

第23条（管理人员无资格情况） 有属于以下任何一项情况不得成为管理人员：

1. 非大韩民国国民；

2. 属于《公共机构管理法》第34条第1项规定的任何一类。

第24条（管理人员的正当退职和解雇） 1. 如管理人员在任命时属于第23条的任何一项情况，则应当正当退职。

2. 如果管理人员属于以下任何一项情况，则有权任命的人可以解雇：

（1）因精神障碍被认为无法履行其职责；

（2）违反职责义务；

（3）因故意或重大过失导致公团受到损失；

（4）和职务无关有时体统的行为；

（5）根据本法发布的违反保健福利部部长命令的情况。

第 25 条（管理人员禁止兼职情况等）1. 除公团的业务外，公团的常务管理人员和雇员不得从事其他营利业务。

2. 如果公团的常务管理人员获得有任命权或提请权人的许可，或者公团的雇员获得理事长的许可，则该管理人员或雇员可从事非营利的业务。

第 26 条（理事会）1. 公团应设立理事会，以审议和解决重要事项（指《公共机构管理法》第 17 条第 1 项规定的事项）。

2. 理事会由理事长和理事组成。

3. 监事可以出席理事会会议并发言。

4. 由总统令规定理事会要表决和运营的相关事项。

第 27 条（雇员的任命）理事长应按照公司章程的规定任命和解雇员工。

第 28 条（与公职人员等同的处罚适用原则）公团的管理人员和雇员被视为公职人员，适用"刑法"第 129 条至第 132 条。

第 29 条（规定等）与公团的组织、人事管理、工资和会计相关的规定，应经保健福利部批准、理事会决议后确定。

第 30 条（代理人的选择和任命）理事长可以从公团的理事或雇员中选择和任命代理人，以便代理人在相关的司法或司法外行为中代理行使公团的业务。

第 31 条（代表权限制）1. 当公团利益与理事长利益发生冲突时，理事长不得代表公团。在这种情况下，监事应代表公团。

2. 第 1 项适用于公团与理事长之间的诉讼关系时。

第 32 条（理事长授权）在本法案中规定的理事长权力中给付限制、保险费征缴通知等总统令规定的事项，可根据章程委托给分社。

第 33 条（财政运营委员会）1. 公团应设立财政运营委员会，审议和表决与保险融资有关的事项，如根据第 45 条第 1 项规定的健康保险费用合同和第 84 条规定的赤字处理。

2. 财政运营委员会委员长依照第 34 条第 1 项第 3 号所规定的委员会成员中选出。

第 34 条（财政运营委员会的组成等）1. 财政运营委员会由下列成员组成：

（1）代表职工参保者的委员 10 名；

（2）代表居民参保者的委员 10 名；

（3）代表公共利益的委员 10 名。

2. 作为第 1 项所提述的成员，保健福利部部长应委任以下人士：

（1）对于第 1 项第 1 号所提述的成员，由工会和雇主组织团体各推荐五名；

（2）对于第 1 项第 2 号所述的成员，由总统令规定的农渔业组织、城市自营职业者组织和民间团体推荐的人员；

（3）对于第 1 项第 3 号所述的成员，总统令规定的相关公职人员或对健康保险有丰富学识和经验的人员。

3. 财政运营委员会成员（不包括公职人员）的任期为二年，但新任命的成员的任期可以填补辞职成员的任期。

4. 由总统令规定财政运营委员会的运营的必要事项。

第 35 条（会计）1. 公团的会计年度应依照政府的会计年度。

2. 公团应以统合运营职工参保者和居民参保者的基金。

3. 公团的健康保险业务应与授权委托征收的国民年金计划，雇佣保险计划，工伤保险计划以及工资债权保障计划分立，进行单独的会计处理。< 第 18348 号法案，2018 年 1 月 16 日修订 >

第 36 条（预算）公团应编制每个会计年度的预算法案，经理事会决议后获得保健福利部的批准。这也适用于修改预算的情况。<2016 年 3 月 22 日第 14084 号法修订 >

第 37 条（贷项）公团在现金短缺的情况下可以贷款，但贷款超过一年的情况必须获得保健福利部部长的批准。

第 38 条（储备金） 1. 在每个会计年度结算时，公团应持有当年保险给付费用的 5/100，直到 50/100 的储备金。

2. 第 1 项所提述的储备金，除非用于支付保险费支出的短缺或偿还现金短缺的情况，否则不得使用；从储备金中支付报销现金短缺的，应在有关会计年度内补足。

3. 第 1 项所提述的储备金的管理、操作等必要事项，须由保健福利部部长确定。

第 39 条（结算） 1. 公团应编制关于每个会计年度的账目报表和业绩报告，并在次年 2 月底向保健福利部部长报告。

2. 当公团根据第 1 项向保健福利部报告其账目报表和业务时，应根据保健福利部令规定公布其内容。

第 39—2 条（对灾难性医疗费用支出项目的捐助） 公团须根据《灾难性医疗费用支援法》规定的灾难性医疗费用项目范围，每年在其预算限额内提供资金捐助。捐助的上限金额等必要事项应由总统令规定。＜本文最新插入的第 15348 号法案，2018 年 1 月 16 日＞

第 40 条（《民法》适用原则） 除本法和《公共机构管理法》另有明确规定外，适用于《民法》规定财团法人的相关规定。

第四章　保险给付

第 41 条（医疗给付） 1. 参保人及被抚养人发生疾病、伤害、分娩等情况，应当为其提供下列各项的医疗给付：

（1）诊断和体检；

（2）医疗用药品和材料；

（3）治疗、手术或其他类型的医疗服务；

（4）预防和康复；

（5）住院治疗；

（6）护理；

（7）转移。

2. 第 1 项规定的医疗给付（以下简称"医疗给付"）范围（以下简称"医疗给付对象"）如下：＜第 13985 号法新插入，2016 年 2 月 3 日＞

（1）第 1 项各号规定的医疗给付（不包括第 1 项第 2 号所述的药品），除了保健福利部部长根据第 4 项确定为非给付对象；

（2）第 1 项第 2 号所述的药品：根据第 41—3 条，由保健福利部部长确定并公告为医疗给付对象。

3. 医疗给付的方法、程序、范围和上限的标准，由保健福利部令规定。＜2016 年 2 月 3 日第 13985 号法修订＞

4. 保健福利部部长根据第（3）项规定医疗给付的标准，可以决定对在工作或日常生活中不会造成困难的疾病为被排除的项目（以下简称"非给付对象"）。＜2016 年 2 月 3 日第 13985 号法修订＞

第 41—2 条（医疗给付药品上限金额的限制等） 1. 保健福利部对于第 41 条第 1 项第 2 号的药品给付费用上限（根据第 41 条第 3 项规定的药品类别的给付上限规定）的 20/100 以内，可以减少部分上限金额。＜2018 年 3 月 27 日第 15353 号法新插入＞

2. 保健福利部长官根据第 1 项减少给付上限金额的药品，在五年内依照总统令的规定期限内再次根据第 1 项减少不超过上限金额的 40/100。＜新的插入第 15353 号法案，2018 年 3 月 27 日＞

3. 保健福利部长官依据第 2 项依据给付上限金额的药品减额五年范围内，依照总统令期间再次违反《医事法》第 47 条第 2 项的情况，可在一年内停止医疗给付。＜第 18353 号法令，2018 年 3 月 27 日修订＞

4. 根据第 1 项至第 3 项的规定给付费用上限减额及给付费用停止的标准、步骤等必要事项由总统令规定。＜第 15353 号法修正案，2018 年 3 月 27 日＞

＜本文最新插入的第 12176 号法案，2014 年 1 月 1 日＞

＜题目修订日期：2018 年 3 月 27 日＞

第 41—3 条（行为、医疗耗材及药品是否为医疗给付的对象） 1.（对于）

第 42 条规定的医疗机构以及保健福利部令规定的医疗耗材的制造商或进口商等人，如他们并未被确定为疗养辅助（给付）对象还是非给付对象的，（如果要）判断根据第 41 条第 1 项第 1 号、第 3 号和第 4 号规定的疗养辅助相关行为以及根据 41 条第 1 项第 2 号规定的医疗耗材，能否成为疗养补助的对象，需要向保健福利部长官提出申请。

2. 根据《药事法》制定的药品制造商或进口商等依照保健福利部令规定的非医疗给付项目，可针对第 41 条第 1 项第 2 号的药物（在本条中以下简称"药物"），向保健福利部长官申请是否为给付项目。

3. 在收到根据第 1 项或第 2 项提出的请求后，保健福利部部长如无特殊情况，应在保健福利部令规定的期限内，告知申请人是否为给付项目。

4. 即使没有根据第 1 项或第 2 项提出要求，保健福利部部长也可以在保健福利部令规定的情况下，依职权决定任何医疗行为、耗材或药品为给付项目。

5. 第 1 项和第 2 项要求决议给付项目与否的申请时间、程序、方法和委托相关业务等必要事项，以及第 3 项和第 4 项决议给付项目与否的程序与方法，应由保健福利部令规定。< 本条最近由第 13985 号法案插入，2016 年 2 月 3 日 >

第 41—4 条（选择性给付）1. 如果经经济成本、医疗效果等方面判断是否为给付项目上存在不确定，需要额外的理由来核实。即便经济成本较高、但有利于参保人或被抚养人的健康恢复，则依照总统令规定可作为预备医疗给付的选择性给付。

2. 保健福利部部长应根据总统令规定的程序和方法，定期评估第 1 项规定的选择性给付（以下简称"选择性给付"）的适当性，从而重新确定是否为给付项目，并根据第 41 条第 3 项调整给付标准。

< 新增该条，2016 年 3 月 22 日 >

第 41—5 条（上门提供医疗给付）如果参保人或被抚养人因疾病或受伤行动不便，依照保健福利部令的规定，可直接访问参保人或被抚养人为其提供第 41 条规定的医疗给付。

＜新增该条，2018 年 12 月 11 日＞

第 42 条（医疗机构）1. 医疗给付（不包括护理和转送）应由下列提到的医疗机构提供。在这种情况下，保健福利部部长可以从医疗机构中排除由总统令确定的公益或享有国家特殊政策的医疗机构。＜行为修正案 .15553，2018 年 3 月 27 日＞

（1）根据《医疗法》设立的医疗机构；

（2）根据《药事法》注册的药房；

（3）根据《药事法》第 91 条设立的韩国罕见病和基本药物中心；

（4）《区域保健法》中提到的保健所、保健医疗中心以及分支机构；

（5）根据《农渔村健康医疗服务特别措施法》等设立的保健诊所。

2. 保健福利部长官为了有效提供医疗给付，可以认可符合保健福利部令规定的如设施、设备、人力资源和医疗部门等标准，作为保健福利部令规定的专业医疗机构。在这种情况下，应为每个专业医疗机构发行认证证明。

3. 保健福利部长官根据第 2 项认证的医疗机构中，如果出现属于下列任何情况的一种，则保健福利部部长应撤销认证：

（1）不符合第 2 项前段的认证标准；

（2）第 2 项后段所述的认证证明返还的情况。

4. 根据第 2 项，对于作为专业医疗机构的认证医疗机构或依照《医疗法》第 3—4 条三级综合医院，依照第 41 条第 3 项的医疗给付的程序以及第 45 条的医疗给付费用与其他医疗机构不同。

＜第 13985 号法修订 2016 年 2 月 3 日＞

5. 第 1 项、第 2 项及第 4 项所述的医疗机构无正当理由不得拒绝医疗给付。

第 42—2 条（对医疗机构实施选择性给付的管理）1. 尽管有第 42 条第 1 项的规定，但选择性给付需要数据积累或医疗使用和管理，保健福利部部长需要预先确定选择性给付提供相关资料的要求。只有满足这些要求的医疗机构才能提供相关的选择性给付。

2. 根据第 1 项提供选择性给付的医疗机构应提交根据第 41—4 条第 2 项条

评估相关选择性给付所必需的数据。

3. 医疗机构未能满足第 1 项所述的提供选择性给付的要求或未能提交第 2 项所述的数据，则保健福利部可能会限制选择性医疗的实施。

4. 依照第 1 项所述的选择性给付实施的条件，第 2 项的提供材料，第 3 项所述的选择性给付的实施限制等其他必要事项应由保健福利部令规定。< 本条最近由第 14084 号法案插入，2016 年 3 月 22 日 >

第 43 条（关于医疗机构现状的报告）1. 当医疗机构根据第 47 条提出第一次报销医疗给付费用时，该机构应向第 62 条设立的健康保险审查评价院（以下简称"审查评价院"）报告其设施的现状、设备、人力资源等。

2. 根据第 1 项报告的任何事项（仅限于根据第 45 条规定的增加或减少医疗给付费用的相关事项），医疗机构应在变更之日起十五日内应依照保健福利部令向审查评价院申请报告。

3. 依照第 1 项和第 2 项规定的申报的范围、主题、方法和程序等所必需的事项，应由保健福利部令规定。

第 44 条（费用的部分负担）1. 领取医疗给付者应当按照总统令的规定承担部分费用（以下简称"个人自付"）。针对选择性给付，本人自付承担的费用份额应向上调整。<2016 年 3 月 22 日第 14084 号法修订 >

2. 根据第 1 项本人承担的个人自付金额依照总统令规定的金额（以下本条称为"本人负担上限"）超过的部分，由公团承担。<2016 年 3 月 22 日第 14084 号法新插入 >

3. 第 2 项所述的本人负担上限应综合考虑参保者的收入水平等。<2016 年 3 月 22 日第 14084 号法新插入 >

4. 根据第 2 项计算个人自付的方法、支付个人负担上限金额的方法，或根据第 3 项规定的根据参保人的收入水平确定本人承担费用上限的必要事项由总统令规定。< 第 14084 号法新插入，2016 年 3 月 22 日 >

第 45 条（医疗给付费用的计算等）1. 医疗给付费用应由公团理事长与依照总统令确定的医药界代表之间签订合同。合同期限为一年。

2. 如果合同是根据第 1 项缔结的，则应视为公团与各个医疗机构之间缔结。

3. 根据第 1 项签订的合同，须在前合约期满的 5 月 31 日前订立；如果在该期限内没有签订任何合同，则保健福利部部长在不迟于合同有效期到期日的 6 月 30 日之前确定审议委员会决议的医疗给付费用。在这种情况下，保健福利部部长决定的医疗给付费用应视为第 1 和 2 项确定的医疗给付费用。<5 月 22 日第 11787 号法修订，2013>

4. 根据第 1 项或第 3 项确定，则保健福利部部长应立即公布医疗给付费用的详情。

5. 公团理事长依照第 33 条，根据财政运营委员的议决，依照第 1 项签订合同。

6. 公团理事长根据第 1 项为了签订合同申请所需的材料时，审查评价院应诚实的对待申请。

7. 根据第 1 项签订的合同内容和其他必要事项应由总统令规定。

第 46 条（药品和医疗耗材的医疗给付费用的计算等），按照第 41 条第 1 项第 2 号所述的药品和医疗耗材（以下简称作为"药品和耗材"）的医疗给付费用，尽管存在第 45 条，但综合考虑药品和耗材的购买价格，如果与总统令规定产生差异时则重新计算。

第 47 条（医疗给付费用的申请和支付等）1. 医疗机构可以向公团申请支付医疗给付费用。在这种情况下，第 2 项中提到的医疗给付费用审查请求应被视为向公团申请支付医疗给付费用。

2. 根据第 1 项申请医疗给付费用的医疗机构应要求审查评价院的给付费用，审查评价院审查后应立即将审查内容通知公团和医疗机构。

3. 根据第 2 项，收到审查报告后，公团应立即按照报告内容向医疗机构支付给付费用。在这种情况下，如果个人支付超过第 2 项通知的金额，超出部分的差额应从支付医疗机构的金额中扣除，并支付给相关的参保人。

4. 公团根据第 3 项向参保者支付的金额，与参保者应支付的本法案下的征收金额（以下简称"保险费等"）相抵。

5. 如果审查评价院评估第 47—4 条所述的医疗给付的适当性并将其通知公团，公团应根据结果通过增加或减少医疗给付的成本来调整支付标准。在这种情况下，增加或减少医疗给付费用支付的标准应由保健福利部令规定。< 修订 2022 年 6 月 10 日 >

6. 医疗机构可以由以下团体代理第 2 项的审查请求：

（1）《医疗法》第 28 条第 1 项规定的医生协会、牙医协会、韩医协会、助产协会以及依照第 6 项申请的各个分支机构；

（2）《医疗法》第 52 条规定的医疗机构组织；

（3）《药事法》第 11 条药师会或按照第 14 条申请的分支机构及分会。

7. 第 1 项至第 6 项所述的医疗费用给付，申请、审查、支付等方法和程序等必要事项，应由保险福利部令规定。

< 实施：2022 年 12 月 11 日第 47 条 >

第 47—2 条（扣留支付医疗给付费用）1. 尽管有第 47（3）条的规定，如果公团确认支付医疗给付费用的医疗机构违反了《医疗法》第 4 条第 2 项、第 33 条第 2 项、第 8 项或《药事法》第 20 条第 1 项、第 21 条第 1 项，依照调查机构调查的结果，公团可以拒绝向医疗机构支付医疗给付费用。

2. 在扣留根据第 1 项医疗给付费用之前，公团应向相关医疗机构提供提交意见的机会。

3. 如果怀疑第 1 项所指的医疗机构违反了《医疗法》第 33 条第 2 项或《药事法》第 20 条第 1 项，而经证实最后法院确定无罪判决，除了支付扣缴的医疗给付金额外，公团还应向相关医疗机构支付医疗给付费用所产生的利息。< 修订 2020 年 12 月 29 日 >

4. 根据第 1 项和第 2 项的扣留项项、提交意见的程序，根据第 3 项扣留及利息的计算等必要事项，应由总统令规定。

< 本文最新插入的第 12615 号法案，2014 年 5 月 20 日 >

第 47—3 条（医疗给付费用的差别支付）为了缓解不同地区医疗服务的不

均衡性，健康保险给付费用应该实施按照地区差异化支付。<本条新设 2020 年 12 月 29 日 >

第 47—4 条（医疗给付的适当性评价）1. 对于医疗给付，审查评价院为了医疗服务质量的提升，应对医疗给付的适当性进行评价（以下本条称为"评价"）。

2. 审查评价院对医疗机构的人力、设施、装备，以及患者安全等与医疗给付一并进行评估。

3. 审查评价院将评估结果应向医疗机构告知，医疗给付费用的结算或缩减等结果应一并向对象医疗机构与公团告知。

4. 第 1 项到第 3 项评估的标准、范围、步骤、方法等必要事项应由保健福利部令决定。

<本条新设：2022 年 6 月 10 日 >

<执行日：2022 年 12 月 11 日 > 第 47—4 条

第 48 条（医疗给付资格的确认等）1. 参保人或被抚养人除了本人承担部分费用外，可以申请审查评价院合适是否为根据第 41 条第 4 项规定的医疗给付对象政策范围外费用。<2016 年 2 月 3 日第 13985 号法修订 >

2. 审查评价院收到第 1 项规定的核查请求后，应将审查结果告知申请人。在这种情况下，如果要求核实的医疗给付费用经核实申请人有权享有，审查评价院应将此类事实通知公团和相关医疗机构。

3. 根据第 2 项的后半部分，收到通知的医疗机构，应立即将金额退还给申请人（以下称为"个人自付超额部分"）。如果相关医疗机构未能退还个人自付超额部分，公团可以将个人自付超额部分还给申请人，再从医疗给付中扣除。

4. 第 1 项到第 3 项申请的范围、方法、步骤以及处理期限等必要事项，应由保健福利部令规定。<新设 2022 年 6 月 10 日 >

<执行日：2022 年 12 月 11 日 > 第 48 条

第 49 条（医疗给付现金）1. 参保人或被抚养人因保健福利部令规定的紧急或其他不可避免的原因，在履行与医疗机构相似职能的机构内（包括根据第

98 条第 1 项规定的停业医疗机构，以下简称"准医疗机构"），接受疾病、伤害、分娩等的医疗服务，或由保健福利部令确定在非医疗机构分娩的情况，公团应向医疗机构支付参保人或被抚养人医疗服务报销金额等同的医疗给付现金。

2. 准医疗机构应向给付对象发出详细的医疗给付现金收据或明细，说明保健福利部部长规定的医疗详情，并且给付对象应向公团提交此类收据或明细。

3. 即便有第 1 项和第 2 项的规定，准医疗机构在参保人及被抚养人危机时刻提供医疗服务而向公团申请医疗给付现金，在这种情况下，支付请求的适当性应经过审查后，向准医疗机构支付。< 新设 2020 年 12 月 29 日 >

4. 依照第 3 项准医疗机构的现金支付请求、公团的请求适当性审查等必要事项应由保健福利部令确定。< 新设 2020 年 12 月 29 日 >

第 50 条（附加给付）除了本法规定的医疗给付现金外，公团还可以按照总统令的规定，提供怀孕、分娩、丧葬费、疾病津贴和其他给付。<2013 年 5 月 22 日第 11787 号法案修订 >

第 51 条（残疾人特殊规定）1. 公团可为根据《残疾人福利法》登记的残疾参保人及被抚养人，对其提供《残疾人及老人辅助器材支援及促进法》第 3 条第 2 号规定的辅助器材（以下简称"辅助器材"）的保险给付。< 新增该条，2019 年 4 月 23 日 >

2. 第 1 项所述辅助器材相关的给付范围、方法和程序，以及其他必要事项，应由保健福利部令规定。< 新增该条，2019 年 4 月 23 日 >

第 52 条（体检）1. 公团应为参保人及被抚养人提供体检，以便疾病的早期发现。

2. 依照第 1 项体检的具体类别如下：< 新设 2018 年 12 月 11 日 >

（1）日常体检：职工参保人、户主、20 岁以上居民参保人及 20 岁以上被抚养人；

（2）癌症体检：依照《癌管理法》第 11 条第 2 项依照癌症的种类针对不同检查周期和年龄标准；

（3）婴幼儿健康检查：未满 6 岁的参保人及被抚养人

3. 依照第 1 项体检的项目应与性别、年龄等生命周期相吻合。< 新设 2018 年 12 月 11 日 >

4. 依照第 1 项所述的体检的次数、程序以及其他必要事项应由总统令规定。< 修订 2018 年 12 月 11 日 >

第 53 条（限制给付）1. 资格领取保险给付人属于以下任何一项，则公团不得提供任何保险给付：

（1）作为故意或重大过失，造成犯罪行为的或故意引发意外；

（2）作为故意或重大过失，未能遵守公团或医疗机构的相关指示；

（3）作为故意或重大过失，拒绝提交第 55 条或其他项目所述的文件，或回避针对的情况；

（4）由于与其业务或职责导致的伤害或疾病，而接受或有资格根据其他法规获得保险给付或补偿的情况。

2. 当待遇领取人依照其他法律从国家或当地政府获得的福利相当于医疗给付时，公团不得提供保险给付。

3. 如果参保人未按照总统令规定的期限支付下列任何一项规定的保险费时，则在支付拖欠保险费之前，公团不得向参保者或其家属提供保险给付。如果未按月支付保险费的总数低于总统令规定的标准，则不适用缴纳保险费的拖欠期：< 修订 2018 年 12 月 11 日 >

（1）基于第 69 条第 4 项第 2 号所述的月收入保险缴费额；

（2）第 69 条第 5 条所述的每户保险费。

4. 公团根据第 77—1 条，对有缴费义务的雇主，对第 69 条第 4 项第 1 号规定月收入保险缴费额拖欠时，参保人对于拖欠费用只承担本人应负的责任，仍适用于第 3 项的规定。被抚养人也适用第 3 项的规定。

5. 公团在投保人拖欠 1 个月以上保险费的情况下，在完全缴纳拖欠的保险费之前，可以不对投保人和被保险人实施保险给付（第 53 条第 3 款）。如果用户（企业主或总经理）拖欠了保险费，而拖欠的责任在劳动者而不是用户身上，则可以适用第 53 条第 3 款的规定，不对投保人和被保险人实施保险给付。

但是，滞纳保险费的投保人得到批准，可以分割缴纳健康保险法第 82 条规定的滞纳保险费，如果缴纳了 1 次以上的滞纳保险费，就可以实施保险给付。但是，如果被允许分期缴纳滞纳保险费的投保人没有正当理由不缴纳 5 次以上的分期缴纳保险费，则不实施保险给付。< 修订 2019 年 4 月 23 日 >

6. 根据第 3 项和第 4 项规定提供保险期间未收到的保险给付（以下简称本段中的"保险给付暂停期"），仅确认为保险给付。在下列情况下：（1）如果拖欠的保险缴项在其支付到期日之前全部支付，则自公团发出通知之日起两个月后的日期，该保险给付属于在收益期间进入暂停期；

（2）如果按照第 82 条批准分期付项的保险缴项，则在自公团送达保险给付通知之日起两个月后的当月支付至少一次。在保险给付暂停期间，如果根据第 82 条获得分期付项批准的任何人未能在没有正当理由的情况下至少两次支付批准的保险费，则应取消保险给付资格。

第 54 条（暂停给付）当有资格领取保险给付的人属于以下任何一项时，在此期间不得提供保险给付。但依照第 3 项和第 4 项的情况，保险给付应按照第 60 条的规定实施支付。< 修正 2020 年 4 月 7 日 >

1. 删除 <2020 年 4 月 7 日 >

2. 国外滞留时；

3. 第 6 条第 2 项第 2 号的情况；

4. 在劳教所时。

第 55 条（核实给付）公团在提供保险支付时，可要求领取人提交相关文件，或让有关人员进行询问或诊断。

第 56 条（支付健康保险现金）当要求报销健康保险现金或额外费用时，公团有义务根据本法立即支付费用。

第 56—2 条（健康保险现金收取账户）1. 健康保险现金的领取人根据本法对健康保险给付现金（以下简称"健康保险现金等"）支付提出请求，公团应将健康保险现金支付到以领取人姓名设立的账户（以下简称"收取现金给付费用的账户"），由于信息和通信问题或总统令规定的任何其他不可避免的原因，无法进行账户转账，可按照总统令的规定直接支付现金。

2.设立现金给付费用账户的金融机构应确保只将健康保险现金等存入该账户，并进行管理。

3.根据第1项和第2项申请和管理健康保险现金等的方法和程序等必要事项，应由总统令规定。＜本文最新插入的第12615号法案，2014年5月20日＞

第57条（不公正利益的征收） 1.公团应对通过欺诈或不正当的方法领取的保险给付的人或准医疗机构，以及辅助器具营业等，征收相当于保险给付金额的费用。

2.如果根据第1项通过欺诈或其他不正当手段获得保险给付费用的医疗机构属于以下任何一项，公团可以要求设立该医疗机构的人支付这笔项项。根据第1项，可以与该医疗机构分别或联合收取：＜2013年5月22日第11787号法新插入＞

（1）由于违反《医疗法》第33条第2项，无权设立该机构的人借用医学专家的执照或医疗法团的名称而设立的医疗机构；

（2）由于违反《药事法》第20条第1项，无执照而建立和经营的药房；

（3）违反《医疗法》第4条第2项以及第33条第8项而开设和运营的医疗机构；

（4）违反《药事法》第21条第1项而开设和运营的药房。

3.根据雇主或参保人的虚假证明、医疗机构的错误诊断或准医疗机构的辅助器材欺诈行为，公团可根据第1项向待遇领取人及其相关人征收费用。＜修正2013年5月22日，2018年12月11日，2020年12月29日＞

4.与通过欺诈或其他不正当手段获得待遇领取人属于同一住户的参保者，公团可要求根据第1项向待遇领取人及相关人征收费用。＜修正2013年5月22日＞

5.如果医疗机构通过欺诈或其他不正当手段从参保人或被抚养人那里获得医疗给付，公团应向医疗机构收取相同金额，并将其立即支付给参保者。在这种情况下，可以抵消公团应支付参保人或被抚养人的保险费等。＜2013年5月

22 日第 11787 号法案，2018 年 12 月 11 日修订 >

第 58 条（要求赔偿的权利）1. 当公团为参保人或被抚养人提供保险利益时，由于第三方的行为导致了保险利益的受损，公团有权要求第三方的赔偿金额，直至付清有关给付的费用。

2. 如果领取保险给付的人已根据第 1 项收到第三方的损失赔偿金，则公团应扣留保险给付，最高不超过报销金额。

第 59 条（保护利益的权利）1. 获得保险利益的权利应是不可让渡和不可扣押的。

2. 根据第 56—2 条第 1 项规定，不得扣押健康保险基金账户中的医疗给付费用。<2014 年 5 月 20 日第 12615 号法新插入 >

第 60 条（现役军人医疗给付费用的支付等）1. 凡属于第 54 条第 3 项和第 4 项规定的人员，已经接受总统令规定的医疗服务方式（以下本条简称为"医疗给付"），公团可以在收到医疗机构申请后支付其所需的费用（以下简称"本条项中的医疗给付费用"）。或者依照第 49 条，向预备司法部长、国防部长、国家警察局局长、国家消防局局长或韩国海岸警卫队专员支付现金。在这种情况下，根据总统令，司法部长、国防部长、国家警察局局长、国家消防局局长和韩国海岸警卫队专员应预先存入年度费用。<2014 年 11 月 19 日第 12844 号法令修订；第 14839 号法，2017 年 7 月 26 日 >

2. 医疗给付项目、医疗给付费用以及医疗给付现金等相关事项适用于第 41 条，第 41—4 条，第 42 条，第 42—2 条，第 44 条至第 47 条，第 47—2 条，第 48 条，第 49 条，第 55 条，第 56 条，第 56—2 条，以及第 59 条第 2 项。<第 14084 号法修正案，2016 年 3 月 22 日 >

第 61 条（医疗给付费用的结算）根据《工伤保险》第 10 条，韩国劳动者福利公团应根据《工伤保险》第 40 条规定给予医疗服务给付。但如果放弃接受支付相关医疗服务给付而有资格根据本法获得医疗给付的人，公团可以支付相当于医疗给付的金额，条件是医疗给付被确认为相当于根据本法可提供的医疗给付的金额。

第五章　健康保险审查评价院

第 62 条（设立） 为了审查医疗给付费用并评估医疗给付的适当性，应建立健康保险审查评价院。

第 63 条（业务等） 1. 审查评价院应负责以下各项所述的服务：

（1）审查医疗给付费用；

（2）评估医疗给付的适当性；

（3）制定审查和评估标准；

（4）与第 1 项至第 3 项所述服务有关的调查研究和国际合作；

（5）根据其他法案的规定，与审查福利费用或评估医疗适当性有关的服务；

（6）除此之外，该法或其他法律委托的业务；

（7）保健福利部确定的与健康保险事业有关的服务；

（8）总统令规定的与保险给付费用审查和保险给付适当性评估有关的其他服务。

2. 第 1 条第 8 项所述的医疗给付的适当性有关的标准、程序、方法以及其他必要事项由保健福利部令规定。＜修订 2022 年 6 月 10 日＞

＜执行日：2022 年 12 月 11 日＞第 63 条

第 64 条（法律人格等） 1. 审查评价院应为法人。

2. 审查评价院应在其总办事处所在地注册成立。

第 65 条（管理人员） 1. 审查评价院应由院长、十五名理事和一名监事作为管理人员。院长、理事中须有四人以及监事为常任。＜2016 年 2 月 3 日第 13985 号法修订＞

2. 院长由大韩民国总统根据保健福利部部长的建议从行政部门推荐的多个人中任命。

3. 常任理事由总统根据保健福利部令规定的推荐程序任命。

4. 作为非常任理事，属于以下各项的人员中的十人和总统令规定相关公职人员一人应由保健福利部部长任命：

（1）公团推荐的一人；

（2）相关医药组织推荐的五人；

（3）由工会组织、雇主组织、消费者组织和农渔业组织推荐一名。

5. 监事应根据管理人员推荐委员会推荐的若干人中，由战略和财政部长提请，由总统任命。

6. 第 4 项规定的非常任理事可按公司章程规定的获得报酬。

7. 院长任期为三年，理事（不包括公职人员理事）和监事的任期分别为二年。

第 66 条（医疗审查评价委员会）1. 为了有效地开展审查评价院工作，应在审查评价院下设立医疗审查委员会（以下简称"审查委员会"）。

2. 审查委员会由不超过九十名全职审查成员组成，包括委员会主席，不超过一千名兼职审查成员，并可为每个医学专业领域设立一个小组委员会。<2016 年 2 月 3 日第 13985 号法修订 >

3. 第 2 项所提述的全职审查成员，须由审查评价院院长从保健福利部令所规定的人士中任命。

4. 第 2 项所提述的兼职审查成员，须由审查评价院院长从保健福利部令所规定的人士中任命。

5. 如果审查成员属于以下任何一项，则审查评价院院长可以对其解雇或开除：

（1）因精神原因被视为无法履行其职责；

（2）违反或忽略公务；

（3）因故意或重大过失导致审查和评估工作的损失；

（4）无论是否值班或下班期间，作出有失体统的行为。

6. 除第 1 项至第 5 项规定者外，有关审查委员会成员的资格、任期，委员会的组织和运作等必要事项，应由保健福利部令规定。

第 67 条（费用收取等）1. 审查评价院可向公团收取费用，以提供第 63 条第 1 项所述的服务（不包括第 5 号所述的服务）。

2. 如果根据第 63 条第 1 项第 5 号委托审查评价院审查和评估，则需要向代理人收取费用。

3. 第 1 项、第 2 项所提述的收费、收费方法及其他必要事项，须由保健福利部令确定。

第 68 条（**适用原则**）第 14 条第 3 项和第 4 条，第 16 条、第 17 条（第 1 项第 6 条和第 7 条除外），第 18 条、第 19 条、第 22 条至第 32 条、第 35 条第 1 项、第 36 条、第 37 条、第 39 条和第 40 条同样适用于审查评价院。此时，"公团"应被视为"审查评价院""公团理事长"应被视为"审查评价院院长"。<2013 年 5 月 22 日第 11787 号法案修订 >

第六章　保险费

第 69 条（**保险费**）1. 为了支持健康保险事业的发展，依照第 77 条所述，公团应向有义务支付保险费的人收取保险费。

2. 第 1 条所述的保险费应从参保人符合资格日期之后的月份开始征收，直至参保人丧失资格日期之前的月份为止。如果获得参保人的资格，则从每月 1 日，或依照第 5 条第 1 项第 2 号规定的健康保险适用申请资格获得的情况征缴费用。

3. 在根据第 1 项和第 2 项收取保险费时，如果参保者的资格被更改，则在变更日的月份的保险费应在变更之前根据资格收取。如果参保者的资格在月份的第一天被更改，则应根据更改的资格征收。

4. 职工参保者的月保险费计算如下：<2017 年 4 月 18 日第 14776 号法修订 >

（1）按月工资的保险缴费额：根据第 70 条计算的月薪数额乘以第 73 条第 1 项或第 2 项规定的保险缴费率得出；

（2）按月收入的保险缴项额：根据第 71 条规定的月收入金额乘以第 73 条第 1 项或第 2 项规定的保险缴费率得出。

5. 居民参保人每月保险缴费额按单位户计算，居民参保人所属家庭每月保险缴费金额为第 72 条计算的保险缴费分数乘以按第 73 条第 3 项规定的每个分数单价。

6. 应当设定第 4 项和第 5 项所述月保险缴费额的上限和下限。根据总统令规定考虑其标准。<2017 年 4 月 18 日第 14776 号法新插入 >

第 70 条（月工资金额） 1. 第 69 条第 4 项规定的参保人每月工资金额，应按照每名参保人领取的工资金额计算。<2017 年 4 月 18 日第 14776 号法修订 >

2. 因离休或其他事由而未支付全部工资的参保者（以下简称"离休者"），每月工资的保险缴项情节应当根据有关情况发生前一个月的月薪酬金额计算。

3. 第 1 项所指的工资，是指劳动者从雇主、国家或地方政府提供劳动的金钱（不包括报销费用的任何物品）。在这种情况下，如果属于总统令规定的情况，与工资有关的数据模糊不清，则由保健福利部确定并公开通知的金额应视为工资。

4. 无酬雇主每月薪酬金额的计算等所需的事项，以及第 1 项所述的月薪金额和计算等，应由总统令规定。

第 71 条（月收入金额） 1. 职工参保者的收入金额，不包括计算第 70 条规定的月薪金额（以下简称"工资以外的额外收入"），月收入金额按下列公式计算：<2017 年 4 月 18 日第 14776 号法修订 >

（除工资以外的年度额外收入－总统令规定的金额）×1/12

2. 计算月收入金额所需的事项、包括计算的标准和方法，应由总统令规定。

第 72 条（保险缴费分数） 1. 第 69 条第 5 项规定的保险缴费分数，按照每个参保人的收入和财产计算。<2017 年 4 月 18 日第 14776 号法修订 >

2. 在根据第 1 项规定计算缴费分数的方法和标准时，根据法规限制产权行使的资产可能与其他资产区别对待。

3. 计算保险缴费分数和其他必要事项的方法和标准应由总统令规定。

第72—2条（保险缴费征收制度改善委员会）1.改善保险缴费征收制度委员会（以下简称"制度改善委员会"）由相关中央行政机构的公职人员和私人专家组成，由保健福利部部长管理。

2.制度改善委员会应审议以下事项：（1）对参保人实际收入状况的调查和研究；

（2）对参保人的收入和针对收入的保险费征缴方案的改善；

（3）除此之外，委员长提交给制度改善改进委员会的任何其他事项。

3.保健福利部部长应向国民议会报告根据第1项设立的制度改善委员会的运营结果。

4.由总统令规定制度改善委员会组织、运作等所需的其他事项。＜本文最新插入的第14776号法案，2017年4月18日＞

第72—3条（评估保险缴费征收的适当性）1.保健福利部部长应评估第5条所述的被抚养人认证标准（以下简称"认证标准"），以及第69至72条规定的保险费、月工资、月收入以及缴费分数的适当性，并根据本法执行日，每4年做一次调整。

2.保健福利部根据第1项评估其适当性，应全面考虑以下事项：

（1）根据第72—2条第2项第2号审议制度改善委员会对参保人的收入掌握情况及改善方案；

（2）公团拥有的与收入相关的数据的状况；

（3）《所得税法》第4条所述的综合收入征税情况；

（4）对职工参保者的保险征缴与对居民参保人的保险征缴之间的平衡；

（5）通过调整第1项所述的认定标准而导致的保险费变动；

（6）依照保健福利部部长的规定，对所需的适当性进行评估。

3.根据第1项评估适当性的程序、方法以及其他必要事项，应由总统令规定。＜本文最新插入的第14776号法案，2017年4月18日＞

第73条（保险缴费率等）1.参保人的保险缴费率在千分之八十的限度内，应由经审议委员会决议后，总统令决定。

2. 在韩国境外从事经营活动的参保人的保险缴费率，应为根据第 1 项规定的保险缴费率的百分之五十。

3. 每个居民参保人的缴费分数的货币价值应由审议委员会审议后由总统令确定。

第 74 条（免除保险费） 1. 如果参保人属于第 54 条第 2 项和第 4 项中的任何一项，则公团应免除征收其保险费。条件是该参保人属于第 2 项第 54 条规定的没有居住在韩国境内的被抚养人的情况下才可以免缴保险费。

2. 如果居民参保者属于第 54 条第 2 项至第 4 项中的任何一项，则第 72 条所述的缴费分数不应计入参保者所属家庭的保险费。

3. 对于第 1 项所规定的保险费豁免或根据第 2 项免除计算保险费的缴费分数，应从第 54 条第 2 项至第 4 项所规定的禁止给付事由起当月直到无事由月份，如果在相关月份的第一天则保险费不得免除。

第 75 条（保险费的减免等） 1. 依照保健福利令规定的参保者中，以下情况参保人和居民参保人的保险费实施一部分减免：

（1）总统令规定的居住在岛屿、偏远地区或农渔业社区等的人；

（2）年满 65 岁的人；

（3）根据《残疾人福利法》登记的残疾人；

（4）依照《国家有功者荣誉待遇和支持法》第 4 条第 1 项，第 4 条，第 12 条，第 15 条或第 17 条的规定为国家有功者；

（5）离休者；

（6）因经济困难和自然灾害等原因由保健福利部部长指定并公开通知的其他人。

2. 按照第 77 条规定的有义务支付保险费的人，可根据以下情况获得总统令规定的减少保险费：<2013 年 5 月 22 日第 11787 号法新插入 >

（1）根据第 79 条第 2 项通过电子文件缴纳保险费用；

（2）通过保险账户或自动转账的情况。

3. 根据第 1 项减少保险费的方法、程序以及其他必要事项，应由保健福利

部确定并公布。＜修正 2013 年 5 月 22 日＞

＜题目修正 2013 年 5 月 22 日＞

第 76 条（保险费的负担）1. 参保人的保险费应由参保人和下列分类中人员共同承担，每人百分之五十。如果参保者是在私立学校工作的学校员工，承担保险费额的百分之五十，雇主承担百分之三十，国家承担百分之二十。＜2014 年 1 月 1 日第 12176 号法修订＞

（1）如果参保人是工人的情况依照第 3 条第 2 号规定的雇主；

（2）参保人是公职人员的情况，依照公职人员所属的国家或地方政府；

（3）职工参保人如果是学校雇员（不包括在私立学校工作的学校雇员），依照第 3 条第 2 项规定的雇主。

2. 基于职工参保者月收入的保险缴费额应由员工投保。

3. 居民参保人的保险缴费额应由与参保者居住在同一住户的所有人员共同承担。

4. 如果参保者是学校雇员，并且依照第 3 条第 2 项规定的雇主不能承担全部金额，则可以从学校会计的账户中扣除。＜2014 年 1 月 1 日第 12176 号法新插入＞

第 77 条（缴纳保险费的义务）1. 职工参保人的保险缴费应按以下分类支付：

（1）基于月工资的保险缴费：在这种情况下，工作场所有两个以上的雇主，工作场所的雇主共同承担雇员的保险费用；

（2）基于月收入的保险缴项：职工参保人。

2. 居民参保人的保险缴费应由参保人所属的家庭共同负担，但没有收入或财产的未成年人以及总统令中规定的未成年人标准无缴纳保险费义务。＜2017 年 4 月 18 日第 14776 号法修订＞

3. 对于职工参保人支付本月保险费的部分，应由基于月薪的员工本人承担，雇主可从其工资中扣除。在这种情况下，雇主应通知参保人扣除的金额。

第 77—2 条（第二次支付义务）1. 如果公司的财产被用于支付拖欠项以及公司支付的违约处置费用，无限责任的合伙人或寡头垄断股东（指的是属于《国税基本法》第 39 条任何一项的人）截至缴纳保险费的日期，义务对此类赤字承担二次支付义务。如果用法人的财产充当该法人应缴纳的保险费、滞纳金及滞纳处理费也不足，则必须向该法人缴纳保险费，以被赋予义务的日期为准，无限责任公司职员或寡头股东应缴纳不足的保险费、滞纳金及滞纳处理费。如果寡头股东有义务缴纳保险费、滞纳金、滞纳处理费，则保险费不足、滞纳金、滞纳处理费以该法人发行的总股份数中没有表决权的股份或以出资总额除以该寡头股东实际行使权利的股份数（没有表决权的股份除外）或乘以出资额计算的金额为限度。

2. 如果业务在转让之前仍有义务支付保险费，在拖欠款和违约处置费用之后仍存在赤字，则业务受让人对转让所得财产价值内的此类赤字承担二次支付义务。在这种情况下，受让人的范围和通过转让获得的财产价值应由总统令规定。< 本条最近由第 13985 号法案插入，2016 年 2 月 3 日 >

第 78 条（保险费的缴费年限）1. 根据第 77 条第 1 项目和第 2 条有责任支付保险费的人，应在下月 10 日前支付参保者在适用月份的保险费。但根据保健福利部令规定，职工参保者的月保险费和居民参保者缴纳的保险费可按季度支付。

2. 如符合健康福利部令规定的任何原因或事件，例如延迟交付，尽管有第 1 项的规定，应由义务支付项的人提出要求，公团可以将交付到期日延长至提供的交付到期日。在这种情况下，与申请延长缴费到期日的方法、程序和其他有关事项，应由保健福利部令规定。<2013 年 5 月 22 日第 11787 号法新插入 >

第 78—2 条（附加费）1. 如果雇主依照总统令，向保险机构虚报一个人，而此人没有资格成为职工参保者。则雇主违反在第 8 条第 2 项或第 9 条第 2 项中，公团应向雇主强制征收第 1 号中的金额，相当于第 2 号所述金额的百分之十的额外费用。

（1）参保者根据第 69 条第 5 项规定的，雇主申请参保人，在作为参保人管理期间应缴纳的保险费总额；

（2）根据第 69 条第 4 项计算，并由公团在第 1 号所述期间内对相关参保者征收的保险费总额。

2. 尽管有第 1 项的规定，在总统令规定的情况下，公团不得收取额外费用，< 本条最近由第 14084 号法案插入，2016 年 3 月 22 日 >

第 79 条（保险费缴费通知等）1. 当公团打算收取保险费时，应确定其金额，并告知每个有义务缴纳保险给付的人，且发放发票。具体告知内容如下：

（1）收取的保险费类型；

（2）需要支付的金额；

（3）缴费日期和场所。

2. 如果有义务缴纳保险费的人提出要求，公团根据第 1 项作出结算时，可以通过电子文件通知。在这种情况下，通过电子文件申请通知的方法、程序等必要事项，应由保健福利部令规定。< 由第 13985 号法案修订，2016 年 2 月 3 日 >

3. 如果公团根据第 2 项通过电子文件告知，如公团根据缴纳义务人预留的电子邮件地址传送文件，则依保健福利部令规定，有义务缴纳的人应视为已收到。

4. 如果职工参保人的雇主是两人或两人以上，或者居民参保人的住户由两人或两人以上组成，则对其中任何一人的通知应被视为对所有其他雇主生效。

5. 根据保健福利部令规定，向离休者提供的通知书可以到请假截止时间。

6. 如果公团向根据第 77—2 条承担的二级缴纳责任人开具通知，则应将此事实通知相关公司的雇主或业务转让人。< 第 13985 号法案修订，2016 年 2 月 3 日 >

第 79—2 条（信用卡支付等缴费）1. 缴纳保险费的人，其账单可以用信用卡、借记卡（以下简称"信用卡等"），通过总统令规定的缴纳保险费等的代理机构等（以下简称"缴纳保险费的代理机构"）缴纳。<2017 年 2 月 8 日第 14557 号法修订 >

2. 如果根据第 1 项通过信用卡等缴纳，则缴纳保险费等代理机构批准的日期为被视为缴纳日期。

3. 保险缴费等缴费代理机构可以向缴纳人收取费用，以换取其代缴保险费的手续费。

4. 指定和运营代理费用所必要事项，由总统令规定。

< 本文最新插入的第 12615 号法案，2014 年 5 月 20 日 >

第 80 条（滞纳金） 1. 如果有义务缴纳人未能在到期日前缴纳保险费，则公团应从缴费之日起每天收取滞纳金。

（1）第 69 条所述的保险费，依照第 53 条第 3 项，保险给付限制期间内对于滞纳的缴费额征收情况为：滞纳金的一千五百分之一的金额。在这种情况下滞纳金不能超过滞纳总金额的千分之一。

（2）除第 1 号外，依照本法滞纳金的缴纳情况：滞纳总额的三千分之一。在这种情况下，滞纳金不得超过滞纳金额的千分之九十。

3. 如果发生任何自然灾害或任何其他情有可原的情况，根据保健福利部令，尽管有第 1 项和第 2 项的规定，但可以放弃征收第（1）项和第（2）项所述的欠项。

第 81 条（保险缴项等的逾期通知和违约处理） 1. 根据第 57 条、第 77 条、第 77—2 条、第 78—2 条和第 101 条有责任缴纳保险费等的人如果没有按时缴纳保险费，公团可以在规定期限内作出逾期通知。在这种情况下，如果职工参保者的雇主人数至少为两人，或者居民参保人的家庭由两名或两名以上成员组成，则向任何雇主或任何住户成员发出的逾期通知均有效。<2016 年 2 月 3 日第 13985 号法令修订；2016 年 3 月 22 日第 14084 号法令 >

2. 如根据第 1 项发出逾期通知，则须确定至少十天但不多于十五天的付款期并签发逾期通知书。

3. 如果收到第 1 项所述的逾期通知的人未能在付款到期日之前缴纳保险费，则公团可以依照保健福利部部长的批准采取与收取国家拖欠税项相同的方式征缴。

4. 如果公团确定按照与第 3 项收取的拖欠国家税收相同的方式扣押的资产

不适合直接拍卖，因为公开拍卖需要专业知识或因其他特殊原因。在这种情况下，公团可能会根据《金融公司不良资产的有效处置法》等设立的韩国资产管理公司（以下简称"韩国资产管理公司"）的成立代表公团进行拍卖，在这种情况下拍卖应被视为由公团进行。

5. 如果韩国资产管理公司根据第 4 项代表公团进行拍卖，公团可按照保健福利部令规定支付费用。

第 81—2 条（关于违约或赤字处理的数据提供）1.《信用信息使用和保护法》第 25 条第 2 项第 1 号规定的集中信用信息征收机构要求提供有关个人信息的数据，金额如果拖欠任何下列违约者（以下简称"本条中有关违约的数据等"），公团可在必要时提供此类数据收取保险费。如果任何行政上诉或行政诉讼因拖欠的保险费，以及根据本法可收取的任何其他金额或任何其他原因有例外现象，则由总统令规定具体规定。

（1）依据本法超过一年的未缴纳的保险缴费总额到期日的第二天，本法案规定的滞纳处置费不低于 500 万韩元；

（2）根据第 84 条注销的总金额不少于 500 万韩元的人。

（3）有关提供拖欠材料等程序的必要事项，应由总统令规定。

3. 根据第 1 项获得提供有关拖欠材料的人，不得作出任何泄露或使用该等数据的行为。

＜本条最近由第 11787 号法案插入，2013 年 5 月 22 日＞

第 81—3 条（保险费缴纳证明）1. 根据第 77 条有义务缴纳保险费的人（以下本条项中简称为"有义务缴费的人"），制造、购买依照《公共机构运营法》规定（以下简称"公共机构"）第 4 条所述的国家、地方政府或公共机构，并与其签订合同中，该人应证明已缴纳保险费，或出具后续拖欠和违约处置费用的证明。但拖欠保险费或依法征收金行政审判或行政诉讼滞留的情况，以及总统令规定的特殊情况不包括在内。

2. 如有义务缴费的人需要证明已根据第 1 项缴费，则根据第 1 项负责合约的主管政府机构或公共机构可向公团查询以确认该人是否已支付保险费，以

及滞纳金及违约处置费用。< 本条最近由第 13985 号法案插入，2016 年 2 月 3 日 >

第 82 条（拖欠保险费的分期付款） 1. 如拖欠保险缴费的人至少三次申请分期，则公团可按条例的规定批准保险费。< 根据第 15535 号法案，2018 年 3 月 27 日修订 >

2. 在根据第 81 条第 3 项对拖欠保险费三次或以上的人处理违法行为之前，公团应告知可根据第 1 项分期申请缴付保险费的人，并按照保健福利部令的规定，指导有关申请分期缴付保险费的程序和方法的事宜。<2018 年 3 月 27 日第 15353 号法插入 >

3. 如果根据第 1 项未能缴纳至少两次保险费，公团应撤销批准分期支付保险费的批准。

4. 有关批准的程序、方法和标准等的必要事项，以及分批支付保险费的批准，应由保健福利部令规定。

第 83 条（拖欠大额或拖欠的拖欠付项人的个人信息公开） 1. 违约支付保险费，拖欠项和违约处置费用的人（包括保险费，拖欠和违约处置费用，根据第 84 条注销，但其处方尚未用完），自本法案规定的付项到期日之后的两天内拖欠了两年以上，尽管他 / 她有能力支付他们，但总共少了 1000 万韩元，公团可能会披露他 / 她的个人信息，拖欠金额，等等（以下简称"个人信息等"）。但是，如果任何行政上诉或行政诉讼待决或总统令规定的任何原因，例如部分支付金额存在拖欠金额。

2. 保险缴项信息披露审议委员会应在公团中设立，以便审议是否根据拖欠人的第 1 项披露个人信息等。

3. 保险缴项信息披露审议委员会应向作为披露个人信息等主题的人提供通过书面通知他们应受披露的自我辩护的机会，并选择人员主体自通知之日起六个月后，考虑到其履行支付拖欠项项的义务的履行情况等。

4. 根据第 1 项拖欠的人的个人信息等，应通过在官方公报上公布或在国家信息社会网站上公布的方式披露。

5. 根据应由总统令规定。第 1 项至第 4 项规定的拖欠人员的个人信息等的披露，支付能力标准，公开，组织和运作程序等所需的事项。

第 84 条（对赤字的处理）1. 如果出现下列任何理由，公团可在财政运营委员会获得决议后注销保险给付等：

（1）如果违约处理完成滞纳金的款项，不足以支付拖欠的保费；

（2）有关权益在失效期内已用完；

（3）根据总统令确定的案件，确认不存在征收的可能性。

2. 如果公团在根据第 1 项第 3 号处理损失后发现存在其他可获资产，则应立即取消处置并在违约时进行处理。

第 85 条（保险费的征收优先权等）除国家税收和地方税收外，其他债权中优先征收保险费。根据《动产、担保等担保法》规定的出租房屋使用权、质押权、抵押权或担保权，其中一项资产是以出租房屋使用权为基础设立租赁权的登记、质押权利、抵押或担保权根据《移动财产安全法》《报销等》已经核实，在缴纳保险费的截止日期之前出售，保险费从收益中收取。

第 86 条（保险缴项的拨付和退还等）1. 如果任何缴纳保险费等，拖欠或违约处分的费用由负责支付的人多付或错误支付，公团应立即确定多付或错误付项作为退项。

2. 第 1 项所述的退项，应按照总统令规定的任何保险费等，拖欠或违约处置费用拨付，拨项后剩余的任何余额为在第 1 项所述的确定日期后三十天内支付给付项人。在这种情况下，当公团挪用或支付退项时，它应将总统令规定的利息加入退项。

第七章 提交审判的异议和请求等

第 87 条（提出异议）1. 对于参保人或被抚养人的资格、保险费等，保险给付和保险给付的费用，不满意公团的决定，可以正式提出对公团的反对意见。

2. 公团、医疗机构或其他对评估和评估服务机构关于医疗给付和医疗给付适当性的评估等的决定不满意的实体可能正式提出异议审查评价院。

3. 第 1 项及第 2 项所提述的任何反对（以下简称"提出反对"）须在该人知悉该决定之日起九十天内以书面提出，且决定之日起一百八十天后不得提交。如果解释由于正当理由无法提出相关期间内的异议，则不适用。

4. 尽管第 3 项，如果医疗机构打算对第 48 条所述健康保险审查和评估服务的核查提出异议，则应在该日起 30 天内提出。

5. 除第 1—4 项规定之外，提出异议及其决定的方法等必要事项，由总统令规定。

第 88 条　（审判请求） 1. 对提出异议的决定提出上诉的人可以根据第 89 条要求健康保险纠纷调解委员会进行审判。在这种情况下，审判请求的日期和方法适用于第 87 条第 3 项。

2. 根据第 1 项预备请求审判的人，应将总统令规定的审判请求提交给公团或审查评价院。

3. 除第（1）项和第（2）项规定的以外，提交审判、决定、决定通知等的程序和方法必要事项，应由总统令规定。

第 89 条　（健康保险纠纷调解委员会） 1. 健康保险纠纷调解委员会（以下简称"纠纷调解委员会"）应在保健福利部下设立，以审议和解决根据第 88 条。

2. 纠纷调解委员会由最多六十名委员会成员组成，其中包括一名主席、一名委员会成员（不包括主席）应为直接成员。<第 12176 号法令修正案，2014 年 1 月 1 日 >

3. 纠纷调解委员会每次召开会议时，共有九名成员，即主席、一名直接成员和七名委员。

4. 纠纷调解委员会的决议应由大多数委员会成员根据第 3 项出席并对在场的大多数成员进行肯定投票通过。

5. 在纠纷调解委员会下设立秘书处，在工作层面提供协助。<2014 年 1 月 1 日第 12176 号法新插入 >

6. 调解委员会和秘书处组织、运作等争议所需的事项除第 1 项至第 5 项规

定者外，应由总统令规定。<2014 年 1 月 1 日第 12176 号法修订 >

7.为适用《刑法》第 129 至 132 条，纠纷调解委员会的成员应被视为公职人员。<2016 年 2 月 3 日第 13985 号法新插入 >

第 90 条（行政诉讼）对公团或审查和评估服务机构的决定提出异议的人，或者对根据第 87 条提出异议的决定提出抗议的人，或根据第 88 条提出审判请求的人可以建立根据《行政诉讼法》提起的行政诉讼。

第八章　补充规定

第 91 条（时效）1.如果不行使达到三年，则以下权利的完全消失：<2016 年 3 月 22 日第 14084 号法修订 >

（1）缴纳保险费的滞纳金和额外费用；

（2）缴纳保险金滞纳或额外费用失误造成过多，金额退还的权利；

（3）获得保险给付的权利；

（4）获得保险赔付费用报销的权利；

（5）根据第 47 条第 3 项的后半部分获得退还个人上限超额的权利；

（6）根据第 61 条规定的韩国工人赔偿和福利服务的权利。

2.有下列情形之一的，应当中断第 1 项规定：

（1）逾期通知保险费；

（2）保险给付费用申请。

3.健康保险公团有权征收休职投保人的报酬月额保险费。但是，该权利不是无限时间的，只有在特定时间内才被承认。如果确定其权利时效，依照第 79 条第 5 款规定的休假事由结束之前，时效不会减少，而是会停止。

4.除本法规定事项外，第 1 项规定的时效消灭期限、第 2 项规定的时效中断、第 3 项规定的时效中止，均为民事行为。

第 92 条（时间计算）除本法另有明确规定外，《民法》中与时间有关的规定，经必要的修改后，适用于计算本法规定的期限或本法规定的命令。

第 93 条（保护工人的权益）第 6 条第 2 项任何条项的雇主，不得阻止雇用的工人增加保费。该法案没有任何正当理由采取对工人有害的措施，例如拒绝工人晋升或增加工资或解雇工人，以逃避雇主的份额增加。

第 94 条（报告等） 1. 公团可要求雇主、职工参保者或户主报告以下事项或提交相关文件（包括通过电子方法记录的文件）：< 修订根据第 11787 号法，2013 年 5 月 22 日 >

（1）参保人的居住地变更；

（2）参保人的工资和收入；

（3）健康保险事业所需的其他事项。

2. 如果公团认识到有必要对根据第 1 项报告或提交的材料进行核实，则公团可要求其负责的雇员调查有关事项。

3. 根据第 2 项进行调查的公团员工应携带文件并将其出示给相关人员。

第 95 条（减少或免除数据的转发等） 1. 如果公团认识到减少或遗漏了根据第 94 条第 1 项报告的工资、收入等，则可以书面形式转发通过保健福利部部长向国家税务局局长减少或遗漏收入。

2. 如果国家税务局局长根据相关法案（如《国税基本法》）对根据第 1 项转发的事项进行任何税务调查，应从对公团的相关调查结果中转发有关薪酬或收入的事项。

3. 根据第 1 项和第 2 项转发程序所需的事项和其他必要事项，应由总统令规定。

第 96 条（材料的提供） 1. 公团可根据《公共机构管理法》，其他公众根据《保险业务》，公共机构向国家、地方政府、医疗机构、保险公司和精算组织提出申请，提供总统令关于居民登记、家庭关系登记、国家税收、地方税收、土地、建筑物、出入境管制等规定的数据，以履行以下规定：<5 月 20 日第 12615 号法修订，2014 年 >

（1）实施健康保险事业，例如监督参保人及被抚养人的资格，征收和领取保险费，以及管理保险给付；

（2）第 14 条第 1 项和第 11 项所述的服务。

2. 审查评价院可根据《保险业务法》向国家、地方政府、医疗机构、保险公司和精算组织申请该法案下的公共机构以及其他公共组织等的管理，提供总统令关于居民登记，移民管制，医疗记录，药品和医疗用品等的规定的数据，以检查医疗给付的费用，并评估医疗给付的适当性。<2014 年 5 月 20 日第 12615 号法修订 >

3. 根据第 1 项和第 2 项收到要求，提供材料的人应诚实地遵守。

4. 如果公团或审查评价院根据《保险业务法》要求医疗机构、保险公司或精算组织提供第 1 项或第 2 项所述的数据，则应提出书面请求，说明数据请求的理由，提供数据的人员和期限等。< 新法案插入的数据 14084，2016 年 3 月 22 日 >

5. 国家、地方政府、医疗机构以及保险缴费率计算机构根据公团或审查和评估服务提供的材料，免除费用、佣金等《保险业务法》以及第 1 项和第 2 项规定的其他公共机构。

第 96—2 条（金融材料的提供）1. 公团依照第 72 条第 1 项，对于居民参保人的保费单数计算，即便有《金融信息的使用和保护法》第 32 条及《金融说明交易和秘密保障法》第 4 条第 1 项的规定，居民参保人提出第 72 条第 3 项所述的书面同意书如果是电子形态的话，则根据《金融信息的使用和保护法》第 2 条第 6 项，要求向信用信息集中机关或金融机构（以下本条简称为"金融机构等"）提出申请。< 修正 2022 年 6 月 10 日 >

2. 依照第 1 项，收到提供金融信息的金融机构等，即便有《金融信息的使用和保护法》第 32 条和《金融说明交易和秘密保障法》第 4 条，仍向登记人提供金融信息。< 修正 2022 年 6 月 10 日 >

3. 依照第 2 项，收到提供金融信息的金融机构应如实向登记人提供金融信息。若登记人同意的情况下，即便有《金融信息的使用和保护法》第 32 条第 7 项、第 35 条第 2 项和《金融说明交易和秘密保障法》第 4—2 条第 1 项，也可以不必告知。< 修正 2022 年 6 月 10 日 >

4. 第 1 项至第 3 项规定的事项外，金融信息等提供要求和步骤等必要事项，

由总统令规定。<修正 2022 年 6 月 10 日 >

<本节新设 2019 年 12 月 3 日 >

<题目修订 2022 年 6 月 10 日 >

<第 96—2 向 96—3 移动 2020 年 12 月 29 日 >

第 96—3 条（家庭关系登记电子信息的共同使用）1. 公团为了执行第 96 条第 1 项各号提及的业务，依照《电子政府法》《家庭关系登记法》共同使用电子信息材料。

2. 法院行政处长依照第 1 项要求共同使用公团电子信息材料，为了共同使用需要必要的举措。

3. 无论是谁，依照第 1 项公共使用电子材料的目的之外，不可以另作他用。

<本节新设 2020 年 12 月 29 日 >

<第 96—3 条向第 96—4 条移动 2020 年 12 月 29 日 >

第 96—4 条（材料的保存）1. 医疗机构在医疗给付截止后五年，应该依照保健福利令的规定，保存对第 47 条所述的医疗给付费用记录材料。但药店依照保险福利部令规定的医疗机构关于医疗给付的处方保存 3 年。

2. 雇主应依照保健福利部令规定的资格管理和保费计算相关材料三年。<新设 2020 年 12 月 29 日 >

3. 依照第 49 条第 3 项，申请医疗给付现金的准医疗机构应依照保健福利部令，保存现金给付记录三年。<新设 2020 年 12 月 29 日 >

<本节新设 2013 年 5 月 22 日 >

<从第 96—3 条移至 2020 年 12 月 29 日 >

第 97 条（报告和检查）1. 保健福利部部长可以要求雇主、职工参保人或户主报告、提交有关搬迁、工资、收入和其他必要事项的材料，或要求其负责的公职人员询问相关人员或检查相关文件。

2. 保健福利部部长可要求医疗机构（包括根据第 49 条提供医疗的任何机构）报告与保险给付有关的事项，例如，提交有关文件或要求其负责的公职人员询问有关人员或检查有关文件。

3. 保健福利部长可要求领取保险给付的人报告有关保险给付的详情，或要求其负责的公职人员向该人提问。

4. 保健福利部部长可以要求组织团体根据第 47 条第 6 项（以下简称"代理报销组织"）提交检查医疗给付费用的报销，以提交必要的材料或要求其负责的公职人员调查和核实与代理报销有关的材料等。

5. 如果需要降低药品医疗给付费用的上限金额并根据第 41—2 条暂停适用医疗给付，保健福利部可根据第 47—2 条命令药品提供者，依照《药事法》规定报告或提交有关因提供现金、货物、便利、劳工、娱乐或其他经济利益而导致的任何此类违反药品销售订单的材料，或者可以按照公众保健福利部部长的指示询问相关人员或查阅相关文件。< 新的插入，修订于 2018 年 3 月 27 日第 15535 号法令 >

6. 根据第 1 项至第 5 项中的任何一项进行调查的公职人员应携带表明其权限的文件并将其出示给相关人员。< 第 18353 号法案，2018 年 3 月 27 日修订 >

第 98 条（业务停止）1. 如果医疗机构属于以下任何一项，保健福利部部长可以指定医疗机构在一年内指定暂停营业：< 修订 2016 年 2 月 3 日第 13985 号法令 >

（1）参保人通过欺诈或其他不正当手段的情况下，将医疗给付承担成本的负担转嫁给保险机构；

（2）如果违反第 97 条第 2 项所述的命令，则提交虚假举报或拒绝、干涉或逃避属于主管当局的公职人员的检查或讯问；

（3）没有正当理由不申请第 41—3 条第 1 项，如果通过欺诈或其他不正当手段为参保人或被抚养人执行或使用某种行为或药品进行医疗，然后将成本负担放在参保者或其家属身上。

2. 根据第 1 项的规定被命令暂停营业的人，在暂停有关行动期间，不得提供医疗给付。

3. 根据第 1 项处分暂停操作的效力，由接管已作出该处置的医疗机构的人，在合并后存续的公司或成立的法团所取代。通过合并，并且处理暂停经营的任何程序待决的，可以就受让人，合并后继续存在的公司或合并所建立的公司进行处理。

4. 根据第 1 项处理暂停营业的人或正在处理暂停营业程序的人，须立即通知受让人，存续的法团合并过程中合并或者合并的公司，在行政处分的情况下，或者行政处分程序是在保健福利部令规定的条件下进行的。

5. 违反根据第 1 项暂停业务的行为的类型、程度等行政处分标准，以及其他必要事项，由总统令规定。

第 99 条（罚项附加费）1. 如果医疗机构根据第 98 条第 1 项或第 3 条的规定处理暂停营业，如果这种处置对使用医疗机构的人造成严重不便或者如果认为保健福利部规定的任何特殊原因存在，保健福利部部长可以处以并收取不超过欺诈或其他不当行为金额五倍的罚项附加费，代替处置暂停操作的方法。在这种情况下，保健福利部部长可允许在十二个月内分期付款。<2016 年 2 月 3 日第 13985 号法修订 >

2. 如果保健福利部部长认为存在特殊理由，担心根据第 41—2 条第 3 项暂停或排除任何药物的医疗给付可能对国民健康造成严重危害，在以下两种情况下，可以征收高达相关药物医疗总金额百分之四十的罚项附加费，以代替暂停。在这种情况下，保健福利部部长可以允许十二个月内分期付款。<2014 年 1 月 1 日第 12176 号法新插入 >

（1）对患者诊疗带来不便，损害公共福利的情况：药品报销给付总额不超过百分之二百的情况；

（2）对国民健康导致严重损害的情况：药品报销给付总额不超过百分之六十的情况。

3. 相关的医疗给付费用总额，保健福利部部长根据第 2 项规定的药品，不得超过一年内支付的医疗给付总额，同时考虑到过去支付的相关药品的医疗给付的记录等。< 新插入根据第 12176 号法令，2014 年 1 月 1 日 >

（1）根据第 2 项第 1 号中规定的事由造成附加费的情况：药品报销给付总额不超过百分之三百五十的情况；

（2）根据第 2 项第 2 号中规定的事由造成附加费的情况：药品报销给付总额不超过百分之百的情况。

4. 凡根据第 2 项和第 3 项药品给付费用总额决定时，考虑这个药品过去的医疗给付实际情况，决定不超过一年医疗给付总额。< 新设 2014 年 1 月 1 日，2018 年 3 月 27 日 >

5. 须缴付罚项附加费的人未能在截止日期前缴付罚项，则保健福利部部长须取消该处分，按照总统令规定的程序征收罚项附加费，然后按照第 98 条第 1 项的规定处理暂停执行，或者按照征收拖欠国税的相同方式收取，如果是由于相关医疗机构合并业务中断等，根据第 92（1）条规定暂停营业的处理，应按照征收拖欠国税的相同方式收取罚项附加费。< 法案修订 2016 年 3 月 22 日第 14084 号 2018 年 3 月 27 日 >

6. 凡根据第 2 项、第 3 项须缴付罚项附加费的人未能在截止日期前缴付罚项，则保健福利部长官会收取拖欠国家税的方式同样收取该等附加费。<2016 年 3 月 22 日第 14084 号法新插入 >

7. 如果需要收取罚项附加费，保健福利部可以向税务机关负责人或相关地方政府负责人提出书面请求，要求提供税收信息，其中包括以下事项：

（1）纳税人的个人信息；

（2）使用目的；

（3）征收罚项附加费的理由和标准。

8. 根据第 1 项和第 2 项收取的罚项附加费不能用于以下用途。这种情况下，依照第 2 项第 1 号和第 3 项第 1 号征收的附加费，应使用第 3 号的用途。< 修订 2014 年 1 月 1 日，2016 年 3 月 22 日，2018 年 1 月 16 日，2021 年 6 月 8 日 >

（1）根据第 47 条第 3 项规定的公团提供的医疗给付费用；

（2）《紧急医疗法》中对紧急医疗服务的支援；

（3）《灾难医疗费支援法》中对灾难医疗费用支援事业的支援

8. 第 1 项及第 3 项所订的罚项附加费、支付的必要事项，第 8 项所提述的使用罚项附加费的支援金额、使用程序及其他必要事项由总统令规定。< 修订 2014 年 1 月 1 日，2016 年 3 月 22 日，2018 年 3 月 27 日 >

第 100 条（**违反事实的公布**）1. 如果因医疗给付费用报销而根据第 98 条或第 99 条获得行政处分的医疗机构，通过伪造相关文件而获得虚假利益属于违法行为，保健福利部部长可在以下各项中公布处分细节、相关医疗机构的名称和地址，相关医疗机构代表的姓名以及总统令规定的其他事项。在这种情况下，在决定是否作出此类公布时，应考虑违法行为的动机、程度、频率、结果等。

（1）虚假声称的金额超过 1500 万韩元；

（2）虚假报销额超过医疗给付费用总额的百分之二十。

2. 保健福利部部长应设立并运作健康保险公告审议委员会（以下简称本条中的"公告审议委员会"），审议是否公共第 1 项所述的决定等。

3. 保健福利部部长应通知医疗机构，该机构将在公告审议委员会审议后被公布，以便为医疗机构提供提交解释性的机会。

4. 保健福利部部长应在公告审议委员会重新审议医疗机构后，选择医疗机构公布，并考虑到第 3 条中提到的解释性材料或意见陈述。

5. 除第 1 项至第 4 项规定以外的公告审议委员会的程序和公布、组织和运作等必要事项，应由总统令规定。

第 101 条（**制造商的禁止行为等**）1. 根据《药事法》规定的医药品的制造业者、委托制造业者、进口商、销售商及根据《医疗器械法》规定的医疗器械制造业者、进口商、修理业者、销售商、租赁业者在决定是否支付药剂、治疗材料的疗养补助金或计算药剂、治疗材料的疗养补助金费用时，不得以不正当的方式进行欺骗、提交虚假文件等。对保险人、参保人以及被抚养人构成损失：<2016 年 2 月 3 日第 13985 号法修订 >

（1）从事第 98 条第 1 项第 1 号所述的医疗机构的行为；

（2）向保健福利部、公团或审查评价院提交虚假数据；

（3）通过保健福利部令规定的欺骗或不公正手段，确定有资格获得医疗给付的项目和计算医疗给付。

2. 为确定制造商等是否违反第1项，保健福利部部长可进行必要的调查，例如向有关制造商发出要求等，以提交有关文件，或指派公职人员向有关人员提问或检查有关文件。在这种情况下，主管公职人员应携带表明其权限的文件并将其出示给相关人员。

3. 如果制造商等违反第1项的规定，对保险人、参保人或被抚养人造成任何损失的行为，公团应收取相当于损失的金额（以下简称作为本条项中"相当于损失"的金额）来自该制造商等。<2016年2月3日第13985号法新插入>

4. 公团应向参保人或被抚养人支付相应的遭受损失的金额，相当于根据第3项收取的损失。在这种情况下，公团可以抵消支付的保险费等支付给参保人或被抚养人。<2016年2月3日第13985号法新插入>

5. 计算、征收和收取相当于第3项所述损失的金额，付费方式和其他必要事项的程序，应由总统令规定。<2016年2月3日第13985号法新插入>

第102条（维护信息等）任何已经或正在从事公团、审查和评估服务或代行组织服务的人员不得从事以下任何行为：<第14084号法案修订，2016年3月22日>

1. 参保人以及被抚养人的个人信息（指"个人信息保护法"第2条第1项中定义的个人信息，以下简称"个人信息"），或除此之外，在没有任何正当理由的情况下向第三方提供此类信息；

2. 用于在履行职责过程中获取的任何信息（不包括第1项中提到的个人信息）或除此之外，履行职责之外向第三方提供此类信息。

第103条（对公团的监督等）1. 为了让公团和审查评价院实现其管理目标，保健福利部部长可以对其监督，例如，要求他们报告以下计划或服务或检查其计划、服务或财产的条件：

（1）第14条第1项至第13条规定的公团业务，以及第63条第1项第1

号至第 7 号规定的审查和评估服务；

（2）依照《公共机构运营有关法》第 50 条规定的管理准则有关的项目；

（3）根据本法案或其他法规委托给公团和审查评价院的服务；

（4）与相关法规规定的事项有关的其他项目。

2. 如有需要根据第 1 项进行监管，保健福利部可命令修订公司章程或规例，或其他必要的处置。

第 104 条（货币奖励的支付等） 1. 公团可以向举报人员的提供货币奖励，举报包括以下几类 < 修订 2020 年 12 月 29 日 >：

（1）通过欺诈或其他不正当手段获得医疗给付的人；

（2）通过欺诈或其他不正当手段使得他人获得保险给付的人；

（3）通过欺诈或其他不正当手段获得保险给付的医疗机构、准医疗机构或辅助器具贩卖商。

2. 公团可以为有助于健康保险的有效财务管理的医疗机构提供奖励。<2013 年 5 月 22 日第 11787 号法新插入 >

3. 标准和奖励和奖励的支付范围、程序和付项方式以及与第 1 项和第 2 项有关的其他必要事项，应由保健福利部令规定。< 第 11787 号法案修订，2013 年 5 月 22 日 >

第 105 条（禁止使用类似名称） 1. 除公团和审查评价院外，任何人不得使用国民健康保险公团、健康保险审查评价院或其他类似名称的名称。

2. 除了执行本法规定的健康保险事业的人外，禁止在保险合同中或以保险合同的名义使用"国民健康保险"一词。

第 106 条（小额的处理） 如果一个案件中收取或退回的金额少于 2000 韩元（不包括任何个人共同退款以及向参保者或被抚养人支付的任何金额，根据第 47 条第 4 项，第 57 条第 5 项的后半部分和第 101 条第 4 项的后半部分），通过抵消处置，公团不得收取或退还该数额。<2013 年 5 月 22 日第 11787 号法修订；第 13985 号法，2016 年 2 月 3 日 >

第 107 条（尾数处理） 在计算与保险费等有关的费用和保险给付时，根据

《国家资金管理法》第 47 条规定的尾数不计算在内。

第 108 条（政府对保险基金的补贴） 1. 国家应在预算范围内每年向国家财政部提供相当于国家财政部相关年度保险筹资总额百分之十四的补贴。

2. 根据《国家健康促进法》，国家健康促进基金可按照同一法案的规定向公团提供资金。

3. 公团应为下列目的提供根据第 1 项提供的财政资源：<2013 年 5 月 22 日第 11787 号法修订 >

（1）参保人及其被抚养人的保险给付；

（2）健康保险业务的运营费用；

（3）根据第 75 条和第 110 条第 4 项减少保险费所需的补贴。

4. 公团应根据第 2 项提供的资金用于以下业务：

（1）为增强健康而开展的体检项目；

（2）为治疗参保人及被抚养人因吸烟引起的疾病而支付的保险给付；

（3）支付给年龄 65 岁以上的老年人的保险待遇。

< 根据 2011 年 12 月 31 日第 1114 号增编第 2 条，本条有效期至 2022 年 12 月 31 日 >

第 109 条（外国人特殊情况等） 1. 针对于外国企业的劳动者的健康保险，政府可以与外国政府协商决定。

2. 居住在大韩民国的海外韩国国民或外国人（以下简称"居住在韩国的外国人"）是合规工作场所的雇员、公职人员或学校雇员，但如果不属于第 6 条第 2 项的任何条项，属于以下任何一项的话，即便有第 5 条也应当成为参保人。<2016 年 3 月 22 日第 14084 号法修订 >

（1）根据《居民登记法》第 6 条第 1 项第 3 号进行登记；

（2）根据《在外同胞出入境和法律地位法》第 6 条在韩国报告其居住地的人；

（3）根据《移民法》第 31 条申请外国人登记的人。

3. 如果居住在韩国的外国人不属于第 2 项所述的居民参保者，则如果满足以下所有要求的在韩滞留外国人，即便有第 5 条，仍有可能会成为居民参保人：<2016 年 3 月 22 日第 14084 号法新插入 >

（1）相关人员应构成保健福利部令规定的理由，在规定的期限内居住在韩国，或者在相关期间内连续居住在韩国；

（2）有关人员应属于下列任何一项：

（a）第 2 项第 1 号或第 2 号所指明的人；

（b）根据《移民法》第 31 条申请外国人登记并持有保健福利部令规定的具有滞留身份的人。

4. 如果居住在韩国的外国人等属于第 2 项的任何一项，则满足以下所有要求，即使有第 5 条，仍然可以向公团提出申请可以成为被抚养人：<2016 年 3 月 22 日第 14084 号法新插入 >

（1）相关人员与职工参保人的关系应属于第 5 条第 2 项的任何一项；

（2）有关人员应符合第 5 条第 3 项所述的确定从属资格的标准。

5. 尽管有第 2 项至第 4 项的规定，如果属于以下任何一种情况，居住在韩国的外国人等不得成为参保人或被抚养人：< 第 14084 号法新近插入，2016 年 3 月 22 日，2019 年 1 月 15 日 >

（1）如果相关人员在韩国滞留违反任何由总统令规定的法规；

（2）如果符合第 2 项规定的人有资格获得相当于第 41 条所述相当于保险给付的医疗保障，并符合外国法规、外国保险或与其雇主签订的合同等，或者是在韩国工作，并且雇主申请按照保健福利部令规定将排除在参保人之外的情况。

6. 第 2 项至第 5 项规定的事项外，居住在韩国的外国人等获得和丧失参保人或被抚养人资格的时间、程序等必要事项，适用于第 5 条至第 11 条。如果考虑到国内滞留的外国人的其他性质，则可由总统令以其他方式另行规定。< 新的第 14084 号法案插入，2016 年 2 月 22 日 >

7. 居住在韩国的外国人等参保人在任何月份的第二天之后获得居民参保人的资格，应由保健福利部部长告知。资格丧失的情况，尽管存在第 69 条第

2 项的任何理由，应当征收获得资格月份的保险缴项。<2016 年 3 月 22 日第 14084 号法新插入 >

8. 居住在韩国的外国人等居民参保人的保险费（不包括永久居住的外国人），应在前一个月的第 25 天支付，尽管有第 78 条第 1 项的规定，但在下列任何一种情况下，保险费征缴应按照公团的规定：<2016 年 3 月 22 日第 14084 号法新插入的 >

（1）征收获得资格日当月的保险缴费额；

（2）在从第 26 天到月末结束期间获得资格的情况。

9. 除第 7 项和第 8 项另有规定外，否则居住在韩国的外国人等的保险费的征收和具体事项适用于第 69 条至第 86 条。但是，考虑到总统令规定对在韩国滞留的外国人的保险费的征收方法，可以由保健福利部部长以其他方式处置并告知。< 第 14084 号，2016 年 3 月 22 日 >

第 110 条（失业者特殊规则） 1. 在雇佣关系已到期的人中，在参保人保险资格总期限一年以上的情况下，在成为居民参保人之后，依照第 79 条，第一次收到居民参保人告后两个月内，可以向公团提交申请维持自己职工参保人的资格。<2013 年 5 月 22 日第 11787 号法修正案；2018 年 1 月 16 日第 15348 号法令 >

2. 尽管有第 9 条的规定，参保人根据第 1 项向公团提出申请（以下简称"自愿连续参保者"），应保留其资格在总统令规定的期限内。如果未能按照第 1 项提交申请之后参保人缴纳第一份保险费，直至截止日期后两个月，他／她的资格将被暂停。<2013 年 5 月 22 日第 11787 号法新插入 >

3. 自愿连续参保者的月薪金额为近 12 年月薪平均金额。根据每月薪酬计算的保险缴费金额的月数 <2013 年 5 月 22 日第 11787 号法修订；2018 年 1 月 16 日第 15348 号法令 >

4. 由保健福利部部长公布的，可以减少自愿连续参保者的部分保险费。

5. 尽管有第 76 条第 1 项和第 77 条第 1 项的规定，自愿连续参保者的保险费总额应全额负担。

6. 如果自愿连续参保者在到期日未能缴纳保险费，则第 53 项第 3 条、第 5 条和第 6 条仍然适用。在这种情况下，"第 69 条第 5 项所述的每户保险缴费"应视为"第 110 条第 5 项规定的保险费"。<2013 年 5 月 22 日第 11787 号法修订 >

7. 申请成为自愿连续参保者的方法和程序及其他有关事项，由保健福利部令规定。

第 111 条（权力转让和委托）1. 根据本法案，保健福利部部长的权力可以部分委托给特别市区市长、广域市市长、省长或特别自治省长，按照总统令的规定。

2. 根据总统令的规定，保健福利部根据第 97 条第 2 项的权力可以委托给公团或审查评价院。

第 112 条（业务委托）1. 公团依照总统令可以将以下各项服务委托给邮政服务机构、金融机构或总统令规定的其他人。

（1）收到保险费和核实保险费的支付；

（2）支付保险给付费用；

（3）根据适用委托征缴的养老保险缴项、雇佣保险缴费、工伤保险缴费，和其他收费（以下简称"委托征收的保险费等"）的收纳适用于委托收取或核实保险费的缴纳。

2. 公团可以将其部分服务委托给国家机构、地方政府，根据其他法规提供社会保险计划的公司或其他人。但同样不适用于征收，包括保险费和委托的保险费 <2016 年 2 月 3 日第 13985 号法修订 >

3. 公团业务范围可依照第 2 条和保健福利部令规定。

第 113 条（保险缴项的分配、缴纳等）1. 公团征收的保费、后续费用或征收委托保险费等少于公团必须征收金额的情况，它应按照总统令规定的标准和方式分期收取费用。但是如果有责任缴费的人另有说明，公团应遵守该规定。

2. 如果公团收取了征收委托保险费等，应立即通过保险向相关基金缴纳。

第 114 条（捐项的用途等）1. 公团应根据《国民年金法》《工伤保险法》《雇

佣保险法》《工资报销保证法》分别使用国家养老基金、工伤保险基金、雇佣保险基金和工资债权保障基金的捐款，使用在依照第 14 条第 1 项第 11 号的业务上。

2. 根据第 1 项收到的捐项，管理、运作等所必须事项，应由总统令规定。

第九章　罚项规定

第 115 条（罚则）1. 违反第 102 条第 1 号的参保人及被抚养人的个人信息用于除履行其职责以外的其他用途，或向第三方提供此类信息而且没有任何正当理，对监狱劳动监禁不超过 5 年，或者处以 5000 万韩元以下的罚款处罚。< 第 14084 号新法案新增，2016 年 3 月 22 日，2019 年 4 月 23 日 >

2. 下列任何人员将被处以不超过 3 年的劳动监禁或不超过 3000 万韩元的罚款。< 第 14084 号法，2016 年 3 月 22 日，2019 年 4 月 23 日 >

（1）为代理报销机构工作并通过虚假或非法手段提出医疗给付费用报销的人；

（2）违反第 102 条第 2 项的规定，使用在履行职责过程中为履行其职责以外的其他目的而获得的任何信息，或向第三方提供此类信息的人。

3. 违反第 96—3 条第 3 项，共同使用的精算信息材料中依照第 1 项使用目的外的其他用途，处以不超过 3 年的劳动监禁或者不超过 1000 万韩元的罚款。< 修正 2020 年 12 月 29 日 >

4. 欺诈或其他不正当方法获得保险给付或者使得他人获得保险给付的人，应被处以不超过 2 年的监禁或不超过 2000 万韩币的罚款。< 新设 2019 年 4 月 23 日，2020 年 12 月 29 日 >

5. 以下各号的情况应被处以不超过 1 年的监禁或不超过 1000 万韩币的罚款。< 修订 2013 年 5 月 22 日，2016 年 3 月 22 日，2019 年 4 月 23 日，2020 年 12 月 29 日 >。

（1）违反第 42—2 条第 1 项或第 3 项，提供选择性给付的医疗机构设立人；

（2）违反第 47 条第 6 项，允许任何非代理报销机构的其他人代理审查此类报销的人；

（3）违反第 93 条的雇主；

（4）违反了第 98 条第 2 项医疗机构的设立人；

（5）删除 <2019 年 4 月 23 日 >。

第 116 条（**罚款**）未报告或提交文件的人、虚假举报或提交虚假文件的人，或违反第 97 条第 2 项，干涉或逃避检查或讯问的人将被处以不超过 1000 万韩元的罚项。

第 117 条（**罚款**）违反第 42 条第 5 项的人或者未发出详细的医疗保险金声明的人或者说明违反第 49 条第 2 项规定的医疗细则的收据，应当予以处罚罚项不超过 500 万韩元。

第 118 条（**双罚制**）公司代表、代理人、雇员或为公司工作的任何其他人或个人实施任何违反第 115 至 117 条有关公司或个人业务的行为，这样的违法者不仅应当受到相应的处罚，而且公司或个人应当按照有关规定予以处罚。

第 119 条（**行政罚项**）1. 删除；<2013 年 5 月 22 日第 11787 号法令 >

2. 删除；<2013 年 5 月 22 日第 11787 号法令 >

3. 下列任何人员将被处以不超过 500 万韩元的行政罚项：< 修订 2016 年 3 月 22 日，2018 年 3 月 27 日 >

（1）雇主未按照第 7 条提出报告或作出虚假举报；

（2）违反第 94 条第 1 项规定，在没有正当理由的情况下未提交报告或者未提交文件，或者提交虚假报告或者提交虚假文件的人；

（3）违反第 97 条第 1 项、第 3 项、第 4 项规定，在没有正当理由的情况下未作出举报或者未提交文件，或者作出虚假举报或提交虚假文件的；

（4）违反第 98 条第 4 项规定，未及时通知其行政处分或者行政处分程序正在进行的事实；

（5）违反第 101 条第 2 项规定，在没有正当理由的情况下未提交文件或者提交虚假文件的人。

4. 下列任何人员将被处以不超过 100 万韩元的行政罚项：<2013 年 5 月 22

日第 11787 号法案修订 >

（1）删除；< 第 14084 号法案，2016 年 3 月 22 日 >

（2）删除；<2018 年 12 月 11 日 >

（3）删除；< 第 14084 号法案，2016 年 3 月 22 日 >

（4）未能保存第 96—4 条的文件者；

（5）违反第 103 条发布的命令者；

（6）违反第 105 条者。

5. 根据第 3 项和第 4 项规定的行政罚项以及总统令的规定，应由保健福利部部长征收。< 第 11787 号法修正案，2013 年 5 月 22 日 >

五、英国国民健康服务立法（选译）

（Health and Care Act 2022）

目　录

1. 国家卫生服务委任委员会更名为英国国民卫生服务（NHS England）

（1）国家卫生服务委任委员会更名为英国国民卫生服务（NHS England）。

（2）附表 1 载有相应修订。

2. 要求专业服务委托的权力

（1）《2006 年国家卫生服务法》第 3B 条（国务大臣要求服务委托的权力）修订如下。

（2）将第（2）小节替换为（2）只有在国务大臣认为英国国民保健署安排提供该服务或设施是合适的情况下，才可以根据第（1）（d）款规定一项服务或设施（无论是由英国国民保健署自行安排或根据第 13YB 条下的指示或根据第 65Z5 条下的安排）。

（3）在第（3）小节中，省略（d）段。

（4）在第（4）小节之后插入"（4A）如果国务大臣拒绝了英国国民卫生服务（NHS England）撤销第（1）（d）款规定的服务或设施规定的要求，国务大臣必须向英国国民保健服务解释原因。"

3. 心理健康支出

（1）对《2006 年国民保健服务法案》进行了如下修订。

（2）在第 12E 节之后插入"12F 预期的心理健康支出"

（1）就每个财政年度而言，国务大臣必须公布并向议会提交一份文件

（a）说明与上一财政年度比较，国务大臣是否预计英国国民保健服务体系和整合护理委员会（加在一起）在精神健康方面的支出将会增加，以及

（b）国务大臣是否预期英国国民卫生服务和整合护理委员会与精神健康有关的支出比例会增加，以及解释为什么。

（2）国务大臣必须在相关财政年度前公布并提交该文件。

（3）在第 13U 条（年度报告）中，在第（2A）小节（由本法第 34 条插入）之后插入"（2B）年报必须包括"

（a）一年内英国国民卫生服务和整合护理委员会（合计）在精神健康方面的支出数额的说明；

（b）计算英国国民卫生服务和整合护理委员会在一年内与精神健康有关的支出比例（合计），以及

（c）对该报表和计算方法的解释。

4. 英国国民卫生服务体系授权

（1）对《2006 年国民保健服务法案》进行了如下修订。

（2）第 13A 条（授权）

（a）在第（1）小节中，省略"在每个财政年度开始之前"；

（b）在第（2）款（a）段中省略"在该财政期间"到该段末尾（但不是最后的"和"）；

（c）省略第（3）和（4）小节；

（d）在第（5）款中，略去"就第一个财政年度而言的授权关系"；

（e）在第（6）小节之后插入"（6A）国务大臣可修改授权。（6B）如果国务大臣修改授权，国务大臣必须公布并向议会提交修改后的授权。"；

（3）第 13B 条（任务：补充规定）

（a）标题替代"审查英国国民卫生服务在执行授权方面的表现"；

（b）省略第（2）至（5）小节。

（4）第 13T 条（商业计划）

（a）在第（3）款中，略去"有关计划的第一个财政年度"；

（b）在第（3）小节之后插入"（3A）在商业计划所涉及的时期，授权被修订的事实并不要求英国国民保健署修订计划。"

（5）在第 13U 条（年度报告）中，在第（2）小节中，用—代替（a）段"（a）在该年内达到任务规定的任何目标或要求的程度。"

5. 英国国民卫生服务体系授权：癌症治疗结果目标

（1）根据第（2）款修订了《2006 年国家卫生服务法（授权）》第 13A 条。

（2）在第（2）小节之后，插入以下新的小节"（2A）大臣在第（2）（a）款下为英国国民卫生服务规定的目标必须包括与癌症患者结果相关的目标，这些目标是英国国民卫生服务的治疗优先于任何其他特定与癌症相关的目标。"

6. 减少不平等的职责

2006 年《国家卫生服务法》第 13G 条（英国国家卫生服务体系在减少不平等方面的职责）——（a）在（a）段中，将"病人"改为"人员"；（b）在（b）段"服务"之后插入"包括结果第 13E（3）节所述结果"。

7. 研究方面的职责：商业计划、年度报告等

（1）对《2006 年国民卫生服务法》进行了如下修订。

（2）在第 13L 条（研究方面的责任）中，在"职能"后加上"便利或其他"。

（3）在第 13T 条（商业计划）中，在第（2）（a）小节中，在"13G"之后插入"13L"。

（4）在第 13U 条（年度报告）中，第（2）（c）款 [经本法第 78（4）条修订] 的适当位置插入"13L"。

8. 英国国民卫生服务：决策的广泛影响

继 2006 年《国民卫生服务法》第 13N 条后，插入"13NA 有责任考虑决定的更广泛影响"在作出有关行使其职能的决定时，英国国民卫生服务（NHS England）必须考虑该决定与

（1）英国人民的健康和福祉有关的所有可能影响；向个人提供的服务素质—

（a）由有关机构提供，或；

（b）按照有关机构就预防、诊断或治疗所做的安排，或与预防、诊断或治疗有关的安排疾病，作为英国医疗服务的一部分；

（c）有关机构为提供健康服务而使用资源的效率和可持续性。

（2）第（1）款—

（a）凡提述某项决定，并不包括提述有关为预防、诊断或治疗疾病而或与疾病的预防、诊断或治疗有关而向某一特定个人提供服务的决定；

（b）凡提述与英格兰人民的健康及福祉有关的决定的影响，包括提述其与英格兰人民在其健康及福祉方面不平等有关的影响；

（c）在提到一项决定对提供给个人的服务质量的影响时，包括提到它对个

人之间从这些服务中获得的利益不平等的影响。

（3）在履行本条规定的义务时，英国国民卫生服务（NHS England）必须考虑其根据第 13NB 条发布的指导。

（4）在本条中，"相关机构"指

（a）英国国民卫生服务；

（b）整合护理委员会；

（c）根据第 25 条建立的 NHS 信托，和

（d）NHS 基金会信托。

13NB 关于履行职责的指导

（1）英国国民卫生服务（NHS England）可发布关于履行——

（a）第 13NA 条规定的义务的指导；

（b）第 14Z43 条对整合护理委员会施加的义务；

（c）第 26A 条对 NHS 信托机构施加的义务；

（d）第 63A 条对 NHS 基金会信托机构施加的义务。

（2）英国国民卫生服务必须咨询任何其认为适合咨询的人：

（a）在第一次根据本节发布指南之前，以及

（b）在英国国民卫生服务认为包含重大变化的修订指南发布之前。

9. 英国国家卫生服务体系：与气候变化等有关的职责

在《2006 年国家卫生服务法》第 13NB 条（由该法案第 8 条插入）之后，插入"13NC 条在气候变化等方面的责任"

（1）英国国民医疗服务体系在行使其职能时，必须考虑到需要

（a）协助遵守：

（i）《2008 年气候变化法案》第 1 节（英国净零排放目标），以及

（ii）《2021 年环境法案》第 5 条（环境目标），以及

（b）适应最新报告中根据《2008 年气候变化法案》第 56 条确定的任何当前或预计的气候变化影响。

（2）在履行本条规定的职责时，英国国民卫生服务（NHS England）必须

考虑其根据第 13ND 条发布的指南。

第 13ND 条关于根据第 13NC 条等履行职责的指引

英国国民卫生服务（NHS England）可发布关于履行

（a）第 13NC 条对其施加的义务的指导；

（b）第 14Z44 条对整合护理委员会施加的责任；

（c）第 26B 条对 NHS 信托机构施加的义务；

（d）第 63B 条对 NHS 基金会信托机构施加的义务。

10. 公众参与：照顾者和代表

在《2006 年国家卫生服务法》第 13Q 条（公众参与和咨询）中，在第（2）款中，在"正在或可能向其提供服务的个人"之后插入"他们的照顾者和代表（如果有的话）"

11. 关于不平等的信息

（1）对《2006 年国民卫生服务法》进行了如下修订。

（2）在第 13S 条之后插入"13SA 关于不平等的信息"

（1）英国国家卫生服务（NHS England）必须发布一份声明，列出

（a）NHS 相关机构收集、分析和公布与有关的信息的权力的说明

（i）在获得保健服务的能力方面人与人之间不平等；

（ii）提供保健所取得的结果人与人之间不平等服务［包括第 13E（3）条中描述的结果］；和

（b）英国国民卫生服务关于这些权力应如何与此类信息相联系的观点。

（2）英国国民医疗服务体系可根据第（1）款不时发布修订声明。

（3）在本节中，"相关 NHS 机构"指

（a）整合护理委员会

（b）根据第 25 条建立的 NHS 信托，和

（c）NHS 基金会信托。

（3）在附录 4（NHS 信托：宪法等）中，在第 12 段中，在分段（1A）之后（由本法案附录 4 插入）插入"（1B）年度报告必须特别审查，在何种程度上，

NHS 信托已经行使其职能，与英国国民卫生服务的观点一致，在最新的声明发布的第 13SA（1）（关于不平等信息应如何行使职能的观点）。"

（4）在附录 7（公益公司的章程）中，在第 26 段（1A）分段之后（由本法案附录 4 插入）插入"（1B）报告必须特别审查公共利益公司履行其职能的程度与英国国民健康服务体系（NHS）在最新声明中根据第 13SA（1）条（关于如何行使与不平等信息有关的职能的观点）所提出的观点一致。"

12. 英国国家卫生服务体系的帮助和支持

在《2006 年国民卫生服务法》第 13Y 条之后，插入"帮助和支持"。

13YA　英国国家卫生服务提供帮助和支持

（1）英国国民医疗服务体系（NHS England）可向如下主体提供援助或支持

（a）提供或拟提供一部分健康服务的任何人；

（b）并非在（a）段内就该健康服务行使职能的人。

（2）根据第（1）（a）或（b）款可能提供的援助包括面向英国国民卫生服务雇员的服务或英国国民卫生服务的任何其他资源。

（3）可根据第（1）（a）款向整合护理委员会提供的援助，或可根据第（1）（b）款向整合护理委员会提供的援助，亦包括经济援助。

（4）根据本节提供的援助或支持，可按照 NHS 英格兰认为适当的条款（包括付款条款）提供。

13. 行使与提供服务有关的职能

（1）对《2006 年国民卫生服务法》进行了如下修订。

（2）在第 13YA 条（由本法第 12 条插入）之后插入"职能履行"

13YB 有关提供服务的职能的指导性说明

（1）英国国民保健制度可通过指导性说明规定由一个或多个整合护理委员会行使其任何相关职能。

（2）本节中的"有关功能"指

（a）第 3B（1）条规定的英国国民卫生服务的任何功能（委托功能）；

（b）除（a）段外，与提供—有关的英国国民卫生服务的任何功能

（i）初级医疗服务；

（ii）初级牙科服务；

（iii）初级眼科服务；

（iv）根据第 7 部可作为药剂服务或本地药剂服务提供的服务；

（c）根据第 7A 或 7B 条行使英国国民卫生服务的任何职能（行使国务大臣的公共卫生职能）；

（d）英国国民卫生服务的任何其他职能，只要与（a）至（c）段中的任何职能相关即可行使。

（3）法规可以：

（a）订明就某项订明职能而言，第（1）款内的权力并不适用，或只适用于订明范围内；

（b）对权力的行使施加条件。

（4）根据第（1）款发出的指示，可包括禁止或限制整合护理委员会就其凭借该说明可行使的职能作出授权安排。

（5）在第（4）款中，"委托安排"指某人为他人行使某项职能而作出的安排。

（6）英国国民保健署可就整合护理委员会凭借第（1）款下的指示行使职能向该委员会支付款项。

（7）英国国民保健署可就整合护理委员会按照第（1）款的指示行使任何职能，向该委员会发出指示。

（8）在根据第（1）款发出指示后，英国国民卫生服务必须在合理可行的范围内尽快公布该说明。

（9）整合护理委员会就下列人士行使任何职能而取得的任何权利或带来的任何责任（包括侵权责任）本条的效力可以由本条强制执行，也可以由本条强制执行（而非其他任何人）。

（3）在第 73 条（第 2 部分下的指示和规例）中，在第（1）小节中，在（b）

段之后插入—"13YB（ba）部分"

14. 为供应商准备合并账户

在《2006 年国民卫生服务法》第 66 条（和前面斜体标题）之前插入

"合并账户

65Z4 NHS 信托和 NHS 基金会信托的合并账户

（1）英国国民卫生服务必须就每个财政年度准备一套账目，合并年度账目

（a）根据第 25 条建立的所有 NHS 信托，以及

（b）所有 NHS 基金会信托

（2）国务大臣可以就以下事项向英国国民卫生服务提供指导：

（a）合并账户的内容和形式，以及

（b）准备合并账户时应用的方法和原则。

（3）英国国民保健署必须在国务大臣指示的期限内，将一份合并账目的副本发送至

（a）国务大臣以及

（b）主计长和审计长

（4）账目必须附有国务大臣指示的报告或其他信息。

（5）主计长及审计长必须—

（a）审核、核证及报告合并账目；及

（b）向国务大臣和英国国民保健署发送一份报告副本

（6）英国国民保健署必须向议会提交一份合并账目的副本

（b）主计长和审计长关于它们的报告。"

15. 服务集成资金

（1）对《2006 年国民卫生服务法》进行了如下修订。

（2）第 223B 条（英国国民卫生服务的资金）

（a）以—代替第（6）款

（6）国务大臣可以指导英国国民卫生服务

（a）就某一财政年度根据本条向其支付的款项中，有一笔款项将用于与服

务整合有关的目的；

（b）关于英国国民保健署为上述目的使用该金额的情况；

（b）第（7）款——

（i）将"第（6）款"替换为"第（6）（a）款"；（b）段中，"任务"改为"指示"；

（c）在第（7）小节之后插入——

（7A）第（6）（b）款项下的权力包括就其根据第223GA条或凭借第223GA条行使任何职能向英国国民卫生服务（NHS England）发出指示的权力（包括需要与国务大臣或其他指定人士协商的指示）。

（7B）国务大臣必须公布第（6）款下的任何指示。

（3）在第223GA条（整合支出）——（a）中以第（1）和（2）小节取代——

（1）如国务大臣根据第223B（6）（a）条就某一财政年度支付给英国国民卫生服务（NHS England）的款项给予指示，英国国民卫生服务（NHS England）可指示整合护理委员会，在该年度根据第223G条支付给该委员会的款项中，有一笔款项（"指定金额"）将用于与服务整合有关的目的。

（2）指定金额——

以英国国民卫生服务认为适当的方式确定，并且须按第（1）款下的方向指明；（b）在第（6）小节中，将第（a）段（但不包括末尾的"和"）替换为-"（a）可将该款项用于与服务整合有关的任何目的"；（c）省略第（7）小节。

16. 质量上的支付

在《2006年国民卫生服务法》第223K条中，删去第（4）和（5）款（国务大臣就英国国家卫生服务体系的质量支付作出规定的权力）。

17. 英国国民保健署的借调者

（1）对《2006年国民保健服务法案》进行了如下修订。

（2）第272条（命令、法规、规则和指示）中，第（6）部分

（a）小节省略（b）段末尾的"或"；

（b）在（c）段之后插入"（d）附表A1第9A（5）段规定的规例，或"

（3）在附表A1（英国国民保健制度章程）中，在第9段之后插入——

"9A（1）英国国民卫生服务可以安排一个人被借调到英国国民医疗服务系统，履行英国国民卫生服务员工职责。

（2）被借调到英国国民卫生服务的时间不影响个人受雇于借调者所在雇主的就业连续性。

（3）在第 9 段、第 10 段和第 13 段提及的英国国民卫生服务的雇员包括借调于此的人员。

（4）在第 3（3）段中提及英国国民卫生服务的雇员

包括借调于此的以下任何人员

（a）国家公务员

或（b）受雇于以下机构人员的人员

（i）综合照顾委员会

（ii）根据第 25 条建立的 NHS 信托

（iii）NHS 基金会信托

（iv）专门或主要就英格兰履行职能的特别监督部门

（v）护理质素委员会

（vi）卫生和社会关怀信息中心

（vii）卫生服务安全调查机构

（viii）人体组织管理局

（ix）人类受精和胚胎学管理局，或

（x）NICE

（5）国务大臣可以通过法规修改本款，以便在本法案中对英国国民卫生服务的雇员的其他提及包括借调到英国国民卫生服务的人员，或具有规定描述的人员。"

18. 整合护理委员会的作用

关于《2006 年国民卫生服务法》第 1 条第一款，以及它前面斜体标题取代——

"英国整合护理委员会在卫生服务中的作用

1I 整合护理委员会的一般职能，根据第 2 部分第 A3 章设立的整合护理委员会的职能是根据本法安排为英国医疗服务目的提供服务。"

19. 设立整合护理委员会

(1) 对《2006年国民卫生服务法》进行了如下修订。

(2) 在第二部分，在 A2 章之后插入—A3 章综合保健委员会"建立整合护理委员会"（包括重新利用临床服务委托组）

14Z25 建立整合护理委员会的责任

(1) 根据本章，英国国民卫生服务必须建立称为整合护理委员会的机构。

(2) 每一个整合护理委员会都是由英国国民卫生服务为英格兰的一个地区制定的命令建立的。

(3) 设立整合护理委员会的区域不得与其他整合护理委员会的区域重合或重叠。

(4) 英国国民卫生服务体系必须确保，在指定的日期和之后的任何时间，整合护理委员会的领域一起覆盖整个英格兰。

(5) 设立整合护理委员会的命令，必须就该委员会的章程作出规定，或列明该章程，或对该章程所列明的公布文件作出规定。

(6) 附表 1B—

(a) 第一部分是关于综合照料委员会的组成（包括其所在地区）；

(b) 第二部分是关于综合照料委员会及其账目的地位和权力。

(7) 在根据本节更改或撤销命令之前，英国国民卫生服务系统必须咨询其认为可能受到影响的任何整合护理委员会。

(8) 英国国民保健署必须根据本节发布命令。

(9) 在本条中，"指定日"系指根据本款规定由国务大臣制定的法规指定的日子。

20. 整合护理委员会负责的人员

(1) 对《2006年国民卫生服务法》进行了如下修订。

(2) 在第 14Z30 条（由本法案第 19 条插入）之后插入—"整合护理委员会负责照顾的人"

14Z31 整合护理委员会负责的人员

（1）英国国民卫生服务（NHS England）必须不时发布规则，确定每个整合护理委员会对哪些人群负有核心责任。

（2）规则必须确保以下至少分配给一个组

（a）每个获得国家卫生服务体系初级医疗服务的人

（b）通常居住在英格兰且未获得国民卫生初级医疗服务的所有人。

（3）规例可就订明类别的人（可包括以提述为该等人提供的基本医疗服务为框架的描述）为第（2）款设立例外。

（4）在本法中提及整合护理委员会对其负有核心责任的人群时，应按照本节进行解读。

（5）在本节中，"NHS 初级医疗服务"是指除英国 NHS 或整合护理委员会以外的个人根据—提供的服务

（a）提供订明类别的基本医疗服务的一般医疗服务合约，

（b）根据第 83（2）条为提供订明类别的初级医疗服务而作出的安排，或

（c）第 92 条规定的提供规定说明的初级医疗服务的安排。

（3）第 272 条（命令、条例、规则和指示）—

（a）在第（1）款中，在（za）段之后（由本法第 19 条插入）插入—"（zb）部分 14z31（1）"；

（b）在第（6）小节中，在（zb）段之后插入—"（zba）第 14Z31（3）条规定"。

（4）国务大臣可根据规定——

（a）用以下部分代替《2006 年国民卫生服务法》第 14Z31 条 [由本节第（2）款插入]

21. 启用医院和其他保健服务

《2006 年国民卫生服务法》第 3 条和第 3A 条的代称是"3 综合保健委员会在委托某些保健服务方面的职责"

（1）整合护理委员会必须安排提供下列服务，以达到其认为有需要的程

度，以符合

对其负责的人的合理要求——

（a）医院住宿

（b）为根据本法提供的任何服务而提供的其他住宿，

（c）初级医疗服务以外的医疗服务（关于初级医疗服务，请参阅第4部分）

（d）初级牙科服务以外的牙科服务（有关初级牙科服务，请参阅第5部分）

（e）初级眼科服务以外的眼科服务（关于初级眼科服务，请参阅第6部分）

（f）护理及救护服务

（g）管理局认为适当作为保健服务一部分的其他照顾孕妇、哺乳妇女和幼儿的服务或设施

（h）管理局认为属于健康服务一部分的适当的其他姑息治疗服务或设施

（i）管理局认为适当作为健康服务一部分的其他预防疾病、照顾病人及照顾病人出院的服务或设施，及

（j）诊断和治疗疾病所需的其他服务或设施

（2）就本节而言，整合护理委员会负责：

（a）对其负有核心责任的人群（见14Z31节），以及

（b）其他相关人士（不论是承担一般性职责还是特定的服务职责）

（3）第（1）款整合护理委员会就提供服务或设施作出安排的责任，并不适用于以下情形：英国国民卫生服务根据3B部分或者4部分有义务作出相关安排时。

（4）整合护理委员会在行使其根据本条的职能时，行事须与以下内容一致

（a）国务大臣和英国国民卫生服务履行其在第1（1）条下的职责（促进全面健康服务的职责），以及

（b）第13A条公布的任务中目前具体规定的目标和要求。

22. 委托初级保健服务等

附表3规定了整合护理委员会与初级护理服务有关的职能，并载有与初级护理服务有关的其他修订。

23. 与初级保健职能转移有关的转移计划

（1）英国国民卫生服务（NHS England）可根据附表 3 所作的修订，制订一个或多个计划，将其财产、权利和责任转移到整合护理委员会。

（2）根据转让方案可以转让的事项包括：

（a）不能以其他方式转让的财产、权利和责任

（b）订立后取得的财产，以及产生的权利和责任

（c）刑事责任

（3）转让方案可以：

（a）就转让的财产或权利创造权利或施加责任

（b）就转让的任何事项，就转让人、代表转让人或与转让人有关的事情的持续效力作出规定

（c）就转让的任何事项，就转让方、代表转让方或与转让方有关的正在进行的过程中事项（包括法律程序）的继续作出规定

（d）就被视为对受让人有参考意义的转让事项，在文书或其他文件中提及转让人；

（e）为共同拥有或使用财产作出规定

（f）制定与 TUPE 法规相同或类似的规定

（g）作出其他相应的、补充的、附带的或过渡的规定。

（4）转让方案可规定：

（a）协议修改

（b）修订由原计划生效之日起生效

（5）在第（3）（f）小节中，"TUPE 条例"系指《2006 年承诺书转让（雇佣保护）条例》（S.I.2006/246）。

（6）就本条而言——

（a）提及权利和责任时，包括与雇佣合约有关的权利和责任；

（b）提及财产转让时包括租赁的授予。

24. 委托安排：授予裁量权

在《2006 年国家卫生服务法》第 12ZA 节（英格兰国家卫生服务体系和整合护理委员会的委托安排）中，在第（2）小节之后插入—"（2A）该等安排可就根据该等安排提供的任何事项，赋予与其订立该等安排的人酌情决定权。"

25. 总体功能

（1）对《2006 年国民卫生服务法》进行了如下修订。

（2）在第 14Z31 条（由本法第 20 条插入）之后插入"整合护理委员会的一般职责"

26. 整合护理伙伴关系和战略

（1）根据第（2）至（6）款对《2007 年地方政府和公众参与卫生法》进行了修订。

（2）在第 104 条（解释：伙伴机构）中，在第（2）小节中，将（ja）段修改为"（ja）整合护理委员会"。

（3）在第 116 款（保健和社会护理：联合战略需求评估）中第（4）款

（a）将（b）款替换为"（b）每一个整合护理委员会的合作伙伴"

（b）在第（5）小节之后插入"（5A）负责的地方当局必须向根据第 116ZA 条建立的地区与或包括负责的地方当局的全部或部分地区重合或包括该地区的任何整合护理伙伴关系提供一份根据本节编制的有关需求评估的副本。"

（c）在第（6）和（7）小节中的"临床委托组"替换为"整合护理委员会"

（d）在第（8）款中的"临床委托组"替换为"整合护理委员会"

（e）在第（8A）和（9）小节中的"临床委托组"替换为"整合护理委员会"

27. 英国国民卫生服务的财政责任

将《2006 年国民卫生服务法案》第 223C 至 223E 条替换为

"英国国民卫生服务的财政责任：支出

（1）英国国民卫生服务（NHS England）必须行使其职能，以确保以下机构在一个财政年度（合计）发生的支出不超过他们在该年度收到的任何金额的总和

（a）英国国民卫生服务

（b）整合护理委员会

（2）国务大臣可指示：

（a）指明为施行本条而须或不须被视为某团体或该团体在某一特定财政年度内产生的开支的说明

（b）就本条而言，指明该等款项是否被视为已由某团体接收，或该团体在某一特定财政年度内已接收

（c）根据第223B条规定，英国国民卫生服务在一年内收到的但未被用于本节目的处理为其在特定财政年度发生的支出的款项

（d）将整合护理委员会在某一年度根据第223G条收到的款项，拨作该委员会在某一特定财政年度所产生的开支，而该款项并非用于本条的目的

（3）就本条而言，根据第223B条在一年内拨给英国国民卫生服务（NHS England）的任何款项应按其在该年收到的款项处理［受第（2）（b）款下的任何指示的约束］。"

28. 扩大英国国民健康保险制度在支出方面的职责

《2006年国民卫生服务法》第223C条（由本法案第27条取代）中，在第(1)款中，在（b）段之后插入"（c）根据第25条建立的NHS信托；（d）NHS基金会信托。"

29. 整合护理委员会及其合作伙伴的财务责任

（1）对《2006年国民卫生服务法》进行了如下修订。

（2）将第223G节之前的斜体标题替换为"整合护理委员会"。

30. 扩大整合护理委员会及其合作伙伴的财务职责

（1）对《2006年国民保健服务法案》进行了如下修订。

（2）省略第223GC条（由本法第29条插入）。

31. 护理质量委员会评估整合护理制度等

（1）2008年《卫生和社会护理法》第1部分第3章（卫生和社会护理质量）修订如下。

（2）在第 46A 条（由本法第 163 条插入）之后插入—

32. 整合护理系统：进一步修订

附表 4 载有次要及相应修订。NHS 机构的合并等

33. 取消监督并将职能转移到英国国民卫生服务体系

（1）取消监察。

（2）附表 5 包含将 Monitor 的职能转移到 NHS 英格兰的修正案和相关修正案。

34. 英国国民卫生服务体系行使新的监管职能

（1）对《2006 年国民保健服务法案》作如下修订。

（2）在第 13SA 条（由本法第 11 条插入）之后插入—"监管职能"

35. 修改标准许可证条件

（1）《2012 年卫生和社会护理法》第 100 条（标准条件的修改）作了如下修订。

（2）在第（1）小节之后插入—（1A）在根据第（1）款作出英国国民医疗服务体系认为是重大变化的修改之前，英国国民医疗服务体系必须—

（a）就有关修订的可能影响进行评估；或

（b）发表一项声明，说明得出结论认为不需要进行这种评估的理由。

（3）在第（2）款中，将"该等修改"替换为"第（1）款下的修改"。

（4）在第（4）小节中，在（b）段之后插入—"(ba) 列出英国国民卫生服务体系根据第（1A）（a）小节进行的任何影响评估"。

36. 废除 NHS 信托发展局

（1）废除被称为国家卫生服务信托发展管理局的特别卫生管理局。

（2）下列撤销—

（a）《2012 年国家卫生服务信托发展管理局（设立和宪法）令》（S.I.2012/901）；

（b）《2012 年国家卫生服务信托发展管理局条例》（S.I.2012/922）；

（c）《2016 年国家卫生服务信托发展管理局（指示和杂项修订等）条例》

（S.I.2016/214）。

（3）在《2018 年精神卫生机构（使用武力）法》（死亡或重伤调查）第 9 条中，删去（d）段。

（4）在《2021 年家庭虐待法》第 15 条（与家庭虐待专员合作的义务）中，在第（7）小节中，省略了"英格兰 NHS 机构"的定义（e）段。

37. 机构合并：相应的修正

在《2006 年国民健康服务法》第 1H 节（英国国民健康服务体系及其一般职能）中，在第（3）（b）小节中，在"为了确保"之前插入"根据第 25 条建立的国民健康服务信托和国民健康服务基金会信托"。

38. 与被废除机构有关的转让办法

（1）国务大臣可以制订一个或多个计划，将财产、权利和债务从 Monitor 或国家卫生服务信托发展管理局转移到英国国家卫生服务体系。

（2）根据转让方案可转让的事项包括：

（a）不能以其他方式转让的财产、权利和责任；

（b）计划制订后取得的财产，以及产生的权利和责任；

（c）刑事责任。

（3）转让方案可以——

（a）就转让的财产或权利创造权利或施加责任；

（b）就转让方就转让的任何事物所做的事情的持续效力作出规定；

（c）就转让的任何事项，就转让方、代表转让方或与转让方有关的正在进行的过程中事项（包括法律程序）的继续作出规定；

（d）就被视为对受让人有参考意义的转让事项，在文书或其他文件中提及转让人；

（e）制定与 TUPE 法规相同或类似的规定；

（f）作出其他相应的、补充的、附带的或过渡的规定。

（4）在第（3）（e）小节中，"TUPE 条例"系指《2006 年承诺书转让（雇佣保护）条例》（S.I.2006/246）。

（5）本条所提述的权利及责任，包括与雇佣合约有关的权利及责任。

39. 第 38 条下的转移计划：税收

（1）财政部可借规例作出规定，以改变有关税收就下述事项产生效力的方式

（a）根据第 38 条根据计划转让的任何物品，或

（b）为根据该等计划进行的转移而作出的任何事，或就该等转移而作出的任何事。

（2）根据第（1）（a）款可作出的条文，特别包括如下内容

（a）对转让的任何东西不适用或经修改后不适用的税收条款

（b）为税务规定的目的而转让以特定方式处理的任何物品

（c）要求或允许国务大臣确定，或指定确定的方法，以确定任何税收条款中需要确定的任何与转让的任何东西有关的任何东西

（3）根据第（1）（b）款可作出的条文，特别包括如下内容

（a）对于为转让目的或与转让有关的任何行为，不适用或经修改后不适用的税收条款

（b）为该转让的目的或就该转让而作出的任何事以具有或不具有指明后果或以指明方式处理

（c）要求或允许国务大臣确定或指定确定的方法，以确定任何税收条款中与为转移目的或与转移有关的任何事项有关的任何事项。

（4）根据下议院的决议，可废除本条规定的规例。

（5）本节—"相关税"指所得税、公司税、资本利得税、增值税、印花税或印花税储备税；"税收规定"是指法律对有关税收的规定。

40. 研究方面的职责

在《2006 年国民保健法》第 1E 条（关于研究的义务）中，在"必须"后面加上"便利或其他"。

41. 评估和满足人力需求的报告

在《2006 年国家卫生服务法案》第 1G 条之后（但在斜体字体之前）插入：

"1GA 国务大臣的职责是报告劳动力系统

（1）国务大臣必须至少每五年发布一次报告，描述评估和满足英国卫生服务人力需求的系统。

（2）如果国务大臣提出要求，英国国民保健署和英国健康教育部门必须协助编写本节规定的报告。"

42. 实施公共卫生职能的安排

2006 年《国家卫生服务法》第 7A 条的替代品——"7A 行使国务秘书的公共卫生职能。

（1）国务大臣可安排由一个或多个有关机构行使国务大臣的任何公共卫生职能。

（2）在本条中，'有关机构'指—

（a）英国国民健康保险制度

（b）整合护理委员会；

（c）地方当局（在第 2B 条含义内），

（d）合并当局，或

（e）可能订明的其他机构。

（3）根据本条作出的安排，可根据包括—在内的各方可能商定的条款作出

（a）付款条款；

（b）禁止或限制有关机构就其凭借本条的安排可行使的职能作出授权安排的条款。

（4）在第（3）（b）款中，'委托安排'指某人为他人行使某项职能而作出的安排。

（5）就有关机构凭借本条行使任何职能而获得的任何权利或招致的任何责任（包括侵权责任），由该机构（而非其他人士）或对该机构（而非其他人士）强制执行。

（6）第（1）款所述的国务大臣的公共生职能，包括国务大臣可就该等职能行使的任何职能（包括第 12 条所授予的权力）。"

43. 指导权力：公共卫生职能

（1）对《2006 年国民保健服务法案》进行了如下修订。

（2）在第 7A 条（由本法第 42 条插入）之后插入—"7B 要求 NHS 机构行使公共卫生职能的指示

（1）国务大臣可凭借指示，规定国务大臣的任何公共生职能由一个或多个有关机构行使。

（2）在本条中，'有关机构'指—

（a）NHSEngland，或

（b）综合照料委员会。

（3）根据第（1）款发出的指示，可包括禁止或限制有关机构就其凭借该指示可行使的职能作出授权安排的条文。

（4）在第（3）款中，'委托安排'指某人为他人行使某项职能而作出的安排。

（5）国务秘书可就有关机构凭借第（1）款下的指示行使职能而向该机构支付款项。

（6）国务大臣可就整合护理委员会凭本条行使任何职能向其发出指示。

（7）关于向英国国民保健服务体系（NHS）提供关于行使职能的指示的权力，见第 13ZC 条。

（8）在根据第（1）或（6）款作出指示后，国务大臣必须在合理可行范围内尽快公布该指示。

（9）就相关机构凭借本条行使任何职能而获得的任何权利或招致的任何责任（包括侵权责任），由该机构（而非其他人士）强制执行。

（10）第（1）款所提述的国务大臣的公共生职能，包括国务大臣可就该等职能行使的任何职能（包括第 12 条所授予的权力）。"

（3）在第 73 条（第 1 和 2 部分下的指示和规例）中，在第（1）小节中，在（a）段之后插入—"7B 章（aa）"。

44. 指向性：调查功能

（1）对《2006 年国民保健服务法案》进行了如下修订。

（2）在第 7B 条（由本法第 43 条插入）之后插入：

7C 权力的方向：调查功能

7D 根据第 7C 条与某方向有关的转移计划

7E 第 7D 条下的转移计划：税收

45. 指导英国国民卫生服务体系的总指挥

（1）对《2006 年国民保健服务法案》进行了如下修订。

（2）在 13Z1 节之前（以及它之前的斜体标题）插入"指导权力"

13ZC 国务大臣指示英国国民保健服务机构行使职能

13ZD 提供方向的力量：例外

13ZE 符合方向：重大失效

13ZF 国务大臣指示提供信息

46. 重新配置服务：干预权力

（1）根据《2006 年国民保健服务法案》第 68 条插入—68ANHS 服务的重新配置

附表 10A 赋予了国务大臣干预 NHS 服务重组的权力。

（2）附表 6 在《2006 年国民健康服务法案》中插入了一项新的附表 10A（与国民健康服务重新配置有关的干预权力）。

47. 对国民卫生服务系统供应链的审查

（1）国务大臣必须对涉及国民卫生服务系统供应链的人员发生奴役和人口贩运的风险进行审查。

（2）国务大臣可以决定哪些国民卫生服务系统的供应链作为审查的一部分，或以其他方式限制审查的范围。

（3）但审查必须至少考虑相当一部分国家卫生服务系统的供应链中的很大一部分，与之相关的是根据《国家卫生服务法》第 223 条成立的公司。《2006 年国民卫生服务法》第 223 条（作为一个整体）行使的职能。

（4）国务大臣必须在本条生效之日开始的 18 个月期间结束前，公布并向议会提交一份关于审查结果的报告。

（5）该报告必须描述以下内容

（a）审查的范围；

（b）进行审查时使用的方法。

（6）该报告必须包括国务卿对为减轻第（1）款中提到的风险应采取的步骤的任何意见。

（7）如果国务卿要求，英国国民卫生服务系统必须协助进行审查或根据本节编写报告。

（8）在本节中

"英格兰的医疗服务"是指根据《国民卫生服务法》第1（1）条继续提供的医疗服务。

"国家卫生服务系统的供应链"是指为卫生服务提供货物或服务的供应链。

"NHS供应链"是指为英格兰卫生服务的目的提供货物或服务的供应链。

"奴役和人口贩运"具有《2015年现代奴役法》第54（12）条所赋予的含义

48.NHS信托机构

在《2012年健康与社会护理法》中，删除了第179条（废除英格兰国民卫生服务系统的信托机构）

49.取消任命信托基金和受托人的权力

在《2006年国民健康服务法》附表4中，省略第10段（为国民卫生服务体系信托基金任命受托人的权力）及其之前的斜体标题。

50.相应的修改

附表7包含对第48条和第49条的相应修正

51.国家卫生服务机构的许可

（1）在《2013年国家卫生服务（许可证豁免等）条例》中（S.I.2013/2677）中，省略了第4条（该条免除了英格兰国民卫生服务机构信托机构的许可证的要求）。

（2）在《2012 年健康与社会护理法》第 87 条之后插入

87A 申请和授予：国民卫生服务系统信托机构

（1）根据《2006 年国民健康服务法》第 25 条设立的国民健康服务信托基金应被视为

（a）已经根据第 85 条提出了许可申请，并且

（b）已满足第 86 条公布的持有许可证的标准

（2）就第（1）款而言，在《2022 年健康与护理法》第 51（1）条生效之日前，根据《2006 年国民健康服务法》第 25 条设立的国民健康服务信托基金应被视为在该日设立。

52. 国家卫生服务信托基金：决定的广泛影响

在《2006 年国民健康服务法》第 26 条后加入"26A 有责任考虑到决定的广泛影响

（1）在作出有关行使其职能的决定时，根据第 25 条设立的国民卫生服务系统信托必须考虑到该决定在以下方面可能产生的所有影响。"

（a）英格兰人民的健康和福祉

（b）向个人提供的服务的质量

（i）由相关机构，或

（ii）根据相关机构的安排。

为预防、诊断或治疗疾病或与之有关的服务作为英格兰卫生服务的一部分，向个人提供的服务质量

（c）有关机构为英格兰卫生服务的目的使用资源的效率和可持续性

（2）在第（1）款中

（a）对决定的提及不包括对为预防、诊断或治疗疾病而向某一特定个人提供的服务或与之相关的服务的提及。

（b）提及某项决定对英格兰人民的健康和福祉的影响，包括提及该决定对英格兰人民在健康和福祉方面的不平等的影响。

（c）提及与向个人提供的服务质量有关的决定的影响，包括提及与个人之

间在从这些服务中获得的利益方面的不平等有关的影响。

(3) 在履行本条规定的义务时，NHS 信托基金必须考虑 NHS 英格兰根据第 13NB 条发布的指南。

(4) 在本条中，"相关机构"是指

(a) 英格兰国民卫生服务系统

(b) 整合护理委员会

(c) 根据第 25 条设立的 NHS 信托基金，以及

(d) 国民卫生服务系统基金会信托。

53. 国家卫生服务机构信托：与气候变化有关的职责

在《2006 年国民健康服务法》第 26A 条（由本法第 52 条插入）后插入"26B 条与气候变化有关的职责等"

(1) 根据第 25 条设立的国民卫生服务信托基金，在行使其职能时，必须考虑到以下需要

(a) 为遵守以下规定作出贡献

(i)《2008 年气候变化法》第 1 条（英国净零排放目标），以及

(ii)《2021 年环境法》第 5 条（环境目标），以及

(b) 适应根据《2008 年气候变化法》第 56 条提交的最新报告中确定的任何当前或预测的气候变化影响。

(2) 在履行本条规定的义务时，NHS 信托机构必须考虑 NHS 英格兰公司根据第 13ND 条发布的指南。

54. 对国民卫生服务机构信托的监督和支持

(1) 2006 年《国家卫生服务法》修订如下

(2) 在第 27 条后加入"27A 对国民卫生服务系统信托机构的监督和支持英格兰国民卫生服务系统必须

(a) 监督根据第 25 条设立的国民卫生服务系统信托机构履行其职能，并

(b) 提供其认为适当的建议、指导或其他支持，以帮助根据第 25 条设立的国家卫生系统信托机构履行其职能。"

（3）在附表 4 中

（a）在第 12 段（报告等）中，在第（1）分段中，将两处的"国务卿"改为"英国国家卫生系统"。

（b）在第 13 段（NHS 信托基金提供的信息）中，在第（1）小段［由本法第 25（4）条设立］中

（i）在"国务大臣"之后插入"或英国国民卫生服务系统"。

（ii）用"他"代替"国务大臣或英格兰国民卫生服务系统"。

55. 对 NHS 信托机构的指示

（1）2006 年《国家卫生服务法》修订如下。

（2）在第 27A 条（由本法第 54 条插入）后插入如下内容：

第 27B 条英国国民卫生服务系统对国民卫生服务机构的指示（1）英格兰国民卫生服务系统可向根据第 25 条设立的国民卫生服务系统信托基金发出关于其行使任何职能的指示。（2）在本条规定的指示与第 8 条或附表 4 第 25（3）段规定的指示相冲突的情况下，该指示是无效的。

（3）在第 73 条（第 1 和第 2 部分的指示和规定）中，在第（1）款中，在（ba）段（由本法第 13 条插入）后插入"（bb）第 27B 条，"

（4）在附表 4 中

（a）在第 20 段（额外收入）中，在第（2）小段中

（i）省略（a）段末尾的"和"。

（ii）在（b）段结尾处插入"，以及（c）在根据第 27B 条的指示所指明的情况下，在 NHS 英格兰的同意下。"

（b）在第 25 段（工作人员）中，在第（3）小段末尾加入"以及英国国民卫生服务系统根据第 27B 条发出的任何指示。"

56. 关于重组国民卫生服务机构信托的建议

在《2006 年国民健康服务法》第 27B 条（由本法第 55 条插入）后插入"27C 关于重组的建议

（1）英格兰国民卫生服务系统可以

（a）向国民卫生服务系统信托机构提出建议，或与之相关的建议

提出重组申请。

（b）采取其认为适当的其他步骤，以促进涉及 NHS 信托的重组申请。

（2）在本条中，'重组申请'，就 NHS 信托基金而言，指 NHS 信托基金根据以下内容提出的申请

（a）第 56 条（涉及 NHS 基金会信托的合并）。

（b）第 56A 条（NHS 基金会信托的收购）。

（c）第 69A 条（NHS 机构之间的财产转让等）。

（d）附表 4 第 28 段（NHS 信托基金的解散）"。

57. 对国民卫生服务机构信托的干预

在《2006 年国家卫生服务法》第 27C 条（由本法第 56 条插入）后插入 "27D 对国民卫生服务体系信托机构的干预：英格兰国民卫生服务体系的建议等

（1）如果英格兰国民卫生服务系统认为国务卿应该根据第 66（2）或 68（2）条就根据第 25 条设立的国民卫生服务系统信托基金作出命令，英格兰国民卫生服务系统必须

（a）为此提出建议。

（b）列明其建议的理由，以及

（c）就该命令的内容提出它认为适当的建议。

（2）英格兰国民卫生服务系统必须在决定是否根据第 66（2）或 68（2）条就根据第 25 条设立的国民卫生服务系统信托基金作出命令时，进行国务卿可能要求的任何查询，并提供任何其他协助，如果是这样，则以何种条款进行。"

58. 国民卫生服务机构信托：转换为国民卫生服务机构基金会信托和解散

（1）2006 年《国家卫生服务法》修订如下。

（2）在第 33 条（NHS 信托机构申请成为 NHS 基金会信托机构）中，在第（1）款中，省略 "，如果该申请得到了国务卿的支持"。

（3）在第 35 条（国民卫生服务体系基金会的授权）中，在第（1）款中，

在"如果"之后加入"国务卿批准该授权并"。

（4）在第 57 条（与国民卫生服务系统基金会信托基金合并和收购有关的补充规定），在第（5）款中，在"国务大臣"后插入"或英国国民卫生服务系统"。

（5）在附表 4 中

（a）在第 28 段（解散 NHS 信托机构的权力）中

（i）在第（1）分段中，在"国务大臣"后插入"或英国国民卫生服务系统"。

（ii）在第（1）分段后插入

"（1A）只有在获得国务大臣的批准后，才能根据本段的规定发布 NHS 英格兰的命令。"

（iii）在第（2）（b）和（3）分段中，在"国务大臣"之后插入"或英国国民卫生服务系统。"

（b）在第 29 段（转让）中，将第（1）分段改为"（1）如果国民卫生服务体系信托基金根据第 28 段被解散，国务大臣或英格兰国民卫生服务体系可通过命令将国民卫生服务体系信托基金的财产和债务转移给国务大臣或国民卫生服务体系机构，或规定将其转移给该机构；这样的命令可包括与第 9 段相应的条款。"

（c）在第 30 段（转让：退休金等），在第（1）分段中，在"他"之后插入"或 NHS 英格兰。"

59. 国民卫生服务体系信托机构主席的任命

在《2006 年国民健康服务法》附表 4 第 3（1）（a）段（国民健康服务信托基金董事会主席的任命）中，用"国务大臣"代替"英格兰国民健康服务系统"。

60. 国民卫生服务机构信托基金的财务目标

（1）在《2006 年国民健康服务法》附表 5 第 2 段（国民健康服务体系信托基金的财务义务）中，第（2）和（3）分段改为

"（2）英格兰国民卫生服务系统可以为国民卫生服务系统的信托机构设定财务目标。

（3）NHS 信托必须实现根据第（2）分段设定的任何财务目标。

（4）第（2）分段下的财务目标可适用于一般的 NHS 信托，或适用于特定的 NHS 信托或特定的 NHS 信托。"

61. 国民卫生服务体系基金会的许可

在《2012 年健康与社会护理法》第 88 条（许可证的申请和授予：NHS 基金会信托）中，第（1）款改为"（1）本条适用于以下情况

（a）根据《国民健康服务法》第 36 条，国民健康服务信托成为国民健康服务基金会信托。

《2006 年国民健康服务法》第 36 条（国民健康服务基金信托授权的效力），或

（b）根据该法案第 56 条或第 56B 条（合并和分离）成立了国民卫生服务系统基金会信托。"

62. 国民卫生服务机构基金会的资本支出限额

（1）《2006 年国家卫生服务法》修订如下。

（2）在第 42A 条后加入"42B 资本支出限额

（1）英格兰国民卫生服务系统可发布命令，对国民卫生服务系统基金会信托基金在单一财政年度的资本支出施加限制。

（2）该命令必须指明

（a）该信托基金

（b）资本支出限额，以及

（c）该限额所涉及的财政年度。

（3）英格兰国民卫生服务系统在发布命令前必须咨询该信托基金。

（4）英格兰国民卫生服务系统必须公布本条规定的每项命令。

（5）本条规定的命令可以在它所涉及的财政年度期间或之前的任何时候作出。

（6）作为本条命令主体的信托基金，在其所涉及的财政年度内不得超过该命令所规定的资本支出限额。

（7）在本条中，'资本支出'，就 NHS 基金会信托而言，指该信托在其年度账目中应被资本化的支出。"

（3）42C 关于第 42B 条规定的命令的指导意见

（1）英格兰国民卫生服务系统必须发布关于行使其根据第 42B 条发布命令的权力的指导，包括关于以下方面的指导

（a）它有可能作出命令的情况，以及

（b）它将使用何种方法来确定资本支出限额。

（2）英格兰国民卫生服务系统在根据本条规定发布指南或修订指南之前，必须咨询国务大臣。

（3）英格兰国民卫生服务系统在行使其根据第 42B 条发出命令的权力时，必须考虑到该指南。在第 64 条（第 5 章下的命令和条例）中，在第（1）款中，在条例后加入"，但根据第 42B 条发布命令的权力除外，"。

63.账户、报告和前瞻性计划

（1）在《2006 年国民健康服务法》中

（a）在第 43 条中，省略第（3B）和（3C）款（与国民卫生服务体系基金会的前瞻性计划内容有关的要求）

（b）在附表 7 第 27 段中，省略第（2）和（3）分段（要求前瞻性计划由董事准备等）。

（2）在《2012 年卫生和社会保健法》中

（a）省略第 155 条(账户：将与账户有关的职能从监管机构转移到国务卿)。

（b）在第 156 条中省略

（i）第（3）款（规定年度报告的内容由条例规定而不是由监管机构决定的权力）。

（ii）第（4）款（向国务卿而非监管机构提供前瞻计划的责任）。

64.国民卫生服务系统基金会信托：联合行使职能

在《2006 年国民健康服务法》第 47 条之后插入"47A 联合行使职能，国民卫生服务体系基金会可以按照国民卫生服务体系基金会认为适当的条款，与

任何其他人联合履行其任何职能。"

65. 国民卫生服务系统基金会信托：合并、收购和分离

（1）《2006 年国家卫生服务法》修订如下。

（2）在第 56 条（合并）中

（a）在第（2）款中，省略（a）段。

（b）将第（4）款改为

"（4）英格兰国民卫生服务系统必须批准申请，如果——

（a）它确信已经采取了必要的步骤，为解散信托机构和建立新的信托机构做准备，并且

（b）国务卿批准该申请。

否则必须拒绝该申请。"

（3）在第 56A 条（收购）中

（a）在第（3）款中，省略（a）段和结尾处的"和"。

（b）将第（4）款改为

"（4）英格兰国民卫生服务系统必须批准申请，如果

（a）英格兰国民卫生服务体系确信已经采取了必要的步骤来准备，并且

（b）国务大臣批准了该申请

否则必须拒绝该申请。"

（4）在第 56B 条（分离）中，第（4）款代替了"（4）英格兰国民卫生服务系统必须批准该申请，如果

（a）它确信已经采取了必要的步骤，为解散信托和建立每个拟议的新信托做准备，并且

（b）国务卿批准了该申请。

否则必须拒绝该申请。"

66. 国民卫生服务基金会解散时的转移

在《2006 年国民健康服务法》第 57A 条（解散）中

（1）在第（3）款中，省略（a）段和结尾处的"和"。

（2）在第（4）款中，将（b）段替换为"（b）将财产和责任（包括刑事责任）转移或规定转移给另一个 NHS 基金会信托基金、根据第 25 条设立的 NHS 信托基金或国务大臣。"

（3）在第（4）款之后插入"（5）该命令必须包括对被解散的 NHS 基金会信托的任何雇员的转移的规定。"

67. 国民卫生服务系统基金会信托：决定的广泛影响

在《2006 年国民健康服务法》中，在第 63 条后加入"63A 考虑到决定的广泛影响的责任"

（1）在作出有关行使其职能的决定时，国民卫生服务系统基金会信托基金必须考虑到该决定在以下方面可能产生的所有影响

（a）英格兰人民的健康和福祉。

（b）向个人提供的服务的质量

（i）由相关机构，或

（ii）根据相关机构的安排。

作为英格兰卫生服务的一部分，为预防、诊断或治疗疾病或与之相关的服务。

（c）有关机构为英格兰卫生服务的目的使用资源的效率和可持续性。

（2）在第（1）款中

（a）对决定的提及，不包括对为预防、诊断或治疗疾病而向特定个人提供服务的决定的提及。

（b）提及某项决定对英格兰人民的健康和福祉的影响，包括提及该决定对英格兰人民在健康和福祉方面的不平等的影响。

（c）提及与向个人提供的服务质量有关的决定的影响，包括提及与个人之间在从这些服务中获得的利益不平等有关的影响。

（3）在履行本条规定的职责时，NHS 基金会必须考虑到 NHS 英格兰根据第 13NB 条发布的指导。

（4）在本条中，"相关机构"是指

（a）英格兰国民卫生服务系统。

（b）整合护理委员会。

（c）根据第 25 条设立的 NHS 信托基金，以及

（d）国民卫生服务系统基金会信托。

68. 国民卫生服务机构基金会信托基金：与气候变化有关的职责

在《2006 年国民健康服务法》第 63A 条（由本法第 67 条插入）后插入"63B 与气候变化等有关的职责"

（1）国民卫生服务基金会在行使其职能时，必须考虑到以下需要，即

（a）为遵守以下规定作出贡献

（i）《2008 年气候变化法》第 1 条（英国净零排放目标），以及排放目标），以及

（ii）《2021 年环境法》第 5 条（环境目标），以及

（b）适应根据《2008 年气候变化法》第 56 条提交的最新报告中确定的任何当前或预测的气候变化影响。

（2）在履行本条规定的义务时，NHS 基金会信托基金必须考虑 NHS 英格兰根据第 13ND 条发布的指南。

69. 信托机构之间的转移计划

在《2006 年国民健康服务法》第 69 条之后插入"69A 转移计划。国民卫生服务体系的信托机构和国民卫生服务体系的基金会信托机构"

（1）英格兰国民卫生服务系统可根据本节向其提出的申请，制订一项或多项计划，将财产、权利和责任从一个相关的国民卫生服务系统机构转移到另一个相关的国民卫生服务系统机构。

（2）该申请必须

（a）由相关 NHS 机构共同提出，并且

（b）说明要转让的财产、权利或责任。

（3）英格兰国民卫生服务系统只有在确信已经采取了为转让做准备的必要步骤的情况下，才能根据本条规定批准申请。

（4）根据转让计划可以转让的东西包括

（a）以其他方式无法转让的财产、权利和责任。

（b）在制订计划后获得的财产以及产生的权利和责任

（c）刑事责任。

（5）一项转让计划可以

（a）就所转让的财产或权利设定权利或施加责任。

（b）就转让人对所转让的东西所做的事情的持续效力作出规定。

（c）就转让人正在进行的、代表转让人进行的或与转让人有关的事情（包括法律程序）的持续性作出规定。

（d）规定在文书或其他文件中对转让人的提及，应视为对受让人的提及。

（e）对共同拥有或使用财产作出规定。

（f）制定与 TUPE 条例相同或相似的条款。

（g）作出其他相应的、补充的、附带的或过渡性的规定。

（6）一项转让计划可以规定

（a）通过协议进行修改。

（b）从原计划生效的日期起，修改生效。

（7）在本节中

（a）对权力和责任的表述包括与雇佣合约有关的权利和责任。

（b）对财产转让的提及包括租赁的授予。

（8）在本节中"相关 NHS 机构"指

（a）根据第 25 条设立的 NHS 信托基金。

（b）NHS 基金会。

["TUPE 条例"指《2006 年业务转让（就业保护）条例》（S.I.2006/246）]。

70. 信托特别管理人

附表 8 包含了对《2006 年国家卫生服务法》第 5A 章的修订（将与信托特别管理人有关的职能转移给英格兰国民卫生服务系统）。

71. 联合工作和授权安排

（1）2006 年《国家卫生服务法》修订如下。

（2）在第 65Z4 条（由本法第 14 条插入）后插入"联合工作安排和授权 65Z5 联合工作和授权安排"

（1）有关机构可安排由其行使的任何职能，由以下任何一个或多个机构行使或联合行使

（a）一个相关机构。

（b）一个地方当局（第 2B 条意义上的）。

（c）一个联合当局。

（2）在本条中，"相关机构"是指

（a）NHS 英格兰。

（b）一个整合护理委员会。

（c）根据第 25 条设立的 NHS 信托基金。

（d）国民卫生服务系统基金会，或

（e）规定的其他机构。

（3）条例可以—

（a）规定第（1）款的权力不适用，或只在规定的范围内适用于规定的职能。

（b）对该权力的行使施加条件。

（4）本条规定的安排可按双方商定的条款作出，包括

（a）关于付款的条款。

（b）禁止或限制某机构就其凭借本条规定的安排可行使的职能作出授权安排。

（5）在第（4）（b）款中，"授权安排"是指由一个机构为其他人行使某项职能而作出的安排。

（6）因某机构凭借本条行使任何职能而获得的任何权利或招致的任何责任（包括侵权责任），均可由该机构（而非其他人）强制执行或针对该机构强制执行。

65Z6 联合委员会和集合资金

（1）本条适用于某一职能可由相关机构和以下任何一个或多个机构共同行使（凭借第 65Z5 条或其他规定）的情况

（a）一个相关机构。

（b）地方当局（第 2B 条意义上的）。

（c）一个联合当局。

（2）该职能可由其共同行使的机构可以

（a）安排由他们的一个联合委员会行使该职能

（b）安排其中一个或多个机构或该机构的一个联合委员会建立和维持一个集合基金。

（3）汇集基金是一种基金，即

（a）由按照该安排从属于该安排一方的有关机构收到的款项组成，并且

（b）可以按照该安排从该基金中支付为行使该安排所涉及的职能而产生的开支。

（4）本条规定的安排可按各方商定的条款（包括付款条款）作出。

（5）在本条中，"相关机构"具有第 65Z5（2）条赋予的含义。

65Z7 联合工作和授权：英国国民卫生服务系统的指导意见

（1）英格兰国民卫生服务系统可以为相关机构发布关于行使第 65Z5 和 65Z6 条规定的权力的指南。

（2）相关机构必须考虑到根据本节发布的任何指导。

（3）在本条中，相关机构具有第 65Z5（2）条赋予的含义。

（3）在第 75（7B）条中

（a）在（a）段末尾插入"或"。

（b）将（b）和（c）段改为"（b）第 65Z5 条（联合工作安排和授权）"

（4）由于第（2）款的规定，省略第 13Z 至 13ZB 条以及这些条款之前的斜体标题。

72. 对职能的提及：对授权安排的处理等

（1）在《2006 年国民健康服务法》第 275 条之后插入"275A 对职能的提及：授权等

（a）本法中提到的一个人的职能包括该人根据任何成文法的任何规定可以行使的其他人的职能（除非上下文另有要求）。

（b）条例可以为第（1）款规定例外情况。"

（2）附表 9 包含了以下内容

（a）对本条和本部分其他条款的相应修正，以及

（b）其他相关修正案。

73. 废除促进自主权的职责

（1）在《2006 年国民卫生服务法》中，删除了

（a）第 1D 条（国务卿促进自治的责任）。

（b）第 13F 条（NHS 委托委员会促进自治的责任）。

（2）由于第（1）款的规定，在《2012 年卫生和社会保健法》中，省略了第 5 条。

74. 关于联合任命的指导意见

在《2006 年国民卫生服务法》第 13U 条之后插入"13UA 关于联合任命的指导

（1）英格兰国民卫生服务系统可以为相关的国民卫生服务系统机构发布关于进行本节适用的联合任命的指导。

（2）本条适用的联合任命是指在以下情况下任命一个人担任某一职位

（a）一个或多个相关 NHS 专员和一个或多个相关 NHS 提供者

（b）一个或多个相关的 NHS 机构和一个或多个地方当局，或

（c）一个或多个相关的国民卫生服务机构和一个或多个联合当局

（3）相关的 NHS 机构必须考虑到根据本节发布的指导。

（4）英格兰国民卫生服务系统必须咨询英格兰国民卫生服务系统认为合适的人，即

（a）在其首次根据本条发布指导意见之前，以及

（b）在发布任何包含英格兰国民卫生服务系统认为是重大变化的修订指南之前。

（5）在本条中——

'地方当局'的含义与第 2B 条中的含义相同；'相关 NHS 机构'是指

（a）相关的 NHS 专员。

（b）相关的国民卫生服务提供者。

'相关国民卫生服务系统专员'指

（a）英国国民卫生服务系统。

（b）一个整合护理委员会。

'相关的国民卫生服务提供者'是指

（a）根据第 25 条建立的 NHS 信托。

（b）国民卫生服务系统基金会信托基金"。

75. 国家卫生服务机构的合作等

（1）根据第（2）和（3）款的规定，对《2006 年国民卫生服务法》进行了修订。

（2）在第 72 条（国家卫生服务机构之间的合作）中

（a）在第（1）款后加入

（1A）国务卿可以就英格兰的情况发布关于履行第（1）款规定的义务的指导意见。

（1B）除威尔士国民卫生服务机构以外的国民卫生服务机构必须考虑到根据第（1A）款发布的任何指南。

（b）在第（4）款后加入"（5）在本节中，

'威尔士国民卫生服务系统机构'是指

（a）根据《2006 年国民卫生服务（威尔士）法》建立的国家卫生服务信托基金。

（b）根据该法案设立的特别卫生局，或

（c）一个地方卫生局。"

（3）在第 82 条（NHS 机构与地方当局的合作）中

（a）现有文字成为第（1）款。

（b）在该款之后加入

（1）国务大臣可以就英格兰的情况发布关于履行本条规定的义务的指南。

（2）以下情况必须考虑到根据分节公布的任何指导意见

（a）除威尔士国民卫生服务机构以外的国民卫生服务机构。

（b）英格兰的一个地方当局。

（3）在本节中，"威尔士国民卫生服务系统机构"是指

（a）根据《2006 年国家卫生服务（威尔士）法》建立的国家卫生服务信托基金。

（b）根据该法案设立的特别卫生局，或

（c）一个地方卫生局。

（4）《2012 年卫生和社会保健法》中，在第 96 条（对设定或修改许可条件的职能的限制）中

（a）在第（2）款中，将（g）段替换为"（g）为了在国民卫生系统的医疗服务提供者之间，或在该等提供者与下列各方之间，促成、促进或确保共同运作

（i）2006 年《国家卫生服务法》第 72 条意义上的国家卫生服务机构，或

（ii）英格兰的地方当局（为此，'地方当局'具有《2006 年国民健康服务法》第 275（1）条赋予的含义）；"。

（b）在第（3）款中，在（a）段之前的文字中，将"（f）和（g）"改为"和（f）"。

76. 决定的广泛影响：对医疗服务提供者的许可

在《2012 年卫生与社会保健法》第 96 条（对设定或修改许可条件的职能限制）中（a）在第（2）款中，在（d）段后插入"（da）确保在为国民卫生服务体系提供医疗服务的过程中，考虑到其对第（2A）款所提及的事项的所有可能的影响；"。

（b）在第（2）款之后加入"（2A）第（2）（da）款中提到的事项是

（a）英格兰人民的健康和福祉。

（b）向个人提供的服务的质量

（i）由相关机构，或

（ii）根据相关机构的安排

作为英格兰卫生服务的一部分，为预防、诊断或治疗疾病或与之相关的服务。

（c）有关机构为英格兰卫生服务的目的使用资源的效率和可持续性。

（2B）就第（2）（da）款［与第（2A）款一起理解］而言

（a）提及与英格兰人民的健康和福祉有关的决定的影响，包括提及与英格兰人民之间在健康和福祉方面的不平等有关的决定的影响。

（b）提及与向个人提供的服务质量有关的决定的影响，包括提及与个人之间在从这些服务中获得的利益方面的不平等有关的决定的影响。

（2C）在第（2A）款中，"相关机构"是指

（a）NHS 英格兰。

（b）整合护理委员会。

（c）根据第 25 条设立的 NHS 信托基金，以及

（d）国民卫生服务系统基金会信托。

77. 国家卫生系统的支付计划

附表 10-

（a）用 NHS 支付计划取代国家税收，并且

（b）制订与 NHS 支付计划有关的条款。

78. 关于病人选择的条例

（1）《2006 年国民卫生服务法》修订如下。

（2）在第 6E 条（常设规则）中

（a）在第（1）款中

（i）将"可"改为"必须"

（ii）将"或"改为"和"

（b）在第（1）款之后插入

"（1A）条例必须规定 NHS 英格兰分部和整合护理委员会在行使其委托职能时必须作出的安排，以使接受特定治疗或其他特定服务的人能够就其特定方面作出选择。

（1B）该条例可作出其他规定，以确保英格兰国民卫生服务系统和整合护理委员会在行使其委托职能时，保护和促进人们对治疗或其他服务作出选择的权利，如果这些权利

（a）根据第（1A）款的规定而产生，或

（b）在《国民卫生服务体系宪法》中有所描述"。

（c）省略第（2）（c）款。

（3）在第 6E 款后插入"6F 执行第 6E 条与病人选择有关的规定

（1）英国国民卫生服务系统可以调查整合护理委员会是否没有或可能没有遵守第 6E（1A）或（1B）条规定的要求（'患者选择要求'）。

（2）英格兰国民卫生服务系统可以指示整合护理委员会

（a）制定措施，以防止不遵守病人选择要求或减轻这种不遵守的影响，或

（b）在根据第（1）款进行调查的情况下，对未能遵守病人选择要求的情况进行补救。

（3）如果正在或已经进行第（1）款规定的调查，英国国民卫生服务系统可以接受整合护理委员会的承诺，即它将在所规定的期限内采取属于第（2）（a）或（b）款规定的任何行动。

（4）如果英国国民卫生服务系统接受了第（3）款的承诺，英国国民卫生服务系统不得

（a）继续根据第（1）款进行任何正在进行的调查，只要是与该承诺所涉及的事项有关，或

（b）根据第（2）款就这些事项发出指示，除非该整合护理委员会没有遵守该承诺。

（5）如果英格兰国民卫生服务体系接受了第（3）款下的承诺的整合护理委员会部分遵守了该承诺，英格兰国民卫生服务体系在决定是否做第（4）（a）或（b）款中提到的事情时必须考虑到该部分遵守情况。

（6）附表 1ZA 对承诺做了进一步规定。"

6G 与病人选择有关的指导意见

（1）英格兰国民卫生服务系统必须发布关于它打算如何行使第 6F 条和附表 1ZA 赋予它的权力的指南。

（2）在根据本条发布指导意见之前，英格兰国民卫生服务体系必须获得国务大臣的批准。

（4）在第 13U 条（年度报告）中，在第（2）（c）款中，将从"条"到末尾的字样改为"或凭借——

第 6E（1A）和（1B）条；第 13E 条。第 13G 条。第 13I 条。第 13Q 条。"

（5）附表 11 在《2006 年国民健康服务法》中插入了新的附表 1ZA（整合护理委员会的承诺）。

79. 采购条例

在《2006 年国家卫生服务法》第 12ZA 条之后插入 12ZB 采购条例

（1）条例可就有关当局在采购中应遵循的程序和追求的目标作出规定，即

（a）用于英格兰卫生服务的医疗保健服务，以及

（b）与这些医疗服务一起采购的其他货物或服务。

（2）第（1）款规定的条例必须包括规定在遵循竞争性招标程序时应采取的步骤。

（3）第（1）款规定的条例必须就其适用的所有医疗服务的采购作出规定，以达到以下目的：

（a）确保透明度

（b）确保公平性

（c）确保可以核实遵守情况

（d）管理利益冲突

（4）英格兰国民卫生服务体系必须发布它认为合适的关于遵守条例的指导

（5）相关部门必须考虑到根据本条发布的指导意见

（6）在根据本条发布指南之前，英国国民卫生服务系统必须获得国务卿的批准

（7）在本节中"医疗服务"的含义与《2012年卫生和社会保健法》第3部分的含义相同。（见该法第150条）

"相关机构"是指

（a）一个联合机构

（b）一个整合护理委员会

（c）英格兰的一个地方当局

（d）英格兰国民卫生服务系统

（e）国民卫生服务系统基金会信托

（f）根据第25条设立的 NHS 信托基金

80. 采购和患者选择：相应的修正等

（1）在《2006年国民卫生服务法》中

（a）在第12E条（国务大臣在提供医疗服务方面的职责）中，将第（2）款改为"（2）本款中提到的职能是国务大臣在以下方面的职能

（a）6E 部分

（b）12ZB 部分

（c）13A 部分

（b）在第272条（命令、条例、规则和指示）中，在第（6）款中，在（zzd）段后插入（zze）第12ZB条规定的条例。"

（2）省略《2012年健康与社会护理法》第75至78条和附表9（与采购、患者选择和竞争有关的条例等）。

（3）在《2015年小企业、企业和就业法》第40条（采购职能的调查）中，在第（7）款中，省略（b）段和前面的"或"。

（4）2013年国家卫生服务（采购、患者选择和竞争）（第2号）条例

（S.I.2013/500）被撤销。

81. 根除供应链中的奴役和人口贩运问题

（1）2006 年《国家卫生服务法》修订如下。

（2）在第 12ZB 条（由第 79 条插入）后插入"12ZC 消除供应链中的奴役和人口贩运现象"

（1）国务大臣必须通过条例作出国务大臣认为适当的规定，以消除在英格兰的卫生服务中使用沾有奴隶制和人口贩运的货物或服务。

（2）这些规定尤其可以包括

（a）关于公共机构为英格兰卫生服务采购货物或服务所应遵循的程序的规定（包括关于供应商被排除在合同授予考虑之外的情况的规定）。

（b）关于公共机构必须采取的步骤的规定，以评估和解决涉及卫生服务供应链的人员发生奴役和人口贩运的风险。

（c）关于公共机构为英格兰卫生服务目的而签订的货物或服务合同中必须规定的事项的规定。

（3）在本节中"卫生服务供应链"是指为英格兰卫生服务的目的提供货物或服务的供应链。

"公共机构"指行使公共性质职能的机构。

"奴役和人口贩运"具有《2015 年现代奴役法》第 54（12）条所赋予的含义。

"污点"：如果奴役和人口贩运发生在参与提供这些货物或服务的供应链中的任何人身上，那么货物或服务就会受到奴役和人口贩运的"污点"。

（3）在第 272 条（命令、条例、规则和指示）中，在第（6）款中，在（zze）段（由第 80 条插入）之后，插入"（zzf）根据第 12ZC 条制定的条例。"

82. 向 CMA 提供协助的义务

（1）在《2006 年国民健康服务法》第 13SB 条［由本法第 34（2）条插入］后插入"13SC 向 CMA 提供监管信息或协助

（1）英格兰国民卫生服务系统必须向竞争和市场管理局（'CMA'）提供——（a）任何监管信息。

（a）CMA 可能需要的任何监管信息，以使 CMA 行使其相关职能。

（b）它认为有助于 CMA 行使其相关职能的任何其他监管信息，以及

（c）CMA 可能需要的任何其他协助，以协助 CMA 行使其相关职能。

（2）在本条中'监管信息'指英国国民卫生服务系统持有的与以下方面有关的信息

（a）属于第 13SB（2）（a）或（b）条的监管职能，或

（b）其在以下方面的职能

（i）第 6F 条和附表 1ZA（病人选择：执行）。

（ii）第 27A 和 27C 条（NHS 信托：监督和支持以及关于重组的建议）。

'相关职能'，就 CMA 而言，指其在《1998 年竞争法》和《2002 年企业法》下的职能，只要这些职能可由 CMA 委员会或 CMA 集团（在《2013 年企业和监管改革法》附表 4 的含义内）代表 CMA 行使。"

（2）在《2012 年卫生和社会保健法》中，省略第 80 条（监督员和 CMA 之间的合作）。

83. 供应商的合并：取消 CMA 的权力

（1）在《2006 年国家卫生服务法》第 72 条之后插入——"72A 对《2002 年企业法》第 3 部分的豁免

（1）就《2002 年企业法》第 3 部分（合并）而言，如果两个或多个相关的国民卫生服务系统企业不再是不同的企业，相关的合并情况将不被视为已经产生。

（2）但第（1）款并不适用于两个或多个相关的国民卫生服务企业和一个或多个不属于相关的国民卫生服务企业的企业不再是不同的企业的情况。

（3）在本条中，'相关国民卫生服务企业'指以下活动或部分活动

（a）根据第 25 条建立的国民卫生服务系统信托。

（b）国民卫生服务系统基金会信托。"

（2）省略《2012 年健康与社会护理法》第 79 条（竞争：涉及国民卫生服务系统基金会信托的合并）。

84. 取消与竞争有关的职能等

(1) 删去 2012 年健康与社会护理法第 72 和 73 条（监控和 CMA：并行的职能）。

(2) 附表 12 包含相应的修正。

85. 撤销 CMA 在许可方面的参与等

(1)《2012 年卫生和社会保健法》修订如下。

(2) 在第 95 条（许可：特殊条件）中，在第（1）款中

(a) 在（a）段中，省略"经申请人同意"。

(b) 在（b）段中，省略"经许可证持有人同意"。

(3) 在第 100 条（标准条件的修改）中

(a) 省略第（6）至（9）款。

(b) 在第（11）款中，省略"和第 101 条"。

(4) 省略第 101 条（对 CMA 的修改参考）。

(5) 在第 103 条（关于某些标准的透明度的标准条件）中，在第（3）款中

(a) 在（a）段中，将第 100 条、第 101（7）条和附表 10 第 7（2）段"授予监管院的权力"改为"第 100 条授予 NHS England 的权力"。

(b) 省略（b）段，但不包括结尾处的"和"。

(6) 在第 141 条（对服务提供者的收款：咨询），在第（8）款中，省略"和第 142 条"。

(7) 省略第 142 条（对服务提供者的征收：对咨询的回应）。

(8) 在第 304 条（规例、命令及指示）中，在第（5）款中，省略（d）及（j）段。

(9) 省略附表 10（监察院对 CMA 的引用）。

86. 特别卫生局：取消 3 年的限制

(1) 在《2006 年国民卫生服务法》中

(a) 删去第 28A 条（特别卫生机构的 3 年期限）。

（b）在第 272（6）条中，省略（zc）段。

（2）在《2017 年国民卫生服务系统反欺诈（编制、章程和工作人员及其他转移条款）令》（S.I.2017/958）中

（a）在第 2 条中，省略"废止日期"的定义。

（b）省略第 4 部分（包括附表 3）（当局的废除）。

（3）由于第（1）款的规定，在《2012 年卫生和社会保健法》中，省略了第 48 条。

87. 整理关于某些国家卫生服务机构账户的规定等

（1）在《2006 年国民卫生服务法》第 29 条后加入如下内容：

29A 特别卫生局：账户和审计

（1）本条中提到的特别卫生局是指符合以下条件的特别卫生局

（a）只履行或主要履行与英格兰有关的职能，或

（b）既不只履行或主要履行与英格兰有关的职能，也不只履行或主要履行与威尔士有关的职能。

（2）特别卫生局必须保持适当的账户和与账户有关的适当记录。

（3）国务大臣可向特别卫生局发出指示，说明其账目必须以何种形式保存。

（4）特别卫生局必须就每个财政年度编制年度账目，其形式由国务卿指示。

（5）特别卫生局必须将其根据第（4）款编制的任何年度账目的副本送交

（a）在国务卿指示的日期之前送交国务卿，并且

（b）在有关财政年度结束后，在合理可行的情况下，尽快发送给主计长和审计长。

（6）主计长和审计长必须审查、核证和报告年度账目。

（7）特别卫生局必须向议会提交以下资料

（a）年度账目的副本，和

（b）主计长和审计长对其的报告。

（8）第（2）款没有要求特别卫生局编制的任何年度账目包括与它作为受托人的慈善信托有关的事项。

（9）第（4）款的规定对于与特别卫生局作为受托人的慈善信托有关的账目不具有效力。

（2）在该法案的附表4（国民卫生服务体系信托）中，在第11段后插入"账目和审计11A（1）NHS信托基金必须保持适当的账户和与账户有关的适当记录。国务大臣可向国民卫生服务体系信托基金发出指示，说明其账户必须以何种形式保存。"

（3）国民卫生服务机构必须就每个财政年度，按照国务大臣指示的形式编制年度账目。

（4）关于年度账目的审计，见《2014年地方审计和问责制法案》（尤其是该法案第4条）。

（5）主计长和审计长可以审查

（a）年度账目和与之相关的任何记录，以及

（b）审计师或审计员的任何报告。

（6）国民卫生服务系统信托基金必须在国民卫生服务系统英格兰分部指示的日期前，向国民卫生服务系统英格兰分部发送其经审计的年度账户的副本。

（7）第（1）分段中的任何内容都不对与NHS信托基金为受托人的慈善信托基金有关的账目产生影响。

（8）第（3）分段中没有任何内容要求NHS信托基金编制的任何账户包括与它是受托人的慈善信托基金有关的事项。

（3）由于第（1）和（2）款的规定——

（a）在《1983年国家审计法》第6（3）（b）条中，删除"《2006年国民卫生服务法》附表15或"。

（b）在《2006年国民卫生服务法》中，省略了

（i）第232条及其之前的斜体标题。

（ii）第277（3）（n）条。

(iii) 附表 15。

(c) 在《2006 年地方选举管理和登记服务（苏格兰）法》第 57 (2A) 条中，省略"（除附表 15 外）"。

88.《2006 年国民卫生服务法》中"健康"的含义

在《2006 年国民卫生服务法》第 275(1) 条（解释）中，在适当位置加入"健康，包括精神健康。"

89. 废除制订转移计划的已用权力等

(1) 在《2012 年健康和社会护理法》中，省略了

(a) 第 300 和 301 条。

(b) 第 308（3）(i) 条。

(c) 附表 22 和 23。

(2) 将该法案第 302 条改为如下内容：

关于先前转让财产的转让计划

(1) 本条适用于根据第 300（1）条（废止前）制定的财产转让计划从初级保健信托基金、战略卫生局或国务大臣转让给特别卫生局或合格公司的任何财产、权利或责任。

(2) 国务大臣可以制订一项计划，将任何此类财产、权利或责任从特别卫生局或有资格的公司转移给以下任何一方：

(a) 英国政府的一位部长

(b) 英国国民卫生服务系统

(c) 一个整合护理委员会

(d) 国民卫生服务系统的一个信托基金

(e) 国民卫生服务系统基金会信托

(f) 一家合格的公司

(3) 可根据本条规定的计划转让的东西包括：

(a) 以其他方式无法转让的财产、权利和责任

(b) 在计划制定后获得的财产，以及产生的权利和责任

（c）刑事责任，除非是转让给政府部长

（4）本条规定的转让计划可以作出补充、附带、过渡性和相应的规定，尤其是可以

（a）就所转让的财产或权利设立权利或施加责任

（b）就转让人对所转让的东西所做的事情的持续效力作出规定

（c）就转让人正在进行的、代表转让人进行的或与转让人有关的事情（包括法律程序）的继续进行作出规定

（d）规定在文书或其他文件中对转让人的提及，应视为对受让人的提及

（5）本条规定的转让计划可以对共同拥有或使用财产作出规定。

（6）本条规定的转让计划可规定：

（a）该计划在生效后可通过协议进行修改，以及

（b）任何此类修改从原计划生效之日开始生效

（7）在本条中，对财产转让的提及包括对授予租赁的提及。

（8）在本条中，"合格的公司"是指

（a）根据《2006年国家卫生服务法》第223条成立的公司，并且全部或部分由国务大臣或英格兰国民卫生服务系统拥有，或

（b）根据该条款成立的、由国务大臣完全拥有的公司的子公司

（3）在《1958年公共记录法》附表1（其记录为公共记录的机构）中，在第3段末尾的表格第1部分中，省略"或《2012年健康与社会护理法》第300条"。

90. 废除地方教育和培训委员会

（1）被称为地方教育和培训委员会的英格兰健康教育委员会被废除。

（2）因此，《2014年护理法》修订如下。

（3）在第100条（目标、优先事项和结果）中，在第（4）款中

（a）在（a）段之后，插入"和"。

（b）省略（c）段和其前面的"和"。

（4）省略第103至107条及其之前的斜体标题（地方职能）。

（5）在第108条（关税）中，在第（9）款中，省略"LETB或"。

（6）在第 119 条（解释和补充规定）中，在第（1）款的表格中，省略与以下内容有关的条目"任命标准"；"卫生服务专员"；"LETB"。

（7）在附表 5（英格兰健康教育）中

（a）在第 9 段第（3）分段中，省略"[包括英格兰卫生教育委员会根据第 103（1）条（LETBs）需要任命的委员会]"。

（b）在第 13 段中

（i）在第（2）分段中，省略"[但见第（5）分段]"。

（ii）省略第（5）分段。

（c）在第 26 段中，在第（2）小段中

（i）省略（a）段。

（ii）在（b）段中，省略"其他"。

（d）在第 27 段中，在第（2）小段中

（i）省略（a）段和结尾处的"和"。

（ii）在（b）段中，省略"其他"。

（8）省略附表 6（地方教育和培训委员会）。

91. 有护理和支持需求的医院病人：废止等

（1）在《2014 年护理法》中

（a）将第 74 条改为如下内容：

有护理和支持需求的医院病人的出院

（1）如果相关信托机构负责一名成年住院病人，并认为该病人在出院后可能需要护理和支持，则相关信托机构必须在开始制订与出院有关的任何计划后，在可行的情况下尽快采取其认为适当的步骤，以使

（a）该病人，和

（b）该病人的任何照顾者。

（2）在履行第（1）款规定的职责时，相关信托基金必须考虑到英国国民卫生服务系统发布的任何指导。

（3）就本条而言，如果相关信托管理医院，则相关信托对医院病人负责。

（4）在本条中——

"成年人"指 18 岁或以上的人。

"照料者"是指为成年人提供或打算提供照料的个人，但不是凭借合同或作为志愿工作。

"相关信托"是指

（b）省略附表 3（与有护理和支持需求的医院病人出院有关的评估通知等）。

（2）2003 年《社区护理（延迟出院等）法》被废除。

（3）由于第（1）款的规定

（a）在《2020 年冠状病毒法》第 14 条中，省略第（8）款。

（b）撤销《2014 年护理与支持（医院病人出院）条例》（S.I.2014/2823）。

（4）由于第（2）款的规定

（a）在《1970 年地方当局社会服务法》附表 1 中，省略了与《2003 年社区护理（延迟出院等）法》有关的条目。

（b）在《1989 年儿童法》中

（i）在第 17ZA（6）（b）条中，省略第（iii）分段。

（ii）在第 17ZD（8）（b）条中，省略第（iii）分段。

（c）在《2014 年社会服务和福利（威尔士）法》附表 2（第 4 条）中，在表 1—中

（i）在英语文本中，省略与《2003 年社区护理（延迟出院等）法》有关的条目。

（ii）在威尔士语文本中，省略与 DeddfGofal Cymunedol（Rhyddhau Gohiriedig 等）2003 有关的条目。

责任编辑：洪　琼

图书在版编目（CIP）数据

医疗保障立法研究／郑功成等　著 . — 北京：人民出版社，2024.1

ISBN 978－7－01－026131－7

I.①医…　II.①郑…　III.①医疗保障制度－立法－研究－中国

　　IV.① D922.164

中国国家版本馆 CIP 数据核字（2023）第 228308 号

医疗保障立法研究

YILIAO BAOZHANG LIFA YANJIU

郑功成　华　颖　等　著

人民出版社 出版发行

（100706　北京市东城区隆福寺街 99 号）

北京汇林印务有限公司印刷　新华书店经销

2024 年 1 月第 1 版　2024 年 1 月北京第 1 次印刷

开本：710 毫米 ×1000 毫米 1/16　印张：61.25

字数：1000 千字

ISBN 978－7－01－026131－7　定价：248.00 元（上、下卷）

邮购地址 100706　北京市东城区隆福寺街 99 号

人民东方图书销售中心　电话（010）65250042　65289539